Gog und Magog

ige
paier
sedonen
Arimaspen
Hyperboreer
Xiongnu/Hunnen Ende des 3. Jh. v.u.Z. – um 200 n.u.Z.
dronovo-
ka-Kultur
Xianbei 1.–3. Jh.
31
(Proto-)Tocharer um 1800 v.u.Z.–um 200 n.u.Z.
D s c h i n g i s   K h a n 1206–1227
(en) 552–659 Dynastie der L i a o 946–1125
.H./751 Dynastie der T a n g 618–907
Serer 2. Jh. v.u.Z.–2. Jh. n.u.Z.
ier 4.–10. Jh. Königreich der Uiguren 850–1250
eological Complex)
itte 1. Jh. v.u.Z.–um 120 Xixia 1038–1227
um 128 v.u.Z.–um 450 n.u.Z. Dynastie der Nördlichen Song 960–1126
206 v.u.Z.–23 n.u.Z. W e s t l i c h e   H a n / Ö s t l i c h e   H a n 25–220
arappa-Kultur 4.-Mitte 2. Jahrtausend v.u.Z. Dynastie der Sui 589–618
ntaliten 5. und 6. Jh. Dynastie der Qin 221–207 v.u.Z.
naviden Streitende Reiche 481–221 v.u.Z.
5. Jh.–846 Tibetische Monarchie
Karkota um 625–855
–400 v.u.Z.

Dynastie der Südlichen Song 1127–1279

Champa 2.–3. Jh.

Khmer 8.–15. Jh.

Funan 1.–6. Jh.

an (1227)

Die letzten Minarette von Herat (Afghanistan, 2. April 2001)

Innerhalb der Pentapolis von Merv (Turkmenistan, 3. Juni 2005)

Taliban-Kämpfer im Tagab-Tal (Afghanistan, 19. Juni 1998)

Am Rand von Ulaanbataar (Mongolei, 4. März 2000)

Kurs auf Baku (Kaspisches Meer, 12. November 2007)

Rubinsucher im Pamir (Tadschikistan, 21. September 1996)

Am Zoji-la-Paß (Kashmir, Indien 2000)

Daniel Schwartz

SCHNEE IN SAMARKAND

Ein Reisebericht aus dreitausend Jahren

Eichborn BERLIN

Meinen Eltern

1 2 3 4   09 08

© Eichborn AG, Frankfurt am Main, 2008
Umschlaggestaltung: Christina Hucke
unter Verwendung einer Fotografie des Autors
Lektorat: Wolfgang Hörner
Typografie und Ausstattung: Cosima Schneider
Satz: Greiner & Reichel, Köln
Druck und Bindung: FVA, Fulda
ISBN 978-3-8218-5831-9
(Eichborn Berlin)

Aufnahmen: © 2008 Daniel Schwartz/Pro Litteris
Kartografie: Karten (Illustration und Typografie): monicadesign (Schweiz), Monica Burger-Häfeli;
nach einer Idee des Autors

Eichborn Verlag, Kaiserstraße 66, 60329 Frankfurt am Main
Mehr Informationen zu Büchern und Hörbüchern aus dem Eichborn Verlag finden Sie unter
www.eichborn-berlin.de
www.eichborn.de

INHALT

BUCH III
Helden, Werte und andere Erfindungen

BUCH IV
Einfallswege

schen Zeit. Heldentaten im Kaukasus. (401) Schlendern durch 'Montag-Stadt' Basmatschen, *Jadids* und Bolschewiken. (406) Rubinjäger im Pamir Spaziergang unter den Firn. **Afghanistan 1998:** (411) »New Great Game I« Dreckiges Spiel mit den Taliban. **Usbekistan 2002:** (414) Das 'tartarische Pflanzen-Schaf' Baumwolle – etymologischer Parcours durch Wundersames. Anbauschlacht in Sowjetisch-Zentralasien. Machenschaften um das 'Weiße Gold'. (431) Das Loch in der Wüste Fahrt zur Goldmine. **Kirgistan 2004:** (434) Pannen auf dem Weg zum Issyk Kul Schlechtes Benzin. (436) Batyrs, Salz und Torpedoes Die Auslöschung der Dsungaren durch die Qing. Abschied vom Imperium. (441) **Karten und Petroglyphen** Yssicoll und Hooligan. (443) Werkstraße Auf Xuan Zangs Route. Nächtliche Ankunft in Kumtor. (448) **Der namenlose Berg** Verzicht aufs Gold.

BUCH VI
Sein oder nicht Sein

Iran 1991: (455) 'Kurdischer Exodus' Busse voller Gaffer. **Tadschikistan 1996:** (461) Im Garten des Drogenbarons Saubere Hände. (462) Das Bankett des *Warlords* Kuchen unter gotischem Felsengetürme. Marco Polos tüchtige Turnschuh-Krieger. **Pakistan 1998:** (466) Das *Afghani*-Rätsel Drei Währungen für die Kriegswirtschaft. Emanzipation und Verdingung der Taliban. Marginalie zum *Hawala*-Finanzsystem. **Mongolei 2000:** (475) Anschlag auf den Kohlezug Kein leichtes Diebesgut. (477) Unterschlupf in den Kavernen Ausgerissene Kinder. Der Anmarsch der Jurten auf die Stadt. **Usbekistan 2002:** (480) Bananen aus Equador Vetternwirtschaft. **Afghanistan 2002:** (482) Die Last des Geldes Scheine in Säcken und Öfen. **Kirgistan 2004:** (486) Baltische Verschiebungen Die Wiederverknüpfung von Westeurasien. Nomaden in Fahrt auf alten Routen.

BUCH VII
Obskure Routen

Iran 1995: (495) Geschichte eines Grenzlands Von den Yüezhi zum Il-Khanat – nomadische Machtentfaltung vs. seßhafte Reiche. Sackgasse im Kalten Krieg. (503) Im Heiligen Schrein Als Ungläubiger an der Stätte des Märtyrers der Schiiten. Postscriptum (2007), Terrorismus betreffend. Mullahs als Unternehmer. (512) Routen durch Khorasan Die Karawanserei. Ein Österreicher in klandestiner Mission. (518) Dichterreisen »Ein seltsames Gebäude aus alter Zeit« bewegt die Gemüter. (524) *Ferenghis* in der Wüste I »Operation Eagle Claw«. Arrest in Nayband. (527) *Ferenghis* in der Wüste II Transitfahrer (528) Der

BUCH XI
Straßen des Verrats

BUCH XII
Wege zurück

ANHANG

LESER,

das Wenigste, von dem dieses Buch uneingeschüchtert Kunde gibt, weiß ich aus eigener Anschauung. Habe ich, wie auch die herausragenden Gestalten, deren Taten und Treffen, verpaßt in den vergangenen dreitausend Jahren – den Fall von Städten und den Sturz von Regimen, Kriege und Massaker, Erdbeben und andere Kalamitäten.

Käme es nicht zu solchen Erschütterungen – gerade in Zentralasien, diesem Forum der Kulturen, diesem machtpolitischen Überschichtungsraum und Exerzierfeld der Fremdwahrnehmung –, hätte es wahrscheinlich ein Ende mit dem Fortschritt der Gesellschaft. Allein, die Geschichte zeigt, daß das Aufschwingen des einen die Ambition seines Nachfolgers schürt, daß auf den Sturz des einen ein anderer nachrückt, und das Schicksal auch den, der nicht im finsteren Sinn regiert oder zuweilen sogar mit den besten Lehrern, am Ende nicht vor sich selber schützt. Das Volk unterdessen versammelt sich im *Aul*, auf dem Registan und im Basar, geht den Geschäften nach, wenn man es läßt, und sorgt dafür, daß es eben weitergeht mit dem Lauf der Dinge, egal wonach jenem, der hinter den Mauern von Palast und Ark regiert, ob er nun im Auftrag des Himmels herrscht, sein eigener Herr ist, Vasall oder Marionette eines Mächtigeren, der Sinn auch stehen mag. Gewiß, die Herrscher organisieren, setzen ihr Profil auf Münze und später auf den Geldschein und errichten Bauwerke, die die Welt in Erstaunen versetzen, aber da sie das Geschaffene sich gegenseitig neiden, schleifen sie das Werk von Nebenbuhlern und Vorgängern mit der Regelmäßigkeit von Naturereignissen, nach notwendig erachtetem Plan, in Wut und Verblendung oder auch mit obszöner Ignoranz. Archive der Erinnerung sind heute deswegen immer häufiger die Abfallgruben von Kochstelle und Lagerplatz, welche zumeist, da sie keinen kümmern, ordentlicher überdauern als die unter Wellen von Migration und Eroberungsschüben mehrfach durcheinandergeworfenen sogenannten kosmopolitischen Perlen entlang der Pisten von Karawanen und Kavallerien.

Nachdem eine 20000 Kilometer lange Reise in den Jahren 1987/88 entlang allen bekannten Abschnitten sämtlicher Großen Mauern Chinas die Frage nach dem aufgeworfen hatte, wovor die Chinesen sich schützen wollten, bereiste ich Kasachstan, Kirgistan, Tadschikistan, Turkmenistan und Usbekistan, die fünf Republiken Zentralasiens, wo Zar und Kommissar den Nomaden vom Pferd geholt hatten, sowie die umliegenden Peripherien, das heißt Afghanistan, Aserbaidschan, den Iran nebst dem Grenzraum zum Irak, Kashmir, die Mongolei, das nordwestliche Paki-stan sowie die Autonome Region Xinjiang-Uigur. Ich habe die Region zu verstehen versucht, in der sich seit dreitausend Jahren und nicht erst seit dem 11. September 2001 mit neu entfachter Intensität wieder China und Russland, die westliche und die arabische Welt einander gegenüberstehen auf einem weiten Kriegsschauplatz und im Wettstreit um Märkte und Prestige; bewegte mich auf den verflochtenen Verbreitungslinien von Technologie und Religion, von Schrift und Bild, von Arse-nalen des Geistes und der Zwietracht; habe dabei nicht nur die aktuellen Zuspitzun-gen im Auge gehabt, sondern vor allem versucht, die Hintergründe gegenwärtiger Entwicklungen zu sondieren, mithilfe dessen, was sich angehäuft und eingeschrie-ben hat auf den alten Routen, deren Zahl beschränkt und Anlage offensichtlich so zweckmäßig ist, daß auch das moderne transkontinentale Glasfaserkabel nicht an-ders kann, als sie und damit die Faktoren der Geographie zu respektieren.

Der Erdbeschreibung und der Vorstellung der Völker von der Welt wird der Leser dieses Buches immer wieder begegnen, prägten doch ihre Komponenten we-sentlich manche Idee von Weltordnung – von dem mit Alexander dem Großen zu Ende gehenden Modell der Stadtstaaten über die westlich expandierenden, im po-litisch-kulturellen, jedoch nicht im geographischen Sinn sinozentrischen Han und dem von Religion und Recht zusammengehaltenen Vielvölkerstaat der arabischen *Umma* zu Timurs, des ambivalentesten Sohnes des Kernlands, Neugier auf den Atlantik.

Obwohl Zentralasien mit seinen verketteten Gebirgen und Wüstenzonen dem freien Verkehr ernste Hindernisse entgegensetzt, hielt dies die Gemeinschaften nicht davon ab, den Weg weltgesellschaftlicher Assimilation zu beschreiten. Dafür und dabei entstanden sowohl im Orient als auch im Okzident zahlreiche schrift-liche Zeugnisse, Reiseberichte, Skizzen, Geographien von älterer bis in die jüngste Zeit (aus Europa von Herodot über Strabon, William von Rubruck, Alexander von Humboldt, Aurel Stein bis Bruce Chatwin, aus dem Orient vom al-Biruni über Ferdausi und Ibn Battuta bis zu Ahmed Rashid, aus der chinesisch-mongolischen Welt von Faxian über die *Geheime Geschichte der Mongolen* bis zu Ma Jians *Red Dust*), aus deren Seiten sich die örtliche Topographie, mehrdimensionaler als auf sämtlichen Karten, entfalten ließ. So konnte auf meinen Reisen auf historischen Routen der Blick immer wieder über die Landschaft vor mir, aber auch auf die Seiten von mit-gebrachten Büchern schweifen, deren Inhalt sich auf Ort und Stelle bezog.

Bücher sind es dann auch wieder – gerade in ihrer Eigenschaft als »Eingang zur Welt« (Stefan Zweig, *Begegnungen mit Menschen, Büchern, Städten*, 1937) –, die geographische wie histo-rische Räume öffnen und aus denen man erstaunlich genau vernimmt, daß durch die Hände der Champa an der Küste des Südchinesischen Meers, der *bosi-Kaufleute*, mutmaßlich Perser oder Araber, durch die der Juden, Sogdier und Uiguren der eine oder andere Stoff oder Gegenstand selbst in die innerasiatische Wüste gelangt – auch aus Borneo, das ich 1999 zwischen Reisen in die zentralasiatischen Binnenländer besuchte.

Es war an einem feuchtheißen Tag in Tanjung Redep, einer Ansammlung schimmelbefallener, zwei-, höchstens dreistöckiger Betonbauten entlang einer Handvoll im wesentlichen von knatternden Motorrädern benutzten Straßen, als über unmittelbare Anschauung und ein dabeigehabtes Buch Vergangenheit und Gegenwart zusammentrafen und die Idee verflochtenen Reisens in Raum und Zeit Gestalt anzunehmen begann.

Nach Begegnungen mit verstörten maduresischen Migranten, auf deren Köpfe und Organe die indigenen Dayaks gerade Jagd gemacht hatten, nach dem mißlungenen Versuch, auf einem stromschwellendurchsetzten Dschungelfluß heimlich vom ostmalaysischen Gliedstaat Sabah nach Kalimantan-Timur, in das indonesische Ost-Kalimantan also, einzureisen, waren wir schließlich von Tarakan her über die Celebes-See nach Tanjung Redep hinübergekommen, welches bloß zwei Grad nördlich des Äquators liegt, so daß man die Fernsehprogramme hier nicht mittels Schüsseln, sondern mit vertikal zum Orbit gerichteten Gittersieben empfängt.

Im Jahr 1887 hatte die in Singapur ausgelaufene »SS Vidar« in Tanjung Redep angelegt. Der Maat des Seglers, Joseph Conrad, hatte, noch bevor er an Land gegangen war, unten auf dem schlammigen Uferweg eine nachlässig gekleidete Gestalt gesehen – den Niederländer Charles Olmeijer, den mehr oder weniger loyal ergebenen Agenten eines britischen Handelshauses auf diesem entlegenen Außenposten im östlichen Archipel, Händler in Vogelnestern mit selbstzerstörerischen Ambitionen auf mutmaßliche Schätze im tiefen Innern Borneos.

Wie Almayer alias Olmeijer auf der ersten Seite von Conrads *Almayer's Folly* (1895) sahen wir auf dem Segha (im Roman heißt der Fluß Pantai) kleine Stücke von Treibholz, aber auch schwarze glänzende Baumstämme dem von Nia-Palmen bestandenen Mündungsdelta und dem offenen Meer entgegentreiben. Der Fluß war vielleicht etwas weniger angeschwollen als bei Conrad, wo ausgiebiger Regen dafür gesorgt zu haben scheint, aber immer noch wild, und unter leisem Regen und leichtem Wind war seine Oberfläche stellenweise, wo er ruhiger floß, schrumpelig wie die Haut von Milchkaffee. Genau an der Stelle, wo der Kelai darum kämpft, sich in den viel größeren Segha zu ergießen, auf der Plattform einer auf schrägen Pfählen stehenden schilfbedeckten Hütte hockte eine jüngere Frau und besorgte die Wäsche. Lachend winkte sie uns zu sich hinüber. Wir balancierten über den glitschigen Brettersteg, blieben vor dem roten Plastikbecken stehen, auf einem Flecken Weltliteratur, denn präzis an diesem Ort oder, hundert und ein paar Jahre Ufererosion miteingerechnet, vielleicht ein paar Schritte davon entfernt, hatten Almayers gefährdetes Heim und Kontor gestanden — »that last failure of his life«.

Am Tanjung Redep gegenüberliegenden Ufer des Segah suchten wir dann zwischen hohem, klebrigem Gebüsch einen Grabstein mit einer einzigen Jahreszahl, denn eines der Kinder des wirklichen Almayer war kurz nach der Geburt verstorben. Zu finden war er nicht, aber unser Bootsführer hatte die Idee, uns ein Stück flußaufwärts zum bescheidenen Palast des Sultans zu bringen, wo wir vorgelassen wurden zur Witwe des letzten Herrn von Tanjung Redep vor der heutigen Zeit. Die noble Dame gebot über die Ruhe jener Epoche, in der ein Mensch nicht unablässig Zuhörer braucht. Saß in einem breiten Schaukelstuhl, die Hände im Schoß übereinandergelegt. Wir mutmaßten, sie müsse die Tochter des Fürsten sein, dessen Großvater Sultan von Tanjung Redep gewesen war, als Joseph Conrad hier angelegt hatte. Aber zu verifizieren war das nicht, denn die Dame, die Rouge auf ihren Wangen trug, sprach Holländisch, und der Bootsführer, der notdürftig hätte übersetzen können, war nicht vorgelassen worden. Nach der Limonade führte uns ein alter Diener durch drei, vier abgedunkelte Gemächer, wo des Sultans Gewänder an Mannequins hingen, und dann durch den verwilderten Garten zu ein paar Gräbern.

Joseph Conrad, der den ersten Impuls, zur See zu gehen, wie er in *A Personal Record* (1912) ausführt, in alpinem Land empfängt – an der Baustelle des Eisenbahntunnels durch den Sankt Gotthard nämlich, als Sechzehnjähriger im Jahr 1873 –, schreibt im Vorwort dieser Reflexionen, eine »freundliche Stimme« habe ihn zu deren Niederschrift gedrängt mit den Worten: »You know, you really must.«

Auch wenn mein englischer Verleger Thomas Neurath vor fünf Jahren nicht diese Worte benutzte, um mich dazu zu bewegen, für ein Buch zu Zentralasien meine Fotografien mit eigenen Texten zu begleiten, hatte seine Anregung diesen verbindlichen Klang. Zuviel hatte ich ihm wohl jeweils nach den Reisen im Hindu Kush oder einem anderen der vielen Gebirge, durch die Pforten und Steppen erzählt. Zuviel schien ihm dieser Region innezuwohnen, das die Fotografie vielleicht nicht wiederzugeben vermochte.

Und obwohl nach einem Jahr klar wurde, daß hier etwas entstand, das unmöglich als knapper Begleittext fungieren konnte, ermunterte er mich, weiterzuschreiben bis zum Augenblick, da der Verleger, der das vorliegende Buch verantwortet, vom Unterfangen hörte, sagte, er wolle etwas lesen, dann, daß er es machen wolle, und den Fotografen umdrehte zum Autor.

Wie ein kalbender Gletscher über ein Talgehänge der innerasiatischen Gebirgsverknotung ist mir also dieses Buch zugestürzt, und wie bei jenem Vorgang kooperierende Kräfte wirksam sind, mußten sich beim Schreiben Anregungen aus Gegenwart und Vergangenheit verbinden, bevor die vielen, auf und zwischen den Reisen geführten Journale und das viele, was die Fotografien nicht transportieren konnten, sich zu einem zusammenhängenden Brocken fügen und selbständig machen konnten.

Während der Arbeit begann ich, die Bücher meiner reisenden Vorgänger im Regal auf einer chronologisch aufsteigenden Achse aneinanderzureihen, die mit Aristeas (7. Jahrhundert v. u. Z.) beginnt und sich bis in die Gegenwart erstreckt. Mit jeder Neuanschaffung eines Titels wurden die Lücken geringer, so daß selbst bei alten Quellen schließlich die Spanne einer Hand nicht mehr Jahrtausende, sondern nur noch wenige Jahrhunderte abdecken konnte, diese dafür aber aus den unterschiedlichsten kulturellen Perspektiven beleuchtet; etwa die dreieinhalb Jahrhunderte von der Mitte der Zeit der Südlichen Song (1127–1279) bis zum Tod Baburs (1530), die folgende Werke umschließen: Zhao Ruguas noch vor dem mutmaßlichen Abenteuer Marco Polos entstandene *Zhu Fanzhi* (*Beschreibung der barbarischen Völker* oder *Bericht über die Fremden Völker*), eine Abhandlung zum chinesisch-arabischen Seehandel; Ibn Khalduns 1377 vollendete Schrift *Muqaddimah*, Einleitung und Erstes Buch der *Weltgeschichte*, die aus der Hand von Sams al-Husn am 29. März 1409 (im Jahr 811 n. d. H.) fertiggestellte Chronik der Zeit von 1404, als Timur nach der Unterwerfung Syriens, Mesopotamiens und Kleinasiens nach Samarkand zurückkehrte, bis zu den Erbstreitigkeiten nach seinem Tod am 18. Februar 1405; als Renaissance-Titel die einzige Autobiographie eines Papstes, Pius' II. *Commentarii* (1458–1464); Ibn Majids 1489/1490 erstelltes *Kitab al-Fawa'id*, das *Nautische Handbuch* des arabischen Seehandels im Indik vor dem Erscheinen der Portugiesen; und dann eben das *Vaqi-at-i-Babur* oder *Babur-nama*, der Tatenbericht von Zahiruddin Muhammad Babur, niedergeschrieben während seiner von Fergana ausgehenden und in der Gründung der indischen Dynastie der Moguln gipfelnden Eroberungen zwischen 1520 und 1530.

Bei der Lektüre dieser Werke sowie den Berichten über oder aus der Hand ihrer Vorgänger und Nachfolger sind mir zuweilen Parallelen historischer Prozesse oder Ereignisse aufgefallen, gerade auch mit Blick auf gegenwärtige Entwicklungen mit ungewissem Ausgang, z. B. in Afghanistan oder im Irak.

Die Quellenwerke betätigten sich beim Schreibprozeß gewissermaßen als Co-Autoren, entwickelten ein zuweilen fast frivoles Eigenleben; etwa Marco Polos Bericht, wo sich die Fußnoten der Übersetzer Yule und Cordier als das eigentliche Fleisch am Knochen erwiesen, oder etwa Herodot und das *Hou Hanshu*, Arrians Darstellung von Alexanders Asienfeldzug oder Xuan Zangs Biographie von Hui-li und Yentsung, die ihre Positionen auf dem Arbeitstisch kaum noch räumen wollten.

Im Unterschied zum tatsächlichen Reisen kommt einem beim Reisen im Kopf mit Büchern nichts entgegen. Alles liegt in der eigenen Bewegung auf diese zu, durch sie hindurch. Bei meiner bisherigen Tätigkeit, dem Fotografieren, steht man bereits in der Welt. Durchschreitet nicht den Stoff, sondern dieser bleibt hängen auf dem Film und zuweilen auch an einem selbst. Mag sein, daß auch deswegen das alternative Wort 'Aufnahmen' zur Bezeichnung fotografischer Bilder geschaffen wurde, nimmt man doch auf, was einem umfängt, den Stoff. Wenn dieser Stoff nun zweifach, in diesem Buch und einem andern, bald folgenden mit den Bildern (*Travelling through the Eye of History*, Thames and Hudson, London 2009), Darstellung findet, dann handelt es sich bei den beiden um die ihrer Gestalt nach verschiedenen Köpfe derselben Brücke, durch deren Begehung ich zwischen 1987 und 2007 die Welt auszulegen versucht habe.

ANSTELLE EINER AUSREDE ZUM PROBLEM DER UMSCHRIFT

Die Verhältnisse Zentralasiens und seiner geographischen Nachbarräume sowie verschiedene Traditionen der Transkription – von Fremden erdacht, damit Fremdes im eigenen Ohr erklingt – verunmöglichen ein einheitliches System der Schreibung von Toponymen, Ethnonymen, Eigennamen und Termini.

Je tiefer im Kernland die Herkunft des zu bezeichnenden Gegenstands, je multivektoraler seine machtpolitische oder kulturelle Ausstrahlung, desto komplizierter die von nächsten und ferneren Nachbarn getätigten Anstrengungen, dem Wort, das ihn bezeichnet, Gestalt zu geben.

Kein Wort illustriert dieses Problem besser als der Herrschertitel des als Temudschin oder Temüüdschin (dt.), Temüjin oder Temuchin (engl.) beziehungsweise Тэмүүжин (tatarisch: 'der Schmied') aufgewachsenen Begründers des mongolischen Weltreichs. Dschingis Khan, dessen universalen Herrschaftsanspruch einfordernder Titel 'Ozeangleicher' sich von *tängiz*, Turki für 'Ozean' ableitet (im mongo-

lischen, auf die Kerbhölzer zurückgehenden Syllabar: *Činggis Qaγan*), stellt sich im Englischen vor als Genghis Khan, alternativ auch Chingiz Khan, Jenghiz Khan oder Jinghiz Khan; auf Chinesisch 成吉思汗; in Pinyin: Chéngjísī Hàn; in Wade-Giles: Ch'êng-chi-szŭ Han; in Tibetisch: Čhiṅgis; in Armenisch Čaṅg'z, und auch die Uiguren dürften der Person des Großkhans phonographisch auf ihre Weise gerecht geworden sein. Einigermaßen umweglos erscheint die lateinische Transkription – Tschingis Chaan –, in der päpstliche Gesandte ihn verhandeln. Bei Ata-Malik Juvaini im Zusammenhang mit Guyuks Brief an Innozenz IV. erscheint Čingiz als چنگز. Auf das persisch-arabische Alphabet angewiesen, ein wenig geeignetes Vehikel, muß Juvaini, Dschingis Khans Biograph, harte und weiche Konsonanten als Hilfszeichen verwenden. Nur so schaffte er es, alle Vokale von Worten wiederzugeben und einigermaßen eine Idee von deren Aussprache hervorzurufen, die aus dem Mongolischen sowie aus Turksprachen stammen.

Im Fall von Gog und Magog (hebr.: גוג ומגוג) aber treten zur Transkription noch Schwierigkeiten der Bezeichnung auf. Es genügt nicht, daß die blutrünstigen Monster der Apokalypse gleich als Paar die Menschheit bedrohen, neben den Juden und Christen auch die Muslime – die wissen aus einem Hadith, einem Ausspruch Mohammeds, daß jene aus allen Richtungen auftauchen und Allah ihre stinkenden Körper mit Regengüssen ins Meer schwemmen wird –, sondern Magog ist laut der Hebräischen Bibel nämlich auch das Land der Gog, während Gog, das Gebirge, da ein Begriff der Legende, geographisch überall liegen kann, vornehmlich aber in der düsteren subarktischen nordrussisch-westsibirischen Region der Tataren. Also in

dem zuweilen mit Marco Polos »Provinz der Finsternis« in Verbindung gebrachten Siedlungsraum »der Comain und vieler anderer Stämme«, wenn nicht eben
auch Heimstatt des biblischen Schreckensduos Gog und Magog, bei den Arabern
يَأجوجُ و يَأجوج‎, Yadschudsch wa Madschudsch, Ya'juj wa Ma'juj oder Yájúj und
Májúj oder Ja'ğūğ und Ma'ğūğ.

Zwecks besserer Lesbarkeit sind die diakritischen Zeichen mit wenigen Ausnah-
men in inhaltlich besonderen Zusammenhängen oder im Fall von Zitaten weggelassen.

Produziert haben die klangvollen Namen und Termini dieses Buches sechs
Familien zugehörende Sprachen: Arabisch (Afroasiatisch); die drei zuweilen zum
Persischen zusammengefaßten Dari, Farsi und Tadschiki sowie Hindi, Pashtu, Rus-
sisch und Urdu (Indoeuropäisch); Mandschu (Mandschu-Tungusisch); Chalcha-
Mongolisch (Mongolisch); Aserbaidschanisch, Kasachisch, Kirgisisch, Tatarisch,
Turkmenisch, Uigurisch und Usbekisch (Turki) sowie Mandarin-Chinesisch und
Tibetisch (Sinotibetisch) – ganz zu schweigen von der großen Versammlung toter
Sprachen, darunter das ostiranische, gleichzeitig mit dem Parthischen gesprochene
Sogdische, die Sprache Samarkands und *Lingua franca* der Seidenstraßen. Wie im
Sogdischen das antike Bactra (Βακτρα), Hauptstadt der um 250 v. u. Z. errichteten
seleukidischen Satrapie Bactria und das heutige Balkh im Norden Afghanistans,
wiedergegeben wurde, habe ich nicht herausgefunden. Aber schon so beweist die
Versammlung der angetroffenen Bezeichnungen die Relevanz dieser Karawanenstadt. Chinesisch heißt sie alternativ Lanshi 藍氏, Banli 班里, Banlehe 板勒紇,
Fohe 縛喝 (frühmittelchin. buaʰ-xat, so transkribiert bei Xuan Zang) oder Foheluo
縛喝羅 (frühmittelchin. buaʰ-xat-la), auf Sanskrit Bahlika वाह्लिक. Und während
die Araber sie mit dem Ehrennamen *Umm-al Bilad* versehen, 'Mutter aller Städte'
oder 'Mutter aller Länder', firmiert Balkh im Abendland als Vaeq, eine korrumpierte Form von Valq, welches vielleicht zu Balach Anlaß gegeben hat und dieses
auf der Karte von Andreas Walsperger (Radkarte, Pergament, Konstanz 1448) dann
gar zu Waldach – ein langer Weg von Zariaspa (Ζαρίασπα), der ursprünglichen und
wahrscheinlich aus der Zeit der Eroberung Kyros' II. im 6. Jahrhundert v. u. Z. stammenden achämenidischen Bezeichnung, benutzt von Abraham Ortelius auf seiner
1595 vorgelegten Karte *Alexandri Magni Macedonis Expeditio*.

Auf diesen Routen unterwegs, wo schon Herodots Skythen sieben Dolmetscher benötigten, kann es dazu kommen, daß der nicht mit allen Traditionen der
Transkription vertraute lesend Reisende irgendwann nicht mehr weiß, wo er ist
oder welchem nomadischen Volk er gerade begegnet. Muß Édouard Chavannes
bei der Übertragung von Sima Qians *Shiji* (*Mémoires Historiques de Se-Ma Ts'ien*, Paris, 1895–1905)
aus den Wusun (den Yüezhi der Chinesen und Issedonen der Griechen) die Ou-
suen machen, wogegen eine etwas spätere französische Romanisierung dann bereits
Ou-souen vorgibt. Und das ist noch ein einfacher Fall.

Die Unübersichtlichkeit infolge parallel vorkommender Bezeichnungen der-selben Sache sowohl in unterschiedlichen früheren als auch modernen Schreibungen steigert noch die unterschiedliche Sprachherkunft der benutzen Wörter – gerade im Fall von Toponymen. Der antike Oxus der Griechen und Römer ist der Amu Darya der alten Perser und der Amu He der frühen chinesischen Dynastien; er wird im 7. Jahrhundert dann aber zum Jayhum der Araber. Wo die Gewässer aber meistens, außer dem Oxus, nur eine Quelle besitzen, verzweigen sich die Gebirge ohne Ende, und es ist anzunehmen, daß es vor der theoretischen Erfassung dieser Systeme zur Benennung durch die Benutzer kommt. Der Pamir, wo der Oxus entspringt und den *Meyers Großes Konversationslexikon* (1905) in der Mehrzahl zu nennen empfiehlt, hat seinen Namen 'kalte Steppenweide' aus dem Turki, aber weil darauf reichlich Zwie-belgewächse vorkommen, heißt er turkestanisch auch Tartasch-dabahn – 'Zwiebel-gebirge' – und bei den Chinesen, weil *cong* = Zwiebel und *ling* = Gebirge, lehnüber-setzt Congling 葱嶺. Griechen und Römer kennen den Pamir, der, wie einige sagen, auch 'Blaues Gebirge' heißt, nur als Bestandteil der Verkettung eines einzigen langen eurasischen Kaukasos, den die barbarischen Wanderhirten angeblich unterteilen in den Paropamissos, den Imaos (verderbt, wie das erwähnte Lexikon weiß, aus Sans-krit *himavat*, 'schneereich'), also dem westlichen Teil des Himalaya, und den Emodus, dessen östlicher Teil, wobei der Emodus wiederum den Chinesen ihr 'Himmelsge-birge' ist, der Tian Shan.

Zur besseren Orientierung des Lesers auf heutigen Karten, nicht aus Willkür gegenüber einer bestimmten oder zahlreichen anderen gebräuchlichen Schreibwei-sen, folgen die Toponyme weitgehend der englischen Schreibung des *Times-Atlas of the World* – mit Ausnahme der im Deutschen gebräuchlichen Namen heutiger Staa-ten oder ins Deutsche übergegangener geographischer Bezeichnungen – zum Bei-spiel Buchara (statt Bukhara oder Bokhara), Dsungarei (statt Dzungaria, Zungha-ria) oder Isfahan (statt Esfahan) oder Wolga. Im Fall vom Atlas nicht aufgeführter Namen wird die gebräuchlichste englische Version verwendet, wobei Frances Wood, *The Silk Road. Two Thousand Years in the Heart of Asia* (University of California Press, published by ar-rangement with the British Library, Berkley und Los Angeles, 2002) die Richtung vorgibt. Erscheint für ein Toponym eine neue Bezeichnung und erklärt sich der Wechsel im inhaltli-chen Kontext nicht von selbst, wird die bereits angeführte Bezeichnung beigestellt, wobei im Namenswechsel von Alexandria-in-Arachosia zu Iskandarya zu Kanda-har, von Dushanbe zu Stalinabad zu Dushanbe, und vom zaristischen Krasnowodsk zum heutigen Turkmenbashi sich geschichtliche Prozesse niederschlagen.

Chinesische Namen und Termini entsprechen der seit 1958 gebräuchlichen lateinischen Umschreibung des Mandarin-Chinesisch, Hanyu Pinyin (Xi'an statt Hsi-an oder Sian). In Klammer hinzugesetzt wird die frühere Umschreibung nach Wade-Giles oder der alte Name, wenn eine stark divergierende Schreibung oder die bis heute andauernde enthusiastisch betriebene Umbenennung das Auffinden auf älteren Karten oder in älteren Werken erschwert oder verunmöglicht, im Fall von Jiuquan, der ersten aus dem Westen kommend angetroffenen Stadt innerhalb der Großen Mauer, wäre das Suchow oder Su-chou.

Aus Fremdsprachen übertragene Begriffe und solche mit interpretierendem Charakter sind mit einfachen deutschen Anführungen ausgezeichnet ('Mutter aller Städte'). Einfache französische Anführungen bezeichnen zumeist Geographisches oder Topographisches (›Kaspische Tore‹), doppelte hingegen alles Zitierte (»Koalition der Willigen«). Nicht in deutscher Übertragung sowie nicht im chinesischen Original verfügbare Textstellen sind aus dem Englischen übertragen.

Aus dem Arabischen und Persischen stammende Namen und Termini sind in englischer Transkription wiedergegeben, mit Ausnahme jener, die in deutsche Schreibung übergegangen sind (Koran statt Quran; Mohammed statt Muhammad – die Herrschern mit diesem Namen vorbehaltene Schreibung).

Antike griechische, persische und römische Namen und Termini folgen dem *Lexikon der Alten Welt* (Artemis, Zürich/Stuttgart 1965). Die Schreibung von Herrschernamen und machtpoltischen Gebilden folgt im Fall Chinas Ann Paludan, *Chronicle of the Chinese Emperors* (Thames & Hudson, London 1998), und für die Zeit nach der arabischen Eroberung Zentralasiens Francis Robinson, *The Mughal Emperors and the Islamic Dynasties of India, Iran and Central Asia* (Thames & Hudson, London 2007).

Zur Datierung: Die Entscheidung, anstelle des rückwirkend Gültigkeit beanspruchenden Gregorianischen Kalenders als Norm vor und nach dem 'Jahr Null' 'vor', respektive 'n. u. Z.' (= unserer Zeitrechnung) zu setzen, erklärt sich aus dem Stoff. Ebenso die Verwendung des muslimischen Kalenders, der die Jahre ab dem Tag der Umsiedlung Mohammeds von Mekka nach Medina im Jahr 622 zählt, also nach der Hidschra (n. d. H.), wobei in Klammer das Jahr nach der (nicht weltweit) gültigen Norm angegeben ist. Mittels folgender Formel kann jedes bekannte Jahr christlicher Zeitrechnung in das entsprechende Jahr des islamischen Kalenders umgerechnet werden, und zwar unter Berücksichtigung, daß das islamische Jahr nur 354 oder 355 Tage zählt.

$$C = H - \frac{H}{33} + 622 \qquad\qquad H = C - 622 + \frac{C - 622}{32}$$

In Klammern angegebene Daten sind unmißverständlich als Lebens- oder wirkungszeitliche Daten erkennbar, da kaum eine andere in diesem Buch auftretende Gestalt so lang an der Macht ist wie der Qing-Kaiser Qianlong, ganze neunundfünfzig Jahre, oder so lange erobert wie Timur – immerhin neununddreißig Jahre vom Tod zu Beginn des China-Feldzugs zurückgerechnet bis zur Einnahme Samarkands als Dreißigjähriger.

PROLOG

An der ›Dsungarischen Pforte‹

Akshi, 12. Mai 2001. — Die Pforte ist nicht finster und auch keine schmale Kluft, sondern gleicht – von oben gesehen – dem Raum zwischen zwei einander gegenüberliegenden Schnitzen eines geachtelten Apfels, deren Außenseiten voneinander abschwingen und zwei kielförmige Kelche bilden. Unwiderstehlich wirkt ihr Sog auf den prähistorischen Mensch. Er strebt der klaffenden Öffnung entgegen, betritt sie zaudernd, vielleicht sogar ängstlich, geht zögerlich zwischen den Gebirgsabhängen hindurch, bis er am hinteren Ende ankommt. Diesen Durchgang wird er ab jetzt regelmäßig zu nutzen beginnen, in der älteren Eisenzeit, als günstigeres Klima sowohl Wanderung als auch die Seßhaftigkeit begünstigten, erst recht aber, nachdem im neunten Jahrhundert v. u. Z. der Sturz vom warmen, trockenen Subboreal zum kühleren, feuchteren Subatlantikum aus den bisher weitgehend unfruchtbaren innerasiatischen Halbwüsten zwischen dem Norden des Schwarzen Meeres und dem Fuß des Altai Grassteppen gemacht hat, fruchtbares Land, bedeckt von immergrüner Krautvegetation, dem für alle Weidetiere wichtigen Bewuchs.

Kaum jemals behindert in der eingetretenen kühleren Periode der Schnee Marsch und Ritt durch die Pforte, und er tut es auch nicht in den Wintern aller folgenden Epochen.

Zum Erliegen kommen Verkehr und Austausch erst in den frühen sechziger Jahren des 20. Jahrhunderts, als ein ideologischer Zwist unter dem roten Dach die Völkerfreundschaft von Imperium und Volksrepublik zerrüttet, bis dann, nach dem Untergang der Sowjetrepublik und den Vereisungen des Kalten Kriegs, geschlossene Grenztore aufgehen, auch jenes von Druzhba in der ›Dsungarischen Pforte‹, welches erreichbar ist von Alashankou in China und Akshi in Kasachstan.

In Akshi verarbeitet in den totenstillen Jahrzehnten die Bevölkerung, knapp zweieinhalbtausend Menschen, aus der Ostsee herangeschafften Dorsch planwirtschaftlich zu Dosenfisch und spediert ihn danach wieder viertausend Kilometer zurück ins Baltikum oder über noch längere Distanzen an andere Enden der Sowjetunion. Die eigene Versorgung wird durch die Fänge aus dem 'Weißen See', dem Alakol, gesichert. Das Gewässer vor der Tür schäumt zuweilen zwar und ist überhaupt gern ungezogen, aber weil solches Gebaren eine Folge der geographisch-klimatischen Eigentümlichkeit ist, welche winters in der Pforte auch den schneefreien Boden garantiert, richtet sich Akshi darauf ein.

Unter der trügerischen Ordnung, welche sich nach dem sozialistischen Experiment installiert, bleiben in Akshi zunächst die Dorsche aus. Dann zieht sich das Leben aus dem Dorf zurück. Bis auf ein paar hundert verbitterte Dagebliebene, die Türen und Fensterrahmen verlassener Wohnungen verheizen und mit herausgebrochenen Backsteinen die eigenen Fenster zumauern oder beim Abdichten der Fugen den Zement weit in das Glas hineinstreichen. Als zweifelten sie daran, daß ihr Blick an den verdrossen grauen Plastikblumen vorbei auf die äußere Welt dort irgendwann doch noch unerhörte Veränderungen zu Besserem wahrnehmen könne. Bescherungen der neuen Zeit, seit in den Geschützstellungen, deren flache, mit Erde überschütteten Kuppeln an den Grashängen dem Dorf gegenüber kleine Glatzen bilden, keine Rotarmisten mehr verharren, Visier und Gewehr auf die mongolische chinesische Einfallsroute gerichtet. Denn eine solche ist die ›Dsungarische Pforte‹, nachdem die prähistorischen Wanderer angekommen sind und die Stammesföderationen als Völker Imperien zu gewinnen suchen.

Am Ende des schnurgeraden Sträßchens, welches das nach Druzhba führende holprige Asphaltband zum See hinabschickt, steht auf einem arg verwitterten Zementsockel, rostig und etwas schief, ein haushoher Zylinder. Weckte das Bild nicht falsche Vorstellungen, ließe sich sagen, der aus dem See gespeiste Wassertank bilde, ähnlich einem Brunnen auf einem Dorfplatz, irgendwie das Zentrum von Akshi.

Denn die düstere Installation umrasen nicht nur plötzliche heftige Staubwirbel — den mit Blechkannen und schlottriger Rollvorrichtung zum Wasserholen geschickten schmächtigen Kleinen zerstieben sie den vom Schlauch gespendeten Strahl —, sondern auf dem Stück hartgetretener Erde rotten sich in den Pausen auch die Kinder und Halbwüchsigen der gegenüberliegenden Schule zusammen. Trotz unterschiedlichstem Alter bilden sie eine einzige Klasse, die scheuen bleichen Mädchen in Schürzen und wollene Strümpfen oder Denims und die zersausten Buben in blauen geflickten Kunstfaserjacken mit drei weißen Ärmelstreifen, und sie treffen sich auch nach dem Ende des Unterrichts wieder am Tank zur Absprache ihrer nachmittäglichen Pläne.

Eine Viererbande — der dreizehnjährige Alik, Sproß bei Ausbruch des Zweiten Weltkriegs aus dem Kaukasus nach Sowjetisch-Turkestan deportierter Tschetschenen; der nur wenig ältere Pavel, der unablässig das Gesicht zu einer chinesischen Fratze verzieht; der sommersprossige Vadim sowie Sascha, der auf herausgestreckter Zungenspitze eine Zehn-Tenge-Münze aus Nickel balanciert — unternimmt von dort einen Vorstoß zum Jagdhaus am See. Dessen Innendekoration erinnert an ein Begräbnisinstitut, aber das können die Bengel nicht wissen. Der Zutritt ist ihnen verwehrt, und ohnehin fesselt sie der Kampf ihrer gefangenen Eidechsen, zumindest bis diese, verstümmelt und den grünen Bauch nach oben, sich zusammenrollen und tot stellen. Erst dann gilt es den Fröschen.

Die Leute von Akshi, deren Großväter und Väter nach fast dreitausend Jahren Weidennomadentum erst Stalin vom Pferd geholt und in kollektive Seßhaftigkeit gezwungen hat, sagen, neuerdings steige der Wasserstand ihres Sees, was augenfällig sei, denn immer seltener seien bei gewissem Sonnenstand die Umrisse einer versunkenen chinesischen Stadt sichtbar und die Erosion des Steilufers schreite fort – eindrücklicher Beweis dafür, wie weit der Alakol bereits in den Sandboden des Vorlands der Pforte eingedrungen sei. So weit nämlich, daß er unlängst den flachen Kurgan unweit des Dorfes erreicht, das Grab darunter zum Einsturz und ein Skelett an den Tag gebracht hat, das jetzt im Bezirksmuseum in Ucharal liegt. Wahrscheinlich stammt es aus der frühen Wusun-Periode der jüngeren Eisenzeit. In dieser Epoche, sie dauert vom 3. bis zum I. Jahrhundert v. u. Z., werden die im Siebenstromland ansässigen, zu den Skythen zählenden Saken von der neuen ethnischen Konstellation nomadischer Völker absorbiert, welche sich ergibt infolge Einwanderung der mit den Yüezhi kulturell verbundenen und zu den chinesischen Han in komplizierten politischen Verhältnissen stehenden Wusun. Bevor sie verschwinden, vermögen die Saken jedoch in den kontinuierlich vollzogenen Prozeß kultureller Verschmelzung – parallel zu diesem beginnt der seitdem ununterbrochene Verkehr auf den später als Seidenstraßen bezeichneten transkontinentalen Routen – noch das Bronzemesser einzubringen sowie den Bronzespiegel mit seitlichem und zuweilen verziertem Griff.

Der Fischer Ramasan, Entdecker des besagten Skeletts, hegt keine Hoffnung auf solche Gegenstände, als er sich bäuchlings auf dem Grasbuckel, dem Rest des Kurgans, an den Rand des Steilufers vorschiebt, bis sein Kopf plötzlich abtaucht und auch Rücken und Schultern sich senken, bis sie mit der Linie des Wasserhorizonts eine einzige bilden.

Die historische Landschaft des Siebenstromlands (russisch: Semirechie; kasachisch Dschetyssu) entspricht weitgehend dem Südosten Kasachstans, einschließlich Teilen des Tian Shan und der Berge nördlich des in Kirgistan gelegenen Issyk Kul. Der Name der Region bezieht sich auf die sieben in den Balkhash-See mündenden Hauptflüsse Ili, Karatal, Bijen, Aksu, Lepsa, Baskan und Sarkand.

Mit der Nennung dieser fünf Völker wird bereits absehbar, daß im zentralasiatischen Raum jede Bewegung einer Partei ihre Auswirkungen hat auf jene einer oder mehrerer anderer und so fort. An entsprechender Stelle kommen diese und alle nachfolgend in Erscheinung tretenden Stammesföderationen, Völker und Dynastien zu ihrem Auftritt. Hier sei nur kurz erwähnt, daß es sich bei den Skythen um das in der griechischen Antike am besten bekannte Volk Innerasiens handelt. Es ist verwandt oder identisch mit den Saken, deren Bezeichnung aus dem Iranischen stammt. Auf einem assyrischen Dokument Esharddons (680–669 v. u. Z.) finden die Saken erstmals Erwähnung. Um 177 v. u. Z. müssen sie den ihrerseits von den Xiongnu (den Hunnen) abgedrängten und im Tal des Ili auftauchenden Yüezhi weichen. Die Han wiederum, Chinas erste den Westen eröffnende Dynastie, sucht die inneren Machtverhältnisse der Wusun – diese werden auch für die von Herodot erwähnten Issedonen gehalten – durch Heiratspolitik und kostspielige Allianzen zu beeinflussen, obwohl das barbarische, das heißt europide Aussehen wie auch Hartherzigkeit, Gier und Unzuverlässigkeit der Weidenomaden die Chinesen, etwa den späteren chinesischen Kommentator Yan Shigu (579–645), durchaus befremden. Die Yüezhi, das erste und am weitesten im Osten beheimatete Opfer der Expansion der Xiongnu, ziehen nach Niederlagen (155–125 v. u. Z.) gegen die mit letzteren verbundenen Wusun südwärts nach Fergana, was einerseits das Ausweichen der dort siedelnden Saken nach Baktrien bewirkt, andererseits durch deren Inbesitznahme der so benannten Landschaft im Norden des heutigen Afghanistan das Ende der in der Nachfolge von Alexander dem Großen entstandenen gräko-baktrischen Staatsgebilde.

Ramasan scheint mit der hinabgreifenden Rechten in der eingebrochenen Erdhöhlung zu fingern. Machte sich Ramasan nicht an diesem, sondern an einem noch unerforschten und jüngeren Kurgan der Region zu schaffen, könnte das Inventar durchaus Langschwerter und dreiflügelige Stielpfeilspitzen aus Eisen, figuralverzierte sarmatisch, hellenistisch oder gräko-baktrisch beeinflußte Goldblecharbeiten enthalten.

Aber Ramasan klaubt aus dem Erdreich nur einen schwärzlichen Holzsplitter hervor, den Überrest eines Napfs oder Tabletts oder auch des verstärkenden Holzeinbaus der Grabgrube. Wäre letzteres der Fall, dann hätte hier ein Sake gelegen. Hätte der Schädel mongolische Züge besessen, wäre Ramasan damals auf die Gebeine eines Mitglieds der frühesten Vorhut der fast anderthalb Jahrtausende später anbrandenden Wellen dschingiskhanidischer Reiterkrieger gestoßen und das modrige Hölzchen, es riecht nach Pilz und Ramasan könnte es mühelos zwischen den Fingerspitzen zerreiben, wäre vielleicht ein Fragment des niedrigen Tischchens, auf dem eine Schüssel gefüllt mit Fleisch vom Pferd und ein Krug voll *kumis*, voll Stutenmilch, gestanden haben. Oder aber um das Fragment der Stange mit dem über dem Kurgan aufgehängten strohgefüllten Fell eines geopferten Pferdes – die zweite der ausgeklügelten Maßnahmen, welche dem Toten, dessen Name auszusprechen den drei folgenden Generationen verboten war, das Fortkommen im Jenseits garantieren sollten.

In der hiesigen Welt, und zwar im Jahr 1219, drängt unaufhaltsam wie Lava an Ramasans und zahllosen anderen Kurganen vorbei Dschingis Khans Heer in Richtung Syr Darya. In Otrar, das noch an dessen diesseitigem östlichen Ufer liegt, ist gnadenlose Vergeltung zu üben für das im Vorjahr begangene Massaker an einer hundert- bis vierhundertköpfigen muslimischen Handelsdelegation, die im Auftrag des Khans drei bucharische Kaufleute durch das unruhige Choresmien hätte nach Hause geleiten sollen. Denn wenn die Mongolen auch keine Muslime sind: es geht ganz grundsätzlich um die Ahndung des verwerflichen Anschlags auf das ungeschriebene, aber mithin im mittelalterlichen Eurasien geltende Völkerrecht, das die Sicherheit des freien transkontinentalen Warenverkehrs garantiert.

Im Jahr 1218, nach der Unterwerfung der Kara-Khitai – die Oberschicht der Schwarzen Khitai gehört zum Volk der Kitan, das als Liao-Dynastie in Nordchina herrscht, bevor es, von den Kin nach Westen abgedrängt, Turkestan erobert und die ansässigen Uiguren zu Vasallen macht – werden die Mongolen in Ost-Turkestan Nachbarn des choresmischen Reiches.
Muslimische, zumeist uigurische Berater überzeugen Dschingis Khan von den Vorteilen, die der Handelsaustausch mit Choresmiens Oasenstädten am Syr Darya und am Amu Darya den Mongolen bringen würde. Umgekehrt suchen aber auch die dort residierenden Kaufleute, die über die mongolischen Erfolge in Fernost unterrichtet sind, Kontakt zum Khan und schicken aus Buchara eine Karawane in sein Lager in der nordchinesischen Steppe. Im Gegenzug bricht eine mongolische Karawane zum Syr Darya auf. Zudem übersendet Dschingis Khan Sultan Muhammed II. Ala ad-Din, dem choresmischen Herrscher, eine Botschaft, in der er jenen als Herrscher des

Inalchik, dem raffgierigen turkischen Gouverneur von Otrar, geben die Mongolen nun das Silber, das ihn zu der Schandtat verführte – jedoch in flüssiger Form und in Nase und Ohren gegossen. Dann setzen sie Sultan Muhammad II. Ala ad-Din nach, dem letztinstanzlich für das Massaker

Westens anerkennt, während er sich selbst als Herrscher des Ostens vorstellt. Weiter unterstrich Dschingis Khan die Notwendigkeit gutnachbarschaftlicher Beziehungen zum Zweck des Handels, der den Wohlstand der Welt befördere.
Der Sultan sieht Dschingis Khan jedoch als Rivalen oder die Mitglieder der Karawane als Spione. Es ist deshalb wahrscheinlich, daß er dem Gouverneur von Otrar, der ersten von der mongolischen Karawane besuchten Stadt, den Befehl erteilt zur Beraubung und zur Ermordung der mongolischen Gesandten,

verantwortlichen choresmischen Herrscher. Über Samarkand und Balkh erreichen die mongolischen Verfolger das Kaspische Meer. Als der gehetzte Sultan auf einer

einsamen Landzunge stirbt, ist die ursprüngliche Strafexpedition längst in den choresmischem Feldzug ausgeufert, welcher wiederum nur die unbeabsichtigte Ouvertüre des Vorstoßes nach Georgien darstellt sowie dessen

Beeinflußt von Ferdausi, sieht der persische Chronist Ata-Malik Juvaini in seiner *Geschichte des Welteroberers, Tarikh-i Jahangushay-i Juvaini* (verfaßt zwischen 1252/53 und 1260) Dschingis Khan als Abbild Alexanders des Großen und interpretiert die Verfolgung als Wiederholung jener von Darius III. und die Schleifung von Balkh als Analogie zur Zerstörung von Persepolis.

Ausschwingen über das Asowsche Meer hinaus an den Dnepr und den Rand der ungarischen Tiefebene. Von Karakorum aus gesehen ist es ein 10 000 Kilometer langer Ritt, der Dschingis Khans Feldherren Chepe und Subedei bis 1223 dem östlichen Europa näherbringt. Mit der Konsequenz, daß über die Grenzen dieses Raumes hinaus im Jahr 1237 Subedei und Batu die »mongolische Explosion« in das westliche Kernland tragen, unterstützt von verpflichteten turkischen Hilfsvölkern und gewiß auch dank der geographischen Informationen der venezianischen Krämer am Schwarzen Meer, die den Mongolen damit die Schleifung der konkurrierenden genuesischen Handelsstation Kaffa vergelten und sich gleichzeitig bestens positionieren im lukrativen Fernosthandel unter der *Pax mongolica*. Dem gelähmten Westen ist das eine angsterfüllte Epoche, und nichts bringt das Trauma besser zum Ausdruck als die Verdrehung des für Jurtenverbände verwendeten mongolischen Wortes *ordu* zum gewiß derogativen 'Horde'.

Die asiatische Gefahr verkörpert Dschingis Khans Neffe Guyuk, und zur Zeit Innozenz' IV., im November des Jahres 1247, ist es dieser einzige Sohn des Ogedei, der die Selbstgerechtigkeit

Das unter Dschingis Khan eingeführte *ordu*-System bedeutet eine Reorganisation der Nomadengesellschaft, wobei die mehr oder weniger engen Verwandtschaftsbeziehungen numerische Einheiten ablösen – 10, 100, 1000 oder 10 000 –, bei deren Anführern es sich um Abkömmling alter aristokratischer Geschlechter handelt oder des Verdienstadels, sogenannten 'Männern des langen Willens'.

der Kirche erschüttert, welche im Vorderen Orient mit ihrem bewaffneten Arm der Kreuzzügler immer noch um politische Vorherrschaft gnadenlos aggressive Kriege führen läßt. Um Gehorsam auch im Norden Asiens durchzusetzen, hat nämlich der Papst den Franziskaner Giovanni da Pian del Carpin (*Historia Mongalorum quos nos Tartaros appellamus* und *Liber Tartarorum* Lyon 1247. Erste Wiedergabe der *Historia Mongalorum* als Abriß in: Vincent de

Beauvais, *Speculum historiale*, veröffentlicht 1473, der wichtigsten Enzyklopädie des Mittelalters) als Emissär losgeschickt, dessen Reise von Lyon über Kiev und nach der Begegnung mit Batu an der Wolga weiter durch die ›Dsungarische Pforte‹ auf dem *yam*, dem System mongolischer Poststraßen, täglich mehrfacher Wechsel der Pferde beschleunigt. Aber der ehemalige Schüler des heiligen Franz von Assisi trägt nach zweieinhalbjähriger Abwesenheit eine Antwort an den Tiber zurück, die ganz und gar nicht den Erwartungen des Heiligen Stuhls entspricht.

»Dies ist eine Weisung, an den großen Papst gesandt; er möge sie zur Kenntnis nehmen und begreifen«, beginnt der nach einer Präambel in Chaghatai-Turki in Persisch abgefaßte Brief, um nach einem schwer leserlichen Satzteil fortzufahren »[…] die Bitte um Unterwerfung wurde von Seiten Eurer Gesandten gehört. Wenn Ihr entsprechend Eurem Wort vorgeht, so kommt: Du, der große Papst, und die Könige alle persönlich, um uns zu huldigen. Dann werden wir auch die Weisungen, die es gibt, vernehmen lassen.

Weiter habt Ihr gesagt, für mich werde in der (Annahme der) Taufe ein Vorteil liegen. Du hast mir mitgeteilt und eine (entsprechende) Aufforderung geschickt. Dies Dein Gesuch habe ich nicht verstanden.«

Nachdem der Großkhan, immerhin der mächtigste Herrscher der damaligen Welt, die ihm merkwürdig erscheinende Frage des Papstes beantwortet, warum die Mongolen alle Länder der unschuldigen Ungarn und Christen erobert hätten – nämlich weil jenen vorausgehend, und zwar sowohl vom 'ozeangleichen' Dschingis Khan selbst als auch von Ogedei, der gottbefohlene Befehl der Unterwerfung aller Welt unter die Mongolen mitgeteilt worden sei –, wiederholt Guyuk den Auftrag seiner Ahnen und der Mongolen, denen vom Himmel alle Reiche von Sonnenaufgang bis Untergang gegeben sind. Umgekehrt fordert er dann den Papst zum Gehorsam auf, verlangt von ihm, in dem er nicht mehr als einen weiteren König sieht, an der Spitze aller abendländischen Regenten ihn aufzusuchen, ihm zu huldigen und Dienst zu leisten. Dann wolle er ihre Unterwerfung zur Kenntnis nehmen. Guyuks Schreiben kommt darauf zu den durchaus ernsten Worten: »Wenn Ihr aber Gottes Befehl nicht annehmet und unserem Befehl zuwider handelt, werden wir erkennen, daß Ihr unsere Feinde seid.«

Und diese leiten nur über zum Schlußsatz

»Das ist es, was wir Euch kundtun. Wenn Ihr dem zuwider handelt, was sollen wir dann wissen, (was geschieht)? Das weiß nur Gott. Geschrieben Ende Dschumada II 644 n. d. H. (3.–11. November 1246)«

(Berthold Spuler, *Die Geschichte der Mongolen. Nach östlichen und europäischen Zeugnissen des 13. und 14. Jahrhunderts*, Zürich 1968)

Keine dreihundert Kilometer nördlich vom Alakol bewegt sich Mitte August des Jahres 1829 Alexander von Humboldt auf einem niedrigen tatarischen Fuhrwerk, vor dessen beiden Rädern sich die »waldartig dichtgedrängten Pflanzen« niederbeugen, vom unansehnlichen Ust-Kamenogorsk durch weglose Teile der Krautsteppe. Kommt vorbei an den Redouten-Dörfern der gegen Kirgisenüberfälle errichteten »Irtysch-Linie«, bewohnt von angesiedelten Kosaken, die als echte Grenzer vom Ackerbau leben, und besucht, beobachtet von Mongolen und chinesischen Offizieren und ganz in der Nähe deren Grenze, ein paar der Silbergruben des Altai, ausgebeutet auf Befehl Peters der Großen seit 1784. Will Alexander von Humboldt aus dem Sichtbaren, das ihn umgibt, räumliche Orientierung gewinnen, muß er sich aufrichten. Über die größeren geographischen Verhältnisse des eurasischen Kontinents jedoch besitzt er bereits umfassend Klarheit. Unterwegs in der chinesischen Dsungarei, zwischen der sibirischen Grenze und dem Zaysan-See, in gleicher Entfernung vom Eismeer und von der Ganges-Mündung, gesteht sich von Humboldt zu, »in Central-Asien« zu sein, und zwar, wie die Barometerlesungen zeigten, an einer durchaus niedrigen Stelle des sogenannten Hochlands, denn hier erreichte das »Plateau de la Tartarie« kaum 800 bis 1100 Fuß über dem Meeresspiegel.

Dazu Buch I, *Herzland der Peripherien*.

»Hoch-Asien« ist also keineswegs ein unmißverständlicher Begriff, und daß es seither nicht einfacher geworden ist, ihn zu relativieren, mag damit zu tun haben, daß er sich im Westen vielleicht bereits in der Antike eingeprägt hat, nämlich seit Alexanders des Großen *Hinaufmarsch* von der kleinasiatischen Küste nach Persien und über den Hindu Kush an den Oxus – die militärische Expedition, welche Arrian, Xenophons Vorbild folgend, ΑΛΕΞΑΝΔΡΟΥ ΑΝΑΒΑΣΕΟΣ betitelte.

Als Ramasan, der inzwischen mit seinem *Lada* auf der Grasspur nach Akshi zurückgefahren ist, das Jagdhaus erreicht, findet er keine von Almaty herübergekommene Ornithologen oder Jäger vor, für beide Beschäftigungen scheint nicht die richtige Jahreszeit zu sein, aber auf der mit einem geknickten Flachbogen überdachten Terrasse einen der Eßzimmerstühle – laut Etikett wurde dieser im Jahr 1969 von der Firma *Cildro Drobeta S. A.* in Drobeta Turnu Severin hergestellt, der Stadt unterhalb des drei Jahre später von Rumänien und dem nicht mehr existierenden Jugoslawien erbauten Laufwasserkraftwerks, dessen Stahlbetonmauer die Donau staute, so daß der Strom seither nicht mehr laut zwischen den Felswänden der ›Portile de Fier‹, des ›Eisernen Tors‹ hindurchdrängen muß, sondern verstummt ist in der grauen Brühe eines Stausees – dieser verschlang nebst etlichen Dörfern auch Trajans römische Straße sowie die Köpfe der vom Architekten Apollodor von Damaskus erbauten Brücke nach Dakien –, diesen rumänischen Stuhl also schafft Ramasan ins Haus zurück. Dann steigt er die Terrassentreppe hinab, verläßt am Badehäuschen vorbeigehend das Grundstück und fährt, nachdem er die bordeauxroten Eisentore verriegelt, aber nicht abgeschlossen hat, weg, einen flüchtigen Blick über die linke Schulter werfend, wobei er die Gestalt nicht sieht, die eben im Schatten der Terrasse erschienen ist und jetzt über die Umfassungsmauer auf den Alakol blickt, über dessen gerade noch spiegelglatte Fläche wieder scheinbar aus dem Nichts kommende runzlige Gischtbögen huschen.

Aristeas, einsamer Wanderer der frühen griechischen Antike, fährt mit der Hand an seine Wange, überrascht, daß ein neuerlicher Windstoß sich überhaupt bis in die Nische der Terrasse verirren kann. Wo bin ich? fragt sich Aristeas.

Welcher Wind ist das? Woher bläst er, so warm, wenn nicht aus südlicher Richtung?

Um den Boreas kann es sich nicht handeln, da jener aus der Richtung des nördlichen Rands der bewohnten Welt, vom Totenreich der Skythen weht. Zumindest glaubt man das in Aristeas' Heimat, auf der Insel Prokonnesos im Marmara-Meer – um 675 v. u. Z., denn das ist die Zeit des Aristeas und immerhin noch zweihundert Jahre bevor die ionische Wissenschaft unter Babylons orientalischen Einflüssen mit Hilfe der Astronomie die Himmelsgegenden der verschiedenen Winde definieren und das noch heute gültige Konzept der vier hauptsächlichen Himmelsrichtungen (Nord, Ost, Süd, West) seine Gestalt annehmen wird.

Dem griechischen Wanderer ist im Lauf der vergangenen drei Jahre, seit er Thrakien hinter sich gelassen hat, dieser kalte starke Wind einziger Richtungsweiser gewesen. Immer hat er ihn an der Stirn gespürt, hat vertrauensvoll auf den mutmaßlichen Ursprungsort der Lüfte zugehalten, bestätigt in der Richtung durch die Informationen über einen Durchgang, ein von frostigen Stürmen heimgesuchtes ›Tor der Winde‹, das die ihm entgegenkommenden, westwärts ziehenden Skythen kennen. Sie haben ihn, Aristeas, durch ihre Reihen gegen Osten hin weitergereicht. Vom *Palus Maeotis*, der durch den Kimmerischen Bosporus mit dem Schwarzen Meer verbundenen Asowschen See, zuerst einmal dem Lauf des Thanais, dem Donez entlang durch das Land der Sarmaten, deren maskuline Frauen Aristeas für Amazonen gehalten hat, nach Norden bis in die Gegend der heutigen Wolga-Stadt Saratov. Nachdem er das erste Wegstück der nördlichen Handels- und Vorläuferroute der Seidenstraße zurückgelegt hat – zweieinhalb Jahrhunderte später wird Herodot unter Bezugnahme auf Aristeas deren Verlauf und Stationen (*Historien* IV, 13–32) exakt beschreiben –, hat er sich nach Osten gewendet, um in direkter Linie durch den Steppenkorridor zu wandern, immer weiter zu unbekannten Regionen hin. Längst hat Aristeas zu diesem Zeitpunkt jeden Kontakt zu den Leuten aus Milet und Megara verloren, welche an bestimmten Küstenplätzen des Schwarzen Meers – in Apollonia Pontica, Tomis, Istos und Olbia sowie auf der Halbinsel Krim, dem taurischen Cherson – sich mit der Gründung pontischer Kolonien hervortun wollen. Deren Vorgänger jedoch, unerschrockene Händler, sind es gewesen, die (im 8. Jh. v. u. Z.) Nachrichten über ein tief im Hinterland liegendes, durch ausgezeichnetes Klima begünstigtes und von schädlichen Winden verschontes Land der Hyperboreer, der 'hinter dem Boreas Wohnenden', auch in Aristeas' Heimatstadt Cyzicus (selbst eine milesische Gründung wahrscheinlich des 8. Jh. v. u. Z.) gebracht haben. Aristeas, den devoten Jünger des Apollon — als dessen Lieblinge gelten jene dem Gott die Erstlingsfrüchte nach Delos schickenden Hyperboreer —, haben diese Nachrichten überhaupt erst auf den Gedanken gebracht, die Region aufzusuchen.

Ein heiliger Schauer hat ihn, am Tag seiner Berufung durch Apollon überfallen, als er in die Werkstatt eines lederverarbeitenden Walkers eingetreten war, nicht nur die Seele, sondern auch den Körper. Eine psychosomatische Störung hat, wie später gemutmaßt wird, seinen Zusammenbruch bewirkt, welcher den paar Anwesenden als Eintreten des Todes erschienen sein muß, sind sie doch davongeeilt, entsprechende Nachricht zu erstatten und Begräbnisvorkehrungen zu treffen. Genau das aber hat ihm, nachdem er das Bewußtsein wiedererlangt hat, die Möglichkeit verschafft, sich davonzumachen. Fast unbemerkt ist ihm das auch gelungen, wäre nicht gerade noch ein aus Artace stammender und erst seit kurzem in der Stadt niedergelassener Bürger aufgetaucht, der unbedingt ein paar Worte mit ihm hat wechseln wollen.

Um seine Heimat hat sich Aristeas schon bald nach dem Fortgang von der Insel nicht mehr gekümmert. Er ist seiner Berufung gefolgt, das Land aufzusuchen, in das sich Apollon während der von Dionysos beherrschten Wintermonate zurückzieht, von wo aber auch Herakles den wilden Ölbaum nach Olympia gebracht hat. Je länger seine Wanderung gedauert hat, desto stärker hat sich Aristeas' Vermutung erhärtet, die schwierige Reise über Land zu den Hyperboreern sei gewiß auch eine Reise des Geistes, eine 'Reise der Seele'. In den weit zurückfliehenden Regionen im Hinterland des Pontos Euxeinos hat er tiefen Einblick in die unter den besuchten Völkern kursierenden Volksbräuche und schamanischen Vorstellungen gewonnen, und es ist ihm nur als naheliegend erschienen, daß asiatisches Gedankengut eines Tages auch in seine heimische griechische Welt gelangen wird.

Im Quellgebiet des Ishim ist Aristeas den letzten der eisenverarbeitenden, Pferdefleisch essenden und Stutenmilch trinkenden, auf Zugwagen lebenden Skyten begegnet. Nach ihnen, im Gebiet südsüdwestlich von Semipalatinsk, um den Irtysh und gegen den Syr Darya hin — also bereits hinter dem Punkt, der Herodot

Während bei den Skythen das Schwarze Meer 'Südliches Meer' heißt, ist dessen ursprünglicher griechischer Name Pontos *axeinos* (griech. 'ungastlich'). *Achshaenas*, das aus dem Persischen stammende Wort für 'dunkel', wird dabei euphemistisch im Griechischen zu Pontos *euxeinos* — 'wohlgastlich'. Im Jahr 8. n. u. Z. kommt der von Kaiser Augustus verbannte Ovid in den Pontos, wo er in der milesischen Kolonie Tomis, beim heutigen rumänischen Constanza, die *Epistulae ex Ponto* verfaßt. Plinius (*Naturkunde* IV, 24, 76) vergleicht die Gestalt des fischreichen Gewässers mit jener eines »skythischen Bogens«.

als Ende der Nordroute gelten wird –, wurde Aristeas dann von den nomadischen Issedonen empfangen und hatte von in ihrem Rücken liegenden, sturmumtosten Gebirgen und fürchterlichem, daraus hervorstoßendem Wind gehört – kein Zweifel, das muß das Fauchen des Boreas sein! Hinter jenem Erdverschluß, hat es bei den Issedonen geheißen, lebten dann noch seßhafte vegetarische Getreideesser, deren glückliches Land sich von den jenseitigen Abhängen des Gebirges bis zum Meer erstrecken soll. Mit ihnen, hat Aristeas überlegt, konnten die Issedonen nur die Hyperboreer meinen. Betrüblich dann nur, daß jene ihm auf der letzten Etappe, so kurz vor dem Ziel seiner großen Wanderung ins Unbekannte und vor der »Kluft der Winde«, noch die Arimaspen angekündigt haben.

Dieses Volk einäugiger Reiter, so die Auskunft der Issedonen, habe sie selbst aus der Mongolei und der Dsungarei verdrängt, und noch immer verspürten sie deren Druck. Ihr eigenes Ausweichen habe wiederum die westliche Bewegung der Skythen ausgelöst, mit der Konsequenz, daß deren Auftauchen im pontischen Hinterland (bereits im 8. Jahrhundert v. u. Z.) wiederum die Kimmerer zum Aufbruch in Richtung Europa bewogen habe.

Aristeas weiß, daß diese Kimmerer vor seiner Zeit auch in Prokonnesos eingefallen sind. Hingegen hat er von den Issedonen nicht in Erfahrung bringen können, ob die Monophthalmie der Arimaspen – ihr Name zeigt Verwandtschaft mit den skythischen Worten *arima* ('eins') und *spu* ('Auge') – eine Vorsehung der Natur ist, oder ob das häufige Bogenschießen über die Generationen hinweg zu einer bleibenden Veränderung und schließlich zur Verkümmerung des zweiten Auges geführt hat. Merkwürdig ist dann der Hinweis gewesen, beim einzigen Auge könne es sich um eine stirnbefestigte Grubenlampe handeln, denn die Arimaspen, pferdezüchtende Nomaden, aber auch mit der Haltung von Rindern, Schafen und Ziegen beschäftigt und an einem erzhaltigen, mutmaßlich nordwärts strömenden Fluß siedelnd, seien immer hinter dem Gold gewisser Monster her, welche es beim Anlegen stollenartiger Horte gierig hervorscharrten und eifersüchtig bewachten. Das hat Aristeas wiederum an sagenhafte Ungeheuer aus der heimatlichen Mythologie erinnert. An die geflügelten Gorgonen etwa, oder die Phorkyden, zwei oder drei einen einzigen Zahn und ein einziges Auge teilende Töchter von Phorkys und Keto, aber fast mehr noch an Greife, sollen doch, wie es heißt, auf den geflügelten Löwenkörpern Adlerköpfe sitzen. Aufgefallen ist Aristeas zudem, daß die von den Issedonen benutzte Bezeichnung der ständig mit den Arimaspen im Krieg liegenden Fabelwesen ähnlich klingt wie das griechische γρυψ, und die Kunde von diesen Greifen hat Aristeas schließlich zur Frage geführt, ob sie im Repertoire der Motive der Kunsthandwerker zu Hause womöglich schon vorkommen. Wenn nicht, dann hätte er, der mutmaßlich erste tief nach Innerasien vorgedrungene Europäer, festgestellt, daß es sich beim Greif nicht nur um ein Fabelwesen Wahrscheinlichkeit nach um eine lokale volkstümliche Überlieferung der von ihm bereisten Region handeln muß. Denn kein Fabelwesen drängt die Issedonen ab, sondern die real existierenden Arimaspen, übrigens gar nicht zottig und wild behaarte Menschen, sondern genau wie die Skythen schlicht und einfach als Kleidung mit dem Vlies nach außen gekehrte Schafhäute tragend.

Was dann noch der Klärung harrte, war die Sache mit den vom Himmel fallenden 'Federn', die das Land verdunkeln und die Sicht behindern. Als Aristeas eines Tages tatsächlich in dieses unbekannte Phänomen hineingeraten ist, hat er gesehen, daß das, was aus der Ferne wie Nebel erschien, Grund der angenommenen ewigen Finsternis über den Ebenen des Skythenlands, weiße, manchmal tanzende, manchmal von schneidendem Wind über den Boden getriebene Flocken waren, die er allerdings nicht zu benennen wußte. Auch hielten die federartigen Flocken der Berührung nicht stand, blieben aber auf der Steppe liegen und bedeckten das Kraut, so daß Aristeas, wenn er sich umdrehte, erschrocken ist angesichts der Verfolgung durch die eigenen Fußspuren.

Unverdrossen ist der von Apollo Berufene aber weitergezogen, mit dem

Wie ein Echo der Greifen-Fabel liest sich die Geschichte der hund- oder fuchsähnlichen gigantischen Ameisen der baktrischen Wüste und der Inder, die diesen das emporgeworfene Gold zu stehlen versuchen (Herodot, *Historien*, III, 102).

J. D. P. Bolton (*Aristeas of Proconnesus*, Oxford 1962) sieht Aristeas als westlichen Verbreitungsweg der volkstümlichen Erzählungen Innerasiens in die Nachbarregionen und führt als Beweis dafür, daß Innerasien deren Ursprung gewesen ist, das antike indische Epos *Mahabharata* an, welches Goldzahlungen mittels 'Ameisengold' erwähnt. Nach Indien gelangt sein soll die Legende nach Bolton nicht aus Griechenland oder Persien, wo die baktrischen Ameisen, von welchen Aristeas nördlich des Oxus hört, auch bekannt sind, sondern wahrscheinlich aus der Mongolei. Dort lokalisieren auch chinesische Chroniken Ameisenmonster. Das *Shan Hai Jing* (Ende des 1. Jh. v. u. Z.) erwähnt möglicherweise aus dem 3. Jh. v. u. Z. stammende Nachrichten über Fabelwesen nördlich des Kunlun, zum Beispiel das Land der Hunde-Rong und der *Gui*, die zwar Menschengesichter, aber nur ein Auge tragen; im weiteren kommen in diesem Werk ein geflügelter Tiger vor sowie gigantische Wespen und Ameisen. Obschon das *Shan Hai Jing* letztere nicht mit Einäugigen in Verbindung bringt, erwähnt es solche im gleichen Gebiet, wie auch im Buch über die überseeischen Länder des Nordens, *Hai Wai Bei Jing*, wo nebst Unterschenkellosen der 'Geist der Zhong-Berge' lebt, der durch Öffnen und Schließen seines einzigen Auges Tag und Nacht bewirkt, und östlich von dem Einhänder und Einfüßer, die *Rouli*, siedeln. Einäugige, nebst Bauchlosen, nennt auch das am Hof des im Jahr 122 v. u. Z. verstorbenen Liu An, König von Huai, erstellte *Huainan Zi*, eine den Rahmen einer Enzyklopädie sprengende, literarisch ambitionierte und als eklektisch zu bezeichnende Aufsummierung der Philosophie.

Bruce Chatwin, der sich im aufgegebenen Projekt *Die nomadische Alternative* (*Lettre International*, Nr. 27, 1994) auch mit Aristeas beschäftigt, erwägt, daß die in Innerasien verwendeten Schamanenkostüme, behangen mit Schlangen darstellenden Bändern und Augen darstellenden Spiegeln oder kleinen Bildern menschlicher Glieder, die kuriosen Geschichten von Gorgonen, Hundemenschen und Greifen inspiriert haben könnten.

guten Gefühl, die federartigen Flocken seien nurmehr ein zusätzliches Indiz für den richtigen Weg ans nördliche Ende der Welt. Bald hat er dann das Vorland des Gebirges erreicht, dem Hippokrates (*Schrift von der Umwelt*, 19) als erster den Zunamen »rhipäisches« geben und das Plinius einer unter dem Namen Pterophorus bekannten und sozusagen dem von Alexander von Humboldt bereisten Raum identischen Region »fallender Federn« zuschreiben wird, mit einer Höhlung darin, dem Nordwind 'empfangenden Bauch', *Aquilonis conceptaculis*, welche an anderer Stelle desselben Werks (*Naturkunde*, VII, 9–10 und IV, 88) *ges kleithron* heißt. Nichts anderes, mutmaßte Aristeas, als der von den Issedonen genannte Erdverschluß. Nicht irgendwo im Altai kann dieser Ort liegen, sondern sehr wahrscheinlich südlich des Zaysan-See im Tarbagatai. Dieser aber ist das im Norden die ›Dsungarische Pforte‹ abschließende Gebirge, das Aristas jetzt, da der Wind das ferne Schleiergewölk vertrieben und die Luft gesäubert hat, von der Terrasse des Jagdhauses aus jenseits des aufgewühlten Alakol deutlich erkennen kann.

Die zwei Fremden, die der Mann mit dem Auto, der Fischer Ramasan, vor dem Jagdhaus abgesetzt hat, sind unterdessen dem Strand entlang in Richtung einer Baustelle verschwunden, von wo sporadisches Hämmern zu Aristeas herüberdringt. Einen Moment lang spielt er mit dem Gedanken, ihnen nachzugehen. Leicht könnte er sie einholen, denn immer wieder bleiben sie stehen, der eine zuweilen etwas notierend oder offenbar von schwerem Husten erschüttert, der andere, der einen kleinen schwarzen Guckkasten vor der Brust hängen hat, hinkend, als sende ein eingeklemmter Nerv Schmerzen in sein rechtes Bein. Aristeas kommen die zwei Fremden, beide im mittleren Alter und keineswegs von wildem Äußeren, auch wenn er sie nur aus Distanz beobachten kann, irgendwie vertraut vor. Schon ihre Kleidung, keine Felle, unterscheidet sie von den Skythen, Issedonen und auch von den Arimaspen.

Weil Aristeas sich nicht vorstellen kann, daß die beiden aus einem westlichen, vor dem Kaukasus liegenden Land stammen, nimmt er an, sie seien an den Alakol aus dem Osten gekommen, von jenseits der Pforte. Aus der Region, woher der warme Wind durch die Öffnung bläst, statt daß aus ihr der erwartete kalte eisige Sturm hervorbricht. Wenn aber dieser Wind, überlegt Aristeas, nicht Boreas ist, den man in Griechenland als geflügelten Alten mit zottigem Haar- und Bartwuchs darstellt, können die beiden Fremden auch nicht Hyperboreer sein. Die Feststellung beruhigt ihn zwar, erinnert ihn aber auch an die Auskunft der Issedonen, das Land der 'hinter dem Boreas Wohnenden' erstrecke sich bis zum Meer – zum Meer? Wo die flache Erdscheibe doch nicht ein Meer umgibt, sondern der Okeanos, und dieser, wie im 7. Jahrhundert vor der Zeitrechnung dank Thales jeder weiß, ein Fluß ist, Homers Weltstrom (*Illias*, XVIII, 607; *Odyssee*, XI, 639), der Vater aller Flüsse, aus dem täglich der Sonnengott Helios und Eos, die Morgenröte, steigen und in dem die Sterne baden.

Diese Gedanken werfen Aristeas zurück auf den seit geraumer Zeit genährten Plan, alles im Verlauf seiner langen Wanderung Erlebte in einem epischen Gedicht zu verarbeiten – in Hexametern, wie es sich gehört. Selbstverständlich würde darin Etliches, was er durch Autopsie, durch unmittelbare Anschauung, gewonnen hat, vor allem die Topographie des durchwanderten und mitsamt seinen materiellen Gütern und religiösen Anregungen erschlossenen Raums, die Leser nachhaltig verunsichern, vor allem die Tatsache, daß er mit homerischen Traditionen brechen würde, denn die Idee der schwebenden Insel, auf der Äolus in einem Sack »die

Pfade der heulenden Winde sammelte« (*Odyssee*, X, 20), ist für einen, der in der ›Dsunga-rischen Pforte‹, am 'Tor der Winde', steht, keinesfalls mehr haltbar. Ebenso fänden die Orte des unbekannten Schnees, von dem Aristeas nun ein exaktes Bild wieder-geben kann, ihren Platz im neuen geographischen Entwurf, welcher das bekannte Weltbild erweitern würde. Selbstverständlich würde das Gedicht nicht die Arbeit wissenschaftlicher Geographie leisten können, aber als mythische Vorstufe einer sol-chen würde es durchaus einen praktischen Zweck erfüllen. Alles, was er nur durch Hörensagen erfahren hat, würde Aristeas in dem Gedicht zu scheiden wissen von Tatsachen, darunter die Migration und die festgestellte gegenseitige Abdrängung der Völker aus dem eurasischen Kernland nach Westen, die, wie er bestens weiß, be-reits zum Einfall der Kimmerer in Kleinasien geführt hat.

Sein Heimweg nach Prokonnesos würde noch einmal gut drei Jahre beanspru-chen, und deshalb ist es gewiß doch besser, umgehend umzukehren und die Arbeit am geplanten Gedicht zu beginnen – was spräche dagegen, es *Arimaspea* zu nennen?

Nach der Fertigstellung des Wer-kes, überlegt Aristeas, könnte er sich ein zweites Mal absetzen und auf dem nur ihm bekannten Weg an den Alakol zu-rückgehen, dann aber die geheimnisvolle Pforte durchschreiten und in das glück-liche Land der Hyperboreer gelangen – zu den Chinesen. Deren mythischer Kai-ser Mu (961–906, nach anderer Datierung 956–918 v. u. Z.) – das aber kann Aristeas nicht wis-sen – hat laut einem wahrscheinlich erst Ende des 4. Jahrhunderts v. u. Z. erstell-ten Abschnitt des *Mu Tianzi Zhuan*, *Be-richt über die Reise König Mus*, in der Epo-che der Westlichen Zhou (1122/1045–256 v. u. Z.), also zweihundert Jahre vor seinem eigenen Auftauchen in Innerasien, im Zusammenhang mit der Niederschla-gung einer nomadischen Revolte eine sagenhafte Expedition in die Region des »Wandernden Sands« unternom-men und dabei den Kunlun erreicht, eines der Massive des zentralasiatischen Gebirgsknotens, wo sich die 'Federhau-fen' seit ewigen Zeiten abgelagert haben.

J. D. P. Bolton (*Aristeas of Proconnesus*, Oxford 1962) kommt nach seiner Untersuchung der Quellen, welche Aristeas und die *Ari-maspea* erwähnen (Herodot, Tzetzes, Pausanias, Longinus, Strabon, Plinius, Aulus Gellius, Dionysius Halikarnaß, Suidas, Apolloni-us u. a.) zum Schluß, daß das epische Gedicht im 5. Jahrhundert noch im Umlauf, bald darauf aber verschollen und den alexan-drinischen Bibliothekaren somit nicht bekannt war. Um 'Zitate' scheint es sich bei überlieferten Fragmenten aus dem 4. Jahrhundert v. u. Z., vielleicht aus der Hand von Heraclides Ponticus, zu han-deln, einem Verfechter literarischer Fälschungen und an Bizarrem Interessierten. Die Fragmente des Tzetzes hingegen können nach Bolton aus den drei Büchern von Aristeas' Original übernomme-nen Stoff enthalten, den möglicherweise ionischen Geographen, Anaximander und Hekateus, überliefert haben. Solche Vermitt-lung soll auch dafür verantwortlich sein, daß hellenistische und römische Autoren gelegentlich auf direkt aus den *Arimaspea* stam-menden Stoff zurückgreifen können, der nicht aus der bekann-ten Zusammenfassung Herodots stammt (*Historien*, IV, 13–15).

Zusammen mit den *Bambusbuchannalen*, *Ji Zhu Jian*, wurde im Jahr 281 v. u. Z. bei der Plünderung des Grabs von Kaiser Ai Xi (Regierungs-zeit 318–296), einem Herrscher der 'Zeit der Teilstaaten', auch der *Bericht über die Reise König Mus*, das *Mu Tianzi Zhuan*, gefunden, mög-licherweise die edierte Version eines oral überlieferten Epos. Die Chronik der *Bambusannalen* ist bis in das Jahr 299 v. u. Z. geführt, während die Darstellung der imaginären Reise von Mu in den Fer-nen Westen sich den Opferungen an verschiedenen Orten widmet, wo jenseits der Menschenwelt wirkende Kräfte residieren, die zu unterwerfen oder nutzbar zu machen der Reisende sucht.

Der französische Sinologe Edouard Chavannes ging um die Jahrhundertwende (*Les Mémoires Historiques de Se-Ma Ts'ien*, 1896–1905) davon aus, daß König Mu nicht über das Tarim-Becken hinausgelangt ist, und erwägt sogar, daß es sich bei der eben auch vom ›Herodot Chinas‹, von Sima Qian (145?–90? v. u. Z.), im *Shiji* (*Aufzeichnungen des Historikers*, von Sima Qians Vater Sima Tan geplant und teilweise verfaßt und veröffentlicht um 90 v. u. Z.) erwähnten Gestalt eher um Mu von Qin, einen zur Hälfte von nördlichen Nomaden abstammenden Fürsten handeln könnte, der um die Mitte des 7. Jahrhundert v. u. Z. die Reise zu den aufsässigen Tataren unternommen hat,

Reste dieser dunkelweißen, gegen den Frühling kämpfenden Haufen von 'Federn' haben die beiden sich am Strand des Alakol entfernenden Fremden vorgestern, am späten Nachmittag von Almaty heraufkommend, in nordwärts gerichteten Schattensäcken grüner, vollkommen baumloser Hügelzüge bemerkt. Hinter diesen sowie den grauen Vorbergen haben die 'Federhaufen' aber auch die fernen Kämme des Dsungarischen Alatau zum Leuchten gebracht. Zur Rechten hat die beiden Fremden diese ununterbrochene Granitbarriere begleitet, die alle Wege nach Osten zu versperren scheint und der sie stundenlang entlanggestrichen sind wie Hunde an einem Zaun, bis die dunklen Schichtungen flacher geworden, die Grate abgesunken und schließlich unter den milchigen Dunst geglitten sind, um dann auf der nördlichen Seite der Pforte aus diesem wieder aufzutauchen und emporzusteigen mit zarten Konturen, die sich alsbald ohne Widerstand der herankriechenden Dämmerung ergeben haben.

Zugplünderei I

Ucharal, 14. Mai 2001. — Es ist ein Fehler gewesen, sich gestern, sonntags, im freien Gelände außerhalb der kleinen Station von Akshi herumzutreiben, um diese zwielichtigen Vorkommnisse genauer zu beobachten. Aber im Zusammenhang mit dem Bericht über das ›Tor der Winde‹ ist für Ulrich, den Schreiber, der Augenschein, mehr vielleicht als für mich, den Fotografen, eine zwingende Notwendigkeit gewesen.

Daß die Güterzüge, sie gleiten in die ›Dsungarische Pforte‹ hinein wie das von einem unsichtbaren Finger geschobene Vierkantlineal über eine Tischplatte, bei der Station merkwürdig lange stehen blieben, ohne daß aus der Gegenseite ein anderer Zug nähergekommen wäre oder irgendein Signal einen solchen angekündigt hätte, ist Ulrich bereits am ersten Morgen nach unserer nächtlichen Ankunft in Akshi aufgefallen.

Am Sonntag also sind wir auf dem Karrenweg stehen geblieben und haben zugesehen, wie plötzlich eine Handvoll Männer von der anderen Seite des Geleises zwischen den offenen Waggons aufgetaucht ist, nicht zwischen irgendwelchen, nein, die Männer haben mit Vorwissen zugeschlagen, sind rasch an den Stirnwänden zweier Waggons hochgeklettert und auf die unsichtbare Ladung hinuntergesprungen. Umgehend haben sich dann helle Balken in der Luft überschlagen wie die Streichhölzer einer aufschnellenden Streichholzschachtel, und rasch ist das geklaute

Bauholz auf den Anhänger eines vom Dorf herangerasselten Traktors verladen gewesen. Aus dem Führerstand der Lokomotive hingegen, sie ist exakt dort stehengeblieben, wo sich Weg und Geleise am nächsten kommen, hat man ein Faß gestoßen. Vom Lokomotivführer unter der Hand verkauften Diesel enthalte es, zwanzig Tenge der Liter statt vierzig wie im Handel, hat ein zufällig oder auch nicht zufällig vorbeikommender Passant uns informiert, während wir dem Fahrer des unmittelbar zuvor aufgetauchten *Lada* zugesehen haben beim Schubsen und Rollen des schweren Fasses durch das trockene Gras. Nachdem es endlich im Kofferraum gelegen hat, ist der *Lada* auf uns zugesteuert, hat brüsk angehalten, und wir haben gesehen, daß es Herr Osbanbek gewesen ist, der sich am Zug versorgen muß, um vorwärtszukommen mit seinem Plan einer Feriensiedlung.

Vorgestern, Samstag, nachdem wir mit Ramasan vom Kurgan zurückgekehrt waren (und Aristeas uns vom Jagdhaus hatte weggehen sehen), hatten wir Herrn Osbanbek auf seiner bescheidenen Baustelle angetroffen. Mit Hilfe eines älteren Mannes, der hatte als Junge den kasachischen Exodus miterlebt, war bis nach Kanton gelangt unter Breschnew aber wieder in die Dsungarei zurückgekehrt, war Herr Osbanbek gerade beim Zimmern der Verschalungen für das Fundament einiger seiner Häuschen, in denen, wie er zuversichtlich erklärt hatte, bereits im Herbst die ersten Gäste unterkommen sollen.

Am Sonntag hat Herr Osbanbek dann wie gesagt brüsk angehalten und uns angeherrscht, es sei strengstens verboten, Eisenbahnzüge zu fotografieren, die seien nämlich Staatsgeheimnis — wir sollen abhauen.

Heute morgen nun, kurz vor zehn, fährt Osbanbek in seinem *Lada* beim Jagdhauses vor, und zwar in Begleitung eines Polizisten, auf dessen Kopf ein grünes Exemplar jener Schirmmützen sitzt, deren überschwengliche Form an die Betonschalenarchitektur von Mehrzwecksportanlagen der siebziger Jahre erinnert. Ohne ans Tor zu klopfen betreten die beiden das Grundstück, sprechen neben dem Badehäuschen kurz mit dem Hausmeister, der mit Ramasan bekannt ist und in den vergangenen Tagen auch als Wächter und Koch nach dem Rechten gesehen hat. Während Osbanbek bei ihm stehenbleibt, kommt der Polizist die Treppe hinauf.

Anfang der zwanziger Jahre des 20. Jahrhunderts faßt die sowjetische Macht Fuß in Zentralasien, vor allem aber im östlichen Kasachstan, wo der durch erzwungene Kollektivierung und Aufgabe des Nomadentums anfangs der dreißiger Jahre ausbrechenden Hungersnot über eine Million Kasachen zum Opfer fallen. 1948 fliehen 20 000 Kasachen mit ihren Herden, verfolgt von Rotarmisten, nach Xinjiang, von wo sich nach Tibet durchschlagen. Zwei Jahre später trifft das Viertel der Flüchtlinge, welche die Strapazen überlebt haben, in Kashmir ein, von wo aus sie in die Türkei kommen und dort eine neue Existenz aufzubauen versuchen. Die Geschichte dieser Flüchtlinge beschreibt Godfrey Lias in *Kazak Exodus. A Nations Flight to Freedom* (1956), während Mukhamet Shayakhmetov, *The Silent Steppe. The Story of a Kazakh Nomad Family* (2006), die tragischen Jahre aus der Sicht eines jungen Kasachen schildert, der auch an die Front von Stalingrad geworfen wird.
Seit der Unabhängigkeit Kasachstans 1991 sind etwa 300 000 Kasachen dem Ruf von Präsident Nasarbajew gefolgt und in ›die Heimat zurückgekehrt‹. Sie sollen das Land wieder kasachischer machen, sowohl demographisch als auch kulturell, wobei Uneinigkeit darüber herrscht, wer oder was ›echt kasachisch‹ ist. Jene, die sich so fühlen, befremdet denn auch etliches in ihrer neuen Heimat, welche ihre Vorfahren einst verlassen haben.

Ulrich klappt instinktiv den Laptop zu. Als Korrespondent hat er lange genug in Rußland gelebt, um zu wissen, daß er heute mit dem angefangenen Stück seines Romans (*Aschemenschen*, Frankfurt a. M. 2006) nicht weiterkommen wird. In beeindruckendem Russisch und mit höflicher Entschiedenheit, ohne die *contenance* zu verlieren, aber immer wieder geschüttelt von Anfällen des aus Beijing mitgebrachten bakteriellen Hustens, begegnet Ulrich den offensichtlich aus der Luft gegriffenen Anschuldigungen des Polizisten. Jener aber will nichts hören. Wo es nicht um den Buchstaben geht, spielt auch dessen Auslegung keine Rolle.

Sie wollen uns weghaben, sagt Ulrich, als Herr Osbanbek und der Unifomierte davonfahren. Ganz einfach weghaben. Wir hätten uns nicht binnen dreier Tage beim *OVIR*, dem Büro für Visa und Registrierung, gemeldet. Nun sei die Frist verstrichen. In Ucharal, auf der Distriktbehörde, würde man entscheiden, wie mit uns zu verfahren sei. Wir müßten Akshi verlassen und hätten genau ein Stunde zum Packen. Daß sich unser Fahrer bereits gestern, Samstag, nach Almaty davongemacht hat, sei den beiden Herren egal, wir hätten selbst zu sehen, wie wir wegkämen.

Wie bestellt und vermutlich von unseren Besuchern dazu ermuntert, erscheint ziemlich genau zum befohlenen Zeitpunkt, als wir gerade dabei sind, die rumänischen Stühle der Ordnung halber von der Terrasse in das Eßzimmer zurückzubringen, am Tor ein wortkarger Mensch. Er fahre zufällig gleich nach Ucharal hinunter, sagt er und bietet an, uns mitzunehmen. Der geforderte Preis enthält die Anteile der Obrigkeit. Wir akzeptieren ohne Feilschen.

Kurz vor Ucharal kommen wir an einem ungeheuren Schrottplatz vorbei, wo das Inventar aufgelassener sowjetischer Fabriken für das Recycling in chinesischen Stahlwerken zugerüstet wird, so daß es in die offenen Waggons oder zwischen die Rungen der Flachwagen paßt, deren unerhört langen Kompositionen wir in den vergangenen vier Tagen auf ihrem Weg zur ›Dsungarischen Pforte‹ mehrfach beobachtet haben.

Dazu Buch VII, *Schrottstraße I* und Buch IX, *Schrottstraße II*.

Am Bahnhof erhalten wir verbindliche Auskünfte über die morgigen Abfahrtszeiten der Züge nach Druzhba, jedoch keine Antwort, ob sie internationale Wagen bis Ürümqi führen, und auch keine Fahrscheine. Wer nach China reist, löst solche in Almaty. Zusteigen, in Ucharal oder sonstwo, ist nicht vorgesehen.

Die Sache beim *OVIR* erledigt sich rasch. Nicht weil der zuständige höchste Beamte weggegangen ist, sondern weil ein Niedrigergestellter sich ins Auto drängt und den Fahrer an den Rand der Stadt zum Haus eines anderen Vorgesetzten dirigiert, den er aus dem Mittagsschlaf weckt. Auf dem Büro hinterlassen wir wenig später ein paar 2000-*Tenge*-Scheine, ohne Quittung und auch ohne den ominösen Zettel, der unsere Anwesenheit bescheinigen soll.

Bei einsetzendem Regen kippt uns der Fahrer, den plötzliche Dringlichkeit der Rückkehr nach Akshi ergriffen hat, vor einem grauen Hotel auf die Straße.

Es liegt dem Bahnhof am nächsten, sagt er, und gleich um die Ecke sei das Telefonamt.

Ulrich ergreift die unerwartete Gelegenheit, um Beijing anzurufen. Dort ist der Tag, trotz kaum hundertfünfzig Kilometern Distanz zur chinesischen Grenze, bereits zwei Stunden älter, aber Frau Yao, die Sekretärin des Beijinger *NZZ*-Büros, antwortet doch. Als Ulrich aus der Kabine tritt, meint er, Frau Yao sei äußerst nervös wegen seiner Reise. Nicht nur, weil er diese wie immer nicht bei der zuständigen Stelle des Informationsministeriums angemeldet habe, sondern weil sie zudem durch die Unruheprovinz Xinjiang führt. Dort ist es am 8. September vergangenen Jahres erneut zu einer mysteriösen Explosion gekommen, einem Unfall oder vielleicht eben doch einem terroristischen Akt uigurischer Separatisten. Auf jeden Fall hat man sechzig Todesopfer beklagt und die Obrigkeit unterbindet alle Besuche akkreditierter Journalisten. Immerhin habe Frau Yao einen Fahrer aufgetrieben, der von Ürümqi aus nach Alashankou käme und uns dort erwarte, sagt Ulrich. Jetzt müssen wir es nur noch zur chinesischen Grenzstation am östlichen Ausgang der ›Dsungarischen Pforte‹ schaffen. Ob man uns dort aussteigen läßt, wird sich zeigen.

Außer uns scheint nur ein Klüngel Infanteristen das heruntergekommene Hotel zu benützen. Einen schneidigen Eindruck der kasachischen Armee vermitteln sie nicht.

Weil es nichts zu tun gibt und die kalten Zimmer niederschmetternd eingerichtet sind, fragen wir an der Rezeption nach dem Bezirksmuseum und dem Skelett aus dem Kurgan von Akshi. Beides ist unbekannt, und wir sind nicht unfroh darüber. Denn der Regen klatscht auf die Straße. Ulrichs Husten ist übler geworden, so daß der Gedanke an eine Lungenentzündung an ihm zu nagen beginnt, während mein Rücken aus der Gegend des vierten Lendenwirbels beunruhigende Signale ins rechte Bein hinunterschickt. Drüben in China, im Tarim-Becken und am Südrand der Taklamakan wird es noch genügend Gelegenheit geben, aus Nekropolen längst verschwundener Städte geborgene sterbliche Überreste zu sehen, sagen wir uns. Trockenmumien bonze- und eisenzeitlicher europider Einwanderer. Der eine oder andere könnte durchaus dem dritten Gast im Jagdhaus begegnet sein – Aristeas.

Dazu Buch X, *Barbaren aus dem Westen und der Wettlauf um den Vorrang in der Welt*.

Zugplünderei II

Alashankou, 15. Mai 2001. — Zwar haben wir es auf den Zug nach Alashankou geschafft, aber das heißt keineswegs, daß wir am Abend die Uhr auch tatsächlich auf chinesische Zeit umstellen werden.

Immerhin sind wir, technisch gesehen, Schwarzfahrer und hoffen, daß der Tatbestand als Ausdruck des Dilemmas verstanden wird, in das wir infolge Verkettung seltsamer Vorkommnisse unverschuldet hineingeraten sind – zumindest wird Ulrich versuchen, eine solche Einschätzung unserer Lage beim Schaffner hervorzurufen, der jetzt nur noch zwei oder drei Waggons entfernt sein kann, aber ziemlich langsam durch die von Passagieren und Gepäckstücken versperrten Seitengänge vorankommt, während der Zug sich bereits Akshi nähert. Ein Halt beim Dorf ist unwahrscheinlich und damit auch unser Hinauswurf, der, würde es an diesem Ort dazu kommen, wenig angenehme Folgen hätte, denn es ist davon auszugehen, daß Herr Osbanbek nicht nur wichtige Beziehungen zu den durchfahrenden Lokomotivführern unterhält, sondern auch solche zur Stationsvorsteherin pflegt.

Zwei Reisende also, am Ufer des Alakol von ihrem Fahrer sitzengelassen, dessen schwarzgekleideter und noch jüngerer Boß in einem finsteren ebenerdigen Büro in Almaty vor ein paar Tagen die Notwendigkeit einer Bewilligung für das Auto zur Fahrt bis an den Grenzposten von Druzhba hartnäckig verneint hat, während jener, der erklärt hat, den Bruder des berühmten Formel-I-Rennfahrers Michael Schumacher zu kennen, dann vorgestern unerwartet eine solche Bewilligung ins Gespräch gebracht und ihre Beschaffung oder vielmehr deren Fehlen frech unserer Verantwortlichkeit zugeschrieben hat, bevor er wie von der Erde verschluckt plötzlich verschwunden ist, augenscheinlich zufrieden mit zwei Dritteln des vereinbarten Betrags.

Soweit die Kurzversion, der auf Bedarf noch viel detaillierteren Geschichte, die sich Ulrich für den kasachischen Schaffner zurechtgelegt hat. Jene für dessen chinesischen Kollegen, der offenbar auch an Bord des Zuges *Almaty-Druzhba-Ürümqi* ist, würde Ulrich den Umständen entsprechend improvisieren und dabei jeden Gesichtsverlust zu verhindern suchen.

Als der kasachische Schaffner sich schließlich zu uns vorgearbeitet hat, zeigt er unumwunden Verständnis und trennt uns erst einmal von den Händlerinnen aus Almaty, die sich in Ürümqi mit Chinawaren versorgen wollen. Das zugewiesene Abteil ist leer, und der Verdacht, es werde seinen Preis haben, nährt sich schon an der Beobachtung, daß der Schaffner mehrfach das Begehren der Händlerinnen – Geschäftsfrauen ist zutreffender für die etwas korpulenten Damen, die über hellen Strickjäckchen solche aus Kunstleder tragen, für ihre lange Reise erstaunlich frisiert sind und zur Coiffure passendes Schuhwerk zeigen –, daß der Schaffner also keine dieser redseligen Frauen zu uns vorläßt. Ulrich verfügt sich deshalb in den Gang, um mehr zu erfahren über die chinesischen Geschäfte und den Beitrag der Mitreisenden zur Hebung des kasachischen Bruttosozialprodukts. Ich hingegen setze ein Gegengewicht und verbleibe mit Aristeas im Abteil – dem Schaffner soll nicht der Gedanke kommen, die zugestandene Vorzugsbehandlung würde nicht geschätzt.

Jetzt sind wir an Akshi vorbei, und der Zug nähert sich, immer in Sichtweite des Alakol, dem Dorf Koktyma.

In Koktyma leben Nikolai und Leda. Wir haben das Paar, beide sind schon Mitte siebzig, am Nachmittag vor unserer Vertreibung aus Akshi, besucht. Ein ehemaliger Kolchosenvorsteher hat uns, aus welchen Gründen auch immer, zur kleinen Datscha geführt. Nikolai haben wir in seiner Tischlerwerkstatt angetroffen, wo über den hinter das Heizungsrohr gesteckten Beiteln, Holzfeilen und Raspeln modrige Drucke von Lenin und Breschnew hängen. Zwischen fertiggestellten Schränken hat ihn das Zusammenfügen der Laden eines Betts beschäftigt, wie jene bestimmt für ein kleines, unter dem stattlichen Maulbeerbaum stehendes, aber noch mit Gerät und Gerümpel verstopftes Urlauberhäuschen, an dessen Außenwand viel gesalzener Fisch an S-Haken gehangen hat. Leda hat im Nähzimmer beim Auftauchen des ehemaligen Kolchosenvorstehers die Arbeit fallen gelassen und uns sogleich das gemütlich eingerichtete, verwinkelte Haus gezeigt. Im Zimmer der nach Almaty gezogenen Töchter haben auf himbeerfarbig bezogenen Betten himbeerfarbig gekleidete Puppen gesessen, die schwarze Klappaugen auf die riesigen Kürbisse am Boden gerichtet. Auch diese, haben wir angenommen, müssen dem Märchengarten entstammen, in dem sich säuberliche Gemüse- und Blumenbeete gesonnt haben zwischen Badewanne, Holzofen, Sitzbänken, verrosteten Teilen einer Wasserpumpe und in unschuldiger Blust stehenden Obstbäumen.

Nach unseren Tagen in Akshi wissen wir, daß das Geräusch der Züge diesem lange Minuten vorauseilt. Es muß ein Effekt des topographischen Trichters der ›Dsungarischen Pforte‹ sein, denn in Koktyma, welches schon weiter innen im Durchgang liegt, ist das Phänomen noch stärker gewesen.

Vielleicht ist jetzt, da der Zug sich weniger als einen Kilometer vom Dorf entfernt durch das Grasland schiebt, bei Nikolai und Leda gerade wieder der ehemalige Kolchosenvorsteher zu Besuch. Schneidet den auf dem Holzbrettchen liegenden Speck und schenkt sich ein Gläschen und dann noch mehrere ein. So wie er am Sonntag unsere Gläser mit ihrem Wodka etliche Male gefüllt und schließlich zur Vermutung Anlaß gegeben hat, daß in Koktyma das meiste seiner Billigung bedarf, ohne die Strom und Wasser ausbleiben. Eine Regel, der sich im Ort gewiß auch die koreanischstämmige Besitzerin des Krämerladens kaum entziehen kann, die in ihr chinesisches Sortiment nur in Almaty besorgte Schuhe und Spielzeug aufnimmt, aber keinesfalls landwirtschaftliche Produkte.

Allein der Alakol macht dem Dorfchef das Terrain seiner Machtausübung streitig, denn anders als in Akshi stehen Koktymas äußerste Häuser direkt am Steilufer. Auch jenes von Nikolai und Leda. Stellenweise ist der oft ausgebesserte und mit Armierungseisen gestützte Lattenzaun bereits abgerutscht, und zwischen den Pfosten haben sich Schlupflöcher gebildet, für die zahlreich umherstreichenden

Katzen groß genug, aber immer noch so klein, daß dem säugenden Lamm beim ersten Sprung aus dem Stall der Sturz auf den Strand hinunter erspart bleibt.

Koktyma ist das letzte direkt am Ufer des Alakol liegende Dorf, und rasch gleitet es weg hinter dem Schwemmkegel, den heranwischende Schatten verdunkeln, dem Zug nacheilend, während diesen ein aus der Gegenrichtung kommender Hagelsturm überfällt. Grund für Aristeas, würde er nicht nur in Boltons Buch mit uns fahren, sich erneut zu wundern über die widersprüchlichen meteorologischen Erscheinungen an der Dsungarischen Pforte.

Als der Sturm sich klärt, liegt der Alakol wie eine gereinigte Fensterscheibe vor den Ausläufern des Tarbagatai. Aber lang spiegeln können sie sich nicht darin, denn eine Sumpffläche drängt vor, mit seeseitig fransigen, salzigen Rändern, gefolgt von Schilfwald und Morast, aus dem schwarze Holzstümpfe ragen. Es müssen die Pfosten der alten Telefonleitung sein, denn daneben stehen die neuen geraden aus Beton, von denen jeder zweite eine ungrade dreistellige Nummer trägt.

Immer näher treten nun der Tarbagatai und der südlich gegenüberliegende Dsungarische Alatau an die Bahnstrecke heran. Doch zwängen nicht steile Flanken den Boden der Pforte ein, dieser scheint vielmehr aus den unzähligen Hangrinnen herauszufließen wie Honig aus einem umgestürzten Topf.

Beide, der bereits erwähnte Franziskaner Giovanni da Pian del Carpin, der 1247 den Durchgang benützt, des Großkhans Guyuk wenig konziliante Botschaft an den Papst im Gepäck, und sein Glaubensbruder William von Rubruck, dem am 3. Dezember 1253 der Alakol stürmisch wie das offene Meer vorgekommen ist, dürften erleichtert gewesen sein, daß dieses Tor zur Tatarei vergleichsweise zu dem, was bereits hinter ihnen liegt, ein sanftes Wegstück ist.

Nach mehr als einer Stunde betritt der kasachische Schaffner unser Abteil, schließt die Tür mit einem entschiedenen Ruck, und macht, indem er fast im selben Moment auch die drei dunkelgrünen Vorhänge zuschlenzt, klar, daß das Abteil sein eigenes dienstliches ist. Damit sind wir seiner Willkür ausgeliefert, befinden uns aber nicht nur außerhalb geltender Regeln, sondern – wie Ulrich später mit einem Anflug von Entrüstung meint – auch in ziemlich abseits von den Normen erwartbaren Anstands liegendem Territorium. Die vom Schaffner unverblümt beanspruchte Währung ist nicht der kasachische Tenge, sondern selbstverständlich der Dollar und angemessen nur die größte Stückelung. Nicht pro Person, nein, sondern im Sinn des Entgegenkommens, für beide Reisenden gerechnet. Der Betrag sei als Geschenk zu betrachten, weshalb es auch keine Fahrscheine gebe, sagt der Schaffner, und ergänzt, der chinesische Kollege besorge diese, und der sei informiert. Hinter Dostyk – der Schaffner benutzt den kasachischen Namen anstelle der frühern russischen Bezeichnung Druzhba, was 'Freundschaft' bedeutet – hätten wir in einen bestimmten Waggon zu wechseln.

Der Aufenthalt in Dostyk zieht sich in die Länge, denn nicht nur werden hier die Pässe kontrolliert, sondern die Komposition erhält für die Weiterfahrt auf der schmäleren chinesischen Spur andere Drehgestelle.

Die schmälere, nach Ürümqi hinüberführende Spur haben im Juni 1992 chinesische Arbeiter fertiggestellt, und damit sind zwei aufgrund gespiegelter Furcht der beiden benachbarten Großmächte vor gegenseitiger Invasionen bis dahin nicht verbundene Geleiseköpfe zusammengeführt worden: Im Westen die Grenzsiedlung Druzhba, 1961 gegründet und erreichbar über die bei Aktagoy abzweigende Seitenlinie der *Turksib* – unsere Linie –; im Osten Ürümqi, die Hauptstadt der Provinz Xinjiang, wo 1962 der nach Westen, der Brudernation entgegeneilende Gleisbau aufgrund der sino-sowjetischen Entfremdung eingestellt worden ist.

Nachdem die Paßbeamten schließlich den Zug verlassen haben, zieht er an, aber lediglich einen oder zwei Kilometer in die Pforte hinein, um sogleich auf offener Strecke erneut zu halten. Exakt in der Mitte eines weit umzäunten, von hohen Scheinwerfermasten gesäumten Geländes, das dem Niemandsland zwischen der kasachischen und der chinesischen Grenze vorgelagerte Zollgelände der zentralasiatischen Republik. Der Zaun dieser Bewirtschaftungszone schützt nicht die Reisenden vor Wegelagerern, sondern er verhindert, daß letztere etwas Unvorhergesehenes bei der Ausübung ihres Dienstes stört und die Beute andere Wege nimmt als die von den Inspektoren kontrollierten. Zur Wegschaffung überlassener oder konfiszierter Güter ist ein Trupp von Handlangern zur Stelle. Rekruten der Armee, die nach mehr als einer Stunde vom Ende des Zuges und auch von dessen Spitze her den Geleisen entlangtrotten, Schachteln verschiedenster Größen vor sich hertragend, welche auf die Dächer bereitstehender *Ladas* gestapelt werden, seitlich eines Gebäudes, das zumindest von außen nicht grimmig wirkt.

Es ist durchaus möglich, daß wir die durch tägliche Routine eingeübten Vorgänge falsch beurteilen, aber den Verdacht, daß hier im Rahmen eines fest eingerichteten Rituals Abgaben entrichtet werden, können auch die Scherze zweier offensichtlich noch von Vertrauensaufgaben ferngehaltenen Neulinge nicht ganz zerstreuen, die mit den am Gangfenster hängenden Geschäftsfrauen schäkern, von diesen Zigaretten zugesteckt erhalten und dafür eine enorme Schildkröte im dürren Gras am Fuß des Geleisedamms zumindest so lange unbehelligt lassen, bis die letzten Abdeckungen in Abteilen und Gängen wieder festgeschraubt sind und die untrüglichen Signale zur Weiterfahrt ertönen.

Auf das Zollgelände folgt ein bemannter Wachturm, dann ein zweiter und ein dritter. Dann quer zur Pforte die Stafette paralleler Grenzzäune verschiedener Ausführung, deren äußerster den Beginn des Niemandslands markiert. Von den grünen Hängen zur Rechten steigen die Zäune hinab, um nach der Kreuzung mit der Trasse der Eisenbahn und einem Streifen Krautsteppe in das Gewirr der ausfingernden ockerfarbigen Grate zu Linken einzudringen – überschaut von einem markanten chinesischen Grenzturm. Eine schnurgerade gezogene, von Gesteinströmmern frei-geräumte Bahn läuft bis hinauf zum gezackten Horizont, es muß der Verlauf der Grenzzauns sein.

Irgendwann hat der Zug das »Tor nach China« (W. A. Obrutschew, 1923) hinter sich und trifft in Alashankou ein.

Der Name der Grenzstation zählt wie die meisten chinesischen Toponyme Sichtbares auf – *kou* (口) ('Mund', 'Öffnung', 'Schlund') und *shan* (山) ('Gebirge'). Das ergibt zunächst 'Gebirgspaß', nicht im alpinen, sondern im Sinn einer Klus oder eines Paßwegs auf dem Niveau umgebender Talsohlen und Ebenen. Damit ist aber noch nichts gesagt zu den beiden ersten Zeichen dieser offensichtlich nicht altchi-nesischen Wortbildung *a la shan kou* 阿拉山口. Die Herkunft der beiden Fremdlinge ist das Turki, genauer das Wort *alatau*, das sie zu transkribieren scheinen, unter Weg-lassung des Gebirges, *tau*, an dessen Stelle vielmehr das chinesische *shan* gerückt ist. Alatau, oder auch Ala Too, aber ist die etlichen benachbarten Massiven Zentrala-siens beigestellte geographische Bezeichnung, die wie beim Dsungarischen Alatau nichts anderes bedeutet als 'scheckig' und 'Berg', ein Hinweis also auf sich überla-gernde Flächen von Bodenbewuchs, felsigen oder Trümmerzonen sowie Schnee, frisch gefallenem oder Firn – genau das Bild, das sich dargeboten hat bei unserer Anreise aus der Steppe.

Deshalb ist es gewiß auch angebracht, Alashankou wiederzugeben als 'Schek-kenberg-Pforte' – eine Übertragung, zu welcher nur der literarisch gewandte Sino-loge findet.

Aus der Steppe kommend, haben wir mit der Ankunft in Alashankou, an die-sem ausgedehnten Rand Chinas, vornehmlich Wüstenei zu gewärtigen. Aber der Bahnhof ist keine luftgespiegelte Täuschung, sondern eine tatsächliche Überra-schung. Aber auch wieder nicht, denn weiße Küchenkeramik empfängt den China Betretenden mittlerweile an jedem Tor zum 'Reich der Mitte'.

Die architektonische Gleichschaltung entspricht jener der Zeit zwischen dem Zentrum und den Peripherien. Im Fall von Alashankou heißt das, es ist kurz vor zehn Uhr abends und noch taghell.

Eingefahren sind wir an stehenden Güterzügen vorbei – über den kasachischen Schrott haben Männer umständlich Drahtnetze ausgerollt, gegen Diebstahl und vielleicht auch wegen der Sicherheit. In Richtung Pforte und des mit Konsumgütern zu versorgenden Westens hingegen haben sich die Containerzüge mit den Stahlkisten von *P&O Nedlloyd, Maersk et al.* davongemacht.

Jetzt stehen wir und warten. Seit mehr als einer Stunde.

Musik erklingt aus Lautsprechern. Fahnen und Wimpel hat es zur Genüge, und sie flattern im Wind. Ein Minarett hingegen ist nicht auszumachen, obwohl wir in Xinjiang sind. Aber da Alashankou eine neue Gründung ist, macht es in den Augen der regierenden Han-Chinesen wahrscheinlich wenig Sinn, hier ein solches aufzustellen, wo in der tausendjährigen Heimat der muslimischen Uiguren Allahs Stimme zusehends doch zu der einer Minderheit wird.

Dazu Buch IX, *Die Verabschiedung von Kashgar.*

Der Soldat, der entschieden unser Aussteigen verhindert, ist diszipliniert, das pure Gegenteil der Kasachen ein paar Kilometer weiter westlich.

Die Paßkontrolle findet im Zug statt und per Laptop auf einem hochbeinigen Wägelchen. Dann sei er ja wieder zu Hause, sagt die freundliche junge Beamtin zu Ulrich, als er ihre Fragen in Chinesisch beantwortet und sie hört, daß er in Beijing lebt, fast dreitausend Kilometer von der ›Dsungarischen Pforte‹ entfernt.

Niemand außer uns steigt aus. Der junge Mann mit der leuchtenden Krawatte kennt unsere Namen. Zusammen mit dem Fahrer sei er am Nachmittag aus Ürümqi eingetroffen. Frau Yao hat also trotz ihren Vorbehalten gegen die Reise des Korrespondenten in den Westen gehandelt. Für Ulrich ein Beweis, daß sie mehr als die Ungezogenheit des Chefs die Frage beschäftigt, warum dieser sich freiwillig in die chinesische Region der Verbannung begibt.

Dazu Buch I, *Die Gestalt der Erde und der Weg des Papiers nach Rom.*

Der Fahrer wartet am Portal.

Die Szenerie davor ist vertraut von den urbanistischen Visionen kolossaler chinesischer Schauwände. Früher hat man sie gemalt mit aus dem Ruder laufenden Perspektiven. Heute sind sie ohne Zaudern computergeneriert mitsamt unmittelbar bevorstehendem Fortschritt. In Alashankou ist der indessen noch nicht hereingebrochen. Kein Verkehr. Keine Flanierenden. Nur der leere weite Platz mit Fahnenmasten. Die Hochhäuser noch nicht gebaut, so daß in allen Richtungen über die flachen Dächer hinweg Brachland und dahinter Wüste zu sehen ist.

Das Hotel steht am oberen Rand des Platzes und besitzt sieben Stockwerke. Chinesische, nicht uigurische metallverarbeitende Unternehmen aus Xinjiang haben die meisten Zimmer gemietet. Ulrich erfährt in der Lobby, wo mehr als ein Schrotthändler in sein Handtelefon brüllt, man besorge drüben in Kasachstan die Tonne Alteisen für 820 Yuan, wogegen die aufkaufenden Schmelzereien 865–870 Yuan bezahlten, und habe im übrigen im vergangenen Jahr 1,68 Millionen Tonnen verschoben.

Vom Zimmer im obersten Stock ist der Platz zu überblicken und auch der Bahnhof. Die chromartigen Abdeckungen und das blaue Glas gleißen, als die letzten Strahlen durch die Dsungarische Pforte dringen, und sobald die Dämmerung Alashankou überfällt, rasch wie es nur in der Wüste geschieht, erwachen entlang der Kontur des Gebäudes flackernde rote Leuchtstoffröhren.

Der Marsch über den mit Lastwagen und Kleinbussen verstellten Hof bringt uns, wie vom Rezeptionisten vorausgesagt, zur rückwärtigen Tür des Nebengebäu-

des, wo wir im dritten Untergeschoß das Restaurant finden, ein Rudel ausgehferti-
ger Kellnerinnen, sowie den Koch, der ein Nachtessen hinwirft, bestehend aus Huhn
mit Bambus und vertraut rußig schmeckendem Kohl.

Zweihundert Meter lang ist das Sträßchen, an dem Alashankou, das Grenznest
mit Zukunft, nicht mit den Hühnern schlafen geht wie ein Bauerndorf. Fünf Coif-
feursalons liegen daran, zwei Karaoke-Bars, ein Spielsalon, etliche Sandhaufen am
Rand der Fahrbahn, von Fuhrwerken heruntergefallene zerbrochene Ziegelsteine
in deren Mitte und mindestens zwei Kanalisationsschächte ohne Deckel – alles im
Dunkeln, aber unter einer grandiosen Sternenkarte.

BUCH I

ZEITREISEN IN RAUM UND KOPF

Schweiz 2004 – 2006 Annäherungen verschiedener Natur — Herzland der Peripherien — Irrtümer hinter den Gebirgen — Poeten, Pilger und andere Vorstöße — *Barbaria cartographica* — Die Gestalt der Erde und der Weg des Papiers nach Rom

Annäherungen verschiedener Natur

Zürich, Dezember 2004. — Die Durchschreitung der ›Dsungarischen Pforte‹ hat dazu gedient, zu begreifen, welche Wirkungsmacht die Geographie des »globalen Herzlands« auf die isolierten Geschichten und dann auf die entstehende kontinuierliche Weltgeschichte ausübt.

Dschingis Khans Feldzüge, von denen einer durch die ›Dsungarische Pforte‹ führt, haben Auswirkungen auf die Heringspreise in Britannien (Edward Gibbon, *Decline and Fall of the Roman Empire*, 1776–1788). Umgekehrt wäre der sich aus diesen Vorstößen entwickelnde Blitzkrieg nicht möglich gewesen, kontrollierten um 1220 die Mongolen dank Verklammerung der mongolischen und kasachischen Steppe sowie des Siebenstromlands nicht die meisten der in Zentralasien verfügbaren schätzungsweise zwanzig Millionen Pferde — ungefähr die Hälfte der für die damalige Zeit vorauszusetzenden weltweiten Population.

Laut S. A. M. Adshead (*Central Asia in World History*, London 1994) ist die »mongolische Explosion« das erste globale Ereignis. Nicht nur, weil sie den Zusammenschluß der Geschichten herbeiführt, sondern damit auch durch Umlauf und Integration von Information sowie durch Entdeckung ein einheitliches Bild der Welt zu Stande kommen läßt, welches die einzelnen Geographien und Kulturen einander zuordnet. Global aber auch, weil parallel zu alten regionalen Netzwerken eine *»embryonische Weltordnung«* entsteht, auf dem Verbreitungssystem basierend, durch das Tee über China, Kaffee über Arabien, Tabak über Amerika und die Pest über Hochasien hinausgelangt, das Christentum den Atlantik und der Islam den Indik überspringt.

Dieser Horizont riefe eigentlich nach Eingrenzung und Beschränkungen, da ich ansonsten unversehens vor nichts weniger als der Aufgabe stehe, die ganze Welt verhandeln zu müssen, wo es mir doch *'allein'* um Zentralasien geht und das Terrain meiner Beschäftigung bereits jetzt nicht mehr kongruent ist mit dem vom erweiterten Zentralasien-Begriff erfaßten Raumgebilde. Während dieser im Nordwesten den kasachisch-russischen Grenzverlauf als Abgrenzung annimmt und im Süden Kashmir, das nördliche Pakistan, Afghanistan und den Iran mitzählt, blicke ich nämlich im Westen bis zum mediterranen Becken und im Osten über den großen Bogen des Gelben Flusses hinaus, stehe im Norden vor dunklen mythischen Gegenden und im Süden an der offenen maritimen Welt des Indischen Ozeans.

Ausufern mag ein wesentlicher Aspekt der Natur Zentralasiens sein, aber trotzdem sind dieser Tendenz Ränder gesetzt durch periphere Gebilde, wo die vom Zentrum ausgehende Strahlkraft spürbar ist. Diejenigen, die diese außenliegenden Zonen bewohnen, machen sich deshalb auch Gedanken darüber, wie die Mitte beschaffen sein mag, über die, handelte es sich um ein Vakuum, sie direkt aneinanderstießen, nun aber abgefedert begegnen können.

Durch meine Reisen in Zentralasien und in den umliegenden Regionen seit 1991 wie auch durch jene frühere entlang der Großen Mauern (1987/88) habe ich ein paar unmittelbare Innenansichten dieses weiten Binnenraums gewonnen, dessen jeweilige Fläche und Gestalt immer das Ausdehnen oder Zurückschrumpfen der Peripherien reflektiert, der von dorther zu ihm Vordringendes aufnimmt, es verändert weitervermittelt beim gleichzeitigen Export von Autochthonem in alle Richtungen – zumindest solange er aktiv ist und prosperiert. Genauer, vor der Phase Mitte des 17. Jahrhunderts, da ab dann Zentralasiens militärische Macht und politische Stabilität sich aufzulösen beginnen, gepaart mit Bevölkerungsschwund, nachlassender Kultivierung und Verstädterung sowie dem Niedergang des Geisteslebens bei gleichzeitiger wachsender Abhängigkeit von internationalen Entwicklungen, vor allem des aus den Energien des Binnenraums geborenen Weltmarkts.

Drei Herangehens- oder Betrachtungsweisen an und zu Zentralasien sind auszumachen, und jede steht für eines der insgesamt an das Herzland stoßenden, hineinwirkenden und aus diesem empfangenden umliegenden frühen Gebilde – China, Griechenland und Rom, Persien und die Arabische Welt (Indien käme als viertes hinzu sowie, viel später, durch Rußland als fünftes das transalpine östliche Europa).

Drei Gestalten habe ich mir als Paten meiner Betrachtung des »globalen Herzlands« ausgesucht, um mich mit den Perspektiven von drei der genannten Gebilde vertraut zu machen – chronologisch aufsteigend sind dies:

Konfuzius (geb. 551 v.u.Z.), der einen in 'Humanismus' ruhenden moralischen Handlungsgrund bei der Ausübung des 'Mandats des Himmels' fordert, dies vor den im geographischen Sinn nicht sinozentrisch denkenden Han, welche eine Ordnung der gesamten Welt nicht kümmert, wiewohl die Einrichtung und die Aufrechterhaltung einer sinozentrischen Welt im politisch-kulturellen Sinn.

Herodot (484– nach 430 v.u.Z.), der Erkundigungen einzieht, das heißt die selbständige Feststellung der Tatsachen im weitestmöglichen Umkreis, und durch Hörensagen die um Wundersames angereicherte erzählende Reportage betreibt.

Ibn Khaldun (1332–1406), der unterweist über das Zustandekommen der Gesellschaften und mahnt angesichts der Vorläufigkeit aller menschlichen Unternehmungen.

Diese drei Monolithen verhindern selbstverständlich nicht die Verlautbarungen anderer, und im Zusammenhang mit Geographie und Geschichte könnten folgende Merksätze herangezogen werden, um die Verknüpfung der beiden Fächer zu demonstrieren.

»Geographie ist die Beschreibung der bekannten Welt in Bildern zusammen mit allen darin vorkommenden Phänomenen«,

(Ptolemaios, *Geographie*, 87 n. u. Z.)

aber auch:

»Historiae Oculus Geographia«

(Abraham Ortelius, *Theatrum Orbis Terrarum*, 1570)

So wie »Geographie das Auge der Geschichte« sein kann, präsentiert sich

»Geschichte [als] in Bewegung gesetzte Geographie.«

(Johann Gottfried Herder, *Ideen zur Philosophie der Geschichte der Menschheit*, 1785)

In Ortelius' *Theater der Welt* – die runde Orchestra der Antike ist mutmaßlich das Urbild der angenommenen Kugelgestalt der Erde – treffen beide, Geographie und Geschichte, aufeinander; erstere das Proszenium, letztere das Drama.

»All the world's a stage / And all the men and women merely players; / They have their exits and their entrances, / And one man in his time plays many parts«,

(Shakespeare, *As You Like It*, 2. Akt, 7. Szene, 1599/1600)

Wie es Euch gefällt. Und wenn wir nur wollen, dann dient die Beschäftigung mit dem einen Fach dem Verständnis des andern – denn:

»Wie die *Weltgeschichte*, wo es ihr gelingt, den wahren ursachlichen Zusammenhang der Begebenheiten darzustellen, viele Räthsel in den Schicksalen der Völker und ihrem intellectuellen, bald gehemmten, bald beschleunigten Fortschreiten löset; so würde auch eine physische *Weltbeschreibung* geistreich und mit gründlicher Kenntnis des bereits Entdeckten aufgefaßt, einen Theil der Widersprüche heben, welche die streitenden Naturkräfte in ihrer zusammengesetzten Wirkung dem ersten Anschauen darbieten.«

(Alexander von Humboldt, *Kosmos. Entwurf einer physischen Weltbeschreibung*, 1845)

Beschreibung tut also not und ergänzend die Vorstellung. Die Griechen gewinnen sie über das Fahrtenbuch, den periplus, περιπλους, die ʻKüstenumfahrungʼ oder

'Umschiffung'. Deren erster Pionier Skylax aus dem karischen Karyanda befährt kurz vor 510 v. u. Z. für Darius I., Alexander vorwegnehmend und diesen auf der maritimen Strecke weit übertreffend, den Indus von dessen Oberlauf bis zur Mündung und erreicht nach dreißig Monaten am Rand des Indik entlangsegelnd und um die Arabische Halbinsel herum den nördlichen Kopf des Roten Meers. Die Römer wiederum, neben Gesetzgebern vor allem Straßenbauer, entwickeln mit den *Itinerarien* die landbezogene Entsprechung zu den *periploi* – ihrer Form nach weder das eine noch das andere ein richtiger Reisebericht.

Solche nennen die Chinesen wiederum *youji*, und in ihnen vermischt ist Geographisches mit Geologischem und Mineralogischem sowie zweckdienlichen Informationen – etwa dem Rat, besser eine bezeichnete Strecke abzuwandern, als sich auf diesem oder jenem Fluß von der Strömung treiben zu lassen oder einen gewissen Kanal in getreidelten, gestakten oder geruderten Booten zu befahren – und praktische Anweisungen. Etwa in der Art von Shen Gua (1031–1095), dem bedeutendsten Wissenschaftler der Zeit der Nördlichen Song (960–1126) und, wie seine dreißigbändigen, das gesamte Wissen Chinas versammelnden *Pinselunterhaltungen am Traumbach*, *Meng Xi Bi Tan*, zeigen, nicht nur in Geographie und Meteorologie, sondern auch in sämtlichen anderen Lehren der Naturwissenschaften kundig, so auf dem Feld der Geologie, wo er, angeregt durch seine Funde fossiler Muscheln weit weg vom Meer, eine Hypothese über die Entstehung von Bodenformationen und Sedimente erbringt.

Herzland der Peripherien

Zürich, Dezember 2004. — Derjenige, der aus dem Zentrum kommend ein Bild von der Welt gewinnen will, tut das nicht mittels Küstenfahrt und dem Itinerar von Routen, um welche sich die Geographie des Hinterlands konsolidieren soll, sondern vom Rücken des Pferdes.

Nach Dschingis Khan betreibt das keiner welthungriger und in größeren Linien als der einreißende kosmopolitische Eroberer Tamerlan alias Timur.

Dies sein Bericht:

»Bringt eine Landkarte! Ich will doch sehn, wieviel
mir zur Eroberung der ganzen Welt noch bleibt:
daß meine Knaben, was ich vorhabe, zu Ende bringen.«
          Man bringt die Karte.
»Von hier begann ich meinen Marsch nach Persien
entlang Armenien und dem Kaspschen Meer,
von dort bis nach Bithynien, wo ich den Türken

und seine große Kaiserin gefangennahm.
Dann zog ich nach Ägypten und Arabien,
und dort, unweit von Alexandria,
wo Rotes Meer und Mittelmeer sich treffen,
nicht einmal ganze 100 Meilen weit entfernt,
dacht ich an einen Durchstich für einen Kanal,
auf dem man schnell nach Indien segeln könnte.
Von dort nach Nubien am Borno-See,
und so entlang der Äthiopschen Küste
den Wendekreis des Capricornus überquerend,
erobert' Alles ich bis Sansibar.
Dann, durch den Norden Afrikas,
kam ich zuletzt nach Griechenland, von dort
nach Asien, wo ich innehalte wider Willen.«
(Christopher Marlowe, *Tamburlan der Große*, 1590)

Dazu Buch IV, *Globalisierer aus dem Herzland*.

Demgegenüber fast quälend die Unentschlossenheit der abendländischen Beschäftigung mit dem Kernland, diesem Geschichtsraum und Laboratorium der Kulturen, deren räumliche Gliederung vom ersten Schritt an schon Probleme bereitet – damals wie heute. Etwa die verknoteten Gebirge Afghanistans von wo aus »so viele kleine und große Bergrücken abgehen, daß nur Gott ihre Zahl kennt« (*Hudud al-Alam*, 373 n.d.H. / 982). Dies ein klarer Hinweis auf Überschichtungen, auf die komplexe Verquickung von endogenen und exogenen Kräften, menschlichem Tun und höherer Bestimmung. Auf Verflechtungen, die mein Fortschreiten nicht unwillkommen verzögern.

Überhaupt sind diese Verflechtungen das auffälligste Merkmal und Verhalten des Stoffs, und sie drängen sich auf als die zu seiner Darstellung gewählte Methode. Jedes Bild könnten sie durchwirken, das Geschilderte laufend gefährden (ähnlich dem tropischen Baum, der durch den Körper des Khmer-Tempels von Angkor wächst, diesen aber nicht stürzt, da herunterkrallende Wurzeln und halbsäulige Stämme zwar sprengen und wegdrücken, das Gelockerte aber immer auch stützen). Aber ich will nicht in den subtropischen Wald, auch wenn den in Chenla sitzenden Khmer zuweilen für den Gebrauch an den Höfen Innerasiens bestimmte Gegenstände durch die Hände gegangen sind, sondern in das »globale Herzland«.

Deshalb nun, vor zwei oder vielleicht drei abschließenden Erkundungen eine Versammlung abendländischer Vorstellungen, die den geographischen Handlungsraum dieses Buches zu definieren suchen.

Allein schon das »globale Herzland« kann Außensicht nicht verbergen. Ist politisch zwar nicht neutral, räumlich aber die zutreffendste, am wenigsten einschränkende Benennung der beschriebenen bereisten Region – gebildet aus

- der Mongolei,
- den durch Zuwanderung von Han-Chinesen bedrängten vier ethnisch-national begründeten chinesischen Autonomiegebieten Innere Mongolei (Nei Mongol), Ningxia (Ningxia Hui), Tibet (Xizang) und Xinjiang (Xinjiang-Uigur),
- vier – im Gegensatz zu diesen Gebieten sowie den beiden weiteren chinesischen Provinzen Gansu und Qinghai – nicht bereisten Republiken der Russischen Föderation (Altai, Chakassien, Tuva und Burjatien),
- den fünf zentralasiatischen Republiken Kasachstan, Kirgistan, Tadschikistan, Turkmenistan und Usbekistan (1991 in zuvor unbekannte Unabhängigkeit geratene Sozialistische Sowjetrepubliken)
- sowie die Konfliktzone Kashmir (seit 1947 aufgeteilt zwischen Indien und Pakistan und getrennt durch die *Line of Control*),
- der Nordwesten Pakistans, Afghanistan und der Iran.

Den so umrissenen Großraum ergänzen im Plan dieses Buches
- einerseits der vom kaspischen Becken bis zur pontischen Krim ausschwingende kaukasische Bogen, eine auch mythologisch aufgeladene Zone;
- andererseits die vom Iran nicht nur nach Athen und Rom, sondern, wenn man will, in den Irak, also zu den Anfängen der Geschichte hinabreichenden Bahnen, wo um 3500 v. u. Z. in Hamoukar der älteste bewaffnete Konflikt ausgetragen worden ist, im heutigen Syrien, knapp hundert Kilometer von der irakischen Grenze, Schauplatz des jüngsten, als Kreuzzug ausgerufenen *War of choice*.

Der metastasierende Krieg im Irak findet statt im Hintergrund dieses Buches. Aber der Boden, auf dem er sich zuträgt, ist verflochten mit der Geschichte des Herzlands, und zwar über dessen Oasenstädte in Südturkestan, die im <u>Neolithikum</u> den Fernhandel zwischen Ur in Mesopotamien und Harappa im Indus-Tal ermöglichen.

Dazu Buch XII, *Fluch aus der Bronzezeit.*

Soweit der vorgenommene Raum, der in unterschiedlichen Betrachtungsweisen – physiogeographischer, orographischer, hydrologischer, historischer, politikwissenschaftlicher oder geopolitischer – trügerische Ordnung finden soll, und zudem eine lückenhafte. Denn es ist nicht leicht beizukommen dem vom *Hudud al-Alam* erwähnten komplexen System von Hoch- und Tiefländern, Gebirgsketten und Korridoren, die bis in die Gegenwart Komponenten von Machtpolitik geblieben sind, gerade weil die natürliche Beschaffenheit und die sich daraus ergebenden taktischen Möglichkeiten die seit prähistorischer Zeit benutzte Landbrücke zum Paßland macht, zur Penetrationssphäre wie auch zum unwiderstehlichen Ziel.

In der Sicht der chinesischen Kaiser bezeichnet Zentralasien (aus dem 'Reich der Mitte' besehen kann es streng genommen nichts anderes Mittiges geben) die ›Westländer‹, also die Wohnorte der Xirong, der Westlichen Rong (wobei Rong weder mit 'Barbaren' noch mit 'Menschen' übersetzbar ist) oder aber die ›Westlichen Regionen‹ – *Xi Yu*.

Aus Sicht der Kalifen von Baghdad ist Zentralasien vor allem Mawarannahr, das 'Land jenseits des Flusses', des Jayhum, gemeint der Amu Darya, den antiken Griechen und Römern der Oxus – der im Europa des 19. Jahrhunderts dem romantisierenden »Transoxianien« Vorschub leistende Fluß.

In der Erfindung einer solchen Bezeichnung klingt an, daß das Abendland, und um dessen zentralasiatische Vorstellungen soll es in diesem Abschnitt vor allem gehen, der Binnenraum hartnäckiger beschäftigt, als dessen chinesische oder arabische Nachbarn, die sich irgendwann mit dem am Oxus Erreichten zufriedengeben oder zu schwach werden, um die dortige Region zu entzaubern und in der Folge auch zu vereinnahmen, sich also abwenden. Der Gebrauch des bei Ferdausi vorkommenden Begriffs Turan, seit dem 7. Jahrhundert von den Iranern mit nordöstlich, also jenseits des Oxus liegenden Türkengebieten gleichgesetzt und antithetisch zu Iran – »Außenland orientalischer Kultur« (A. Hettner, *Der Orient und die orientalische Kultur*, 1931) – ist ein weiterer Ausdruck des im Westen verspürten Dranges, den Orient geographisch zu definieren.

Die am weitesten verbreitete Bezeichnung »Zentralasien« gelangt über Alexander von Humboldt (»Central-Asien«), welcher von der komplexen geographischen Form des eurasischen Doppelkontinents alle Halbinseln amputiert, so daß sich um eine einfacher bestimmbare Mitte des verbliebenen Rumpfs die umliegenden Gebiete legen wie Metallteile um einen Magneten, ins Französische (»Asie Centrale«) und Englische (»Central Asia«). Im Russischen gibt es seit 1991, als die Notwendigkeit wegfällt, »Chinese Central Asia« von »Soviet Central Asia« zu unterscheiden, übereinstimmend in westlicher Benennung den Begriff »Central'naja Azija«.

Diese einheitlichen Benennungen treten an die Stelle des früheren »Mittelasien« (Theophil Friedrich Erdmann, *Neueste Kunde von Asien, in: Neueste Länder-und Völkerkunde*, 1812). Sie sind aber genauso unpassend wie das ebenso benutzte »*Hoch-Asien*«, das neben der Vorstellung von Unzugänglichkeit gefährliche Entrücktheit ins Spiel bringt, die, wie man meint, sich zwangsläufig auch auf den dort siedelnden Menschenschlag auswirken muß. Bereits muß Hippokrates (geboren 460 v. u. Z.) will bei der Ausübung der ärztlichen Kunst im Zusammenhang mit der Gemütsverfassung auch die Bodenbeschaffenheit mitbedacht wissen und denkt sich hohe Ebenen, »die sogenannte skythische Einöde«, »ohne Baum und Strauch und [...] nicht durch Berge geschützt« (*De aereibus aquis locis*). An diese legt der am 4. September 973, im Jahr 362 n. d. H., bei Buchara geborenen Al-Biruni das am nördlichen Ural gelegene Land Jura, das zwölf Tagesreisen über den Isu liegt, die wiederum zwanzig von den Wolga-Bulgaren entfernt siedeln. Womit das alleräußerste Gebiet in die Umschau gerückt ist, erreichbar nur auf hölzernen Schlitten, »gezogen [...] entweder von [den Leuten] selbst oder von ihren Hunden« sowie »auf anderen gleitenden Gerätschaften aus Knochen, die sie sich um die Füße binden«. In dieser Region dauert der längste Tag sechzehn Stunden, und jenseits davon hausen kaum noch Bewohner und wenn, dann solche »gleichsam von tierischer Natur« (*Geodäsie oder Bestimmung der Grenzen der Orte zur Berichtigung der Entfernung der Wohnsitze, Kitab tahdid nihayat al-amakin li-tashih masafat al-masakin*).

Im 17. Jahrhundert dann, in der Zeit sich konsolidierender Grenzen zwischen den Territorialstaaten, steigert sich das Bild zur großen »Officina gentium«, zur

Dazu Buch II, *Scherereien mit Gog und Magog*.

»Brutstätte der Völker, aus der sich in unterschiedlichen Perioden Myriaden von Barbaren in die kultivierten Gegenden der Erde ergossen haben« (William Jones, *Fifth Anniversary Discourse*, 1788). Über der mit Zivilisation nicht zu vereinbarenden Höhe gedacht ist dann das »Plateau de la Tartarie«, das seit dem Zerfall des dschingiskhanidischen Weltreichs herrschende 'Niemandsland', das die Aufklärung beschäftigt. Der englische Geograph Richard Blome (*A Geographical Description of the Four Parts of the World*, 1670) wirft es aus zwischen Wolga und China, dem Kaspischen und dem Eismeer und besiedelt es mit Menschenfressern; Jean-Sylvain Baillys (*Lettres sur l'Atlantide*, 1779) hingegen im Paradies einer von Voltaire vorgeschlagenen Urvolkhypothese, in einer vor Winden und Eroberung geschützten und von weiten Talmulden umschlossene Landschaft mit stillen, reichsgründenden Menschen. Montesquieu (*Vom Geist der Gesetze*, 1748) dagegen ist Plinius näher in seinem Postulat vieler, undifferenziert wahrgenommener wundersamer Völker, in deren Familie er zwischen Mongolen und Mandschuren nicht unterscheidet. Zur gleichen Zeit bemängelt der Abbé Raynal auch an der von Zahiruddin Muhammad Babur begründeten indischen Dynastie der Moguln die tatarische Abstammung.

Dazu Buch III, *Babur von Fergana* und Buch IV, *Auf Baburs Spuren*.

Etwas unerbittlich ist Johann Gottfried Herder. Er nimmt im Raum Rassentypen wahr: »räuberische Wölfe der Asiatischen Erdhöhe« und »Verwüster der Welt« und deren Heimat als den asiatischen »Erdrücken [auf dem] das menschliche Geschlecht seinen ersten Wohnplatz gefunden [hat]«. »Zur andern Seite des Kaspischen Meers [wohnen] Tatarische Stämme, die sich in ihrem schönen Klima auch schon zur Wohlgestalt gebildet und häufig hinabgebreitet haben.« Herder erkennt jedoch, daß »einige tatarische Stämme ursprünglich zu den schöngebildeten Völkern der Erde gehören und nur in den Nordländern oder auf den Steppen verwildert sind [...].« Dann, nach der übernommenen Mitteilung, »die Usbeckerinnen werden groß, wohlgebildet und angenehm beschrieben: sie ziehen mit ihren Männern ins Gefecht; ihr Auge, sagt die Beschreibung, ist groß, schwarz und lebhaft, das Haar schwarz und fein: die Bildung des Mannes hat Ansehen und eine Art feiner Würde. Ein gleiches Lob wird den Buckharen gegeben, und die Schönheit der Tsirkasserinnen, der schwarzseidne Faden ihres Augenbrans, ihr feuriges schwarzes Auge, die glatte Stirn, der kleine Mund, das geründete Kinn sind weit umher bekannt und gepriesen« – stuft er die alten Perser ein, »ein häßliches Volk von den Gebürgen«, das sich durch Einkauf tschirkassischer und indischer Mädchen veredelt und im Gegensatz zu den infolge herrschender Wasserlosigkeit zu Unreinlichkeit gezwungenen Mongolen wollüstig salbt. In der zwischen dem »kalten Norden« und dem »warmen Süden« lokalisierten gemäßigten dritten Klimazone endlich findet dann »an den Küsten des Mittelländischen Meers die menschliche Wohlgestalt eine Stelle, wo sie sich mit dem Geist vermählen und in allen Reizen irdischer und himmlischer Schönheit nicht nur dem Auge, sondern auch der Seele sichtbar werden konnte« (Herder, *Ideen zur Philosophie der Geschichte der Menschheit*, 2. Teil, 6. Buch, 1785).

Auch der chinesische Pilger Song Yun blickt mit einem Gefühl zivilisatorischer Überlegenheit auf zentralasiatische Verhältnisse, kommentiert in Differenzierung zu nördlicher Wildheit eine auf Sonderstellung gründende chinesische Selbstwahrnehmung. Auf seiner Reise nach *Xi Yu*, in die ›Westlichen Regionen‹, und Indien, kommt er ins Reich Zuomo (dessen heutige Entsprechung ich nicht herausgefunden habe), wo man zwar künstlich bewässert, beim Pflügen jedoch nicht die Kraft des Ochsen nutzt, und sieht eine Darstellung des Buddha im Tempel. Seiner Meinung nach können die Tataren, Synonym für die vom Kaiser nur schwerlich und nie auf lange Sicht kontrollierbare militärische Bedrohung der Steppen, ein solches Werk nie erschaffen, ist ihr Wesen doch bestimmt durch die kunstunfähige nördliche Herkunft.

Vorurteile schwappen also von den zivilisierten Umländern an die Abhänge von Eratosthenes taurischer Gebirgsverkettung.   Dazu in diesem Buch *Irrtümer hinter den Gebirgen*.

Der moderne Geograph August Zeune (*Gea. Versuch einer wissenschaftlichen Erdkunde*, 1808) lokalisiert im Rücken dieser Barriere westöstlicher Ausdehnung das »hohe Kesseltal Hochasiens«, Carl Ritter die »erhabene Mitte« des Kontinents« (*Die Erdkunde im Verhältnis zur Natur und Geschichte des Menschen, oder allgemeine vergleichende Geographie als sichere Grundlage des Studiums und Unterrichts in physikalischen und historischen Wissenschaften*, 1817), und zwar einschließlich des »Plateau von Bamian, in dem man die Höhle des Prometheus zu sehen wähnte« (Alexander von Humboldt, *Kosmos*).

Weil Erathostenes' postulierte massive Verkettung den pontischen Kaukasus miteinschließt, kommt es deshalb zum Zusammentreffen zweier Leidensgestalten – des für seinen frechen Frevel an den Fels geschmiedeten Prometheus und des kolossalen Buddha, der während fast anderthalb Jahrtausenden stumm den Furor und Haß der Bilderstürmer verschiedenster Herkunft erduldet, im Schatten des bemalten parabelbogigen riesigen Alkoven (arab. = *al-kubbe*, das 'Hohle') des das Hochtal begrenzenden Kliffs – bis zu seiner Sprengung vor drei Jahren.   Dazu Buch VIII, *Die Lücke im Stein*.

Durchaus kein Arkadien also ist dieser Hindu Kush, den Gottheiten nicht, und erst recht nicht den Afghanen. In einem auf persisch abgefaßten Gedicht des Inders Muhammad Iqbal präsentiert sich ihr Land zwar als »Herz Asiens«, seinen Bewohnern aber ist es gemäß einem Sprichwort nichts als ein »Haufen Dreck«, zahllose »unpassende Stücke«, Gott nach vollbrachter Schöpfung der Welt in der Hand verblieben und im Ärger darob von ihm auf die Erde hinabgeschleudert.

Der imperiale Blick von Lord Curzon, Viceroy of India (1899–1905), sieht die konfuse afghanische Gebirgsmasse als »Kanzel Asiens« (Lord Curzon, *The Pamir and the Source of the Oxus*, 1894). Ein wehrhaftes Getürm, das man gern der britischen Krone untertan wüßte, ab der zweiten Hälfte des 19. und anfangs des 20. Jahrhunderts, als im Rückgriff auf Herder – nach dem Geschichte »nichts ist als eine in Bewegung gesetzte Geographie der Zeiten und Völker« – geographische Benennungen geopolitische Konnotationen erhalten. Denn jetzt herrscht die Zeit der nach Transkaspien, in das Steppengouvernement, das Generalgouvernement Turkestan und in das Aziatskaja Rossjia der Übersiedlungsbehörde vorfingernden zaristischen Eisenbahnen; aber eben auch der über den Indus und von Belutschistan her ausästelnden Strecke des *British Raj*, diese begleitet vom auf Persien zueilenden Telegrafen.

In der schneller und lärmiger werdenden Epoche territorialer Aufteilung zum Selbstbedienungsladen erklärter Kontinente und in dem Zusammenhang der Machtprojektion in das »globale Herzland« erhebt sich also stur und starr im zentralasiatischen Binnenraum, der Welt größtem abflußlosem Gebiet, die orographischen Herausforderung des Pamir-Knotens, des »Toit de l'Asie« (Peter Simon Pallas, *Observations sur la formation des montagnes et les changements arrivés au globe …*, 1777), bei den Arabern *Bam-i-Duniah*.

Dazu Buch II, *Maritimes am ›Dach der Welt‹.*   Statt in vertikaler in horizontaler Ausdehnung gedacht und das bisher verfügbare neutralste und politisch unverfänglichste »*Innerasien*« steigernd, liegt unter dieser himmlischen Abdachung laut Aurel Stein (*On Ancient Central Asian Tracks. Brief Narrative of three Expeditions in Innermost Asia and North-Western China*, 1933) romantisierendes »Innermost Asia«, ihm und anderen Gentleman-Schatzsuchern ein abenteuerlicher Wissenschafts- und archäologischer Plünderungsplatz. Versteckt hinter den Bergen, Herders dastehenden »Ableitern des Himmels«, die ihr Füllhorn in befruchtenden Strömen ausgießen, von denen nur keiner je offenes Meer erreicht.

Damit stellt das »globale Herzland« eine für die dampfbetriebenen Hochseeschiffe unerreichbare strategische Festland-Weltinsel dar, ist aber auch, in der Logik der nun geborenen Geopolitik, der »geographische Drehzapfen der Weltgeschichte« (H. J. Mackinder, *Geographical Pivot of History*, 1904). Jenem, der die Ressourcen dieses Raums kommandiert, verschafft er Kontrolle sowohl über den »Inner or Marginal Crescent«, die 'Sichel des inneren Randes' – Europa, Naher Osten, Arabische Halbinsel, Süd- und Nordasien – als auch über die Länder des »Outer or Insular Crescent«, die 'äußere oder insulare Sichel' – Nord- und Südamerika, Afrika, Südostasien, Australien und Ozeanien.

Diesem imperialen Konzept folgt der Entwurf der Norden und Süden trennenden sowie Erste, Zweite und Dritte Welt installierenden »Metageographie des Kalten Kriegs« (Martin W. Lewis und Kären E. Wigen, *The Myth of Continents*, 1997), deren Schranken das seit der Antike offene Durchgangsland nomadischer Kavallerien blockieren und den Verkehr der transkontinentalen Karawanenrouten und Handelsachsen – die eher ausgeklügeltes Netzwerk sind als elegantes Bündel – für den größten Teil des 20. Jahrhundert durchschneiden. Bis zum Einsturz dieser willkürlichen Ordnung und ihrer aufgeregten Wiedereröffnung innerhalb des mit Beginn des 21. Jahrhunderts ausgebrochenen Durcheinanders, dem die neueste Phase der Fremdeinmischung seitens der Regional- und Großmächte auf den Fuß folgte, mit einer noch nie dagewesenen Vehemenz, die deshalb gegengerichtete autochthone radikale und von diesen inspirierte Kräfte in den insularen Weltregionen nährt. Afghanistan ist nicht nur das »Herz Asiens« und »the roundabout of Asia«, so der Historiker Arnold Toynbee (*Between Oxus and Jumna*, London 1961), Verkehrskreisel oder Karussell, sondern wird auch die »strategische Tiefe« des militärisch geheimdienstlichen Pakistans. Während dieses nach 1979, im Jahrzehnt militärischer Besetzung des Hindu Kush durch die Rote Armee, zum Frontstaat mutiert in dem mit saudiarabischer und amerikanischer Unterstützung geführten *Jihad* gegen den Kommunismus. Mutmaßlich auf absehbare Zeit, trotz steigenden Verlusten und Irakisierung, ist Afghanistan nun Amerikas terrestrischer Flugzeugträger und dessen Hafen, das von den Sowjets gebaute Bagram, in unmittelbarer Nachbarschaft gelegen der Stelle, wo Alexanders Heer Kräfte schöpfte für die Begegnung mit dem sogdischen Widerstand, drüben im »globalen Herzland«.

Dieses zerrt heute sporadisch an der Leine der alten russischen Schutzmacht, spannt aber auch mit diesem zusammen, wobei es allerdings nicht als Einheit auftritt. Partikulare Interessen lassen, da Zentralasien für Moskau unverändert das politisch konnotierte »Nahe Ausland« (Blizhneye zarubezhye) darstellt, die regierenden Clans der fünf schon nicht mehr so jungen Republiken hoffnungsvoll auf die historischen Päße der »Seidenstraßen« (Ferdinand von Richthofen, *China. Ergebnisse eigener Reisen*, 1877–1912) schauen, aber auch auf die Han-zeitlichen, nach Westen vorgeschobenen und jetzt wiederbelebten Grenzmärkte. Beides nicht ohne Furcht um die eigene Wirtschaft angesichts der auf ungebremstes Wachstum um jeden ökologischen Preis setzenden Volksrepublik. Dieser, wie auch dem zweiten Schwergewicht Rußland, dient das Interessenbündnis der 2001 gegründeten *Shanghai Cooperation Organisation (SOC)* als Instrument gegenseitiger ‘Kontrolle’ ihrer jeweils tief beargwöhnten zentralasiatischen Manöver, obwohl der Zusammenschluß zunächst transnationale Kriminalität, einheimischen Separatismus und des grenzüberschreitenden religiösen Extremismus im Auge haben soll, wobei unter letzteres Versammlungs-, Meinungs- und Religionsfreiheit fallen – vor allem eben auch in den fünf sich durch latente wirtschaftliche Krisen und bilateralen Hader statt zwischenstaatliche Integration auszeichnenden zentralasiatischen Republiken.

Aus der Perspektive Frankfurts (*Europäische Zentralbank*) und Manilas (*Asian Development Bank*) sind die fünf Republiken Kasachstan, Kirgistan, Tadschikistan, Turkmenistan und Usbekistan zunächst reformunwillige Empfänger von Wirtschaftshilfe, aufgewendet zur Erhaltung zunehmend nationalistischer, altkommunistischer clangestützter, aber vom Ausland gern hofierter Regime. Die westliche Staatengemeinde schätzt diese Republiken als stabilisierend ein und nimmt dabei in Kauf, daß der eine oder andere Despot an ihrer Spitze zuverlässigen Dienst als Folterknecht versieht im sogenannten 'Krieg gegen den internationalen Terrorismus'.

Damit ist Zentralasien politisch also weitgehend passives Territorium. Ist eingegliedert dem sich von Somalia über die Arabische Halbinsel und Westasien bis nach Südsibirien erstreckenden *USCENTCOM*-Segment der globalen amerikanischen Kommandostruktur, dadurch und über militärische Basen aber verflochten mit dem Kriegstheater Irak und dort beginnender Militarisierung der Großregion zwischen der Ostküste des Mittelmeeres und Chinas Westgrenze.

Passiv ist Zentralasien, nicht nur aus westlicher Sicht, auch im Gefüge der Weltökonomie. Lieferant von Gold, Uran und etlichen anderen Erzen, selbstverständlich nebst den fossilen Brennstoffen, um die Mitte der 1990er Jahre die Öl- und Gaspipeline-Frage. Um letztere entbrennt Mitte der 1990er Jahre das »New Great Game«

Dazu Buch V, »*New Great Game I*« und Buch XII, »*New Great Game II*«. (Ahmed Rashid, *Taliban. Islam, Oil and the New Great Game in Central Asia*, 2000), wobei das geoökonomische Schlagwort eine Anspielung ist auf das britisch-russische Ringen des 19. Jahrhunderts um Kontrolle über das Aufmarschgebiet Afghanistan und den pässereichen Pamir-Knoten.

Die Zentralasiens Wesen bezeichnenden drei Schicksalsfragen sind also immer noch die alten – Kern oder Peripherie, aktiv oder passiv, »pulsierendes Herz oder totes Zentrum« (S. A. M. Adshead, *Central Asia in World History*, 1993).

Innerhalb der bestgeschützten natürlichen Festung der Erde, heute fragmentiert durch nicht restlos geregelte, von der Sowjetunion geerbte Binnengrenzen, die den physikalischen oftmals spotten, kommt es entsprechend den jeweils herrschenden Kräfteverhältnissen zum Austausch zwischen nomadischer Bevölkerung und sich konsolidierenden Territorialstaaten. Zu Durchdringung auch aufgrund des Gegensatzes zwischen steppengeprägter Gewalt und Passivität des Oasenlebens und gegenseitiger Abhängigkeit aufgrund der beiden vorherrschenden ökologischen Modelle – dem Wasser folgendes Weidenomadentum und oasengestütztem Ackerbau. Dabei bezieht der Seßhafte aus der Weite unter dem offenen Himmel Fleisch, Wolle, Packtiere, Pelze, Leder und Teppiche, während der Nomade auf dem Basar seinen eigenen Bedarf an Getreide, Tee, feinen Textilien, Waffen und Werkzeugen deckt.

Verbindendes Verkehrsmittel zwischen beiden Gesellschaften ist das zwei-
höckrige, in der Steppe gezüchtete baktrische Kamel.

Das zur transporttechnischen Integration des Herzlands

Dazu Buch IV, *Container und Kamel.*

unverzichtbare Pack- und Zugtier ist die dritte Errungenschaft
des »globalen Herzlands« – nebst den Anstrengungen in Wasserbau und Montan-
industrie. Mit der Erfindung (wahrscheinlich in den Oasen hinter dem Kopet Dagh,
Iran und Turkmenistan trennender Gebirgszug) des *karez*, dem unterirdischen, Verdunstung verhindernden Wasserkanal, mit der Beschaffung und Metallurgie von
Kupfer aus den Trockensteppen nördlich des Balkhash und Seifengold aus dem
nordkasachischen Borovoe, von Jade aus Khotan am Rand der Taklamakan, Lapis
Lazuli aus dem afghanisch-tadschikischen Badakhshan und Türkis aus Neyshabur
vergütet Zentralasien die Übernahme elementarer Agrikultur aus dem östlichen
Iran in seinen frühesten Zellkern im Raum der Versickerungsdeltas des Tedzhen
und des Murgab sowie des Weidenomadentums aus dem östlichen Europa in die
Steppen um Khiva, am Unterlauf des Amu Darya südlich des Aral-See.

Am Ende der Spätbronzezeit (1500–800 v. u. Z.) aus den umgebenden Peripherien
erwachsen, ist das »globale Herzland«, also nie ein kompaktes statisches Gebilde,
sondern – nach den Kontakten mit Iran (um 6000 v. u. Z.), Indien (um 3000 v. u. Z.) und
Europa (um 2000 v. u. Z.) zuletzt auch mit China eine Drehscheibe nicht nur der Vermittlung und weitestreichende Fernverbreitung von Stoffen, Gütern und Technologien, sondern auch von in Sprache,

Dazu in diesem Buch *Die Gestalt der Erde und der Weg des Papiers nach Rom.*

Schrift und Bild gespeicherten Ideen,
also des Informationsumlaufs. Als frü-
heste Spuren dieser globalisierenden Funktion kann der Austausch in den mittelbronzezeitlichen (nach 2000–1500 v. u. Z.) Kontaktzonen der westsibirisch-mittelasiatischen Gruppen der Andronovo-Federovka-Kultur gelten – auffallend ist deren
expansives Wirtschaftswesen mit Kupfer- und Zinngewinnung, Bronzegießerwerk-
stätten und spezialisierte Niederlassungen von Metallhandwerkern nebst Landwirtschaft, Rinder-, Schaf- und Pferdezucht – aber auch von dort zu den umliegenden
Nachbarräumen hin. Keramikgefäße, genauer die Ritzlandschaften kombinierter
Ornamentik, manchmal auch das Gewucher der Zierweisen ergeben ein Journal der
Korrelation von Traditionen und neuen Elementen, von Übergängen und Gemein-
samkeiten, von Assimilation und Verschmelzung. Erhalten sind sie im Boden der
oft mehrphasig besiedelten Stationen und Plätze mit übereinanderlagernden Behausungen und Nekropolen mit flach aufgeschütteten, von Steinringen umgebenen
Kurganen, zumeist in den Steppen und Halbwüsten zwischen dem Balkhash-See
und Karaganda liegend.

Am 29. August 1949, da der Wind aus Westsüdwest kommt, erreicht diese
Plätze aber nicht der Niederschlag der radioaktiven Wolke der ersten, im benach-

barten Dreieck Kalnar – Semipalatinsk – Konetschnaja (letzteres russisch = 'End-station') gezündeten sowjetischen Atombombe (bis 1989 folgen dann über 450 weitere, unterirdisch oder in der Atmosphäre zur Explosion gebracht), welche das 800-Seelen-Dorf Dolon mit Dosen von 160–180 *rem* verstrahlt, während der Stahlturm, auf dem die Plutoniumkugel von knapp zehn Zentimetern Durchmesser montiert gewesen ist, und auch die Eisenbetonhalle darunter verdampfen und in die Stratosphäre steigen.

Nicht, daß man sich damit geographisch weitab befände vom Territorium, wo nach westlicher antiker Vorstellung das Idealklima herrscht, das angenommene Land, in dem unter natürlichen Bedingungen ein alle anderen Völkern überragendes entstanden ist! Nämlich die im Norden der Erde, hinter der ›Dsungarischen Pforte‹ in ewigem Frieden lebend vermuteten Hyperboreer, die allerdings zurückweichen sobald ein Neugieriger wie der von Apollo berufene Aristeas – vielleicht aber auch Nietzsche (»*Wir Hyperboreer*«, geplanter Titel der Einleitung zu *Der Wille zu Macht, 1901*) – zu nahe kommen. Ein von Herodot verneintes Volk, der jene verlacht, die Erdkarten zeichnen, wobei »doch keiner die Gestalt der Erde sinnvoll zu erklären wußte« (*Historien*, IV, 36).

Damit aber ist Herders asiatischer Ausgangspunkt wieder erreicht, der dem Menschen eigentlich keine Lieblingsgegend zuordnen wollte, auf seiner »große[n] und weite[n] Höhe [der Kugel], die nie vom Wasser bedeckt war«, von wo seine »Schar kühner, obwohl kleiner Riesen« allmählich herabstiegen, »die Erde zu unterjochen und das Klima mit ihrer schwachen Faust zu verändern«, agierend aus Ritters, des Geographen, zivilisatorischem »nördlichen Ballungsraum« (Vortrag vom I. April 1850 an der Akademie der Wissenschaften, Berlin) der Menschheitsentwicklung heraus und dabei artifizielle *klimata* erzeugend, das durch menschliche Wärme beheizte Herdersche »Treibhaus« der Humanität – und was für eines!

Irrtümer hinter den Gebirgen

Zürich, August/September 2005. — Wie also stellt sich dem Westen in der Antike der östliche Teil der Erde dar?

In gewissen Rekonstruktionen des späten 19. oder frühen 20. Jahrhunderts ähnelt die Darstellung der bewohnten Welt fast der kompliziert gebauten Zange eines Hummers, genauer: dem Spiegelbild des ockergelben Elefantenkäfers (*Megasoma elephas*) aus der Familie der *Scarabaeidae*. Dabei sind das Mittelmeer dessen verschlossener Mund, die Iberische Halbinsel, Italien, die Inseln Korsika, Sardinien und Sizilien sowie der gezackte Peloponnes wiederum seine Beißwerkzeuge, während das längliche Britannien dem nach oben gebogenen kopfverlängernden Horn entspricht, die nach hinten abgewinkelte Arabische Halbinsel den Tibia, den Schienen des Mittelbeins, die zitterigen Linien von Euphrat, Tigris, Indus und Ganges wiederum den Nuten der das Land der Ichthyophagen, der Fischesser, beherbergenden Abdominalsegmente und die abgerückt im Südosten der Erythreischen See liegende Insel Taprobane, Sri Lanka, dem Tarsus des Hinterbeins. Unter den beiden Flügeldecken des Käfers schließlich hat man sich Baktrien, Sogdien und Skythien zu denken.

»Da nun dieser Abschnitt der Erde sich gegen Osten hin zuspitzt, so dürfte die Gestalt desselben einem Küchenmesser ähnlich werden, indem das Gebirge geradeaus läuft und längs der Schneide des Messers gedacht werden muß, die Küste dagegen von der Mündung des Hyrkanischen Meeres bis Tamarus auf der anderen Seite, welche in eine gebogene und spitz zulaufende Linie endet.«

(Strabon, *Geographika*, um 14–23 n. u. Z.)

Das Gebirge? *Ein* Gebirge? Gemeint ist die ununterbrochene, entlang dem rhodischen Parallel, dem 36. Breitengrad, die Längenachse des Mittelmeers über die ›Kaspischen Tore‹ bei Tehran, Herat sowie Alexanders am Ufer des Beas im Punjab errichteten ›Altäre der Rückkehr‹ fortsetzende Humboldtsche »Hebungslinie« (*Kosmos*, 1845). Bilden sollen sie von Westen nach Osten der Tauros und der Paropamissos – dieser auch Hindu Kush genannt oder, um in Hellas, wo 'Inder-Töter' noch kein Begriff sein kann, die ungeheure geographische Reichweite der makedonischen Expedition an Bekanntem festzumachen, auch 'Indischer Kaukasus' –, der Emodus und der Imaos, also Himalaya und Pamir. Das Ende der taurischen Gebirgserhebung wiederum soll das Vorgebirge Tamarus bezeichnen. In der Erdbeschreibung des Eratosthenes (*Geographika oder Geographumena*, um 220 v. u. Z.), der die Karten von allem Mythischen befreit, steigt dieses aus dem weltumfließenden Okeanos. Nichts anderes ist diese immense Verkettung als die Entsprechung der von den Brahmanen genannten Schnur, die »quer durch Persien und Romanien [das Sultanat der Rum-Seldschuken, d. i. der anatolisch-seldschukische Staat; Anm. d. Aut.] gelegt, genau die Mitte der bewohnten Erde« abteilt (Kosmas Indicopleustes, *Topographia Christiana*, um 550); sie verweist aber auch auf die im *Hudud al-Alam* (372 n. d. H. / 982) auftauchende Idee vom *Kamar-i zamin*. Der von dieser persischen Geographie vorgesehene 'Gürtel der Erde', arabisch *Mintaq al-Ard*, soll die zentralindischen Ketten mit dem Himalaya und diesen über die Gebirge südlich und nördlich des Oxus, gemeint sind Karakoram und Pamir, mit dem iranischen Elburz verbinden.

Auf der Weltkarte von Henricus Martellus Germanus (Florenz, um 1490), liegt die taurische Kette als langgedehnter zopfartiger Wulst, wie eine von Eistreiche glänzende Backware auf dem gerade dem Ofen entnommenen Blech. Dekorativ ist dieser lange Riegel, aber auch funktional. Rückgrat und Verstrebung des eurasischen Binnenraums. Denn seit Bartolomeu Dias hinter dem südlichsten Punkt Afrikas in der heute Mosselbaai genannten Bucht an Land geht, wahrscheinlich im September 1487, und der Indik in sein Blickfeld gerät, ist die Welt in der Schwebe. Ist ihr ptolemäisches Bild überholt und aufgehoben die auf Marinos von Tyros (*Diorthosis Tabulae Geographica*, kurz vor 114 n. u. Z) zurückgehende Verdockung der mutmaßlichen Erdteile mittels der *Terra incognita*. Steht, nach dem Wegfall der angenommenen Festlandverbindung zwischen dem spitzlappig nach Osten ausgreifenden afrikanischen Kontinent und dem aus nördlicher Nacht über Kattigara, das Gebiet von Hanoi, in tropischer Richtung hinabtastenden asiatischen Weltrandzipfel, der Indische Ozean als nach Süden hin offenes Meer fest.

Germanus läßt auf der erwähnten Weltkarte die transkontinentale Bergkette zahlreiche Gebirgeszüge aussenden, vor allem nach Norden, knotigere als sie selbst, nicht unähnlich der Frucht einer Tamarinde. Wenn der Kartograph noch keine Rückschlüsse gibt auf in kurzen Zeiträumen ablaufenden Verformungen begrenzter Bereiche der Erdkruste, vermittelt seine Weltkarte aber doch die Ahnung kompliziert ineinander verkeilter Gebirge. Wollte er hingegen ohne Autopsie des Geländes ins Detail gehen, er würde sich verirren im Gitter der Durchkreuzungen der Meridianketten mit vier hauptsächlichen Parallelketten — dem Altai, dem Tian Shan (nach chinesischen Quellen bis ins Jahr 89 n. u. Z. vulkanisch aktiv) dem nordtibetischen Kunlun sowie dem Himalaya. Unternommen hat den Versuch am »Gezimmer der Erde« Alexander von Humboldt in Form einer »Hypsometrischen Karte von den Gebirgsketten Central-Asiens [...], an deren Berichtigung ich drei Jahre gearbeitet habe«, unter »Fortlassung einer großen Mengen von orographischen und hydrographischen Einzelheiten, nur die großen geodätischen Linien, die mittlere Richtung der Ketten und das Streichen der Haupterhebungen« berücksichtigend (*L'Asie Centrale. Recherches sur les chaînes de montagnes et la climatologie comparée*, 1843).

Etwas einfacher ist es, vom Lauf der Flüsse eine Vorstellung zu gewinnen, und da sie den Weg ins Hinterland erschließen, auch von ihren Einzugsgebieten.

Für das Schwarze Meer sind durch die im vorangehenden Abschnitt erwähnten Küstenfahrten in der Antike selbstverständlich die Mündungen der bedeutendsten Flüsse bekannt — des kolchischen Phasis, des Rion, Istros, der Donau sowie des Borysthenes, des Dnepr. Letzterer teilt das Gebiet der Skythen, der pontischen Kolonisten kenntnisreichste Informanten, die auch Herodot befragt zum eurasischen Hinterland und dem ältesten Handelsweg nach Osten (*Historien*, IV, 16–27); ihre Mitteilungen lassen einiges erwarten. Nicht weniger als sieben Übersetzer benötigen die Skythen nämlich bei der Vermittlung des transkontinentalen Transithandels. Sieben Sprachen sind zu überbrücken, aber die Zahl anwohnender Völker ist weitaus höher:

Zuerst, vernimmt Herodot, kommen die von Subsistenzwirtschaft abhängigen Kallipiden und Alizonen, dann die Neurer; nördlich von Hylaia, im Waldgebiet bei

Aleschki am Dnepr folgen die von den Hellenen Borystheniten genannten, korn-handelnden Ackerbauskythen, auf diese die Nomadenskythen und die sogenannten Königssitze, der vornehmste und zahlreichste Skythenstamm, die Melanchlainer und Sarmaten, letztere an einer kalte Strecke von fünfzehn Tagesreisen hinter der Mäotis-See, dem Asowschen Meer. Es schließen sich an die Gebiete der Budiner, Thyssageten und Iyrken. Dann, nach steinhartem Land, ein Volk Kahlköpfiger mit eingedrückten Nasen und breitem Kinn, die den in Tücher gepreßten, schwarzen dickflüssigen Saft der Frucht des Vogelkirschbaums unverdünnt oder milchver-mischt einnehmen und die Restmasse in Form gekneteten Brotes; ein friedfertiges, jedem Flüchtling Erstasyl gewährendes, waffenloses und das Ende des Winters unter »filzumhüllten Bäumen« aussitzendes Volk. Nachbarn dieser Jurtenbewohner sind dann die Argippaier. Darauf, hinter vorgeschobenem Gebirge, nur noch Un-bestimmbares und zuweilen Unglaubliches – etwa ein ziegenfüßiges, sechs Monate des Jahres im Schlaf verbringendes Volk. Genaueres hingegen gibt es wieder dank Mitteilungen der das Kaspische Meer befahrenden akkadischen Kaufleute über die noch weiter östlich wohnenden Issedonen oder Massageten, welche Schädel häu-ten und vergolden, Frauen und Männern gleiche Rechte einräumen, erzbesetzte Lanzen, Pfeile und Streitäxte besitzen und auch ihren Pferden eherne Brustpanzer anlegen. Hartes Metall liegt selbstverständlich auch in den Händen der nördlich anschließenden Nachbarn, der Arimaspen, wenn sie den goldhütenden Greifen nachstellen.

Parallel zu Herodots wundersamem ethnographischem Bericht der sich an den Flüssen orientierende geographische – nebst dem Dnepr noch das ganze Fluß-system im Gebiet der heutigen Ukraine bestehend aus Hypanis, dem südlichen Bug; Pantikapes, dem Ingulez; Gerrhos, der Konskaja, und dem heutigen Donez, dem Tanais.

Dieser Tanais nun beschäftigt als größeres Problem, und das während langer Epochen. Zur Zeit von Alexanders Asienfeldzug pflegt man ihn mit dem tatsächlich in den Aral und nicht in das Kaspische Meer mündenden Jaxartes zu verwechseln. Im Verbund mit den kimmerischen Hafenplätzen genießt der Tanais bei Herodot (um 484 – nach 430 v.u.Z.) und Strabon (um 64 v.u.Z. – nach 23 n.u.Z.) namentlich nicht er-wähnten Autoren, alternativ zum kolchischen Phasis, das Privileg, die Grenze zwi-schen Europa und Asien zu sein. Diese wiederum sieht Hippokrates in der schlan-gennährenden sumpfigen Mäotis-See hinter der Straße von Kertsch (*Corpus Hippocratum* oder *Von der Umwelt*, zwischen 430 und 415 v.u.Z.), während für Ptolemaios (*Geographie*, VII) als Berüh-rungspunkt von Europa und Asien nur die vom Tanais durchflossene Landbrücke zwischen der Mäotis-See und dem äußeren »Skythischen Ozean« in Frage kommt.

Mit der Überschreitung des Hyrgis, des Don, und des Ra, der Wolga, erreicht Herodots nordöstlicher Handelsweg nach Zentralasien das Becken des Hyrkanischen Meeres, von dem seit Alexanders Zug nach Asien Gewißheit herrscht, daß es mit dem Kaspischen Meer identisch ist. Strabon bemerkt dazu etwas verächtlich, die Mäotis-See sei allein zum Zweck der Anhebung von Alexanders Ruhm und seines Anspruchs auf die Unterwerfung des zum Tanais hin liegenden Landes mit jenem um ein Vielfaches größeren Gewässer zusammenfließend dargestellt worden. Der an Alexanders Asienzug teilnehmende Polykleitos von Larissa, so Strabon, bringe »sogar den Beweis dafür bei, daß dieses Meer ein Sumpfmeer sei; denn es ernähre Schlangen und sein Wasser sei süßlich. Daß es aber auch kein anderes sei, als die Mäotis, schließt er daraus, daß der Tanais in dasselbe falle; denn aus demselben Indischen Gebirge, aus welchem der Ochus, der Oxus und mehrere andere [kommen]«, ströme auch der Jaxartes und ergieße sich – was falsch ist – als nördlichster von allen Flüssen wie der mit ihm verwechselte Tanais ins Kaspische Meer. Diesen Jaxartes, fährt Strabon fort, habe man nun Tanais genannt und, Polykleitos untermauernd, zum Beweis angefügt, jenseits dieses Flusses bedeckten Tannen das Land, weshalb die Skythen Pfeile aus Tannenholz besäßen, was wiederum nichts anderes bedeute, daß das Land jenseits des Tanais zu Europa gehöre und nicht zu Asien, dort käme nämlich diese Art der Nadelbäume nicht vor. Alexander hingegen habe in Indien Flotten aus solchem Holz gebaut … »[…]; uns aber sei dies genug davon« (*Geographika*, XI, 7, 4).

Dreihundert Jahre vor Strabon, zur Zeit Aristoteles' (384–322 v. u. Z.), stützt man sich auf die Annahme des milesischen Geographen Hekataios (um 560–480 v. u. Z.). Hat also vergessen, was zwischendurch Herodot bekannt gewesen ist, nämlich, daß es sich beim Hyrkanischen oder Kaspischen Meer um einen Binnensee, also ein vollkommen abgeschlossenes, in sich selbst ruhendes Meer handelt (*Historien*, I, 202–203). Wie der von einer Mündung sprechende Strabon denkt sich Aristoteles eine tropfenförmige Einbuchtung des zum weltumfließenden Okeanos gehörenden »Skythischen Ozeans« in das eurasische Binnenland und schreibt (allerdings ist Aristoteles' Urheberschaft der im 2. Jahrhundert v. u. Z. bekannt gewordenen Schrift *Über die Welt* umstritten): »Am anderen (nördlichen) Landvorsprung (Asiens) reicht [der Ozean; Anm. d. Aut.] durch einen schmalen, langen Meeresarm herein und verbreitet sich dann wieder, indem er Hyrkanien und Kaspien begrenzt.« (*Über die Welt*, Kap. 3, 393b 4–7) Aristoteles' Irrtum entspricht einem Rückschritt in der geographischen Wissenschaft, der erst vierhundertfünfzig Jahre später von Ptolemaios gestürzten, bis dahin geltenden und auch in Erathostenes' Erdkarte berücksichtigten Anschauung, die sich festsetzt aufgrund der Nachrichten von General Patroklos.

Zwischen 285 und 282 v. u. Z. unternimmt dieser im Auftrag von Seleukos I. Nikator, dem vierten Seleukidenkönig, eine Küstenfahrt im Kaspischen Meer. Das Unternehmen muß vor Erreichen der Nordküste abgebrochen werden, aber Patrokolos kommt weit genug, um die Mündung des Oxus zu sehen. Von

Im der Gegend von Balkanabad im heutigen Turkmenistan, zwischen dem Großen und dem Kleinen Balchan, ist bis heute die Mün-

entscheidender Wichtigkeit ist diese Entdeckung, weil sie ein Schlaglicht auf Alexanders Projekt wirft, genauer auf die westliche Vorstellung des Paßlandes Turan und seine Weltstellung. Nicht nur militärischer Ehrgeiz des Eroberers dürfte nämlich verantwortlich gewesen sein für die Hartnäckig- dung des Trockenbetts des Usboj zu sehen. Der russische Geologe Obrutschew hat bewiesen, daß es sich dabei tatsächlich um einen alten Verlauf des Oxus handelt. Mittelalterliche Quellen bestätigen seinen Schluß. Der berühmte sowjetische Orientalist, Anthropologe und Turkologe Wilhelm Barthold (1869–1930), Verfasser zahlreicher grundlegender Werke zur Erforschung des westlichen Zentralasiens und der angrenzenden Gebiete, hat zudem dargelegt, daß zwischen dem 13. und dem 16. Jahrhundert abermals ein Arm des Oxus das Kaspische Meer erreicht hat.

keit bei der Niederschlagung der Aufstände in Baktrien und Sogdien, sondern gewiß auch die Sicherung der im Rücken des Hindu Kush verlaufenden schiffbaren Güterstraße zwischen dem Nordosten Indiens und dem Mittelmeerraum unter Benutzung des in das Kaspische Meer fallenden Oxus (bei Plinius: VI, 19, 52 der Baktros-Fluß), sowie der in östlicher Richtung in dieses abfließenden aserbaidschanisch-georgischen Kura, des größten Flusses im Kaukasus, und dem nach Westen zum Schwarze Meer strömenden Phasis.

Vor diesem wirtschaftlichen Hintergrund wird das antike verkehrsgeographische Interesse an den Flüssen Turans, vor allem an ihrer nordwestlichen Fließrichtung verständlicher. Die südlich strömenden Gewässer weisen zur erwähnten Wasserstraße, der kürzesten Verbindung mit der indischen Welt. Turan ist nämlich auch das Durchgangsland des Hindu Kush, wo der Verkehr an der schmalsten Stelle des asiatischen Gebirgsriegels, im Gebiet von Kabul, den Punjab erreicht. Die nördlich abfließenden Gewässer hingegen zielen gegen das große »europäische Völkertor« (Hugo Hassinger, *Geographische Grundlagen der Geschichte*, 1931) zwischen dem Ural und dem Kaspischen Meer und berühren den aus der ›Dsungarischen Pforte‹ austretenden innerasiatisch-chinesischen Warenverkehr.

Genau durch dieses Hinterland über dem Kaspischen Meer führt in weitem Bogen die von Herodot bei den Skythen in Erfahrung gebrachte Route. Dem Rand der kasachischen Steppe folgend, erreicht sie, wie bei Aristeas gesehen, den bei den Skythen unter dem Namen Silis bekannten Jaxartes und schließlich den goldreichen Altai. Südlich von ihr liegt der Aral-See, erst im 6. Jahrhundert durch den in geographischen Angelegenheiten gewöhnlich zuverlässigen Byzantiner Menander Protector (*Menander de legationibus Barbarorum ad Romanos et Romanorum ad gentes*) bekannt gemacht sowie die Entwässerungsgebiete seiner beiden Zubringer – des Oxus, des doppelquellig als Pyandzh im Pamir entspringenden Die siebte der Asien gewidmeten Tafeln in Donnus Nicolaus Germanus' (um 1460–1477) in Kupfer gestochenem *Ptolemäischem Atlas* (Arnoldus Buckinck, Rom 1478) verzeichnet zwischen *Scythia Intra* und *Bactria* den Aral-See als verschwindend geringes Gewässer. Es trägt den Namen *Oxia Lacus*, abgeleitet von der etwa bei Plinius vorkommenden Bezeichnung *Lacus Oaxus*, und besitzt einen Abfluß in den südlich an ihm vorbeiströmenden Oxus, der, genau wie der Jaxartes, irrtümlicherweise mit einer Mündung in das Kaspische Meer dargestellt ist.

Amu Darya, und des aus dem Schoß des Tian Shan tretenden Jaxartes oder Syr Darya.

Über letzteren hinaus, in die Nähe des seit ihrer Niederlage gegen die Xiongnu von den Yüezhi okkupierten Gebietes, stößt gegen Ende des 4. Jahrhundert v. u. Z. bereits der seleukidische Heerführer Demodamas (Plinius, *Naturkunde*, VI, 18, 49) auf den Spuren des Aristeas vor und errichtet dort dem Didymäischen Apollon Altäre. Arrian (*Anabasis Alexandri*, nach 147/148 n. u. Z.) läßt die beide Ströme Turans ins Kaspische Meer münden. Aber wo der makedonische Welteroberer den Überblick verloren hat, darf mindestens vierhundertsiebzig Jahre nach dessen Tod in Babylon der auf sekundäre Quellen angewiesene Nacherzähler seines Feldzugs sich irren, zumal er selbst auf einer Inspektionsfahrt ins Schwarze Meer (*Periplus*, 132 n. u. Z.) auch nur zu den von Trajan zur Sicherung der Schifffahrt und zum Schutz angesiedelter Veteranen und niedergelassener Kaufleute aufgestellten Postenkette an der Mündung des im heutigen Georgien liegenden Phasis und zu dem mit vierhundert Elitesoldaten bemannten Fort gelangt, mit einer an der südöstlichen Schwarzmeerküste gesegelten erstaunlichen Reisegeschwindigkeit von sieben bis acht Meilen pro Stunde, dann aber eben nicht auf der kaukasisch-kaspischen Flußstraße in die hinter der ethnischen, also Barbarenland von Zivilisation trennenden orographischen Grenze des Kaukasus verborgenen asiatischen Regionen vorstößt.

Mit den tatsächlichen Gegebenheiten vertrauter ist Aristobolus von Kassandreia (geboren frühestens 375 v. u. Z.). Der Ingenieur, Techniker, Geograph, Hydrologe und Klimatologe ist von Anfang bis Ende Teilnehmer des Alexanderzugs. Er führt Buch über alles Bemerkenswerte, notiert möglicherweise auch die später von Strabon (*Geographika*, XI, 5, 8) erwähnten Kamelkarawanen der Aorser, welche die kaspischen Küsten kontrollieren und von Armeniern und Medern empfangenen indischen und babylonischen Waren importieren, um im Alter von vierundachtzig Jahren endlich seine Alexandergeschichte vorzulegen (nach 301 v. u. Z.), auf welche sich nebst Strabon auch Arrian stützt. Nebst dem Indus ist der Oxus Asiens größter Strom, den Aristobulos mit eigenen Augen sieht. Der Teilnehmer am Alexanderzug kann wie seine Zeitgenossen das Kaspische Meer noch nicht vom Aral-See unterscheiden – denn dessen Existenz verbirgt sich damals –, und deshalb ist der Oxus für sie eben die zum Transport indischer Güter durch Baktrien und Sogdien geeignete und leicht schiffbare Wasserstraße hinunter an die Küsten des Hyrkanischen oder Kaspischen Meers.

Wie gefährdet dieser braune träge Strom eines Tages sein wird, kann Aristobolus nicht ahnen, während er mit dem Heer über den Sand- und Lehmboden von Samarkand nach dem in der Margiana gelegenen Merv marschiert. Im Jahr 1954, mehr als zweitausend Jahre nachdem die Makedonen aus der Gegend verschwunden sind, beginnt der zentralasiatische *Homo sovieticus* mit dem Aushub des Karakum-Kanals. Das unvollendet gebliebene Bauwerk entzieht in den folgenden drei Jahrzehnten dem aus der verschatteten Abdachung des Pamirs getretenen und durch die Wüsten Turkestans mäandernden Fluß enorme Mengen Wasser zur Bewässerung

endloser <u>Baumwollfelder</u>. Wasser, das in seinem künstlichen *Dazu Buch V, Das 'tartarische Pflanzen-Schaf'.* Bett nicht nur leichter versickert, sondern auch rascher verdunstet, so daß der Oxus auch wegen dieser Umleitung die von Eratosthenes, Polykleitos und Arrian im Kaspischen Meer vorgesehene Mündung, die einer früheren natürlichen solchen entsprechen würde, nicht mehr erreicht. Daß der Aral-See in Agonie liegt, ist zwangsläufige, kaum umkehrbare Konsequenz der Ausdehnung der Baumwoll-Monokultur. Hinter salzverkrusteten Ebenen und von Pestizidrückständen vergifteten Deltas dümpeln jämmerliche Lachen, von deren Ränder giftige staubige Niederschläge in die moribunden Fischereihäfen Aralsk und Muynak herüberkommen.

Vielleicht war der Aralsee Grund für den Irrtum des sonst nüchtern vorgehenden Ptolemaios, die Längsachse des Kaspischen Meeres in west-östlicher statt in nord-südlicher Ausdehnung zu legen. Vielleicht verführt den Geographen dazu, wie Alexander von Humboldt (*Kosmos*, 1845) erwägt, eine dunkle Kenntnis »der ehemaligen großen Ausdehnung des scythischen Golfes und der Existenz des Aral-Sees«.

Poeten, Pilger und andere Vorstöße

Zürich, August/September 2005. — Ein chinesischer Zeitgenosse des Eratosthenes (geboren um 295/280 v.u.Z.) — etwa ein Bauer, der damals zum Bau der Grenzmauern der Nördlichen Reiche Qin, Zhao und Yan, Vorläufern der Großen Mauer, abkommandiert wurde, oder ein Literat, der vom Tod des Menzius (um 289 v.u.Z.), Konfuzius' Nachfolger, gehört haben könnte —, aber auch ein Chinese späterer Jahrhunderte, bis ins 16. Jahrhundert hinauf, in die Zeit der Ankunft der Jesuiten, hätte dessen in Alexandria angefertigte Weltkarte kaum als Darstellung der Welt interpretiert. Vorausgesetzt, der vielseitigste Gelehrte des Hellenismus hätte tatsächlich eine solche gezeichnet und sie wäre dem imaginierten Chinesen auch vor Augen gekommen.

Genau wie im Fall ihrer arabischen Kollegen richtet sich das Interesse der Kartographen des 'Reichs der Mitte' nämlich nicht auf die möglichst naturgetreue Wiedergabe der Zuordnung von Raumgebilden, Gebirgsmassen, Gewässern und dergleichen. Und ebensowenig wie jene kümmern sich die Chinesen um die präzise Situierung von Orten und ihre tatsächlichen gegenseitigen Verbindungen innerhalb der Fläche der Erde, welche sie, im Gegensatz zu den oft kreisförmigen und nach Norden orientierten arabischen Werken, viereckig darstellen. Eine solche Form erlaubt es den Kartographen, dem Selbstverständnis der Kaiser und der religiös geprägten Kosmographie am besten gerecht zu werden. Sie räumt nämlich dem 'Reich der Mitte', gemäß der Vorstellung des *tianxia* (天下), 'Alles unter dem Himmel' ein;

nicht nur das Zentrum unter der Himmelskuppel, sondern im Prinzip den gesamten gedachten Erdraum.

Eine Folge dieser Darstellungsweise ist, daß sinozentrische Weltkarten zunächst einmal die Frontalansicht des traditionellen Apothekerschranks in Erinnerung rufen. Allerdings mit dem Unterschied, daß sich hinter den länglichen, beschrifteten Papieretiketten der quadratischen Schubladen keine von den offiziellen Arznei- und Kräuterbüchern vorgeschriebenen Ingredienzen von Heilmitteln verbergen. Weder das von den Garnisonen in Bishbalik am Rand der Dsungarei in Form sonnengetrockneter Harzriegel als Tribut übersandte, die Verdauung stimulierende und gegen parasitäre Würmer eingesetzte Asafoetida, noch das 'göttliche Kraut' Ingwer. Weder das in Karashar im Westen von Gansu sowie in Persien zur Behandlung des Trachoms beschaffte blaue Vitriol, noch der bei schwangerschaftsbedingten Blutungen mutmaßlich mit einem Ei zur wundersamen Versiegelung eingenommene annamitische weiße Bienenwachs. Und schon gar nicht die mir nur durch die Zurverfügungstellung eines Textes eines befreundeten Sinologen (Rodo Pfister, *Der Milchbaum und die Physiologie der weiblichen Ejakulation. Bemerkungen über Papiermaulbeer- und Feigenbäume im Süden Altchinas*, 2007) bekannten Ingredienzen der Pille für den Mann Marke 'Für den ausdauernden (Liebes-)Kampf und das Längern des Aufragenden' (久戰長陽丸). Im Hinblick auf das 'fröhliche Treffen', *huan-hui* (歡會) eingeworfen, soll dieses Mittel, lese ich im *Dschu-lin Yä-schi* (株林野史), (historisch-erotischer Roman aus der Ming-Zeit, dessen Verkauf der Verlag laut Hinweis auf »solche Personen beschränkt, welche den Umgang mit wissenschaftlichen oder literarisch anspruchsvollen Büchern gewohnt und den vertreibenden Orts- und Fachbuchhändlern in dieser Eigenschaft bekannt sind«), umgehend die bläulichen Adern des 'Jadestengels' (玉莖) hervortreten lassen. Bei 'Tief'- und 'Flachstößen' (深淺), würde der 'Schildkrötenkopf' (龜頭) eisenhart am 'oberen Gewölberand' (das entsprechende Zeichen ist nicht auffindbar ...) der 'Lustgrotte' (... und auch dieses nicht) und am 'roten Fetzenkleid' (赤縷) entlangschürfen und in die gründlichste Tiefe der (vielleicht auch mit Spalt-Kürbis wiederzugebenden) 'erbrochenen Melone' (wofür das Zeichen auch nicht erbracht werden kann) dringen können und die *Yin*-Substanz nach unten schießen.

Weil die Topographie der Vagina aber von allgemeinem Interesse ist, kann angenommen werden, daß der Apothekerschrank nicht nur die Ingredienzen des genannten, sondern auch eines nicht weniger vielversprechenden Potenzmittels verwahrt. Unter diesen wäre dann gewiß der in Pfisters wissenschaftlicher Arbeit (Rodo Pfister, *sexuelle körpertechniken im alten China: seimbedürftige männer im umgang mit lebens-spenderinnen: drei manuskripte aus Mawangdui: eine lektüre*, 2008) zentrale, gemäß den früh-hanzeitlichen *Vermischten Heilvorschriften*, *Za Liao Fang* (168 v. u. Z.), den inwendigen Zuwachs des Penis besorgende und ihn zu einem durchgehenden Hengst hochpeitschende, verschlossen aufzubewahrende, beim Drehen des Pulvers zu Pillen als Trägersubstanz und Kleber dienende Milchsaft des Papiermaulbeerbaums.

Aber eben – die Beschriftungen, die chinesischen Kartenwerke zuweilen in größter Verdichtung ausfüllen, sind anderer Natur als die Medizinalienetiketten. Und statt des zielgerichteten Aufweckens der Zonen der Lust betreffen sie entweder mythische Zonen oder reale geographische Punkte und Regionen, sind aber infolge der erwähnten Darstellungsmethode kaum hilfreich, zu diesen auch vorzustoßen. Aber nicht nur das – gerade wenn sie fremde Länder bezeichnen, stufen die Beschriftungen diese nicht selten durch übertrieben kleine Wiedergabe zu grundsätzlicher Bedeutungslosigkeit herab. So, als lohne sich der Weg dorthin überhaupt nicht. Die Darstellung räumlicher Verhältnisse bei den Chinesen muß demnach einer Denkweise unterliegen, die nicht nur die Bewegung innerhalb der wirklichen Umgebung, sondern auch übernatürliche Methoden des Vortwärtskommens in- und vielleicht außerhalb der Zeit berücksichtigt, die es, wie etwa dem taoistischen Rhapsoden und Adepten der Unsterblichkeitslehre Wu Yun (gestorben 778), von einem Forscher 'Berghüpfer' genannt, sogar erlauben, ohne Schwierigkeit jedes Relief zu überfliegen.

Das System räumlich-zeitlicher Wechselbeziehungen, welches den Chinesen eine unfassende Erklärung der Welt liefert, ist die Lehre des *yin* (陰), des *yang* (陽) und der Fünf Elemente, *yinyang wuxing shuo* (陰陽五行説) (Holz, Feuer, Erde, Metall, Wasser). Als Seinsweisen oder Grundenergien in Phasen des Wachstums, des Höhepunkts und des Abnehmens lösen sich die fünf Elemente und auch die weiblichen und männlichen Kräfte immer wieder ab. Ihre Verbreitung findet diese Vorstellung von den antiken Wahrsagerschulen ausgehend, welche, in der Provinz Shandong vor allem und während der Periode der Streitenden Reiche (481–221 v. u. Z.), die 8 Trigramme und 64 Hexagramme interpretieren und systematisieren.

Im Lauf solcher Bemühungen dehnt ein gewisser Zhou Yan (305–240 v. u. Z.) aus dem Reich Qi (850–221), einem der sechs Reiche der Zeit der Teilstaaten, dieses Interpretationssystem offenbar auf sämtliche Wissenschaften aus, auch auf die Geographie und die Politik, und bereits zur Zeit der Einigung Chinas unter dem ersten Kaiser, Qin Shi Huangdi (221–210 v. u. Z.), ist allgemein akzeptiert, daß Regierungen und Dynastien sich nicht anders ablösen als in der Zerstörungskette Holz-Feuer-Erde-Metall-Wasser das Alte Neuem weicht.

Bei den acht Trigrammen handelt es sich um zur Weissagung benutzte Orakelzeichen, die entweder aus drei durchgezogenen (Yang) oder unterbrochenen (Yin) Linien bestehen und die Grundlage des *I Ging*, des *Buchs der Wandlungen*, bilden.
Dazu auch in diesem Kapitel, *Die Gestalt der Erde und der Weg des Papiers nach Rom*.

Zu Verschmelzung und Anverwandlung – dadurch auch zu ethnischer und kultureller Auslöschung oder, in umgekehrter und nicht unproblematischer Betrachtung, zu zivilisatorischem Fortschritt bewirkender Sinisierung – kommt es im Lauf der Geschichte Innerasiens bei der Begegnungen zwischen den nomadischen Gesellschaften und dem machtpolitischen Gebilde China.

Letzteres übernimmt aus den nördlichen Steppen ab dem 4. Jahrhundert für seine Kavallerie nicht nur Hose, Sattel, Brustgurt- und Kumtgeschirr sowie den Steigbügel, sondern auch Techniken der Pferdedressur, der Kriegsführung sowie der Viehzucht. Die sinotibetischen Randgebiete und der Süden liefern umgekehrt die Heil- und Giftpflanzenkunde und lehren die Kunst des Brückenbaus und das Anlegen von Bergstraßen. Zur Zeit der 'Sechzehn Reiche der Fünf Barbaren' (304–439) werden dann die nomadischen Anleihen in eine den Anschein von Kontinuität und Homogenität erweckende Dynastiengeschichte eingewoben; ein Prozeß, der unter den gemischt barbarisch-chinesischen aristokratischen Emporkömmlingen der Sui (589–618) und der Tang (618–907) zur Verschleierung und schließlich zur Zensur von allem führt, was auf die Abkunft zeltbewohnender, ungebildeter und von Beutezügen abhängiger Vorfahren verweist. So verschwinden durch Annahme chinesischer Namen jene aus den Geschlechtern der Xianbei herübergekommenen, jenem Stamm, der im I. Jahrhundert im Gebiet der späteren Mongolei die Xiongnu abgelöst und eine bedeutende Föderation errichtet hat.

Konsequent wird unterdessen die von den nördlichen Wei (220–265) begonnene Sinisierungspolitik weitergeführt, und da im chinesischen Mittelalter die Westlichen Jin (265–316) bei ihren Nachbarn hinter den 'Zwiebelbergen' und dem 'Himmelsgebirge', hinter Pamir und Tian Shan, großes Ansehen genießen, reißt der Strom der Tributsendungen westlicher Fürstentümer, darunter Khotan, Kucha, Karashahr und Fergana, aber auch der südostasiatischen Länder Champa und Funan, ersteres im heutigen Zentral-Vietnam, das andere im kambodschanischen Teil des Mekong-Delta gelegen, nach China nicht ab. Immer mehr tritt das 'Reich der Mitte' nun als egozentrisches Großreich auf, empfängt dabei aber gleichwohl hephtalitische und persische Gesandtschaften und erlaubt auch den sogdischen Kaufleuten aus Buchara, Samarkand und Balkh sowie aus den südlicheren Gebieten Kashmir, Peshawar, Ghandara sowie dem Indus-Tal die Bildung von Kolonien in den urbanen Zentren von Gansu, Shaanxi und Henan.

Mit diesen Fremden gelangen nicht nur Erzeugnisse anderer materieller Kulturen nach China, sondern vermehrt auch die religiösen Vorstellungen des im 6. Jahrhundert v. u. Z. in der Ebene des Ganges entstandenen, sich im Lauf der Zeit von einem mit der Welt brechenden, Individuen vorbehaltenen Heilsweg zu einer der Allgemeinheit offen stehenden Religion verwandelnden Buddhismus. Durch dessen Ikonographie kommt China aber auch mit den ästhetischen Programmen Persiens und Griechenlands in Kontakt, ist doch der Buddha in menschlicher Gestalt erstmals in der Region dargestellt worden, in der sich hellenistisch inspirierte Bildhauerkunst mit dem spirituellen Gedankengut Indiens vermischt haben – in der Kunst Gandharas, das heißt im Westen des heutigen Pakistan, der als südwestlicher Durchgangsraum zum 'Reich der Mitte' fungiert.

Seit dem ersten Vordringen des Buddhismus nach China im 1. und 2. Jahrhundert – die früheste Gemeinschaft Gläubiger ist für das Jahr 65 n.u.Z. bezeugt, und ab dem Jahr 440, als die Nördlichen Wei (386–534), eine Fremdherrschaft über Teile Chinas, den direkten Zugang zu den Handelsstraßen Zentralasiens herstellen, wird er allmählich zur Staatsreligion – hat sich der Buddhismus allmählich der so ganz verschiedenen Kultur angepaßt, auf die er hinter dem Himalya gestoßen ist. So sehr, daß zur Zeit der Tang ein akutes Bedürfnis besteht, die unverfälschten Ursprünge dieser Religion kennenzulernen. Zu religiösem Verlangen gesellt sich jedoch auch das des Kaiserhofs nach sachdienlichen Informationen über *Xi Yu*, die ›Westlichen Regionen‹. Zu diesen zählt man eben auch das im Süden liegende Indien, wohin auf den Spuren des ersten namentlich bekannten, im Jahr 260 immerhin bis in die am Südrand der Taklamakan liegende Jadestadt Khotan vorgerückten Pilgers Zhu Shixing und dessen Brüder – ihre Berichte dienen dem berühmten Mönch Dao'an (gest. 385) bei der Erstellung seines *Berichts über die Westländer*, *Xiyuzhi* – im Jahr 399 der damals bereits fünfundsechzigjährige Faxian (334–420) aufbricht. Im Jahr 412, nachdem er dreißig Reiche bereist hat und über den indonesischen Archipel nach China zurückgekehrt ist, schreibt der Pilger den *Bericht des Faxian*, *Gaoseng Faxian zhuan*, auch bekannt als *Foguoji*, *Bericht über die buddhistischen Länder*, unter welchem Titel Hu Zhenheng, ein berühmter Gelehrter der Ming-Dynastie (1368–1644), den von Faxian im Jahr 416 abgeschlossenen Reisebericht, der einzige vollständig erhalten gebliebene jener Epoche, zur Vorbereitung des Blockdrucks in Birnbaumholz schneidet.

Ihre Genauigkeit macht die zwischen dem 5. und dem 8. Jahrhundert entstandenen Aufzeichnungen Faxians und seiner Nachfolger – der prominenteste ist der als Schriftenholer und unter dem Sanskrit-Namen Tripitaka berühmt gewordene, im Lauf seiner achtzehnjährigen epischen Reise hundert Länder und Städte besuchende (?602–5. Februar 664) Xuan Zang –, aber auch die zur Zeit der Nördlichen Wei von Li Daoyuan (gestorben 527) in den *Kommentaren zur Leitschrift über die Wasserwege*, *Shui jing zhu*, kompilierten geographisch-historischen Informationen nicht zur umfassenden Quelle über die herrschenden Verhältnisse in Zentralasien, im Gebiet des heutigen Afghanistan, im indisierten Süd- und Südostasien und auf Sri Lanka, in Sumatra sowie dem östlich und nordöstlich davon ausgeworfenen Küsten- und Inselraum, sondern vor allem auch über die auswärtigen Beziehungen Chinas zu diesen Regionen.

Der Hof mißt den Auskünften der religiösen Kundschafter solche Bedeutung bei, daß etwa der Mönch Yijing, der im Jahr 671 an Bord eines persischen Schiffs nach Indien gekommen und im Jahr 695 in die Hauptstadt Luoyang zurückgekehrt ist, der Kaiserin Wu Zetian (662–716) direkt Bericht erstatten muß. Obwohl er vorab die unterwegs verfaßten Werke – den *Bericht über den Buddhismus, aus der Südsee übersandt*, *Nanhai jigui neifa zhuan*, und einen Überblick zum Wirken chinesischer Pilger, den *Be-*

richt über die großen Mönche, in der Ära der Tang im Westen das Gesetz suchend, Datang xiyu qiufa gaoseng zhuan, nach China geschickt hat.

Bevor diese hohe Zeit des interkontinentalen Religionstransfers zu Ende geht, schlüpft im Jahr 729 noch der koreanische Mönch Huicho auf seinem Rückweg durch Zentralasien, und der im Jahr 751 in Chang'an aufgebrochene Wukong gelangt durch das nördliche Afghanistan nach Indien. Als letzterer im Jahr 790 über Kashgar und Kucha dann nach China zurückkehrt, gibt es aus dem Westen etliche Neuigkeiten zu berichten.

Ab 650, dem Jahr 29 n. d. H., und Beginn der ersten der vier Phasen der <u>arabischen Eroberung Innerasiens</u>, als die Araber – unter ihnen angeblich Quthm, Sohn von al-Abbas, dem Onkel des Propheten – erstmals den Oxus überschreiten, den sie, während er bei den Chinesen Amu He heißt, Jayhum nennen, und bis nach Samarkand kommen, kennt die Außenpolitik der Tang nur noch ein einziges Ziel: die Verhinderung des weiteren Vordringens dieses neuen Feindes in östlicher Richtung. Ihre Allianzen mit den Pufferstaaten, die der arabischen Eroberung zur Zeit des Umayyaden-Kalifen Abd al-Malik (685–705) im Weg stehen, bleiben indessen nutzlos. Nachdem zwischen 602 und 642 bereits das persische Reich der Sasaniden gefallen ist, sind ab 704 die jenseits des Oxus, also die in Mawarannahr liegenden Oasenstädte, sowie Choresmien besetzt. Für die arabischen Armeen – zum größten Teil rekrutieren sie sich aus den 50 000 im Jahr 671 auf Befehl von Ziyad bin Abi Sufyan, dem Gouverneur über Irak und den Osten, aus Basra nach Merv gekommenen Kämpfern – ist damit der Weg offen in den Tian Shan und über den Pamir in die westlichen Randgebiete Chinas, wo sich die über das Fergana-Tal hinausdringenden Araber schließlich in Kashgar festsetzen.

Die Gegenoffensive der Tang, begonnen im Jahr 745, hinkt aufgrund der gleichzeitigen militärischen Front gegen die Tibeter und findet im Jahr 751 ihr vorzeitiges Ende. Im Juli dieses Jahrs, es ist das Jahr 133 n. d. H., besiegt in der fünftägigen Schlacht am <u>Talas</u> das arabische Heer unter dem Befehl von Ziyad ibn Salih die 30 000 Mann starke, vom koreanischen General Gao Xianzhi befehligte chinesische Streitmacht. Dabei gerät eine große

Im Lauf der unter dem Kalifat der Umayyaden im Jahr 705 beendeten ersten Phase unternehmen die arabischen Gouverneure zuweilen sporadische Vorstöße über den Oxus, kehren aber zur Überwinterung fast immer nach Merv zurück. In der zweiten Phase (705–715) kommt es systematischen Versuchen des herausragenden Gouverneurs Qutayba bin Muslim, Tocharistan, Sogdien und Choresmien zu unterwerfen, sowie zur Errichtung von Garnisonen in Buchara und Samarkand. In der dritten Phase (716–737) erfolgt dann das Zurückweichen der Araber angesichts des Erstarkens der Nachkömmlinge des turkischen Khaganats – in Allianz mit den Sasaniden hat dieses ab 552 ein Jahrhundert lang die jenseits des Oxus liegenden Steppen beherrscht – und ihrer Verbündeten unter den lokalen Fürsten. In der vierten, unter dem Kalifat der Abbasiden beendeten Phase (737–751) erreichen die beiden Gouverneure Asad bin Abd Allah und Nasr bin Sayyar dann Vereinbarungen mit den lokalen Herrschern Transoxaniens, die ihr Vasallentum anerkennen, ohne indessen umfänglich Macht und Status abgeben zu müssen.

Talas liegt in der Gegend der heutigen kasachischen Stadt Taraz, in Xuan Zangs *Bericht von den Westlichen Regionen* Tanluosu, in sowjetischer Zeit Dzhambul.

Zahl von Chinesen in arabische Kriegsgefangenschaft, darunter solche mit Kenntnissen der Papierherstellung. Sie werden über Samarkand hinaus in westlichere Gebiete des Kalifats verschleppt.

Dazu in diesem Buch *Die Gestalt der Erde und der Weg des Papiers nach Rom.*

Zur Schlacht am Talas – bis zur Eroberung der Dsungarei (1690–1697) und Xinjiangs (1755–1760) durch die Qing bringt sie das Ende chinesischer Machtprojektion in Zentralasien, bestimmt eine definitive Grenze zum Reich der Umayyaden und wird zwei Jahrzehnte nachdem das fränkische Heer des *Major domus* Karl Martell im Oktober 732 bei Tours und Poitiers den islamischen Vormarsch in den Norden Europas beendet und das »Abendland gerettet« hat, geführt – kommt es genau ein Jahrhundert nach der ersten vom Kalifen Uthman ibn Affan (644–656) an den chinesischen Hof geschickten arabischen Gesandtschaft. Fünfzehn werden es insgesamt sein bis zur letzten, drei Botschafter umfassenden, die der Abbasiden-Kalif Harun ar-Rashid (786–809) veranlaßt. Jedesmal bringen die Araber Perlen und Vollblüter bester Zucht. Die Tang-Kaiser betrachten die Gaben jedes Mal als Tributgeschenk, aber erwidern sie nie.

Hätten die Söhne des Himmels in dieser kritischen Epoche, als sich die Verhältnisse in Zentralasien grundlegend ändern, vertrauliche Kontakte zu Armenien gehabt, hätten sie die Zeichen der Zeit anders gedeutet und ihre doch einigermaßen überhebliche Haltung überdacht. In Armenien nämlich, am geographischen Berührungsort Vorder-, West- und Zentralasiens, werden Gevond und andere Historiker des 8. Jahrhunderts Augenzeugen des Wettlaufs arabischer Kommandanten im Rahmen der von Damaskus orchestrierten Anstrengungen, den im Zusammenhang mit der Expansion nach Asien höchsten verbliebenen Preis, die Eroberung Chinas, zur Sache der Geschlechts der Kalifen selbst zu machen. Hauptgestalt bei diesem Wettlauf ist ein gewisser von Gevond als Mahmet bezeichneter Militärführer, bei dem es sich aber tatsächlich um Muhammad ibn Marwan ibn al-Hakam handelt, den Sohn des vierten Umayyaden-Kalifen Marwan I. (64–65 n.d.H. / 684–685), Bruder des fünften Kalifen Abd al-Malik (65–86 n.d.H. / 685–705) und Vater des letzten Umayyaden-Kalifen Marwan II. (127–132 n.d.H. / 744–750).

Laut einer arabischen Quelle, dem Werk des Abu Muhammad Ahmad ibn Asam al-Kufi, wird Muhammad ibn Marwan im Jahr 73 n.d.H. (692–693) Gouverneur über Armenien und die nördlichen Gebiete des Kalifats, einschließlich al-Jazeera, Mosul und einer byzantinischen Provinz. Grund dieser Auszeichnung ist seine Unterstützung des Kalifen Abd al-Malik im Kampf gegen innere Feinde der Umayyaden im Jahr 71 n.d.H. (690–691). Bis zum Jahr 82 n.d.H. (701–702) beschäftigen den Gouverneur die Byzantiner und die Armenier, wobei er zunächst im Jahr 84 n.d.H. (703) einen anti-arabischen Aufstand der Armenier brutal niederschlägt, um dann im Jahr 86 n.d.H. (705), dem ersten Regierungsjahr des Kalifen al-Walid (86–96 n.d.H. / 705–715), einen Vergeltungsschlag gegen den vereinigten armenisch-byzantinischen Widerstand ausführt. So hart geht Muhammad ibn Marwan vor, daß Damaskus ihn auf Bitte der Armenier aus ihrem Gebiet abzieht, ihm aber dennoch den Oberbefehl über den Nordteil des Kalifats beläßt, bis im Jahr 91 n. d. H (709–710) Maslama Abd al-Malik (91–114 n. d. H. / 709–732), Bruder des Kalifen al-Walid, ihn ersetzt.

Ab diesem Moment schweigt die arabische Quelle, und es sind Gevond und andere Armenier, darunter der im 10.–11. Jahrhundert wirkende Historiker Stepanos Taronetsi, er spricht von Muhammad ibn Marwan wieder unter dem Namen Mahmet, die Licht auf die Hintergründe und Details des Feldzugs gegen China werfen, das den Kalifen al-Walid umtreibende Projekt, unter dem das arabische Reich seine bislang größte territoriale Ausdehnung erlebt.

Die Eroberung des Maghreb ist eben abgeschlossen, die Unterwerfung des Reichs der Westgoten wird eingeleitet, aber den Kalifen beeindrucken vor allem die raschen Erfolge des Gouverneurs Qutayaba ibn Muslim, verantwortlich für die östlichen Feldzüge in Mawarannahr, und des Maslama Abd al-Malik im Norden. Des Kalifen Ambition, China zu unterwerfen, das letzte vom Kalifat noch unbesiegte Großreich, bestärkt zuletzt noch die im Jahr 92 n. d. H. (710–711) durch Muhammad ibn al-Qasim ath-Saqafi erfolgte Eroberung Sinds im Indus-Tal. Zur selben Zeit deckt al-Hajjaj bin Yusuf, der Oberkommandierende über Irak, Khorasan und den ganzen Ostteil des Kalifats, seine Karten auf und läßt verlauten, daß derjenige seiner beiden Kommandanten, Qutayaba ibn Muslim oder aber Muhammad ibn al-Qasim, als Regent über Chinas eingesetzt würde, welcher diese Land zuerst erreicht. Bin Yusuf und den Kalifen al-Walid trennt indessen ein interner Zwist, was letzteren möglicherweise schon lange vor der Umsetzung eines solchen China-Feldzugs dazu gebracht hat, den entsprechenden Plan seinem Onkel Muhammad ibn Marwan vorzuschlagen, der unter allen Kommandanten derjenige mit den größten, aus unablässigen Kriegen gegen Armenier und Byzantiner gewonnen Erfahrungen ist. Im Jahr 91 oder 92 n. d. H. (709–710 oder 710–711), nachdem er also seinen Posten in Armenien los hat und ihm Kalif al-Walid nicht nur das Kommando über eine Expeditionsstreitmacht nach China, sondern auch ein 200 000 Mann starkes Heer gibt, verläßt dieser Muhammad ibn Marwan Damaskus und gelangt durch Syrien, Persien und Khorasan, ohne die Aufmerksamkeit Qutayaba ibn Muslims, den die Niederschlagung anti-arabischer Aufstände in Khorasan, Tocharistan und im südlichen Sogdien beschäftigt, an die Grenze Chenestans – Chinas. Sein Lager schlägt er am Botis auf und schickt dem Kaiser, den er mit 'Djenbakur' anredet, einen Brief, in welchem er dem Herrscher auf dem Thron des Himmels nahelegt, sich als Sklave zu unterwerfen. Er, der Kaiser, halte womöglich die Araber für Mädchen und sich selbst für anmutiger – was im Klartext wohl die Frage danach war, ob er den Ernst der Lage nicht erkannt habe? Während aber der Adressat der amtierende 'König der

Chens' ist – im Moment, aber das ist dem arabischen Kommandanten nicht bekannt, wäre das eigentlich der zum Puppendasein relegierte unfähige Kaiser Ruizong –, ersinnt die Antwort auf das Schreiben Muhammad ibn Marwans wahrscheinlich die faktisch Herrschende, Wu Zetian, die einzige je über China gebietende Kaiserin und zudem eine überaus scharfsinnige Frau. Nach ihrem Zugeständnis, der fremde Herrscher, der Kalif, sei von allen, die je Babylon, Makedonien und Persien regiert haben, der strahlendste, bezeichnet sie den Kommandanten als einen von widerlicher Wollust getriebenen harmlosen Hund, der das Leben seiner Soldaten und sein eigenes wegwerfe aufgrund von Nachrichten über die Schönheit chinesischer Mädchen. Ob denn, fragt Wu Zetian, in Damaskus der Platz für Gräber knapp sei, daß die Truppen so weit im Osten sterben müßten? Und ob der Kommandant nicht wisse, daß sich die Chinesen noch nie irgend jemandem unterworfen hätten? Muhammad ibn Marwan fordert in einem zweiten Schreiben 30 000 Mädchen und sagt zu, nach deren Überstellung abzuziehen. Ansonsten jedoch würde er den Krieg erklären.

Ein Gesandter bringt die Antwort an den Hof, und der Kaiser, der 'Djenbakur', akzeptierte das Verlangte.

Während die Araber gemäß der Forderung von Wu Zetian in ihrem Lager verharren, bauen die chinesischen Truppen tuchverhüllte Wagen in großer Zahl. In diesen verbergen sich jedoch nicht zukünftige Sklavinnen, sondern 40 000 bewaffnete Reiter. Unterstützt von Verbänden der chinesischen Reiterei machen diese die zur geordneten Übernahme der angelieferten 30 000 Unglücklichen bestimmten Araber auf der chinesischen Seite des Flusses nieder. Einzig Muhammad ibn Marwan entkommt zusammen mit einem kleinen Haufen Getreuer über den Botis, mit Glück, denn die Strömung hat die von den Chinesen losgemachten Boote der Araber längst außer Sichtweite getragen.

Barbaria cartographica

Zürich, August/September 2005. — Der Botis, an dem Muhammad ibn Marwan im Jahr 91 oder 92 n.d.H. (709/710 oder 710/711) sein Heerlager aufschlägt und der den weiteren arabischen Vormarsch nach China verhindert, wird später alternativ als Jayhum oder aber als der das Chu-Tal durchfließende Talas identifiziert. Geographisch stehen beide Annahmen im Widerspruch zum erwähnten armenischen Chronisten Gevond. Dieser spricht nämlich weder von Zentralasien noch von Turkestan, sondern nur von »Chenestan« oder dem »Land der Chen«. Das wiederum ist ein ernstzunehmendes Indiz dafür, daß die Araber bereits vierzig Jahre vor der hinlänglich bekannten Schlacht am Talas über den Tian Shan in die Randzonen des 'Reichs der Mitte' vorgestoßen sein müssen.

Diese These stützt auch eine Angabe im Werk *Konfiguration* oder *Gesicht der Erde,* *Kitab Surat al-Ard,* des in Khiva – die Stadt liegt am Unterlauf des Jayhum und heute in Usbekistan – geborenen, aber zeitlebens in Baghdad wirkenden persischen Mathematikers, Astronomen und Geographen Abu Abdallah Muhammad ibn Musa al-Chwarizmi (um 780–835/850). Ihm gilt der Botis als längster bekannter Fluß Chinas und als Unterlauf des Huang He, des Gelben Flusses. Hinter der Bezeichnung Bautisos verbirgt sich der Botis jedoch schon in der ein halbes Jahrtausend älteren *Geographie* (um 150 n. u. Z.) des Ptolemaios, die al-Chwarizmi im Auftrag des Abbasiden-Kalifen al-Mamun (197–217 d. H. / 813–833), dessen *Haus der Weisheit, Dar al-Hikma,* er angehört, ins Arabische übersetzen und kommentieren muß. Dabei korrigiert der Choresmier gleich einige Irrtümer, die Ptolemaios bei seinem Versuch einer auf mathematischen Entwurfsmethoden basierenden Kartographie der bewohnten Welt unterlaufen sind.

Ein weiteres Jahrtausend danach legt Donnus Nicolaus Germanus den Bautisos auf der achten der Asien gewidmeten Tafeln seines um 1460–1477 in Kupfer gestochenem ptolemäischem Atlas (Rom, 1478) in das östlich von *Scythia Extra Imaum Montem* gelegene *Serica.* Auch wenn nun die Serer nicht unbestritten identisch sind

mit den Chinesen, dürfte Serica unweit Chinas liegen, welches im übrigen Ptolemaios als erster im Osten Indiens der Oikumene, der bewohnten Welt, hinzugefügt hat. Die Quelle des Bautisos wiederum vermutet Germanus nahe der Heimat des Volkes der *Issedones Magnus Genus.* Auf der etwas späteren, zusammmen mit einem gewissen Johann Schnitzer (Lebensdaten unbekannt) erstellten, dem ptolemäischen Weltbild verpflichteten Weltkarte (Ulm, 1482) läßt der Geograph – handelt es sich tatsächlich um den Huang He, dann richtigerweise – den Bautisos nach Nordosten abfließen, zum Weltmeer.

In diesem Gewässer geht, zur selben Zeit wie im Abendland der durch den Buchdruck neben den alten *Mappae mundi* und den Portolanen sich rasch verbreitende Ptolemaios-Typ der Weltkarte die durch christliche Theologie befangene und sich dieser andienende mittelalterliche Raumvorstellung der T-O-Karten verdrängt und die Neuzeit ankündigt, die vierhundert Jahre dauernde Epoche zu Ende, während der sich China als große asiatische Seemacht behauptet. Auf Gavin Menzies (*1421. The Year China discovered the World,* London 2002) seit ein paar Jahren in der Öffentlichkeit aufgeregt verhan-

Portolone sind generalisierte Karten von Küstenabschnitten, allerdings unter Wiedergabe von Buchten und Landzungen sowie Gefahrenzonen wie Felsen oder Sandbänken. Lotrecht zur Küste und in dichter Staffelung reihen sie Namen von Landmarken und Orten auf. Das Hinterland wird von den Portolanen allenfalls mit Flüssen und Gebirgszügen angedeutet. Im 13. Jahrhundert aufkommend, geben Portolane das nautische Wissen der genuesischen und venezianischen Seefahrer wieder.

T-O-Karten oder Radkarten entstehen seit dem 7. Jahrhundert in den klösterlichen Zentren Europas. Sie stellen die Welt als Scheibe dar, und sie benutzen dabei das sogenannte T-O-Schema. In diesem setzt sich der vom äußeren Ozean umflossene Erdkreis (O) aus

delte, den Kolumbus demontierende These, die Flottenverbände des Ming-Admirals Zheng He (um 1371–1434) hätten im Lauf sieben gewaltiger Expeditionen zwischen 1405 und 1433 den Atlantik überquert, nach Afrika auch Südame-rika umrundet und seien, nebst etlichen anderen Vorstößen in die unterschiedlichsten Breiten, der Nordküste Sibiriens entlang zur Bering-Straße gesegelt, soll an dieser Stelle nicht eingegangen werden. Die in diesem Buch zuweilen vorkommenden ozeanischen Seitenblicke – im Zusammenhang mit Handelssphären und weltherrschaftlichen Ansinnen – sind ohnehin ein gehöriges Abschweifen vom geographischen Raum, in dem nichts ohne das Kamel geht.

Europa, Afrika und Asien zusammen, welche teilweise oder ganz Gewässer (T) voneinander trennen. Der senkrechte Balken des T stellt dabei das Mittelmeer dar, die beiden Hälften des waagrechten Balken den Nil und den Don – letzteres die aus der griechisch-römischen Antike übernommene vorherrschende Annahme einer Grenze zwischen Europa und Asien.

Dazu Buch II, *Am ›Dach der Welt‹* und Buch IV, *Indische Verlockungen.*

Dazu Buch IV, *Container und Kamel.*

Das 'Landschiff', Jean Chardins 'Schiff der Wüste', *Sefynet el-badyet* (*Travels in Persia* 1673–1677), ist unabdingbar für Fernhandel und Kommunikation. Bereits im 4. Jahrhundert haben es die Gothen an den Unterlauf des Istros, die Donau, gebracht und zwar aus Innerasien, wo unter anderen Völkern die Xiongnu, auf die gleich zurückzukommen ist, wahrscheinlich zu den ersten gehören, die das Säugetier, und zwar die Art des zweihöckrigen *Camelus bactrianus* (Linnaeus 1758), zähmen und nutzbar machen. Wenn nun eine Karawane baktrischer Kamele auf Fotografien des frühen 20. Jahrhunderts an der Oper der aserbaidschanischen Stadt Baku vorüberzieht, überrascht auch nicht der prominente Auftritt des Kamels im Verband einer Händlerkarawane bereits in der frühesten westlichen Darstellung der Seidenstraße, einem acht Pergamentblätter beanspruchenden Entwurf des Cresques Abraham. Enthalten ist die Illustration in dessen *Katalanischem Atlas* (Majorca, um 1375), einem Geschenk des Kronprinzen von Aragon an den im Alter von dreizehn auf den Thron gekommenen Karl VI. von Frankreich.

Während die Künstler im Osten, die das Kamel aus eigener Anschauung kennen, dieses in lebendige Szenen einfügen – zum Beispiel auf den Fresken im buddhistischen Zentrum Dunhuang bei der Darstellung eines Überfalls von Banditen auf ausländische Kaufleute –, erscheint das Tier in westlichen kartographischen Werken vornehmlich als beliebig replizierbares Versatzstück, zumal noch mit augenfälliger Form. Geeignet also, unbekanntes Terrain dekorativ aufzufüllen. Vor abgestellten hohen Planwagen ruht also dieses Kamel oder zieht solche in geordneter Formation durch die hügelgesäumte Ebenen des dicht bevölkerten, die *Nördlichen Regionen* beschreibenden Kupferstichs *Regionum Septentrionalium* (Antwerpen, um 1570) der Niederländer Jan und Lucas van Deutecum – genauer: durch die Region der Turkmenen. Situiert ist diese über dem Jaxartes

Bei dieser Darstellung von Eurasien zwischen Skandinavien und Kashgar handelt es sich um eine Kombination der 1546 entstandenen Karte Rußlands von Sigusmund von Herberstein, dem Botschafter des Heiligen Römischen Reiches am russischen Hof, und des handkolorierten Kupferstichs *Nova Absolutaque Russiae, Moscoviae et Tartariae Descriptio* (London, um 1562/68; 1570 von Ortelius verwendet) von Anthony Jenkinson, einem Agenten der *Muscovy Company*, der das imperiale England erstmals mit Innerasien bekannt macht.

und nordöstlich einer mit »Samarcadia distruicta« beschrifteten Ruine, deren Legende verstörend genug beginnt: »Samarcandia olim totius Tartaria metropolis fuit, ad nunc ruinis deformis iacet, una cum multis antiquitatis vestigijs. Hic coditus est Tamerlanus …« (»Samarkand war einstmals die Hauptstadt der Tartarei, doch nun liegt sie in Ruinen, eine der vielen Altertümer. Timur hat sie gegründet …«)

Unüberhörbar sind auf dieser dicht bevölkerten vierteiligen Darstellung die zeitgenössischen Geräusche wie auch der Lärm der Geschichte.

Menschenleere Ruhe hingegen verbreitet Samuel Purchas von einem Werk des Jesuiten Matteo Ricci (1552–1625) beeinflußte *Map of China* (London, 1625). Auf dieser Karte sind Hunderte, wenn nicht Tausend kleine Klötzchen ausgestreut, im Norden beschützt von der turmlos, aber zinnenbewehrten und wie immer fälschlicherweise durchgehend als Konstruktion gebrannter Ziegel wiedergegebenen Großen Mauer. Ohne Benennung symbolisieren sie umwallte Städte, zwischen denen es nun endlich auch wieder Flüsse zu sehen gibt. Nicht nur den Huang He und den Yangtze, sondern das ganze Geäst der Zubringer und zwischen Hamceu (Hangzhou) und Pequin (Beijing) das filigrane Netz der dreihundert Jahre später in J. L. Grimms politisch noch ungefärbten vierblättrigen *Karte von Hochasien* (Berlin, 1832), beigefügt Carl Ritters *Atlas von Asien* (Berlin 1833), zusammen mit der Wasserscheidenschraffur besonders sorgfältig ausgearbeiteten Wasserwege und Kanäle.

An Samuel Purchas' Werk dürften die für Wasserreisen empfänglichen taoistischen Literati zweifellos Gefallen gefunden haben. Aber wenn es vielleicht als Sinnbild für das spirituelle, vom realen Raum nur bedingt abhängige Reisen gelten kann, dann ist es sicher ungeeignet als Instrument für die Verschiebung im realen Raum. Zudem wirkt die Karte etwas verrutscht aus dem ihr vielleicht zu Grunde liegenden Gitterraster, das jedem Quadrat ein Gebiet von 100 x 100 *li* (zirka 500 x 500 Kilometer) unterlegt und anstelle der im Westen gebräuchlichen, die geographische Informationen von der Oberfläche der Kugel auf eine plane Fläche überführenden Längen- und Breitengrade von den chinesische Kartographen verwendet wird. Zum Beispiel von Luo Hongxian (1504–1564) bei der Herstellung eines 1599 veröffentlichten Holzschnitts. Als der zwei Jahre später in Beijing eintreffende Matteo Ricci das zweiteilige Blatt einsieht, muß ihm das durch den Norden in Richtung der prominent hervorgehobenen, isoliert dastehenden Gebirge Tian Shan, Kunlun und Pamir verlaufende breite schwarze Band der Wüste Gobi aufgefallen sein. Luo Hongxians Werk, das bei der Darstellung des Reichs dem *Weltatlas*, *Guang Yuditu*, des taoistischen Mönchs und Geographen Zhu Siben (1273–1337) verpflichtet ist, übt großen Einfluß auf die europäische Kartographie Chinas des 17. Jahrhunderts.

Umgekehrt versetzen die nach China gekommenen Jesuiten dem infolge von antimongolischen Aufständen, Hungersnöten und Epidemien dem im 14. Jahrhundert in Lethargie gefallenen, in der ersten Hälfte des 17. Jahrhunderts aber wieder erwachenden Geistesleben, das nicht nur die Gebildetenschicht, sondern auch ein lesebegieriges urbanes Kleinbürgertum erfaßt, wichtige Impulse. Sowohl im Bereich der Reiseliteratur ist das der Fall, wo den Grenz- und Randgebieten gewidmete Werke wie Zhao Ruguas 1276 vollendete *Beschreibung der Barbarenländer, Zhufan zhi,* erscheinen, aber auch im Bereich der Technik und der Naturwissenschaften und damit auf dem Feld der weit hinter ihre während der Song-Dynastie (960–1279) erbrachten Leistungen zurückgefallenen Geographie.

Damals, um 1040, entsteht die in eine Stele des Stelenwaldes von Xi'an eingravierte *Karte von China und den Ländern der Barbaren, Hua Yi tu;* ebenfalls um diese Zeit findet der bereits erwähnte Shen Gua zur Idee der Reliefkarte. Es erscheint Yue Shis (930–1007) zweihundert Kapitel umfassende *Enzyklopädie über Universalgeographie, Taiping huanyu ji* sowie deren illustrierte Fortsetzung in eintausendfünfhundertsechsundsechzig Kapiteln, das im Jahr 1010 vollendete *Zhudao tujing.* Eine auf das Jahr 1337 datierte, in Stein geschnittene *Karte der Chinesen und Barbaren* ergänzen historische Kommentare betreffend die in der breiten fließenden Grenzzone siedelnden nomadischen Völker.

Unter diesen beschäftigt China vor allem die protomongolischen Kitan oder Liao (916–1124) der Mandschurei. Ungefähr 750 000 Angehörige zählen sie auf dem Höhepunkt ihrer Machtausübung, beherrschen ihrerseits aber zwei bis drei Millionen Chinesen in einem ethnisch getrennten Doppelstaat. Es ist dann die ihrerseits noch weiter nördlich beheimatete Föderation der Dschurdschen oder Jin (1115–1234), welche dieses Gebilde zerstört. Sie machen 1153 Beijing und 1161 das südlichere Kaifeng zur Hauptstadt und, da sie eine sich selbst sinisierende Dynastie sind, bauen sie auch an der Idee der Großen Mauern weiter.

Der Verlauf der Wälle der Jin, die vom Fernen Osten des heutigen Rußlands durch die Mongolei bis in den Westen des zur Volksrepublik China gehörende Autonomen Gebiets Innere Mongolei reichen und aus das Bodenniveau nur wenig unterschreitenden Grenzgräben bestehen, ist auf den *Operational Navigation* und *Tactical Pilotage Charts* des in St. Louis, Missouri, beheimateten *Defense Mapping Agency Aerospace Centers* wesentlich besser zu verfolgen als in Wirklichkeit. Außer man trifft auf sie im Winter, wenn der sibirische Wind den Schnee hinter dem Band der niedrigen Aufschüttungen zusammentreibt, so daß das Auge sowohl in nordöstlicher wie auch in westlicher Richtung im gefrorenen Grasland eine apere flache Doppelrippe verfolgen kann, diese aber bis zum Horizont.

Dieser Anblick hat sich mir ein oder zwei Tage vor Jahresende 1987 geboten, nördlich von Siziwang Banner in der Inneren Mongolei.

Ich habe damals eine Ahnung davon verspürt, wie sehr die Schilderungen von Sima Qian (145–90 v. u. Z.) – das Werk des 'Herodots Chinas' umfaßt über eine halbe Million Schriftzeichen – zur Selbstwahrnehmung der Chinesen gegenüber den Barbaren und zur Ausformung ihres eigenen Selbstverständnisses beigetragen haben müssen. Dem, der aus welchen Gründen auch immer die nördlichen Weiten, deren Natur und Klima nur Ungutes zu versprechen scheinen, aufzusuchen hat, kann tatsächlich nicht verübelt werden, wenn er das Gefühl hat, aller Zivilisation den Rükken zu kehren. Dabei begegnet er einfach einer grundsätzlich anderen Lebensweise, in der schon aus praktischen Gründen die in China üblichen schweren Ritualgefäße aus Bronze und gebundene Füße undenkbar sind.

In meinem Fall ist es die mongolische Familie gewesen, bei der es in der Nacht eine Totgeburt gegeben hat. Ich habe davon erst morgens beim Abschied vernommen und mir die nicht feststellbaren äußeren Anzeichen von Trauer damit erklärt, daß ein schwächliches Kind den nomadischen Haushalt eher belasten als beglücken würde, da es den harschen Verhältnissen niemals gewachsen wäre. Umgekehrt hat mich aber auch beschäftigt, daß der überraschend aufgetauchte Fremde von allem nichts mitbekommen hat, da nicht einmal das Trinkgelage aufgehört hat, denn zu Hammel, Knoblauch und Orangen, letzteres der einzige farbige Eindruck, wurde exzessiv den silbergefaßten, sich wie von selbst mit hartem Reisschnaps füllenden Holzschalen zugesprochen.

Nach stundenlanger Fahrt durch die schneeverwehte, gefrorene Steppe haben wir dann die nördlichen Wälle der Jin erreicht, die nur bedingt sinnvolle und wirksame Stolperschwelle gegen die zum jährlichen Beschaffungsraubzug aus dem tiefen kalten Raum vorstoßenden Reiterschwärme.

Ein Jahrtausend vor den Jin gab es bereits angreifende Nomaden, die Xiongnu. Diese Volksgruppe verkörpert am augenfälligsten 'das Andere', das Gegenteil dessen, was die Chinesen charakterisiert. Die Xiongnu besitzen nämlich weder eine Schriftsprache noch Familiennamen. Sie achten die Alten nicht und tätowieren sich im Gesicht, eine Sitte, die auch chinesischen Gesandten vor der Audienz beim *shan yu* aufgezwungen wird. Weiter kennen sie keine dauerhaften Wohnplätze und auch keine Städte – in der Nähe des Baikal-Sees gemachte neue Ausgrabungen scheinen diese beiden im imperi-

Die Frage, ob das in den chinesischen Quellen erwähnte Volk der Xiongnu identisch ist mit den Hunnen, ist nicht restlos geklärt.

Das Wort *Xiongnu* erscheint im Chinesischen einzig in der Epoche um das 'Jahr Null', und sein damaliger Lautstand macht es wahrscheinlich, daß die Xiongnu eine Sprache gesprochenen haben, welche sie aufgrund sprachverwandtschaftlicher Kriterien in die Nachbarschaft noch existierender autochthoner sibirischer Stämme rückt. Genau das aber unterscheidet sie von den Hunnen, welche, wie aus den von ihnen benutzten Eigennamen zu schließen ist, eine Sprache kennen, die sie zu Verwandten alttürkischer Stämme macht.

Die früheste bekannte Erwähnung der Hunnen findet sich in einem sogdischen Brief aus dem Jahr 193 n. u. Z. Darin werden sie für den Fall von Chang'an, der Hauptstadt der Han, verantwortlich gemacht werden.

Vermutlich handelt es sich beim Wort 'Hunnen' nicht um einen echten Volksnamen, sondern genau wie beim Wort 'Awaren' um die

alen China herrschenden Annahmen allerdings zu widerlegen. Zur Lebzeit von Sima Qian überfallen die nicht einmal Äcker bestellenden Xiongnu regelmäßig das nördliche Grenzgebiet der Han und zwingen Kaiser Wudi (141–87 v. u. Z.) immer wieder zur Verlegung großer militärischer Verbände, allerdings weder verbunden mit der Aussicht, die nomadische Plage dauerhaft eliminieren, noch den *shan yu*, den Chef der nomadischen Stämme oder Föderationen, dazu bewegen zu können, China den Lehenseid zu schwören.

Von diesen außenpolitischen Verhältnissen bleiben die Lebensumstände des großen Historikers nicht unberührt. Sima Qian ergreift nämlich Partei für einen von ihm geschätzten jungen Offizier, für den eine der riskanten Militäroperationen gegen die Xiongnu mit einem Debakel und der Schmach der Kapitulation endet. Der fürsprecherische Akt Sima Qians wird selbstverständlich als Hintergehung unfehlbarer kaiserlicher Autorität aufgefaßt, führt nach behördlicher Untersuchung, einschließlich Gefangensetzung und Folter, zur Bestrafung durch Kastration. Während der Betroffene die Vollstreckung eines solchen erniedrigenden Urteils im Normalfall durch Selbstmord zu verhindern weiß, zieht es Sima Qian vor, mit der entehrenden Verstümmelung zu leben und dafür am kolossalen, von seinem Vater Sima Tan (gestorben 110 v. u. Z.) begonnenen Werk, den *Aufzeichnungen des Historikers, Shiji,* (zwischen 109 und 91 v. u. Z.) weiterzuarbeiten.

Bezeichnung für phantastische, am Rand der Erde siedelnde Wesen – solche, die dort und unter diesem Namen bereits Ptolemaios kennt. *Awaren* (türkisch: *apar*; chinesisch: *Aba*) bezeichnet um 600 im Sprachgebrauch Nordchinas und der Mongolei ein zentralasiatisches Volk; Hunnen hingegen ein in der Region der heutigen chinesischen Provinz Gansu ansässiges Volk.

In der frühen Han-Zeit schließt die chinesische Verwendung des Worts *Xiongnu* aufgrund seiner Aussprache die Identität mit der Bezeichnung 'Hunnen' aus, hingegen nicht mehr im 3. und 4. Jahrhundert, als das erste bei der Schreibung des Namens benutzte Zeichen einen auf *Hun* lautenden fremden Namen wiedergibt. Weil an Chinas Außengrenze siedelnde Völker oft die Namen ihrer Vorgänger erhalten, ist es möglich, daß die Chinesen die Selbstbezeichnung *Hun* der Xianbei-Stämme, welche die Xiongnu abgelöst haben und im erwähnten sogdischen Brief als in China siedelnder Stamm mit Hunnen bezeichnet werden, mit demselben Zeichen schreiben wie in der älteren Han-Zeit das Wort *Xiongnu*.

Das zweite Zeichen des Namens *Xiongnu* – *Nu* – hat im Chinesischen die Bedeutung 'Sklave'. Als Anfügung an den Eigennamen bringt es, vor allem in der Zeit nach der Hinwendung zum Buddhismus, eine religiöse Bindung zum Ausdruck – im Sinn von 'Knecht einer Gottheit'. Zu dieser Wortverbindung mögen nun auch Völker greifen, die sich nach dem Namen der als *Hun* bezeichneten erwähnten mythischen Wesen nennen. In diesem Zusammenhang kennt der letzte antike Historiker Theopylaktos Simokrates eine nomadische Überlieferung, wonach die von andern Völkern als Awaren bezeichneten, um 588 nach Europa eingewanderten Oguren als Name die Bezeichnung *Hun* beziehungsweise *Kunni* annehmen. Gegenüber den *Hun*-Wesen pflegt das am Baikal siedelnde Turkvolk der Oguren dasselbe Verhältnis, wie es die Chinesen durch die Hinzufügung von *nu* zum Ausdruck bringen, das heißt, dieses Volk versteht sich als 'Knecht der Gottheit Hun'.

Nach der von Simokates verwendeten Quelle ankennen die Awaren nun eine Gestalt namens War als ihren 'Herren'. Jordanes (gest. nach 552) wiederum weiß, daß die Hunnen Südrußlands mit War den Dnepr bezeichnen, während er bei den Skythen die Wolga ist. Die Flußgöttin des Dnepr aber ist wiederum – nun laut Herodot – auch die Stammutter der Skyten, und daraus kann geschlossen werden, daß jene mit den Oguren die gleiche Stammessage teilen.

Daß die Bezeichnung 'Hunnen', ähnlich wie im Fall der Bezeichnung 'Awaren', von verschiedenen Völkern angenommen oder ihnen gegeben wird und sich von China über Zentralasien bis nach Südrußland verbreitet, deutet daraufhin, daß die nomadische Bevölkerung dieses Steppenraums um die Zeit des großen Hunneneinfalls in das byzantinische Reich im Jahr 395 – im Blick des christlichen Abendlands das Hervorbrechen der apokalyptischen Völker Gog und Magog aus der Abgeschlossenheit hinter der »Eisernen Pforte

Alexanders« – dasselbe mythische Weltbild teilt. Damit ist die Voraussetzung gegeben für die Verbreitung gleicher Motive ihrer Kunst aber auch für die Kulturgemeinschaft, die den ununterbrochenen Handel der Nordroute der Seidenstraße ermöglicht.

Die von den Han als außenpolitisch notwendig erachtete Säuberung der westlichen Randgebiete des Reichs von den Weidenomadentum betreibenden, Erdbehausungen mit flachem Giebeldach bewohnende Xiongnu gibt der Dynastie überhaupt den Anlaß zur Machtausdehnung in das Tarim-Becken. Den Mandschus der Qing-Dynastie wird sich im 18. Jahrhundert eine ähnliche Herausforderung stellen, wobei in diesem Fall nicht eine Stammesföderation der Feind ist, sondern sich die Expansion dieser ursprünglich selbst nomadischer Herkunft entstammenden Kaiserdynastie gegen das konsolidierte und am Ende ausgelöschte Reich der Dsungaren richtet, das letzte der nomadischen Reich Zentralasiens.

(Nach Hans Wilhelm Haussig, *Die Geschichte Zentralasiens und der Seidenstraße in vorislamischer Zeit*, 1992; ergänzt aus Robert Silverberg, *The Great Wall of China*, 1965, und J. P. Mallory und Victor H. Mair, *The Tarim Mumies*, 2000)

Aus der nördlichen Steppe auf die Wasserstraßen Ostchinas zurückkehrend und in die Zeit der Song, stößt man dort auf die Lyrik und Reisebeschreibung verbindenden Literati. Trödelnd befahren sie das Flußnetz, im Streben der Vervollkommnung des *Yu*, der 'Kunst des Reisen' oder 'Umherschweifen', der taoistischen Philosophie. Dabei kann es geschehen, daß eine dieser Gestalten zu den 'Augenbrauen-Bergen' gelangt, etwa Fan Chengda (*Tagebuch einer Schiffahrt nach Wu, Wu chuan lu*, 1177), oder daß der dem Kaiser Xiaozong einen Krieg gegen die Jin empfehlende Zhu Xi (1130–1200) die zu entrückten Tempeln hinaufführenden Treppen und Steinbrücken des *Berges 'von hundert Zhang Höhe'* (entstanden vor 1185) erklimmt.

Unter den Ming (1368–1644) beschäftigen dann wieder strategisch wichtige Grenzterritorien sowie die dort ansässigen Völker.

Auf der das Weltganze als Oval wiedergebenden und möglicherweise auf der verlorenen Ricci-Karte von 1584 beruhenden *Sino-europäischen Karte, Shanhai yudi quantu*, aus der unter jesuitischem Einfluß entstandenen Kompilation *Sancai tuhui* (1607), trägt das fragliche Gebiet nämlich das Toponym Xifang, 'Westliche Barbaren'.

Fanguo ist vermutlich eine mittel- oder gar spätkaiserzeitliche, das heißt in der Zeit der Song und Tang gebräuchliche Wendung, also sehr viel jünger als das griechische barbaroi. Wird fan mit Barabar wiedergegeben, entspricht das der Übersetzersprache des 19. Jahrhunderts und implizert sowohl imperiales Denken als auch eurozentrische Sicht. Nicht wertend wird fanguo – fan = 'Land', 'Staat' oder 'Reich' – am besten mit 'fremder Staat' übersetzt, was bei Weglassung des Adjektivs 'fremd' schlicht und einfach 'Ausland' ergibt, entsprechend dem heute benutzten waiguo = 'außen Land'. Entsprechend und bestimmt in der Tang-Zeit ist fan ein 'Fremder' und wird ohne pejorative Bedeutung auch im zweisprachig abgefaßten sinotibetischen Vertrag von 821–822 verwendet, gemäß der aus dem Jahr 823 stammenden Inschrift auf einer immer noch in Lhasa befindlichen Stele. Xi in den angeführten Buchtiteln wiederum bezeichnet die Himmelsrichtung 'Westen'.

Die Erkundungen vor Ort resultieren in ethnographischen Werken wie *Zentralasien und die indoiranischen Randgebiete, Xiyu xingcheng ji*, oder dem erst 1934 wiedergefundenen *Bericht über die Barbarenreiche des Westlands, Xiyu fanguo zhi*, aus der Hand des von Kaiser Yongle zwischen 1413 und 1420 dreimal in den Westen geschickten und dabei im Reich Timurs sich besonders mit den Zuständen in Herat vertraut machenden, jenseits davon aber auch Syrien, Medina und Mekka wahrnehmenden Chen Cheng. In Verbindung mit Zheng Hes maritimen Unternehmungen entstehen die 1434 gedruckten *Aufzeichnungen über die Barba-*

renreiche der westlichen Meere, Xinyang fanguo zhi, und zwei Jahre später die von dem an der ersten, vierten und siebten ozeanischen Expedition teilnehmenden Eunuchen Ma Huan herausgegebenen *Wunderdinge, vom Sternschiff entdeckt, Xingcha shenglan.*

Die vorstehend genannten Berichte, aber auch die Zheng-He-Karte, *Zheng He hanghai,* die die Reise des Admirals von Malakka über Sri Lanka in das Arabische Meer und nach Hormuz und über Jidda hinaufführende Westroute, *Xi hang lu,* beschreibt, sowie das in der Jiajing-Ära der Ming (1522–1567) vorgelegte Werk *Xiyu tudi renwu lüe,* befassen sich mit den orographischen und hydrographischen Systemen, den Völkern Zentral- und Westasiens bis hinüber nach Konstantinopel sowie mit ihren Produkten. Daran schließen sich an die Forschungen Xu Hongzus (1586–1641), eines des bemerkenswertesten chinesischen Geographen und Geologen, der zweihundert Jahre vor den aus Assam und Burma heraufkommenden britischen Landvermessern durch persönliche Erforschung die Unabhängigkeit der Quellen des Salween und des Mekong entdeckt, sowie der 1602 von Matteo Ricci herausgegebene Weltatlas, *Kunyu wanguo quantu,* und Gu Yanwus (1613–1682) auf Wirtschaft und Verteidigung ausgerichtetes und Lokalchroniken zu Rate ziehendes Frühwerk *Tianxia junguo libingshu.* Diese Werke bringen die ethnographische und geographisch-kartographische Darstellung Zentral- und Westasiens vorübergehend zum Abschluß. Fortgesetzt wird sie dann in der Ära Kangxi (1661–1722) der Mandschu, die im Jahr 1644 die Dynastie der Qing begründen, Chinas letzte. Es ist Kaiser Kangxi selbst, der die Enzyklopädie *Gujin tushu jicheng* veranlaßt (begonnen 1706, vollendet 1725 und 1728), ein monumentales, mit beweglichen Kupferlettern gedrucktes Werk, das nach »Kalenderwesen«, Astronomie, Mathematik« und vor der »*Geschichte*« die zweite von sechs Abteilungen der »*Geographie*« einräumt.

Trotz solchen und anderen erheblichen kulturellen Anstrengungen der Mandschu, die Vorurteile jener betreffend ihrer nördlichen nomadischen Abkunft zu widerlegen, macht bereits Yongzheng, der von 1723 bis 1735 regierende dritte Herrscher der Qing, die ohnmächtige Erfahrung, daß der Überlegenheitsdünkel der Han als Stammvolk des 'Reichs der Mitte' nicht auszurotten ist. Die Mandschu bleiben in deren Augen Barbaren.

Diese im Reich latent spürbaren Reibungen zwischen Bevölkerung und fremden Herrschern bringt Jonathan D. Spence, einer der renommiertesten Sinologen, in seinem Buch *Treason by the Book* (New York und London, 2001) anhand historischer Quellen auf fesselnde Weise zur Darstellung. Ein zur Rebellion anstiftender Brief des unbedeutenden Provinzgelehrten Zeng Jing setzt eine wahre Lawine kaiserlicher Edikte und Widerlegungen der erhobenen Anschuldigungen in Gang. Versammelt in einer umfassenden Dokumentensammlung und in Hunderttausenden von Abschriften in propagandistischer Manier, auf die später Mao zurückgreift, reichsweit verteilt, wird dieser Gegenstand wöchentlicher Rezitationen. Kaiser Yongzheng nimmt sich in seinen Belehrungen auch die Stelle der Schrift von Zeng Jin vor, wonach China umgeben sei von Barbarenland und sich ein gewisses Maß an Menschentum nur in den barbarischen Regionen finden lasse, die nahe genug am chinesischen Herzland lägen. Mit zunehmender Distanz zu diesem jedoch glichen die Barbaren Vögeln und Tieren. Das könne nicht sein, meint der Kaiser, denn es widerspreche dem auf dem uralten Ritualklassiker *Liji* basierenden konfuzianischen Textklassiker *Das Einhalten der Mitte*. Dieser besage doch, daß im Fall des vollendeten Zustands des Gleichgewichts und der Harmonie im Himmel wie auch auf Erden glückverheißende Ordnung eingerichtet sei und all Dinge wohlgenährt und gedeihend. Die Welt aber mit ihren neun Kontinenten und vier Ozeanen sei immens, belehrt Yongzheng den aufrührerischen Gelehrten, und China, wie groß es seinen Bewohnern auch immer erscheinen möge, bilde darin nur einen Hundertstel des Ganzen. Dieselben Lebensprinzipien und materiellen Essenzen wie im Ganzen seien indessen auch in diesem winzigen Teil wiederzufinden. Deshalb könne es auch keinen ausschließlich den Han vorbehaltenen Himmel und auch keine so beschaffene Erde geben und auch nicht einen andern Himmel und eine andere Erde für die Barbaren. Er, Zeng Jin, wolle, schließt Kaiser Yongzheng seinen Versuch, den gefangengesetzten Gelehrten aus selbstverschuldeter geistiger Unmündigkeit zu befreien, doch nicht behaupten, die Barbaren gehörten nicht zu dem im Klassiker genannten »allen Dingen«.

Yongzhengs Nachfolger, der sechzig Jahre (1736–1795) lang regierende Qianlong, unternimmt zwar eine Revision der Schriften des Vaters, die ihn zum Schluß kommen läßt, dessen Einschätzung des vermuteten Falls von Hochverrat verstoße gegen das Gerechtigkeitsempfinden des Volkes, aber an Zeng Jin läßt er dennoch das vorgesehene Urteil, Tod durch Zerstückelung, vollziehen. Mit der kollektiven Umerziehung hat es damit indessen noch lange kein Ende.

Am 26. Februar 1760, im Jahr nach muslimischen Aufständen im Tarim-Becken und der Eroberung desselben durch die Qing, erläßt Qianlong ein kaiserliches Edikt, das fortan in offiziellen Dokumenten den Gebrauch des Radikals für 'Hund' in der ethnischen Bezeichnung der Hui, die nach den Uiguren die größte muslimische Minderheit in Chinas Westen stellen, verbietet. Des weiteren schreibt es vor, Turkstämmige nicht mehr als Barbaren, *Yi*, zu bezeichnen und erhebt sie neben den Han selbst, den Mandschu, den Mongolen und den Tibetern zu einem der 'Fünf Völker unter dem Himmel'.

Während damit die Zivilisation endlich nicht mehr beim ›Jade-Tor‹ endet, haben sich die Qing aber nur etwas mehr als ein Jahrzehnt später an der Ostküste mit aus dem Westen kommenden neuen Barbaren auseinanderzusetzen. Und das in einer für sie bislang unbekannten Art von Krieg, dem um den Handel nämlich. 1773 reißt die *East India Company* das Monopol des Opiumhandels an sich, und 1793 verweigert dann Lord George Macartney anläßlich seiner Mission den *koutou* vor dem

Himmelsthron. Kurz vor Ausbruch des ersten der beiden Opiumkriege (1839–1842 und 1856–1860) sieht sich deshalb Wei Yuan, Mitglied des *shangshu*, des in den Händen der Eunuchen liegenden persönlichen Sekretariats des Kaisers und einer der frühesten Beförderer westlicher Bildung, veranlaßt, einer Sammlung von Schriften über europäische Gewohnheiten folgenden Rat voranzustellen:

»Im Umgang mit den Barbaren ist es von Vorteil, deren Gewohnheiten zu kennen: Und um die Gewohnheiten der Barbaren zu kennen, muß man die Bedingungen kennen, unter denen sie leben.«

(William Pfaff, *Barbarian Sentiments. America in the New Century*, 2000)

Für die Chinesen hat die Konkretisierung der Vorstellung der ›Westlichen Regionen‹ mit den Informationen aus Sima Qians *Shiji*, in Kapitel 88 und 123, begonnen. Diese enthalten die Biographien zweier Generäle. Einerseits die des im Jahr 221 v. u. Z. zum Qin-General ernannten, ursprünglich aus dem 'Streitenden Reich' Qi stammenden Meng Tian, der, gegen die Rong- und Di-Barbaren vorgehend, den Bau der von Lintao in der heutigen Provinz Gansu ausgehenden ersten Großen Mauer verantwortet, dabei »unter den Xiongnu Terror verbreitenden«. Die andere beschäftigt sich mit Zhang Qian (gest. 114 v. u. Z.), dem Han-General und zwischen 138 und 126 v. u. Z. in Fergana und Baktrien von den Yüezhi gefangengehaltenen Gesandten Kaiser Wudis (141–87 v. u. Z.).

Aus Zhang Qians Bericht über die Wusun, auch bekannt als Yüezhi, in den westlichen Quellen alternativ als Issedonen oder Serer bezeichnet, erfährt ein Leser unter anderem folgendes:

»Sie haben mehrere zehntausend Bogenschützen, mutige Krieger allesamt. Früher waren die den Xiongnu untertan, aber sie wurden so stark, daß sie, obwohl formal noch immer Vasallen, die Teilnahme an den Treffen am Hof verweigerten.«

Über das Reich Aorsi hingegen: »Das ist ein Nomadenstaat, dessen Sitten und Gebräuche denen der Sogdier ähneln. Es gibt dort gut hunderttausend Bogenschützen. Das Land liegt nahe dem großen See, der keine Grenzen kennt, denn er ist der große See im Norden.«

Dann trifft man auf die Indo-Skythen, auch diese ein »[…] nomadisches Volk, das den Herden folgt und die Wohnstätten wechselt […] Es hat zwischen hunderttausend und zweihunderttausend Bogenschützen. Früher zweifelten sie nicht an ihrer Stärke, und machten sich aus den Xiongnu nicht viel. Als aber Modun den Thron bestieg, zerschlug er die Yüezhi. Bis zum Zeitpunkt als [sein Sohn] Laoshang, *shan yu* der Xiongnu, den König der Yuezhi tötete und aus seinem Schädel ein Trinkgefäß machte, lebten diese anfänglich zwischen Dunhuang und dem Qilian-Gebirge [im Südwesten Ganzhous, d. i. Zhangye]. Nachdem sie den Xiongnu unterlagen, flohen sie weit weg, passierten westlich von Fergana

(Dayuan), griffen Baktrien (Daxia) an und eroberten es. Ihre Hauptstadt gründeten sie nördlich des Oxus (Guishui) und machten sie zur Residenz ihres Königs.«

Etliche Tausend *li* westlich der Heimat dieses Volkes liegt das von Zhang Qian persönlich nicht besuchte Parthien, worüber der militärische Kundschafter aber auch dies in Erfahrung gebracht hat:

»Ihre Händler reisen in Booten und auf Karren zu benachbarten Ländern, die mehrere Tausend *li* entfernt sind. Sie machen Silbermünzen, in die das Gesicht ihres Herrschers geprägt ist. Beim Tod eines Königs werden die Münzen gegen solche ausgetauscht, auf denen das Gesicht des neuen Königs ist [...]. Westlich dieses Landes beginnt Babylonien [...].«

(Jeannette Mirsky, *The Great Chinese Travelers*, 1964)

Grundlegende frühe Erkenntnis über Fernwest aber vermitteln der Informationen zu den Seidenstraßen beinhaltende *Abschnitt über die Westlichen Regionen* des *Hou Hanshu* (*Hou Hanshu* 88. *The Xiyu Zhuan*, I.–2. Jh.), die von Fa Ye (398–446) unter Bezugnahme auf das frühere *Hanshu* kompilierten *Geschichte der Späteren Han-Dynastie* (25–220 n.u.Z.), sowie der detaillierte Auskünfte zu Herkunft und Häuptlingen der diversen Nomadenstämme, den Stationen der drei hauptsächlichen Landrouten nach Westen sowie zu den auf diesen gehandelten Gütern beinhaltende *Abschnitt über die Xirong*, Rong-Völker im Westen, aus dem die Zeit der 'Drei Reiche' Wei, Wu und Shu (220–280) betreffenden *Weilüe* oder *Geschichtlicher Überblick über die Wei-Zeit* (zwischen 239 und 265 mutmaßlich von Yu Huan verfaßt; verloren und in einer Fußnote in Pei Songzhis 429 erschienenem Werk *Sanguozhi* zitiert). Diese Werke bereiten den Boden für die Arbeit der extensive Westkontakte pflegenden Autoren der Tang-Dynastie. Unter deren Werken wären zu nennen die illustrierte *Geographie der Westlichen Regionen* (*Xiyu tuji*, erschienen 605) von Pei Ju, die Berichte der Indien-Pilger, nebst den im vorangehenden Abschnitt angeführten verlorengegangenen, etwa Cheng Shizhangs *Überblick der Straßen der Westlichen Regionen*, das anonyme *Register zu Tibet und dem Gelben Fluß*, sowie der von zahlreichen Gesandten Kaiser Gaozongs (649–683) im Land Kang, in Samarkand, zusammengetragene, sechzig Schriftrollen starke *Illustrierte Überblick zu den Westlichen Regionen*.

Zeitlich ist damit ungefähr der eingangs dieses Abschnitts erwähnte Moment erreicht, an dem sich die im davorstehenden Abschnitt dargestellte arabische Expansion über Mawarannahr hinaus auf die westliche chinesische Grenzregion zubewegt, und örtlich ziemlich genau in der Gegend, in welcher das Unternehmen auch endet, also um das das Jahr 91 oder 92 n.d.H. (709–710 oder 710–711).

Im Jahr 705, kurz vor ihrem Tod, hat die achtzigjährige Kaiserin Wu Zetian, die am Fluß Botis Muhammad ibn Marwan in eine Falle gelockt hat, abgedankt. Nach einer Zeit der Herrschaftskrise steht die Dynastie der Tang unter Xuanzong (712–756) wieder auf festen Füssen. Hauptstadt ist jetzt nicht Chang'an, sondern das etwas weiter östliche Luoyang. Dort kommt im Frühjahr 717 der erst fünfzehnjährige Dichter Li Bo (701–762) an und verfaßt ein Gedicht mit dem Titel *Mingtang fu*, dessen Gegenstand der nach dem Brand zwei Jahre zuvor im Jahr 695 neu errichtete Mingtang ist, die 'Halle des Lichts'. Für jede Dynastie ist der Ming t'ang ein magischer Bau, der nicht nur die Macht über das Universum symbolisiert, sondern auch die zu deren Ausübung notwenige Kraft versichert. Li Bo ist, wie siebenhundert Jahre nach ihm der persische Sufi Hafis, ein Poet, der religiöse Inspiration in der Trunkenheit findet. Seine mystische Dichtung wird als sublimster Ausdruck taoistischer Ekstase gefeiert. Fast seine ganze Lebenszeit unter der Ära Xuan Zong verbringend, ist Li Bo im westlichen Exil seiner Eltern geboren worden, vielleicht auch ganz zu Beginn von deren Rückkehr in die Heimat. Denn aus dieser ist die Familie Li im Jahr 609 aufgrund eines Verbrechen von Li Bos Urgroßvater und im Rahmen der Deportation Krimineller aus allen Gebieten des Reichs in das gerade den Tibetern entrissene Gebiet zwischen Kokonor und dem Salzsee Lop Nor in der Wüste Taklamakan gekommen. Jedoch wird der endgültige Verbannungsort der Familie Li nicht die Wüste Taklamakan, sondern Suyab – das im Jahr 630 vom Pilger Xuan Zang besuchte Tokmak zwischen dem Issyk Kul und der heutigen kirgisischen Hauptstadt Bishkek.

Im Jahr 679 errichtet in Suyab ein chi-   Dazu Buch V, *Pannen auf dem Weg zum Issyk Kul* und *Werkstraße*.
nesischer General eine Festung. Sie gilt als uneinnehmbar, bis zur Erstürmung durch den turkstämmigen lokalen Fürsten im Jahr 682. Dadurch stecken Li Bos Urgroßvater und sein noch im Kindesalter befindlicher Vater hinter dem Tian Shan als Gefangene fest, bis es im Erwachsenenalter dem Vater eben gelingt, mit der Familie zu entweichen. Mit gutem Recht kann er voraussetzen, daß sich in China keine Seele mehr an das noch unter der Dynastie der Sui begangene Verbrechen des Vaters erinnert.

Aus dem Tal des Chu, wo sich diese Ereignisse zutragen, fließt aber nicht nur der Fluß dieses Namens, an dem Suyab alias Tokmak liegt, sondern etwas weiter westlich tritt aus ihm hinaus auch der Talas, um auf seinem Weg in die kasachische Steppe jene Gegend zu bewässern, wo im Jahr 751 die vorgängig erwähnte fünftägige Schlacht zwischen der Streitmacht der Tang und dem arabischen Heer stattgefunden hat.

Die Gestalt der Erde und der Weg des Papiers nach Rom

Zürich, Oktober 2006. — Eratosthenes sei gedankt. Einmal mehr. Denn er, der als erster die Reisen Alexanders auswertet, war es, der nach den Vorleistungen der Astronomen, welche vom Gang der Sonne angeregt der Kartographie zuerst das Schema der drei ostwestlichen Linien der beiden Wendekreise und des Äquators sowie der dazwischenliegenden *klimata* zur Verfügung gestellt haben, das Koordinatennetz aus astronomischen und klimatologisch bestimmten Parallelkreisen und Meridianen einführte, mit dem eben jeder Punkt der Welt auf einer Karte zu verorten ist.

Zur Mittagszeit eines bestimmten 21. Juni, die Sonne hat gerade den Zenit über dem oberägyptischen Syene, dem heutigen Assuan, erreicht und spiegelt sich in einem Brunnenschacht, kann Eratosthenes im fünfzig Tagesreisen nördlicher gelegenen Alexandria endlich den Äquatorumfang der Erde berechnen.

Der Leiter der großen Bibliothek hat auf deren Gelände ein *gnomon*, einen stabförmigen Schattenanzeiger. Der daran abzulesende Lichteinfallswinkel beträgt lediglich 7° 12' oder 1/50 von 360° zur Senkrechten. Also ist der Erdumfang 50 mal so groß wie der Abstand zwischen Alexandria und dem fast exakt auf demselben Meridian liegenden Syene (5000 Stadien), also 250 000 Stadien. Im Hinblick auf eine bequemere Gradeinteilung scheint Eratosthenes den berechneten Erdumfang dann auf 252 000 Stadien erhöht zu haben.

Eratosthenes (um 275–194 v. u. Z.), Literaturkritiker und Philosoph und Freund des Archimedes, wird auf Einladung Ptolemaios' III. Euergetes ab 255 erster Leiter der Bibliothek zu Alexandria. Er ist Begründer der für alle nachfolgenden Autoren der Antike maßgebenden und das Gerüst der Olympiadenfolge bereitstellenden Chronographien und der wissenschaftlichen Geographie. Seine Werke sind vor allem durch Strabons Überlieferung erhalten. Der später 'Vater der Geodäsie' Genannte berechnet genauer als irgend jemand vor ihm den Äquatorumfang auf 39 690 Kilometer. Die geringe Abweichung von dem von heutigen Astronomen akzeptierten Umfang (40 077 Kilometer) führt man nicht auf einen Rechenfehler, sondern auf die von ihm verwendete Einheit des Längenmaßes der Stadien zurück.

Weitgehend unbekannt indessen ist an jenem Tag im Juni, dem Tag der Sommersonnenwende übrigens, als anstelle der bisher tradierten Auffassung von der Erde als Scheibe die Vorstellung der Kugelgestalt der Erde ins Bewußtsein tritt, wie denn der Raum jenseits der entferntesten der vom Mittelmeer aus noch erreichbar geltenden Gegenden der vor Eratosthenes bereits den Phöniziern, Minoern und Ägyptern zumindest in ihren Umrissen hinlänglich bekannten Welt beschaffen ist — was die Oikumene tatsächlich beinhaltet.

Aus dem Chaos entstanden, durch wen auch immer vom Himmel geschieden und als erstes aus der herrschenden Verwirrung geformt, ruht also Eratosthenes' mächtige Kugel im »gleichen Gewicht« — so gefällt es Ovid, sie zu sehen (*Metamorphosen*, I, 13).

Von den Winden weisen die Dichter den Euros dem östlichen Arabien, Persis und den im Morgenlicht liegenden fernen Gebirgen Asiens zu, den grimmigen Boreas, dessen Heimstatt Aristeas entgegengewandert, Skythien und noch nördlicheren Gebieten. Ferner bestellen die Dichter sowohl die Versammlung der im Äther Thronenden und richten die Vorgänge im finsteren Tartaros, im Schoß der Erde. Den Göttervater senden sie in Menschengestalt rächend unter das frevelnde Geschlecht des Eisernen Dritten Zeitalters, setzen ihn im schneeweißen Fell des Jungstiers auf Kretas Weide ab, damit er Europa hin-

Dazu Prolog, *An der ›Dsungarischen Pforte‹.*

aus ins Meer trägt. Und auf den Wogen ebenjenes Meeres lassen sie den durch Kronos, Gaias krummsinnigen Sohn, mit der Sichel vom Körper gekappten Schwanz des Uranos treiben, bis vor der Küste Kytheras sich darum herum ein Schaumring legen kann, dem Aphrodite entsteigt, und somit die heroische Epoche beginnt.

In der so bestellten Welt gibt es Menschenvölker und Wundervölker. Letzteren begegnet Odysseus in der Gestalt der Lotophagen und Phaiaken. Phantastische Lebewesen, zu denen auch Amazonen und Kentauren zählen. Sie wohnen außerhalb der Erfahrungswelt der Menschen, also ohne Bezug zu deren Lebenswirklichkeit. Unter ihresgleichen wähnen sich deshalb die Menschen und teilen die Vorstellung von Homers geozentrischer Welt. Die Notwendigkeit eines zusammenfassenden Namens – später benutzen sie dann das Wort 'Hellenen' – kennen diese Menschen noch nicht. Selbst wenn einige der unter ihnen versammelten Völker fremdartig erscheinen, agieren und reagieren ihre Helden – vom Mann der Straße ist nichts bekannt – für die Gegenseite aber immer noch im Rahmen einigermaßen vertrauter Muster. Keinen Sammelnamen gibt es deshalb auch für eindeutig Andere, für 'Nicht-Griechen', das heißt: für 'nicht Griechisch Sprechende' – das spätere *barbaros* ist zunächst bloß eine Feststellung, keinesfalls qualifizierend und auch nicht disqualifizierend.

So kommunizieren also im Epos Trojaner, Griechen und Kyklopen auf griechisch (Albrecht Dihle. *Die Griechen und die Fremden*, 1994) und weil keine Sprachfrage existiert und so etwas wie Vernunft die Fremdwahrnehmung leitet, ist auch Abgrenzung kein Thema. Die ans Ohr dringenden Wunder der äußersten Regionen, in folgenden christlichen Jahrhunderten Ursprung von der Kirche instrumentalisierter apokalyptischer Furcht, erscheinen jedenfalls glaubwürdig durch die Nennung von Gewährsleuten, die aus dem Zuhörer noch bekannten davorliegenden, zur bekannten Welt gezählten Ländern stammen.

Lang bevor die 'Griechen' sich unter diesen Namen stellen und damit sich selbst identifizieren, übernehmen sie vieles aus der aufgrund von Homers Völkerlisten anschaulich gewordenen Welt. Darunter Entlehnungen aus kleinasiatischen Sprachen und aus der semitischen. Letztere gibt dem griechischen Alphabet immerhin zweiundzwanzig von siebenundzwanzig Lettern.

Einer der übernommenen Begriffe – *talanton* – bezeichnet nicht nur auf dem Markt, dem vortrefflichsten Begegnungsplatz der Kulturen, die Waage oder das Gewicht, sondern den zentralen Gegenstand im Bereich auswärtiger Beziehungen, des Handels, der Warenwege und Weltstraßen, auf denen die begehrten fremden Stoffe und Waren überhaupt erst vor die eigene Tür gelangen.

Wenn sie einer besorgt!

Das ist, spätestens anfangs des 2. Jahrhunderts n. u. Z. und als erster namentlich bekannter Fernhändler der Makedone <u>Maës Titianus</u>. Dazu Buch IX, *Über den Imaos*.

Auf seiner kaufmännischen Expedition steigt er östlich von Bactra, dem heutigen Balkh im Norden Afghanistans, und Badakhshan hinter Karategin in die Schlucht der Komeder. Auf der bereits erwähnten siebten der Tafeln Asiens von Donnus Nicolaus Germanus ptolemäischem Atlas (Rom, 1478) besitzt das kleine Land der Komeder die Form eines geschlossenen Mundes und liegt versteckt hinter der unweit von »Alexandria Ultima«, dem heutigen tadschikischen Khojent oder früheren sowjetischen Leninabad, sich nord-südlich ausdehnenden Meridiankette »Comedorum Montana«. Am Vorsprung eines von diesem nach Osten abzweigenden Asts, bereits in der »Sacarum Regio« – also im Gebiet des aus Herodot (*Historien* VII, 64) wohlbekannten Skythenstamms der zum Erstaunen der Griechen hosentragenden Saken – findet sich dann die Bezeichnung Turris Lapidea Mons, 'Steinturm-Berg'. Maës

Dazu Buch IX, *Suche nach dem ›Steinernen Turm‹.*

muß an diesem Platz vorbei, bei dem es sich um die bedeutende Zollstelle der Serer handelt, einem nicht unbedingt mit den Chinesen identischen Volk. Der ›Steinerne Turm‹ im Alai-Korridor, dem heutigen Grenzgebiet zwischen Kirgistan und Tadschikistan, markiert indessen nicht nur die Grenze zu China, sondern auch die von Ptolemaios vorgesehene Wegmitte zwischen der syrischen Küste und Chang'an, der Metropole der Han.

Dazu Buch IX, *Über den Imaos.*

Durch seine Reise ins 'Reich der Mitte' erfährt Maës Titianus eine Fülle von Erkenntnissen über den Verlauf der Karawanenpisten, auf denen er auch in die Stadt Issedon gekommen ist. Auf Germanus' achter der Tafeln zu Asien entspricht diese mutmaßlich dem in den geschlängelten »Casii Montes« liegenden »Issedon Serica« und nicht dem weiter nördlich lokalisierten »Issedon Scythica«.

Maës Bericht befördert in der Folge die Arbeit des Marinos von Tyros, einem Nachfolger des Eratosthenes im Versuch an einer Karte der Welt, und zwar einer rechteckigen in Zylinderprojektion. Diese bereits erwähnte *Diorthosis Tabulae Geographicae* nimmt nicht nur Berichtigungen an der kartographischen Darstellung der Oikumene vor, sondern ist die erste konsequent durchgeführte mathematische Anpassung der modernsten Vermessungen an ein Koordinatensystem von fünfzehn Meridianen sowie acht *klimata*.

Bei Planung und Durchführung ihrer terrestrischen Unternehmungen spielt es für die Fernhändler eine untergeordnete Rolle, ob die Erde Kugelgestalt hat oder ob sie eine kreisrunde Scheibe ist, begrenzt durch die Ränder der äußeren Regionen und den herumfließenden Ozean. Die mit nautischen Unternehmungen Befaßten hingegen, die sich nicht unbedingt wegen der Gefahr eines Absturzes über den Erdrand hinaus, sondern auch aus geographischem Interesse an die Küsten halten, dürften ahnen, daß auch die Scheibe nicht ganz flach ist, sondern vielleicht doch eine leicht gewölbte Angelegenheit sein muß. Wenn das Problem der Wölbung, auch von Marinos noch nicht vollständig gelöst, die Landreisenden kaum betrifft, dann ist es für Seefahrer zunächst nicht eines der Projektion, sondern von Tag und Nacht und der klimatischen Zonen. Die Fahrten der Lastkähne aus dem hohen Norden in den tiefen Süden nämlich, von der Kälte in die Wärme, beanspruchen gemäß dem in Rom und um 60/56 v.u.Z. in Ägypten wirkenden Historiker Diodorus Siculus – ganze dreißig Jahren beschäftigt ihn die Niederschrift seiner *Bibliothek*, einer von sagenhafter Vorzeit bis zu Cäsar führenden Universalgeschichte in vierzig Bänden – zehn Tage von der Mäotis-See, das ans Skythenland grenzende Asowsche Meer, nach Rhodos. Von dort sind es dann noch vier weitere Tage bis nach Alexandria sowie zehn nilaufwärts ins Land Äthiopien, wo die Gerechtesten unter den Menschen wohnen, die 'Leute mit den verbrannten Gesichtern'.

Womit einer der Ränder der Welt erreicht ist.

Einer von zwei, wo die Äthiopen wohnen. Denn nach dem homerischen Weltbild, in dem eine dunkle Hautfarbe mit diesem Volk nie in Verbindung gebracht wird (Dihle, *Die Griechen und die Fremden*, 1994), siedeln sie nicht nur dort, wo der Sonnengott abends im Westen wieder im Okeanos versinkt, sondern auch dort, wo er morgens diesem entsteigt.

Das aber ist die Himmelsrichtung, in der vom Becken des Mittelmeer aus gesehen Zentralasien liegt. Dessen Bewohner beschäftigt selbstverständlich ebenfalls die Frage, ob es in Richtung Sonnenuntergang liegender Regionen pulsierende Städte und bedeutende Reiche gibt. Früh werden Kundschafter aus dem Inneren des Orients ausgesandt, wenn sie auch nicht bis in den Archipel unter dem Olympos vordringen, dorthin, wo der Boreas die über ihren nebligen Marken gewonnene Kälte und der Euros den in der Wüste aufgegriffenen Sand trägt.

In historischer Zeit die frühesten sind die Kimmerer. Im Nordosten des Schwarzen Meeres beheimatet, am Eingang zur Unterwelt, den der von Schicksal und Abenteuer herumgeworfene Listenreiche aus Ithaka (*Odyssee* XI, 14–50) aufsuchen muß, tauchen sie im 7. Jahrhundert v.u.Z. in Kleinasien auf. Im Westen hat man von ihnen aber bereits im Jahrhundert zuvor gehört.

Von sagenhafter Natur ist der erste namentlich bekannte Westreisende aus China, immerhin aber ein mit dem Mandat des Himmels ausgestatteter Kaiser und dabei Vertreter des Herrschergeschlechts, das China die längste dynastische Folge seiner Geschichte gegeben hat – der Zhou (unsicher festgelegt aufgrund Han-zeitlicher kosmologischer Spekulationen von 1122–221 v.u.Z.). Die Reise von Mu (Regierungszeit 1023–983 v.u.Z.) – er gehört der im Jahr 771 v.u.Z. endenden früheren oder westlichen Zhou-Zeit an – ist teils kaiserliches Privileg, teils kaiserliche Pflicht. Als tatsächlich abgereistes Itinerar gelesen und nicht als rituelles räumliches Vorwärtsschreiten durch einen symmetrisch gegliederten Kosmos verstanden, würde der Rechenschaftsbericht über die heroische Expedition, das *Mu Tianzi Zhuan*, den Kaiser bis in das Gebiet des heutigen Jemen geführt haben. Dort hätte er der 'Mutter des Westens' hundert Stück bestickter Seide

Die Königin von Saba herrscht im 10. Jahrhundert v. u. Z. angeblich nicht nur über Jemen, sondern auch über Teile Äthiopiens. Nicht zwingend muß es sich bei der arabischen Königin, mit der König Salomo möglicherweise in Verbindungen steht, um diese Herrscherin handeln. Flavius Josephus (*Antiquitates Judaicae*, 94. n. u. Z.) bezeichnet die jemenitische Königin als 'Königin des Südens' und Überbringerin des Samens des Weihrauchbaums nach Palästina.

präsentiert, welche die Empfängerin, die Königin von Saba, schließlich auch als Tributgeschenk akzeptiert.

Nach Kaiser Mu verhält es sich dann nur noch umgekehrt. Tribut erwartet China, das sich selbst als 'erstes' und, wie Herder (*Ideen zur Philosophie der Geschichte der Menschheit*, 1784) hervorhebt, auch als »Mittelblume der Welt« bezeichnet. Und zwar von allen außerhalb der Weltmitte siedelnden Völkern, für welche das nichts anderes bedeute als formelle Unterwerfung.

Während für den Griechen die mythisch konnotierten nordöstlichen Weltränder erst durch die Erfahrung der Kolonisten sowie den neuen geographischen Entwurf der *Arimaspea*, das aller Wahrscheinlichkeit nach auf Augenzeugenschaft beruhende epische und spirituell gefärbte Gedicht des Aristeas, räumlich faßbar werden, sind den Chinesen beispielsweise die

Dazu Prolog, *An der ›Dsungarischen Pforte‹*.

Leitschrift über Gebirge und Meere, Shan Hai Jing (um 320 v. u. Z.–200 n. u. Z.) bereits praktischer Führer durch bekannte oder in der Ferne lokalisierte mythische Territorien. Dabei verzichtet das genannte Werk aber nicht auf Wundergeschichten, wie sie sich auch bei den Griechen mit geographischem Wissen zum Weltbild der homerischen Sage vermengen. Eine für die Chinesen bedeutende Gegend sind die westlichen 'Großen Wildnisse'. Da Huang situiert den Weg nach Innerasien in der Kette des Kunlun:

»Es gibt da ein Tier, das auf der rechten und auch auf der linken Seite einen Kopf hat, genannt Ping-peng. Es gibt einen Berg des Schamanen und einen Tal-Berg. Einen Berg mit goldener Pforte und einen 'Huangji's Leichnam' genannten Menschen. Es gibt paarweise fliegende Vögel mit je einem Flügel, einen weißen Vogel mit grünen Schwingen, gelbem Schwanz und einem schwarzen Schnabel. Auch einen roten Hund, genannt der Himmlische Hund. Wo auch immer er auftaucht, gibt es Krieg.« (Zitiert nach: Richard E. Strassberg, *Inscribed Landscapes. Travel Writing from Imperial China*, 1994)

Zum Berg des Schamanen – mutmaßlich auch für den Wanderer Aristeas eine zentrale Gestalt – und zum Quell der Wahrheit führt indessen schon eine Dichterreise aus der Sammlung der teilweise um 300 v. u. Z. entstandenen, im *Chuci* versammelten *Elegien von Chu*. Ansonsten mit viel politischer Geschichte beschäftigt, betreffen die Elegien in solchem Zusammenhang jedoch nicht Beziehungen zu überseeischen Weltgegenden, sondern Nachbarschaftliches, darunter eben auch die *Appeasement*-Politik des am mittleren Yangzi liegenden Reichs Chu gegenüber dem expansionistischen Staat Qin, der ab dem Jahr 221 v. u. Z. dem von ihm geeinten chinesischen Reich seine erste Kaiser-Dynastie geben wird. Innerer Gegner des vom Hof des

Chu-Königs Huai (Regierungszeit 328–299 v. u. Z.) verfolgten beschwichtigenden Kurses ist ein gewisser Qu Yuan, der schließlich auf Betreiben der Gegenfraktion des Amtes enthoben und ins Exil geschickt wird.

Dieses Schicksal und das in der römischen Antike von Ovid bekannt gemachte literarische Motiv der Verbannung rückt in China aber die Reise nach *Xi Yu* ins Blickfeld. Geographisch führt diese in die ›Westlichen Regionen‹. Dort ist zuweilen jedoch auch das selbstgewählte Exil zu finden. In letzterem Fall wird beim Gang nach Westen kein Geringerer nachgeahmt als Lao Zi (6. Jahrhundert v. u. Z.). Der Begründer des Daoismus schreibt auf Wunsch eines Grenzers, welcher in ihm den dem Weltlärm entfliehenden Weisen erkennt und um Hinterlegung seines Vermächtnisses bittet, das *Dao De Jing* nieder, *den Weg zur Weisheit*, das wahrscheinlich während des 4. Jahrhunderts v. u. Z. seine heutige Form findet.

Ist der Reisende indessen nicht Philosoph oder Literat, der Weg also nicht einer der Prüfung und der Spiritualität, dann wird über die Grenzen Chinas hinausgeschaut und dann entsteht für die Geographie und die Konkretisierung der Vorstellung der Welt Bedeutsames – etwa das bereits mehrfach erwähnte *Hou Hanshu*. Das Kapitel *Xi Yu*, ›Westliche Regionen‹, damit gemeint sind entweder die unter nicht immer gleich konsequent durchsetzbarer chinesischer Kontrolle stehenden Territorien zwischen Dunhuang und Kashgar oder aber alle Länder westlich von China, hat, genau wie das spätere *Weilüe*, zwei hauptsächliche Aufgaben: Erstens die Versammlung aller Informationen über die Routen, die westlich von Turfan, Dunhuang und Yarkand über Dayuan (Fergana), Alanliao (Taskent, das Chu-Tal und Talas), Liyi (Sogdiana mit Samarkand und Buchara), Da Yüezhi (Kushan) und Gaofu (Kabul) Tianzhu (Nordwest-Indien) erreichen, oder über Wuyishanli (die afghanischen Landschaften Drangiane und Arachosien mit Kandahar), An Xi (das persische Parthien) und Tiaozhai (Charakene und Susiana in Mesopotamien) Da Qin (das Imperium Romanum Syrien) respektive dessen Provinz; zweitens die Erstellung von Listen mit den in den genannten Regionen erhältlichen Stoffen und Produkten.

Die Gewißheit, auf der Erde nicht allein Leben zu verbreiten, senkt sich jedoch in das Bedeutungsgewebe der Kulturen, bevor ihre geographisch entgegengesetzten Wirtschaftszonen zusammenwachsen – auch über die maritime Seidenstraße.

Gegen die Unwägbarkeiten der Reisen ins Unbekannte, wozu die Begegnung mit *Kynokephali*, Hundshäuptern, sowie mit Großfüßlern, mit den ihr Gesicht auf der Brust Tragenden oder den Bewohnern des Brustlochlands Chuanxiongguo gehören kann, hilft an beiden entgegengesetzten Enden Eurasiens die praktische Einrichtung des Orakels.

Auf dieser gelangt im Oktober des Jahres 166 über das vietnamesische Tonkin eine Gesandtschaft Kaiser Anduns (Marcus Aurelius Commodus Antonius Augustus) in das China des Han-Kaisers Huandi (146–168). Bei den 'Gesandten' dürfte es sich um Kaufleute gehandelt haben, die ihrem Unternehmen selbst offiziellen Charakter zulegten. Dafür sprechen ihre mitgeführten Güter – Elefantenzähne, Rhinozeroshörner, Schildkrötenschalen – alles andere als kaiserliche Geschenke und den Chinesen längst bekannt.

Die Griechen lassen sich nach dem Marsch durch Olivenhaine am Fuß der kargen Granitflanken des Parnaß vor Pythias delphischem Dreifuß benebeln. Eingeweihte Chinesen haben ihrerseits schon im 12. und 11. Jahrhundert v. u. Z. im Palast der Shang, in der Gegend von Anyang in der heutigen Provinz Henan, Archive von auf Schildkrötenpanzern festgehaltenen Orakeln hinterlegt. Ab dem 3. Jahrtausend konsultieren die Chinesen dann das ausgeklügelte berühmte Orakelbuch, als dessen ursprünglicher Verfasser Fu Xi (116 Jahre lang, von 2952 bis 2836 v. u. z. regierend) gilt, der mythische Urkaiser aus der Zeit der Shang (1766–1122 v. u. Z.; gemäß den *Bambusannalen* 1523–1028 v. u. Z.). Erfinder des Fischnetzes und der Zähmung wilder Tiere soll diese Gestalt sein und deshalb seinem Volk auch das Kochen beigebracht haben.

Beschaffung und Zubereitung von Nahrung, deren Verzehr und nachfolgende Verdauung beinhalten die physikalische Verwandlung der Zustände, und weil Weisheit nicht nur eine Sache des Kopfes sein muß, liegt in diesen praktischen Meisterschaften des Fu Xi vielleicht mit ein Grund für die bis heute ungebrochene Beliebtheit seines *Buchs der Wandlungen*, des *I Ging*, welches als einziges Werk der von Chinas erstem Kaiser Qin Shi Huangdi (221–207 v. u. Z.) befohlenen Bücherverbrennung entgeht.

Also Denken *und* Kochen.

Ob Demokrit einverstanden wäre, der sagt, »verlange nicht alles zu wissen, damit du nicht in allem unwissend wirst«, wenn ich mich an dieser Stelle vom Komplexen abwende – beim *I Ging* ist das nebst der Lehre vom dauernden Wandel der Vorgänge im Himmel und auf Erden auch die Auffassung, alles Irdische Geschehen sei nur eine zeitlich verschoben sich ereignende Nachbildung eines übersinnlichen Geschehens (kennen nicht die Griechen auch die Ideenlehre, wonach in der Sichtbarkeit Geschehendes die Auswirkung eines 'Bildes', einer Idee im Unsichtbaren ist?) –, wenn ich mich nun also mit einem Gegenstand des täglichen Lebens befasse, einem außerordentlich gewöhnlichen zudem?

Die acht ursprünglichen Zeichen des *Buchs der Wandlungen* bestehen aus differenzierenden Kombinationen waagrecht übereinanderliegender Strichelemente (das 'Ja' ein ganzer durchgezogener, das 'Nein' ein gebrochener Strich); sie bezeichnen 'Himmel', 'Erde', 'Donner', 'Wasser', 'Berg', 'Wind/Holz', 'Feuer' und 'See' sowie Namen (*qian* das 'Schöpferische', *kun* das 'Empfangende', *dui* das 'Heitere' u. s. w.) und Eigenschaften ('stark', 'hingebend' u. s. w.) und werden als Bilder dessen aufgefaßt, was im Himmel und auf Erden vorgeht. Dabei herrscht die Anschauung des dauernden Übergangs vom Einen in das Andere, genauso wie in der Welt dauernder Übergang der Erscheinungen ineinander stattfindet. Nebst Vorgängen in der Natur, die ihrem jeweiligen Wesen entsprechen, meinen die acht Bilder auch eine Familie – Vater, Mutter, drei Söhne, drei Töchter –, aber nicht mythologisch gedacht wie etwa die Versammlung auf dem Olymp der Griechen, sondern abstrakt. Dargestellt wird nicht das Ding, sondern die Funktion. Um größtmögliche Differenzierung der Aussage zu erreichen, werden die acht Bilder kombiniert, was zur bekannten Zahl 64 führt. Jedes dieser 64 Zeichen besteht aus je sechs positiven oder negativen Strichen, die wandelbar sind. Wandelt sich ein Strich, geht der vom Zeichen dargestellte Zustand in einen andern über. Die heute bekannte Sammlung der 64 Zeichen stammt von Wen Wang (Regierungszeit ?-1043 v. u. Z.), dem Gründer der Zhou-Dynastie; seine weite Verbreitung verdankt das *I Ging* vor allem Bu Shang, einem Schüler des Konfuzius.

Aber führt auf diesen Platz, wenn Zweckmäßigkeit angesagt ist, zuweilen nicht auch das Orakel? Manipuliert dieses vielleicht kein Geringerer als Alexander

der Große im Verlauf seiner Eroberung Asiens, um das Gesicht zu wahren, als das Heer den Weitermarsch nach Indien verweigert (Arrian, V, 28, 4).

Der unschickliche göttliche Arzt Äskulap habe in den Exkrementen das Geheimnis der menschlichen Leiden gefunden, so J. G. Bourke (*Das Buch des Unrats* oder *Scatological Rites of all Nations*, 1891) im Eintrag zu den Griechen nach einer mir nicht zugänglichen Quelle. Sein philosophischer und medizinischer Dreifuß sei gewissermaßen der Leibstuhl gewesen. Im Zusammenhang mit römischen Praktiken führt Bourke dann T. D. Fosbroke an: »Gefäße, die man 'Gastra' nannte, stellten die Römer zur Bequemlichkeit der Vorübergehenden an den Ecken der Straßen und Wege auf« (*Cyclopaedia of Antiquities*, 1843). In China, heißt es bei Bourke dann weiter, sei der wunderbare Verdauungssaft *mih* bekannt, und die aufgestellten Gefäße, welche Reisende an solche in der Stadt am Tiber erinnern, seien aus Kupfer und bewahrten vor dem Verlust eines Düngemittels, dessen Wert richtig erkannt worden sei. Da in Rom Abzugskanäle, Kloaken, Aborte und ähnlichem Zweck dienende Einrichtungen unter dem Schutz einer Göttin namens Cloacina stehen würden, erstaune das Vorhandensein öffentlicher Latrinen nicht. Klosettpapier indessen sei noch nicht im Gebrauch in Rom. Das nun hat aber nicht, wie Bourke vermutet, damit zu tun, daß Papier noch nicht existiert, sondern weil es für Schreibzwecke erfunden wird, abgesehen davon, dass die Chinesen dann die ersten sein werden, die Toilettenpapier parfümieren.

Gemäß gängiger Überlieferung verdanken die Chinesen das Papier dem Hofbeamten Cai Lun, der im Jahr 75 n. u. Z. in die Dienste des Han-Kaiser Zhangdi (75–88) tritt und vierundzwanzig Jahre später zum Direktor der Kaiserlichen Arsenale der Östlichen Han ernannt wird. Cai Lun ist der Ansicht, die bislang verwendeten zusammengebundenen Bambustafeln wögen zu schwer, und das bestehende aus Seidenabfällen gefertigte Papier sei viel zu teuer. Eine Alternative tut deshalb not, und es dauert nicht lange, bis Cai Lun die generelle Verwendung von Papier als Schreibmaterial durchsetzt. Dafür trifft ihn im Jahr 105 das große Lob des Kaisers Hedi (88–106). Fortan findet im ganzen Reich 'das Papier des ehrenwerten Cai' Verbreitung, und der innovative Beamte darf ganze eintausendneunhundertundein Jahre lang als dessen Erfinder gelten – bis zum Sommer 2006. Zu diesem Zeitpunkt kommt während Restaurierungsarbeiten an einer aus der Zeit der Westlichen Han (206–25 v. u. Z.) stammenden Militärgarnison in der Nähe des ›Jade-Tors‹, dem westlichen Ende der Großen Mauer der Han, ein aus dem Jahr 8 v. u. Z. stammendes, zehn mal zehn Zentimenter großes Stück Papier zum Vorschein. Der Fund, bei dem es sich um eine beschriftete Medizinalienverpackung handelt, beweist, daß Papier bereits mindestens hundert Jahre vor der Geburt von Cai Lun produziert wurde, der, wie nachzutragen ist, bei der Herstellung mit Baumwolle oder Bastfasern, Hanf, alten Lumpen und Fischnetzen hantiert haben soll.

Die nahezu historische Gleichzeitigkeit der Innovation von 'Papier' und 'Latrine' ist Anlaß, an die Araber zu erinnern, die im 7. und 8. Jahrhundert das China und Rom trennende Land der alten Perser erobern, wodurch die streng gehütete, komplizierte chinesische Technologie der Papierherstellung – beginnend beim Abschälen und Herauslösen der Bastschicht des Maulbeerbaums, gefolgt vom Einweichen der zerschnittenen oder zerrissenen Baststücke in einer Holzaschenlauge, dem Weichklopfen mittels Klöppeln zu einem Gemenge einzelner Bastfasern, der Suspension (= die feinste Verteilung und das Schweben kleiner Teilchen in einer Flüssigkeit) in Wasserbottichen und Fasersuspension in beweglichen Sieben und beim Abstreifen und Trocknen endend – Anfang des 12. Jahrhunderts in das maurische Spanien gelangt und hundert Jahre später nach Italien, wo das in der Provinz Ancona gelegene Fabriano nach mehr als siebenhundertfünfzig Jahren noch immer ein bedeutendes Zentrum der Papierherstellung sein soll, auch wenn nicht klar sein wird, mit welchen Inhalten es unter den dort dann herrschenden politischen Verhältnissen bedruckt wird. Das heißt, Papier wird im 'langen Land', wie die Araber den italienischen Stiefel bezeichnen, bekannt, präzis ein halbes Jahrtausend, nachdem gemäß al-Tha'alibis *Buch der seltsamen und unterhaltsamen Informationen* im Juli 751, im Jahr 133 n. d. H., bei der von den Chinesen verlorenen Schlacht am Talas chinesische Papierarbeiter von Ziyad ibn Salihs Truppen gefangengenommen werden. Von den Arabern nach der Eroberung Samarkands nach Baghdad gebracht, bauen die Chinesen dort eine Manufaktur zur Produktion des sogenannten 'Bagdad-Papiers'. Unter diesem Etikett importieren es auch die Byzantiner, wobei es sich bereits um eine Weiterentwicklung des chinesischen Produkts handelt, das wiederum in Damaskus, dem Zentrum der islamischen Buchherstellung, das bisherige Pergament und den ägyptischen Papyrus verdrängt, welche den Herrschern am Nil Jahrtausende das Monopol über die meistverwendete Schreibunterlage verschafft hat.

Als im Jahr 762 einer der gefangenen Chinesen aus Damaskus in den Osten heimkehrt und einen Bericht über das arabische Herzland verfaßt, ist Eratosthenes bereits seit fast einem Jahrtausend tot und die Bibliothek von Alexandria seit fünfhundert Jahren nichts als Schutt und Asche. Die 'Papierstraße' hat unterdessen ihre Spur durch weite Teile jener Regionen gezogen, die auf der von Eratosthenes zu seiner Zeit vorgelegten Karte der Welt zu finden gewesen wären, wenn er nach der wissenschaftlichen Ermittlung der Grundlagen einer solchen und der Diskussion ihrer Herstellung in der *Geographika* eine solche tatsächlich gezeichnet hat.

Allerdings wäre die Karte des Eratosthenes eine gewesen, die zwar die Bemühung, geographische Realitäten visuell darzustellen, wiederspiegelt, aber nicht mit maßstabgetreuen, mehrdimensionalen Werken im Sinn heutiger Kartographie zu verwechseln wäre.

BUCH II

GEDRÄNGE IN MYTHOS UND GEGENWART

Iranische Annäherung

Tehran, 13.–17. November 1995 — Die Tür ist aufgegangen. Nach Monaten des Hinhaltens und der Mutmaßungen.

Irgendwelche Seminare haben den Entscheid beim Ministerium für Kultur und Höhere Bildung der Islamischen Republik Iran, beim *Ershad* – das Farsi-Wort beinhaltet sowohl die Bedeutung 'Führung' als auch 'Belehrung' – verzögert. Vielleicht auch die Hitze oder ganz einfach das dreiste Begehren dreier Fotografen und einer Zeitschrift, das Land von drei Grenzpunkten her zu durchmessen, um sich am Schluß zu treffen in »Esfahan« – »nesf-e djahn«, in 'Isfahan, der Hälfte der Welt'. Thomas soll mit Anatolien im Rücken vom Ararat her kommen, Samer von der Straße von Hormuz heraufsteigen, ich mich aus Turkmenistan nähern. Der Weg an die Ausgangspunkte unserer jeweiligen Etappen muß aber über die Hauptstadt Tehran erfolgen, wenn das Vorhaben, das in dieser Art noch nie jemand vorgebracht habe, seitens des *Ershad* Billigung finden soll. Das hat in mir den Plan aufgerufen, beim Transfer von Tehran nach Mashhad, dem Ausgangspunkt meiner Route, dann unterwegs doch wenigstens der ›Alexander-Mauer‹ entlangzustreunen.

du. Die Zeitschrift der Kultur, Nr. 658, März 1996; Iran. Drei Wege nach Isfahan.

In Tehran gestalten sich die Verhandlungen

Dazu in diesem Buch Der Kupferwall und andere Wahrheiten.

über die Reisewege, die von zwei Unterhändlern geführt werden, äußerst schwierig, sie dauern mehrere Tage und Ort der Verhandlung ist vornehmlich die überheizte Lobby des Hotels *Laleh*.

Am Ende entsteht ein mehrseitiger Vertrag, allerdings können uns – angeblich aus Sicherheitsgründen – Ziele verwehrt werden, das wurde immer wieder mit Nachdruck wiederholt. Daß die Bedenken Grenzgebieten gelten ist klar, etwa in Thomas' Fall die Provinz der Kurden, bei Samer die Irakis bei Abadan, Schauplatz einer großen Panzerschlacht im 1988 zu Ende gegangenen Iranisch-Irakischen Krieg, dem ersten Golfkrieg, während ich mich am Rand der Dasht-e-Lut, der 'Wüste der Leere' zu hüten hätte vor den afghanische Flüchtlingen, die dem Krieg am Hindu Kush entflohen sind und das immer noch tun.

Donnerstag ist endlich alles unterschrieben, das mehrseitige Dokument an Chefredaktor Dieter Bachmann gefaxt, der weiß, daß die Wirklichkeit anders ist als die Vorstellung der Redaktion und deswegen der großen fotographischen Reportage manches zutraut. Samer ist Freitag bereits unterwegs. Thomas ist zu einer weiteren Nacht im *Laleh* verdammt, bevor er an die türkische Grenze fahren kann. Er wird versuchen, eine opulente Hochzeitsfeier zu fotografieren. Das sei ein guter Kontrast zu den *chadors*. Der Iran sei schließlich nicht nur schwarz.

Auf dem Flug nach Mashhad, kurz vor Mitternacht, beginne ich mit der Lektüre von Peter Hopkirks *Great Game* (London, 1990). Der Untertitel *On Secret Service in High Asia* beunruhigt meinen Begleiter, Herrn Firouzi.

Mein Begleiter ist Lehrer im Ruhestand. Nein, eine Namensverwandtschaft mit Ferdausi liege nicht vor, erklärt er, als ich ihn auf den Dichter des persischen Nationalepos, das *Shahname* oder *Das Königsbuch*, anspreche. Herr Firuzi ist ein freundlicher Mann, der Korrektheit ausstrahlt. Klein, nicht schlank. Sein Haar bedeckt die Stirn. Der englische Schnurrbart hat nur einen leichten grauen Schimmer, das Kinn ist glattrasiert, auch zu dieser späten Stunde.

Herr Firuzi trägt ein rostrot und gelb gemustertes Hemd, darüber einen braunen Kittel. In einer Mappe hat er die notwendigen Dokumente, um mich nach Isfahan zu schleusen.

Das *Shahname* habe ich darum ins Spiel gebracht, um auf Alexander und den ihm kartographisch zugeschriebenen Wall zu sprechen zu kommen, der mir nun, da die Obrigkeit auf einem

Das zwischen 980 und 1010 von Ferdausi, einem aus niederem Adel stammenden und zu den sunnitischen Herrschern in Opposition stehenden Schiiten, verfaßte *Shaname* gilt als das persische Nationalepos, ist es doch eine Darstellung der Geschichte des Iran von Anbeginn bis zum Verfall des Reichs der Sasaniden. Der größte Teil des Werks befaßt sich mit dem Konflikt zwischen Iran und Turan, welcher in einem zentralen mythologischen Ereignis wurzelt – der Ermordung des Iraǧ durch Salm und Tur. Bei der Reichsteilung durch deren Vater Feridun hat Salm den Westen und Tur den Osten erhalten, und zwar einschließlich Chinas und der von den Turkvölkern besiedelten Regionen. Iraǧ hingegen ist mit dem zentralen Teil, mit dem Iran, bedacht worden. Die langen Waffengänge zwischen Iran und Turan, dessen Bezeichnung sich von Tur ableitet, widerspiegeln dessen Neid auf den bevorteilten Iraǧ. Protagonist des Heldengedichts ist Rostam, treu gegenüber dem König von Persien und Iran, dessen Tod im Kampf mit dem Rivalen Esfandiyar die mythischheroische Epoche der iranischen Geschichte beendet. In das *Shahname* eingewoben ist auch die angebliche Begegnung Alexanders, bei den Persern Sikander, mit dem sterbenden König Dareios, der jenem sein Reich vermacht haben soll.

Flug nach Mashhad bestanden hat, entgehen wird. Schließlich reichen die im Epos geschilderten Kämpfe zwischen Iran und Turan bis zu den legendären Königen der mythischen Frühzeit des Iran zurück, die, historisch zwar nicht faßbar, im Fall von Kay Xosrau aber doch auf Kyros den Großen (640–600 v. u. Z.) und damit auf die Dynastie der Achämeniden hinweisen könnten, deren letzter Herrscher, Dareios III. (336–331 v. u. Z.), von Alexander besiegt wurde.

Alexander, der mir, stellvertretend für anderes aus der Historie, helfen soll, die vom *Ershad* festgelegte Route aufzuweichen, ist Herrn Firuzi nicht unsympathisch, auch wenn mein Begleiter weiß, daß er seinen Asienfeldzug mit dem persischen Staatschatz finanzierte und Irans Zoroastrier den Makedonen bis heute als *Iskander Gujaste* bezeichnen, der 'Verfluchte'. Das erste Gespräch der westöstlichen Begegnung zwischen Herrn Firouzi und dem ihm anvertrauten Fotografen kommt erst ins Stocken, als es in die Epoche des »Great Game« gerät, also in die Zeit, da noch heute existierende politische Führungsmächte den Gang persischer Angelegenheiten nachhaltig zu beeinflußen beginnen.

Ganz Asien in zwei Schritten

Mashhad, 17. November 1995 — Es ist ein Nachtflug gewesen mit eingeschaltetem Kabinenlicht, und Herr Firouzi ist bald eingeschlafen. Auf den Knien hat die Mappe gelegen, und er hat sie auch im Schlaf mit beiden Händen gehalten.

Kurz vor der Landung in Mashhad ist es dann zu spät gewesen, um zu fragen, ob mein Begleiter je die ›Kaspischen Tore‹ besucht habe, neben Persepolis den für Alexander schicksalhaftesten Schauplatz zwischen Mesopotamien und dem Hindu Kush.

Während der Flucht der Perser nach Baktrien, im Juli des Jahres 330 v. u. Z., wird hinter diesem Hohlweg der wegen seiner Niederlagen gegen die Hellenen bei Issos und Gaugamela in den Jahren 333 und 331 verachtete und vom eigenen Stab um den Strategen Bessos abgesetzte, in 'goldene Fesseln' gelegte Dareios III. in seinem geschlossenen Wagen erstochen. Ferdausi soll der Begegnung zwischen dem nachsetzenden Alexander und dem sterbenden unglücklichen Großkönig in seinem *Shahname* ein Bild gesetzt haben durch die Verklärung seiner beiden Helden Rostam und Sorab – die entsprechende Stelle des Epos habe ich bis jetzt aber nicht gefunden. Jedenfalls ist Alexander im muslimischen Weltbild zu Lebzeiten Feradausis als Iskander längst eine offizielle Gestalt. Wandernde iranische Geschichtenerzähler bringen seine Taten unter das Volk, welches den Makedonen als Sohn Persiens akzeptiert und, mit Ausnahme der feueranbetenden Anhänger des Zarathustra, verzückt ist über die noble Geste, dem sterbenden Herrscher zur Linderung der Agonie aus dem eigenen eisernen Helm Wasser zu reichen, worauf dieser nicht anders kann, als dem jungen Eroberer das persische Reich in die Hände zu legen, bevor sein irdisches Leben endet. Arrian (*Anabasis*, III, 21, 10), der mindestens vierhundertsiebzig Jahre nach dem Tod Alexanders unter Verwendung der Schriften der Augenzeugen eine Geschichte dessen Asienfeldzuges verfaßt, läßt Dareios sterben, bevor der Makedone herangesprengt kommt. Diese Wiedergabe dürfte der Wahrheit näher kommen als alles später Geschriebene.

Der aus Nikomedeia stammende griechische Historiker Arrianus Flavius (um 95–175 n. u. Z.) scheidet kurz vor Hadrians Tod im Jahr 138 aus dem kaiserlichen Dienst aus, in welchem er eine glänzende, aber im Detail unbekannte Laufbahn absolviert und dabei auch Inspektionen im Schwarzen Meer unternommen hat. Die nach Xenophons Vorbild *Anabasis Alexanders* benannte Chronik von Alexanders Zug nach Asien, das bedeutendste unter seinen zahlreichen

Werken, ist gegliedert in sieben Bücher, und daran schließt sich an die kürzere Schrift *Indike* an, die Beschreibung Indiens.

Bei seinem Vorhaben stützt sich Arrian neben den Geographen Megasthenes und Eratosthenes auf die offiziellen und zur Veröffentlichung bestimmten und in Alexanders engstem Kreis verfaßten Berichte, von denen in den Bibliotheken von Alexandria, Athen und vielleicht auch von Pergamon Exemplare vorhanden sind. Gleich in der Vorrede des Werks (I, 1–3) dankt der Autor seinen hauptsächlichen Quellenautoren Ptolemaios Lagou und Aristobulos aus Kassandreia, von denen er Übereinstimmendes als »in jeder Hinsicht wahr« betrachtet, während er bei Differenzen auswählt, was ihm »glaubwürdiger erscheint und zugleich erzählenswerter ist«. Glaubwürdig erscheinen Arrian die beiden Autoren nicht zuletzt auch, weil sie nach dem Tode des Herrschers geschrieben haben, also »jeder Zwang wie auch jede Aussicht auf Belohnung fehlte, die Dinge anders darzustellen, als sie sich wirklich zugetragen haben«. Ptolemaios Lagou, einer der treuen Jugendfreunde Alexanders, ist vom Beginn der Unternehmung an bis zu Alexanders Tod in Babylon am 10. Juni des Jahres 323. v. u. Z. fast immer in dessen Nähe. Als Offizier wird er offensichtlich betraut mit größeren Operationen und im Jahr 330 in die Leibgarde des Eroberers gewählt. Nach Alexanders Tod ist er Satrap und ab 305/304 unter dem Namen Ptolemaios I. König von Ägypten. Mit seiner Geschichte Alexanders beginnt er in den neunziger Jahren des 2. Jh. v. u. Z., wobei sein Motiv gewesen sein dürfte, eine 'wahre Geschichte' zu schreiben, sind doch zu diesem Zeitpunkt bereits zahlreiche Schwindelgeschichten im Umlauf, aus denen später die sogenannten Alexander-Romane entstehen werden.

Auch Aristobulos aus Kassandreia (geboren frühestens 375 v. u. Z.) begleitet Alexander von Anfang bis Ende beim Zug durch Asien, also von 334–323 v. u. Z., allerdings nicht in militärischer Funktion, sondern als Ingenieur und Schriftsteller. Seinen Bericht beginnt er erst im Alter von 84 und verläßt sich dabei sowohl auf seine Aufzeichnungen als auch auf ein hervorragendem Gedächtnis. Mit Bestimmtheit ist Aristobulos in Hyrkanien gewesen, der im heutigen Turkmenistan liegenden Landschaft nordöstlich des Kaspischen Meeres, in Baktrien im Norden des heutigen Afghanistans und in Sogdien, dem Land nördlich des Oxus im heutigen Usbekistan. Als Hydrologe, der Aristobulos auch gewesen ist, hat ihn der Oxus interessiert und das Versickern der Wasserläufe in den Wüsten am Aral, den er allerdings noch nicht kennt und deshalb meint, das Gewässer sei das Kaspische Meer. In Indien wird der Autor auch zum Klimatologen, der präzis die geographische Verbreitung des Tropenregens beobachtet.

Prominenter Abwesender unter Arrians Referenzen ist Nearchos aus Amphipolis (geboren um 360 v. u. Z.), wie Ptolemaios Lagou ein Jugendfreund Alexanders. Auch er ist Begleiter des Zuges von Anfang

In Wirklichkeit tritt Alexander nicht als rechtmäßiger Nachfolger das Erbe der Achämeniden an, und die Herrschaft der hellenistischen seleukischen Könige über Persien bleibt von kurzer Dauer.

Um 250 v. u. Z. vertreiben die iranischen Parther die Seleukiden und installieren die Dynastie der Arsakiden. Diese behält als Amtssprache das Griechische und verschreibt sich hellenistisch-orientalischem Synkretismus; aber bereits im Jahr 224 n. u. Z. setzen die Sasaniden solcher 'Verwestlichung' ein Ende und halten sich in der Folge bis zur arabischen Eroberung und der Einnahme Isfahans im Jahr 20/21 n. d. H. (642) an der Macht. Erst anfangs des 9. Jahrhunderts beginnt unter der nordostpersischen Dynastie der Tahiriden (820–873) die politische Loslösung vom Abbasiden-Kalifat. Aber nur in der Epoche der sunnitischen Samaniden (864–999), die ihre Herrschaft von den Sasaniden ableiten und Buchara zur Hauptstadt machen, kommt nationalpersisches, anti-arabisches Bewußtsein auf. Um 930 verdrängen die Dynastie der Samaniden in Teilen Persiens die schiitischen, aus Tabaristan im Norden des heutigen Iran stammenden Bujiden (930–1062), bevor Ostpersien für zwei Jahrhunderte unter die Herrschaft der aus Ghazni in Afghanistan regierenden sunnitischen Ghaznaviden (977–1186) gerät und Isfahan 1051 Residenz der Seldschuken (1055–1157) wird, welche das Reich bis zum Vorabend des Mongolensturms 1220/1221 zusammenhalten.

Der Fall Baghdads im Jahr 1258 markiert die fast ein Jahrhundert dauernde Herrschaft der mongolischen Il-Khane (1256–1335) über Persien, bis Tamerlans Eroberungen es zwischen 1386 und 1388 dem Großreich der Timuriden (1363–1506) einverleiben. 1501 unterwirft sich Persien und den Irak Ismail, der Ordensfürst von Ardebil, führt den Glauben der Zwölfer-Schiiten als Staatsreligion ein und begründet die Dynastie der Safawiden, welche unter Shah Abbas I. die schiitischen Heiligtümer Najaf und Kerbala im türkisch besetzten Irak zurückgewinnen und Mashhad und Qom zu Pilgerzentren ausbauen. 1722 stürzt dann die Safawiden die aus dem Paschtunenstamm der Ghilzai entsprungene afghanische Hotaki-Dynastie (1709–1738)

bis zum Ende und übernimmt Sonderaufgaben, so die Statthalterschaft über Lykien. Nach seinem Eintreffen mit einem Söldnerheer in Bactra, dem heutigen afghanischen Balkh, wird er Kommandeur einer Tausendschaft Hypaspisten und im Jahr 326 v.u.Z. dann Kommandant der Flotte, mit der er den Indus flußabwärts zu dessen Mündung segelt. Dort erhält Nearchos von Alexander den historischen, erst in den letzten Monaten des Jahres 325 v.u.Z. zu Ende geführten Auftrag, die Küsten Gedrosiens und Karmaniens abzusegeln, der Region, welche in etwa dem heutigen, auf Pakistan und den Iran verteilten Belutschistan entspricht. Durch Straße von Hormuz gelangt Narchos in den Persischen Golf und stößt in diesem in nördlicher Richtung bis an Mündung von Euphrat und Tigris vor. Arrian kürzt viel von Nearchos beobachtender politischer, wirtschaftlicher und wissenschaftlicher Berichterstattung.

Kaum interessieren Arrian die naturwissenschaftlichen Nachrichten eines Schüler des Kynikers Diogenes, des Onesikritos von Astyopalaia, einem mitmarschierenden Offizier, den Indiens Fauna gefangennimmt. Im Gegensatz zu Plutarch berücksichtigt Arrian auch die Sekundärquelle Kleitarchos nicht, welcher Alexander nie begegnet ist und ohnehin als skrupelloser Effekthascher gilt, der nicht als Historiker Ruhm erlangen, sondern als Unterhaltungsschriftsteller Kurzweil bieten will.

unter Mahmud, dessen Vater Mir Wais 1709 Kandahar einem von den Safawiden als Statthalter eingesetzten fanatischen Georgier namens Abdullah Khan entrissen hat, während 1715 die Abdali-Stammeskrieger – aus ihnen geht 1747 die afghanische Dynastie der Durrani-Emire und mit dieser das heutige Afghanistan hervorgehen – die Perser aus Herat vertreiben, ein Schicksal das nachfolgende Besetzer zu teilen haben werden. Mahmuds Wahnsinnsherrschaft bewirkt nicht nur die von Firuzi empfundene nachhaltige persische Angst vor den Afghanen, sondern inmitten von Aufständen gegen die Ghilzai auch den Aufstieg eines Räuberbarons, der unter dem *nom de guerre* Nadir Shah Tausende mit den Ghilzai verfeindete Abdali-Stammeskrieger versammelt, 1729 jene vertreibt und 1739 aus dem eroberten Indien den Pfauenthron der Moguln nach Persien bringt. Unter der schwächlichen Dynastie der Kadscharen (1794–1925) gerät Persien dann zunehmend ins Blickfeld Britanniens und Rußlands, später auch Deutschlands. 1889 verliert es das Recht, seine eigenen Bodenschätze auszubeuten, und sieht ab dem Ende des Ersten Weltkriegs seine Wirtschaft völlig unter britischer Kontrolle. 1925 kommt der ehemalige Kosakenoffizier Reza Khan als Shah Reza Pahlevi auf den Pfauenthron, nach seiner Abdankung 1941 infolge Parteinahme für Deutschland im Zweiten Weltkrieg, gefolgt von Mohammed Reza Pahlevi. Dieser regiert als absoluter Monarch und, nach 1953, als die Regierung Mossadeq, welche die Ölindustrie verstaatlicht und die Briten zum Verlassen des Landes gezwungen hat, durch einen vom *CIA* initiierten Coup gestürzt worden ist, als Satrap Washingtons mit Hilfe der SAVAK, der 1957 gegründeten Geheimpolizei.

Zwei Jahrzehnte dauert der ausgeprägte Zustand der <u>Krankheit am Westen</u>, bis im Januar 1978 die von Ayatollah Khomeini aus dem Pariser Exil beförderte Volkserhebung am 16. Januar 1979 den Shah ins Exil treibt. Bereits am 1. Februar kehrt Ayatollah Khomeini nach Tehran zurück. Am 1. April wird nach einer Volksabstimmung die Islamische Republik ausgerufen.

Jala Al-i Ahmad (1923–1969) diagnostiziert in seinem westlichen Buch *Gharbzadegi* (Tehran 1952; englisch: *Occidentosis. A Plague from the West*, 1963) das iranische Leiden, das in englischer Übersetzung zuweilen mit *Westtoxification* widergegeben wird. Das Buch übt Kritik an westlicher Technologie, welcher der Niedergang traditioneller iranischer Produktion, etwa der Teppichherstellung, anzulasten sei, was der Autor als Beginn ökonomischer und existentieller Siege des Okzidents über den Orient ansieht. Ayatollah Khomeini identifiziert sich mit der Botschaft Jala Al-i Ahmads.

Erst der grüne Stempel dieser Republik macht die Autorisierung des *Ershad* zum offiziellen Dokument, die viereinhalb Zeilen Farsi, in deren dritter in lateinischen Buchstaben der Name der Zeitschrift, für die meine beiden Kollegen und ich unterwegs sind, allerdings nicht in der Garamond des Logos.

Beim Warten in der Abflughalle in Tehran habe ich fast zufällig herausgefunden, daß die tagelangen Verhandlungen im Hotel und der daraus entstandene Vertrag nur mäßig wichtig und die beiden Unterhändler, als Generaldirektoren respektabler Reisebüros durchaus Glaubwürdigkeit heischend, halt doch wohl nur Strohmänner waren. Nach Abschluß der nervaufreibenden Vorgänge hatte uns der für ausländische Presseleute zuständige Beamte des *Ershad* ein cremefarbiges, sowohl vertikal als auch horizontal mehrmals sorgfältig gefaltetes Papier zugesteckt, und ich bat Herrn Firuzi, mir den Text darauf zu übersetzen. Alle Wege seien erlaubt, stehe da, erhalte ich zur Antwort, außer jene in »*sensitive zones*«. Worin diese 'heiklen Zonen' bestehen, wer sie definiert und wann, steht nicht auf dem *Laissez-passer*, der also tatsächlich nicht wirklich ein solcher ist. Klar ist nur, daß dieses Stück Papier das entscheidende Dokument für die Reise ist, und nicht die im *Laleh* ausgehandelte Vereinbarung.

Es ist nachvollziehbar, daß der Gastgeber, wenn er schon einmal Neugierige ins Haus läßt, die zudem noch durch drei verschiedene Türen wollen, sie nicht auch noch jeden hintersten Winkel durchstöbern lassen will.

Nun, da wir nach Mashhad geflogen sind, anstatt dem nördlichen Rand der Dasht-e-Kavir, der 'Großen Salzwüste', entlangfahren zu können, muß ich mich ohne den Vorteil des Augenscheins mit der Frage beschäftigen, ob die ›Alexander-Mauer‹, also der Wall, der sich von Gorgan an der südöstlichen Ecke des Kaspischen Meeres zwischen dem Atrek und der turkmenischen Steppe zweihundert Kilometer ostwärts windet, tatsächlich aus der Antike stammt? Ist es nicht viel wahrscheinlicher, daß volkstümliche Tradition den verantwortlichen Bauherrn, nämlich Shapur

I., mit Iskander vermengt? Dafür sprechen zwei andere Bezeichnungen des Verteidigungswerks – 'Rote Schlange' und ›Mauer des Shapur‹.

Shapur I. (240/243–270/273) ist Nachfolger von Ardashir (224–240), dessen Vater Sasan der neuen iranischen Dynastie ihren Namen geliehen hat. Für einen, der den Nacken von Valerius, des römischen Kaisers, den er im Jahr 260 nach der Schlacht beim anatolischen Edessa gefangennimmt, beim Besteigen seines Pferds als Schemel benützt, kann die Errichtung eines Grenzwalls kaum etwas Besonderes sein. Zumal ihn die Vorstellung beflügelt, das sasanidische Reich sei der Mittelpunkt der Welt. Vielleicht träumt dieser Herrscher, immerhin 'König der Könige von Iran und Nicht-Iran' aber auch den Traum Qin Shi-Huangdis, des ersten Kaisers Chinas. Vielleicht ist an Shapurs Ohr die Kunde gedrungen von der Großen Mauer, mit welcher jener die im Jahr 221 v. u. Z. von ihm zerschlagenen andern fünf Streitenden Reiche – die Chu, Qi, Wei, Yan und Zhao – und sein um diese angewachsenes eigenes der Qin umgürtet? Oder ist es der nach Westen ausgreifende jüngere Wall der Westlichen Han, von welchem Shapur Nachricht hat?

Ob Chinoiserie oder Sasanidisches, mutmaßlich ist die Mauer hinter Gorgan nicht hellenistisch. Warum soll Alexander im Sommer 330 v. u. Z. an dieser Stelle ein Bollwerk ziehen lassen? Das hieße soviel wie eine Grenze installieren; Parthien als östliche Reichsgrenze akzeptieren! Aber Alexander genügt es nicht, von der Mitte her auszustrahlen; er muß die Welt umfassen. Hyrkanien in der Südostecke des Kaspischen Meeres und nördlich davon die Skythen bleiben eine Gefahr, solange sie die neu installierte medische Satrapie zum Abfall aufwiegeln oder sich mit noch östlicher siedelnden Völkern verbünden können. Eine Mauer zu bauen, wäre höchstens ein kurzfristiger Behelf gegen Überfälle aus dem Norden.

Deswegen ist Hyrkanien, das 'Land der Wölfe', zu erobern! Dazu Buch XII, *Ruinen im Land der 'Spitzmützigen Saken'.*

Bei Zadrakarta, dem heutigen Sari, stößt Alexander an ein salzhaltiges Gewässer. Er hält es, dem Weltbild seines Lehrers Aristoteles folgend, für eine Einbuchtung des Weltmeeres, das die drei Teile der flachen Erdscheibe – Europa, Libyen und Asien – umfließt. Deshalb muß der östliche Rand der *Oikumene*, der »bewohnten Welt«, und damit das Ende Asiens ganz nahe sein. In zwei Schritten will Alexander dahin. Der erste bis zum Paropamissos, zum Hindu Kush; der zweite über die kleine Halbinsel Indien zum weltumfließenden Ozean, der vom Gipfel dieses Gebirges zu schauen sein soll. Zweifel gibt es keine, denn Alexander hat einen zuverlässigen Nachrichtendienst. Diognetos und Baiton, die *bematistai*, die Wegmesser, eilen dem Troß voraus und rapportieren regelmäßig die Distanzen der vorausliegenden Etappen. Die Angaben erreichen in Athen auch Aristoteles. So kommt es zum folgenden Passus, der maßgeblich durch die im Lauf von Alexanders ägyptischer Expedition gewonnenen Informationen bestimmt sein dürfte:

»Praktisch zeigen andererseits Reisen zu See und Land, daß die Länge [der Oikumene] viel größer ist als die Breite. Das Verhältnis der Distanzen a) zwischen den Säulen des Herakles und Indien, b) zwischen Äthiopien und der Mäotis bzw. dem äußersten Skythien ist nämlich größer als 5:3 – wenn man, soweit es hier eine Genauigkeit gibt, die Seefahrten und Landmärsche zusammenrechnet.

Nur kennen wir aber die Oikumene der Breite nach bis hin zu den unbewohnten Gebieten, wo es auf der einen Seite wegen der Kälte, auf der anderen wegen der Hitze keine Menschen mehr gibt; andererseits ist jenseits Indiens bzw. der Säulen des Herakles der Zusammenhang, der die Oikumene geschlossen sein ließe, des Meeres wegen nicht vorhanden.«

(Aristoteles, *Meteorologie* II, 362b 19–29)

Diese gesamte Welt will Alexander einen. Deshalb baut er keine Mauer gegen Hyrkanien hin, sondern führt das Heer vom Kaspischen Meer weg und in der Nähe des heutigen Shahrud oder Emamrud aus der iranische Ebene hinaus. Gorgan im Rücken, überschreitet der Eroberer im Juli 330 v. u. Z. damit den Punkt der Umkehr. Er marschiert dem Phantom hinterher, welches die falsche geographische Vorstellung der Welt heraufbeschworen hat, an der sein Lehrer Aristoteles noch immer zimmert.

Herodot würde sich an die Stirn greifen. Wie ist es gekommen, daß hundertzwanzig Jahre nach ihm bereits vergessen ist, was er in unmißverständliche Worte gekleidet hat? Die Erkenntnis, welche Alexanders Trugschluß verhindert und ihm seinen momentanen Aufenthaltsort im Verhältnis zur Ausdehnung der Welt klargemacht hätte. Nicht nur, daß das Kaspische oder Hyrkanische Meer nämlich »ganz für sich besteht«, ist dem 'Vater der Geschichtsschreibung' klar gewesen, sondern auch dessen tatsächliche Form und Ausrichtung – welche Ptolemaios dann wieder durcheinanderbringen wird –, denn die obige Feststellung ergänzt er mit der Nachricht, die Länge des Binnenmeeres betrage für ein Ruderschiff fünfzehn Tagesreisen, seine Breite hingegen an der weitesten Stelle acht (Historien I, 203).

Vier Jahre später, nach etlichen Problemen, nicht nur mit <u>Widerstand</u> jenseits des Oxus, tritt Alexander im Punjab vor sein Heer und versucht dieses ein letztes Mal für seinen Plan weltumfassender Herrschaft zu motivieren – ein Projekt, das an einem geographischen Irrtum scheitern wird.

Dazu Buch IV, *Der Sogdische Felsen.*

»Wenn aber einer zu hören wünscht, was denn für das Kriegführen selber das Endziel ist, so mag er wissen, daß wir nicht mehr viel Land bis zum Gangesstrom und zum Weltmeer im Osten zu unterwerfen brauchen. Dann wird sich herausstellen, daß mit diesem Meer das Hyrkanische in Zusammenhang steht. Denn das große Weltmeer umfaßt ja die ganze Erde. Und ich werde euch Makedonen und unseren Bundesgenossen zeigen, daß der Indische Meerbusen mit dem Persischen zusammenfließt und das Hyrkanische Meer mit dem Indischen in Verbindung steht. Vom Persischen Golf aus wird unsere Flotte Libyen umsegeln bis zu den Säulen des Herakles. Und von den Säulen an wird ganz Libyen am inneren Meer [das Mittelmeer; Anm. d. Aut.] unser Eigentum und so auch ganz Asien. Dann werden die Grenzen dieses Reiches erst die sein, die die Gottheit als Grenzen der Erde überhaupt gesetzt hat!«

(Arrian, V, 26, 1–3)

Im Wakhan-Korridor

Qala-e-Qa'qa, 18. September 1996. — Afghanistan ist still. Niemand ist zu sehen. Am diesseitigen Ufer des Pyandzh, im tadschikischen Teil des Korridors, in der Gebirgsprovinz Badakhshan, verkommt Landwirtschaftsgerät auf den unbestellten Weizenfeldern.

Sie haben Bubengesichter, die kirgisischen Soldaten. Einige trainieren mit Scheibenhanteln. Andere sind am Reck weiter vorn auf der Kuppe der Burg, wo auf dem Dreifuß ein leichtes Maschinengewehr steht, unter dem Tarnnetz, im Halbrund aufgeschichteter Bruchsteine. Diese haben die zur Wahrung des Grenzfriedens zwischen der GUS und Afghanistan stationierten, Moskauer Kommando gehorchenden Soldaten aus dem Gemäuer des 'Rabennests' gebrochen. So nämlich heißt ihre Stellung, die Festung Qala-i-Qa'qa, ein exquisites Werk der Zoroastrier, an dessen Fuß ein Trümmerbrocken liegt mit aufgemaltem Roten Stern.

Gleich drei Einträge mit Anspielungen auf im Wakhan siedelnde Feueranbeter enthält das *Hudud al-Alam (Regionen der Welt)*, die persische Geographie aus dem Jahr 372 n. d. H. (982), bei der Behandlung der Marken Transoxianiens:

GUS (Gemeinschaft Unabhängiger Staaten) bezeichnet den Zusammenschluß der verschiedenen Nachfolgestaaten der UdSSR nach deren Zusammenbruch und ihrer formalen Aufhebung durch die Staatsoberhäupter von Rußland, Weißrußland und der Ukraine am 8. Dezember 1991. Mit Ausnahme der baltischen Staaten gehören dem Zusammenschluß alle Nachfolgestaaten an: Armenien, Aserbaidschan, Georgien (seit 1993), Kasachstan, Kirgistan, Moldawien, Rußland, Tadschikistan, Turkmenistan, Ukraine, Usbekistan und Weißrußland.

Postscriptum:
Die *GUS* hat in den letzten Jahren an Bedeutung verloren, da unterschiedliche außenpolitische Orientierungen der Mitgliedsstaaten zu parallelen Bündnissen geführt haben, unter denen die wichtigste die am 15. Juni 2001 gegründete *Shanghai Cooperation Organization (SCO)* ist. Der Begriff *GUS* wird deshalb nur noch umgangssprachlich benutzt, um die ehemaligen Mitgliedsstaaten der Sowjetunion zu umschreiben.

»R. KHT. J. B., ein Dorf in Wakhan, wo die ungläubigen Wakhi leben« (Nr. 13)

»Sikashim [Ishkashim], die Hauptstadt der Region. Dort leben Ungläubige und Muslime ...« (Nr. 14)

»Khamdadh, ein Ort, an dem die Götzenstätten der Wahki sind. Dort finden sich einige Tibeter. Auf der rechten Seite befindet sich die Burg, die von den Tibetern besetzt ist.« (Nr. 15)

(*Hudud al-Alam. The Regions of the World, Paragraph 26*)

Ein vierter nachfolgender Eintrag, Nr. 18, hält fest, Samarkand sei eine große Stadt, die Grenze von Transoxianen und gleichzeitig dessen am weitesten entfernter Teil, und Inder, Tibeter, Muslime, aber auch Wakhis, Leute aus dem Wahkan, hätten sich dort niedergelassen.

Dazu Buch IX, *Suche nach dem ›Steinernen Turm‹.* Für <u>Aurel Stein</u>, 1915 im Pamir unterwegs, stammen die massiv gebauten Festungen aus einer von den Sasaniden abwärts führenden Epoche, sicher aber sind sie vorislamisch, denn die Einheimischen schreiben sie 'Kafiren' zu, den 'Ungläubigen'. Die Umwallung einer der Burgen, die Aurel Stein im Wakhan untersucht, ist bekannt als *Zamr-e-atesh-parast*, der 'Zamr des Feueranbeters'. Er besitzt einen Umfang von viereinhalb Kilometern, mehrere Türme und Bastionen. Aus der Anzahl der Festungen, ihrer Größe und Bauart, luftgetrocknete Ziegel und Bruchstein, schließt Stein auf eine um das Vielfache größere damalige lokale Bevölkerung mit entsprechend mehr verfügbarer Arbeitskraft im Vergleich zu jener, welche in seiner eigenen Zeit die Kischlaks des russischen Teils des mit Britisch-Indien geteilten Wakhan bewohnt – zweihundert Haushalte, heißt es von offizieller Seite, also vielleicht dreitausend Seelen.

Die Notwendigkeit sicherer Rückzugsmöglichkeiten liegt für Aurel Stein in der Geographie des Korridors. Nach Westen hin, nach Afghanistan zu, offen, fungiert er als eine endemisch Invasionen ausgesetzte Achse des Güterverkehrs und der Kommunikation, wenn nicht als Kreuzung der Handelsströme. Erstens jener, die über den winters nicht überschreitbaren Wakhjir-Paß am Kopf des Korridors von den fruchtbaren Gebieten Baktriens zum Oasengürtel im chinesischen Tarim-Becken führen. Zweitens jener aus Samarkand, die das nördlich des Unterlaufs des Pyandzh – des Amu Darya, bei den Antiken Oxus und bei den Arabern Jayhum genannt – liegende Sogdien oder Mawarannahr, also Transoxianien, mit tief im Karakoram befindlichen Warenumschlagplätzen wie Gilgit, aber auch mit Kashmir verknüpfen.

Damit ist gesagt, daß die zweite Route, nachdem sie den Wakhan diagonal durchschnitten hat, der alpinste Abschnitt der Seidenstraßen sein muß. Tatsächlich stechen über dem metallisch grauen Wasser des Pyandzh, unmittelbar hinter den afghanischen Feldern die Jadenadeln der Gletscher und Firne des pakistanischen Wakhan-Massivs in den Himmel, und zwischen ihnen gibt es einen einzigen Übergang, den Baroghil-Paß.

Über diesen eilen die in den arabischen Geographien erwähnten muslimischen und jüdischen Kaufleute. Es ist vorstellbar, daß der eine oder andere von ihnen im Herbst des Jahres 644, als die Araber in Persien einfallen und die Dynastie der Sasaniden stürzen, auf seinem Weg in den Karakoram, wo er an Felsen Inschriften hinterläßt, Xuan Zang begegnet. In diesem Zeitraum nämlich betritt der Pilgermönch – nach siebzehnjährigem Studium an den heiligen Orten Indiens und im Besitz von sechshundertsiebenundfünfzig Rollen essentieller buddhistischer, auf

die Tragkiepe gepackter Schriften – von Tuhuoluo (Tocharistan) kommend Bo-
duochuangna (Badakhshan) und bei Krisma, vielleicht das heutige Ishkashim, den
Wakhan-Korridor. Unterwegs ist Xuan Zang mit einer Eskorte des in der Gegend
des heutigen Faizabad residierenden Prinzen, dem vom westtürkischen Khagan die
beiden Landschaften als Lehen gegeben sind. Dieser Begleitschutz hat den vorherigen, vom König von Kapisa – dem mittelalterlichen Alexandria-Kapisa nördlich
von Kabul – abbestellten abgelöst und bringt den Pilger sicher am ›Rabennest‹
der Feueranbeter vorbei. Zur Linken, also im Norden, hat Xuan Zang das Massiv
Shiqini der chinesischen Geographen – die an Rubinfundstellen reiche Shakhdarinskiy-Kette, während er, den Blick von den windum-

Dazu Buch V, *Rubinjäger im Pamir.*

tobten gefährlichen, heute auf pakistanischem Territorium hochragenden Kämmen
des Hui-mi zur Rechten abwendend, die in einer weitgehend baum- und bodenbe-
wuchslosen Landschaft die Unmengen von Zwiebeln bemerkt, welche dem Pamir
den chinesischen Namen Congling eingebracht haben.

Als Xuan Zang auf dem von Abgründen gesäumten Pfad weiterstrebt, begegnen ihm oberhalb des Kischlak Darshai ein paar Bergler mit blaugrünen Augen. Sie
erscheinen aggressiv und von häßlichem Aussehen. Als Xuan Zang dann aber aus
sicherer Entfernung ihre Versuche beobachtet, mit hochgekrempelten Hosen im
schäumenden Wasser balancierend eine von der Gewalt des tosenden eisigen Sturz-
baches weggerissene Bewässerungsrinne mit Gesteinstrümmern, Ästen und Reisig
wiederherzustellen, schämt er sich fast für seine anfängliche Regung. Etwas später,
nachdem sie dann wieder zur Straße hochgestiegen sind und die nassen Hemden
auf Felsentrümmer gelegt haben, überlegt der Pilger, ob am Ende die abgezehrten
Bergler vielleicht gar nicht gewohnt sind, sich so abmühen zu müssen, weil sich noch
bis vor kurzem die an einer sicheren Grenze zu Afghanistan interessierten vormali-
gen Herren aus der großen Stadt an der Moskwa um alles gekümmert haben. Gewiß
dürfte aber auch der Krieg unten im Tiefland die direkte Versorgung des Berglands
mit Gerätschaften nebst anderem, vielleicht sogar dem Notwendigsten blockieren.

Diese Begegnung mit ein paar Wakhis – es handelt sich um Ismaeliten, die
von umwegreicher humanitärer Hilfe der *Aga Khan Foundation* abhängen – ist die
letzte, bevor der Pilger an der Gabelung
der beiden Quelläufe des Pyandzh den
rechten nimmt und diesem entlang auf
den im Winter unpassierbaren Wakhjir-
Paß am Ende des Tals zuhält.

Während die meisten Tadschiken Sunniten sind, gehören die Pamiri
und Badakhshani der ismaelitischen Sekte an. Aufgrund von Nach-
folgeproblemen hat sich diese Ende des 8. Jahrhunderts von der
Schia abgespalten. Aga Khan ist in ihrer Linie von Imamem der 49.
und das Oberhaupt aller Ismaeliten.

Unten in Ishkashim, welches das Knie des Pyandzh bewacht, der von hier an
nordwärts fließt und alles Mythische zurückläßt, eilt er doch den Schwerindustrie-
Konglomeraten der ehemaligen SSR Tadschikistan entgegen und als Amu Darya
dann der ökologischen Notstandszone des Aral-Sees, sind unterdessen am dorfsei-

tigen Ausgang der Pappelallee ein paar Männer mit Wodkaflaschen zusammenge-
treten. Vor der großen Blechtafel, auf die man, vor Jahren, mit steifem Arm nach
Afghanistan hinübergrüßend Lenin gemalt hat. Es ist kurz vor neun Uhr morgens.
Gelbes Licht trifft den Revolutionär, und zuweilen wischt ein Blätterschatten über
den mit rostigen Blasen besetzten Schädel. Dem Revolutionär erscheint es, daß er
erst vorgestern noch unten am Ufer des Pyandzh den *Homo sovieticus* hat das Öl seines *Lada* wechseln sehen, während sich am andern Ufer der Afghane abgerackert hat
auf seinem kargen Acker.

Maritimes am ›Dach der Welt‹

Ishkashim, 18. September 1996, immer noch vormittags. — Zwar ist
Ishkashim klein, aber es verschwindet nicht zwischen Akkon und Chemeinfu.

Vielmehr markiert Ishkashim etwa die Hälfte der Distanz zwischen der alten
Stadt in Galiläa – im Jahr 332 v. u. Z. von Alexander erobert, 1104 von Balduin und
seinem Haufen bewaffneter Wallfahrer, 1187 von Saladin, 1291 vom Mameluken-
Sultan al-Malik al-Asraf Chalil, 1799 von Napoleon dann jedoch nicht – und
Chemeinfu, dem mongolischen Versailles und Lustgarten Xanadu. Dorthin unterwegs sind die im November 1271 in Akkon, der Kreuzfahrerstadt
am Mittelmeer, aufgebrochenen Messer Nicolo und Messer Maffeo Polo mit
dem siebzehnjährigen Sohn Marco, als sie irgendwann 1272 oder vielleicht auch
erst im darauffolgenden Jahr bei Ishka-shim den Wakhan-Korridor erreichen.
Die kürzlich durchreiste Landschaft gilt den Venzianern als Teil der Erbmon-
archie Badascian, und deren Herrscher-geschlecht stammt, zumindest hat Marco
Polo das aus einer nicht preisgegebenen Quelle vernommen, in direkter Linie
ab von Alexander dem Großen und der Tochter des Dareios.

Vater und Onkel Polos größte Sorge während der beschwerlichen Reise

Mit Chemeinfu alias Ciandu – bei Marco Polo nicht als identisch
entschlüsselt und neben Cambaluc vorkommend – bezeichnen persische Kreise, darunter Rashid ad-Din, das etwa 500 Kilometer
nördlich von Beijing nördlich der Großen Mauer liegende Kaiping
Fu (beim heutigen Dolun Nuur in der Inneren Mongolei), welches,
besser bekannt als Shangdu ('Höherer Hof') oder Xanadu, im Jahr
1256 befestigt, mit einem Palast versehen und zur Sommerresidenz
des mongolischen Thronanwärters Qubilai Khan bestimmt wird.
Dort wird am 5. Mai 1260 Kubilai zum Großkhan gewählt. Bis zu
dessen Thronbesteigung im Jahr 1260 bleibt offiziell aber Karakorum in der nördlichen Steppe die mongolische Hauptstadt. Erst
nach einem von den Chronisten verzeichneten »temporären Zwischenhalt« Qubilai am 14. Januar 1261 in Yanjing (Beijing) scheint
das administrative imperiale Zentrum dahin verlegt worden zu sein.
Ab 1264 und ab 1267 offiziell, fungiert das heutige Beijing, zuerst
als Zhongdu, dann unter dem Namen Dadu ('Große Hauptstadt')
als mongolische Hauptstadt und danach als jene der von Qubilai
1271 proklamierten Yuan-Dynastie (1279–1368). Dem spätmit-
telalterlichen Abendland ist die mongolische Hauptstadt, also das
heutige Beijing, bekannt unter dem Namen Cambaluc – Han-baliq
in den Turk-Sprachen, die 'Stadt des Khan'. Entsprechend nomadischer Tradition bewegt sich der mongolische Hof regelmäßig zwischen seinen beiden Residenzen, Dadu im Winter und Shangdu,
dem 1359 von den Ming zerstörten und 1816 von Samuel Taylor
Coleridge im Fragment *Kubla Khan* als »Pleasure dome« eingerichteten Xanadu, im Sommer.

gilt anderen Dingen, zunächst einem Fläschchen heiligen Öls. Mit Erlaubnis des päpstlichen Legaten von Akkon haben sie es in Jerusalem der Lampe in der Grab-kirche entnommen. Darum gebeten hat der sowohl an den politischen Verhältnissen des Abendlands als auch an den Gebräuchen der lateinischen katholischen Religion interessierte Großkhan, welcher gemäß mongolischer Anschauung »als der Ober-ste Herrscher, genannt Qubilai Khan, der über alle Tataren der Welt, über alle Provinzen, Königreiche und Regionen des riesigen Erdteils regiert«.

Mehr als ein Jahrzehnt zuvor, 1268 oder 1269, waren die Gebrüder Polo von diesem Khan aus Cambaluc nach Hause geschickt worden, nachdem sie infolge der Kontrolle der Genueser über Konstantinopel und des Vordringens der Rivalen ins Schwarze Meer ihre Faktorei im bisher venezianischen Handelsposten Soldaia auf der Krim hatten aufgeben müssen, nach Transkaspien ausgewichen und schließlich über Samarkand und Otrar auf der Nordroute durch die Steppe in die mongolische Hauptstadt gekommen waren.

Dreieinhalb Jahre wird der Hinweg dieser zweiten China-Reise in Begleitung von Marco dauern, die sie auch nach Ishkashim bringt.

Um uns mit der Wahrscheinlichkeit seiner fabelhaften, genau vor siebenhun-dertundeinem Jahr zu Ende gegangenen Reise zu beschäftigen, wollen wir uns mit Marco Polo in Lenins Teehaus setzen, denn dieses ist jetzt, da wir zurück sind vom 'Rabennest' der Zoroastrier, geöffnet, obwohl man kaum etwas zu frühstücken haben wird. In Badakhshan gibt es nämlich heutzutage angeblich mehr Rubine als Brot, und genau mit diesem Satz hat mich denn auch der junge deutsche Journa-list Marcus Bensmann, Erfinder des aus ihm und einem Bonner Kollegen beste-henden *Nachrichtenbüro Zentralasien,* in den Dazu Buch V, *Eine Stimme für Innerasien* und Buch XII, *Augenzeugenschaft* und *Mord in Osh.* Pamir gelockt. Nach der iranischen Annäherung vor einem Jahr ist es nur logisch, die Erkundung Zentralasien an dessen höchster Stelle zu beginnen.

Marcus und ich sind also von Khorog in den Wakhan heraufgekommen, um die Befragung des Gegenstands Zentralasien dort zu beginnen, wo sich nicht nur die Gebirge verteilen, sondern, da diese nur an wenigen Stellen Durchlaß gewähren, auch Etliches an Geschichte sich verdichtet. Die von der Ruine der Feueranbeter aus-gehende Umschau hat das bereits vorgeführt, und das Betrachtete hat dabei keines-wegs losgelöst gewirkt von der Gegenwart im etwas flußabwärts gelegenen Khorog.

Der auf über 2000 Meter liegende Verwaltungssitz der Pamir-Provinz Ba-dakhshan – ein, zwei Zickzacklinien vierstöckiger Plattenbauten, eingeklemmt zwi-schen dem Pyandzh und Geröllschroffen, jene auf der anderen Seite des Flusses auf dem Boden Afghanistans – hat in den 1940er Jahren ein pädagogisches Technikum, eine Druckerei und eine Wasserkraftzentrale erhalten. Alle drei Einrichtungen sind jetzt außer Betrieb und manches andere auch, so daß den Männern des Städtchens wenig bleibt, als arbeitslos zu sein und Fußball spielend auf die humanitären Lieferungen der *Aga Khan Foundation* zu warten oder aber mitzutun am Bürgerkrieg.

Unter dem blechernen Vordach einer Baracke, die an der Mauer eines weiten leeren Hofs klebt, haben wir die mißliche Lage der *Vereinigten Opposition Tadschikistans (UTO)* geschildert erhalten von den beiden Kommandanten Madschnun und Kalifa. Neben Kalifas rechter Hand hat eine Handgranate auf dem groben Holztisch gelegen, und beide Kommandanten haben während des Gesprächs das zur Straße gehende Eisentor kaum einen Moment unbeobachtet gelassen. Mit traurigem Ernst, jedoch lächelnd, hat Kalifa gesagt, eine zweite Handgranate sei für ihn selbst, wenn es anders einmal nicht mehr gehe, und, die Fingerspitzen an die Brust führend, ergänzt, den Gegner allerdings nehme er bei einem solchen Ausweg mit. Das Angebot eines dreitägigen Gebirgsmarsches mit einer Einheit, welche die Front mit neuen Waffen versorgen muß, haben wir ausgeschlagen, vor allem wegen der Befürchtung, das Tempo nicht mithalten zu können. Aber in das von der Opposition gehaltene Vanch-Tal wollen wir, ein Seitental des Pyandzh flußabwärts in Richtung Tawildara.

Dazu Buch VI, *Das Bankett des Warlords.*

Vor dem Hintergrund solcher Umtriebe, mag die Frage über Dichtung und Wahrheit in Polos *Il Milione* tatsächlich etwas seltsam erscheinen.

Marco Polos Werk *Beschreibung der Welt* oder auch *Die Wunder der Welt* ist in Italien seit dem 14. Jahrhundert als *Il Milione* bekannt. Möglicherweise ist dieser Titel abgeleitet von Emilione, einem Zunamen der Polos, denn Nicolo soll in der Lagune bekannt gewesen sein als »Milion lo grando«.

Dies jedoch nur aus der Ferne, denn im zwiebelreichen Pamir ist Trügerei eine nicht unwichtige, alte Kunst; dort waren nicht nur Religionsträger und taoistische Literati unterwegs, sondern auch ein sonst vornehmlich mit Waffengängen befaßter, eigenes Wirken in Dichtung selbstkritisch prüfender Herrscher wie Babur.

Die grundsätzliche Frage *Did Marco Polo go to China?*, vergangenes Jahr gestellt von Frances Wood (London, 1995) hat aufgrund fast ketzerischer Natur nicht überraschend in Venedig einen Sturm der Entrüstung provoziert, denn die Autorin bezweifelt die Wahrscheinlichkeit der Reise, so wie sie Polos Buch *Il Milione* wiedergibt. Argumente auf die Frage, warum Polo (oder sein Ghostwriter Rusticello) die Große Mauer nicht erwähnt – die heutige Struktur hat zu seiner Zeit nicht bestanden und ältere Teile sind bereits zerfallen gewesen oder haben abseits seiner angeblichen Route gelegen – entlasten Polo, während umgekehrt etwa seine Verteidigung erschwert, daß er kaum etwas übermittelt von den Verhältnissen in Beijing oder von der Landwirtschaft im Yangtze-Delta.

Did Marco Polo go to China? ist ein faires Buch. Die zur Diskussion gestellte These eröffnet neue Perspektiven, aber ich bin dennoch froh, den Begleiter meiner vorgesehenen Reisen durch Zentralasien nicht vorzeitig entlassen zu müssen. Der im kollektiven Bewußtsein verankerte Polo kann dort also seinen Platz behalten, wenn auch mit einem Fragezeichen – genau wie eine andere Unumstößlichkeit, die sein Werk unwissentlich mitverursacht hat. Nämlich die Vorstellung, Kolumbus, in dessen Kabine auf dem Eindecker »Santa Maria« ein Exemplar des *Il Milione* liegt, habe Amerika entdeckt, wo er doch nur auf der Karibikinsel Hispaniola landet und sich, vermeintlich ein Eiland im sagenhaften Poloschen Archipel entdeckend, in Cathay wähnt – in China.

Seltsam mag aber auch erscheinen, unter dem entrückten ›Dach der Welt‹ – als dieses gilt der Pamir und nicht, ein sich hartnäckig haltender Irrtum, der Himalaya –, den Blick auf das offene Meer zu werfen. Aber schließlich hat dessen Ruf auch der sechzehnjährige Jozef Teodor Korzeniowski in den Schweizer Alpen vernommen, während einer touristischen Reise in Begleitung des Tutors der Universität Krakau. Jahre später, aus dem Hafen von Singapur auslaufend mit Kurs auf Borneo (und zu Almayer, dessen Wahnsinn den Maat der »SS Vidar« 1895 als Schriftsteller Josef Conrad berühmt machen wird), kommt der Pole dann als Seemann an Bintan vorbei, der nutzholzreichen kleinen Insel Pentan, wohin Polo, der Sohn der Lagune, knapp sechshundert Jahre zuvor durch eine Meerenge gesegelt ist oder gesegelt sein will. Conrads Weg an die Küste erinnert weniger daran, daß Gebirge die Sicht aufs Meer nicht in jedem Fall verstellen und die potentielle Überlagerung seiner Route mit jener Polos, daß sich im offenen Meer die Spuren nicht nur verlieren, sondern daß Polos nach Südostasien abschweifende und Kolumbus beflügelnde Phantasie letztlich zur portugiesischen Entdeckung des Seewegs nach Osten geführt hat. Selbstverständlich nicht des ganzen – eine weitere falsche Vorstellung –, sondern höchstens die Etappe bis zur Südspitze Afrikas. Der ganze monsunbeschleunigte Rest nach Indien hinüber, um dieses herum, durch die Straße von Malakka und vorbei an der vietnamesischen Insel Hon Ba, Polos Condur, schließlich hoch nach Guangzhou ist den Arabern hinlänglich bekannt, seit sie dort Anfang des 7. Jahrhunderts Niederlassungen gegründet haben.

Aber mit dem Blick auf den Pyandzh, der, nachdem sein Unterlauf als Oxus und Jayhum groß und berühmt geworden ist, heute als Amu Darya im Sand krepiert, ist es vielleicht doch angezeigt,

Auch der Vorstoß des Portugiesen Bartolomeu Diaz um das Kap der Guten Hoffnung im Jahr 1488 wurde von *Il Milione* inspiriert. Auf Diaz' Spur gelangt im abendländischen Wettlauf zu den Gewürzinseln dann im Jahr 1498 Vasco da Gama an den Indischen Ozean und von Ostafrika aus dank der Hilfe von Shihab al-Din Ahmad ibn Majid al-Najdi, dem mit mehreren Jahrzehnten nautischer Erfahrung fähigsten Admiral in den fraglichen Gewässern und Verfasser des *Kitab al-Fawa'id fi usul al-bahr wa'l-qawa'id* (*Nautisches Handbuch*, um 1489/1490) nach Calicut an der Indischen Westküste.

Die faktische Schilderung des in Mekka lebenden Gujarati Qutb al-Din Muhammad al-Nahrawali al-Makki (1511–1582), aufgehoben in seiner Chronik zur ottomanischen Eroberung des Yemen, läßt den Konflikt erahnen, der die Begegnung zwischen Majid und Vasco da Gama – wenn sie tatsächlich stattgefunden hat – beinhaltet, zwischen 'Franke' und Araber, Okzident und Orient, aber auch die Spannbreite von Darstellung und Auslegung.

In der Logik westlicher Hagiographie, schreibt Sanjay Subrahmanyam (*The Career and Legend of Vasco da Gama*, Cambridge 1997), vermindere der Umstand arabischer Lotsenhilfe keineswegs den Ruhm Vasco da Gamas – im Gegenteil: die Initiation des ›Entdeckers‹ der Passage über den Indischen Ozean gerade durch den größten zeitgenössischen lokalen Befahrer dieses Gewässers könne nur die vorgesehene Bestimmung der quasi-mystischen Reise erhöhen, die zu alledem in Indien nicht nur Gewürzen, sondern auch der Suche nach christlichen Glaubensbrüdern galt. In nationalistisch gefärbter asiatischer Perspektive wiederum könne portugiesischer Eigennutz durchaus als Ausdruck habsüchtiger Raffgier wirken, und von dieser könne sich die wissenschaftliche Generosität und geistige Offenheit Majids nicht stärker abheben. Gerade weil dem Admiral die mögliche Konsequenz seiner Mitteilsamkeit bewußt gewesen sein müsse – das Ende der arabischen Seehoheit im Indischen Ozean.

Dazu Buch I, *Irrtümer hinter den Gebirgen* sowie Buch IV, *Indische Verlockungen*.

den Güterverkehr zu Wasser für einen Moment hintanzustellen – früher oder später beeinflußt die maritime Seidenstraße ohnehin wieder die Geschäfte auf den Basaren im Binnenland – und zur Frage nach der Plausibilität von Marco Polos Abenteuer zurückzukehren.

Frances Wood neigt zur Ansicht, die Polos seien kaum weit über Tana oder andere Handelsstationen der Lateiner am Schwarzen Meer hinausgekommen. Marco habe, genauso wie Herodot vor und Francesco Balducci Pegolotti (*Pratica della Mercatura*, Florenz 1340) nach ihm, in seinen Bericht auch Hörensagen einbauen können oder (allerdings noch nicht bekannten) Primärquellen, arabischer oder persischer Schriften also, gefolgt sein, vergleichbar etwa dem im Auftrag des mongolischstämmigen persischen Ilchan Oljaitu (1304–1316) verfaßten Werks *Jami al-Dinh* (*Vollständige Sammlung von Geschichten*) des Rashid ad-Din, welche die Geschichte der Franken enthält, sowie, von den frühesten Schöpfungsmythen angefangen, jene Chinas und der Mongolen, wobei für letztere Juvainis Darstellung Dschingis Khans maßgeblich gewesen sein muß. Abendländische Parallelen zu *Il Milione* fänden sich, so Frances Woods, etwa in Ibn Battutas monumentalem Reisewerk *Rihla*, bekanntgeworden unter dem Titel *Reisen in Asien und Afrika*, 1325–1354.

Aber Marco Polo ist kein Herodot und auch kein Pomponius Mela, der im Winter 43/44 Kopffahrten entlang der Küsten der Alten Welt unternimmt – nein, die Route des Venezianers ergibt kein sinnvoll zusammenhängendes Itinerar. Wood erwägt, das könne Absicht und Strategie Rusticellos entsprechen, des professionellen Schreibers, der weiß, was beim zeitgenössischen Publikum Gefallen findet, das zunehmend für Wunder aller Art und Nachrichten von den entferntesten exotischen Enden der Welt empfänglich ist. Der größte Teil des *Il Milione* trägt sich denn auch in heidnischen Territorien außerhalb Chinas zu, in den südlich des 'Reichs der Mitte' liegenden Herkunftsorten der wertvollsten Produkte wie Gewürznelke, Gold, Muskatnuß, Paradiesapfel, Porzellanmuschel oder Rotholzbaum. Daß Herkunft und Beschaffungswege solcher und anderer wertvoller Stoffe und Güter ein Kaufmann vor den neugierigen Augen der Welt ausbreiten würde, erscheint Woods höchst unwahrscheinlich, würde er damit doch eigenhändig die Quellen des Nachschubs und damit die kommerzielle Grundlage des Erfolges der Familienfirma preisgeben.

Weil mutmaßlich also genügend vernünftige Krämer und Kaufleute Stillschweigen über ihre Unternehmungen wahren, entstehen nebst verschiedenen Versionen des *Il Milione* Werke, welche die im Zusammenhang mit der abendländischen

Entdeckung der Welt wachsende Neugier bestens befriedigen. Das phantastischstes Beispiel dieser Kategorie ist das Elaborat des obskuren französischen Arzts englischer Abkunft Sir John Mandeville (*Travels*, 1350). Darin wimmelt es nur so von Hundshäuptern, Einfüßlern und anderen Wunderwesen.

Pures Gegenteil von Unterhaltungsliteratur und auch ganz und gar nicht für die Öffentlichkeit gedacht, sondern ein Manifest stringenter Administration im imperialen China ist Zhao Ruguas in der 2. Hälfte des 12. Jahrhunderts geschriebene pragmatische Kompilation *Zhu Fanzhi*.

Der Verfasser, in der achten Generation Abkömmling Kaiser Taizongs (976–997) aus der Dynastie der Nördlichen Song (960–1126), amtet als *Shi Boshi*, als 'Inspektor des Außenhandels', in Quanzhou an der Taiwan-Straße. In seinem staatlichen Geheimdokument trägt er zusammen, was an Nachrichten über Inseln, Handelshäfen und Stapelplätze erfahrbar ist,

Zhao Ruguas *Beschreibung der Barbarenländer, Zhu Fanzhi*, gelangt wahrscheinlich nicht vor anfangs des 15. Jahrhunderts zur Erstveröffentlichung, bleibt dann aber noch bis 1783 unentdeckt in der Sammlung *Yongle dadian*. In der von Friedrich Hirth und W.W. Rockhill besorgten Übertragung (Sankt Petersburg, 1911) lautet der Titel des Werks *Chau Ju-Kua. His Work on the Chinese and Arab Trade in the twelfth and thirteenth Centuries, entitled Chu Fan-chi*. Das klingt weniger 'rassistisch' als erstere Übertragung, in welcher 'barbarisch' allerdings eher abendländischem Übersetzergeschmack entsprungen sein dürfte als der Bedeutung des zu Grunde liegenden chinesischen Zeichens.

über das Hinterland der Küstenabschnitte zwischen dem Golf von Tonking im Norden Vietnams und dem indonesischen Archipel, zwischen Indien, der Arabischen See, Somalia, Mesopotamien, Sizilien und Mulanpi, dem südlichen Spanien. Die bemerkenswerte Umschau in nicht aus unmittelbarer Anschauung bekannten fremden Ländern wird von einer Liste von dreiundvierzig verschiedenen Handelswaren ergänzt, die beim Kampfer beginnt und beim Bienenwachs endet. Das Werk macht den chinesischen Hafeninspektor selbstverständlich nicht zu einem chinesischen Pomponius Mela, aber zu einem der bedeutendsten ethnographischen Autoren seiner Zeit, und zwar ungefähr ein Jahrhundert vor Marco Polo. Manches darin sind Informationen aus zweiter Hand, das ist aber auch der Fall beim *Il Milione*, egal ob der Venezianer selbst oder der Schriftsteller Rusticello, der mit ihm die Zelle teilte, in der das Buch entstand, dessen Verfasser ist.

Als Zhao Rugua aufzulisten beginnt, was über ungeheuer weit außerhalb des inselumgürteten Nanhai, des 'Südlichen Meers' befindliche Regionen und deren Güter verkehrstechnisch und wirtschaftlich wissenswert ist, ist Quanzhou in Fujian der bedeutendste Hafen der östlichen Hemisphäre. Die muslimischen Seeleute und Händler, Zhao Rugua Primärquelle, kennen den Umschlagplatz in der arabischen Transskription des Namens Ts'wan-chow-fu als Zaytun, und zwar mindestens seit im 9. Jahrhundert, als sie einen Teil ihrer Handelsaktivitäten aus dem westlicher liegenden Guangzhou dorthin verlegten, von wo aus dank bestehenden maritimen Verbindungen auch Korea und Japan leichter zu erschließen sind. Bei dieser Ausweitung ihres Fernosthandels können sich die Muslime in Quanzhou auf arabi-

sche, von den Chinesen *fanfang*, 'ausländische Quartiere', genannte Niederlassungen
stützen, entstanden vielleicht gleichzeitig mit den frühesten solchen in Guangzhou
zwischen 618 und 626, also nur wenige Jahre bevor Xuan Zang, der chinesische
Pilgermönch, im Mai 631 in Kashmir eintrifft.

Auf dem Spuren von Faxian, der anfangs des 5. Jahrhunderts als erster namentlich bekannter Chinese Sri Lanka besucht, benutzen Xuan Zangs Nachfolger
im 8. Jahrhundert, anstatt sich durch Innerasiens Schneegebirge und Wüsteneien zu
schlagen, für ihre Pilgerreisen nach Indien fast ausschließlich den fünfmonatigen
Seeweg. Die chinesischen Annalen registrieren das hohe, durch die Malakka-Straße
führende, im Winter dem Regime des Nordost-Monsuns, im Sommer von April bis
Oktober jenem des Südwest-Monsuns unterliegende Verkehrsaufkommen, bestaunen die mächtigen arabischen und persischen Segelschiffe und vermerken das Exportverbot wertvoller und seltener Produkte wie auch die Bestrafung versuchten Schmuggels. Eine über die aufgeführten Länder hinausgehende geographische Vorstellung
der Welt indessen scheinen die Annalenschreiber nicht zu besitzen, und auch die
von Jia Dau zwischen 785 und 805 versammelten Itinerarien zwischen Guangzhou
und dem Persischen Golf beruhen auf Auskünften von dort stammender Kaufleute.

Im 9. Jahrhundert folgen dann auf die chinesischen Aufzeichnungen über arabischen und indischen Handel im malayischen Archipel und in China die Berichte
der Araber, zunächst jene von Soleyman und Ibn Wahab. Beide Kaufmänner segeln
von Basra am Kopf des Persischen Golfs nach China. Aus ihren Darstellungen geht
hervor, daß chinesische Regierungsbeamte jeweils die gesamte Ladung ankommen-
der Schiffe so lange verwahren, bis das letzte Schiff der in der betreffenden Mon-
sun-Saison segelnden Flotte eingelaufen ist, und daß drei Zehntel vom gesamten
Umschlag als Importsteuer einbehalten werden, wogegen der Wert des verbleibenden Teils den arabischen Händlern erstattet wird. Umgekehrt ist es so, daß, wenn
chinesische Waren rarer oder teurer werden auf den Basars in Basra und Baghdad –
Bisiluo und Baida den Chinesen – gerätselt wird, ob Schiffbruch vorliegt oder ob
wohl wieder einmal Feuersbrünste Guangzhous Stapelplätze heimgesucht haben.

Durch Gesandtschaften ist zu diesem Zeitpunkt chinesisches Porzellan längst
bis nach Sumatra hinuntergelangt. In Palembang, dem bedeutendsten der indisierten Pilger- und Handelszentren Südostasiens, laufen die malaiischen Warenströme
zusammen, die von Marco Polo heraufbeschworenen, von Zhao Rugua verzeichneten Produkte aus Joseph Conrads späterem Archipel, und dabei nicht nur der
Kampfer aus Borneo und Sandelholz aus Timor. Unter den Ming weiten sich dann
die von den Sui und Tang initiierten maritimen Vorstöße und der staatliche mo-
nopolisierte lukrative Fernhandel über die Anrainerstaaten des Südchinesischen
Meers hinaus. Schließlich segeln im Verlauf der sieben zwischen 1405 und 1433
stattfindenden Expeditionen unter dem Kommando von Admiral Zheng He mäch-

tige Dschunken zur Malabar-Küste, von dort über die 'Grüne See' in den westlichen
Indik, den Persischen Golf sowie ins Rote Meer und gelangen bis hinunter nach
Mosambik, vielleicht sogar noch weiter. Bis nach dieser kontinuierlichen Verknüp-
fung der Wirtschaftsräume der östlichen Hemisphäre die Umgebung des Drachen-
throns den Import ausländischer Waren als Ausdruck mangelnder wirtschaftlicher
Autarkie wahrnimmt und im Jahr 1477 der Vizekriegsminister die Logbücher
Zheng Hes verschwinden läßt. Schluß am Hof mit den Extravaganzen – Bambus-
sprossen, Betel, Granatäpfeln, Straußeneiern und dergleichen.

Auf muslimischer Seite haben die Anstrengungen, die Welt kennenzulernen
und kleiner zu machen, bereits ein halbes Jahrtausend früher indessen dazu geführt,
daß al-Muqaddasi, Vertreter der auf den im afghanischen Balkh wirkenden Geographen Abu Zayed al-Balkhi zurückgehenden Schule, im Jahr 374 n. d. H. (985)
schreiben kann, »Die [arabische] Wüste und ein Teil Syriens berühren die arabische Halbinsel; das chinesische Meer umfaßt diese von Ägyten bis Abadan.« Und mit Recht wird
das um die arabische Halbinsel herumfließende Gewässer so bezeichnet, trägt es
doch vom Nahen Osten tatsächlich nach China hinüber, indem es an der Halbinsel
Sinai am Kopf des Roten Meers leckt wie auch am Schatt-al-Arab, der Mündung
von Euphrat und Tigris, wo kaum fünfzig Kilometer oberhalb von Abadan die
Stadt Basra liegt.

In dieser Stadt, deren Namen Balsora er aus *Tausendundeiner Nacht* geborgt hat,
schickt Voltaire seinen *Zadig* (1747). Im Basar sitzt der dann zusammen mit einem
Ägypter, einem Inder vom Ganges, einem Chinesen aus Cathay, einem Griechen,
einem Kelten sowie einigen anderen Fremden und lauscht ihren gegenseitigen Anschuldigungen über die Knausrigkeit der Pfandleiher wie auch ihrem Prahlen über
die jeweiligen Vorzüge ihrer Kalender.

Hätte ich den *Zadig* und alle die auf den vorangehenden Seiten zitierten Bücher
mit in den Pamir genommen und nicht wie Kolumbus auf seiner transatlantischen
Reise nur den Marco Polo, wären Marcus und ich noch lang in Lenins Teehaus geblieben. So aber treten wir auf Ishkashims einzige Straße hinaus und suchen den
Himmel vergeblich ab nach den vom Venezianer beobachteten Tatarenfalken.

Neugierig treten die Wodkatrinker heran, die Nachfahren von Polos tüchti-
gen, Lederkleidung tragenden Bogenschützen und geschickten Jägern, die ihm von
heutzutage leider ausgestorbenen einhörnigen Pferden erzählt haben, Abkömm-
lingen von Alexanders Bucephalus, und ihm mitgeteilt haben, daß die ansässigen
Könige sich aus Verehrung für den Makedonen alle den sarazenischen Namen
<u>Dhu-l-Qarnain</u> geben. Auch erheben sich weiter talaufwärts, Dazu Buch II, *Scherereien mit Gog und Magog*.
wissen die arbeitslosen Wodkatrinker, auf einer vorsprin-
genden Nase der Shakhdarinskiy-Kette ein Horst, der bei den jenseits des Pyandzh
lebenden Afghanen *Qala Iskanderiya* heiße – 'Alexander-Burg'. Aurel Stein hat das

seinerzeit nicht erfahren, denn da er mit russischer Billigung den Pamir durchwandert hat, ist ein Betreten des auf dem Gebiet von Britisch-Indien liegenden Teil des Wakhan-Korridors selbstverständlich ausgeschlossen gewesen.

Dann hören Marcus und ich, daß zwischenzeitlich, im Jahr 1602, an Ishkashim der Jesuit Benedikt Goës vorbeigekommen ist. Unter Flamen habe er sich gewähnt angesichts

Dazu Buch X, *Zwei Missionare am Tor und der gefrorene See.*

der blonden Haare und blaugrünen Augen, die, obwohl der von graugrüner Farbe gesprochen hätte, ja schon Tripitaka alias Xuan Zang aufgefallen seien als Merkmal aller Indoeuropäer in Turkestan. Auf seinem Rückweg von Indien sei der buddhistische Schriftenholer damals, im Jahr 644, den gefürchteten zweitägigen Anstieg zum Wakhjir-Paß zwar mutig angegangen, im Wissen, daß dahinter China liege. Aber ein Wakhi-Führer soll berichtet haben, der heilige Mann hätte, als er auf 4122 Meter über dem Meer an den Sarikul-See, die Quelle des Pyandzh und also des Oxus, getreten sei und über das unauslotbare Wasserbecken dieses Sees geblickt habe, im Wellenschlag das aufgeregte Stimmengewirr eines belebten Markts vernommen und unter der schwarzblauen Oberfläche auch Haifische, Drachen und Schildkröten vermutet haben. Genauso, habe Xuan Zang seine Eskorte wissen lassen, verhalte es sich im Zentrum von 'Jambudvipa', der buddhistischen Ökumene. Xuan Zangs Beobachtung, erörten die Ishkashimi nun, während ein kühler von den Bergen herabstreichender Wind erneut schummrige Blätterschatten über Lenins Schädel wischen läßt, entspreche grundsätzlich dem, was sein Vorgänger Song Yun, der im Jahr 522 auf dem Hinweg nach Indien von Osten her in mühsamem Viertagesmarsch zum Gewässer auf dem eisigen Plateau hochgestiegen sei. Ihm wiederum sei es erschienen, »als befände man sich auf halbem Weg zum Himmel. Auf der einen Seite fließen die Flüsse alle nach Osten, auf der andern alle nach Westen. Gemeinhin heißt es, daß dies der Mittelpunkt des Himmels und der Erde ist.« (René Grousset. *Sur les Traces du Bouddha*, Paris 1929). Die Vorstellung beider Pilger von einem Zentrum entspreche nun aber ziemlich genau der hydrographischen Realität, von der wir, Marcus und ich, vorhin ja selbst einen Eindruck erhalten hätten. So zumindest soll sich vor etwas mehr als hundertfünfzig Jahren der Engländer John Wood ihren Vorfahren gegenüber geäußert haben. Der Taghdungbash-Pamir sei nämlich, habe jener ausgeführt, die große Wasserscheide zwischen Kaschgarien und Transoxianien — das ›Dach der Welt‹! Der Forscher sei selbstverständlich nicht selbst auf diese Bezeichnung gekommen — nein, es handle sich um die Übersetzung des arabischen *Bam-i-Duniah*, das der einheimische Begleiter ausgesprochen habe, als Wood am 19. Februar 1838 den 'Großen Drachen-See' — »a noble but frozen sheet of water« — entdeckt habe, allerdings nicht für Wakhis, Badakhshani oder Chinesen, sondern nur für die englische Krone und die westliche Geographie, deren Karten das Gewässer fortan als ›Victoria Lake‹ bezeichnen.

»Great Game«

Khorog, 18. September 1996, abends. — Außerhalb des Dorfes, dort wo ein Sträßchen zur Kaserne abzweigt, albern schwarzhaarige Bauernmädchen mit grünen Augen. Halten sich Äpfel vor die Gesichter und schneiden Grimassen, kokettieren hinter den Zementpfeilern der Stromleitung, die tot sein muß, liegen die Kabel doch in den gelben Stoppeln der Gerstenfelder.

Zum Knie des Pyandzh hin Dreschplätze, über denen im Gold des späten Nachmittags der Häcksel flimmert und zittert. Gleich danach der Schlagbaum der russischen Grenzschützer. Bevor er oben ist, strömt drängend aus der Gegenseite eine Herde Schafe am Jeep vorbei. Dann fällt auf das wilde Wasser des Pyandzh erst der Schatten der Steilwand, in der zu dieser Stunde die sich in Felsritzen klemmenden afghanischen Notstiegen kaum noch auszumachen sind, dann die Dämmerung. Unterhalb der Schwefelquelle – am Morgen hat darin ein Zug kirgisischer Soldaten gebadet, von einem mit dem Gewehr herumblödelnden Vorgesetzten gedeckt, so daß einer auf der afghanischen Seite die Schar hätte abknallen können wie schwadernde Enten – begegnen uns zwei leichte russische Panzer. Dann hüllt ein weißer schnittiger *BMW* – die Existenz eines weiteren hier oben erlauben die über die afghanischen Pässe getätigten Geschäfte nicht – die Maulbeerbäume in Staub, und bald herrscht Finsternis im engen Tal. Beides, Panzer und Sportwagen, sind auf Nachtpatrouille. Geteilte Interessen und Zusammenarbeit der Insassen sind nicht ausgeschlossen. Diese Straße entlang dem eisigen Pyandzh speist die afghanischen Opiate in die Verteilnetze der zentralasiatischen Republiken ein, Drehscheibe für die weitere Verbreitung der Drogen über Moskau und Prag in den Westen.

Erst im 2. Jahrtausend v. u. Z. hat der Mensch den Pamir durchquert. Seither herrscht unablässiges Kommen und Gehen auf mehr oder weniger denselben Achsen. Als die Pilger Song Yung und Xuan Zang an Ishkashim vorbeiziehen, trägt das Tal des Oberlaufs des Oxus bei den chinesischen Annalenschreibern noch eine geographische Bezeichnung – Bomiluo, in dem Pomir anklingt, von dem einige sagen, es bedeute 'Fuß der Sonne'.

1895 erhält das enge Tal, geographisch erstmals dargestellt auf Montstuart Elphinstones *Account of the Kingdom of Cabul and its Dependencies in Persia and India* (1815) beigefügter Karte, durch die *Anglo-Russian Boundary Commission* den militärisch konnotierten und administrativen Namen Wahkan-Korridor. Den schlägt die Kommission afghanischem Territorium zu, aber nicht, weil man danach trachtet, dem Königreich und dem Herrscher auf Kabuls Bala Hissar Gutes zu tun, sondern aus geopolitischem Eigeninteresse. Immerhin sind die Grenzen der beiden sich am Pamir gegenüberstehenden Mächte von 3200 auf 16 Kilometer aneinandergerückt seit Beginn des

»Great Game«, welches das imperiale Ringen um Kontrolle des Aufmarschgebiets Afghanistan und der mit diesem verwachsenen Gebirgsverknotung des Pamir meint.

Seit der Ouvertüre des »Great Game«, dem Tag, es ist der 30. Juni 1810, als Captain Christie und Leutnant Pottinger aus Belutschistan kommend auf zwei verschiedenen Wegen – ersterer über Herat, letzterer direkt über Kerman – sich nach Monaten gefahrenvoller Reisen in Isfahan treffen, wirft der Pamir seinen Schatten auf die strategischen Szenarien im viktorianischen London und im zaristischen Sankt Petersburg. Rußland drängt südwärts auf das Gebirge zu. Britannien, um sein indisches Vizekönigtum fürchtend, versucht, es als Barriere taktisch zu nutzen. Betroffen ist vom Gerangel der ganze geographische Bogen vom Kaukasus bis hinüber nach Tibet und Kashmir, und nirgendwo sonst kann es zum Endspiel kommen, denn im »Pamir Gap«.

Dazu Buch IX, ›Pamir-Higway‹: 3. Tag.

Bis dahin stehen sich Offiziere, Kartographen, Spione beider Nationen und einheimische Verbündete gegenüber im eisigen Niemandsland zwischen Wakhan, Tashkurgan, Hunza und Chitral. Man teilt Brandy und verrät sich hinter einsamen Pässen. Stirbt Heldentod – egal ob erschlagen, erdolcht oder im rattenverseuchten Brunnenschacht fast verreckt und dann vor dem *ark* des Emirs von Buchara hingerichtet wie an einem Morgen im Juni des Jahres 1842 Colonel Stoddart und Captain Conolly, letzterer selbst der unglückliche Erfinder des Begriffs »Great Game«, welchem später Rudyard Kiplings *Kim* (1901) zur Berühmtheit verhilft – »When everyone is dead, the »Great Game« is finished«. Aber dieser Tag liegt in der Ferne.

Afghanistan, wo im Januar des Todesjahrs der beiden Spione auch der Rückzug der Briten aus Kabul mit einer Katastrophe geendet hat, und das dank kriegerischer Tüchtigkeit und Verschlagenheit dem Schicksal der Unterwerfung entgangen ist, darf also Pufferstaat bleiben. Oder muß es, aufgrund seiner geostrategischen Lage, und ist deshalb konfrontiert mit fremden Einmischungen bis in die Gegenwart. Obzwar – seit drei, vier Jahren lassen die ausländischen Spieler das Land eigennützig in Ruhe, nach außen hin zumindest. Und deshalb haben am Hindu Kush die verschiedenen Ethnien und zahlreichen militärisch-politischen Fraktionen zur Genüge Gelegenheit, gegeneinander vorzugehen und zu zertrümmern, was an Gebautem und sozialem Verbund nach Jahren des Kriegs gegen die Sowjets überhaupt noch steht.

Taliban *ante portas*

Khorog, 18. September 1996, abends. — Die Moskauer Grenzschutztruppen, die den Schlagbaum kurz vor Ishkashim gelegentlich auch den Lastwagen der *Aga-Khan-Foundation* öffnen müssen – über die Behelfsbrücke bringen diese Weizenmehl in die afghanischen Provinz Badakhshan – verkörpern Rußlands Islamophobie und seine antiislamischen Reflexe. Gerade an dieser äußersten Peripherie seines 'nahen Auslands' – »Blizhneye zarubezhye«.

Es sind das Regungen, die bis in das 14. Jahrhundert zurückzuverfolgen sind. Damals konvertiert die Goldene Horde, eines der vier aus der dschingiskhanidischen Erbteilung hervorgegangenen Nachfolgerreiche, zum Islam, und die fortschrittlichste und ausgefeilteste Bürokratie der muslimischen Welt, das persische System des *diwan*, ersetzt den *quriltai*, den bisherigen mongolischen Familienrat. In Saray, der an der unteren Wolga gelegenen Hauptstadt der Goldenen Horde, ziehen Wesire, Kadis und Muftis einen gewaltigen Verwaltungsapparat auf, dessen Archiv im Jahr 1390 in Flammen aufgeht, als Tamerlan alias Timur den Sitz seines Widersachers Toktamish verwüstet. Diesen

Dazu Buch IV, *Globalisierer aus dem Herzland*.

administrativen Aufwand verursacht das effizienteste Kommunikationssystem bis zum Aufkommen der Eisenbahn, der mongolische *yam*, der nicht nur Post befördert, sondern auch Beamte, Botschafter und Gesandte – alles auf Kosten des Staates. Rußland profitiert davon bis ins späte 15. Jahrhundert, als die Goldene Horde durch die Last der Bürokratie gelähmt wird, und bleibt während dieser Zeit auch von mongolischer Eroberung verschont. Nicht, weil die Goldene Horde aus Angst, eine urbane und ackerbauende Gesellschaft nicht verwalten zu können, vom Angriff absieht oder umgekehrt Rußland keinen Widerstand zu leisten vermocht hätte, sondern weil im Horizont der Mongolen Rußland ganz und gar marginale Bedeutung hat. Nicht einmal Teil des *ulus* ist es, des dschingiskhanidischen Erbes. Und weil es nichts bietet – weder Steppen, die immense Herden nähren, noch die Kontrolle über taxierbare eurasische Handelswege –, verdient es nicht einmal dauernde mongolische Präsenz wie das ertragreiche Bolgar. Kommt hinzu, daß, im Gegensatz zu den andern dschingiskhanidischen Teilreichen der Chaghatai in China und der Il-Khane in Persien, die Goldene Horde nicht abwägen muß zwischen Vor- und Nachteilen der Assimilierung fremder Einflüsse, sondern Elemente der regierten nomadischen Gesellschaften aufnimmt, was ihre Kontrolle der Steppe verstärkt und ihr letztlich eine ethnische und kulturelle Einheit als turksprachiger Staat verleiht.

Obwohl Rußlands Religion und Kultur den Mongolen mindestens so feindlich gegenüberstehen wie die Chinas oder Persiens, besteht der Einfluß der Goldenen Horde im Norden länger als dort und erlaubt pragmatisches Zusammenspannen von Herr und Knecht. Nicht nur bei dem für beide Seiten profitablen Handel – etwa mit den nach Konstantinopel gehenden Pelzen, deren Gewinne den Import der von der orthodoxen Kirche benötigten jemenitischen Weihrauch finanzieren – oder im Fall von Allianzen zwischen russischen Prinzen und den Khanen der Steppe. Schließlich muß Rußland sogar die Mongolen beerben, denn um seine Territorien zusammenzuhalten, benötigt es ein funktionierendes Postwesen – für diese Aufgabe erweist sich die Anpassung des *yam* als die naheliegendenste Lösung, die Umwandlung der jahrhundertealten bäuerlichen Abgabenpflicht in das Stellen von Pferden und Versorgung.

Das komplizierte russisch-tatarische Verhältnis dürfte später dann das Verhältnis der Slawen zu der ab dem 19. Jahrhundert kolonisierten muslimischen Bevölkerung bis in die letzten Tage des sozialistischen Imperiums mitbestimmen. Die Russen wurden durch die Mongolen nie direkt beherrscht – aber die indirekte Gängelung wurde vielleicht sogar viel tiefer empfunden, da nicht abzuwerfen wie ein Joch. Im 19. Jahrhundert marschieren die Russen dann an – mit moderner Technologie und einem überlegenen Waffenarsenal, ebenso wie im <u>Dezember 1979</u> dann auch nach Afghanistan in ein fast zehn Jahre dauerndes Schlamassel.

Dazu Buch IV, *Eine Brücke zu weit*.

Die Herausforderung des Islam – seit 1989 gewachsen, als eine nicht nur religiöse, sondern auch kulturelle und soziale Erweckungsbewegung, die sich gegen das sowjetische System zu richten beginnt und die jahrhundertelang brutal unterdrückte Eigenwahrnehmung sowie die Unterscheidung vom kommunistischen System und der Kultur der slawischen Minderheit freisetzt – hat jetzt zwar einen neuen Namen, ist aber in Zentralasien eine alte. Denn islamischer Fundamentalismus führt bereits 1885 und 1889 im <u>Fergana-Tal</u> zu antirussischen Revolten, nachdem Sufis zum *Jihad* gegen Kolonisten, Kosaken und die Armee des Zaren aufgerufen haben.

Dazu Buch III, *Zar und Jihad*.

Zwar hat Moskau die zentralasiatischen Republiken abgestoßen, aber nicht die Mentalität, daß es sich bei den von ihnen belegten und letztendlich vom Imperium geschaffenen Territorien um seine ureigene Interessenssphäre handelt. Nördlich des Flusses, egal ob oben im Gebirge, wo er Pyandzh heißt, oder unten in der Wüste Turkestans, wo er als Amu Darya mäandert, ist aus der Sicht des Kremls ein Fußfassen der finsteren Ideologie alles andere als wünschbar, welche sich die neu aufgetauchte Kraft der Taliban aufs weiße Tuch geschrieben haben.

In den <u>Medresen</u> Pakistans flügge geworden, sind die pashtunischen 'Studentenkrieger' Ende November 1994 plötzlich vor Kandahar erschienen und haben Afghanistans zweitgrößte Stadt fast kampflos eingenommen. Jetzt, knapp zwei Jahre später, sind sie nach der Eroberung von Jalalabad, angetrieben von religiösem Eifer und ein paar leicht errungenen kleineren Siegen, auf dem Weg zur Sorubi-Schlucht, das Tor nach Kabul.

Dazu Buch XI, *'Oxford des Jihad'*.

Soviel haben Marcus und ich vor dem Flug nach Badakhshan in Dushanbe noch gehört.

Heute morgen, beim Blick von der Burg der Zoroastrier und obwohl nur einen Steinwurf entfernt vom schmalen, von Steilhängen überragten Streifen karger afghanischer Erde jenseits des Pyandzh, hätten wir weiter weg nicht sein können von diesen Ereignissen. Die skurrile kartographische Erfindung des Wakhan-Korridors hat nicht den Anschein geweckt, der von ihr bezeichnete Boden stände in irgend-einem Zusammenhang mit der gefährdeten Hauptstadt. Aber ist Afghanistan je aus der Hauptstadt regiert worden?

Seit vier Jahren erduldet Kabul dauernden Raketenbeschuß in einem sinnlo-sen Krieg zwischen wechselnden Allianzen, von dem sich Medien und die Öffent-lichkeit überdrüssig und die Diplomatie erst recht abgewendet haben. Bruderkrieg. Hungerwinter. Dazu die afghanische Erde, die hie und da bebt, als wolle sie das an-dauernde Elend endlich begraben, nachdem sie es nicht von sich schütteln konnte. Also ein von der internationalen Gemeinschaft als 'gescheitert' abgestempelter und fallengelassener Staat.

Jetzt blickt Kabul einer Art — doch welcher? — Befreiung entgegen. Die da anrollen, sind selbsternannte Gotteskrieger. Der Koran ist ihr heiliges Gesetz und ihr Marschbefehl. Aber eine säkulare Agenda nimmt bereits Konturen an: Pfründe, Transitzölle, ethnische Rivalerie.

Für Babur, der im Oktober 1504 Kabul unterwirft, ist es ein kleines Land, »eher geeignet, mit dem Säbel als mit der Feder regiert zu werden«.

Im jüngsten Krieg der Taliban gegen die anderen untereinander im Streit lie-genden Selbstzerstörer ist die Stadt nur noch ein Symbol, und wenn sie demnächst fällt, dann wohl nur als solches. Das Zentrum der neuen Macht scheint sich an-derswo einzurichten, am Südfuß des Hindu Kush, in Kandahar.

Bürgerkrieg oder mehr?

Khorog, 19. September 1996, abends. — Madschnun und Kalifa sind weg. An die Front gegangen, heißt es im Büro der *Vereinigten Opposition Tadschikistans*. Keiner soll glauben, daß während des Waffenstillstands alles zur Ruhe kommt.

Was uns nächste Woche bei den im Vanch-Tal ligenden Verbänden der Opposition erwartet, können wir nicht wissen.

Mit Bestimmtheit aber werden wir durch größere Nähe *Dazu Buch VI, Das Bankett des Warlords.* zur Front nicht mehr Klarheit gewinnen über den Krieg, die komplizierten Verbin-dungen der vielen Akteure und ihre sich überlagernden Agenden, kurz- oder länger-fristigen wechselnden Bündnisse. Doch welcher Natur ist dieser Krieg überhaupt? Die generell verwendete Bezeichnung 'Bürgerkrieg' jedenfalls erscheint als eine allzu grobe Vereinfachung. Vielleicht klammern sich die Friedensstifter aber einfach an den Begriff, um nicht gleich aufgeben zu müssen.

Wir rufen uns also das Bisherige und in großen Linien Bekannte in Erinnerung:

Der tadschikische Bürgerkrieg beginnt im Frühling 1992 nach Kundgebun-gen der Opposition in der Hauptstadt Dushanbe, und zwar als Reaktion auf die Präsidentschaftswahlen des Vorjahrs, bei denen mutmaßlich manches nicht ganz korrekt verlaufen ist. Während der moskautreue Präsident Rakhmon Nabiyev die Bewaffnung von regierungsfreundlichen Milizen organisiert, sucht die Opposition, zusammengesetzt aus losen Verbänden der Regionen Garm und Badakhshan sowie Islamisten, Hilfe bei den Rebellen in Norden Afghanistans. Am 7. September tritt Nabiyev zurück. Im Dezember, nachdem Regierungstruppen mit russischer und usbekischer militärischer Unterstützung die Opposition zerschlagen haben, übernimmt Emomalii Rahmonov die Regierung. Gleichzeitig verschiebt sich die Machtbasis von Leninabad nach Kulyab, der Heimat des neuen Präsidenten. 1993 kommt es zu den schwersten Gefechten des gesamten Krieges, bei denen die Kulyabi Milizen dank ausländischer Waffenhilfe die Oberhand behalten gegen die verschiedenen Gruppierungen der Opposition, darunter Fundamentalisten der *Islamic Renaissance Party* sowie Angehörigen der ethnischen Minderheiten im Pamir und in Badakhshan. Nebenher geschehen organisierte ethnische Säuberungen – gezielte Morde, Massaker, Niederbrennen von Dörfern, Vertreibung – gegen die Garmis und Pamiris. Zehntausende von ihnen fliehen nach Afghanistan. Dort reorganisiert und rüstet sich die Opposition auf – mit Unterstützung der *Jamiat-e-Islami*. Deren Anführer Ahmad Shah Masud wird Schirmherr der tadschikischen Opposition, die sich unter dem Namen *Vereinigte Opposition Tadschikistans (UTO)* zu einem Zweckbündnis zusammenrauft und zudem iranische und pakistanische Hilfe genießt, während Rußland und Usbekistan die Regierung unterstützen. Am 16. Dezember 1994 tritt Resolution Nr. 968 des *UN*-Sicherheitsrats in Kraft, wozu ein weiteres lautmalerisches Akronym erfunden wird – *UNMOT (United Nations Mission of Observers in Tadjikistan)*. Diese Einrichtung soll die Einhaltung eines temporären Waffenstillstands kontrollieren wie auch die Aussetzung von Waffengängen an der tadschikisch-afghanischen Grenze für die Dauer der Friedensgespräche. Verletzungen des Waffenstillstands hat sie der *UN* zu melden. Des weiteren hat die *UNMOT* ihre guten Dienste für das Waffenstillstandsabkommen zu verwenden und engen Kontakt mit den gegnerischen Parteien zu halten, wie auch mit der Mission der *OSZE* und den in Tadschikistan stationierten Friedenstruppen der *GUS*. Zuletzt umfaßt das Mandat der *UNMOT* Unterstützung von Missionen des Sonderbeauftragten des *UN*-Generalsekretärs und humanitäre Operationen der internationalen Gemeinschaft, falls sich diese dazu aufraffen sollte.

Im Augenblick herrscht also ein Waffenstillstand bei gleichzeitigem »Bürgerkrieg niederer Intensität«. Friedensverhandlungen scheinen in Gang zu sein, nicht nur im Land selbst, sondern auch an seltsam idyllischen Orten im Herzen Europas. Aber es ist schwierig, Klarheit zu gewinnen, nicht einmal über die Unterhändler. Interessant ist, daß die amerikanische und die russische Botschaft ihre Büros im selben Hotel, im *Awesta*, in Dushanbe eingerichtet haben, aber nicht auf gleicher Höhe, denn jede braucht eine ganze Etage, um mit den Angelegenheiten im Pamir zurechtzukommen.

Postscriptum (Dezember 2001):
Während Verbände der *Islamic Renaissance Party* in isolierten Gebieten Tadschikistans Widerstand leisten, tritt am 14. November 1997 Resolution Nr. 1138 des *UN*-Sicherheitsrats in Kraft zur Ausweitung des Mandats der *UNMOT* und ihrer Stärkung. Eine der Hauptaufgaben dabei ist die Zusammenführung der Kämpfer der *UTO*, deren Reintegration, Entwaffnung und Demobilisierung. Rahmonov akzeptiert das Abkommen nur unter Druck Rußlands und der zentralasiatischen Nachbarn, die den Siegeszug der Taliban gegen das zwischen Usbeken, Tadschiken und Hazaras geschlossene Zweckbündnis der Nord-Allianz irritiert beobachten. Der tadschikische Präsident unterstützt Ahmed Shah Masud in dessen Anstrengungen, die Pufferzone vor nordwärts überspringendem Fundamentalismus zu sichern, und gewährt ihm die Benutzung der in seiner Herkunftsregion Kulyab gelegenen Luftwaffenbasis. 1998 schreiten Mitglieder der *UTO*, besonders mit dem Kurs der *Islamic Renaissance Party* unzufriedene Extremisten aus der Region Tavildara, zwischen Dushanbe und Khorog gelegen, zur Gründung der *Islamischen Bewegung Usbekistans (IMU)*.

Dazu Marginalie in Buch VIII, Postscriptum zum Außenminister der Taliban

Erklärtes Ziel der *IMU*, deren Initiative bei der Führung der *UTO* auf Ablehnung stößt, ist der Sturz des Regimes Karimow.

Zwischenzeitlich ist am 15. Mai 2000 die *UNMOT* aufgelöst worden unter Bekanntgabe der erfolgreichen Erfüllung der vom erweiterten Mandat vorgesehenen Aufgaben.

Vor dem Hintergrund des neuen Phänomens des radikalen globalen Jihad verkörpert die für einen Außenstehenden nur schwer durchschaubare Interessen-Konstellation des tadschikischen Bürgerkriegs den alten zentralasiatischen Konflikt zwischen Usbeken und Tadschiken, zwischen Turki und Persisch. Weiter verkompliziert dürften die Sache die unterschiedlichen Prioritäten von *IMU* und *UTO* haben. Während die politische Ideologie und Ansichten ersterer bezüglich des *Jihads* vom Gedankengut der sunnitischen Deobandi-Sekte – einer im 19. Jahrhundert in Britisch-Indien entstandenen islamischen Erweckungsbewegung – beeinflußt ist, hat sich letztere am islamischen Modell Masuds inspiriert, welches wiederum stark tadschikischem Nationalismus verpflichtet ist.

Pforten oder Pässe

Zürich, Juni/Juli 2001 — Im April ein zweites Mal in 'Talibanistan' unterwegs gewesen. Im Mai dann der ausschwingende Haken von der ›Dsungarischen Pforte‹ durch die Wüste Taklamakan und über den ›Karakoram Highway‹ hinunter in den pakistanischen Dieseldunst.

Dazu Kapitel in Buch VIII und X.

Nach der direkten Anschauung vor Ort daheim wieder Lektüre und Recherchen. Vor allem über die Gebirge. Für Migration und Handel innerhalb und durch Zentralasien, für den Transfer von Technologie, Religion und Kultur erscheinen zunächst Pforten wichtiger als Pässe.

Pforten verschiedener Natur.

Klusen im orographischen System von Altai, Tian Shan, Pamir, Karakoram und Hindu Kush.

Korridore längs der parallelen Ketten dieser Gebirgsmassive.

Paßländer zwischen Steppe und Wüste.

Dann Pforten, die sich in den Büchern verstecken, so daß ich die an der Innenseite des hinteren Deckels in Ecktaschen eingesteckten Faltkarten zu schätzen lerne. Zuverlässiger als im Inhalt abgedruckte Karten stellen sie sicher, daß ich fündig werde. Denn bei dicken Taschenbüchern kann zuweilen etwas verschwinden – etwa bei Jacques Gernet (*Die Chinesische Welt*, Insel, Frankfurt a. M. 1985) auf Doppelseite 214/215 in der Karte *Zentralasien im 7. und 8. Jahrhundert*. Auf telefonische Nachfrage ist eine Lektorin ins Archiv gestiegen, und hat mir die fragliche Doppelseite zugefaxt. Zuvor hat sie bestätigt – ja, Bücher müßten eigentlich Gefäße der Aufbewahrung sein, nicht Orte des Verschwindens.

Auf der gefaxten Karte ist der Name der Pforte vollständig lesbar, die in meinem Gernet, auch wenn ich ihn flachdrücke, zur Hälfte in der Klebung verschwindet. ›Terek-Pforte‹,

Dazu Buch IX, *Osmose in Kögart* und *Aufgeräumte Pässe*.

steht da, rechts neben dem entsprechenden Symbol, einem eng gesetzten Klammerpaar mit nach außen leicht abgewinkelten Enden. Das ist ein Anfang.

Mit der Zeit fällt mir auf, daß es keinen einheitlichen Gebrauch des Begriffs ›Pforte‹ gibt. Vielleicht weil Pforten auch in verschiedenen geologischen Zusammenhängen auftreten können. Pforte können durchaus auch Pässe bezeichnen. Die Chinesen wissen das. Ihr Zeichen *kou* (口), für 'Schlund' wird mit 'Paß' übersetzt. Auf meiner Reise entlang den Großen Mauern habe ich mich daran gewöhnen müssen, Pässe nicht im Gebirge, sondern auch in topfebenem Gebiet zu finden, als Durchlässe der Mauern, zumeist mit einem kalligraphischen Schild am darüberstehenden Turmaufbau – 'Tor der Hohen Wasser', 'Paß der Jungen Frauen' oder 'Tor der befriedeten Grenze'.

Aber bei diesen ›Pässen‹ ist es eher um das Versperren gegangen. Und oft genug habe ich auf jener komplizierten Reise 1987/88 den Fuß tatsächlich zuweilen lange zwischen Tür und Rahmen drücken müssen, um durchzukommen.

Von den Büchern gerate ich auf die Karten und von diesen drifte ich wieder zurück in die Bücher. Ein Name, dem ich dabei begegne, hat einen besonderen Klang – »Iron Gate«. Diese Paßstelle liegt in Transoxianien, an der Straße von Samarkand nach Termez, auf dem Weg von Sogdien nach Baktrien, von Usbekistan nach Afghanistan. Durch diese Pforte muß ich kommen. Aber auf eine Pforte mit genau derselben Bezeichnung stoße ich in einer der sich zuweilen über mehrere Seiten erstreckenden und ihrerseits wieder Fußnoten enthaltenden Fußnoten bei Henry Yule & Henri Cordier. *The Book of Ser Marco Polo* ist ein in Delhi herausgegebener Reprint des 1871 erstmals in London erschienen Werks – zwei Bände, übersetzt, herausgegeben und mit Apparat, Appendix und Index versehen von den beiden Autoren.

Dazu Buch IV, Echos am ›Eisernen Tor‹.

Yules & Cordiers ›Eisernes Tor‹ meint allerdings nicht die usbekische Klus, sondern den Engpaß von Derbend, zwischen den Abhängen des Kaukasus und der Küste des Schwarzen Meers gelegen, auf dem Gebiet der heutigen russischen Republik Dagestan, im Norden an Aserbaidschan anliegend.

Auch dorthin, nach Baku, besser noch über das Kaspische Meer nach Turkmenistan muß ich – an den einen Ort des Öls wegen, an den andern wegen des Erdgases, welches durch, um oder über das Binnengewässer auf europäischen Boden aber unbedingt einmal bis an den Fuß des Kaukasus verfrachtet werden soll.

Dazu Buch XII, Heilige Feuer, Mundus subterraneus, »New Great Game II« und folgende Abschnitte.

Doch im Augenblick befinde ich mich in Zürich, aber auch nicht, denn die Fußnote bei Polo bringt mich auf Abwege und tief hinab in die Zeit.

Bei Ptolemaios heißt der Engpaß von Derbend ›Sarmatische Tore‹, bei Tacitus »*Claustra Caspiarum*« (*Historien, I, 8, 1*), bei Plinius »*Portis Caspiis*« (*Naturkunde, VI, 51, 145*). Das *Hudud al-Alam*, die persischen Geographie, nennt den Engpaß *Bab-ul-abwab*, das ›Tor der Tore‹, und um die Mitte des 12. Jahrhunderts erwähnt ihn der jüdische Arabienreisende Benjamin von Tuleda als erster Europäer. Alexandre Dumas (*Le Caucase* oder *Voyage au Caucase, 1859*) spricht von den »Portes d'Alexandre«, was eine andere Linie des Abgleitens eröffnet, die durch die Kaspischen Berge führt und umgehend zu verfolgen sein wird. Laut dem obskuren schaumschlagenden Kompilator Sir John Mandeville (*Die Reisen des Ritters John Mandevill durch das Gelobte Land, Indien und China, 1356*) will nämlich der Makedone hinter diese Barriere, Uber genannt, die zehn jüdischen Stämme mit dem Bau einer Torfeste zurückhalten, was ihm indessen aber nicht gelingt. Vom Eroberer angefleht, eilt Gott diesem zu Hilfe und rückt die Gebirge aneinander. Nur an der Küste des Meeres bleibt ein Durchgang offen, und dieser ist der Grund für die ...

... Scherereien mit Gog and Magog

Zürich, Juni/Juli 2001. — Vielleicht hat sich Marco Polo unterwegs die Momente der Muße mit einem der populären *Alexander-Romane* vertrieben, die seit dem 10. Jahrhundert in mindestens zwei Dutzend Sprachen erschienen sind. Oder er hat einen solchen vor der Abreise nach Akkon noch gelesen oder er hat im Heiligen Land, oder aber spätestens nach Betreten der nur teilweise von den Tartaren regierten Provinz Georgien, von der ›Eisernen Pforte‹ gehört. Ist der Literat Rusticello hingegen der wahre Urheber des *Il Milione*, dann kann vorausgesetzt werden, daß ihm der Romanstoff bestens bekannt ist, und er sich davon nimmt, soviel ihm eben gefällt.

Wie aber kommt es zur Flut und Verbreitung von *Alexander-Romanen*, die Marco Polo von der Existenz einer solchen kaukasischen ›Eisernen Pforte‹ überzeugt haben könnten? Die Entstehung des Genres führt in die Antike zurück. Bereits unter den zeitlich frühsten Werken mit der Darbietung der *Anabasis* hinauf und hinüber in das zwar gottgegebene, aber dennoch »mit dem Speer zu gewinnende« Asien gibt es zumindest zwei erheblich verzerrte Versionen.

Zuerst das Werk des Kleitarchos, Plutarchs Quelle. Schon dieses weist romanhafte Züge auf, wird darin aber noch überboten von jenem des Kallisthenes von Olynthos, des Neffen übrigens von Alexanders Lehrer Aristoteles. Ein wenig wundert dessen Zug ins Romanhafte, denn eigentlich hätte man vom Hofhistoriographen des Asienzugs eine pragmatische Darstellung der Ereignisse erwartet. Wie auch immer, des Kallisthenes panhellenisch-panegyrisch gestimmter Bericht reicht ohnehin nur bis zur Schlacht bei Gaugamela am 1. Oktober 331 v.u.Z. und eine kurze Strecke über ausgewaschene 'kurdische' Hügel weiter ins benachbarte Arbela zum anschließenden Dankesopfer für den gegen Dareios errungenen Sieg. Dann bricht er ab — Kallisthenes gerät nämlich in Opposition, wird später im 'afghanischen' Bactra im Zusammenhang mit einer Verschwörung verurteilt und verstirbt sieben Monate später unter mysteriösen Umständen. Was er an Geschriebenem hinterläßt, ist die Primärquelle eines im 2. Jh. v.u.Z. auftauchenden Werks, das die Bezeichnung *Pseudo-Kallisthenes* erhält und das, bis ins 16. Jahrhundert hinein, zu den unzähligen Übersetzungen und Neubearbeitungen anregt, von denen eine — oder auch nur die Kenntnis ihres Stoffs — den Weg zu Marco Polo findet.

Einer, der auch schon zwei Jahrhunderte vorher einen *Roman d'Alexandre* in der Hand gehabt haben könnte und später gar mit Alexander gleichgesetzt werden wird, ist Friedrich II., der letzten Staufer — er stirbt im Jahr 1250, eine Dekade bevor Niccolo und Maffeo Polo zur er-

Zur Zeit des Staufenkaisers sind an Biographien Alexanders weder Arrian noch Plutarch zugänglich, jedoch die zur Zeit Claudius, (41–54 n.u.Z.) verfaßte *Geschichte Alexanders, Gesta Alexandri Magni*, des Quintus Curtius Rufus sowie einige auf Flavius Josephus und den Babylonischen Talmud zurückgehende jüdische Darstellungen.

sten Reise nach China auf brechen. Auf den von der sarazenischen Kultur Siziliens geprägten Herrscher geht auch die Gründung der Universität von Neapel zurück, an der eine Gruppe von Romanen entstanden sind, die als *Historia de preliis Alexandri Magni* bekannt sind und Übersetzungen nicht des *Pseudo-Kallisthenes* direkt, sondern einer verschollenen Schrift, die dessen Inhalt nacherzählt.

Friedrich, das Wunderwesen unter den römisch-deutschen Kaisern des Mittelalters, von den Europäern *stupor mundi* genannt, der hochgeachtete *Al-Imberatur* der Araber und als solcher von Abu al-Fadayl mit Alexander dem Großen verglichen, gelingt während des 5. Kreuzzugs durch fünfmonatige Verhandlungen mit al-Kamil (1180–1238), vierter Sultan der ägyptischen Ayyubiden, das Unwahrscheinliche — die Abtretung Jerusalems und, durchgesetzt gegen immense Widerstände beider Lager, die Errichtung des zehnjährigen, im Februar 1228 unterzeichneten Friedens. Damit gewinnt zweier weltlicher Herrscher Vernunft, was die mörderische Kirche, welche in der Auslöschung der Heiden ihr exklusives Werk sehen will, sich weigert, zu Stande zu bringen.

Seine Kooperation mit den Arabern bringt Friedrich jedoch den Ruf ein, mit Gog und Magog kollabiert zu haben, den Unwesen oder Stämmen, die hinter einer obskuren Mauer lauern, deren Bau laut den *Alexander-Romanen* — und, wie gesehen, auch John Mandeville — Alexander selbst zugeschrieben wird.

Zur Legende beigetragen hat sicherlich eine arabische Prophezeiung, die von den bewaffneten Wallfahrern bei der Einnahme Dimjats im November des Jahres 1219 im Sand der Wüste aufgefunden wurde. In Anspielung auf den in der Nähe des adriatischen Ancona geborenen Herrscher sieht diese Prophezeiung zur Eroberung Jerusalems aus dem Abendland — präziser: aus Kalabrien — einen König kommen, der sich mit dem in Innerasien versammelten Heer des obskuren Priesterkönigs Johannes zusammentun soll. Und zwar für kein geringeres Projekt als die der Bestellung des kommenden Reichs.

Da Friedrich II. — es ist bekannt, daß er persönliche Unsterblichkeit leugnet, und für die Kurie ist er bereits der mutmaßliche Antichrist — anläßlich seiner Krönung zum Herrscher des Königreichs Jerusalem am 18. März 1229 in der Grabeskirche an die Christenheit ein Manifest erläßt, das seine Erfolge als Wunder Gottes und ihn selbst als dessen unmittelbares Werkzeug darstellt, es also wagt, sich den Nimbus

Johannes der Priesterkönig alias Presbyter Johannes ist eine obskure Gestalt, in der sich im Lauf der Zeit verschiedene Legenden überlagern. Wie Alexander der Große soll er die Perser und Meder besiegt haben. Die im 5. Jahrhundert nach ihrem Bruch mit der syrischen Kirche nach Innerasien geflohenen Nestorianer — eine kleine nestorianische Gemeinde lebt am Hof der Mongolen in Karakorum ohne im nomadischen Großreich politischen Einfluß ausüben zu können — gibt im Abendland Anlaß zu der Vermutung, Johannes sei der König der syrischen Glaubensgemeinschaft. Als 1165 in Europa ein angeblicher, tatsächlich aber gefälschter Brief von Johannes an den byzantinischen Kaiser Manuel I. Komnenos auftaucht, sieht sich Papst Alexander III. 1177 zu einem umfassenden Antwortschreiben veranlaßt. Einerseits fürchtet der Pontifex um den alleinigen Anspruch des Heiligen Stuhls, andererseits spekuliert er auf eine Allianz der Armeen des Priesterkönigs und jener der Kreuzzügler bei der Befreiung Jerusalems. Ein zur Suche des sagenhaften Herrschers ausgeschickter Überbringer, des Papstes Arzt, bleibt indessen verschollen. Nach der Niederlage der Franken im 2. Kreuzzug (1147–1149) kursieren dann Gerüchte, der Priesterkönig sei gar ein Nachfahre der drei 'Weisen' Zentralasiens und selbst an der Verteidigung des Islam beteiligt.

Das durch Alexanders Persönlichkeit geprägte Königsbild des Hellenismus beeinflußt über die römische Antike die mittelalterliche Herrscherauffassung und wirkt über das Byzanz der Epoche der bewaffneten Wallfahrten auf das Kaiserbild Friedrichs II.

der ihn in Alexanders Nähe rückenden Gottunmittelbarkeit zu verleihen, sehen die Gläubigen die uralte Vorstellung erfüllt, daß es der Endkaiser sein würde, der in Jerusalem einzieht. Zunehmende Bosheit und Schlechtigkeit, Kriege, Pest und Hunger sind den Menschen hinter dem Alpenkamm bereits als Vorläufer des Antichristen erschienen. Diesem folgt, so weiß man, nach einem sowohl die Juden als auch die Heiden bekehrenden Kaiser dann eben der Endkaiser, Vernichter der furchtbaren, den Tiefen Innerasiens entrinnenden Völker Gog und Magog, und damit endet dann auch das letzte der vier prophezeiten Weltreiche (*Daniel, 2, 31–45*), von denen Nebukadnezar träumt, nämlich das römische.

Der mongolische Sturm auf Ostmitteleuropa kommt der Kurie nun äußerst willkommen, jene eine Dekade alte arabische Weissagung propagandistisch zu bewirtschaften im Rahmen des machtpolitischen Haders mit dem unbotmäßigen Regenten. Schon 1239, zwei Jahre bevor Schlesien, Mähren und das Wiener Becken unter den Reiterheeren der Tartaren erzittern, hat Gregor IX. den Kaiser mit dem Bannfluch belegt. Jetzt ist der Augenblick öffentlicher Verdächtigung gekommen, Friedrich II. habe höchstpersönlich die bestialischen Horden Innerasiens angestachelt, um mit Hilfe dieser 'Söhne des Tartaros' seine Weltmacht zu begründen und den Christenglauben zu vernichten. In dieser Konstruktion wabert der alte Mythos, wonach der Satan nach Ablauf der tausend Jahre ausziehen wird, »um die Völker an den vier Ecken der Erde, den Gog und den Magog, zu verführen und sie zusammenzuholen für den Kampf ...« (Johannes, *Offenbarung* 20, 7–8).

Für das Abendland sind die Tartaren, zeitgenössisch Tataren, die Menschen der Tatarei, die Barbaren schlechthin. Während die mittelalterlichen Reisenden und päpstlichen Gesandten den Hof des mongolischen Großkhans in Karakorum, das geopolitische Machtzentrum der Zeit überhaupt, zwar ansteuern können, sind die geographischen Umrisse der Tatarei nach dem Zerfall des mongolischen Großreichs, dem Wiedererstarken Chinas unter den Ming und dem Beginn der russischen Ost- und Südexpansion noch sehr unbestimmt. Unterschieden wird zwischen den Westtartaren, den Mongolen, und den Osttartaren, den Mandschuren. Der Leerraum zwischen diesen Völkergruppen jedoch liegt offen für alle möglichen Spekulationen über tatsächliche und phantastische Völker.
Zusätzlich herrscht im Okzident grundsätzlich das pauschale Einvernehmen, daß aus der Tatarei alle Gottesgeiseln dieser Erde und ihrer Geschichte stammen. 1788 spricht Sir William Jones vom »großen Bienenkorb der nördlichen Schwärme, der Pflanzschule unwiderstehlicher Legionen«, und Herder, im Gegensatz zu Edward Gibbon die Leistungen des Dschingis Khan als Gesetz-, Religions- und Schriftgeber übersehend, charakterisiert die Mongolen als »Verwüster der Welt«, und zusammen mit den Kalmücken aufgrund ihrer animalischen Gesichtsbildung rassisch als »Raubtier unter den Menschen.«

Gestoppt werden die apokalyptischen Bestien allein von jenem obskuren Wall am Kaspischen Meer. Daß der noch steht und hält, in der Vorstellung und in der Wirklichkeit sowieso, grenzt an ein schieres Wunder. Denn im Anmarsch ist das Monsterpaar schon lang, und es fällt auf, daß es immer dann als Verkörperung der unmittelbar bevorstehenden Katastrophe, die eben auch das Jüngste Gericht sein darf, aus der Reserve geholt wird, wenn das Abendland Schübe und Wellen innerasiatischer Migrationen absorbieren muß.

Erstmals tauchen Gog und Magog in der *Genesis* (10, 2–2) und in dem im 6. Jh. v. u. Z. im babylonischen Exil verfaßten *Buch Ezekiel* (38–39) auf, wo möglicherweise die hundert Jahre zuvor stattgefundenen Einfälle der Kimmerier nachklingen, vielleicht auch die etwas späteren der Skythen.

Im 4. Jahrhundert erscheinen dann die Hunnen, bei den Chinesen Xiongnu genannt, am christlichen Horizont. Vom 2. Jahrhundert v. u. Z. an durch die Große Mauer der Han und die zentralasiatischen Erkundungen dieser Dynastie sowie deren Bündnisse mit den ebenfalls nomadischen Yüezhi zum Zweck der Kontrolle des Tarim-Beckens und der Seidenstraßen aus den sibirischen Grasländern abgedrängt, kehren sie nach dem Verlust ihres zweiten Reichs im Gebiet der späteren Dsungarei um 36/35 v. u. Z. endgültig den instabilen demographischen Verhältnissen im nördlichen Innerasien den Rücken und ziehen entschlossen nach Westen. Im Jahr 375 vernichten die Hunnen die Ostgoten im Hinterland der Krim, dann die germanischsarmatischen Völker nördlich des Schwarzen Meers. Genau zwei Jahrzehnte später überschreiten sie nach dem Tode des römischen Kaisers Theodosius die Donau, machen Ostrom tributpflichtig und erreichen schließlich Oberitalien und Gallien.

Ab diesem Augenblick, in dem die Steppenvölker auch an Alexanders makedonischer Heimat vorbeiziehen, ist die Gleichsetzung unumstößlich! Alexander ist der Erbauer einer Mauer am Kaspischen Meer zum Schutz gegen Gog und Magog, und die ihm angedichtete Begegnung mit den beiden Wesen oder Völkern im Kaukasus wird festes Motiv syrischer Manuskripte, deren frühestes bekanntes, die möglicherweise auf 514 datierbare *Christliche Legende Alexanders*, weiß, daß Alexander zum Zweck der Abwehr der Hunaye, der Hunnen, an der Handelsstraße in die Kernländer am Fuß eines hohen, »bis an die Grenze Indiens reichenden Gebirges« von dreitausend Eisen- und dreitausend Kupferschmieden eine mächtige Barriere errichten läßt. Weil Alexander indessen ahnt, daß auch dieses Werk, da halt doch von Menschen geschaffen, wiewohl der Bauherr in gottbefohlener Mission sein Projekt verfolgt, nicht für alle Zeit barbarischem Ansturm – sachgerechter vielleicht: nomadischem Impuls – standhalten kann, läßt er den Graveur herbeirufen und diktiert diesem die Prophezeiung, die warnen soll an der kaukasischen Feste:

Nach aristotelischem Weltbild zieht sich die nur von den ›Kaspischen Toren‹ im Elburz östlich von Tehran durchbrochene, Nord- und Südasien trennende Gebirgsbarriere des ›Tauros-Parnassos-Kaukasos-Paropamissos‹ von Kleinasien bis an den Indus. Diese Vorstellung übernimmt Eratosthenes um die Mitte des 3. Jh. v. u. Z.

»Die Hunnen werden hervorbrechen und sie werden die Länder der Perser und der Römer erobern ... Zudem habe ich geschrieben, daß am Ende der achthundertundsechsundzwanzig

Jahre die Hunnen hervorbrechen werden, ... daß die Straßen verheert und daß die Erde unter ihrem Ansturm erzittern werden. Und zudem habe ich geschrieben und bekannt gemacht und vorausgesagt, daß am Ende von neunhundertundvierzig Jahren ... ein anderer König erscheinen wird, und dann kommt die Welt auf Gottes Befehl zum einem Ende. Das Geschaffene wird Gott erzürnen, die Sünde wird überhand nehmen und der Zorn regieren und die Sünden werden die Pforten des Himmels versperren, und der Herr wird im Zorn die Königtümer, die an seiner Pforte liegen vernichten; denn wenn Gott, der Herr die Menschheit vernichten will, sendet er die Menschen zum Kampf gegeneinander aus zur gegenseitigen Vernichtung.«

(*The History of Alexander the Great Being the Syriac Version of the Pseudo-Callisthenes*, Cambridge 1889)

Recht ähnlich klingt es im Koran, wo Alexander unter dem Namen Dhu-l-Qarnain – 'der Zweigehörnte' – auftaucht:

Die arabische Bezeichnung Dhu-l-Qarnain leitet sich ab von den berühmten silbernen Münzbildern des 4. Jh. v.u.Z., auf denen der König der Makedonen als Sohn des ägyptischen Zeus-Ammon mit Widderhörnern dargestellt ist.
Glaubhaft die Weltherrschaft über ein einziges 'Weltvolk', eine Kosmopolis, zu beanspruchen heißt für Alexander, Gottessohnschaft geltend zu machen. Zu diesem Zweck sucht er im Winter 332/331 v.u.Z. die ägyptische Oase Siwa auf, und das Orakel des Zeus Ammon proklamiert wie gewünscht, er sei der Sohn des Zeus. In diesem Augenblick gerät im Westen der Gedanke der Welteinheit, der Weltmonarchie in Umlauf, eine Idee, der die gnadenlose Ausbreitung des Christentums ihre Triebkraft verdankt.

92. Dann zog er (wieder) des Weges, 93. Bis er zwischen zwei Gebirgszüge gelangte, an deren Fuß er ein Volk fand, mit dem man sich kaum verständlich machen konnte. 94. Sie sagten: »O Dhu-l-Qarnain! Siehe, Gog und Magog stiften Unheil im Land. Sollen wir dir Tribut entrichten, damit du zwischen uns und ihnen einen Wall baust?« 95. Er sprach: »Was mir mein Herr gegeben hat, ist besser (als Tribut). Aber helft mir nach Kräften, und ich will zwischen euch und ihnen einen Grenzwall ziehen. 96. Bringt mir Eisenblöcke.« Und als er (die Kluft) zwischen den beiden (Gebirgshängen) aufgefüllt hatte, sagte er: »Blast.« Und als er es zum Glühen gebracht hatte, sprach er: »Bringt mir geschmolzenes Kupfer, damit ich es daraufgieße.« 97. Und so waren sie nicht imstande, ihn zu überklettern, und waren auch nicht imstande, ihn zu durchlöchern.

98. Er sprach: »Dies ist ein Gnadenbeweis von meinem Herrn. Wenn aber meines Herrn Verheißung eintrifft, wird Er ihn zu Staub machen; und meines Herrn Verheißung bewahrheitet sich.« 99. Und an diesem Tag werden Wir die einen über die anderen wogen lassen. Und es wird in die Posaune gestoßen. Und Wir werden sie allesamt versammeln. 100. An diesem Tag werden Wir den Ungläubigen die Hölle vor Augen führen, 101. Ihnen, deren Augen vor meiner Warnung verhüllt waren, und die nicht zu hören vermochten. 102. Wähnen etwa die Ungläubigen, sie könnten Meine Diener an Seiner Statt zu Beschützern nehmen? Siehe, Wir haben die Hölle für die Ungläubigen als Herberge bereitet.

(*Sure 18 Die Höhle*, 92–103)

Wer auch immer im 7. Jahrhundert im Kreis um Mohammed, als die Schriften der Muslime zusammengestellt werden, aus den syrischen Manuskripten bewußt diese

Legende von Gog und Magog (arab.: Yadschudsch wa Madschudsch) in den Koran überführt, weiß, daß vom Ufer des Kaspischen Meers den Kaukasus hinauf sich ein Wall zieht, der aber viel zu jung ist als daß Alexanders ihn hätte über die steilen Kämme werfen können. Nämlich die im Jahr 542 vom Sasaniden-König Chosrau I. Anushirvan (531–579) errichtete Mauer am Engpaß von Derbend, auf welche mich Yules & Cordiers Fußnote überhaupt erst gebracht hat.

Als nun das Abendland von dem Wall – er ist gleichzusetzen mit dem bereits im vorangehenden Abschnitt vorgestellten ›Tor der Tore‹ der Araber – Kunde erhält, wird er mit dem in der Alexander-Legende erwähnten Bauwerk verwechselt. Und so kommt es, daß Alexander unverdientermaßen den sasanidischen Herrscher beerbt und dessen Mauerfeste zur »Eisernen Pforte Alexanders« wird.

Der Kupferwall und andere Wahrheiten

Zürich, Juni/Juli 2001. — Dreihundertsechzig Türme sind zu zählen an Anushirvans Mauer bei Derbend, bevor sie sich auf den westlichen Höhen des Kaukasus verläuft. Turki Sprechende nennen die Barriere *Demir-Kapi*, 'Eiserne Pforte', die Perser hingegen *Sadd-i-Iskandar*, 'Alexander-Mauer'.

Als im Jahr 570 Mohammed geboren wird, sind Geschichte und Mythos des Bauwerks längst vermischt, so daß nun seine religiöse Instrumentalisierung durch die christliche Heilsgeographie und die mittelalterlichen Kosmographien beginnen kann. Diese verschweigen Anushirvans Urheberschaft und reklamieren das kaukasische Befestigungswerk exklusiv als »Eiserne Pforte Alexanders«, vom Eroberer allein zum Zweck der Ausschließung der satanischen biblischen Völker errichtet. So tief sitzt die Angst, daß Roger Bacon sorgfältige geographische Studien fordert, um Zeitpunkt und Richtung der fürchterlichen Invasion vorauszusagen. Auch der flämische Franziskaner Wilhelm von Rubruck, der 1253–1255 als Gesandter König Louis' IX. zum mongolischen Großkhan Mongke unterwegs ist, kann sich nicht lossagen von der abendländischen Herleitung des Walls. Alexanders »Porta Ferrea« ist das Bollwerk, welches das kultivierte Land, Persiens blühende Städte vor den Steppennomaden bewahrt.

Im 8. Jahrhundert prophezeit Aethicus Ister in seiner Kosmographie, daß »die turkstämmigen Gog und Magog, ein vergiftetes Volk, das Menschenfleisch aß [...] und nie Wein, Salz und Weizen zu sich nahm, am Tag des Antichrist hinter den Kaspischen Toren hervorbrechen und schreckliche Verwüstungen bringt.« Wenn er die Mauer bei Derbend am Kaspischen Meer meint, gibt Aethicus Ister ihr dabei den falschen Namen. Die ›Kaspischen Tore‹ liegen nämlich östlich von Tehran und spielen eine Rolle bei Alexanders Verfolgung des Perserkönigs Dareios.

Die Orientalen hingegen, die wissen, daß der Wall die Signatur Anushirvans trägt, fragen sich aber nun, wo denn die im Koran erwähnte Mauer aus Eisenblöcken und aufgeschmolzenem Kupfer stehen mag.

Al-Wathiq (842–847), der Abbasiden-Kalif in Baghdad, schickt deshalb einen Kundschafter aus, um diese sich in der Vorstellung der Araber einnistenden ›Alexander-Mauer‹ zu suchen – mag er sich am Ende der Welt befinden.

Al-Idrisi gibt in seiner im Jahr 548 n. d. H. (1154) abgeschlossenen *Geographie* (*Kitab Nuzhat al-Mustaq*, die Route von Salam al-Terdjeman (Salam, der Dragoman) wieder. Diese führt den Kundschafter über Tbilisi ins Land der Alanen und Baschkiren im fernen Nordosten und via Samarkand wieder zurück in den Vorderen Orient.

Salam, genannt 'der Übersetzer', spricht er doch dreißig Sprachen, kehrte nach zweieinhalb Jahren an den Euphrat zurück, um dem Kalifen über das jenseits vom Irak und Armenien, weit hinten im Innern Asiens Erschaute zu berichten. Aufs Wort entspricht dieses der Beschreibung im Heiligen Buch. Die Fundamente des Bollwerks sind tief in der Erde verankert. Erbaut ist es aus Eisenziegeln und verkleidet mit vierfingerdickem Kupfer. Flankiert von zwei Festungen, verschließt es die klaffende Öffnung zwischen zwei Gebirgen. Und einem fadenbreiten Riß hat Salam etwas Kupfer für den Kalifen entnommen. Den Bericht des China-Reisenden überliefert das im Jahr 231 n. d. H. (846) erschienene Werk des persischen Geographen Ibn Khurdadbih, des 'Postmeisters zu Baghdad'.

Nicht am Ende der Welt, aber am Ende der Großen Mauer der Ming lieh ich am I. Mai vor vierzehn Jahren in einem Schuppen hinter dem Hotel in Jiayuguan,

Dazu Buch X, *Zwei Missionare am Tor und der gefrorene See.* am westlichen Ausgang des Gansu-Korridors, ein Fahrrad, um die Torfeste draußen in der Halbwüste vor der Stadt zu besuchen. Die ganze Bevölkerung war unterwegs dorthin, auf Fahrrädern, ausgelassen schnatternd. Am Tag der Arbeit war dort Einiges los.

'Die Stärkste Festung auf Erden' markiert das Ende der Großen Mauer der Ming. Der Ort wo Westländer das 'eigentliche' China betreten, sich der Ordnung des 'Mitte-Landes' unterwerfen.

Kupfer sah ich nicht. Im Labyrinth der Höfe und auch nicht am verwitterten Lehmziegelwerk und den Flanken aus Stampferde der beiden Barrieren, welche sie in die Ebene aussendet. Den südlichen Arm, die sogenannte 'Offene Mauer', durchbrochen von Karrenwegen und einer Eisenbahnlinie zum jähen Absturz des Taloai-Flusses hin, dessen Ränder noch eisbesetzt waren; den nördlichen Arm, die sogenannte ›Verborgene Mauer‹ zum Fuß eines kahlen Berges, von wo sich ein paar hundert Meter blendend helles Restauratorenwerk mit Zinnenrand den Steilhang hinaufwand, welches ich nicht erstieg. Von der Feste bei Derbend wußte ich damals nichts, obwohl ich im Jahr zuvor im Kaukasus unterwegs gewesen war.

Von Salam ist bekannt, daß er auf seinem Rückweg aus China in der Wüste Taklamakan Halt macht in Al-Lub. Lop Nur? Hinter den westlichsten Wachtürmen außerhalb des ›Jade-Tors‹, dem Ende der Großen Mauer der Han, hinter den Salzflächen des später von Hedin und anderen Abenteurern als wandernd gedachten und nun toten Sees liegende Stadt, die als buddhistisches Zentrum und gleichzeitig als Handelsstation fungiert. Wie Dandan Oilik eine Stadt lehmgebauter, mit Pappelholzpfeilern verstärkter Häuser, wo im 20. Jahrhundert Archäologen im Abfall der infolge klimatischer Veränderungen und damit einhergehendem Versiegen der Flüsse fortgezogenen Bewohner Papierdokumente finden in khotanesischer, das heißt auf einem ostpersischen Dialekt basierender und das indische Brahmi-Alphabet benutzender Kursivschrift. Zu entziffern sind buddhistische Zaubersprüche, die vor Krankheit und Unfall bewahren sollen. Aber weil auch anders vorgesorgt sein will, gibt es neben diesen Dokumenten auch Belege auf Bambusplättchen über Geldverleih, die auf Wucher treibende Klöster schließen lassen. Wer nimmt schon zehn Prozent pro Monat? So daß die Debitoren gezwungen sind, Hausrat, Vieh und gelegentlich die Sklavin zurückzulassen. Im Jahrhundert vor Salams Durchreise, ab 756 drängen die Tibeter in das Tarim-Becken und zwingen die Tang zum Rückzug innerhalb der Grenzen des chinesischen Kernlands. Dandan Oilik verfällt, ebenso die Querroute, an der die Stadt liegt, die bisherige Verbindung zwischen den beiden Nord-Süd-Achsen durch die Taklamakan.

Mutmaßlich kommt Salam aufgrund dieser ungemütlichen Verkehrssituation nicht nach Dandan Oilik. Kommt er durch Niya? Wo Aurel Stein 1901 Eisenäxte, Töpferwaren und auch Sicheln findet, was auf Ackerbau hinweist. Im Sand zwischen den Nekropolen mumifizierter indoeuropäischer Einwanderer stößt der Ungar auf ein Archiv flacher Hölzchen mit Aufzeichnungen in der griechischen Schrift der Kushan, deren Reich zwischen dem 2. und dem 3. Jh. v. u. Z. die Landschaft Baktrien kontrolliert und vor allem die sich dort kreuzenden Handelswege. Aber Stein entdeckt auch Figürliches – olympische Göttergestalten. Das sind keine Mitbringsel aus Baktrien ausgewanderter Nachfahren der dereinst dort angesiedelten Truppen Alexanders, sondern Zeugnisse der Verschmelzung hinduistischer religiöser Vorstellung und des hellenistischen Kunststils in Gandhara. Denn nach der Zeit abstrakter religiöser Symbole benötigt die buddhistische Bekehrung ein Antlitz. Was aber dem Buddha verliehen und auf der Wegstrecke der Verbreitung des Buddhismus zwischen Ganges und Japan, vom Oxus nach Niya übermittelt wird, sind ein kräftig gezeichneter Mund und das gewellte Haar – also Apollos Züge, die zuvor bereits Alexander getragen hat.

Die Erkundung Salams, der, wenn seine Reise tatsächlich stattgefunden hat, so weit weg von Baghdad die figürlichen Darstellungen gewiß nicht verurteilen wird, führt dazu, daß in der Vorstellung der Muslime *Bab-ul-abwabe*, ›Tor der Tore‹ oder die »Eiserne Pforte Alexanders«, in China zu liegen kommt und identisch ist mit der Großen Mauer, deren Existenz im Orient schon seit dem 7. Jahrhundert wahrgenommen wird – mit der Mauer der Han, denn Jiayuguan, wo sich damals am

Dazu Marginalie in Buch X, Barbaren aus dem Westen und das Rennen um den Vorrang in der Welt.

Dazu Buch IV, Auf Kanishkas Akropolis.

I. Mai das Volk vergnügte und auf *Jifeng*-Lastwagen aufsitzende Trupps von Soldaten der Volksbefreiungsarmee darüber wachten, daß nichts außer Kontrolle geriet,
ist ein Werk der Ming. Deshalb gab es dort auch nichts aus Kupfer zu sehen.

Definiert ist also in der islamischen Welt zur Zeit Salams die Heimat von Gog
und Magog, und damit die beiden Kerle oder Stämme dort bleiben, wo man sie
festgestellt hat, fixiert man sie auch auf den Karten.

Das 'Reich des Bösen' befindet sich im Rücken der »Mauer Alexanders des
Großen«, ganz in Übereinstimung mit dem Koran, aber nicht weil arabische Kartographie, im Gegensatz zur christlichen des Abendlands, keine Heilsgeschichte
abbilden muß. Anders als im Okzident sind im Nahen Osten die einschlägigen
Schriften des Ptolemaios und die kosmologischen Werke des Aristoteles bekannt,
und vor allem deswegen geben die arabischen Weltkarten, ob sie rechteckig sind
oder rund und schematischen Vorgaben folgen, eine der Wirklichkeit näher liegende
Vorstellung der geographischen Ordnung der Welt wieder.

Auf der runden Weltkarte aus dem anonymen *Buch der Kuriositäten, Kitab Ghara'ib
al-funun wa-mulahal-uyun* (kompiliert zwischen 1020–1050) trennt der Bogen der »Mauer
Alexanders des Großen« die separat verzeichneten Länder Gog und Magog vom
Rest der eurasischen Landmasse und läßt sie an das nördliche Gestade umfließende
Äußere Meer stoßen.

Entlang der Küste dieses Gewässers, aber etwas nach Osten gerückt und bis
auf die arabischen Schriftzüge, die Yadschudsch und Madschudsch bezeichnen, bedrohlich leer, ist deren flächenmäßig eindrückliche Heimstatt auf der 1570 hergestellten Weltkarte aus dem ebenfalls anonymen *Buch der Erschaffung der Geschichte, Kitab
al-Bad' wa-al-ta'rikh*. Diese in Nordafrika entstandene Karte enthält sowohl Elemente
jener aus dem erwähnten *Buch der Kuriositäten*, als auch aus Idrisis 1154 am Hof des
Normannenkönigs Roger II. entstanden *Tabula Rogeriana*. Auskommen muß sie dabei
aber wie orientalische Kartographie überhaupt aufgrund des Bilderverbots ohne die
ungeheuerlichen Gestalten, in deren Wiedergabe sich die mittelalterlichen und späteren abendländischen Kartographen überbieten.

Was auf Karten nicht direkt veranschaulicht werden darf, wird dafür in den Geographien präzisiert – bei Abulfeda (1273–1331) etwa heißt es: »Der Ozean wendet sich im
Osten Chinas nach Norden und trifft auf den Wall von Yajuj und Majuj.« Verbreitet sich nicht
genauere Kenntnis der Regionen der Welt, dann durch den Zufall, der dazu führt, daß
ein Werk wie der Bericht von Ibn Battuta, dem aus Tanger stammenden und von 1325
bis 1353 sich zwischen Ostasien und Westafrika, zwischen Sri Lanka und der Wolga
sich umsehenden Weltreisenden bis 1899 übersehen wird. 1342 ist der Marokkaner
in Sin Kalan, in Guangzhou, über das hinaus es weder eine Stadt der Heiden noch eine
der Muslime geben und das in einer Entfernung von sechzig Tagesreisen zur »Mauer
von Gog und Magog« liegen soll. Soweit Ibn Battuta in Erfahrung bringt, hausen in

dieser Gegend nomadische Heidenvölker, die Menschen fressen, wenn sie ihrer habhaft werden. Deshalb ist nicht nur erklärlich, daß niemand ihr Gebiet betritt oder dorthin geht, sondern auch, daß der Fremde in Sin Kalan weder einen kennenlernt, der die Große Mauer gesehen hat, noch einen, der vom Besuch eines anderen etwa weiß.

Wenn nun aber darauf geschlossen wird, die Große Mauer sei tatsächlich der Ursprung der ungeheuerlichen Legende, dann hat dafür gesorgt Ibn Khaldun (1332–1406), der Historiograph, Staatsmann und Gesprächspartner von Tamerlan. Denn er entwirft eine Karte, die an der Stelle des noch keineswegs die Volumen der späteren Mauer der Ming besitzenden chinesischen Bauwerks den ›Wall von Gog und Magog‹ verzeichnet.

Dazu Buch IV, *Globalisierer aus dem Herzland*.

Als dann 1375 in Barcelona die *Carta Catalana* erscheint, ist offensichtlich, daß Marco Polo in die Kartographie eingegriffen hat – und Verwirrung gestiftet. Im fernen Nordosten Chinas zieht sich nämlich die Große Mauer dahin, was nicht ganz falsch ist, nur daß dort nicht die »Caspis-Berge« liegen, und ist – wie könnte es anders sein auf diesem mit Anekdoten angefüllten Werk – mit dem Hinweis versehen, sie halte Gog und Magog im Zaum. Damit ist wieder der Punkt der Verunsicherung erreicht, an dem sich dreihundertfünfzig Jahre zuvor schon al-Biruni (973–1048) befunden hat, der das aus Eisenbarren und geschmolzenem Kupfer, also in der Art »wie man es bei der Arbeit des Handwerkers beobachten kann« verfertigte Werk des Dhu-l-Qarnain alias Alexander bemerkt, den Eroberer dann aber nach Armenien und durch das ›Tor der Tore‹ zwischen Kaspischem Meer und den Hängen des Kaukasus nordwärts schickt, daß den dort siedelnden Kopten, Berbern und Hebräern nur die Unterwerfung bleibt.

Noch weiter im Norden, hinter dem Alpenriegel, wo es 1517 zu Luthers Thesenanschlag kommt und 1555 der Augsburger Religionsfriede die Zeit der Konfessionalisierung beendet, von Reformation und Gegenreformation, in dieser Zeit der Verheerung im Heiligen Römischen Reich Deutscher Nation und staatlicher Repression, als die Erde als physisches Zeugnis von Gottes Werk gilt, und infolgedessen nicht anders zu begreifen und darzustellen ist, behauptet sich Kartographie als gefährliche Betätigung.

1569 veröffentlicht Gerardus Mercator in Duisburg – Umgebung und Klima sind hier toleranter als in Flandern, wo er 1544 als Häretiker eingekerkert ist – seine in Kupfer gestochene Weltkarte. Dabei muß sich der Geograph aber die letzte mythenstürmerische Konsequenz versagen, darf die beiden biblischen Monster nicht ganz von der Erde wischen. Bleibt ihm also nur, Wissenschaft und Provokation abwägend, sie in die Verbannung zu schicken, hinter den Polarkreis – das aber ist, angesichts dort herrschender Dunkelheit, aus aller Augen und so gut wie inexistent.

Damit bleibt nur noch jene andere Mauer, die wie der kaukasische Wall den Namen *Sadd-i-Iskandar* beansprucht. Bei Yule und Cordier, Polos gewissenhafte-

Der Ungar Arminius (Herman) Vambery (1832–1913) erlernt zwischen 1857 und 1863 in Istanbul mehrere Sprachen und Dialekte Zentralasiens und durchreist diese Region nicht nur ausgestattet mit profunden philologischen Kenntnissen, sondern zumeist auch in lokaler Verkleidung. Von 1865 bis 1905 lehrt er an der Universität von Budapest und legt meherere philologische und ethnologische Publikationen vor, nebst Reisewerken, darunter *Reise in Mittelasien. Von Tehran durch die Turkmanische Wüste an die Ostküste des Kaspischen Meeres nach Chiwa, Bochara und Samarkand, ausgeführt im Jahr 1863* (dt. Brockhaus, Leipzig 1865)

sten Kommentatoren des 19. Jahrhunderts, taucht sie im Verlauf der erwähnten seitenlangen Fußnote auf bei einem Hinweis auf Arminius Vambery, der sie 1863 besucht. Im *Times*-Atlas ist sie auffindbar, diese fast beschämend kurze, mäandernde Linie mit der Bezeichnung ›Alexander's Wall‹ an der südöstlichen Ecke des Kaspischen Meeres. Kein anderer Gegenstand als die 'Rote Schlange', die ›Mauer des Shapur‹, deren Besuch das Ministerium für Kultur und Höhere Bildung der Islamischen Republik Iran vor sechs Jahren vereitelt hat, warum auch immer.

Berichte aus Eurasien oder einem so genannten Raum

Zürich, Oktober 2006. — Ich habe dem *Times Atlas of the World* mit ›Alexander's Wall‹ die Treue gehalten.

Nicht zuletzt weil diese *Comprehensive Edition – To Her Majesty / Queen Elizabeth II / IS with her most gracious permission / respectfully dedicated by / Her Majesty's Cartographers / Bartholomew* je länger je mehr nicht mehr als ein Atlas der Geographie, sondern als einer der Geschichte zu benutzen ist, handelt es sich doch um eine Edition von 1990 und Gebilde der politischen Ordnung vor dem Fall des Imperiums, denen vorübergehend das Kürzel 'Ex-' vorangestellt gewesen ist, behaupten unterdessen mehr oder weniger erfolgreich Eigenstaatlichkeit unter neuem alten Namen. Nur *FYROM (Former Yugoslav Republic of Macedonia)*, hadert mit Athen um den Namen Mazedonien, obschon Alexander, zwar ein Produkt attischen Geistes, aber nicht ein Sohn attischer Erde gewesen ist.

Meine großräumliche Orientierung auf dem eurasischen Doppelkontinent jedenfalls behindern diese dramatischen Veränderungen nicht, die auf dem Boden, und gerade im Fall der zentralasiatischen Republiken, maßgeblich die Suche nach jeweiliger nationaler oder anderer Identität beeinflussen. Dazu am besten geeignet ist die doppelseitige Tafel, Nummer 38 mit der Überschrift *Union of Soviet Socialist Republics*. Im Zusammenhang mit den in diesem Abschnitt angestellten Überlegungen ist die Endlichkeit dieses Gebildes von geringer Bedeutung als der Falz der Doppelseite. Vom Faden der Heftung unberührt – dieser durchsticht die vorangehende Tafel 37 *Turkey, East: Sea of Marmara* und dann wieder Tafel 45 *U.S.S.R., Dnieper: Don: Wolga* –, befördert dieser Falz ein tradiertes Mißverständnis. Nämlich, indem er eine ziemlich ausgeglichene, ja fast natürliche

Dazu Buch III, *Trostlose Genealogien.*

Entfaltung Eurasiens auf den beiden einander gegenüberliegenden Hälften der Doppelseite suggeriert.

Die Umrandung der Karte – über diese hinaus buchten im links liegenden Westen das Schwarze Meer und im rechts liegenden Osten die japanische Hauptinsel Honshu – wie auch die immense Ausdehnung des von der Doppelseite erfaßten geographischen Raums überhaupt wecken Verständnis für den Versuch der Differenzierung Eurasiens in zwei unterschiedliche Erdteile. Aber die Spaltung dessen, was tektonisch derselben Kontinentalplatte angehört und durchaus als *ein* transkontinentaler Raum vielfacher kultureller Überlagerung und Durchdringung gesehen werden kann, muß doch eine wenn nicht willkürliche vermessene kartographische Intervention, so doch eine höchst prekäre geographische Festlegung bleiben.

Nicht zuletzt aufgrund der alten Frage, welche Faktoren als konstituiv für eine Binnengrenze von Eur- | -Asien angenommen werden sollen.

Auf Tafel 38 nun fällt der Falz der Doppelseite ziemlich genau mit dem Lauf des Yenisey zusammen. Aber dieser Strom fließt weit hinter dem Horizont der den antiken Geographen bekannten Oikumene zum nördlichen Weltrand ab. Deshalb taucht er auch nicht in ihrem zuweilen vergnüglich geführten Disput über die Grenze zwischen Europa und Asien auf, natürlich nicht, wenn nicht Landengen, etwa die kaukasische zwischen dem Schwarzen und dem Kaspischen Meer, und auch nicht, wenn Flüsse beigezogen werden. Strabon (*Geographika* I, 4, 7) moderiert diese gelehrte Auseinandersetzung, die der Prüfung des Zweiten Buches der Erdbeschreibung des Eratosthenes und dem Tadel seiner Ansichten über Größe, Breite und Länge der Erde sowie ihrer Einteilung in drei Weltregionen gewidmet ist. Dabei spricht er nicht nur das grundsätzliche Problem an, eine Welt zu unterteilen, die als Ganzes noch nicht bekannt ist, sondern auch die Perspektive der Hellenen, welche im Versuch, die drei Weltteile zu benennen, »nicht auf die bewohnte Welt Rücksicht genommen [hätten], sondern nur auf ihr eigenes Land und das gegenüberliegende Karische«.

Solche Verwaltung der Welt darf vielleicht als Ausgangspunkt gelten für die Tradition, daß sowohl Karten als auch die kartographische Darstellung von Historie zunächst die Perspektive der aus zivilisatorischem Gedränge und damit einhergehendem bewaffnetem Ringen hervorgegangenen Sieger reflektieren und auch von diesen gezeichnet werden. Zwar trägt auch der Besiegte etwas davon, aber es dient zunächst einmal vor allem seinem Bezwinger. Denn, »Kriegszustände«, schreibt im Jahr 1785 ein gewisser William Roy, »resultieren aller Regel nach in einer Verbesserung der geographischen Vorstellung [eines Landes]« (*An Account of the Measurements of a Base Line on Hounslow Heath, Philosophical Transactions of the Royal Society of London 75*).

Weniger als ein Jahrzehnt nach Roy, im Jahr 1791, wälzt Zarin Katharina II. den großen Gedanken an Krieg, allerdings erstaunlich unbeschwert.

Indien britischem Würgegriff entreißen will sie. Über Buchara nach Kabul. Verkünden, Rußland restituiere die muslimische Herrschaft während der glanzvollen Zeit der Moguln. Derweil unter seinen Bannern die Armeen der zentralasiatischen Khanate vereinigen und, da der Ruf sich entlang der Einfallsroute ausbreiten, ja der Invasion vorauseilen würde, in Indien eine Massenerhebung gegen die britische Knechtschaft provozieren. Den monströsen Plan der Zarin, der erste einer langen Reihe unglücklich endender südlicher Vorstöße Rußlands, die 1989 mit dem Rückzug der bezwungenen Roten Armee aus Schnee und Schlamm des Hindu Kush nicht vollständig enden, kann nur Graf Potemkin stoppen, ein Einäugiger.

Nicht nur auf beiden Augen blind sind die Täuscher im Weißen Haus, die am 20. März 2003 den Befehl zur Invasion des Irak, zum konstruierten Krieg mit dem Ziel der Auswechslung des Regimes des ehemaligen Handlangers von Baghdad geben – nein, sie sind auch taub. Fatalerweise interessiert diesen verfilzten Klüngel nun wenig mehr als sein »eigenes Land«, auch wenn er vorgibt, zum Guten der gesamten bewohnten Welt zu handeln. Zudem leitet ihn eine Ideologie, die sich in Köpfen konstruiert, wo Geschichte eine unbekannte Größe ist.

Auf der zur Betrachtung vorliegenden Tafel 38 des *Times*-Atlas liegt Baghdad in der unteren linken Ecke, zwei Fingerbreit über dem Persischen Golf.

'Der Irak' – als existiere der 1921 von Britannien aus den drei von seinen Truppen im Ersten Weltkrieg besetzten osmanischen Provinzen Mosul, Baghdad und Basra als britisches Mandat zusammengefügte Staat außerhalb veralteter Karten heute noch – ist dieser Tage: Kriegsberichterstattung, oder was sich dafür ausgibt, aus dem Glashaus der Green Zone. Außerhalb davon Chaos, ausgelöst durch administrative und kulturelle Inkompetenz der Besatzer. Entfesseltes gegenseitiges Morden der Sekten vor dem Hintergrund des aus Widerstand gegen die Besatzer und eskalierendem Aufstand herauswachsenden interkonfessionellen Bürgerkriegs. Die drohende oder, im Fall des kurdischen Nordens, *de facto* existierende Fragmentierung des Landes.

»*Same words. Same battle*«, sagt Monate vor dem beschlossenen Einmarsch ein Freund. Jahrelang, im Krieg wie im Frieden, hat er den amerikanischen Versuch, Vietnam für westliche Wertvorstellungen zu mobilisieren, dokumentiert und mit seinen Fotografien verbindliche Geschichte geschrieben. Er hat recht behalten.

Nur – in Mesopotamien ist alles noch schlimmer gekommen, als auf dem zentralvietnamesischen, von *Route sans Joie* in Bernard B. Falls *Street without Joy* (Harrisburg, PA 1961) verwandelten Küstenweg, wo in den 1960er Jahren das französische

Der gebürtige Waliser Philip Jones-Griffiths (1936–2008), der 1966 zum ersten Mal nach Vietnam kommt, legt im Lauf seiner Arbeit als Magnum-Fotograf drei Bücher zu Vietnam vor: *Vietnam Inc* (1971; Reprint 2001), *Agent Orange* (2003) und *Viet Nam at Peace* (2005) – die definitive visuelle Chronik der postkolonialen Geschichte des Landes, inklusive der verheerenden und andauernden Spätfolgen des amerikanischen Kriegs in Vietnam.

Merde! nachklingt im *Fuck!* des GI. Letzteres mag weniger elegant sein als die von <u>Gertrude Bell</u> in zahlreichen Briefen klar formulierten Analysen britischen Scheiterns, drückt aber dieselbe Frustration aus über die Unkontrollierbarkeit lokaler politischer Entwicklungen durch eine okkupierende, wenig effektive Macht,

Die 1868 geborene britische Archäologin, Alpinistin, Historikerin und Schriftstellerin wirkt von 1919 bis 1920 als politische Beraterin im Irak. Sie stirbt 1926 in Baghdad.

Widerstände des tribalen Systems und radikale religiöse Strömungen, Wenn auch die Ausgangslage ganz anders ist – der Haß, der jetzt dem GI entgegenschlägt, ist derselbe, den vor bald einem Jahrhundert auch seinem britischen Vorgänger zuteil wurde. Es nährt sich nämlich dieser in beiden Epoche aus der bereits genannten kulturellen Unempfindlichkeit der Besatzer und dem Leid über die zivilen Opfer, ob diese nun, auch schon von Gertrude Bell beklagt, der Bombardierung der *RAF* oder der *U. S. Air Force* anzulasten sind.

Perspektiven aus dem derzeitigen Schlamassel gibt es keine. Hingegen sind rückwärtsgewandt im Raum Mesopotamien Parallelen zu Heutigem zu entdecken.

»Die Heere trafen auch bald in den Ebenen Mesopotamiens aufeinander, und es kam zu zwei Schlachten mit wechselhaftem und ungewissem Ausgang; die dritte jedoch brachte die Entscheidung, und die römische Armee erlitt dabei eine völlige Niederlage, die Galerius angelastet wird, weil er mit einer geringen Anzahl Truppen tollkühn das unzählbare Kriegsheer der Perser angriff. Ein Blick auf das Gelände, wo der Kampf stattfand, könnte allerdings auf einen anderen Grund für seine Niederlage schließen lassen. Derselbe Boden, auf dem Galerius unterlag, hatte schon durch den Tod des Crassus und die Niedermetzelung von zehn Legionen traurige Berühmtheit erlangt. Es war dies eine über sechzig Meilen große Ebene, die sich von den Bergen von Karrhai bis zum Euphrat hinzog: einen unfruchtbare und glatte Sandwüste, hügellos, baumlos und ohne jede Frischwasserquelle. Dem von Hitze und Durst geschwächten schweren Fußvolk der Römer blieb keine Hoffnung auf den Sieg, wenn es die geschlossene Formation beibehielt, andererseits durfte es seine Reihen nicht öffnen, ohne sich damit unmittelbar in Gefahr zu bringen. In dieser Situation wurde es von der Überzahl der barbarischen Reiterei allmählich eingekreist, von deren schnellen Manövern dauernd beunruhigt und von ihren Pfeilen vernichtet.«

(Edward Gibbon, *The Decline and Fall of the Roman Empire*, Vol. I, Chapter XIII, 1776–1788)

Den auf den Römer abgeschossenen Pfeil des Kavalleristen hat im irakischen Widerstand gegen die Besatzungstruppen die Kugel des Scharfschützen ersetzt. Aber genau wie der berittene Vorgänger zielt der Aufständische einer sogenannten heiligen Kampfbrigade auf Nacken und Achselhöhlen seines Gegners. Dort zeigt sich die Unangemessenheit des Leibes an die Körperarmierung, läßt die Bewegungsfreiheit die tödliche Verletzung zu. Sowohl unter den Keramikplatten moderner

Kampfwesten als auch unter den auf Leder befestigten Blechstreifen der *lorica*, des antiken Muskelpanzers, ist Fleisch und Blut.

Sehr wahrscheinlich liegt es tatsächlich zu einem wesentlichen Teil an den Faktoren der Bodenbeschaffenheit, daß sich manches wiederholt. Und vielleicht denkt der Geograph Abraham Ortelius genau daran bei seiner bereits angeführten Feststellung, das von ihm ausgeübte Metier sei das »Auge der Geschichte«.

Diese visuell darzustellen muß demnach Kopfzerbrechen bereiten, gerade weil sie, losgelöst von den Verhältnissen der Umgebung, vom Boden, nicht anders kann, als zu vereinfachen. Trotzdem müssen die Kartographen ans Werk, um im *Times Atlas of World History. Second Compact Edition* (1998), den Lauf der Welt auf der Seite zu fixieren, wo doch viel organischer der geographische Atlas die Metamorphose in einen solchen vollzieht.

Dieser historische Atlas nun enthält die Tafel *The collapse of the ancient world* – im Gegensatz zu den vorangehenden Übersichten *The Greek world 750–300 BC*, *Rome 264 BC to AD 565* sowie *China: the first empires*, die sich in derselben Publikation finden und Weltgeschichte als voneinander abgegrenzt nebeneinanderstehende Individualgeschichten präsentieren – ein durchgehendes Eurasien. Der Binnenraum erscheint herrenlos und passiv. Es gibt dort auch keine Städte wie Alexandria, welches auf der Darstellung zusammen mit Karthago, Rom, Athen und Konstantinopel die Machtzentren am Mittelmeer markiert, sicherlich nicht zuletzt, weil sich dort die größte Bibliothek des Altertums befindet. In der Leere Innerasiens steht allein, jedoch hart am senfgelben Fleck des Han-Reiches, aber auf dortige Vorgänge bezogen, die Anmerkung »550 Juan-juan (Avars) drive westwards out of Mongolia by Blue (Celestial) Turks«. Sie kann als Eingeständnis gelesen werden, daß die Darstellung tatsächlicher historischer Entwicklungen den Rahmen eines »kompakten Atlas der Weltgeschichte« sprengt; und auch die in das lachsfarbene Persien eingesetzte Legende »484 White Huns (Ephthalites) kill Sassanian emperor, but Persian empire survives« kann nicht darüber hinwegtäuschen, daß sie lediglich als Platzhalter für vieles andere fungiert.

Hingegen sollte die Absenz urbaner Zentren in dem von der Tafel dargestellten Zeitraum – vom 3. Jahrhundert v. u. Z. bis zur Absetzung von Romulus Augustus, des letzten römischen Kaisers im Jahr 476 – nicht als Geschichtslosigkeit interpretiert werden.

Geschichte trägt sich zu unter freiem Himmel. Geschrieben wird sie dann unter einem Dach – mit der Ausnahme von Cäsar, der sie während der Unterwerfung Galliens vom Pferderücken aus dem Sekretär in die Wachstafel diktiert haben soll, und von Babur, der sich im Zelt der Herausforderung stellt, allerdings mit der

Dazu Buch III, *Babur von Fergana* und Buch IV, *Auf Baburs Spuren.*

unglücklichen Konsequenz, daß dieses im Mai des Jahres 935 n. d. H. (1529), unmittelbar nach der Verbeugung des letzten Gebets, ein Wolkenbruch umreißt und die Fluten des heftigen Sturms das Buch und einzelne Seiten wegschwemmen, und die durchnäßten Blätter über dem nur mühsam zu entfachenden Feuer zu trocknen sind.

Damit ist gesagt, daß jedes, nicht nur das gegenwärtige hechelnde, ein Zeitalter der Information ist und über ganz spezifische Speichermedien verfügt. Das Schicksal von Baburs im Regen aufgeweichten Blättern ist aber darüber hinaus ein Hinweis nicht nur auf die unsichere Natur ihrer Träger, sondern des Guts Information überhaupt. Was selbstverständlich nichts anderes heißt, als daß dort, wo nichts dokumentiert ist, auch nichts stattgefunden hat.

In Innerasien, wo mehr als anderswo trotz der Leere der vorgenommenen Übersichtskarte *The collapse of the ancient world* Geschichte vorauszusetzen ist, müßte das Dach der Bibliothek schroffe Felswände und aus Bergsturzfeldern ragende Gesteinsblöcke überspannen. Geschützt vor natürlicher Verwitterung wären damit die Runen, die bis zurück ins 3. Jahrhundert v. u. Z. berichten vom Warentausch der Is-sedonen oder Serer mit den Griechen.

In ihrer jetzigen Ausgestaltung beinhaltet die Karte die unausgesprochene Aufforderung an ihren Benutzer, sich die steinernen Textträger vorzustellen, und zwar entlang der Migrationspfeile – den blauen ordnet die Legende den *Hsiung-nu and Huns* zu, den roten den *Juan-juan (Avars)* und den ockerfarbigen *other peoples* –, aber gewiß auch abseits davon und zwischen ihnen. Diese Pfeile suggerieren zielgerichtete penetrierende Vorstöße, nicht aber die kulturellen Entfaltungsbahnen. Sie lassen aber nicht schließen auf die tatsächlichen Migrationswellen, ausgelöst durch das vom Wanderer Aristeas rapportierte und von biblischen Zeugnissen registrierte gegenseitige Abdrängen der Völker.

Die »*civilized world*«, welche sie bedrohen, erstreckt sich auf der besprochenen Darstellung zum »Kollaps der Alten Welt« entlang der südlichen Peripherie des wahrscheinlich wegen der

Die beiden von antiken Autoren je nachdem miteinander verwechselten oder voneinander unterschiedenen, identischen, aber nach Ansicht neuester Forschung nicht unbedingt mit den Chinesen gleichzusetzenden Völker agieren als Vermittler im Chinahandel.

Geographisch verschiebt sich der Wohnsitz der Issedonen oder Serer zwischen dem 2. Jh. v. u. Z. und dem 2. Jh. u. Z. vom Tarim-Becken, das Ptolemaios Serike nennt, westwärts ins Ili-Tal, wo dieses Volk gemäß Herodots skythischen Quellen auf den Handelsplätzen der Argyppaier mit den aus den milesischen Pflanzstädten an den Küsten des Schwarzen Meers eintreffenden griechischen Kaufleute zusammenkommen, deren Münzen dann auch bis zum Balkhash-See gelangen. Strabon versteht unter den Serern, wie seine Darstellung der Herstellung des nicht mit der Seide identischen Stoffs, der aus der Ramipflanze gewonnen wird, zeigt, die Chinesen, und zwar zu einem Zeitpunkt, als sie noch ihre angestammte Heimat in der heutigen chinesischen Provinz Gansu bewohnen, d. h. bis 176 v. u. Z. Strabon dürfte die Chinesen als Serer bezeichnen in der Art und Weise, die auch bei der Entstehung des Namens anderer Völker zu beobachten ist, etwa bei den Bewohnern der ganzen Halbinsel Italien, die nach den Italern des Südens genannt werden, oder bei den Deutschen, welche den Namen der Germanen im Südwesten Mitteleuropas geerbt haben.

Plinius (*Naturkunde*, VI, 24, 88) hingegen weiß dann nur vom späteren Wohnsitz der Serer im Siebenstromland des Ili, wo sie mit den Griechen »Handel ohne Spracheinsatz« treiben. Herodot jedoch hat zwischen Issedonen (oder Serern) und Griechen skythische Dolmetscher vorausgesetzt. Das ist kein Widerspruch sondern in beiden Fällen ein Hinweis auf die Mittlerrolle der Serer im Chinahandel.

Denn Plinius Aussage beruht auf der Beobachtung des Rachias, des singhalesischen Händlers der wie seine Landsleute in der damaligen Zeit über keinen Dolmetscher verfügt, um sich mit den Serern zu verständigen (dazu Buch X, *Barbaren aus dem Westen und der Wettlauf um den Vorrang in der Welt*). Zur Begegnung soll es am Oberlauf des Syr Darya gekommen sein, dem Silis oder 'Serer-Fluß' der Skythen. Übersichtlichkeit (und damit der Unterschlagung der Existenz autochthoner Kulturen) in Neutralgrau wiedergegebenen eurasischen Binnenraums als schmaler Korridor – bestehend aus *Roman Empire*, dem persischen *Sassanian Empire*, *India* und dem *Han-Empire*. Zwei verschämte und deshalb leicht übersehbare schmale Stege im identischen Grau wie der innerasiatische und nördlich nomadische Raum verhindern, daß dieser ›Zivilisationsgürtel‹ durchgehend ist; daß das *Roman Empire* nicht direkt an *Persia* stößt und dieses nicht überlappt wird vom *Han-Empire*.

Diese beiden *Line of Control* – die westliche markiert eine kurze Zinnenlinie sowie die Bezeichnung »Syrian Limes«, bei der unbeschrifteten östlichen handelt es sich um die natürliche von Hindu Kush und Pamir gebildete Gebirgsbarriere – würde die Tafel mit dem Titel *The collapse of the new world order – After 2001* nicht mehr verzeichnen, welche beim Aufschlagen einer künftigen Ausgabe des Atlas zu finden wäre.

BUCH III

HELDEN, WERTE UND
ANDERE ERFINDUNGEN

Usbekistan 2002 Vorschnell in Innerasien — Logistik in Tashkent — Trüge-rische Ruhe in Namangan — Babur von Fergana — *Mahalla* — Schuhe und Pferde — Der Gurkenhüter — Pahasonic and Sonv — Die Suche nach den Rosszüchtern — Zar and *Jihad* — Trostlose Genealogien — Schnee in Samarkand **Afghanistan 2002** Über Helden — *Titanic* im Sand

Vorschnell in Innerasien

Tashkent, 21. September 2002. — Das Strahlenschwert der untergehenden Sonne erhellt jäh und weiß das Kabineninnere, trifft die Leinwand, bringt Khivas noble Türkiskuppeln, die Ansicht von Samarkand zum Verschwinden — die Kontur der drei Medresen des Registan implodiert in der Überhelle —, schert weiter, knickt an der Fassung des Fensters, an der Bordaußenwand, bricht ab in Raum und Tiefe, und genau an dem Punkt, wohin das Auge den Strahl verlängert, steht im Himmel der Mond. Flüssiges Eisen. Ovales Balkenbündel, lodernde Ränder, sich zur makellosen Scheibe fügend, als das Gestirn aus dem eindunkelnden Sibirien in die schwarze Nacht steigt, pulsierend die Fleckenmeere auf der unglaublich leuchtenden Membran.

Bald darauf die Unrast des Kabinenpersonals. Dann ein verworrenes Netz flackrig beleuchteter Straßen. Tashkent, ausgeworfen über eine unsichtbare Ebene.

Dann die Landung. Die Sikhs auf dem Weg nach Lahore streben zur Transithalle. Vor der Paßkontrolle Stehpulte mit Landekarten in Russisch und Usbekisch. Auszufüllen im Doppel, jedoch nur in einer Sprache. Nicht vom Grüppchen jüngerer Amerikaner. Alle mit Crew-Haarschnitt und hauchdünnem Aktenkoffer, rasch weggeschleust. Zwei Typen manövrieren mich von der Halle zu einem *Lada* oder *Wolga*. Jedenfalls kein Taxi. Außerhalb des Flughafens steigt ein Dritter hinzu. Es ist kurz vor Mitternacht.

Im italienischen Restaurant des *Intercontinental* Arienklänge, nur noch für das Personal. Etwas erhöht ist ein Flügel geparkt. Eine Kellnerin tritt an den Tisch. Russin? Usbekin? Koreanisches Augenwerk? Die Plakette an der Uniform hilft nicht weiter — *VICTORIA*. Ich bestelle Wasser und die Karte. Das Wasser schmeckt gut. Victoria kommt zurück, notiert Lachsravioli. Meine Bemerkung zum Wasser ist redundant. Victoria tippt mit den *french nails* ihrer Rechten zweimal in die geöffnete Fläche der linken Hand, das bedeutet *joint Venture*, und strahlt. Usbekistan hat mancherlei Probleme mit dem Wasser. Am bekanntesten ist der Tod des Aral-Sees. Im Moment herrscht wieder eine anhaltende Trockenperiode.

Im *Intercontinental* absteigen heißt selbstverständlich nicht, in Usbekistan anzukommen. Das durchschnittliche Jahreseinkommen im Land beträgt knapp 360 Dollar. Usbekistan ist mit 24 Millionen Einwohnern die bevölkerungsreichste Republik

Zentralasiens. Auf 1000 Einwohner kommen 465 Radios, 275 Fernseher, 67 Telefone, 1,7 Handys sowie 0,01 staatlich kontrollierte Internetzugänge. Die Gesamtauflage der drei Tageszeitungen beträgt etwa 75 000 Exemplare. Seit dem Ende der Sowjetzeit strebt die clanwirtschaftlich organisierte Elite unter Präsident Islam Karimow nach totaler politischer, das heißt persönlicher, Kontrolle der nationalen Ökonomie.

Die Demokratisierung der Gesellschaft hat keine Dringlichkeit. Drei parlamentarisch nicht zugelassene Oppositionsparteien – die ultranationalistische *Birlik* (Einheit), *Erk* (Freiheit) sowie *Hezb-ut Tahrir*, die in Zentralasien ein Kalifat errichten will – stehen fünf strikt regierungstreue Parlamentsparteien gegenüber. Politische Dissidenz wird aber auch direkt ausgeschaltet – unter dem bequemen Vorwand manchmal grenzübergreifender militärischer Operationen gegen die zuweilen auch von außen operierende *Islamische Bewegung Usbekistans (IMU)*. Die repressive, antireligiöse Innenpolitik leistet den radikalislamischen Bewegungen Vorschub, was wiederum in der Öffentlichkeit nicht sichtbar ist, denn Bärte, deren Mindestlänge die benachbarten Taliban auf Vierfingerbreite festgelegt gehabt haben, sind in Usbekistan verboten.

Die inneren sozialen und ethnischen Spannungen Usbekistans überlagern sich mit schwierigen regionalen bilateralen Handels-, Ressourcen- und Grenzkonflikten. Die Nachbarrepubliken haben Karimows Anspruch auf Hegemonie in Zentralasien vermehrt zu fürchten, seit er im März dieses Jahres Washingtons 'strategischer Partner' geworden ist, ein Privileg in Verbindung mit 160 Millionen Dollar Wirtschaftshilfe zum Ausbau seiner Eigeninteressen.

Unabhängig ist Usbekistan wie die vier Nachbarrepubliken seit dem 1. September 1991 – innerhalb der Ummarchung, die ihm 1924 als administrative und demographische Maßnahme im Gefüge des sozialistischen Imperium verordnet worden ist.

Logistik in Tashkent

Tashkent, 23. September 2002. — Heute morgen habe ich Jamal angerufen. Wann ich wieder nach Pakistan käme? Nicht nach Peshawar – wo seit den Anschlägen des 11. Septembers alle Welt zusammenkommt –, sondern nach Dir und Swat? Um im klaren Wasser dieser Hochtäler zu fischen, wie vor einem Jahr in Islamabad vereinbart. Den Paß zu sehen, den Alexander auf dem Weg nach Indien beschritten hat. Ich sagte, das würde ich gern von Kabul aus tun.

Dazu Buch XI, *Alexander in Indike*. Dorthin zurück will ich nun auch von Norden, mehr oder weniger wie Alexander. Vielleicht sogar auf dieser Reise. Ob Usbekistan in Ordnung sei, fragt Jamal. Ich würde berichten. Ab morgen sei ich unterwegs, *Inshallah!*

Ich werde unterwegs sein.

Leonid ist Anfang der achtziger Jahre aus Magadan am Ochotskischen Meer nach Tashkent übersiedelte. Eis und Frost haben hohe Ansprüche an die Arbeit des Ingenieurs gestellt. Jetzt ist er selbständig, chauffiert Kleinbusse, glaube ich, und natürlich seine *maschina*, den metallisiert pyritfarbenen *Toyota Landcruiser*, mit dem er zum Hotel gekommen ist.

S. ist ungefähr dreiundzwanzig. Bei der Usbekischen Eisenbahngesellschaft prüft er Dossiers von Angestellten, die infolge der Umstrukturierung entlassen worden sind, aber für eigenverantwortliche Projekte um Starthilfe aus einem dafür eingerichteten Fonds der *Asian Development Bank* nachsuchen können. Fünf Jahre ist S. dem Staatsbetrieb verpflichtet. Gegenleistung für ein *Umid*-Stipendium (*Umid* ist usbekisch und heißt 'Hoffnung') am *UMIST*, dem *University of Manchester Institute of Science and Technology*, das er mit einem *BSc in Honours* abgeschlossen hat. Ein Freund, Nachtportier in einem Familienhotel, vermittelt S. gelegentlich Nebenverdienste. Sein Englisch ist ausgezeichnet.

Leonid ist mein Fahrer und S. mein Übersetzer.

Im Hintergrund ist Herr A.

Ohne Herrn A. geht nichts. Vor zwei Monaten hat er mein Begehren für diese Reise in eine formelle Einladung umgewandelt und die Visa-Abteilung der Botschaft in Berlin davon unterrichtet. Usbekistan hat keine diplomatische Vertretung in der Schweiz. Auf eine solche scheint das Regime in Tashkent verzichten zu können, spiegelt doch das gelbweiße Backsteingebäude an der Perleberger Straße, das 1879–1880 im Zusammenhang mit Kasernenunterkünften für das Erste Bespannte Artilleriegarderegiment als Offizierskasino errichtete »Ballhaus am Tiergarten«, geradezu ideal seine pompöse Eigenwahrnehmung. Der Bau verkörpert zudem die soliden harmonischen Beziehungen zwischen Deutschland und Usbekistan und dürfte abschirmen gegenüber Vorwürfen, diese seien nicht gerade multivektoral. Aber Menschenrechte liegen tendenziell außerhalb des diplomatischen Tagesgeschäfts.

In meinem Begehren habe ich die entscheidende Rolle Usbekistans als zentralasiatische Drehscheibe für Verkehr und Handel betont, auch wenn Tashkent heute ziemlich genau das Umgekehrte dessen betreibt, für das die Sogdier, zwischen dem 4. und dem 8. Jahrhundert ihre Vorgänger am Zerafshan, bekannt waren. Jedenfalls hat Herr A. seinen Vorgesetzten bei *Jahon* von der Wichtigkeit meiner Reise für die Darstellung Usbekistans im Ausland überzeugt. *Jahon* ist ein persisches Wort, es bedeutet 'Welt' und ist der Name der Informationsagentur des Außenministeriums. *Jahon* akkreditiert Vertreter ausländischer Medien und gibt den *propusk* aus, den Passierschein für die *Friendship-Bridge* bei Termez, den ich benötige, um mit Greg und Marcus nach Afghanistan zu gehen. Herr A. hat mir auch nahegelegt, im *Intercontinental* abzusteigen. *Jahon* habe eine Preisabsprache mit dem Manage- Dazu Buch IV, *Eine Brücke zu weit.*

ment. Es sei zweckmäßig. Nach meiner Ankunft habe ich mich gefragt, ob Herr A. damit die dezentrale Lage gemeint hat oder etwas anderes.

Am späten Nachmittag gehe ich mit S. zum Ministerium. Gleich hinter dem Eisentor gibt es einen Apparat, von dem aus Bittsteller ihre Kontaktpersonen anrufen. Herr A. ist schnell am Eingang. Das meiste sei organisiert, sagt er. Ich möge aber Verständnis haben, daß die Genehmigung zum Fotografieren am Zoll, in der Goldmine und in der Raffinerie bei Buchara noch etwas dauere. Leider ist das fast alles, was ich wirklich will. Herrn A. ist aber zufrieden, daß ich seinen Bemühungen mein ganzes Vertrauen schenke, und er akzeptiert es ohne weiteres, daß ich mir bereits einen Übersetzer besorgt habe, in der Absicht, *Jahon* und auch ihn selbst zu entlasten. Für mich ist es zweckmäßig so. Herr A. weiß das, und wechselt ein paar Worte mit S. Dann gibt er ihm die Nummer seines Handtelefons. Wir sollen von unterwegs nachfragen, auch abends, um uns zu erkundigen, wie es mit der Planung stehe. Dann eilt er in sein Büro zurück.

Neben den drei Zeitgenossen gibt es noch die historische Gestalt, die mich auf dieser Reise begleitet:

Zahiruddin Muhammad Babur. Nachkomme mütterlicherseits in der vierten Generation von Dschingis Khan, väterlicherseits in der fünften Generation von Timur alias Tamerlan, sunnitischer Fürst von Andizhan und, nach vielen schwierigen Feldzügen und Zwisten mit Verwandten, Begründer der Dynastie der Moguln in Indien – aber, nebst all diesem – Verfasser der einzigen Herrschermemoiren in der islamischen Welt des Mittelalters, des *Vaqi-at-i-Baburi*, des *Babur-nama*, im Deutschen gemeinhin als *Buch der Ereignisse des Babur* bekannt. Seinen nachdenklichen Rechenschaftsbericht über seine zwischen 1493 und 1530 vollbrachten Taten und erlittenen Rückschläge, ein Journal persönlicher Verfehlungen vor dem heiligen Gesetz und in Betrachtung der Natur erlebten Glücks, hat der Eroberer in Chaghatai-Turki verfaßt.

Um die Welt des Babur und die heutige zu vergleichen, braucht es <u>Karten</u>. Das ist ein Problem.

Dazu Buch IV, *Auf Baburs Spuren*.

In der *Manesse Bibliothek der Weltgeschichte* erschienen, ist das *Baburnama* zwar etwas größer als die sonstigen Ausgaben dieses Verlags, die der Ablage von Kirchenbänken angepaßt sind, jedoch auch gut in der Westentasche stecken, aber immer noch so klein, daß die der Einleitung beigefügten fünf Regionalkarten nicht mehr sind als schmuckes bibliophiles Element ohne jeglichen Gebrauchswert. Entnommen sind sie laut Dank im Vorwort des Übersetzers – seine Übertragung ins Deutsche basiert auf der französischen aus dem Chaghatai-Turki – der 46. Auflage des berühmten *Großen Hand-Atlas des Himmels und der Erde des Geographischen Instituts zu Weimar*, erschienen ebenda 1877. Wollte ich in der zwangsläufigen Verkleinerung der Ausschnitte »Transoxianien mit Fergana«, »Afghanistan«, »Teile Afghanistans und Indien«, »Nordindien: Südliche Anschlußkarte« sowie »Nordindien: Westliche Anschlußkarte« der für den Zweck eines Atlas erstellten Karten bei der Lektüre oder auf der Reise angetroffene Orte finden, ginge das nicht ohne Lupe. Abgesehen davon, daß an manchen Stellen die Überlagerung von Buchstaben und Gebirgsschraffuren das Entziffern nicht gerade erleichtert, wäre diese auf das Detail fixierte Form der Betrachtung aber schon deswegen ungeeignet, weil sie nicht nur das unmittelbare Verständnis geographischer und inhaltlicher Zusammenhänge behindert – von woher kommt die eingezeichnete Linie eines Weges und wohin führt dieser? –, sondern auch den Parallelvergleich mit einer zeitgenössischen Karte, ganz zu schweigen die Beobachtung der durchreisten Landschaft.

Da Leonid keine Karte braucht – er hat sie im Kopf –, muß ich mir eine beschaffen, und zwar weder eine usbekische noch eine russische und in vernünftigem Maßstab, denn ich will mich möglichst genau in Baburs Spur bewegen, oder doch soweit es des Fürsten Bericht erlaubt.

S. glaubt, die Papeterie hinter der *Alisher-Navoi-Oper* sei die geeignetste in Tashkent, um das Gewünscht zu finden – Karten der usbekischen Regierungsbezirke Andijon Wiloyati, Bukhoro Wiloyati, Farghona Wiloyati, Jizzakh Wiloyati, Qashqadaryo Wiloyati (Qarshi), Samarqand Wiloyati und Surkhondaryo Wiloyati (Termiz).

Nachdem sich die junge Verkäuferin in der weißen Bluse zuerst bei einem Kollegen und dann bei der Geschäftsführerin erkundigt hat, gibt sie zur Auskunft, diese Blätter existierten zwar, seien aber nicht erhältlich. Um sie zu trösten, erstehe ich eine große Karte der Bodenvorkommen, einschließlich Informationen zu Klima, Geologie, Geomorphologie und Vegetation – alles auf usbekisch.

Draußen auf der Straße fragt S., warum ich einen Gegenstand kaufe, den ich nicht wirklich benötige, ist aber einverstanden, daß eine solche Karte gegenüber Dritten die Ernsthaftigkeit der Absicht unseres Besuches der Goldmine unterstreiche. Dann macht er den Vorschlag, es noch in einem zweiten, aber weniger zentral gelegenen Geschäft zu versuchen. Das Gesuchte führt man aber auch dort nicht.

Durch das Herumfahren ist mir inzwischen aber der Plan von Tashkent vertraut, und Leonid anerkennt das.

Als Tashkent 1865 in russische Hände fiel, zählte es bereits 70 000 Einwohner. Bald ist die Stadt ein führendes Handelszentrum. Am 12. September 1917 kommt die Revolution. Mit einer Bevölkerung von fast zweieinhalb Millionen ist Tashkent heute die größte Stadt Zentralasiens. Sie ist sternförmig angelegt, was die Orientierung tatsächlich erleichtert. Für diesen Plan haben sich nach dem Erdbeben von 1966, als 300 000 Menschen obdachlos geworden sind, die sowjetischen Urbanisten entschieden, mit denen zum Wiederauf- und Neubau freiwillige Pioniere und Helfer herbeigeströmt und dann geblieben sind. Vielleicht auch weil es ihnen im

Süden besser gefallen hat als in Sibirien. Heute leben in den Plattenbauten fast nur noch Usbeken, und an den Stirnseiten der Plattenbauten haben riesige *Coca-Cola*-Flaschen und *Nestlé*-Tassen die Ährenbündel und Zahnräder abgelöst.

Gestern, auf dem sonntäglichen Spaziergang entlang dem Shota-Rustaveli-Boulevard, habe ich noch eine andere Verkündigung entdeckt – das über die Fassade eines dreistöckigen Wohnhauses gespannte Poster mit dem *World Trade Center*.

»Njet!« hat die neben mir stehengebliebene Russin gesagt. Sie hat hell Geblümtes mit Rüschen getragen, und ihr Haar ist kupferfarbig getönt gewesen. Ein paar Sekunden haben wir zu den beiden Türmen emporgeschaut, die nicht mehr sind. Dann ist die Russin ohne ein weiters Wort im Schatten der Platanen weitergegangen. Das einzige Wort, das sie geäußert hat, offensichtlich getragen von einer tief im Herzen wohnenden Traurigkeit und identisch mit der beunruhigenden Frage, ob jetzt auch Amerikas Ordnung zerfällt. Wie jene des sowjetischen Imperiums, dem noch der Puder angehört, den sie auf dem Gesicht getragen hat, und das schon mehr als ein Jahrzehnt der Vergangenheit angehört.

In diesem Jahrzehnt ist aus dem Boulevard, an dem wir gestanden haben, der eines gewissen Usmana Nasira geworden. Für die Russin wird es womöglich der Boulvard des Shota Rustaveli bleiben, auch wenn jener Nationaldichter der Georgier gewesen ist.

Trügerische Ruhe in Namangan

Namangan, 24. September 2002, nachmittags. — Nach flachem Land ist es hineingegangen ins Tal von Angren, Baburs *Ahangaran Darasi*, das 'Tal der Schmiede'. In der Tiefe die Kohlemine. Graue, schwärende, staubige Wunde. Richtiger Abschluß für ein Tal, das in ein Paradies mit Untertönen führt. Im Hintergrund auf großer Höhe eine Staumauer.

Die blaue Richtungstafel *Osh-Qashgar* hat keinen Zweifel gelassen über die Schlüsselposition des Tian Shan. Kirgistan und China zum Greifen nahe. Vorgelagert aber eben Fergana, die Heimat der *IMU*, Brutstätte des usbekischen *Jihad*. Am Kontrollposten Fahndungsfotos. Dabei sei die *IMU* eine zerschlagene Kraft, heißt es, und <u>Juma Namangani</u>, ihr Anführer, ein ehemaliger Fallschirmjäger der Roten Armee, seit dem Fall von Kunduz, das er im November 2001 mit den Taliban gegen Masuds Nord-Allianz zu halten versucht hat, tot. Gelegentlich, hört man, scharrten sich in Waziristan im afghanisch-pakistanischen Grenzland noch ein paar versprengte usbekische Kämpfer um Osama bin Laden, den Wanderer am Berg.

Dazu Postscriptum in Buch II, Bürgerkrieg oder mehr?

Fergana kann zu Baburs Zeit während des Winters nur von Westen über den Kamchik-Paß erreicht werden. Der Paß ist der niedrigste Übergang Zentralasiens,

knapp halb so hoch wie der ›Pamir-Highway‹ Dazu Buch IX, ›Pamir-Highway‹: 1. bis 3 Tag sowie Buch X,
oder der Khyber-Paß. Belagsarbeiten sind im Unweit alter Pilgerpfade.
Gang. An weit ausholenden Kurven dicht zusammengerückt massive Betonsäulen
zum Schutz vor Geröll und Lawinen. Karnak im Tian Shan. Unter der Paßhöhe,
wo Übermittlungsanlagen stehen, zwei sehr kurze dunkle Scheiteltunnel hinüber
ins Fergana-Tal. Bergseits der richtungsgetrennten, steil abfallenden Straße ausge-
baggerte Fluchtrampen – letzte Rettung, wenn Bremsen versagen. Viele Lastwagen
sind unterwegs. Zwei Kirgisen zu Pferd lenken Ziegen und Schafen auf der Bergspur
zwischen dem heraufkommenden Verkehr talwärts.

An einem besonnten Berghang aufgestellt große weiße Lettern – UZDUN-
ROBITA.

S. sagt, andere Mobilnetzanbieter offerierten bessere Deckung als die staatliche Telekommunikationsgesellschaft. Leonid sagt nichts. Unterwegs interessieren
ihn nur Radarfallen.

Bald erreichen wir den Boden des Tals, wenn die Bezeichnung nicht irreführend
wäre. Fergana ist nämlich ein weites Becken. Der Gebirgskranz, der es einfaßt, tritt
aber nie vor das Auge. Zu weit ist das Rund, zu schwer der Dunst, zu kompakt das
Grüngrau der künstlich bewässerten Äcker, Baumwollfelder und Obstplantagen.

Wir machen Halt in Namangan.

Ahmed Rashid, der pakistanische Gewährsmann für das post-sowjetische
Zentralasien, beschreibt Anfang der 1990er Jahre, (*The Resurgence of Central Asia. Islam or Nationalim,*
1994) wie am Herkunftsort des damals noch nicht hervorgetretenen Juma Naman-
gani der moderne zentralasiatische *Jihad* Fuß faßt.

1989 kommt es in Namangan zu einer ersten Kundgebung um ein Gelände
für eine neue Moschee. Dahinter steht der schon während der Ära Breschnew aktive islamische Untergrund. Immer stärker unter Druck geraten, muß die städtische
Behörde ihren Widerstand aufgeben, als 1991 Militante das Büro der KP besetzten.
Bereits im Jahr darauf wird an prominenter Stelle im Stadtzentrum mit dem Bau
der Moschee sowie einer Medrese begonnen. Diese sollte schon ab 1993 in geson-
derten Klassen zweitausend Jungen und Mädchen an den Islam heranführen, von
welchem die Usbeken im Lauf eines Dreivierteljahrhunderts entfremdet worden
waren. Finanziert wird das ambitiöse Vorhaben mit Geldern der saudiarabischen
Ahle-Sunnah-Bewegung, der puritanischen Sekte innerhalb der sunnitischen Glaubensrichtung. Als Begleiterscheinung schießen in der ganzen Region Namangan
Moscheen aus dem Boden, dreißighundertdreißig, vermeldet Rashid. Alle propagieren den Wahabismus. Diesem Trend haben die drei bisherigen, unterfinanzier-
ten staatlichen Moscheen in der Altstadt nichts entgegenzusetzen. Revolutionärer
Islam überrollt die traditionelle Auslegung – in Namangan und auch andernorts
in Fergana.

Der Ruf nach dem *Jihad* ist im Tal indessen schon Ende des 19. Jahrhunderts erklungen, als immer mehr russische Siedler und Kosaken-Truppen über den Kamchik-Paß geströmt sind.

Die in den 1990er Jahren um sich greifende wahabitische Glaubensrichtung jedoch hat erst 1912 ein aus Medina stammender gewisser Sayed Sharie Muhammad ins Tal gebracht. Dort, aber auch in Tashkent haben sich Glaubenszirkel gebildet, und aus einem solchen ist auch bald der erste moderne Märtyer des Islam hervorgegangen – Bahauddin Vaisov. Der in Fergana den Wahabismus Lehrende muß die russische Oberhoheit verunsichert haben, weswegen sie ihn 1950 aburteilt und ihn in einem Irrenhaus verschwinden läßt, wo er verstirbt.

Parallel zum Wahabismus haben seit den 1930er Jahren in Sowjetisch-Zentralasien zudem Geheimzellen der ursprünglich ägyptischen Bewegung *Ilkhwan ul-Muslimeen* existiert, einer muslimischen Bruderschaft, die einen politischen und militanten Islam vertritt, mit dem Ziel, die Islamische Revolution ins Werk zu setzen und einen universalen Islamischen Staat zu errichten. Im Klima von Gorbatschows Perestroika ist diese Bewegung dann aus dem klandestinen Untergrund hervorgetreten und hat Zulauf gefunden, jedoch nicht nur sie, sondern auch die sie beerbende

Dazu Marginalie in Buch II, *Bürgerkrieg oder mehr?* und im tadschikischen Widerstand mitwirkende *Islamic Renaissance Party (IRP)*.

Eben erst Chefs unabhängiger Republiken geworden, und der grundsätzlichen neuen Herausforderung des Islam gegenüber völlig unvorbereitet, haben Karimow wie auch seine altkommunistischen Genossen Nasarbayew in Kasachstan, Nabijew in Tadschikistan, Akajew in Kirgistan und Nijazow in Turkmenistan umgehend nicht nur die *IRP*, sondern jegliche fundamentalistische Praktiken überhaupt verboten. Die durch die Öffnung Ende 1980er Jahre bewirkte Wiederbelebung des Islam ist dadurch aber nicht mehr aufzuhalten gewesen. Bislang verbotene islamische Literatur wird gedruckt und in Umlauf gebracht. Saudi-Arabien hat eine Million Exemplare des Koran beigesteuert, welche, in die Regionalsprachen übersetzt, schnell Verbreitung gefunden haben in den fünf Republiken.

Die westlichen Regierungen sind dem Phänomen ablehnend gegenübergestanden, ohne dabei auf die Bedürfnisse einer seit Anfang des 20. Jahrhundert gewaltsam vom Glauben getrennten Bevölkerung einzugehen, denn dieses ist ihnen als unvereinbar mit Demokratie und Aufbauhilfe vorgekommen. Deshalb haben sie Karimow und seine despotischen Nachbarn dazu ermahnt, im Interesse eigner Machterhaltung besser den säkularen türkischen als den fundamentalistischen iranischen Weg einzuschlagen. Die neugebackenen Staatsoberhäupter haben den Subtext sofort verstanden, nämlich daß sie nun – in Erfüllung der Agenda westlicher Regierungen unter dem Deckmantel, der Ausweitung des islamischen Fundamentalismus Einhalt zu gebieten – mit allen Mitteln und vor allem ungestraft gegen die demokratische Opposition zu Hause vorgehen können, welche gegen ihre immer dreisteren Willkürherrschaften aufzubegehren begonnen hat.

Fast ein Jahrzehnt lang eingeübt, ist diese Methode die ideale Voraussetzung dafür gewesen, daß nach den Anschlägen des 11. Septembers 2001 die usbekische Führungsclique umgehend zum Folterknecht Amerikas wurde.

Aber wir sprechen nicht über diese Sache, während wir neben einer Tankstelle schwarzen Tee trinken.

Am Kontrollposten bei der Einfahrt nach Namangan hat ein Bogen mit Fahndungsbildern gehangen, mit Konterfeis der gesuchten Islamisten oder von Personen, die Tashkent als solche ausgibt. Vier Reihen zu je elf Porträts; in der untersten Reihe zehn. Zumeist Männer. Unter den wenigen Frauen eine ältere mit gescheiteltem Haar, das hinter dem Kopf wahrscheinlich fest geknotet ist. Es muß eine unglückliche Mutter sein, als radikale Dissidentin angeprangert, gewiß wegen ihres Sohns, den sie nicht hat auf dem rechten Weg halten können. Das grob gerasterte Bild hat mich erinnert an sonntägliche Kirchgängerinnen, denen ich als Knabe im Walliser Lötschental begegnet war. Doch hatten diese, katholisch und mit alpinen Teufelsgestalten konfrontiert, zumeist ein schwarzes Kopftuch getragen.

Leonid beugt seinen durchtrainierten Oberkörper über die Motorhaube seiner *maschina*. S. steht daneben, den Schraubenschlüssel in der Hand, der nicht so recht zur Hornbrille passen will. Ich habe das untrügliche Gefühl, mit einem guten Trupp unterwegs zu sein.

Auf dem Flug von Frankfurt nach Tashkent habe ich eine Seite aus der aktuellen Ausgabe von *TIME* herausgerissen. »Radicals in Retreat« ist der Artikel zur *IMU* überschrieben — »An armed Central Asian offshot of Al-Qaida has been splintered but may continue to pose a threat.« Ein ehemaliges Mitglied der Organisation berichtet dem Journalisten, wie er im November 2001, als im Krieg gegen die Taliban der Fall Kabuls nicht mehr fern gewesen ist, er aus der afghanischen Hauptstadt für die letzten Riten einiger Gefallener, deren Konvoi von amerikanischen Bomben getroffen worden war, nach Konduz gerufen worden sei. Die Leichen, in Decken gehüllt, hätten kaum noch identifiziert werden können, eine vor allem »… just meat. There was not much left.« Aber der Mullah habe im Gebet Juma Namanganis Name aufgerufen. Khoseyin Alimov, ein einundzwanzigjähriger, ebenfalls im Artikel zitierter Überläufer, der sich nach einem Aufenthalt in Wana, im pakistanischen Stammesgebiet, der usbekischen Polizei gestellt hatte, ist laut dem Artikel an diesem Ort bei einer Ansprache von Tahir Yuldush (auch Yuldashew) zugegen gewesen. Den Chefideologen der *IMU* und Rivalen des zwar charismatischen, aber strategisch wenig brillanten Kämpfers Namangani zitiert der Überläufer mit den Worten: »Despite the fact that there are only a few of us, we are proud to fight the Amercian bloc. Even if only one Muslim is left alive, it will be a victory. We need to erase

America from the face of the earth.« Dann habe Yuldush Geldumschläge verteilt, Kompensation an die Hinterbliebenen von Opfern in Afghanistan.

Die an einer walisischen Universität wirkende *IMU*-Spezialistin mit russischem Namen, die den *TIME*-Artikel akademisch abstützt, sieht in Yuldushs Aufstieg ein Zeichen für eine Ausweitung der Ziele der Organisation. Während Namangani vor allem an Zentralasien und selbstverständlich an seine Heimat Fergana gedacht habe, repräsentiert laut der Reporterin Yuldush, ein brillanter Kommunikator, Arabisch, Pashtu, Persisch und Usbekisch sprechend, eine Osama bin Laden näherstehende Ideologie und habe »still sleepers in all the Central Asian countries«. Diese seien geduldig. Wahrscheinlich sind sie im Auftritt auch zurückhaltender als der Menschenrechtsaktivist, dessen Bart allein ihn ins Gefängnis bringen kann.

Die jungen Männer, die an der Tankstelle vorbeikommen, tragen keine Bärte. Sind es deshalb geduldige 'Schläfer'? Ist unter ihnen der im Artikel erwähnte Sabir Khojiev?

Als einer von Namanganis älteren Brüdern verurteilt Sabir zwar die Agenda und Taten Jumas, hat umgekehrt aber auch kein Verständnis für die brutale Behandlung der eigenen Familie seitens der staatlichen usbekischen Organe. Denn wenn eine Schuld sie träfe, bestünde diese allein darin, einen Sproß aufgezogen zu haben, der militant geworden. Solange staatliche Repression andauere, erzeuge sie fundamentalistischen Widerstand. Die Idee eines Islamischen Staates sitze nun einmal in den Köpfen. Sie auszulöschen sei unmöglich.

Sabir war sein drei Jahren nicht mehr in der Moschee.

An der Oberfläche ist alles ruhig in Namangan.

Babur von Fergana

Andizhan, 24. September 2002, gegen Mitternacht. — Der Wasserfall stürzt über den größten Teil der Wand. Bei genauer Betrachtung sieht man, daß die Aufnahme manipuliert ist. Wo sie entstanden ist, läßt sich nicht sagen.

Der Ort hätte Babur gefallen, aber es ist zweifelhaft, ob er sich innerhalb der Grenzen des von ihm bis 1526 zusammeneroberten Reichs befunden hat.

Dabei ist Babur empfänglich für das Theater der Natur — bei verwegenen Streichen und verzweifelten Rückzügen im Lauf der unablässigen Kleinkriege, gewiß aber auf dem Jagdausflug zu Floß im aufgewühlten Bach, kniend auf dem Teppich, der trocken bleibt, da die schwimmende Dienerschar das Gefährt führt. Vor dem Floß ein Malheur. Einer aus der Partie ist ins Wasser gefallen, ein zweiter hinzugeeilt, hat jenen unter den Armen gepackt, dahinter, gestikulierend, ein dritter, der zum herangleitenden Babur blickt — *»Herr, seht den Tölpel!«*. Wer mit fünfzehn

Samarkand erobert, bleibt hier gelassen, auf dem Teppich. Die Linke des Fürsten ruht auf dem Schenkel, die Rechte deutet zum kleinen Drama hin, die Handfläche, nach oben gekehrt, sagt es: »*Ertrinkt jener, so hat es Gott gefallen.*« Hinter Babur, ebenfalls kniend, zwei Fürstendiener, vor der Brust längliche Hülsen mit Baburs Bogen und Pfeilen.

Die Illustration stammt aus einer um 1590, ungefähr sechzig Jahre nach Baburs Tod, entstandenen persischen Handschrift des *Babur-nama* und ist eine von zweiundvierzig, die dem Manesse-Band beigegeben sind.

Das Poster mit dem Wasserfall ist der einzige Wandschmuck im sauberen Zimmer, das mir die Besitzerin des *mahalla*-Häuschens zugewiesen hat.

Die Bekanntschaft mit unserer Gastgeberin hat der Zufall arrangiert.

Sie hat gerade ihren Dienst in einem von Sportplätzen umgebenen Hotel am menschenleeren pechschwarzen Rand von Andizhan beendet, als wir dort angekommen sind, und ist Zeugin der Verhandlung der Zimmerpreise geworden. Diese hat augenblicklich so komplizierte Dimensionen gewonnen, daß zu befürchten gewesen ist, sie dauere bis in den Morgen. S. hat es aufgegeben zu übersetzen, nur noch den Kopf geschüttelt. Nicht, weil er die Tarife übertrieben oder den Discount schäbig befunden hat, sondern offensichtlich muß ihn, den Wirtschaftsstudenten, Grundsätzlicheres befremdet haben. Die Frau hat rasch erkannt, daß wir nach der langen Anfahrt von Tashkent zu müde gewesen sind, um noch lange auf einen definitiven Bescheid der drei beratschlagenden Blondinen zu warten, aber nicht nur das, sondern auch, daß sich mit dem Angebot einer Unterkunft zugleich das Taxi nach Hause erübrigen würde.

In meinem Zimmer ist es behaglich wie in einer Puppenstube. Der Wasserfall stürzt direkt auf Matratze und Decken hinab. An Mobiliar gibt es zwei schwarze Polstersessel, ein kissenbeladenes Sofa sowie auf einem Tischchen ein komplettes Set chinesisches Geschirr der Marke *Sea Gull*. Ebenfalls chinesischer Herkunft sind die elektrische Uhr dem Wasserfall gegenüber — *Sky Star* — und die Vorhangschienen, Produkt einer Firma namens Zenhua, wahrscheinlich hergestellt aus kasachischem Altmetall. Dazu Buch VII, *Schrottstraße I.* und Buch IX, *Schrottstraße II.*

Zuvor, auf der Suche nach einem Hotel, sind wir am Babur-Square vorbeigekommen. Dazu Buch XII, *Augenzeugenschaft.*

Andizhan ist Baburs Geburtsort. Im Monat Muharram des Jahres 888 n. d. H. (im Februar 1483) geboren, kommt Babur, 'der Tiger', zwölfjährig an die Macht. Sein Vater, der Sultan des kleinen Fürstentums Fergana, ist am 8. Juni 1494, einem Montag, in der Festung von Akshi, neben Andizhan die bedeutendste Stadt im Tal, beim Füttern seiner Tauben mit dem Taubenschlag abgestürzt. An seinem Hof im dreitorigen Andizhan hat er dem großartigen Leben in der Timuriden-Hauptstadt Samarkand nachgeeifert, der Dichtkunst wie auch Trinkgelagen gefrönt, das Rauschmittel Madschunun genommen. Seine Tage sind ausgefüllt gewesen mit Brettspiel und den Würfeln, unterbrochen von den fünf täglichen Gebeten, von denen er nie eines ausgelassen hat.

Fergana ist der Garten, wenn nicht das Herz Zentralasiens. Nichts auf Erden kommt der Vorstellung vom Paradies näher als diese Kornkammer mit ihren ungezählten Weintrauben- und Melonensorten und großkernigen Granatäpfeln. Hier wird zur Reifezeit der Ertrag der Aprikosen- und Mandelbäume nicht verkauft, sondern jeder Vorübergehende nimmt und ißt davon, soviel er will.

Schon als Teil der antiken Landschaft Sogdien ist das Tal ein geschätztes Paßland. Ohne Mangel an Nahrungsmitteln und Nutztieren versorgt es die Armeen Alexanders des Großen, der Xiongnu, der Han sowie der Sasaniden und später die Bürokratien der muslimischen und nomadischen Großreiche, unter deren Protektion sich während Jahrhunderten der transkontinentale Handel zwischen Nordchina im Osten und Trapezunt am Schwarzen Meer, Konstantinopel sowie Aleppo in Syrien abwickelt.

1497, mit fünfzehn, Baburs erwähnte erste Großtat. Aber schon nach hundert Tagen verliert er Samarkand und zu allem Unglück auch sein Erbland Andizhan. Im Nachfolgekampf um den Thron der Timuriden versinkt Transoxianien in Anarchie. In Fergana und am Oxus, der jetzt Jayhum heißt, kümmert sich keiner mehr um das komplexe Bewässerungssystem, auf dem Landwirtschaft und Reichtum beruhen. 1501 fällt Samarkand an die usbekischen Shaybaniden, die das letzte große Nomadenreich Zentralasiens errichten.

Babur ein Vertriebener. Verraten von treulosen Verbündeten, verlassen von den meisten seiner mongolischen Reitertruppen, flieht er ins Gebirge. Der Gedemütigte erhebt Anspruch auf die Anerkennung seiner direkten Abkunft von den beiden größten autochthonen Herrschern Eurasiens. Dschingis Khans und Timurs Nachfolge aber kann er ohne Land und ohne Sitz nicht antreten. Er braucht Samarkand. Mittelpunkt der Welt, mit 150 000 Einwohnern bereits zur Zeit Timurs eine der größten Städte der Welt. Im Oktober 1511 gelingt Babur zum dritten und zugleich letzten Mal die Eroberung dieser Metropole. Der schiitische Fanatismus seiner safavidischen Verbündeten aus Isfahan jedoch befremdet die sunnitische Bevölkerung. Nach wenigen Monaten ziehen jene angesichts eines Gegenangriffs der ebenfalls sunnitischen Usbeken in ihre persische Heimat ab. Mit seiner verbliebenen kleinen Streitkraft wird Babur in der Nähe von Buchara geschlagen.

Nun faßt er den großen Plan, anstatt sich in minderen und familiären Auseinandersetzungen zu verlieren, ein richtiges Reich zu erobern. Quert die Pässe, Felsgrate und Kluften des Pamir und des Hindu Kush. Nach der Eroberung Kabuls und der Niederschlagung des afghanischen Widerstands im Punjab, östlich des Khyber-Paß, unterwirft er — natürlich mit einer Armee — auf fünf Feldzügen zwischen 1524 und 1526 Indien, legt den Grundstein der Dynastie der Moguln, die den Subkontinent beherrschen wird, bis deren letzter Regent Bahadur Shah Zafar nach einer Rebellion – besser bekannt als *Indian Mutiny* oder nicht weniger korrekt als *India's First War of Independence* – von den Briten ins Exil nach Rangoon geschickt wird, im Jahr 1857.

Von der Tragweite seines Plans kann Babur keine Vorstellung haben. Blickt er jedoch zurück, legt das von den Ahnen Dschingis Khan und Timur Vollbrachte es nahe, sich danach auszurichten. Bei all dem Trügerischen, das die Welt treibt, ist dies das Klügste.

Zur Vermessenheit, die Unterwerfung der gesamten Welt zu wollen, hat nur Alexander sich versteigen können – bei der Eroberung von Afrasiab im Jahr 329 v. u. Z. 27jährig, ein Jahr jünger als Babur bei der dritten Einnahme Samarkands, der Nachfolgerin der antiken Stadt. Jener hat in der Zeit vor ihm keinen gewußt, der auch nur Annäherndes angegangen hätte. Doch das Vorhaben des Makedonen ist eines gewesen, das einem allein nicht gelingen kann, schon gar nicht in einem einzigen Anlauf und dazu mit dem biologischen Ziel, das als spröder und beschränkter angesehene asiatische Wesen am europäischen allmählich teilhaben zu lassen, nachdem dieses jenes unterworfen hat. Dank solchem Ansatz der Verschmelzung und in der illusorischen Eigenwahrnehmung als Volk, das sehr schnell die dünne Luft geschichtlicher Höhe erreicht hatte, »das erste der Welt« zu sein (Johann Gustav Droysen, *Geschichte Alexanders des Großen*, 1833), scheiterte Alexander bekanntlich dann an Indien.

Indiens warmer Ozean liegt greifbar nahe, aber das große, die Welt umfließende Gewässer hat – im Gegensatz zum Ahnen Timur – die Gedanken Zahiruddin Muhammad Baburs nicht beschäftigt. Als ihn Gott am 6. des ersten Jumada 937 (am 26. Dezember 1530) von der Welt abberuft, soll er bis zum letzten Augenblick seine in sicherem Abstand zu allen Küsten liegende Heimat Fergana vor Augen gehabt haben.

Dazu Buch IV, *Globalisierer aus dem Herzland.*

Der Herrscher, der als Fürst von Andizhan begonnen hat, hinterläßt indessen ein Reich, das sich vom Oxus, dem heutigen Amu Darya, im Nordwesten über Kandahar bis an die Grenze Bengalens im Südosten erstreckt. Diesem Gebilde den Preis Samarkand, 'die Wohlbeschützte', einzugliedern, ist Babur, dem mustergültigen Herrscher, nicht vergönnt gewesen.

Mahalla

Andizhan, 25. September 2002. — Eine usbekische *mahalla* ist ein Dorf im Quartier. Ursprünglich eine Moscheegemeinde. Ihren Alltag bestimmte das islamische Recht der Scharia, und ihr Vorstand ist der *aksakal*, der 'Weißbart', der die

Mitglieder der Gemeinschaft gegenüber den Behörden vertrat – im Fall von Steuereintreibung, bei der Regelung der Wasserrechte, aber auch gegenüber heftigen Religionswächtern. In sowjetischer Zeit werden die *mahalla*s säkularisiert und ihnen die ökonomischen Grundlagen entzogen, erhalten aber bleibt dabei die soziale Organisation, das Regime von Loyalität und verwandtschaftlichen Beziehungen. Aufgrund dieser Struktur wird die *mahalla* nicht nur zum geeigneten Gegenstand und Werkzeug politischer Kontrolle und Repression, sondern auch zu einem engmaschigen Informationsnetz, das den staatlichen usbekischen Organen der Inneren Sicherheit die Auskünfte liefert, die ihnen zweckmäßig erscheinen.

Es ist also besser, in der *mahalla* als im Hotel zu wohnen.

Herr A. hat gestern abend wegen des Baumwolltermins noch angerufen.

Den Tag verbringen wir auf den Feldern, wo <u>Baumwolle</u> geerntet, und in den Fabriken, wo sie verarbeitet wird. Baumwolle ist kein einfaches Geschäft. Jedenfalls versuchen im Bezirk Andizhan nicht nur die ausgepreßten Bauern, allerlei Breschen in die Barrieren der usbekischen Mißwirtschaft zu schlagen.

Dazu Buch V, das 'tartarische Pflanzen-Schaf'.

Schuhe und Pferde

Dostyk/Andizhan, 26. September 2002, vormittags. — Es ist tatsächlich gut, in der *mahalla* zu wohnen. In welchem Hotel stopfen sie schon einen Socken.

Unsere Wirtin fährt heute morgen zum Einkauf an den usbekisch-kirgisischen Grenzübergang Dostyk. Im Hof hat sie die Kinder eingesammelt und auf den Rücksitz des *Daewoo* geschichtet. Sie gibt S. ein Vorhängeschloß für das Häuschen. Wir stehen Spalier. Dann ist es still im Hof.

Schließlich fahren auch wir zur Grenze. Nicht zum Einkauf. Nur zur Beobachtung. Fergana ist von Grenzen ebenso umzingelt wie von Bergen. Ein Kissen, an dem zu viele Hände herumgedrückt haben. Andizhan am nächsten ist die kirgisische Grenze und gleich dahinter <u>Osh</u>, der Zielort unserer Wirtin.

Dazu Buch XII, *Mord in Osh*.

Im Hügelland verstreute Ölpumpen. Unter dem 'Weißen Gold' das schwarze. Zu einer Industrie aber hat sein Vorkommen nicht gereicht.

Auf dem Grenzbasar von Dostyk vor allem Schuhe. In den buntesten Farben. Beschnallte Damenschuhe, Slingpumps – »Comfort«, »Made in Italy«, »Weekend« –; elegante Herrenschuhe; schwarze Sandalen mit gepreßtem Plastikgeflecht, leicht abzustreifen am Eingang der Moschee. Kinderschuhe mit aufgeklebten freundlichen Eichhörnchen, grinsenden Hasen und weißen Katzen mit Schleifen im Pelz. Schuhe aus Fabriken mit Namen wie *Ruian City Gorge Bear Footwear Company*. Abertausende solcher Schuhe kommen den Mittellauf des Yangtze und des

Gelben Flusses hinauf, gelangen weiter am Nordrand der Wüste Taklamakan entlang westwärts, erreichen auf der seit der Bronze-Zeit von trekkenden Volksgruppen benutzten, anfangs des 2. Jahrhunderts n. u. Z. von Ptolemaios beschriebenen Route bei Irkeshtam den an der tadschikischen Grenze entlangführenden kirgisischen Alai-Korridor und schließlich über den Taldyk- oder den Terek-Paß die Basare Dazu Buch IX, *Die Straße der reichen Männer* und *Aufgeräumte Pässe.*
von Osh und anderen Städten in Fergana und jenseits dieser Schüssel. Dort warten sie, hingeworfen auf Plastikfetzen, zwischen startbereiten Bussen, im weggewedelten beißenden Rauch der Schaschlik-Stände abgestoßene Kartonschachteln füllend, auf Grossisten, Käufer und Füsse.

In Dostyk, im Gewimmel zwischen Ständen und Sonnenschirmen, hockt ein Flickschuster im weiß-roten Karohemd. Leimt den Sportschuh eines Jungen. In China drüben, in der *Bärenschlucht-Schuhfirma* von *Ruian-Stadt*, haben sie das Logo in Silberbuchstaben seitenverkehrt aufgeklebt – schreiben wollen haben sie *AIR*.

Die Fahrspur zwischen den Betonelementen mit roten Streifen ist eng. *Ladas* und *Toyotas* drängen sich im kleinen Grenzverkehr. Nebst Schuhen schafft man chinesische Textilien und Plastikwaren von Osh nach Usbekistan hinüber, unterläuft dadurch die von Tashkent betriebene absurde Wirtschaftspolitik. Durch maßlos übersetzte Zölle ruiniert diese den privaten Detailhandel und unterbricht zwischenstaatliche Brücken nicht nur metaphorisch. Grenzhandel als chinesisches trojanisches Pferd.

Vorgestellt habe ich mir 'Himmlische Pferde', synonym mit dem Wort Fergana. Seit drei Tagen sind wir im Tal. Gezeigt hat sich nicht einmal ein wirkliches Roß.

»Die gingen weg, als der Traktor kam.«

S. meint, Leonid habe recht. Aber in Andizhan will er sich nach Pferden erkundigen.

Wie aber hat es sich nun mit den Pferden Ferganas und Alexander dem Großen verhalten?

Der muß einen Grund dafür gehabt haben, über Kyropolis hinaus vorzustoßen und im Sommer 329 v. u. Z. östlich der Grenzstadt des Perserreichs das ultimative Alexandria zu gründen, »Alexandria Eschate«, das 'am weitesten entfernte' oder 'an der Grenze liegende' Alexandria – heute das tadschikische Khojent –, hart am westlichen zugänglichsten Tor nach Fergana, dort wo der der Syr Darya, der Jaxartes der antiken Geographen, aus dem Becken tritt.

Im Hindu Kush und auf dem Weg zum Oxus hat die makedonische Kavallerie erhebliche Verluste erlitten. Auch als sie im Frühsommer des Jahres 329 v. u. Z. über den Oxus setzt?

Auf der Expedition in die Sogdiana eine Brücke über das sechs Stadien breite und unverhältnismäßig tiefe Gewässer zu schlagen, ist keine Option. Das Gebirge, von wo dazu notwendiges Holz heranzuschaffen gewesen wäre, liegt zu fern. Die Zeit drängt. Der persische Königsmörder Bessos hat bereits übergesetzt, drohte sich Gefangennahme und Bestrafung zu entziehen.

Quintus Curtius Rufus (VII, V, 13–19) und Arrian (III, 29, 2–4) erwähnen wasserdichte strohgefüllte Schwimmhilfen aus sorgfältig zusammengenähten Fellen, unter denen die Truppen sich sonst nachts verkriechen. Berichten, es habe fünf Tage gedauert, bis das gesamte Heer am nördlichen Ufer ist.

Selbstverständlich nichts über Pferde. Sind welche ersoffen in der Strömung der Furt, den Wirbeln, nicht durch den schweren weichen Sand der Ufer gekommen? Wenn ja, wie viele?

Listet der Heeresrapport, die *Ephemeriden*, unter Aufsicht von Eumenes von Cardia und Diodotus von Erythrae täglich nachgeführt, die Verluste des Trosses auf? Das Dokument ist verloren, wahrscheinlich als Nearchos, Alexanders Admiral, im Oktober des Jahres 325 v. u. Z. an der Mündung des Indus in See sticht, um entlang der Küste Gedrosiens und Karmaniens – heute das sowohl Teile Pakistans als auch des Iran umfassende Stammesgebiet der Belutschen – zum Persischen Golf zu segeln. Zuvor hat sich aber jemand mit dem Dokument beschäftigt, eine Bearbeitung angefertigt. Ist darin die Angabe weggefallen? Weil es nur eine Handvoll Tiere gewesen sind? Oder hat schon der Heeresrapport sich nicht mit der Lappalie abgegeben, die bei jeder Furt eine Normalität ist? Jedenfalls ist die edierte Version von unbekannter Hand Arrians Quelle, und auch Plutarch benutzt sie. Letzterem können Pferde sowieso egal sein, schreibt er doch nicht Geschichte – in Zentralasien ist die Kavallerie für deren Verlauf ein durchaus mitbestimmender Faktor –, sondern zeichnet mit sittlichem Ziel vierundzwanzig parallele griechische und römische Lebensbilder (*Biographiensammlung*, vor 120 n. u. Z.) – das Alexanders des Großen im Vergleich zu jenem Cäsars.

Nachdem das makedonische Heer also den Oxus hinter sich gebracht hat, geht es nicht lange, bis man Bessos, nackt und durch ein Halbeisen gefesselt – das hat Arrian von Aristobulos, einem Teilnehmer des Asienfeldzugs –, zu Alexander bringt. Der »aber ergänzte seine Reiterei aus den Pferden des Landes dort«.

Sogdien also. Nicht Fergana.

Entsprechen die Pferde Alexanders Vorstellung? Dem Bild, das er aus Persepolis mitgenommen hat?

Bevor er dort Anfang des Jahres 330 v. u. Z. zur Brandstiftung schreitet (oder diese durch eine Unvorsichtigkeit während des Besäufnisses erfolgt – eine durchaus ungeklärte Geschichte), muß Alexander sich bestimmt die phantastische Terrassenanlage angesehen haben, die Dareios I., 'der Tatkräftige' (522–485 v. u. Z.), auf dem felsigen Ausläufer des Kuh-e-Rahmat hatte bauen lassen. Hat man gar einen Ionier herbeigeschleppt – Ost-Griechen leben, wie Söldner aus Arkadien, verbannte politische Dissidenten und private inoffizielle Reisende, seit Mitte des 5. Jahrhunderts nicht nur in den westlichen Satrapien Kleinasiens, sondern auch im persischen Kernland –, einen Ionier also, der, nachdem Alexanders Roß Bucephalos über die Reiterstiege die Terrasse erklommen hat und der Eroberer durch die unter Xerxes I. (484–465 v. u. Z.) errichteten Propyläen und über den Hof in die 'Halle der Hundert Säulen', den Thronsaal, gelangt ist und schließlich vor die Apadana, der Audienzhalle Dareios', ihm die dort angebrachten Flachreliefs entlang der doppelläufigen Treppe entschlüsselt hat. Ihn, während sie die Ostwand entlanggegangen sind, mit der Herkunft der dargestellten Würdenträger bekannt gemacht hat, die alle Völker der Satrapien im Frühling zum Fest *Now-Ruz*, dem Neujahr, nach Persepolis entsandten, um Tribut zu entrichten? Ihn, wissend, daß Alexanders Heimat Thessalien Pferde nährt, auf den Marmortafeln nach abessinischen Giraffen, elamitischen Löwenjungen, links der zweihöckrigen Kamele aus Parthien und Baktrien, dem Gebiet im Norden des heutigen Afghanistan, direkt neben dem Buckelrind der indischen Gandharer, aber noch vor den zwei prächtigen Widdern der Sogdier vielleicht besonders auf ein stattliches Pferd hingewiesen hat. Das Ehrengeschenk der aus den nördlich Hyrkaniens und des Oxus gelegenen Steppen angereisten sechsköpfigen Delegation 'spitzmütziger Saken', der *Saka Tigrachauda*. So nannten aufgrund ihrer Zipfelkapuze, des *baschlik*, die Achämeniden, jenes nördliche Volk, dessen Vordringen aus dem ukrainischen Steppenraum durch das ›Eiserne Tor‹ bei Derbend hinein nach Medien und Persien Dareios hat verhindern wollen.

Die Saken der Perser sind Herodots Skythen. Wie zuvor Dareios, hat Alexander sich mit ihnen herumzuschlagen, sobald er, zwei Jahre nach dem Zwischenhalt in Persepolis, über den Oxus in die nördliche Tiefe vordringen wird.

Das Pferd der Saken, das der Welteroberer auf dem Flachrelief von Persepolis besehen konnte, besitzt keine Flügel, ist kein der Imagination entsprungenes, sondern ein den harschen Verhältnissen der Steppe angepaßtes Tier. Läßt der Stratege Alexander, ahnend, daß Geschwindigkeit das entscheidende Kriegsmittel der Skythen sein könnte, Informationen einholen? Erfährt er auf diesem Weg, daß die Zucht eines einzelnen skythischen Stamms durchaus so viele Ohrenpaare zählen, die separate Grabkammer im Kurgan eines verstorbenen Fürsten ohne weiteres mehrere hundert Rosse enthalten kann?

S. ist der Ansicht, aufgrund des Geschilderten habe Alexander der Große keine Vorstellung von Ferganas 'Himmlischen Pferden' gehabt.

Auf den Baumwollfeldern, die bei der Anfahrt vollkommen menschenleer gewesen sind, wird mittlerweile gepflückt. Für das Fotografieren ist es zu spät. Leonid hat gesagt, er wolle vor der Weiterfahrt nach Kuva mit der *maschina* in Andizhan schnell in eine Garage.

Keine ferganesischen Rosse auch zwischen Akhunbabayew und Andizhan. Weil die Monokultur der Baumwolle die Luzerne verdrängt hat? – das Weidefutter, das die Westlichen Han zusammen mit Traubensamen, Sesam, Gurken und baktrischem Koriander importieren, weil den fremden Pferden lokales Futter nicht bekömmlich ist?

Seit der heroischen zwölfjährigen Expedition (139–126 v. u. Z.) General Zhang Qians in das westlich von Pamir und Tian Shan gelegene Mittelasien in der Hoffnung, mögliche Allianzen gegen die Xiongnu zu schließen, steht in Chang'an das Land Fergana, Dayuan, auf der imperialen Agenda und die ›Westländer-Pferde‹ werden zur Obsession. Nicht nur verknüpft man sie mit allen möglichen Jenseitsvorstellungen, sondern sie sind den bekannten kurzbeinigeren mongolischen Ponys und einheimischen Rössern für die Zwecke der Kavallerie weitaus überlegen. Bewaffnete Reiterei aber muß *die* Priorität sein, soll eine Wiederholung der demütigenden Niederlage der Han-Infanterie im Jahr 201 v. u. Z. gegen 50 000 – 100 000 Kavalleristen der Xiongnu vermieden werden. Im Verbund mit der inzwischen durch den Gansu-Korridor verlängerten Großen Mauer soll, das die Idee, die Reiterei zudem 700 000 Neuansiedler effektiv vor den jährlichen nomadischen Überfällen schützen.

Leider schlagen die Versuche, mit diplomatischen Werkzeugen Pferde zum Aufbau einer Zucht zu erhalten, fehl. Sowohl die pferdezüchtenden Yüezhi im Ili-Becken am Balkhash-See wie auch die Bewohner Ferganas verweigern den Tausch einiger Tiere gegen das Angebot der Han – immerhin tausend Stücke Gold sowie die goldene Statuette eines Pferdes – und enthaupten die chinesischen Gesandten, die ihren Ärger über nomadische Widerspenstigkeit nicht verborgen haben. Unter Kaiser Wudi (141–87 v. u. Z.) erfolgt die Strafexpedition unverzüglich. Im Jahr 101 v. u. Z., nach vierjährigem Krieg, in dem die ferganesische Bevölkerung aufgrund des unklugen Entschlusses ihres Königs viel Blut vergießt und jenen deshalb gleich selbst liquidiert, hat Li Guanglis Heer von 100 000 Mann Fergana unterworfen. Der General kehrt heim nach Chang'an mit dreitausend Pferden. Diesen folgten von da an jährlich immer zwei weitere als Tribut.

Das 'Himmlische' wird bald zum 'Fliegenden Pferd', im gestreckten Galopp mit der rechten Hinterhand leicht den Rücken einer vorbeischießenden Schwalbe berührend. So wenigstens formt der anonyme Künstler die anschließend in Bronze gegossene und vergoldete Statuette, die sich in einem Grab im Gansu-Korridor erhalten hat, das *Flying Horse of Gansu*.

Ich fror im Gansu-Korridor. Der Dezembermorgen im Jahr 1987 war purer Kristall. Der Atem beschlug die Mattscheibe der Kamera. Der dunkle Balken der Großen Mauer wurde unscharf und milchig. Mit dem Schal rieb ich das Glas und stellte mir die auf dem Kopf stehende Komposition umgekehrt vor. Ich verharrte eine weitere Minute, vielleicht auch zwei unter dem schwarzen Tuch – bis das Glas vollständig blind war. Dann schlug ich es über die Standarte und den Balg der Kamera, um zur Belichtung der Aufnahme eine Planfilmkassette in Zhou Guangshis

Toyota zu holen. Kaum ein Schritt neben meinem Stativ mit der *Sinar* stand ein junger Hirte, eingeschlagen in steifem zusammengenähtem Schaffell, das die rauhreifbesetzten Erdklumpen berührte. Bis auf die Augen verbarg ein weißer Kälteschutz das Gesicht des Hirten. Windstöße hoben die wattierten Ohrenklappen seiner Mütze. Sonst bewegt sich nichts in diesem Bild. Zhou, der beste Fahrer der Provinz Gansu kam in seiner blauen Daunenjacke herüber. Der Junge blieb stumm. Stumm ging er weiter. Ich sah ihm nach, bis er in einer Senke verschwand, um der Herde seiner Rösser zu folgen.

Im ganzen Korridor zwischen <u>Lanzhou und Jiuquan</u> gab es kein Restaurant, an dessen Kühlschränken, bespuckten Wänden und zerbrochenen Fensterscheiben sich nicht Kleber mit dem *Flying Horse of Gansu* befunden hätten. Kein Hotel, wo nicht in allen Größen Repliken aus zuckrigem Gips, grüner Jade und schwarzem Kunststoff angeboten wurden und dessen Briefpapier es nicht schmückte. Es flog über die parallelen Spalten mit den gefahrenen Kilometern und den Rechnungsbeträgen, welche mir Zhou Guangshis Arbeitseinheit, seine *danwei*, am Ende jeder Etappe zukommen ließ. Ich wunderte mich, daß das Roß nicht auch die frischen *FEC*, die *Foreign Exchange Certificates* zierte, die als Zahlungsmittel an Ausländer abgegeben wurden und hinter denen die Chinesen her waren, konnten sie doch damit im *Friendship Store* Gegenstände kaufen – eine Stange *Marlboro* etwa –, die als Geschenk an den Vorgesetzten der *danwei* zum Neujahr das Weiterkommen innerhalb der Einheit befördern konnte, ohne den Verdacht auf Bestechung zu provozieren. Die Silhouette des *Flying Horse of Gansu* verfolgte mich von Liaoning im fernsten Osten bis nach Xinjiang im wilden Westen, verließ mich weder bei den Tibetern von Labrang noch in der Autonomen Region der Inneren Mongolei – es war das Logo der chinesischen Tourismusbehörde.

S. anerkennt die persönlichen Gründe für meinen Besuch in Fergana. Ungeachtet der vorgesehenen Klärung einiger Merkwürdigkeiten im Zusammenhang mit der <u>Baumwolle</u> könnten wir auf dem Fergana-Abschnitt unserer Reise weiterhin auf Pferdesuche bleiben, meint er. Noch hätten wir im Tal dazu zwei Tage. Aber wie denn die Chinesen in der Frage der Rosse vorangekommen wären?

Die Tang übernehmen im Jahr 618 die Macht. Zu diesem Zeitpunkt äsen in Gansu 5000 Pferde. Fünfzig Jahre später sind es nördlich des Flusses Wei 700 000. Das Pferd symbolisierte die militärische Macht der Tang und verkörpert unter den Völkern Asien deren herausragende Majestät und kulturellen Vorrang. Ohne Pferde ist der Ferntransport von Truppen und Nachschub im Rahmen der Bekämpfung der mobilen Nomaden unmöglich. So abhängig ist die Dynastie von der Kavallerie, daß, nachdem eine Seuche 180 000 Tiere hingerafft hat, im *Buch der Tang* (*Xin Tang shu*, verfaßt von Ouyang Xiu, 1060) der Satz zu lesen steht:

Dazu Buch X, *Römer in China?*

Dazu Buch V, *Das 'tartarische Pflanzen-Schaf'.*

»Pferde sind der militärische Grundpfeiler des Staates; wenn der Himmel diesen Grundpfeiler nimmt, gerät der Staat ins Taumeln und wird fallen.«

Zügel dürfen konsequenterweise also nur in den Händen der Aristokratie liegen, und so untersagt ein kaiserlicher Erlaß ab dem Jahr 667 Handwerkern und Kaufleuten, sich mit der Reitkunst zu befassen. Damit wird nur mehr offiziell, was schon zuvor traditionelles Privileg von Diplomatie und Außenbeziehungen ist. Jedoch hat das Verbot noch einen andern Grund, der wiederum im Himmel liegt.

Nach altem Glauben sind Pferde mit unverletzlicher Heiligkeit sowie wunderbaren Eigenschaften ausgestattet; sind göttlichen Ursprungs und gemäß einem tief verehrten Mythos mit dem Drachen verwandt, den ja auch das Konzept des *feng-shui* in Zusammenhang mit den undurchdringlichen mysteriösen Kräften des Wassers bringt. Solche Vorstellung scheint der Bericht des berühmten Pilgers Xuan Zang zu bestätigen, wonach im turkestanischen Kucha, außerhalb der Grenze Chinas, sich im Drachensee vor einem der buddhistischen Tempel die sich in ihrer Gestalt wandelnden Drachen mit Stuten paaren sowie, daß die der Verbindung entspringenden Fohlen heftiger Natur und nur schwer zähmbar seien. Das aber ist eine alte Legende, die viel weiter westlich ihren Ursprung hat, nämlich im Iran, wo Drachenpferde schmückendes Motiv auf Silbervasen sind. Der Han-Kaiser Wudi hat, als Nebeneffekt der erwähnten militärischen Maßnahmen, der Vorstellung zum Durchbruch verholfen, die Modelle dieser Kreaturen weideten in Fergana, und die im 2. Jahrhundert aus dem Tal nach China importierten Exemplare mit den mythischen Drachenpferden identifiziert. Tatsächlich handelt es sich bei diesen Rossen aber um Vettern der in ganz Eurasien berühmten und von Herodot (VII, 40) erwähnten 'blutschwitzenden' Art, die in der Ebene von Nisa in Medien gezüchtet wird und die Kavallerie der persischen Könige bestückt.

Daß jene sich an die Meder halten ist naheliegend, denn nach Herodot (I, 103) sind diese es gewesen, die Ordnung in das Durcheinander der asiatischen Streithaufen gebracht und Verbände von Lanzenträgern und Bogenschützen sowie die Reiterei eingeführt haben.

In China ist die Kavallerie bereits Qin Shi Huangdi (221–210 v. u. Z.) bekannt gewesen. Pferde militärisch genutzt hat der erste Kaiser indessen kaum, dem das Erlangen der Unsterblichkeit als Hauptbeschäftigung galt, aber solche, nicht leibhaftige wie die Skythen, sondern Abbilder aus gebranntem Ton, zusammen mit 7000 Soldaten einer Terrakotta-Armee mit ins Jenseits genommen.

Im März 1974 von Bauern beim Graben eines Brunnens entdeckt, wird in den darauffolgenden Jahren ein Fünftel dieser tönernen Leibgarde im Osten des bis heute ungeöffneten imperialen Grabhügels bei Lintong ausgegraben, um Detachements restaurierter Generäle, Stangenwaffen tragender Offiziere, von Bogenschützen, knienden und im Ausfallschritt befindlichen, von Fußsoldaten in Waffenrock und epaulettenbesetztem Panzer, einschließlich eines Wagenlenkers und Exemplaren der Pferde als *Goodwill*-Ambassadoren, zuerst des politischen Tauwetters und dann als Verkörperung chinesischer Produktionskapazität, in die Museen der Welt zu verlegen. Bis konservatorische Probleme Einhalt gebieten, Plachen über die angegrabenen Schächte und ein Hangardach über den Fund geworfen werden. Darunter rückt man dann ein paar Hundert der entblößten Krieger nach der ursprünglichen Truppenformation in Reih und Glied und baut darumherum einen Umgang für die Touristenheere.

Ich war gespannt auf die vier lebensgroßen tönernen Quadrigapferde, welche zehn Arbeiter an einem kühlen Tag im April 1990, Eisenstangen und Gurte benutzend, verschiedenen Sektionen der Truppenordnung entnommen und so auf gelötete Eisengestelle gehievt hatten, daß die Bäuche in die mit Schaumstoffstücken gepolsterte Wanne zu liegen kamen und die Hufe eine knappe Handbreite über dem Brett blieben, auf welcher die improvisiert anmutende, aber sehr zweckmäßige Vorrichtung festgeschraubt war. An Scharen überraschter Besucher von Qin Shi Huangdis Anlage vorbei hatten sie die Rosse mit dem Elektrogabelstapler zur Werkstatt gefahren, wo sich unser improvisiertes Fotostudio befand. Zuvor hatten wir schon ausgewählten Exemplaren der Krieger ins Antlitz geblickt, mit sorgfältiger Lichtführung die realistischen Details der Frisuren und Kleidung herauszuarbeiten versucht. Bei den Pferden wurden wir verwegener, verzichteten darauf, sie ganz darzustellen, wandten die Fachtechnik von Scheimpflug an, um mit gestochener Schärfe die Nüstern oder den gescheitelten Stirnschopf zu betonen. Die Auftraggeber in Dortmund mußten akzeptieren, was wir nach Hause bringen würden, der Katalog würde im Druck sein, wenn Krieger und Pferde, ellendick mit weißem Mull umwickelt – an ganzer Gestalt Blessierte, in Kisten verpackt auf Lastwagen über die Berge von Shanxi und Hebei zur Abfertigung nach Beijing fuhren. Dann also brachten die immer zum Scherz bereiten Arbeiter endlich den gepanzerten Kavalleristen und sein gesatteltes Pferd – nebst den beiden von der Verwaltung auf die Stunde genau und mit exakt definierten Aufnahmewinkeln festgelegten Ansichten der Halle Höhepunkt der dreiwöchigen Übung, insgesamt neunzig Ausstellungsobjekte zu fotografieren. Es dauerte einen ganzen Morgen bis das bronzene zweigliedrige Trensengebiß korrekt im Maul des Pferdes lag, das aus abgerundeten und kantigen, auf Kupferdraht gereihten Schmucksteinen bestehende Kopfgestell über die kantigen Backenknochen und hinter den aufstehenden Ohren herumgeführt und die immer wieder verrutschenden S-förmig geschwungenen Knebelstangen, welche die Verbindung zwischen den zwei Strängen des Backenstücks herstellt, mit Seidenfäden so fixiert war, daß einer, der etwas von Pferden versteht, auf der Aufnahme die antike Fachschaft erkennen würde.

An einem der freien Sonntage ließ ich mich von der aus der Schweiz mitgekommenen Assistentin dazu überreden, in die Hügel hinter dem Schwefelbad
von Lintong zu reiten, wo wir untergebracht waren. Die Pferde gehörten einem
Bauern. Er legte ihnen Hanfseile um, hieß uns aufsitzen und ging weg. Die Pferde
schienen den Weg zu kennen, gerieten auf den Feldwegen bald in Trab und dann
in Galopp, in Richtung einer militärischen Anlage auf der Hügelspitze. Aus der
Ebene war dann der Sohn des Bauern herangeprescht, hatte mein Pferd am Hanf-
seil genommen — im Gegensatz zu mir wußte die Assistentin mit Pferden umzugehen — und uns auf steil abwärtsführendem Waldpfad aus der Gefahrenzone
weggeführt, vorbei an einem rotbemalten Pavillon, wie er in China neben jeder
bizarr gewachsenen Pinie steht und an freien Tagen fröhliche trinkende Scharen
anzieht. Solche waren uns unablässig entgegengekommen und hatten mein Pferd
weiter irritiert. Schließlich hatte es mich zum dritten Mal heruntergeworfen, auf
einer Lichtung, vor den Augen der Ausflügler. Deren Gelärme hatte im Holz
einen Hasen aufgeschreckt, und das Tier war im Haken unter den Bauch meines
genervten Rosses geraten.

Der Bauernsohn lachte mich aus.

Nur 'Söhne des Himmels' tragen Pferde zu den Unsterblichen. Vorausgesetzt
es handelt sich eben um solche der 'blutschwitzenden' Art. Wie jenes, das man im
Jahr 113 v. u. Z. bei Dunhuang einfängt und Kaiser Wudi vorführt. In freudiger Erwartung der angekündigten Lieferung dreißig solcher Wunderwesen aus den ›Westländern‹ komponiert der Kaiser ihnen einen Hymnus, den — in der Übertragung
von Arthur Wayley (*The Heavenly Horses of Fergana: a new view*, in: History Today, February 1955) — er mit
folgenden Versen enden läßt:

> »The Heavenly Horses are coming;
> Open the gates while there is time.
> They will draw me up and carry me
> To the Holy Mountain of K'un-lun.
> The Heavenly Horses have come
> And the Dragon will follow in their wake.
> I shall reach the Gates of Heaven,
> I shall see the Palace of God.«

Je weiter sich im Lauf des 7. bis 8. Jahrhunderts die Herrschaft der Tang in Richtung der ›Westländer‹ ausdehnt, desto näher kommen die von dort für spirituelle
Zwecke eingeführten Pferde der idealen Vorstellung, wassergeborene drachenhälf-
tige Wesen zu sein, denn schließlich weiß man sie nun auf den bewässerten Auen
des Protektorats Kang weiden, der Oase Samarkand am Zerafshan.

S., dessen Familie aus Samarkand stammt, freut sich darauf, mir seine Stadt zu zeigen.

Nicht auf der europäischen Einfallsroute Alexanders und dem Weg des Buddhismus dorthin zu gelangen, sondern mit China im Rücken bedeutet aber, unterwegs zu sein auf den Routen der ungezählten Schuhe. Die aber überlagern sich mit den Verbreitungswegen ungekehrter Richtung der S-förmig geschwungenen Knebelstange des Terrakotta-Pferdes von Lintong. Die aber wiederum ist vor 2500 Jahren mit den Skythen aus der ukrainischen Steppe und Südsibirien in das Becken des Wei gelangt.

Der Gurkenhüter

Sovhoz, 26. September 2002, Mittag. — Dilmurad tanzt auf der Straße zwischen Dostik und Akhunbabayev.

Kopfhörer, groß wie Auberginen, drücken seine Wangen. Das Radio sitzt am Gürtel. Auf dem Leibchen springt der Puma; die Trainingshose hat drei weißen Streifen. Der Zehnjährige ist ein Angehöriger des globalen *Adidas*-Clans.

Unter den Platanen, wo die Böschung an die Felder stößt, ein zeltförmiger Unterstand. Über gespannte Tuchbahnen verteilt Dornengestrüpp, daran verhakt mehrere Lagen von Zweigen mit trockenem Laub. Im Innern ein eisernes Bettgestell, darauf die dünne Matratze, eine geblümte Decke und eine weitere zusammengerollt, ohne Leinenbezug.

Dilmurads Mutter ist auf dem Markt an der Grenze. Der Junge bewacht die Gemüsepflanzen der Familie.

Leonid holt sich vom Feld eine Gurke. In Fergana darf man das seit Barburs Tagen, und deshalb bringt es den Pantomimiker auf der Straße nicht aus der Fassung.

Pahasonic und Sonv

Hodjaabad, 26. September 2002, Nachmittag. — Die *Highschool*-Schülerinnen – sie kommen aus den Universitäten, mit denen Vater Karimow gegen Ferganas Medresen antritt – sind auf den Baumwollfeldern. Im Landdienst, den Bauern zu helfen. Schwarze, glänzende, blumengeschmückte Zöpfe quellen aus den *Nike*-Schirmmützen. Die Dorfbengel kauen Halme, fuchteln mit eckigen Sicheln. Tragen zerschlissene Wollstrümpfe, mit Hanfschnüren verzurrte Galoschen, Leibchen. Jeder ist irgendwo ein *Boss*. Als S. ihnen erklärt, mich interessierten die Bilder auf ihren Kleidern, reißt einer das geöffnete Baumwollhemd zur Seite, drückt die schmale Brust nach vorn. Zeus nicht Adler, sondern papageienschnabliger Falke mit weit geöffneten Goldschwingen, Ganymed ein grinsendes Ferkel, darunter *Male Hawk*. Ein anderer zeigt den roten *Nike*-Haken mit dem unverzichtbaren Fußball, dazu halbbogig das Wort *ɔschism*. Wie spreche ich es aus? Was mag der Chinese im Sinn gehabt haben? *Fashion (fashɔn)*? Oder gar *fashizɔm*? Kennt man im *sweatshop* im Pearl-River-Delta dieses Wort?

Die Suche nach den Roßzüchtern

Kuva, 26. September 2002, Nachmittag. — Der stellvertretende Direktor des *Fergana Regional Museum*, Herr Nodarjon, sucht das vorbuddhistische Kuva. Er vermutet es unter dem nackten Erdhügel, auf dem wir stehen. Ein Gelände etwa so groß wie zwei stirnseitig aneinanderstoßende mittlere Fußballfelder, um das herum Kuva beschlossen hat, eine gesichtslose kleine Stadt zu werden.

Herr Nodarjon fällt dem Hügel nicht in die Flanke, sondern gräbt vom abgeflachten Rücken her in die Tiefe. Mit Bändern sind Felder markiert, Burschen beseitigen die deckende Schicht, die sich ablagerte, während auf dem Hügel nichts geschah — achtzig Jahre sowjetisches Imperium, etwa ein halbes Jahrhundert zaristische Administration, zuvor das Khanat Kokhand. Dann, in retrospektiver Reihenfolge — sichtbar durch welche materielle Hinterlassenschaften? — die ganze Chronologie: Astrakhaniden, Shaybaniden, Timuriden, Mongolen — die dringen nicht nach Kuva hinauf, begnügen sich, Samarkand im Auge, mit Khodjend, Sitz von Muhammad II. Ala ad-Din, des Sultans von Choresmien, dem westlichen Zugang des Tals. Vor dem mongolischen Sturm die Seldschuken, Karakhaniden, Samaniden, Umayyaden; Uiguren und Tang; Sogdier, Kushan und Yüezhi; die Westlichen Han und die Xiongnu.

Soweit die Konstellationen um Fergana herum. Und die Fergana, die Roßzüchter? Möglicherweise sind die die Parianer, die Plinius (*Naturkunde*, VI, 48) und Pomponius Mela (*De choreographia, Beschreibung von Regionen*, I, 13) erwähnen, ein Volk, das nördlich der Sogdier und Baktrier am Oberlauf des Jaxartes, also im Fergana-Tal, siedelt.

Die Periodisierung ihrer Kulturschichten sei kontrovers, sagt Herr Nodarjon. Allgemein sei aber akzeptiert, daß die regionale Surabasat-Kultur am Ende des 4. Jahrhunderts v. u. Z. die früheisenzeitliche Ejlatan-Kultur abgelöst und bis zum Ende des I. Jahrhunderts n. u. Z. gedauert habe. Ihr sei dann die Marchamat-Kultur gefolgt, die bis ins 5. Jahrhundert n. u. Z. also nicht ganz bis zur Ankunft der Tang nachgewiesen sei.

Die Surabasat sind also Zeitgenossen Alexanders und die Kidnapper von Zhang Qian? Fanden sich Pferdeskelette in den Kurganen?

Nicht, daß er wüßte. Gelegentlich etwas Schmuck. Einige Gefäße aus Keramik. Die Toten bestattet in einfachen Erdgruben, mit dem Kopf im Westen. Zadneprovskij habe aber Steinplatten mit Pferdedarstellungen gefunden.

Städte?

Bestimmt der bekannteste Platz der Marchamat-Leute sei eine gewesen.

Befestigt? Gegen Überfälle der Nomaden, das Ärgernis der Seßhaften.

Marchamat umgab eine Mauer mit vielen Türmen, an andern Orten besaßen sie Burgen. Alles gebaut aus rechteckigen Lehmziegeln. Daneben aber auch Flachsiedlungen in der Ebene und auf Terrassen über dem Syr Darya.

Mit was Herr Nodarjon in Kuva rechne?

Knochennadeln, Wetzsteine. Chronologisch interessanter wäre Küchenware aus geometrisch bemalter Keramik aus der der Ejlatan-Periode vorangehenden, aber schon als früheisenzeitlich zu bezeichnenden Cust-Kultur, deren Anfang man auf die 2. Hälfte des 2. Jahrtausends v. u. Z. lege. Zadneprovskij habe solches Material in Osh gefunden. Am liebsten wären ihm natürlich Getreidekörner, eine Bestätigung, daß dort Seßhafte Ackerbau betrieben.

Und wenn Herr Nodarjon weiter zurück ginge, in die Zeit vor den Cust-Leuten?

In Fergana könne man mit Fundstellen der aus dem Einzugsgebiet des Ili und des Balkhash-Sees bekannten mittelbronzezeitlichen Andronovo-Kultur rechnen, genauer auf solche der Andronovo-Tazabagjab-Kultur. Litvinskij und andere hätten Keramik mit eingestochenen Verzierungen gefunden.

Mit dem Zeigfinger zeichnet Herr Nodarjon Zickzackbänder und schraffierte Dreiecke in den Staub.

Die Toten der Cust waren seitlich ruhende Hocker. Hatten manchmal einen Ring oder auch Perlen mit.

Perlen? Aus dem Persischen Golf?

Möglich. Vielleicht gegen Kupfer eingetauscht. Litvinskij fand in der Nachbarschaft von Siedlungsplätzen Schlackehalden und Gußformen. Metallurgie in Fergana ist wahrscheinlich.

Die an Kuvas Oberfläche beschäftigten Burschen haben eine Zigarettenpause eingelegt und sind hinzugetreten. Sie tragen dunkle Bundfaltenhosen. Gewöhnlich sieht man solche Burschen an Orten herumhängen, wo Mädchen vorbeigehen.

Hinter der Grabung ein Objekt aus Winkeleisen. Wie ein Triangulationspunkt auf einer alpinen Höhe. Ist aber irgendeine verehrte Stelle. Zwei übereinanderstehende pyramidale Gestänge; genau im Zentrum des äußeren hohen und vierbeinigen das innere spitzwinkligere nur zur Brust reichende. Im Dreieck zwischen dessen Beinen angekohltes Papier. Ans Gestänge geknüpft unzählige kurze Stoffbändel und daran die Hoffnungen gläubiger Musliminnen.

Einige Schächte der Grabung von Herrn Nodarjon sind bereits tiefer geraten. Darin schaufeln ältere Männer. Auf den kahlen verbrannten Schädeln die *tubijtejka*, die farbig bestickte usbekische Mütze aus Kord und Samt.

Herr Nodarjon, er ist jünger als diese erfahrenen Ausgräber, aber älter als die Burschen in den Bundfalthosen und trägt die unvermeidliche Schirmmütze, hat mich auf die grasbewachsene Kuppe am Fuß der Rückseite des Hügels hingewiesen, auf eine Stelle, wo regelmäßig eine Fräse aufkreischt. Die Kuppe direkt neben der Möbelschreinerei bedecke das Fundament eines buddhistischen Tempels. Die figürliche Darstellung auf dem gebrannten Tonfragment, das er aus der Hosentasche geholt hat, sei noch nicht bestimmbar, aber gewiß kämen die ergänzenden Reste noch zum Vorschein. Man befände sich, bis auf absehbare Zeit, eben noch in der Epoche, als in Fergana der Buddhismus die vorherrschende Religion war. Ziel der Grabung sei aber, wie gesagt, möglichst genaue Aufschlüsse über die Lebensumstände im Kuva der Bronzezeit zu gewinnen.

Am zur Straße gewandten Rand des Hügels steht die Statue eines Sufi, aber S. kann nichts über ihn in Erfahrung bringen. Die Schließerin des Museumpavillons am Fuß der Treppe sei bereits nach Hause gegangen oder bei einer Besorgung. Womöglich hätte der *aksakal* aber mit dem Betplatz hinter der Ausgrabung zu tun.

Leonid, der in Andizhan keine gute Autowerkstatt gefunden hat und nun die beste Kuvas sucht, ist noch nicht zurück.

S. und ich hocken auf dem Mäuerchen der Terrasse, im Schatten des Sufi oder Sängers, der uns nichts sagen kann, und blicken hinüber zur Seidenstraße. Vor dem Hügel, dem Schoß Kuvas alter Geschichte, ist sie Hauptstraße der heutigen Stadt. Affektiert bocken versteifte Hochzeitskleider an den zwischen Nadelbäumen und Birken, hart an der Fahrbahn aufgerichteten Stangen, wenn der Wind in sie fährt. Überallhin setzt sich Ferganas grauer Staub, nur nicht, scheint es, auf diese Keuschheit.

In der Epoche, durch die Herr Nodarjon jetzt gerade geht, hat sich unter den nördlichen Nomadenstämmen eine von den Xiongnu angeführte Föderation gebildet. Sie dominiert die Gebiete zwischen den Seen Baikal und Balkash sowie jene der Yüezhi in den Oasen des Gansu-Korridors und am nordwestlichen Randgebiet der indischen Welt.

Diese Regionen werden in der Regierungsperiode von Kaiser Wendi (180–157 v. u. Z.) aber auch Gegenstand der expansionistischen Ambitionen der Han, die damit die Idee der späteren Seidenstraße begründen. Exportwege nach Da Qin, Rom oder zumindest ins römische Syrien, kommen aber für mindestens noch ein Jahrhundert nicht in Frage, denn vordringlicher sind Maßnahmen zur Koexistenz mit den Nomaden. Beschwichtigungspolitik scheint das geeignetste Mittel, die nomadischen Inkursionen berechenbar zu machen. Im Jahr 198 v. u. Z. wird ein *heqin*-Bündnis geschlossen, in dessen Rahmen die Han ihre Prinzessinen an Nomadenfürsten verheiraten und mehrmals jährlich vereinbarte Mengen von Seide überstellen. Das Abkommen ist jedoch zweischneidig. Die Xiongnu erdreisten sich im Lauf der Zeit zu immer höheren Forderungen, die den Staatshaushalt der Han zunehmend belasten, und gleichzeitig werden diese zum Spielball interner nomadischer Machtkämpfe, indem jeder aufstrebende Fürst seinen Führungsanspruch unter den Stämmen mit militärischen Erfolgen gegen die Chinesen zu untermauern sucht. Zur Zeit Kaiser Wendis nötigen die Xiongnu die Han dann gar zu einer Revision des bestehenden Abkommens. Der Friede kostet jene fortan tausend Goldstücke im Jahr und erfordert Investitionen in die von den Nomaden gewünschten Grenzmärkte.

Der Staatsmann und Gelehrte Jia Yi (gestorben 169 v.u.Z.) sieht in dieser neuen Einrichtung allerdings auch eine Möglichkeit, die endgültige Schwächung der Nomaden durch Angewöhnung an die chinesischen Exporte und damit einhergehende Verweichlichung zu erreichen.

Jedenfalls kommt es zur ökonomischen Penetration, und entlang der Großen Mauer herrscht während der Regierung von Jingdi (157–141 v.u.Z.) und Wudi (141–87 v.u.Z.) reger Tauschhandel. Die Xiongnu-Nobilität erfreuen die aus Seide, Lack- und Jadewaren bestehenden kaiserlichen Luxusgeschenke, die nomadischen Sippenverbände wiederum der Reis, deliziöse Grillwaren und der Reisschnaps.

Den im vereinbarten Rahmen des *heqin*-Bündnisses gewahrten Zustand latenten Krieges oder fragilen Friedens beendet dann im Jahr 134 v.u.Z. abrupt die Initiative des hinterlistigen chinesischen Grenzhändlers Nie Wengyi. Er schlägt eine List vor. Eine Provokation soll die Reiterei der Xiongnu in einen Hinterhalt locken; dort soll das Heer der Han, 300 000 Mann insgesamt, eingeteilt in Infanterie, Kavallerie und Verbände von Streitwagen, sie aufreiben. Die Xiongnu erkennen die Falle, machen kehrt vor der Klus. Nun ist totaler Krieg unausweichlich.

Deshalb wird ab dem Jahr 133 v.u.Z. am Hof die Strategie gegenüber dem nomadischen Feind erörtert. Zur Wahl stehen Defensive oder Expansion. Letztere betrifft auch die Kontrolle der westlichen Einfallsstraßen. Als 129 v.u.Z. der Krieg ausbricht, hat sich der Drang nach Westen als das Offensichtliche erwiesen. Zusätzlich bestätigt in der Debatte sehen sich die Falken gegenüber den Tauben, als im Jahr 126. v.u.Z. nach zwölfjähriger Gefangenschaft und Odysee durch Baktrien (Daxia) und Fergana (Dayuan), der General Zhang Qian wieder in Chang'an eintrifft – optimistisch, in Zentralasien könnten sehr wohl Verbündete gegen die Xiongnu gewonnen werden.

Vorbedingung der Erschließung des Westens ist aber nach wie vor die militärische Überlegenheit in den Gebieten der Xiongnu. Nach einer ersten Niederlage im Ordos, dem Territorium innerhalb der Schlaufe des Gelben Flusses, im Jahr 127 v.u.Z. kommt es sechs Jahre später zur zweiten schweren Niederlage der Nomaden. Sie verlegen daraufhin ihren Hof hinter die Wüste Gobi. Die Han wiederum öffnen sich mit der Besetzung von Fergana im Jahr 101 v. u. Z. das Paßland in die ›Westlichen Regionen‹, und die dortigen Barbarenreiche müssen erkennen, daß der Reichweite der chinesischen Armee keine Grenze gesetzt ist. 12 550 *li* (ca. 8000 Kilometer) von Chang'an entfernt, wird Fergana vorgeschobene Basis, das Sprungbrett zur Eroberung der turanischen Ebene zwischen Jaxartes und Oxus, zwischen Gui und Amu He.

Das *Hou Hanshu* nennt für die ›Westlichen Regionen‹ sechsunddreißig Königreiche, die sich zur Zeit Wudis unter chinesischer Kontrolle befunden haben – darunter Dayuan (Fergana), Liyi (Sogdien) und Kangju (Tashkent mit Talas und dem mittleren Jaxartes-Becken).

An zahlreichen Orten gibt es militärische Landwirtschaftkolonien, jede besetzt mit fünfhundert Soldaten. Ihre vordringliche Aufgabe besteht darin, die Versorgung vorbeiziehender Heerestruppen zu gewährleisten, denn wenn die Han im Lauf der über zwei Jahrhunderte über immense Distanzen geführten Feldzüge gegen die Xiongnu eine Sache zu lösen gelernt haben, dann ist es das logistische Problem des Nachschubs. Dieser ist gänzlich um das Leistungsvermögen des Ochsen herum organisiert, dem Zugtier nicht nur der Wagen mit der Truppenversorgung, sondern auch jener mit dem Futter für das Vieh. Zwanzig Scheffel Weichweizen sind pro Tier für einen 300tägigen Marsch veranschlagt, pro Soldat achtzehn Scheffel Reis. Aber dann zeigt sich, daß Ochsen länger als drei Monate den harschen klimatischen Bedingungen der Wüste nicht widerstehen. Sinnlos also, solche Mengen von Versorgung mitzuführen, deren Rest nach dem Ausfall der Zugtiere zu schwer sind, als daß der Soldat sie selbst zu tragen vermag. Deshalb hat kein Feldzug der Han gegen die Xiongnu jemals länger als hundert Tage gedauert.

Während die Han aus ihren Erfolgen und Krisen Lehren gezogen haben, schwächen im Verlauf des I. Jahrhunderts innere Auseinandersetzungen die Xiongnu. Nicht nur kommt es dabei zu Spaltung der Stämme in Nördliche und Südliche Xiongnu, sondern der Stolz der Nobilität erliegt der Vernunft sowie der Einsicht, daß gemeinsam mit allen andern umliegenden und ferneren Völkern ein Vasall der Han zu sein sowie deren Angebot eines Tributfriedens zu akzeptieren unter den gegebenen Umständen das beste ist. Damit ist die Hegemonie der Xiongnu über die ›Westlichen Regionen‹ für alle Mal gebrochen.

Der entscheidende Schritt bei der Expansion der Han nach Fergana ist indessen die Sicherung des Gansu-Korridors gewesen. Wie ein Keil schiebt sich diese Passage zwischen die Xiongnu und ihre Verbündeten im tibetischen Vorland; an ihrem Ausgang, wo beidseits die Bergketten zurücktreten, liegt die neu eingerichtete Kommandatur Jiuquan und verkörperte chinesische Kontrolle von Dauer.

Verläßt man Jiuquan, erstreckt sich bis Jiayuguan eine bleiche Ebene. Ihm abgetrotzte Rapsfelder. Sandige Flächen. Halbwüste. Schließlich Kieselwüste.

Am 30. April 1987 lag jene grau und flach unter dem regnerischen Himmel. So flach und ereignislos, daß ich mich fragte, auf was denn der Fahrer der Kulturbehörde von Jiayuguan, Knoblauchdunst imprägnierte ihn schon am Morgen, zuhielt, um das Grab nicht zu verfehlen. Aber schließlich war es nicht seine erste Fahrt dorthin. Keine zwei Meter vor der verschämten Erhebung hielt er an.

Der Einstieg ins Grab befand sich etwas abseits. Wir gingen auf den Bauch, drehten uns, stießen die Beine hinab ins Dunkel, und nachdem sie die Sprossen der Leiter gefunden hatten, stiegen wir ab zu einem Tunnel, zwängten uns gebückt darin vorwärts, kamen nach ein paar blinden Metern in den hohen *dromos* und betraten durch den Entlastungsbogen das Domikalgewölbe, in dem noch die Wärme des Vortags hockte und wo der Knoblauch meines Vordermanns endlich dem dumpfen Atem der grauen Ziegel wich. Sorgfältig geschichtet, trugen diese Ziegel den spitzen Dom, den eine quadratische Platte schloß. Im Licht der Taschenlampe erschienen ins graue Ziegelwerk eingelassene szenische Darstellungen auf dem ockerfarbigen Grund hochgestellter Ziegel, gefaßt von breiten Bändern in der Farbe von ausgetrocknetem Blut.

Bauern, das baktrische Kamel, den Ochsen, am Nasenring führend oder hinter dem Pflug am Doppelgespann. Jäger zu Pferd, das flüchtende Reh im Sprung vom Pfeil getroffen. Vor Küchengefäßen kniend zwei Frauen, Hühner rupfend. Eine Herde fliegender Rosse, daneben der peitschenschwingende Hirt. Bauschige Kleidung und Frisuren der Gestalten, die Tierkörper in feinen kühnen schwarzen Pinselstrichen erfaßt, aber ihre Bewegung nicht aufgehalten. Fast heitere Szenen des Alltags. Fernab der Feldzüge zur Zeit Moduns – Sohn des Tumen, unter dem die Xiongnu im Norden politisches sowie militärisches Gegengewicht der Streitenden Reiche (481–221 v. u. Z.) geworden sind –, als jener, zum *shan yu* der Xiongnu aufgestiegen, den Ordos zurückeroberte, aus dem Meng Tian, des Ersten Kaisers berühmter Kommandant über 300 000 an der Großen Mauer stehende Soldaten, die Nomaden zuvor vertrieben hat. Ein nomadisches Skizzenbuch, für den in der Epoche der Wei-Dynastie (220–265) verstorbenen Stammesfürsten gemalt, ein Dreivierteljahrhundert bevor vom Wei-Fluß die ersten Han-Siedler den Gansu-Korridor heraufgekommen sind.

S. fragt, ob ich eigentlich immer nur dorthin reise, wo zuvor bestimmt schon jemand gewesen ist.

Eigentlich schon, antworte ich. Dadurch komme ich nicht auf die Idee, irgendwo der erste zu sein.

Das sei doch eine gute Sache. Zu fotografieren gäbe es bestimmt auch an solchen Orten genügend Dinge. Zudem könne ich ja ein Buch darüber schreiben.

Das überlasse ich lieber andern.

Wozu dann die Notizen?

Damit ich weiß, was nicht auf den Fotos ist.

Ob ich denn glaube, Fotos seien nicht wahr.

Gewiß, sie können lügen.

Ob ich meinen Beruf gerne ausübe? Er habe gedacht, Reporter würden viel mehr Fotos schießen, als ich bisher auf dieser Reise. Vielleicht täusche er sich, aber er habe das Gefühl, ich reise, um zu lesen, nicht, um zu schauen.

Zar und *Jihad*

Kokhand, 27. September 2002. — Fergana ist nicht nur der Name des Tals, sondern auch der Stadt, in der wir aus Kuva kommend übernachtet haben.

Amerikanische Freiwillige — des *Peace Corps?* — hatten sich im Hotel eingerichtet. Der Kassierer war ein Freund von S., und sie hatten sich seit der Schulzeit nicht mehr gesehen. Der Freund drängte sich auf, zu helfen sobald sein Dienst zu Ende sei. Nach einer Stunde kam er zum Auto, nahm Platz und steckte sich eine Zigarette an. In den Rückspiegel sagte ich, das gehe nicht. Wir fuhren zu einer Art Motel an der Ausfallstraße. Sie gossen die Flure mit Beton aus. In den Zimmern des fertiggestellten Flügels trocknete der Anstrich. Die Matratzen lagen nackt auf den Bettgestellen. Sie wollten Kissen und alles andere besorgen. Nachdem wir den Freund zu Hause abgesetzt hatten, kehrten wir zum Hotel zurück. Es war zu spät, um nach Kokhand zu fahren.

Irgendwie hatte ich gemeint, Kokhand sei identisch mit Fergana. Aber 'Ferganaville' ist eine zaristische Gründung von 1877, der Vorgarten des etwas nördlicheren Margelan, deshalb ursprünglich Novy-Margelan. Langweilig wie jeder Vorgarten liegt die Stadt am Weg zur Sommerfrische Shakimardan. Neben Sokh, der zweiten usbekischen Enklave in Kirgistan, verdankt sie ihre Existenz Moskaus kartographischem Kalkül, den schiitischen Wallfahrtsort geographisch zu isolieren, der zusammen mit einem halben Dutzend anderen im Mittleren Osten, etwa dem afghanischen Mazar-e Sharif und dem iranischen <u>Mashhad</u>, beansprucht, letzter Ruheort Alis, des Schwiegersohns des Propheten und Vierten Kalifen, zu sein.

Dazu Buch VII, Im Heiligen Schrein.

Im Hotel lagen Prospekte aus, die erkennen ließen, daß nach der Unabhängigkeit Usbekistans der Versuch, Shakimardan neu zu erfinden, von Stalins Nachfolgern weitergeführt wurde.

Der Freund von S. ermunterte uns, dort ein paar Tage auszuruhen. Die Touristensaison ginge zu Ende, und überhaupt sei Unterkunft nie ein Problem.

Das muß damit zu tun haben, daß die Regierung im Herbst 1999 Fergana zur Sicherheitszone erklärt und als Reaktion auf Überfälle stattlicher Kommandos der *Islamischen Bewegung Usbekistans (IMU)* und Geiselnahmen im westlich von Shaki-mardan und Sokh gelegenen tadschikischen Batken die Grenze zu Tadschikistan als auch zu Kirgistan vermint hat. Die gegen das Völkerrecht verstoßende Aktion hat bis jetzt über hundert Tote gefordert. Bei ihren Operationen hat die *IMU* keine Ge-ländegewinne angestrebt, sondern schlicht und offen die Sicherung von Drogenrou-ten und die Destabilisierung des Regimes Karimow zum Ziel erklärt. In den tiefen bewaldeten Tälern des Pamir-Alau, die das weite Becken im Süden abschließen, sind somit in den späten 1990er Jahren in Gestalt der *IMU* die Geister der <u>Basmatschen</u> wiedererwacht. Im Moment aber verhal-ten sie sich ruhig, im Exil in Waziristan.

Shakimardan, wo 1924 im Verlauf eines Gefechts zwischen den Rebellen und einem Detachement von Bolschwi-ken die Moschee und Alis mutmaßli-ches Mausoleum niederbrannten, schei-nen seit geraumer Zeit jedenfalls sowohl die Pilger als auch die Ausflügler fern-zubleiben, und auch ich verspürte keine Lust, dort verlorenzugehen. Die Gei-selnahme von Touristen oder Journali-sten, das hat sich in Kambodscha und Kashmir gezeigt, nehmen fast immer ein fatales Ende, vor allem, wenn re-guläre Streitkräfte aus Prestigegründen eine Befreiung versuchten. In Fergana, dessen Grenzverläufe schon Anlaß er-heblicher Konfusion sind, müßte ein solcher Vorfall zweifellos das denkbar größte Durcheinander auslösen, mischten sich doch in die Umtriebe im und um das Tal herum gewiß auch die amerikanischen Freiwilligen ein — Evangelisten, Entwicklungshelfer, Spione, Terroristenbekämpfer oder alles in Einem.

Die Basmatschen-Bewegung (1918–1927), die sich aus mehreren Guerilla-Gruppen formiert, die voneinander unabhängig im Gebiet zwischen den heutigen Republiken Turkmenistan und Tadschikistan agieren, ist grundsätzlich eine Reaktion auf die Weigerung der Bol-schewiken, in Zentralasien die Eigenheiten des vom Islam geprägten Stammessystems zu dulden.

Während die Russen aus dem Türkischen den abschätzigen Begriff *basmachi* — gleichbedeutend mit 'Räuber' oder 'Bandit' — entlehnten, um das Phänomen zu benennen, war es lokal als Bewegung der *bek*, der 'Ehrenhaften' bekannt. Im Lauf der Rebellion führen jedoch auch diese selbst die Bezeichnung Basmatschen, ist sie doch — genau wie ein halbes Jahrhundert später im antisowjetischen *Jihad* der Afghanen der Begriff *Mujaheddin* — mit Nationalismus und Islam verknüpft.

Die Agenda der Basmatschen umfaßt sowohl *Jihad* und *Sharia* als auch türkischen Nationalismus und Antikommunismus. Aufgrund divergierender Sippen- und Stammesinteressen besitzt sie jedoch nie eine geschlossene Führungsstruktur oder gemeinsame Ideolo-gie, was ihren Widerstand gegen die Sowjets erschwert, obschon die Briten zur Destabilisierung russischer Macht Karawanen baktri-scher Kamele mit Munition und Waffen aus Indien über den Amu Darya schicken.

Die Balkontür des Nebenzimmers war geschlossen und das Gespräch der bei-den amerikanischen Guttuer nicht mitzuhören. Ich beschloß, schlafen zu gehen und träumte von einem Erdbeben.

'Ferganaville' war keine normale Stadt. Nach dem deprimierenden Frühstück fuhren wir unverzüglich davon.

Jetzt sind wir in Kokhand.

Kokhand ist eine Gründung der usbekischen Ming. Die haben sich 1785 — nach der Auslöschung der Dynastie der Astrakhaniden, der auf die Shaybaniden folgenden, sich in Buchara festsetzenden Hegemonialmacht – im letzten Drittel der langen wirren Zeit der <u>Khane und Emire</u> im Fergana-Tal gegen andere tribal definierte Konkurrenten durchgesetzt. 1853 kommt es zum ersten Zusammenstoß zwischen kokhandischen Kräften und den seit 1730 von der Linie befestigter Forts in der kasachischen Steppe südwärts dringenden zaristischen Kosaken-Verbänden. Von den drei Khanaten – Buchara und Khiva werden 1868 und 1873 russische Protektorate – wehrt sich Kokhand am längsten gegen die Eingliederung in das nach der Erstürmung Tashkents 1865 errichtete russische Generalgouvernement Turkestan. Die Annexion des Khanats erfolgt dann 1876, nach der blutigen Niederschlagung einer antirussischen Revolte im Vorjahr.

Ursprünglich nennt sich 'Khan' jener Herrscher, der als Nachkomme Dschingis Khan anerkannt ist. Der Titel 'Emir' hingegen steht allen anderen Herrschern oder Militär- und Stammesführern zu, die über immer zahlreichere nomadische Stämme – darunter Karakalpaken, Kasachen, Kirgisen, Kiptschaken, Turkmenen und Qurama – gebieten, wobei davon nicht mehr alle dschingiskanidische Herrscherlegitimation herleiten können.

Die Zeit der Khane und Emire beginnt um 1500 – Beginn der Regierungszeit des Sunniten Muhammad Shaybani Khan, dessen Konföderation usbekischer Stämme die letzten Timuriden-Sultane, Babur aus Samarkand und Husain Baiqara aus Herat, vertreibt – und dauert bis zur Einverleibung der letzten autochthonen politischen Gebilde in den Verband der UdSSR 1924. Dabei haben seit Beginn des 16. Jahrhunderts die Khanate Buchara, Khiva und Kokhand Zentralasiens politische Landkarte geprägt. Der Schwund ihrer Macht durch Aufsplitterung in lokale Kleinstaaten vollzieht sich parallel zum wachsenden externen Einfluß in der Region, besonders natürlich jener Rußlands und – im Zusammenhang mit dem »Great Game« – Britisch-Indiens, aber auch Chinas.

1885 erklingt im Tal erstmals der Ruf nach dem *Jihad* gegen Fremdherrschaft und Landnahme sowie als Protest gegen die Schändung des Islam, zuerst in Andizhan, von wo die <u>Revolten</u> schnell auf Osh, Margelan und schließlich Tashkent überspringen. Als sie die Ruhe wiederhergestellt haben, sprechen die zaristischen Administratoren in 226 Fällen Todesurteile und in 776 Gefängnisstrafen aus.

Am 7. Mai 1898 kommt es in Andizhan zur blutigsten Revolte. Sie ist den Aktivitäten der Sufis der Naqshbandiyah-Bruderschaft entsprungen, deren Lehre eines weniger rigorosen Islam die Eigenheiten des von vor-islamischen Traditionen geprägten Lebens der Nomadenstämme in den Bergen Zentralasiens berücksichtigte und sich von Fergana nach China, Indien und über Afghanistan in die arabische Welt verbreitete.

Nach mehreren Versuchen hat Leonid im Geviert der Altstadt von Kokhand die enge Gasse gefunden, die zur Sahib Mian Hazrat Medrese führt. Er hat darauf bestanden, bis vor den Eingang zu fahren, und es wäre unsinnig gewesen, ihm zu widersprechen. Hier hat Leonid Ruhe vor Polizisten.

Im *Lonely Planet* steht, ein *caretaker* sei für ein Handgeld von 25 Cent zu einem Rundgang durch die Medrese bereit. Er muß sich davongemacht haben, überdrüssig der *travellers*. Sie mögen seine Ruhe nicht in Scharen gestört, aber gewiß jedesmal den im Führer publizierten und deshalb nachgerade offiziellen Preis in den briefmarkengroßen schmierigen Scheinen der kleinsten Stückelung usbekischer *Sum* penibel abgezählt haben, zuvor gewiß fragend, ob der Preis für die Gruppe gelte und nicht pro Kopf. Mochten sie sich Auskünfte über den usbekischen Poeten Muqimi, der in dieser Medrese die Zeit vor seinem Tod 1903 verbracht haben soll, und auch alle anderen Informationen anderswo beschaffen!

Gerade als wir weggehen wollen, taucht in der Tür einer der zum Hof hinausgehenden Zellen nicht der *caretaker*, sondern ein Koranschüler auf. Das mehrmalige Rufen von S. scheint ihn geweckt zu haben. Vom Poeten weiß er nichts, aber er führt uns durch hohes Gebüsch in den hintern Teil des Hofes. Wir blicken durch zerbrochenes Glas in den Saal einer Spinnerei. Ein paar junge Arbeiterinnen, Eßnäpfe vor dem Gesicht, schrecken auf und verschwinden hinter den Textilmaschinen.

Bei Textilmaschinen bin ich nie sicher, ob sie spinnen, stricken, weben oder wirken. Die, welche im Saal stehen, sind wohl bald nachdem Gott den Poeten der Medrese von der Welt abberufen hat, eingerichtet worden. Der Koranschüler ist überrascht, als S. ihn fragt, ob er das Alter der Maschinen wisse. Er kichert. Schielt nach den Mädchen. Aber die bleiben verschwunden.

Weil sich der Student vielleicht dazu gedrängt fühlt, zeigt er uns sein Zimmer. Die Ausstattung ist karg; hat sich im wesentlichen gewiß nicht verändert, seit die Medrese in der ersten Hälfte des 19. Jahrhunderts unter Khudoyar, Kokhands letztem Khan, errichtet worden ist – im Rahmen eines ausgreifenden Programms zur Festigung seiner Macht im Tal und seines Ansehens darüber hinaus. Außer daß Khudoyar in großer Zahl Medresen, Moscheen, Schreine und Gebetsplätze bauen läßt, verfügt der Khan die Umwandlung von Ländereien und Gewässerstrecken in Stiftungen, sogenannte *waqfs*, welche die neuen Institutionen mit Einkünften versorgen.

Die Vorsteher solcher religiöser Einrichtungen – sowohl in Fergana wie auch in sämtlichen anderen Teilen des Generalgouvernements Turkestan – sind Schlüsselfiguren im Rahmen der zivilisatorischen Bemühungen der russischen Administratoren. Aber die muslimische Karte ist nicht einfach zu spielen.

Als Herrscher eines multinationalen Imperiums müssen sich die Zaren nämlich nicht nur fragen, wie viele andere Religionen ihr Reich und auch sie selbst, immerhin christliche Monarchen durch die heilige Ölung, umfangen können, sondern sie wissen auch keine eindeutige oder befriedigende Antwort darauf, wie ihre Herrschaft über Muslime zu legitimieren ist – im Gegensatz zu den osmanischen Sultanen, welche in einer vergleichbaren Situation eine zweckmäßige und elegante Antwort in der Theologie gefunden haben.

Der Zar verläßt sich in Turkestan letztlich auf seine Vollstrecker vor Ort, um das mit der Kolonisation entstandene Dilemma zu lösen. Daß diese wenige Berührungsängste haben, im Namen Allahs und seines Propheten

Wie bekannt, wird Mohammed im Lauf seiner in Begleitung von Gabriel unternommenen »Nachtreise« von Mekka nach Jerusalem dort von Abraham, Moses und Jesus in einer Art Initiationsritus geprüft und, nachdem er nicht das dritte Glas mit Wasser und auch nicht das zweite mit Wein, sondern rechtgeleitet das milchgefüllte erste gewählt und gemeinsam mit den Versammelten gebetet hat, in die Prophetenfamilie aufgenommen. Das entspricht einer Anerkennung als Prophet in der biblischen Tradition, ungeachtet ob der Gesandte Gottes nun, je nach Überlieferung, mit oder ohne Vorwissen die richtige Wahl für sich und sein Volk getroffen hat. Allein aufgrund des dem Propheten entgegengebrachten Gnadenbeweises müssen Juden und die Christen der Ostkirche, wenn auch nicht gleichberechtigt, so doch mit Respekt behandelt werden, zumindest so lang wie deren Angehörige dem osmanischen Reich gegenüber loyal blieben. In der volkstümlich und mystisch bestimmten Prophetenüberlieferung spielt die sogenannte Himmelfahrt Mohammeds eine große Rolle. Diese Legende stützt sich zum einen Teil auf die Erzählung der »Nachtreise«, deren Anknüpfungspunkt im Koran der erste Vers von Sure 17 *(Die Nachtreise, al-Isra)* ist: »Gepriesen sei Der, Der seinen Diener des Nachts von der unverletzlichen Moschee zur fernsten Moschee führte, deren Umgebung Wir gesegnet haben, um ihm von Unseren Zeichen zu zeigen.«

Die Koranexegese ist sich einig, daß es sich bei den beiden Gebetshäusern um die Kaaba in Mekka und den unter dem Umayyaden-Kalifen Abd al-Malik (685–705) erbauten Felsendom in Jerusalem handelt.

Die »Nachtreise« wird etwa hundertzwanzig Jahre nach Mohammeds Tod (8. Juni 632) in der von Ibn Ishaq zur Zeit des zweiten Abbasiden-Kalifen al-Mansur (754–775) verfaßten *Prophetenbiographie* nacherzählt. Dieses erste Geschichtsbuch des Islam übernimmt zum Großteil Material früherer Überlieferungen, die bereits im ersten islamischen Jahrhundert mündlich oder schriftlich im Umlauf waren – etwa das verlorene Buch über die Schlachten des Propheten von Zuhri (gest. um 742). Die »Nachtreise« wird von Ibn Ishaq parallel in verschiedenen Überlieferungen wiedergegeben, die bekannteste dabei jene von Abdallah Ibn Masud, einem Gefährten Mohammeds:

»Dem Propheten wurde Buraq gebracht. Dies ist das Reittier, auf dem auch die Propheten vor ihm geritten waren und das seinen Huf bei jedem Schritt so weit setzt, wie sein Blick reicht. Er wurde auf das Reittier gehoben, und Gabriel begleitete ihn, wobei er die Wunder zwischen Himmel und Erde sah, bis er nach Jerusalem gelangte. Dort traf er Gottes Freund Abraham, Moses und Jesus inmitten anderer Propheten, die sich für ihn versammelt hatten, und betete mit ihnen. Dann wurden ihm drei Gefäße gebracht, das eine mit Milch, das zweite mit Wein und das dritte mit Wasser.

»Dabei hörte ich eine Stimme«, so berichtet Muhammad selbst, »die sagte: "Wenn er das Wasser nimmt, wird er ertrinken und ebenso sein Volk; wenn er den Wein nimmt, wird er in die Irre gehen und ebenso sein Volk; wenn er die Milch nimmt, wird er rechtgeleitet werden und ebenso sein Volk." Da ergriff ich das Gefäß mit der Milch und trank davon, worauf Gabriel zu mir sprach: "Muhammad, du bist rechtgeleitet und ebenso dein Volk."«

(Ibn Ishaq, *Das Leben des Propheten*)

von den Muslimen Unterwerfung einzufordern, verunsichert jedoch den orthodoxen Klerus Rußlands. Doch jenen steht keine Alternative zur Verfügung, sollen die rivalisierenden Kräfte des *Dar ul-Islam*, die den Russen in Zentralasien muslimische Gefolgschaft streitig machen, ausgeschaltet werden. Im Lauf der Anstrengung erweist sich dann zudem, daß Repression allein keinen Erfolg verspricht. Deshalb wird Religion zum Instrument russischer Machtanwendung umfunktioniert. Deshalb der Versuch der zaristischen Verwalter, in den Bereichen, wo vereinbarte gegenseitige Interessen im Spiel sind, etwa der Zustand sozialen Friedens und der Respekt vor familiären Pflichten, die Kooperation wenn nicht aller so doch einiger religiöser Notablen zu gewinnen – kurz: dem Imam und den religiösen Einrichtungen werden ihre Autorität belassen, solange sie im Gegenzug die dem Zaren geschuldete Loyalität der Bevölkerung liefern.

Islam Karimow, der Präsident Usbekistans, spielt keine muslimische Karte. Der Staat, den er als altkommunistischer Planer regiert, ist ein säkularer, und mit der Religion, die er als Staatsislam handhabt, ist der Präsident bislang nur in Kontakt gekommen, als er bei der Vereidigung für das verfassungswidrig verlängerte Amt des Präsidenten auf den Koran zu schwören hat.

Trostlose Genealogien

Tashkent, 2. Oktober 2002. — Usbekische Äpfel aus Fergana: Kartons füllend, in denen Bananen aus Ecuador nach Zentralasien gelangt sind, bestimmt für den Export nach Kasachstan. Zwischen den Äpfeln womöglich Drogen aus Afghanistan. Die ganze offene Welt der Güterwege.

Dazu Buch VI, *Bananen aus Equador.*

Auf der anderen Seite des Zollgeländes von Gishtkoprik, Tashkents Tor nach Cimkent und zur kasachischen Steppe. Die Absurdität der Grenze beim Personenverkehr.

Kasachen reisen ohne viele Formalitäten ein. Kirgisen und Tadschiken hingegen wissen, daß die Abfertigung mehr Zeit in Anspruch nimmt für die unter ihnen, die nicht nach Usbekistan einreisen, sondern nur nach Khojent hinüberwollen, das im tadschikischen Teil Ferganas liegt, daß sie vielleicht sogar länger dauert als der kurze Transit durch usbekisches Territorium, der dazu notwendig ist. Es stecken viele und verschiedenfarbige gefalzte Papiere in den sich stapelnden Pässen der Bürger dieser zwei Nachbarn Usbekistans. Seit den Anschlägen der *IMU* im Jahr 1999 hat Usbekistan für Kirgisen und Tadschiken die Visumspflicht eingeführt. Unter der Ablage des Einwanderungsbeamten, unsichtbar für die Ankommenden, hängt das Blatt mit den aus Fergana bekannten Fahndungsbildern.

Das Mißtrauen der Usbeken gegenüber den Tadschiken ist ein grundsätzliches und als Merkmal der Außenpolitik vielleicht an der Biographie des Präsidenten festzumachen. Der wird nämlich nicht nur als Kind einer tadschikisch sprechenden Familie geboren, sondern von dieser auch gleich in die Krippe eines Heims gelegt. Das Usbekische erlernt Karimow auf dem Weg ins Amt des Ersten Sekretärs der Republik, aus dem er 1990 vom Obersten Sowjet in das neue geschaffene des Staatspräsidenten befördert wird, wo er die Schlüsselpositionen der Macht so besetzt, daß er nach der Unabhängigkeit 1991 die ersten Präsidentschaftswahlen mit 86% aller Stimmen gewinnen kann. Um die kontinuierliche Entwicklung Usbekistans zu gewährleisten, läßt Karimow per Referendum die präsidiale Amtszeit von fünf auf sieben Jahre verlängern und die Änderung in der Verfassung verankern, so daß er, nachdem er im Jahr 2000 die Wiederwahl mit dem glänzenden Resultat von 91,9% aller Stimmen bestanden hat, sich dem Elektorat voraussichtlich erst in fünf Jahren erneut wird stellen müssen. Inzwischen kultiviert der Präsident also seine Abneigung gegen die Tadschiken, als Alleinherr auf dem gemeinsamen historischen Boden.

Die Tadschiken, die einzige keine Turksprache sprechende Nationalität Zentralasiens — sie benutzen verschiedene, mit dem persischen Farsi verwandte Dialekte —, verschiebt man 1924 in den kargen Pamir, während die Usbeken auf dem Brauchbarsten sitzen blieben: das noble Buchara und das repräsentative Samarkand,

Alexanders wasserreiche Weide Karshi und das strategische Termez. Erbe Stalins, der damals das 1918 geschaffene, hoffnungslos rückständige Projekt der SSR Turkestan auflöst und an deren Stelle fünf neue Sowjetrepubliken erfindet – die kasachische, kirgisische, tadschikische, turkmenische sowie die usbekische –, jede versehen mit einer sogenannten nationalen Literatursprache. Damit erhält die nichtrussische Bevölkerung Zentralasiens, trotz Untergrabung durch das in Administration und Wissenschaft dominierende sowie unter den zahlreichen Völkerschaften und Nationen als Mittlersprache dienende Russisch, aber über das wichtigste Instrument, russischer Vereinnahmung zu widerstehen. In diesen Sprachen findet nach dem Ende des Imperiums der Nationalismus der fünf neuen Republiken denn auch zuerst seinen Ausdruck.

Die Identitätsfindung innerhalb der usbekischen Präsidialrepublik – visuell wahrnehmbar durch die noch nicht abgeschlossene Umstellung auf ein eigenes Lateinalphabet unter Verwendung kyrillischer typographischer Elemente, mit dem der Russe Leonid überhaupt nicht und S. im Augenblick nur mit Schwierigkeiten zurechtkommt –, stützt sich aber auch auf weiter Zurückliegendes als Stalins demographisches Experiment. Die von diesem veranlaßte Zwangskollektivierung bietet der zahlenmäßig größten Ethnie Zentralasiens am wenigsten Schwierigkeiten, hat sie doch die Transition vom Nomadentum zur Seßhaftigkeit bereits Ende des 15. Jahrhunderts unter den Shaybaniden vollzogen. Deren Dynastie ist aus einer Gruppe türkischer Nomadenstämme erwachsen, welche ihre Genealogie auf den Herrscher der hohen Zeit der Goldenen Horde, Özbek Khan (1312–1340), Sohn von Dschingis Khans Enkel Batu, zurückführt und in Mawarannahr die Timuriden beerbt hat.

Für Präsident Karimow ist die Verknüpfung mit Timur alias Tamerlan (1336–1405), dem Welteroberer und Begründer der bedeutendsten autochthonen Kultur Zentralasiens, eine unerschöpfliche Quelle der Inspiration. Timur, der als Ziegendieb im Umland von Shakhrisabz südlich von Samarkand begonnen hat, ist heute nicht nur offizieller Stammvater der usbekischen Nation, sondern auch der Spiegel, in dem sich Präsident Islam Abduganijewitsch Karimow wahrnimmt.

Ich glaube, die am Zoll von Gishtkoprik wartenden usbekischen Kleinhändler mögen ihren Präsidenten nicht allzu sehr, obwohl sie im Gegensatz zu den Kirgisen und Tadschiken sich vermutlich keinen bürokratischen Schikanen unterziehen müssen, vorausgesetzt sie bezahlen die von den Inspektoren erhobenen Einfuhrgebühren, siebzig Prozent des Warenwerts ihrer chinesischen Importe – Sonnenbrillen

Während der Sowjetzeit ist Weltliteratur in kyrillischer Schrift ins Usbekische übersetzt worden. Was unter dem Regime Karimow eine Schriftreform zu sein vorgibt, ist in Wahrheit die Aufgabe der Doppelsprachigkeit. Usbekischen Kindern wird der Zugang zu usbekischer Literatur verbaut, während die ältere Generation nichts mit der Zeitung anzufangen weiß.

Dazu Buch IV, *Globalisierer aus dem Herzland.*

und dergleichen. Sie wollen keine Auskunft geben über die Gewinnmarge. Die kann groß aber nicht sein, denn ob sie noch einmal drei- bis vierhundert Dollar in eine Einkaufsreise nach Beijing investieren, sagen die Händler, sei fraglich.

Schnee in Samarkand

Samarkand, 3. Oktober 2002. — In Samarkand ist Schnee gefallen. Er liegt in den Fugen zwischen den Riffeln der leicht gewölbten Kuppel des Mausoleums Gur Emir, auf den Ästen und dem trockenen Laub der Bäume im Garten davor.

Der Boden des Registan, des 'Sandbedeckten', ist zertrampelt von den vielen Menschen, die der Mittagshitze entflohen sind, leergeräumte lange Brettertische zurücklassend und in der Mitte des Platzes einige Melonen von der dunkelhäutigeren ovalen Sorte, aber auch kugelrunde, die den Schein der Sonne reflektieren. Teppiche hängen in einigen der sechzehn spitzbogigen Arkaden der Medrese Tilla-Kari, deren Fassade die nördliche Seite des Platzes dominiert.

Wie die schwarze Schokolade in der Konditorschüssel fließt ein langer Schatten durch den *pishtak*, den mächtigen Portikus der Ulugh-Beg-Medrese. Darunter formt sich um einen lehrenden Mullah – oder ist es ein Akrobat? – ein dichter Kreis weißer Turbane.

Im nächsten Moment hat sich der Kreis genau zur gegenüberliegenden Seite des Platzes verschoben und aufgelöst. Die Turbane sind nun verteilt vor der Hauptfassade der Medrese Schir-Dor, die den Registan im Osten begrenzt, genauer bei den Marktständen davor, welche an Kreuzstangen aufgespannte helle Tücher vor Sonne und Hitze schützen. Auf dem Dach eines vor der Medrese errichteten Kaufladens liegen Wassertonnen aus Ton; an der Lehmziegelwand stapeln sich Amphoren. Ein Knabe tritt aus dem Schatten des Nachbargeschäfts und schreitet auf die hagere Gestalt im bodenlangen Umhang zu, die eben auf den Registan kommt, um den Stapel grober gefalteter Decken abzunehmen, den jener auf dem Kopf trägt.

Nun hat sich die Geschäftigkeit zu den an der Nordseite der Medrese Schir-Dor aufgestellten Zeltständen hin verlagert, an denen vorbei in Richtung des überwölbten Basars nebst der vereinzelten Droschke schwere einachsige Karren rollen, deren vielspeichige Räder höher sind als die Kruppe der vorgespannten Pferde.

In der baumlosen Senke des alten Stadtgrabens, dort wo bis zur zaristischen Eroberung 1868 das 'Eiserne Tor' stand, durch das Samarkand im 15. Jahrhundert betreten wurde, herrscht Gedränge um das Knäuel der aus der Steppe zum Verkauf auf den Wochenmarkt getriebenen Schafe und Ziegen. Die Pferde der Händler stehen geduldig, den Hals gesenkt, am Fuß des kahlen Hangs. Auf ihm erhebt sich die Hasryet-Hysar-Moschee mit ihren hohen geschnitzten Holzsäulen, die das Dach der nach Samarkand herüberblickenden Terrasse tragen – eine filigrane Struktur vor chamoisbleichem Himmel.

Lichtbilder. Albuminpapier. Ansichten von Chistyakov, Koslovsky, Vvedensky und Paul Nadar, Sohn von Felix, dem Pariser Porträtisten.

Samarkand im Kopf.

Beim Erklimmen des Minarets der Ulugh-Beg-Medrese keine aufschreckenden Fledermäuse. Beide Hände im Gebröckel und Geriesel der Ziegeltritte. Beide Schultern kratzen das Ziegelwerk. Am Ende des aufgewärmten Schneckengangs sind Kopf und Brust zwischen geschwärzten Holzlatten und verbogenen Stücken von Blech ins Freie zu zwängen.

In der Tiefe der Registan. Ein kostümierter Winzling überquert die kreisrunde Holzbühne für touristische Aufführungen. Direkt gegenüber, fast auf derselben luftigen Höhe an der Hauptfassade der Medrese Schir-Dor, im blassen Rosa des zu Ende gehenden Tages das Kachelwerk der sowjetischen Restauratoren.

Eine symmetrische Darstellung: Zwei fliehende, den schmalen Kopf rückwärts wendende Rehe, gejagt von zwei Tigern mit weißem, vom Kinn aus dem starken Hals und der Unterseite des Rumpfs entlanglaufendem Streifen im Fell. Über ihren durchgebogenen Rücken ein Halbkreis mit Strahlenkrone und darin ein grinsendes, plattnasiges, fast mongolisches Gesicht mit starken Brauen über lanzettenförmigen Augen – eine anthropomorphe Sonne.

Ich werde nachlesen müssen, wie diese Darstellung in die figurenlose Welt des Islam eingedrungen ist.

Die Medrese schmückt das Abbild Mithras, des zoroastrischen Fürsprechers zwischen Gott und der Menschheit, zwischen Gut und Böse. Schir-Dor ist persisch und bedeutet 'die Tigertragende'. Eine selbstsichere, arabischer Strenge trotzende Manifestation der dualistischen Glaubenslehre der alten Iraner – bis zum Sturz ihres Reiches durch Alexander Staatsreligion, als solche erneuert im neupersischen Reich der Sasaniden (224–642). Möglich ist das nur an diesem äußersten Rand des Kalifats.

In der Spitze des Minaretts der Ulugh-Beg-Medrese kauernd habe ich einen ungehinderten Blick auf die drei Medresen. Deshalb stört eine architektonische Kollision von Formen und Volumen im Gefüge der Schir-Dor mir gegenüber noch mehr als vom Boden aus. Das Rippengewölbe der Kuppel und die kreisrunde Trommel, auf der jene ruht, nähern sich der Nordostecke des *pishtak* bis auf eine Spanne, die keine richtige Schneise ist. Keine Taube wird sie je durchfliegen.

Der Registan, der durch den Bau der Schir-Dor (1619–1635), dem Gegenstück der Ulugh Beg (1417–1420), sowie die Tilla-kari-Medrese (1645–1660) sein heutiges Aussehen erhält, will nicht durch sorgfältig ausgeführte Details beeindrucken, sondern als Ensemble. Eine Kulisse für Paraden und Enthauptungen, gruppiert um das

Sandfeld, wo sechs Hauptstraßen des Reichs der Timuriden strahlenförmig zusammenlaufen. Auf diesen Platz schaut die Welt, deren Spiegel Samarkand ist, 1369 Hauptstadt geworden und 150 000 Bürger zählend. So die Vorstellung Timurs, als er um Samarkand einen Ring von Dörfern errichten und diese nach den bedeutendsten Metropolen der muslimischen Welt benennen läßt: Baghdad, Damaskus, Kairo und Shiraz. Selbst Mekka kann der Gläubige vergessen, wiegt doch die wichtigste Pilgerfahrt des Lebens seinen dreimaligen Besuch der Gräber in Samarkands Nekropole Shahi Zinda auf.

Gleich hinter dem Registan beginnend das geometrische Mauergewirr der *mahalla*, die gräuliche Blechbedachung der erdgeschossigen Häuser sowie ihrer verschachtelten Anbauten und Schuppen. Keine Vorstädte, sondern gleich das offene Land. In den östlichen Himmel ragen nur die Bauten der Freitagsmoschee, der Bibi-Chanum-Moschee (1399–1404), ihre vier sich neigenden Minarette und ein Kran. So überstürzt wird Timurs Hauptmoschee errichtet, daß der Einsturz bereits bald nach der Vollendung beginnt. Ruy Gonzales de Clavijo, Gesandter des Königs von Kastilien und Leon, 1403 auf Besuch bei Timur, sieht, wie der fast erblindete, greise Herrscher, in der Sänfte an die Baustelle getragen, den Arbeitern gekochtes Fleisch in die Gruben wirft.

Die Arbeiten auf dieser Baustelle unterbricht einzig der Schnee.

Über Helden

Mazar-e-Sharif, 12. Oktober 2002. — Vor zwei Tagen haben wir das Land des Kleptokraten verlassen und das Land der Kriegsgewinnler betreten.

Jetzt reise ich mit Greg und Marcus. Leonid und S. sind nach Tashkent zurückgekehrt.

Gleich nach der <u>Brücke</u> über den Amu Darya hat sich die Ahnung bestätigt, daß nach dem Abgang der Taliban – von Besiegung oder Kollaps des Regimes spricht nur der Westen – im Dezember 2001 unverzüglich der Streit um die Beute begonnen hat zwischen denen, die das Jahrzehnt des blakenden Haders ausgesessen haben – in Afghanistan selbst oder im sicheren Exil.

Dazu Buch IV, *Eine Brücke zu weit.*

Mazar-e Sharif – das heißt: die antike Mutterstadt Balkh – ist bis vor der Einnahme durch die Taliban 1997 die Hochburg von Abdul Rashid Dostum, des afghanischen Generals usbekischer Abkunft, gewesen. Er sei im Moment in Ankara, heißt es im Teehaus am Kefayat Basar. Dort hat er Freunde, und bereits nach seiner Vertreibung durch die Koranschüler hatte er dort Asyl gefunden. Seine jetziges Verschwinden von der Bildfläche ist vermutlich eine rein taktische Maßnahme im

Zusammenhang mit der Feinmechanik in Kabul – alte Seilschaften, neue Allianzen, Umverteilung von Posten und Pfründen, Anerkennung von Ansprüchen, verdienten und maßlosen, die unvermeidlichen üblen Machenschaften. 1997 hat das Agenturbild Dostum auf einer Hoteltreppe in der türkischen Hauptstadt gezeigt, etwas aus der Fassung, ein Vertriebener eben, aber immerhin im Kampfanzug. In solchem kehrte er im Oktober 2001 als Verbündeter in Ahmed Shah Masuds Nord-Allianz unter amerikanischem Kommando nach Afghanistan zurück, um die Taliban zu vertreiben. In Anerkennung seiner Verdienste um das Land ist er Vizeverteidigungsminister geworden, mindestens das, und trägt nun gern Maßgeschneidertes.

Dostums vorwiegend usbekische Verbände der *Jumbish-e-Mili*, im Nordwesten berüchtigt für Schandtaten nicht nur am Hab und Gut der Bevölkerung, sondern auch an deren weiblichem Teil, kontrollieren die Ebene westlich von Mazar-e Sharif. Im Osten liegen die Verbände des bewaffneten Arms der tadschikischen *Jamiat-e Islami*, denen der junge General Atta Mohammad angehört. Entlang der vom Süden der Provinz Balkh nach Sar-i Pol am Hindu Kush verlaufenden Front kommt es sporadisch zu Scharmützeln. Die gestrige Attacke auf die Gaspipeline in der Nähe von Balkh – Dostum arbeitet in den 1980er Jahren als Ingenieur für die Russen auf den Feldern von Sheberghan, und an der Pipeline nach Mazar hängt auch seine Kontrolle über das nördliche Afghanistan – könnte im Zusammenhang mit dem Geplänkel stehen.

Laut Vereinbarung, die anläßlich der *UN*-Gespräche über Afghanistan am 5. Dezember 2001 auf dem Petersberg bei Bonn beschlossen worden ist, sollen die Verbände aller *Warlords*, aktive und ruhigliegende, in einer nationalen afghanischen Streitkraft verschmolzen werden. Vom Rhein aus gesehen eine naheliegende Idee. Aber haben ihre Urheber den Umstand berücksichtigt, daß sich die Kriegsherren des Hindu Kush nicht zum Dienst verpflichten lassen, um nach der für den fremden Befehlshaber gewonnenen Schlacht ihre Armeen gleich zu liquidieren? Ohne Armeen sind sie nämlich nichts. Genau wie der amerikanische Satrap Hamid Karzai – im Augenblick und wahrscheinlich bis auf weiteres eher Bürgermeister Kabuls als Präsident Afghanistans –, der seine militärische Nacktheit durch Folklore wettmacht, die mehr als die eigene Bevölkerung Mailands Designerfürsten inspiriert. Aber diese gegenüber allen moralischen Empfindungen gefeiten Feuerläufer hatten zuvor auch schon die burmesischen Flipflops in ihr exquisites Sortiment geholt, welche dank sporadischem, dann immer seltenerem Erscheinen von Aung San Suu Kyi bekannt geworden waren, der seit 1990 in Rangoon von überspannt xenophoben Generälen unter Hausarrest gehaltenen Friedensnobelpreisträgerin.

Das Porträt der *Lady* steckte in der Brusttasche jedes der Soldaten der *Karen Liberation Army*, etliche fast noch Kinder, die am felsengesäumten Ufer des Salween – im graubraunen Wasser des Flusses trieben mit im Rücken gebundenen Händen die

Leichen von den Junta-Truppen zwangsrekrutierter Shan-Träger – nicht nur Munition gefaßt hatten, sondern auch Reis und gefüllte Armeewasserflaschen, in dicke Bambusrohre geschoben, der Nachschub für die Kämpfer oben am Sleeping Dog Hill – Ziel der Trockenzeit-Offensive 1991/1992 der burmesischen Armee, ein unregelmäßiger Kegel, zersaust und verbrannt durch die Angriffe zu Bombern umfunktionierter Kleinflugzeuge, der sich langsam aus dem Morgennebel schob, als wir nach dem steilen Aufstieg durch den nächtlichen Dschungel auf den Sattel kamen und an die Zickzacklinie des nur schulterbreiten Grabens, der über ihn hinweglief.

An diesen Sattel, die Front zwischen dem vereinten Widerstand der nationalen Minderheiten Burmas und den Verbänden des Militärregimes von Rangoon, habe ich mich erinnert, als Marcus vorhin im Teehaus von seinem Winterritt im Jahr 1996 ins Lager des im Panjshir verharrenden Masud erzählt hat. Worte des Herrn von Clausewitz (*Vom Krieg*, 1832–1834) – taktische Natur der Gebirgsverteidigung; deren hauptsächliches Merkmal Passivität kleiner Posten, durch das Gelände mit größter Wirksamkeit ausgestattet. Hier über steile Schneefelder blickend, dort unter dem undurchlässigen Blätterdach subtropischer Vegetation.

Greg hat aufmerksam zugehört. Er hätte einiges zu sagen, und dazu mußte er nicht mehrmals in Afghanistan gewesen sein wie Marcus oder ich. Hier wie dort, im Hindu Kush wie im Dschungel über dem Salween – wir beide waren auf Spaziergängen gewesen. Greg spricht nur ganz selten über den Krieg in Vietnam, die eingekesselten Tage während der Tet-Offensive des Jahres 1968. Jedenfalls hat ihn die unmittelbare Erfahrung des Grauens dazu bewogen, Amerika den Rücken zu kehren, sich in Japan niederzulassen und sich fortan den Wundern und Kalamitäten Asiens mit dem denkenden Auge des Fotografen zuzuwenden, dabei, wie sein bester Freund Philip Jones Griffiths, auch zu dokumentieren, wie seltsame Flora über die vernarbte Landschaft kroch und junge Mütter, zu jung, um den Krieg selbst miterlebt zu haben, jammervolle Menschenmonster tot oder lebendig zur Welt brachten – während das Dioxin auch das Leben der GI, die (scheinbar) heil aus Vietnam heimgekehrt waren, in aller Stille zu beschädigen begann.

Greg Davis stirbt im Jahr 2003 an den Spätfolgen von *Agent Orange*.

Unter der Windschutzscheibe jedes Taxis in Mazar steckt das lächelnde Porträt von Ahmed Shah Masud, des 'Löwen vom Panjshir' – ein schöner Mann und ein kluger Krieger. Bis er, hofiert von französischen Salonphilosophen, aus den Bergen gelockt, während des Jahrzehnts des afghanischen *Jihads* bester Schutz vor den russischen Kampfhelikoptern, auf Einladung des *EU*-Parlaments im April 2001 in Straßburg ins *Hemicycle* spricht. In der Funktion noch Vizepräsident und bedrängter Verteidigungsminister der von den Taliban vertriebenen Regierung Rabbani. Als Gestalt auf dem afghanischen Schachbrett bereits exponiert im ungedeckten Terrain medialer Öffentlichkeit, wohin die neue asymmetrische Kriegsführung der radikalen Islamisten ausstrahlt, deren Anschlag er weniger als ein halbes Jahr später, drei Tage vor dem II. September, zum Opfer fallen wird.

Keiner der *parvenus*, die sich in Afghanistan nun unter dem Schutz amerikanischer Leibwächter oder unter Ausnützung der *ISAF*, den beflissenen Pfadfindern der *NATO*, einzurichten versuchen, wird

Dazu Buch VIII, *Vom Rhein zum Oxus, ISAF-Exerzitien* und *Fuß-patrouille.*

Masud das Wasser reichen können, auch wenn sie mit ihm gleiche Verbrechen teilen. Jeder von ihnen füllt auf seine Art die Lücke, bis Masuds Sohn nachgewachsen ist, um in einem fernen Afghanistan einmal das Erbe des Vaters anzutreten – vielleicht, und wenn er Glück hat. An diesem Tag sind die Amerikaner dann vermutlich heimgekehrt, die Missionen des transatlantischen Bündnisses am Hindu Kush aufgegeben und die Taliban wieder im Haus.

Trifft dies alles ein, hat Greg gesagt, geschähe es nicht in ordentlicher Reihenfolge, und das bedeute wenig Gutes.

Titanic im Sand

Mazar-e Sharif, 14. Oktober 2002. — Kein Licht in den Kabinenfenstern der Bordwand. Nicht nur die direkte bildliche Darstellung des Menschen haben die Taliban verboten, sondern auch jedes Anzeichen, das auf seine Anwesenheit schließen läßt, so zumindest ist es mir vor vier Jahren, als Fotograf unter ihrer Fuchtel, vorgekommen.

Der Dampfer liegt auf einigermaßen ruhigem Meer. Sein Aufbau ist wuchtig, dreistöckig mit zwei umlaufenden Balkonen, die der Künstler vielleicht abgeguckt hat vom mehrstöckigen Geschäftshaus vorne an der Kreuzung, wo große blaugrundierte Plakate mit kaffeebraunen Athleten an den Fassaden hängen. Perspektivisch steht der Aufbau nicht korrekt zum Rumpf des Dampfers, aber auf ihm tritt im fleckigen Reflex der grünschimmernden Neonröhren des Restaurants, des bestbesuchten dieser Basar-Straße, der Pinselstrich hervor. Näher als beim Aufbau ist der Künstler bei der Wiedergabe des Steuerhauses an die bekannten Abbildungen des Originals des Unglücksdampfers gekommen – wobei, rauchen dort nicht nur drei der vier Schornsteine? Der Bugmarken wiederum scheinen es gar viele sein, und auch die Reeling fehlt. Der Platz ganz vorn am Bug kann sehr wohl unbesetzt bleiben. Das Auge ergänzt die verbotene figürliche Darstellung, denn jeder weiß, daß sich dort Winslet und di Caprio umarmen. Denn, *Titanic*, der Film, erfreut sich unter den Taliban größter Beliebtheit. Zwar sind alle Kinosäle zertrümmert – den von Mazar, den größten in Nordafghanistan, hat man mit Bulldozern geschleift –, aber nicht alle TV-Apparate. Jeder Kommandant soll das Video gesehen haben, sagt man. Und

Mullah Omar habe verkündet, jeder, der die *Sharia*-Auslegung der Taliban nicht befolge, werde untergehen wie der Dampfer.

In den Massengräbern außerhalb von Mazaar-e Sharif liegen Hunderte von Taliban. Auf dem Weg ins Gefängnis von Sheberghan in versiegelten Containern erstickt. Oder ertrunken in den Verliesen von Dostums Festung Qala Yanghi, als man nach ihrem Aufstand Ende 2001 die Keller des Gefängnisses mit eisigem Wasser flutet.

BUCH IV

EINFALLSWEGE

Usbekistan 2002 Gordischer Knoten — Auf Baburs Spuren — Ingwerhuhn — Indische Verlockungen — Geometrie des Reisens — ›Steinerner Turm‹ oder 'Stein-Staat' — Monopole — An Taskhents Rand — Brüssels Hirngespinst — Container und Kamel — Honigboote hinter ›Tamerlans Tor‹ — Städte im Staub — Globalisierer aus dem Herzland — Echos am ›Eisernen Tor‹ — Neunzig Brautkleider und ein paar Namen — Der Sogdische Felsen — Die Straße nach Termez — 'Stadt der Übersetzer' — Radar über Ruinen — Proust in Termez — Eine Brücke zu weit Afghanistan 2002 Koloniale Abenteuer — Ankunft in Mazar-e Sharif — Der Sufi, der in die Erde fuhr — Umtriebe in Balkh — Das Teehaus der Unsterblichen — Auf Kanishkas Akropolis

Gordischer Knoten

Tashkent, 28. September 2002, Vormittag. — Tashkent hat seine Eitelkeit abgelegt.

Die Stadt muß nicht mehr vor mir verbergen, daß sie eine Täuschung ist, der Versuch, in asiatischen Weiten europäische Ordnung einzurichten. Teil der Ausrüstung, die sich der »Koloß auf tönernen Füssen« gab.

Sein Rückzug aus dem Orient, der im Fall Zentralasiens ein spontanes, bequemes Abstoßen fremdgebliebener Kulturen in prekäre Eigenverantwortlichkeit, aber kein endgültiges Loslassen gewesen ist, hat sich genauso umständlich gestaltet wie früheres westliches Scheitern in der Geschichte des interkontinentalen Zusammenstoßes, von dem Herodot zu berichten begonnen hat.

Unbequeme Nebensächlichkeiten haben das russische Drängen nach Süden und Osten nicht beeinträchtigen können, sollte das zaristisch-sowjetische Projekt — die Vereinigung beider Erdteile — vollstreckt werden. Unvermeidbar deshalb, daß die imperiale Konstruktion aus härteren und brüchigeren Werkstoffen bestanden hat, solchen also, die aneinander nicht haften, fatalerweise gerade dort nicht — wie im Fall des gewaltigen Standbilds in *Nebukadnezars Traum von den Weltreichen* (Daniel, 2.29–45) —, wo keiner hinblickt, betört doch das goldenen Haupt. Die Füße, versehen mit Zehen teils aus Eisen, teils aus dem Ton des Töpfers, haben der dauerhaften Beanspruchung nicht widerstanden; Europa und Asien sich zwar in eine Riesenklammer zwingen, innerhalb dieser Umfassung aber nicht verbinden lassen.

Dabei ist Europa in Asien mit zivilisatorischem Rückstand aufgetaucht.

Am Fuß des Kaukasus und hinter Transkaspien sind für den Zugriff Iasons mykenischer Argonauten und ihrer Epigonen — bis hin zu Paustowskis kolonisierenden, kanalgrabenden Pionieren, rasch den endemischen Überschwemmungen mit dem Exkavator und der Malaria mit Chinintabletten beigekommen, braungebrannten, rauchend auf dem Segelschiff sitzenden, ins Wasser des Pontos spuckenden, die Beine über Bord baumeln lassende und die Küste der Kolchis betrachtende neue »barfüßige Odysseusse« (Konstantin Paustowski, *Die Kolchis*, 1934) —, manche Dinge bereit, mit kolossaler Potenz, eigenen Fortschritt zu befördern.

Zur Erinnerung: Im 3. und 2. Jahrtausend erhebt sich dank Anstößen des übergreifenden östlichen Kultursystems, wirtschaftlich organisiert um Paläste herum, aber tempellos, das minoische Kreta zur ersten europäischen Hochkultur. Kurz nach 800 v. u. Z. importiert der Westen die semitische Alphabetschrift. Im späten 7. und 6. Jh. v. u. Z. formieren sich die Sekten der Orphiker und Pythagoreer um die aus der Begegnung mit dem Schamanismus im russisch-sibirischen Steppenraum gewonnenen Vorstellungen vom Jenseits und der Seelenwanderung, und denken an, was die späteren Philosophen hinlänglich beschäftigen wird.

Um die Zeit herum gelingt dem Helden Homers gerade der Schritt aus der orientalisierenden Epoche Europas. Namenlos vor den Zuhörer tretend wie sein fast zweitausend Jahre älterer Gegenpart im *Gilgamesh*, teilt der Listenreiche aus Ithaka mit jenem auch das Schicksal prüfender Fahrten an die Gestade im Umkreis der Länder. Vom Abenteuer kehrt Odysseus aber zu Penelope und auf den Hof, in fast bürgerliche Existenz zurück, eine glückliche Fügung, welche der mesopotamische Tor und Urahn, der 'Noch-nicht-Mensch' und König von Uruk, der Welt allererster Großstadt – Gilgamesh, im Totenreich Irkalla dämmernd –, dem Griechen gewiß neidet.

Das *Gilgamesh*-Epos, entstanden gegen Ende des 2. Jahrtausends v. u. Z., ist der älteste erhaltene Text der Weltliteratur. Indem es die Vorlage der biblischen Geschichte der Sintflut enthält, löste es bei seiner Entdeckung 1801 Diskussionen um die historische Wahrheit der Bibel aus. Hauptmotiv des in sumerischer Keilschrift abgefaßten Textes ist die existentielle Auflehnung des Menschen gegen sein Schicksal und sein Scheitern.

Nach Homer folgen dann Schlag auf Schlag Marathon, Salamis, Plataä. Die überraschenden Siege gegen die persische Supermacht wecken zu Hause nationale Identität. Im Machtvakuum des Orients, wo den Griechen die führende Rolle zugefallen ist, verbietet ihnen der borniert Hochmut die Ehrfurcht vor den lokalen Geheimnissen. Dieser wird vor der Gemeinde verhandelt, als Äschylos die *Perser* auf die Bühne bringt, im Jahr 472 v. u. Z. Von nun an bestimmt die veränderte Selbstwahrnehmung der Hellenen ihre Vorstellungen gegenüber Asien, und von nun an wird unterschieden:

Hier die Griechen der Polis, dort die »roßmelkenden«, »milchessenden«, »habelosen« Barbaren, deren Angewohnheit, das Fleisch der Feinde zu essen und deren Schädel als Trinkbecher zu benutzen, Grund genug ist, das Schwarze Meer *Pontos Axenos* das 'Unfreundliche' zu nennen (Strabon, *Geographika* VII, 3, 2); hier Demokratie und Freiheit, dort Knechtschaft und Despotie.

Mit Alexander dem Großen geraten dann die problematischen Konzepte der Gottessohnschaft sowie gottverfügter politischer und auch religiöser europäischer Weltmonarchie in Umlauf. Den Eroberer malt Apelles noch zu Lebzeiten im Artemis-Tempel von Epheseos – nicht umsonst eines der »Sieben Weltwunder« der Antike – mit dem Blitz des Zeus. Auf seinem Zug zum Wasser des Oxus und des Indus trägt der Bezwinger der Achämeniden inzwischen bereits das orientalische Kostüm – bewußt modifiziert, damit der Verdacht der Anbiederung göttlichen Machtanspruch nicht verschatte, das heißt, ohne den *kandys*, die über dem *chiton* getragene iranische Ärmeljacke, in Athen vielleicht durch einen persischen Deserteur oder Gesandten bekannt geworden, bei Dienerinnen und Kindern beliebt und getragen auch von Euripides' *Medea* (aufgeführt 431 v. u. Z.), der sich mit dem Argonauten Iason verbündenden kolchischen Königstochter. Zuvor, in Zentralanatolien, in der Nähe des heutigen Ankara, hat Alexander mit bemerkenswerter Arroganz auch den gordischen Knoten mit dem Schwert zerhauen. Respekt vor dem alten Mythos hätte bedeutet, diesen achtsam zu lösen, um Dionysos' Namen zu entziffern, welchen viele Priestergenerationen nur den phrygischen Königen preisgegeben haben. Alexanders ungeduldigen Willkürakt, mit dem sich der Eroberer über den Mythos hinwegsetzt, im anatolischen Reich ausschließliche Instanz, dynastischem Wechsel Legitimität zu

Als Alexander auf seinem Marsch im Jahr 333 v. u. Z. in Anatolien überwinterte, steht im Tempel auf der Akropolis der phrygischen Hauptstadt Telmissus noch der Ochsenwagen des armen Bauern Gorgias, der in Erfüllung des Orakels, der nächstbeste Ankommende würde das vorübergehend führungslose Land regieren, König geworden ist. In Dankbarkeit hat Gorgias sein Gefährt dem phrygischen Gott Sabazios, den die Griechen als Zeus identifizieren, gewidmet und mit einem komplizierten Knoten an einen Pfosten festgebunden oder, nach anderen Angaben, dessen Deichsel mit Streifen der Rinde des Kornelkirschenbaums blockiert. Für die Phryger ist der Ochsenwagen aber eine Metapher für den Streitwagen, ein Zeichen ständiger Kriegsbereitschaft ihres Landes.

verleihen, stützen die Propagandisten seines Ruhm durch ein fingiertes Orakel: Des Rätsels Auflöser unterwerfe nicht bloß Phrygien, die persische Satrapie, sondern ihm sei gegeben, am Ende ganz Asien zu beherrschen – die Bestätigung also Alexanders eigener, am Hellespont ausgesprochener Worte, wonach er Asien von den Göttern entgegennehme.

Daß nach dem Tod Alexanders die unterworfenen Völker nicht umgehend das Joch von sich schleudern und sich die Erben des Welteroberers in den »Eroberungen ohne weitere Schwierigkeiten als jene, die sie sich durch ihren Ehrgeiz zuzogen, behaupten konnten« hat Machiavelli nicht verwundert, auch wenn die Beobachtung, daß dieser Regent uneingeschränkt mit dem Werkzeug selbstgewählter Helfer herrscht, nicht erklärt, daß auch jene sich halten können (*Der Fürst*, 4).

Im Fall des nach Asien schielenden und an der Krim gescheiterten Zaren Nikolaus I. (1796–1855) ist das Werkzeug des absolutistischen Monarchen die berüchtigte, 1826 geschaffene dritte Abteilung Seiner Majestät höchsteigenen Kanzlei, eines außerordentlichen Polizeiorgans, das dem Herrscher erlaubt, in Umgehung der regulären Verwaltungsorgane autokratische Prärogativen aufrechtzuerhalten. Es soll dem Zar, den nach dem im Dezember 1823 kläglich gescheiterten Staatsstreich der Dekabristen – knapp dreitausend eidverweigernde, von Lenin später als Revolutionäre titulierte verschworene adlige Offiziere – und angesichts der Absetzung der Dynastie Romanov in Polen 1831 berechtigte Revolutionsfurcht in Europa wie auch in Asien plagt, Ordnung im eigenen Haus verschaffen. Unter dem Eindruck des europäischen Revolutionsjahrs 1848 manövriert das fortschrittsfeindliche Polizeiregime Rußland in lähmende Stagnation. Was umso schlimmer gewesen ist, als sich das Land, das den Anschluß an den Westen nicht verpassen will, sich dem angebrochenen Zeitalter der Industrie nicht länger verschließen kann. Als schließlich die Umstellung von der Manufaktur zum maschinellen Betrieb der Fabriken endlich in Gang gekommen ist, hat sich rasch gezeigt, daß sie schlichtweg unmöglich ist, sollen den Besitzenden doch gleichzeitig die Vorteile der Leibeigenschaft erhalten bleiben. Erst der Krim-Krieg (1854–1856) wird die zur Befreiung vom Bestehenden notwendigen Entwicklungen auslösen. Bis dahin hadert der Gendarm Europas – oder besser: das russische Volk – mit dem maßlosen, ungeheuren Ehrgeiz, »der nur in der Seele der Unterdrückten aufkeimen, sich nur durch das Unglück einer ganzen Nation nähren kann«. Der diese Konklusion einer zu Willen fähigen Masse macht, ist ein Fremder – Astolphe de Custine, dessen *Prophetische Briefe aus dem Jahr 1839* sich mit dem angetroffenen Zusammenstoß der »tiefsten Barbarei neben der höchsten Civilisation« beschäftigen. Der Reisende meint damit selbstverständlich nicht das Äußerliche, das er etwa beim Aufeinandertreffen der Ethnien Inner- und Westasiens in der Volksmenge des Handelsplatzes Nischni-Nowgorod unterscheidet – beobachtend teilt er in »zwei Classen [...], in die Menschen mit Affengesicht: die Kalmücken, Mongolen, Baschkiren, Chinesen, und die mit griechischem Profil: die Circassier, Persier, Georgier, Hindus etc.« –, sondern kritisiert mit unbestechlicher Ehrlichkeit »die Missbräuche der Autocratie d. h. der Tyrannei [...], welche man gute Ordnung nennt«, die falsche Ordnung des Despotismus, »die Ordnung als Vorwand zur Unterdrückung«. Die Aristokratie, an deren Hof in St. Petersburg man nicht einmal die Erlaubnis erlangt, sich zu langweilen, ist nicht die, welche nach de Custines Ansicht den Auftrag hat, »auf der einen Seite das Volk gegen den Despoten und auf der anderen die Civilisation gegen die Revolution, den furchtbarsten aller Tyrannen, zu vertheidigen«. Wahre Freiheit, unter der Obhut einer wahren Aristokratie, will weder Gewalt noch Chaos. Genau das aber, Anarchie, erscheint als Verkörperung der Barbarei, wenn sie unter Despotie verwundet wird. Der Zar, in dessen Reich »das Vermögen eines Grundbesitzers [...] nach Bauernköpfen gerechnet [wird]«, dessen Hauptstadt »die Russen ihrer künftigen Größe errichteten«, »möge [...] die Verantwortlichkeit der Allmacht tragen; [...] eine erste Buße für die politische Lüge, durch welche ein einziger Mensch zum absoluten Herrn eines Landes, zum allmächtigen Beherrscher der Gedanken eines Volkes erklärt wird«, das »aus einer Vereinigung von Völkerschaften hervorgegangen, welche lange nomadisch und immer kriegerisch waren, und [...] das Bivouac-Leben noch nicht ganz vergessen [haben]«. Deshalb auch kommt de Custine St. Petersburg vor wie eine »griechische Stadt, die für Tartaren als Theaterdecoration improvisiert wurde, als prächtige, aber geschmacklose Decoration für ein wirkliches und schreckliches Drama« (Astolphe de Custine, *La Russie en 1839*, Paris 1843)

Von Tashkent aus, das ich mir zur Zeit seiner Gründung und vor der Ankunft der Eisenbahn als ein 'Athen der Steppe' vorstelle, begebe ich mich nun also ins westlicher liegende afghanische Balkh – so gut es geht auf jenem Weg, der

Babur aus Fergana, dem Herz Asiens, zuletzt in Reichweite des Indischen Ozeans gebracht hat. Denn Innerasien ist so eingerichtet, daß man in einer bestimmten Richtung vorrücken kann, ohne dabei die anderen aus den Augen zu verlieren. In Balkh, am Ende dieses Kapitels, habe ich das Gefühl, werden sich dann Vieler Wege kreuzen.

Auf Baburs Spuren

Taschkent, 28. September 2002, Nachmittag. — Seit gestern zurück aus Fergana.

Herr A. vom Informationsministerium ist mit diversen Vereinbarungen noch nicht weitergekommen. Da heute Samstag ist, bedeutet das im besten Fall drei neutrale Tage in Tashkent. Mit dem *Babur-nama* und ohne Zeitung.

Ich habe Baburs Tatenbericht – er beginnt in Andizhan und mit den Ereignissen des Jahres 899 n.d.H., des am 12. Oktober beginnenden Jahres 1493 – in der Hoffnung eingepackt, die Lektüre fungiere unterwegs als Bilderteppich, in den sich die Eindrücke meiner Reise verweben lassen. Gäbe es aber Szenen, die sich dieser Absicht widersetzen würden, wären sie vielleicht Monstrositäten der heutigen Präsidialrepublik zuzuschreiben. Aufgrund von Hintergrundberichten habe ich zu Hause nur erahnen können, wie schrill diese sein würden, und keineswegs damit rechnen können, unterwegs auch auf solche zu stoßen.

Dazu Buch III, *Babur von Fergana*.

Schon in den ersten Tagen nach der Ankunft, als das, was ich wahrgenommen habe, an Tristesse und Ruin im Einzelfall das Erwartbare nicht überstiegen und im Gesamteindruck nicht überwogen hat, bin ich zur Ansicht gelangt, daß Usbekistans Krise ein stilles Desaster sein muß, daß dieses wiederum die eklatantesten sozialen und wirtschaftlichen Mißstände nur mehr verbirgt. Alles Krasse würde mir jedoch unzugänglich bleiben durch die diskrete Überwachung, nicht durch S., dem ich vertraue und den ich nicht in Schwierigkeiten bringen will, sondern durch das Informationsministerium. Diese Einschränkung ist der in Kauf genommene Preis für die Akkreditierung. Ohne solche sind Baumwolle, Erdgas, Gold, Güterbahnhof und Zollgelände nicht zu haben – die Orte, deren Darstellung den Behörden am Herz liegen muß, aus welchen Gründen auch immer. Dort konkrete Hinweise für Machenschaften zu finden, wäre nützlicher für einen Befund der usbekischen Verhältnisse, als an den Rändern der Schattenwirtschaft zufällige Indizien für diese zu erhaschen.

Kein Aufschrei, nichts Außerordentliches, das bis jetzt meine Aufmerksamkeit auf sich gezogen hätte. Deswegen bis jetzt auch nicht das Gefühl, auf der Straße – verbleibendes Tummelfeld, wenn man an Türen zu klopfen keinen ausreichenden Grund hat – etwas zu verpassen, während ich das *Babur-nama* lese.

Mir ist, als hänge Tashkent an stillgelegten Nerven. Das aber muß eine Täuschung sein.

Bei Babur ist Verbindliches zu erfahren. Auch in den Reflexionen über das Maß der Rechtschaffenheit seiner persönlichen Handlungen im Rahmen der Gegebenheiten. Diese bestimmt andauernde Eskalation. Spekulation ist schon deshalb kein Thema, aber auch wegen der Hinfälligkeit des Gewinns »unsicherer Güter dieser Welt, die in <u>fünf Tagen</u> vergeht«. Weil Babur diese Unausweichlichkeit akzeptiert, empfiehlt er, ein Mensch solle sich »nur auf das konzentrieren, was [er] gerade tut, und das Werkzeug mit dem [er] es tut«. Aus solcher Haltung entspringen nicht nur die von Cäsar bekannte fürstliche Selbstverklärung, sondern auch Marc Aurels Weg zu sich selbst. Leichtfertig vertraut Babur seine Worte dem zunächst für den persönlichen Gebrauch bestimmten Buch allemal nicht an. Zweimal hat er Samarkand erobert, zweimal die Stadt wieder verloren. Unter allen Kalamitäten seines Leben ist die schlimmste persönliche Tragödie die Kapitulation vor Shaybani, dem Khan der Usbeken, im Juli 1501 gewesen. Neun Monate hat er der Belagerung widerstanden. Die Eingeschlossenen haben Hunde und Esel verzehrt, den Pferden in Wasser gelöste Holzspäne gefüttert. Vor ihren Augen ist außerhalb der Tore Samarkands die Ernte verdorben.

Ein nicht endender Vorabend. Nirgendwo etwas Auffallendes. Ich habe mir vorgestellt, daß man hinter den Toren und Mauern der *mahalla*s, in den Medresen und den Hinterzimmern kleiner Geschäfte und Betriebe die politischen und wirtschaftlichen Mißstände verhandelt; daß in den Kasernen der Sicherheitsdienste gelangweilte Ordnungskräfte bereitstehen, im Fall einer Erhebung, aber gewiß auch bereits bei einem <u>Protest</u> die verfilzten Interessen der usbekischen Führung zu schützen.

Auffallend die Großplakate. Karimow spendet jeder Stadt im Tal sein väterliches Lächeln, versichert Familie und Sippe aufopfernde Fürsorge. Fergana ist Usbekistans östliche Extremität. Vielleicht hat man dem Präsidenten die Warnung <u>Ibn Khalduns</u> zugetragen. Der Zerfall einer senil und schwach gewordenen Dynastie setzt an den Rändern des Reichs ein; das Zentrum bleibt erst noch intakt, bis Gott dessen Untergang zusammen mit dem der gesamten

Babur bezieht sich auf ein orientalisches Sprichwort, das von einer Sieben-Tage-Welt spricht und auf die Schöpfungsgeschichte anspielt. Der erste Tag ist der Geburt, der letzte dem Tod gewidmet. Die restlichen fünf Tage umfassen das kurze Leben eines Menschen.

Postscriptum:
Am 13. Mai 2005 kommt es in Andizhan, auf dem Platz mit dem Denkmal Baburs zu einer spontanen friedlichen Massenkundgebung von mehreren tausend Menschen. Die gegen die staatliche Mißwirtschaft, politische Repression und die Willkür der Behörden gerichtete Kundgebung, die größte in den zentralasiatischen Republiken seit der Unabhängigkeit im Jahr 1991, wird ohne Vorwarnung von Regierungstruppen brutal beendet.
Dazu Buch XII, *Augenzeugenschaft*.

Ibn Khaldun führt vor, daß das Schreiben nachwirkender Geschichte literarische Gewandtheit erfordert, und keines seiner Werke ist dafür der bessere Beweis als die in der Provinz Oran im November 1377 vollendete *Muqaddimah*, Einleitung und Erstes Buch, aus dem *Kitab al-Ibar*, der umfassenden Weltgeschichte, mit der Ibn Khaldun ein maßgebendes und in gewisser Hinsicht auch endgültiges Bild der

Herrschaft beschließt. Das will Karimow verhindern. Mischt sich deshalb
auch in die Belange der Religion, die
er weder kennt noch respektiert – bei
einem Besuch in Mekka soll er aufrecht

islamischen Zivilisation vorlegt. Im Gesamtüberblick behandelt das
Werk Themen wie die Frage nach dem Sinn der Geschichte, dem Be-
völkerungswachstum, der Beziehung des Menschen zu seiner natürlichen Umwelt sowie wirtschaftswissenschaftliche Theorien, wodurch
es Forschungsbereiche der modernen Soziologie vorwegnimmt.

stehen geblieben sein, während um ihn herum alle sich zum Gebet niederwarfen –
und hält sie in kontrollierten Institutionen unter Verschluß – so gründlich und so
lange wie es eben geht.

Je näher wir auf dem Rückweg aus Fergana der Hauptstadt der bevölke-
rungsreichsten Republik Zentralasiens kamen, desto häufiger entlang der Straße
die Werbebotschaften. Die üblichen Produkte und Accessoires zur Befriedigung
weltläufiger Begierden. Auffallend, daß die Blendwerke dauerhafter wirken als die
riesenhaften Porträts des Präsidenten. Man sieht ihm zu wie er in der Sonne ver-
bleicht, sich aus der Verantwortung und dem visuellen Gedächtnis der Bevölkerung
wegstiehlt, bevor diese ihn stürzt oder er sonstwie zu Fall kommt.

Hinter dem Kamchik-Paß haben sie der Natur einen Stempel auf die Stirn ge-
brannt. Von weitem zu sehen. Ein schwarzer Schriftzug – *Nestlé* – am gelben Abhang.
Aufruf zur Bewirtschaftung von Baburs allzulang brach gelegenem Garten nach der
Methode des maximalen Profits. Verkündung des segenreichen Wirkens freier, am
besten entfesselter Märkte. Unfreiwilliges Bekenntnis des Irrtums, gesellschaftlicher
Fortschritt sei ausschließlich an der vom Produzenten bestimmten Kennzahl des
Bruttoinlandprodukts meßbar. Das Siegel auf der letzten Seite der gescheiterten
usbekischen Transitionswirtschaft.

Das Vorangehende habe ich in verschiedenen Cafés am Rustaveli-Boulevard,
dessen neuen Namen ich mir nicht merken kann, notiert.

Jetzt sitze ich im schattigen Garten des Restaurants, das ich nach dem Umzug
vom *Intercontinental* in das Familienhotel, dessen Nachtportier mich mit S. in Verbindung gesetzt hatte, gestern abend entdeckt habe.

Eigentlich handelt es sich um ein Privathaus. Ein Bretterschuppen lehnt sich an
die Rückwand des zweistöckigen Gebäudes. Die hohe Gartenmauer verschwindet
unter Pflanzen, die aus glasierten Töpfen und unbemalt belassenen Blechkanistern
wachsen. Jenseits der Mauer sieht man die Dächer der Nachbarhäuser. Das Quartier
ist weniger dörflich als jenes, in dem S. wohnt, und liegt unterhalb des Rustaveli-
Boulevards. In der Nachbarschaft gibt es ein paar internationale Organisationen.

Weil ich immer erst gegen Ende der Mittagspause zum Essen erscheine, sind
alle in den Ecken des Gartens und unter dem farbigen Herbstlaub der Pergola verstreuten Eßtische bereits abgeräumt. Zwei Serviererinnen, eine blond, die andere
schwarzhaarig, beschäftigen sich am Pult mit der Abrechnung. Das Pult steht auf
der zementierten überdachten Einfahrt.

Zwischen den aufgestoßenen Flügeln des Eisentors liegt ein sonnenbeschie-
nenes Stück der Ivleva-Straße. Ein älterer Mann durchquert das Viereck. Er trägt
senfbraune Slippers. Geht mit unsicheren Schritten, wie ein Patient auf dem ersten
Gang nach einer Operation. Das kurzärmelige Hemd fällt über die blaue Sporthose.
Der Mann zieht ein Wägelchen. Eine Kinderbadewanne aus rotem Plastik auf ungleichen faustgroßen Spielzeugrädern. Vor dem Lattenzaun des gegenüberliegenden
Hauses ein paar aufgerissene Müllsäcke – Hunde. Flaschenhälse, eine Blechdose
schimmert. Der Mann hat das schnell erkannt und ist vorübergegangen.

Die Wirtin ist an meinen Tisch getreten.

Ich vermute, das Restaurant gehört ihr und die verstellte Küche, in die man
beim Gang aufs Klo blickt, ist auch ihre private, die sie mit zwei etwa gleichalten
Frauen teilt, Schwestern, Schwägerinnen, alle vermutlich von ihren trinkenden Gat-
ten erlöst, die, so habe ich irgendwo gelesen, in der Sowjetunion an allen möglichen
Verschleißungen oft mit Mitte Vierzig versterben. Ein richtiger Weiberladen also.
Sauber. Mit gutem Essen.

Die Wirtin trägt eine rote Bluse mit überspannten Nähten. Auf die Bluse fällt
die Sonne, und für einen Moment färbt der Wiederschein des Stoffes das Papier
meines Hefts.

»*O. K.! Next time you try my other menue. Yes?*«

Ich habe Tomatensalat und Hühnersuppe bestellt, dasselbe wie gestern abend.

»*Religion?*«

Mit der Hand, die vieles gewaschen und gescheuert hat, deutet die Wirtin auf
das *Babur-nama*.

Ich verneine und reiche ihr das Buch

Die Wirtin betrachtet aufmerksam die Illustration auf dem Schutzumschlag,
bei der es sich um einen Ausschnitt aus der Darstellung der Geburtstagsfeier von
Baburs Sohn Humayum aus einem zeitgenössischen persischen Manuskript handelt. Die Wirtin sieht Männer in weißen Turbanen, die auf einem Teppich um ein
ausgebreitetes Tuch lagern. Darauf stehen Brote, gefüllte Körbe und blaue Porzel-
lanschalen. Im Hintergrund gibt es blühende Sträucher. Eine in hellem Rosa dargestellte Wasserrinne führt auf die Rückseite des Umschlags. Dort sieht die Wirtin,
als sie das Buch wendet, eine andere Ecke des Gartens. Die Wasserrinne durchfließt
nun ein quadratisches Becken, das sie sich, aus schimmerndem Marmor gefügt,
durchaus in ihrem Garten vorstellen könnte. In der Mitte des Beckens sprudelt eine
viermundige Fontäne. Verzückt, mit weit ausgestreckten Armen und nach oben ge-
drehten Handflächen tanzt davor ein hübscher Jüngling – Baburs Sohn Humayum.
Zwei Trommler und ein Flötenspieler treiben ihn. Das safrangelbe Gewand umwir-
belt die nackten Füße des Prinzen; um seine Schultern fliegt ein weißer Pelz mit
Bordüren, und der Federbausch des streng gewickelten Turbans wippt waagrecht

nach hinten. Humayum gegenüber wirbelt ein bärtiger, säbelschwingender Tänzer über moosigbraunen Boden.

Das Tagebuch eines Königs, erkläre ich. Aus Fergana. Vor fünfhundert Jahren habe der Kabul erobert.

»Afghanistan! Terrible! You go there?«

Vor einem Jahr, während des Kriegs gegen die Taliban seien viele Korrespondenten – sie spricht das Wort in der russischen Wendung aus – in ihr Restaurant gekommen.

Die mußten in Tashkent auf die Genehmigung des usbekischen Innenministeriums für die Sicherheitszone Termez und die *Friendship Bridge* gewartet haben, darauf, daß Herr A. ihre Sache beschleunigte.

»Afghan people no human people!«

Die Wirtin sagt das entschieden und verzieht mißbilligend ihr Gesicht.

»You like my restaurant?«

Gestern abend bin ich zum ersten Mal hier gewesen. Ja, ich mag ihr Restaurant und gedenke, kein anderes zu suchen. Unterwegs ist man froh, sich nicht in jedem Augenblick neu orientieren zu müssen. Im chinesischen Lanzhou, dem Tor zum Gansu-Korridor, kehrte ich nicht nur immer in dasselbe Hotel zurück, Dazu Buch X, *Römer in China?* sondern auch in denselben achten Stock und dasselbe im Knie des Gebäudes gelegene Zimmer, wo es am ruhigsten war. Eines Tages, ich saß am Tisch und übertrug den Verlauf der Chinesischen Mauer von einer Karte auf eine andere, kletterten aus dem Fenster des gegenüberliegenden Zimmers zwei Putzmädchen auf den Betonsims. Sie hatten lange Zöpfe mit roten Maschen. Ein Bursche reichte von innen den Staubsauger nach. Das erste Mädchen begann, den Sims zu saugen. Das zweite hielt das Kabel. Hinter ihnen kam das Gerät auf seinen drei Kugelrädern in Bewegung und rollte vom Sims. Ich glaube, ich schloß eine Sekunde lang die Augen. Die Mädchen fuhren auf dem Sims herum, fielen nicht in Tiefe, und das zweite ließ das Kabel nicht los. Sie schienen zu rufen. Nach einer Weile tauchte am Fenster der Bursche auf. Zu dritt zogen sie den Apparat hoch, der ich weiß nicht wie viele Stockwerke tiefer baumelt, jedenfals war das ganze Kabel abgespult, und setzten die Arbeit fort.

Ja, ich mag das Restaurant und füge an, das Essen, das ich nun zum zweiten Mal bestellt habe, schmecke mir sehr. Gerade in der Kombination.

»O. K.! Next time you try my other menu. Yes?«

Die Wirtin gibt mir das *Babur-nama* zurück, ohne es aufgeschlagen zu haben.

Ich glaube, die russische Wirtin hat nie eine Veranlassung gehabt, auf ihr Urteil über die Afghanen zurückzukommen, das sich vor zwanzig Jahren bildete, als immer mehr Soldaten der Roten Armee im Hindu Kush umkamen, auch wenn die meisten unter ihnen nicht Russen, sondern Angehörige der zentralasiatischen Bevölkerung waren. Brüder, hatte der Generalstab gedacht, kämen mit Brüdern besser zuwege.

Nach dem Essen gehe ich auf dem staubigen Seitensträßchen, das von der Iv-leva abzweigt, zum Hotel zurück, das etwas zurückversetzt am Ende einer schmalen Zufahrt steht. Es gehört Armeniern. Mit Namen kenne ich bis jetzt nur Alexis, der mit einem cremefarbenen zerschlagenen *Wolga* Gäste chauffiert. Alexis ist ein wuchtiger Mensch, aber nicht sehr groß, schwer schnaufend. Das kurzärmlige Hemd gibt seine dicht behaarten Arme frei. Wenn ich ausgehe oder ins Hotel zurückkomme und Alexis mich sieht, raunt er die Worte *Massage* oder *Ladies*. Etwas ist mit Alexis' Wangen geschehen; stellenweise haben sie Farbe und Struktur einer angeschmorten Aubergine.

Mein Zimmer liegt im Parterre des zweistöckigen Nebengebäudes, das gerade fertiggestellt wird. Bei den Möbeln handelt es sich um zentralasiatische Imitatio-nen von *IKEA*. Manchmal übertönt das Geschrei und die Musik der Rezeption den Motor von Alexis' Auto, wenn er Hotelgäste, zumeist europäische Fachleute, die braune Kittel und schlechte Schuhe tragen, ein- oder aussteigen läßt, auf dem engen Vorplatz umständlich wendet und wieder wegfährt. Außerdem höre ich vor meinem Fenster das Palaver der Arbeiter, die das Schwimmbecken streichen. Dieses stößt direkt an das Gebäude und ist kleiner als ein Abstellplatz für Alexis' *Wolga*.

Aufgrund der Geräusche, gegen die man als Gast eines Familienhotels nichts unternehmen will, versuche ich erst gar nicht zu schlafen, sondern suche die Fülle geographischer Angaben des *Babur-nama* auf den verschiedenen mitgebrachten Kar-ten zu entschlüsseln. Es ist eine Anstrengung, die beschränkten Erfolg verspricht, aber ich will Baburs Route durch Mawarannahr mit meiner Route nach Samarkand und Afghanistan so gut es geht kombinieren. Überlagern müssen sich die Wege not-wendigerweise in Termez, wo man traditionellerweise den Amu Darya überquert. zumindest seit Bestehen *Friendship Bridge*.

Irgendwann meldet sich S. mit der Mitteilung, er habe ein Treffen bei der *MAF-Ouz (Mission archéologique franco-ouzbèke)* in Samarkand vereinbaren können. Das ist eine gute Neuigkeit. Von Herrn A. hat S. nichts gehört.

Auf den Namen dieses Forschungsinstituts gestoßen bin ich erst vor zwei, drei Tagen, und zwar im illustrierten Taschenführer *De Kaboul à Samarcande. Les archéologues en Asie centrale* von Gorshenina und Rapin. Das schlecht geleimte Büchlein, 2001 er-schienen bei Gallimard, fand ich bei *Du côté de chez Swann* in Zürich, einer Buchhand-lung, die ich vor dem Kauf nur selten und danach nie mehr betrat. Ihr Geschäfts-gang hielt überhaupt nicht sehr lange an, aber ich hätte mir nie vorgestellt, daß man unter diesem Namen Konkurs machen kann. Vielleicht hatten sich die Inhaber nach Proustschem Vorbild ganz einfach aus dem Lärm der Stadt verabschiedet, um sich einem großen Projekt zu verschreiben. Aber für mich hatte die einigermaßen seltsame Buchhandlung ihren Sinn erfüllt, denn im Taschenführer mit dem pompösen Titel sah ich zum ersten Mal eine Abbildung der ›Eisernen Pforte‹ – »Muraille gréco-sogdienne et kouchane de Der-bend«. Eine bescheidene Aufschüttung, aber an einem taktischen Ort. Für einen,

Dazu Buch II, *Pforten oder Pässe, Scherereien mit Gog and Magog, Der Kupferwall und andere Wahrheiten* sowie in diesem Buch *Echos am ›Eisernen Tor‹.*

der bei der Großen Mauer Chinas zwar immer wieder an der Bürokratie, nicht aber am Gegenstand gescheitert war, eine ›Entdeckung‹ in eigener Sache.

Me voilà en Asie centrale!

Ingwerhuhn

Taschkent, 28. September 2002, abends. — S. kommt zum Nachtessen. Wir nehmen beide das Gericht, das ich schon kenne.

Morgen werde ich der Wirtin, die stumm abgeräumt hat, von Philip, einem befreundeten Fotografen, erzählen, der in Kambodscha, und zwar seit dreißig Jahren, immer nur *Chicken Ginger* ißt, weil er, wie er selbst sagt, an *Menu fatigue* leidet und der, zum Erstaunen der *UN*-Blauhelme aus Uruguay, in Snoul, in den Highlands über dem Mekong, Loc Ninh gegenüber an der alten vietnamesischen Einfallsroute in die Kautschukplantagen, dieses dort bislang unbekannte Gericht sogar eingeführt hat, um von seiner Gewohnheit nicht abzurücken.

Indische Verlockungen

Tashkent, 29. September 2002, am Morgen. — Ich muß dem Vorhaben folgen, auf dem vor mir liegenden westlichen Weg nach Samarkand und Balkh die Annäherung Europas an den Orient und Asien im Auge zu behalten, nicht zuletzt, weil eine solche gedankliche Parallelreise Ausflüge nach Indien ermöglicht – Baburs finale Eroberung –, welches, mit der Ausnahme von Kashmir, nicht im Radius meiner Routen liegt, aber an dem das Abendland bei seiner imperialen Anstrengung im Osten selbstverständlich nicht vorbeikam.

Dazu Buch XI, *Geschundene Tote, Tal der Angst, 'Azadi'* und *Militärstraße nach Kargil.*

Im Materialteil der Manesse-Ausgabe des *Babur-nama* gibt es mehrere Stammtafeln. Dort habe ich usbekische *Sum*-Geldscheine eingesteckt, denn um bei der Lektüre den Überblick über die Protagonisten und ihre Beziehungen zueinander nicht zu verlieren, ist dauerndes Nachschlagen notwendig. Der Stammbaum Baburs ist weitverzweigt, und unablässig kommen sich die unzähligen Onkel und Vettern bei ihren

Unternehmungen in die Quere. Aufschwünge, Gezeter und Niederlagen dieser Sultane – nicht wenige unter ihnen Sultane, Statthalter von Balkh, Isfahan, Hamadan, Kandahar oder Baghdad – sind Ausdruck der enorm verworrenen politischen Verhältnisse in Mawarannahr und darüber hinaus, in der Epoche als die Hochzeit der Karawanenstraßen zu Ende geht. Die Fragmentierung der nomadischen Reiche behindert immer mehr die Abwicklung der Handelsgeschäfte auf den eurasischen Transkontinentalen. Die Profite der Kaufleute sinken drastisch, denn an zu vielen und zu vielen unnötigen Grenzen fallen warenverteuernde Abgaben, Schutzgelder und Zölle an.

Am 12. Februar 1493, exakt acht Monate bevor die Chronologie der Ereignisse des *Babur-nama* einsetzt, kämpft nördlich der Kanaren die Karavelle *Niña* des aus der Karibik heimkehrenden Kolumbus mit heftigen Windböen. Die See geht hoch. Man schafft ganze achtundvierzig Seemeilen. Anderntags fahren im Nordosten Blitze vom Himmel. Bald rollt die See. Brecher überfallen das Schiff. Trotzdem sind bis zum Abend fünfundfünfzig Seemeilen zurückgelegt. Dann, in der Nacht auf Donnerstag, den 14. Februar, bricht der Orkan los. In der fürchterlichen Kreuzsee verliert das Schiff des Admirals den Kontakt mit der unter dem Kommando von Alonso Pinzones stehenden *Pinta*, treibt, vom Sturm aus dem mit gegißtem Besteck gesegelten Kurs versetzt, in unbekanntes Gewässer. Die Katastrophe scheint unvermeidlich. Soll keiner die sensationelle Nachricht erfahren? Auf ein paar wenige Bogen Pergament schreibt Kolumbus einen hastigen Brief zu Händen von König Ferdinand von Spanien, wickelt diesen in ein Stück wächserne Leinwand, steckt ihn in einen Wachskuchen und wirft das Ganze in einem abgedichteten Faß über Bord – zudem gegelobt er, zu Santa Maria von Guadalupe zu pilgern, wenn er dem Tod entrinnt. Dann macht man am Achterdeck der *Niña* ein zweites Faß mit einer Kopie des Schreibens fest. Als am Freitagabend der Himmel sich lichtet und das Schlimmste unbeschadet überwunden ist, verfaßt Kolumbus, nun mit mehr Ruhe, die dritte Version seines Berichts, den er zurückhaltender nicht mehr direkt an die Krone richtet, sondern an Luis de Santangel, der als Schatzmeister die Entdeckungsfahrt unterstütz hat. Der erste Brief aus der 'Neuen Welt' – noch im selben Jahr 1493 findet er unter dem Titel *De Insulis Inventis* als Denkschrift über Barcelona und Rom Verbreitung bis Basel und Rotterdam – hat den Charakter einer Rechtfertigung, in der Kolumbus trotz unleugbarer Unstimmigkeiten vermeldet, auf Marco Polos Spuren den westlichen Seeweg nach Asien gefunden zu haben. Kolumbus' Irrtum hat Folgen bis in die fernsten Binnenregionen.

Entlang der Seidenstraßen gerät die gesamte Wirtschaft ins Wanken, denn ein Seeweg wäre eine unglaubliche Konkurrenz. Bereits ein knappes halbes Jahrzehnt später gelangt Vasco da Gama mit Hilfe des Südwest-Monsuns und mutmaßlich dank Lotsenhilfe des nautischen Genies Ahmed ibn Majid über den Indischen Ozean zur Malabar-Küste, die er am 18. Mai 1498 sichtet. Zwei Tage später betritt er zwischen Calicut und der etwas nördlich gelegenen kleinen Siedlung Pantalayini-Kollam Land, rammt das Kreuz in den Strand und ruft: »Für Christen und das Gewürz!«, denn beides sucht er auf dem Subkontinent.

Mit der Bewirtschaftung der östlichen Seeroute durch die Portugiesen bricht der Warenumschlag auf den Seidenstraßen fast vollständig ein. Die maritime Route von Fujian durch das Südchinesische Meer über den Indik und das Arabische Meer nach Basra am Kopf des Persischen Golfs ist schneller und sicherer als jeder Landweg.

Ein Jahrhundert später stehen nicht nur Portugiesen, sondern auch Niederländer und andere Europäer in Kontakt mit der indischen Bevölkerung, die inzwischen regiert wird von Baburs Nachkommen, den Herrschern der Dynastie der Großmoguln, die Indien eine Epoche muslimisch-hinduistischer Kooperation bescheren wird.

Die Erfahrungen, die der Reichsgründer aus Andizhan – seine *Erinnerungen* beschließt ein anonymes Fragment zum Tod, der am 25. Dezember 1530 eingetreten ist – auf seinem Weg an den Ganges gesammelt hat, entsprechen dem Stoff eines außerordentlichen Entwicklungsromans. Aber jeder militärische Erfolg, jeder politische Rückschlag, den Babur aufzeichnet und zuweilen auch beweint, was zu tun er sich nicht schämt, ist eine zeitlich verankerte Tatsache, geschehen vor einem genau geschilderten geographischen Hintergrund. Daß die Umwelt im *Babur-nama* eine so bedeutende Rolle spielt, kommt nicht von ungefähr. Ihre Phänomene und Faktoren haben das Wesen

Die Dynastie der von Babur begründeten Großmoguln regiert Indien von 1526 bis 1857. Unter ihrer Herrschaft gedeiht eine einmalige islamisch-hinduistische Kultur, die mit den am 10. Mai 1857 beginnenden, als *Indian Mutiny* bekannten Ereignissen ein Ende findet. Nach der Niederschlagung des Aufstands schicken die Briten Bahadur Shah II., den letzten, auch unter dem Namen Zafar bekannten Mogul-Herrscher ins Exil nach Rangoon. Zafars Unentschiedenheit hat einerseits wahrscheinlich verhindert, daß die Rebellion erfolgreich ist, andererseits dazu geführt, daß daraus die schwerwiegendste bewaffnete Herausforderung einer abendländischen Imperialmacht im 19. Jahrhundert erwächst.

Den Mogulen gelingt es, ein größeres und zentralisiertes Reich zu konsolidieren als ihre Vorgänger, die Sultane von Delhi. Die Zeit der Großmogul ist charakterisiert durch herausragende künstlerische Leistungen und bedeutende wirtschaftliche Entwicklung. Beim Tod Akbars, 1605, zählt die von den Mogul beherrschte Bevölkerung 70 bis 100 Millionen; am größten war sie jedoch unter Aurangzeb (1658–1707), der vorübergehend auch das Dekkan-Plateau und die Staaten Bijapur und Golconda im zentralen Süden unterwirft.

Ein holländischer Kaufmann, Francisco Pelsaert (1595–1630), bemerkt kritisch, die Mogul wären zwar »Könige der Ebenen und offenen Straßen«, würden indessen aber kaum die Hälfte der Menschen regieren, über die Souveränität auszuüben sie vorgeben, denn darunter seien »ebenso viele Rebellen als Bürger«.

des Fürsten mitgeprägt, und die Natur ist lange Zeit einziger Verbündeter des aus Fergana Vertriebenen gewesen, der, allein oder mit ein paar verbliebenen Getreuen, in ihren entlegensten Winkeln Zuflucht suchen und dabei in jeder Klus des Hindu Kush, auf jedem Wegstück in ganz Mawarannahr mit Hinterhalt und Scharmützel rechnen muß. Findet sich Babur aber in Sicherheit, trägt ihn ein ausgewogener Moment, versinkt er in Betrachtung, liest die Landschaft als Abbild des Lebens oder führt, wie ein durch das neblige Gebirge streichender konfuzianischer Literat, das Naturerlebnis zur Vollkommenheit, indem er eine Inschrift anbringt am gewachsenen Fels, inspiriert durch die Atmosphäre eines besonderen Orts, etwa an der Quelle hinter dem Birdan-Paß (heute der Shahristan-Paß in Tadschikistan), wo er ein Gedicht mit folgenden Strophen enden läßt:

»Mit Tapferkeit und mit Mut / haben die Welt wir erobert, / Aber wir haben sie nicht mitgenommen / ins Grab.«

Babur, der die Verkettung aller ihm zugestoßenen Ereignisse im Grund begriffen hat, weiß, wann loszulassen ist, und er kann es leichten Herzens. Die »fünf Tage«, die ihm zur Verfügung standen, hat er gut genutzt, so gut, daß er nebst allen Eroberungen das Erdbeben protokolliert, den Zug der Vögel naturwissenschaftlich präzis erfaßt und die Arten der Nadelbäume in den Bergen um Kabul notiert, die man dort heute nicht mehr findet.

Die Bemerkungen Baburs zu den Gegenständen der Natur haben nichts mit imperialer Landeskunde zu tun, als deren Erfinder Napoleon gilt. Babur muß keine zusammengerafften Trophäen in eine Hauptstadt überführen – die meiste Zeit gibt es keine solche – und ist auch nicht als selbsternannter Kaiser unterwegs, sondern als sein eigener Kommandant. Napoleon hingegen setzt in seiner halsbrecherischen Kühnheit auf Generäle mit *fortune*, wie Marcus sagt, mit lokalen Dingen am engsten vertrauter Begleiter und Beobachter meiner zentralasiatischen Reisen. Ob solche Generäle wie Napoleon Indien hätten einbringen können, kann keiner wissen. Vielleicht schenkte er seinem Stab auch nicht sein ganzes Vertrauen. Im Jahr 1807 jedenfalls, im Hochgefühl seiner Siege in den Koalitionskriegen, überrascht Napoleon Zar Alexander I. mit dem phantastischen Plan, ihre beiden Armeen zu vereinen – er selbst würde mit seiner die Donau hinuntersegeln – und den Subkontinent britischer Hand zu entreißen. In seiner Verblendung sieht er sich als Religionsstifter, der auf dem Rücken eines Elefanten Asien erstürmt, im Turban und in der Hand den Koran, umgeschrieben zu eigenen Zwecken. So überrissen der Wahn, so penibel die Vorbereitung. Napoleon borgt an Berichten über die Regionen und Länder, was sich im Umlauf befindet, markiert unter allen Verlockungen mit bestimmtem starkem Strich, was er für bedeutend hält. Unmöglich, daß Samarkand nicht unter dem Angemerkten ist, die Hauptstadt des Reichsgründers und Welteroberers Timur, väterlicherseits in direkter Linie der Vorfahre von Babur aus Fergana.

Geometrie des Reisens

Tashkent, 29. September 2002, morgens. — Auch was die Versorgung angeht, ist das *SAM-BUH* der Armenier – das Kürzel steht für Samarkand-

Buchara – ein Familienhotel. Seine Küche ist eine Sippenkantine. Zu jeder Tageszeit sitzen Esser um einen großen Tisch. Die wenigsten sind Angestellte des Hotels.

In den Speiseraum gelangt man durch die fensterlose Lobby, an deren Wänden durchgehend Sofas und Fauteuils geparkt sind. Beim Eintreten ist der Ton des Fernsehers abzustellen. Das Frühstücksbuffet besteht aus einem Dutzend Käsescheiben mit kringelnden Ecken sowie einem Dutzend Wurstringen. Im weiteren ist der Speiseraum ausgerüstet mit einer Thermoskanne, die wie dieser Gegenstand meistens einem erschrockenen Pinguin ähnelt. Aus dem Schnabel blubbert lauwarmer, bitterer Tee. Zucker gibt es reichlich.

Auf dem Block skizziere ich die mögliche Route der nächsten anderthalb Wochen, mit dem Ziel, am Ende in Termez zu sein, um von dort aus mit Greg und Marcus nach Afghanistan zu gehen.

Meine Erwägungen begrenzt ein ungefähres Dreieck, dessen Eckpunkte ich mit den Kürzeln TSH, BKH und TER bezeichne. Sie verbinde ich mit einer gepunkteten Linie im Gegenuhrzeigersinn sowie einer gestrichelten im Uhrzeigersinn. Beide versehe ich mit entsprechenden Richtungspfeilen, denn im Moment ist nicht zu entscheiden, auf welchem Weg ich nach Buchara und Termez gehen soll. Zwischen TSH und BKH setze ich die zusätzlichen Punkte SKD und NAV. Von NAV aus ziehe ich einen geraden, aber doppelten Strich zur Goldmine bei Zerafshan, denn Hinweg und Rückweg von und nach Navoi sind identisch und deshalb wäre es am einfachsten, die Mine als Abstecher auf dem *Dazu Buch V, Das Loch in der Wüste.* Weg von SKD nach BKH zu besuchen. Aber vermutlich wird Herr A. die notwendige Bestätigung erst liefern können, nachdem wir Tashkent verlassen haben. Die Frage ist also, wie weit wir über SKD in Richtung BKH vorrücken können oder verzögern müssen, um noch vor NAV zu sein, wenn das O. K. für die Mine kommt. Kommt es zu spät, das heißt erst, wenn wir in BKH sind, kann ich von dort nicht nach TER. Alle Erwägungen führen zum Schluß, daß ich sehr wahrscheinlich zweimal durch Samarkand kommen werde. Das ist soweit in Ordnung, und auch dem Frühstück ist nichts anzufügen.

›Steinerner Turm‹ oder 'Stein-Stadt'

Tashkent, 29. September 2002, vormittags. — *samsa* sind Teigtaschen und enthalten im Prinzip Hammelfleisch und Fett. Manchmal füllen sie auch Fleischabfälle.

Der Mann vor dem kleinen Supermarkt nahe der Ecke Ivleva-Straße/Rustaveli-Boulevard, verkauft ofenfrische *samsa*. Jeden Morgen schiebt er auf einem Handkarren den tönernen Buckelofen an diesen Platz. Gegen Mittag, wenn alle *samsa* verkauft sind, zieht er ab. Heute kaufe ich eine der schweren, weichen Taschen. Den Inhalt entsorge ich auf das Gleis in der Mitte des Boulevards, in Sichtweite einer der grünen scheppernden Trams, die wild klingelnd gerade einen kehrtwendenden *Lada* aus seiner Spur vertrieben hat. Im Café auf der anderen Seite des Boulevards, im Schatten der Pappeln und Linden, esse ich den fettgetränkten Teig und bestelle zur Sicherheit eine Cola.

Überraschend nach einer Weile zwei schwarze schlammverschmutzte *Toyotas* mit afghanischen Kennzeichen. Dostum in Tashkent? Oder auf dem Weg in die Türkei? Im gegenwärtigen Afghanistan kann der General, der während des Bruderkriegs einen Kurierdienst für alle Arten von Stoffen und Produkten, die *Balkh Air*, betrieb, nicht mehr direkt nach Ankara fliegen. Die Strecke von Balkh nach Tashkent schafft ein Eiliger in weniger als zweimal vierundzwanzig Stunden.

Das Rustaveli-Boulevard ist einer der halbsternförmig vom Zentrum abgehenden Straßenzüge, deren Verlängerungen nun als Einfallsstraßen fungieren. In entgegengesetzter Richtung liegt die Altstadt mit ein paar Moscheen und dem Chorsu-Basar. Vom Basar fahren zahlreiche Busse in die Dörfer des Umlands.

In diesem Umland, nicht weit vom Ufer des Tschirtschik, einem Nebenfluß des Syr Darya, sollen die Überreste von Binkath liegen, Vorläufer der heutigen usbekischen Hauptstadt.

Laut den arabischen Geographen überragt eine Zitadelle mit Hauptmoschee sowie Gefängnis die Stadt. Ein doppelter Mauerring mit sieben äußeren und zehn inneren Toren umgibt sie. Laut dem *Hudud al-Alam* ist Binkath blühend und wohlhabend.

Al-Biruni informiert im *Mas'udischen Kanon*, die Stadt sei der Hauptort von Sash – in früheren und gleichzeitigen chinesischen Berichten und Chroniken der sich um die Tschirtschik-Oase ausbreitende Staat Chach – und hält Binkath irrtümlicherweise für den von Ptolemaios erwähnten und sowohl unter der griechischen Bezeichnung *lithinos pyrgos* als auch unter dem Turki-Namen *tash qurghan* bekannten ›Steinernen Turm‹ – in Arabisch *burj al-hijara*.

Al-Biruni (973–1048), der bedeutendste Universalgelehrte des islamischen Mittelalters, geboren in Kath am Amu Darya, in der Provinz Choresmien südlich des Aral-Sees, wirkt nach dem Sturz der Samaniden in Buchara im persischen Rayy, in der Nähe des heutigen Tehran, und zuletzt am Hof von Sultan Mahmud im afghanischen Ghazni.

Dazu Buch IX, *Suche nach dem ›Steinernen Turm‹.*

Vielleicht bringt al-Biruni die türkische Umschreibung (*tash* 'Stein' + *kand* 'Dorf') des Namens Binkath im persischen *Hudud al-Alam* in Verbindung mit Ptolemaios' ›Steinernem Turm‹. *Tash-kand*, sagen manche, enthält aber auch den chinesischen Namen des Staates Chach, wobei durch Dissimilation aus *Chach-kand* oder *Shash-kand* schließlich *Tash-kand* geworden sein soll. Tashkent aber bringen andere wiederum in semantischen Zusammenhang mit Shiguo – 'Stein-Staat' für Chach. Bei ibn Khaldun heißt die Stadt dann ash-Sash.

Al-Birunis falsche Identifizierung Binkaths mit Ptolemaios' ›Steinernem Turm‹ ist eine Folge seines Vorgehens. Kann er selbst keine Berechnungen und Experimente anstellen oder Informationen erlangen, verläßt er sich, wie Herodot, auf das Hörensagen. Dieser Methode attestiert al-Biruni weitaus mehr Vorzüge als dem unmittelbaren Augenschein. Nach seiner Auffassung richtet sich im Unterschied zu der zeitlich beschränkten Beobachtung eines Reisenden das aufzeichnende Hörensagen auch nach dem zuvor Geschehenen sowie auf die zu erwartenden Zeiten.

Al-Birunis Irrtum ist vielleicht interessant im Hinblick auf die Frage, ob Tashkent, Nachfolgerin von Binkath, im neuen Zentralasien, was auch immer das sein mag, die geographische Mitte des transkontinentalen eurasischen Warenwegs sein könnte. Nach Moskau, St. Petersburg und Kiev immerhin die viertgrößte Stadt der ehemaligen Sowjetunion und heute zweieinhalb Millionen Einwohner zählend, soll die Tashkent nämlich ein sogenannter *hub* des durch das Herzland fließenden Weltverkehrs werden. Wenn alles gutgeht, habe ich von Tashkents Ambition morgen ein klareres Bild.

Die Geschichte hingegen ist einigermaßen gesichert. Im Jahr 1404 gibt Timur die auf den Trümmern des vormongolischen Binkath errichtete Stadt seinem Neffen Ulugh Beg. Im späten 15. und 16. Jahrhundert verschönern sie die Shaybaniden mit Medresen und Mausoleen. Seit dem 17. Jahrhundert ist Tashkent durch die auf den Märkten von Orenburg und Nischni-Nowgorod handelnden einheimischen Kaufleute an den russischen Güterverkehr geknüpft. 1809 annektiert das Khanat Kokhand die Stadt. 1865 entziehen die Russen sie dem Zugriff des Emirs von Buchara, und General von Kaufmann macht sie zur Hauptstadt der zaristischen Satrapie Turkestan. 1889 wird Tashkent Kopf der Transkaspischen Eisenbahn, nach 1930 Standort großer Maschinen- und Textilkombinate.

Monopole

Tashkent, 29. September 2002, nachmittags. — Gestern war ich noch bei Timur und am sogenannten *Broadway*. Mit dem Reiterstandbild hat der Präsident Tashkents größten Park nach seinen Vorstellungen umgestaltet. Seit die Usbeken in Timur den Präsidenten erblicken dürfen, hat ihr Suche nach ethnischer Identität ein Ende.

Dazu Buch III, *Trostlose Genealogien*.

Der *Broadway*, eine touristische Fußgängerzone, ist nur ein paar Gehminuten von Timur entfernt. Geschürzte Kellnerinnen zerren die Flanierenden in Bierzelte. Reihenweise postiert die Künstler mit dem Kohlestift und Buden mit raubkopierten CDs, Stofftieren aus dem chinesischen Arbeitergulag und enormen Spielzeugwaffen. Junge Männer in Kunstlederjacken blicken auf ihre Mobiltelefone. Über ihren frisierten Köpfen an den Ästen der Ahornbäume berühmte Motive der Seidenstraße in Acryl und Öl. Am Ende der Meile winkt die müde Hand einer Rentnerin verschlungene Paare vor den Karton auf dem Asphalt. Darauf Abzeichen, Geldscheine, Münzen, Nippes, Orden und Bücher über Geologie, alles außer Kurs und aus der anderen Zeit. Der Staat stiehlt mutmaßlich auch die Pension.

Ich komme davon mit einem Set ethnographischer Postkarten aus dem postrevolutionären Karapalkastan, chamoisgetönt, was vermutlich genau der Farbe der unkontrollierbaren Wüstenregion westlich vom Aral-See entspricht.

Damit ist das Besichtigungsprogramm erledigt, denn bereits am Sonntag nach meiner nächtlichen Ankunft vor einer Woche habe ich *Tashkent-Land* besucht.

Dort haben sich Jugendliche vor dem Schalter des Riesenrads gedrängt. Auf den Köpfen der Burschen Sonnenbrillen, wie es sich gehört. Aufgefallen ist eine schwarze Mädchenbluse, bedruckt mit den Symbolen sämtlicher Währungen aus der Zeit vor der Einführung des Euro.

Wenn sie ihre Augen nicht geschlossen haben, dann haben die Passagiere vom Riesenrad und vor allem von der Achterbahn aus, bevor die Sofaschlitten seitlich kippend wieder in die betriebsame Tiefe gestochen sind, über Baumkronen hinweg das Hotel *Intercontinental* sehen können und daneben die beiden dunkelblauen spiegelglasverkleideten Kliniken, wo *NBU (National Bank for Foreign Economic Activity of the Republic of Uzbekistan), ADB (Asian Development Bank), EBRD (European Bank for Reconstruction and Development)* unaufhörlich an Usbekistans wirtschaftlichem und politischem Zustand laborieren.

Der Skandal des letzteren steht der Heilung des ersten im Weg, so daß hier, am Fuß des Tian Shan – ausgerechnet hier, wo vor fast zweitausend Jahren die Sogdier den transkontinentalen Transfer von Ideen, Information und Gütern einrichteten – das wundersame Zusammenwachsen der Märkte im Rahmen der globalisierten Welt sich verzögert. Zum Jammer der für Durchbruch-Konferenzen anrückenden ausländischen Delegationen, die doch nichts Bedrohlicheres im Sinn haben als Transparenz, verbindliche Normen und Maßstäbe – in Finanz, Handel und Zoll sowie, nebenbei, vielleicht auch bei den Menschenrechten.

Solche fremden Vorstellungen vermögen die usbekische Führung nicht aus der Ruhe zu bringen, weiß sie doch, daß nationale Eigeninterssen der *EU*-Länder am Schluß jeder Mahnung aus Brüssel Verbindlichkeit nehmen. Die sporadischen Auftritte der befangenen Schönredner ist nicht zu vergleichen mit Einfällen verfeindeter Kavallerie, und *good governance* bloß ein Wort, das nicht zum Himmel steigende Wolken von Staub aufwirbelt, wie tausend Hufe an den Pforten zur turanischen Senke.

Anstatt Riesenrad oder Achterbahn zu besteigen, habe ich am Amir-Timur-Boulevard einen klapprigen *Lada* angehalten, um mich auf dem Chorsu-Basar umzusehen. Auf dem Weg dorthin ein stehender Bus. Sein Stromabnehmer brennend. Sonst nahezu leere Straßen. Eine Millionenstadt ohne anständigen Verkehrsstau? Merkwürdig für einen Sonntag. Lähmung und Stillstand nicht nur in Fergana, sondern auch in der größten Stadt Zentralasiens? Die falsche Tageszeit? Oder Ausdruck staatlicher Kleptokratie?

Beim Schlendern über den Basar ist mir ein Begriff aus der Geschichte der Seidenstraßen eingefallen – 'Tribut'. Er ist das Zauberwort der Kaiser Chinas, und dahinter verbirgt sich das ausgeklügelte System, welches dem Hof das staatliche Außenhandelsmonopol im internationalen Warenaustausch garantiert. Basieren tut es auf dem Prinzip, daß aus China ausschließlich ausgeführt werden darf, was die chinesische Seite als sogenannte 'Geschenke' deklariert, angeblich bestimmt für die Staatsoberhäupter der als Gesandte auftretenden ausländischen Kaufleute. Das heißt im Klartext: Der Hof kann nur über diese semantische Selbsttäuschung akzeptieren, was Tatsache ist, die Tatsache nämlich, daß die Wirtschaft des Reiches zu einem Teil abhängig ist vom Export.

Allein was die für den Bedarf dieser gesichtswahrenden kaiserlichen 'Handelsdiplomatie' notwendigen Mengen übersteigt, ist zur privaten Veräußerung freigegeben, muß allerdings von den chinesischen Händlern in staatlichen Speichern deponiert werden. Genau in solche haben die Bauern im Fergana-Tal ihre Baumwolle abzuliefern, und es tröstet sie dabei nicht, zu wissen, daß das staatliche Exportmonopol nebst dem 'weißen Gold' auch den lukrativsten Export des Landes betrifft, das erstklassige Gold der Wüste Kizilkum.   Dazu Buch V, *Das 'tartarische Pflanzen-Schaf'* und *Das Loch in der Wüste*.

Es ist davon auszugehen, daß die Führung der Präsidialrepublik mit den Begehrlichkeiten westlicher Investoren genauso vertraut ist wie einst die schlauen chinesischen Hofbeamten mit den Präferenzen der jüdischen, sogdischen, parthischen und uigurischen Kaufleuten. Die Speicher, in die abzuliefern Ferganas Baumwollproduzenten gezwungen sind, dürften aber auch angefüllt sein mit von jener kontrollierten Importprodukten, die sämtliche privaten Einfuhren ersetzen will. Dies im Rahmen rigider Import-Substitionspolitik, die jegliche erwachenden Marktkräfte abwürgt und damit den Staatshaushalt unterminiert, ein Gebaren, das die brutale Unterbindung des kleinen Grenzhandels flankiert, etwa mittels Zerstörung von Brücken.

Auf dem Chorsu-Basar haben zwischen Kernseifeblöcken und Gewürzen, zwischen Gläsern mit leuchtenden Himbeeren aus den Datscha-Gärten, Auberginen, Erbsen, Melonen und anderen Produkten der einheimischen Landwirtschaft Bündel von Bananen aus Ecuador gelegen. Später habe ich dann erfahren, eine der Regierung nahestehende und Einfuhrvergünstigungen   Dazu Buch VI, *Bananen aus Ecuador*. genießende Person importiere die Frucht via Sankt Petersburg nach Usbekistan.

Ich habe den Eindruck gewonnen, der Basar sei betriebsam. Die Händler und Händlerinnen zufrieden. Aber was kann einer, der nichts kauft, über die Verhältnisse auf dem Markt schon wissen? Der zunächst Bilder wahrnimmt. Die junge Bäuerin etwa, die für ihn mit spitzen Fingern aus dem mit Kräutern gefüllten Glas, das zuoberst auf einer kühnen Pyramide steht, eine enorme glitschige Gurke fischt, oder die über das breite Sortiment hinweg entgegengestreckte hochgehaltene Handfläche des hageren Burschen, auf der eine ausgesuchte Pistazie gelegen hat.

Das Zentrum des Chorsu-Basars ist ein gewaltiger Kuppelraum. Eine zwischen Parkplätzen auf einer Bodenwelle ermattet liegengebliebene Schildkröte. Im Innern gibt es eine umlaufende Galerie, von der man auf die dichtgedrängten Stände im Rund hinunterblickt. Durch die Öffnungen im rautenverstrebten Zementdach haben Sonnenstrahlen gefingert und das Currypulver zum Glühen gebracht wie vergessene Herdplatten. Daneben hat Steinsalz gefunkelt und etwas weiter Honigwaben wie Rembrandts Goldhelm. Dazwischen das Aufblitzen von Zeitungspapier, das Gehilfen zu dreieckigen Tüten falzen. Alles umflossen vom bunten Stoff der *Atlas*-Kleiderröcke, der Kauffrauen, Einkäuferinnen und Mädchen in weißen Kopftüchern, welche geschmuggelte, ihnen zuvor im Halbdunkel der Nischen unter den Treppenaufgängen von Burschen zugesteckte Zigaretten losgeschlagen haben.

Es ist nur selbstverständlich, daß, wenn der Mächtige das Gesetz biegt, ihm der über keine Reserven verfügende gefährdete Einzelne auf dem Fuß folgt. Aber der Manövrierraum der Usbeken schwindet, wirtschaften sie doch, wie gesagt, unter immer härteren Bedingungen der von der Regierung verfügten Handelssperre.

So weit gehen die chinesischen Reiche, das der Jin oder der Song etwa, bei der Steuerung des Warentauschs auf den von ihnen kontrollierten Strecken der Seidenstraßen nie. Ihnen genügt es, die wichtigen Exportartikel – Jade, Seide, Tee und Zinnober – unter staatlicher Kontrolle zu halten und mit Aufschlägen zu belasten, ebenso rare Importgüter – darunter der baltische Bernstein, der als Aphrodisiakum begehrte tibetische Moschus oder der Weihrauch aus Jemen. Das diesen Exotika entsprechende Produkt ist auf dem Chorsu-Basar die gasgereifte Banane aus Mittelamerika – Emblem einer neuen kulturellen Epoche Innerasiens, seiner globalen wirtschaftlichen Verflechtung.

An Tashkents Rand

Tashkent, 29. September 2002. — Um vier Uhr nachmittags holt mich S. mit seinem feuerroten *Kia* für eine kleine Fahrt entlang Tashkents Rändern ab.

In der ansteigenden Parkent-Straße stehen wir zwischen asthmatischen Trolleybussen. Zur Linken saugen die Plattenbauten die Sonne auf wie ein mit unbequemen Erinnerungen behaftetes, beim Umzug im ausgeräumten Zimmer beiseite-geschobenes Möbelstück, das attraktiv zu wirken versucht und am Ende doch zurückgelassen wird.

Wahrzeichen des Quartiers, das laut S. ›40 Years to Victory District‹ heißt, ist ein Konglomerat ockerfarbiger, versetzt aneinandergerückter Wohntürme verschiedener Höhe. Am Eingang fragt keiner, was oder wohin wir wollen. Wir steigen das Treppenhaus hoch, auf dessen Zwischenetagen herabgekehrter Dreck liegt und an dessen Wände eingetrockneter staubiger Schleim und andere Auswürfe die von Kugelschreibern und Messerspitzen hinterlassenen Kritzeleien überlagern. In der obersten Etage liegt auf dem Betonsims die Spritze eines Junkies.

Brüssels Hirngespinst

Tashkent, 30. September 2002, morgens. — Auf dem Plan steht der Besuch bei einem Phantom. Der Begleiter kennt den Weg nicht, obwohl er bei der staatlichen usbekischen Eisenbahngesellschaft *Uzbekiston Temir Yollari* arbeitet — genauer: im *Department of External Economic Relations*. Er hat sich auf der Rückbank des *Kia* eingerichtet, während sich S. nach dem Zielort Chukursay durchfragt.

Chukursay ist ein Randbezirk von Tashkent. Dort gibt es einen Güterbahnhof; nicht irgendeinen, sondern dieser ist ein Knotenpunkt von *TRACECA* oder will es sein, auch wenn pro Jahr lediglich 5000 bis 6000 Container umgeschlagen werden. In Wirklichkeit ist Chukursay auch heute nicht mehr als früher – das Stummelgeleis in einen Hinterhof der Weltwirtschaft.

Deshalb muß unser Begleiter den Weg dorthin auch nicht kennen. *TRACECA* rollt in den Köpfen ab und natürlich an den Konferenztischen. Tashkent hat es bislang noch zu keiner Konferenz gebracht, wogegen *TRACECA*-Treffen in Almaty und Baku, in Brüssel und Helsinki, in Istanbul und Odessa, in Tbilisi und Wien stattgefunden haben. Sogar in Venedig, denn seitdem Marco Polos Reise nach und sein langjähriger Aufenthalt in China vermehrt hinter-

TRACECA steht für *TRA*nsport *Corridor Europe-Caucasus-Asia*. Den Plan dieses durchgehenden eurasischen Transportkorridors, der Rotterdam an der Nordsee mit Liangyungang am Gelben Meer verbindet, beschließen 1993 die führenden westlichen Nationen. Man tut so, als wolle man den Unterlegenen des Kalten Kriegs unter die Arme greifen, sichert sich aber über deren Köpfe hinweg Zugänge zum chinesischen Markt. Die längsaxiale Verstrebung des Kontinents wird zudem versehen mit osteuropäischen Nordsüd-Zubringerachsen, einer iranischen Abzweigung zum Arabischen Golf, einem georgischen Transport-Delta sowie Öl- und Gasterminals am Schwarzen und am Kaspischen Meer. Das Schema borgte von Mackinders geopolitischer Theorie des »gobalen Herzlands« und wirbt mit dem Klischee der Wiederbelebung der Seidenstraße.

Im globalen Rahmen – das geht aus den Vertragsformulierungen der Europäischen Union (1993) und dem vom amerikanischen Kongreß verabschiedeten *Silk Road Strategy Act* (1999) hervor – sollen die im Rahmen von *TRACECA* vorgesehenen zwölf Häfen, elf kombinierten Eisenbahn- und Straßenabschnitte, sechs Straßen- und vier Eisenbahnabschnitte die wirtschaftlichen Begehrlichkeiten Europas und Amerikas sichern und deren politische Vorstellungen propagieren. Im regionalen zentralasiatischen Rahmen hat das Kolossalprojekt bislang dazu geführt, daß bilaterale Zwiste nicht an die Hand genommen oder beigelegt worden sind – die Bereinigung umstrittener Grenzverläufe etwa oder die gegenseitige Abhängigkeit der ungleich verteilten natürlichen Ressourcen Erdgas und Wasser.

fragt werden, fürchtet die Lagunenstadt ihren Ruf als Ausgangspunkt einer der größten kaufmännisch-politischen Missionen in der Geschichte auswärtiger Beziehungen zu verlieren und beteiligt sich deshalb zumindest symbolisch am ehrgeizigen europäischen Vorhaben.

Container and Kamele

Tashkent, 30. September 2002, nachmittags. — Der Container ist ein Anonymisierer.

Dieses Wesen macht ihn zur Norm von *TRACECA* und zum Fremdling in Zentralasien. Hier hat das baktrische Kamel die Aufrechterhaltung der Kommunikation zwischen den beiden entgegengesetzten Ökologien des Weidenomadentums und des Ackerbaus der Seßhaften garantiert.

Und hier hat, als die Migrationskorridore einmal gefunden waren und Angehörige fern voneinander verwurzelter Welten sich auf gemeinsamen Handelsplätzen einander näherten – die eine Partei ihre Dinge am jenseitigen Ufer des

Dazu Buch X, *Barbaren aus dem Westen und der Wettlauf um den Vorrang in der Welt.*

Flusses niederlegend und stumm beobachtend, ob die andere diese an sich nahm, wenn ihr der Tausch gefiel (Plinius, *Naturkunde,* VI, 24, 88) – der transkontinentale Warenumschlag in notwendiger Offenheit begonnen.

Aufgabe des aus Stahlblech gefertigten Containers hingegen, der im No-

Die Höhe eines ISO-Containers beträgt 8 oder 8 1/2 ft. (2,6 m), bei einer Normbreite von 2,44 m und drei unterschiedlichen Längen, nämlich 20, 30 und 40 ft. Dadurch finden beispielsweise zwei 20-ft.-Container auf der Stellfläche eines 40-ft.-Containers Platz, oder zwei 30-ft.-Container auf der eines 40-ft.- und eines 20-ft.- Containers.

vember 1967 von Basel abgehend und mit Ziel Japan erstmals die eurasische Landbrücke auf der transsibirischen Strecke bereiste, ist Abschottung, Einschluß, Dichthalten, Geheimhaltung, Kaschierung, Verhüllung, Versiegelung,

Unsichtbarkeit. Egal ob Standard-Container, belüfteter Container, Hardtop-Container, Isoliercontainer, Kühlcontainer Schüttgut-Container, Tankcontainer oder ventilierter Container, er verdunkelt, verhehlt, verheimlicht, was der Stauraum birgt: Investitionsgüter, Stück- und Schwergut, kälte- oder wärmeempfindliche Güter, kondenswasserempfindliche wie Rohkaffee oder Kakaobohnen, Malz oder Salz, pulverförmiges und granuliertes Schüttgut, Draht- oder Blechrollen, Waffenteile und Sprengstoff, angereichertes Uran und abgebrannte Brennstäbe, illegale Immigranten und gehandelte Menschen, lebende Fische und Vieh, die zentralasiatische

Banane aus Ecuador und auch den mutmaßlichen Terroristen.

Täglich werden global 15 Millionen Container umgeschlagenen; davon schätzungsweise 2 Prozent physisch kontrolliert – bislang, denn seit den Anschlägen des 11. September 2001 spricht man von systematischen Kontrollen der Containerströme.

Wie das geschehen soll, ohne daß

In der Ausgabe vom 4. April 2002 berichtet der *Economist*, im Oktober 2001 sei im süditalienischen Hafen Gioia Tauro ein mutmaßlicher Angehöriger der al-Qaida in einem nach Halifax in Kanada verschifften Container entdeckt worden. Der Ägypter habe Flughafenpläne, Sicherheitspässe und das Zertifikat eines Bordmechanikers mit sich geführt und sei, während er gegen Kaution auf freien Fuß gesetzt worden ist, untergetaucht.

Im Jahr 1999 werden in Hogkong 16 200 000, in Singapur 16 Millionen, in Kaoshiung 7 Millionen und in Rotterdam 6 300 000 Container abgefertigt. Auf dem 9. Rang liegt Hamburg mit 3 700 000, auf dem 12. New York mit 2 800 000 Kisten.

die weltweit vernetzte Produktion und Distribution zum Erliegen kommt, weiß keiner, und keinem gefällt der Gedanke totaler Abhängigkeit von der Kiste, in der wertmäßig 90 Prozent des globalen Handelsvolumens verschoben werden, ohne die geringste Alternative. Der Container garantiert das Vorankommen der Welt, allerdings nur, wenn nicht ungenutzt herumstehend als Flüchtlingsunterkunft, Gefängnis oder sandgefüllte Schutzmauer (in Kabul soll eine solche gerade um den Sitz des afghanischen Präsidenten gezogen werden), sondern wenn in Bewegung, am besten mit Anschlußladungen.

TRACECA soll die Güterbewegung zwischen West und Ost und auch auf ihren vertikalen Ästen beschleunigen, knitterfreie Schneisen einrichten, ausgerechnet dort, wo die Geographie alle möglichen natürlichen Hindernisse häufte. Bislang hat das europäische Schema eher zur weiteren politischen und wirtschaftlichen Fragmentierung des Raums geführt, dem es ein Instrument der Integration sein soll. *EVERGREEN* und Co. verbinden die entgegengesetzten Enden Eurasiens und brauchen dazu weder Oase noch Wasserstelle, dafür schließen sie genau jene Orte aus, welche das baktrische Kamel einst verbunden hat.

Sie mögen eine seltsames Paar abgeben – Container und Kamel –, aber die Notwendigkeit von »... Sitte – gegenseitiges Ausdrücken, Tragen der Kisten, gemeinsames Lagern. Vor allem Sprachen mit technischen Ausdrücken für Handel, Verkehr, Sicherheit, Warenbezeichnung, Tausch. Bestimmte Lagerplätze, Vorratshäuser, Werkstätten, Reparaturen ...« (Oswald Spengler, *Frühzeit der Weltgeschichte. Fragmente aus dem Nachlaß, 1924–1936*) verbinden sie. Gerade die Sprache.

Allerdings verlachte der Barbar dieses Gestammel – die Sprache des Containers.

Zulassungsbestimmungen der *International Convention for Safe Containers (CSC)*: 'Höchstes Bruttogewicht', 'Zulässiges Stapelgewicht', 'Stirnwandfestigkeit', 'Seitenwandfestigkeit', 'Belastungswert bei Querverwindungsprüfung'. Lautlose Begriffe. Bloße Beschriftung. Aufgespritzt neben den Drehstangenverschlüssen der Flügeltüren. Etikett an der Stirn der Kiste. Ohne Wiederhall – weder im *barkan* Innerasiens noch im Mistral des Rhonetals. Weißer Lack. Im mongolischen Eissturm überfroren. Rostbläschen treibend unter dem tropischen Himmel Borneos. Monolog – bis zur letzten Ruhe auf dem Stapelplatz.

Sprache ist Verweilen beim Gegenstand. Die Sprache des Containers ist dessen Unrast. Sie ist die *Lingua franca*, die ohne Mensch auskommt. Ihr Leser ist der Rechner.

Als Alexander sich in Baktrien und Sogdien versucht, verstehen im Hinterlande, zumindest auf der Nordroute, kleine Sprachgruppen das Griechische. Ab dem 2. Jh. u. Z. ist die Verkehrssprache dann das Sogdische. Es löst das Aramäische und das sogenannte Baktrische ab, die auf dem griechischen Alphabet beruhende Schrift und Sprache der Kushan, und wird auch Missionierungssprache der nestorianischen Christen aus Merv und Samarkand. Außer diesen Sprachen hört man entlang der Seidenstraßen Arabisch, Chaghatai-Turki, Chasarisch, Chinesisch, Hebräisch, Kalmückisch, Komanisch, Lateinisch, Manichäisch, Persisch, Mongolisch, Syrisch, Tibetisch und Uigurisch. Der Katalog fremder Sprachen, mit dem die Tang die okzidentalen Schriftbilder differenzieren, enthält vierundsechzig Namen. Neben dem lateinischen von *Da Qin* die Einträge 'ass lips', 'lotus petal', 'riding horseback' oder 'risen corpse'. Scheinbar unmißverständliche Zeichen zur Benennung fremder Schriftbilder. Ordnung wie im eigenen Reich, wo das Zeichen *tian* 佃 ('ein Feld anbauen, bebauen') aus einer menschlichen Figur links neben einem geviertelten quadratischen Feld, zweifellos einem parzellierten Reisfeld, besteht.

Das Wichtigste im Transportgeschäft ist reibungslose Logistik. Das Umladen von einem Transportträger auf einen andern kostet Zeit. Deshalb der Versuch von TRACECA, ihn zu eliminieren oder wenigstens zu automatisieren. Beschleunigung durch modale Anpassung, aber eben unter Ausschluß lokaler Partizipation.

Zur Zeit der transkontinentalen Karawanen, denen erst Stalins Kollektivierung ein Ende setzt, generieren die kirgisischen Hirten durch Umladen der Güter auf ihre Yaks jährlich wiederkehrende Einkünfte. Auf den härtesten Etappen im Tian Shan nämlich erreicht das sonst zäheste, anpassungsfähigste Packtier Innerasiens, das baktrische Kamel, seine Grenze.

Beschleunigte Abwicklung ist überhaupt die dauernde Hauptsorge der Kaufleute.

Einbrechender Winter verwandelt noch zur Karawanensaison die Pässe des Tian Shan in Eisstürze. Verspätete Container behindern international ausgelagerte Produktionsabläufe, die auf *just-in-time*-Materialflüssen basieren.

In Baghdad herrscht aufgrund von Gerüchten über verlorene Karawanen Ungewißheit über die zu erwartenden Mengen Seide. Container verschwinden nicht. Verzögerung jedoch kostet Zeit, und Zeit ist das Gut, das die Stahlkiste tatsächlich transportiert.

Deshalb will *TRACECA* harmonisierte Zölle, standardisierte Vorschriften und zertifizierte Vorgänge. Schießt dem Transport Datenströme voraus, mit Auskünften über den Status jedes Transports in Echtzeit, über Eigentümer, Versender und Empfänger, über Spediteur und Reederei, über Ladungsart, Gewicht, Versicherung, Stau- und Trennvorschriften, über Transportweg und Bestimmungsort. Informationen, die notwendig sind zur Planung von Anlieferung, Umschlag, spiegelbildlicher Vorstauung und Ladevorgang an den Schnittstellen der Transportträger, in den *Terminals* und *hubs* des Schienenverkehrs – Chukursay soll ein solcher werden – und damit Wartezeiten und Leerfahrten bei den neuralgischen Punkten der Zu- und Wegfahrten der Lastwagen vermieden werden. Zeitverlust ist vermeidbar. Die Belastung der Beförderungsmittel ist es nicht. Deshalb laufende Wartung.

TRACECA benötigt Depots in unmittelbarer Nachbarschaft der Umschlagplätz, wo geschulte Inspektoren, sogenannte *Checker*, an den Kisten jene Schäden ermitteln, die das *Institut for International Container Lessors (IICL)* nennt, spezialisierte Arbeiter nach Maßgabe der Vorschriften schweißen, sandstrahlen, beschriften, lakkieren, isolieren, schäumen und vulkanisieren.

Umgekehrt geht es in der Karawanserei um die Reparatur defekter Anschirrungen, das Nähen von Sattelzeug. Beides kriegt der Agent des Kaufmanns, der Karawanenführer aus Samarkand nicht rechtzeitig gemacht, wenn er nicht seine Beziehungen auf den uigurischen Basaren von Turfan pflegt oder Probleme hat mit dem *hang tou*, dem Vorsteher auf dem lauten Westmarkt in Chang'an.

Ohne lokale Hilfe kommen Kaufmann, Karawanenfüher und die Treiber auch niemals an die Eisblöcke, die im Winter auf der brunnenlosen mittleren Taklamakan-Route Mensch und Packtiere mit Flüssigkeit versorgen. An den Furten des Tarim, wohin die Nomaden dieses Eis auf Flößen bringen, verschaffen sich die Handelsreisenden bei der Begegnung mit jenen aber auch ein Bild zur Sicherheitslage der vorausliegenden Strecke, erfahren, ob etwa Schmelzwasserfluten drohen.

Wartung des Transportmittels bei der Rast also schon deshalb, weil unterwegs immer wieder Unvorhersehbares die Karawane überfällt. Die Sorge um das Packtier aber auch, weil es unterirdische Quellen riecht und vor dem Herannahen des Sandsturms warnt, dies eine Fähigkeit älterer Tiere, welche mit weithin hörbarem Brüllen alarmieren, und plötzlich die Schnauze im Sand versteckt. Man muß sich das vorstellen: Tausend oder zweitausend Tiere, in Verbänden von fünf bis fünfzehn Tieren mit Seilen aneinandergebunden, die durch hölzerne Nüsternringe laufen. Jedes Tier mit der üblichen Last von 190 Kilogramm – das entspricht etwa 120 Stück indischem Tuch. Eine Last, mit der am Tag dreißig Kilometer bewältigt werden. Das Kamel schafft allerdings mehr, bis zu fünfundvierzig Kilometer. Reist man aber unter solchen Bedingungen, rechnet man mit Überfällen nomadischer Trupps, muß also Passagen, wo Hinterhalte drohen, schneller zurücklegen.

Wenn Einheiten wichtig sind für die Organisation des Karawanenhandels, sind sie aufschlußreich im späteren Vergleich.

Das baktrische Kamel bestimmt das Tempo der frühen Phasen der Globalisierung, während der Container der modernen ihr sein Maß verschreibt.

Nach den schwarzen Eseln, die im altassyrischen Wirtschaftssystem des 3. Jahrtausends v. u. Z. die Verbindung zu den Kolonien in Anatolien sichergestellt haben, besitzt kein Packtier eine bedeutendere Funktion als Beförderungsmittel als das baktrische Kamel. Im Unterschied zum arabischen Dromedar ist es mit zwei Höckern ausgestattet und den extremen Temperaturen der kontinentalen Wüsten und Gebirge besser angepaßt. Als Tributgeschenk erhält es König Salmanassar III. (858–824 v. u. Z.) von den unterworfenen Nachbarn Mesopotamiens. Aristoteles (*Tierkunde*, II, I,13) kennt es als Reittier im Krieg, in dessen Verlauf man die fleischigen Füße mit Lederschuhen schützt, wenn sie leiden; Philostratus (*Appolonius von Tyana*, II, 6) wiederum berichtet, daß das Tier tausend Stadien gehen kann, ohne auch nur einmal das Knie zur Rast zu beugen. Das Kamel eines exzentrischen chinesischen Generals soll auf dem Feldzugs einen Tank voll lebender Fische transportiert haben. Als im Nahen Osten aufgrund des Zerfalls der römischen Militärstraßen der Transport zu Rad verschwindet und die arabischen Herrscherschichten sich der Zucht des nach Westen exportierten Kamels zu widmen beginnen, weidet das baktrische Kamel auf den nordchinesischen Steppen bereits zu Hunderttausenden. Zucht und Pflege der kaiserlichen Herden der Tang obliegen einer speziellen Regierungsstelle. Kaiserliche Rapporteure, die *Bright Camel Envoys*, benützen die schnellsten Posttiere, um dem Hof bei Grenzkrisen Bericht zu erstatten.

Nach China gekommen aber ist der größte Teil der baktrischen Kamele wiederum als Bezahlung für Seide, wobei ein exzellentes Kamel vierzehn Ballen kostet.

Damit ist man beim Geschäft, und dessen Gang bestimmt viel Unwägbares.

In Aleppo, Baghdad, Chang'an, Isfahan, Kiev und Konstantinopel weiß man nie mit Sicherheit, wann eine Karawane eintrifft – ob überhaupt. Welche Mengen chinesisches Porzellan, polierter baktrischer Lapislazuli, Wolle aus Turkestan unterwegs ist. Ob die Warräger bei der Plünderung slawischer Dörfer Sklaven erbeutet haben, zu deren Kauf silberne *Dirhems* verfügbar sein müssen. Ob Transporte infolge militärischer und politischer Blockaden hängenbleiben. Ob die Preise von Produkten, die auf den Seerouten hereinkommen, durch das Eintreffen unerwarteter Überlandtransporte fallen werden.

Dazu Buch II, *Maritimes am ›Dach der Welt‹.*

Den Unsicherheiten der Warenumsätze im Außen- und Fernhandel begegnen die Kolonien armenischer, byzantinischer, indischer, persischer, türkischer und venezianischer Kaufleute, der griechischen, italienischen und jüdischen Geldverleiher, Geldwechsler, Bankiers und Notare mit einer fein strukturierten Finanz- und Verwaltungsinfrastruktur. Kaufmännische Aktivitäten regeln Kaufverträge. Waren werden im Rahmen von Kommissionsgeschäften abgesetzt. Herrscht Bargeld-knappheit oder sieht man aufgrund hoher Sicherheitsrisikos von der Mitnahme großer Barsummen ab, behilft man sich mit Kreditbriefen. Für vertraglich verein-barte Termingeschäfte kennt man Inhaberpapiere, die bis zu einem gewissen Grad den unkontrollierten, über Bargeldzahlungen abgewickelten Handel unterbinden. Umgekehrt weiß man Wechselkursdifferenzen auszugleichen. Die Uiguren im chinesischen Ostturkestan etwa fangen beim bargeldlosen Zahlungsverkehr im Rahmen des sogenannten *qamdu*-Systems jene Verluste auf, die ihnen bei der Be-rechnung gelieferter Waren durch den minderen Wert des *Dirhems* in Geschäften mit den Khitan, die selbst Silbermünzen im Übermaß prägen, entstehen. Die bei solchen Geschäften ausgestellten Inhaberpapiere nennen die Araber *suftaya*, die Chinesen 'fliegendes Geld', und den Urkunden verleiht das Siegel des uigurischen Khans den Status eines amtlichen Dokuments, das zum Bezug von Mauleseln, Pferden und Kamelen berechtigt, also den zur Ausrüstung jeder Karawane not-wendigen Packtieren.

Wie steht es mit Versicherung? In den Büchern finde ich nichts. Aber vielleicht ist dieser Bereich ein moderner — anders als die Korruption, welche die integrati-onswütige *TRACECA* eindämmen soll.

Korruption ist nicht dasselbe wie Verschlagenheit.

Als Maßnahme, die hohen Einsätze und Risiken des Fernhandels wettzuma-chen, weist der sogdische Kaufmann seinen Agenten an, auf den langen Strecken der Taklamakan, vor allem zwischen Miran und Hami, die Ballen aufzuritzen, damit Flugsand in die Wolle dringt, ihr Gewicht erhöht und damit beim Losschlagen der Ware in Chang'an auch den Preis. Und weil in der chinesischen Hauptstadt Araber, Perser und Hindus ihre Viertel haben, richtet man unter den Tang das *Sarthavak-Büro* ein, das 'Büro des Anführers der Karawanen'.

Ansonsten gibt es im Administrativen wahrscheinlich grundsätzlich wenig neu zu Erfindendes, mit dem die *TRACECA*-Beamten in Brüssel die Bürokratie ausweiten können.

Entlang der Seidenstraßen kennt man Zollsätze, Zollordnung, Zollbuch, Wechselstube, Warenliste, Warenbegleitschein, Verkaufsprotokoll, Umrechnungs-kurs, Steuererhebung, Speicher, Rechnungseinheit, Niederlassungen, Nachrichten-sperre, Münzwesen, Monopol, Liefervertrag, Leitwährung, den bereits erwähnten Kreditbrief, Kontrollstation, Investor, Interessengruppe, Handelsgenossenschaft, Handelsblockade, Grenzkontrolle, Fluktuation, Finanzierung, Exportwährung und das Betriebskapital.

Beim eurasischen Fernhandel tragen unter den Beteiligten alle ein Risiko, nur wenige machen große Profite, und die Fäden der Geschäfte laufen allein bei verein-fachter Betrachtung an den Enden der Seidenstraßen zusammen.

Die Berührungsängste der Frühzeit aber – eine Begleiterscheinung des stummen staunenden Tauschs am Fluß ohne verfügbare Übersetzer – sind unterdessen der Verständigung gewichen und diese fällt zunehmend moderner Kommunikationstechnologie zum Opfer, die vorgibt, geographische Distanz zum Verschwinden zu bringen. Wie kann sie das auf einen Streich, gerade angesichts der auf den eurasischen Magistralen gepflegten oder durch äußere Umstände bedingten Langsamkeit.

2000 Jahre lang, bis zur Ankunft der Eisenbahn der Zaren und dem Eintreffen der Traktoren aus Chelyabinsk auf den Kolchosen, vollzieht sich in Innerasien die nichtmilitärische, also die nicht von Heeren berittener Nomaden vorgetragene Geschichte mit vier Kilometern in der Stunde, im archaischen Trott des baktrischen Kamels.

Mit dieser Geschwindigkeit kommt nicht nur das Papier nach Westen, sondern lang zuvor Jade und der in Ägypten bei den Steinhauern hochgeschätzte Steatit. Das Gefallen an schönen Dingen führt umgekehrt auch dazu, daß syrische Bronzekessel, griechische Silberspiegel, römische Gobelins nach Mittelasien gelangen, nordische Felle bis nach China, transportiert von Warägern, die ihre Boote über die Landbrücken der ukrainischen Wasserwege schleppen und entlang der Küste des Kaspischen Meer, in das hinein die Araber sich nicht vorwagen, zu den südlichen Handelsstationen fahren, unter leichten Segeln aus chinesischer Seide.

Dazu Buch I, *Die Gestalt der Erde und der Weg des Papiers nach Rom.*

Versiegt der Strom importierter Güter, etwa am Ende der Tang-Dynastie, heißt das natürlich nicht, daß der Geschmack am Feinen verlorengeht. Anstelle des chinesischen Porzellan treten Nachahmungen. Umgekehrt kommt es aufgrund technologischer Vermittlung zur Assimilation. Ein Bündnis globalisierender Vorgänge. Aneignung und Angleichung, damit das 'Eigene' weiterkommt.

Die Unterglasurmalerei der in Afrasiyab bei Samarkand hergestellten Tongefäße versucht den Eindruck von Porzellan zu erwecken. Im persischen Nishapur nimmt man sich für das Dekor von Keramik uigurische Miniaturen zum Vorbild, auch darum, weil auf den Karawanenwegen das Medium des in den Turfan-Oasen gebräuchlichen Blockdrucks nach Khorasan gelangt ist.

Zuvor aber das Ende des Warenwegs. Die Lagerung im bereits erwähnten kaiserlichen Speicher. Der Verkauf auf dem Ost- oder Westmarkt von Chang'an. Die Verarbeitung des persischen Filz zu Vorhängen und Stiefeln, der in China und Rom berühmten mineralischen Asbestfaser zu feuerresistenten Gewändern. Der Verzehr der Samen der koreanischen Fichte, *pinus koraiensis*, durch die mit den Karawanen aus Chang'an nach Chach, Vorgängerin von Tashkent, heimkehrenden sogdischen Prostituierten. Das Verströmen des Dufts des aus Borneo stammenden Kampfers beim Verglimmen der Räucherstäbchen auf den Altären im Zhangjing-Tempel außerhalb des Tonghua-Tors von Chang'an.

Vor der Auflösung im Verbrauch die Verästelung der Verteilkanäle und davor, bei der Anlieferung, das Zusammenlaufen der Güterwege. Zwischen den beiden die Bündelung an bestimmten geographisch ausgezeichneten Orten – etwa bei Ptolemaios' ›Steinernem Turm‹, Schnittpunkt der Längsachse der in westöstlicher Ausdehnung vorgestellten ›bewohnten Welt‹ und des diese durchschneidenden Imaos-Gebirges. Im 21. Jahrhundert dann der Anspruch von *TRACECA*, alle Seidenstraßen zu ersetzen mittels eines Strangs, eine dem Alai-Migrationskorridor entsprechende Landbrücke.

Dazu Buch IX, *Auf der Suche nach dem ›Seinernen Turm‹* und *Über den Imaos.*

Honigboote hinter ›Tamerlans Tor‹

Samarkand, 3. Oktober, 2002. — Das ist ein Aufbruch!

»MERCHANTS, CAMEL-DRIVERS and their beasts, PILGRIMS, JEWS, WOMEN, all manner of people. By the barred gate stands the WATCHMAN with a great key. Among the pilgrims, HASSAN and ISHAK in the robes of pilgrims.« Die Karawane nach Samarkand steht bereit. Baghdad ist weit. Der Chor der Fernhändler ignoriert die klagenden Frauen – man muß sich dazu an Rockstöße klammernde, verstörte Kinder vorstellen – und stimmt in den Ruf der Pilger ein: »We take the Golden Road to Samarkand!« Der Wächter tröstet die Klagenden: »Men are unwise and curiously planned.« Dann schließt er das Tor der Stadt. In der Ferne verebbt das Singen.

James Elroy Flecker (1884–1915), englischer Dichter, ist von 1910 bis 1913 als Konsulatsangestellter in Beirut, Konstantinopel und Smyrna stationiert.

Das Drama in fünf Akten *Hassan: The Story of Hassan of Bagdad and how he came to make the Golden Journey to Samarkand* wird posthum 1922 veröffentlicht.

Unter den Städten nördlich des Oxus kommt Samarkand nach Buchara. Diese Reihenfolge in den Werken der Geographen – das *Hudud al-Alam* wie auch die *Geographie* von al-Idrisi – entspricht der Sicht der Kalifen in Baghdad. Von dort gesehen liegt Samarkand hinter Buchara, dem »Dom des Islam«.

Keinem ist eingefallen, Tashkent tatsächlich als 'Athen der Steppe' zu rühmen. Von hier nach Samarkand zu gehen ist, als fliege man von Honolulu nach Mandalay. Die Anfahrt befreit von allen Vorstellungen. Im Fall von Samarkand beginnt man gar nicht erst zu träumen.

ACT V, SCENE II

THE MERCHANTS
(Together)
Away, for we are ready to a man!
Our camels sniff the evening and are glad.
Lead on, O Master of the Caravan,
Lead on the Merchant-Princes of Bagdad.

THE CHIEF DRAPER
Have me not Indian carpets dark as wine,
Turbans and sashes, gowns and bows and veils,
And broideries of intricate design,
And printed hangings in enormous bales?

THE CHIEF GROCER
We have rose-candy, we have spikenard,

Mastic and terebinth and oil and spice,
And such sweet jams meticulously jarred
As God's Own Prophet eats in Paradise.

THE PRINCIPAL JEWS:
And we have manuscripts in peacock styles
By Ali of Damascus: we have swords
Engraved with storks and apes and crocodiles,
And heavy beaten necklaces for lords.

THE MASTER OF THE CARAVAN
But you are nothing but a lot of Jews

PRINCIPAL JEW
Sir, even dogs have daylight, and we pay.

MASTER OF THE CARAVAN
But who are ye in rags and rotten shoes,
You dirty-bearded, blocking up the way?

ISHAK
We are the Pilgrims, master; we shall go
Always a little further; it may be
Beyond that last blue mountain barred with snow
Across that angry or that glimmering sea,

White on a throne or guarded in a cave
There lies a prophet who can understand
Why men were born: but surely we are brave,
Who take the Golden Road to Samarkand.

THE CHIEF MERCHANTS
We gnaw the nail of hurry. Master, away!

ONE OF THE WOMEN
O turn your eyes to where your children stand.
Is not Bagdad the beautiful? O, stay!

MERCHANTS
(In chorus)
We take the Golden Road to Samarkand.

Dazu Buch IX, *Schrottstraße II*, und Buch XII, *Von Merv über den Oxus und nach Buchara*.

Gleich hinter Taschkent eine dieser postsowjetischen Grenzgrotesken. Die M39 durchschneidet kasachisches Territorium, oder dieses leckt über jene hinaus. In Zwingern schwarze Schäferhunde. Die Polizisten im Schatten. Die Autos bremsen ab, stottern etwas scheu vor, rollen schließlich vorbei. Dienst ist Sache des Ermessens. Beim Wiedereintritt nach Usbekistan ein aus Betonplatten gefügter hochgereckter Vogel. Die Schwingen offen. Hockt auf einer Baumwollknospe, ebenfalls aus Betonplatten. Davor ein Kranwagen. An der Kette ein aus Blechplatten gefügtes Unding, das sich störisch um die eigene Achse dreht. Auf Leitern am Sockel des Denkmals balancieren Arbeiter, greifen vergeblich nach dem Emblem. Dann, während einer guten Stunde, beidseits der Straße entlaubte Baumwollfelder. Fast heiter darin die Farbtupfen der Pflückerinnen und in regelmäßigen Abständen Zementpfosten, weiß getüncht und mit roter Spitze – das Glasfaserkabel. Vor Basaren stapeln sich Säcke chinesischen Düngers. Ein Kleinflugzeug streicht in bodennahen Sprühschleifen über die Baumwollfelder.

Direkt an der Straße liegt Robat-e Malik, die Ruine einer seldschukischen Karawanserei aus dem II. Jahrhundert.

Leonid hält. Es steht nur das Portal aus Backsteinen mit ornamentalen, durch Bögen verbundenen Halbsäulen. Über dem Portal verkündet eine persische Inschrift, der »Sultan der Welt« habe das Gebäude errichtet, das dann mit Gottes Hilfe dem Paradies ähnlich wurde.

»*Kennst du ›Tamerlans Tor‹?*« frage ich Leonid auf der Weiterfahrt. Im *Babur-nama* bin ich gestern auf diese Klus gestoßen.

»*Eine Schlucht. In der Nähe von Dzhizak.*«

Leonid zieht die Mundwinkel ein. Am Oberkörper trägt er jetzt nur noch das Unterleibchen. Leonid hebt Gewichte.

»*Leonid weiß alles*«, sagt S., ein wenig wie ein Sohn, der stolz ist auf seinen Vater. Wenig später verlassen wir die M 39. Selbstverständlich liegt ›Tamerlans Tor‹ nicht an der sowjetischen Fernstraße, sondern am alten Weg nach Samarkand. Dieser folgt der historischen Route, die ohne Nummer ausgekommen ist.

In Dzhizak wehen prächtige Brautkleider an den Hauswänden. Eine typische Stadt der letzten Rast vor einem schwierigen Wegstück. Man merkt das sofort, ohne zu wissen, warum. Das Fort, das früher den Zugang zur fruchtbaren Ebene des Zerafshan und nach Samarkand sicherte, ist verschwunden.

Zu Beginn des Jahres 1220 steht Dschingis Khans Reiterheer vor Dzhizak. Die Stadt leistet kaum Widerstand. Man weiß, daß Unaufhaltbares im Gang ist. Dschingis Khan kommt aus Otrar am Syr Darya. Hat die ›Hungersteppe‹ durchquert. Nach dem Massaker von Otrar ist der Einfall in Choresmien und die Zerstörung des Reichs von Sultan Muhammed II. Ala ad-Din beschlossen. Der Sultan weicht einer offenen Schlacht aus. Verschanzt sich in Samarkand. Dschingis Khan verwirrt den Feind. Durchquert mit seinen 40 000 bis 50 000 Reitern und zwei Kompanien, die von chinesischen Spezialisten bediente Belagerungsmaschinen mitführen, nicht, wie zu erwarten, die später ›Tamerlans Tor‹ genannte Kluft hinter Dzhizak, den direkten Weg nach Samarkand, sondern schlägt einen weiten nordwestlichen Bogen um die doppelte Kette des Khrebet Nurata. Auf dieser heimlichen Invasionsroute — noch lange danach ist sie bekannt als 'Weg des Großen Khan' — führt ein lokaler Turkmene das mongolische Heer. Im März 1220 fallen die Mongolen Buchara in den Rücken. Der Angriff aus der Wüste kommt unerwartet.

Laut Juvaini ist es, bevor Dschingis Khan die Freitags-Moschee betritt, zu folgender Szene gekommen.

Neben der Moschee erhebt sich das im Jahr 1127 unter Arslan Khan vom Baumeister Bako erbaute über fünfzig Meter hohe Kalon-Minarett. Den eleganten Backsteinturm krönt eine Laterne mit sechzehn schmalen spitzbogigen Öffnungen und drei darüber vorkragenden Bändern mit Stalaktitgewölben. Dschingis Khan hat das Haupt nach hinten geneigt und blickt auf — vielleicht täuscht das Auge, und vor den am Himmel fliegenden Wolken 'stürzt' der Turm seitlich weg; jedenfalls fällt des Khans lammfell-

Ata Malik Juvaini (1226–1283) ist Abkömmling einer angesehenen ostiranischen Familie. Als Augenzeuge erlebte er die Kriegszüge von Dschingis Khans Sohn Hulagu. Die Niederschrift seiner *Geschichte des Welteroberers, Tarikh-i Jahangushay-i Juvaini*, hat er 1252 oder 1253 in der mongolischen Hauptstadt Karakorum begonnen und sie beschäftigt ihn auch nach seiner Berufung unter den mongolischstämmigen Il-Khanen zum Gouverneur von Baghdad, mindestens bis ins Jahr 1260.

besetzter Hut aus gelber Seide zu Boden. Der Eroberer hebt ihn auf. Soll dabei gesagt haben, zum ersten Mal in seinem Leben beuge er sich vor etwas.

Danach will Dschingis Khan zum Thron. Wird zum Ark, der Festung, geführt, die sich nicht ergibt. Der Khan reitet zurück zur Moschee. 200 Scheiche werden hingerichtet. Ihre Köpfe wirft man in den Hofbrunnen. Der Khan besteigt den Mimbar – man hat ihm zuvor gesagt, die Kanzel, deren steile Stufen ein Geländer mit Schnitzereien schmückt, diene dem Imam beim Gebet, sei also kein Thron. Als er oben steht, befiehlt er:

»Füllt die Bäuche unserer Pferde!«

Getreidescheunen werden geleert, das Stroh zur Moschee geschleppt. Korane auf die Fliesen gekippt, ihre Behälter als Futtertröge benutzt. Beim Wegritt des Kontingents ins Lager außerhalb der Stadt, dort wird man den Sturm auf die Zitadelle vorbereiten, wirbeln unter den Hufen Blätter des Heiligen Buchs der Muslime. So jedenfalls sehen es einige Kommentatoren. Juvaini fällt kein Urteil. Hat nicht Dschingis Khan bei der Unterwerfung Kara-Khitais befohlen, jede Konfession zu respektieren? Ist das Vorgehen ein willkürlicher Akt religiöser Schändung oder steht es, und das ist wahrscheinlicher, im Zusammenhang mit logistischen Vorkehrungen?

»Das offene Land ist bar jeglichen Futters«, klarer kann der Historiker nicht ausdrücken, daß die Eroberung der ausgedehnten Landschaft Choresmien nur mit gut genährten Pferden möglich ist.

›Tamerlans Tor‹ ist von weitem sichtbar.

Eine Lücke im schwarzen Grat, der quer durch die gelben nackten Hügel läuft.

Es ist Mittagszeit. Die südliche Wand der Klus liegt im Schatten. So hoch wie ausgestreckte Arme reichen ist der Fels mit Namen farbig vollgepinselt. In der Mitte der Wand eine feuchte, nach zehn, zwanzig Metern in dumpfer Schwärze endende, hoch oben in der versinterten Steilwand auslaufende Grotte. Sie erinnert mich an das ›Ohr des Dionysios‹ in den antiken Steinbrüchen von Syrakus. Aber anstatt der Stimmen der Gefangenen des Tyrannen das Rauschen des unsichtbaren Flusses. Die gegenüberliegende Stirn der Kluft flammt in der Sonne. Ein Arbeiter in oranger Sicherheitsweste begeht das am Fuß des Absturzes vorüberführende Geleise. Kommt an einer quadratischen Nische im Felsen vorbei. Einer Gedenktafel für die Geleiseleger

Im »Parco Archeologico« der sizilianischen Stadt Syrakus liegen die in der Antike benutzten Latomien (Steinbrüche). Eine der Kalksteinhöhlen, 65 Meter tief und 23 Meter hoch und in der Form eines 'S' angelegt, besitzt ein eigenartiges akustisches Phänomen. Jedes noch so leise gesprochene Wort einer am Eingang stehenden Person kann von einer zweiten am hintern Ende der Höhle gehört werden, wobei sich der Ton um den Faktor 16 verstärkt. Der Tyrann Dionysios soll an dieser Stelle die Gespräche der in der Höhle arbeitenden Gefangenen belauscht haben. Seit im 16. Jahrhundert der italienische Maler Michelangelo da Caravaggio die Höhle mit einem menschlichen Ohr verglichen hat, wird die Höhle ›L'Orecchio di Dionigi‹ ('Ohr des Dionysios') genannt.

der zaristischen Armee, die 1887 die Trasse freisprengten? Oder für Babur?

Babur reitet in einer rabenschwarzen Nacht des Jahres 907 n. d. H., des am 17. Juli beginnenden Jahres 1501, hier vorbei. Ein aus Samarkand Vertriebener. Er hat die Hoffnung auf militärische Hilfe aufgegeben, angesichts der großen Entbehrungen der Bürger und Soldaten dem vom Belagerer Schaybani Khan offerierten Frieden zugestimmt, Samarkand heimlich durch das Schaykhzada-Tor verlassen. Mit Babur sind Khanim, seine Mutter, seine Milchschwester und andere Frauen. Die ältere Schwester Khanzada Begim hat man beim Abzug dem Feind zur Frau gegeben. Die Flüchtenden verirren sich. Tags darauf stürzt Babur beim Galopp seines Pferdes. Der Sattel ist an den Gurten verrutscht. Babur hat eine Gehirnerschütterung. Alles um ihn erscheint ihm wie ein Traum. Erst am Abend glaubt er sich wieder im Besitz seiner Sinne. Am zweiten Tag erreicht die verzweifelte Schar zur Zeit des Morgengebets das Dorf Ilan-Oti. Man schlachtet ein Pferd. Brät das Fleisch am Spieß. Über Khaliliya erreicht man endlich Dzhizak. Findet »Brot und feines Weizenmehl, süße Melonen und einen Überfluß an schönen Weintrauben«. Ein weiteres Mal ist Babur davongekommen.

›Tamerlans Tor‹ öffnet sich wie ein Bühnenvorhang, der den Blick in den erhellten leeren Zuschauerraum freigibt. Durch lichte Auen glitzert der Fluß. Etwas vom Straßenrand abgerückt seltsame Zwittervehikel. Verrostete Felgen, elefantenhäutige Reifen. Es sind Fahrgestelle von Teerspritzmaschinen und Landwirtschaftsanhängern mit mehrstöckigen Aufbauten hellgrün und blau bemalter hölzerner Bienenhäuser. Von weitem wirken sie wie aufgrund gelaufene Boote. Honigboote in Tabakfeldern.

Städte im Staub

Samarkand, 4. Oktober 2002. — Das legendäre oder spätbronzezeitliche Afrasiyab der Periode *Afrasiyab O* (um 1500–800 v. u. Z.) ist im 9. Jahrhundert die Hauptstadt von Sogd und heißt in sogdischer Selbstbezeichnung Smarakanθa (aus: smrkndδc, sm'rkndc, sm'rknδh) und in der antiken griechischen und lateinischen Überlieferung Μαρακανδα, Μαραγανδα, Μαρακαδρα, Maracanda. In der Älteren Eisenzeit, in der Periode *Afrasiyab Ia/b* (600–300 v. u. Z.) erhält Maracanda-Smarakanθa sowohl eine Zitadelle als auch eine komplexe Innengliederung. Als nördlichste persische Festung in der Transoxus-Provinz dient die Stadt 328/327 v. u. Z. Alexander dem

Ata-Malik Juvaini setzt Afrasiyab gleich mit Buqu Khan, bei dem es sich wiederum um den Fürsten gehandelt haben soll, der den manichäischen Glauben unter die Uiguren gebracht hat, oder aber um Bügü, deren legendenhaften Stammvater.
Afrasiyab ist aber auch eine Gestalt des *Shaname*, und zwar der Herrscher von Turan und damit Widersacher im iranischen Erbstreit. Afrasiyab und seine Anhänger, die ursprünglich vielleicht den Zoroastrismus ablehnende iranische Stämme repräsentiert haben mögen, werden in der Zeit, als Ferdausi dem Epos seine definitive Gestalt gibt, allerdings mit einem aktuelleren Feind gleichgesetzt, mit den Turkvölkern.

Großen als Ausgangspunkt für die Niederwerfung der sogdischen Satrapie. Gegen Ende der Jüngeren Eisenzeit, in der Periode *Afrasiyab IV-V* (um 0–400) sind die Zerstörungen Alexanders behoben, und außerhalb der neuen Befestigung gedeihen auf dem vorzüglichen Boden des Umlands nebst allen Arten von Früchten vor allem Trauben, weswegen die Sogdiana exzellenten Wein produziert. Fan Ye, Kompilator des *Hou Hanshu*, der offiziellen Geschichte der Späteren Han (25–220 n.u.Z.), hat diese und viele andere Informationen über das im Tal des Zerafshan, dem Nami He der Chinesen, und andere Gebiete der ›Westländer‹ aus dem *Hanshu*, der *Geschichte der Frühen oder Westlichen Han* der Chronisten-Familie Ban, für das der in den ›Westlichen Regionen‹ stationierte General Ban Zhao (32–102) die Hauptquelle gewesen sein muß. Im 7. Jahrhundert schätzt Xuan Zang den Umfang von Maracanda-Smarakanθa auf zwanzig *li*, was bescheidenen dreizehn Kilometern entspricht, und erwähnt zwei buddhistische Tempel.

Nachdem die spätantike Sogdiana, das Königreich Liyi der Chinesen im politischen Gebilde Choresmien aufgegangen ist, beginnt im Zerafshan-Tal im frühen 8. Jahrhundert mit der arabischen Eroberung die Islamisierung der Region, jetzt Mawarannahar genannt, das 'Land jenseits des Flusses'.

Zweihundert Jahre später leben in Samarkand eine halbe Million Menschen – zumindest kann aufgrund der von arabischen Geographen angegebenen Flächenausdehnung auf diese Zahl geschlossen werden. In dieser Epoche ist die Stadt mit steingepflasterten Straßen, Basaren und Trinkstellen, wo es erfrischendes Eiswasser umsonst gibt, Zentrum des Samarkander Sogdien. Im *Tang Huiyao*, den Anfang 961 am Hof eingereichten *Gesammelten Staatsdokumenten der Dynastie der Tang*, ist das der Staat Kang. Dessen Einwohner, wird berichtet, haben tiefliegende Augen, lange Nasen und starken Bartwuchs. Ihren Neugeborenen legen sie in der Hoffnung auf späteren Reichtum Honig in den Mund und Leim in die Händchen, und senden sie später nach China, wo sie als *Expats* erfolgreich wirtschaften sollen. Samarkand ist also die Heimat der erfolgreichsten Mediatoren, Unternehmer und Fernhändler der Seidenstraße. Was die Sogdier an Reichtümern über die Jahrhunderte anhäufen, muß die Bevölkerung Samarkands am 10. Muharram des Jahres 617 n. d. H., also am 19. März 1220 – der Tag, an welchem laut dem Chronisten Minhaj al-Siraj Juzjnai, er hat Dschingis Khan selbst gesehen, Samarkand fällt – als Lösegeld den Mongolen vor die Füsse kippen, nebst allem, was die Depots dieses wichtigsten Handelsdepots zwischen Ost und West bergen. 40 000 bis 110 000 Menschen, ob Besatzung oder Einwohnerschaft ist ungeklärt, sollen sich ergeben haben. 30 000 kunstfertige Bewohner führen die Mongolen ab in die Sklaverei.

Nachdem auch der *ark*, die Festung, gefallen ist, kehrt der Khan Samarkand den Rücken. Reitet südwärts. Bis zum September 1220 lagert das Heer in Karshi. Dort gibt es üppiges Weideland. Karshi ist das antike Nautaka. Hier haben sich bereits Alexanders Truppen auf die Feldzüge in die nördlichen Sogdiana vorbereitet. Karshi ist auch die nähere Heimat Timurs. Auf meiner Reise-Skizze liegt Karshi zwischen BKH und TER. Vermutlich werde ich es nicht betreten. Der Sultan Choresmiens, der sich vor der aus Buchara anrückenden mongolischen Welle aus dem gefährdeten Samarkand abgesetzt hat, ist daran vorbeigeeilt. Vielleicht finde ich ihn südlich des Oxus, im afghanischen Balkh.

Dazu in diesem Buch, Das Teehaus der Unsterblichen.

Der Lehm Samarkands ist durch und durch getränkt von Blut und genauso die umliegende Erde, deren Staub vom Hügel der alten Stadt stammt oder welchen der Wind heranweht und auf jenem abgelagert. Das Blut des Kleitos, Befehlshaber Sogdiens, welcher durch die Lanze des besoffenen Alexander stirbt. Das Blut der Branchiden, Nachkommen ionischer Griechen aus Milet, die Alexander im Furor für ein Vergehen ihrer Ahnen massakrieren läßt. Das Blut der sogdischen Aufständischen und ihrer skythischen Verbündeten sowie Alexanders Makedonen und mitziehenden Söldner, die im aufgezwungenen Krieg der sogdischen Verbände fallen. Das Blut, das die altiranischen, formell dem Abbasiden-Kalifat unterstehenden Samaniden vergießen, die Karakhaniden, Ghaznaviden, Seldschuken, Mongolen, Timuriden, usbeskischen Schaibaniden, Kasachischen Horden, Astarkhaniden, die Truppen des Khanats von Buchara und Samarkand und schließlich die zaristischen Kosaken.

Im Jahr 494 v. u. Z. erheben sich die Griechenstädte Ioniens gegen die Perser. Milet wird geplündert und der Apollon-Tempel von Didyma seiner Schätze beraubt. Die Bevölkerung wird von Darius I. nach Zentralasien, an den Rand seines Reiches verbannt. Als Bestrafung dafür, daß sie das Heiligtum entweiht haben, indem sie es den Persern übergeben haben, in der Hoffnung, Vergeltungsmaßnahmen für ihren Aufstand abzuwenden. Warum Alexander den Nachfahren der Milesier, die Milet selbst nie gesehen haben, Übel will, ist unklar. Vielleicht glaubt er der Behauptung seines Chronisten Kallisthenes, Didyma sei im darauffolgenden Krieg Xerxes' gegen die Griechen geplündert worden und der Verrat am Apollon-Heiligtum habe im Augenblick von Xerxes' Attacken auf die griechischen Schreine stattgefunden. Der römische Rhetoriker des I. Jh. n. u. Z. Quintus Curtius Rufus berichtet in seiner *Geschichte Alexanders*, daß die Branchiden Alexander freudig willkommen geheißen und ihm ihre Stadt übergeben haben und daß Ermordung und die vollkommene Zerstörung, eingeschlossen der heiligen Haine, deren Bäume mitsamt Wurzeln ausgerissen worden sind, keine gerechte Rache, sondern reine Willkür gewesen sei. (VII, 5, 28–35)

1875 unternehmen in Afrasiyab russische Offiziere erste unsystematische Grabungen – gewiß ein Euphemismus für Raubgrabungen. Zwanzig Jahre später ächzen auf dem während Jahrhunderten totenstillen Hügel hölzerne Riesenräder unter der Last kistenförmiger Schaukeln. Manchmal erschallen die Rufe einer aufgeregten Menge an den weißen Hängen, welche die Reiterspiele in der Senke mitverfolgt. Der versierte Amateurfotograf I. Vvedensky und die Ausflügler, die er festhält, sind von Neu-Samarkand herübergekommen. Dieses hat sich nach der mongolischen Schleifung des alten Kerns und der Zerstörung des Bewässerungsnetzes im Stadtbereich aus ehemaligen, in Sichtweite des antiken Hügels liegenden Vororten entwickelt, ist ab 1370 Timurs kosmopolitische Hauptstadt, bis ins 15. Jahrhundert Sitz eines Metropoliten der christlichen Kirche und bis 1865, als das russische

Generalgouvernement Turkestan gebildet wird, der Emire des Khanats von Buchara und Samarkand.

Gleich nach der Ankunft in Samarkand haben wir gestern Professor Amirovich aufgesucht. Er wirkt an den Forschungsprogrammen der MAFOuz (*Mission archéologique franco-ouzbèke*) mit, welche untergebracht ist im Archäologischen Institut der Stadt. Im Keller des Gebäudes sind usbekische und russische Archäologinnen mit dem Präparieren von Fresken beschäftigt gewesen, die zur Zeit in Afrasiyab freilegt werden.

Heute fahren wir zum blutgetränkten Hügel.

Auf der Kuppe nahe am nördlichen Abhang des Hügels kommt der Wagen zum Stehen, im aufgewirbelten Staub, in einer flimmernden Wolke, durch die sich eine Geländekante abzeichnet. Schafe drängen darüber. Hinter ihnen steigt eine weitere Wolke auf, während die von Leonids *Toyota* aufgebauschte sich legt.

Die kleine Gruppe Archäologen der *MAFOuz* verteilt sich auf eine nicht sehr tiefe Grabungsstelle. Der Professor überläßt mich Yuri.

Man habe es hier mit einem Karakhaniden-Palast zu tun. Die Lage des Freskos vor uns deute auf eine plötzliche Zerstörung hin, sagt er.

In Afrasiyab ist es vermutlich eine von Menschenhand verursachte Zerstörung gewesen. Yuri winkt mich zu einer im Lehm knienden Kollegin. Aus der Erde ragt ein Fragment von der Größe eines Schreibpapiers. Darüberhinweg huscht rasch und regelmäßige der breite Pinsel.

Ob ich den Flügel sehe?

Ja, ob er, Yuri, den Vogel kenne, der zum Vorschein kommt?

Vielleicht, nachdem die Fragmente zusammengesetzt seien.

Ob ich eine Aufnahme machen dürfe?

Die Fresken seien noch nicht publiziert – jede andere Antwort eines Archäologen auf diese Frage hätte überrascht –, aber wenn ich die Aufnahme nicht veröffentliche, ginge es in Ordnung.

Die fahlbraunen Federn der Schwinge sind fast so bleich wie der Sand, unter dem sie hervortreten; an den Spitzen blaßbläulich, vom Farbton des plissierten Stoffs afghanischer *burkas*, vielleicht etwas heller.

Dann drängt Professor Amirovich zum Museum von Afrasiyab, das wie ein Bunker am Ostrand des Hügel liegt.

Das bedeutendste Objekt sind die Fresken aus der sogenannten 'Halle der Ambassadoren' des sogdischen Palastes von Afrasiyab. Das Licht im Museum ist gedämpft, so daß die figürlichen Darstellungen auf den paar wenigen erhältlichen Postkarten besser erkennbar sind als im Original.

Der aus dem 7. Jahrhundert datierende Palast wird 1912 entdeckt, aber nicht ausgegraben. 1965 fährt während Straßenarbeiten eine Baumaschine in die mit Erde und Brand gefüllte Halle. Nach und nach treten verschwenderisch reiche

Fresken ans Licht, für die man an Ort und Stelle das kleine Museum errichtet. Die Bildkomposition ist monumental und entwickelt sich vor lapislazuliblauem Hintergrund als breites Band zwischen einem unteren aus Akanthus-Motiven komponierten Ornamentstreifen und einem die Wand nach oben abschließenden Stuckfries. Die Figuren tragen zeremonielle Gewandung und sind zumeist in den Farben Weiß, Schwarz, Rot, Hellblau, Braun und Gelb wiedergegeben. Auf der Westwand präsentiert sich eine in chinesischen Quellen erwähnte sogdische Gesandtschaft an den Hof der Tang im Jahr 665. Auf der Südwand ist eine prunkvolle Karawane im Vorbeimarsch, angeführt von einem Elefanten. Der Palanquin ist beschädigt. Die Rekonstruktionszeichnung in der Broschüre, die mir die Aufseherin zusteckt, ergänzt die Lücke mit einer kauernden Dame. Die Forschung vertritt zwei Thesen: Nach der einen soll es sich um den Einzug ausländischer Botschafter in Samarkand handeln; nach der anderen um die zoroastrische Neujahrsprozession zu den vor den Mauern gelegenen Mausoleen der Ahnen. Dafür spricht die südliche Positionierung der Darstellung, neben Osten eine der beiden Richtungen des Paradieses. Alle Figuren haben ausgekratzte Augen. Im Jahr 712, ein halbes Jahrhundert nach Entstehung der Fresken, erobern die Araber Samarkand.

Es ist noch lange nicht Mittag, aber schon so heiß, daß ich dem Vorschlag von Professor Amirovich, unverzüglich eine zweite Stadt im Staub zu besuchen, zustimme.

Kofir Tepe ist ein quadratischer Hügel ein paar Kilometer südlich von Samarkand. Hinter Gärten und Äckern und liegengelassenen Öltanks. Sehr viel kleiner und vom grasbewachsenen einstigen Wassergraben umgeben. Archäologen der Universität Bologna und des römischen *IsIAO (L'Istituto Italiano per l'Africa e l'Oriente)* wollen die ungewöhnlichen Proportionen der Stadt bestimmen, Aufschluß über ihre Funktion erhalten.

Kofir Tepe liegt außerhalb des vom Zeravshan bewässerten Oasengürtels, hart am Rand des in sowjetischer Zeit angelegten Ackerlandes. Der Dargon-Kanal, der Steppe und Oase trennt und dessen steiles Lehmufer hell durch das Grün der Obstbäume und Pappeln scheint, muß entweder ein altes Bett des Zeravshan oder ein Bewässerungskanal aus achämenidischer Zeit sein. Alle Städte im Oasengürtel am Lauf des Zerafshan hängen von einem ausgeklügelten Netz von Kanälen, sogenannten *aryks,* ab. Ein Stück von Samarkand flußaufwärts soll es einen Staudamm gegeben haben, der den Zerafshan, Baburs goldführenden Kuhak, in vier Arme geteilt hat. Der längste fließt an der Stadt vorbei und speist die *aryks,* welche die Mongolen zerstörten; die andern drei bewässern die Felder.

Die ursprüngliche Grenze der Oase verläuft quer durch die Mais- und Tabakfelder. Aber das Auge nimmt sie erst auf den Hinweis der staubbedeckten Archäologen wahr.

Globalisierer aus dem Herzland

Samarkand, 5. Oktober 2002. — <u>Tamerlan</u> lebt im Zelt. Seine Weide ist die Welt und das timuridische Samarkand ihr Mittelpunkt.

Tamerlan (1336–1405), Abkömmling des im 13. Jahrhundert nach Mawarannahr eingewanderten Mongolenstamms der Barlas, ist der Gründer der zentralasiatischen Dynastie der Timuriden. Sein eigentlicher Name ist Timur bin Taraghay Barlas; Tamerlan ist die latinisierte Form des persischen Timur-e Lang, was soviel bedeutet wie 'Timur der Gelähmte'. Im Chaghataisch, einer Turksprache, bedeute Timur 'der Eiserne'. Weitere Aussprache- und Schreibweisen sind Timur-i Lenk, Timur Khan und Amir Temur. Sich selbst bezeichnete Timur als Timur-e Gurkani. Die iranisierte Form des mongolischen Worts für 'Schwiegersohn' ist eine Anspielung auf seine Heirat in die Sippe Dschingis Khans und soll Herrschaftsansprüche untermauern. Muslimische Quellen nennen Timur oft unter dem Ehrentitel Amir-e Kabir.

Timur erhält den persischen Beinamen 'der Gelähmte' aufgrund einer Verwachsung an der rechten Kniescheibe, gemäß forensischen Untersuchungen Knochentuberkulose, die das rechte Bein lähmt. Zu dieser Behinderung kommt eine Verwachsung an der rechten Schulter und der Verlust des kleinen und des Ringfingers der rechten Hand infolge einer Verletzung durch einen Pfeil.

Diesen Mittelpunkt umgibt der Ring der Vorstädte, nach Baghdad, Damaskus und anderen Metropolen der islamischen Welt benannt 'Greater Samarkand', wo sich mehr Menschen zusammendrängen als innerhalb der Mauern der Kernstadt. Mit 150000 Einwohnern ist Samarkand nach Baghdad und Nanjing, wo Ende des 14. Jahrhunderts etwa eine halbe Million Menschen leben, die bevölkerungsreichste Kosmopolis der Zeit. Anziehungspunkt von Kaufleuten aus Alexandria, Delhi, Hamburg, Nanjing, Nowgorod, Venedig und gewiß aus manchen wenig minderen Orten. Wie Dareios vor ihm, der ionische und lydische Steinmetze auf den Bauplätzen von Persepolis hatte, stammen Timurs Architekten und Meisterhandwerker aus den niedergeworfenen Städten Baghdad, Damaskus, Delhi, Shiraz und Isfahan. Nebst Elefanten, ein um 1480 entstandenes persisches Manuskript zeigt sie als schwere 'Baumaschinen', Giraffen und ganzen Bibliotheken hat man sie hierher verbracht. Sie verwandeln die Stadt zum Denkmal und gehen selbst, ohne einen Schatten zu hinterlassen, in der Geschichte unter.

Timur treiben Visionen und Eile.

Man baut überstürzt. Besonders im Fall der Bibi Chanum. Samarkands Hauptmoschee, zwischen 1399 und 1404 errichtet, ist eines der größten Gotteshäuser der islamischen Welt. Die Innenkuppel erreicht eine Höhe von vierzig, der Bogen des *pishtak* dreißig Meter, jedoch erst nachdem Timur das zu bescheidene ursprüngliche Haupttor hat niederreißen lassen. Ruy Gonzales de Clavijo, 1403 als Gesandter Heinrichs III. von Kastilien und León in Samarkand, ist Augenzeuge der Ungeduld Timurs. Kaum sind Gruben für die Fundamente der beiden neuen Pfeiler des Tors aufgeworfen, überträgt der Herrscher zwei Vertrauten des Hofs die Bauleitung eines der Pfeiler und übernimmt selbst jene des zweiten. Mit dem Abschluß der Arbeit beginnt der unaufhaltsame Zerfall der Moschee.

Von Afrasiyab aus sieht man das Unglück und daß das ganze Ensemble ein großer Entwurf gewesen ist.

Ein Bub träumt mit Klötzen. Dann ruft die Mutter. Im Fall Timurs der nächste Feldzug.

Rechts der Bibi Chanum befindet sich Samarkands Basar.

Vor dem monumentalen Eingangs-Iwan der Moschee geparkte *Ladas*. Auf ihren Dächern wachsende Stapel hölzerner Kisten mit Obst und Gemüse. Unablässiges Kommen und Gehen der Burschen, welche die Einkäufe der Grossisten auf zweirädrigen blechernen Schubkarren wegbringen. *Pishtak* und flankierende Pfeiler eingerüstet. Abgebrochenes russisches Restauratorenwerk oder steckengebliebene postsowjetische *UNESCO*-Hilfe. Von den Bretterläufen jedenfalls das meiste in die Tiefe gestürzt. Die Bauchungen in den Flächen der Backsteinmuster und auf den breiten Bändern der kufischen Ornamente sind eine Augentrügerei, hervorgerufen vom Schatten der Eisenrohre.

Auch am Gebäudekomplex der Medrese Muhammad Sultans hat Timur Hand angelegt, läßt innerhalb von bloß zwei Wochen die Gur Emir mit einem massiveren, auf achteckigem Sockel stehenden zylindrischen Tambour versehen und über diesen eine spitzbogige Rippenkuppel wölben. Wenige Monate später wird der Architekt eines Weltreichs in der Krypta unter diesem himmelblauen Dom beigesetzt. Er ist am 18. Februar 1405 in Otrar am Syr Darya an einer Erkältung verstorben, im Alter von neunundsechzig Jahren, zu Beginn des Feldzugs nach China, unter den das Herzland umgebenden äußeren Reichen das letzte noch unbesiegte. Ursprünglich für seinen Enkel und vorbestimmten Nachfolger Muhammad Sultan errichtet, dieser erlag angeblich an den in der Schlacht von Ankara gegen Sultan Beyazit empfangenen Verletzungen, wird die 1404 fertiggestellte Gur Emir – 'Der Große Fürst' – zur Gruft der Dynastie der Timuriden.

Heute morgen sind S. und ich die ersten Besucher im Mausoleum. Die Aufpasserin beeilt sich, die Halogenstrahler einzuschalten. Wie es sich an Orten der Erinnerung gehört, wo Strom nicht immer verfügbar ist. Ich winke ab. Die Aufpasserin insistiert. Licht ist Vorschrift, oder sie fürchtet eine Zurechtweisung. Vielleicht auch beides. Aber schließlich gibt sie nach, und der Dom versinkt wieder im Dämmer. Künstliche Helligkeit ermöglicht den raschen Kontrollblick. Ja, alles ist da und an seinem Platz – wie auf den Bildern der Broschüren. Dämmer hingegen erfordert Zeit und schließt die Möglichkeit der Rückkehr an den Ort nicht aus. Das Auge erfaßt die räumliche Gliederung langsam. Dringt in die Tiefe der schwarzen Kalksteinnischen. Gleitet die hervorspringenden Marmorbalustraden entlang und auch die schmalen Gesimse kristalliner Stalaktitengewölbe. Bemißt den Alabasterwürfel des Postaments. Entdeckt in der Perfektion von Kacheldekoration mit Ornamenten, den goldfarbigen Schriftbändern die Rekonstruktion.

Präzis unter der Kuppelmitte, umgeben von anderen Ehrenmalen aus weißem Marmor, eins aus dunkelgrüner Jade. Speckig glänzend, denn der Stein fängt das Tageslicht, welches durch das spitzbogige Fenster fällt. Das Ehrenmal ist gespalten. Zeugnis temporärer Entführung nach Persien durch den ungestümen Eroberer Nadir Shah im Jahr 1740. Den Stein hat im Jahr 1425 Ulugh Beg nach Samarkand schaffen lassen, zum Schmuck des Grabes von Timur, seines Großvaters, der genau darunter in der Krypta der Gur Emir ruht. Unter dem Gezelt des Doms soll der Besucher, Muslim wie Ungläubiger, vor diesem Ehrenmal der widersprüchlichen Errungenschaften Timurs gedenken – in der Krypta hat er nichts zu suchen.

S. meint, wir könnten in die Kyrpta. Aber die Aufpasserin habe keinen Schlüssel. Den verwahre der Wärter. Ob wir warten wollten?

Ich frage S., ob er sich vorstellen könne, daß der Geist des Schafdiebs und neben Alexander und Dschingis Khan bedeutendsten Eroberers Eurasiens und des Vorderen Orients mit dem Wächter die Abrede getroffen habe, für seine Ruhe zu sorgen.

Möglich, sagt S. Nein, gewiß! Timur habe bestimmt genug von der Geschichte mit Stalingrad. Die meisten Fremdenführer erzählten sie.

Ich hatte von dieser Geschichte gelesen. Sie enthält gewisse Widersprüchlichkeiten. Aber das gehört zu dieser Art von Geschichten und dem Umgang mit ihnen.

Wenn ich nun für einen Augenblick bei dieser Geschichte verweile, dann nicht um zu sehen, aufgrund welcher Merkmale ihrer Herrschaft die beiden autoritären Machthaber Timur und Stalin allenfalls dem Haus der »Orientalischen Despotie« (Karl A. Wittfogel, 1957) zugerechnet worden sind, sondern um ein paar Episoden der Entfaltung timuridischer Hegemonie anzuführen. Diese wäre undenkbar gewesen ohne die Weltvorstellung, die Timur umtreibt und die, obschon in der Erfahrung des eurasischen Binnenraums wurzelnd, an den Küsten des offenen Meers nicht innehält.

Gewiß denkt auch Stalin über die Weite des Kontinents hinaus, aber Timur sieht mehr als jener von der Welt, die er sich unterwirft. Trotzdem ist es Geographie, welche nebst den konstruierten Bezügen dieser kuriosen Geschichte die beiden miteinander verbindet.

Auftakt der Geschichte ist eine Begebenheit in der Nacht des 21. auf 22. Juni 1941.

In dieser Nacht steigt der sowjetische Anthropologe Mikhail M. Gerasimov in die Krypta der Gur Emir und öffnet Timurs Sarkophag.

»Im Grab lag das Skelett eines hochgewachsenen Mannes, der, obwohl auf beiden rechten Gliedmaßen lahm, von kraftvollem Körperbau, für einen Tataren hoch gewachsen und von hochmütiger Haltung gewesen sein muß. Sie untersuchten das Skelett und die sonstigen Überreste, darunter Muskel- und Hautreste, etwas Kopfhaar, Augenbrauen, den roten Schnurrbart und Bart. Der Schädel zeigte mongolische Merkmale.«

(Hilda Hookham, *Tamburlaine the Conqueror*, London 1962)

Gerasimov hat sich über die vehementen Proteste der Samarkander Mullahs hinweggesetzt, die vor dem Unheil warnen, welches sein bevorstehendes forensisches Unternehmung auslösen wird. Im Fall der Störung der Grabesruhe ginge eine Prophezeiung auf dem Sarkophag in Erfüllung. Ein Feind, furchterregender als der Schänder selbst, werfe diesen nieder. Oder ein Beben erschüttere die Erde.

Als am Morgen des 22. Juni 1941 die über Afrasiyab aufsteigende Sonne den Schatten der Dämmerung von Samarkands Türkiskuppeln schält, hat in der Krypta der Gur Emir, vor mindestens sechs Zeugen, Gerasimov dem Fotografen bereits den Schädel Timurs auf einem Tablett präsentiert. Moskau schläft noch. Es ist 5.30 Uhr. In Berlin ist es 3.30 deutsche Sommerzeit. Die festgesetzte Stunde für die Invasion Rußlands. Fast auf den Tag genau 129 Jahre davor, am 24. Juni 1812, ist Napoleons *Grande Armée* in Rußland einmarschiert. An diesem Sonntag nun dringen auf den drei Abschnitten der Front zwischen Baltikum und Schwarzem Meer die Wehrmacht und die Luftwaffe mit drei Millionen Soldaten, 3600 Panzern, 600 000 Motorfahrzeugen, 7000 Geschützen, 2500 Flugzeugen und 625 000 Pferden, die Geschütze, Sanitäts- und Versorgungsfahrzeuge ziehen, in die Sowjetunion vor. Stalin wird geweckt. Er glaubt an eine Provokation. Opfer grotesker Selbsttäuschung, beschließt er, nicht darauf hereinzufallen. Aber Molotows Nüchternheit und das enorme Ausmaß des Überfalls, unter dem die Westfront der Roten Armee zusammenbricht, überzeugen Stalin schließlich davon, daß Krieg ist. Zur Mittagszeit verliest Molotow im Moskauer Fernmeldeamt die entsprechende Bekanntmachung. Wer erfährt die Nachricht in Samarkand zuerst? Wie reagiert man im überkuppelten Basar?

»Die russische Weite verschluckt uns«, schreibt am 12. August Generalfeldmarschall von Rundstedt an seine Frau, nachdem seine Armee gerade erfolgreich den Kessel von Uman geschlossen hat.«

(Antony Beevor, *Stalingrad*, 1999)

Uman liegt 250 Kilometer nördlich von Odessa und 1000 Kilometer westlich von Stalingrad.

Am 6. November verkündet Stalin vor dem Moskauer Sowjet, der deutsche Blitzkrieg sei gescheitert.

Im Süden überdehnen die Vorstöße der 6. Armee Richtung Krim und Stalingrad alle Kräfte. Gewinnen nur Raum. Leeren Raum. Hunderte von Industrien sind nach Zentralasien evakuiert worden. Bereits im August 1941 hat man aus Furcht vor Kollaboration die Sowjetbürger deutscher Herkunft von den Kolchosen der ASS Republik der Wolgadeutschen nach Zentralasien deportiert. Zusammen mit den ebenfalls in Viehwaggons aus ihrer Heimat geschafften kalmückischen, nordkaukasischen und krimtatarischen Sowjetbürgern rühren sie dort das Völkergemisch weiter um.

Unterdessen arbeitet Gerasimov am exhumierten Skelett und stellt die von Knochentuberkulose verursachten Defekte fest, die Timur den Zunahmen 'der Lahme' eingetragen haben. Vom Schädel fertigt er ein Modell an. Nach derselben Methode, die er, im Nebenamt Forensiker der Kriminalpolizei, auch bei Verbrechern anwendet.

Eine in Afghanistan verbreitete Legende erklärt die Behinderung anders: An einem heißen Tag legt sich der Schäferjunge Taymoor im Schatten auf einem Grasbord zur Ruhe, unter dem Kopf einen Stein als Kissen. Der Schlaf überwältigt ihn, und plötzlich fährt ein Stock auf den linken Fuß hinab, und eine Stimme donnert: »Wach auf, Taymoor, steh auf! Verschlaf nicht deine Zeit. Du bist der Herr über das Schicksal vieler Nationen und wirst herrschen über so viele Völker und Länder wie keiner deiner Vorfahren es zuvor erlebt hat. Erhebe dich, Taymoor, steh auf!« (Sirdar Ikbal Ali Shah, Afghanistan of the Afghans, London 1982)

Im Januar 1942 werden gemeinsam mit den sterblichen Überresten des ebenfalls exhumierten Enkels Ulug Beg, bei dem man Enthauptung als Todesursache festgestellt hat, die Gebeine Timurs, der als Sunnit galt, aber eher der Frömmigkeit der Derwische nachhing, mit den notwendigen muslimischen Riten ein zweites Mal bestattet.

Kaum zwei Wochen später entscheidet sich die Lage in Stalingrad zugunsten der Roten Armee. So will es zumindest der Epilog der Timurs Sarkophag umgebenden Geschichte.

Die Schlacht um die Stadt an der Wolga, die Stalin keinesfalls verlieren kann, weil sie seinen Namen trägt – Hitler greift nach ihr aus demselben Grund und wegen ihrem strategischen Wert für den Vorstoß nach Baku und zu den kaspischen Ölfeldern –, beginnt aber erst nach dem Fall von Sewastopol, Rostow und Novocherkassk, nämlich am 23. August, und mit dem Luftüberfall mehrerer hundert *Stukas*. Enden wird die Schlacht erst am 2. Februar 1943.

Hat die zweite Beisetzung Timurs also ein Jahr später, im Januar 1943 stattgefunden? Nachdem man die Gebeine des Herrschers und seines Enkels – aus Moskau vielleicht, dort gibt es ein Institut, das sich mit der Erhaltung von Lenins körperlicher Hülle beschäftigt und für Gerasimovs Untersuchung gewiß bestens geeignet gewesen wäre – nach Samarkand zurückgeschafft hat? Aufschluß kann nur Gerasimovs Buch *The Face Finder* (1971) geben, aber es liegt mir nicht vor.

Ich vermute, das in den kursierenden Versionen der Geschichte genannte Datum der Wiederbestattung ist falsch. Sieben Monate erscheinen als gar knappes Fenster für die forensische Untersuchung. Wieviel Zeit muß allein die Bürokratie, das *handling* der Skelette, der Hin- und Rücktransport in Anspruch genommen haben? Zudem befindet sich das Land im Krieg.

Unsicher ist aber auch das Datum der Öffnung von Timurs Sarkophag. Gemäß einer anderen Version soll sie bereits am 19. Juni 1941 stattgefunden haben, also drei Tage vor der Invasion Rußlands, die unter dem Codenamen »Barbarossa« vorgetragen wird – zufällig enthält Timurs Schädel noch Teile des roten Schnurrbarts und Barts. Aber auch diese Unstimmigkeit könnte allein Gerasimov klären. Oder ist vielleicht er selbst die Quelle der kleinen Verwirrung? Aber weshalb hätte er – oder jene, die ihm die kosmetische Retusche befohlen haben – eine nachträgliche Verlegung auf den 22. Juni gewollt? Warum soll Moskau Interesse haben, eine tatsächliche, aber nicht ganz stimmige Koinzidenz in eine vorgetäuschte Übereinstimmung umzubiegen, welche die Richtigkeit einer muslimischen Prophezeiung betont?

Was den Epilog der Geschichte betrifft, ist fraglich, daß jemand versuchen würde, das Datum der psychologisch entscheidenden Schlacht der Roten Armee ein Jahr zurückzuverlegen, um das Genie Timurs in das Schicksal Stalingrads eingreifen zu lassen, also ausgerechnet einen Tataren als Retter der Titularnation der zentralasiatischen Sowjetrepubliken zu installieren.

Irgendwann ist die Geschichte mit dem manipulierten Datum der Graböffnung in Umlauf geraten und hat das möglicherweise tatsächliche, jedoch nicht präzis mit »Barbarossa« übereinstimmende Datum verdrängt. Als sie um den Epilog erweitert wird, kommt es aus Unachtsamkeit beiläufig oder auch willkürlich zur Verschiebung des Datums der zweiten Beisetzung um ein Jahr nach vorn, so daß dieses in die Nähe des Zusammenbruchs der 6. Armee in Stalingrad nach dem 20. Januar 1943 rückt. Ebenso bleibt im Umlauf eine Version mit dem falschen Datum für Stalingrad, aber dem mutmaßlich tatsächlichen der Zweitbestattung im Januar 1942. Gute Geschichten haben eigene Gesetze.

Man kann natürlich spekulieren, ob der Prolog der Geschichte, die Öffnung des Grabes, egal ob zwei Tage vor oder präzis in der Nacht der Invasion der Wehrmacht, eine bewußte Provokation gewesen ist. Gestützt auf die Informationen der russischen Geheimdienste, vor allem auf solche des Agenten im Hauptquartier der Luftwaffe; Nachrichten, die Stalin als gezielte Desinformation vom Tisch gewischt hat.

Doch welches Ziel hätte eine solche Provokation verfolgt?

Durch die Öffnung von Timurs Sarkophag erfüllt sich die muslimische Prophezeiung der Bestrafung des Grabschänders. Durch einen machtvollen Feind oder ein Erdbeben – das Dröhnen der Panzerkolonnen und das Stampfen der Hufe mehrerer hunderttausend Zugpferde können ohne weiteres als Begleiterscheinung tektonischer Bewegungen interpretiert werden. Das Eintreffen der Voraussage gibt Gelegenheit zur Anerkennung lokaler religiöser, aber unterdrückter Traditionen und dem Versprechen einer Lockerung der Einschränkung religiöser Praktiken. Alles zusammen eine weitere Maßnahme, um für den »Großen Vaterländischen

Krieg« die patriotische Loyalität der unterschiedlichen Nationalitäten der muslimischen Bevölkerung Zentralasiens zu gewinnen.

Wenn morgen Krieg ist heißt der Film von Efim Dsigan, der 1938, drei Jahre bevor Timur in der Krypta der Gur Emir geweckt wird, in Rußlands Kinos kommt — neben dem viel bekannteren *Alexander Newski* von Sergei Eisenstein. Während sich in dieser unverdeckt antifaschistischen, ins 13. Jahrhundert versetzten Parabel, in der slawische Fürsten sich mit Deutschordensritter schlagen, auf ihren Schilden und Standarten ist das schwarze Tatzenkreuz dem Hakenkreuz gewichen, setzt Dsigans Werk, wie der Titel es vermuten läßt, als Hauptmotiv etwas anderes als den Krieg ins Bild — nämlich den Glauben an einen leichten Sieg. Dieser romantische Traum erfreut die Kinogänger und verzerrt den Blick der Führung auf die Wirklichkeit. So weit gerät die Selbsttäuschung, welcher nicht zuletzt Stalin erliegt, daß man den im Film als preußische Hampelmänner karikierten Aggressor in der militärisch-strategischen Planung gar nicht erst ins Land eindringen läßt, sondern auf dem eigenen Boden zu Hause verfolgt. Die Machbarkeit diese Unterfangens beweisen im Film berühmte sowjetische Helden des technischen Fortschritts der 1930 Jahre. Ihre kühnen Erstschläge klären der Roten Armee den Weg. Diese soll anschwellen unter dem Zustrom Freiwilliger. Vor allem Usbeken erreicht der an die Völker des Ostens ergangene Appell. Mühelos werden diese zähen Burschen mit Schaffellmützen die auf den Baumwollfeldern gemachten Erfahrungen im Umgang mit den Traktoren auf die Panzer übertragen.

Als nach dem I. Mai 1945 die Rote Armee in Berlin einmarschiert, sind es also auch Söhne Zentralasiens.

Vielleicht sind es nicht Russen oder Ukrainer, sondern Kasachen oder eben Usbeken, die, mit lautem Geschrei ihre Pferde antreibend, im Galopp auf der Straße nach Teupnitz der radelnden Margret Boveri (*Tage des Überlebens. Berlin 1945*), freiwillig als Beobachterin in der Hauptstadt aushaltende, zum Briefeschreiben gezwungene Journalistin, die nach ihrem ausgelagerten Archiv sehen will, immer näher kommen. Steppensöhne, die mit den beschlagnahmten Fahrrädern anfänglich nicht umzugehen wissen. Die sich mit ihren Pferden im Park einrichten. Die während ihrer nächtlichen Besuche die befürchteten Schändungen begehen, die man aus Ostpreußen kennt und auf die Goebbels sich bezieht, als er der Roten Armee die Bezeichnung »asiatische Horden« vorausgeschickt hat.

Nach dem 2. Weltkrieg richtet Moskau den muslimischen Untertanen geistliche Verwaltungen in Form von Muftiaten ein. Allerdings geschieht das kaum aus Dank für deren sowjetpatriotischen Einsatz an der Front. Die Muftiate haben außenpolitisch die Funktion eines Deckmantels, das Imperium als Vielvölkerstaat mit Religionsfreiheit darzustellen, während sie innenpolitisch über die staatskonforme Religiosität wachen, welche die nach 1927 im Rahmen der Assimilierungspolitik und der faktischen Russifizierung verfolgte konsequente Bekämpfung ›nationaler‹ Merkmale ablöst. Aber immerhin werden für profane Zwecke mißbrauchte Moscheen dem Gebet zurückgegeben.

Durch das Fenster sehe ich, wie sich eine Gruppe Touristen über den Vorplatz der Gur Emir nähert. Es sind Italiener.

Die Aufpasserin macht sofort Licht. Der Widerschein des Fensters auf dem Jadeblock verfliegt. Kompetent erklärt die usbekische Fremdenführerin alles Architektonische. Jedenfalls streunt keiner der Gruppe davon …

S. fragt, ob ich Italienisch verstehe.

Etwas. Doch um ehrlich zu sein, nein, gebe ich zur Antwort, und füge bei, Timur sei zu seiner Zeit in Italien eine vom Papst gefürchtete Person gewesen. Europäische Könige hätten ihn als möglichen militärischen Verbündeten gegen die Muslime im Nahen Osten umworben. Ob sie in Samarkand, seiner Hauptstadt, wo er, S., ja aufgewachsen sei, in der Schule Timur durchgenommen hätten?

Timur habe keinen guten Ruf gehabt. Sei als Tyrann dargestellt worden.

Ein zentralasiatischer Stalin? Der sei wohl im Unterricht kaum aufgetaucht?

Überhaupt nicht. Die Entstalinisierung sei damals schon lange abgeschlossen gewesen und Stalingrad sei ja in Wolgograd umgetauft worden. Seit der Unabhängigkeit Usbekistans 1991 gäbe es nun aber nur noch Timur.

Ich sage, ich habe den Eindruck, der Präsident übertreibe den Personenkult etwas, verstehe aber, daß jede Nation einen Urahn braucht, auch wenn sie ihn sich borgen muß. Die Schweiz sei eigentlich auch nur dank der Phantasie eines deutschen Dichters zu ihrem nationalen Helden gekommen. Wilhelm Tell sei ein guter Schütze gewesen. Mit der Armbrust, die allerdings nicht im Galopp abgeschossen werden könne wie Timurs Bogen. Tell, der Bergler, habe sich etwa ein halbes Jahrhundert vor Timurs Geburt gegen die Habsburger aus dem Flachland erhoben, dem Hegemon der Zeit.

Dann seien die Habsburger keine fremden Eroberer von weit weg gewesen?

In gewissem Sinn schon. Aus der Enge der Schweizer Täler gesehen, sei nahezu jeder ein Fremder. Heute läge der Stammort der Habsburger jedoch in der Schweiz. Wir hätten ihn dazugewonnen, während die Habsburger weiter im Osten Österreich errichtet hätten. Mit ihnen verbände die Schweizer der Alpenkamm, etwa so wie Asiens Boden Timur und Stalin.

S. schweigt einen Moment. Dann gibt er zu bedenken, daß man in Usbekistan heute von solchen Bezügen kein Wort höre.

Ich sagte, der Präsident würde es vielleicht totschweigen, weil es einen Schatten auf Timur wirft und damit auch auf ihn, denn er wolle ja ein moderner Timur sein. Stalin sei sich der Teilhabe an Asien bewußt gewesen sei. Einmal habe er das Rußland seiner Zeit als »semiasiatisches Land« bezeichnet. Obwohl er nicht geglaubt habe, die geographische Umwelt sei ein bestimmender Faktor gesellschaftlicher Entwicklung. Schließlich könne etwas, das während Zehntausenden von Jahren fast unverändert geblieben war, nicht der wesentliche Grund für eine Entwicklung sein. Stalin habe das Wort ‚asiatisch‘ aber auch benutzt, um repressive Eigenschaften seiner Heimat zu charakterisieren. Als Georgier käme er von einer Landbrücke zwischen den beiden Kontinenten.

S. will wissen, ob ich einmal in Georgien gewesen sei.

Ja. Noch zur Zeit der Sowjetunion. Der Stalin-Schrein in Gori sei ein seltsamer Ort. Kein Grab eines Menschen, sondern ein Bunker für dessen Geburtshaus.

Ein später Nachmittag im Dezember sei es gewesen, der Himmel regenschwer und Pfützen auf den grauen Platten, als wir uns dem giebellosen Doppelantentempel oder etwas in dieser Art genähert hätten. Nur zögerlich, als schäme sie sich, sei Stalins Kate aus dem Schatten des wuchtigen, auf vier Eckpfeilern ruhenden flachen Dachs getreten. Um die Kate habe man einen schmalen Rand georgischer Erde gelegt, wahrscheinlich, damit das Regenwasser versickert.

S. will wissen, ob ich in Georgien viele gute Fotos gemacht habe.

Es sei ein Spaziergang durch einen Garten mit vielen Kirchen gewesen. Stalins Garten. Überall Fruchtbäume. Viele Betrunkene. Die Unfälle fast immer Frontalzusammenstöße.

Und die Georgier?

Wir hätten es fast nur mit Hotel- und Servierpersonal zu tun gehabt und mit Leuten, die um Kirchen herum beschäftigt waren. Eine Trauergemeinde habe uns vor den Aufgebahrten geholt, dem sie Brille und Kugelschreiber in die Brusttasche des Kittels gesteckt hatten, und dann ins Zelt auf der Wiese dem Haus gegenüber. Vor dem Trinken hätten sie etwas Wein aus den Gläsern über die Tischkante gegossen. Sie würden viel trinken, die Georgier. Vielleicht, um zu vergessen oder sich damit abzufinden, daß immer wieder ein Eroberer kommt, wie 1395 Timur. Im Kaukasus gibt es ja immer noch einen Haufen Probleme – Tschetschenien, auch Abchasien und Südossetien, dieses stiller.

Ob ich auch dort gewesen sei, will S. wissen.

Nur in Abchasien. Am Kap von Pitsunda, hinter Sukhumi, seien wir in eine Auseinandersetzung mit Abchasen geraten. Vielmehr unser Fahrer aus Tbilisi. Die Abchasen, nicht nur junge, hätten sich am Benzintank unseres Fahrzeugs zu schaffen gemacht, nachdem unser Fahrer, der orthodoxe Christ, einem von ihnen, einem Muslim, ins Gesicht gespuckt habe. Was zuvor vorgefallen sei, hätte ich nicht mitgekriegt. Schließlich seien wir weggekommen. Aber fünf, sechs schwarze *Ladas* seien uns dicht aufgeschlossen gefolgt, bis zur Autobahn nach Sochi.

Leonid, meint S., würde gewiß sagen, dieser georgische Fahrer sei von Sinnen gewesen.

Die Atmosphäre im Garten Fergana vorige Woche hätte mich irgendwie an jene kaukasische Reise von 1990 erinnert.

Gerade noch sowjetische Zeit, ergänzte S.

Gerade noch, ja. Wir hätten in Abchasien, wie auch in Georgien, allerdings die Antike gesucht, die Landschaft Kolchis der alten Griechen, und diese in einem scheußlichen, Iasons geruderte »Argo« darstellenden Haufen Rost außerhalb von Poti gefunden. Keine Sekunde hätten wir daran gedacht, daß die Sowjetunion sich jemals auflösen würde. Stalins Ordnung habe ebensowenig zur Verhandlung gestanden wie die Existenz des Kaukasus. Ich hätte auch niemals eine andere Möglichkeit in Betracht gezogen, anders als via Moskau und mit *Aeroflot* nach Samarkand zu kommen, dessen Monumente ich damals zum ersten Mal auf einem Plakat der sowjetischen Fluggesellschaft in der Lobby des Hotels *Abchasia* in Tbilisi gesehen habe.

Als die italienischen Touristen weg sind, löscht die Aufpasserin das Licht in der Gur Emir, und S. fragt, ob wir auf dem Weg nach Termez Shakhrisabz besuchen würden.

Shakhrisabz ist das frühere Kesh. In dessen Nachbarschaft liegt Khoja Ilgar, und dort wird in einem Zelt, im Jahr 736 n. d. H., am 8. April 1336, Timur geboren.

Ahmed ibn Arabshah, sein Biograph, vermerkt das Ereignis, mit den Worten:

»... man sagt, er habe bei seiner Geburt einen Blutklumpen in der Hand gehabt; und dies deutet man als Zeichen dafür, daß er mit seinen Händen viel Blut vergießen werde.«

(Ahmed ibn Arabshah, *Timur-nameh*, 14. Jh.)

Der Syrer Ahmad Ibn Muhammad Ibn Arabshah (1389–1450) wird 1401 beim Fall von Damaskus als Knabe von den Truppen Timurs nach Samarkand verschleppt, erlernt dort bei einem Gelehrten Persisch, Türkisch und Mongolisch. Später ist er Sekretär des osmanischen Sultans Mohammed I., Sohn von Sultan Bayazid I. Zurück in Damaskus verfaßt er das *Timur-nameh* oder *Die Wunder des Schicksals in der Geschichte von Timur*.

Den Satz schreibt ein Augenzeuge und Opfer der Greuel timuridischer Feldzüge. Der Eroberer ist »Dämon«, »Despot«, »Schurke«, »Satan« und »Viper« in einem, deshalb sein einziger Platz die »tiefste Grube der Hölle«.

Das Abendland wird Timur, den turkisierten Mongolen oder Tataren, über den man besser informiert ist als über das ›Naturereignis‹ Dschingis Khan, differenzierter begegnen. Zunächst anerkennt es seine mit dem Christentum geteilte Gegnerschaft zum muslimischen Feind. Weiter hat Timur – darauf ist gleich zurückzukommen – ottomanisches Vordringen auf europäischen Boden verzögert. Deswegen steht Christopher Marlowes Verkörperung orientalischer Grausamkeit, die im 1587 uraufgeführten Drama *Tamburlaine the Great* die Bühne betritt, und Joseph de Guignes (*Histoire générale des huns, des turcs, des mongols et des autres tartares occidentaux*, 1756–1758) Hirtenkaiser, der für seine Truppen alles unternimmt, dem Feind aber nichts erspart, der ehrgeizige, mit Tugenden ausgestattete Günstling des Glücks der Frühaufklärer gegenüber, ein *remake* von Alexander dem Großen, der die militärischen Erfolge des Makedonen sogar übertrifft und sich zudem allein, ohne wegweisenden Lehrer wie Aristoteles, selbst erfunden hat. Einer, der ohne eine dynastische Plattform startet, von der aus der Schritt zur Weltherrschaft leichter gelingt. Dieser Ordner im Chaos Inner- und Westasiens, der eine persisch geprägte Verwaltung installiert und die Islamisierung der in Mawarannahr eingewanderten Mongolen vollendet, findet bei Edward Gibbon (*Verfall und Untergang des römischen Imperiums*, 1776–1788) zugeneigte Aufmerksamkeit als Reformer, auch wenn er bei seinen Anstrengungen ganze Nationen zermalmt, während ihn Voltaire *en passant* zur Seite wischt, in einem einzigen Satz (*Essay sur l'histoire générale et sur les mœurs et l'esprit des nations depuis Charlemagne jusqu'à nos jours*; *Versuch über die Weltgeschichte, über die Sitten und den Geist der Völker*, 1756). Das haftende durchdringende Klischee eines verwüstenden Monsters jedoch prägt Jean-Baptiste d'Anville (*L'empire turc*, 1772) – Timur, die »Geißel Gottes«, und dieses dürfte nachklingen bei Goethe: »Hat nicht Myriaden Seelen / Timurs Herrschaft aufgezehrt!« (*West-östlicher Divan, Das Buch des Timur*, 1812).

Aus dem Nichts fast an der Schwelle Europas aufgetaucht, befehligt dieses 'Böse' unbesiegbare Horden. Eine militärische Macht, die an den Höfen Henrys IV. von England, Charles' VI. von Frankreich und Heinrichs III. von Kastilien jedoch auch Anlaß zur Hoffnung gibt. Bislang hat man immer gezittert, wenn von Sultan Bayazid I. die Rede gewesen ist. Nun hat Timur diesen bislang größten Feind, die Bedrohung des Christentums schlechthin, 1402 bei Ankara besiegt und gefangengenommen. Europa atmet auf und schickt – Konstantinopel, das äußerste Bollwerk gegen das orientalische Anbranden seinem Schicksal überlassend (am 29. Mai 1453 fällte es Sultan Mehmet II. in die Hände) – dem tatarischen Eroberer Gratulationsbotschaften nach Samarkand.

Was denkt Timur, als man ihm die kriecherischen Ehrenbezeugungen der Regenten ins fürstliche Zelt bringt, die nicht anderes bezwecken, als ihn von der Überschreitung des Bosporus abzuhalten? Nach der Vernichtung der ottomanischen Armee hat er Smyrna, den letzten Posten des Christentums in Kleinasien, zerstört. Das Abendland ist in Furcht vor ihm erstarrt. Dieser Zustand darf noch einen Augenblick gewahrt bleiben. Die beabsichtigte Auslöschung der Ming, die Timur bis jetzt im Glauben gelassen hat, ihr Vasall zu sein, um sich den Rücken freizuhalten, wird im Westen sein Prestige nur steigern.

Die Geschichte hat es eingerichtet, daß 1401, ein Jahr nach nach der Einnahme von Aleppo – dort sind die Schädel von 20 000 erschlagenen Syrern zu Pyramiden geschichtet worden –, Timur, der Analphabet, in Damaskus Ibn Khaldun, dem berühmtesten Gelehrten der Epoche, begegnet.

Ibn Khaldun hat sich im Zusammenhang einer diplomatischen Mission am Hof des Mameluken-Sultans Faraj in Kairo aufgehalten, als die Nachricht über den

Marsch der Tataren auf Damaskus eintrifft. Aufgrund des Erfolgsausweises, den er sich auch als gewiefter Mediator und Kammerherr, Unterhändler und Botschafter erworben hat, kann er die eindringliche Bitte des Sultans, ihn auf der Expedition nach Syrien zu begleiten, nicht abschlagen. Zwei Wochen nach ihrer Ankunft ruft eine Revolte den Sultan nach Kairo zurück. So gelangen die Verhandlungen mit Timur, der inzwischen sein Lager vor der Stadt aufgeschlagen hat, in die Hände Ibn Khalduns und anderer Notablen. Ibn Khaldun empfiehlt, die Bedingungen des Belagerers anzunehmen. Nachdem ein erster richterlicher Unterhändler keine Übereinkunft erzielt hat, macht er den Gang zu Timur zu seiner Pflicht. Ob er ein offizielles Mandat hat, ist ungewiß; jedenfalls läßt man den Gelehrten über die Stadtmauer herunter. Timur empfängt die mitgebrachten Geschenke mit Wohlwollen. Ganze fünfunddreißig Tage verbringt Ibn Khaldun im Lager der Tataren und führt im Beisein des übersetzenden Abd al-Jabbar al-Khwarizmi, Timurs theologischem Berater, mit dem Khan lange Gespräche. Nebst der Aushandlung günstiger Bedingungen für die Bewohner von Damaskus und der Zusicherung einer Amnestie für Ibn Khaldun und seine Begleiter geht es dabei aber auch um größere Dinge: das Kalifat der Abbasiden, geschichtsprägende Persönlichkeiten, die Geographie der Heimat des Gelehrten, den Maghreb, vor allem um die genaue Lage von Ceuta und Tanger.

Denkt Timur an einen Vorstoß über das Delta des Nil hinaus nach Westen? An die südlichen Küstengebiete der 'See von Rum', wie das Mittelmeer in den persischen Geographien heißt. Will er mit seiner welterobernden Kavallerie an das 'Westliche Meer', den Atlantik? Spürt er, daß in Eurasien die Epoche der offenen Grenzen und Räume, die zu erreiten sind, langsam zu Ende geht? Sich bald Territorialstaaten um ihn herum konsolidieren werden, die, anders als seine Eroberungen, auf Künftiges ausgerichtete Verwaltung besitzen und die nicht einzig die persönliche autoritäre Verfügungsgewalt zusammenhält. Spürt Timur, daß überhaupt ein ganz neues Kriegsmittel am Entstehen ist?

Der Globalisierer aus dem Herzland hat die ozeanischen Ränder der

Ibn Khaldun gibt 1406 in seiner Autobiographie *Tarif* (die leider nur in französischer Übersetzung vorliegt in: *Le voyage d'Occident et d'Orient*, übers. von Abdesselam Cheddadi, Édition Sindbad, La Bibliothèque Arab, 1980) die entsprechende Stelle seiner Befragung durch Timur wie folgt wieder:

»[Le Maghrib] en designe la partie la plus reculée; car le Maghrib tout entier est bordé par le mer Syrienne. Les régions les plus proches en sont Barqa et l'Ifriqiya; Tlemcen et le pays Zanata constituent le Maghrib Central; Fès et le pays Zanata constituent le Maghrib Extrême, ou Intérieur.«

»Où se situe Tanger dans ce Maghrib?«

»Dans l'angle, entre le Détroit d'Az-Zuqaq et la mer Enveloppante [der Atlantik; Anm. d. Aut.].«

»Et Ceuta?«

»A quelque distance de Tanger, sur le Détroit; c'est de là qu'on embarque pour l'Andalousie, la distance qui l'en sépare n'étant que de quelque vingt milles.«

»Et Fès?«

»Elle n'est pas sur la côte; construite entre des collines, c'est la capitale des rois du Maghrib, les Mérinides.«

»Et Sijilmâsa?«

»Elle est à la limite des sables, du côté sud.«

»Cela n'est pas assez; je veux que tu me fasse, par écrit, la description du Maghrib tout entier: ses régions les plus lointaines et les plus proches, ses montagnes et ses fleuves, ses villages et ses grandes villes, comme si je l'avais sous les yeux.«

Welt wahrgenommen. 1402, als er bei Ankara Sultan Bayazid I. geschlagen hat, sind die Kastilier von der Iberischen Halbinsel aus zu den Kanarischen Inseln gesegelt; zwei Jahre zuvor sind sie schon in Tetuan gelandet. Clavjio wird Auskunft auf die eine oder andere Frage zu geben haben. Nicht umsonst hat ihn Timur nach Samarkand eingeladen. Dabei hat Timur selbst, indem er eine ungeheure berittene Militärmacht in der Tiefe der Steppe versammelt hat, die Entstehung maritimer Streitkräfte an beiden Enden der eurasischen Landmasse befördert. Während Timur Ibn Khalduns Ausführungen zur Straße von Gibraltar folgt, sieht er auch die Bemühungen der Ming im Kontext der Weltpolitik und des Weltmarkts. 1395 hat er den ersten chinesischen Emissär, der für den Hof Tributhoheit fordert, in den Kerker geworfen; dem zweiten von Kaiser Yongle (1403–1424) ergeht es nicht besser.

Aus Furcht vor dem Einfall der Tataren, der für den Hof in Beijing nur eine Frage der Zeit ist, baut man in China – spiegelbildlich zu den Vorbereitungen auf der Iberischen Halbinsel – in den kaiserlichen Werften am Unterlauf des Yangze ozeangängige, allerdings um ein Vielfaches mächtigere Schiffe, die der befürchteten Isolation entgegenwirken sollen. Aufgrund des späteren Berichts von Zeng Hes Begleiter Ma Huan, wonach Mekka die Enddestination dessen maritimer Expeditionen gewesen ist, kann geschlossen werden, daß China, bevor es sich zwei Jahrzehnte später hinter der Großen Mauer zurückziehen wird, um sich vor allem dem Eigenen zuzuwenden, beabsichtigt, nicht nur durch direkte Kontakte in Hormuz und Aden an begehrte Luxusartikel zu kommen, sondern in der islamischen Welt Allianzen gegen Timur zu sondieren. Jedenfalls ist ein Admiral, der genannte Zheng He, bestellt, um mit dem neuen Staat Malakka an der Straße von Malakka Kontakt aufzunehmen und von dort in den Indischen Ozean und das Arabische Meer zu fahren, dann an der Küste Ostafrikas hinab und womöglich in die beiden großen Weltmeere vorzudringen.

Zheng Hes sechs zwischen 1405 und 1433 durchgeführte Expeditionen sollen weit über Mosambik hinaus an die nordatlantische Küste und um Feuerland herum in den Pazifik, sogar am Eisrand entlang der sibirischen Nordküste durch die Bering-Straße wieder nach Nanjing geführt haben. Gemäß dieser umstrittenen These von Gavin Menzies (1421. The Year China Discovered the World, 2002) sind die Chinesen auch vor Kolumbus nach Amerika gelangt, nämlich 1421.

Zheng Hes Familie stammt aus Kashgar, das nur einen Steinwurf von Samarkand entfernt hinter dem Tian Shan liegt.

Ist von dort die Kunde über die maritimen Pläne der Ming in Timurs Zelt gedrungen? Deshalb, nach der Einnahme von Damaskus und dem Sieg über Bayazid I., der hastige Abschluß des Siebenjährigen Feldzugs mit einer georgischen Expedition und dem Winterlager in Aserbaidschan? Die Eile der Samarkander Bauprojekte nach der Rückkehr?

Während also die nach der Zerstörung Delhis über den Hindu Kush geführten neunzig Elefanten von weit her Blöcke zu den Baustellen der Bibi Chanum und der Gur Emir befördern, weilen Timurs Gedanken wahrscheinlich bereits in Ostasien.

»Dieser Timur ist … ein hochintelligenter und sehr weitsichtiger König, der es liebt, über Bekanntes, vermeintlich Bekanntes und ihm gäänzlich Unbekanntes lange Gespräche zu führen.«

(Ibn Khaldun)

Weitsichtigkeit und intellektuelle Neugier machen Timur zum größten Politiker Zentralasiens, das unter seiner Dominanz die aktivste Periode seiner Geschichte erlebt und eine Kultur entfaltet, die dreihundert Jahre lang die Welt des Islam beeinflußt und in der Kuppel des Taj Mahal einen entfernten Nachhall finden wird.

Zur Hauptsache ist Timur ein Eroberer. Der Krieg dient ihm jedoch nicht nur zur Erlangung der Macht, sondern ist geradezu der Zweck, jene auszuüben. Indem er ihn als Triebkraft einsetzt, erreicht Timur, was seinen Konkurrenten des Chaghatai-Khanats mißlungen ist – nämlich, die gesellschaftlichen Organisationsformen von Weidenomadentum und oasengebundener Seßhaftigkeit nicht aufeinanderprallen zu lassen, sondern sie in einem Wechselspiel zu binden, das beiden Bevölkerungen das ermöglicht, was sie traditionell als Lebensgrundlage benötigen. Die Formel ist so einfach wie genial: »Friede im Inneren, Krieg im Äußeren; Friede für die Oasen, Krieg für die Steppe.« (S. A. M. Adshead, *Central Asia in World History*, 1993). Diese Zustände schaffen für die seßhafte Bevölkerung die idealen Bedingungen für Handel und das Erwirtschaften von Reichtümern, was sie in die Lage versetzt, *tamgha*, dem Khan geschuldete Abgaben, zu entrichten; für die Nomaden wiederum bieten sie außerhalb der eigenen Territorien Gelegenheit zum Krieg – genauer: zu den blitzschnell vorgetragenen Beutezügen, dem bestimmenden Merkmal ihrer Kultur.

Diese machtpolitische Strategie gleicht zwei nebeneinander herlaufenden Wellen mit ungleichen Frequenzen, deren Kämme sich nicht überschlagen, deren Täler nicht zu tief absinken, da eine mitlaufende Konstante beide an sich zieht. Diese Konstante ist die Seidenstraße.

Timur betreibt die Wiederbelebung der mittleren transkontinentalen Magistralen mit dem Ziel, ihr die Monopolstellung für jeglichen eurasischen Handel zu sichern, und ist unerbittlich jedem gegenüber, der diesen Plan unterlaufen will.

Sein hartnäckigster Widersacher ist der erwähnte Toktamish, Khan der Goldenen Horde. In deren Herrschaftsgebiet liegen die venezianischen und genuesischen Handels- und Stapelplätze Tana, Kaffa und Soldaia am Asowschen sowie Astrachan am Kaspischen Meer – Ausgangspunkte der neunmonatigen Überlandreise nach Khanbalik, zur Zeit der Polos die Hauptstadt der Yuan-Dynastie, jetzt das Beijing der Ming. 1395, im Verlauf des Fünfjährigen Feldzugs, hat Timur diese

Dazu Buch I, *Irrtümer hinter den Gebirgen.* Nordroute der Seidenstraßen durchschnitten und Toktamish durch die Einbuße der Transitabgaben des Güterverkehrs zwischen Altai und dem Schwarzen Meer wirtschaftlich und damit auch militärisch geschwächt.

Im eurasischen Netz der Fernhandelswege ist eine Achse die Lebensader des zwischen Syr Darya und Amu Darya gelegenen Reichs der Timuriden – die Mittlere Route der Seidenstraße. Von Tabriz im persischen Il-Khanat, dort gibt es schon seit Ausgang des 13. Jahrhunderts ein venezianisches Konsulat, führt diese Route nach Turfan in Chinesisch- oder Ost-Turkestan. Nach und nach hat Timur sie gesichert. Mit der Eroberung von Aleppo im Jahr 1400 stößt er ihr das Tor zum Mittelmeer auf und verriegelt gleichzeitig die Abzweigung nach Ägypten. Soll sich jedoch der gesamte Güterstrom zwischen China und dem Westen auf diese durch das Reich der Tataren führende Route ergießen, muß Timur Beijing kontrollieren. Das ist die Vorgabe des für das Jahr 1405 angesetzten Feldzugs gegen die Ming.

»Als sie aufbrachen«, schreibt Tag as-Salmani, »setzte scharfe Kälte ein, die Mensch und Tier heftig zusetzte.« Der Jaxartes ist völlig zugefroren, so daß das Heer über den Fluß kommt, ohne daß ein Tropfen Wasser den Huf eines Tieres benetzt. Kaum hat es aber in Otrar das Lager aufgeschlagen, geschieht Merkwürdiges. »[...] das Unheil der Kälte [hatte] durch die Veränderung der Verhältnisse von Vätern und Müttern die Fähigkeit der Vermehrung zunichte gemacht. Aus Furcht vor dem Schnee wurde den Igeln das Hindurchkriechen durch die Erdbauten unmöglich.

Tag as-Salmani ist Verfasser des *Sams al-Husn.* Diese Chronik beginnt mit der aus Anlaß des erfolgreichen Feldzuges nach Mesopotamien, Syrien und Kleinasien bei Timurs Rückkehr im Sommer 1404 nach Samarkand abgehaltenen Siegesfeier und berücksichtigt die auf den Tod des Herrschers folgenden Ereignisse bis zum Jahre 1409. Gemäß eigenen Angaben kommt Tag as-Salmani in dem am 24. September 1397 beginnenden Jahr 800 n. d. H. an den Hof in Samarkand, wo er in hoher Stellung wirkt und Einblick in die königliche Kanzlei hat. Auch beim Tod Timurs ist der Verfasser zugegen. Das *Sams al-Husn*, eine erstrangige Informationsquelle eines Augenzeugen, wird von Saraf ad-Din Ali Yazdi für das *Zafar-nama*, eine persische Geschichte der Dynastie der Timuriden (fertiggestellt 1425) herangezogen.

Die Zunge des Feuers wurde abgeschnitten wie die Zunge derjenigen, die sich gegen die haqanische Regierung [gemeint ist jene Timurs; Anm. d. Autors.] auflehnten«. Als am 10. Sa'ban 807 n. d. H. (Mittwoch, dem 11. Februar 1405) das Hoflager nach der ersten Wegstation verlegt wird, befällt den greisen Timur eine heftige Krankheit und Fieber. »Der innere Schmerz wurde so stark, daß Ruhe und Widerstandskraft seinen Körper völlig verließen. Einige Tage hindurch klagte er dermaßen über seine Qualen, daß die Hochgestellten und Vertrauten aus Mitgefühl schwach wurden. Die Ärzte, von denen jeder ein Galen seiner Zeit und ein Hippokrates seines Jahrhunderts war, gaben sich alle Mühe für seine Heilung.« Sie konsultieren den berühmten Kanon des Ibn Sina, müssen sich aber ihre Machtlosigkeit eingestehen, denn »Jeder, der Umsicht und Heilerfahrung besitzt, erkennt aus zahlreichen Hinweisen bei Beginn des Leidens das Ende desselben«.

Der im Jahr 980 bei Buchara geborene und 1037 im persischen Hamadan verstorbene Arzt, Philosoph, Physiker und Wissenschaftler, dessen Vater als ismaelitischer Gelehrter in Balkh gewirkt hat, ist eine der herausragenden Persönlichkeiten seiner Zeit, vielleicht der

Auch Timur selbst weiß um sein bevorstehendes Ende und tröstet die ihn umgebenden Prinzessinnen, Höflinge und Gefolgsleute mit den Worten:

berühmteste Wissenschaftler des Islam überhaupt. Der *Kanon, Al-Qanun fi al-Tibb*, wird um die Mitte des 12. Jahrhundert von Gerhard von Cremona in Toledo ins Lateinische übersetzt und bleibt in Europa, wo der Gelehrte unter dem latinisierten Namen Avicenna bekannt ist, bis in 17. Jahrhundert das Hauptwerk der Medizin.

»Das Klagen ist unnütz und die Furcht zwecklos. Dieses Mal sind Höflichkeit und Freundlichkeit nicht mehr am Platze. Es besteht durchaus keine Hoffnung mehr auf das Leben. All diese Dinge des Sultanats und der Herrscherpracht, des Heeres, der Rüstung, des Schatzes und des Wohlstandes sind jetzt ohne Nutzen. Der Todesbote gibt sich nicht zufrieden mit Macht und Besitz, die das Ergebnis von Ehre und Ansehen sowie der Ausfluß übermäßigen Reichtums sind. Der Ergreifer der Seelen zieht sich nicht zurück auf den Schall der Trommel am Morgen und am Abend, der vom Palast der Feste, vom Schloß und von der Bogenhalle des Erfolgs ertönt.«

(Tag as-Salmani, *Sams al-Husn*, 1410)

Timur trifft letzte Anordnungen und gibt »weisheitsvolle Ermahnungen zum Fundament des Grundgesetzes der Weltherrschaft«. Dann, »zu Ende des siebten Tages nach dem Abendessen am Mittwoch, dem 18. des Monats Sa'ban 807 (Mittwoch, 19. Februar 1405; Anm. des Übers.) verschied er.« Der »niedrigste der Dienstmannen des Hofes« – as-Salmani meint sich damit selbst – verfaßt trotz der traurigen Verwirrung des Augenblicks über Timurs Todesdatum einige Zahlensinnverse, darunter einen arabischen, und zitiert, da der Tod des Herrschers den Beamten und Kämmerern guter Rat für ihre Handlungen ist, einen weisen Ausspruch des über den Tod Alexanders betrübten Aristoteles: »Gestern hatte er uns durch sein Wort ermahnt, heute ermahnt er uns durch sein Schweigen.«

Noch zur selben Stunde erfahren die Prinzen und Großemire, die am rechten und linken Flügel das Kommando führen und auf den Befehl zum Aufbruch nach Mogulistan warten, durch Boten vom Dahinscheiden Timurs. Andere Gesandte schickt man in die Länder und Städte, um alle übrigen Prinzen und hohen Emire in Kenntnis zu setzen. Die in Otrar anwesenden Emire halten eine Ratsversammlung, auf der einstimmig beschlossen wird, das unter Timur zum Feldzug gegen die Ming zusammengekommene Heer nicht der Untätigkeit zu überlassen und Zurüstung und Verproviantierung nicht zu vergeuden, sondern die Gelegenheit zu einen Schlag gegen Mogulistan zu nutzen. Dessen Herrscher, sind sie sich einig, würden durch die zweifellos schnell zu ihnen vordringende Nachricht vom Tod des Khans sich in Sicherheit wiegen und ihre Achtsamkeit aufgeben aufgrund

Das schwächste der aus der Teilung des dschingisidischen Reichs hervorgegangenen Khanate ist jenes der Chaghatai, das um die Mitte des 14. Jahrhunderts zudem in einen westlichen und einen östlichen Teil zerfällt, wobei aus letzterem das im Südosten des heutigen Kasachstan und Kirgistan liegende Mogulistan hervorgeht. 1687 wird Mogulistan von den Dsungaren und deren Vasallen ausgelöscht.

der Gesetzmäßigkeit, daß bei Ausfallen eines Herrschers ein so gewaltiges Heer sich im Nu auflöst und die Regierung in eine Krise stürzt. Wäre Mogulistan dann »der Garaus [gemacht], wollten sie sich mit der Ausführung des letzten Willen des Herrschers befassen«. Timurs mit Rosenöl, Moschus und Kampfer einbalsamierten Leichnam legt man in eine prunkvolle Sänfte und »schickt sie heimlich zur Nachtzeit aus Gründen der Zweckmäßigkeit für den Staat [...] nach Samarkand.«

Zuvor hat man ein Beileidschreiben verfaßt, demzufolge auf Ratschluß des Allmächtigen der »glückbegünstigte Falke aus dem Netz der trügerischen Welt nach der Steppe des Hauses der Beständigkeit geflogen ist [...]«, und ermahnt die Erben der Macht bei der Verwaltung von Land und Provinzen, »lebhaften Eifer und unbegrenzte Mühe an den Tag zu legen«, damit »etliche Schurken, die diesen Moment herbeigewünscht haben, nicht nach ihrem Willen handeln und nicht vom Weg des Gehorsams abweichen«. Des weiteren sollen sie keine Minute nachlassen »in der Umsicht für Freunde und Verwandte sowie in der Erforschung der Verhältnisse von Reich und Arm« und sollen gütig sein, wo Güte am Platz ist, und läutern, wo geläutert werden muß, »auf daß in den Angelegenheiten des Staates kein Verfall und in den Belangen des Glaubens keine Zerrüttung eintrete«.

Leichtfertigkeit der Erben wäre wirklich das Schlimmste, was der tatarischen *Monarchie universelle* widerfahren könnte.

Nicht nur ein politischer Plan liegt dem Gebilde zu Grunde, das Timur, als neunundsechzigjähriger militärischer Führer an der Spitze des Heeres stehend, aus der Hand geben muß, sondern auch ein auf Dauer ausgelegtes wirtschaftliches Fundament. In diesem Zusammenhang ist der Abschottung Ägyptens, des westlichen Kopfs des Indienhandels, die Funktion zugekommen, die südliche Konkurrenz zu der von Timur kontrollierten Zentralroute auszuschalten – die maritime Seidenstraße. Bereits der indische Feldzug von 1398/99 hat diesem Zweck gedient. Die geplante Niederschlagung der Ming sollte den Zulauf chinesischer Güter am östlichen Ende der Seeroute unterbinden.

Timur hat sich die Frage der ozeanischen Route vielleicht gerade deshalb gestellt, weil er weiß, daß eine maritime Macht außerhalb seiner Möglichkeiten liegt. Will er Westen und Osten verdocken, hat das mittels eines zentral kontrollierten landgestützten Verkehrsstrangs zu geschehen – ein Vorhaben, das die militärische Macht und das ganze wirtschaftliche Potential des innerasiatischen Herzlands stärken soll.

1904, vierhundertundneunundneunzig Jahre nach dem Tod des aufgeklärten Tatarenkhans, wird Sir Halford Mackinder, Vater der Geopolitik, vor der *Royal Geographic Society* in London genau mit diesem Argument seine These des »Geographical Pivot of History« illustrieren. Gemäß dieser Formel würde eine Macht – gemeint ist Rußland –, die über moderne, der alten tartarischen Kavallerie entsprechende

Binnenmobilität verfügt und den eurasischen Raum kontrolliert, mittels dicht bevölkerter Ranzonen auch die südlich angrenzende innere oder periphere Sichel der alten Kulturräume Europa, Indien und China beherrschen. Darüber hinaus könnte sie ihre Macht auf die äußere insulare Sichel der beiden Amerikas, Afrikas und Australiens projizieren. Hintergrund von Mackinders Überlegung ist die Erschließung Zentralasiens und Sibiriens durch die russischen Eisenbahnen zum Zweck der Ausbeutung der im »geographischen Drehzapfen der Geschichte« – die Übersetzung von Mackinders Metapher betont die fast mechanische Wirkungsmacht Innerasiens – vorhandenen Ressourcen durch Rußland und die Möglichkeit des Aufstiegs dieser Nation auch zu einer imperialen Seemacht – im Moment, als Großbritannien unangefochten die Ozeane beherrscht.

Mackinder spricht vor der *Royal Geographic Society* am 25. Januar 1904.

Am 8. Februar beginnt der Russisch-Japanische Krieg mit dem japanischen Überraschungsangriff auf die russische Marinebasis Port Arthur an der Spitze der chinesischen Halbinsel von Liaodong.

Im Dezember 1904 streiken auf Rothschilds kaspischen Ölfeldern von Baku erneut die Arbeiter und erreichen ihren ersten Gesamtarbeitsvertrag. Wenige Tage nach dem Streik proklamieren die Revolutionäre:

»Arbeiter des Kaukasus, die Stunde der Vergeltung hat geschlagen.«

Autor des Aufrufs ist Stalin. Am folgenden Tag nimmt die Polizei eine Gruppe Arbeiter unter Feuer, die mit einer Petition zum Sankt Petersburger Winterpalast unterwegs sind. Es ist der *Blutige Sonntag,* der Beginn der Revolution von 1905. Lenin bezeichnet sie als die Hauptprobe.

Am 27./28. Mai 1905 vernichtet die japanische Flotte in der Koreastraße das gesamte russische Geschwader. Die Schlacht von Tsushima ist vorentscheidend für den Ausgang des Kriegs. Die Niederlage der maritim aspirierenden kontinentalen Macht gegen die traditionelle insulare Seemacht verschärft in Rußland die innenpolitische Krise. Zar Nikolaus II. ist gezwungen, ein Vermittlungsangebot von Theodore Roosevelt für Friedensverhandlungen anzunehmen. Im Oktober wird in Portsmouth, New Hampshire, das Abkommen unterzeichnet, das vom Zar gegen seinen Willen eine konstitutionell abgestützte Regierung mit einem Parlament verlangt.

Im September und Oktober erschüttern Streiks und offene Rebellionen das zaristische Imperium. Im Kaukasus ist nicht der Sozialismus die Triebkraft, sondern die Frage ethnischer Zugehörigkeit. Bereits im Vorjahr haben von der Regierung bewaffnete muslimische Tataren die christlichen Armenier massakriert, aus deren Kreisen die Ölmagnaten kommen. Am Jahresende 1905 sind zwei Drittel der Ölfelder zerstört, die russischen Exporte zusammengebrochen.

1907 wählen die Ölarbeiter in Batumi am Schwarzen Meer Bolschewiken in die Duma. In Baku droht ein Generalstreik. Stalin ist zurückgekehrt, um unter der Arbeiterschaft »grenzenloses Mißtrauen gegenüber den Ölindustriellen zu schüren«. 1910 wird er verhaftet und in den Norden verschickt.

1912 erwirbt *Royal Dutch/Shell* von den Rothschilds deren gesamte russische Öl-operationen. Rothschild wird in beiden Firmen einer der Hauptaktionäre und verwandelt damit seine Anlagen im unsicheren Rußland in beträchtliche Beteiligungen an einer schnell wachsenden, diversifizierten internationalen Firma.

Im März 1918 beschließt Deutschland im Vertrag von Brest-Litowsk die Beendung der Feindseligkeiten mit dem revolutionären Rußland. Um dem Verlauf des Ersten Weltkriegs noch umzukehren, braucht es die Zufuhr von Energie. Die Ölfelder von Baku sollen sie liefern. Dorthin unterwegs sind aber bereits die Türken; eigentlich Verbündete Deutschlands und Österreichs. Lenin und Stalin sind einverstanden mit dem deutschen Vorschlag, im Austausch für Öl die Türken von der willkürlichen Zerstörung der Förderfelder abzuhalten, nicht jedoch die Bolschewiken in Baku. Im Juli belagern die Türken die Stadt. Im August besetzten sie einige der Felder. Gleichzeitig interveniert ein von den Armeniern aus Persien zu Hilfe gerufenes britisches Entsatzkontingent. Es bleibt einen knappen Monat, gerade lange genug, daß der Plan des Obersten Heeresleiters, General Ludendorffs – er hat wirtschaftliche Mobilmachung gefordert, drängt auf Ostexpansion und will den uneingeschränkten U-Boot-Krieg der Kontinentalmacht Deutschland –, nicht aufgeht. Nach dem Abzug der Briten erfolgt ohne Verzug der Überfall der Türken. Angestiftete ansässige Muslime verwüsten die Stadt und ermorden jeden Armenier, selbst die Patienten in den Spitälern.

Im November des Vorjahres ist im Verlauf der Ereignisse der »Zehn Tage, die die Welt erschütterten« (John Reed, 1919), das zaristische Regime gestürzt, die Macht im russischen Staat von den Bolschewiken an sich gerissen und in die Hände der Sowjets gelegt worden.

Jetzt herrscht der Bürgerkrieg in Rußland.

Stalin gelingt es, Stalingrad, noch heißt die Stadt Zarizyn, gegen die Donkosaken zu halten. Dadurch wird der Zusammenschluß der südlichen und nördlichen gegenrevolutionären Kräfte verhindert. Aber bereits 1918 kontrollieren die weißrussischen Kräfte den Süden vom Dnestr bis zur Wolga. Längere Zeit halten Denikins Truppen Zarizyn. Die Legende der revolutionären Uneinnehmbarkeit Stalingrads verschweigt das.

Ein Vierteljahrhundert später wird Wassili Grossman, der große Reporter und Chronist der Feldzüge der Roten Armee, in Stalingrad Augenzeuge der entscheidenden Wende. Am 1. Dezember 1942 schreibt er:

»Der August war in der Verteidigung der Stadt ein schwerer Monat gewesen. Schwerer war es im September, am rasendsten aber wurde der Druck der Deutschen in den Oktobertagen. Keine Menschenkraft reichte aus, so schien es, um in der Feuerhölle dieser Stadt Widerstand zu leisten. Aber die Rotarmisten hielten alles aus, vielleicht waren wirklich übermenschliche Kräfte dazu notwendig gewesen.«

(Wassili Grossman, *Stalingrad greift an*, 1942)

Timurs Einwirken?

Natürlich nicht. Diese Kräfte hat in der entscheidenden Stunde der »Operation Uranus« selbstverständlich das Volk in sich selbst gefunden. Das ganze multiethnische Volk, das Gros natürlich Russen und Ukrainer. Aus Sibirien kommen die besten Scharfschützen und, wenn das Vorbild in Dsigans Film sie inspiriert hat, von den usbekischen Baumwollfeldern die Panzerfahrer.

Sind es Überlebende unter den letzteren gewesen, die nach ihrer Heimkehr in Samarkand der in Erfüllung gegangenen Prophezeiung den Epilog hinzufügen, wonach die Wiederherstellung von Timurs Grabesruhe Stalingrad rettet? Als Hüter der Gur Emir der Prophezeiung zusätzlichen Nachdruck verleihen und mittels des ihr nachgeschickten *post-faktum*-Befunds 'nationalen Stolz' zum Ausdruck bringen?

Den Russen — meint der Autor alle sowjetischen Völker oder nur die ethnischen Russen? — ist in Grossmans Worten vom 3. Januar 1943 Stalingrad bereits ein »Heiliges Stück Erde«. Für immer will er es im Gedächtnis festhalten. Genauso wie die über kleinen Grabhügeln und Massengräbern errichteten selbstangefertigten Denkmäler der blutigen Treue — denn aus der heillosen Trümmerstätte wächst eine »neue Stadt einer triumphierenden nationalen Freiheit«.

Nicht Timurs Genie ist also aus dem Dämmer der Zeit hervorgekrochen, sondern »der russische Soldat ist aus der Erde, aus dem Gestein emporgetaucht, hat sich hoch aufgerichtet und schreitet nun ruhig vorwärts, ohne Hast«.

Hinter diesem Phänomen steht der unter den Rotarmisten ausschließlich mündlich verbreitete, erst 1988 veröffentlichte »Befehl 227« Stalins vom Juli 1942. Im Kern lautet er: »Keinen Schritt zurück!«

Zu diesem Zeitpunkt ist aufgrund der katastrophalen Lage im Südabschnitt der Front der Glaube der Roten Armee an ihre Unbezwingbarkeit verschwunden. Hitlers Endziel, »die Abschirmung gegen das asiatische Rußland auf der allgemeinen Lage Wolga-Archangelsk«, scheint angesichts des raschen Vorstoßes der 6. Armee über den sommerdürren steinharten Steppenboden in Griffweite. Hinter der Wolga liegt für die zurückweichende Rote Armee keine strategische Tiefe, sondern der für die russischen und ukrainischen Soldaten fremde Raum Zentralasiens, Timur-Land, Rostams Turan. Es droht eine Zersplitterung der Roten Armee in die Teile, aus denen sie sich rekrutiert. Die sowjetische Tradition, nach Sündenböcken zu suchen, führt zum Rassismus innerhalb der Truppen. Die Soldaten aus den europäischen Teilen des Imperiums mißtrauen jenen aus Zentralasien, die sich zum Gebet niederwerfen statt zu kämpfen. Bevorstehender Kampfeinsatz, im Norden wie um Stalingrad, und damit der wahrscheinliche Tod ebnet die Unterschiede zwischen den in Ausbildungslagern gedemütigten Rekruten und ihren Peinigern. David Samoilov (1920–1990), Dichter der Kriegsgeneration, erblickt »das schlitzäugige Grinsen eines Timur« im harten entschlossen lächelnden Gesicht der Usbeken, deren von Jahren in der Steppe gestählte Körper im Halbdunkel sich um den plötzlich verängstigten tyrannischen Schleifer zusammenschließen.

Im Juli wird zur Verteidigung von Stalingrad eine halbe Million zusammengezogen, darunter Kulaken, erstmals junge Frauen und massenhaft rasch ausgebildete halbwüchsige Rekruten.

Am 4. August besetzt Paulus' 6. Armee die Schleife des Don westlich und nordwestlich von Stalingrad.

Doch dann, im Verlauf des Augusts und Septembers, fährt die Rote Armee aus der Erstarrung, geweckt durch schiere Verzweiflung angesichts einer unausweichlich erscheinenden Niederlage. Der deutsche Ansturm auf Stalingrad, Symbol der Legende des Bürgerkriegs, weist auf eine Entscheidungsschlacht hin. Patriotischer Sinn macht die Teilnahme zur Pflicht. »Panzerangst« weicht dem Gefühl individueller Verantwortung. Die neue Generation von Kommandierenden hat keine Furcht vor eigenen Initiativen wie noch ihre durch Stalins interne Säuberungen eingeschüchterten Vorgänger. Selbstmordkultur des Bürgerkriegs und der Haß gegenüber dem Gegner weichen kaltblütiger Strategie und taktischer Professionalität, die sich nun auf den in Gang gekommenen Nachschub von *T-34*-Panzern und *Iljushins* aus den Schmieden hinter dem Ural stützen kann.

Im Herbst fallen bei der Verteidigung der kaspischen Ölfelder zwar 200 000 Rotarmisten, aber in Stalingrad bringt der 19. November im Rahmen der »Operation Uranus« den großen sowjetischen Durchbruch. Dann ist Winter. Eisregen. Frostnebel dick wie Milch. Treibeis, was das Übersetzen von Kriegsgerät erschwert. Am 10. Januar beginnt »Operation Ring«. Die deutsche Flucht und Evakuierung gerät zum Chaos. Tod auch durch Erschöpfung, Hunger und summarische Hinrichtungen. »Kapitulation ausgeschlossen« lautet Hitlers Funkspruch vom 22. Januar. Etwas weniger als 52 000 Angehörige der 6. Armee haben seit dem 22. November den Tod gefunden (Beaver. 2001). Ausländische Berichterstatter sehen in den Gerippen der Fabriken, die zuvor den Nachschub der am Don stationierten Truppen produziert haben, zwischen Minen und Munitionskästen halb mit Schnee gefüllte deutsche und russische Helme.

»Verflechtung von Fußpfaden und neuen Fahrwegen im Schnee«, fallen Wassili Grossman auf. Das Licht der aufgehenden Sonne »über dem Sandstein des schroff freiliegenden Abhangs am Steilufer der Wolga« wird Timur gekannt haben. Natürlich nicht die Geleise, »wo Kesselwagen mit aufgerissenem Bauch wie gefallene Pferde daliegen«, dafür aber den Zuweg aus dem im Wolga-Delta liegenden Astrachachan hinauf nach Saray, der Vorläuferstadt von Stalingrad, sowie die westlichen Fluchtrouten zu den Ufern von Don und Dnepr.

Der erwähnte Fünfjährige Feldzug gegen Toktamish hat Timur an die Wolga gebracht. Er hat Tbilisi und dessen Weinberge zerstört. Am 22. April 1395 sind in der Nähe des heutigen Grozny in Tschetschenien seine und die Kavallerie der Goldenen Horde aufeinandergestoßen. Toktamish kann nordwärts durch die südrussische Steppe, in Richtung Waldlandschaft von Bolgar entkommen. Bevor Timur dem verräterischen einstigen Verbündeten nachsetzt, um dann schließlich, schon halbwegs in Moskau, nach Tana umzukehren, rächt er am erwähnten Saray die 1387 von Toktamish begangene Zerstörung des berühmten Palasts der Tschaghatai im heimatlichen Karshi, südlich von Samarkand. Saray liegt am Wolga-Knie, genau auf selber Höhe, auf der 1589 Zarizyn alias Stalingrad gegründet wird, jedoch am Ostufer des Stroms.

Saray, gerade neue Hauptstadt des Tataren-Sultans Muhammad Uzbek geworden, ein bedeutender Verkehrsknotenpunkt, ist das al-Sara, wo sich Ibn Battuta, aus Konstantinopel kommend und im *araba*, dem großen Wagen mit Zeltaufbau, seit skythischer Zeit charakteristisches Verkehrsmittel der Steppe, unterwegs nach Urgench, Buchara, Samarkand und Fernost, im Jahr 1332 umsieht. Der Weltreisende aus dem Maghreb umschreibt, was ein Menschenalter später Timurs Kavallerien in ein dreißig Quadratkilometer umfassende Ruinenfeld verwandeln. Lettische Archäologen sichern nach dem I. Weltkrieg im Hinterland des Zarizyn-Stalingrad gegenüberliegenden Ostufers der Wolga, in der Nähe des Ortes Tsarev dessen Spuren.

»Sara ist eine der schönsten Städte, von immenser Ausdehnung und dicht bevölkert, mit schönen Basaren und weiten Straßen. Eines Tages machten wir uns, begleitet von einem Notablen der Stadt auf, um die Stadt zu umreiten und so ihre Größe zu bestimmen. Wir leben am einen Ende und machten uns am Morgen auf. Erst nach Mittag erreichten wir das andere Ende. Einmal ging ich zu Fuß mittendurch, und für Hin- und Rückweg braucht man einen halben Tag, der Weg führt immer durch von Häusern gesäumte Straßen, ohne daß man Ruinen oder Gärten sieht. Die Stadt hat dreizehn Kirchen und unzählige Moscheen. Die Einwohner stammen von verschiedensten Völkern; es gibt Mongolen, die die Herrscher des Landes stellen, und Kiptschaken, Kirkassen, Russen und Griechen, die alle Christen sind. Jeder Bevölkerungsteil lebt in einem eigenen Viertel mit seinen einen Bazaren und Märkten. Händler aus dem Irak, aus Ägypten, Syrien und sonstwoher leben in einem Viertel, das von einer Mauer umgeben ist und ihr Hab und Gut schützen soll.«

(Ibn Battuta, *Travels in Asia and Africa*, 1325–1354)

Wir sind lange in der Gur Emir gewesen. Vielleicht ist die Aufpasserin am Ende erleichtert, daß sie für uns den Halogenstrahler nicht mehr anmachen muß.

Aber bevor wir nun, nachdem wir auch in der Bibi Chanum gewesen sind, nach Buchara weiterkönnen, ist vor Timurs Jadeblock noch weiter Zurückliegendes in Erinnerung zu rufen, ein rascher Blick auf das bekannteste, von weltherrschaftlicher Ambition getriebene Projekt der Antike zu werfen, denn auch dieses hat sich, wie dasjenige von Timur, Napoleon und Paulus – ihn verfolgt das ultimative Trauma des Imperators, das Bild einer sich in schneeigen Weiten auflösenden Armee bis nach Stalingrad – am tückischen Raum des Herzlands zu messen und eine Politik des Umgang mit den Peripherien definieren.

Die Region zwischen dem Asowschen Meer und dem Unterlauf von Don und Wolga, Machtzentrum der Goldenen Horde zur Zeit Timurs, ist in der Epoche Alexanders des Großen das Gebiet der Skythen.

Im Winter des Jahres 329/328 v. u. Z., als Alexander in Bactra, dem heutigen Balkh im Norden Afghanistans, lagert, macht ihm mit 1500 Reitern im Gefolge der Skythe Pharasmanes, der König der Choresmier, seine Aufwartung. Arrian berichtet, jener habe gesagt, »er sei Nachbar der Kolcher und Amazonenweiber, und wenn Alexander es wünschte, wollte er gegen die Kolcher und Amazonen zu Felde ziehen und die Völker, deren Länder sich bis zum Pontos Euxeinos [Schwarzes Meer; Anm. d. Aut.] erstrecken, unterwerfen; er erbot sich auch, Führer der Wege dorthin zu sein und die nötigen Lebensmittel für Alexanders Heer zu beschaffen.« Alexander bleibt freundlich, lehnt die Vermählung mit einer skythischen Prinzessin dankend ab und schließt einen Freundschafts- und Bündnisvertrag, um sich den Rücken frei zu halten. Er empfiehlt den skythischen König dem Perser Artabazos an, dem die baktrischen Gebiete anvertraut sind, und entläßt ihn in seine Heimat, allerdings nicht ohne sich zuvor erklärt zu haben – nämlich, »daß er zur Zeit den Zug nach Indien plane. Denn erst wenn er die Völker dort unterworfen hätte, würde er endlich Herr von ganz Asien sein. Und dann wollte er nach Griechenland zurückkehren und von dort durch den Hellespont in die Propontis mit seiner gesamten Streitmacht zu Wasser und zu Land in den Pontos eindringen. Bis dahin sollte Pharasmanes seine Hilfeleistungen zurückstellen, zu denen er sich im Augenblick erbot.« (IV, 15, 4)

Der Fürst, der in der Krypta der Gur Emir unter dem grünen Jadeblock, dem größten bekannten solchen Stein der Welt, bestattet liegt, ist, wie erwähnt, Analphabet gewesen. Er hegt aber eine Vorliebe für das Vorlesen – gewiß auch aus Werken der Bibliotheken der eroberten Städte, die man nach Samarkand mitgenommen hat.

Es ist kein Verzeichnis von Timurs Bibliothek bekannt, vielleicht hat es keines gegeben. Eher unwahrscheinlich ist auch, daß in Samarkand ein aus dem zerstörten Saray herübergekommener griechischer Händler aufzutreiben gewesen wäre, der

Arrians Altgriechisch beherrscht hätte. Mit an Sicherheit grenzender Wahrschein-lichkeit kann zudem angenommen werden, daß Arrians Werk weder ins Persische noch ins Chaghatai übertragen worden ist. All das verbietet selbstverständlich die Vorstellung nicht, der Fürst könnte, vielleicht gerade bevor wieder eine Bittschrift von einem abendländischen Hof eintrifft, von Alexanders Unternehmung durch mündliche Überlieferung erfahren haben, so wie dessen Taten in Luristan, im west-lichen Persien, von wandernden Erzählern unter Aufstellung von Schautafeln zum *Shahname* nacherzählt und im Umlauf gehalten werden.

Vielleicht gefällt Timur die Idee des Hinhaltens, und er beschließt, fortan abendländisches Ansuchen in dieser Weise zu beantworten. Wenn er China – für Alexander ist Indien das entsprechende östliche kontinentale Ende gewesen – erobert hat, würde er sich gegebenenfalls noch der äußersten eurasischen Peripherie westlich von Donau und Rhein annehmen. Er würde die europäischen Königreiche strategisch ungefähr so behandeln wie Alexander die barbarischen Stämme in den Waldgebieten nordwestlich der Wolga, wo Tokhtamish 1395 untergetaucht ist und jenseits von denen Moskau lag, die kaum geschützte Stadt Prinz Vassilis I., welche gemäß der Chronik von Yermolinsk allein durch die Ankunft einer Ikone der Heiligen Jungfrau von Timur verschont geblieben ist. Aber auch das ist wahrscheinlich Propaganda.

Echos am ›Eisernen Tor‹

›Eiserne Pforte‹, 8. Oktober 2002, Nachmittag. — Wir sind auf dem Weg nach Afghanistan. Für S. ist es die erste Reise in die Gegend südlich seiner Geburtsstadt Samarkand.

Vor ihm waren hier Alexander der Große, Xuan Zang, Dschingis Khan, Timur, Babur unterwegs – ein paar meiner zentralasiatischen Lotsen – nebst einer stattli-chen Reihe unbekannter oder vergessener Stammesführer, Generäle, Kriegsherren und Räuberbarone der alten wie auch der modernen Zeit, denn unsere Straße, die an Shakhrisabz vorbeiführt, in dessen Nähe am 9. April 1336 Timur geboren wurde, ist eine klassische Invasionsroute, die Sukhandarya, durch die sie führt, Usbekistans heutige Brücken-Provinz, den Amu Darya berührend. Sie liegt, im gut gemäßigten und bewohnbaren Klima, nach Ptolemaios elfstreifiger Einteilung ziemlich genau zwischen dem Breitengrad von Rhodos und jenem des Hellespont, also zwischen der vierten und fünften der sieben Klimazonen; eine Unterscheidung, welche im Bild eines siebstöckigen Ziqqurat eine persische Entsprechung besitzt und auch bei al-Biruni und al-Idrisi vorkommt. Die Ausführungen Professor Amirovichs zur Geschichte der Sukhandarya und für die kommenden Tage vor allem zu Alexanders Bewegungen in der Region sind grundsätzlich, und S. gibt sein Bestes, um als Übersetzer Schritt zu halten. Quelle und Gewährsmann des Professors ist ein gewisser, mir bislang unbekannter Quintkurski Ruf.

S.: *»Der Professor sagt, Q. R. habe . . .«*

Oder:

»Q. R. sagt, Alexander habe . . .«

Oder:

»Q. R. sagt, Alexander habe einen sogdischen Fürsten . . .«

»Spitames?« werfe ich ein, über die Schulter blickend.

S., nach links, zum Professor: *»Spitames?«*

Der Professor gleichzeitig zu mir nach vorn: *»Spitames!«*

S. zu mir: *»Alexander habe diese . . .«* und in Usbekisch zum Professor, vermutlich: *»Wen hat Spitames gefangengenommen?«*

Der Professor, über Leonids Rücken geradeaus auf die Straße blickend: *»Bessos!«*

S.: *»Nicht Alexander habe Bessos gefangengenommen, sondern Spitames habe den Bessos an Alexander ausgeliefert.«*

»Sagt Q. R.?« frage ich. *»Nicht Arrian?«*

S. gibt den Namen an Professor Amirovich weiter. Dann zu mir: *»Der Professor sagt, bei Arrian stehe es anders.«*

Wer immer Q. R. gewesen sein mag, wir sind auf dem richtigen Weg. Angestrengt blicke ich in die Hänge wegen der alten Pfade. Dort sehe ich die Schatten meiner Lotsen. Am deutlichsten den von Dschingis Khan.

Im April 1220, nachdem Samarkand zerstört ist, zieht der Kahn von den sommerheißen Steppen über den Tachta-Karatscha-Paß nach Süden, um in der Gegend von Nakshab zum Winterfeldzug zu rüsten. Dort liegt der Lagerplatz, wo im Jahr 328 v. u. Z. Alexander seine Truppen vom aufreibenden Kleinkrieg ausruhen läßt, den die sogdischen Rebellen ihnen aufgezwungen haben. Es gibt eine gute Quelle, in der Nähe treten Öl und Naphta aus dem Boden. In der Epoche Alexanders ist Xeripya die wichtigste damalige Stadt der Region. Xeripya ist die Vorgängerin der Raffinerie-Stadt Karshi. Vor ihren Toren liegt die usbekische Luftwaffenbasis Khanabad. Nach dem 11. September 2001 richten sich dort Einheiten der *US Air Force* ein – 416th *Air Expeditionary Group, 416th Expeditionary Mission Support Squadron. F-16 Falcons, F-18 Hornets* und anderes Gerät fliegen Hunderte von Einsätzen gegen die Taliban im Norden Afghanistans. Nebenbei besuchen die Soldaten lokale Waisenhäuser, um Spielzeuge zu verteilen. Sie sind, nach jenen Alexander des Großen, die

Postscriptum:

Als sich nach dem Massaker von Andizhan im Mai 2005 die Beziehungen zu Usbekistan vorübergehend verschlechtern, weist Karimow den in Khanabad stationierten amerikanischen Truppen die Tür. Washington hat zu dem Zeitpunkt aber bereits ein Abkommen mit der kirgisischen Regierung zur Benutzung des Flughafens Manas nahe der Hauptstadt Bishkek, um von dort aus Auftank- und Nachschub-Operationen im Zusammenhang mit der »Operation Enduring Freedom« in Afghanistan zu fliegen.

ersten über ein Meer gekommenen fremden Truppen auf zentralasiatischem Boden, aber wahrscheinlich wissen sie es nicht.

In Guzar, wo die Straße von Buchara und Karshi in die aus Tashkent und Samarkand kommende M 39 mündet, gibt es ein paar Restaurants. Obligatorischer Halt für die von Termez heraufkommenden Fernbusse.

Um die Mittagszeit sind die Tische auf der Veranda gut besetzt. Viele Großfamilien. Am Nebentisch ein ehrwürdiger weißbärtiger Alter, ein *aksakal*, der seine Tochter auf die Pilgerfahrt nach Samarkand mitgenommen hat.

Der dreimalige Besuch der Heiligen Gräber der Stadt würde die Wallfahrt nach Mekka ersetzen, sagt er. Zur Sowjetzeit, als man nicht ins Ausland reisen konnte, habe es keine andere Möglichkeit gegeben für jene, die ihren Glauben nicht verlieren wollten, als die Pilgerfahrt zur <u>Nekropole Shahi Zinda</u>.

Der Weg zwischen Samarkand und Termez ist auch für Dschingis Khan ein Pfad der Einweisung.

Im Oktober 1222 befindet er sich auf dem Rückweg vom Hindu Kush. <u>Chang Chun</u> begleitet ihn, der berühmte taoistische Mönch aus dem fernen, am Gelben Meer liegenden Shandong. Der Khan hat Chang Chun zu sich rufen lassen, damit dieser ihm das Geheimnis der Unsterblichkeit erschließe. Von Beijing hat die zweijährige Reise nach Westen zuerst zur nördlichen Fernstraße geführt und dann auf dieser via Urga und die Dsungarei, über die Flüsse Ili und Chu nach Samarkand und von dort via Termez ins Lager der Mongolen nördlich von Kabul.

Der ungefähr zweiundsechzigjährige Khan und der dreiundsiebzigjährige heilige Unsterbliche erfüllt höchster gegenseitiger Respekt, und so akzeptiert der Herrscher, daß der Asket mit ihm tafelt und auch *kumis*, das traditionelle Getränk aus fermentierter Stutenmilch, zurückweist. Nachdem das mongolische Heer aus dem Hindu Kush kommend

Als die arabische Eroberung in den früher 650er Jahren in Form vereinzelter Vorstöße die Gebiete nördlich des Oxus erreicht, ist einer der ersten Gefallenen vor Samarkand Qutum, Sohn von al-Abbas, dem Onkel des Propheten. Qutum wird nicht nur als Begleiter des Propheten angesehen, sondern ist auch dessen erster Cousin, und man erinnert sich seiner großen Bescheidenheit bei der Verteilung der Kriegsbeute – keine Selbstverständlichkeit angesichts seiner Abkommenschaft. Jedenfalls muß Qutum infolge seiner ursprünglichen Nähe zum Propheten etwas von dessen Charisma in die unwirtlichen Regionen Khorasans und Mawarannahrs getragen haben. Aus dieser Verehrung ist die Legende entsprungen, nach der Qutum nicht gefallen ist, sondern in seiner Grabgruft im Innern von Samarkands mächtiger Umwallung lebt – deshalb der Name Shahi Zinda, der 'lebende König'. Das ursprüngliche Grabmal entgeht nicht der mongolischen Zerstörung, jedenfalls erwähnt es Ibn Battuta mit keinem Wort. Im späten 14. und 15. Jahrhundert errichten die Timuriden an der Stelle von Qutums Grabstätte einen Komplex von Mausoleen, die Feinsten der Timuriden-Renaissance zählen.

Die Reise von Chang Chun (1148–1227), dessen monastischer Name Qin Chuji lautet, wird von dem ihn begleitenden Schüler Li Zhizhang aufgezeichnet.
Im Jahr 1167 ist Chang Chun ein Schüler des Wang Zhe gewesen, des Gründers einer taoistischen Sekte, die für extreme Askese und die Doktrin des *xing-ming* bekannt ist, laut deren Lehre ein Mensch den verlorenen natürlichen Zustand durch vorgeschriebene Praktiken wiedererlangen kann. 1188 unterweist Chang Chun Kaiser Xiaozong (1163–1190) der Südlichen Song, die damals das nördliche China beherrschen. Chang Chun beginnt seine lange Reise ins Lager des Dschingis Khan anfangs des Jahres 1220.
Der Bericht *Xiyou ji (Journey to the West)* erscheint 1931 in der kom-

mentierten englischen Übersetzung von Arthur Waley unter dem Titel *The Travels of an Alchemist*.

Am 1. Oktober, irgendwo auf dem Weg zwischen Termez und der ›Eisernen Pforte‹, die Chang Chun bereits fünf Monate zuvor auf der letzten Etappe des Hinwegs durchschritten hat, kommt der durch Zeichen angekündigte günstige Moment für eine weitere Runde der Unterweisung in die Lehre des Dao. Dazu wird ein Pavillon errichtet. Nachdem die Frauen in Dschingis Khans Gefolgschaft weggeschickt sind, ruft man A-Hai, Samarkands mongolischen Gouverneur, als Übersetzer herbei. Jin'gai, der Kämmerer, und Liu Wen, der chinesische Gesandte, dürfen am Eingang des vom Schein der Kerzen und Fackeln erhellten Raums verharren. Während einer mondhellen Nacht kommt es zu einer zweiten und am 29. Oktober zu einer dritten Unterweisung. Damit nichts vom Gesagten – unter anderem, daß der Herrscher Genüssen abschwören, nur frische und leichte Mahlzeiten zu sich nehmen, Deliziösem entsagen und sexuelle Abstinenz üben soll, weil eine allein verbrachte Nacht besser ist als tausend Tage lang eingenommene Medizin – in Vergessenheit gerät, zeichnen Schreiber Chang Chuns Worte in Chinesisch auf, zuvor vom Khan verpflichtet, nach außen von der Doktrin nichts zu verraten.

Zurück in Samarkand, wo der Asket endlich wieder zu vegetarischer Nahrung kommt – die dicken Auberginen von dunklem Purpur mag er ganz besonders –, erhält Chang Chun vom Khan die Erlaubnis, anstatt in seiner persönlichen Entourage fortan entweder dem Heer voraus oder hinter jenem her zu reisen, denn zu sehr stört der Lärm des Trosses bei den spirituellen Übungen. Am Sairam-See in der Dsungarei kehrt Chang Chun nach China zurück; von einem triumphalen Empfang zu andern, in Datong und manchen anderen Städten. Anfangs 1224 nähert er sich Beijing. Aus der Stadt sind ihm taoistische Brüder bis nach Nankou hinaus entgegengekommen, dem südlichen Ausgang des Tals, das die Ming hundertfünfzig Jahre später mit der Großen Mauer verriegeln werden, wodurch die Voraussetzung für eine mit der ›Eisernen Pforte‹ zusammenhängende topographische Verwirrung ge-

die Bewohner Chang Chun Wein, Wassermelonen und andere Köstlichkeiten. Aber dankend lehnt der Asket ab, denn seine Diät besteht aus Reis und Gemüse, beides Nahrungsmittel, die im winterlichen Hindu Kush nur schwer zu finden gewesen sind.

den Amu Darya auf einer Ponton-Brücke überquert hat, und das Gebiet der heutigen Surkandarya betritt, offerieren

Der Taoismus oder Daoismus ist die heutige inoffizielle Hochreligion Chinas. Als religiöse Tradition hat sie unabhängig vom bürokratischen Staatsapparat die Mentalität von Volk und Elite über zwei Jahrtausende hinweg geprägt. Sie gründet im Glauben an die höchste Instanz, das *Dao*, das in verschiedenen Manifestationen in der Liturgie verehrt wird. Ziel des taoistischen Lebens ist es, die Langlebigkeit und Unsterblichkeit zu erlangen. Als Heilsreligion betrifft der Daoismus sowohl das Diesseits als auch das Kosmische. Individuelles Heil ist das lange, gesunde und frohe Leben, mit dem Ideal einer in diesem Körper erfahrenen Unsterblichkeit. Das kollektive Heil ist die kosmische Harmonie eines immanenten Weltalls. Darin wirken Götter, Menschen und Geister der Toten in den drei Sphären Himmel, Menschenwelt und Unterwelt zusammen.

schaffen ist, (auf die am Schluß dieses Dazu Buch II, *Pforten oder Pässe* und *Der Kupferwall und andere Wahrheiten.* Kapitels zurückzukommen ist).

Unterdessen bereitet Dschingis Khan seinen letzten Feldzug vor, die Strafexpedition gegen die Xixia.

Die Herrscher des im Westen des Bogens des Gelben Flusses liegenden Tanguten-Reichs haben dem Khan bei früherer Gelegenheit ihre militärische Unterstützung versagt, jetzt erfolgt die Bestrafung. Ihr Reich hält eine geographische Schlüsselposition für jeden, der Innerasien zu dominieren sucht, und das sind, nebst den Mongolen und den Xixia, im Norden Chinas die Jin sowie die im Süden erstarkten Song. Im Herbst 1225 – Xianzong (eigentlich Weiming Dewang), der junge Tanguten-Herrscher, durch einen gerade mit den Jin vereinbarten Frieden sich in Sicherheit wiegend, hat eine frühere Abmachung mit dem Khan nicht eingehalten – setzt sich die mongolische Kavallerie in Bewegung. Der Anfang des Endes der Existenz des Tanguten-Reichs kommt im Dezember 1226 bei Lingwu, der Stadt am Gelben Fluß, wo die zugefroren Kanäle des Umlands den mongolischen Reitern einen blitzschnellen Vorstoß ermöglichen. Die Belagerung von Yinchuan, der Hauptstadt der Xixia, besorgt ein Teil der Armee, während sich Dschingis Khan, vereint mit Subedei, einem seiner beiden großen Generäle, in Richtung Süden aufmacht, um sich dort die Song vorzunehmen.

Der Weg des Khan hinunter zum Tal des Wei ist mir vertraut.

Im November 1987 kam ich in umgekehrter Richtung von dort nach Yinchuan hinauf. Hatte unterwegs die grasbewachsenen Wülste der Ersten Großen Mauer gesucht und sie, in Guyan besetzt mit Strommasten aus Beton und am Muxiajia-Abschnitt von Bewässerungskanälen begleitet, vorgefunden.

Als Dschingis Khan im Frühling 1227 auf dem Weg zur Grenze der Song sich Guyan nähert, könnte man, da das Interesse des Herrschers an Asketen bekannt ist, ihn vielleicht zum Xumi Shan geführt haben, wo die unter dem Einfluß der aus dem Norden stammenden und zum Buddhismus bekehrten Wei stehenden Tang einen kolossalen Buddha aus der roten Sandsteinwand gehauen und im Lauf der Jahrhunderte bis zu den Ming hinauf rundherum Mönche und Eremiten mit ihren Zellen den Berg durchlöchert haben. Die Anlage entgeht der mongolischen Zerstörung – später indessen nicht dem Bildersturm und den Spitzhacken der Roten Garden, so daß mich 1987 die titanische Zementmasse einer mißglückten Wiederherstellung erschreckt –, aber nicht wegen der Eile des Heeres, sondern weil der Khan plötzlich mit der Dringlichkeit der Vergänglichkeit seiner irdischen Existenz konfrontiert ist. Die Verletzungen vom Herbst 1226 – während der Jagd hatte sein Rotschimmel beim Auftauchen von Wildpferden gescheut und seinen Reiter abgeworfen – zeigen ihre Wirkung, allerdings sagt die *Geheime Geschichte der Mongolen* dazu nur, »der Khan hat die Nacht mit heißem Körper verbracht«. Zum Fieber kommt gewiß die Auszehrung der harten vorausgegangenen Feldzüge. Chang Chun, der Asket aus Shandong, hat dem Khan zwar lebensverlängernde Tricks erschlossen; seine Unsterblichkeit muß er jedoch allein ins Werk setzen, besonders wenn diese in der Verherrlichung seiner Person und seiner Taten durch die Nachgeborenen bestehen soll.

Während im Norden die Belagerung von Yinchuan und die Bekriegung der Xixia ohne Dschingis Khan vonstatten geht, wird jener auf das Lager niedergeworfen, von dem er sich nicht mehr erhebt.

Vielleicht hat man den Erkrankten auf einem Wagen in den westlich des Xumi Shan liegenden Liupan Shan gebracht. Gemäß des Anfang des 14. Jahrhunderts entstandenen Berichts des jüdischen, 1277 zum Islam konvertierten Historikers Rashid ad-Din (1247–1318), der nach seinem Übertritt zum Islam als Wesir am Hof der mongolischen Il-Khane in Persien wirkte, befiehlt der große Herrscher, der sein Ende für unausweichlich hält, nun seinen Begs das Folgende:

»Macht meinen Tod nicht bekannt, weint und klagt in keiner Weise, damit der Feind nichts davon erfahre. Wenn aber der Herrscher und die Bewohner der Tanguten die Stadt zur festgesetzten Zeit verlassen, so vernichtet sie alle zusammen. Am 15. Tag des mittleren Herbstmonats im Schweinejahr, der dem Ramadan 624 H. entsprach (= 15. August bis 13. September 1227), verließ er die vergängliche Welt und hinterließ Thron, Besitz und Herrschaft seiner berühmten Sippe. Die Begs verheimlichten sein Ende, seinem Befehl gemäß, solange (die Tanguten) ihre Stadt noch nicht verlassen hatten. Dann erschlugen sie alle. Hierauf nahmen sie seinen Sarg und machten sich auf den Rückweg. Unterwegs töteten sie alle Lebewesen, die ihnen begegneten, bis sie den Sarg in die (Heimat-)Horde gebracht hatten.«

(Rashid ad-Dinh, *Dzami at-Tavarich*, Anfang 14. Jh.)

Kurz wie die *Geheime Geschichte der Mongolen* ist auch Ata-Malik Juvaini in der Darstellung der Todesumstände, kommt dann aber umso ausführlicher auf die Nachfolgeregelung zu sprechen:

»Dschingis Khans Krankheit verschlechterte sich, und da man ihn nicht transportieren konnte, starb er am 4ten Ramazan, 624 [18. August, 1227].

Die Fürsten begaben sich dann alle in ihre Gebiete, um dann im neuen Jahr eine große Ratsversammlung abzuhalten, die auf mongolisch quriltai genannt wird. [...] – die Söhne und ihre Gefolgsleute ließen die Nachricht vom Tod des Dschingis Khan durch Boten in aller Welt verbreiten, sowie die Botschaft, daß es zu einer großen Versammlung kommen solle, auf der die Frage der Nachfolge geklärt werden solle. Daraufhin verließ ein jeder seinen Ordu und begab sich zur quriltai. Aus der kiptschakischen Steppe kamen Tushi, Hordu, Batu, Sibaqan, Tangut, Berke, Berkecher and Togha-Temür; von Quyas kam Chaghatai; von Emil und Qobaq kam Ogedai; aus dem Osten ihr Onkel Otegin, Belgütei Noyan, Elchitei Noyan, Yekü and Yesüngei, und aus anderen Teilen des Reichs die Notablen, die dort stationiert waren. Ulugh-Noyan und seine jüngeren Brüder waren bereits im Ordu von Dschingis-Khan. Sie alle trafen sich am Fluß Keluen [...] – und nachdem sie einige Tage über die Staatsangelegenheiten beraten und das Testament und die schriftlichen Erklärungen der Söhne wieder und wieder gelesen hatten, kamen sie zu dem Schluß, daß Ogedai Groß-Khan werden solle.«

(Ala-ad-Din Ata-Malik Juvaini, *Geschichte des Welteroberers*, 1252–1260)

Ein drittes Todesdatum findet sich bei Sagan Secen, der den Khan am 25. August 1227 sterben läßt.

»Nachdem der Herrscher diese Worte gesprochen hatte, erhob er sich in der Stadt Turmegei zum Tegri, seinem Vater, seines Alters sechsundsechzig Jahr, im Ting-Schweine-Jahre, den zwölften des siebenten Mondes.«

(Sagan Secen, *Geschichte der Mongolen und ihres Fürstenhauses*, 1662)

Ungewißheit besteht indessen nicht nur über das exakte Todesdatum Dschingis Khans, sondern auch bezüglich der Details der Überführung seiner sterblichen Überreste.

Nachdem Dschingis Khan, der 'ozeangleiche Khan', – »Er kam mit einem Blutklumpen in seiner rechten Hand zur Welt, so groß wie ein Spielknöchel« (Sigi Qutuyu (?), *Geheime Geschichte der Mongolen*, 12. Jahrhundert) – in den Himmel aufgestiegen ist, gilt höchste Geheimhaltung. Deshalb ist es wahrscheinlich, daß die Angelegenheit – anders als ein Jahrtausend zuvor im Fall von Qin Shi Huangdi, als der Verwesungsgeruch des Leichnams des Ersten Kaisers sich mit jenem des mitgeführten Pökelfleischs vermischt – nicht im Rahmen einer pompösen, Aufmerksamkeit erregenden Prozession vollzogen wird, gar mittels vierrädrigem, von zwei Dutzend Ochsen gezogenem schweren zeltbesetzten Wagen, zumal schon der von den stärksten Pferden der fünf Banner gezogene zweirädrige Leichenwagen im blauen Tongrund des Yin-Gebirges steckenbleibt.

Wie bei allen weiterspinnenden und ausschmückenden Darstellungen über das Ende des Dschingis Khan ist nicht gewährleistet, ob dieser Vorfall im Norden der Schlaufe des Gelben Flusses tatsächlich stattgefunden hat, auch wenn Sagan Secen, der ihn in seine zwischen März und Mai 1662 niedergeschriebene *Geschichte der Mongolen und ihres Fürstenhauses* einflicht, zum beschränkten Kreis Eingeweihter gehört, die uneingeschränkten Zugang zu allen Überlieferungen zur Geschichte der Mongolen besitzen.

Secen, der seine Mongolen-Geschichte in eine Erzählung einbettet, die mit der Weltentstehung, dem Tod Shakjamuni und der Begründung des Buddhismus beginnt und bei der zeitgenössischen Entstehung der mandschurischen Macht in China endet, ist Nachkomme des einflußreichen fürstlichen mongolischen Stammes der Üüsin, deren Heimat im Inneren des großen Bogens des Gelben Flusses liegt – im Ordos.

Im Herz dieses Steppen- und Wüstenlands, auf halber Distanz zwischen Yulin an der Großen Mauer und der Industriestadt Baotou in der Autonomen Region der Inneren Mongolei, liegt Ejin Horo Qi, ein gewöhnlicher grauer Ort, jedoch bekannt für seine 1956 auf Veranlassung der kommunistischen Regierung errichtete Kultstätte, welche den 'Acht Weißen Zelten' gewidmet ist – Palastzelten, die gemäß alten Gerüchten einst als Katafalk für den verstorbenen Khan aufgebaut worden und in den 1870er Jahren von aufständischen Muslimen niedergebrannt worden sind. Diese acht Zelte markierten einen jahrhundertealten Opfer- und Gedenkplatz, und im weißen Doppelzelt soll ein Sarg aufbewahrt worden sein, wenn nicht mit Dschingis Khans Leichnam so doch zumindest mit einigen Reliquien. Für die Mongolen des Kernlands bestand indessen nie ein Zweifel, daß ihr Nationalheld an dem von ihm selbst ausersehenen Platz, am heiligen Berg Burhan Chaldun zwischen den Quellen der Flüsse Omon und Kerulen begraben liegt – nur weiß halt niemand, wo genau.

Nach Ejin Horo Qi, wohin mich mehr der Klang des Namens als die höchst zweifelhafte Legitimität von Dschings Khans Mausoleum zog, war ich von Yinchuan aus gekommen.

In der Hauptstadt der muslimischen Provinz Ningxia hatten Zhou, der Übersetzer, und ich das Weihnachtsfest des Jahres 1987 in einer Diskothek verbracht, wohin uns ein paar im Hotel herumhängende jugendliche Hui gebracht hatten, die säkularer waren als die Weißbärte, die mich aus der Moschee vertrieben hatten – doch das hing bestimmt auch damit zusammen, daß Yinchuan die Hauptstadt und Tongxin ein Nest im Hinterland war. Die Hui trugen elektrische Gitarren bei sich und zupften unaufhörlich daran herum, ohne daß die Instrumente an Verstärker angeschlossen gewesen wären. Irgendwie hatte es mit einer Betriebsbewilligung nicht geklappt; die Diskothek war grell erleuchtet geblieben und ohne Musik. Die Burschen, sie hatten sich grüne Armeemäntel über die Schultern der Kunstlederjacken geworfen, hatten mehr auf den Zementboden gespuckt und weniger gefroren als die Mädchen, die unter den Miniröcken grobgestrickte wollene Beinlinge trugen, welche unterhalb der Knöchel Streifen taubengrauer oder weißer Strümpfe freiließen, zumindest dann wenn sie Pumps trugen, deren Absätze wie Feuerhaken stark nach innen gebogen waren oder aber gefährlich schräg nach hinten abstanden. Am Ende des Abends waren die Tischchen mit den Hüllen der Pistazien überdeckt gewesen und der Boden mit Bierbüchsen. Ich war der einzige Nicht-Chinese und Nicht-Muslim gewesen. Anderntags waren wir noch bei Dunkelheit aufgebrochen, hatten den Gelben Fluß in gleißendem Morgenlicht auf einer Pontonbrücke überquert und dabei mächtige Eisschollen zum Tanzen gebracht. Anfänglich war die Straße nach Osten, in die Tiefe des Ordos hinein, eine Schotterpiste durch büschelbesetztes Ödland, südlich von dem die Wüste Mu Us liegt. Nach der weiten Schlaufe um eine Stätte, wo unter immenser Staubemmission irgend etwas abgebaut wurde, hatten wir stundenlang nur noch roten nackten Boden befahren, auf dem Zhou sich allein nach den frischesten Reifenspuren orientieren konnte. Die Spuren gehörten *Jifeng*-Lastwagen, welche Kohle zu vereinsamten Siedlungen brachten, wo sich, als wir in der Hoffnung auf eine Schüssel Nudel anhielten, aber kaum je ein Gesicht gezeigt hatte. War dann eines zum Vorschein gekommen, hatte es einem Kind gehört, das augenblicklich zu schreien begann und schleunigst verschwand. Gegen Abend hin, als wattiger Dunst den Horizont zu verhüllen begann, war aus einem alleinstehenden Haus ein Kind vor den *Toyota* gerannt, aber trotz mehr als zehn Stunden Fahrt hatte die Geistesgegenwart Zhou nicht verlassen. Das Kind hatte sich erschrocken aufgerappelt und war ohne sich umzublicken davongerannt. Ein aufgebrachter Hund war am stillstehenden Wagen hochgesprungen und geiferte an der Fensterscheibe. Zhou hatte vergeblich versucht, ihn mit dem Ellenbogen zu vertreiben. Dann hatte er sich eine Zigarette angezündet, vom Armaturenbrett eine Grace-Jones-Kassette genommen, sie in das Gerät gestoßen und war ohne auf den Hund zu achten weitergefahren. Schließlich hatte die Nacht den Ordos gepackt, und unter einer ungeheuren Masse von Sternen, die wie Diamanten funkelten und bis zum Horizont herunterfielen, hatten wir mit Glück und ohne einem weiteren Menschen zu begegnen eine gute Spur gefunden, die uns schließlich zur asphaltierten Straße und nach Ejin Horo Qi brachte.

1260 waren Nicolo und Matteo Polo auf ihrer Reise zum Sitz des Großkhans in Cambaluc — wie erinnerlich der Name Beijings zur Zeit der Mongolenkaiser — auf diesem Weg durch den Ordos gekommen. Ihr späterer mit Marco durchgeführter Treck führte, nach dem Abstecher in die Steppenstadt Karakorum, um das Jahr 1273 der westlichen Seite des Bogens des Gelben Flusses entlang nordwärts nach Shangdu — Coleridges Xanadu —, der Sommerresidenz Qubilai Khans, sechster Nachfolger von Dschingis Khan und dessen Neffe.

Vor dem erwähnten persischen Historiker Rashid ad-Din hatte Marco Polo in seinem an Erstaunlichkeiten reichen Bericht den Brauch vermerkt, den Leichnam jedes Mongolenfürsten zum Begräbnis in den Altai zu verbringen, egal ob ihn der Tod hundert Tagesreisen davon entfernt ereilt hat, und das Leben jedes unterwegs angetroffenen Passanten durch die Leichenbegleiter zu beenden, und zwar, nachdem diese den Unglücklichen zugerufen hätten: »*Dienet eurem Herrn in der jenseitigen Welt!*« Das täten sie, da sie wahrhaftig daran glaubten, und mit den Pferden hielten sie es im übrigen gleich. Als Mongke (1251–1259) verstorben sei, erzählt Polo, hätte man alle 20 000 den Leichenzug kreuzenden Menschen mit dem Schwert dem Tod überantwortet.

Weniger als zweihundert Jahre nach der Auslöschung der Xixia und dem Tod von Dschingis Khan ist das mongolische Weltreich dann durch mehrfache Erbteilung hoffnungslos zersplittert. In der Nachfolge Jochis, Dschingis Khans ältestem Sohn, und dessen Sohn Batu hat sich im Nordwesten Toktamish über Urus, den Khan der Weißen Horde, zum Herrscher dieser und der Goldenen Horde emporgewunden – nicht zuletzt dank fortgesetzter Waffenhilfe und Protegierung Timurs.

Gegen Ende des Jahres 1387 feiert jener Tokamish in Persien nach dem Fall von Herat, Tabriz und Isfahan die Kapitulation von Shiraz und gerät dabei mit Hafiz, dem hellscheinendsten Stern am Dichterhimmel, in einen vom Poeten durch seine Schlagfertigkeit gewonnen Wortstreit. Er weiß gleichzeitig nichts Gescheiteres, als die Abwesenheit des Ziehvaters Timur auszunützen, diesem in den Rücken und in das Herzland des von jenem eben erst gewonnen Reichs einzufallen, Buchara zu umzingeln und in Richtung ›Eiserne Pforte‹ zu ziehen.

»Durch die Pforte bei Derbend [die usbekische, nicht die ›Eiserne Pforte‹ beim kaukasisch-kaspischen Derbend; Anm. d. Aut.] zog er mit 90 000 Reitern in Persien ein; mit zahllosen Streitkräften, bestehend aus Kiptschaken, Bulgaren, Kirkassen und Russen, passierte er den Sihoon [steht für Jayhum, die arabische Bezeichnung des Amu Darya; Anm. d. Aut.], brannte den Palast von Timur nieder und zwang ihn mitten im Winter, um Samarkand und um sein Leben zu fürchten.«

(Edward Gibbon, *Verfall und Untergang des Römischen Imperiums*, VI, LXV)

Timurs Kalkül, Toktamish in seinem Kampf um Hegemonie gegen Urus und dessen Weiße Horde zu benützen, indem er beide aufeinanderhetzte (immerhin hatte Urus Toktamishs Vater ermordet), und beide durch das Ringen zu schwächen, ist – im Augenblick – trotz Toktamishs Bezwingung Urus' nur halbwegs aufgegangen. Im Gebiet der Kiptchak-Steppe, am nördlichen Handelsweg, kontrolliert nämlich der undankbare Toktamish im Prinzip Jochis ursprüngliches Gebiet und ist, nachdem seine Horden 1380 Moskau erobert und in Flammen haben aufgehen lassen, zum lästigsten Gegner Timurs avanciert. 1391 kommt es am Ural nach der wochenlangen Verfolgung des Toktamish durch Timur in den nebligen Weiten zu einer ersten Begegnung der beiden Armeen. Das hausgemachte Ärgernis löst sich für Timur jedoch erst nach der Schlacht vom 22. April 1395 am Terek, bei Grozny im heutigen Tschetschenien.

Die Soldaten der in Tashkent liegenden *357sten motorisierten Schützen-Division* der Roten Armee, welche sich nach dem 18. Dezember 1979 auf der *M 39* an Guzar vorbei zur ›Eisernen Pforte‹ in Richtung afghanisches Debakel bewegen, sind zumeist Muslime aus den zentralasiatischen Sowjetrepubliken. Damit hoffen Moskaus Generäle, dem Überfall im Hindu Kush das Gesicht einer Invasion zu nehmen.

Nach und nach haben sich die Restaurants des Rastorts Guzar entleert. Auch der Weißbart ist mit seiner Tochter weitergezogen, um auf dem heiligen Boden der timuridischen Nekropole zum Gebet niederzufallen.

Das Land, in das wir hinter Guzar kommen, ist voralpin, hat sattgrüne Alpwiesen und erinnert mich an das Berner Oberland. Unerwartet deshalb die trockene Gebirgsschüssel, deren Rand man nach einem niedrigen Paß erreicht. Ein langer Sattelgrat teilt sie in zwei Hälften, wie der Mittelsteg der in Südasien gebräuchlichen Blechteller, der flüssige Speiseteile vom Reis trennt. Im Norden wächst der Grat aus der wuchtigen Bergflanke, deren aufgeworfene und dramatisch gebrochene Gesteinslagen rosa glimmen. Im Süden endet er abrupt am Rand der Felswand, die senkrecht in die enge gewundene Schlucht des Shurovsoy-Flusses abfällt. Jetzt, Ende Sommer ist in der schattigen Tiefe nur ein Kieselbett zu sehen. Jenseits der Schlucht erhebt sich die gelbgraue Masse des Suvsiz-Gebirges.

Clavijo habe, übersetzt S. den Professor, als er hier 1403 auf dem Weg zu Timur vorbeikommt, dieses Massiv als 'Nackten Berg' bezeichnet, was bedeute, daß es nirgendwo Wasser gibt.

Leonid ist vom neuen usbekischen Highway auf die alte sowjetische Armeestraße eingeschwenkt, deren Zementplatten unter angeschwemmtem Geröll und Unkraut fast verschwinden. Dort, wo sie den Grat durchschneidet, hat er angehalten. Wir sind zu dessen höchsten Stelle aufgestiegen. Auf dem Felskopf soll nach den Ausführungen des Professors eine Festung gestanden haben.

Der Grat schlängelt sich nach Norden. Auf seinem Rücken sitzt der scharf konturierte Kamm des aufgeschütteten baktrischen Grenzwalls. An der Stelle, wo die Straße den Wall durchsticht und jetzt Leonids *Toyota* steht, hat der Professor vor zwei Jahren einen Grabungsschnitt in den Grund getrieben. Auf der Zeichnung, die er aus dem Institut mitgebracht hat, sind Lage der Bruchsteine und die Schichtungen der verschiedenen Perioden genaustens verzeichnet. Die unterste hellenistische Schicht stammt aus dem 4. und 3. Jahrhundert v. u. Z. Die nächste ist gräko-baktrisch. Darauf folgen drei verschiedene Schichten aus der Zeit der Kushan (1. bis 2. Jahrhundert). An einigen Stellen folgen als Abschluß noch Aufschichtungen der Köktürken aus dem 6. und 7. Jahrhundert.

Professor Amirovich hoffte, im Lauf seiner Grabung eine archäologische Evidenz der ›Eisernen Pforte‹ zu finden.

Xuan Zang, den buddhistischen Pilgermönch, der im Jahr 630 mit dem Auftrag, in Indien die ursprünglichen Schriften des Buddha zu beschaffen,

Zu dieser Zeit steigt der am sibirischen Orchon beheimatete Stamm der Köktürken zur führenden Macht einer Gruppe von Turkstämmen auf und versucht die Restauration des Osttürkischen Reiches. Seine auf Stelen geschriebenen Tatenberichte sind das erste Selbstzeugnis von Nomadenherrschern an der Nordroute der Seidenstraße vor der in der 1. Hälfte des 13. Jahrhunderts entstandenen *Geheimen Geschichte* der Mongolen. Die Tatenberichte erwähnen köktürkische Feldzüge nach Mittelasien über die usbekische ›Eiserne Pforte‹ hinaus bis an den Oxus.

den Hohlweg durchschreitet, beeindruckt dieses Tor. Eisenbeschläge verstärkten die massiven Holzflügel. Angebracht an diesen sind Glöckchen aus Schmiede- und Gußeisen.

Der natürliche Sattelgrat, dessen Kamm durch Erosion und Aufschüttungen von Menschenhand im Lauf der Zeit wächst und zerfällt, verunmöglicht jegliches Durchkommen außerhalb der bewachten Pforte. Durch sie fließt der gesamte Militär-, Personen und Güterverkehr zwischen Oxus und Indus. Sie ist die Portierloge Zentralasiens. Hier wird jeder registriert, egal woher er kommt, egal wohin er geht. Die ›Eiserne Pforte‹ ist das Nadelöhr auf der eurasischen Kulturbrücke, auf halbem Weg zwischen der Iberischen und der Koreanischen Halbinsel.

Als Xuan Zang hier durchkommt, begleitet ihn ein koreanischer Mönch. Das Fresko der Südwand des Palastes von Afrasiyab, möglicherweise der Familiensitz von König Varkhuman, soll laut einer Interpretation den König von Samarkand bei einer Audienz ausländischer Würdenträger zeigen, unter denen sich auch ein koreanischer Gesandter befindet. Die Haartracht der betreffenden Figur sei typisch für das Königreich der Kyongju, das zu dieser Zeit ein Protektorat der chinesischen Tang ist. Chinesische Chroniken wiederum informieren, daß im Jahr 655, ein halbes Jahrhundert vor Entstehung des Freskos, König Varkhuman vom Hof der Tang die chinesische Staatsbürgerschaft erbat, denn er war besorgt über das rasche Herannahen der Araber. Nur vier Jahre später, 659, fällt eine von General Gao Tsung geführte chinesische Armee durch die ›Eiserne Pforte‹ in die Oasenstaaten Transoxianiens ein, erobert An, Buchara, und davor Kang, Samarkand, das in diesem Jahrhundert bereits zweimal mit gesandtschaftlichen Karawanen 'Goldene Pfirsische' als Tributgeschenk nach Chang'an geschickt hat, sowie ein paar Setzlinge dieser ersehnten Frucht, die fortan für unbestimmte Zeit als Symbol der Exotica der Westländer in den kaiserlichen Obstgärten gedeihen und sonst nirgendwo im ganzen Reich.

Als Clavijo schließlich die Pforte passiert, sind bereits fast achthundert Jahre vergangen, seit die Lehre des Buddhismus den Weg durch Transoxianien an die pazifische Küste von Jilin gefunden hat, von wo die koreanische Flotte den Kontakt zu Japan herstellt.

Leonid und S. sind unterdessen mit Amirovich vom Felskopf zum gräkobaktrischen Wall abgestiegen. Sie stehen neben dem *Toyota*. Beugen sich über den blauen Ordner des Professors.

Ich habe das Halstuch enger eingeschlagen. Die Blitze der Hochspannungsleitung scheinen in den Nacken zu fahren. Sie knistert unablässig, wirkt bedrohlich. Die Kabel schwingen beidseits des Passes dicht am dürren Gras der Bergflanken in das dunstige Becken hinab.

Die ›Eiserne Pforte‹ ist eine unausweichliche Stelle. Ich habe mich gefragt, was sie bieten wird außer dem Durchkommen. Denn anders als beim Fingerreisen auf Karten, welches vergleichbar ist mit tändelndem Sex zur eigenen Befriedigung, ist beim wirklichen Reisen frühzeitiger Abbruch des Unternehmens ein wirkliches Malheur. Das den Weg Verstellende hingegen weckt Erwartungen, wachsende, angesichts der Mutmaßung, daß es beim einmaligen Zusammentreffen bleiben wird.

Auf den Karten ist die ›Eiserne Pforte‹ einfach zu finden gewesen, so einfach wie nachher auf der Straße.

Unklarheit hingegen haben einmal mehr die Bücher bereitet.

Dort gibt es unterschiedliche Bezeichnungen für die ›Eiserne Pforte‹, und einige darunter werden auch auf zwei andere Örtlichkeiten angewendet, weit entfernt von jener liegend, an der ich mich jetzt befinde.

Die ›Eiserne Pforte‹ in Usbekistan habe ich mir vor einem Jahr vorgenommen, und das hat nebenbei zum Versuch geführt, mir einen Überblick über das jahrhundertealte Durcheinander der Pforten und Pässe im Zusammenhang mit der ›Alexander-Mauer‹ gegen Gog und Magog zu verschaffen.

Inzwischen bin ich auch auf die Überlegungen gestoßen, zu denen die ›Eiserne Pforte‹ Ruy Gonzales de Cla- Dazu Buch II, *Pforten und Pässe, Scherereien mit Gog und Magog* und *Der Kupferwall und andere Wahrheiten*.

vijo, Timurs Besuch aus Kastilien, anläßlich seiner im Auftrag Heinrichs III. ausgeführten Dienstreise im Jahr 1403 angeregt hat.

Es ist August. Deswegen findet der Gesandte – wie Professor Amirovich weiß – nirgends Wasser. Am Freitag, dem zweiundzwanzigsten des Monats, nach dem Essen, hat er Termez verlassen. Er schläft unter freiem Himmel, aber in der Nähe einiger großer Häuser. Am Samstag bringt man die große Ebene hinter sich; kommt durch stark bevölkerte Dörfer. In einem kommt man nach ehrenvollem Empfang und reichlich mit allem Notwendigen versorgt für die Nacht unter. Am Sonntag steigt man bei einem für Timur errichteten Rasthaus ab. Fleisch, Wein und Früchte werden aufgetragen, sowie leckere große Melonen, für welche die Gegend berühmt ist. Nach einer Nacht im Freien erreicht man am Montag am Fuß des Gebirges ein stattliches, aus gebrannten Lehmziegeln errichtetes und mit Ziegelornamenten geschmücktes stattliches Rasthaus. Dahinter erhebt sich der hohe Bergzug mit dem schmalen Durchgang. Er scheint wie von Menschenhand aus dem anstehenden Fels gehauen, der beidseits vertikal in die Höhe steigt. Der Weg selbst ist ziemlich eben und verschwindet in der Tiefe der Kluft. Im Schoß der Höhenzüge gibt es ein Dorf. Hier erfährt Clavijo, daß die Örtlichkeit ›Eiserne Pforte‹ heißt und daß es auf der ganzen Länge der Gebirgskette keine andere Stelle des Übertritts gibt. Die Pforte ist das Wächterhaus der imperialen Stadt Samarkand.

Clavijos Partie durchschreitet wahrscheinlich nicht den gräko-baktrischen Wall oben auf dem Grat, sondern nimmt das Bett des Flusses in der gewundenen

Schlucht an dessen südlichem Ende. Im Sommer liegt es trocken, ist bequem passierbar – zumindest in Friedenszeiten. Bis auf ein schmales Rinnsal ist der Fluß auch jetzt verschwunden. Gewaltige Blöcke liegen an der Biegung, wo es hinter der schroffen Felsnase verschwindet. Die gegenüberliegende Wand darüber ist stellenweise heller. An ihrem Fuß liegt ein Geröllkegel. Ein haarfeiner Ziegenpfad schlängelt sich über das Geröll hinweg, das vom Bergsturz stammen könnte, der sich ereignet hat, kurz bevor Chang Chun am 19./20. September 1222, nach der von Dschingis Khan gewährten Sommerpause in Samarkand, beschützt von tausend Fußsoldaten und dreihundert Kavalleristen die ›Eiserne Pforte‹ zum zweiten Mal in Richtung Amu Darya und Hindu Kush durchschreitet.

Die Kluft im Rücken, besteht für Clavijo kein Zweifel mehr hinsichtlich ihrer taktisch und wirtschaftlich nutzbaren Natur, und indem sich der Gesandte die Ausdehnung des timuridischen Reichs vergegenwärtigt, bedenkt er auch die dabei eine Rolle spielende kaukasische ›Eiserne Pforte‹ an dessen westlichem Rand.

»Nur durch diesen Paß kann man von Kleinindien [oder Afghanistan] nach Samarkand gelangen ... Timur ist der Herrscher über diese ›Eisernen Tore‹, und die Händler, die von Indien oder noch weiter her nach Samarkand ziehen, müssen beträchtliche Abgaben an ihn entrichten. Timur ist zudem auch Herrscher über die berühmten anderen ›Eiserene Tore‹ in der Nähe von Derbend [westlich des Kaspischen Meeres], die [im Norden] die Grenze zur Tartarei bilden und nahe der Stadt Kaffa [in der Krim] gelegen sind. Diese ›Eisernen Tore‹ bei Derbend sind ebenfalls eine in den Fels [des Kaukasus] geschnittene Schneise, zwischen dem Königreich der Tartarei und der Provinz Derbend, die im Westen bis zum Kaspischen Meer reicht und nun zu Persien gehört. Alle, die von der Tartarei nach Persien wollen, müssen durch diese ›Eisernen Tore‹ von Derbend, so wie die, die nach Samarkand wollen, durch die anderen ›Eiseren Tore‹ müssen, zu denen wir nun kommen. Zwischen diesen Toren liegen mindestens 1500 Meilen, und Timur ist der alleinige Herrscher des riesigen Gebietes dazwischen. Er herrscht über beide Tore, von denen er beträchtliche Zolleinnahmen erhält. Derbend ist eine sehr große Stadt, die Hauptstadt des Distrikts. Diese ›Eisernen Tore‹ im Westen sind natürlich Spanien näher, und bekannt als die ›Eisernen Tore‹ von Derbend, während die, die ostwärts liegen, weiter von Spanien entfernt sind, und als die ›Eisernen Tore‹ von Tirmiz [Termez] bekannt, sie schließen Kleinindien [also Afghanistan] aus.«

(Deutsch nach dem Englischen von Daniel C. Waugh: http://depts.washington.edu/uwch/silkroad/texts/clavijo/cltxtI.html)

Im August des Jahres 910 n. d. H. (14. Juni 1504–3. Juni 1505), das heißt ein Jahrhundert nach Clavijo, erwähnt auch Babur, Timurs direkter Nachkomme in der fünften Generation, die ›Eiserne Pforte‹ als geographische Unumgänglichkeit im Kontext der Ereignisse vor seinem Marsch nach Kabul.

Khusrav Shah, einst Verbündeter des wenig beliebten Sultan Mahmud Mirza von Samarkand, Saufgelagen und unzüchtigem Treiben ebenso zugetan wie jener, hat sich fünfundzwanzig oder sechsundzwanzigmal vor Babur niedergeworfen und mit hohlem Geschwätz vergeblich seine Unterwerfung abzuwenden versucht. Zwischen den beiden Nachmittagsgebeten sind alle Begs und sämtliche Stämme von Khusrav Shahs Lager in jenes von Babur übergelaufen. Babur schützt den fetten alten Narren vor der Rachsucht eines andern Verwandten, läßt ihn Juwelen, Gold und Silber auf eine kleine Karawane von Eseln und Kamelen packen und schenkt ihm aufgrund eines alten Vertrags die Freiheit.

Dem Vorkommnis schickt der Fürst die folgenden Gedanken nach:

»Wie wunderbar ist die göttliche Macht! Dieser Mann, einst Herr über zwanzig- oder dreißigtausend Gefolgsleute, der über Sultan Mahmuds Länder herrschte, von Qalugha – man nennt es auch ›Eisentor‹ – bis zu den Bergen des Hindukush, er, dessen Steuereintreiber namens Hasan Barlas, dieser alte schandbare Zwerg, uns marschieren und halten ließ, gerade so, wie es ihm gefiel, [...] – dieser Mann wurde ohne einen Schwertstreich binnen eines halben Tages hilflos und ohnmächtig gemacht [...], und dies von den wenigen zweihundert oder zweihundertfünfzig armen und geschlagenen Hungerleidern, die wir waren.«

(Zahiruddin Muhammad Babur, *Babur-nama*, 1493–1530)

»Qahlugha«. Den monglischen Namen der ›Eisernen Pforte‹ benutzt auch Eugene Schuyler. ›Kalugah‹, vermutet er, sei indessen nicht gleichzusetzen mit dem ›Russischen Kaluga‹, südwestlich von Moskau, also der kaukasischen, vermeintlich von Alexander verantworteten ›Eisernen Tor‹ am Kaspischen Meer bei Derbend.

Durch diesen Engpaß kommt das von Chepe und Subedei angeführte mongolische Heer gegen Ende des Feldzugs im Westen (1220–1223), zu dem die Verfolgung Muhammads II. Ala ad-Din, des Sultan von Choresmien, sich entwickelt hat, bevor es noch einen Bogen zur Krim schlägt, um sich dann endlich im Altai mit jenem des 1221 über den Amu Darya und den Syr Darya aus Indien zurückgekehrten Dschingis Khan zu vereinen.

Eugene Schuyler (1840–1890), Sekretär der amerikanischen Gesandtschaft in St. Petersburg, Freund von Tolstoi, Übersetzer von Turgenjew und Biograph Peters des Großen, später zuständiger Minister für Griechenland, Rumänien und Serbien, wird als einer der fähigsten amerikanischen Diplomaten bezeichnet. Sein Bericht über türkische Greueltaten in Bulgarien macht dieses Land zum ersten Fall internationalen öffentlichen Interesses.

Hauptziel von Schuylers Buch *Turkistan. Notes of a Journey in Russian Turkistan, Khokand, Bukhara, and Kuldja* (1876) ist »[...] das Studium der politischen und sozialen Verhältnisse dieser kürzlich von Rußland annektierten Region, und der Vergleich des Status der Einwohner, die nun unter russischer Herrschaft leben, mit denen, die sich noch unter dem Despotismus des Khan befinden.«

»Sie hatten die Völker, die sich ihnen in den Weg stellten, überrollt, waren durch die Pforte bei Derbend gestoßen, hatten die Wolga und die Wüste durchquert und waren zum Kaspischen Meer gelangt. Ein Unternehmen, das vor ihnen niemand je gewagt hatte und nach ihnen ebenfalls nicht ...«

(Edward Gibbon, *Verfall und Untergang des Römischen Imperiums*, VI, LXIV; 1776–1788)

Liest man Gibbons Satz und dazu einen von Juvaini – »sie kamen und brachen durch, brannten nieder und machten nieder, rafften die Beute zusammen – und waren schon wieder verschwunden ...« –, ist es fast unmöglich, sich vorzustellen, daß dieser Ort im heutigen Dagestan identisch sein könnte mit einer Örtlichkeit namens Derbend, die Schuyler aus einem russischen Volkslied kennt, dessen Verse einfacher nicht sein könnten – »*Ah Derbend, Derbend Kaluga / Derbend mein kleiner Schatz*«.

Im Zusammenhang mit der weiter oben angesprochenen Verwirrung muß schließlich noch Schuylers Bemerkung erwähnt werden, daß ein gewisser Timowski seinerseits ›Kalugah‹ mit ›Kalgan‹ gleichsetze, denn mit ›Kalgan‹ kommt ein dritter, in China liegender Ort ins Spiel, den mein Großvater besucht hat. Das wiederum führte dazu, daß ich schon als Junge durch die Abbildung dieses Stücks der Großen Mauer, das er fälschlicherweise gerade mit diesem Namen bezeichnete, so nachhaltig gebannt war, das ich es viele Jahre später in seiner mutmaßlichen gesamten Ausdehnung bereisen mußte. ›Kalgan‹ ist die Bezeichnung, die Mongolen und Russen für ein berühmtes Tor in dem Abschnitt der Großen Mauer Chinas benützen, der nördlich von Beijing die Talenge von Nankou schließt.

1934 kauft mein Großvater mütterlicherseits auf einer seiner ausgedehnten Fernostreisen eine Mappe mit Ansichten der Großen Mauer. Auf der Rückseite des Drucks Nr. 13 mit dem von Timowski erwähnten Tor notiert er »Kalgan-Paßstraße, unten«, auf der Rückseite eines unnumerierten Drucks »Chinesische Mauer auf dem Kalgan-Paß auf der Straße & Bahn von Beijing nach der Inneren Mongolei« und auf der Rückseite von Druck Nr. 5 – irrtümlich – »Chin. Mauer in der Gegend des Kalgan-Passes«.

Druck Nr. 5 zeigt in Wirklichkeit den Jinshanling-Abschnitt der Großen Mauer der Ming.

Am 1. November 1987 stehe ich im über Nacht gefallenen Schnee an diesem abgelegenen Ort am Rand der Provinz Hebei. Der Abschnitt ist beeindruckender als jener mit dem fraglichen ›Kalgan‹-Tor, den ich im Mai desselben Jahres besucht habe und bei dem es sich um die von Mao Zedong in den 1950er Jahren als Hintergrund für diplomatische Handschäge zur Rekonstruktion befohlene Stelle handelt, die dann spätestens nach Nixons China-Besuch im Februar 1972 unter dem Namen Badaling weltberühmt wird und wohin seit Beginn des 21. Jahrhunderts, am alten Nankou vorbei, eine mit farbigen Wimpeln ausgesteckte Autobahn führt.

Kalgan, die nördlich des früher nach ihm genannten Tors liegende Stadt – Station sowohl der Karawanenwege zwischen Ulaanbataar und Beijing als auch der

Transsibirischen Eisenbahn sowie militärischer Stützpunkt der Mandschu –, muß 1952 ihren mongolischen Namen hergegeben, als die 1928 errichtete Provinz Chahar aufgelöst wird. Seit damals heißt Kalgan chinesisch Zhangjiakou.

Auf meiner Reise entlang den Großen Mauern habe ich Zhangjiakou nicht besucht. Aber man kann nicht an jeden Ort, auf den sich auf einer Karte leichtfertig oder zufällig der Finger legt.

Dieselbe Karten, welche die ›Eiserne Pforte‹, an deren Stelle ich mich jetzt aufhalte, verzeichnet, nennt etwas östlich davon, aber ganz in der Nähe, ein Dorf namens Derbend – das Derbend des Volklieds? Clavijos Derbend? Eine irrtümliche Zuschreibung, unter Verwechslung der kaspischen und der usbekischen ›Eisernen Pforte‹? Ein alter Ort mit dem Namen Derbend am östlichen Rand des Gebirgs-beckens, in das ich hinunterblicke, dessen Name sich mit der Bezeichnung ›Eiserne Pforte‹ überlagert, was schließlich zu endlosen Verwechslungen führt?

Seit 1991 interessiert diese Fragen keiner mehr. Derbend heißt heute – wahrscheinlich usbekisch – Boysun. Dort übernachten wir.

Neunzig Brautkleider und ein paar Namen

Boysun, 8. Oktober 2002, Abend. — Die erste Liebe üben sie dort, wo es jeder sieht. Auf dem bordeauxfarbenen Eisentor am Dorfeingang zwei Buchstaben des neuen usbekischen, halb kyrillisch, halb lateinischen Alphabets, verbunden mit dem Pluszeichen. Dahinter der Doppelstrich und das Herz, so rasch gezeichnet, daß die Kreide gebrochen ist.

Abd Salom, der Bekannte des Professors, bewohnt mit seiner Familie das väterliche Haus. Es steht ziemlich weit oben im Ort, also im ältesten Teil, hinter dem sich eine Gebirgsflanke aufwirft. Von hier ist Derbend alias Boysun den Rücken des Hanges hinabgestiegen, bis an den Rand der Felder, wo auf einer Geländeterrasse das einfache Gebäude des Kulturvereins steht, wo wir Abd Salom zuerst gesucht, aber nur den Wachmann, der im Häuschen nebenan wohnt, angetroffen haben.

Abd Salom ist Kulturmanager. Aber diese Umschreibung seiner Tätigkeit, die zweifellos über Boysun hinausreicht, ist unzulänglich. Abd Salom ist nicht nur Vermittler, sondern lebt auch für seine Kunst. Als Mitglied einer sowjetischen Folkloregruppe ist er weit herumgekommen – in den Persischen Golf und bis nach Japan. 1991 hat er seine Tätigkeit als Musiklehrer in Dushanbe aufgegeben und ist aus Tadschikistan in die Heimat zurückgekehrt. In Boysun hat er ein Projekt initiiert, das vom Büro der UNESCO in Tashkent unterstütz wird. Ausstellungen kunsthandwerklicher Erzeugnisse, Symposien, Freilichtvorstellungen. Letztere sind Abd Saloms wichtigstes Anliegen.

Es sei schade, daß die Saison vorüber sei. Ich müsse im nächsten Jahr unbedingt wiederkommen.

Amirovich bekräftigt die Aufforderung. Der Archäologe und der Musiker scheinen sich gut zu kennen. Boysun verbindet die entrückte sogdische Vergangenheit mit der nicht ganz einfachen usbekischen Gegenwart.

Abd Salom lehnt den von den Regierungen der zentralasiatischen Republiken forcierten Nationalismus entschieden ab. Die Idendität eines Menschen stifte der Geburtsort. Einer käme aus Samarkand. Ein anderer aus Tashkent und so weiter. Jedes der unterschiedlichen Völker des großen zentralasiatischen Kulturraums habe Anteil an dessen Erbe. Jedes bringe dieses verschieden zum Ausdruck, indem es auf eigene Wurzeln und Traditionen zurückgreife.

Ich schätze Abd Salom auf Mitte Vierzig. Sein Gesicht ist zerklüftet, besitzt die Farbe einer Kastanie und wird dominiert von einer gewaltigen Nase, die senkrecht von der Stirn absteigt, nicht unähnlich dem Schirm eines Korinthischen Helms. Abds *cholpon*, der wattierte grüne Übermantel zentralasiatischer Männer, gibt die Brustpartie des schwarzen *Diesel*-Leibchens frei und große, feingliedrige Hände.

Wir haben unter der Pergola Platz genommen, auf dem quadratischen, mit Teppichen ausgelegten Bettgestell, das die Usbeken *karawat* nennen und auf dem alles Entscheidende verhandelt wird, während davor sich die Welt zuträgt. Zwischen uns liegt das Tischtuch, das *dastarkhan*, darauf stehen Teegläser und eine Schale Nüsse aus Abds Garten.

Boysun liegt an den Ausläufern des Gissar-Kette, welche die Provinz Surkhandarya vor den kühlen Nordwinden schützt, so daß hier ohne Bewässerung Reis, Zuckerrohr und eine Vielzahl von Früchten gedeihen.

Vor kurzem hat Abds neunzehnjähriger Sohn, der älteste, geheiratet, weilt aber im Moment zur Erledigung einiger Angelegenheiten für ein paar Tage in Termez. Die Schwiegertochter sei nun in das Haus eingezogen, sagt Abd und zeigt uns vor dem Abendessen in einem der inneren fensterlosen geräumigen Zimmer die Brautgeschenke. Sorgfältig gefaltete Tuchwaren, Stapel von Teppichen und darüber hinweg eine abgestützte Holzstange mit goldbestickten *atlas*-Gewändern aus Seide, neunzig an der Zahl. Bis nach der Geburt des ersten Kindes müssen sie unberührt bleiben, erklärt Abd. Bis dann geht die Schwiegertochter im Brautkleid. Das überrascht S., denn er hat gemeint, die Regel gelte nur für vierzig Tage.

Raschelnd Stroh, als die fußlose Gestalt das Wohnzimmer betritt, sich siebenmal rasch verbeugt und dabei den bestickten weißen Schleier anhebt – eine gegenläufige Bewegung, die das Gesicht im Unsichtbaren läßt. Aber das wird außer einem Fremden keiner der Besucher ihrer neuen Familie erstaunen, denen die Schwiegertochter während den dreißig auf die Hochzeit folgenden Tagen mit diesem Gestus ihre Ehre erweist.

Stumm wie die Gestalt erschienen ist, weicht sie durch die Tür zurück.

Während wir im Raum der Brautgeschenke gewesen sind, hat jemand auf dem *dastarkhan* den dampfendem Plof, das schwere, mit Hammelfleisch und Karotten gespickte usbekische Reisgericht, plaziert und um die glasierte Keramikschüssel, die sich nur in ausgebuchteten Armen tragen läßt, Tellerchen aus rötlichem Glas mit aufgeschnittenen Tomaten und Gurken.

Selbstverständlich ist der Schatten Alexanders unter uns, der im Sommer 328 v. u. Z. die ›Eiserne Pforte‹ durchschritten und Sogdien mit trügerischer Leichtigkeit erobert hat. Der Archäologe und der Musiker verhandeln die Taten des Makedonen und die ihnen zugeordneten Örtlichkeiten, das die antiken Berichterstatter überliefern. Im Verlauf des Gesprächs kommt dann der obskure Q. R. oder Quintkurski Ruf zu seinem wirklichen lateinischen Namen Quintus Curtius Rufus, unter welchem er zur Zeit des Claudius (41–54) eine unterhaltsame und die Chronologie zuweilen durcheinanderbringende Alexander-Geschichte veröffentlicht. Im Vorbeigehen flicht er dabei auch seine Meinung ein zum alten Disput der Geographen — »Der Tanais trennt die Baktrier von den sogenannten Euro-Skythen, und er ist zudem die Grenze zwischen Asien und Europa« (VII, 7, 2) —, bezieht sich dabei aber nicht auf den ins Asowsche Meer fließenden Donez, sondern den Jaxartes, den Syr Darya, an dessen Ufer Alexander aus einem Lagerplatz das abgelegenste aller Alexandrias macht, »Alexandria Eschate« oder »Alexandria Ultima«, den Vorgänger des heutigen tadschikischen Khojent — vormals auch Leninabad.

Leonid hört zu, während S. den Eindruck haben muß, ich wisse, um was es geht, denn er übersetzt nur, wenn ich frage.

Verhandelt wird vor allem Alexanders berühmte Überquerung des Oxus im Sommer des Jahres 329 v. u. Z. — vor der Eroberung Sogdiens —, die beim afghanischen Aï Khanoum stattgefunden haben soll. Zumindest vertreten die Archäologen der *DAFA* (*Délégation archéologique française en Afghanistan*) diese Meinung. Sie stützen sich dabei auf die Tatsache, daß Aï Khanoum die erste in Zentralasien entdeckte unzweifelhaft hellenistische Stadt ist — mit allem, was so dazugehört: Agora, Gymnasion, Theater und Tempel. Die Entdeckung erfolgt 1963. Zwischen 1979 und vorgestern dann Kriege und Plünderungen. Seit 1991 ist das Aï Khanoum gegenüberliegende Ufer des Amu Darya tadschikischer Boden. Das hat den usbekischen Präsidenten veranlaßt, sich in die wissenschaftliche Debatte einzuschalten. Nichts Geringeres strengt Karimow nun an, als einen Brückenkopf für Alexanders Flußüberquerung auf seinem Ufer des Amu Darya. Kandidat dafür ist Kampyr Tepe, der 'Hügel der alten Frau' bei Gagarin, einem Ort unweit der Mündung des Sheraband, welcher das Tal der ›Eisernen Pforte‹ entwässert, in den Amu Darya.

Professor Amirovich kennt die Russen, die dort forschen. Morgen, auf dem Weg nach Termez werden wir Kampyr Tepe besuchen, vorher jedoch den berühmten

Sogdischen Felsen, den Alexanders geflügelte Spezialeinheiten erstürmten, sowie eine Zollfestung aus dem 9. Jahrhundert, die er selbst erforscht hat. Der Professor hat ein Programm. Einen historisch bedeutungsvollen Ort der Surkhandarya nach dem andern ruft er auf. Möchte mir am liebsten alle zeigen. Setzt über den Oxus, kommt an Balkh vorbei schließlich hinunter ins turkmenische Merv. In Begleitung der Araber – bei ihnen trägt Alexander den aus dem Koran (Sure 18, 83–98) bekannten Zunamen <u>Dhu-l-Qarnain</u>, »derjenige der zwei Hörner«, ein Hinweis auf <u>Zeus Ammon</u> – kommt er aus der Landschaft Choresmien wieder nach Usbekistan hinauf.

Dazu Buch II, *Scherereien mit Gog und Magog*.

Alexanders Besuch der Oase Siwa und des dort befindlichen Orakels im Winter 332/331 v. u. Z. motiviert nicht nur die drängende Sehnsucht, den Beweis seiner Gottessohnschaft (Arrian, III, 3, 2) zu erbringen, was den Eroberer in die Nähe des Herakles und Perseus rücken und das Gerücht seiner Verwicklung in die Ermordung seines Vaters Philipp endgültig ersticken würde, sondern auch die politische Notwendigkeit, als Herrscher Ägyptens anerkannt zu werden – Napoleon, dessen Armada am 28. Juni 1798 vor der Küste Alexandrias auftauchen wird, soll gesagt haben, er wäre umgehend nach Mekka gepilgert, wenn die Wallfahrt seine Eroberung der Welt befördert hätte. Gemäß Plutarch (*Alexander*, 27, 9) habe der Oberpriester des Orakels Alexander anstatt mit den besonders zuneigenden Worten O *paidion* (Söhnchen) aus barbarischer Unkenntnis, die am Ende des Wortes ein 's' an die Stelle des 'n' treten ließ, mit *Pai Dios* ('Sohn des Zeus') angesprochen. Darauf verbreitete sich umgehend die Kunde, das auf dem Hügel Aghurmi im Zentrum der Oase gelegene Orakel habe Alexander als Sohn des Zeus-Ammon bezeichnet. Münzbilder entstanden, die Alexander mit dem Diadem und Ammons gerippten Widderhörnern zeigen, darunter um 290 v. u. Z. jenes des Lysimachus, ein Typus, der vielen späteren Darstellungen zugrunde liegt.

Begleitet wird der Professor von <u>Al-Masudi</u>, <u>Hafiz-i Abru</u> und <u>Ali Shir Nava'i</u>. Mit letzterem steht Amirovich dann wieder auf dem Boden der ›Eisernen Pforte‹, dem Paß, welcher in seinem Werk unter dem persischen Namen *Sadd-i-Iskander* vorkommt. Ahmed Ibn Arabshah wiederum erwähnt den Paß in der Biographie Tamerlans als Schauplatz einer Schlacht zwischen zwei Blutsverwandten, zwischen Emir Husayn, Herrscher von Balkh und dem Fürsten.

S. wirft mir die Namen der arabischen Autoren zu wie Stücke eines Stricks.

Al-Masudi (geboren in Baghdad und 957 in Ägypten gestorben). Historiker, genannt der 'arabische Herodot'. Sein bekanntestes Werk *Goldmatten und Edelsteingruben* ist ein Abriß seiner dreißigbändigen enzyklopädischen Weltgeschichte.
Hafiz-i Abru (geboren in Herat und 1430 gestorben in Aserbaidschan). Einer der wichtigsten persischen Historiker und Geographen der Zeit der Timuriden.
Ali Shir Nava'i (geboren 1441 in Herat, am 3. Januar 1501 dort gestorben). Studiert in Herat und Mashhad und hält wichtige Ämter am Hof von Sultan Husain Baigara (1469–1506). Einer der größten Repräsentanten der Literatur des Chaghatai Khanats. Nava'is vollkommene Beherrschung der Turki-Sprache führt dazu, daß die Sprache der Chaghatai als 'Sprache des Nava'i' bezeichnet wird.

Der Sogdische Felsen

Uzun Dara, 9. Oktober 2002, am Morgen. — Bevor wir Boysun verlassen mit Abd Salom rasch in sein Kulturzentrum.

Der Geruch frischen Betons stiehlt sich weg, als der Wächter Fensterläden und frontseitige Glastüren aufsperrt. Die nächtliche Kühle überfällt das Fluten des überschwenglichen Morgens. Bis in die hinterste Ecke entzündet er die

Landschaften lokaler Künstler und leiht sein Licht den entlang der Wand gereihten Keramiken. An der Böschung vor dem Gebäude, bei fünf, sechs brettergestützten Sitzreihen, von denen aus die Zuschauer während Volkstanzaufführungen zwischen jungen Pappeln ihre Äcker und Felder und darüber das Dorf sehen, verabschieden wir uns von Abd Salom. Die Berge östlich der Straße nach Termez treten bald zurück und machen hellen Hügeln Platz. Im Westen hingegen verfolgt sie ein karges, langgestrecktes Felsenmassiv, der nach Süden stechende Sporn des Hissar-Gebirges, das die Surhkandarya in zwei Hälften teilt und Alexander zur Auffächerung seiner Truppen zwang.

Nach einer Stunde zweigen wir rechts auf einen Erdpfad ab. Er endet bei einer Schafkoppel aus geschichteten Steinen und einem der Anhängerwagen, welche sowjetische Straßenbauer überall in Zentralasien zurückgelassen haben. Am Guckfenster erscheinen nacheinander kurz die Köpfe zweier Burschen.

Unverzüglich steigt Professor Amirovich in den Hang. Hinter ihm Leonid, mit ausgezogenem Hemd. Den beiden folgt S., der sich ein Tuch über den Kopf gelegt hat und zwei Wasserflaschen trägt. Ich folge am Schluß. Anspruch, in die Geschichte einzugehen wie Alexanders »geflügelte Soldaten«, hat unser Trupp keinen.

Je höher wir auf dem steilen gelben Hügel kommen, desto mehr verschwindet das dahinterliegende Bergmassiv. Das ist gut, denn so bin ich nicht versucht, aufzublicken und den ›Sogdischen Felsen‹ zu suchen. Überhaupt bin ich unsicher, ob wir zu jenem Ort unterwegs sind, der Alexanders Elitesoldaten im Frühling des Jahres 327 v. u. Z. zum Ruhm verhalf. In immer kürzeren Abständen bleibe ich stehen, stütze die Rechte auf das vorgestellte Knie und blicke zum schmalen schwarzen glänzenden Band der Straße hinunter, das zum Amur Darya führt.

Ich hätte den Arrian nicht im *Toyota* liegen lassen sollen. Aber wer trägt ein Buch in die Berge, wenn ihn ein Professor führt, der weiß, wohin es geht. Trotzdem versuche ich Arrians Schilderung wachzurufen. Das ist nicht einfach, denn während der Belagerung und des Sturms der Felsenburg des Oxyartes im Frühjahr 327 v. u. Z. liegt Schnee, während mich jetzt nur trockene Erde, abgeäste Büschel und Staub umgeben, sowie der schwere Geruch von Kräutern, deren Namen ich nicht kenne.

Schon zu Hause habe ich Schwierigkeiten gehabt, den ›Sogdischen Felsen‹ auf der Karte zu orten. Die herangezogenen Bücher haben sich nur insofern nicht widersprochen, als daß sie das Widersprüchliche wiederholten und nichts Eindeutiges festgelegt haben – einen geographischen Ort etwa, und wäre es nur dessen russischer Name, der dann auf einer usbekisch beschrifteten Karte gewiß zu identifizieren gewesen wäre. Jede Zuordnung einer Örtlichkeit hat Vorbehalte enthalten. Keiner der modernen Autoren, so mein Eindruck, hat diesen oder jenen Ort, den sie für den ›Sogdischen Felsen‹ halten, selbst besucht. Als hätten sie in der Behandlung der Geschichte so rasch es ging weitergewollt, wie Alexander selbst, den nach anfänglich raschem Vormarsch die Hartnäckigkeit des sogdischen Widerstands mehr als verdrossen hat.

Da die beiden Quellen – Arrian und der Römer des Professors, den ich jetzt, da seine Identität geklärt ist, Q. C. R. nennen will – die Episode der »geflügelten Solda-ten« an verschiedenen barbarischen Fel-sennestern stattfinden lassen, ist unser Trupp nun also möglicherweise dabei, zu einer der falschen Burg hochzustei-

Im Gegensatz zu Arrian (IV, 18, 6), wo die Elitesoldaten beim Fel-sennest des Baktriers Oxyartes zum Einsatz gelangen, ist bei Quin-tus Curtius Rufus (VII, II, I–29) die von 30 000 Soldaten gehal-tene Burg des Ariamazes Schauplatz dieser Episode.

gen; im günstigsten aber zur richtigen. Denn nebst der Burg des Oxyartes erwähnt Ar-rian noch den nach allen Seiten steil abfallenden, zwanzig Stadien hohen Felsen des Chorienes mit einem einzigen, der Natur des Ortes zum Trotz angelegten Auf-stieg. Gemäß Arrian kann den Chorie-nes, der sich selbst dorthin in Sicherheit gebracht hat, Oxyartes zur Kapitulation überreden, nachdem dieser selbst unter

Arrian (IV, 21, 3–9) beschreibt im Detail, wie Alexanders Trup-pen den Felsen des Chorienes mit Leitern aus dem Holz gefällter Tannen und an Bohlen befestigten Stegen aus mit Erde überschüt-tetem Flechtwerk einrüsten, wobei sie Tag und Nacht, aber nur unter Schutzdächern gegen die von oben kommenden Geschosse arbeiten können.

der makedonischen Belagerung seinen eigenen Felsen aufgegeben hat, und Alexan-der seine Tochter Roxane zur Frau überlassen muß. Seit der Professor gestern die von Q. C. R. mitgeteilten Felsen des Sisimi-thres, Satrap von Nautaka, und des Aria-

Michael Wood (*In the Footsteps of Alexander the Great. A Journey from Greece to Asia*, 1997) plaziert die Episode mit den geflügelten Soldaten »ir-gendwo« im Hissar-Gebirge. Für die Felsenburg des Sisimithres schlägt er die Umgebung Nautaka, vermutlich Uzunkir bei Shakhrisabz am Kashka Darya, vor. Diese geographische Zuordnung folgt Quintus Curtius Rufus (VIII, 2, 17–24), der von makedonischen Belage-rungsmaschinen berichtet, die an diesem Ort eingesetzt werden, sowie von einem künstlich aufgeschütteten Damm aus Baumstäm-men und Felsblöcken durch das tosende Wasser einer Kluft – die einzige Maßnahme, den Felsen einzunehmen.

mazes, erwähnt hat, bin ich nun aber über das Ziel unseres Ausflugs verunsichert.

Wenn ich Professor Amirovich richtig verstanden habe, dann neigt er zur Annahme, daß die Burg, welche heute Uzun Dara heißt und zu der wir jetzt hochsteigen, der Felsen des Aria-mazes ist. Klar ist hingegen, daß alle vier fraglichen Felsen eine scheinbar ähnliche Topographie zu vermeintlich uneinnehmbaren Horten macht.

Nach einer Stunde und ein paar hundert Höhenmetern ist das Gelände über-sichtlicher, und es ließe sich mit den Quellen abgleichen. Aber der Arrian liegt in Leonids Wagen und den Q. C. R. hat Amirovich im Kopf.

Während einer kurzen Rast entnimmt der Professor der Innentasche seines Kittels einen Plan, der zeigt, was wir nicht sehen können. Den Felskopf vor uns trennt vom Gebirgsmassiv dahinter eine hufeisenförmige Schlucht.

Wir stünden, sagt der Professor, auf dem von Q. C. R. erwähnten schmalen stei-len Sattelpfad, dem einzigen Zugang zur Festung des Ariamazes. Deshalb entsprä-che der graue, bucklige Grat des Massivs hinter dem Felskopf dem Gipfel, auf dem Alexanders Klettersoldaten ihre weißen Tücher ausgespannt und geschwenkt hätten.

Auf die Idee bringt Alexander der überhebliche sogdische Barbarenfürst Oxyartes selbst, indem er ihm durch einen Boten ausrichten läßt, nur »geflügelte Soldaten« könnten seine natürliche Feste erstürmen (Arrian, IV, 18, 6). Im Morgenlicht jedoch muß der Verschanzte, der Vater von Alexanders zukünftiger Gattin Roxane, auf den Höhen über sich dann

Strabon (XI, 11, 4) verbindet die Heirat mit Roxane mit der Festung des Sisimithres.

erschrocken genau solche Wesen wahrnehmen. Arrian weiß, daß sich tags zuvor, als Alexander die Operation festlegt, rasch dreihundert Soldaten gemeldet haben, um die ausgesetzten Prämien – zwölf Talente für den ersten, 300 Dareiken für den zuletzt ankommenden Gipfelstürmer, zu gewinnen. Jeder zehnte dieser Elitesoldaten, zu Hause haben sie ihre Herden über schier unbegehbares Gebirgsgelände getrieben, scheitert beim nächtlichen Durchstieg durch die ver-

Während ich P. A. Brunt's aus dem Jahr 1976 stammende Übersetzung des Arrian (Loeb Classical Library, Harvard 1999) auf meiner Reise mitführe, enthält die zu Hause liegende deutsche Übersetzung von *Alexanders des Großen Siegeszug durch Asien*, eingeleitet und übertragen von Wilhelm Capelle (Artemis, Zürich 1950) eine Anmerkung mit folgender Umrechnung: 12 Talente = rund 66 000 Goldmark. 1 *Dareikos* (persische Goldmünze) = 16 Goldmark. Also 300 Dareiken = rund 4800 Goldmark.

eiste Felswand, für den sie eiserne Zeltnägel und Flachsseile zu Hilfe nehmen. Die Leichen der Abgestürzten deckt der Tiefschnee der engen Schlucht.

Laut Q. C. R., sagt der Professor, habe Alexander die Stelle des Einstiegs in die Wand selbst festgelegt. Die Besteigung sei bei Tag erfolgt, so daß die Soldaten mit frostgeschädigten Gliedern die Nacht auf dem Gipfel hätten verbringen müssen, um bei Sonnenaufgang, wie von Alexander befohlen, ihre »Flügel« aufzuspannen.

Wenn Uzun Dara wirklich die fragliche Felsenburg ist, dann bedeutet die Bezwingung der steilen, glatten Felswand, die sich dahinter aufwirft, eine extreme bergsteigerische Leistung. Weiterhin dürfte ich erfreut feststellen, daß genau von der Stelle aus, wo wir jetzt stehen, nämlich vom Fuß des Sattelgrates aus, Alexander seinerseits den Auftritt der »geflügelte Soldaten« beobachtet hat.

Nach einer weiteren halben Stunde erreichen wir die Kuppe, wo eine Gruppe verwitterter Maulbeerbäume den Ort der antiken Zitadelle bezeichnet. Hinter der Kuppe schwingt sich, das ist erst jetzt sichtbar, der felsige Hang jedoch noch weiter auf. Damit liegen die Dinge klar. Diese neu aufgetauchte Spitze und nicht das Massiv im Hintergrund ist der Gipfel, den die »geflügelten Soldaten« von der abgewandten Seite her, also aus der unsichtbaren Schlucht hochsteigend, besetzten. Die topographische Situation erinnert mich an das peloponnesische Mistra. In diesem Vergleich entspräche das graue Bergmassiv dem sich hinter Mistra auftürmenden Taygetos, die Zitadelle Uzun Dara dem auf halber Höhe der byzantinischen Ruinenstadt liegenden Palast der Paleologen und Mistras Akropolis dem Gipfel über der Zitadelle.

Am Steilhang dieses Gipfels erklingen Rufe und das helle Scheppern in Bewegung geratenen Gerölls. Zwischen kümmerlichen Kiefern erscheint ein Hirte auf

seinem Esel und Flanke an Flanke in einer Wolke aus Staub seine Schafe und Ziegen, die nach ein paar Minuten ganz in meiner Nähe über den zerfallenen Wall der
Festung drängen und talwärts ziehen.

Der Professor hat diese Umfassungsmauer der Zitadelle vermessen, und ihr
Verlauf ist auf dem Plan sauber eingezeichnet.

In Wirklichkeit erkennt man sie jedoch kaum, denn die Sonne steht mittlerweile so hoch, daß unter dem roten Herbstlaub kleiner Bäume, die nicht allzu dicht
auf dem leicht abfallenden Plateau der Zitadelle wachsen, weniger die schwärzlichen
Bruchsteine hervortreten, aus denen sie geschichtet war, sondern eine schlängelnde
Schattenlinie. Als hätte ein gelangweilter Riese in seiner Faust einen Felsblock zermalmt und dann, aufgrund einer plötzlichen, seine stumpfe Torheit durchbrechen-
den Regung, die Ödnis gestalten zu müssen, das Gebrösel ins Gelände rieseln lassen.

Die Straße nach Termez

Termez, 9. Oktober 2002, Abend. — Der Rest des Tages bereitet keine
Rätsel.

In Sherabad läßt Professor Amirovich beim Restaurant halten, wo der Fisch aus
dem Amu Darya am besten schmeckt, die Fritierpfanne an der Straße steht und auf
dem Öl der Staub Transoxianens glitzert. Danach dann in einer sonnenversengten
Klus, wo wir zum Felsen hinaufblicken, von dem sich die eingestürzten Mauern der
Zollstation kaum unterscheiden. Der Professor hat im Schutt Freskenfragmente geborgen. Jetzt befinden sie sich im Museum von Termez, wo ich sie fotografieren soll.

Kampyr Tepe, der 'Hügel der alten Frau', liegt an der Straße, die zu der für
mich geschlossenen Grenze nach Turkmenistan führt. Die Stadt wird auf das
4. Jahrhundert. v. u. Z. datiert. Es muß ein Warenumschlagplatz gewesen sein, hart
am graugrünen Schwemmland des Amu Darya, an dem man bereits die Luft Afghanistans atmet. Heute würde man Kampyr Tepe als Nexus-Stadt bezeichnen,
eine funktionale Stadt, welche die Erzeugnisse des Hinterlands den Verkehrs- und
Transportwegen der weiten Welt vermittelt. Der in Archäologie dilettierende Präsident hat befohlen, Alexander habe hier seinen Fuß auf sogdischen, also usbekischen
Boden zu setzen. Vielleicht liefert ihm Arrian (VII, 5, 13–19) den Vorwand, der sagt
die Überquerung des Oxus mittels strohgefüllter zusammengenähter Häute habe
das mazedonische Heer fünf Tage gekostet — während deren es sich gemählich in
die Wüste hinunter hat treiben lassen, um dann ausgeruht an Land zu gehen, an der
ruhigen Stelle, die dem usbekischen Präsident paßt. Der scheint sich der Geschichte
zu bedienen wie ein Kahler, der sich mit der Überzeugung kämmt, sein Haar würde
dadurch nachwachsen. 200 Kilometer weiter flußaufwärts ringen die Franzosen der-

weil die Hände, haben sie doch wie bereits erwähnt das hellenistische Aï Khanoum gefunden, Alexanders mutmaßlichen baktrischen Brückenkopf.

Die russischen Freunde des Professors, welche sich kaum um die Phantasien des usbekischen Präsidenten scheren dürften, sind vor der Mittagshitze in den Schatten der Pergola des Grabungshauses in Gagarin geflüchtet und bestehen darauf, den Fisch zu teilen. Dazu gibt es Trauben und hartes Fladenbrot.

Rings um uns Kisten, Säcke, Henkelkörbe aus den Mänteln alter Pneus, Plastiktaschen, alles gefüllt mit ausgegrabenen, erdverkrusteten oder gewaschenen Scherben. Dahinter Gestelle mit gehäuften, auf Zeitungspapier gruppierten, in der Form wahrscheinlicher Gefäße arrangierten, mit Zetteln versehenen oder ausgesonderten Scherben. Scherben, die im Lauf des Abenteuers der Archäologie, als das Buch der Schichten, auf das sich wissenschaftliche Datierung stützen muß, bei der Jagd nach Münzhorten und Rhytonen aus Elfenbein durcheinanderkamen, auf Halden gekarrt wurden und sich jetzt durch die schiere zu sichtende Menge rächen, bis die Jahre des 'Hügels der alten Frau' durchgezählt und periodisiert sind.

Kurz vor Termez ein Checkpoint, denn Termez ist militärisches Sperrgebiet. Deswegen der *propusk*, die erforderliche Genehmigung des Ministeriums. Tashkent will wissen, wer nach Afghanistan geht. Die Soldaten sind verklemmt, üben sich in Ernsthaftigkeit und Wichtigtuerei. Am liebsten würden sie kichern und fragen nur deshalb nicht nach Zigaretten, weil alle denselben niedersten Rang haben.

In Termez liegen Truppen, und nachdem wir das Gepäck im Haus der japanischen archäologischen Mission abgestellt haben, fahren wir zur Kaserne. Sie steht auf dem Boden einer frühbuddhistischen Anlage. Während Amirovich vom Sicherheitstor aus den dort grabenden russischen Kollegen zu kontaktieren sucht, beobachte ich aus dem Schatten der Saxaul-Bäume über die Zufahrt hinweg den französischen Archäologen im weißen Hemd und kurzen kakhifarbenen Hosen, der mir zu verstehen gegeben hat, daß es in den Schächten, wo Usbeken schaufeln, nichts zu sehen gäbe. Beide Arme in die Hüften gestützt, steht der Archäologe nun im Schatten seines Strohhuts, reglos am Rand eines der Schächte, um nach ein paar Minuten zehn Schritte nach rechts zu einem zweiten Schacht zu gehen, aus welchem ihm ein kleiner Gegenstand entgegenfliegt, ich kann nicht sagen ob Pinsel oder ein Spachtel, den er ein paar Meter weiter trägt und in einen dritten Schacht hinunterwirft.

'Stadt der Übersetzer'

Termez. 10. Oktober 2002, morgens. — Das Historische Museum von Termez ist im April dieses Jahres eröffnet worden und das größte der zentralasiatischen Republiken. Im Gegensatz zu den entsprechenden Häusern der Hauptstädte

Almaty, Bishkek und Tashkent, welche auf sowjetischen Gesäßmuskeln prangen, liegt dieses Museum an der Arterie der alten Geschichte, dem Amu Darya, der den Antiken als Oxus bekannt ist und den Arabern als Jayhum.

An den Ufern dieses Flusses stoßen die Grenzen der Satrapien Baktrien, Margiana und Sogdiana aneinander, die Landschaften Alexanders, über die sich im 3. Jahrhundert v. u. Z. die Reiche der Kushan und im 5. Jahrhundert jenes der Hephtaliten schieben, wohin aus dem Osten die Kultur der Han und der Tang hineinstrahlt, aus dem Südosten jene Gandharas und aus dem Südwesten die Macht der persischen Parther sowie des zweiten persischen Großreichs, jenes der Sasaniden (224–642), deren Dynastie 651 endet, als die arabische Eroberung die zersplitterten Gebiete des ›Landes jenseits des Flusses‹ in einem einzigen geographischen Gebilde – »Mawarannahr« – vereint. Regiert wird Mawarannahr von der nominell unter Souveränität des Abbasiden-Kalifats in Baghdad stehenden, aus iranischem Landadel hervorgegangenen und zuletzt von türkischen Sklavensoldaten kontrollierten Dynastie der Samaniden, die um das Jahr 1000 in verworrenen Kämpfen gegen die aus dem Süden andrängenden Ghaznaviden und die Karakhaniden (letztere kontrollieren im Osten sogar Kashgar in Chinesisch-Turkestan) untergeht. Anfang des 13. Jahrhunderts räumen die Mongolen alles Bisherige – Kleinteiliges, Zerstrittenes und Bröckelndes – zwischen Amu Darya und Syr Darya auf.

Dschingis Khan ahnt nicht, daß er die bislang getrennten eurasischen Weltenden einander näher bringen wird. Und hätte er es gewußt, Termez, im Gegensatz zu Balkh, Buchara, Merv und Samarkand eine ungerühmte Perle, eine Servicestelle entlang der Seidenstraßen, wäre der Zerstörung dennoch nicht entgangen. Knotenpunkte wie jene und an der Wasserstraße des Oxus liegende Durchgangsstationen wie Termez, die wichtigste der Nord-Süd-Achse, sind befestigte Städte und als solche den Steppenreitern ein fremdes Phänomen. Die mongolische Administration wird den inneren Zusammenhalt des nomadischen Großreichs vielmehr durch das transkontientale System der Poststraßen (*yam*) zu sichern wissen – bis das Gesetz der Erbteilung es dann fragmentiert.

Im September 1220 stehen Dschingis Khans Reiter, aus Samarkand durch die ›Eiserne Pforte‹ in die Surkhandarya geströmt, am Jayhum. Neun Tage belagern sie Termez. Aber weil Geduld nicht Sache des Nomaden ist, hat er womöglich auch kein Gefühl für Städte. Muß sie überrennen. Dem Sturm folgt das Massaker.

Ende des 17. Jahrhunderts endet die lange Agonie der Stadt. Das ist die Zeit der Tataren, in der alles versinkt und weite weiße Flecken Innerasien zerreißen. Auf der 1737 erschienen *Carte la plus Generale et qui comprend la Chine, La Tartarie Chinoise, et le Thibet* des französischen Hofkartographen Jean Baptiste Bourguignon d'Anville kann sich am Rand eines solchen »Termed« gerade noch halten. Aber schon auf der zwei Jahre zuvor in Nürnberg erschienenen, von dem in St. Petersburg wirkenden Niederländer Abraham Maas entworfenen und von Johan Peter von Ghelen aus Wien edierten *Nova Maris Caspii et Regionis Usbeck cum Provinciis adjacentibus vera Delineatio*, einem handkolorierten Kupferstich, wird die alte Stadt von den sich in Merv gabelnden Fernhandelsstraßen nicht mehr tangiert, denn der seit Alexander bekannte Abzweig von Balkh an den Oxus fehlt. »Termez« steht abseits an dessen nördlichem Ufer, in seinem Rücken die leere Landschaft *BOCHARIÆ*.

Die Entvölkerung ist vor allem eine kartographische. Ein halbes Jahrtausend zuvor, nach dem Mongolensturm, ist es eine tatsächliche gewesen, wenn auch nur eine periodische. Diese Landschaft der Surkhandarya bietet allzu günstige Lebensbedingungen, als daß sie komplett aufgegeben wird, nur weil ihr Haupttor Termez verwüstet liegt. Bereits in der Steinzeit muß sie ein Garten gewesen sein. Diesen Eindruck zumindest erweckt eine der ersten Vitrinen des Museums von Termez. Darin liegt vor dem gemaltem Dekor einer Höhle und dem Panorama unberührter Natur das Skelett des Jünglings von Teshiktash, das man 1937 im Gebirge hinter Boysun geborgen hat. Eine Tafel gibt die Auskunft, daß sich das Original in Moskau befinde. Mikhail Gerasimov, der Anthropologe, hat an diesem Jüngling die Methode geübt, mit der er ein halbes Jahrzehnt später dem in der Krypta des Timuriden-Mausoleums von Samarkand auferweckten Timur zu seinem Gesicht verhilft.

Batirov Ismail Temirovich, der Direktor des Museums und Freund von Amirovich, hat mich einer Führerin überlassen, die wahrscheinlich wie alle ihre Kolleginnen nur usbekisch spricht. Sie läßt keine Abteilungen aus, und ihr konstantes Lächeln legt den Schluß nahe, daß sie unter allen überwundenen Völkerstämmen, unter allen Exponaten keinen Favoriten hat. Auf die Höhle des Mittelpaläolithikums folgen rasch die Artefakte der frühen Oasenkultur – Statuetten, breite waagrecht ausladende Sitzfigürchen aus Serpentin mit eingesetzten Köpfen aus weißem Kalkstein; Ritzungen als Hinweis auf Kleidung aus Ziegenleder. In den Gräbern der Oasenkultur finden sich keine Waffen, denn in Turkestan beginnt die Geschichte mit Matriarchaten. Den Rundgang beschließen postsowjetische Errungenschaften, dargestellt auf philatelistischen und fotographischen Tafeln.

Dazu Buch XII, *Fluch aus der Bronzezeit.*

Jedes Speichermedium ist weniger dauerhaft als das vorangehende. Amirovichs Freskenfragmente der Zollfeste Tavka gehören zu den dauerhafteren.

Der Direktor des Museums hat die Anfrage seines Kollegen gutgeheißen. Angestellte haben die beiden mit schwarzbemalter Leinwand überzogenen Holzplatten, auf denen die zehn Freskenfragmente befestigt sind, aus den Vitrinen gehoben und über die offene Treppe in den Hinterhof hinuntergetragen, wo sie nun auf zwei herbeigeschafften Stühlen in der Sonne stehen. Das kleinste der Fragmente ist nicht größer als eine Kinderhand, das größte besitzt das Maß des zumeist mit Werbung bedruckten Telleruntersatzes, ohne den kein Restaurant auszukommen glaubt. Ich beeile mich mit den Ablichtungen. Befürchte, das grelle Licht könne die Farben der Fresken bleichen – das Weiß und Blaßorange der eng um die Häupter gewickelte Turbane und Ohrgehänge; das Blauschwarz der spitzen, die Schläfen bedeckenden Haarsträhnen und der mandelförmigen, mit scharfem Lidstrich und leicht geschwungenen Brauen wiedergegebenen Augen.

Auf Tavka haben keine Räuberbarone gesessen. Beamtete Wegelagerer, die sich durch Abgaben am Verkehr durch die ›Eiserne Pforte‹ bereichern. Kunstsinn muß die Bewohner veranlaßt haben, die Wände des Zeremonialraums mit diesen Porträts schmücken zu lassen, und gewiß auch Respekt vor der Vergangenheit.

Tavka, erklärt Professor Amirovich, sei die Tochter eines Königs aus einem Epos des 7. oder 8. Jahrhunderts. Die usbekischen Adligen, die im 9. Jahrhundert Tavka bewohnen, hätten wahrscheinlich die Erinnerung an die Zeit der arabischen Eroberung wachhalten wollen, die im Osten im Jahr 751 nach der Schlacht am Talas gegen die Tang an der natürlichen Grenze des Tian Shan zum Abschluß gekommen ist.

Dazu Buch I, *Poeten, Pilger und andere Vorstöße*.

Der Professor hat 'usbekische' Adlige gesagt.

Nennen sich Usbeken nicht die Abkömmlinge türkisch-mongolischer Stämme, die ihren Namen von Öz Beg Khan (1282–1341), dem berühmten Herrscher der Goldenen Horde, ableiten?

Wenn der Professor »usbekische« Adlige sagt, muß es sich um eine Sprachregelung der Akademie handeln, in deren Belange – wie in jene der Religion – Karimow sich bekanntlich einmischt. Tavkas ursprüngliche Bewohner sind ebensowenig Usbeken wie deren heutiger Präsident Timurs Neffe. Eher dürfte es sich um Karakhaniden handeln, wahrscheinlicher noch um Samaniden.

Letztere verankern in Mawarannahr den sunnitischen Islam, und während sie das Arabische als Amtssprache pflegen, verantworten sie gleichzeitig den Beginn der Entwicklung der neuen persischen Literatur. Eines deren berühmtesten Werke ist *Kalila wa Dimna* des im Gebiet des heutigen Tadschikistan geborenen Rudaki (859–941), die Umarbeitung einer in die Zeit der Kushan zurückgehenden Fabelsammlung, deren arabische Übertragung im 8. Jahrhundert bereits Ibn al-Muqaffa besorgt hat

Die Samaniden (819–999) sind die erste autochthone iranische Dynastie nach der arabischen Eroberung. Ihr Begründer ist Saman-Khoda, und ihre lockere Feudalherrschaft verhilft Khorasan und Mawarannahr zu kultureller und wirtschaftlicher Blüte. Im 10. Jahrhundert schwindet ihre Macht infolge Zusammenbruchs des Nord-Handels und unter dem Andrängen der zur neuen zentralasiatischen Macht aufsteigenden Türken. Um wenigstens nominale Kontrolle auszuüben, setzt Nuh, der das Gebiet von Samarkand regierende Enkel Saman-Khodas, den ehemaligen türkischen Sklaven Sebüktigin als unabhängigen Herrscher von Ghazna in Afghanistan ein und plaziert an seiner Stelle dessen Sohn Mahmud als Gouverneur von Khorasan. Mit ihm verbinden sich in der Folge die türkischen Karakhaniden (999–1211) in Mawarannahr. Ismail II., der letzte Samaniden-Herrscher, wird in den Kämpfen gegen die Ghaznaviden und die Karakhaniden im Jahr 1005 getötet. In diesem Moment erscheinen in Mawarannahr aber bereits die Seldschuken, später in der Levante der Gegner der bewaffneten christlichen Kreuzfahrer.

und deren Illustration sich chinesische Mönche annehmen – vielleicht sogar solche, die in der 'Stadt der Übersetzer' wirken, welche Termez auch ist – im buchstäblichen und im übertragenen Sinn.

Radar über Ruinen

Termez, 10. Oktober 2002, Nachmittag. — Zur Stunde als sich die Farbe des Himmels vom erbarmungslosen Weiß ins blanke Schwefelgelb verschiebt, empfängt mich am Tor der Kaserne der usbekischen Grenzschutztruppen Amirovichs Kollege Pedaev Shokirjon.

Der Professor nimmt mir den Paß ab. Sein Gesicht hat sich im Lauf der Jahrzehnte dem Terrain Zentralasiens und Afghanistans angeglichen. Wie die Ruder eines Schlagmanns bewegen sich darin die enormen, vom Nikotin verfärbten Endes seines Schnauzers. Mehliger Staub verwölkt das weiße Löwenhaar.

Der offene Jeep umkurvt Baracken und die Kampfbahn, überquert den Schießplatz, wo im Sand Haufen von Hülsen goldig glänzen, und hält vor einem Bunker, hart am innersten von mehreren Stacheldrahtverhauen, fünf Schritte entfernt vom verwitterten Erdhügel, der die Rest von Chingiz Tepe repräsentiert.

Seit einem halben Jahr untersucht die *MAFOuz* den Platz.

Die Studentin aus Paris, die sich um mich kümmern soll, hat grüngraue Augen, und sie weiß, daß im flachen Licht des späten Nachmittags diese Farbe besonders eindringlich leuchtet.

Ob ich auch Aï Khanoum besuchen werde, fragt sie während wir um den Erdhügel gehen.

Den afghanischen Olymp der französischen Archäologie? *Bon*, das sei eine Frage der Sicherheitslage.

»*Ah, oui?*«

Die Situation sei mittlerweile kritischer als zur Zeit der Taliban.

»*Qu'est-ce que vous faites?*«

»*Je prend des photos.*«

»*Donc, vous êtes journaliste?*«

»*Oui.*«

»*Donc, vous avez vécu pas mal de choses!*«

So ist es, denke ich, froh, etwas zu repräsentieren. Die Studentin beginnt den staubigen Rundgang im Duft von Schweiß und Parfum, den man auch beim Personal humanitärer Organisationen feststellt. Die Ausführungen der Studentin sind *impeccable*.

A priori – die Verwendung des Begriffs scheint eine wissenschaftliche zu sein – sei Chingiz Tepe kein Handelsplatz, wie das vor mehr als achtzig Jahren ein bekannter russischer Archäologe angenommen habe, sondern wahrscheinlich ein weiteres buddhistisches Zentrum. In den 1970er Jahren habe die Rote Armee eine Artilleriebasis in den Hügel gegraben.

»*Une grande partie a été bouffée.*«

Aber langsam kämen Fundamente zum Vorschein, die anhand der Größe der Lehmziegel datiert werden könnten.

Vor einer Reihe umgestülpter Kartonschachteln bleiben wir stehen.

»*Capitel?*« frage ich und deute auf eine der Schachteln.

»*Chapiteaux – je crois*«, antwortet die Studentin – als die Franzosen ihre Sprache mit Wörtern füllten, haben sie nicht nur daran gedacht, wie diese klingen, sondern auch, wie sie aussehen – und hebt vorsichtig den Karton.

Darunter kommt der aus dem Boden ragende Stummel eines vierkantigen Lehmpfeilers zum Vorschein.

»*Voyez ça!*« Die Studentin ist neben dem Pfeiler niedergekauert und weist mit Zeige- und Mittelfinger auf Reste von weißem, abblätterndem Gips, aber berührt diese nicht.

Die Schachtelreihe markiere den Verlauf des Unterbaus eines Tempels, erklärt sie und bedauert, daß man nur bis zum Stacheldraht graben dürfe.

Ich gehe davon aus, daß das *no-man's-land* dahinter vermint ist, und glaube im Dunst über dem Amu Darya ein schmales graues Band zu erkennen – Afghanistan.

Beim Bunker übergibt mich die Studentin wieder dem Professor, der meinen Paß immer noch in der Hand hält. Der Jeep bringt uns zu der einen Kilometer nördlich liegenden berühmten Grabung von Kara Tepe.

Bei Gorshenina & Rapin (*De Kaboul à Samarcande. Les archéologues en Asie centrale*, 2001) lese ich, Kara Tepe sei zwischen 1925 und 1928 freigelegt worden. Der berühmte Archäologe Alexander Strelkov habe als erster die Existenz buddhistischer Monumente in der Gegend von Termez nachgewiesen und erkannt, daß es sich bei dem Zurmala genannten Turm um eine enorme Stupa und bei den zur Hälfte vom Sand verschütteten Grotten von Kara Tepe um die Überreste buddhistischer Tempel handle. Damit habe sich der Weg des Buddhismus nach China noch deutlicher abgezeichnet, auch wenn es während einer weiteren damaligen Ausgrabung am Amu Darya, jener von Takht-i Sangin, nicht gelungen sei, den »Tempel des Oxus« zu identifizieren. Strelkow, im übrigen, ist später auf Befehl Stalins erschossen worden.

Professor Shokirjon gestattet eine einzige Aufnahme. Ich wähle einen Grabungsschnitt, in dessen Tiefe hellenistische Marmorkapitelle aus der betonharten Lehmschicht ragen. Kara Tepe ist nackt, langweilig. Ein erforschter Platz. Weggeräumt die Kultbilder aus Tonstuck und die Tonreliefs, die an die Kunst Ghandaras des Indus-Tals erinnern; die Zeugnisse der Kushan-Kunst, die hellenistische Ästhetik und Bilder buddhistischer Glaubensvorstellungen verschmolz.

Solche Artefakte hat man auch im benachbarten Fayaz Tepe gefunden, das wir zuletzt besuchen. Hinter der Ausgrabung hocken auf Erdbänken miteinander kommunizierende Radarantennen der usbekischen Armee, ein komplettes *IFF*-System exsowjetischer Herkunft, dessen Aufgabe es ist, herannahende Objekte nach Feind und Freund zu unterscheiden.

Auch in der Epoche, als Fayaz Tepe lebt, blickt man von hier aus vor allem südwärts. Der afghanische Gebirgsriegel trägt den Namen Hindu Kush – 'Inder-Töter' –, denn ungezählte Reisende bezahlen seine Übersteigung mit dem Leben. Bei den Besuchern handelt es sich um Kaufleute, aber mit ihnen gelangen wahrscheinlich bereits zur Zeit Ashokas, am Ende des 3. Jahrhunderts v. u. Z., buddhistische Missionare an den Oxus. Sie bilden kleine Glaubensgemeinden, und da ihre Religion bei der heidnischen Bevölkerung Baktriens und Sogdiens auf Widerhall stößt, entstehen spirituelle Zentren, wie diejenigen, die ich heute besucht habe, von denen man aber trotz kundiger Führung nur schwer eine Vorstellung gewinnt.

Vom antiken Termez selbst scheint es keine Spur zu geben. Aber aus dem Namen der heutigen Stadt hört man Tarmita, den Sanskritnamen. Die Stadt trägt ihn im 3. Jahrhundert n. u. Z., in der Epoche, als der hier geborene Dharmamitra wirkt. Als erster übersetzt dieser Mönch Buddhas Worte in die in Baktrien und Sogdien gesprochenen Sprachen.

Proust in Termez

Termez, 11. Oktober 2002, am Abend. — Gestern hat Faizulahs dreijähriger Sohn auf meine Stiefel und die Kameratasche gepinkelt. Ich hatte beides am Rand des mit rotem Spannteppich ausgelegten erhöhten Sitzplatzes stehengelassen. Wir waren beim Abendessen gewesen und im Gespräch, und keiner hatte den stillen, im Schutz der Dunkelheit verrichteten Vorgang bemerkt.

Faizulah Chodajew ist Mitglied des Grabungsteams in Chingiz Tepe. Sein Haus beherbergt die Japanische Archäologische Mission von Termez. Der Leiter der Mission ist jeweils zu Beginn Grabungssaison, im einigermaßen kühlen Frühling, anwesend. Sein Zimmer befindet sich im Haupthaus, welches die der Straße zugewandte Hofseite einnimmt. Die immer offenstehende Eingangstür liegt im Schatten des Vordachs, welches blumenumrankte eiserne Stützen tragen. An diesem Platz hantiert die Magd zumeist, oder sie steht in der kleinen Küche, die sich ins Eck zwischen Haus und den überdachten Sitzplatz zwängt. Dieser ist Eßplatz und Versammlungsort, aber im Moment bin ich allein. Auf den Sitzplatz folgen zwei kleine Abstellräume. Sie haben hellblau gestrichene Holztüren und je ein Fenster mit zerschlissenen Mückengittern.

Faizulah hat mich im zweiten Raum neben der Banja einquartiert, wo jeweils am Abend heißes, sehr heißes Wasser zur Verfügung steht. Unter das Eisengestell des Bettes gerückt sind mehrere geborstene, fleckige Kartonschachteln voller Tonscherben und in einer Ecke ein aus Dutzenden Bruchstücken zusammengefügtes Gefäß, wahrscheinlich eine Graburne. Auf dem neben der Tür angebrachten Brett habe ich gestern ein Buch gefunden. Bei Herunternehmen sind mir Mörtelstückchen und tote Fliegen entgegengestürzt. Der Bildband reflektiert die Olympischen Spiele von Moskau des Jahres 1980, die das Amerikanische Olympische Komitee nach dem sowjetischen Einmarsch in Afghanistan aufgrund des Drucks der Administration Carter boykottieren mußte.

Entlang der dem Haupthaus gegenüberliegenden Stirnwand des Hofes zieht sich ein Stauraum für das archäologische Gerät – Schubkarren und Schaufeln, dazwischen die unumgänglichen, zum Bersten mit Tonscherben aufgefüllten Kartonschachteln. Das weißgetünchte WC liegt in der entfernten Ecke. Ein Plumpsklo, über dessen Loch eine Porzellanschüssel gerückt ist. Die Folie der Brille war ursprünglich violett und ist jetzt gräulich und rauh wie Sandpapier. Bevor ich jeweils zum Abort gehe, stecke ich zwischen Daumen und Zeigefinger zusammengedrehtes Zeitungspapier in die Nase.

Die dem Sitzplatz gegenüberliegende Mauer, die hinter der Bepflanzung der Hofmitte fast verschwindet, trennt Faizulahs Grundstück vom Nachbarhaus. Jenseits der Mauer ertönen Erwachsenengezänk und schrille Kinderstimmen. Der Maulbeerbaum reckt einen schweren Ast in Faizulahs Hof.

Die Magd versetzt die Wäsche aus dem Schatten an freigewordene Abschnitte der Leine.

Babur hat Samarkand zum zweiten Mal verloren. Jetzt beginnt er, Ordnung zu schaffen in Kabul. Diesen Abschnitt des *Babur-nama* hebe ich für Afghanistan auf.

Proust weilt im Festungsstädtchen Doncières, bei Saint-Loup, dem bewunderten Freund und eleganten Kavalleristen. Mit ihm und dessen Kasernenkollegen unterhält er sich über die Ästhetik kriegsgeschichtlicher Darlegung und Kriegsberichterstattung.

»Außerdem, sofern es sich nicht mehr um den Beginn des Feldzuges handelt, kann dies neue Korps sehr wohl aus lauter Ausschuß gebildet sein, was im Bezug auf die dem Kriegsführenden zur Verfügung stehenden Kräfte sowie die Nähe oder Ferne des Augenblicks, da denen des Gegners unterlegen sein wird, wertvolle Rückschlüsse zuläßt, die der Operation, welche dieses Korps unternehmen wird, unter Umständen eine ganz neue Bedeutung geben; denn wenn es nicht mehr imstande ist, seine Verluste aufzufüllen, müssen es seine Erfolge selbst mit mathematischer Sicherheit zum Untergang führen.«

(Marcel Proust, *Auf der Suche nach der verlorenen Zeit*, Bd. 4, *Die Welt der Guermantes I*)

Termez wird 1897 in der Nähe der Siedlung Pattahissar als zaristisches Fort gegründet. In seiner zweiten Existenz, anderthalb Jahrtausende nachdem die buddhistischen Mönche gegangen sind, mehr als ein Jahrtausend auch nach dem Tod des im Kreis von *Hadith*-Experten aufgewachsenen Gelehrten und später zurückgezogen als Sufi lebenden Al-Khakim at-Termizi (um 750/760–869), wird Termez also eine Garnisonsstadt. Am Nachmittag hat die Pariser Studentin beiläufig die in den Tempelhügel gebaggerte Artilleriestellung erwähnt. Hätte nicht Archäologie im Vordergrund gestanden, hätte sich daran ein Gedankenaustausch über die Ironie der Geschichte anknüpfen und in der Folge gewiß auch eine wacklige Brücke herstellen lassen, um Proust ins Feld zu führen. Daß ich den an den Amu Darya mitgebracht habe, hätte die Studentin womöglich beeindruckt. Im Unterschied zu mir hat sie ihn vielleicht sogar schon ganz gelesen. Jedenfalls hätten wir beiläufig, während wir durch den Staub gingen, das Gemeinsame ansprechen können, das, obwohl auf den ersten Blick voneinander verschieden, die Pariser Salons und die Kasernen von Termez erregt. Das Gerücht an der Seine, die Gewißheit am Amu Darya – beides Regungen, deren Ursache darin liegt, daß zwei einander fremde Dinge, einmal miteinander in Verbindung gebracht, kaum mehr voneinander zu trennen sind und der Verlauf ihrer Beziehung einem eigenen Gesetz gehorcht.

Je länger nach dem Einmarsch vom Dezember 1979 die sowjetische Okkupation Afghanistans andauert, desto bestimmter muß der durch Termez über die *Friendship Bridge* verlegte »Ausschuß« der Roten Armee nämlich wissen, daß am Hindu Kush nicht Schlamm und Schnee allein ihm den Untergang bereitet.

Eine Brücke zu weit

Hayratan, 11. Oktober 2002, gegen Mittag. — Der Flieger aus Tashkent ist pünktlich in Termez gelandet. Greg ist via Bangkok aus Tokyo angereist; Marcus vom Rhein oder von der Moskwa – seine Routen sind nie restlos zu entschlüsseln.

Tausend Meter trennen den, der aus nördlicher Richtung kommend seinen Fuß auf die Brücke setzt, vom Scheitern.

In der Mitte der *Friendship Bridge* ernste usbekische Soldaten. Ein Schäferhund wärmt seine Schnauze auf dem Gleis. Zwischen den Schwellen sieht man bei Gehen den Amu Darya. Braunrot und totenstill. Unbeweglich steht das Schilf am afghanischen Ufer, wo flußabwärts ein paar vertäute Barken liegen.

Die Brücke ist ein Messer in der Lende Afghanistans. Erst mit dem Schritt vom letzten Stahlträger verläßt man Usbekistan und betritt afghanische Erde.

Usbekistan hat den Übergang samt seinem südlichen Brückenkopf im Dezember 1991 von der Sowjetunion geerbt. Am 24. Mai 1997 schließt man den

Übergang. An diesem Tag nehmen die Taliban Mazar-e Sharif ein, geraten aber in eine Falle und müssen sich am 28. Mai unter großen Verlusten zurückziehen. Am 8. September desselben Jahres kehren sie zurück. Die Brücke bleibt geschlossen, bis zum 9. Dezember 2001. Tags zuvor hat Colin Powell verkündet, sie würde die humanitäre Situation in Afghanistan entlasten. Das Regime der Taliban hat sich inzwischen aufgelöst. Der Krieg ist damit nicht zu Ende.

Umgebaut zur einen Kilometer langen Straßen-, Eisenbahn- und Ölpipeline-Brücke wird die bestehende dreispännige Stahlkonstruktion gleich nach der sowjetischen Invasion Ende Dezember 1979. Im Mai 1982 weiht man sie als Handschlag zwischen Moskau und der kommunistischen Statthalterregierung in Kabul ein. Trotz Luftwaffenstützpunkten in Bagram, Shebergan und Shindan bleibt die *Friendship Bridge* wichtigste Nachschubroute der Roten Armee. Am 15. Februar 1989 kehren darüber die letzten der 100 000 in Afghanistan stationierten Soldaten der geschlagenen Roten Armee auf noch sowjetischen Boden zurück.

Ich erinnere mich an die Fernsehbilder des Rückzugs. Auch an jene des Einmarsches in den Weihnachtstagen des Jahres 1979 – trotz des 'Lichts über Hellas', das sich bei Porto Raphti gerade über ein Stück attischer Küste ergossen hat.

Da steht in einer sonst leeren Landschaft diese weiße Brücke, über welche Panzer rollen. Ordentliche Kolonnen. Ich glaube auch zum Gruß erhobene große Hände, denn tragen die Invasoren nicht gefütterte Handschuhe? In diesem Augenblick bin ich selbst noch nicht einmal in der Vorstellung nach Zentralasien gekommen. Was von den schwarzweißen Fernsehbildern jedoch vor allem geblieben ist, diese Brücke und der Eindruck nicht einer Verbindung, sondern einer Konstruktion, die zusammenzwingt, was nicht zusammengehört.

Als die Sowjets damals die Brücke östlich von Termez überqueren, beginnt in Afghanistan die Epoche, welche der Generation, die Anfang des 21. Jahrhunderts das Erwachsenenalter erlangen könnte, nichts als Krieg bringt. Den Krieg, der jetzt unter einem trügerischen neuen Namen seine Fortsetzung findet. Sie wird sich im Register künftiger Darstellungen der gegenwärtigen Entwicklung am Hindu Kush niederschlagen:

> *Roxane, Wife of Alexander*
> *Rumsfeld, Donald*
> *Rußland*

Das Leitmotiv solcher Darstellungen ist immer dasselbe, unverändert aktuell – das Scheitern an Afghanistan.

Ein Versuch, die damalige sowjetische Invasion zu erklären, ist, daß Moskau dem Abbrechen seiner zentralasiatischen Republiken unter dem möglichen Einfluß des Khomeini-Regimes, das wenige Monate zuvor durch die Iranische Revolution an die Macht gekommen war,

Die Last der Invasion der Roten Armee und der zehnjährigen Besetzung beschleunigen den inneren Zerfall der Sowjetunion. Amerikas Ziel, durch verdeckte *CIA*- und saudische Unterstützung des antisowjetischen *Jihads* der Mujaheddin, den Gegner im Kalten Krieg in sein 'Vietnam' zu verwickeln, gelingt. Die Operation kostet Washington zwei Milliarden Dollar. 1991 erfolgt der Kollaps der Sowjetunion. Amerika kehrt dem zerstörten Afghanistan den Rücken und nimmt sich die neuen Prioritäten der unilateralen Welt vor. Ohne Spur verbleiben in Afghanistan sechshundert von ursprünglich zwei- bis zweieinhalbtausend *Missile* der Marke *Stinger*, welche der *CIA* mit Hilfe des pakistanischen Geheimdienstes *ISI (Interservices Intelligence)* dem afghanischen Widerstand geliefert hat, dem wirksamsten Mittel, russische Kampfhubschrauber zu eliminieren. Als 1994 die Taliban auftauchen, befürchtet man, die Waffen könnten in iranische oder terroristische Hände fallen. Zwei amerikanische Präsidenten verwenden für ein geheimes Rückkaufprogramm eine Summe, die jener der damaligen humanitären Hilfe ihres Landes in Afghanistan entspricht. Das Geld füllte die Kassen der Kriegsparteien, denn die *Stingers* spielen im Bodenkrieg der Fraktionen keine Rolle. Rasch gelingt es den Taliban, den größten Teil des Landes militärisch zu kontrollieren und auch zu befrieden. Ihr plötzlicher Aufstieg und Marsch nach Kabul hat durch den pakistanischen Geheimdienst *ISI* von amerikanischer Unterstützug profitiert, denn im regionalen Rahmen hat man die Taliban zuerst einmal als antiiranische Kraft wahrgenommen. Der Zauberlehrling verhängt dann allerdings über die Bevölkerung die Scharia, und zwar in einer Auslegung, die den Westen erschrecken muß und gleichzeitig veranlaßt, alle Dialoge außer jenen um <u>Pipelines</u> abzubrechen. Im übrigen hält der Westen, inklusive Rußland, an seiner Unterstützung Ahmad Shah Masuds, den in Badakhshan verschanzten legendären Führer der antisowjetischen Résistance und letzten verbliebenen Gegner der Taliban, fest, während er den Rückfall der Taliban ins 'Mittelalter' mit einem Embargo bestraft. Damit verlängert sich der Krieg. In Nachschubschwierigkeiten geraten, nehmen die Taliban deshalb dankbar die Unterstützung des reichen Flüchtlings Osama bin Laden an, dem sie im Mai 1996 Asyl und Gastrecht gewährt haben. Der frühere antisowjetische Handlanger des *CIA*, unterdessen *CEO* der al-Qaida, sichert sich dafür die Loyalität des Gastgebers und steuert aus dessen Garten die Aktionen seiner Organisation im erklärten Krieg gegen Amerika, das Haus Saud, welches Ungläubige auf

vorbeugen will. Der Päventivschlag gegen das militärisch und technologisch rückständige Afghanistan käme politischer, religiöser und wirtschaftlicher iranischer Einflußnahme zuvor und erscheint unmittelbar erfolgversprechender als Geheimdienstoperationen im Iran.

Im März 1979 beginnt die *Prawda* im Rahmen der Breschnew-Doktrin Afghanistan als Mitglied des sozialistischen Lagers zu bezeichnen. Darunter versteht Moskau das Recht, als gefährdet eingestuften Republiken innerhalb der eigenen Grenzen, aber auch Bruderstaaten der Sowjetunion zu Hilfe zu eilen.

In Afghanistan sollen die Schockwellen des mechanisierten Kriegs den tribal organisierten Widerstand der Mujaheddin brechen. Weiterhin soll exzessive physische Zerstörung des Landes sowie Massenvertreibung die Zivilbevölkerung zwingen, ihre Opposition gegen die Fremdherrschaft aufzugeben.

Am 29. November 1983 fordert die *UN*-Vollversammlung mit der Resolution 37/37 vergeblich den Rückzug aller fremden Streitkräfte aus Afghanistan.

Dazu Buch V, »*New Great Game I*«.

Mekkas heiliger Erde duldet, und gegen die verwerfliche Welt des Westens insgesamt. Sein Angriff auf Amerika erschüttert die Nation, die fragt, warum ihr solch blanker Haß entgegenschlägt, und die Antwort nicht in Zurückliegendem sucht, da von geschichtlicher Amnesie geschlagen. Zum Beispiel in dem vom *CIA* initiierten Regierungswechsel in Tehran, welcher an die Stelle der Regierung <u>Mosaddeq</u> das Regime des Shahs gesetzt hat, dessen Repression jegliche politische Opposition erstickt hat, außer in den Moscheen und Lehranstalten von Qom. Als 1979 die Islamische Revolution über Persien kommt und Amerika zum »Großen Satan« wird, können sich Hamas, Hizbullah und andere Gruppierungen an diesem Bild inspirieren, und zuletzt auch der Fundamentalismus der Tali-

Mohammed Mosaddeq wird Anfang der 1950er Jahre Premierminister. Es gelingt ihm, die iranischen Ölinteressen den britischen Händen zu entreißen und zu nationalisieren. England versucht erfolglos, Mosaddeq loszuwerden, und kann schließlich die Administration Eisenhower davon überzeugen, daß ein Coup notwendig sei, eine kommunistische Machtübernahme im Iran zu verhindern. Die »Operation Ajax« vom August 1953 wird von der amerikanischen Botschaft aus von Kermit Roosevelt, einem Enkel des Präsidenten, geplant. Wieder auf den Thron gesetzt, wendet sich der Shah an Roosevelt mit den Worten: »Ich verdanke meinen Thron Gott, meinem Volk, meiner Armee – und Ihnen.«

ban. Nach dem II. September 2001 greift dann auch Amerika zu harscher Diabolisierung. Malt das bärtige Ebenbild des Bösen und versieht damit auch das Toilettenpapier. Das Entsetzen kennt seinen Verursacher; Trauer und Wut haben einen Adressaten und der gewiß kaum gewinnbare 'Krieg gegen den internationalen Terrorismus' ein Gesicht. Präsident Bush schickt nicht die Polizei in den Hindu Kush, sondern trägt dorthin einen rächenden 'Kreuzzug', das Wort, welches die Muslime an Zurückliegendes erinnert, und hat sich damit nur schneller in den vom Messias mit dem weißen Turban ihm aufgezwungenen Krieg verstrickt, als jener es sich womöglich vorgestellt hat. Bin Ladens eigenes Leben retten die Kavernen von Tora Bora, in denen er auf der Flucht Unterkommen findet, bevor er im Dezember 2001 aus Afghanistan entweicht. Fast zwanzig Jahre zuvor, im früheren Leben als antisowjetischer heiliger Krieger, hat er die Höhlensysteme von Tora Bora mit dem Geld des *CIA* und der technischen Unterstützung seiner saudischen Familienfirma den afghanischen Glaubensbrüdern im *Jihad* gegen kommunistische Unterdrückung ausgebaut. Die Flucht bin Ladens in die Stammesgebiete im afghanisch-pakistanischen Grenzland Waziristan haben nebst halbherzig vorgehenden afghanischen Fraktionstruppen zeitweise mehr Medienvertreter verfolgt als amerikanische Soldaten. Nicht nur hat sich die Hoffnung, der Messias liege im Schutt der zerbombten Kavernen begraben, als Irrtum erwiesen, sondern jetzt ist auch Pakistan selbst zu einem Terrain für die Taliban und al-Qaida geworden.

Selbstverständlich kann man die *Friendship Bridge* überschreiten, ohne sich die erwähnten Entwicklungen zu vergegenwärtigen, oder bloß an den Amu Darya treten, in ihm den Oxus sehen und an Alexander den Großen denken oder an Ituriel, den Voltaire (*Le monde comme il va*, dt.: *Der Lauf der Welt*, 1748) eines Morgens zur Wohnstatt des

Skythen Babuk am Ufer dieses Gewässers absteigen läßt, um ihm den Auftrag zu erteilen, sich in Persepolis – gemeint ist Paris – umzusehen und zu prüfen, ob die Stadt, deren Bewohner den Zorn der versammelten Genien Zentralasiens durch Torheiten und Ausschweifungen erregt haben, gezüchtigt oder gar völlig vernichtet werden soll.

Koloniale Abenteuer

Hazareh Toghay, 11. Oktober 2002, gegen Mittag. — Marcus hat sich sofort nach Hairatan aufgemacht, um eine Fahrgelegenheit nach Mazar-e Sharif zu organisieren.

Die Brücke über den Amu Darya ist die erste, die ich mit Greg hinter der Wasserscheide des Himalaya überschritten habe. Sie hat uns in baumloses Land geführt, und sie hat Erinnerungen an andere Traversen geweckt.

In Jakarta haben wir uns im Inneren illegaler Siedlungen auf wippenden Brettern über die mit Plastiktaschen und sonstigem Unrat bedeckten schwarzen Tümpel bewegt, in denen Javas Landflüchtige stoisch gefischt haben. Im Osten Kambodschas wiederum unter dem Gewicht ungeheuerlicher Hartholztransporter eingebrochene Eisenbrücken hinter uns gebracht, deren Spannen mit Lianen überwuchert gewesen sind und an denen der Knochenkopf auf dem roten Schild vor Minen gewarnt hat. Im Delta des Mekong mit erheblichen Zweifeln an der erfolgreichen Überquerung vor den filigranen Stegen aus regennassen glänzenden Bambusstämmen gestanden, über die uns von der Schule heimkehrende Mädchen entgegengehuscht sind, lachende Scharen, umflattert vom makellosen Weiß ihrer *aojai*, die dünnen schwarzen Mappen unter den Arm geklemmt, in der Hand die Sandalen und über den Köpfen der Reigen bunter Regenschirme, während darunter das koordinierte, knatternde Gewimmel mit Gemüse und Obst überladener Boote vonstatten gegangen ist. Weiter oben an seinem Lauf haben wir den bis nach Laos hinauf brückenlosen Mekong auf doppelstöckigen Holzbarken befahren, zusammen mit den aus den thailändischen Lagern repatriierten Flüchtlingen, welche im Rahmen der *UNTAC* (*United Nations Transitional Authority in Cambodia*) nach Hause gekommen sind.

Greg hatte die Zukunft Kambodschas pessimistisch eingeschätzt. Korruption und Raffgier vorausgesehen. Und auch das sich anbahnende Dilemma des Fotojournalismus angesichts der allein profitorientierten und nicht mehr von anspruchsvollem herausgeberischem Willen geleiteten Magazine, die mit beleidigend simpler Bebilderung ihre Leserschaft zu benebeln und gleichzeitig dem Blatt zu erhalten versuchen, wozu sie dienstfertigen, auf den Massenmarkt zugeschnittenen Journalismus benötigen und keine visuelle Autorensprache. Greg hat sich allmählich von *TIME* gelöst und unter den Titel *Out of Time* an einem eigenen Projekt zu arbeiten begonnen, in der Hoffnung, etwas Klarheit in das komplizierte Geschäft des Lebens bringen zu können. Vor einem Jahr ist ein Auszug der Arbeit in der Quartalszeitschrift *Critical Asian Studies* erschienen, einer Publikation, die der amerikanischen Asienforschung alternative, weniger auf Expansionismus fixierte Zugänge erschließt.

Einen stilleren Grenzübergang als Hazareh Toghay kennen wir beide nicht.

Als Alexander im Frühsommer des Jahres 329 v. u. Z., von Balkh kommend, an den Oxus tritt, findet er das Ufer verlassen. Bessos hat, bevor er nach Nautaka in Sogdien übergesetzt ist, alle vorhandenen Boote verbrennen lassen, um seinen Verfolger abzuschütteln.

Im Frachthafen gegenüber dem Zollgebäude regt sich kein Kran, weil dort keiner steht. Ab und zu verschwindet ein Afghane, zu Fuß oder auf dem Rad, durch das halbgeöffnete eiserne Tor. Den Amu Darya, Alexanders Oxus, dessen Weite Arrian mit sechs Stadien oder ungefähr tausend Metern angibt, was der Länge der *Friendship Bridge* entspricht, verbirgt die rote Ziegelmauer.

Während wir auf Marcus' Rückkehr warten, sprechen Greg und ich über das ähnliche Schicksal Kambodschas und Afghanistans, zwei der stärkstverminten Länder der Welt. Das Schicksal sogenannter 'gescheiterter Staaten', welchen der bestimmende Teil der Welt in einem Moment zur Hilfe kommt, im anderen aber schon wieder verläßt, wenn Eigeninteressen es wieder zweckmäßig erscheinen lassen.

Es ist wahrscheinlich, daß *UNTAC* damals vor dem Frieden zunächst einmal *AIDS* die Tür ins kambodschanische Heim geöffnet hat. Auch ist damals in Phnom Penh die Kolportage umgegangen, die weißen *Toyotas* mit den mächtigen Funkantennen, die in Rudeln in die Dschungeldörfer eingefallen sind, wo bislang nur Ochsenkarren Staub aufgewirbelt haben, würden mindest so viele Menschen umbringen wie der verebbende Bürgerkrieg.

Greg hat recht behalten.

Noch bevor die Clique der Khmer Rouge sich zerstritten und in Anlong Veng gegenseitig umgebracht und Ieng Sary, Bruder Nr. 3 und Pol Pots Außenminister in der malariaverseuchten Rubinstadt Pailin, der inoffiziellen Hauptstadt der Organisation, uns seine Unschuld am Genozid beteuert hat, sind fundamentale Evangelisten durch das Land geschwärmt und haben den Verstümmelten für den Fall des Glaubensübertritts ein Leben mit neuen Gliedern versprochen. Über den Abfallhaufen hat die Zigarette mit Alain Delons Name Weltgeschmack verströmen lassen, bevor sich irgendjemand um die Entsorgung des Mülls gekümmert hat. Das jährliche Fest zur Feier der Umkehr der Strömung des Sap, welche das Ende der Regenzeit bezeichnet und das Abschwellen der Wassermassen im Mekong, so daß sich der Binnensee, Kambodschas Lunge, wieder leert und in den Reisfeldern sowohl von Hand einzusammelnde Fische als auch Minen stranden, ist umgehend zum Fest der Flut von *Amstel, Tiger* und *Co.* mutiert. Kleinbusse haben das Bier und die dazugehörenden grotesk geschminkten minderjährigen *Apsara*-Hostessen unter dem Geplärre sich überschlagender Lautsprecher die pockennarbigen Lateritstraßen in den Dschungel hinein und bis zur armseligsten Hütte an deren Ende gebracht, zumeist eine Schenke mit herumlungernden unkontrollierbaren Soldaten, Polizisten oder sonstigen Waffentragenden. Dem Bier und den Zigaretten sind Kasinos und Pädophile gefolgt, und als dann in wachsender Zahl telefonierende Feriemacher von Thailands Küsten herübergekommen sind, um die wieder sicheren Tempel Angkors zu bestaunen, haben die Musikanten, durch Unfälle mit Minen Erblindete oder Verkrüppelte, von den Treppen und Brücken zu weichen gehabt, beeinträchtigten sie doch die Großartigkeit des architektonischen Ensembles – immerhin in Betrieb stehende Häuser der Götter, nicht tote Ruinen.

Jetzt also die emphorisch-unrealistische Behebung des Falls 'Afghanistan', wobei kaum das Land gemeint sein dürfte. Obwohl die Berichte der internationalen Afghanistan-Konferenzen und aus Kabul genau das versprechen, die grobe Vernachlässigung der vergangenen Jahrzehnte durch das Ausland wiedergutzumachen.

Die lokalen Machthaber und Generäle, die bislang nur zugunsten ihrer eigenen Ethnie wirtschafteten, sollen eine nationale Armee führen, die ihre Kämpfer und jahrelangen gegenseitigen Feinde verschmilzt, um das Land vor einem neuen fundamentalistischen Regime zu schützen. Auch sollen sie den Drogen, nebst Zolleinnahmen ihr bislang lukrativstes Geschäft, abschwören.

Zum Zeichen des Neubeginns sind die Buddhas von Bamian erkoren. Jedoch ist die Lücke, welche deren Zerstörung im Kliff hinterlassen hat, Anlaß zum Streit auch außerhalb kunstgeschichtlicher Erwägungen. Schulen, Krankenhäuser seien, so die Einwände, notwendiger als ein Wiederaufbau der Kolosse. Oder wäre etwa einem projizierten Hologramm der Vorzug zu geben, das die klaffende Lücke zwar nicht belebt, aber den Verlust, zumindest nachts – während welcher die Originale im übrigen nie zu sehen waren – kaschiert?

Übertüncht wird nun wahrscheinlich etliches. Im Überdruß jahrzehntelanger Zerstörung; in der Erwartung der Aufbaugelder und im Rahmen der Bodenspekulation, die aus Kriegsgeschädigten, welche in Kabuls Ruinen bittere Jahre aushielten, Obdachlose macht.

Zur Neuerfindung Afghanistans, sowie um im Land den Frieden zu erzwingen und dann Aufbauhilfe zu leisten, hat sich auch die *NATO* in den Hindu Kush verfügt. Jedoch stehen ihre unter dem Akronym *ISAF* (*International Security Assistance Force*) auch außerhalb des Bündnisses zusammengetrommelten Kräfte bislang noch unter der Vor-

Dazu Buch VIII, *ISAF-Exerzitien* und folgenden Kapitel.

mundschaft der afghanischen Teiloperation der »Operation Enduring Freedom«, mit der Amerika den globalen Terrorismus besiegen will.

In einem Jahr, hört man, soll der Highway von Kabul nach Kandahar als 'Straße der Zukunft Afghanistans' wiedereröffnet werden. Die Taliban werden es geschehen lassen, um auf der neuen Fahrbahn schneller wieder nach Kabul zurückzukehren.

1998 wollte ich auf dieser 1963 von den Amerikanern gebauten Straße nach Ghazni. Sie war nicht viel mehr als eine von Panzerketten zerschundene Asphalt-gerippe. Hätten die Sowjets die Straße gebaut, mit den üblichen widerstandsfähigen Betonplatten und Brücken, welche dann auch die *T-54/-55*-Panzer getragen haben, die 1979 über die *Friendship Bridge* gerollt sind, hätte ich nicht bereits im Flecken Maydan Shahr umkehren müssen.

Dazu Buch VII, *Schrottstraße I.*

Die Straßen im Norden und Westen Afghanistans sind ein Ge-schenk Chruschtschows und Bulganins an König Zaher Shah gewesen, anläßlich ihres Besuchs im September 1955. Genau wie das amerikanische im Süden, hat das sowjetische Vorhaben unter dem Deckmantel der Entwicklungshilfe selbstver-ständlich strategischen und ideologischen Zwecken gedient. Aber parallel zu der mit der Ringstraße in Gang gekommenen beschränkten Modernisierung hat sich die jahrhundertealte historische Funktion des Pufferlands Afghanistan zu verän-dern begonnen. Ab 1964 hat der Hindu Kusch dann eindeutig nicht mehr als *Anti-Route* gelten können, ist in diesem Jahr doch der sowjetische Salang-Tunnel fertiggestellt worden, damals weltweit der höchstgelegene Tunnel, der nicht

Mit diesem Begriff bezeichnet Mahnaz Z. Ispahani (*Roads and Rivals. The Politics of Access in the Borderlands of Asia*, London 1989) die geographischen Barrieren des Hindu Kusch und des Karakoram im afghanisch-pakistanischen Grenzland.

nur den traditionellen Bedürfnissen der von Balkh und Pol-e Khomri heraufkom-menden Karawanen angepaßt ist, sondern auch den zukünftigen der Roten Armee. Bis zum Kriegsende ist die Salang-Route denn auch Hauptader des sowjetischen Nachschubs nach Kabul geblieben, preisgegeben den Hinterhalten der Mujaheddin.

Vor dem Zollhaus sind wir eben noch am Doppelgeleise vorbeigekommen, welches aus dem Stahlgittermantel der usbekischen Brücke auf den afghanischen Boden hinausragt wie der abgezwackte Kupferdraht, von dem die Zange des Elek-trikers die Isolierung abgezogen hat.

Das Gleis, gedacht als Anfang der Linie nach Pol-e Khomri und über den Hindu Kusch via Bagram nach Kabul, ist zum Ende des gesamten sowjetischen Aben-teuers geworden. 15 000 Rotarmisten sind im Lauf der zehnjährigen Besetzung ge-fallen, und wahrscheinlich hat man die Särge der Gefallenen, die nicht in Massen-gräbern verschwunden sind, auf dem überdachten Stummelgeleis in die Waggons verladen, welche sie dann über den Amu Darya heim ins Imperium gebracht haben.

Kaum mehr als zwei- oder dreihundert Meter lang, ist dieser Stummel das ein-zige Stück Geleise, das je in Afghanistan verlegt worden ist. Abgesehen von sieben

Kilometern Schmalspur der deutschen, dampfbetriebenen Tram, die von 1928 bis Anfang der dreißiger Jahre europäisches Flair nach Kabul und Ausflügler ans Ende der Dar-ul-Aman-Allee gebracht hat, wo auf quadratischer aufgeschütteter Terrasse der »wagnerianische« Palast König Amanullahs steht.

Zu Füßen des Palasts haben drei Lokomotiven der Tram die afghanischen Kriege überlebt.

Peter Levi verwendet das Adjektiv im Buch *The Light Garden of the Angel King* (1972), dem Bericht über seine 1970 mit Bruce Chatwin unternommene afghanische Reise, und erwähnt, den Palast hätten einst Wachen mit Nazihelmen und Swastikas beschützt, da die Afghanen die Vorstellung umtreibt, Vorfahren der arischen Rasse zu sein.

Ich bin überrascht gewesen, sie unverdrossen im Hof des verbarrikadierten Nationalmuseums auf einem Fleck Zement stehen zu sehen, dem Museum, in dem seit 1931 unter anderem die Funde zahlreicher prähistorischer Plätze, aus dem hellenistischen Aï Khanoum, aus Bagram, Alexanders Kapisa und Sommerhauptstadt der Kushan, und dem ghaznavidischen Lashkargah, aufbewahrt werden, und in das gewiß auch der im Jahr vor dem sowjetischen Einmarsch in Tilla Tepe gefundene Hort des »Baktrischen Goldes« verbracht worden wäre, hätte der Krieg nicht alles durcheinandergebracht. 1998 hat man den Schatz noch für verloren geglaubt – für geraubt oder, schlimmer, eingeschmolzen.

Der 1978 vom sowjetischen Archäologen Viktor Sarianidis bei der Ausgrabung von Tilla Tepe im Nordwesten Afghanistans gefundene und unter dem Namen »Baktrisches Gold« bekannt gewordene Schatz galt bis zum Ende des Regimes der Taliban als verloren – geraubt oder, schlimmer noch, eingeschmolzen.
Postscriptum:
Am 25. August 2003 wird bekannt, daß das mehr als 22 000 Stücke umfassende Konvolut dreiundzwanzig Jahren lang in einem Spezialtresor der Zentralbank von Kabul verborgen gewesen ist. Dieser konnte weder zur Zeit des kommunistischen Präsidenten Muhammad Najibullah mit Diamantschneidern noch später mit dem von den Taliban verwendeten Dynamit aufgebrochen werden. Auf der ganzen Welt verstreute Exil-Afghanen haben die sieben Schlüssel des Safes aufbewahrt, jedoch mußten zur Öffnung Spezialisten der deutschen Firma, die den Tresor dereinst gebaut hat, beigezogen werden.

Der Vernichtung sind die Lokomotiven der Tram darum entgangen, weil die Taliban ihre Bilderstürmerei auf figürliche Darstellungen im Museum und bei weitem nicht nur nackte gerichtet haben, wie die Gipsstatuette der Aphrodite aus Bagram oder eine Plakette, die Selene ihren Schoß auf den erigierten Penis des schlafenden Hirten Endymion niederlassend zeigt, beides Objekte aus dem I. Jahrhundert n. u. Z. welche in dem 1974 von Nancy Hatch-Dupree und A. A. Motamedi herausgegebenen Führer abgebildet sind, den ich vor der Fahrt nach Kabul in einer Buchhandlung in Peshawar gekauft hatte.

Gerade ist es mir damals, im Juni 1998, gelungen, einen Blick durch ein halbverrammeltes Fenster des Erdgeschosses in einen Raum mit umgestürzten Schubladenschränken zu werfen, wahrscheinlich den Aufbewahrungsort nicht ausgestellter Münzen der Horte von Chaman-e-Houzouri, Konduz, Tepe Maranjan und Mir Zakah, als Religionswächter vorgefahren sind. Derselbe Trupp, der zuvor in Kabuls Zoo die letzten in ihren verwahrlosten Käfigen verbliebenen elenden Kreaturen zur Raserei getrieben hat. Sie

Dazu Buch VII, *Kabuls verschwundene Gesichter.*

waren zum Spielen gekommen, haben sofort die Lokomotiven erklommen und herumgealbert in den Führerständen. Bewaffnete bärtige Kinder, deren religiöser Anführer das Drachenfliegen verboten hat.

Nie habe ich Mullah Omars Fotografierverbot mehr verflucht, als in diesem Augenblick.

Die drei Lokomotiven mit ihren trompetenähnlichen Schornsteinen auf dem fast lächerlich kleinen Kessel haben mich damals allerdings an ein anderes solches Relikt erinnert. Eine Nippsache imperialistischer Ambition, an einem subtropischen Platz in Vergessenheit geraten.

Im Jahr zuvor, 1997, bin ich mit Peter auf einer komplizierten Indochina-Traverse, von der vietnamesischen Kaiserstadt Hue über die annamitischen Kordilleren in die kambodschanische Königsstadt Angkor führend, auf den laotischen Mekong-Archipel der ›Viertausend Inseln‹ gekommen, zu dem der Strom sich weitet, bevor er über die Katarakte von Somphamit und Khon Papheng nach Kambodscha hinunterstürzt. Als sei ihr die Anwesenheit peinlich, hat sich jene Lokomotive ins wuchernde Dschungelgewächs am Rand des Pfads gedrückt, welcher zwischen den mit Palmblättern überdachten und auf Pfeilern ruhenden Holzhäusern bestehenden Fischersiedlungen zu einer schmalen Brücke geführt hat – peinlich, erinnert das rostige Stück, wie auch nebenan ein paar als Pfosten von Hühnergehegen verwendete Schwellen, an die *Mission civilisatrice*, beziehungsweise die Wahnvorstellung, den Mekong als durchgehende Transportstraße zwischen Saigon und den Teegebieten Yunnans zu erschließen.

Diese *Idée fixe* ergreift das französische Saigon im Jahr 1866 und führt zur galant angegangenen und tragisch endenden »Mekong-Expedition«, veranstaltet im Wettlauf mit den Briten in Indien, die den Weg nach China entlang dem Lauf des burmesischen Irrawaddy vermuten, ein nicht minder von unklaren geographischen Voraussetzungen ausgehendes Projekt.

Anders als im Osten sind in jener Epoche, als in West-, Zentral- und Ostasien fremdes Gedränge herrscht, und bis zum Ende des Jahrhunderts, die Briten an der westlichen Flanke ihrer Besitzung auf dem Subkontient allein. Können vom letzten Abschnitt der in Kalkutta beginnenden und die Ebene des Ganges durchlaufende ›Grand Trunk Road‹, Schauplatz von Kiplings *Kim* (1901), aus vor dem Khyber-Paß in Richtung Afghanistan und nach Belutschistan hinunter ausfingernde Straßen und Eisenbahnen bauen.

Die beste Darstellung des Abenteuers in Französisch-Indochina ist Milton Osbornes Buch *River Road to China. The Mekong River Expedition, 1866–73* (London, 1975) und die Fortsetzung *The Mekong. Turbulent Past, Uncertain Future* (New York, 2000) desselben Autors, die sich mit dem Strom vor dem Hintergrund der politischen Ereignisse der postkolonialen Ära, des Amerikanischen Indochina-Kriegs sowie der ökologischen Herausforderungen der Gegenwart beschäftigt. Über die britischen Versuche am Irrawaddy orientiert der am 27. Februar 1882 vor der *Royal Geographic Society* gehaltene Vortrag von Major J. E. Sandeman, Bengal Staff Corps, *The River Irawadi and its Sources*, veröffentlicht im *Monthly Record of Geography*, vom Mai 1882.

Können 1891, zwei Jahre bevor sie Afghanistan die bis heute von keiner Regierung in Kabul anerkannte *Durand-Line* aufzwingen, von Quetta über den Grenzposten Chaman hinaus eine Eisenbahnlinie legen, in der Absicht, diese bis nach Kandahar weiterzuführen, wo sie verbunden würde mit der Strecke Kandahar–Kabul–Jalalabad zum Khyber-Paß und nach Indien, sowie jener, die via Herat und das turkmenische Kushka nach Persien, Rußland und Europa führen soll.

Keines der von *Foreign Office*, zaristischen Strategen, französischen Waffenhändlern, deutschen Ingenieuren und japanischen Financiers im Licht der jeweils angesagten geopolitischen Erwägungen angegangenen ambitiösen Projekte wird je realisiert. Nur auf dem kurzen Strang von Chaman nach Quetta gelangt ab 1910 täglich, und das bis in die vierziger Jahre, afghanisches Frischobst in einem eisgefüllten Kühlwagen nach Indien.

Den Afghanen selbst ist die Benutzung des britischen Zugs auf dem Gleisstück von Chaman von König Abdur Rahman (1880–1901), den die Briten zuvor eingesetzt haben, untersagt worden. Die Strecke sei ein Messer in seinen lebenswichtigen Organen, läßt der Regent verlauten und eine Broschüre drucken mit Sabotageanleitungen für den Fall einer Invasion. Er weiß, daß der Anschluß an die Welt nur um den Preis erhöhter Verletzlichkeit zu haben ist. Deshalb will er nicht nur keine Eisenbahnen, sondern auch keinen Telegrafen. Afghanistan würde dann eine Eisenbahn haben, wenn die Afghanen sie zu bauen selbst in der Lage wären, verkündet der Regent.

Rahmans Enkel, König Amanullah (1919–1929), bringt dann von seinem Europabesuch 1927/1928 die erwähnte Trambahn mit in den Hindu Kush. Nebst anderen Errungenschaften der Moderne, ganz und gar Revolutionärem wie die Schul- und Wehrpflicht, die Trennung von Religion und Staat sowie die Abschaffung von Schleier und Polygamie. Nicht unerwartet führen solche Provokationen zur Rebellion in den paschtunischen Stammesgebieten. Am 14. Januar 1929 dankte Amanullah ab und reiste, vermutlich mit der Eisenbahn, einige Monate später von Chaman nach Bombay. Sein Nachfolger, der Tadschike Habibullah Kalakani, führte das Land auf kürzestem Weg ins Chaos. Paschtunenstämme vertreiben ihn und wählen aus ihrer Mitte Nadir Shah zum König. Dessen Ermordung 1933 bringt seinen Sohn Zaher Shah auf den Thron, von dem und ins römische Exil ihn 1973 Mohammad Dauds Militärputsch treibt. Als Zaher Shah neunundzwanzig Jahre später, nach dem Abgang der Taliban, in diesem Januar nach Kabul zurückkehrt, findet er das Dar-ul Aman nackt, die Bäume, unter denen in wenigen glücklicheren Jahren die Trams über die Renommiermeile geratttert sind, verschwunden, verfeuert samt Wurzelstöcken, in der Not der Kriegswinter.

1998 hat die Allee auf mich gewirkt wie eine aufgelassene Landepiste. Der Asphalt voller Narben. Übersät von Steinen, welche die Radler weit ausholend umkurven konnten, denn Kabul ist praktisch autofrei gewesen. In den Gräben sind Frauen in *burkas* gekauert, haben im eisigen Wasser Küchenutensilien und Kleider gewaschen. Beim Aufblicken haben sie über von Gewehrsalven versehrte Umfassungsmauern hinweg eine Betonruine gesehen mit klaffenden schwarzen Löchern.

Dazu Buch VIII, *Kafire und Rückkehrer.* Direkte Treffer schwerer Artillerie, die den Kasernen der Polizei gegolten hatten, also nicht dem Gedächtnis des Landes. Dessen Auslöschung hatten sich die Parteien bereits anfangs der 1990er Jahre mit Bücherverbrennungen auf dem Campus der Universität angenommen.

Ankunft in Mazar-e Sharif

Mazar-e Sharif, 11. Oktober 2002. — Alexanders Armee marschiert vor allem bei Nacht. Das ist normal in Baktrien und in allen persischen und transkaspischen Trockenräumen.

Aber es ist wahrscheinlich, daß die *bematistai*, die Schrittzähler, die Ausdehnung der Wüste zwischen Balkh und dem Oxus unterschätzt haben, in der sich alle Wegspuren unter hügelhohen Wanderdünen verlieren. Vierhundert Stadien, siebzig Kilometer, ohne Wasser. Vor dem Verlangen zu trinken ruft schiere Verzweiflung, kein Wasser zu finden, den brennenden Durst hervor. Es ist April oder Mai – im Jahr 329 v. u. Z. –, aber die Hitze bereits so groß, daß der Sand zu glühen beginnt und die Wüste flimmert, als stehe sie von einem Horizont zum andern in Flammen. Beim nächtlichen tiefen Fall der Temperaturen bildet sich Bodendunst, verschleiert die Sicht, und die Ebene liegt da wie ein unermeßlich tiefes Meer. Mit dem Morgen kehrte die Hitze zurück, und rasch verdampfte der Tau der Nacht. Augenblicklich sind Mund und innere Organe ausgedörrt. Zuerst verläßt die Soldaten der Mut, dann ihre Kraft; sie taumeln zwischen Stehenbleiben und Weitermarsch. Einige, von solchen mit Kenntnis der Gegend gut beraten, haben sich mit Wasser vorgesorgt. Doch ist dieses bald erschöpft und mit zunehmender Hitze kehrt umso heftiger der Durst zurück. Man greift zu Wein und Öl und verschwendet alles, in größter Verzückung am Trank und gedankenlos gegenüber dem noch zu bewältigenden Weg. Betrunken wie ein Teil der Soldaten nun ist, vermögen sie weder ihre Waffen zu tragen noch weiterzugehen, so daß die Nüchternen als Glücklichere erscheinen, denn die andern erbrechen die gierig zu sich genommene Flüssigkeit in den Sand. Im Unheil gelangt der militärische Stab an Alexander und bittet ihn, sich zu erinnern, die Größe seines Mutes sei das einzige Mittel gegen die Schwäche des Heeres. Einer, der vorausgeschickt worden ist, um einen Lagerplatz auszukundschaften, kehrt mit einem Becher Wasser zurück, bietet ihn Alexander an, der ihn an sich nimmt, aber, als er hört, die Erfrischung sei für die Söhne des Kundschafters, ihn jenem zurückgibt mit den Worten: »Ich kann es nicht dulden, allein zu trinken und kann so wenig nicht unter euch alle verteilen. So beeile dich und gib deinen Kindern, was du für sie zum Heer zurückgebracht hast.«

So beschreibt Quintus Curtius Rufus (VII, 5, 1–12) den Zug der Makedonier zum Oxus. Glauben wir dem Römer, trotz seines Hangs zur Ausschmückung? Oder dem früheren Arrian (III, 29, 2), der das Debakel, das sich unter Alexanders Augen vollzieht, mit einem einzigen lakonischen Satz vermerkt: »Er selbst zog zum Flusse Oxus.«

Weil der Heeresbericht des Augenzeugen Kallisthenes verloren ist, bleibt nur die Mutmaßung.

Drei *AK-47* und drei neue dunkelgrüne Schutzhelme liegen auf der Schulbank am Checkpoint. Hinter der zersprungenen Scheibe klebt ein Bild des am 9. September 2001 von einem Paar sich als Journalisten ausgebenden, im Auftrag der al-Qaida handelnden Selbstmordattentätern ermordeten Ahmad Shah Masud. Mindestens ein Konterfei des Führers der Tadschiken, in Postkartengröße steckt auch hinter der Windschutzscheibe der Taxis und Busse, die neben uns halten. Später sind es dann auf Blechtafeln gemalte Porträts an den Eisenbögen, unter denen hindurch der Kleinbus, den Marcus aufgetrieben hat, in Richtung Mazar-e Sharif rast.

Wir fragen uns, wie tief der Mythos des Ermordeten bereits in die Pfründe des Usbeken Dostums eingedrungen ist.   Dazu Buch III, *Über Helden.*

Eine Herde baktrischer Kamele trabt davon. Später passieren wir zwei einsame Wegmacher, die mit einem winzigen gelben Pflug eine junge Düne von der Fahrbahn befördern.

Marcus kennt am Rand von Mazar-e Sharif ein ummauertes stattliches Anwesen mit baumbestandenem Umschwung, wo er schon früher gewohnt hat. Bei der Ankunft stellt sich heraus, daß es jetzt der *UN* als Gasthaus dient.

Als wir uns anschicken, dem bartlosen afghanischen Bediensteten auf die Zimmer zu folgen, kommt vom Partyzelt eine korpulente jüngere Amerikanerin in weißem Kapuzenanzug herüber und fragt, welche *Agency* wir repräsentierten.

Wir stellen uns vor mit Name, Beruf und statt Angabe einer *Agency* der Angabe einer Presseorganisation, das ist nicht die Auskunft, welche die Amerikanerin hören will.

»*I am responsible for all UN-Guesthouses in Afghanistan. If you are not from a UN-Agency you cannot stay. It's our policy.*«

Marcus wirft ein, er habe auch früher hier gewohnt.

»*Maybe. It's my duty to enforce the policy.*«

»*It must be a beautiful job*«, sagt Greg und fragt: »*Do you ever go outside?*«

Tuscheln unter dem Partyzelt am Plastiktisch.

»*You MUST leave!*«

Als wir unsere Taschen in den Kleinbus zurückstellen mehrfaches Hupen vor dem Tor. Kaum hat der Wachmann es aufgestoßen, schnellt ein weißer *Toyota* an ihm vorbei und spuckt einen gesunden Menschen in knapper Rennhose und Plastiksandalen aus.

»Hi! I am Ross! Responsible for security!«

Ein brauner Arm schießt vor und daran eine Hand aus Stahl.

»Hi! We are leaving,« sagt Greg.

Mir scheint, der Mann kommt gerade vom zweitletzten Drink.

»Very sorry«, sagt der ans Wagenfenster getretene Afghane, bevor wir wegfahren.

Durch die Straße der Alteisenhändler fahren wir ins Stadtzentrum hinunter und suchen im Dunkel das Gasthaus der *IOM (International Organization for Migration)*, wo wir unterkommen Als wir beim Nachtessen sind, kommt Oscar Costilla vorbei. Im Frühling 2001 — Oscar arbeitet damals in Herat für *Oxfam* — haben wir uns am Sabzak-Paß getroffen; jetzt ist Oscar Stationschef des *IOM* in Nord-Afghanistan.

Dazu Buch VIII, Über den Sabzak-Paß.

Der Sufi, der in die Erde fuhr

Mazar-e Sharif, 12. Oktober 2002. — Am Morgen zuerst die Akkreditierung bei der Zweigstelle des Innenministeriums.

Hakim, der Übersetzer, erscheint gegen Mittag beim Haus der *IOM*. Über dem beigen langen Hemd trägt er die beliebte schwarze Kunstlederjacke. An seinem Kinn sprießt der Flaum eines Fünfundzwanzigjährigen. Hakim benützt aufgefischte amerikanische Wendungen mit Maß, und sie wirken nicht anbiedernd, wie das bei Übersetzern, die schneidig wirken möchten, manchmal der Fall ist. In einem anderen Land ginge Hakim auf die Universität.

Er bringt uns zu einem Restaurant, wo das Essen ‘sicher’ ist. In der Zwischenzeit will er einen Fahrer finden.

Der Eingang zum Restaurant ist verschattet. Auf der Schwelle fährt aus den Falten der *burka* vor das Knie die dürre geöffnete Hand einer Bettlerin. Das Treppenhaus ist unbeleuchtet und eng, die dunkelblaue Ölfarbe der Wände stellenweise schwarz und glänzend gerieben vom Gedränge der Besucher. Ein ernster Bub weist uns in den zweiten, einen Stock höher liegenden Speiseraum. Wir drücken uns vorbei an enormen kreisrunden Blechen mit frisch gewaschenem Gemüse. Darauf leuchten Tomaten und Zwiebeln. Das Klatschen von Sandalen auf den Zementstufen kündet den schwitzenden Burschen an, der oben serviert. Das Blechtablett muß ihm in der Küche einer in die über dem Kopf gehaltenen Hände gelegt haben; oben nimmt es ein anderer ab. Es ist ruhiger und heller hier, und auf den mit Teppichen ausgelegten erhöhten Sitzflächen sind nur wenige Männer beim Essen. Freundlich nicken sie herüber, um sogleich ihre Rechte wieder in die Teller zu tauchen.

Der *maître de salle* führt uns zu dem mit einem Vorhang abgeschirmten Teil des Raums, wo es gedeckte Tische, rote Plastikstühle und ein Wandgemälde gibt. Die Kamele darauf haben ausgekratzte Augen, angeführt werden sie von einem Karawanenführer ohne Gesicht.

Es käme bald einer, entschuldigt der *maître de salle* das Zerstörungswerk. Dann könnten alle auf dem Bild wieder sehen. Gut, daß die Taliban weg seien. Wir sollen aufs Dach, von dort habe man einen Blick auf die Grabmoschee Alis.

Ich habe gelesen, der anstelle der ursprünglichen, 1136 erbauten, aber von Dschinghis Khan zerstörten Moschee, im Jahr 1481 vom achten Timuriden-Sultan Husain Baiqara (1470–1506) errichtete Bau sei mit zumeist blauen und türkisfarbenen Ziegeln verziert und als Resultat mehrerer Restaurationen einer der farbenprächtigsten Zentralasiens. Die Ornamentik der Moschee erinnere an die Monumente der späten Timuriden-Zeit in Herat, Buchara und Samarkand.

Das Grab des vierten Kalifen, Mohammeds Vetter und Schwiegersohn, befindet sich gemäß schiitischer Glaubensvorstellung im irakischen Najaf. Neben Mazar-e Sharif erhebt aber auch das iranische Mashhad Anspruch darauf.

Minarette und Kuppeln der Blauen Moschee sind tatsächlich zu sehen, allerdings in beträchtlicher Ferne, über dem von Zementdächern gebildeten, mit Wassertanks bestückten Horizont. Auf das nächstliegende der Flachdächer brächte einen mühelos ein kurzer Sprung, und jedes folgende Dach verweist auf die darunter herrschende emsige Geschäftigkeit. Hunderte von den Leitungen abgezweigte Drähte – gespannte, durchhängende, gebündelt oder an Pfosten und stützenden in allen Schieflagen stehenden Stangen schwarze Nester bildend – gehen ab zum Rand der Dächer und verschwinden in der Tiefe. Als hätten Bouvard und Pécuchet den Versuch, Bohnen zu ziehen, aufgegeben und sich sogleich der Wissenschaft der Elektrizität und Telefonie verschrieben.

Afghanistan befindet sich im 'Jahr eins' nach dem bilderlosen Interregnum der Taliban. Deshalb zähle ich auf den Dächern nur ein knappes Dutzend Satellitenschüsseln. Aber hat der *maître de salle* nicht gesagt, zu Hause empfange er bereits achtzig Sender?

Von der anderen Seite des Daches hat man einen Blick auf die Basarstraße, wo jetzt, in den heißesten Stunden, die Geschäfte ruhen und nur vereinzelte Turbanträger ihrem Schatten hinterherlaufen.

Nach dem Essen bringt uns eines der gelben Taxis ins Gasthaus.

Die unzerstörbaren *Mazda* und *Toyota* transportieren im Normalfall halbe Sippen. Nebst Fahrer mindestens fünf Männer zwischen und auf den Vordersitzen sowie der rückwärtigen Bank; die Kinder, wie Gepäckstücke nach Körpergröße im hinteren Teil des Kofferraum verstaut, dessen wippende Haube die am Schluß aufsteigenden Frauen mit einer Hand festhalten, während die andere das Tuch der *burkas* rafft.

Hakim hat schließlich einen roten *Toyota Surf* und den Fahrer dazu gefunden, dem das Auto nicht selbst gehört, der für dessen Besitzer Geld verdient.

Wir machen uns auf nach Westen, denn ein Fremder, der heute nach Mazar-e Sharif kommt, will eigentlich nach Balkh. Manche sagen, Bactra, die Hauptstadt der baktrischen Satrapie, sei die älteste Stadt der Welt überhaupt. Die Araber kennen Balkh unter dem Namen *Umm al-Bilad*, 'Mutter aller Städte'. Hermann Vambery, der ungarische Linguist, der 1863 in die Stadt kommt, weiß, daß Balkh auch den Beinamen *Kubbet al-Islam*, 'Kuppel des Islam', geführt hat, und zwar im Mittelalter als Hauptsitz der, wie er schreibt, islamitischen Zivilisation.

Zur Zeit des Besuchs Vamberys fungiert Balkh als Hauptsitz der afghanischen Provinz Turkestan.

»[Die Stadt] ist nur im Winter bewohnt, da schon im Frühling selbst der Ärmste nach dem höher gelegenen Masar zieht, wo die Hitze nicht so drückend und die Luft nicht so schlecht ist wie zwischen den Trümmern des alten Bactra. Während dieses durch die auffallende Menge gefährlicher Skorpione verrufen ist, hat ersteres durch die wundervollen rothen Rosen einen bedeutenden Ruf. Diese Blumen wachsen auf dem angeblichen Grab Alis und sind wirklich an Geruch und Farbe die schönsten, die ich je gesehen habe. Ein Aberglaube, der übrigens jeden Versuch der Verpflanzung von vornherein vereitelt hat, erzählt, daß sie auf anderem Boden, auch in Messar [sic!] selbst, nicht gedeihen.«

Vambery überquert den Oxus nicht wie wir bei Termez, sondern bei Kerki. In Karshi, weiter flußaufwärts, woher er gekommen ist, ist er überrascht, einen Garten zu finden, groß und erholsam wie es selbst in Persien keinen gibt. Seltsamerweise trägt die am Ufer des Flusses liegende Anlage den bescheidenen Namen »Bettlerhaus«, und auch der in Mittelasien seltene Anblick der fröhlichen »beaumonde« der Stadt, die sich von zwei Uhr nachmittags bis eine Stunde nach Sonnenuntergang unter den Alleen und zwischen den Blumenbeeten ergeht und sich an dampfenden Samowaren erfrischt, erstaunt den Reisenden.

Die Schiffer am Oxus sind, so berichtet er, »human genug, kein Fahrgeld zu nehmen«, aber am jenseitigen südlichen Ufer in Kerki ist Vambery in den Verdacht geraten, ein freigewordener heimkehrender Sklave zu sein. Lärmend protestiert der Linguist, vom tatarisch-türkischen zum konstantinopolitanischen Dialekt wechselnd, und wird zum Befehlshaber der Artillerie auf der Grenzfestung vorgelassen. Von jenem, einem gebürtigen Perser, der sich aus dem Sklavenstand zu diesem wichtigen Posten am »Schlüssel Bucharas« aufgeschwungen hat, erfährt er, daß oft verkleidete

Sklaven versuchen, sich durchzuschmuggeln, um das Zollgeld von zwei Dukaten nicht bezahlen zu müssen. Wieder im Besitz seines Passes und nach Eintreffen der bedauerlichen Nachricht, daß der Anführer der nach Herat gehenden Karawane, der sich Vambery anschließen will, erst in acht oder zehn Tagen in Kerki eintreffen wird, beschließt der Reisende, sich bei den Turkmenen umzusehen. Dabei hat er die Stämme der Kyzyl Ayak und der Hasanmenekli besucht.

»Die Ersariturkmanen, die erst vor 200 Jahren aus Mangischlak hierher übersiedelten und seit fast 40 Jahren die Suprematie Bocharas anerkennen, haben sehr wenig vom Nationalcharakter der Turkmenen beibehalten. Sie sind nur Halbnomaden zu nennen; ein großer Theil beschäftigt sich mit Ackerbau, und selbst die ausschließlich Viehzucht treibenden haben den wilden Charakter, aber auch die ursprünglichen Tugenden ihrer Stammesgenossen verloren. Die Civilisationsbestrebungen Bocharas haben ihnen das Schwert und den biederen Sinn genommen und Koran und Religionsheuchelei dafür gegeben.«

(Herman Vambery, *Reise in Mittelasien*, 1865)

Im Verlauf seiner Ausflüge besucht Vambery dann auch das »edle Grab«.

Mazar-e Sharif ist zu Vamberys Zeit noch keine richtige Stadt, wird erst ab 1866, drei Jahre nach seinem Besuch, zu einer solchen und zwar infolge der Übersiedlung der Bewohner aus dem von Cholera und Malaria heimgesuchten Balkh.

Vambery ruft sich in Erinnerung, daß das Grab Alis in der Epoche von Sultan Sanjar (1118–1157), dem jüngsten Sohn von Malik Shah und letzten einflußreichen seldschukischen Herrscher, entdeckt worden ist, nachdem man in der Hoffnung auf Schätze aus »den Zeiten der Teufel« die Ruinen von Balkh durchwühlt und eine weiße Steintafel gefunden hatte, auf der geschrieben stand, die Stelle sei »das Grab Alis, Sohn des Abu Talib, des großen Helden und Gefährten des Propheten«. Daraus zieht der Reisende den Schluß, daß die ursprüngliche Ausdehnung von Balkh fünf Stunden betragen haben mußte – die Dauer seines Ritts von Balkh in das spätere Mazar-e Sharif hinüber.

Im Lauf der Jahrzehnte nach Vamberys Besuch läuft das selbstbewußte noble Mazar-e Sharif, die »parvenue city« (Arnold J. Toynbee, *Between Oxus and Jumna*, 1961), dem in Agonie liegenden Balkh immer mehr den Rang als erste Stadt der nördlichen Provinz Afghanistans ab.

»So wie Meshed die Stadt Tus in Chorasan verdrängte«, schreibt Robert Byron, der am 27. Mai 1934 in Balkh weilt (*The Road to Oxiana*, 1937; dt. 2004). Die »fiebergetränkten Ruinen« sind ein Hinweis auf die natürliche Umgebung, deren Ökologie nicht nur der Segen, sondern auch das Dilemma der antiken Stadt ist, die Alexander zum Stützpunkt erkoren hat. Oberhalb von Balkh gabelt sich nämlich der große Fluß, der das Tal von Bamiyan entwässert, und seine auffächernden Arme, zwölf an der Zahl, durchfließen allesamt die Stadt. Das *Hudud al-Alam* (§ 23. *Abhandlung über die Landschaft Khorasan und ihre Städte*) erwähnt diesen großen Fluß sowie auch die Ernten, welche die von ihm bewässerten Gärten abwerfen – Zitronen, saure Orangen, Zuckerrohr und sogar Lotus. Balkhs Shahristan umgibt ein mächtiger Wall, während die davorliegenden Vorstädte zahlreiche Sümpfe plagen. Diese Brutstätten todbringender Insekten müssen sich nach der mongolischen Zerstörung der Stadt und der Dezimierung der Bevölkerung, welche die Anstrengung zum Unterhalt der künstlichen Bewässerungsanlagen nicht mehr aufbringt, nur noch vermehrt haben.

Die Straße nach Balkh ist schlecht, aber gerade. Aus dem Westen, aus Shebargan kommt ihr zur Linken die Gaspipeline entgegen, ein Rohr, mit dem Durchmesser eines Arms und immer noch die Lebensader Dostums, des Herrn von Balkh, auch wenn er zur Zeit etwas leiser tritt.

Dazu Buch III, *Über Helden*.

Eine halben Stunde später liegt das weit ausgreifende Lehmgeviert eines unter König Abdurrahman Khan (1890–1901) erbauten und von Dostums Streitkräften, der *Jumbish-e Mili*, benützten Forts diagonal über der Straße. Am Rand der beiden Durchlässe glänzen schwarzbraune Ketten sowjetischer *T-54*-Panzer. Rasch über den Asphalt gezogen, verwehren sie jedem Gefährt die Durchfahrt.

Nach der Festung lassen die Anstrengungen der Interim-Regierung Karzai, in Dostums Pfründen Fuß zu fassen, sichtlich nach. Ein paar Checkpoints, lasch bemannt von schläfrigen, aber neu eingekleideten Soldaten. Auf den baufälligen, mit Schilf überdachten zinnenbewehrten Rundtürmen frische Melonen neben neuen Schutzhelmen und alten *AK-47*. Masuds letztes Porträt kilometerweit vor Barjavaran, wo wir rechts nach Balkh abzweigen.

Gesäumt von Maulbeerbäumen und Pappeln und mit kaum wahrnehmbarem Gefälle zieht die Stichstraße geradeaus auf Balkhs titanischen Wall, zwischen abgeernteten Baumwollfeldern, hinter denen jener, je näher wir gelangen, immer deutlicher die Kontur eines, unter dem blassen Himmel des vorgerückten Nachmittags liegenden Reptils gewinnt.

Zu enorm ist dieser Wall, als daß ihn die Mongolen hätten gänzlich schleiften können. Vielleicht haben sie auch überlegt, die Zerstörung des Bewässerungssystems genüge, um das Monopol der Stadt zu brechen. Teile der Krone und einige Rundtürme sind erstaunlich gut erhalten. Der Fuß des Walls hingegen ein ausgewaschener Hang, durchzogen von Pfaden. Hier draußen kehrt man abends rasch von den Feldern und den Gärten in die Häuser zurück und vermeidet dabei auch die Checkpoints. Ungeachtet der Uniform, die sie gerade tragen, haben Bewaffnete immer auch eigene Bedürfnisse.

Uns stoppen Angehörige von Dostums *Jumbish*-Milizen.

Wir haben vergessen, für einen solchen Fall Zigaretten zu besorgen. Aber die Soldaten grinsen nachsichtig, als Greg mit der flachen Hand auf seine Hemdbrust klopft. Ihr Drängen, fotografiert zu werden, schlagen wir nicht aus und begleiten sie hinauf zu einer Plattform am Wall.

Bald kommt ein alter Mann mit langem, wirrem, aschigem Haar hinzu. Die Soldaten kennen ihn. Er wohne in der Laubhütte unter der großen Platane direkt an der Straße, sagen sie.

Der Mann trägt ein grobes Gewand aus dunkelbraun gefärbter Wolle. *Suf* heißt das zu Garn versponnene Produkt im Arabischen, und ein Sufi ist der barfuß Gehende, der seinen Stock erst jetzt, da er vor uns stehengeblieben ist, benützt, um die Hände gekreuzt auf dessen Knauf zu legen. Ein Mystiker, der im Zustand des 'Verwobenseins' die Schöpfung als zusammenhängende Einheit erkannt hat.

Eine weitere Herleitung geht auf das arabische Wort *safia* ('heilig') zurück, aber auch die Verbindung zum griechischen *Sophisten* wird erwogen. Im Arabischen ist zudem ein Zusammenhang herzustellen zwischen *sufi* und *ahle Suffe*, was soviel bdeutet wie 'die Menschen auf der Anhöhe'. Mit diesen gemeint sind die Frauen und Männer, die am Morgen auf der Terrasse der Moschee in Medina Mohammeds Darlegung der esoterischen Prinzipien des Islam gefolgt sind.

Ein Wahrheitssuchender ist also vor uns getreten. Den Mann, sagt Hakim, habe der plötzliche Betrieb am Checkpoint geweckt. Er habe gedacht, jemand wolle zum Schrein und sei zum Wall hinaufgestiegen, um nachzusehen.

Der Schrein liegt in einer schattigen Mulde hinter der Plattform. Hart am Rand des Einschnitts, den man für die Straße durch den Wall gebrochen hat. Nichts Gebautes, nicht einmal Aufgemauertes. Ein tiefer Riß im Wall, sonst nichts. Darüber grüne Gebetsfahnen an Stecken.

Der Sufi heiße Ghani, sagt Hakim. Er sei vierundsechzig. Ein sowjetisches Panzergeschoß habe seine ganze Familie ausgelöscht, als er für die Feldarbeit außer Haus gewesen sei.

Das Folgende ist Ghanis Bericht:

Vor unbestimmbar langer Zeit fuhr an genau dieser Stelle ein Blitz in den Boden und riß einen am antiken Wall lebenden Sufi mit. Seinem Andenken erbauten die Bewohner von Balkh einen Schrein. An diesem ließ sich eines Tages ein Sufi nieder, der auf seiner Wanderschaft in die Stadt gekommen war. Er begann, sich der Menschen anzunehmen, die am Schrein Linderung von Krankheiten zu finden hofften. Meist litten sie an Ekxzemen oder sonstigen Hautkrankheiten. Auf die erkrankten Körperstellen rieben sie lehmige Erde aus der Spalte, die der Blitz im Wall hinterlassen hatte. Der Sufi sprach die Gebete. Als er gestorben war, dauerte es nicht lange, bis auf wundersame Weise ein Nachfolger kam, und jedem ins Grab Gesenkten, also Aufgestiegenen, sei immer ein nächster auf den Platz gefolgt, ohne daß der Schrein jemals längere Zeit unbeaufsichtigt geblieben wäre.

Ghani selbst hat es vor sieben Jahren nach Balkh verschlagen, ohne zu wissen, daß da ein verwaister heiliger Ort seiner harrte. Unter der Platane hat er sich eine Hütte gebaut, den ihm von der Vorsehung zugedachten Dienst am Schrein des Sufi übernommen und sich auch nicht vertreiben lassen, als die Taliban die Kontrolle übernommen haben, Paschtunen, die ihn, den Usbeken, fortwährend schikanieren.

Der Wander-Derwisch ist das Bindeglied zwischen der buddhistischen Vergangenheit von Balkh und seiner islamischen Gegenwart. In der Gestalt des Sufi lebt jene des Mönchs weiter, genau wie in der Medrese das buddhistische Vihara weiterlebt, die temporäre Unterkunft der Wandermönche, die den Mitgliedern der *Sangha* besonders entlang der Fernhandelsstraßen zur Verfügung steht und besonders während der Zeit des Monsun rege benutzt wird.

Diese Unterwanderung des Islam durch den islamisch-buddhistischen Synkretismus in Mawarannahr, den ›Westlichen Territorien‹ der Chinesen, hat nach der Niederlage der Tang gegen die Araber in der Schlacht am Talas im Jahr 751 begonnen, als weiteres westliches Vordringen des Buddhismus, erst recht nach Ostiran, nicht mehr möglich ist. Nur zwei Jahrzehnte zuvor, Sogdien ist damals bereits arabisch, hat der im Jahr 723 auf dem Seeweg nach Indien gelangte und nach sechsjährgem Aufenthalt am Ganges durch Mittelasien heimkehrende koreanische Mönch Huicho in Baktrien ein selbständiges buddhistisches Reich angetroffen.

Dazu Buch I, *Poeten, Pilger und andere Verstöße.*

Im 9. Jahrhundert wird Balkh dann von einem Muslim regiert – Ibrahim Adham. Sein kleines Reich ordnet er nach bestem Wissen und Verstand. Im Lauf vieler Gespräche mit einem Sufi-Meister erkennt der König jedoch die Vergänglichkeit des irdischen Lebens und beschließt, sich in die geistige Welt, die eigentliche Heimat des Menschen, zu vertiefen. Bevor er im Heiligen aufgeht, gegenwärtigt er als Wander-Derwisch die schlimmsten Demütigungen. So wird erzählt, bei Sturm soll der Hablose, der als früherer Regent unerkannt bleibt, aus einem vollen Boot geworfen werden; jedoch erreicht er just in dem Moment das Ziel seiner Meditation, und zur Erleichterung der Reisenden legt sich die Gefahr. Ein anderes Mal will der Aufseher der Moschee den Eingeschlafenen vertreiben. Durch langes Fasten derart geschwächt, kann dieser sich nicht erheben. Muß aus dem Gotteshaus geschleppt werden, wobei der Kopf auf drei Stufen aufschlägt, was dem Sufi jedes Mal eine Offenbarung beschert.

Im Innern der alten Mauern von Balkh, an der Stelle des antiken Bactra, sind dann nur noch ein paar streunende Hunde unterwegs gewesen, und die Nacht ist schnell über die Stadt gefallen.

Den Rückweg nach Mazar verzaubert ein bläulichweißer Vollmond und unter diesem, draußen in der schwarzen Ebene, lodern die Feueraugen der Ziegelbrennereien.

Bei der Rückkehr ins Gasthaus der *IMO* läuft der Fernseher. In der Nähe von Denpasar auf Bali, der hinduistischen Insel im indonesischen Archipel, am östlichen Ende der muslimischen Welt, haben – wahrscheinlich – Mitglieder der *Jemaah*

Islamiya, der Verbindungen zu al-Qaida nachgesagt werden, mit Autobomben einen Nachtclub zerstört. Die Fernsehbilder zeigen außer Flammen nichts. Man spricht von 200 Toten.

Greg sagt, wenn Washington verkünde, die Welt zu einem sichereren Platz zu machen, meine es damit immer und ausschließlich amerikanischen Boden.

Umtriebe in Balkh

Balkh, 13. Oktober 2002. — »Immer und immer wieder, weit und breit nur derselbe Lehm, gewöhnlicher Lehm, und nichts außer Lehm! Vergeblich schweifen unsere Blicke nach allen Seiten: keinerlei Überreste einer vergangenen Kultur zeichnen sich am Horizont ab, weder eine achämenidische Säule, noch ein Bruchstück eines griechischen Architravs, noch ein sasanidischer Bogen.« (Vadim Michailovič Masson, *Strana tysjači gorodov*, Moskau 1961; dt.: *Das Land der tausend Städte*, 1982)

Balkh mag Alfred A. Foucher (1865–1952) definitiv enttäuscht haben, und Masson, der sowjetische Archäologe, der ihn zitiert, schreibt, der Franzose habe bis an das Ende seiner Tage von der »baktrischen Fata Morgana« gesprochen.

Ich gehen davon aus, daß Nancy Hatch-Dupree, die Große alte Dame der Archäologie des Hindu Kush, auf die vom Russen Masson belächelte Vorstellung Fouchers anspielt, wenn sie im *Illustrated Guide* des Nationalmuseums (Kabul, 1974) den lokalen baktrischen Stil nennt, den Foucher als Grundlage der von ihm »L'Art Greco-Buddhique du Gandhara« bezeichneten, zwischen Indus und Oxus angesiedelten Kunst postuliert. Spärliche, seit 1937 in Kunduz gemachte Zufallsfunde haben Fouchers These ausgelöst, der buddhistische Kunststil sei aus der östlichen, zwischen Indus und Kunar liegenden Gandhara-Provinz nach Afganistan eingewandert, wobei die ausgesprochen römischen Einflüsse auf die Kunst Gandharas den intensiven Handel auf den Seidenstraßen zwischen China und der klassischen Mittelmeerwelt reflektierten. Seit Fouchers Kollege Schlumberger jedoch Ende der fünfziger Jahre auf der ein paar Autostunden südlich von Mazar-e Sharif liegenden Kushan-Akropolis von Surkh Kotal einen fortgeschrittenen baktrischen Stil identifiziert habe – dessen iranische und hellenistische Einflüsse belegen eine Verschmelzung bereits im 3. Jh. v. u. Z., als die baktrischen Griechen-Könige auf dem Höhepunkt ihrer Macht stehen, das heißt in der Zeit nach Alexanders Tod, aber vor der ersten hohen Zeit der Seidenstraßen unter den Han –, müsse ein ernstzunehmender einheimischer gräko-baktrischer Kunststil vorausgesetzt werden. Produziert hätte ihn die ansässige, zwar von Griechen regierte, aber ihren eigenen Glaubensvorstellungen durchaus treu gebliebene Bevölkerung.

Dazu in diesem Buch *Auf Kanishkas Akropolis*.

Wie sehr dieser Stil dann die spätere Kunst Gandharas, welche im I. Jahrhundert v. u. Z. den zuvor ohne Bilder auskommenden Buddhismus in Form freistehender, in hellenistischem Stil geschaffener Statuen erstmals mit figürlichen Darstellungen des Buddha ausstattet, beeinflußt habe, müsse die weitere Forschung zeigen.

Eigentlich haben wir vor, heute die Akropolis von Surk Kotal zu besuchen, aber nun teilt Hakim mit, er habe gehört, in Balkh seien archäologische Plünderer auf antike Säulen gestoßen.

Wenn das stimmt, sagt Marcus, sei Foucher widerlegt.

Marcus hat als Gedankenstütze das ins Deutsche übersetzte Buch Massons mitgebracht, *Das Land der tausend Städte. Die Wiederentdeckung der ältesten Kulturgebiete in Mittelasien*, die deutsche Übersetzung des 1961 in Moskau erschienen Werks *Strana tysjači gorodov.*

Während Greg und Marcus beratschlagen, habe ich darin geblättert und bin auf die oben zitierten Worte Fouchers gestoßen.

Foucher, der bei seiner in aller Eile durchgeführten Grabung von 1924/25 in den trostlosen Ruinen aus Stampferde, über die plötzlich einfallender Wind Staubsäulen treibt, weder die aus Persepolis bekannten kolossalen Trümmer noch die charakteristischen Statuetten Gandharas findet – auch sein Nachfolger Paul Pelliot fördert in den sechziger Jahren in der Baktriana keine entsprechende Evidenz zu Tage –, scheint sich tatsächlich einigermaßen verbittert damit abzufinden, Balkh, die Stadt Alexanders, sei nie eine griechische Stadt gewesen.

Masson gibt zu bedenken, daß Gelehrte unvermeidlich von einem Extrem ins andere fallen können. »Aber was Baktrien betrifft«, gibt er zu bedenken, »sollten die Forscher unbedingt von größerer Behutsamkeit sein. Es ist zwar eine Binsenwahrheit, daß es keine Kunst ist, Ratschläge zu erteilen und Richtlinien aufzustellen, da ja, wie Šota Rustaveli schrieb, »sich jeder für objektiv sehenden Strategen hält«. Dann mahnt der Verfasser, daß der Archäologe, der sich »jedoch mit der gebührenden Aufmerksamkeit denselben Lehm, den luftgetrockneten Ziegel, die in der Flamme der Keramik gehärtete Scherbe ansieht«, in Baktrien nicht erfolglos bleibt – ich nehme an, weil ein solcher Blick, nicht von konstruierten Vorstellungen verbaut, im Vorhandenen eher Tatsächliches erkennt, und der Forscher seine Funde nicht in vorgängig umrissene Hypothesen einzuschreiben gezwungen ist. Dreißig Jahre nach Fouchers kategorischem Urteil hätten »auch die französischen Forscher anders zu denken« begonnen, meint Masson.

Foucher hat die Entdeckung der griechischen Stadt Aï Khanoum nicht mehr erlebt, und Massons Werk haben vor der Drucklegung die Kommissare geprüft. Die Bodenforschung in Sowjetisch-Turkestan und in den Gebieten südlich des Amu Darya reflektiert die Temperaturen des Kalten Kriegs.

Das morgendliche Gerücht hat Marcus in Erregung versetzt. Vielleicht sind jene, welche die Neuigkeit in Umlauf gesetzt haben, zu bewegen, die Funde zu zeigen. Nicht zuletzt aus Interesse, die Objekte zu verkaufen. Gewiß würde *ein* Besuch zu nichts führen. Aber nach ihrer Rückkehr aus Aï Khanoum könnten meine Freunde – für ein japanisches Wissenschaftsmagazin bereiten sie eine Reportage über Alexanders persische und afghanische Stationen vor – der Sache allenfalls weiter nachgehen. Das Gerücht, sind wir uns einig, sei indessen ein guter Vorwand, um ein Bild des antiken Balkh nach Jahrzehnten illegaler Grabungen zu gewinnen.

Wir verschieben die Fahrt zur Kushan-Akropolis von Surkh Kotal auf einen der folgenden Tage und brechen sogleich auf nach Balkh.

Die Fahrt immer entlang Dostums Pipeline. Jenseits ziehen Karawanen von Kamelen und kleinen Eseln durch die lichtübergossene Ebene. Auf den Eseln viel zu große Männer. Ich will die Kreidezeichnungen auf der Pipeline abfotografieren. Zwischen Straße und Pipeline, am Fuß der Böschung, liegt ein Graben. Der Sprung über kniehohes Gras und blinzelndes Wasser ist ohne Ende, denn ein plötzlicher Schreck – ausgelöst durch das einen Augenblick zu spät in den Sinn geschossene Wort 'Minen' – bringt das Blut zum Stocken.

Auf dem Rohr haben die Kinder ihren afghanischen Alltag festgehalten – Panzer und Helikopter; Bomber mit pinkelnden Strichellinien, Raketenabwürfen, die schachtelförmige Häuschen treffen; Lastwagen und hinter ihnen Geländewagen mit Wimpeln und dem Symbol des Roten Kreuzes; Busse, bei denen es sich nicht um Schulbusse handelt. Der Fries setzt sich über die Schweißnähte der Rohre hinweg. Wo zwei solche aufeinandertreffen, liegt die Gaspipeline auf pyramidalen Erdhaufen. Der Zwischenraum ist groß genug, daß die Kinder beim Zeichnen durchschlüpfen können, um sich gegenseitig ihre neusten Werke zeigen.

Oben auf der Straße hält der *Toyota* im Schritttempo meine Höhe. Fotografiere ich einen Ausschnitt, stoppt er. Bald wiederholen sich die Bilder des Krieges.

Der Brennofen nah der Straße ist befeuert. Gestern hat er gewirkt wie ein kalter Keks. Heute halten wir an. Den Ofen hat Kazeem Kofuri errichten lassen. Er begrüßt uns mit westlich festem Handschlag und gibt bereitwillig Auskunft.

Der Preis für Ziegel sei gefallen. Infolge des ergiebigen Regens sei das Wachstum günstig gewesen, und nun gäbe es genügend Stroh. Viele könnten brennen. Zuvor nur jene mit Kapital. Seit drei Jahren sei er in diesem Geschäft. Vor dem II. September 2001 sei die Produktion jedes Mal bereits vor dem Brennen verkauft gewesen. Jetzt brenne er auf Risiko, aber er sei unbesorgt.

Nach dem Abgang der Taliban fließt Geld ins Land. Nicht so viel, wie die Geberländer auf den Konferenzen in Bonn und in Tokyo zugesagt haben und vor allem weitaus langsamer als versprochen. Aber bestimmt genug, daß lokale Machthaber ihre Budgets im Licht des zu erwartenden Spendensegens revidieren. Es ist viel zu bauen – nicht bloß Brunnen und Schulen – nach über zwanzig Jahren Krieg. Ein Bruder liefert Holz. Ein Verwandter Fensterglas, Zinkblech, Zementrohre oder solche aus grauem Kunststoff. Einer wird die Ziegel brennen. Auszusetzen gibt es im Prinzip daran nichts. Nur, sagt Ghotai Ghazialam von der *IOM*, die Dorfchefs hätten kein Verständnis für den freien Wettbewerb.

Kazeem läßt zur Zeit in sechs Öfen brennen. 300 000 Ziegel in jedem. An jedem Ofen verdient der Vierunddreißigjährige 10 000 Dollar. Außerdem importiert er Milchpulver und Seife aus dem Iran.

Er habe einen guten Brennmeister – Fazludin. Der könne zwar weder lesen noch schreiben. Von seinem Vater, der Ziegel für Reparaturarbeiten an der Blauen Moschee in Mazar gebrannt habe, wisse Fazludin aber alle Geheimnisse des Handwerks. Er sei vierzig und seit zwanzig Jahren Brennmeister. Das Wichtigste bei der Herstellung sei guter Lehm. Fazludin wisse, wo es geeigneten Boden gebe. Auf dem Land des Bauern zum Beispiel, dessen Haus jenseits der Straße stehe. Jener stelle auch den hiesigen Platz für den Ofen gegen ein Entgelt zur Verfügung und unter der üblichen Bedingung, daß die entstandene Grube nach dem Brennen wieder aufzufüllen sei. Die Ziegel würden luftgetrocknet. Das Brennen dauere sechsunddreißig Stunden. Dabei müssten alle Bereiche des Ofens konstant bei gleichmäßiger Temperatur gehalten werden. Das geschähe, indem man gut belüfte und Sand auf das Dach streue. Von dort kontrolliere Fazludin das Ganze mit seinen bloßen Füßen.

Der Ofen ist die Hölle in einer Schachtel. Leckt nach dem fliegenden Stroh, das ein Dutzend, vielleicht auch mehr Befeuerer ihm unentwegt mit eisernen Forken durch rundbogige Münder zuführen. Im Rücken jener, bis auf Augenschlitze mit weißen und tintenblauen Turbanen Vermummten, häuft sich das Brennmaterial zu Wällen, das andere auf tuchbespannten Bahren an dicht stehenden Hanfstauden vorbei vom Feld herübertragen. In dem Moment, in dem ein Befeuerer sich umdreht, um davon den nächsten Bissen aufzustechen, lodert das gerade gefütterte Loch und spuckt seinem Ernährer Flammen und Funken nach, erlischt erschöpft, aber nicht gesättigt, so daß durch das zusammenbrechende verglimmende Stroh kurz das Orangerot der werdenden Ziegel glüht, eh die nächste Forke stopft. Auf der kühleren Schattenseite verschließt ein anderer Trupp zum Ausgleich der Innentemperatur mit schwerem, schwärzlichen Lehm jedes zweite der Befeuerungslöcher. Der Längskante des Ofens entlang läuft seidenweicher Rauch, wellend wie die von der Strömung bewegte Rückenflosse eines Karpfens, gefolgt von Dunklem, von Sonnenstrahlen schraffiertem Aufquellen, welches das fahle fransende Band im Nu überwältigt, ein Schattentuch über Platz und Ofen werfend. Gerade so lang bis die Kühle spührbar wird, denn Heißluft, vom Fuß des Ofens den Außenwänden entlang hochdrängend, erfaßt die düsteren Schwaden, verdichtet sie zur antrazithschwarzen Säule. Im Hochsteigen befreit, blähen sich diese, fahnen aus zu grauen Segeln und helleren Fetzen, verabschieden sich zuletzt als transparente Schleier am

Morgenhimmel, während sich auf dem Dach des Ofens neue Schwaden bilden, in die für einen Moment die massige Gestalt Fazludins tritt – ganz Rodins Balzac in einer der Mondlicht-Gravuren von Edward Steichen.

Der runde Platz im Zentrum von Balkh ist belebt. Wir halten nach rechts und gelangen zwischen Äckern und Lehmmauern zum Platz des antiken Balkh.

Gestern abend haben wir sie geahnt. Jetzt ist die Verwüstung offensichtlich. Schätzungsweise ein Quadratkilometer groß. Überhängende Grotten, abschüssige Schächte, zwei, drei Meter tief. Am Grund mit Schaufeln und Messern Wütende jeden Alters; grabend, hackend, stechend, kratzend, gefüllte Eimer zu denen hochschwingend, die am Rand der Löcher, neben Teekesseln auf ihren Fersen hockend, darauf warten, die feuchte klebrige Lehmmasse auszuschütten, zu durchwühlen, mit flachen Händen und gespreizten Fingern. Die Augen der Grabenden suchen glasierte Scherben, geschnitztes Horn, durchbohrte Stücken aus Lapis oder Jade. Tonscherben, Bruchstücke luftgetrockneter Ziegel. Schwärzliche, aus Brandschichten stammende Lehmbrocken fliegen auf Haufen. Leben und Sterben in Balkh, Perioden des Glanzes und des Niedergangs – die ganze Chronologie der Stadt ein durcheinandergeworfener schwärzlicher Klumpen.

Ein lärmendes Gewusel folgt uns von Loch zu Loch. An deren Rändern werfen sich die Kinder in die schmachtenden Posen der Videos aus Bollywood und die herausfordernden Rambos, schubsen sich gegenseitig, stürzen, allein oder sich zu dritt aneinanderklammernd, wobei unter den rutschenden Plastiksandalen Lehm losbricht, den Ausgräbern auf die Köpfe rieselt. Einige der Kinder halten Papierdrachen. Andere stecken uns kleine Objekte in die Jackentaschen, Käufe erdrängend.

Dann eilt einer mit seiner AK-47 herbei und beendet das Theater.

Wir sollen ihm zum Kommandanten folgen. Dessen Hof liegt unterhalb der archäologischen Katastrophe und ist von dieser durch einen weidenbestandenen Bewässerungsgraben getrennt. Es gibt mehrere Nebengebäude. Vor einem Schuppen liegt als Trittstein ein großes, rechteckiges, behauenes Stück Marmor. Im zweiten Geschoß eines Seitentrakts führt man uns in einem sauberen Raum vor einen geweißten Sims. Ordentlich reihen sich Henkelgefäße und Kannen an bauchige Töpfe und fingerspannengroße Phialen. Das Meiste ist aus Ton, dazwischen stehen kleinere kugelförmige Gefäße aus irgendwelcher alter oder moderner metallischer Verbindung.

Hakim sagt, seine drei Freunde würden gern auch Marmor sehen – »Elefantenknochen«.

Auf der Fahrt hat uns Hakim erklärt, daß Balkh seit dem Säulenfund »Elefantenknochenplatz« heiße. Die Usbeken sprächen das *p* von *pial*, das Pashtu-Wort für 'Säule', als *f* aus. *Fial* aber hieße auf usbekisch Elefant. Wenn die Sache nicht stimmt, ist sie gut erfunden.

Kommandant Sher erwartet uns in einem vom Gehöft abgerückten, im Schatten der Platanen stehenden Versammlungsraum. Auf den Teppichen sitzt bereits eine Gruppe von Weißbärten. Sie heben ihre lächelnden Augen und umschließen unsere Rechte mit ihren Wachstuchhänden. Als wir Shers Aufforderung, uns zu setzen, gefolgt sind, bringt ein Knabe Waschbecken, eine neues Stück Seife und ein steifes Tuch. Ein zweiter verteilt Teegläser und durchsichtige Plastiktellerchen mit Nüssen und Biskuits.

Hakim entschuldigt unser Vordringen auf das Gelände. Wir hätten gestern nachgeschaut, aber niemanden gefunden. Deshalb seien wir heute wiedergekommen.

Ob wir von _ACTED_ seien? Aus Paris? Schon lange erwarte er jemanden von dort.

Die französische Organisation für Technische Zusammenarbeit und Entwicklung _(Agency for Technical Cooperation and Development)_ wurde 1993 in Kabul gegründet.

Hakim erklärt Gregs und Marcus' Mission.

Es sei gut, die Geschichte Afghanistans in Japan bekannt zu machen. Aber warum Greg in Japan lebe, anstatt in seiner Heimat?

Als junger Soldat habe er in Vietnam das wahre Gesicht Amerikas kennengelernt und beschlossen, seinem Land den Rücken zu kehren, gibt Greg zur Antwort, und weil die Weißbärte geduldig und eindringlich auf ihn schauen, fährt er fort, daß er nun in Sorge sei, denn die Worte Amerikas zu Afghanistan klängen in seinen Ohren wie jene, die er damals in Vietnam gehört habe.

Währen die Weißbärte sich Hakims Übersetzung an hören, füllt der Knabe den Tee in den Gläsern im Kreis herum nach.

Sher sagt, Politiker sprächen gern. Ein Kämpfer müsse selbst urteilen. Als die Roten Armee Afghanistan verlassen hätte, sei er Anhänger von Hekmatiars _Hezb-e-Islami_ gewesen. Mit den Taliban habe er sich arrangieren können, denn er sei Pashtune. Jetzt folge er der _Jamiat-e-Islami_. Atta, der Favorit Masuds — Friede sei mit ihm — vertrete diese Partei in Balkh. Dostum sei darüber nicht gerade glücklich. Man werde sehen müssen, wie sich alles entwickle und könne jederzeit und leicht die Gefolgschaft wechseln.

Was mit den Grabungen vor seinem Fenster sei?

Er habe sie nie aus den Auge gelassen.

Ob er die Ausgräber denn kontrolliere?

Ja, sie arbeiteten für ihn. Er bezahle ihnen täglich einen Dollar. Fänden sie etwas, müßten sie an ihn verkaufen. Er verkaufe dann weiter.

Auch die »Elefantenknochen«? Wir hätten in Mazar davon gehört.

Sher bestätigt den vor einem Jahr gemachten Fund.

Er habe _ACTED_ benachrichtigt. Aus Paris sei ihm dann die Anweisung zugetragen worden, die Fundstelle wieder zuzuschütten. Es würde jemand kommen, um sich der Sache anzunehmen. Er habe entsprechend gehandelt, aber gekommen sei bis jetzt keiner. Deshalb habe er sofort gedacht, wir seien der angekündigte Besuch aus Paris.

Ob es möglich sei, die Fundstelle zu sehen. Den Schacht vielleicht gar kurz zu öffnen, um die Säulen oder einen Teil davon zu sehen, fragt Marcus.

Er würde sich das überlegen, sagt der Kommandant. Wir sollen morgen wieder herkommen. Er würde einen Preis nennen, und dann könne man verhandeln. Aber wenn wir alte Säulen kaufen wollten, wüßte er jemanden, der welche habe. Er gäbe und Männer, die uns zu jenem bringen würden.

Wir bejahen, und nachdem die Teegläser geleert sind und die Alten mit beiden Händen über ihre Bärte gestrichen haben, dirigiert uns ein Bursche auf einem schmalen Fahrweg, auf dem wir unter dem lichten Schatten junger Pappeln zu einem Gehöft unterhalb von Balkh gelangen.

In einer Ecke des Hofs steht kopfüber und neben einer Kreissäge ein korinthisches Kapitell.

Für tausend Dollar wäre es zu haben, lautet die Auskunft, die Shers Bursche aus dem Haus zu uns herüberträgt. Hakim antwortet, seine drei Freunde müßten sich erst Gedanken über den Abtransport machen.

Das Kapitell ist so groß wie die Kinder, die sich darum herum gruppieren.

Das Akanthusornament ist leicht beschädigt, und an Spinnengewebe zittert trockenes Laub. Ein Knäuel Baumwolle liegt im Loch, das den Holzpfropfen enthielt, der das Kapitell mit der daruntersitzenden obersten Säulentrommel verband.

Bevor wir Balkh verlassen, wollen wir uns bei Sher verabschieden, doch den Kommandanten haben Geschäfte nach Mazar gerufen.

Das Teehaus der Unsterblichen

Balkh, 14. Oktober 2002. — Wir sind früh genug in Balkh und blicken in die Grabungslöcher, bevor Schatten sie versiegeln.

Kinder wirbeln im Staub. Drängen heran, alles feilbietend, was sie aus dem Schutt der Plünderer gekratzt haben.

Eine Fibel, fast so lang wie die rissige kleine Handfläche, in der sie liegt. Geschnitzt aus Horn, vier angebohrte Kreise an beiden Enden des Stegs. Sie hat Gewandstoff zusammengehalten über einer Brust, bis sie eines Tages abgefallen ist im Gewühl des Basars oder in der Hast eines plötzlichen Aufbruchs. Ein Objekt, an dem fremde Erinnerung hängt, die mit dem Kauf nicht erstanden wird. Jubelnd setzt das Kind mit dem Dollar, den es nicht verwenden kann, hinweg über den durchwühlten historischen Boden.

Auf dem Hof heißt es, Kommandant Sher sei zu einer Versammlung ins Zentrum gegangen; sei auf dem Platz finden – *Inshallah*.

Ich kehre gern auf diesen Platz zurück. Er hat es mir angetan, obwohl ich ihn nur gestern erstmals betreten habe. In der Mitte das vernarbte Grasrund, ein paar zerzauste Palmen und löchrige Rosenhecken nährend, von Pfaden durchkreuzt. Einer berührt die Ruine des 1462/1463 errichteten Mausoleums des Theologen Abu Nasr Parsa. Das Bauwerk gilt als eines der feinsten Beispiele der späten Timuriden-Zeit, und mächtige Platanen umgeben es, deren ausladende Dächer den Kiesring und die daran liegenden Reparaturwerkstätten verschatten. Von Motorenöl, Schmiere und Ruß eingefärbt, bilden jene die kompakte Umwallung des Platzes, in der kleine Ladengeschäfte kleben mit grellbunten Auslagen indischer Kosmetika und indischer Videos, pakistanischer Biskuits und chinesischer Waren.

Das alles und auch die Kegel leuchtend gelben Safrans aus Khorasan sowie Balkhs prächtige Melonen sind heute morgen hinter Geländewagen verschwunden. Auf diesen sitzen Bewaffnete, die Gesichter gerahmt mit den von den Taliban geächteten kurzen Bärten. Truppen Muhammad Attas, des Zöglings Ahmad Shah Masuds und frischgebackenen Generals der tadschikischen Panjshir-Fraktion, von Karzai als Satrap über den Norden vorgesehen, zum Ärger Dostums, des Usbeken und angestammten Herrn von Balkh und der nordwestlichen Region.

Attas Konvoi hupt sich die Einfahrt auf den Kiesring frei, kommt schließlich nicht gerade ordentlich zum Halt. Amerikanische Leibwächter quellen aus den weißen *Chevrolets*, eskortieren den General durch die Menge zum Podium. Darauf steht ein Sofa, rot wie Mohn. Es kontrastiert gut mit der neuen Uniform der aus den Haufen ehemaliger Kontrahenten zu bildenden *Afghan National Army (ANA)*, dem Grün im Ton der Ölfarbe sämtlicher Treppenhäuser Rußlands. Atta trägt diese neue Uniform mit Gefallen. Am steif gebügelten Hosenbein wippt der polierte Schuh.

Die Augen des Generals liegen im Schatten der Schirmmütze, der über das ganze Gesicht fällt, als sich Atta nach der Begrüßung durch einen Ortsvertreter vorbeugt, um in das zwischen Blumengebinden auf dem niedrigen Tischchen aufgestellte Mikrophon zu sprechen. Ihn zu sehen hat sich die männliche Bevölkerung von Balkh und auch der Dörfer im weiteren Umkreis eingefunden. Während dieses unsichtbare Gesicht, schnarrend verstärkt und zuweilen mit Echo, zur Menge spricht.

Ich stehe zu weit weg, um etwas zu verstehen, aber daß der General nicht auf Anhieb Herzen und Köpfe gewinnt, ist aus den Gesichtern der Zuhörer herauszulesen. Während die jüngeren Männer mit den umflaumten Gesichtern mutmaßen, ob in der Gefolgschaft Attas der Unwägbarkeiten der Zukunft womöglich besser beizukommen wäre als in jener des geschwächten Dostum, verhärtet die Gesichter der

Alten die wiederholt gemachte Beobachtung, daß das Erklimmen des Throns und der Sturz von diesem zusammengehören wie der Tag und die Nacht und die Spanne zwischen beiden vor allem die Raffgier des Regenten füllt. Der Pomp des jungen Generals beeindruckt diese Alten nicht. Was ist er anderes als ein Geck? Nicht durch eigene Taten zu diesem Auftritt gekommen, sondern im Schutz fremder Söldner hinbugsiert, sein Milchgesicht erst noch im eigenen Schatten verbergend.

Wie diese Alten wundert sich über den seltsamen Besuch an diesem heiteren Morgen auch Balkh, die Krönungsstadt der Gründer ganzer Imperien.

Ich verlasse die Menge und den Platz, um ein Teehaus, ein *chaikhana*, zu finden. Gehe den Kiesring entlang bis zum Antiquitätenhändler. Kaum größer als ein Wandschrank ist sein Geschäft. Die Regale gedrängt voll mit antiker und gefälschter Keramik – mit Krügen, Kannen, Phiolen, Öllämpchen. Ob ich etwas suche – ein Teehaus? Nicht allzu weit. Ein paar Schritte hinunter an der ersten Straße, die vom Kiesring abzweigt. Doch zuvor mehrere Container mit aufgeschnittenen Längswänden – Tuchläden. Frauen kauern im Staub der Straße, drapieren ununterbrochen den plissierten Stoff ihrer taubenweißen und blauen *burkas*. Mit Goldfäden durchwirkte chinesische Textilien durchfließen hennabemalte Hände, werden in das Licht gehoben, das durch die jungen Pappeln fällt.

Bald stehe ich vor dem *chaikhana*. Trete ein. Keiner da. Der Fernseher ausgesteckt. Nur der chinesische Säulenventilator wendet seinen kippenden Kopf unablässig von einer Seite zur andern, genügsam, aber doch so, als suche er jemanden.

Ich werde hier auf Greg und Marcus warten. Und während ich warte, mögen Gäste das *chaikhana* betreten, die Fernreisenden, präzis in der zeitlichen Reihenfolge, wie sie auf den zentralasiatischen Heerstraßen, Karawanenpisten und Pilgerwegen nach Balkh gekommen sind oder dieses verlassen haben. Sollen sich ihre Geschichten mit jener der Stadt verknüpfen, am imaginären *dastarkhan*, dem auf dem Boden ausgebreiteten Tischtuch – das Turki-Wort kann auch 'Fest' und 'Fülle' oder 'Gastfreundschaft' bedeuten –, auf dem Schalen stehen mit goldenen Pfirsichen aus Samarkand.

Aus jeder Richtung sind die Distanzen nach Balkh alles andere als unerheblich. Aus Persien sind es nach dem Durchschreiten der ›Kaspischen Tore‹, hinter denen die königliche Geisel Dareios der Meuchelbande des Bessos zum Opfer fällt, bis Bactra – so heißt Balkh von der Antike bis zur arabischen Eroberung im 7. Jahrhundert – und vom Hyrkanischen Meer allein bis Areia (Herat) schon gegen 6000 Stadien (Strabon, X, 8, I), also über 1000 Kilometer; von Chang'an, der Hauptstadt der Han, 9000 *li* oder 5800 Kilometer, was einer Karawanenreise von hundertfünfzig Tagen entspricht.

Alexander der Große betritt das Teehaus. Seit dem Winter 329/328 v. u. Z., als ihm Bactra kampflos in die Hände gefallen ist, dient die Stadt (Im Frühling 327 v. u. Z.)

ihm als Ausgangspunkt der militärischen Operationen am Oxus. Damals hat er unverzüglich weitergedrängt, Bessos nach und über den Oxus nach Sogdien. Unterdessen ist der Königsmörder gefaßt, gefoltert und hingerichtet. Jetzt überschattet Alexanders zweiter Aufenthalt in Bactra das Ableben seines alten Freundes Demarathos, der die beschwerliche Reise vom korinthischen Isthmus in den Hindu Kush unternommen hat, um den Eroberer zu besuchen.

Bei Arrian (III, 29,6 – 30,5) geschieht die Bestrafung in Bactra. Bei Quintus Curtius Rufus (VII, 5, 40–43) schiebt Alexander die Hinrichtung auf, die am Ort des Königsmords in Persien stattfinden soll. Aufschlußreich ist Curtius' Hinweis auf barbarische Bogenschützen, welche aasfressende Vögel von dem an Ohren und Nase verstümmelten und am Marterholz gekreuzigten Leichnam fernhalten sollen, führt sie doch zur Frage, ob die Achämeniden, als deren letzter Herrscher sich Bessos nach der Ermordung von Dareios III. eingesetzt hat, Zoroastrier sind. Alexanders Maßnahme dürfte nur dann Sinn haben, wenn dadurch die Entfleischung des Leichnams verhindert wird, ein Schicksal, das nur einen Zoroastrier treffen kann.

Geister der Baktrier lassen sich nieder um das *dasterkhan.* Nicken stumm, als Alexander mitteilt, soeben habe man Abschied genommen vom Freund, und bald ginge die Asche in dessen Heimat ab, mit einem Vierspänner. Gewiß, der Kenotaph, den er hätte errichten lassen, sei groß mit vierzig Metern. Aber er habe ein Zeichen asiatischer Extravaganz setzen wollen. Ja, Demarathos sei eines natürlichen Todes gestorben, das sei gewiß. Hingegen habe man es auf sein Leben abgesehen. Dank der syrischen Wahrsagerin, die sein ganzes Vertrauen genieße, sei er dem Anschlag entronnen. Nachts, so der Plan der Pagen, hätte er ermordet werden sollen. Dahinter stehe wahrscheinlich der Hofhistoriker Kallisthenes – ausgerechnet er! Die Untersuchung sei angeordnet. Erfreulicher hingegen sei, daß die eheliche Verbindung mit dem ansässigen Königshaus den politischen Zweck erfüllen werde, den er erhofft habe. Kein Zweifel, diese Heirat versichere ihm die Sympathien der neuen asiatischen Untergebenen. Roxane, eine erstaunliche Persönlichkeit, habe, als sie ihm unter den Belagerten der sogdischen Felsenburg entgegengetreten sei, unumwundenen Respekt eingefordert. Aus diesem Grund habe er ihr auch die Schändungen erspart, denen zusammengetriebene Zivilisten üblicherweise seitens einmarschierender siegreicher Truppen ausgesetzt seien.

Bactra, bestätigen die versammelten Geister, habe nie zuvor ein so glanzvolles Ereignis gesehen wie diese Hochzeit mit Roxane! Das Fest werde als eine der berühmtesten politischen Vermählungen in die Geschichte eingehen, Bactra werde allein aus diesem Grund eine unsterblichen Stadt.

Genau, setzt Alexander nach. Deshalb sehe er auch keinen Anlaß, die Stadt auf seinen Namen umzubenennen, in 'Alexandria-in-Bactria' etwa, so wie das im Fall von Herat, Kandahar oder Merv notwendig gewesen sei. Nun könne er seine ganze Aufmerksamkeit wieder Militärischem zuwenden. Damit meine er, das Heer für den beschwerlichen Rückweg über den Paropamissos vorzubereiten. Von den Höhen des ›Steingürtels der Welt‹. Er könne es in der Tat kaum noch erwarten, jetzt, da Artabazos, zu dessen Tochter Barsinoe er sich zudem sehr hingezogen fühle, als Satrap eingesetzt sei, dieser meerabgewandten Peripherie und ihren lästigen Aufständen endlich den Rücken zu kehren, sich Indien zuzuwenden. Er, der Makedone, habe sich hier so verhalten wie es ihm sein Lehrer Aristoteles ans Herz gelegt habe, habe nämlich im Gegensatz zu den Hellenen, die er als Freund akzeptiere, die Barbaren wie Tiere oder Pflanzen behandelt.

Zhang Qian ist der erste Chinese, den Alexander zu Gesicht bekommt. Der Han-General, der von Alexanders kolossalem Unternehmen gehört hat, beneidet den jüngeren Makedonier, den König, der niemandem Rechenschaft schuldet, während er, Zhang Qian, Kaiser Wudi (149–86 v.u.Z) Bericht erstatten muß.

(Nach 138, aber vor 126 v.u.Z.)

Der im *Shiji*, Sima Qians *Aufzeichnungen des Historikers* (um 90 v.u.Z.), enthaltene Bericht des Han-Generals Zhang Qian (gest. 114 v.u.Z.) macht China zum ersten Mal aufmerksam auf den innerasiatischen Raum – zur Zeit des Griechisch-Baktrischen Königreichs.

Der Kaiser zürnt, befürchtet Zhang Qian. Schon viel zu lange dauere sein Aufenthalt in den Königreichen von *Xi Yu*, in den ›Westlichen Regionen‹. Aber, sagt er, die Verkoppelung von Geographie und Machtkonstellationen in Innerasien hätten ihn vor Schwierigkeiten besonderer Art gestellt. Wudi hätte ihm aufgetragen, jenseits des Tian Shan Informationen zu beschaffen, die sowohl hinsichtlich strategischer Beschlußfassung als auch künftiger Wirtschaftspolitik gegenüber den nomadisierenden Nachbarn hohe Relevanz besitzen sollen. Darüber hinaus fordere der Kaiser ein paar Exemplare der 'Himmlischen Pferde' aus Fergana, das man in Chang'an mit dem Namen Dayuan bezeichne. Die Zucht dieser Pferde, so die Absicht des Hofes, soll die Reiterheere der Han für die Abwehr der Nomaden mobiler machen. Ja, und nun richte es das Schicksal, daß er, Zhang Qian, hier in Bactra, das sie zuhause Lanshi nennen, mit Alexander zusammentreffe. Habe nicht auch er in Fergana seine Kavallerie auffrischen wollen? Zwei eminente Generäle am selben Tischtuch, aber beide so weit weg von zu Hause und schon so lange! Daß Alexander sein Reich tatsächlich mit dem Speer gewonnen und sogar nordwärts über den Oxus hinaus — bei den Chinesen heiße der Strom Gui-He — dehnen und seine Macht in den niedergerungenen Gebieten habe konsolidieren können, sei ein großartiger militärischer Erfolg. Sein eigener Plan sei es, Han-China um 10 000 *li* nach Westen auszudehnen.

Wie es denn um den Gegner bestellt sei, will Alexander wissen.

Seiner Meinung nach könne man in Kangju, Samarkand und Sogdien sowie in Daxia, in Baktrien, die unter Stadtfürsten stehenden Armeen Seßhafter heutzutage vernachlässigen, antwortet Zhang Qian. Um feige Streitkräfte handle es sich bei diesen. Er, Alexander, habe es noch mit veritablen Verbänden geschickt operierender Mujaheddin zu tun gehabt. Abgesehen von dieser Aufgabe, die ihn, Zhang Qian, erwarte, dürften sie beide sich doch beglückwünschen über das Erreichte! Sei doch Konsequenz ihrer beiden Vorstöße in diese bedrohlichen Regionen, daß der bislang weiße Fleck Innerasien geographisch nun zwischen den entgegengesetzten

mutmaßlichen Enden der Welt festgepflockt wäre, und diese, zusammen mit Tiaozhi, Mesopotamien, vermittels der eurasischen Landbrücke einander nähergerückt
seien. Die Skythen ständen mit China in Kontakt, nomadisierende Raubzüge hint-
anstellend, um sich fortan der Vermittlung des Handel nach Syrien und also nach
dem Mittelmeer zu widmen. Das sei zum Gewinn aller Parteien, denn nicht nur
die privilegierten Endverbraucher, sondern auch die ansässige Bevölkerung käme in
Berührung mit den exotischen Waren. Gerade habe er, ergänzt Zhang Qian, festgestellt, daß Lanshicheng ein Handelsknotenpunkt mit erstaunlich weitreichenden
transkontinentalen Verbindungen geworden sei. Auf dem Basar hinter dem Kiesring
gebe es neben Gütern aus Shendu – später die Gegend von Sind, das heißt der Punjab – auch Bambus aus Sichuan. Der käme via Indien, einem Staat, der womöglich
noch reicher sei als China, nach Bactra, und damit sei die Existenz eines Handelswegs aus Südchina durch Yunnan, Burma, Assam nach Indien erwiesen. Osten und
Westen könnten im Prinzip also direkt miteinander kommunizieren und dabei die
aufsässigen Xiongnu – dieses Jahr, zur Zeit der Wirren nach dem Tod ihres *shan yu*,
habe er endlich aus deren jahrelangen Gefangenschaft entfliehen können – sowie die
kriegerischen Tibeter umgehen. Im Moment sei er nämlich noch gezwungen, unter
großen Sicherheitsvorkehrungen die Samen von Weintraube und Alfalfa, in China
noch unbekannte Produkte, durch tibetisches Gebiet nach Chang'an verfrachten.

Als Alexander fragt, ob denn Kaiser Wudi durch ihn, Zhang Qian, zum ersten
Mal das Wort 'Indien' höre, nickt der General. Aber auch wenn er froh ist, daß er
genaue Informationen über den Subkontinent eingeholt hat, beschäftigt ihn doch
der Gedanke, daß ganz präzise Informationen, zu einem späteren Zeitpunkt und
aus dem Zusammenhang gelöst, falsche Eindrücke wecken können.

Etwas Derartiges geschieht dann auch, ohne daß man in Balkh davon weiß, am
andern Ende der bewohnten Welt um …

(14–23 n. u. Z.) … als der um 64/63 v. u. Z. am Pontos geborene Strabon in seinem Monu-
mentalwerk *Geographika* über Baktrien verbreitet, die dortige Lebensweise sei zwar
etwas milder als in Sogdien, gleiche aber immer noch sehr jener von Wanderhirten.
Dabei bezieht er sich auf den Bericht von Alexanders Offizier Onesikritos von
Astyopalaia, der über das Land, dessen Hauptstadt Balkh ist, berichtet, die wegen
Alters oder Krankheit Aufgegebenen würden noch lebend eigens dazu gehaltenen
Hunden vorgeworfen, welche in der Sprache des Landes »Totengräber« hießen.

(127 n. u. Z.) Vier Autostunden, vielleicht etwas weniger, seien es gewesen bis Bactra, gibt
Kanishka I. zur Auskunft, nachdem er sich niedergelassen und die weiten Falten
seiner an den Knöcheln von schmalen Bändern zusammengerafften Hose zurecht-
gestrichen hat.

Seine königliche Akropolis bewache die Straße zum Salang-Tunnel und nach
Kabul. Aufgrund der topographischen Position könne die triumphale Anlage mit

dem Feuertempel auch als taktisch perfekt gelegene Gefechtsstellung herhalten, sollte sie, und er fürchte um solche Streiche der Geschichte, dereinst von streitsüchtigen Herrschern besetzt werden. Aber das Schicksal künftiger Generationen betreffend, könne er eigentlich nur festhalten, daß wohl in den Sternen stehe, welchen Glauben oder welche Ideologie jene besitzen werden und ob ihre jeweilige Andersartigkeit zum Faktor eines letztlich vielleicht auch bewaffneten Konflikts zwischen den Zivilisationen herhalten müsse. Sie beide, Alexander und Zhang Qian, hätten bestimmt gehört, daß die hiesige Region als Stammland der Feueranbeter gelte. Sie mögen sich die Zeit nehmen, bei Nau-Bahar, außerhalb von Bactra, den Zoroastrier-Tempel zu besuchen.

Dort nämlich soll eine Bande wilder Skythen den Begründer dieser Religion, Zoroaster, ermordet haben.

Ferdausi sagt im *Shahname*, dort sei Zoroaster ermordet worden, wobei er sich auf verlorene sasanidische Quellen beruft. Plinius (*Naturkunde*, VI, 45) berichtet, daß Bactra auch Zariasta genannt wird.

Wie es denn um sein eigenes Reich bestellt sei, wollen die beiden Feldherren wissen.

Es schiebe sich ein ziemliches Stück über Ghandara hinaus auf den indischen Subkontinent vor und heiße Kushan. Seiner Toleranz und seinem Gönnersinn sei zu verdanken, daß die im Gefolge von Kaufleuten vom Ganges über den Hindu Kush nach Baktrien kommenden Kunsthandwerker ein kulturelles Umfeld antreffen würden, in dem sich Alexanders hellenistisches Erbe mit jenem Indiens verbinden lasse. Gräko-römischer Stil verschmelze nun mit den mythischen Vorstellungen Indiens. Buddha besitze endlich ein Gesicht, was seine Akzeptanz in China beschleunige. Alexander wäre entzückt, im einen oder anderen Fresko in Höhlenschreinen bis nach Chinesisch-Turkestan hinüber seine eigenen Züge wiederzuentdecken. Zudem habe er, Kanishka, soeben ein Edikt erlassen, welches auf Bronzetafeln für alle Zeiten verkünde, daß das Griechische abgeschafft sei, die offizielle Sprache der Kushana sei das Baktrische, das allerdings auf dem griechischen Alphabet beruhe. Er habe die Sprach des von ihm begründeten Reiches als arische Sprache bezeichnet und wolle damit auf die bronzezeitlichen Besiedler der eurasischen Steppen hinweisen, die später nach Persien und nach Indien ausgewanderten Arier.

Der chinesische Pilger heißt Xuan Zang. Seit dem vergangenen Herbst unterwegs, ist er froh, nach allerlei mit Glück bestandenen Gefährdungen an der Schwelle von Buddhas Heimat angekommen zu sein.

(630 n. u. Z.)

Mit jedem *li*, das er Bahlika nähergekommen sei, habe er Buddhas Präsenz deutlicher verspürt, konstatiert der Pilger, und dies mit, wie es den beiden Feldherren und Kanishka scheint, sichtbarer Zufriedenheit. Er gibt gern Auskunft. Nein, er mache sich keine Sorgen wegen seiner Abreise aus China. Das entsprechende Verbot betreffe ohnehin eher erfahrene Bürokraten und Landarbeiter als Mönche. Sie selbst seien für die Gesellschaft ohnehin nur eine ökonomische Last. Sein Gesuch einer Pilgerreise nach Indien an Kaiser Taizong (599–649) habe wahrscheinlich ein gewisser Xiao Yu (574–647) – dieser, müsse man wissen, leite eigentlich die Regierungsgeschäfte – abgefangen. Ein regelrechter Einschmeichler! Begnüge sich im Kloster von Zhuangyan, die buddhistische Philosophie zu diskutieren, scheue aber den geistigen Aufwand, zu den letzten großen Fragen vorzustoßen. Für ihn, Xuan Zang, zähle hingegen aber ausschließlich das. Er wolle sich in Buddhas ursprüngliches Wort versenken, umfassende Klarheit gewinnen, vor allem über *Alayavijnana*, das achte und fundamentalste Bewußtsein der Bewußtseinslehre.

Die im *chaikhana* Versammelten sind sich einig, daß die vor dem Pilger liegende Route nach Indien voller Gefahren ist. Ja, ihn ängstige bereits die Strecke nach Bamiyan mit den beiden Pässen Kara-Kotal und Dandan Schikan. Aber kein Weg umginge das bedeutendste Pilgerzentrum im Hindu Kush mit seinen zehn Klöstern und den zwei großen Buddhas, die, so habe er eben vernommen, die Arme bewegen könnten. Im Journal seines Vorgängers Song Yun habe er gelesen, das Eis türme sich im Hindu Kush zu hohen Bergen und der Schnee wirble über tausend *li*. Nun habe er, Xuan Zang, aber das Glück, daß ihn Dharmasimha begleiten würde. Dieser Mönch habe in Indien studiert und genieße westlich des Pamirs große Anerkennung. Allein in Banlehe, unter diesem Namen firmiere Bactra nämlich in den Annalen der Tang, Dharmasimhas Bekanntschaft gemacht zu haben wiege den Zeitverlust am Hof des türkischen Prinzen Tardu Shad drüben in Konduz auf, wo eine mörderische Palastintrige große Aufregung bewirkt habe. In Bactra oder Banlehe verbringe er nun viel Zeit bei dem indischen Gelehrten Prajnakara. Jener sei zwar Anhänger des Hinayana-Buddhismus, den er, Xuan Zang, als geringer einschätze, aber Prajnakara kenne die Schriften ausgezeichnet und interpretiere wohlüberlegt. Prajnakara wolle ihn ebenfalls nach Bamiyan begleiten. Beeindruckt sei er, Xuan Zang, auch von Bactras hundert Klöstern. Man habe ihm die Zahl von dreitausend Mönchen genannt, welche die buddhistische Gemeinde insgesamt zähle. Aber vielleicht habe diese Massierung auch schon wieder Nebenwirkungen, gibt der Pilger zu bedenken. Es sei nämlich auffallend, wie unregelmäßig die Mönche ihren morgendlichen und nächtlichen Übungen nachkämen. Manchmal sei gar kaum zwischen Heiligen und Sündern zu unterscheiden. Tief beglücke ihn hingegen, die Namen der zwei indischen Händler erfahren zu haben, die vor langer Zeit den Buddhismus nach Bactra gebracht hätten – Trapusa und Bhalika.

(681 / 60 n. d. H.) Aus Khorasan bringen Karawanenreisende die Nachricht, Salm ibn Ziyad habe dort das Amt des Gouverneurs angetreten. Des Weiteren gebe es Anzeichen für baldige Vorstöße der Araber nach Baktrien und gewiß auch über den Oxus hinaus. Mit Methode hebe der Gouverneur aus den arabischen Ansiedlern eine Armee aus, und es würde nicht überraschen, wenn Salm der erste Araber wäre, der in Choresmien oder gar in Samarkand selbst überwintere – diese nach den bis-

herigen zeitlich beschränkten Vorstößen, zu denen es ja seit dem Jahr 654 bereits gekommen ist. Viele der Ausgehobenen, die zum *diwan* kämen, um sich registrieren zu lassen, seien Freiwillige, und dem Anschein nach die allermeisten unter ihnen enthusiastisch gegenüber dem *Jihad*. Wenn etwas die arabische Eroberung im Norden aufhalten könne, dann sei es nur internes Chaos nach dem Tod Yazid I. (680–683), welches das Kalifat der Umayyaden mit sich selbst beschäftigen würde.

General Qutaybah ibn-Muslim überrascht die Gäste des *chaikhana* mit der Ankündigung, er sei ab sofort Bactras neuer Statthalter, und das bedeute, daß (751 / 133 n. d. H.) die Stadt jetzt im Machtbereich der Abbassiden-Kalifen in Baghdad liege. Deren Eroberung Zentralasiens verantworte er und habe gerade *Dazu Buch I, Poeten, Pilger und andere Vorstöße.* weit östlich von hier, bei Talas, wo der Tian Shan in die turanische Niederung hinabsteigt, die sich gegen Samarkand und Buchara hin erstreckt, die Armee der Tang vernichtend geschlagen. Damit sei eine natürliche Grenze auch militärisch gezogen worden. In Chinas einstigen ›Westlichen Regionen‹ verbreite sich fortan das Wort des Propheten, und das Land jenseits des Oxus habe zum ersten Mal in seiner Geschichte einen Namen, welcher es als zusammenhängende geographische Region bezeichne – Mawarannahr, das 'Land jenseits des Flusses'. Damit sei jedem klar, in wessen geographischem Einflußbereich die Region liege, nämlich in dem des Vorderen Orients. Das Regieren überließen die Kalifen den lokalen Füstenhäusern. Das, sagt Qutaybah ibn-Muslim mit Blick auf Alexander, im Unterschied zur Methode, Satrapen einzusetzen. Bactra (Balkh) trage wegen des respektablen Alters fortan den ehrenvollen Beinamen *Umm-al Bilad*, 'Mutter aller Städte'.

Die baktrischen Geister sind stolz über den Erfolg eines ihrer Söhne im fernen China, nicht irgendwo, sondern in Chang'an, der Hauptstadt der Tang.

Dort ist dem Vernehmen nach in diesem Jahr die »Stele zur Verbreitung (781 / 163 n. d. H.) der Leuchtenden Religion von Da Qin [die römische Provinz Syrien] im Reich der Mitte« errichtet worden. Es sei indessen nichts Außergewöhnliches, hat es geheißen, daß die fast drei Meter hohe Stele, die der Chorbischof von Chang'an gestiftet habe, denn unter den Tang hätten Mitglieder des buddhistischen und nestorianischen Klerus öfters hohe öffentliche Ämter inne. Bald war dann klar geworden, daß Issu nicht der wirkliche Name des Stifters ist, sondern jener vielmehr persisch Yazdbozid geheißen habe. So aber hat der Name des Sohns eines ansässigen Priesters gelautet, der vor etlichen Jahren Balkh mit unbekanntem Ziel in Richtung China verlassen habe.

Den Text der berühmten zwei Tonnen schweren Stele, die 1623/1625 bei Xi'an in der Provinz Shaanxi entdeckt worden ist und heute im Bei Lin-Museum der Stadt steht, ist von Issus Sohn Adam verfaßt. Sein chinesischer Name lautet Qing Qing, und sein Übersetzungswerk beinhaltet mindestens dreißig nestorianische Texte. Im Jahr 786 bittet der indische buddhistische Missionar Prajna Adam um Unterstützung bei der Übertragung der Satparamita Sutra ins Chinesische. Das hat vermittels einer Zwischenübersetzung ins Persische oder Uigurische zu geschehen, denn Qing Qing kann kein Sanskrit, Prajna kein Chinesisch. Kaiser Dezong (779–805) lehnt das Resultat jedoch ab, vielleicht hat die Übersetzung des Nestorianers die Sutra zu sehr in die Nähe christlichen Gedankenguts gerückt.

(816 / 200 n. d. H.)   Ibrahim Adham Balkhi ist einer der bekanntesten Bürger der Stadt, und jetzt hat er die Darstellung der Erde in Ordnung gebracht. Aufmerksam folgen die Gäste des *chaikhana* den Ausführungen des Kartographen. Süden sei oben auf dem Blatt und der dunkle, parallel zur Mittelachse der Karte liegende Balken da der Nil. Wie man sehe, ende er am Gebirge Äthiopiens, welches er als sich auftürmenden Pilz wiedergegeben habe. In die andere Hälfte des Weltkreises habe er die Wüsten und Gebirge Mawarannahrs eingezeichnet, sowie den Aral-See und das Kaspische Meer. Der schmalere dunkle Balken stelle den Persischen Golf dar, offen zum Indischen Ozean, und in diesen hinein habe er als kreisrunde Flecken die bekannten Inseln Sri Lanka, Java und wie eine östlichere Inselgruppe gesetzt. Um das Ganze fließe das Band des Ozean.

Der Kartograph Ibrahim Adham Balkhi wirkt in Balkh. Im 10. Jahrhundert entwickelt sich unter Abu Zayed al-Balkhi (gestorben 934) in dieser Stadt die sogenannte Balkhi-Schule, die vier Geographen umfaßte. Die Werke der drei Anhänger Abu Zayed al-Balkhis Werke beinhalten Beschreibungen von Menschen, Erzeugnissen und Bräuchen der damals unter muslimischer Herrschaft stehenden Gegenden, und es liegen ihnen je eine Weltkarte und 23 Regionalkarten bei.

(819 / 203 n. d. H.)   Im Teehauses ist man sich einig: Gott hat den Menschen seine Allmacht gezeigt. Dies! Gerade jetzt, wo dank der Wissenschaft eine Vorstellung der Welt gewonnen ist. Das Erdbeben hat den Norden Afghanistans, von Konduz im Osten bis Sheberghan im Westen verwüstet. In Balkh ist ein Viertel der Häuser zerstört. Einen Monat später, im Juli, erreichen Händler aus Merv die Stadt und berichten, die Nachbeben der Katastrophe seien auch dort spürbar gewesen. Die Landschaft kaum wiedererkennbar. Der Wüstenstrich von Sidreh zwischen Balkh und Sheberghan infolge des Anstiegs des Grundwasserspiegels überflutet, dadurch aber das Land fruchtbar geworden. Andernorts bildeten sich gar neue Oasen.

Es handelt sich bei dieser Katastrophe um das früheste erwähnte Erdbeben im Gebiet des heutigen Afghanistan. Die Erwähnung in vielen Quellen, darunter bei Abu'Fida, Ibn al-Shihna und Ibn al-Jawzi, sowie der große Radius, in dem es spürbar gewesen ist, läßt auf eine Stärke von 7,4 auf der nach oben offenen Magnitudenskala schließen. Zum Vergleich: Die Zerstörung von San Francisco im Jahr 1906 erfolgt bei einer Stärke von 7,8 – 8,4.

(Um 850 / um 235 n. d. H.)   Ein chinesischer Reisender macht Rast in Balkh. Bei sich hat er eine literarische Neuerscheinung, die vor kurzem veröffentlichte Geschichte *Des persischen Königs Tochter* von Duan Chengshi. Der Text stößt im *chaikhana* auf reges Interesse, handelt er doch von den Ursprüngen der Stadt.

Die Geschichte findet sich in: Arthur Waley, *The Real Tripitaka and Other Pieces* (London, 1952). Duan Chengshi (803–863) ist ein Erzähler, der bei seinen buddhistischen Werken mit lehrhaftem Charakter, Geschichten mit übernatürlichen Ereignissen, indischen Vorlagen verarbeitet.

Gemäß dieser Geschichte ist das alte, in Tukhara, also in Tocharistan gelegene Balkh vom persischen König Gushtap erbaut worden, indessen innerhalb kürzester Zeit zerfallen, ohne daß der König den Niedergang zu erklären weiß.

Gushtap, auch Gostasp, ist eine Gestalt aus Ferdausis *Shahname*. Ein Sohn des Lohrasp, ist er der mythologische erste König der Perser,

Als seine Tochter Najek fragt, ob an den Außengrenzen des Reiches Feinde stünden, verneint der König mit dem Satz, der den Glauben Zarathustras annimmt und diesen im Reich verbreiten läßt. Diese Gründungslegende entspricht den von Alexander angetroffenen zoroastrischen Gepflogenheiten.

er herrsche über tausend andere Reiche, fügt aber umgehend an, das sei kein Trost, wenn hier in Tukhara nicht eine dauerhafte Gründung gelinge, an welche tausend Generationen sich erinnern könnten. Najek legt darauf dem König nahe, seine Bauleute zusammenzurufen. Sie würde ihnen den Platz zeigen, wo die erwünschte Stadt zu errichten sei. Vor dem Gang hinaus ins offene Land sticht sich Najek in den kleinen Finger ihrer rechten Hand, und während sie, zuerst nach Nordosten gehend, bis zum Abend das Land abmißt, markieren die Blutstropfen die Umrisse, nach denen Balkh dann auch gebaut wird, mit Mauern, die der Zeit standhalten und einem kleinen Teich vor den Toren, den Najek fortan als Wassergeist bewohnt.

Gott möge ihn auf seinem Weg beschützen! Ibn Hawqal sei sein Name, stellt der Neuankömmling sich den am *dashterkhan* Versammelten vor. Er wirke als Geograph und komme aus Samarkand. Südlich dieser Stadt, noch ein ziemliches Wegstück vor der ›Eisernen Pforte‹, habe er am Berg as-Sawadar ein Kloster nestorianischer Christen besucht und dort viele Mönche aus dem Irak getroffen. Sie hätten sich wegen der guten und einsamen Lage und des gesunden Klimas dort niedergelassen. Südlich von Wazkarda, dort liege das Kloster, habe er auf einer Felsflanke zudem mehrere Dutzend syrische Inschriften gesehen, von denen eine mit dem Zusatz »das Jahr 1206 Alexanders« datiert gewesen sei. Nach seiner Berechnung entspreche das dem Jahr 895/896 nach der Hidschra. Sei es nicht bemerkenswert, wie lange die Herrschaft des makedonischen Königs nachwirke, gibt er zu bedenken und fügt an, mit einem Seitenblick auf jenen, er, Alexander, würde das alte Marakanda nicht mehr erkennen. Einigen Anwesenden sei sicherlich bekannt, wenn sie es nicht bereits mit eigenen Augen gesehen hätten, daß die Stadt unweit des Hügels mit Alexanders Gründung neu erstanden und bekanntlich schnell zur Metropole angewachsen sei. Nun interessiere es ihn, ob Balkh auch dieser Kategorie von Städten zuzurechnen sei. Aber das wisse er wohl erst, nachdem er den Umfang des Stadtwalls geschätzt und die sechs Tore besucht habe.

Im *chaikahan*a ist ein zweiter Geograph eingetroffen. Er stammt aus dem Fürstentum Guzganan, das in der Balkh benachbarten Provinz liegt, und macht nicht viel Aufhebens um seine Person. Wenn sein Name im größer gewordenen Kreis des *chaikahan* verlorengeht, dann darum, weil der Geograph vor allem der Neugierige ist im Raum, nicht müde wird, die Geister der Einheimischen zu Bemerkenswertem im Umland und auch die sich aufwärmenden oder rastenden Fernreisenden systematisch zu ihren Herkunftsländer zu befragen, die Distanzen der Streckennetze, die Reisezeiten zwischen Städten und Dörfern, die darin vorhandenen Bauwerke sowie die Wesenszüge der Einwohner und deren Tätigkeiten zu

(Um 970 / um 359 n. d. H.)

(Vor 982 / vor 372 n. d. H.)

ergründen. Die Informationen, zusammen mit solchen über Wüsten und deren gefürchtete Sandöden, über Flüsse und Berge und die Minen und Tiere, die darin vorkommen, sowie anderes mehr, will er in einem kolossalen Werk versammeln. Als Titel habe er sich schlicht und einfach *Die Regionen der Welt* ausgedacht, und weil er, sagt der Geograph, ein eifriger Stubengelehrter sei, würde er von Balkh auch nicht in die Ferne der Welt ziehen, sondern nach Guzganan zurückkehren, um dort als Versammler möglichst aller ihrer Orte und Plätze seine Arbeit voranzutreiben.

Im *Hudud-al Alam* (372 n. d. H. / 982 n. u. Z.), dem ersten persischsprachigen geographischen Werk, wird zum ersten Mal in einer islamischen Quelle auch die Bezeichnung 'Afghanistan' erwähnt.

Aus einem kleinen Dorf bei Termez, dem nördlichen Kopf der über den Jayhum, den Oxus der Antiken, führenden sowjetischen *Friendship Bridge* kommt Naser-e-Khosrou. Der Pilger – möge Gott sich ihm zuwenden – hat ein Gelübde abgelegt und seine irdischen Güter veräußert, bevor er sich auf den *Hajj* begeben hat. Morgen wolle er gleich weiter nach Sheberghan, dann über Merv und Sarakhs nach Neyshabur und von dort auf den Karawanenstraßen, die, wie jeder weiß, auch als Routen der Pilger fungierten, die *qibla* weise ja die Richtung durch die leeren Wüsten Persiens und noch leereren Arabiens, nach Mekka – *Inshallah*.

(1202/03 / 598/9 n. d. H.)

Im Teehaus beschäftigt der kulturelle Austausch zwischen Ost und West, das Aneinandervorbeifließen und Durcheinanderfließen von Ideen und Bildern die Gäste, und in diesem Zusammenhang sieht sich Alexander plötzlich in das China der Südlichen Song (1126–1279) versetzt, und zwar zur Zeit der Regierung Ningzongs (1195–1224). In diesem China kommt es nicht nur aufgrund von Verbesserungen der Drucktechnik zu einer großen Verbreitung günstig zu erstehender Kopien der Klassiker wie auch populärer Literatur, sondern die Kunst erreicht in der Malerei später nie mehr erreichte Höhen. Die Spur des Pinsels wird wichtiger als die Farbe, und folglich sind monochrome Darstellungen beliebt, deren Szenen den *connaisseur* beim Rollen der Bilder einladen, die Landschaft selbst zu betreten. In der bilderlosen Welt des Islam neidet man den Chinesen diese wunderbaren Werke. Fernhändler berichten von ihnen, so auch der 1141 (im heutigen Aserbaidschan) geborene beliebte persische Dichter Nizami. Von 1196 bis kurz vor seinem Tod in diesem, Jahr, von dem nun Kunde nach Balkh gedrungen ist, hat ihn, heißt es, sein größtes Werk beschäftigt, das *Iskander-name*, das *Alexander-Buch*. Darin soll er immer wieder auf die chinesische Welt als Quelle seiner Vorstellungen zu sprechen kommen, vor allem aber habe er in einer Szene den in Beijing zu Besuch weilenden Alexander den Großen und den Kaiser Chinas als Juroren bestellt in einem Künstlerwettstreit zwischen einem einheimischen und einem griechischen Maler.

(Um 1218 / um 613 n. d. H.)

Daß schwierige Zeiten anstehen ist niemandem klarer als Alexander und Kanishka. Ihnen ist nicht verborgen geblieben, daß visionäre machtpolitische Entwürfe kleinmütigen dynastischen Zerwürfnissen gewichen sind, welche den unter ihrer Krone geeinten Raum zusehends fragmentieren. Aber auch Zhang Qian und Qutaybah ibn-Muslim, die beiden Generäle, vermissen in Zentralasien eine souveräne ordnende Hand.

Angesichts der instabilen politischen Lage will Bahauddin seine Familie wegbringen. Es ist deshalb ein endgültiger Abschied. Die Stellung Bahauddins als bekannter Prediger und Richter – im Teehaus weiß man, daß ganz Balkh den heiligen Mann unter dem Zunamen 'Glanz der Religion' kennt – gefährdet die Familie zusehends. Jeder kann die Entscheidung, fortzugehen nachvollziehen, und wie diese Persönlichkeit denkt insgeheim vielleicht noch mancher Vater in der Stadt, auch wenn er sich von seinem Sohn nicht so viel versprechen kann, wie Bahauddin sich vom 1207 geborenen Dschalaluddin Rumi.

Im östlichen Vaksh-Tal, jenseits des Jayhum, hoffe er, Sicherheit vor den Mongolen zu finden, informiert Bahauddin. Beunruhigende Kunde sei aus dem Gebiet der Uiguren zu vernehmen, dringe nach Mawarannahr, zumeist auf

Dschalaluddin Rumi (gest. 1273) ist einer der bedeutendsten islamischen Mystiker und Meister der persischen Lyrik. In Konya in der heutigen Türkei trifft er den geheimnisvollen Wanderderwisch Schamsuddin. In diesem offenbart sich Rumi Gott selbst, und ihre Begegnung inspiriert ihn zu ekstatischer Liebesdichtung, die im mehr als 3000 Ghaselen und rund 2000 Vierzeiler umfassenden *Diwan* versammelt sind.

der am Issyk Kul vorbeiführenden Route der Seidenstraße. Die Mongolen hätten unter ihrem neuen Anführer Dschingis Khan ihr Auge auf Otrar geworfen. Infolge der törichten Provokation des dortigen Stadthalters des Sultans von Choresmien würde noch ganzen Landstrichen Vergeltung drohen.

Der Gehetzte, der sich unter die Menge im *chaikhana* drückt, ist der Sultan von Choresmien, Muhammad II. Ala ad-Din. Kaum einer hat Verständnis für das Leid, das er beklagt und doch selbst verschuldet hat. Knapp aus Buchara entkommen, zusammen mit den Söhnen überstürzt nach Karshi geritten, zur Oase von Nakshab, einem formidablen Lagerplatz – Alexander kennt die Stelle –, mit dem letzten Trupp seiner dezimierten Streitmacht endlich nach Balkh gelangt ... Der Sultan scheint zu sich selbst zu sprechen. Als ein Kundschafter berichtet, das mongolische Heer habe an einem einzigen Tag den Jayhum überquert, horcht Alexander auf, denn dabei zu Einsatz gekommen seien luftgefüllte, mit Stäben aufgespannte, sonst über den Sätteln liegende Ledersäcken, in welche die Waffen der Mongolen gepackt gewesen seien.

(Winter 1219/1220)

Sultan Muhammad ist auf und davon – das mächtige Merv scheint ihm sicherer als Balkh –, als der Gehilfe des Wirts des *chaikhanas* vom Basar zurückkommt. Das Gerücht ginge um, die Stadt plane, eine Delegation ins mongolische Lager hinauszuschicken. Banli, so heißt Balkh zur Zeit, wolle sich unterwerfen. So gebe es Hoffnung, totale Zerstörung und Massaker zu vermeiden, zumal die beiden mongolischen Kommandanten in größter Eile seien, den fliehenden Sultan gefangenzusetzen.

Aber die Hoffnung erfüllt sich nicht. Ein mongolischer Befehlshaber übernimmt die Stadt. Dann kehren die Reiterscharen zurück, legen Balkh in Schutt und Asche. Wüten, bis die letzten Bewohner – unter Haufen von Leichen haben sie sich versteckt gehalten – entdeckt und erschlagen sind. Auf Balkh folgt Herat. Die Stadt belagert Iltchi Kadai. Nach sechs Monaten, am 14. Juli 1222, fällt sie. Sieben Tage später ist der letzte Bewohner tot. Nach ein paar Wochen kommen die Mongolen zurück, stoßen auf 2000 elende aus den Trümmern hervorgekrochene Seelen und löschen sie aus. Unterdessen durchkämmt Dschingis Khan den Hindu Kush zwischen Peshawar, dem Tor nach Indien, und Bamiyan. Bei der Belagerung der buddhistischen Stadt tötet die vergiftete Pfeilspitze eines Verteidigers seinen Enkel Moatugin. Der Großkhan verbietet dem Vater die Trauer und befiehlt seinen Truppen, die Mauern zu berennen, bis die Pilgerstadt fällt. Von diesem Tag an stehen die großen Buddhas wie Hüter ohne Schafe in ihren aus der Felsenwand geschnittenen Schattenbögen. Es ist das Ende des buddhistischen Bamiyan.

(22. September 1222)   Spätabends berichtet ein Ansässiger den Gästen des Teehauses, er habe draußen in der Ebene einen alten, von mongolischen Reitern beschützten taoistischen Mönch angetroffen. Man habe sich kurz unterhalten können. Der daoistische Mönch aus Shandong, Chang Chun sei sein Name, habe sich gewundert, aus den Ruinen von Balkh, welches ihm unter dem Namen Banli bekannt sei, nur das klägliche Gebell von Hunden zu vernehmen. Da habe er dem heiligen Mann die traurige Wahrheit sagen müssen, daß nämlich die Bevölkerung wegen ihrer Rebellion gegen den Khan deportiert worden sei. Der Mönch habe leider seiner Einladung, zur Runde am *dashterkhan* zu stoßen, nicht annehmen können. Nach einer in Samarkand verbrachten Sommerpause habe ihn Dschingis Khan zur Fortsetzung der Lehrgespräche zurückbeordert. Chang Chun hoffe, fährt der Ansässige fort, bald zum Heer zu stoßen, um es auf dem Rückweg in die Mongolei zu begleiten.

(1272)   Seit Alexander ist keiner von so weit westlich nach Balkh gekommen wie die zwei eben eingetroffenen Teilhaber einer *fraterna compagnia*, bei der es sich um das in Venedig ansässige Familienunternehmen der Polos handelt. Die Brüder Marco und Maffeo Polo stellen sich als alte Zentralasien-Kenner vor.

Die Familie Polo besitzt ein Haus im Krim-Hafen Soldaia, einem Umschlagsplatz italienischer Händler. Von dort brechen die beiden um 1260 in das Khanat der Goldenen Horde auf. Die Wiedereroberung Konstantinopels durch die Allianz zwischen Michael Palaeologus, dem griechischen Herrscher von Nikae, und den Genuesern, die darauffolgenden Racheaktionen gegen die Venezianer und der Krieg zwischen der Goldenen Horde und dem Il-Khanat von Persien verunmöglicht ihre Heimreise und zwingt sie zu einem dreijährigen Aufenthalt in Buchara. Aufgefordert von einer Gesandtschaft des Il-Khans Hulagu, sie an den Hof des Großkhans zu begleiten,

Auf der gegenwärtigen Reise seien sie unterwegs zur Residenz von Dschingis Khans Enkel Qubilai Khan in Clemeinfu, auch bekannt als Shangdu oder Xanadu, reisten mit dem offiziellen Segen und für Qubilai Khan bestimmten Briefen des neu gewählten Papstes Gregor X. Marco, Niccolos Sohn, begleite sie. Der Siebzehnjährige sei jedoch in

Persien krank geworden. Man habe deshalb beschlossen, in Balkh eine Pause einzulegen; so könne der Junge wieder Kräfte sammeln.

Die Wärme des *chaikhanas* macht Marco schläfrig. Sein Kopf ruht an der Schulter des Vaters, der versucht, Zhang Qian Auskünfte über die Produkte im südlichen China abzupressen. Das Geraune im Raum, vornehmlich Persisch und Türkisch, die beiden *lingua franca* der Seidenstraßen vor der Grenze Chinas, rückt immer weiter weg, bis es schließlich ganz erstirbt. Um diese Tageszeit, es geht bereits gegen Mittag, fällt die Sonne durch das Fenster im vorderen Teil des *chaikhana*. Die harten Kontraste bringen die Gesichter der Gäste zum Verschwinden. Langsam, fast pantomimisch wirkt auf Polo das Zusammenrücken am *dastarkhan*, das Schuhabstreifen Neuankommender, deren Niederkauern, das Umschichten der Kissen. Marcos Augen blinzeln, als sie in den ausfächernden Lichtbahnen den schwebenden Tanz der Staubpartikeln verfolgen und zuletzt hängenbleiben am kupfrigen Schimmer am Hals einer Wasserpfeife.

besuchen die beiden 'blonden hellhäutigen Lateiner' Qubilai Khan (1260–1294). Der 'Oberste Herrscher aller Tartaren' befragt sie zur politischen Lage in Europa und dem Papsttum und verfaßt Briefe an den Heiligen Vater in Rom, in denen er um die Entsendung einer Hundertschaft von Lehrern der wichtigsten im Westen geübten Disziplinen erbittet, sowie um Öl der Lampe der Grabeskirche in Jerusalem.

Die Gebrüder Polo kehren 1269 nach Venedig zurück. Aber das Interregnum zieht sich in die Länge, und weil kein Papst gewählt wird, entscheiden sich die Polos 1271, dem Großkhan Bericht zu erstatten. Auf diese Reise nehmen sie Niccolos Sohn Marco Polo mit. Im Heiligen Land beschaffen sie das verlangte Öl und erhalten in Akkon vom dort residierenden Erzbischof Tedaldo Visconti, der eben zum Papst (Gregor X.) berufen worden ist, den offiziellen Segen für ihre Mission, denn in Europa erhofft man sich in dieser Zeit die Rettung Jerusalems vor den Mameluken immer mehr durch eine Allianz mit den sich im Innern Asiens versammelnden mongolischen Kavallerien.

Marco Polos Traum bevölkern Reisende, welche nach China wollen oder von dorther kommen, dem Ziel von Vater und Onkel.

Das erste Gesicht gehört dem von den Azoren gebürtigen jesuitischen Missionar Benedict Goës. Ihm folgt John Wood, Leutnant in Britisch-Indien, der ausführlich vom Victoria-See erzählt, auf den der Venezianer am oberen Ende des Wakhan-Korridors stoßen werde. Dann verwandelt sich Woods Gestalt in jene von Song Yun, des im Jahr 518 den Pamir und den Hindu Kush überquerenden und 520 Gandhara, das Tor nach Indien, erreichenden Vorgängers von Xuan Zang, und die Augenlider des Träumenden zucken. Die Spekulationen des Pilgermönchs über im See gesichtete Ungeheuer scheinen Polo zu bedrücken. Deshalb schiebt der Mönch rasch Fakten nach betreffend Kashgar und den Weg dorthin, welche den Polos dienlich sein dürften in den Tälern unter der Eiskappe des Muztag Agha, nach dem Abstieg vom Victoria-Lake, wo sie den von Pakistan heraufkommenden ›Karakoram-Highway‹ nicht verfehlen können, der sie in nördlicher Richtung nach Kashgar bringen wird. Kashgar, das flüstern andere von dort heraufkommende Schemen dem Träumer zu, habe sich in den letzten Jah-

Dazu Buch X, Zwei Missionare am Tor und der gefrorene See.

Dazu Buch IX, Die Verabschiedung von Kashgar.

ren gewaltig verändert. Der Ruf des Muezzin ertöne zwar noch, aber wie lange sei nicht abschätzbar. Es gelten auch die Zeiten der täglichen Gebete. Sonst bestimme aber Beijing die Zeit in der Uigurischen Autonomen Region Xinjiang. Seit die Amerikaner in Afghanistan militante Uiguren festgenommen hätten, könnten sich die Chinesen glattweg über jede Kritik an ihrer Unterdrückung dieser zuweilen renitenten muslimischen Minderheit hinwegsetzen, wobei diese ja jahrhundertelang eine Mehrheit gewesen sei in dieser Region. Nebst chinesischen Migranten würde den Polos indessen noch eine ganz andere Gruppe von Fremden auffallen, schiebt Song Yun nach. Dies seien, genau wie er, Marco, junge Reisende aus dem Westen. Im Gegensatz zu ihm, dem Venezianer, verfügten jene indessen nur über knapp bemessene Zeit. Würden in Sandalen aus schwarzem Hartgummi und gekleidet in farbige *outdoor*-Hosen, Leibchen, auf denen schwer zuzuordnende Bekenntnisse stünden – *Can You Hear?*, *Department for Correction*, *Exodus* oder *Southpole Urban Active* –, und Gilets aus Faserpelz, in wenigen Wochen ganz Asien durcheilen. Andere und besser betuchte Reisende wiederum kämen mit dem Flugzeug, manche unter ihnen direkt aus Hongkong und jene dann zumeist, um Teppiche aus Turkestan zu erstehen, im Glauben die seien in Kashgar günstiger als in Buchara oder Samarkand. Da die Kommissare während der zaristischen Aufschließung Zentralasiens die wertvollsten Stücke nach Sankt Petersburg abgeschleppt hätten, sei davon auszugehen, daß man in Hongkong ganz einfach 'echte Kopien' wolle. Polos Vater und Onkel würden staunen, daß Geschäfte anstelle von Kaufleuten mit Kenntnis von Käufern ohne solche getätigt würden! Doch nun müsse er weiter, raunt General Ma, in den sich Song Yun unterdessen verwandelt hat. Polo wolle ihm seine Eile verzeihen und bitte, ihre Begegnung zu verschweigen. Er habe seinen Traum eines Dongan-Reichs in Xinjiang begraben. Das britische Konsulat habe ihm Unterstützung versagt. Er werde nun über den Paß von Irkeshtam in die SSR Kirgistan zu entkommen suchen. Hoffe, bei Stalin als Kavallerie-Offizier der Roten Armee unterzukommen. Das sei zwar unter dem Niveau von Dschingis Khan, Napoleon, Bismarck und Hindenburg. In deren Reihe hätte er sich gern gesehen.

Als er aufwacht, ist Marco Polo betäubt vom Wegstück, das ihm in Wirklichkeit noch bevorsteht.

General Ma (um 1910–1938?), von den Nationalisten hofierter muslimischer Dogan-Warlord aus Gansu, hegt den ambitiösen Plan, in Xinjiang ein eigenes Herrschaftsgebiet zu errichten. 1931 taucht er mit seiner Kavallerie in Xinjiang auf, um die bereits im Gang befindliche, gegen die chinesische Oberherrschaft gerichtete Hami-Revolte anzuführen. Dabei gerät er ins Visier der Sowjetunion, denn Stalin vermutet, Mas Dongan-uigurische Verbände seien eine heimliche Front der Japaner – tatsächlich hat Ma zwei japanische Berater – mit dem Ziel der Aufwiegelung der zentralasiatischen Bevölkerung gegen Moskau. 1934 kommt es zu einem Gefecht mit der Roten Armee, in dessen Verlauf möglicherweise auch Giftgas versprühende Bomber eingesetzt worden sind. Die Tarim-Revolte – daran beteiligt sind erstens die Dongan, die zwar den nationalistischen Gouverneur in Ürümqi, der sich durch einen illegalen Handelspakt mit der Sowjetunion verbündet hat, loswerden wollen, aber der Guomindang in Nanjing gegenüber loyal sind; zweitens die Uiguren, welche die Dongan aus ihrem Territorium verdrängen wollen, um sich von China abzuspalten; sowie drittens die Kirgisen des Tian Shan, die Landgewinne anstreben – bringt Ma noch im gleichen Jahr nach Kashgar. Nicht lange nachdem er die Hauptstadt

Vierundzwanzig Jahre wird es dauern, bis er seinen Fuß wieder auf die Marmorplatten der Piazza San Marco in Venedig setzen kann – unter den im Jahr 1176 aufgestellten, von Seefahrern der Republik in Syrien geraubten zwei Säulen mit dem Namen San Marco und San Teodoro. Dann wird er ein- oder zweiundvierzig sein, und man wird das Jahr 1295 des Kreuzes und das Jahr 694 nach der Hidschra schreiben. Das Haus des Islam, *Dar ul-Islam*, wird im Westen zwar bis an den Atlantik reichen, aber der größte Teil Iberiens mit Toledo und Córdoba ist an die christliche Reconquista verloren. Die Nasariden halten seit 1230 Südspanien. Ihr Nachbar in Marokko ist die Dynastie der Mariniden.

Drei Jahre nachdem Marco Polo zusammen mit Vater und Onkel Balkh verlassen hat, um den Weg an den Hof Qubilai Khans fortzusetzen, weilt der nestorianische Mönch Rabban Sauma in der Stadt. In umgekehrter Richtung wie der Venezianer bereist er Eurasien auf dem Netz der Handelsstraßen. Seine Reise erfolgt aber nicht aus kaufmännischem Antrieb, sondern ist eine Pilgerfahrt ins Heilige Land.

Er hoffe, läßt Rabban Sauma die um das *dasterkhan* Versammelten wissen, die politischen Umstände unterwegs würden das Vorhaben nicht zum Scheitern bringen. Es sei aber auch denkbar, daß sie ihn noch weiter westwärts verschlagen könnten, bis in die großen Städte Europas. Vorerst jedoch sei es gut, in Balkh zu sein. Im Kloster in Ostchina, wo er wirke, habe er viel gehört über diese Stadt, die ja seit dem 7. Jahrhundert Amtssitz eines Metropoliten ist und Wegstation nicht nur seiner früheren nestorianischen Glaubensbrüder aus Ostsyrien, sondern auch der Juden, die alle über Balkh den Weg nach China gefunden hätten. Vor ihm lägen nun Merv und Herat, ihrerseits Stationen der östlichen Ausbreitung der beiden Buchreligionen.

Aus dem marokkanischen Tanger stamme er, stellt sich Ibn Battuta vor, und fügt gleich an, seine als *Hajj* begonnene Fahrt nehme immer mehr die Form einer eigentlichen Weltreise an, wobei diese sehr umwegreich sei, läge doch auch Balkh, ebenso das zuvor besuchte

der am 12. November 1933 ausgerufenen *Turkish-Islamic Republic of Eastern Turkestan (TIRET)* den Uiguren entrissen hat, muß er sich jedoch über die chinesisch-sowjetische Grenze absetzen. Ma, 1936 noch in Moskau gesichtet, wird mutmaßlich zwei Jahre später auf Stalins Befehl hingerichtet.

(1275)

Im Verlauf seiner von der Küste des Gelben Meers über das Mittelmeer zum Atlantik führenden Ost-West-Reise – der ersten eines namentlich bekannten Reisenden der Geschichte – kommen der aus der Gegend von Khanbalik, dem heutigen Beijing, stammende Nestorianer Mönch Rabban Sauma (1225–1294) und sein Begleiter Marcos letztendlich nicht nach Jerusalem. Indessen empfängt sie Papst Nikolaus IV., in Paris der französische König Philipp IV. sowie 1287 auf seinen aquitanischen Besitzungen in Bordeaux der englische König Edward I. Auf dem Rückweg überbringt Rabban Sauma dem Il-Khan von Persien einen auf Anfang August 1288 datierten Brief des Papstes, in dem jener den Übertritt der Mongolen und Nestorianer zum Christentum empfiehlt. Rabban Sauma stirbt im Januar 1294 in Bagdad, einen Monat vor dem Tod von Qubilai Khan. Sein Journal edieren Glaubensbrüder, die im Eifer alles wegfallen lassen, was nicht religiöse Fragen betrifft.

(Um 1330)

Der Pilger und Gelehrte Muhammad Ibn Battuta legt auf seiner dreißig Jahre dauernden Reise in den Vorderen Orient und Zentralasien, nach Sri Lanka und China mutmaßlich mehr als 120 000 Kilometer zurück und wird so wahrscheinlich zum am weitesten gereisten Menschen seiner Zeit.

Astrachan, nicht gerade an der direkten Route zur indischen Ostküste. Die Gäste glauben bei Ibn Battuta eine leise Niedergeschlagenheit wahrzunehmen, die von dessen morgendlichem Ausflug herzurühren scheint. Und sie haben recht mit ihrer Vermutung. Die Malereien aus Lapislazuli an den noch erhaltenen Moscheen und Medresen hätten ihn nicht über den Verlust eines Drittels der Moscheen hinwegtrösten können, klagt Ibn Battuta – Gier und Plünderungswut des »elenden Dschingis Khan«! Dessen beide Kommandanten, informiert man Battuta, hätten eben gehofft, unter einer der Säulen den verborgenen Schatz zu finden, den die Gattin des Stadthalters Daud Ibn Ali, des damals von den Abbasidenkalifen über Balkh eingesetzten Verwalters, für Notfälle gestiftet habe. Ob er, Battuta, aber außerhalb der Stadt den Schrein des Okkascha Ibn Mihsab besucht habe, eines Gefährten des Propheten? Battuta bejaht – Gott segne ihn und schenke ihm Frieden. Ein glücklicher Mensch! Ohne das Jüngste Gericht abwarten zu müssen, direkt ins Paradies zu fahren!

(1342)

Aus Kandahar und Herat nach Balkh gekommene Händler haben gehört, ein Autor namens Safi habe soeben eine *Geschichte Herats, Tarikh-e Herat*, veröffentlicht. In Safis Werk, habe man gehört, würde das zwischen Kandahar und Herat liegende Gebiet als räumliche Einheit vorgestellt und trüge als solche erstmals das Toponym 'Afghanistan'. Der schnell gefundene Konsens nachfolgender Erörterungen am *dastarkhan* geht dahin, daß Balkh also noch außerhalb der vom Hindu Kush ausgehenden zentrifugalen Machtverhältnisse liege.

(1360/1365)

Zuweilen reitet der neue Gebieter von Balkh am *chaikhana* vorbei. Es ist Emir Husayn, einer der sich gegenseitig befehdenden nomadischen Fürsten, die seit der Auflösung des mongolischen *ulus* Chaghatai Anarchie über Mawarannahr gebracht haben. Unlängst hat er eine Allianz mit Timur geschlossen. Jener will den Zwistigkeiten in Mawarannahr ein Ende setzen und das Land von der Plage der Moguln befreien. Aber nachdem Husayn ihn in einer Schlacht gegen die Moguln im Stich gelassen hat, weiß Timur, daß die Loyalität des Verbündeten brüchig ist, daß Mawarannahr zwar groß, aber nicht groß genug ist für zwei ambitionierte Herrscher. Er sichert sich die Unterstützung der Chefs der *obogh*, der Clanverwandtschaften, gewinnt Beliebtheit unter den Händlergruppen wie auch bei den Derwischen, und im Heer, bei den *bahadurs*, den Schwertkämpfern, ist er bald ein vorbildhafter Held. Husayn hingegen preßt die Bevölkerung aus. Die Kosten der Zitadelle von Balkh, die er gerade bauen läßt, sind enorm. Die Offiziere haben das gemerkt, denn der Fürst ist weniger spendabel als zuvor. Abgesehen davon befremdet sie aber schon die Idee der Festung. Jede Form von Seßhaftigkeit ist im Verständnis der Nomaden ein provokativer Akt, zudem einer, der individuellen, dem Grundsatz des gemeinsamen Einverständnisses der Stämme widersprechenden Machtanspruch unterstreicht.

Draußen in der Ebene vor der Stadt schlagen sich die verteidigenden Streit- (1370)
kräfte Husayns mit jenen des Angreifers Timur. Balkh fällt in kürzester Zeit.

Emir Husayn wird in seinem Versteck, im Schneckengang eines Minaretts entdeckt, versucht mit Perlen seine Freiheit zu erkaufen. Wenig später beendet einer
von Timurs Stammesführern das Leben des Sultans.

Am 9. April, der Staub der zweiten Zerstörung von Balkh steht noch in der
Luft, krönt sich der vierunddreißigjährige Timur eigenhändig zum Herrscher von
Chaghatai. Dieses Ereignis nun ist für Alexander der Anlaß, vom *dastarkhan* aufzu-
stehen und auf den Platz zu gehen. Zhang Qian und Kaniskha, die ihn begleiten,
entgeht nicht, daß der makedonische Welteroberer mit dem *déja-vu* ein kleines Problem zu haben scheint, und sie vermuten, daß er dem neu auf den Plan getretenen
Welteroberer diese Krone neidet, daß er
fürchtet, da könnte bestimmt noch ein
Dutzend, wenn nicht zwei dazukommen.

Alexander täuscht sich nicht. Alles
was man in den kommenden Jahren
vernimmt, bestätigt ihn. Im Lauf der
Feldzüge Timurs zwischen 1380 und
1402 widerfährt Balkhs Schicksal auch
Aleppo, Bagdad, Bursa, Kairo, Izmir,
Damaskus, Delhi, Herat, Isfahan, Urgench, Shiraz, Tbilisi. Konstantinopel vernimmt angsterfüllt Timurs Eroberungsruf. Ein Glück, daß Timur, der Herrscher der
Gebiete zwischen Irtish, Wolga und dem Persischen Golf, zwischen dem Ganges und
Kleinasien keine einzige Galeere befehligt, die ihn über den Bosporus und das Gol-
dene Horn tragen könnte. Statt sich aber zum Schutz Europas in einer Allianz mit
Byzanz zu verbünden, suchen Europas Herrscher jeder für sich Kontakt mit Timur
und entsenden zu diesem Zweck Botschafter ins ferne kosmopolitische Samarkand.

Weil er in der Funktion eines solchen unterwegs ist, begrüßt die Abord- (18. August 1404)
nung der Stadt Balkh Ruy Gonzales de Clavijo mit großer Ehre und bewirtet
ihn reichlich, besonders mit köstlichem Wein.

Man erfährt, daß er, ein Gesandter König Heinrichs III. von Kastilien und
León, und seine beiden Begleiter, der Mönch Alfonso Paez und der königliche
Wachmann Gomez de Salazar, vor fünfzehn Monaten in Cádiz, am 'Westlichen
Meer' (dem Atlantik), aufgebrochen seien. Ihre Hoffnung, Timur im Winterlager
am Kaukasus zu treffen, habe sich aber nicht erfüllt. Jener sei bereits nach Tschetschenien weitermarschiert, um das Heer des hinterhältigen
Toktamish zu stellen. Wegen einem Schiffsbruch am Bo- Dazu Buch IV, *Globalisierer aus dem Herzland.*
sporus hätte die Delegation in Konstantinopel vier Monate verloren, während Timur
zwischenzeitlich über Trapezunt und Persien nach Samarkand zurückgeritten sei.

Siebenundzwanzig Kronen wird Timur im Lauf seines langen Lebens mit seinem Haupt verbinden. Sharaf ad-din Ali Yazdi (?-1454),
einer der größten persischen Historiker, Verfasser des *Zafarname*
und enger Vertrauter des dritten Timuriden-Sultans Shah Rukh
(1405–1447) sowie dessen Sohns Mirza Ibrahim Sultan, wird um
1442/1443 Berater des in Qom residierenden Gouverneurs für das
Gebiet Irak. In Timurs Aufstieg sieht er eine göttliche Fügung, die
dem asiatischen Reich eine milde Regierungszeit bescheren wird,
und spekuliert, Gott selbst werde jeden vernichten, der sich der
Oberherrschaft Timurs widersetzt.

Hartnäckig seien sie ihm auf der Spur geblieben. Jetzt, in Vaeq, in der Sprache der Kastilier die korrumpierte Form des gebräuchlichen Namens Valq, seien sie froh, die letzte Etappe ihrer beschwerlichen Reise nach der timuridischen Hauptstadt in Angriff zu nehmen.

Abends, nach dem offiziellen Empfang, kommt Clavijo doch noch ins *chaikhana*, und weil unterdessen alles Wissenswerte über ihn in Erfahrung gebracht worden ist, lassen die Gäste ihn ungestört die Beobachtungen des Tages im Journal notieren:

»Diese Stadt ist sehr groß und von einem breiten Schutzwall aus Erde umgeben, der oben dreißig Schritte dick ist. Die Stützmauer an der Seite des Erdwalls ist jetzt an vielen Stellen durchbrochen, aber innerhalb dieser letzteren ist die eigentliche Stadt von zwei Mauern, eine innerhalb der anderen, umgeben, und diese schützen die Siedlung. Das Gelände zwischen dem äußeren Erdwall und der ersten Innenmauer ist nicht von Häusern besetzt und niemand wohnt dort, vielmehr ist der Boden in Felder aufgeteilt, auf denen Baumwolle angepflanzt wird. Im Zwischenraum zwischen der zweiten und innersten Mauer stehen Häuser, aber auch dieser Teil ist nicht sehr dicht bewohnt. Der innerste Kreis der Stadt hingegen ist sehr dicht bevölkert, und im Unterschied zu den andern Städten, in die wir in dieser Gegend kamen, sind die Innenmauern von Balch äußerst stark und bisher noch in sehr gutem Zustand«

(Ruj Gonzales de Clavijo, *Embassy to Tamerlane 1403–1406*)

(1414–1415)   Nicht Balkh schreibt Chen Cheng in sein Journal, als er hier Station macht, sondern Balahei.

Zhang Qian ist erfreut über die Durchreise des chinesischen Landsmanns, denn jener weiht ihn ein in seine Absicht, nicht nur einen genauen Bericht über Herat zu verfassen, sondern im Rahmen seines geplanten Werks *Yiyu fanguo zhi* auch die phonetische Umschreibung des persischen Vokabulars zu versuchen. Beides würde dem Verkehr und den Kontakten zwischen Ost und West nur dienen und anderthalb Jahrtausende nach Zhang Qians eigenem Vorstoß in die Region sowie sechseinhalb Jahrhunderte nach dem Debakel der Tang bei Talas Chinas Befassung mit den ›Westlichen Regionen‹ fortsetzen.

(1419)   Knapp ein Jahrzehnt nach dem leichten Erdbeben von 1410, das in Balkh nur wenige Schäden hinterlassen hat, reiten sechs Gesandte aus Herat, begleitet von einer

Hafiz-i-Abru (geb. 1430) erwähnt die Mission in seiner 1423 begonnen Universalgeschichte *Aubdatu't-Tawarikh*, die, von Shah Rukh in Auftrag gegeben, bei Adam beginnend bis in dessen eigene Zeit reichen soll.

halben Tausendschaft, in die Stadt. Die Vorhut hat sie über die illustre Zusammenkunft im *chaikhana* unterrichtet und bald vernimmt diese, daß es sich beim

Troß um eine diplomatische Mission mit Tributgeschenken für den Hof der 1368 in Beijing an die Macht gekommenen Ming handelt. Deren Bezwingung hat, wie man sich erinnert, Timur noch im Sinn gehabt. Aber sein Tod am Syr Darya, 1405, zu Beginn des chinesischen Feldzuges, hätte das verhindert. Es sei fast eine Ironie der Geschichte, daß sie nun Timurs Sohn Shah Rukh, seit diesem Jahr Gebieter von Herat, in die chinesische Hauptstadt schicke. Sie hofften, im Sommer des kommenden Jahres die von »Götzendienern«, damit seien die Buddhisten gemeint, bewohnte Oase Turfan in Tarim-Becken zu erreichen und spätestens 1422 wieder aus der chinesischen Hauptstadt in Khorasan zurück zu sein.

Unter der langen Regierungszeit (1409–1447) des vierten von Timurs Söhnen genießt Mawarannahr eine Periode der Ruhe. Als frommer Muslim und leidenschaftlicher Verehrer der iranischen Kultur macht Shah Rukh aus Timurs zentralasiatischem Staat ein orthodoxes islamisches Sultanat, dessen Zentrum Khorasan ist. Anstelle von Samarkand wird Herat Reichshauptstadt. Mawarannahr und das Juwel Samarkand legt Shah Rukh seinem Sohn Ulugh Beg in die Hände.

Aus Samarkand nach Balkh gekommene Kaufleute berichten vom wunderbaren dortigen Observatorium, das Timurs Enkel Ulugh Beg Mirza, Sohn von Shah Rukh und nominell Herrscher über Mawarannahr, vor knapp zwei Jahrzehnten habe errichten lassen. Da Ulugh Beg aber nicht nur ein guter Herrscher sei, sondern eben auch ein Gelehrter, habe er selbst astronomische Tabellen erstellt. Deswegen würden sie ihn, wenn auf Samarkands überkuppelten Basar vom Herrscher die Rede ist, gern als Astronomen-König bezeichnen. Das Observatorium sei erdbebensicher, heißt es. Das in Grade und Minuten eingeteilte Segment eines riesigen Sextanten, den keiner von ihnen je zu Gesicht bekommen würde, befände sich in einer ausgemauerten, in den anstehenden Felsen eines Hügels gehauenen Rinne. Die Wände des Gebäudes würden von Malereien bedeckt – Naturszenerien und die sieben Körper der Himmelsmechanik! Das Observatorium sei mutmaßlich das bestausgerüstete seiner Art in der ganzen Welt. Keinen würde es erstaunen, wenn der Hofastronom des fernen westlichen Königreichs »Inghiltrah« noch Jahrhunderte später für seine Berechnungen auf die in Samarkand hergestellten Tabellen zurückgreifen würde.

(1447–1449)

Die Timuriden-Familie ist weitverzweigt und nährt viele sich bekriegende, rebellierende Rivalen. Herat blüht unter Sultan Husayn Mirza, auch er ein Abkömmling Timurs, und in Balkh regiert Husayns Sohn Badiuzzaman Mirza. Hier berichten die über den Sabzak-Paß aus Herat kommenden Karawanenführer vom weltlichen, teils sogar vergnügungssüchtigen Treiben, das in jener Stadt heimisch geworden sei. Es gäbe Widder- und Hahnenkämpfe und sogar Taubenfliegen. In Balkh kann man solchen Berichten kaum Glauben zu schenken. Hier beschäftigen die andauernden Kleinkriege unter Timurs Nachkommen, vor allem um die Herrschaft über Fergana und Samarkand. Und im Zusammenhang mit diesen Zwisten hört man nun vermehrt den Namen Zahiruddin Muhammad Babur.

(Um 1500)

Dieser Babur, durch seinen Großvater väterlicherseits, Abu Said Mirza, ein Abkömmling von Timur und durch seinen Großvater mütterlicherseits, Yunus Khan, einer Dschingis Khans, führt Krieg gegen den vom schutzlosen Banditen zum Anführer der mächtigen Usbeken-Clans aufgestiegenen Shaybani Khan (1500–1510) um die Trümmer von Timurs einstigem Reich. In einer harten Schlacht bei Sar-i-Pol, das unweit von Kanishkas Tempelterrasse liegt, wirft Babur ihn zurück.

(1506)
Von Sar-i-Pol sind es hundert Kilometer in nordöstlicher Richtung nach Balkh. Auf dem Weg dorthin quert Shaybani Khan die von Sheberghan nach Mazar-e Sharif führende Gaspipeline. Als er die Stadt belagert, hört man im *chaikhana*, Babur habe den Balkh-Fluß überquert und liege im Bergland von Kuh-i-Saf auf der Lauer. Man ahnt, daß die Tage von Sultan Qulitschaq, dem gegenwärtigen Herrscher Balkhs, gezählt sind und daß Shaybani Khan als erster Usbeke sie wohl bald regieren wird. Aber was hingegen keiner ahnt, ist, daß diese Ethnie die Kontrolle über das Land zwischen dem nördlichen Fuß des Hindu Kush und dem Tal des Zerafshan fortan nicht mehr abgeben wird.

Angeekelt vom Zwist im Haus der Timuriden, der nach dem Tod Husain Baiqaras auch Herat erfaßt, wendet Babur Mawarannahr den Rücken:

»Zehn Derwische vermögen es wohl, / sich in eine Decke zu teilen. / Zwei Könige aber fanden noch nie / Platz in einem gemeinsamen Reich«, notiert er, Schaykh Sadis Ausspruch im *Gulistan* zitierend, in seinem Tatenbericht über das am 23. Mai 1506 zu Ende gehenden Jahres 911 n. d. H. Dabei »gibt es in der ganzen bewohnbaren Welt keine Stadt, die sich mit Herat [unter Sultan Husayn Mirza] hätte vergleichen können«, denn »dies war ein wunderbares Zeitalter [...] und vor allem Herat [war] voll von gelehrten und unvergleichlichen Männern. Welche Arbeit ein Mann auch ergriff, er war bemüht und bestrebt, sie zur Vollendung zu bringen.« (*Babur-nama*)

(1507–1510)
Über den Akrobat-Paß nach Balk hinabgekommene Reisende sind Babur auf dem Rückweg von Herat in der Hochebene von Chagcharan begegnet. Der Schnee soll ihm bis zu den Steigbügeln gereicht haben, und dem ausgestorbenen Bamiyan und seinen traurigen Buddhas habe er keine Beachtung geschenkt.

Shaybani Khan, hört man, dringe unterdessen nach Kandahar vor, den Herrschaftsbereich der Safawiden gefährdend, die unter ihrem Gründer Shah Ismail (1502–1524) das in Zentral- und Ost-Iran herrschende Machtvakuum aufzufüllen beginnt.

Im Dezember 1510 kommt es in der Nähe von Merv zur Schlacht, in deren Verlauf Shaybani Khan fällt. Dessen Hirnschale, vernimmt man in Balkh, habe der Safawiden-Herrscher vergolden und als Trinkschale verarbeiten lassen. Das läßt wenig Gutes erhoffen für die alte Stadt, die nach dem Fall von Mashhad und Herat erobert und zur Grenzstadt des safawidischen Iran wird, dessen Nordgrenze nun der Jayhum, Alexanders Oxus, bildet.

(1557)
Die Karawanenwege sind ein Medium des Informationsumlaufs. Eines zudem, das sowohl die Reduktion als auch die Ausschmückung erlaubt, so daß jeder an ihrer Überstellung oder Zirkulation Beteiligte gleichzeitig als Empfänger, Redaktor und Versender agiert.

Gegen Ende des Jahres erreicht das *chaikhana* die Neuigkeit, Mitte Juli hätte erstmals ein Bewohner aus Inghiltrah den Boden Zentralasiens betreten. Dank den verfügbaren runden arabischen Weltkarten der Balkhi-Schule, die in der Stadt verwahrt werden, gelingt es, Angle-Terre oder England als die außerhalb der konzentrischen Bögen der sieben Klimazonen, am Rand der bewohnten Welt liegende kleine quadratische Insel zu identifizieren. Der Fremde sei Kaufmann und sein Name Anthony Jenkinson, heißt es. Ferner ist bekannt, daß er die Wolga heruntergefahren sei, sich in Astrachan eingeschifft habe und schließlich auf der Halbinsel Mangishlak am Ostufer des Kaspischen Meers gelandet sei. Von dort habe er es mit einer tausend Tiere zählenden, turkestanischen Karawane nach Buchara geschafft. Unterwegs sei diese aber von einer siebenunddreißigköpfigen Banditenbande überfallen worden. Mit den Warenballen hätten die Treiber gerade noch auf einer Anhöhe einen Befestigungsring aufwerfen und auch die Tiere in Sicherheit bringen können. Einen Pfeilschuß entfernt, hätten die Banditen dasselbe getan. Nur daß jene zwischen der Wasserstelle und der Position des Christenmanns gelegen hätten. Jener und seine Karawane hätten demzufolge zwei Tage gräßlichen Durst gelitten. Man wisse ja, wie menschenfeindlich die Natur des aralokaspischen Korridors und des Ust-Yurt-Plateaus sei! Die Karawane hätte sich schließlich freikaufen müssen. Jenkinson selbst wäre nur knapp mit dem Leben davongekommen. Dem Vernehmen nach wolle der englische Kaufmann den Handelsweg der Seidenstraßen nach China auskundschaften, um an den Gewürzhandel zu kommen. Sein Vorstoß geschehe im Auftrag einer Gesellschaft, die ihren Sitz hoch im Norden habe, wo das muslimische Abendgebet sich nicht mehr nach dem Sonnenstand richten könne. Die *Muscovy Company* versuche damit die Überland-Variante der seit mehr als einem halben Jahrhundert von den Portugiesen im Indischen Ozean praktizierten Methode, nämlich den Muslimen den Fernhandel aus den Händen zu nehmen und den Gewürzhandel zu monopolisieren. In Buchara sei dem Engländer aufgefallen, daß Skeikh al-Islam, den er als Metropolit bezeichnet habe, mächtiger sei als der Fürst. Das sei, wie bekannt, eben ein Ausdruck der klerikalen Politik, welche die Usbeken in die Arme der Derwisch-Or-

Antony Jenkinson (1519–1611) ist der erste Engländer in Zentralasien. Als Vorsteher der *Muscovy Company* des Entdeckers Sebastian Cabot unternimmt er im ganzen vier Reisen nach Zentralasien. Seine Versuche, auf dem Landweg den britischen überseeischen Gewürzhandel zu erschließen, bleiben erfolglos.
1562 wird Jenkinsons Karte *Russia and Tartary* in London publiziert und vermittelt dem Publikum erstmals eine Vorstellung von Transkaspien, Turkestan und Zentralasien. Darauf ist unter anderem eine Gruppe kirgisischer Nomaden bei einem schamanischen Ritus abgebildet, die mit folgenden Worten erklärt wird: »Wenn ein Priester eine religiöse Zeremonie zelebriert, mischt er Blut, Horn und Dung eines Lasttieres mit Erde. Dann gießt er die Mischung in eine spezielles Behältnis und ersteigt einen Baum. Sind darunter Menschen versammelt, besprenkelt er diese. Dieser Vorgang gilt als heilig. Wenn jemand von ihnen stirbt, wird er zum beigesetzt, indem man ihn auf einem Baum hängt.« Die Stadt Balkh ist links eines Kamels, an dessen Zitzen ein Jungtier säugt, am Lauf des Oxus eingezeichnet – allerdings auf dessen Nordufer, am Rand von Mogulistan.
Jenkinsons Karte wird 1570 in Ortelius' *Theatrum orbis terrarum* aufgenommen, dem ersten Atlas der Geschichte.

Dazu Buch XII, *Hafenprotokoll.*

den, vor allem jenes der Naqshbandiyah, treibe, im Versuch der Überwindung der Fraktionalisierung zu Hause und Isolation nach außen. Der gerade an die Macht gekommen Abdullah II. (1557–1598, Khan ab 1582) setze, wie man höre, alles daran, in Allianz mit dem Orden für Buchara ein zentralistischeres Regierungsmodell zu entwickeln – *Inshallah.* Jenkinson, armer Geprellter! Der Khan von Samarkand habe ihm das abgekaufte Tuch, dessen Preis persische Händler zudem unterboten hätten, nicht einmal bezahlt, da ein Feldzug gerufen habe, auf dem er, wie bekannt, ja geschlagen worden sei. Dem Vernehmen nach sei der Engländer vor dem Eintreffen der Truppen des Bezwingers des Khans im letzten Augenblick aus Samarkand entronnen und käme gewiß bald nach Balkh, genau wie andere Fliehende zuvor, wer erinnere sich nicht an den von den Mongolen zu Tode gehetzten choresmischen Sultan! Außer Jenkinson suche sich einen anderen Weg aus Innerasien nach Hause, weil ihm die politische Lage vielleicht doch zu kritisch erscheine, infolge der Umwälzungen und nutzlosen Kriege, den Nachwehen der Auflösung des vereinigten Kasachenstaates in *uluse,* die drei voneinander getrennten Horden. Es bedrücke in der Tat, zu hören daß Samarkand gerade wieder zum Zank geführt habe. Haqq Nazar (1538–1580) sei zu wünschen, daß er die Streitereien der Kleinkhane dschingiskhanischer Abkunft endlich beenden könne. Aber auch wenn ihm dies gelinge, so bedeute das für Mawarannahr wohl kaum einen langen Frieden.

(1646–1647)   Vergeblich hat man auf Jenkinson gewartet, und den Stoff der Gespräche im *chaikhana* dominieren immer noch die bekannten Übel – sich bildende und wieder auseinanderfallende kasachische Stammesföderationen – nichts als Niedergang!

Man mag gar nicht hinsehen, als eine Armee aus Mogulistan, dem östlichen der beiden Reiche, die um die Mitte des 14. Jahrhunderts aus dem zerfallenden Chaghatai-Khanat entstanden sind, Balkh einnimmt. Die neuen Herren, Viehzucht und Ackerbau betreibende Halbnomaden, werden schon merken, daß in Balkh die wirtschaftliche Lage nicht viel besser ist als sonstwo in Turkestan. Verkehr und Transport auf den Seidenstraßen seien nun ja wirklich fast zum Erliegen gekommen, die Zolleinkünfte zwangsläufig am Versiegen.

Als die Besatzungsarmee nach zwei Jahren, in denen das Land hat darben müssen, unter erniedrigenden Umständen wieder nach Mogulistan abzieht, steht in Balkh fest, daß man nun mit einer erstarkten Stammesaristokratie konfrontiert ist, die sich ihre Loyalität mit finanziellen Zuwendungen bezahlen läßt und die nun, das Nomadentum aufgebend, in die Oasenzentren vorrücken werde. Balkh werde von dieser Entwicklung nicht verschont bleiben, daran besteht kein Zweifel. Schlimmeres stehe gar noch bevor! Denn im Norden drohten nun auch noch die Kasachen, blickten über die Ränder ihrer wogenden Steppen hinaus auf die fruchtbaren Oasen am Zerafshan und am Jayhum, am Oxus, den die Kartographen immer noch nicht Amu Darya nennen. Tauke Khan (1680–1718), das wisse man, wolle Mawarannahr erobern. Schon jetzt kämpfe er gegen die Astrakhaniden. Diese neuen Herren in Buchara seien, indem sie 1599 das Erbe der Shaybaniden angetreten hätten, in eine schlimme Sache geraten. Im Osten seien die Torguten aufgebrochen. 40 000 Zelte! Ein ganzes Volk auf der Wanderung. Hinter sich eine Blutspur in der Steppe. Das Herzland sei in Aufruhr. Man sehe die Folgen vorn auf dem Basar. Der Warenfluß auf den Seidenstraßen sei beinahe ausgetrocknet. Wirtschaftlich sei es so dramatisch noch nie gewesen, bestätigen die baktrischen Geister. Nach Baghdad gelangten die östlichen Waren nun wirklich zumeist durch den Indischen Ozean und den Persischen Golf. Balkh laufe Gefahr, in Vergessenheit zu geraten, und am Ende sei dann nicht einmal einer da, das Schicksal der Stadt zu beklagen. Die Kasachen hätten zumindest ihre Epen, um die Momente des 'Großen Unglücks' *(aktaban schubrundy)* zu bewahren, das sie vielleicht bald ereilen würde. Zum großen Teil hätten sich ihre Stämme dem Buddhismus unterworfen, anderen wäre das Exil in den turkestanischen Emiraten verweigert worden. Zu spät sei der von Abu'l Khair, dem Chef der Mittleren Horde anläßlich der großen Versammlung von Shymkent im Jahr 1728 erreichte Zusammenschluß gekommen. Trotz zwei Siegen gegen die Oriaten! Die nomadischen Wellen aus Nordost nähmen kein Ende! Auch nicht jene aus dem Westen! Die iranischen Afshariden (1736–1796) unter Nadir Shah stünden kurz vor der Eroberung Bucharas und Khivas – 1740 wird es dazu kommen –, dann sei es auch um die Astrakhaniden geschehen. Im Norden wiederum wären die geschwächten Kasachen weder in der Lage, einen Einheitsstaat zu bilden, noch den jüngsten, vom Ural kommenden Eindringlingen Widerstand zu leisten. Jene, die russischen Siedler und vor allem die Kosaken, so höre man, bedienten sich einer ganz eigenen unbekannten Methode, um in Zentralasien Fuß zu fassen. Anstelle plötzlicher Überfälle und Plünderung, Schleifung und Massakern würden sie, während sie vorrückten, Forts errichten. Nicht eines, nein, sondern als Linie, und diese Linie rücke immer näher an den Syr Darya und den Amu Darya heran. Es sei nur eine Frage der Zeit, bis die Russen in Balkh stünden.

Die Neuigkeit erreicht die Stadt, daß die *lojah jirga* pashtunischer Stammesführer Ahmad Shah zur Oberhoheit Afghanistans gemacht habe. Die Versammlung habe dem neuen Herrscher den Beinamen *durr-e daran* ('Perle des Zeitalters') gegeben. Aber jener habe ihn dann eigenmächtig in *durr-e durran* ('Perle unter Perlen') abgeändert, um seine Stellung als *primus inter pares* zum Ausdruck zu bringen. Auf jeden Fall aber markiere diese *lojah jirga* den Anfang eines politischen Gebildes, das man wohl als das moderne Afghanistan bezeichnen könne. Das sich indessen im Pufferraum zwischen Rußland und Britisch-Indien aber erst einmal zu behaupten haben werde. Die lokalen Machtverhältnisse in Balkh und auch anderswo blieben von den Durrani-Emiren gewiß unberührt. Denn dieses Gebilde verfüge über kein institutionalisiertes Verwaltungssystem und kein Machtinstrument, abgesehen vom

(1747)

(1832)

Heer, das sich ständig im Krieg befände. Ahmad Shah, da sind sich Alexander, Kanishka und Babur, die Afghanistan-Experten in der Runde, sicher, werde seine Herrschaft immer nur dort ausüben, wo er sich mit seiner Streitmacht gerade aufhalte, um fällige Gefolgschaftsleistungen und Loyalitätsbekundungen einzufordern. Man würde in Balkh gegebenenfalls Ahmad Shahs Oberhoheit anzuerkennen wissen, ansonsten aber souverän bleiben.

Es herrscht die hohe Zeit des »Great Game«, und Alexander Burnes, Jenkinsons das *chaikhana* betretender Landsmann, ist einer der Protagonisten dieser geopolitischen Angelegenheit. Der Engländer, soviel ist trotzt seiner Heimlichtuerei schon bekannt geworden, sei auf der Heimreise von Indien, via Kabul – dort habe ihn Emir Dost Muhammad auf Bala Hissar empfangen – und Buchara. Burnes trägt afghanische Kleidung, und am *dasterkhan* entgeht keinem die sorgfältige Wicklung seines Turbans. Der Fliegenschnautz, der über lächelnden, geschürzten Lippen sitzt, berührt die Backenknochen, und in Burnes Augen, so scheint es den Anwesenden, liegt leise Melancholie. Man fragt sich deshalb, ob das mit dem Schicksal zu tun habe, das vor weniger als einem Jahrzehnt drei seiner Landsleute in Balkh ereilt hat. Tatsächlich stellt Burnes nach einer Weile denn auch die erwartbare Frage nach William Moorcroft, George Guthrie und George Trebeck. Natürlich erinnere man sich daran, daß die drei in Balkh vom Leben abberufen worden sind. Wegen Fieber und Erschöpfung, hat es damals geheißen. Sie seien die ersten Engländer gewesen, die an den Amu Darya vorgedrungen seien. Seien enttäuscht aus Buchara nach Balkh zurückgekehrt, denn vor ihnen habe der Emir dort schon Russen empfangen. Burnes sagt, man habe ihm den Weg zu einem Dorf einige Kilometer außerhalb der Stadt angezeigt, wo er Trebecks Grab finden könne. Im Teehaus weiß man aber auch durch ein paar Bengel, daß er gestern, nach Einbruch der Dunkelheit, vor der Stadtmauer schweigend

Sir Alexander Burnes (1805–1841) tritt im Alter von sechzehn der *East India Company* bei und erwirbt sich Kenntnisse in Hindu und Persisch. Nach 1826, als er Assistent des politischen Agenten in Cutch wird, rücken Geschichte und die wenig bekannte Geographie Nordwest-Indiens in das Zentrum seines Interesses. 1834 veröffentlicht er einen Bericht, der ihm die Anerkennung der *Royal Geographic Society* einträgt. 1835 wird er an den Hof in Sind abbestellt, um eine Vereinbarung zur Schiffahrt auf dem Indus zu erreichen. Später wird sein Vorschlag, Dost Mohammed auf den Thron in Kabul zu verhelfen, von seinen Vorgesetzten nicht befolgt, eine Entscheidung, die zum Ersten Anglo-afghanischen Krieg führt. Nach 1839 wirkt Burnes in Kabul, wo er am 2. November 1841 vom aufgebrachten Mob erschlagen wird. Posthum erscheint im Jahr darauf *Cabool*, der Bericht seiner Tätigkeit als politischer Agent.

William Moorcroft (1767–1825) kommt 1808 im Dienst der *East India Company* nach Indien, und zwar als Vorsteher des Gestüts. Als Veterinär sucht er in Kashmir und der Region am heiligen Berg Kailash in Tibet nach einer bestimmten Pferderasse, um die Kavallerie der *Company* aufzufrischen. Nachdem er während seinen dortigen Erkundungen auf Hinweise für russische Vorstöße von der andern Seite her gefunden hat, beginnt er seine Vorgesetzten in Kalkutta unablässig und leidenschaftlich über zaristische Absichten in Zentralasien zu warnen. Moorcroft gibt nicht nach, bis ihm Erlaubnis für eine Mission nach Buchara erteilt wird, das er am 25. Februar 1825 erreicht. Die Umstände seines Todes bei Balkh sind nicht restlos geklärt. Wahrscheinlich stirbt er an Fieber und Erschöpfung. Hundert Jahre nach seiner Durchreise in Bamiyan ist der mit Kohlestift auf den Felsen der Nische des Großen Buddha geschriebene Name des Pioniers des »Great Game« noch lesbar.

an den Gräbern von Moorcroft und Guthrie gestanden ist. Burnes macht keinen Hehl daraus, daß es ihn schmerzlich berührt, zu sehen, daß seinen Landsleuten nicht einmal ein Stein gesetzt worden ist. Der Imam habe das damals ausgeschlossen, da die beiden keine Muslime seien, entschuldigen die baktrischen Geister das fehlende Taktgefühl. Als Burnes etwas später erzählt, er wolle in den Ruinen des antiken Balkh nach Münzen und Antiquitäten suchen, nickt man und weiß dabei, daß den Spion die Erkundung der Schiffbarkeit des Amu Darya treibt und des russischen Versorgungsnachschubs, was in Calcutta und London hilft, eine Strategie zu finden, um Avancen des Widersachers zu begegnen.

Die Machtkämpfe um die Pfründe des Reichs der Durrani haben dazu geführt, daß die Region am Hindu Kush, die sich weiterhin der Eingliederung in feste Herrschaftsstrukturen widersetzt, zum Experimentierfeld der Kolonialmächte geworden ist. Balkh befindet sich jetzt unter der Herrschaft von König Dost Muhammad, der nach dem Ersten Anglo-afghanischen Krieg seine zweite Regentschaft angetreten hat. (1842)

Ein Verkleideter! (1863)

Um seine Bedeutung, die er nicht auf dem Schlachtfeld errungen hat, zu unterstreichen, stellt sich Arminius Vambery, nachdem er das zerschlissene Gewand eines Derwischs abgelegt hat, entsprechend umständlich vor. Er sei Mitglied der Ungarischen Akademie zu Pest, und Arminius die lateinisierte Form von Hermann. Die Gewandung der Derwische und damit ihre Gesellschaft während seiner Reise, erklärt der Ungar dann, habe ihm einen formidablen Einblick verschafft in die machtpolitischen Verhältnisse Innerasiens. Seiner Ansicht nach hätte der Orden der *Naqshbandiyah* einen Verdienst, und zwar, weil ein internationaler Islam in der Ausprägung dieses Ordens dem Fortschritt der Gesellschaft eine anstrebenswerte Höchstgrenze vorgebe, und umgekehrt auch ein Maß setzte, unter das die Kultur nicht fallen könne. In der politischen Fragmentierung des westlichen Turkestans sehe er im Übrigen nur eine Veränderung der maximalen Größe der Gebilde wie sie auch andernorts in der muslimischen Welt auftrete.

Der Blick über den Tian Shan, wirft ein hinzugetretener anonymer Reisender aus China ein, könne schon zur Frage führen, was denn besser sei – das Dilemma von Armut in Unabhängigkeit oder Mitgliedschaft in einem *Commonwealth*, zum Beispiel die Teilhabe im Wirtschaftsverbund der Qing. Er meine, letzteres sei der Autarkie der Dsungaren vorzuziehen, wenn er damit auch nicht die an diesen von den Qing verübten Massaker legitimieren wolle.

Die Dsungaren (1676–1757), die von Galdan gegründete Dynastie, kommen zu ihrem Namen, da sie innerhalb des mongolischen Heers den rechten Flügel stellen, wobei *dson* 'links' bedeutet und *gar* 'Hand'.

Vambery kommt die Politisierung des Gesprächs nicht ungelegen, wenn er dabei auch das atlantische Europa im Sinn hat. Bevor er aber darauf eingeht, ist es ihm wichtig, über seinen Besuch in Balkh zu referieren. Absichtlich im Winter sei er hergekommen. Im Sommer würde er keine Seele angetroffen haben. Man siedle ja wegen des drückenden Klimas nach Mazar-e Sharif über, die neue Stadt östlich von Balkh. Sicherlich habe sich an Skorpione zu gewöhnen, wer als Archäologe Alexanders Bactra auszugraben gedenke. Er habe nach Ziegeln mit Keilschriftzeichen gesucht, sei aber nicht fündig geworden. Um erfolgreich zu sein, müßte man über zwei- bis dreitausend europäische Bajonette Bewaffnung verfügen. Die aktuelle Sicherheitslage gebiete aber zweifellos, die Erforschung des antiken Balkh zu verschieben. Eine solche sei aber ohnehin nicht sein Metier. Als Linguist und Orientalist beherrsche er Arabisch und Türkisch, und das habe ihm, zusammen mit der Verkleidung, erlaubt, heimlich Khiva, Samarkand und Buchara zu besuchen und sich dort leicht die lokalen Sprachen und Dialekte anzueignen. Auf den Basaren murrten die Menschen, das nun könne er berichten! Eins ums andere fielen die Khanate in zaristische Hände!

Er bezweifle, ob das zum Vorteil ihrer Ökonomien sei, bemerkt zu Zhang Qian etwas schnippisch der Reisende aus China, von dem der Han-General jetzt annehmen darf, daß er das Walten der Qing im chinesischen Vielvölkerstaat gutheißt.

England, so fährt Vambery unterdessen fort, das er über alles schätze, müsse betreffend West-Turkestan gegenüber der Zentralasienpolitik Sankt Petersburgs endlich eine härtere Linie einschlagen! Nach seiner Rückkehr würde er Briefe an die *Times* in London schicken.

(1879) Der Zweite Anglo-afghanische Krieg ist noch nicht zu Ende, deshalb beschäftigt in Balkh die Frage, ob Persien, das seit 1795 sechs Mal insgesamt versucht hat, Herat zu annektieren, die Gelegenheit nutzt, Balkh als Ausweichziel anzupeilen. Durch den im Mai von den Briten Muhammad Yakub Khan aufgezwungenen (bis 1919 in Kraft bleibenden) Vertrag von Gandomak ist Afghanistan jetzt ein halbautonomes Protektorat, das auf eine eigene Außenpolitik verzichtet und in dem in dem jeder Stammeschef oder Imam als unabhängiger Herrscher wirtschaftet. Deshalb erstaunt die Nachricht nicht, daß der Gouverneur von Maimana, halbwegs zwischen Balkh und Herat gelegen, bereits gegen den mutlosen neuen König Abdur Rahman intrigiere. Diese nun wieder zum Tragen kommende traditionelle machtpolitische Zerrissenheit würde es eigentlich verbieten, befindet man in *chaikhana*, das katastrophale Debakel, das den Briten damals, 1842, beim Rückzug aus Kabul zugefügt worden sei, heroisch als nationalen Befreiungskampf zu feiern. Es habe doch immer nur ein Teil der Bevölkerung ein solches Ringen gegen äußere Kräfte getragen.

(1929) Umhüllt von Staub, drängen bewaffnete Hundertschaften am *chaikhana* vorbei aus der Stadt. Reiten zum Dehdadi-Fort draußen in der Ebene, auf halbem Weg nach Mazar-e Sharif. Dort habe sich, sagt man, ein russisches Detachement, bestehend aus etwa dreihundert Mann, verschanzt. Drei Geschütze seien in Stellung gebracht, sagt man, müßten aber von einer Brüstung zur andern bewegt werden zur Abwehr der anrennenden Afghanen. Aufruhr herrsche seit dem Sturz König Amanullahs. Moskau – die Verkörperung der von den Strategen am *dasterkhan* schon lange vorausgesagten 'äußeren Macht' –, das seit 1924 Turkestan einer neuen Ordnung unterwirft, habe von Termez aus, wo die aus Buchara kommende Eisenbahn endet, dieses Kontingent offensichtlich in der Absicht über den Amu Darya geschickt, um den Afghanen zu zeigen, daß es die militärische und politische Situation südlich des Flusses mitzubestimmen gedenke.

Heute ist der letzte Tage, an dem Balkh in der trügerischen Ruhe der Herrschaft General Dostums verharrt. Heimkehrende Studentinnen der *Balkh University* in Mazar-e Sharif berichten von einer Revolte der Hazaras und von erbitterten Kämpfen in den Straßen, wo die Leichen von Hunderten von Taliban lägen. In Balkh weiß man, daß der Hazara Malik Pahlawan, Rashid Dostums stellvertretender General, seinen Vorgesetzten vor knapp einer Woche verraten hat. Jetzt hat er augenscheinlich Mazar-e Sharif unter seiner Kontrolle, trifft Vorkehrungen, dem geflohenen Kriegsherrn die dank dessen *Balkh Airways* – diese bringt Schmuggelgut aus Dubai nach Mazar – und der entlang der Straße nach Usbekistan erhobenen Taxen gut dotierten Pfründe zu entreißen. *(28. Mai 1997)*

Panik soll herrschen unter den in Balkh liegenden Taliban, vernimmt man in Teehaus. Sie seien bereit, ihre Waffen niederzulegen. Es habe Verhandlungen mit Mohammed Atta gegeben, einem der drei Generäle der von amerikanischen Bombern unterstützten Nord-Allianz Masuds. Aber die Lage sei unklar – wie immer. Angriffsdrohungen, Kapitulation – alles unbestätigt. Der Schneesturm in der Ebene um Zain-e Kala dauere an. Das habe scheinbar den Ausschlag gegeben, die Panzerschlacht auf den morgigen Tag zu verschieben. Dostum sehe seine Stunde gekommen, aber vielleicht setze er als Handlanger von Donald Rumsfeld auf das falsche Pferd, und diese Stunde könne vielleicht der Anfang vom Ende seiner Herrschaft über den Norden Afghanistans sein. *(3. Dezember 2001)*

Als ich aus meinem Tagtraum erwache, stehen Greg und Marcus vor mir. Sie seien Attas Konvoi zu einer Schule gefolgt. Diese, habe er der versammelten Menge erklärt, sei für die Kinder von Balkh gebaut worden, mit seinem eigenen Geld. *(14. Oktober 2002)*

Bevor sie mich abholen, haben die beiden Freunde, wie auf dem Hof vorausgesagt, unter den Platanen am Platz den Kommandanten Sher getroffen. Der habe ein Angebot gemacht. Er würde die Stelle, wo seine illegalen Ausgräber die antiken »Elefantenknochen« entdeckt und das Loch dann wieder zugeschüttet hätten, freischaufeln zu lassen. Wenn es sein soll auch nur zum Fotografieren. Wenn wir kaufen wollten: Tausend Dollar pro Säule. Wir könnten es uns überlegen. Es eile nicht.

Auf Kanishkas Akropolis

Mazar-e Sharif, 15. Oktober 2002. — Heute besuchen wir Surkh Kotal, die Akropolis Kanishkas I., Begründers des aus den nomadischen Yüezhi herausgehenden Reichs der Kushan, dessen Macht sich Anfang des 2. Jh. n. u. Z. vom Aral-See zur Mündung des Ganges erstreckt, von Kashmir über Kashgar hinaus bis in den westlichen Teil der Taklamakan, und dessen Handelspolitik mitschuld ist an der skandalösen Verschwendung von Roms wirtschaftlichen Resourcen.

Im Zweistromland Tocharistan zwischen Oxus und Jaxartes wurzelnd, konsolidiert sich das Reich der Kushan anfangs des 2. Jh. v. u. Z., als die nomadisierenden Skythen, Saken und Yüezhi, welche die hellenisierten Reiche Baktriens ersetzen, seßhaft werden. Es dehnt sich über die Großregion aus, die das heutige Tadschikistan und Großteile Usbekistans, möglicherweise Teile Kirgistans und Turkmenistans einschließt, sowie Afghanistan und Pakistan, und reicht über Nordindien hinaus in den Osten und das Zentrum des Subkontinents. Als Beginn der Ära der Kushan gilt, nicht unumstritten, das Jahr 127 n. u. Z.

Die kosmopolitischen Kushan praktizieren sowohl Buddhismus und Hinduismus, als auch Jainismus und Zoroastrismus. Ihren eklektischen Herrscher, Abkömmling der urspünglich aus China stammenden Yüezhi, verehren sie als *Devaputra*, als Abkömmling göttlicher Wesen oder 'Göttersohn', und die geprägten Münzen des Reichs stellen ihn dar als entrückte Gestalt des *Shaonano Shao Kaneshko Koshano*, als 'König der Könige, König Kanishka der Kushana'.

Der Morgen fliegt heran wie ein unbeschriebenes Blatt, über die gelbe kiesige Ebene, die sich beidseits der Straße von Mazar nach Tashkurgan ausdehnt.

Anfangs hat eine Zeile staubbedeckter Pappeln die Straße gesäumt, die Geschäftigkeit aber nach ein paar Umwallungen mit ausgeschlachteten Autos abrupt aufgehört.

Viel weiter über die große Oase hinaus nach Osten spendet der Balkh-Fluß auch in achämenidischer Zeit sein Wasser nicht. Möglicherweise dehnte sich die Regenbauzone eines sogenannten Baktrischen Staats, der im I. Jahrtausend v. u. Z. die Gebiete des heutigen Nordafghanistans und Ostturkestan vereinigt haben soll, weiter aus. Ich weiß jedoch nicht, wo die in Büchern erwähnten Ruinen kleiner, von Zitadellen beschützter Städte liegen, welche die Existenz dieses obskuren Gebildes bezeugen. Auch die politische Geschichte dieses Staates liegt im Dunkeln und endet – just in dem Augeblick, als dieses von ihm gleitet – mit der Invasion Sogdiens und der nördlichen Steppen durch Kyros II., seit 539 v. u. Z. in Babylon residierender König der Achämeniden (559–529 v. u. Z.).

Kyros' Armee verliert sich im Jahr 536 v. u. Z. am Mittellauf des Jaxartes, am westlichen Rand von Fergana. Die Nomaden bleiben frei. Die Ackerbauern Zentralasiens hingegen geraten unter die Suprematie des Persischen Imperiums, leben fortan verteilt auf die drei nördlichen der neun Satrapien Dareios' I. (522–485 v. u. Z.) – die Sogdiana, Choresmien im Delta des Oxus und Baktrien mit der Hauptstadt Bactra. Diese Satrapien beliefern Persien mit Gold und Herden, Soldaten und Reiterschwadronen. Baktrier, Choresmier, Sogder und aus der Satrapie Areia um das heutige Herat stammende Areier stehen gemäß Herodot (VII, 64–66) in den Reihen von Xerxes' I. (485–465 v. u. Z.) multinationaler Streitkraft, die im Jahr 486 v. u. Z. auf »eintausendzweihundertsieben asiatischen Schiffen« und dreitausend Fünfzigrudern, d. h. mit einer 517 610 Mann umfassenden Flotte, einem Landheer von weit über anderthalb Millionen sowie einer Kavallerie von 80 000 Mann Hellas überfällt, um die vier Jahre zuvor gescheiterte Strafexpedition seines Vaters Dareios I. in die Tat umzusetzen und dem Engpaß der Thermopylen entgegenzieht.

In der Windschutzscheibe spiegelt sich ein auf dem Armaturenbrett liegender Farbdruck, eine Botschaft, welche die neue Schutzmacht im Land verteilt, um Herzen und Köpfe der Afghanen zu gewinnen. Sie zeigt die Flagge ihres Landes und jene der USA. Aus dem schwarz-rot-grünen Feld segelt eine Friedenstaube nach rechts zum Sternenbanner hinüber.

Wir fahren schnell. Die Asphaltwülste wölben sich im Gegenlicht. Wie eine weggeworfene Zigarettenschachtel liegt ein verstümmelter Panzer in der Ebene.

Es lohne sich nicht, zu den Massengräbern hinauszufahren, sagt Hakim. Die Leichen der Taliban, die im November letzten Jahres nach dem Fall von Kunduz in Containern von der Nord-Allianz exekutiert wurden, seien weggeschafft. Das *ICRC* ermittle.

Nach einer Stunde erreichen wir Tashkurgan.

Auf seinem Weg in die Ebene ist der Fluß Samangan auf einen Felsriegel gestoßen, der die Vorberge des Hindu Kush abschirmt. In diesen hat er eine Spalte gefressen. Scharf wie der Hieb einer Axt trennt sie die flammenden Felsen. Doch der Riegel steht zu weit vom Amu Darya, so daß der Fluß, kaum hat er den Weg aus dem Gebirge geschafft, sein Wasser in der Wüste vergießt, wo es verdunstete.

Bevor sich dieses aber unterhalb der Kluft im Boden verliert, nutzen es die Menschen, die im Schutz der Felswände einen idealen Siedlungsplatz gefunden haben, den sie eifersüchtig hüten. Im Lauf der Zeit entsteht aus der Wegstation, an der sich die Nord-Süd-Routen von Sogdien nach Gandhara mit den West-Ost-Routen von Persien nach China kreuzen, der betriebsame Basarplatz Tashkurgan. König Abdurrahman (1880–1901) läßt – wie Babur in Osh – auf einer Felsenterrasse über dem Ort einen überkuppelten Garten errichten und gab ihm den Namen *jahannima*, 'Blick über die Welt'.

In keiner anderen Wegrichtung öffnet sich eine Weite vor dem aus Kabul Kommenden so unvermittelt, wie wenn er die Kluft von Tashkurgan durchschritten hat. Sie tippt an den fernsten nördlichen Horizont.

Wer an dieser Pforte sitzt, sieht jeden kommen, der sich vom Amu Darya nähert. Kann auf den Invasor warten, der seine Unschuld in dem Augenblick verliert, in dem er diese Kluft, die so eng ist wie das sprichwörtliche Nadelöhr, das erste Tor des Hindu Kush, passiert.

An der Böschung des nördlichen Eingangs liegt das Wrack eines *303-KB*, einer der vielen russischen Radpanzer, die wie Kakerlaken an den Orten liegen, wo das Weiterkommen unmöglich und der Besatzung der Tod sicher gewesen ist.

Ein Gefechtsstand aus Ziegelwerk verdeckt die Sicht zum südlichen Ausgang. Das 'S' der Kurve schmiegt sich an den Fluß. In der schattigen Höhe schimmert Flugsand wie an die Abbruchflächen gehauchter Schnee. Der Wind hat ihn an den Felswänden abgestreift, bevor er sich durch die Kluft nordwärts ins offene Land des Amu Darya zwängte.

Am südlichen Ausgang, wo eine aus dem Fels tretende Quelle die Straße näßt, unter flachem Dach aus Ästen ein Rastplatz. Reisigbündel hängen in ordentlichen Reihen an der geweißten Ummauerung.

Vor uns aus dem Schatten trabt ein mit Holz beladener Esel.

Das Gebirgsvorland drückt runde Schultern südwärts zum Hindu Kush.

Hier beginnt die achämenidische Satrapie Sattagydia, das sich um Kabul ausbreitende Zentralafghanistan, später bekannt als das schneereiche Paropamisadae, das 'Land über dem Adler' bekannt.

Der griechische Historiker und Geograph Strabon (um 63 v. u. Z. – um 13. u. Z.) erklärt in seiner *Geographika* (II, 5, 5), warum die 'Indischen Berge' – der Paropamissos, heute der Hindu Kush – in gewissen Quellen 'Indischer Kaukasus' genannt worden sind, warum der Name des über Kolchis und dem Euxinos Pontos, dem Schwarzen Meer, liegenden Massivs auf jenes des 30000 Stadien entfernte vor Indien liegende übertragen worden ist – nämlich nur, um Alexander zu schmeicheln. Es wäre zwar ruhmvoller gewesen, zu sagen, Alexander hätte Asien bis zu den 'Indischen Bergen' unterjocht, als an den Bezug zu dem viel näherliegenden pontischen Kaukasus zu erinnern. Allein dadurch aber sei Alexanders Unternehmung in die aus der Überlieferung von Jasons amphibischer Operation und Prometheus' Fesselung bekannten mythische Geographie gerückt worden.

Nach einem flachen Paß halten wir bei einem *chaikhana* zum Tee. Am Rand der Terrasse krabbelt ein Kind entlang, ohne herunterzufallen. Manchmal durchbricht ein vorbeirasselnder Lastzug die Stille. Auf den Weizenmehlsäcken ausgestreckte Schlafende. Tuchumflattert Hockende. Ein winkender Arm schießt hoch.

Hinter Robatak kommen wir in die topfebene Senke, die das Wasser des Konduz sammelt, das von hier in nordöstlicher Richtung an Baghlan vorbei zum Amu Darya abfließt. Neue Schulen werden gebaut. Sie stehen auf freiem Land, nahe der Straße, welche die Ebene durchschneidet, denn die am Rand der Hügel liegenden Dörfer müssen sie unter sich teilen.

Landarbeiter gehen auf der Straße. Manchmal mißt ein Slalom fahrender einsamer Radler deren ganze Breite aus. Es ist der Weg einiger unsere Bekannten aus dem Teehaus von Balkh.

Von Chang Chun zum Beispiel, der 1222 in Begleitung einer Tausendschaft mongolischer Reitern nach Samarkand unterwegs ist. Dschingis Khan hat dem taoistischen Mönch erlaubt, das Heerlager im Hindu Kush für ein paar Monate mit der sommerlichen Frische Samarkands am sogdischen Zerafshan zu tauschen. Nun stößt man in dieser Ebene auf Händler. Sie müssen vom Persischen Golf kommen, denn mit sich führen sie eine enorme Ladung Korallen. Einige Offiziere kaufen mit Barrensilber fünfzig Äste. Der längste mißt einen Fuß, zerbricht aber während des nächtlichen Ritts in der Satteltasche in kleine Stücke.

Hundert Jahre später, um 1330, weilt Ibn Battuta über einen Monat als Gast bei Scheich Sher Siyah in Baghlan und genießt die Frische der an Flußläufen liegenden Obstgärten. Seine Kamele und Pferde weiden ohne Aufsicht der Hirten. Das ist Brauch hier, denn jedes Tier trägt ein Brandzeichen. Eines Nachts bemerkt Ibn Battuta, daß drei Pferde fehlen. Zwei Wochen später bringen diebische Tataren die Tiere aus Furcht vor hohen Strafen in das Lager des Reisenden zurück. Ibn Battutas Aufenthalt dehnt sich, denn die Überquerung des Hindu Kush will gut vorbereitet sein. Ibn Battutas Karawanenführer besorgen Decken in großer Zahl. Man wird sie vor den Kamelen ausbreiten, um zu verhindern, daß deren gespaltene fleischige Hufe im Tiefschnee versinken.

Es ist denkbar, daß Chang Chun und Ibn Battuta auf ihrem Weg – der erste hinunter nach Tashkurgan, der zweite gebirgwärts in Richtung Andarab –, als sie am Rand der Ebene von Baghlan entlangziehen, sich fragen, wohin die steilen Rampen und Treppenfluchten führen mögen, welche mehrere enorme Terrassen durchschneiden, in welche eine Hügelflanke verwandelt ist.

Bei der Anlage – vielleicht kennt ein lokaler Begleiter im Troß der beiden Fremden ihren Namen – handelt es sich um die Akropolis der Kushan, von deren planierter Kuppe sich die Gabelung der Nord-Süd-Haupttransversale durch den Hindu Kush in einen westlichen, Tashkurgan erreichenden, und einen östlichen, via Baghlan nach Kunduz führenden Weg überwachen läßt. Kanishka I. muß nicht nur die strategische Lage des Hügels erkannt haben, sondern auch, daß er hier mit einem weithin sichtbaren Monument die Landschaft umgestalten kann, mit einem Denkmal, das seiner Rolle als Schutzherr des Buddhismus gerecht wird, dessen Errungenschaften in der buddhistische Tradition neben jenen Ashokas anerkannt wird.

Die liberale Politik Kanishkas – anfänglich bekennt sich der Großkönig zum zoroastrischen Feuerkult, später läßt er sich zum Buddhismus bekeh-

Ashoka (ca. 299–237 v.u.Z.), Enkel des Chandragupta, ist der größte Herrscher des alten Indien und (nach Bimbisara) ein Zeitgenosse des Buddha, also einer der ersten königlichen Schutzherrn des Buddhismus. Ashokas Legende wird im 4. Jh. n.u.Z. vom chinesischen Pilgermönch Faxian übersetzt. Im Jahr 270 v. u. Z. besteigt er den Thron von Maghda. Seine Invasion von Kalinga, dem heutigen Orissa, während der Tausende im Kampf umkommen und viele mehr durch Kriegsfolgen, markiert einen entscheidenden Einschnitt in seinem Leben. Ashoka beendet seine Feldzüge und widmet sich fortan ausschließlich spirituellen Dingen. Nach dem von ihm einberufenen Konzil von Pataliputra läßt er durch Emissäre den Oberhäuptern der westlichen Reiche Syrien, Ägypten, Mazedonien, Cyrene und Epirus die neue religiöse Ausrichtung des Buddhismus verkünden. ren – ermöglicht das Entstehen und die Blüte einer synkretischen Kultur, die unterschiedlichere Einflüsse harmonischer zusammenführte als jede andere zuvor oder danach. Und nichts verkörpert das Programm religiöser herrscherlicher Toleranz überzeugender, als das Heiligtum des Regenten am nördlichen Zuweg zum Hindu Kush.

Der Aufstieg der Untergebenen des Königs vom Brunnen am Rand der Ebene über die dreihundertstufigen Treppen zum Ahnentempel hinauf entspricht der symbolischen Vereinigung von Wasser und Feuer. Der Schrein befindet sich in einem dreiseitig ummauerten Hof, unter einem nahe am oberen Treppenrand stehenden Portikus. Ein Korridor dient der liturgischen Umschreitung des Feueraltars. Da der Dienst neben Helios und Selene auch Zarathustra gilt, darf der architektonische Plan der Anlage vom griechischen Vorbild abweichen. Adlerreliefs schmücken den Altar. Aus technischen Gründen vielleicht, oder weil man der Erdbebengefahr Rechnung tragen will, werden im Unterschied zur griechischen Praxis der mächtige Sockel und die Basis der vier Säulen des Portikus aus einem einzigen mächtigen Kalksteinblock gehauen.

1957 gräbt Schlumberger von der *DAFA* die Akropolis aus, die er Surkh Kotal, »Roten Paß«, nennt. Man findet eine Inschrift in griechischen Lettern. Sie umfaßt fünfundzwanzig Zeilen und bezeichnet die Anlage als königliche Kultstätte – als 'Tempel Kanishkas, des Siegers'.

Steif, den hieratischen Einfluß Irans auf die Kushan-Kunst widerspiegelnd, präsentiert sich der armlose Kalksteinrumpf Kanishkas in einer Abbildung des 1974 gemeinsam von der *Afghan Air Authority* und der *Afghan Tourist Organization* herausgegebenen Taschenführers zum Nationalmuseum in Kabul, den ich 1998 zwischen Computer-Handbüchern in einer Buchhandlung in Peshawar gefunden und bei mir habe. Kanishka trägt einen Kaftan mit Herzblattranken. Runde Spangen über den Filzschuhen fassen am Knöchel die bauschigen Falten der Hosenbeine.

Dazu Buch VIII, *Kafire und Rückkehrer.*   Der Torso – gerüchtweise ist er dem Bildersturm der Taliban zum Opfer gefallen – soll königliche Majestät und göttliche Strenge des Herrschers repräsentieren. Aber das Fragment auf der Schwarzweiß-Abbildung erinnert an ein Stück angeknabbertes Weihnachtsgebäck. Fotografien leisten nicht immer, was man ihnen zumutet.

Dem im Fond des *Surf* eingeschlafenen Marcus ist ein Buch von den Knien gerutscht. Darin lese ich, daß im Gegensatz zu den iranischen Einflüssen, denen der Torso zuzurechnen ist, der Ghandara-Stil, die buddhistische Strömung der

Kushan-Kunst, anatomischer sei, hellenistische Formen und indische mythische Vorstellungen verschmelze.

Der Satz betäubt jede Vorstellung.

Als Kanishka regiert – und bis in die Zeit Ashokas in der zweiten Hälfte des dritten Jahrhunderts – hat Buddha weder Gestalt noch Gesicht. Der buddhistische Missionar benutzt Symbole, genau wie gleichzeitig der christliche Theologe. Später, als die zu bekehrenden Schichten vor einem Bild beten wollen, finden beide ein solches in der Gestalt des parthischen Königs, dessen Haartracht ein wenig verändert wird. Christus fällt es lang über die Schultern. Buddha trägt es zum Knoten gebunden. So unterscheidet sich für die zu Bekehrenden das Äußere der beiden Religionsstifter, während griechische Philosophenschulen und indische Theologen den interkulturellen west-östlichen Dialog weiterführen, der durch Alexanders Anklopfen am Subkontinent begonnen hat.

Damals hat man aus dem berühmten spirituellen Zentrum von Taxila – heute führt an diesem Ort die mit fundamentalistischen Koranschulen bestückte Raserstrecke zwischen Islamabad und Peshawar vorüber – Dazu Buch XI, 'Oxford des Jihad'. den Asketen Kalanos zu Konsultationen in die Entourage des Eroberers geholt. Der Mensch, ist es dem Eroberer vorgekommen, kann nicht einem Stadtstaat angehören, ohne gleichzeitig ein Individuum der neuen größeren Welt zu sein, in welche er die bislang getrennten Erdteile überführt hat. Als solcher Weltbürger müssen den Einzelnen die vielfältigsten Beziehungen mit seinen Mitmenschen verbinden. Zeus und Athene, welche die Angelegenheiten der bisher bekannten Welt, der Oikumene, gerichtet haben, sind den neuen Aufgabe nicht mehr gewachsen.

In der entstehenden multikulturellen Welt – mehr als fünfhundert Jahre nachdem Menander, bedeutendster der indogriechischen Könige und Erben Alexanders, durch seinen Lehrer Nagasena (180–160 v.u.Z) zum Buddhismus bekehrt wird, und mehr als dreihundert Jahre, nachdem Kanishka sein Reich errichtet hat, wird die aus der christlichen Religion stammende Lehre von den Hypostasen, der Personifizierung göttlicher Eigenschaften, nach Indien gelangen und die Fixierung der Stationen des buddhistischen Läuterungswegs beeinflussen. In der Ikonographie wird sich jedoch aufgrund der alten Handelsbeziehungen mit Ägypten hellenistisch-ptolemäischer Einfluß durchsetzen. Vorbild dabei wird Osiris sein. Aber ihre Darstellung ist Alexanders idealen Gesichtszügen angeglichen. Endlich trägt zuletzt der Buddha, den die Missionare mit nach Innerasien nehmen, das Gewand der Athener Philosophen.

Die Hersteller plastischer sakraler Figuren, welche die Missionare begleiten, sorgen dafür, daß die geraffte Fältelung auf dem Weg vom Punjab nach Bamiyan und weiter nach Khotan und Miran nicht verrutscht. Unter Benutzung von Modeln setzten sie Kopf, Glieder und die *mudras*, die Handstellungen des Buddha und des Bodhisattva, zusammen. Ihre Wiedergaben behalten Gültigkeit, bis in der ersten Hälfte des 5. Jahrhunderts im Rahmen von Reformen zusammen mit Sanskrittexten auch ein neues Buddhabild aus Indien kommt und chinesische Interpretationen entstehen.

Die Pilger aus Ostasien, welche diese Texte beschaffen, reisen auf den Wegen der Kaufleute — genau wie die frühen Missionare, die bei den Karawanen, denen sie sich angeschlossen hatten, die nach China importierten Handelswaren gesehen und daraus Anregungen bezogen haben, die am Ende in die dortige buddhistische Ikonographie eingeflossen sind.

Unter den transportierten Erzeugnissen finden sich römische Glaswaren, hellenistische Bergkristallarbeiten und Bronzen, Gefäße aus Porphyr und Alabaster, alexandrinische Emailgläser und exquisit geschnitzte indische Elfenbeinplatten mit Schminkszenen, aber auch mit Darstellungen von Jägern, die den Greif mit bloßen Pfeilen erlegen — worin die durch Buddha gekommene Todesüberwindung dargestellt sein soll, der Lehre von Seelenwanderung, Nirwana und Wiedergeburt.

Für die Kushan-Aristokratie gehören solche Objekte, zusammen mit den aus der umgekehrten Richtung kommenden chinesischen Exporten, darunter feinste Lackwaren, zu den Raffinessen des Alltags, bis ihr mondänes Reich von der im Jahr 224 n. u. Z. von Ardashir begründeten Dynastie der Sasaniden zum Einsturz gebracht wird. Zur Zeit König Wasudewas, des letzten Nachfolgers Kanishkas, zerstört Shapur I. (240 oder 243–270 oder 273) Bagram-Kapisa, die splendide Sommerresidenz der Kushan, die zuvor schon durch Kyros eingeebnete Hauptstadt des alten Ghandara, im Moment bekannter als amerikanische Folterstation, betrieben auf dem ursprünglich von den Sowjets gebauten Luftwaffenstützpunkt.

Bagram liegt am Weg von Surkh Kotal nach Kabul. 1937/1939 findet Schlumberger im Innern der dortigen Zitadelle, hastig vermauert in zwei Räume einer aristokratischen Residenz, einen Hort, der auf chinesischem Porzellan und den bereits genannten Gegenständen und Materialien in betörenden Details die Welt enthält, die durch die Hände der Kushan gegangen ist, während sie den freien Personen- und axialen Warenverkehr zwischen Roms Cäsaren und den Han-Kaisern aufrechterhalten, aber auch dafür gesorgt haben, daß in jenen die Gewürze und Kosmetika Indiens und die Pelze Innerasiens eingeströmt sind.

Dazu Buch VIII, *Zwischenfall in Bagram*.

Der Hügel von Surkh Kotal schiebt sich wie eine ausgetrocknete Zunge in die Felder der Ebene. Während sie aus der Ferne leicht auszumachen ist, erweist es sich komplizierter, mit dem *Surf* an seinen Fuß zu gelangen, aber der Fahrer besteht darauf. Nach mehreren Versuchen holpern wir schließlich über den richtigen Fahrweg. Das letzte Stück gehen wir zu Fuß. Je näher wir der Anlage kommen, desto häufiger stärken die ihr entnommenen, sorgfältig behauenen dunklen Quader die Fundamente der Lehmhäuser.

Im Schatten der Maulbeerbäume regt sich eine Gruppe Wanderarbeiter aus dem zentralen Hazarajat. Sie sprechen Dari, die afghanische Form des persischen Farsi, welches Hakim nicht versteht. Ein Bauer des Dorfes taucht auf und kommandiert sie zur Weizenernte in die Felder hinab. Dann führt er uns auf einem sicheren, aber steilen seitlichen Ziegenpfad zur planierten Höhe. Sein erwachsener Sohn begleitet ihn. Der soll am besten wissen, wo vielleicht noch Minen liegen.

Unter Kanishkas Altar klaffen die Wühllöcher der Plünderer, während sich auf der straßenabgewandten Seite, hinter der Umfassungsmauer, Laufgräben zum Fuß der Kohi-Chonghar-Kette tasten, die sich klar vom Westhimmel abhebt. Von Panzerketten geschunden sind die davor liegenden Hügel, und Gräber, über denen grüne und weiße Wimpel wehen, bedecken die Hänge, unregelmäßig wie von Ausschlag gereizte Haut. Die Märtyerer, die darin beerdigt worden sind, haben den verschiedenste Besatzungen angehört, die während der vergangenen zwanzig Jahre auf Kanishkas Akropolis gelegen haben, und nicht selten sind dabei aus Verteidigern im gleichen Krieg auch wieder Angreifer geworden. Die Tempelburg, welche die Pilgerwege beschützt hatte, ist eine bitter umkämpfte Gefechtsstellung, welche die sowjetische Einfallpiste nach Pol-e Komri, zum Salang-Tunnel und nach Kabul kontrolliert. Zuletzt schlagen sich Ende der 1990er Jahre um Kanishkas Altar die Taliban und die zeitweise mit Masuds Nord-Allianz verbundenen Hazara.

Am Fuß der steilen Rampe liegen wuchtige dunkle Säulentrommeln. Ein Erdbeben muß sie dorthin befördert haben. Zum Zerkleinern sind sie zu hart, zum Abtransport zu schwer. Titanisches Ringen der modernen Zeit trägt sich in anderen Bereichen zu als in der Architektur. Ansonsten ist die Rampe nackt und bräunlichweiß wie der Rücken eines respektablen Buches, von dem der Einband abgefallen ist, so daß das Gewebe bloßliegt, mit bröckeliger Leimkruste und flockig abblätternden Papierrückständen. Nicht ein Stein der verkleideten Böschungen der Terrassen und Treppen ist an Ort und Stelle verblieben. Genauso hat sich Chinas *People's Liberation Army* an der Großen Mauer bedient, um bei Gubeikou Kasernen zu errichten, und Roms mittelalterliche Bevölkerung am Kolosseum, dem mitten in der Stadt gelegenen Steinbruch.

Marcus richtet auf der letzten oben verbliebenen Säulentrommel sein Satellitentelefon ein. Er könnte, wäre es dort nicht zu früh, das Archäologische Institut der Universität Heidelberg anrufen, das in den 70er Jahren die Anlage erforscht hat, und einen Bericht über den jammervollen Zustand Surkh Kotals durchgeben, der im Vergleich mit einer bei Gorshenina und Rapin (*De Kaboul a Samarcande*, 2001) abgedruckten Fotografie überdeutlich ist.

Greg spricht mit seiner Frau Masako, die in Kürze von Tokyo aufbrechen wird, um meine beiden Freunde in Tehran zu treffen, von wo aus sie Alexanders Spuren im Iran nachreisen werden.

Eintausendachthundertfünfundsiebzig Jahre nach der Gründung des Kushan-Reichs durch Kanishka im Jahr 127 n. u. Z. zeigt die Satellitentelefonie nichts anderes, als daß die moderne Kommunikationstechologie keineswegs den Tod der Distanz mit sich gebracht hat. Egal ob man sich aus Heidelberg oder aus Tokyo Surkh Kotal nähert, verkürzt sich diese nicht, ja allenfalls kann sie sich, je näher man diesem Ziel gelangt, sogar in die Länge ziehen, zeitlich infolge sich verkomplizierender Maßnahmen oder auch gefühlsmäßig, weil der transkontinentale geflogene Anfangsabschnitt der Reise übernatürlich schnell vonstatten gegangen ist.

Alexander hat dieses Problem nicht, denn seine *bematistai*, die Wegmesser, eilen voraus und rapportieren ins Heerlager zurück. Alexander weiß also – oder zumindest, so die Hoffnung – präzis, welche Distanzen in den folgenden Tagen zurückzulegen sind. Als er hinter den ›Kaspischen Toren‹, östlich von Tehran, die Verfolgung von Bessos aufnimmt, sind es nach Strabon (*Geographika*, II, 8, 9), der Eratosthenes'

Angaben zur Entfernung übernimmt, bis Bactra, die Stadt trägt auch den zoroastrischen Namen Zariaspa – noch 10 270 Stadien – 6400 bis Alexandria Areia, Herat, und von da bis Bactra dann noch einmal 3870 –, die meisten davon durch feindliches Territorium.

Die Entfernung von den ›Kaspischen Toren‹ nach Bactra beträgt je nach der von Eratosthenes von Kyrene (275–194 v. u. Z.) verwendeten Einheit zwischen ca. 1830 und 1620 Kilometern. Vermutlich hat der Leiter der alexandrinischen Bibliothek nicht die griechische Einheit eines *stadion* (ca. 178 oder ca. 192 Meter) verwendet, sondern ein ähnliches ägyptisches Landmaß von 157,5 Metern.

Bei Plinius (*Naturkunde* VI, XVII, 45) beträgt die Distanz zwischen den ›Kaspischen Toren‹ und Bactra, das man nach dem Fluß auch Baktron nennt, lediglich 3700 Stadien, also weniger als 700 Kilometer, was als erhebliche Fehlschätzung erscheint, beträgt doch schon die Luftlinie 1400 Kilometer. Meint Plinius hingegen die Distanz zwischen Alexandria Areia und Bactra, kommt die von ihm angegebene Distanz der Wirklichkeit näher, denn von Herat sind es über den Sabzak-Paß, Qaleh-ye Now, Bala Morghab und Maimana zirka 650 Kilometer. Diesen Weg nehmen Verstärkungstruppen Alexanders, nicht aber er selbst.

Dazu Buch X, *Barbaren aus dem Westen und der Wettlauf um den Vorrang in der Welt.*

Als Kanishka von Surkh Kotal auf die Ebene von Baghlan herunterblickt, herrschen Friede und Stabilität. Das Reisen im Reich ist sicher. Um diese Zeit, etwas nach dem Jahr 97 n. u. Z., also ein oder nur wenige Jahre nach Regierungsantritt Kanishkas, ist ein chinesischer Gesandter namens Gan Ying unterwegs im Gebiet der Kushan, und zwar auf dem Weg nach Rom. Nachdem er das Territorium der Kushan verlassen hat, läuft er Gefahr, von den persischen Parthern auf seinen Weg nach Westen zurückgewiesen zu werden.

In direkter Konkurrenz zu den Kushan stehend, sind jene nämlich interessiert, ihre Position als Vermittler im transkontinentalen Warenverkehr zu festigen, einen undurchlässigen 'parthischen Vorhang' vorzuziehen und Informationen über den bedeutendsten Absatzmarkt der Epoche, das Rom Trajans (98–117), zu monopolisieren. Dort ist die Gier nach östlichen Kostbarkeiten so groß wie kaum je zuvor. Daß die schlechten Sitten sich nicht geändert haben, obwohl bereits in einer Senatssitzung des Jahres 14 n. u. Z., als Tiberius Kaiser ist, vieles gegen den in der Bürgerschaft grassierenden Luxus gesagt und einhellig beschlossen worden ist, dem Gebrauch durchscheinender chinesischer Textilien einen Riegel vorzuschieben, berichtet Tacitus, den gerade die Niederschrift der _Annalen_ beschäftigt.

Die _Annalen_ sind das letzte und bedeutendstes Werk von P. Cornelius Tacitus (ca. 55 bis nach 116). Der römische Historiker beschreibt darin den Niedergang des Prinzipats, der von Augustus begründeten Form der Monarchie. Zuvor verfaßt Tacitus die _Historien_, ein Bericht über die selbst miterlebten, turbulenten Schicksalsjahre der Flavier (69–96).

Zuviel vom Reichtum, den die Sklaven in den iberischen Minen zutage fördern, ist schon für den Lapislazuli aus Zentralasien nach Osten abgeflossen (_Annalen_, II, 33,I). Jetzt sind es nebst der bereits von Plinius (_Naturkunde_, VI, 20, 54) monierten Seide – der »Wolle der Wälder, deren graues Blätterhaar [die Serer] mit Wasser befeuchten und abkämmen«, so daß den Römerinnen beim Aufdrehen der Fäden, um sie neu verweben zu können, doppelte Mühe entsteht, man aber »durch eine so mannigfache, von einer so weit entfernten Welt hergeholten Arbeit erzielt [...], daß in der Öffentlichkeit die Haut der Matronen durch die Gewandung scheint« – vor allem chinesische Lackwaren und geschnitztes indisches Elfenbein. Geöltes vom Letzteren verlangt Martials protzender Kenner Mamurra, der lang und oft, Lustknaben mit den Augen verschlingend, um die Luxusläden streicht, wo sein »goldnes Rom mit Schätzen prunkt« (_Epigramme_, 9, 59).

Der Satiriker, der alle Laster rügt im Rom des Trajan, der »Partherfürsten und Führer der Chinesen / Thrazier, Goten, Sarmaten und Britannien« herbeiordern will, damit diese der »Göttin aller Länder und Völker, Rom« Tribut zahlen (_Epigramme_, 12, 8).

Die Han, die das im Westen liegende Reich zwar Da Qin (wörtlich: 'Groß-China') nennen, sind sich aber nicht sicher über dessen tatsächliche wirtschaftliche Bedeutung. Aus diesem Grund ist denn auch Gan Ying ausgeschickt worden.

Kanishka, der zu Lebzeiten keinen Teil seines Reiches verliert, sieht sich auf dem Höhepunkt seiner Macht, als Kaiser Trajan im Jahr 117 n. u. Z., am Persischen Golf stehend und Alexanders vermessene »zwei Schritte nach Asien« nicht nachahmend, es vorzieht, über ein geschwächtes zerschlagenes Parthien hinweg, seine Hand freundschaftlich zum Herrscher auf Surkh Kotal auszustrecken und eine indische Gesandtschaft zu empfangen. Ohne Vermittlung der Kushan, deren Reich vom Delta des Indus bis zum Tian Shan reicht, wird für ein weiteres halbes Jahrhundert nichts verschoben auf der transkontinentalen Güterstraße zwischen Chang'an und Rom.

Und Rom ist auch jetzt wieder nah! Gestern abend sind wir an einer der großen Straßenkreuzungen von Mazar die direkt neben der Kanzel des Verkehrspolizisten angebrachte wacklige Wendeltreppe zu einem _chaikhana_ hinaufgestiegen. Im hinteren Saal haben sie Billard gespielt. Vorne, wo sich auch die Küche befindet, hat eine nachmittägliche Show von _RAI Uno_, das heißt unaufhörlich sich nässen lassende Blondinen, die Blicke der Männer und der Tee servierenden Knaben gefesselt.

Aber Roms Untergang ist nur eines von achtzig Programmen, welche der _maître-de-salle_ des andern Restaurants in Mazar zu Hause empfangen kann.

BUCH V

TOPOGRAPHIE DER GEWINNE

Iran 1995 Hossains Mühle — Verarschung am Kupferberg — In Isfahan
Schweiz, Rußland und Tadschikistan 1996 Eine Stimme für Innerasien — Tage in
Moskau — Tragische Experimente — Intourist — Fluggedanken — Schlendern
durch 'Montag-Stadt' — Rubinjäger im Pamir Afghanistan 1998 »New Great
Game I« Usbekistan 2002 Das 'tartarische Pflanzen-Schaf' — Das Loch in der
Wüste Kirgistan 2004 Pannen auf dem Weg zum Issyk Kul — Batyrs, Salz und
Torpedos — Karten und Petroglyphen — Werkstraße — Der namenlose Berg

Hossains Mühle

Kuhbonan, 27. November 1995. — Cobinan, berichtet Marco Polo, sei eine bedeutende »*Mohammedanerstadt*«, die Eisen und den feinen indischen Stahl verarbeite sowie große glänzende Metallspiegel fabriziere, nebst *tutia*, dem Grundstoff vorzüglicher Augenzinksalbe, und Spodium, einem anderen Zinkpräparat. Die beiden Stoffe gewännen die Arbeiter nach dem Freilegen der Mineraladern, indem sie das abgebaute Material auf einen Metallrost schafften, wo unter der Einwirkung starken Ofenfeuers am Rost die flüssigen Mineralien sowie Rauchteilchen kleben blieben. Das sei *tutia*, die Schlacke hingegen das Spodium. Näher sei Marco Polo aber nicht auf die metallurgischen Prozesse am Ort eingegangen, sagt Herr Bahreini.

Nach unserem überraschenden Erscheinen hat der Bürgermeister seinen Arbeitstag etwas früher beendet und uns in seine Dienstwohnung geführt, die gleich hinter dem Gemeindehaus liegt.

Schwarze *chadors*, die im Hof der Mädchenschule einen davonhüpfenden Fußball umwölkten, hatten uns dorthin geschickt. Der Unterricht war eben zu Ende gegangen, und als wir uns zum Gemeindehaus aufmachten, entstieg einem Werkbus, der inzwischen auf dem Platz am Rand Kuhbonans vorgefahren war, eine Schicht heimkehrender Bergleute.

Herr Bahreini ist achtunddreißig und diente 1982 während der Panzerschlacht am Schatt el-Arab im Iranisch-Irakischen Krieg als Nachrichtenübermittler. Von Beruf ist er Ingenieur, Absolvent der Fakultät für Betriebswirtschaft der Universität in Kerman, wo seine Frau und seine drei Söhne im Alter von einem, vier und sechs Jahren leben. Vor einem Jahr hat Herr Bahreini sein Amt in Kuhbonan angetreten. Unter seinen Händen soll die Stadt der Bergleute, welche täglich in die Kohlemine im fünfzig Kilometer entfernten Papedana einfahren, zur schmucken Gartenstadt werden.

Es hat nicht lange gedauert, bis Herrn Bahreinis Pläne den im Wohnzimmer der Dienstwohnung ausgelegten Teppich aus Nain in mehreren Schichten bedeckt haben. Deren sich einrollende Ecken hat Firzui, mein Begleiter vom *Ershad*, mit Schalen beschwert, aus denen wir pausenlos helle Pistazien und in farbiges Papier gewickelte Bonbons fischen.

Das Denkmal für den Hauptplatz sei bereits angeliefert worden. Wir sollten unseren Spaziergang durch den Ort bei ihm beginnen, schlägt Herr Bahreini vor. In Kuhbonan würde es sehr schnell dunkel.

Vorläufig steht die Statue noch unter den Kiefern vor dem Gemeindeamt. Als Herr Bahreini die zerschabte Blache zur Seite schwingt, kommt der Bergmann zum Vorschein, ein Preuße aus Zement, ausgerüstet mit Schutzhelm, Atemgerät und Preßlufthammer. Geschaffen hat man ihn unter Vorlage einer Fotografie eines bestehenden Denkmals in Karach, dem Grubenort westlich von Tehran.

Durch eine leeres geteertes Sträßchen gehen wir hinunter zu einer Grünanlage, die den herausgeputzten Ruinen einer Medrese zur Geltung verhilft.

Abu Said ibn Abi l-Cheyr habe an diesem Ort gewirkt, informiert Herr Bahreini. Ein berühmter Sufi, gestorben 1049. An Ende der breiten Treppenkaskade befinde sich die kreisrunde Plattform, auf der astronomische Instrumente standen. Kuhbanans Nächte seien die klarsten in ganz Iran. Gewiß würde ich mich für Astronomie interessieren.

Wie er darauf käme, will ich vom Bürgermeister wissen.

»*Sie haben die schönste der drei Routen nach Isfahan gewählt*«, sagt Herr Bahreini, sich auf das ambitiöse journalistische Unternehmen der Zeitschrift *du* beziehend, das

Dazu Buch II, *Iranische Annäherung* und *Ganz Asien in zwei Schritten*.

ihm Firuzi bei der Begrüßung dargelegt hat.

»*Fast alles Wüste!*«

Herr Bahreini fährt mit der Rechten über seinen schwarzen Kinnbart, und jetzt bin ich sicher, daß er mich an den Apotheker in Zürich erinnert, der mich mit destilliertem Wasser für fotographische Entwickler versorgt.

»*Wissen Sie, in der Wüste ist es immer ruhig. Und in Kuhbonan ist es schon fast wie in der Wüste.*« Dann erkundigt sich der Bürgermeister, ob ich im Ort etwas Bestimmtes suche.

»*Vielleicht etwas, das an Marco Polo erinnert.*«

»*Reisen Sie ihm nach?*«

»*In Abschnitten. Seitenweise sozusagen.*«

Ich sei der erste, der auf Polos Spuren nach Kuhbonan käme. Im Gemeindearchiv habe er nichts gefunden zu bisherigen offiziellen Besuchen. Natürlich sei es möglich, daß vor der Islamischen Revolution nachforschende Reisende durch den Ort gekommen seien. Ob ich Polos Buch studiert habe?

»*Aus Anlaß dieser Reise zum ersten Mal. Die Abschnitte, die ich bereise*«, gebe ich zur Antwort und ergänze, daß es wahrscheinlich schwierig wäre, sich an Polos vielleicht doch etwas phantastische Route zu halten, sich an alle von ihm erwähnten Orte zu begeben. Etliche habe der Venezianer zudem ja nur vom Hörensagen gekannt, wie auch manche Dinge, von denen er berichtet.

»Aber Kuhbonan«, betone ich, »muß einer auf jeden Fall besuchen, der sich mit Polo beschäftigt. Schließlich kam er zweimal hier vorbei. Zuerst im Jahr 1271, als er von Kerman nach Tabas ging; dann 1295 auf der Rückreise von China, als er die Route von Kerman nach Yazd benützte.«

Mich hätten Minen schon immer interessiert, und weil Polo von solchen spricht, sei ich nun hier.

Wenn Firuzi etwas fürchtet, dann ist es das Abweichen von dem nach unseren Verhandlungen mit dem *Ershad* festgelegten Itinerar meiner Reise nach Isfahan. Da es keinen direkten Kontakt gibt, weiß ich nicht, ob meine beiden Kollegen Thomas und Samer mit kooperativeren Begleitern auf ihren Wegen dorthin unterwegs sind. Im Verlauf der vergangenen zwei Wochen hat Firuzi jedenfalls meine ziemlich unverhüllten Ausflüchte im Hinblick auf ein vorübergehendes Ausscheren – wenn auch nur für einen halben Tag oder ein paar Hundert Kilometer –, selbstverständlich durchschaut. Seither schlittern wir unter den Bedingungen eines latenten Konflikts, der jederzeit ausbrechen kann, am Ostrand der iranischen Trockenräume entlang. Auf dem Weg nach Kuhbonan habe ich den *Pajero* anhalten lassen, um den Fahrer aus Shiraz, der uns in Mashhad abgeholt hat, ein weiteres Mal eindringlich darauf hinzuweisen, daß wir uns nicht auf einer 'Iran Rallye' befänden und ich auch keine Mittel übrig habe, um den Verwandten allenfalls von ihm verursachter Verkehrstoter Blutgeld zu bezahlen. Für die Ermahnung hatte ich bewußt die Stelle ausgesucht, wo die abschüssige kurvenreiche Straße einem der Förderschächte der Kohleminen von Paydana am nächsten kam, so daß es Firuzi etwas leichter fallen konnte, sich aufzuraffen und auf meine Anregung einzugehen, eine Erkundigung über die Möglichkeit des Zutritts einzuholen. Selbstverständlich kam Firuzi mit negativem Bescheid zurück, und ich vermute, er ist auch nicht weiter als bis zu dem von uniformierten Bewaffneten bewachten Tor gegangen. Mein Aufpasser und ich spielen mit offenen Karten.

Während Firuzi mit Herrn Bahreini spricht, fällt mehrmals das Wort *Ershad*. Aber es gelingt meinem Begleiter nicht, seine Ängste und Vorbehalte gegenüber spontanen Programmen auf den Bürgermeister zu übertragen, denn jener fragt unvermittelt nach dem Auto. Er wolle mir etwas zeigen, das mich bestimmt interessiere.

Eine gewundene ausgewaschene Erdstraße bringt uns den Hang hinauf zu ein paar alten Lehmhäusern. Zusammengerückt stehen sie auf einer Terrasse, und vor dieser ausgebreitet liegt die Heimat der iranischen <u>Pistazie</u>. Sie beginnt gleich hinter dem Felderrand unterhalb von Kuhbonans geduckten Dächern. Die graugrünen Kreuzschraffuren der Plantagen reichen bis zu den Niederungen des Shur Ab und setzten sich jenseits

Paul Pelliot, *Notes on Marco Polo (Paris, 1959–1973)*, versammelt unter dem Eintrag »*164. Cobinan*« für Kuhbanan folgende Transkriptionen: Kuh Banán, Koo Benan, Kuh bānān, Kúbénán, Kubunān. Während als erster Vokal nun sicher ein '*u*' vorausgesetzt werden könne, habe Marco Polo ihn wahrscheinlich als '*o*' gehört. Im Weiteren bedeute der Name, wenn Kuh bänän ausgesprochen, »Mountain of the Wild Pistachioes«.

Henry Yule und Henri Cordier, *The Book of Ser Marco Polo*, Vol I, 1903, übertragen den Namen mit »Hill of the Terebinths, or Wild Pistachioes«.

des Hügelzugs fort, dessen Wellenlinie die untergehende Sonne entgegenstürzt, denn das ganze Land von Kerman, wo wir am Morgen aufgebrochen sind, bis nach Rafsanjan hinüber, ist Anbaugebiet der in alle Welt exportierten Samenkerne.

Herr Bahreini kennt diese Aussicht und schlägt sofort den gut sichtbaren Pfad ein, der durch einen stoppligen Acker den Hang hinter zu einem Abbruch führt. Ein *dromos* liegt in dessen Schatten, nur daß der Zuweg nicht wie bei einem mykenischen Grab auf ein hohes schlankes Tor mit darüberliegendem Entlastungsdreieck zuläuft, sondern hinab zu einer quadratischen Pforte, deren Sturz aus einem massiven hellen Quader besteht.

»*Mühle Nummer 5. Seit dreihundert Jahren in Betrieb. Sieben andere am Berg liegen still*«, erklärt mein Begleiter und fährt, zu einer Baumgruppe oben am Sattel deutend, fort: »*Gespeist von einem unterirdischen Bach. Seine Quelle ist dort oben. Die ganze Anlage ist eine vorzügliche Ingenieurleistung. Bitte, sehen sie sich um.*«

Firuzi wischt über die Ärmel seines Kittels, die beim Abstieg vom Acker in den *dromos* weiß geworden sind. Damit bringt er zum Ausdruck, daß ihm nichts daran liegt, mich ins Innere der Erde zu begleiten.

Mehlstaub flimmert in den Strahlen der untergehenden Sonne.

Weiß vom puderigen Staub ist der Lehmboden des Zuwegs, die mit Trockenmauern abgestützten Wände des Geländeeinschnitts, die Steinplatten des Stollens, der an gestapelten Säcken mit gemahlenem Mehl vorbei und unter zwei Kragbögen hindurch in die Kühle des Berges zur unterirdischen Mühle führt, vom fahlen Schein einer einzigen schwachen Glühbirne, weißlich verpelzt wie das Kabel, an dem sie von der Decke hängt, eine kaum erhellte Höhle. Hauptraum und Nischen, diese teilweise verstellt mit prallen Säcken, ausgeschlagen mit puderigem Staub, der jedem Vorsprung im Fels die Schärfe der Konturen nimmt und den schwarzen Glanz der Bodenplatten versilbert. Im hintersten Teil der beschneiten Hölle, wo eine hohe Wand aus geschichteten Steinen einen Durchbruch im Fels verschließt, das knirschende Scharren der Mahlsteine. Zu sehen nichts, außer einem zwischen zwei Holzbalken ruhenden vierkantigen Trichter, neben dem plötzlich ein Kobold bis zur Brust aus seiner verdeckten Falle taucht, auf dem Schädel eine runde Wollmütze, den Rumpf gekleidet in Hemd und Kittel, alles weiß.

»*Ich glaube schon*«, antworte ich beim Austritt, als Herr Bahreini fragt, ob ich Hossein, den Müller, gesehen hätte.

Einen Augenblick später taucht der Müller an seiner Pforte auf. Sieht mich aus geröteten Augen an, die, als er sie rasch wieder verschließt, wie in zerknülltes Zeitungspapier geworfene Murmeln in den weißgeweißten Falten des Gesichts verschwinden.

»*Hosseins Mehl ist das beste weit und breit*«, sagt Herr Bahreini und ergänzt: »*Es muß das Wasser sein. Fast alle Bauern bringen ihren Weizen zu Hossein. Es gibt in Kuhbanan zwar zwei moderne Mühlen. Aber keiner geht hin.*«

Hossain hat die Augen wieder geöffnet, lächelt, als Herr Bahreini den Ruf erwähnt, den er genießt, und antwortet, daß er seit fünfzehn Jahren diese Mühle betreibe, wie sein Vater vor ihm und zuvor dessen Vater und alle Vorfahren, an die er sich noch erinnern könne.

Mit diesen Worten verabschiedet sich Hossain und kehrt in die Puderhöhle zurück – Kuhbanans vielleicht letzter Chthonier.

Nach Safranreis und Lamm, Gurken und Tomaten bleibt die Schischa in der Ecke, denn wir beschließen, nicht »*nach oben zu reisen*«, wie die Iraner sagen, sondern in die Vergangenheit und gleichzeitig Kuhbonan durch ein paar Fäden mit der Welt zu verbinden.

Der Nain hat unter dem grellen Neonlicht eine grünliche Verfärbung angenommen. Darauf liegt die chamoisgelbe Faltkarte *Reiserouten im Innerpersischen Wüstengürtel* aus Alfons Gabriels Buch *Durch Persiens Wüsten. Neue Wanderungen in den Trockenräumen Innerirans* (Stuttgart, 1935), in welchem der Dazu Buch VII, *Der Ärger des Geologen*. österreichische Forschungsreisende, »der Stellung und Vermögen [opferte], um der geographischen Forschung zu dienen, der Wissenschaft zu nutzen, dem Vaterland, [...], *zu geistigem Ansehen zu verhelfen*«, die Ergebnisse der zusammen mit seiner Gattin im Jahr 1933 penibel durchgeführten geologischen Erkundung der Salzsümpfe Khorasans, des wenig begangenen persisch-afghanischen Grenzgebiets, der südlichen Lut sowie der abgeschlossenen Gebirgswelt des Sarhadd zusammenfaßt, und in dessen Vorwort sich der Verfasser bei den »reichsdeutschen Herren in Persien« bedankt, »die als Leiter der Zweige der Persischen Nationalbank auf entlegenen Posten schwierigen Dienst versehen und sich stets gastfrei ihrer Volksgenossen annehmen.« Gabriels Karte erfaßt sämtliche bekannten oder mutmaßlichen Karawanenstraßen nach Innerasien und Pilgerrouten nach Mashhad – zumeist sind sie ohnehin identisch –, die verschollenen Pfade der arabischen Geographen und auch den Telegraphen, das »*Fühlhorn*« der Briten in Indien. Diese sollen hinter den Aufständen im Süden stehen, welche sein Unternehmen dort gefährden könnten. Gabriel ist auf einer ersten Expedition 1928 durch Kuhbonan gekommen, aber nicht der einzige vorrevolutionäre Besucher. Der Österreicher erwähnt nämlich, daß P. M. Sykes (*Ten Thousand Miles in Persia*, 1902, *History of Persia*, 1915), der britische Diplomat, Forscher und Spion, der bereits 1893 in dieser Ödnis unterwegs gewesen war, 1905 in Verbindung mit Mutmaßungen über Polos Reiseweg durch die Lut im Jahr 1271 in Kuhbanan Nachrichten über die Wüste gesammelt hatte, »die ihn das Vorhandensein einer Verkehrsmöglichkeit von Bahabad nach Tabbas überhaupt in Zweifel ziehen ließen«. Gabriel schreibt, er habe dann aber 1928, während seiner eigenen Reise, die Auskünfte bestätigen können, die Sven Hedin

1906 im knapp fünfzig Kilometer nördlich von Kuhbanan gelegenen Bahabad über diesen Weg gemacht hatte. Durch »diese Reise war es Tatsache geworden, daß Marco Polo die Route von Bahabad nach Tabbas gewählt hatte«. Zweifellos würde sich dieser Pfad durch die Bahabad-Wüste zum Teil wenigstens mit jenem decken, den die alten Geographen die »Shur-Straße« genannt hatten, weil sein Ausgangspunkt in Birah im Bezirk Shur unweit von Kuhbonan gelegen habe. Das arabische Itinerar, dessen Titel Gabriel leider nicht angibt, habe als Merkwürdigkeit berichtet, »daß Versteinerungen am Weg zu finden seien, die wie Früchte, Menschen und Tiere aussähen«.

Die Route, um die sich mein Gespräch mit Herrn Bahreini bis spät in die Nacht dann dreht, ist eine viel jüngere als die von Polo begangene – vorausgesetzt seine Reise hat tatsächlich stattgefunden –, nämlich ein obskurer Handelsweg des 17. Jahrhunderts, der, mehr als hundert Jahre bevor Karawanenführer, Händler und Pilger in Kuhbanan das mit dem vortrefflichen, von Hosseins Vorfahren gemahlenem Weizenmehl gebackenes Brot vorfanden, eine kurze Blüte erlebte, und zwar durchaus als regionale Reaktion auf gleichzeitige Entwicklungen des Welthandels in der östlichen Hemisphäre und dem Schicksal von Hormuz.

Die kleine befestigte Insel am Ausgang des Persischen Golfs monopolisiert seit 1200 den indischen und chinesischen Handel. Nach 1514 wird sie von den Portugiesen kontrolliert. 1622 fällt Hormuz unter dem Angriff einer englisch-persischen Streitkraft, und ab diesem Zeitpunkt erlangt der persische Handel für Indien seine größte Bedeutung.

Obwohl damals der zunehmende Erfolg europäischer Kompanien auf den Ostrouten des Indischen Ozeans nach Goa und weiter zu den Gewürzinseln des indonesischen Archipels den Transithandel durch den Persischen Golf reduziert, kommt der direkte Güterverkehr von Indien in die dicht bevölkerten Reiche der Safawiden und Ottomanen nicht zum Erliegen, und der fragliche Karawanenweg, der Kuhbonan berührt haben könnte, avanciert zur alternativen Überlandroute für jährlich bis zu 25 000 Kamele.

Auf den Karten zeichnen wir diese Route nach. Sie beginnt in Agra, führt via Lahore nach Kandahar und weiter nach Farah, wo sie afghanisches Gebiet verläßt und, die Berge Kuhistans, des östlichen Rands von Khorasan, durchschneidend, nach Birjand und in die Dasht-e Lut vordringt. Von dort müßte sie, jetzt auf Gabriels Karte weiterverfolgt, mit der fein gepunkteten, »nach Tabbas« beschrifteten Linie zusammenfallen, vor deren Ende in einem Stück *Terra incognita* die Niederlassung Khur eingezeichnet ist, und nach dem leeren Raum auf die vom Westen her, aus Tabas kommende ebenfalls abbrechende Linie »nach Birjand« stoßen. Von Tabas aus würde diese sogenannte »Kandahar-Route« dann entweder Polos Strecke via Bahabad nach Kuhbonan gefolgt sein oder aber hätte in einer direkteren Linie Yazd erreicht und via Nain schließlich Isfahan.

Von dort bricht im Jahr 1621 ein Deutscher, Heinrich von Poser aus Jena (*Lebens- und Todes Geschichte*, Jehna, 1675), in Richtung Agra auf, wo er über die »Kandahar-Route«

nach hundertachtundfünfzig Tagen anlangt. Poser und andere Reisende, darunter John Mildenhall um 1600/1603 sowie Richard Steel im Jahr 1615, sorgen dafür, daß über diesen Weg nicht nur billiges westliches Silber nach Indien fließt und in umgekehrter Richtung Indigo und Baumwolle, das Material der in Persien bevorzugten Gewandung, sondern daß er auch als Abschnitt des transkontinentalen Kommunikationswegs fungiert, über den im August 1611 zum Beispiel die über ein Jahr alte Neuigkeit Agra und die dort niedergelassenen englischen, französischen und niederländischen Kaufleute erreicht, daß am 14. Mai 1610 nach mehr als einem Dutzend mißglückten Attentaten der französische König Henri IV. durch François Ravaillac ermordet worden ist.

5000 Jahre bevor die »Kandahar-Route« den Umlauf von Nachrichten gewährleistet – je näher ferne Wirtschaftswelten einander rücken, desto wichtiger wird diese Ressource –, ist der Abschnitt zwischen Yazd und Tabas ein Lehrpfad protometallurgischer Technologie, bezeichnet durch brunnenorientierte, im Gebirge und in nicht perennierenden Flußtälern liegende, aber auch zum Rand der Salzsümpfe absteigende Verhüttungsplätze, wo man in Öfen, ausgerüstet mit Gebläsen aus rotgebranntem Ton, in mehrstufigen Verhüttungsverfahren durch Röstreaktion Kupfer gewinnt. Die Lagerstätten der 'primitiv' abgebauten polymetallischen sulfidischen Erze liegen in den metallogenetischen Zonen um Saghand und Posht-e-Badam, letzteres Kreuzpunkt der Pfade südwest-nordöstlicher Richtung von Yazd nach Tabas und südost-nordwestlicher Richtung von Kuhbonan nach Khvor.

Wären Marco Polo und Alfons Gabriel in diese Region vorgedrungen, dürften ihnen in den Hausmauern aus Stampferde dunkel glänzende dekorative Brokken oder Splitter nicht entgangen sein, welche der Teenager aus der Lagunenstadt nicht unbedingt, der Wiener Geograph und Forschungsreisende hingegen gewiß als Stücke alter Schlacke erkannt haben würde.

»Aus der Zeit von Shahdad« hätten wohl die meisten Bewohner, die selbst keine Erinnerung an metallurgische Aktivität besaßen, geantwortet, hätte Gabriel – wie nach ihm der Amerikaner T. A. Wertime (*A Metallurgial Expedition through the Persian Desert*, 1968) – sie nach dem Ursprung des Materials gefragt, das sie den Fundstellen im alluvialen Schutt der Wüste oder in salzigen Tonsenken entnommen und zur Verschönerung des Alltags heim in die Oasen geschafft haben.

Shahdad hätte indessen weder einen mythologischen Herrscher noch eine Dynastie gemeint, sondern eine Epoche, die bis in die 1970er Jahre als frühelamische bezeichnet wird, in jüngster Zeit aber unter der eigenständigen Bezeichnung Jiroft-Zivilisation erforscht wird, unter deren bekannten Plätzen einer diesen Namen trägt. Der berühmteste Platz dieser Kultur ist Tal-i-Iblis, der auf

Die nach einem achtzig Kilometer westlich von Bam liegenden Ort in der Region Kerman benannte Kultur wird neuerdings als präelamisch angesehen. Zwischen 4400 und 400 v. u. Z. ununterbrochen besiedelt, ist das »Reich von Jiroft« ein Verbindungsglied zwischen dem mesopotamischen Elam im Westen und der Harappa-Kultur, wohin metallurgische Kenntnisse über Mundigak in Afghanistan und prä-Harappa-Stationen in Belutschistan gelangen.

Postscriptum:
Die systematische Erforschung der polytheistischen Jiroft-Zivilisation, die älter als jene der Sumerer sein und dreihundert Jahre vor Elam die Schrift gekannt haben soll, beginnt erst Anfang des 21. Jahrhunderts.

2300 Meter Höhe gelegene 'Teufelshügel', wo Aurel Stein 1930 sondiert hat und 1966 Joseph Caldwell vom *Illinois State Musuem* auf eine »Industrieanlage« und Verhüttungswerkzeug gestoßen ist, was die Theorie erhärtet, daß im Gebiet des heutigen Iran bereits gegen Ende des 5. Jahrtausends v. u. Z. Kupfer aus Erz geschmolzen worden ist, und den Ort zum weltweit ältesten bekannten metallurgischen Zentrum macht.

In der weit vorgerückten Stunde, da das Gespräch mit Herrn Bahreini bei Shahdad ankommt, erfährt Firuzi den verborgenen Grund unseres Ausflugs nach Shahdad, den ich ihm vor zwei Tagen am Nachmittag nach dem Besuch der *Kerman Cement Co. Inc.* abgerungen habe.

Eine neue Asphaltstraße mit vielen Tunnels, befahren fast nur von Bussen, die der Fahrer aus Shiraz nie lange vor sich duldete, hatte uns durch das zerklüftete Gebirge in eine moderne menschenleere Oase gebracht. Sie breitet sich aus auf den flach auslaufenden Zungen eines enormen Schuttkegels, wo dieser in den Rand der Kavir-e Lut hinausläuft. Am Ende der Straße, im Schatten der Dattelpalmen, hatte ein Posten der Peshmergas gelauert. Als Firuzi die Religionswächter bemerkt hatte, regelmäßig sein größter Schrecken während der gesamten Reise, hatten wir den Kreisel, hinter dem nur noch Dunst und Wüste lagen, umrundet und waren ohne die Geschwindigkeit gedrosselt zu haben schon wieder auf dem Rückweg. Ich betrachtete die am Fenster vorbeifliegende, von gewaltigen Geröllbrocken übersäte Ebene und dachte an die Schlammlawinen und Sturzfluten, die der nach der Mitte des 3. Jahrtausend v. u. Z. in Bewegung geratene schroffe schwarze Berg, über dem nun schwere Wolken mit grellen ausfasernden Schweifen standen, ihnen nachgeschickt haben mußte, dabei die Häuser der prähistorischen Siedlung zermalmend, faßt nicht aber einige, die auf Jutematten gebetteten Verstorbenen darstellenden und diesen mitgegebenen großlebensgroßen Büsten aus bemaltem ungebranntem Ton, deren fingerlose Hände über der brettigen Brust gefaltet waren und deren länglich-ovale Gesichter lippenlose Strichmünder besaßen wie Brancusis *Le nouveau-né*, ansonsten aber individualisierte Züge, starke Nasen und Augen, welche nicht nur die Form der Mandel hatten, sondern auch wie sol-

Postscriptum:
Erst mehr als ein Jahrzehnt nach meiner Reise werde ich per Zufall auf Abbildungen der Funde stoßen, von denen Matheson gehofft hat, sie würden dereinst aus den Depots des Archäologischen Museums in Tehran hervorgeholt und ausgestellt werden.
Bei den Objekten, mit denen sich die Bewohner des prähistorischen Shahdad, das in der Zeit der Sasaniden (224–642) den Namen Xabis erhält, umgeben hat, handelt es sich um Schalen und Schüsseln aus Marmor, Steatit- und Chloritschnitzereien, silberne Armbänder und Ohrringe, Perlen aus Achat und Lapislazuli – aus dem afghanischen Badakhshan? – und selbstverständlich Erzeugnisse der lokalen Industrie, auf welche die Reste der Schmelzöfen verwiesen – seltsame Metallteller mit lebensnah dargestellten Fischen, Hirschen

che in tiefen Höhlen unter markanten gebogenen Lidknochen lagen.

Da S. A. Mathesons *Persia. An Archeological Guide* (1976) außer diesem Porträt eines Mannes keine Abbildungen zu Shahdad enthält, sucht Herr Bahreini in iranischen Periodika. Ob er dort fündig wird, ist fraglich.

und Schlangen, sowie eine kupferne Standarte, nebst Sonne, Sternen auch durch eine stilisierte Welle Wasser wiedergebend, nebst der wahrscheinlich von frühdynastischen, aus Susa bekannten Symposiumszenen angeregten hauptsächlichen Darstellung einer von Dienerinnen umgebenen Fruchtbarkeitsgöttin bei einer Kulthandlung. Diese Darstellungen wie auch jene zahlreicher weiblicher Gestalten auf den Zylindern von Rollsiegeln, die mit ihren runden Brüsten, schmalen Taillen und ausladenden Hüften an einen späteren indischen Idealtypus erinnern und dadurch Handelsbeziehungen mit Mohenjodaro und Harappa im Indus-Tal anzeigen, dürften auf die matriarchalische Gesellschaft verweisen, welche die metallurgische Siedlung von Shahdad bewirtschaftete.

Verarschung am Kupferberg

Yazd, 28. November 1995. — Herr Bahreini verabschiedet uns vor dem zwischengelagerten Denkmal des Bergmanns.

Der Morgen ist kühl, und er beeilt sich nicht, die rauchigen Schleier aufzulösen, die sich nachts über den Pistazienplantagen gebildet haben.

Nachdem wir an der Kohlenmine von Paydana vorbei und wieder einigermaßen auf der vorgeschriebenen Route sind, atmet Firuzi auf, während ich das Wenige notiere, das mir gestern bei der Hinfahrt entgangen ist: Verrostende Loren, ein Standseilwagen auf der Halde; hinter einer Kurve zersplitterte knochenweiße Kisten mit nie benützten Ersatzteilen; kurz vor Zarand, am Ausgang einer Schlucht, die Ruinen eines Dorfes, dessen Leben abgerutscht ist in eine neue Siedlung näher an der Straße.

Von Kerman geht es direkt weiter nach Rafsanjan. Dort verlassen wir die Hauptstraße nach Yazd und gelangen auf einer linealgeraden, verkehrsfreien Strecke an den Fuß der westlichen Ausläufer des Kuh-e Laleh Zar, wo der Checkpoint uns zur Kupfermine durchläßt, auf einer Bergstraße, welche die Karte nicht verzeichnet, im Gegensatz zum Namen Sarcheshmeh, der jedoch keiner bestimmten Örtlichkeit zugeordnet ist. Das erstaunt nicht, denn Bergbau und Hüttenwesen müssen Geheimnisse umgeben.

In archaischen Zeiten und auch noch im Mittelalter betreffen diese die Vorstellungen vom Mitwirken der Bergmänner und Alchemisten am Werk der Natur – der eine, indem er das Erz der von den Göttern angezeigten Ader zutage fördert und schmilzt, der andere bestrebt, Transmutation in der gläsernen Retorte zu erreichen, dem kugeligen, auf spinnenbeinigem Dreifuß ruhenden Kolben, dessen am Ansatz nach unten gebogenes, spitz zulaufendes Abflußrohr an einen Storchenschnabel erinnert. In unserer Zeit hingegen sorgt nicht schwarze Magie für Geheimhaltung, sondern Raffgier. Blanke Raffgier, die über die Zeit triumphiert – indem sie nachhaltige Zerstörung der Umwelt und Beschädigung des sie bevölkernden Lebens in Gang setzt und immer häufiger als eigentliche Motivation von Kriegen dient.

Im Fall von Sarcheshmeh hat die Geheimhaltung selbstverständlich veritable nationalökonomische Gründe. Seit Mai letzten Jahres behindert das amerikanische Handelsembargo, von der Administration Clinton mit dem Argument verhängt, die von Ayatollah Khomeini errichtete Theokratie unterstütze Terroristen, manchen Bereich der wirtschaftlichen Produktion Irans. Eine abbauwürdige Lagerstätte, das heißt ein Vorkommen, wo die zu gewinnenden Metalle gediegen oder ihre Verbindungen in Konzentrationen vorhanden sind, welche eine profitable Gewinnung ermöglichen, wird deshalb unweigerlich zur Sicherheitszone, zumal sie, und das hat man beim *Ershad* in Tehran betont, im Zusammenhang mit den Bedürfnissen neuer Kommunikationstechnologien Weltrang besitzen dürfte und so bald nicht erschöpft sein wird. Sarcheshmeh, so etwas wie die Hauptstadt der *National Iranian Copper Industries Co. (NICICO)* und der Welt zweitgrößte Tagbaukupfermine, sitzt nämlich auf einer Milliarde und zweihundert Millionen Tonnen 0,7 % kupferhaltigem Sulfiderz.

Das *Hudud al-Alam*, die persische Geographie aus dem Jahr 372 n. d. H. (982) erwähnt mit diesen Vorkommen zusammenhängende Gänge am Beginn von §28. Diskurs über die Provinz Kerman und deren Städte, wo über die in der kalten, gegen die Wüste Sistan hinliegenden Zone, deren Orte wohlhabend und angenehm sind und bevölkert von Menschen mit gesunden Körpern, gesagt wird: »hier liegen zahlreiche Berge mit Gold-, Silber-, Kupfer-, Blei- und Magnetitminen«. Goldhaltiger Schlamm, heißt es dann im übernächsten der kurzen Einträge der *Geographie*, trete auch in den Kanälen des tumultuösen Gewässers auf, welches, sechzig Mühlen antreibend, durch die Klamm von Jiroft schießt – wie erwähnt prähistorischer Ursprung kupferverhüttender Prozesse. Überhaupt scheint in der fraglichen Region, die mir viel zu schnell vorgeführt wird, als müßten tiefere Einblicke um jeden Preis verhindert werden, sich der Fuß dauernd auf Lagerstätten zu setzen – primäre, sekundäre und tertiäre –, denn im *Hudud al-Alam* steht bereits in §5. Diskurs der Berge und der darin befindlichen Minen über das zwischen Kerman und Bam liegende Gebiet: »Ein anderer Gebirgszug ist der Barijan. Er streckt sich von der Grenze von Jiroft zu der von Bam, hat Blei-, Kupfer und Magnetitminen, und zwei Dörfer: Kaftar und Dihak. Ein weiterer Berg in Jiroft hat eine Länge von zwei Tagesreisen und zahlreiche Minen. Noch ein weiterer, Kuh-i Sim (›Silberberge‹) genannt, besteht aus zwei kleineren Bergen, die sich zu einem großen vereinen. Er liegt zwischen Khatr und Jiroft und hat Silberminen.«

Wer Distanzen in Tagesreisen zählt, weiß, warum er sein Ziel zuletzt erreicht. In meinem Fall hingegen hat Bürokratie entschieden, daß ich nach Sarcheshmeh darf.

Die für Nichtzutrittberechtigte verbotene Stadt zählt eine Bevölkerung von viertausend Arbeitern – Bergleute und sonstiges Personal. Ihre Unterkünfte lie-

gen am Hang gegenüber einer zwischen Pappeln, den einzigen Bäumen im hochgelegenen Kessel, versteckten Bungalowsiedlung, Quartier der Ingenieure und des
Managements.

»*Die Planung von Sarcheshmeh begann im Juni 1974. Im dritten Jahr nach der Revolution,
1982, wurde der Betrieb aufgenommen.*« Herr N. Moosa Poor, PR-Manager von NI-
CICO, blickt zu Firuzi, und da mein Begleiter nicht reagiert, kommt er gleich zum
Wesentlichen: »*Der Abbau hat jetzt die Tiefe von sechshundert Metern erreicht.*«

»*Erstaunlich! Ich kann die Mine sehen, ja?*«

»*Wir geben Ihnen unsere Fotos. Es ist einfacher – für Sie.*«

»*Das ist sehr zuvorkommend. Aber ich fürchte, mein Chefredakteur wird wahrscheinlich auf
meine eigenen Aufnahmen zurückgreifen wollen.*«

»*Sie können die Mine selbstverständlich sehen. Aber Fotografieren ist verboten – leider!*«

»*Natürlich! Ich verstehe. Aber nur um sie zu sehen, ist zu viel Aufwand – für Sie.*«

»*Gut! Wissen Sie, die Mine ist wirklich enorm. Sie würden Zeit verlieren.*«

»*Gewiß – wir müssen heute noch bis Yazd! Wir haben also mehr Zeit für die Hütte?*«

»*Das hängt von Herrn Noori ab! Ich habe ihn rufen lassen; er muß gleich da sein und kennt
sich bestens aus. Haben Sie noch Fragen?*«

»*Gibt es Zahlen zur Produktion?*«

»*Danach müßten Sie in Tehran fragen. Sarkeshmeh ist eine sehr erfolgreiche Operation. Das anstehende Vorkommen ist intensiv vererzt. Es reicht noch für mehr als achtzig Jahre – aber dann werde
ich nicht mehr hier sein. Herr Noori hat Prospekte. Jährlich bauen wir vierzehn Millionen Tonnen
Sulfiderz ab. Die Kreiselbrecher verarbeiten täglich vierzig Tonnen.*«

Ich verziehe den Mund und versuche, mir das vorzustellen.

»*Eine enorme Lagerstätte!*«

»*Erstaunlich, nicht? Nirgendwo auf der Welt ist Kupfer leichter abbaubar als hier.*«

Das Büro betritt Herr Noori. Auf seiner Karte steht *Foreign Experts Section Chief*.

»*Dann würde ich Sie nun Herrn Noori übergeben. Er kann Ihnen jede Frage beantworten. Ich
danke Ihnen für das Interesse Ihrer Zeitschrift an unserem Betrieb. Sie werden mit Ihrem Besuch in
Sarcheshmeh bestimmt zufrieden sein!*«

»*Bestimmt!*«

»*Sie werden uns Ihren Artikel schicken, ja?*«

»*Gewiß!*«

Als wir sein Büro verlassen, schickt uns Herr Moosa Poor noch die Ermahnung nach, bei der Wegfahrt rechts vom Tor ja die neue Goldraffinerie zu beachten.
Die englische Firma würden sie gerade fertigstellen. Eine wunderbare Anlage!

Mit dem Werkauto kommen wir an der Klinik vorbei zu einem enormen
Mehrzwecksaal, wo wir von der obersten vieler Reihen steilansteigender grauer
Klappsitze in eine leere Arena blicken, und dann zu dem im Rohbau fertiggestell-
ten Sportstadion, auf dessen noch unbegrüntem Feld man schweres Baugerät de-

montiert. Unterwegs zwingen mehr Ampeln zum Halt, als ich in den letzten zwei Wochen Fahrt durch die Wüstenei gesehen habe. Mehrmals begegnen uns schwarze *Toyotas*, über den Fahrerkabinen Maschinengewehre auf Drehringlafetten. Die Kantine ist leer, die Portion doppelt. Dann sagt Herr Noori, es sei Zeit für den Verhüttungsprozeß.

Der Rundgang beginnt beim Flammofen — Röstung des zuvor durch Flotation von 1,15%ig kupferhaltigem zu 32%igem aufkonzentriertem Kupfererz unter Zuschlag von Quarzsand und Kalkstein als Flußmittel zu 41%igem Kupferstein —, führt dann vorbei am Konverter — Verblasen mit Sauerstoff des glutflüssig aufgenommenen Kupfersteins in zwei Stufen; zuerst Röstung des enthaltenen Eisensulfids zu Eisenoxyd und Bindung desselben in abzugießender Schlacke, gefolgt vom Garblasen zur Oxydation des verbleibenden Kupfersteins in 99,3%igen roten Kupferstein, eine schmutzigrote Legierung, auch Blasenkupfer genannt — zur Feuerraffination im Anoden-Ofen und der Gießmaschine, wo das Kupfer, jetzt 99,6%ig, abgestochen und zu zwei Finger dicken, einen Quadratmeter großen, 320 Kilogramm wiegenden Anodenplatten gegossen wird.

Bei jedem Halt richtet sich ein Vorarbeiter zur Erklärung der Vorgänge an Herrn Noori, der zusammenfaßt, wobei der Vorarbeiter unaufhörlich nickt, bis er unterbrechen muß, ein bestimmtes Detail präzisierend oder um einen Dritten beizuziehen, was zu einer neuen Zusammenfassung durch Herrn Noori führt, der das, was so zwischen denen, die Bescheid wissen müssen, klar geworden ist, Firuzi ins Ohr schreit, der wiederum, da er nicht alles versteht, akustisch oder Metallurgisches vom Ablauf her, sich seinerseits beim Vorarbeiter oder, wenn dieser inzwischen weggerufen worden ist, beim Dritten oder, falls der Vorarbeiter in seiner ursprünglichen Ausführung ohne einen spezialisierten Dritten ausgekommen ist, beim nächststehenden der um uns versammelten hilfsbereiten Arbeiter rückversichern muß, bevor er den Versuch unternehmen kann, mich ins Bild zu setzen.

Der Lärm um uns herum ist gewaltig. Ich nicke nach links und dann nach rechts und so fort, bis Herr Noori bestimmt, wir hätten vom Rösten und Verschmelzen, der ersten Phase der Gewinnung, genug gesehen. Unbemerkt sind inzwischen aus dem 32%igen Kupferkonzentrat die erwähnten 99,6%ig kupferhaltigen Anoden entstanden.

In der Raffinerie holen wir die schweren Anoden wieder ein, können sie aber nicht sehen. Dicht nebeneinander hängen sie zu Tausenden, jede verbunden mit dem positiven Pol einer Gleichstromquelle, in der Kupfersulfatlösung doppelreihiger langer Fluchten elektrolytischer Bäder, worin sie sich langsam auflösen wie Zwieback in lauwarmem Tee, indem sich Kupferionen ablösen und durch den Elektrolyten, das Bad, zu dünnen, am negativen Gleichstrompol angeschlossenen Kupferblechen hinüberwandern, den Kathoden, welche sie zu 99,99%igem Kupfermetall raffinieren, während sich die Verunreinigungen – Antimon, Arsen, Blei, Eisen, Kobalt, Nickel, Schwefel, Wismut – im Elektrolyt lösen. Die an der Oberfläche der Anoden entstehenden und emporsteigenden Blasen über den Bädern bilden dabei feinen schwefeligen Säurenebel, vor dem Atemschutzmasken mit kombinierten Gasfiltern die vereinzelten Arbeiter schützen, die, genauso selbstverständlich wie Passanten beim Spaziergang über einen Schacht der Untergrundbahn gehen, auf dem endlosen Rost der die Anoden voneinander trennenden Stäbe herumwandern, sich da und dort bückend, um eine bestimmte Platte im Bad leicht zu bewegen – zumindest macht ihre Haltung diesen Anschein. Unterdessen fällt der nicht als Dampf entweichende wertvollere Teil der Verunreinigung unter ihnen und den Anoden als gold-, platin- und silberhaltiger Anodenschlamm zu Boden.

Da die Raffinerie in einem Bau ohne Seitenwände eingerichtet ist, sorgt hindurchstreichender Wind für Belüftung, aber gewiß auch für Wärmeverlust der Bäder. Gern würde ich Herrn Noori danach fragen, aber auch, ob man die Möglichkeit thermischer Isolation, etwa mit Schwimmkugeln, gleichzeitig den Austritt der Schwefelsäure hemmend, dereinst in Betracht ziehe, aber ich sehe, daß er genug vom Arsengeruch hat und weiterdrängt, unter Ausführungen zu den Mengen produzierter Endprodukte – Kupferplatten zu 720 und 1400 Kilogramm, Stangenabschnitte zu siebeneinhalb Meter, mit einem Durchmesser von fünfundzwanzig Zentimetern, sowie Drahtbunde, der matt glänzende Draht, genau in der Farbe, die als kupfrig bezeichnet wird, acht Millimeter im Durchmesser, die Rolle vier Tonnen schwer und bis zum Gürtel reichend, als wir sie am Ende des Rundgangs auf dem Lagerplatz begutachten, wo sie, jeder Bund auf einer Palette, zu Hunderten für den Wegtransport auf tiefladenden Sattelzugmaschinen bereitliegen.

Ende der Vorstellung. Polyethylenschutzhelm ab. Die Linke reibt die Stirn, wo das Schweißband gesessen hat, die Rechte drückt die Hand von Herrn Noori. Bevor wir durch das bewachte Tor Sarcheshmeh verlassen, der von Herrn N. Moosa Poor empfohlene Blick hinüber zu der mit weißem Blech verkleideten neuen Goldraffinerie. Es heißt, daß in vielen Fällen die darin aus dem Anodenschlamm gewonnenen Edelmetalle die gesamten Raffinierungskosten deckten.

Niesel, als wir den Talkessel von Sarachshmeh verlassen. Regen in der Ebene. Starker Regen, als wir die Fernstraße nach Yazd erreichen, wo ich den Fahrer aus Shiraz sogleich und eindringlich darauf hinweisen muß, daß ich die Lastwagen der Kolonne nicht zu zählen gedenke, er also, wenn er seine Todessehnsucht für den Rest des Tages unterdrücken wolle, in der Lücke, in die er geschickt den *Pajero* eingefädelt hat, verharren könne.

Die Kolonne, die uns gefangenhält, kriecht. Der Einbruch der Nacht ist ein weiteres Argument für mein Begehren, aber erst der zugleich erfolgende und andauernde Wolkenbruch setzt es durch. Die Kolonne, die uns gefangenhält, kriecht.

Auseinandergezogen die entgegenkommenden Fahrzeuge, vorbeidonnernde Zugmaschinen mit Containern zumeist, unterwegs nach Bandar Abbas, deren Scheinwerfer auf die gischtverspeiende Fahrbahn schielende Kegel werfen, die Abgasschwaden erhaschend, welche zwischen Girlanden farbiger blinkender Lämpchen aufquellen und den flatternden Plachen des Lastwagens vor uns nachwirbeln, und auf der Windschutzscheibe das von den hoffnungslos entschlossen vor- und zurückklatschenden Scheibenwischern nicht verdrängte, nur verwischte Regenwasser für Sekundenbruchteile fixieren, so daß es wirkt wie auf einem stillen Gewässer liegendes angetautes blankes dünnes Eis, über das an der Innenseite der Scheibe milchiger Beschlag kriecht, denn nachdem der seitlichen Dachrinne entlanglaufende und schließlich abreißende zittrige Tropfenbänder ihm Arm und Schulter durchnäßt haben, hat der Fahrer aus Shiraz das Fenster ganz hochgefahren und mit einem entnervten Seufzer den Knopf der Kühlanlage maximal aufgedreht. Firuzi ist auf dem Rücksitz eingeschlafen und bemerkt von allem nichts.

Morgen muß mein offizieller Begleiter die bedrohliche Begegnung mit den Zoroastriern verhindern, denn in den Hügeln um Yazd gibt es Feuertempel und *dakhmas*, 'Türme des Schweigens', wo die Leichname der Toten, welche die reinen Elemente Erde und Feuer verunreinigen würden, den Vögeln zum Fraß ausgesetzt wurden. Yazd ist nämlich schon zur Zeit der Sasaniden ein bedeutendes Zentrum der Anhänger des um 553 v.u.Z. vermutlich als Märtyrer verstorbenen Zarathustra; und auch mehr als tausenddreihundert Jahre, nachdem Kalif Omar mit seinem Sieg bei Nihawand im Jahr 20 n.d.H. (642) die arabische Unterwerfung des Geschlechts der Sasaniden einleitet, die unter Yezdegird I. (399–420) den Zoroastrismus zu Persiens dominierender Religion gemacht haben, liegen diese heiligen Orte nicht so still, wie es ihre Bezeichnung suggeriert.

Ob die Mullahs die zoroastrische Minderheit verfolgen, weiß ich nicht. Deren Religion jedenfalls, die jene kaum als solche akzeptieren, sondern eher als heidnischen Kult bezeichnen dürften, ist, zumindest offiziell, in der Islamischen Republik verboten. Hingegen habe ich irgendwo gelesen, daß diese alte Strecke, die wir jetzt befahren, ein Abschnitt des Weges ist, auf welchem die indischen Feueranbeter in Körben das heilige Feuer, das als Säule im Tempel von Absheron bei Baku am Kaspischen Meer aus dem Boden schießt, an den Ganges überführt haben.

Als wir gegen Mitternacht in hoffnungslos stockendem und brüllenden Verkehr, aber bei nachlassendem Regen nach Yazd hineinkommen, steht der Entschluß fest, <u>Absheron</u> irgendwann zu besuchen, vielleicht wegen des Gerangels um das kaspische Öl, auf dessen Vorhandensein die zoroastrische Feuersäule, nichts anderes als ein Austritt von Gas aus denselben Speichergesteinen, hinweist, wie das Erdharz Asphalt auf die von den Persern Rhadinake genannte, schwarze streng riechende Ressource. Nach Herodot (VII, 119) wurde sie aus einem

Dazu Buch XII, *Heilige Feuer*.

Brunnen gewonnen, der unweit Susa im heutigen irakisch-iranischen Grenzgebiet liegt und in der Nachbarschaft der Landschaft Kissien.

In Isfahan

Isfahan, 4. Dezember 1995. — Mehr als im Fall anderer Städte, deren Name, einmal ausgesprochen, den Besuch im Prinzip überflüssig macht, ist über Isfahan das Wesentliche längst gesagt.

Von Robert Byron (*The Road to Oxiana*, 1937) zur persischen Baukunst, deren kenntnisreicher Leser und unbefangenster Schilderer er war.

Von Pierre Loti (*Vers Ispahan*, 1904), dem im Fremden die eigene Seele suchenden, aber etwas gar rastlosen Pilger, dem »die süße Trägheit der Muselmanen versagt bleibt«, über Rosen — von schwarzen Schattenfrauen in der Hand gehaltene Sträuße, Rosensträucher, Kletterrosen, die Rosenzeit, Rosenwände der Straßen und die Alleen begrenzenden Rosenhecken, die Nacht mit ihrem Duft schwängernden Rosen, die duftenden gefüllten Rosen und die einfachen weißen Heckenrosen, die vom Imam an seine abgezehrten, wachsgelben Nasenflügel geführte Rose, die baumhoch wachsenden Rosenstöcke, die Gärten voller Rosen, »in deren Schatten die Frauen, die man niemals sieht, ohne Schleier und ohne Gesichtsmaske vertrauensvoll im Schutz der hohen Mauern sitzen« —, die Rosen, die, zusammen mit den Sternen Persiens, den beklagenswerten Verfall erträglicher machen, »im Grunde alles, was von diesem Isfahan übrig ist, das aus der Ferne und im strahlenden Sonnenlicht noch die große zauberische Stadt spielt«, den »Geruch nach Schimmel, Fäulnis und Kot« in den nächtlich verlassenen Gassen der Katakombenviertel, den Anblick der vom Schein der Fackel erhellten »Löcher, Kloaken, den Unrat und die toten Tiere«.

Loti gelangt am 12. Mai 1900 durch die am Ende des 16. Jahrhunderts unter Shah Abbas errichtete Handelsvorstadt Djulfa, Wohnort der Armenier, Christen und Juden, nach Isfahan; er begegnet nicht rußfarbenen Schmutzhaufen, Kohlebergen, lärmenden Maschinen und dem Netz der Eisenbahnschienen, den »närrischen Verbindung zur übrigen Welt«, wie zu Hause.

Ohne die Kuppeln zu sehen, deren blaue Glasur sich für Loti, den Reiter, schon aus der Ferne aus dem welligen Tonboden erhoben hatte, nähert sich 1938, also vier Jahre nach Robert Byron, Margret Boveri (*Ein Auto, Wüsten, blaue Perlen. Bericht über eine Reise durch Vorderasien*, Zürich und Leipzig 1939) Isfahan und gerät nach Gärten unvermittelt auf eine breite noble Straße — »drei Fahrwege, zwei Fußwege führen zwischen diesen Platanen hin«. Boveri, die auf ihrer, wie sie im Vorwort schreibt, »westöstlichen« Reise im *Bungo* von Istanbul via Damaskus und Tehran nach Isfahan und von dort via Trapezunt zurück an den Bosporus für die 1929 in Berlin gegründete, ab 1936 in

Zürich erscheinende Zeitschrift *Atlantis* Reportagen verfaßt, begibt sich anderntags über die Brücke mit den doppelstöckigen Arkaden, auf der Lotis störrische Maulesel an einer gleichzeitig einziehenden, aus den östlichen Wüsten kommenden Karawane vorbeigedrängt haben, in das Isfahan des 20. Jahrhunderts, zum Besuch von Spinnereien und Webereien – neun von zehn hat der deutsche Ingenieur Schünemann, der sie begleitet, gebaut – sowie einer abfallverwertenden Papierfabrik. Spiegelbildlich zu den Palästen jenseits des Flusses stehen die industriellen Anlagen zwischen Beeten voll blühender Bäume, sind von fließenden Gewässern umgurgelt, und »die Schlote sind blau-grün-gold kachelbesetzt, genau wie jedes Minarett. Das wollen die Isfahaner so haben«, erklärt der Begleiter. Über dem Schönen wie auch über der »Konsumgüterindustrie« liegt aber ein Schatten, denn nicht nur setzten »ausländische Textilmächte [...] ihre Waren zu Dumpingpreisen ab« – gelernte Arbeitskräfte, oft die besten sind »zum Aufbau der kaiserlichen Textilfabriken im Norden aufgefordert«, wo die Bedürfnisse aufgrund einer »weitgehend planwirtschaftlich geregelten Wirtschaft anders als im Süden [sind]« –, sondern für Reza Khan, den ehemaligen Anführer der iranischen Kosaken und selbsternannten Kaiser, stehen der »Ausbau der Nordsüd-Bahn, die das Kaspische Meer mit dem Persischen Golf verbinden und die Belieferung Irans von Sowjetrußland unabhängig machen soll, sowie die Errichtung eines Hochofenwerkes [...] an erste Stelle im nationalen Aufbauprogramm«.

Heute, 1995, befinden sich in der weiteren Umgebung Isfahans zwei der drei größten Stahlhütten des Iran. Eine habe ich eben besucht.

Ein Ingenieur der *National Iranian Steel Co. (NISCO)* hatte mich im dunkelblauen *BMW* im Hotel *Shah Abbas* abgeholt, und schon bevor die Autobahn an ausgedehnten Friedhöfen vorbei, durch lehmiges Gebirge in das flache Land hinausgeführt hatte, wußte ich, daß der Tag wahrscheinlich ein verlorener war. Der Ingenieur hatte erwähnt, die *Esfahan Steel Company* stehe seit 1981 im Betrieb. Auf meine Frage, ob sie noch vor der Revolution – also zur Zeit Shah Pahlewis, Sohn des 'Kaisers' – beschlossen worden sei, war er nicht eingegangen, hatte dafür aber bemerkt, am Flammofen würden zur Zeit Aufrüstungsarbeiten durchgeführt. Nach deren Abschluß würde man dann jährlich 2,5 Millionen Tonnen reinen Stahl produzieren, 0,6 Millionen Tonnen mehr als bislang. Das Debakel in der Kupfermine noch im Hinterkopf wäre ich am liebsten umgekehrt. Aber letztendlich waren die Wartungsarbeiten ein Hinweis, daß die Mullahs nicht nur die Religion beschäftigt – eine im Ausland nämlich durchaus verbreitete Vorstellung, die dazu führt, daß bereits die fotografische Aufnahme eines Geistlichen am Computer oder jene einer unter Khomeinis Wandbild vorbeigehenden und telefonierenden Frau im *chador* als im Grund Widersprüchliches, Unvereinbares wahrgenommen wird.

Vermutlich ist mir also heute eine einigermaßen vernünftige Aufnahme des eingerüsteten Flammofens gelungen, und das ist gut. Denn wie vorauszusehen gewesen ist, hatte auf seiner Route Samer – neben Thomas, dem Schweizer, der gebürtige Libanese unseres Fotografen-Trios –, dessen Route an Busher vorbeiführt, den seit 1975 in Bau befindlichen und gegenwärtig mit russischer Hilfe weitergebauten Atomreaktor nicht zu sehen bekommen. Thomas, der sich zwischen Ararat, dem Elburz und Qom vor allem auf *chadors* und Turbane konzentrieren würde, ist zwar mit Glück in das Traktorenwerk von Tabriz gelangt, wo Bestandteile für Lizenzprodukte der britischen *Massey Ferguson* hergestellt werden – aber allein damit ist der Industriestaat Iran nicht ins Bild zu rücken, und das ist nicht zuletzt ein erhoffter Aspekt unserer Reportagen, deren Text Navid Kermani schreiben soll. Wir hatten geahnt, daß wir uns auf den *Drei Wegen nach Isfahan* nicht völlig frei würden bewegen können, aber nachdem wir uns nun ausgiebig über die unterwegs erlebten Probleme unterhalten haben, sind wir zum Schluß gelangt, daß das Unwägbare des Projekts doch nicht zu dessen Scheitern geführt hat und wir dem Leser der Zeitschrift *du* wenn nicht das Tor so doch drei Fenster zum Iran würden aufstoßen können. Vereint wollen wir nun noch ein Porträt von Isfahan erstellen, zumindest ist das der Plan.

Gestern Abend hat uns Navid, ich glaube in der Wohnung eines Onkels, in den Kreis des im Iran verbliebenen Teils der großen Familie eingeführt. Vor dem Essen hat er den Versammelten seine in der *FAZ* veröffentlichten Artikel erläutert. Mir ist es vorgekommen, daß da einer, in Köln kurz vor dem Magister stehend, in die Stadt der Väter, Großväter und Gelehrten zurückkehrt, und gleichzeitig an eine der Quellen der literarischen Tradition seiner Heimat das Geschaffene zur Prüfung niederlegt, mit fast physisch spürbarer, beeindruckender Ernsthaftigkeit.

Das Interieur, in dem wir, nach den öden Fernfahrerhotels unterwegs, einen entzückenden Abend verbracht haben, hat in etwa dem Bild entsprochen, das Navid zuvor in seinen als Brief geschriebenen *Nachrichten aus Isfahan* (*Lettre International*, Heft 28, 1995) entworfen hat. Die Ausstattung moderner iranischer Wohnungen ist ihm ein ziemlicher Graus; in sie eingeschrieben sieht er eine Geschichte von »Aufstieg, Glanz und Niedergang einer Nation, die alle Invasoren iranisiert, alle Fremdeinflüsse integriert hat – bis auf die letzten, die, die aus dem Westen kamen«. Angesichts des »Formen- und Farbenmassakers« empfindet er »Sehnsucht nach weißen Wänden, nach Wüste, nach den formvollendeten, ausgewogenen Farbengemälden iranischer Landschaften, nach iranischen Teppichen«. Teppichen vor allem. Im Brief kommt Navid auch auf seinen Gedankenaustausch mit Dr. Ghane'i zu sprechen, dem Leiter des Architekturbüros, das wir gestern zusammen besucht haben – untergebracht in einem zauberhaften Haus wie es Loti wahrscheinlich gerade noch nicht, Boveri aber mit Sicherheit angetroffen hat; mit Garten, Innenhof, Kuppeln, hohen Räumen, Stukkaturen, Wandgemälden und allem was zum schönen Leben so gehört. Die gegenwärtige »Rückbesinnung auf die eigene Kultur«, ist der Befund, »sei sie nationalistisch oder religiös motiviert [...], erscheint hoffnungslos oberflächlich. Man baut ein Gebäude, komplett in einem billigen westlichen Stil und setzt obendrauf eine Kuppel oder verziert es mit einem Mosaik. Man übernimmt Formen der iranischen Architektur, ignoriert aber deren Inhalte, die Philosophie und Weltanschauung, die in eben dieser Form ihren Ausdruck gefunden hat. So wie man den Gedanken eines Teppichs vergessen hat – daß ein Teppich zunächst eine Fläche ist, auf der man sitzt, liegt spielt, schläft und ißt, daß er so geknüpft ist, daß er allein eine Wohnung mit Farben versorgt, daß man ihn nicht beliebig mit Möbeln und Farben kombinieren kann, ohne daß seine Idee verraten wird –, hat man den Gedanken der iranischen Architektur vergessen.«

Die vergessenen Techniken ersetzen Bögen aus Beton – »Ein Bogen«, schreibt Navid, »setzt eine bestimmte Technik voraus, eine bestimmte Art, mit Lehm oder mit Ziegeln umzugehen.« –, welche wir in diesen Tagen auf der Baustelle eines Mausoleums nur deshalb nicht gesehen haben, weil die Arbeiten noch nicht so weit vorgeschritten sind. Zweifellos wird man verbindende Bögen von einem Pfeiler zum andern gießen, sobald jene, aus ihren sichtbaren Stummeln ragen jetzt noch bündelweise Armierungseisen in den Isfahaner Himmel, einmal die vorgesehene Höhe erreicht haben werden.

Stören wollen wir uns an der iranischen Postmoderne nicht, da wir selbst in einer zwittrigen Behausung untergekommen sind. Das berühmteste Hotel Isfahans, das *Shah Abbas*, ist nämlich nichts anderes als die in den 1960er Jahren zur Luxusherberge erweiterte Karawanserei der im 17. Jahrhundert unter der Mutter von Shah Hossein, dem letzten Safawiden, erbauten Medrese Madar-e Shah. Das Kleid des alten Lehmgemäuers muß dabei mit Beton verstärkt und ergänzt worden sein. Dem kalten Mantel hat man dann, als er steif genug war, Stalaktitenkaskaden und Spiegel angehängt, Schnitzereien und Stuck verpaßt, wobei man sich in allen Epochen Persiens bedient, von der Zeit der Seldschuken bis zu jener der Kadscharen.

Beton, heißt es, ist, was daraus gemacht wird – Paläste oder Hütten, Mausoleen oder Garagen –, ist also nicht einfach gut oder schlecht. Sicher ist lediglich, weiß ich seit dem Besuch der Zementfabrik in Kerman vor ein paar Tagen, daß im Iran, wie in allen Ländern, wo unkontrolliert viele Menschen geboren werden und rasch kostengünstige Unterkünfte bereitgestellt werden müssen, heute ein wirklich großes Bedürfnis nach diesem Baustoff besteht. Vielleicht hat Beton sogar etwas Demokratisches, ist doch die Harmonie zwischen Architektur und Mensch, die dem Haus mit altem Garten, in dem Dr. Ghane'i und Navids Cousine als Architekten wirken, seinen entrückten Zauber verleiht, nur jenen zugute gekommen, die Mittel und Muße besaßen, Spuren zu hinterlassen, während der allergrößte Teil der Bevölkerung doch eher gezwungen war (und weiterhin ist), sich in bescheideneren Verhältnissen einzurichten.

Für das Gebet hingegen wird es kaum eine Rolle spielen, ob das Haus Gottes die Shah-Moschee am Maidan, dem ursprünglich als Polofeld angelegten zentralen rechteckigen Platz Isfahans, ist, die Bauteile aus 800 Jahren persischer Architektur wundersam vereint, oder das marmorverkleidete Zementungetüm der Istiqlal, Jakartas größter Moschee.

Aber zu einer Sache, die er nicht lebt, soll ein Ungläubiger nicht spekulieren, ganz zu schwiegen davon, daß er als Durchreisender in wenigen Wochen wenig mehr als den eindimensionalen Eindruck gewinnen kann, der sich aus Blicken auf Fassaden zusammensetzen wird. Innenansichten mögen sich ihm vielleicht für kurze Momente eröffnen, die wenigsten aber zum Zweck fotographischer Aufnahmen. Als Außenstehender und der Sprache nicht mächtig, muß er akzeptieren, daß ihm der Blick in die Seele des gastgebenden Volkes verwehrt bleibt, und tut deshalb gut daran, sich vertrauensvoll den Innenansichten zuzuwenden, welche einheimische Benutzer hinterlassen haben.

Georg Brunold, Redaktor des *du*, hat uns Fotografen vor der Abreise mit Nachdruck die Notwendigkeit vermittelt, Sadeq Hedayats Erzählung *Die blinde Eule* (*Buf-e Kur*, 1936) zu lesen, und auch Navid verpflichtet den unbekannten Adressaten seines *Briefs aus Isfahan* zur, wie er sagt, »unverzichtbaren« Lektüre. Auf der Reise von Mashhad nach Isfahan – genauer: auf der Fahrt durch die graugleißende Kieselwüste zwischen der Fernfahrerstadt Ferdows und dem Wespenbau des erdbebenzerstörten, vor langer Zeit verlassenen Deyhuk, habe ich das bedrückende Geständnis des in der Ich-Form erzählenden Federkastenmalers gelesen, Dazu Buch VII, *Ferenghis in der Wüste I.* der – abgetrennt von allen Bindungen zur Welt der Lebenden, umgeben von den vier alles Leben und Denken begrenzenden Wänden seines aus Lehm und Ziegeln über den Ruinen Tausender uralter Häuser errichteten Zimmers, im einzigen Raum voll Unglück und Armut eines noch vor der Römerzeit von einem geschmacklosen Irren draußen vor der Stadt erbauten Hauses, das von der lärmigen Welt des Pöbels allein den Ausschnitt auf einen Schlachthof gestattet – allein für seinen eigenen Schatten schreibend, den der Schein der Öllampe an die weiß gestrichene Wand wirft, wissen will, wer er ist; dessen Leben Wunden verheeren, »die wie die Lepra, langsam, in der Einsamkeit an der Seele zehren«.

Die Blinde Eule ist eine bestürzende Erzählung, und gern hätte ich in der Ratlosigkeit, in die sie mich geworfen hat, zum Reisebericht Hedayats über seinen Besuch in Isfahan – Die 'Hälfte der Welt', »Esfahan Nesf-e Jahan« – gegriffen.

Dieser Bericht erscheint 1932, also im Jahr bevor sich Robert Byron am 26. August 1933 in Venedig für den über Isfahan führenden Weg nach Oxiana einschifft. Ich fragte mich, wie sich die beiden Wahrnehmungen dieser Stadt, jene des Einsamen und in der eigenen Heimat Unbehausten und jene des selbstsicher auftretenden fremden Dandy, unterscheidet, ob sich im Reisebericht ein Schlüssel zu Hedayats Verzweiflung fände. Wahrscheinlich ist es aber besser gewesen, mit der Ratlosigkeit im Nacken, welche die abgründige Innenansicht des Federkastenmalers hinterlassen hat, in der mir noch unbekannten Stadt Isfahan anzukommen. Nicht um sie dann auf dem sonnenbeschienenen Maidan abzuschütteln, sondern um sie als Geschenk Hedayats mit nach Hause zu tragen, durch das jeder Iranfahrende mit einem Geheimnis in Berührung kommen konnte, das auf andere Bereiche menschlicher Existenz verwies, als die Betriebsunfälle der jeweiligen Regierungen oder Regime.

Nun sitzen wir also zu viert, der zum Besuch heimgekehrte Isfahaner Navid und drei durchreisende Fotografen, im Teehaus auf der dreiunddreißigbogigen Khwaju-Brücke über den Zayandeh-Rud und lassen den Abend in die Nacht hinübertreten. Von der Schischa ist ein Stück Kohle heruntergefallen und hat ein Loch in den Ärmel meiner Daunenjacke gebrannt. Als wir durch die enge Tür hinauswollen, drängen die vordersten eines fröhlichen jugendlichen Trupps herein, während die Mädchen am Schluß, ihre Chadors raffend, hastig weiße Turnschuhe von den Füßen streifen und diese, kaum hinblickend, in die verbliebenen Lücken des hölzernen Schuhgestells stopfen.

Hinter uns schließt sich die Tür zum Isfahan von Shah Abbas, der von 1587 bis 1628 regiert und die Hauptstadt von Qazvin hierher verlegt. Zum Isfahan, wo der Baustil der Safawiden zum Durchbruch kommt, nicht nur in Medresen, Moscheen und Palästen sondern auch in dieser Brücke, die ein Wesir bald nach 1600 errichtet, um den Zayandeh-Rud, der kein offenes Gewässer erreichen kann, zu stauen, ihm auf seinem Weg der Versickerung wenigstens die Perle eines künstlichen Sees anzuhängen – auch zum Vergnügen der für Schönes empfindlichen Isfahaner, deren Stadt, nach einer Blüte unter den Bujiden, den Ghaznaviden und den Seldschuken Anfang des 12. Jahrhunderts von den Assassinen beherrscht wird, bevor im Jahr 1397 Timur die berüchtigten Schädeltürme errichten läßt.

Shah Abbas verbringt das Neujahrsfest des Leopardenjahres 998/999, den 21. März 1590,

»in Freude und Vergnügen im Palast Naqs-i Gahan in Isfahan. Man feiert ein großes Fest. Alle Emire, Edlen, Wesire und Höflinge brachten dem Shah standesgemäß Geschenke, bestehend aus Gold, Edelsteinen, Pferden, Maultieren und anderen kostbaren Dingen. Hierauf wandte sich der Shah den Angelegenheiten seiner Untertanen zu. Zwei Tage in der Woche hielt er in der Halle der Diwan-Gebäude des Naqs-i Gahan allgemeine Audienz, und er selbst befragte die Leute. Als er die Geschäfte der Hauptstadt Isfahan erledigt hatte, faßte er den Entschluß, sich mit den Angelegenheiten von Kuh Giluya zu beschäftigen. Er befahl dem Qanbar Han Samlu, zu Hasan Han nach dem Kuh Giluya zu gehen und ihn an den Hof zu bringen. Befehlsgemäß begab sich Qanbar Han zum Kuh Giluya, nahm den Hasan Han von dort mit und brachte ihn nach Isfahan. Hasan Han überbrachte viele Geschenke, Pferde und Maultiere und wurde zum Schwellenkuß zugelassen.«

(Qazi Ahmad Qumi, *Die Chronik Hulasat at-Tawarih*, 1578–1592)

Ordnung ist geschaffen. Vorerst kommt es noch besser, denn um diese Zeit bringt auch ein Staatsbote des türkischen Herrschers die Nachricht vom Frieden. Im Juni aber muß der Shah die Urheber des Verderbens in Kugh Giluya ausmerzen; dabei wird Tahmasp Quli Sultan, Sohn des ungehorsam gewordenen Amir Aslan Sultan, am Ende des Lagerbasars getötet und dessen Sohn, der in Damgan festgenommen wird, in Qazvin »auf königlichen Befehl im Topf der Qual« gekocht. Seit dem 18. Juni lagert das Heer auf dem Sommerplatz Qasr-i Zar, denn es wird gesagt, »daß in Shiraz infolge der Sommerhitze der Weizen in der Ähre wie die wilde Raute im Feuer verbrennt«. Gegen Ende des Monats zieht es aber dann in die Ebene hinunter, etappenweise, denn die Soldaten, alles Schwertkämpfer und Speerwerfer, sind so zahlreich wie Regentropfen. Die Bewohner der Provinz empfangen den Regenten bei Baggah. Sie haben die Stadt und den Basar geschmückt, und am Freitag, dem 24. Ramadan 998, am 27. Juli 1590, zieht der Shah zu einer günstigen Stunde in Shiraz ein, läßt sich zuerst die Gebäude zeigen, um dann nach dem Fastenbrechen und geziemenden Zeremonien zum Spazierritt auszuziehen und zur Jagd.

Dank dem Chronisten, der sich insbesonders der Regierungszeit von Shah Ismail I. (1501–1524) und dem Anfang der Herrschaft von Shah Abbas (1587–1592) widmet, ist auch bekannt, daß letzterer im August 1590 beim Ballspiel vom Pferd stürzt und sich einen Fuß bricht, worauf hundertfünfzig Sklaven freigelassen werden – ob im Zusammenhang mit dem *malheur*, weiß ich nicht. Die entsprechende Urkunde aber schreibt der Verfasser der *Chronik Hulasat at-Tawarih* selbst, bei dem es sich um den am Donnerstag, den 17. Rabi 953, das ist Dienstag, der 18. Mai 1546, im Qom geborenene Qazi Ahmad ibn Saraf ad-din Husain al-Husain mashur ba-Mir Munsi al-Qumi handelt, der nach Erfüllung verschiedener hoher Verwaltungsfunktionen ab Ende 1589 dem Hoflager Shah Abbas' angehört und im Alter den Gedanken faßt, nach Indien an den Hof Gahangirs (1606–1627), des Sohnes von Kaiser Akbar, zu gehen, dort aber auch tatsächlich gewirkt haben könnte.

Während die Innenansicht eines Ausschnitts der Epoche Shah Abbas' aus der Feder eines intim mit den Verhältnissen von Hof und Politik vertrauten Persers stammt, ist die Schilderung der späten Regierungszeit seines Sohns Shah Abbas II. und dessen Nachfolger Shah Safis das Verdienst des zwischen 1664 und 1666, sowie von 1673 bis 1677 in Isfahan residierenden Hugenotten Jean Chardin, Hofjuwelier der Safawiden und Indien-Kaufmann. Seine 1686 in London erschienenen *Travels in Persia 1673–1677* behandeln Themen wie den persischen Charakter; Kindererziehung; die gute und gerechte Regierung, welche erst die Vorteile fruchtbarer Erde und natürlich vorhandener Fülle zur Bewirtschaftung bringt; die Gründe des Bevölkerungsschwunds durch taktisch motivierte Deportation aus neu eroberten Gebieten; die angesichts der Fülle der Blumen doch etwas enttäuschende Gartenkunst; den Handel als sehr ehrenwerte und unter allen Beschäftigungen die mithin gewiß solideste; die Sitte, in jedem Fall Geschenke zu erwarten; die Buchführung der königlichen Geschenke; die komplizierte Bezahlung für den Hof ausgeführter Geschenke; die durch Arglist und allerlei Tricks erschwerte Abwicklung des Juwelenhandels; die Beschreibung einer muskovitischen Gesandtschaft während eines verschwenderischen Empfangs bei Shah Safi, sowie, in eigener Sache, denn Chardins Vater ist Teilhaber der *French East India Company*, einen Brief an deren Direktor, mit der Empfehlung, daß sich die Kompanie eher China und Japan zuwenden sollte, anstatt mit den Niederlanden um Vorrang im ostindischen Archipel zu streiten.

Chardin gilt als der bestinformierte Ausländer im safawidischen Persien. Aber was er aufzählt, ist – wie die Berichte von Loti, Byron, Boveri und den zahllosen andern, die nach ihm gekommen sind – auch ein Echo des *Hudud al-Alam*, das ein halbes Jahrtausend zuvor in §29. *Diskurs über die Provinz Fars und ihre Städte*, insbesondere zu Sipahan – Isfahan – sagt:

»Sie ist eine reiche, reichgesegnete und prosperierende Provinz. Ein Standort für Händler mit Bergen und Flüssen [...]. Die Einwohner sind sprachgewandt und klug. In den Bergen gibt es Goldminen. Vielerlei Textilien werden dort produziert, aus Leinen, Wolle, Baumwolle, zudem Rosenwasser, Veilchenwasser, Palmblütenwasser, Teppiche, zilu-Flachgewebe und Kilims von höchster Qualität.«

(*Hudud al-Alam. Die Regionen der Welt*, 982)

Eine Stimme für Innerasien

Zürich, im Juli 1996. — Ich brauche Routen. Vor und nach der Zeit der Seidenstraßen.

»*Badakhshan hat mehr Rubine als Brot*«, sagt Marcus. Der Ton, in dem er den Satz sagt, läßt nicht den geringsten Zweifel, daß es sich so verhält.

Der Satz ruft Bilder hervor. Dabei ist Marcus kein Fotograf. Anderen Sätzen, die byzantinischen Zustände Innerasiens betreffend, schickt er ein stockendes hohes Lachen nach. Ich kann mir vorstellen, sein ganzer Oberkörper lacht mit.

Marcus betreibt das *Nachrichtenbüro Zentralasien* in Bonn. Das hört sich an nach einem Plan. Als 1991 das Ende des sowjetischen Imperiums kommt, ist Marcus Student der Geschichte und Philosophie. Er beschließt, Zentralasien zu seiner Sache zu machen – nichts Geringeres! Ohne Zeit zu verlieren, mit losen Schnürsenkeln und frischer Kenntnis der russischen Sprache, fliegt er von St. Petersburg nach Tashkent. Die Region ist untervertreten in den Zeitungen. Viel und nicht nur scheinbar Ungereimtes trägt sich zu. Marcus berichtet von überall, für die *NZZ* und auch für verschiedene Radiostationen. In der Steppe und im Gebirge verfolgte er Wahlen und Machenschaften und geht den Verflechtungen von beidem nach; mit Kirgisen überführte er Autos vom Rhein ins Siebenstromland. Seine entschlossene Heiterkeit ist einnehmend.

Jetzt weiß ich – Marcus *ist* das Nachrichtenbüro Zentralasien, die Stimme vor Ort, während ein Kollege ihm am Rhein den Rücken freihält. Er kennt die eine oder andere meiner Reportagen und freut sich auf eine Zusammenarbeit, eine gute, denn er scheint noch etwas benommen von einer Reise ins nördliche Afghanistan, die, wie ich aus Andeutungen schließe, ein begleitender Fotograf verwirkt haben muß.

Die Reportage über Rubine und Brot in der tadschikischen Pamir-Provinz Badakhshan wird meine erste Landung in Zentralasien.

Auf dem Backblech hinter der Monsunbarriere lagern sich immer mehr die Gedanken für ein neues Buch ab zum Lauf der Welt und über die Geographie, die dabei eine entscheidende Rolle spielt, nebst den natürlichen Ressourcen, die über Frieden und Krieg und alles andere bestimmen. Ein solches Projekt könnte indessen auch ein paar Linien, zufällige oder beabsichtigte, ineinander überführen, die aus der westlichen und östlichen Hemisphäre – so wie ich diese in den früheren Büchern *Metamorphoses. Greek Photographs* (1986) und *The Great Wall of China* (1991) eingerichtet habe – nach Zentralasien weisen, die Region, auf welche hin Thomas Neurath, der Verleger obengenannter Bücher, mich jüngst zu orientieren gesucht hat – gewiß aufgrund des *romantic spell*, gewiß aber auch im Rahmen kluger Autorenbetreuung. Er muß sich jener groben Skizze der Welt erinnert haben, welche, während einem Nachtessen an einem bestimmten 7. Mai 1986 in einem Restaurant in London zustandegekommen, dort, wo der innerasiatische Binnenraum sich ausdehnt, mehr Pfeile verzeichnet hat, als etwa in Ägypten oder anderswo, nebst Vermerken wie *Alex., Buddhism, Chinese Wall, Genghis K., influence* und *Marco Polo*. Nach den Versuchen an der Welt der Griechen kam dann zunächst die Rekonstruktion der Idee der Großen Mauer, gefolgt von den amphibischen Unternehmungen in den <u>Deltas</u> der großen Ströme Asiens. Von dort konnte es nur flußaufwärts gehen – von den üppigen Mangrovenwäldern in Bangladesh und

(Delta. The Perils, Profits and Politics of Water in South and Southeast Asia, London 1997)

der Pagoda am Cap Negrais oder Mawtinsun, wo sich der burmesische Irrawaddy in den Indischen Ozean ergießt, entlang den hohen roten Ufern des Mekong, an deren Fuß üppige Trockenzeitgärten gediehen, über seine Katarakte und jene des Salween hinweg, von Calcutta zur Quelle des Ganges – bis knapp unter den Kamm des wasserscheidenden Himalaya.

In Zentralasien würde der Weg der Gewässer tief eingeschnittenen Tälern folgen, die Obstgärten der alten Oasen berühren, durch Baumwolle und an salzigen

Seen in die blanken Wüsten hinausführen, luftgespiegelten Hügeln entgegen, diese
aber nicht erreichen, vor allem dann nicht, wenn sie sich als tatsächlich vorhanden entpuppen sollten, als enorme Aufwerfungen

Dazu Buch XII, *Ruinen im Land der 'Spitzmützigen Saken'.*

erodierten Lehmwerks und verkrusteten scherben-
übersäten Sandes, als Überreste von Städten an verschliffenen Ufern toter Gewässer
und Kanäle, welche Kornpflanzungen bewässerten, in der Epoche der Matriarchate
und vor dem großen Klimawandel.

Wasser – eine knapper werdende Ressource, denke ich laut.

»Die Badakhshani sitzen auf Wasser! Aber in der Küche und auf der Toilette haben sie keins«,
sagt Marcus am andern Ende der Leitung in Bonn.

Rubine, Wasser. Das sind Ressourcenwege.

Badakhshan liegt da, wo sich Gebirge ineinanderschoben – unter dem ›Dach
der Welt‹. Diese Bezeichnung entstammt selbstverständlich nicht der Orographie,
der beschreibenden Darstellung des Reliefs der Erdoberfläche. Vielmehr benützen
ihn schon die arabischen und persischen Geographen. Als Ausgangspunkt der Arbeit am neuen Buch kann ich mir keinen geeigneteren Ort wünschen als den Pamir,
das Quellgebiet des Oxus, dessen östliche Flanken hinüberleiten zum chinesischen
Kunlun, einem Ziel der Wanderung der taoistischen Literati, die auf die Gipfel
steigen, um sich vom erhöhten Standpunkt aus Klarheit über die wirklichen Verhältnisse zu verschaffen und dabei feststellen, daß die in der Tiefe sich ausfalten-
den, unter Streit und Katastrophen ächzenden Reiche so groß und bedeutend gar
nicht sind.

*»Nimm Geschenke mit! Haltbares Essen und Milchpulver«, sagt Marcus. »Den Badakhshani
mangelt es an allem. Die Regierung in Dushanbe gehorcht Moskau und hungert die Badakhshani aus.
Diese, mußt du wissen, gewähren aber der Opposition eine sichere Zuflucht.«*

»Und Aga Khan? Hilft der nicht? Die Badakhshani sind doch Ismaeliten.«

*»Jaja, die Foundation ist dort. Aber die Badakhshani haben aus der Sowjetzeit die schlechte
Angewohnheit übernommen, zu warten und die Hand aufzuhalten. Tadschikistan war die ärmste der
fünfzehn Republiken. Gleichzeitig wurde sie aufgrund der Nähe zur afghanischen Grenze aber ver-
wöhnt.«*

»Tadschikistan macht also nichts aus dem vielen Wasser?«

*»Man munkelt, die Saudis hätten ein Angebot gemacht – ein Liter Öl für einen Liter Trink-
wasser aus dem Pamir.«*

»Liefert nicht Usbekistan den Tadschikistani Erdgas, im Tausch gegen Wasser?«

»Nicht dann, wenn es im Pamir am nötigsten ist. Das Gas ist ein Mittel der Erpressung.«

*»Dann gibt es im Pamir also ein Problem mit der Elektrizität«, frage ich. »Trotz des Nurek-
Damms?«*

Das Reservoir hinter der 1980 fertiggestellten, mit 300 Metern höchsten Staumauer der Welt beliefert ganz Sowjet-Zentralasien mit Strom.

*»Da ist ja kein Russe mehr da, der nach dem
Ding schaut«, sagt Marcus.*

Ich werde mich bei Marcus melden, sobald ich weiß, wann ich aufbrechen kann.

Ein paar Tage nach dem Telefonat fliege ich nach Lissabon, um durch das Korkgebiet des Alentejo an die Algarve zu fahren und dort die zur Behausung pauschaler Ferienträume hingestellte Architektur zu fotografieren. Am Ende der vermutlich trostlosen Route wird Sagres stehen, nur ein Steinwurf entfernt vom Cabo de São Vicente, dem südöstlichsten Punkt Europas. Für einen, der Zentralasien ins Auge gefaßt hat, ein sonderbarer Ort, um sich vom Doppelkontinent zu verabschieden – diese Klippen, hinter denen nichts außer Wasser und dahinter die beiden Amerika liegen.

Damit ich in Portugal, wo doch schon die Neue Welt beginnt, die Alte, die Haftung mit dem kontinentalen Boden nicht verliere, habe ich des zwischen beiden vermittelnden Alexander von Humboldts *Ansichten der Natur* (Erste Ausgabe 1807) dabei – die dritte um die Erkenntnisse der 1829 von St. Petersburg in den Altai gemachten Reise erweiterte, 1849 erschienene Ausgabe (Frankfurt a.M. 1987). Im Kapitel *Über die Steppen und Wüsten* beschäftigt von Humboldt die Rolle der mongolischen und tatarischen, von Gebirgszügen unterbrochenen Steppen, und zwar sowohl als Kulturgrenze und Vormauer, aber auch als Reservoir über den Erdkreis hereinbrechenden Unheils, verkörpert durch über die Wolga hinaus bis an die Marne und den Po vordringende Völker – *»verpesteter Windeshauch, der auf cisalpinischem Boden die zarte, langgepflegte Blüthe der Kunst erstickte«* – und das Problem der Beschaffenheit der seit Hippokrates *»als die hohen und nackten Ebenen Scythiens«* bezeichneten Erhebung zwischen Himalaya und Altai:

»Die irrige Meinung von einer einzigen, unermeßlichen Hochebene, welche ganz Central Asien erfülle (Plateau de la Tartarie), ist in der letzten Hälfte des 18ten Jahrhunderts in Frankreich entstanden. Sie war das Resultat historischer Combinationen und eines nicht hinlänglich aufmerksamen Studiums des berühmten venetianischen Reisenden, wie der naiven Erzählungen jener diplomatischen Mönche, welche im 13ten und 14ten Jahrhundert (Dank sei der damaligen Einheit und Ausdehnung des Mongolen-Reiches!) fast das ganze Innere des Continents, von den Häfen Syriens und denen des caspischen Meeres bis zu dem vom großen Ocean bespülten östlichen Gestade China's durchziehen konnten. Wenn die genaue Kenntniß der Sprache und der alt-indischen Litteratur bei uns älter als ein halbes Jahrhundert wäre, so würde sich die Hypothese dieses Central-Plateau's auf dem weiten Raume zwischen dem Himalaya und dem südlichen Sibirien ohne Zweifel auch auf eine uralte und ehrwürdige Autorität gestützt haben. Das Gedicht Mahabharata scheint in dem geographischen Fragment Bhischmakanda den Meru nicht sowohl einen Berg als eine ungeheure Anschwellung des Bodens zu nennen, welche zugleich die Quellen des Ganges, des Bhadrasoma (Irtysch) und die Quellen des gabeltheiligen Oxus mit Wasser versorgt. Zu diesen physikalisch-geographischen Ansichten mischten sich in Europa Ideen aus anderen Gebieten, mythische Träume über den Ursprung des Menschengeschlechts. Die hohen Regionen, von denen sich die Wasser sollten zuerst zurückgezogen haben (den Hebungs-Theorien waren die meisten Geologen lange abhold), mußten auch die ersten Keime der Civilisation empfangen haben. Systeme einer sündfluthlichen hebraizanten Geologie, gegründet auf locale Traditionen, begünstigten diese Annahmen. Der innige Zusammenhang zwischen Zeit und Raum, zwischen dem Beginn der socialen Ordnung und der plastischen Beschaffenheit der Erdoberfläche, verlieh dem als ununterbrochen fingirten Hochland, dem Plateau der Tartarei, eine eigenthümliche Wichtigkeit, ein fast moralisches Interesse.«

(Alexander von Humboldt, *Ansichten der Natur*, 1849)

Dieses moralische Interesse muß eine moderne Entsprechung haben.

Tage in Moskau

Moskau, 12 – 13. September 1996. — Der Weg in den Pamir führt über Moskau. Das ist ein Umweg und Ausdruck dafür, daß die alten Verkehrsbeziehungen weiterhin Gültigkeit besitzen während den neuen, direkteren noch etwas Flegelhaftes anzuhaften scheint.

Theres und Laurent, in deren Wohnung ich abgestiegen bin, sind eben aus Workuta zurückgekommen, dem Grubenort über dem Polarkreis, in dessen Lagern die Bergleute am rettenden Feuer erfrieren.

In Ryszard Kapuścińskis *Imperium* (Frankfurt a. M. 1993) gibt es einen Auszug aus dem Buch seines polnischen Landsmanns Marian Marek Bilewicz, wo die äußeren Umstände dieses unerklärlichen Kollapses des menschlichen Organismus beschrieben sind. Etliche Jahre nach früheren Reisen durch das Imperium kommt Kapuściński, als das Korsett vom grauen Monolithen abgefallen ist, in die südlichen ehemaligen Sowjetrepubliken und an den Aral-See, »die neue Wüste Aral-kum, oder genauer – der Boden eines von der Erdoberfläche verschwindenden Gewässers«. Er erwähnt einen monströsen Plan, mit dem Moskau das durch jahrzehntelange exzessive Baumwollmonokultur zustande gekommene Wasserdefizit ausgleichen wollte – die nukleare Sprengung von Pamir und Tian Shan, den Quellgebieten von Amu Darya und Syr Darya. Die Gletscher der Siebentausender wären dadurch zu riesigen Wassermassen geworden, die sich in der Ebene in warme Ströme verwandeln. Erst nachdem man daran dachte, daß die Überflutung, nebst der Zerstörung, die weite Teile der UdSSR treffen würde, nur ein einziges Mal ausgelöst werden könnte, kam die Idee in die Schublade. Hat man sie tatsächlich evaluiert, dachte ich bei der Lektüre, illustriert sie den sozialistischen Glauben an willkürliche titanische Vollbringung; ist die Geschichte hingegen fiktiv, dann war sie gut ausgedacht und lag gar nicht so weitab von anderen Reißbrettphantasien, welche in die postsowjetische

Zeit hinübergenommen und aus der alten Angewohnheit beibehalten wurden, weil sie Arbeitslosigkeit verhindert. Im usbekischen Ministerium für Wasserwirtschaft in Tashkent nämlich erfährt Kapuściński, daß weiterhin »alles beim alten« sei, man an der Umleitung der nordwärts fließenden sibirischen Ströme nach Zentralasien arbeite. Kämen die zweieinhalbtausend Kilometer tatsächlich zustande, die Usbeken und Turkmenen somit zum dringend benötigten Wasser, blieben die Tadschiken auf ihren Vorräten sitzen, die sich hinter dem vernachlässigten Nurek-Damm stauten, bis dieser dann eines Tages vielleicht bräche.

Laurent ist sofort ins Labor gegangen, um die Filme aus Workuta zu entwickeln. Ich begleite Theres zum Kiewer Bahnhof, denn heute reist Wolodja ab nach München.

Wolodja ist kriegsversehrt. Die Ärmel des saloppen schwarzen Jacketts stecken tief in den Seitentaschen und verbergen zwei Prothesen. Der Krieg in Tschetschenien hat für den Zwanzigjährigen am selben Tag begonnen, an dem er auch geendet hat – am 1. Januar 1995, als sein in Samara liegendes 81. motorisiertes Regiment in Grozny einfährt und sofort in einen Hinterhalt gerät. Theres und Laurent haben Wolodjas Geschichte in der NZZ veröffenlicht, begleitet von einem Spendenaufruf, mit dem Resultat, daß der junge Veteran nun Prothesen besitzt und eine Ausbildung als Programmierer in München aufnehmen kann.

Die Bombardierungen des ersten Tschetschenien-Kriegs von 1994 bis 1996 und des 1999 begonnenen zweiten Krieges machten Grozny zur meistbombardierten Stadt nach dem Zweiten Weltkrieg. Von der ursprünglichen Bevölkerung von 400 000 Einwohnern leben im Jahr 2005 in den Trümmern zwischen 60 000 und 100 000.

Heute ist Freitag, der 13., und das Fernsehen berichtet vom Beschuß tadschikischer Regierungstruppen durch Oppositionskräfte bei Komsomolabad und Tadschikabad sowie von einem (allerdings nie implementierten) Abkommen, das den unter Moskauer Kommando stehenden Grenzschutztruppen der GUS erlaubt, bei der Verfolgung tadschikischer Rebellen zwanzig Kilometer tief auf afghanisches Territorium vorzudringen. Zum ersten Mal nach dem Abzug der Roten Armee aus dem Hindu Kush im Jahr 1988 können deren Verbände also den Amu Darya wieder überschreiten.

Als Marcus aus Dushanbe anruft, um sich nach meiner morgigen Ankunft zu erkundigen, frage ich ihn, ob er vom Abkommen wisse. Ob auf der Gegenseite Ahmad Shah Masud unterzeichnet haben könnte.

»Der ist in Kabul und versucht die Stadt zu halten! Die Taliban haben vorgestern Jalalabad eingenommen. Wahrscheinlich hat einer seiner Kommandanten im afghanischen Teil Badakhshans unterzeichnet.«

»Mit dem Einverständnis Masuds?«

»Das würde ich voraussetzen. Warum, meinst du?«

»Immerhin war Moskau einst Masuds bitterster Feind. Und jetzt kehren die Russen zurück, auf seine Einladung sozusagen.«

Marcus lacht. Inzwischen ist dieses Lachen mir vertraut. Nur das Gesicht, das lacht, kenne ich noch nicht.

»Masud unterhielt während der sowjetischen Besetzung immer Verbindungen zu verschiedenen russischen Diensten. Die standen nämlich untereinander ebenso in Konkurrenz wie die Kommandanten der Mujaheddin.«

»Dann dürften Dostum, Masud und Rabbani jetzt gewiß ihre internen Differenzen zurückstecken, um Kabul vor den Taliban zu verteidigen.«

»Nicht nur die drei, auch Hekmatyar ist der Zweckallianz beigetreten. Die haben alle gleich viel Schiß vor einer Machtübernahme der Taliban, zumal diese mit dem Einverständnis des pakistanischen Geheimdiensts und der Saudis erfolgen könnte.«

»Ich habe langsam das Gefühl, wir sind auf der falschen Geschichte«, sage ich, füge aber an: *»Es ist gut, dort zu arbeiten, wo keiner ist oder keiner hingeht.«*

»Meinst du, Facts würde uns umdirigieren wollen?«

»Kaum! Nicht einmal, wenn Kabul fiele und wir in Badakhshan erreichbar wären. Du weißt, die Redaktionen haben genug von Afghanistan. Damit ist die Aufgabe vom Tisch.«

»Das wird sich ändern, sobald die Taliban Kabul eingenommen haben.«

»Da bin ich nicht so sicher! Zwei, drei Tage vielleicht dominiert der Fall Kabuls die Schlagzeilen. Aber das wäre lediglich ein Beweis dafür, wie verzerrt die Entwicklungen in Afghanistan von außen wahrgenommen werden. Die Schwierigkeit, dieses Land von der Hauptstadt aus zu regieren, erkannte doch bereits Babur, und seit ihm sind die Verhältnisse nicht gerade einfacher geworden.«

»Du machst Scherze! Das Nachrichtengeschäft ist kein Forum der Geschichtsschreibung!«

»Gewiß! Aber sag, im Pamir kommen wir ja zur afghanischen Grenze. Ob wir da auf Leute mit Informationen aus Kabul stoßen?«

»Schon möglich, daß es unter den Rebellen welche gibt, die in Afghanistan drüben mittun. Ja, und dann münden natürlich die afghanischen Drogenwege in den ›Pamir-Highway‹ nach Osh. Kurieren dürften wir deswegen aber kaum begegnen. Aber dafür bin ich nahe daran, in Dushanbe einen Drogenbaron für ein Interview zu gewinnen. Ein ehrenwerter Herr; schon lange in meiner Kartei. Ich gehe davon aus, er hat großes Interesse, sich von dir ablichten zu lassen!«

Dazu Buch VI, *Im Garten des Drogenbarons.*

»Im Ernst«, schiebt Marcus nach, und wir verabreden, daß er morgen nacht zum Flughafen kommt, auch wenn er von mir vor dem Abflug nichts mehr hört.

Tragische Experimente

Moskau, 14. September 1996. — Rubine, Wasser, Drogen. Der Pamir bündelt die Wege der Stoffe sehr verschiedener Bereiche. Auch das macht das ›Dach der Welt‹ zu einer wirkungsmächtigen Region der Geschichte.

Regionen ohne Lagerstätten, ohne Routen interessieren keinen. Besitzen sie hingegen Brauchbares, werden sie erst entweiht, dann umkämpft, erobert, unterworfen und geschändet, entvölkert oder bevölkert, verwaltet, das heißt durchhauen, durchstochen, durchtrennt, zergrenzt, zerschnitten, zerstückelt, verstümmelt, und im gleichen Augenblick schon geschunden, also abgetragen, umgegraben, aufgeworfen, durchbohrt, durchlöchert, durchwühlt, ausgehöhlt und ausgebeutet; dabei vergiftet, verseucht, erstickt; schließlich aufgegeben, verlassen, vergessen.

Das genau ist mit Zentralasien geschehen. Wo dreieinhalbtausend Jahre nach dem Durchzug bronzezeitlicher west- licher Siedler auf dem Weg ins chine- sische Tarim-Becken die Kosaken er-

Dazu Buch X, Marginalie zu den (Proto-)Tocharern in *Barbaren aus dem Westen und der Wettlauf um den Vorrang in der Welt.*

scheinen, strategische Linien von Forts südwärts in die Steppe vorschieben, gefolgt von den Kolonisten aus dem Baltikum, dem Ural und von der Wolga. Wohin, nach den Forts und den weißen Städten, für welche der Nomade im übrigen keine Verwendung hat, im »Großen Vaterländischen Krieg« dann Hüttenwerke und Hochöfen kommen, aus der Verwundbarkeit im östlichen Europa und in die Nähe der Lagerstätten gerückt. Man prospektoriert, findet in Hülle und Fülle. Der Steppenraum ist weit, der Auswurf versperrt also nicht die Wege. Die Inseln des Aral-Sees, des einzigen maßgeblichen Gewässer dieser Erde, das vor den Augen einer einzigen Generation verschwindet, wird mit nachhaltiger Wirkung zum Labor der Bakteriologen. Umgekehrt zwingt man mit seinem Wasser in der Ödnis die Baumwolle zu monokultureller Reife und auch die Dattelpalme, auf Kosten hundert anderer Gewächse, die verkümmern, im ausgepreßten Boden, der bislang die Tiere des Nomaden ernährt hat, und jene diesen selbst.

Intourist

Moskau, 15. September 1996, früher Nachmittag. — Der Intourist-Transitraum des Flughafens Domodedovo ist eine fensterlose Baracke. Auf den rissigen Schalensitzen Chinesinnen, in den unmöglichsten Stellung schlafend. Händlerinnen auf dem Weg zurück nach Ürümqi, von den Han regierte Hauptstadt der muslimischen Autonomen Region Xinjiang-Uigur. In einer Ecke das Kabäuschen der Geldwechslerin. Hinter ihr hechelt die Zählmaschine. Drei Angestellte tragen langstielige Bratpfannen vorbei, verbarrikadieren sich hinter ihrem Schalter. Im zweiten Stock ein Restaurant. Alle Tische frei. Auf manchen Salamischeiben und Biskuitreste mit krabbelnden benommenen Fliegen.

Die turmhohe blonde Hostesse fordert den Geschäftsmann im weißen Blazer, zwei Franzosen von *Médecins sans Frontières* und mich zum Gehen auf. Wie Schulbuben ins Lehrerzimmer folgen wir ihr zum Bus. An auftankenden verwitterten Maschinen vorbei rumpelt er zum äußersten Ende eines Fingerdocks, umkurvt Öllachen, die zu sehen allein das Privileg der vier Intourist-Ausländer ist. Die übrigen Passagiere sitzen längst im Flieger.

>>*Coming back Moscow — new Visa! Understand?*<<

Ich nicke, aber die Beamtin hat sich bereits wieder dem Fernseher oben in der Ecke zuwendet. Ich weiß, daß die *GUS*-Bestimmungen Reisenden aus Drittländern dreitägige Zwischenaufenthalte in den ehemaligen Republiken erlauben. Wenn ich nur wüßte, auf welchem Weg ich aus dem Pamir zurückkehre!

Auf der Startbahn aufliniert zwei Maschinen mit Routen durch den Luftraum des eurasischen Doppelkontinents. Über die Stadt hinaus weitergedacht, unter deren Namen die *Orenburg Airways* operiert, würde deren Route über die Salzsteppe und die aralokaspische Senke führen. Jene der nachrückenden Maschine der *China Xinjiang Airlines* hingegen wird im Endanflug am Tian Shan vorbeifliegen, dessen Kette das Becken der Dsungarei im Osten mit von Humboldts »turanischem Gesenke« im Westen verbindet. Im gedachten, verzogenen ungleichschenkligen Dreieck mit den Punkten A (Dushanbe, Destination des sechsstündigen Flugs 631 der *Tajikistan Airways*), B (Ürümqi) und C (Moskau) entspricht dieser Tian Shan der Grundlinie AB.

Ich mag solche, die Lage von Orten im Bezug aufeinander klärende Hilfskonstruktionen, nicht nur bei der Planung, sondern auch während des Reisens.

Dazu Buch IV, *Geometrie des Reisens*.

Fluggedanken

Flug nach Dushanbe, 15. September 1996. — Das Mädchen auf Sitz 2H hat ein ernstes Gesicht gemacht und die Hände erhoben. Also habe ich gewartet, bis das stille Gebet beendet gewesen ist, und erst zu essen begonnen, nachdem auch es Huhn und Reis freigelegt hat. Zum Nachtisch ist dann noch ein Apfel gekommen, mitsamt Taschenmesser.

Jetzt habe ich das 7. Kapitel des I. Teils von Fitzroy Macleans Buch *Eastern Approaches* beendet — es handelt von Stalins Schauprozessen im Frühjahr 1938 — und halte mich bei den nachfolgenden Kapiteln über die Vorstöße des jungen Botschaftsangestellten (und gewiß auch Spions) in das verbotene Zentralasien und an die chinesische Grenze auf. Ich

Der Autor des 1949 erschienenen Buches ist von 1937 bis 1939 im Dienst des *Foreign Office* in der Britischen Botschaft in Moskau stationiert und verfolgt als Augenzeuge die Prozesse gegen achtzehn prominente Mitglieder des Politbüros, die des Mordes, der Spionage und des Landesverrats angeklagt sind. Säuberungen und der Massenterror jener Zeit erfolgen aufgrund von Stalins Vernichtungswahn und nicht, weil sie zur Sicherung seiner tyrannischen Alleinherrschaft notwendig sind.

sage »halte mich auf« und nicht »ich lese«, weil ich eigentlich das Ende der galanten
Abenteuer auf einer schwierigen »Golden Road« nach Samarkand gar nicht erreichen
will, während denen Maclean die ihn hartnäckig verfolgen-
den Agenten des *NKWD* konstant an der Nase herum-
führte, aber auch weil der scharfsinnige
und zuweilen schonungslos selbstironi-
sche Bericht die Verbindung zwischen
der Epoche des »Great Game« und der
Zeit als Sowjetzentralasien hinter den Fronten des Kalten Krieges verschwindet.

Dazu Buch IV, *Honigboote hinter ›Tamerlans Tor‹.*

Das *Narodnyi Komissariat Wnutrennich Djel,* das 'Volkskommissariat für Innere Angelegenheiten' ist Nachfolger des zaristischen Innenmi-nisteriums.

Die Augenzeugen und Chronisten des imperialen Gerangels des 19. Jahrhun-
derts – darunter Herman Vambery (*Reise in Mittelasien,* 1865), Albert von le Coq (*Auf Hellas
Spuren in Ost-Turkestan,* 1926), Sir Aurel Stein (*On Ancient Central Asian Tracks,* 1933), Sven Hedin (*Die Flucht
des großen Pferdes,* 1935), Peter Hopkirk (*Foreign Devils on the Silk Road,* 1980; *Trespassers on the Roof of the World. The
Race for Lhasa,* 1982; *Setting the East Ablaze,* 1984; *The Great Game. On Secret Service in High Asia,* 1990; *On Secret Service East of
Constantinople,* 1994), John Keay (*When Men and Mountains Meet,* 1982) – habe ich vor einem Jahr auf
und nach der Reise im Iran zu lesen begonnen und finde mich nun im mehr oder
wenig geheimen Mächtespiel um die damalige imperiale Einflußnahme in Zentralasien und Afghanistan einigermaßen zurecht.

Die kalte Zeit hingegen ist bisher stumm geblieben, wenn auch bebildert durch
Fotografien, die man uns vor zwanzig Jahren an der *Kunstgewerbeschule Zürich* als Iko-
nen des Mediums vorgestellt hatte, anhand von episch montierten, von El Lissitzky
und Alexander Rodtschenko verantworteten Layouts der Zeitschrift *USSR im Bau:
Stalin-Kanal. Vom Weißen Meer zur Ostsee, Flug eines Stratosphärenballons, Autofahrt Moskau-
Karakorumwüste, Pamir-Expedition,* publiziert weniger als ein Jahrzehnt bevor sich Ma-
clean in Sowjetisch-Turkestan herumtreibt und an der chinesischen Grenze strandet.
Diese Layouts versuchen das Getöse des vom 'Führer aller Werktätigen' angeregten
und von der Partei verordneten Fortschritts hörbar zu machen. Aber die enorme
Kette in Rodtschenkos berühmter Schrägsicht einer Schleuse hat nicht gescharrt.
Die Trompete, ihre Klänge muß offensichtlich die Verschalungsarbeiten an den
Schleusen vorangetrieben haben, die Akkordeons und Gitarren sind stumm blieben,
und auch die Flaggen haben nicht geknattert. Die Ästhetik des Konstruktivismus
nur mehr etwas Gefrorenes unter dem totalitären Schweigen.

Außer Anstößen zu formaler Disziplin sind die Aufnahmen von Rodtschenko
& Co., die zwar als Bildsprache im Dienst der Propaganda, aber losgelöst vom eigentlichen politischen Kontext diskutiert worden sind als Urschlamm, aus dem sich
das Erbe unserer Schule, Hans Finslers geläuterte, schweizerisch qualitätsbetonte
und materialgerechte Neue Sachlichkeit in der Fotografie erhoben hat, ohne Nachhall geblieben. Den Blick auf die Gesellschaft, deren sozialen Umbau sie ins Bild
setzen wollten, haben sie verstellt.

Während der vergangenen Regentage in Moskau sind die bräunlichen und graublauen Fotografien aus *USSR im Bau* aber plötzlich wieder dagewesen. In der Wohnung von Theres und Laurent bin ich auf *Kolyma Tales* von Warlam Shalamov gestoßen. Habe am Küchentisch gelesen

Warlam Tikhonovich Shalamov (1907–1982) beschreibt den Alltag der Strafgefangenenlager in Fernost-Sibirien, wohin er 1937 verschickt wird. Ursprünglich zu fünf Jahren Zwangsarbeit verurteilt, wird seine Strafe 1942 bis »nach Kriegsende« verlängert. Nach seiner endgültigen Freilassung in Magadan im Jahr 1953 beginnt er mit der Arbeit an den *Kolyma Tales*, deren Manuskript 1966 in die USA gelangt. Ungekürzt und in Russisch erscheint das Werk erstmals 1978 in London.

und dabei oft zur immergrünen Karte des Imperiums geblickt, die darüber hängt und fast die ganze Wand bedeckt. Sie hat geflüstert, und ihr Flüstern ist eindringlicher, ungemütlicher gewesen als alles, was mich die Aufnahmen von Rodtschenko und seinen ungenannten

Kollegen damals haben vernehmen lassen. Gerade aus der Erinnerung aufgetaucht, entpuppten sich die Aufnahmen der Pioniere plötzlich als Schwindel, während die Stimmen der politischen Gefangenen von Kolyma die wahre Geschichte erzählten.

Die Lager, die Gold-, Uranium- und Zinnminen im Butugytschag-Massiv von Kolyma liegen fünf Zeitzonen von Moskau weg, am Nordostzipfel des 'Achten Kontinents', als der Sibirien nebst den fünf Erdteilen und den beiden polaren Eiskappen manchmal bezeichnet wird.

Dessen Westrand entlang gleitet der tadschikische Flieger nun südwärts in die Tiefe des zentralasiatischen Raums hinab. Auch dort erzwingt der georgische Diktator manches. Und wie im Permafrost besitzt auch in der Hitze Sowjetisch-Turkestans die Schonung der Ressource Mensch keine Priorität. Der Bau des großen Fergana-Kanals wird 1939–1940 von 160 000 usbekischen Kolchosebauern in unentgeltlichem Masseneinsatz bewältigt — mit Pickel, Schlaghacke, Schaufel und Rückenwannen, im Rhythmus von Tambour und unter schwellenden Stößen aus den *karnei*, den langkörperigen Posaunen aus Pappelholz. So zumindest zeigen es die Aufnahmen des Fotografen Mikhail Grachev. Da aber Fotografien, wie man weiß, lügen können, nicht nur bei der Verwendung im Rahmen von Propaganda, lassen die Kommissare um den Kanalbau von einem Usbeken eine Oper komponieren — »Der große Kanal«. Die spätere langjährige Direktorin des Opernhauses in Tashkent soll darin als kleines Mädchen einen Wassertropfen getanzt haben.

Diesen Kanal, der heute im Fergana-Becken die verzahnten Grenzen der Republiken Tadschikistan und Usbekistan durchschneidet, werde ich auf der jetzigen Reise nicht zu sehen bekommen, denn sie findet nicht statt auf der sowjetischen Landkarte, auch nicht auf der postsowjetischen. Mit dieser ersten Reise nach Zentralasien will ich einen Eindruck des geographischen Raums gewinnen, dessen Ordnung sich in der geschichtlichen Entwicklung und in den machtpolitischen Versuchen widerspiegelte, die bestehen bevor die Region mit der sich industrialisierenden Welt verbindet. Aus diesem Grund habe ich zu Hause im Büchergestell Robert A.

Lewis (*Geographic Perspectives on Soviet Central Asia*, 1992) und Boris Z. Rumer (*Soviet Central Asia. A Tragic Experiment*, 1989) übersprungen, aber auch Godfrey Lias (*Kazak Exodus*, 1956) und *Sondermission in Sowjet-Asien und China* (*Soviet Asia Mission*, 1947) des von 1941 bis 1945 amtierenden 33. amerikanischen Vize-Präsidenten Henry A. Wallace.

Die Wirkung des geographischen Raums auf seine Besucher, um die es mir jetzt geht, ist jene des Moments, in dem fremde Besitzergreifung, der Wettlauf um die Ressourcen gerade beginnt.

Die entsprechenden Bücher, die ich vor der Reise in den Pamir konsultiert habe – Capt. Frederick Burnaby, *Ride to Khiva* (1875); T. E. Gordon, *The Roof of the World* (1876), Gustav Krist, *Prisoner in the Forbidden Land* (1938); Sir Eric Teichmann, *Journey to Turkestan* (1937); Sir Francis Younghusband, *Wonders of the Himalaya, 1884* (1924) und andere –, habe ich zum größten Teil bei *Fine Books Oriental* an der Museum Street in London gefunden, dessen Besitzer, Mr. Somers, jeden Eintretenden mit derselben Frage begrüßte – nämlich: »*May I point you to a particular direction?*« –, und, wenn es sich um einen Stammkunden handelt, der nicht jedes Quartal vorbeischaut, durch die enorme Brille strahlte: »*O, I haven't seen you lately! You know your way, don't you?*« Ja, ich habe meinen Weg gewußt, habe mich in diesem Antiquariat schon für die asiatischen Deltas versorgt, bevor ich dann zwei Meter weiter, an der gegenüberliegenden Wand in *Central Asia* heimisch und bei jedem Besuch mehrfach fündig geworden bin.

Resultat meiner Vertiefung in ein romantisch umwölktes Zentralasien ist, daß ich nun also mit den falschen Büchern im Gepäck in den Pamir fliege. Ich spreche kein Russisch, die Sprache der Alten, und kein Farsi, in dem sich vermutlich immer mehr Jugendliche über Autos oder Auswanderung, Demokratie oder Studium unterhalten.

Vor allem aber steht zu befürchten, daß Hartmetallschneiden ein halbes Jahrhundert lang mit scharfen Spänen die Ölbilder und Aquarelle der Orientalisten durchdrungen haben, auf denen die Grausamkeiten der Emire gegenüber ihren russischen Sklaven, Untertanen und Eindringlingen in lichterfülltem Türkis und zerscheuertem Baumwollweiß, samtdunklem Grün und Turbanrot ertrinkt, und auch den Diwan bespickt, auf den ich mich am Ende dieses Nachtfluges zum ersten Mal niederlassen werde.

Ich bin also ein Neuling in Zentralasien und merke nun, wie weit weg dieses liegt. Obschon ich vor einem Jahrzehnt in Georgien gedacht habe, es

Einer der in Zentralasien tätigen Orientalisten ist Vassili V. Vereshchagin (1842–1904), der an der militärischen Eroberung teilnehmen will, aber erst nach der Schlacht ankommt. Eines seiner Gemälde von 1872 zeigt einen Mullah, der auf dem Registan von Samarkand zum Heiligen Krieg aufruft. Hoch über der versammelten Menge stecken auf Stangen die abgeschlagenen Köpfe vierer russischer Soldaten. Vereshchagin bildete sich an der *Académie des Beaux-Arts* in Paris aus. Er stirbt während dem Russisch-Japanischen Krieg an Bord eines Flaggschiffes, das in der Nähe des Pazifik-Hafens Port Arthur auf eine japanische Mine auffährt.

Ein anderer Maler zentralasiatischer Ansichten ist der Schweizer Henri Moser (1844–1923). Der Sohn eines in St. Petersburg niedergelassenen, für die russische Nobilität tätigen Schweizer Uhrenmachers begleitete aufgrund seiner Kenntnisse Zentralasiens im Jahr 1882 General Tchernaieff, der als Generalgouverneur des Zars nach Tashkent geht. Von dort reist Moser weiter nach Samarkand und Buchara, von wo aus er auf dem Amu Darya nach Khiva segelt und durch die Karakum-Wüste nach Ashghabat gelangt. Via Tehran, über das Kaspische Meer, durch den Kaukasus und über das Schwarze Meer erreicht er 1883 schließlich Istanbul. Sein Buch *Across Central Asia*, das mir nicht vorliegt, soll ein Augenzeugenbericht der Lebenswirklichkeit und der Bräuche der Völker der Region sein.

liege, von Tbilisi aus gesehen, erreichbar nahe mit der *Aeroflot*.

Es ist das Jahr 1986 gewesen und Dezember. Über die verschneite ›Kaukasische Heerstraße‹ sind wir nach Kasbek gekommen. Der Abend ist schnell, grau und eisig auf den Ort gefallen. Die Rückfahrt nach Tbilisi war furchtbar gewesen, denn alle außer Lila, der Griechin, betrunken waren. Wir haben den *Lada* in der bitterkalten Nacht durch die Schneeverwehungen der Paßkehren oberhalb Gudauri gestoßen. Zuweilen hat nichts geholfen, und er ist rückwärts gerutscht, auf der glatten Fahrbahn und über die Handschuhe, wobei im nachherein unklar geblieben ist, warum diese von den Händen gefallen waren. Irgendwann haben sie mich durch die Lobby des Hotels *Abchasia* geschleppt, und seit jener Nacht bin nie mehr betrunken gewesen. Von Kasbek wäre es ein kurzes Stück gewesen nach Grozny, der Hauptstadt der tschetschenischen Sowjetrepublik, die im Westen noch nicht als russisches Menetekel gegolten hat. Ebenso ist noch keine Rede gewesen vom »New Great Game« — dem Wettlauf um das Kaspische Öl und Gas und die konkurrierenden Pipelines, die beides in den Westen bringen sollen und von denen eine bestehende zum Schwarzen Meer hin-

Dazu in diesem Buch, »*New Great Game I*« und Buch XII, »*New Great Game II*«.

über unglücklicherweise durch Grozny führt. In die Ölstadt Baku sind wir damals nicht gekommen, haben aber dennoch einen hastigen Blick in die aserbaidschanische Sowjetrepublik geworfen, deren westliches Grenzland tief unter dem Kloster Dawit Garedscha liegt — benannt nach einem der dreizehn Syrischen Väter, die im 6. Jahrhundert, der heiligen Nina folgend, das Christentum nach Georgien bringen —, genauer am Fuß abrupt abbrechender Schichten des Faltenlands, wo sich die ausgehauenen Mönchszellen befinden, auf deren Wände man die ersten georgischen Ikonen gemalt hat. Die graugrüne baumlose versteppte Ebene in der Tiefe hatten Ketten großer Vehikel zerscharrt. Sie hatten kein ersichtliches Muster hinterlassen, waren eher Ausdruck von Willkür und Respektlosigkeit gegenüber der Natur. Bis zum nebligen Horizont in mäßig-unregelmäßigen Abständen irgendwelche Löcher, nicht rund, nicht oval, von unbestimmbarer Tiefe, manchmal nahe beieinanderliegend. Irgendwelche Krater. Ich habe an ein Testgelände gedacht. Vielleicht ist es auch nur Terrain für militärische Manöver gewesen, auf der abgewandten Seite von Stalins georgischem Garten — Kolchis, eine Art Sackgasse an der kaukasischen Barriere für die Händler und Kaufleute, welche im 6. Jh. v. u. Z. bestickte Wollstoffe aus den griechischen Manufakturen Kleinasiens ins Schwarze Meer hinaufschaffen

Dazu Buch I, *Irrtümer hinter den Gebirgen.*

und an der Meerenge von Kertsch auf die Skythen stoßen, die Auskunft geben könne über den eurasischen Handelsweg in den Altai. Das 'Goldene Vlies' also wenn nicht die Schuhputzmatte der sich in die Sümpfe im Hinterland von Poti verirrenden Helden, so doch eigentlich zunächst einmal die Metapher für die sagenhaften Reichtümer in und hinter Transkaspien.

In *Part One: Golden Road* von *Eastern Approaches* porträtiert Fitzroy Maclean die nachgeborenen Helden der Region: Eisenbahner und Schaffnerinnen; Tataren und Armenier; kasachische Funktionäre unterwegs zu Parteikonferenzen; tadschikische Straßenarbeiter, heimkehrend aus der kirgisischen Sowjetrepublik, ohne Vorstellung von Hindustan, dem benachbarten Indien, das im Pamir doch an ihre enge Heimat grenzt. Diesen Helden bleibt die Welt außerhalb des hermetisch geschlossenen Imperiums unerreichbar und draußen hat man wenig Ahnung, daß jene Epoche sich später als vielleicht die schrecklichste Zeit der russischen Geschichte herausstellen wird. Maclean ist einer der letzten Ausländer, denen es gelingt, nach Sowjetisch-Zentralasien vordringen, nicht ganz so weit wie ihn seine Neugier treibt, aber immerhin so weit sein Witz ihn bringt – bevor nicht nur am Oberlauf des Oxus alias Amu Darya, am tadschikischen Pyandzh (der im rubintragenden Gebirge entspringt, in das Marcus und ich steigen wollen) und sonstwo der Vorhang heruntergeht.

Vor fünf Jahren hat das Projekt Sowjetunion geendet.

In Zentralasien und im Kaukasus ist es zwischen den Einzelrepubliken, aber auch innerhalb der einst zum Teil erfundenen, jetzt neuen Republiken zu Pogromen, Verfolgung und Krieg gekommen. Oft haben die alten Bruchlinien ethnischer, religiöser und politischer Identitäten zuvor schon bloßgelegen. Im Fall Tschetscheniens hat Moskau zugeschaut und die Unruhen ignoriert, auch als im Oktober 1991 der ehemalige General Dudajew zum Präsidenten Tschetscheniens gewählt wird, die Unabhängigkeit des Landes ausruft und den Austritt aus der Russischen Föderation erklärt. Erst als ein von Jelzin im November 1994 gestelltes Ultimatum zur Wiederherstellung der Ordnung verstrichen ist, beschließen der Präsident sowie eine Militärfraktion um Verteidigungsminister Gratschow und Vertreter des militärisch-industriellen Komplexes den Krieg, der am 6. August, vor fünf Wochen, mit dem Debakel der Roten Armee geendet hat.

In Moskau hat mir Laurent sein Porträt über einen tschetschenischen Jungen gezeigt, das er Anfang 1995 in Grozny für das Fernsehen realisiert hat. Der Zehnjährige und seine russische Freundin besuchen dieselbe Klasse. Nach der Schule gehen sie zusammen in das Kino am Leninskaya Prospekt, sitzen allein in den weinroten Rängen und spielen, da es keine Filme mehr gibt, das Leben. Das russische Mädchen verläßt dann bald mit seinen Eltern die Stadt. Bomben zerstören zuerst die Entbindungskliniken und die Schulen, dann die Wohnquartiere. Je mehr Bomben es regnet, je mehr Tretminen hochgehen, desto mehr regengefüllte Krater gab es und desto sauberer sind die Gummistiefel der Flüchtenden. Wo der Junge jetzt ist? Allein am Fluß spielend, das Öl der lecken Pipeline sammelnd? Tot unter Trümmern? Oder ein Flüchtling – nein, ein intern Vertriebener, denn der Krieg ist ja eine innerrussische Angelegenheit – in Inguschetien?

Seit Beginn des Überfalls am II. Dezember 1994 ist fast ein Zehntel der tschetschenischen Bevölkerung, schätzungsweise 100 000 Menschen, umgekommen. (Zu einem bestimmten Zeitpunkt während der zaristischen Operationen im Kaukasus – wann genau, weiß meine Quelle nicht – sind 130 000 Soldaten gegen die noch verbliebenen 89 000 Tschetschenen marschiert, Frauen und Kinder mitgezählt.) Die russische Bevölkerung ist vom weihnächtlichen Überfall in Tschetschenien überrascht worden. In den Großstädten hat man bezahlt, damit aus der Familie keiner eingezogen wird. Deshalb, und weil von Kaliningrad bis Vladivostok, aber auch gleich jenseits der Grenze in Efremov, von wo aus es direkt nach Tschetschenien geht, Kisten mit verwechselten sterblichen Überresten abgeliefert worden sind, suchen dann in den Gruben vor allem Soldatenmütter vom Land nach den Söhnen, die, verwundet zu Haufen zusammengekrochen, unter die Ketten der eigenen Panzer gekommen sind bei der Flucht im Feuer der Heckenschützen aus Rauch und Groznys Labyrinth, wohin die Generäle die Knaben nicht nur ohne Ausbildung geschickt haben sollen, sondern auch ohne Stadtpläne.

Hundertfünfzig Jahre zuvor, 1840, wird Michail Lermontow für die Teilnahme an einer Expedition gegen die Tschetschenen während seiner zweiten Strafversetzung in den Kaukasus – die Umwandlung einer schwerwiegenderen Ahndung für eine Bagatelle – von einem Vorgesetzten zur Auszeichnung mit dem ‘Großen Säbel’ vorgeschlagen. Gleichzeitig hofieren ihn die Salons, denn gerade ist *Ein Held unserer Zeit* erschienen, der Roman, der die Gestalt eines russischen Offiziers in der Wildnis des Kaukasus vorstellt. Das Vorbild für den Doktor Werner im Werk hat Lermontow unter den <u>Dekabristen</u> ge-

Der Staatsstreich der Dekabristen, die im Dezember 1825 den Eid auf den neuen Zaren Nikolaus I. verweigern, scheitert, weil die Teilnehmer freiheitsbesessene Idealisten und nicht technische Planer eines revolutionären Umsturzes sind. Die Dekabristen genießen nur die Sympathie einer kleinen liberalen Elite. Weder die Soldaten noch das Volk kennt ihre Ziele. Hingegen gehen sie dann als erste revolutionäre Bewegung Rußlands in die Geschichte ein.

funden, deren Verbannung an die kaukasische Front er teilt, als Strafe für seinen unverhohlenen Ausbruchsversuch aus der lähmenden Stagnation der von obskurem Mystizismus und Gängelungen des geistigen Lebens durch das Ministerium für Volksaufklärung geprägten Zeit nach Alexander I. – genauer für das weitverbreitete Gedicht *Der Tod des Dichters* (gemeint ist Puschkin), in dem er das Gewürm von Missetätern anklagt, die »ihr dicht am Thron euch prügelt um die Plätze, / Der Freiheit und dem Geist dient ihr als Henkersknecht! / Versteckt euch nur im Schatten der Gesetze, / Denn wo es euch angeht – da schweigt das Recht!«

Im Kreml müßten diese Verse bekannt sein, und wahrscheinlich hat man dort Lermontow auch als Byronschen Charakter gelesen. Nur, die Regelung des Politischen überläßt man besser nicht den Dichtern – besonders nicht in einer problematischen Region wie dem Kaukasus, wo Begriffe so leicht durcheinandergeraten, wo der Tschetschene ein janusköpfiges Wesen ist. Im Zweiten Weltkrieg verkörpert er als besonders wagemutiger Rotarmist die Gestalt des 'kaukasischen Ritters' früherer Zeit oder spekuliert als Mitglied nationaler Verbände der Wehrmacht mit nationaler Befreiung.

Postscriptum:
Nach den Anschlägen des 11. September 2001 ermöglicht im Zusammenhang mit dem 'Krieg gegen den internationalen Terrorismus' die Formel »Des einen Freiheitskämpfer ist des andern Terrorist« Moskau, weiterhin in Tschetschenien vorzugehen, Beijing wiederum, die Sinisierung der angeblich durch Separatismus untergrabenen muslimischen uigurischen Provinz Xinjiang vorwärtszutreiben.

Heute gilt er, je nach Perspektive, als Freiheitskämpfer, die Unabhängigkeit seiner Heimat im Sinn führend, oder aber als verräterischer Rebell, deren Abspaltung vom verbliebenen Rumpf des einstigen solidarischen völkerverbindenden Imperiums betreibend.

Der Kaukasus mißt jedoch seit der Mitte des 19. Jahrhunderts nicht nur die Schwäche Rußlands, er liefert auch den Stoff seiner romantischen Literatur, erstmals 1822 mit Puschkins *Der Gefangene vom Kaukasus* (1822). Das Werk opponiert gegen die Despotie am Südrand des Reichs – 1818 ist dort Grozny als Fort Grosnaya, ›die Schreckliche‹, gegründet worden – und beeinflußt die öffentliche Meinung gegenüber dem von Alexander I. eingeschlagenen militärischen Weg im Kaukasus, wo der Schluchtenkrieg gegen Imam Shamils islamische Widerstandsbewegung des Müridismus erst 1859 mit der freiwilligen Überstellung von Schamils erstem Leutnant Hadschi Murat endet.

1864 ist dann die 'Befriedung' des Kaukasus endlich abgeschlossen, und nun behindert nichts mehr die zaristische Eroberung und Kolonisierung Zentralasiens.

Das Sprungbrett nach Transkaspien ist selbstverständlich Baku, wo 1873 Robert, der älteste Sohn des schwedischen Erfinders Immanuel Nobel – von ihm haben 1837 die Zaren die Unterwassermine übernommen; seine beiden jüngeren Söhne, Ludvig und Alfred, sind verantwortlich für die militärische Aufrüstung der Zaren, respektive ein von Paris aus gelenktes Dynamit-Im-

Als Muriden werden muslimische Initiierte bezeichnet, die ihrem Meister auf der *tariqa*, dem Pfad zu Allah, folgen. Muriden sind aber auch Einzelne, die um soziale Gleichberechtigung und nationale Unabhängigkeit kämpfen. In diesem Kontext versteht sich der Müridismus als Zweig des Sufismus, dessen Anhänger sich dem *Ghazavat*, dem vom Imam angeführten Heiligen Krieg verschreiben.

Die unter dieser Losung geführten kaukasischen Aufstände werden in Moskau als ›reaktionäres Banditentum‹ aufgefaßt und in den russischen Quellen auch als solches vermerkt. Nach den Deportationen des Zweiten Weltkriegs wird aus den *Ghazavats* des 19. Jahrhunderts, dem antikolonialen Widerstand, ein Aufstand feudaler, reaktionärer Kräfte und aus dem Volkshelden Shamil ein fanatischer Mullah.

Erster Anführer in den Müriden-Kriegen ist Sheikh Mansour, mutmaßlich ein Tschetschene. Ein Anhänger der Sekte der Naqshbandiyah in Buchara, erscheint er 1785, während der Herrschaft von Katharina der Großen, und einigt nach seinem Sieg über eine russische Brigade die Muslime des Kaukasus gegen die zaristischen Invasoren. Mit der russischen Annexion Georgiens 1803 und der im Gulistan-Abkommen (1813) sowie im Turkmanchay-Abkommen (1827) vereinbarten persischen Annexion Aserbaidschans – Dagestan wird dadurch zur muslimischen Enklave im orthodoxen Rußland – beginnt dann die zweite Phase der Müriden-Kriege.

Angeführt werden sie von charismatischen Sufis, der berühmteste unter ihnen Imam Shamil, der 1820 über dem gesamten Kaukasus die Scharia verhängt. 1837 stürmt eine russische Streitkraft die Festung der Muriden in Dagestan, aber der Krieg endet erst 1859 mit der freiwilligen Überstellung des Imam. Zar Alexander II. versichert Shamil galant, daß er dessen Anliegen respektieren würde. Der exilierte Imam verstirbt 1871 auf seiner Pilgerfahrt nach Mekka.

perium – die Epoche der handgebohrten Öllöcher beendet und 1876 erstmals die Palais in Sankt Petersburg mit raffiniertem Öl für Beleuchtungszwecke beliefert.

Auf Flug 631 der *Tajikistan Airways* sind inzwischen die leeren Becher auf den heruntergeklappten Tischchen vor die Bäuche der schlafenden Passagiere gerutscht und auch die Büchsen. Die Stewardeß hat sich in die Anrichte neben der Tür zum Cockpit zurückgezogen. Man sieht nur ihre verschlungenen Beine. Sie muß in einer Illustrierten blättern. Der Himmel im Kabinenfenster ist seit Stunden schwarz.

Zurück in der Geschichte und Baku gegenüber, am östlichen Ufer der Kaspisee, errichten die Russen Fort Krasnovodsk (heute Turkmenbashi), das 1880 zum Ausgangspunkt der Transkaspischen Eisenbahn wird. Der Bau der fast 1500 Kilometer langen Strecke, veranlaßt durch die im Jahr 1879 von Tekke-Turkmenen bei Geok Tepe General Somakin zugefügte Niederlage, vom russischen Generalstab geleitet und durch 30 000 Arbeiter bewerkstelligt, soll den Nachschub der nach Turkestan vordringenden Truppen des Zaren sichern. 1886 erreicht die Bahn Chardzhou am Amu Darya (heute Turkmenabad), durchschneidet an dessen Nordufer dann das Khanat Buchara und erreicht im Mai 1888 Samarkand.

Dazu Buch XII, Ostwärts über das Kaspische Meer.

1896 stößt das von Rußland in Besitz genommene Territorium in den Tälern des Pamirs an Afghanistan und China.

1896 schickte Kaiser Wilhelm II. dem nach Massakern an Armeniern – diese haben die Rechte ottomanischer Bürger für sich eingefordert – von ganz Europa verachteten Sultan Abdul Hamid eine Geburtstagskarte – die Ankündigung des deutschen 'Drangs nach Osten'.

1896 weilt aber auch Leo Tolstoi auf dem Landgut Pirogowo seines Bruders Sergius und geht eines Tages über frisch geackertes Brachland dahin, glaubt nichts als schwarze Erde zu sehen, bis sein Blick am Rande der staubigen, grauen Straße auf eine Distelstaude fällt. Drei Stengel, zwei gebrochen und mit schwarzem Schlamm bespritzt, der dritte Schaft zur Seite ragend, schwarz vor Staub, aber noch lebend und in der Mitte sich rötend. Das erinnert Tolstoi an Hadji Murat, Imam Shamils ersten Leutnant.

1896 schließt Rußland mit China ein Geheimabkommen zum Zweck der Verbesserung seiner Position in der Mandschurei.

Gleichzeitig wecken die inneren Krisen der beiden überdehnten asiatischen Reiche die Ambitionen der westlichen Mächte.

1898 wächst sich in China eine ökonomisch-ökologische Krise unter der Bauernschaft von Shandong zur halbgeheimen Volksbewegung der Boxer aus. Schwillt an, ohne vom Beamtenapparat kontrolliert und den kaiserlichen Truppen eingedämmt zu werden, unter den Augen der Kaiserwitwe Cixi, die tatenlos auch der wachsenden Aggressivität der westlichen Mächte gegenübersteht.

1900 erreicht die Boxer-Bewegung Beijing, will die verhaßten Fremden von dort vertreiben. Es kommt zur Belagerung des Gesandtschaftsviertels und zu dessen Entsatz durch die <u>multinationale Eingreiftruppe</u>, schließlich zu ungehemmten Plünderungen der Stadt durch diese. Die chinesischen Bürger lassen aus Angst vor Störung ihrer Beerdigungen durch die Fremden die Särge der Verstorbenen in den Höfen der Hutongs stehen.

Nebst Verbänden Deutschlands, Frankreichs, Großbritanniens, Italiens, Japans und Rußlands, den ausländischen Mächten, die um 1900 in China Einflußsphären besitzen, gehören ihr solche Österreichs und Amerikas an.

1904 erscheint Tolstois *Hadji Murat*.

Am Ende ist es ein kurzer Flug von Moskau nach Dushanbe.

Schlendern durch 'Montag-Stadt'

Dushanbe, 16. September 1996. — Mitternacht ist vorbei gewesen, als die Tupolew auf der Parkstelle des Flughafens von Dushanbe festruckt. Draußen sind sofort alle Lichter ausgegangen. Der Traktor mit dem Gepäckanhänger hat am Gitterzaun gehalten.

Marcus hat durch die Maschen gegrüßt. Rasch waren wir in Lolas Wohnung.

Lola hat für ein paar Nächte über den Flur in die Wohnung der Eltern gewechselt. Der Vater, Parvana Schamschedow, ist Reporter des tadschikischen Service der *BBC*. Vor dem Bürgerkrieg hat er an der Universität von Khorog gelehrt Und als die Kämpfe eskaliert sind, den *Khorog-Oxford-Trust* initiiert, eine Hilfsorganisation für die Überlebenden der von den Kuljabi des Tieflands an den Berglern begangenen <u>ethnischen Säuberungen</u>. Die Schamschedows sind Badakhshani. Parvana hat seinen Sohn in das Gebirge nach Khorog geschickt. Würde er in die von der Kuljabi-Elite kontrollierte nationale tadschikische Armee eingezogen, müßte er auf Angehörige schießen.

Dazu Buch II, *Bürgerkrieg oder mehr?*

Bei Kerzenlicht haben wir ein Stück Schweizer Schokolade gegessen und besprochen, was am Morgen zu tun sei.

Pünktlich um zehn erscheinen wir zur Pressekonferenz der *UNMOT (United Nations Mission of Observers in Tadjikistan)* im Vorführsaal der nationalen tadschikischen Filmproduktionsgesellschaft. Die Reihen sind dünn besetzt; die kleine internationale Gemeinde ist unter sich. Ein Österreicher verliest das Briefing zur Lage:

— Weitere Zusammenstöße zwischen Regierungstruppen und der Opposition im Garm-Tal.

— Die Straße von Dushanbe nach Khorog definitiv unbenutzbar infolge der Sprengung der Brücke bei Tavildara.

— Verstärkter Einsatz von Minen.

Fragen gibt es kaum. Marcus informiert den deutschen Botschafter, daß er in einem Vorort von Dushanbe auf ein Grüppchen Wolgadeutsche gestoßen sei, und übergibt ein paar Notizen.

Später begegnen wir vor dem UN-Gebäude dem spanischen Missions-Chef. Er hat sich am Kiosk gegenüber zwei Colas geholt. Eine Bettlerin tritt hinzu mit zwei Buben. Diese erhalten die Getränke. Die Bettlerin bedankt sich beim Spender mit einem schmatzenden Kuß. Dann rufen den Missions-Chef seine Papiere.

Rötliches Herbstlaub wirbelt über die Boulevards, als wir zum Azadi-Platz gehen, dem 'Platz der Freiheit'.

1992 kommt es hier zu den Massenkundgebungen, die den Bürgerkrieg auslösen; im Jahr davor schon hat man Lenins Statue entfernt. Heute ersetzt ihn die von Ferdausi. Gegenüber etwas pseudodorische Ordnung, die dem Marktflecken Dushanbe das dem administrativen Zentrum Ost-Bucharas zustehende Gepräge geben. Die von Stalin im Schatten

Der persische Dichter (geboren um 935 in Tus, um 1020–1026 ebenda gestorben) ist Verfasser des Nationalepos *Rostam. Die Legenden des Shahname*. Das sogenannte *Königsbuchs* in 50 000 Doppelversen gilt als wichtige geschichtliche Quelle zu Sitten, Gebräuchen und Kunst der Sasanidenzeit.

des Pamir als eines der sowjetischen Völker angesiedelte Ethnie der Tadschiken – ein Gemisch der bereits den Griechen bekannten Baktrier, Sogdier und deren Nachbarn sowie der während der Islamisierung durch die Araber fliehenden westiranischen Perser – benötigt nämlich eine Hauptstadt, nachdem ihm im Zug der administrativen Neugliederung Turkestans Buchara und Samarkand genommen sind. Zwischenzeitlich hat die Stadt dann Stalinabad geheißen, aber jetzt muß sie den ursprünglichen Grund ihrer Existenz, den Basartag, der bis zur Revolution immer Montags stattfindet, nicht mehr verbergen, denn 'Dushanbe' ist Persisch und bedeutet 'Montag'.

»Dort! *Ballett und Oper!*« Marcus macht eine Geste zum Prospekt hinüber, der nach dem am Hof der Samaniden wirkenden tadschikischen Dichter Rudaki benannt ist.

Seit gestern abend weiß ich, daß Marcus italienische Arien liebt.

»*Natürlich nicht so imposant wie Tashkent – aber immerhin. Die Basmatschen-Rebellen hätten das kaum hingestellt.*«

Am Fuß der weiten Treppe des Außenministeriums, das die spitze Ecke des Platzes einnimmt, bleiben wir stehen. Vor dem Besuch bei Rashidov, dem Ersten Sekretär der Informationsabteilung der tadschikischen Regierung, ist noch etwas Zeit für ein paar zentralasiatische Verstrickungen.

»Die Vorväter unserer Rebellen in Badakhshan?«

»Nicht in jeder Beziehung. Die Bewegung entstand im Fergana-Tal. Ihre Basis waren verarmte Bauern. Ihre Proteste gegen die Zwangsmodernisierung der Zaren vermischten sich aber mit Kriegsfürstentum. Das war das Problem der Basmatschen, und deswegen brachten sie es auch nie zu einer wirklich geschlossenen aufständischen Bewegung. Aber immerhin vereinigte ihr Kampf die Turkmenen der Ebene und die Tadschiken im Pamir.«

»Im Unterschied zum heutigen Antagonismus zwischen Tiefländlern und Berglern ...«

»... denen ein gemeinsamer Feind fehlt.«

»Wie damals die Bolschewiken?«

»Genau. In Buchara hatte die Basmatschen-Rebellion diese im Auge und wuchs rasch zu einer nationalen Widerstandsbewegung.«

»Warum Buchara?«

»Said Alim Khan, der Emir von Buchara, war ein absoluter Herrscher. Pan-islamische Ideen trieben ihn um — zumindest solange er sich davon eigene Profite versprechen konnte. Den Russen versuchte er sich als 'Einiger der Muslime' anzudienen. Die Russen sollten das östliche Chinesisch-Turkestan mit Russisch-Turkestan vereinen. Unter seiner Hand! Der Emir wollte als Deuter des turkestanischen Nationalgefühls gesehen werden. Dasselbe tun heute die jeweiligen Präsidenten der fünf neuen Republiken.«

Marcus liebt es, im Gespräch die Geschichte zur Gegenwart aufrücken zu lassen und quittiert solche Sätze mit seinem furiosen Lachen. Jetzt weiß ich auch, daß sein Körper tatsächlich mitlacht, nicht bebt, sondern sich, im Sitzen zumindest, in Schüben hebt, die immer kleiner werden, wie ein hüpfender Ball, der an Schwung verliert.

Ich erwähne eine Sache, die ich auf dem Flug bei Maclean gelesen habe, nämlich die geheime Absicht zu Moskau in Opposition stehender Administratoren der SSR Usbekistan, einen unabhängigen zentralasiatischen Staat unter britischem Einfluß zu errichten, also Turkestan in eine <u>britische Kolonie</u> umwandeln und fahre fort:

»Kann es sein, daß die neuen Präsidenten, die ja mit der alten Nomenklatura identisch sind, auch Doppelspiele treiben? Moskau lieb Kind signalisieren, das unbedingt seinen Einfluß wahren will, aber gleichzeitig im Westen oder in China Bande suchen? Postsowjetische Konterrevolutionäre. Maclean erwähnt einen Faisullah Khojayev, der mit dem Generalsekretär der KP Usbekistans die Baumwollproduktion sabotiert haben will oder hat, um damit in der Bevölkerung Unzufriedenheit zu erzeugen.«

Das damalige Primat britischer (und in geringerem Maß französischer) Interessen im Nahen und Mittleren Osten und in Persien steht im Zusammenhang mit der Sicherung der Vormachtstellung in der Welt, die durch den Suez-Kanal und die Eröffnung von Luftrouten, unter anderem nach Indien, immer enger zusammenrückt. Das bei Kriegsende zusammengebrochene Deutschland sowie Österreich-Ungarn haben sich auf sich selbst zurückgezogen. Ebenso ist Rußland, das seit der Revolution 1917 keine Präsenz im Nahen und Mittleren Osten angemeldet hat, mit sich selbst beschäftigt. Die Region ist damit hauptsächlich der Rohstofflieferant Großbritanniens. Nebst iranischem (und später irakischem) Erdöl kommt der von der Textilindustrie in Lancashire benötigten Baumwolle die größte Wichtigkeit zu.

»Khojayev war einer der Köpfe der bucharischen Reform-Bewegung der Jadid.«

Marcus sieht meinen Bedarf an Aufklärung.

»Die Bewegung holte sich ihren Namen aus dem Arabischen. Usul-i jadid bedeutet ungefähr 'Neue Methode zu lernen'. Pädagogik anstatt Stock in der Grundschule. Für die Erwachsenen Zeitungen und illustrierte Bücher — sogar Theater, obwohl es eine Weile dauerte, bis die Emire in Buchara und Khiva solche Neuerungen zuließen. Die Jadids waren aber nicht nur frustriert über die Unfähigkeit des Islam, sich den sozialen und politischen Herausforderungen der Gegenwart zu stellen, sondern richteten sich direkt gegen den sowjetischen Despotismus. In Anlehnung an die ›Jung-Türken‹ nannten sie sich bald ›Junge Bucharer‹.«

Marcus sieht meinen erneuten Bedarf an Aufklärung.

»Die Koalition von Reformgruppen, die das Ottomanische Sultanat in die Modernisierung befördern wollte.«

Dann fährt Marcus fort:

»Khojayev hatte großes im Sinn. Im Dezember 1917 schlug er dem Tashkenter SNK vor, das ist der Sovnarkom, der Rat der Volkskommissare, mit einem provozierten bewaffneten Aufstand die Herrschaft Emir Said Alim Khans in Buchara zu beenden.«

»Und zum selben Zeitpunkt spionierten britische Agenten in Dushanbe und am Amu Darya?«

Über die persischen Verflechtungen des ausgehenden »Great Game« kann ich den Anschluß an Marcus' Ausführungen finden.

»Schlimmer. Die Briten besetzten Ashkhabad. Die Weißrussen holten sich Orenburg zurück. Turkestan und die dort ansässigen Bolschewisten waren isoliert. Nicht nur durch die Wüsten! Der Emir machte nämlich seine Drohung wahr und unterbrach die transkaspische Strecke, als der SNK in Tashkent eine Intervention gegen Buchara gebilligt hatte. Zudem verhandelte er mit den Briten und erwog, den Bolschewiken den Krieg zu erklären.«

»Die Geschichte des »Great Game« aus der Innensicht ist eine Pendenz.«

»Vergiß nicht, daß die lokalen Akteure unmittelbarer von der Sache betroffen waren, als jene im Dienst der ostindischen Company, die nach ihrer Rückkehr aus Kabul in Muße ihre galant bestandenen Abenteuer besingen konnten! Jedenfalls sah Moskau endlich ein, daß die unterworfene Bevölkerung starke politische Aspirationen hatte. Die erste Konferenz der muslimischen Kommunisten Zentralasiens fand dann schon 1919 statt, und innerhalb der lokalen kommunistischen Organisationen gewannen die Jadids rasch an Einfluß. Für sie war die proletarische Revolution vor allem die Befreiung aller unterdrückten östlichen Völker. Von China und Indien über Afghanistan und Persien bis nach Buchara! Auf der dritten Konferenz muslimischer Kommunisten 1920 beschlossen die Jadids die Umwandlung Turkestans in eine Autonome sozialistischen Sowjetrepublik Turkestan.«

»Was kaum im Sinn der Bolschewiken gewesen sein dürfte?«

»Die Hoffnungen der Jadids gingen weiter!« Marcus blickt zur Statue von Ferdausi hinüber. *»Alle Turk-Völker Rußlands sollten der ASSR beitreten. Man sah den Moment gekommen für Pan-Turanien!«*

Dann schaut mich Marcus triumphierend an, hebt zu seinem Lachen an, es dauert mindestens acht Sekunden, so lang bis ich die Anknüpfung gefunden habe.

»Ferdausis eurasisches Reich der Turan? – das Rostam im *Shaname* mit seinen berittenen Bogenschützen aus China, Kazan und Indien ständig zu schaffen machte.«

»Ungefähr.«

Wir blicken über den Platz, wo ein paar senfgelbe *Ladas* und nur ab und zu ein *Mercedes* an Ferdausis Statue vorbeikommen.

»Sind die Iraner eigentlich immer noch so präsent wie gleich nach der Unabhängigkeit?« frage ich.

»Saudische Unterstützung ist jetzt viel stärker. Nebst jener Pakistans und dem Einfluß der afghanischen Mujaheddin. Die Revolution der Iraner interessierte die Tadschiken kaum.«

Marcus macht eine Pause. Dann legt er die rechte Hand auf den Marmor der Treppenwand und schaut mit erhobenen Brauen durch seine Brille über meine Schulter hinweg.

»Sei das Wort die Braut genannt / Bräutigam der Geist / Diese Hochzeit hat erkannt / Wer Hafisen preist. – Goethe über Hafiz!«

Gestern Abend hat Marcus Heine rezitiert.

»Die Theokraten aus Tehran erschraken, als sie sahen, daß die Tadschiken das Persische zunächst in Hafiz' Weinkrügen suchten!«

Marcus lacht.

»Aber laß uns zu meinem Freund Rashidov gehen! Der wartet. Hat angerufen. Unsere Dokumente für Badakhshan liegen bereit. Hast du die Geschenke?«

»Trockenfleisch und Schokolade, wie bestellt.«

Dann bringt Marcus seinen Bericht zu Ende, und als wir oben an der Treppe zwischen fetten, etwas rußigen Kolonnaden das Ministerium betreten, weiß ich den Rest:

1920 entscheidet der 1885 in der kleinen Garnisonsstadt Bishkek, der heutigen kirgisischen Hauptstadt, geborene General Mikhail Vassilyvich Frunze, sein heimatliches Turkestan mit einem massiven Angriff auf Buchara zur Ruhe zu bringen. Emir Said Alim Khan zieht es vor, die Stadt aufzugeben und via Dushanbe nach Afghanistan zu fliehen. Die Basmatschen finden in den östlichen Bergen von Karategin Unterstützung. Das vergelten sowjetische Truppen bei der Rückeroberung der nördlich von Termez liegenden Region Baysun der Bevölkerung mit furchtbarer Härte. Die

Ptolemaios erwähnt eine Schlucht, welche es zwischen Balkh und Kashgar den Karawanen ermöglicht, das Bergland der Komeder zu überwinden. Dabei handelt es sich aller Wahrscheinlichkeit nach um das zum Alai-Korridor hinaufführende Karategin-Tal, das heutige Garm-Tal in Tadschikistan.

Revolte – nun ohne den Emir an der Spitze – erhält massiven Zulauf und wird zum Sammelbecken aller Opfer sowjetischer Unterdrückung überhaupt. 1921 tritt Enver

Pasha auf den Plan und findet das herrschende Durcheinander der zerstrittenen Rebellen-Bewegungen geeignet für einen neuen Anlauf, den panturanischen Traum zu verwirklichen und Turkestan zum Herz eines transkontinentalen Reiches zu machen. Er läst sich als 'Oberbefehlshaber aller muslimischen Truppen, Schwiegersohn des Kalifen und des Propheten Repräsentant' anreden und sieht sich als Nachfolger Dschingis Khans und Timurs – exakt wie heute der usbekische Präsident Islam Karimow. Überraschend erobert Enver Pasha 1922 mit Hilfe der Basmatschen Dushanbe, kommt aber wenige Monate später in der Nähe der Stadt um, verlassen vom feigen Haufen undisziplinierter Irregulärer, welche in die Berge zurückgleiten, als sie der Übermacht der Roten Armee gewahr werden.

»Ja mein Lieber, wie du weißt, ist die Geschichte damit nicht zu Ende.«

Wir sind auf der betreffenden Etage angelangt und warten auf dem Teppich, bis der Erste Sekretär der Informationsabteilung rufen läßt.

Schnell sind die paar Freundlichkeiten ausgetauscht. Ebenso rasch gehen Trockenfleisch und Schokolade über den Tisch. Eine Hilfskraft bringt unsere Genehmigung für Badakhshan, meine Presseakkreditierung und meinen Paß, den Marcus am Morgen abgegeben hat. Er enthält das tadschikische *GUS*-Visum, mit dem ich nach Moskau komme und in jede andere der benachbarten zentralasiatischen Republiken. Das ganze kostet fünf neue Zwanzigdollarscheine. Auf der Quittung steht die mit dem Kugelschreiber sorgfältig ausgeführte Zahl Neunzig.

Wir lassen den Tag im Teehaus *Rohat* enden. Im lichten Raum unter dem bemalten Holzdach, das auf hohen schlanken Zementsäulen ruht, auf Kapitellen, die sich über Stuckmanschetten entfalten.

Rubinjäger im Pamir

Tousjion-Dara-Tal, 21. – 23. September 1996. — Wir sind in Hoch-Asien, oder knapp darunter.

Das Tal ist so lang wie einen zwei Tagesmärsche bringen. Es liegt am Knie des Pyandzh – so heißt der Oberlauf des Amu Darya –, im Rücken von Khorog, dem Hauptort der Autonomen Provinz Gorno- oder Berg-Badakhshan. Die Ruhe im Tal vermittelt das trügerische Gefühl, es gehöre nicht zu dieser Welt.

Ich bin der älteste der Expedition und darf deshalb beim Aufstieg zurückbleiben. Marcus eilt voraus. Bald habe ich das weiße Frottiertuch, das er sich um den Kopf gebunden hat, aus den Augen verloren.

Infolge Wetterglücks waren wir genauso kurz in Dushanbe geblieben wie erhofft, nämlich genau einen Tag. Wer nach Khorog fliegt, kann das nur bei wirklich wolkenlosem Himmel, und zwar vom Start bis zur Landung. Die knapp anderthalbstündige Route gilt als eine der gefährlichsten der Welt, führt sie doch direkt auf das Pamir-Massiv hinzu und durch eine einzige Pforte in dieses hinein. Am Flughafen haben sie das Gepäck gnadenlos und aufs Gramm gewogen.

Ich hatte in der Nase der *Jak 40* gehockt, einem der verläßlichen Tiefdecker aus den Sechzigerjahren. Pik Lenin, Pik Kommunisma, Pik Revolution – alles Siebentausender – erschienen im gleißenden Morgenlicht. Der rechte Flügel ritzte afghanischen Luftraum. Knapp über einem verschrundeten Sattel drehten wir ab, stachen in das Tal des Pyandzh hinunter, begleiteten den Fluß ein paar träge, unter lichtem Dunst liegende Schleifen. Dann stand plötzlich eine Bergflanke vor der Cockpitscheibe, der Pilot schob mich in den Passagierraum und zog die Türe zu.

Auf der untersten Stufe der Flugzeugtreppe ein russischer Grenzwächter der *GUS*, der die Bewilligung für die Provinz Badakhshan kontrollierte, das Aufmarschgebiet der Opposition im Bürgerkrieg, der im Moment wieder in der Region zwischen Garm und Kala-i Khumb aufflammte. Der Pyandzh schießend und grau hinter dem Rollfeld. Aus dem aufgewühlten Wasser ragend das abgerissene Höhenleitwerk der im Vorjahr bei der Landung verunglückten *Jak*.

Wir bezogen Quartier in Parvenas Wohnung, die er nicht benötigt, da er ja zur Zeit in Dushanbe lebt. Der vierstöckige Plattenbaus steht hart am Fluß und ist durch kärgliche schmale Gärten vom Fahrweg getrennt, der zugleich als Uferverbauung dient. Am Morgen haben wir jeweils an den unter Pappeln stehenden Brunnen hinter dem Haus zu gehen, wo wir uns schlotternd wuschen, um dann gefüllte Zinkeimer für die Toilette in den vierten Stock hinaufzuschleppen.

Wir hatten uns an Parvenas Empfehlung gehalten und uns im Tousjion-Dara-Tal wegen der Rubine erkundigt. Diese zweigt ein paar Kilometer hinter Khorog vom ›Pamir-Highway‹ ab, bei einer schmalen Brücke. Am Drahtseil hatte ein schmächtiger Junge ge- Dazu Buch IX. ›Pamir Highway‹: 1. Tag bis 3. Tag. lehnt. Hatte die kurzen Ärmel seines verwaschenen Leibchens über die Schultern hochgerollt. Seine Arme dünn und bleich, wie die Läufe eines gehäuteten Schafes. Sein Gesicht abgezehrt, und tief darin traurig blaue Augen.

Nach ein paar steilen Kehren auf dem Schotterweg waren wir bei der Streusiedlung über dem Taleingang angelangt, wo man das Haus des Kommandanten bezeichnete. Die Alte dort hatte auf dem Emailteller eine Pyramide kleiner weißer Pfirsiche gereicht, im eisigen Wasser des schmalen Baches gewaschen, der neben dem Haus und zwischen den Maulbeerbäumen dem Tal entgegensprang.

Der Kommandant Jogdor – jetzt führt er unseren Trupp – war nach einer Stunde erschienen. Das Wichtigste war schnell besprochen gewesen. Der Preis für eine kleine Expedition zu den Rubinen fair und die Dollars ohne Zweifel willkommen. Auf dem Basar in Khorog hatten wir besorg, was uns aufgetragen war – Spaghetti, Salz, Zucker, Wodka, Rindfleisch in Dosen. Mehl, Öl und Tee würde Jogdor beschaffen. Am ersten Tag gäbe es auf den Sommerweiden bei den Hirten Rahm und frisches Fladenbrot. Die Vorräte mußten reichen bis zum Abstieg am dritten Tag. Es war dunkel, als wir am darauffolgenden Tag bei Jodgors Haus erschienen.

Ein Nachbar brachte seine zehnjährige Tochter und wies sie an, mir aus dem englischen Übungsbuch vorzulesen.

Jodgors Vater spielte mit seiner jüngsten Enkelin. Ein armlanges Ding, bis auf das Gesicht im Strampelsack verpackt, die Wangen grau und rissig. Eine schwache Glühbirne brannte über den beiden. Jodgor hatte erwähnt, sein Vater habe noch bis vor zwanzig Jahren in den Quarzminen, die noch weiter oben als die Rubinfundstellen lagen, gearbeitet.

Die Großmuttermutter, ein Schalk mit wäßrigen, in faltigen Taschen liegenden Augen, kam und ging unablässig, wusch in der Dunkelheit Kartoffeln und Rüben am Bach.

Wir lagen auf den Teppichen der Empore, welche auf drei Seiten um den Hauptraum des Hauses lief. Auf der vierten Seite befand sich der Herd. Man hatte uns eingerollte Decken in den Rücken geschoben. Es war ein behaglicher Moment. Den Raum gliederten fünf geschnitzte Holzpfeiler, vier im Quadrat stehend, der fünfte zwischen den beiden dem Eingang zugewandten und mit einem davon durch einen Balken verbunden. Darin geschnitzt ein Sonnensymbol. Drei der fünf Pfeiler Allah, Mohammed und Fatima zugeordnet. Wem der vierte und fünfte galt, war nicht in Erfahrung zu bringen. An einem der Pfeiler hing die gerahmte Fotografie von Jodgors Bruder. Er war beim Ausbruch des Bürgerkrieges von Regierungssoldaten gefoltert und getötet worden.

Als wir heute Morgen aus dem Haus getreten sind, hat Jodgor die zur Expedition Versammelten vorgestellt:

Amirilio, 20. Jodgor hat etwas gesagt von Anstalt oder Gefängnis. Aber es ist nicht klar geworden, ob der junge Mann gerade entwichen, herausgeholt oder entlassen worden ist.

Alowat, 35. Der mit der hellen wollenen Pudelmütze.

Mubar, 30. Der mit einer Armeemütze.

Nazarbdor, 28. Der mit der Wollmütze. Verwandter von Jodgor.

Otam, 25. Der Koch. Er hat die Zündschnüre.

Sabarchon, 26. Der mit dem tadschikischen Hut.

Samzut, 36. Der mit gestreiften Hosen und einen schwarzweiß karierten Pullover. Bis vor kurzem Rebell im Haufen von Salamscho im Vanch-Tal. Gerade aus Afghanistan zurückgekommen. Keine weiteren Angaben.

Kinder sind mit Schulheften aus den Häusern gestolpert. Die Kleineren haben die verschlafenen Gesichter in die geblümten Blusen ihrer Mütter gedrückt, als sie von Marcus und mir genug gesehen hatten.

Man hat zwei Esel mit dem Proviantsäcken, Kochtopf und Werkzeug, den Schlafsäcken und Decken beladen; Amirilio hat zur langen Brechstange gegriffen.

Der nächtliche Schatten ist von den Hängen gegen das Dorf hinabgerutscht, als wir zur Unternehmung aufgebrochen sind, die eigentlich illegal ist, oder zumindest, wenn wir granatapfelrote Steine finden, deren Export. Daran ist allerdings nichts neu, hatten doch schon die lokalen Regenten des 10. Jahrhunderts nicht nur die Ausfuhr, sondern selbst das Ausgraben der Rubine mit der Todesstrafe geahndet, und das *Hudud al-Alam* ist eine verläßlichere Quelle als Marco Polo, obwohl sich dessen Erwähnung »wertvoller Balasci-Edelsteine, die Rubine« für einmal mit der *Persischen Geographie* deckt.

Bald sind über den steilen, wenig aufregenden Anstieg aus dem Tal hinausgewesen und auf die Alp getreten, wo Kühe mit rötlichem Fell zwischen den scheuen Blumen herumgestanden haben.

Am entgegengesetzten Ende der Alp ein steiler Pfad in das Geröll der Bergflanke. Amirilio ununterbrochen mit seiner Eisenstange Gesteinsbrocken in den Abgrund hebelnd oder vorausrenennend und wieder zurück, die Esel mit Tritten antreibend.

Immer öfter dann die Zwischenhalte auf Almen, die immer karger werden. Die Männer haben ihre Stiefel mit den umgeklappten Lederschäften ausgezogen, sich gewärmt mit Ringkämpfen und Wodka aus dem Karton. Einmal haben sich zwei junge Hirtinnen mit weißen Stoffmützen ans moosige Bord auf der andern Seite des Baches niedergesetzt, um zuzuschauen. Aufgeräumt aber fluchend sind Amirilio und Mubar durchs gläserne Wasser zu ihnen hinübergewatet, haben frische Brotfladen zurückgebracht.

Weiter talaufwärts hat Marcus seine Brille verloren. Dann am Pfad ein totes Rind mit ausgehackten Augen. Schließlich der Marsch im kühlen Schatten, auf den hohen Berg am Talende zu. Dessen Firn stumpf glänzend wie ein zu lang im Schaufenster ausgestelltes Hochzeitskleid.

Das Nachtlager am Fuß eines dunklen Geröllkegels, unter einem herabgestürzten zyklopischen Felsen, den eine Mauer aufgeschichteter Steine zum Unterschlupf macht. Das Teewasser kaum kochend, auf dieser Höhe, und die Suppe mit den Spaghetti schon gar nicht. Das Feuer nährt der Dung, den die Männer unterwegs gesammelt haben, und als es erloschen ist, kriechen wir unter den Felsen. Neun in Jacken und Pullover verhüllte Leiber, zusammengepreßt wie ein Pack Ratten.

Irgendwann hat mich ein Geräusch hinter dem Kopf geweckt. Der Himmel tintenschwarz und sternenübersät. Nichts bewegt sich, bis auf das blinkende Positionslicht eines Flugzeugs unterwegs nach Süden.

Am Morgen bin ich klamm und froh, daß wir gleich nach Tee und trockenem Brot mit Jodgor und Mubar in die Geröllhalde steigen. In der Hälfte angelangt, ein Blick zurück und in die Tiefe. Die andern verlassen das Lager. Männer und Esel kleine Punkte, die bald hinter einer Felsnase auf dem Pfad verschwinden, der in einer weit ausholenden Kehre am bereits sonnenbeschienenen Hang hinauf zur Hochebene führen muß, während wir uns über zunehmend steileres Geschiebe, auf dem Rauhreif sitzt, einem schwarzen Abbruch entgegenarbeiten, über den eine Kaskade stürzt. Der Wasserstaub hat alles vereist. Jodgor und Mubar drehen immer wieder Trümmer – sie tragen chinesische Wollhandschuhe – und suchen die hellen Bruchstellen nach Rubinen ab, erfolglos.

Entlang schmaler Simse, durch einen engen Kamin und zuletzt unter einem überhängenden, bereits von der Sonne gewärmtem Felsturm vorbei, gelangen wir an die Graskante einer Talschüssel, die Zackengrate rahmen, außer auf der Seite, woher wir aufgestiegen sind. Gletscherzungen hängen an grauen Abhängen. In der Mitte wirft sich die Senke zu einer kleinen steinigen Kuppe auf. Dort steht die Ruine eines Steinhauses mit zwei fensterlosen Räumen. Rostige Rohre und Teile eines Motors liegen herum, bis hin gegen den durch schwarzes Geröll fließenden Bach. Anderes haben die sowjetischen Rubinsucher nicht zurückgelassen, und höher hat die dünne Luft die Hubschrauber des Militärs auch nicht steigen lassen.

Gegen Nachmittag treibt aus dem Osten schleieriges Gewölk über das Tal. Wir nutzen die angenehme Kühle und steigen in Fallinie, aber schräg nebeneinander versetzt, denn hier löst jeder Tritt Steine und Geriesel zwischen rutschenden Platten die steile Halde zu den Rubinfundstellen auf. Oben am Grat, knapp über 5000 Meter, herrscht schneidend kalter Wind. Dann kommt die Sonne hinter einer fernen Wolkenbank hervor, deren Schatten tief unter uns das Steinhaus und die zurückgebliebenen Gefährten verschluckt.

Die Männer knien ins Geröll. Ihre Hammerschläge erklingen zuerst vereinzelt und stark, um einen Block zu sprengen, dann leise klöpfelnd wenn sie die Bruchstücke zerkleinern. Alowat hebt einen Scherben des abgeschlagenen Materials ins Licht, dreht ihn langsam. Zuvorderst auf der Spitze des Splitters sitzt ein Rubin – klein wie ein Stecknadelkopf. Alowat befeuchtet ihn mit der Zunge. Er wird dunkeln. Je dunkler ein Rubin desto kostbarer.

Zahllose müssen den Treck hinauf ins Tal unternommen haben, nachdem sich einmal verbreitet hat, was Abschnitt 16 von § *26 Über die Region der Transoxianischen Sümpfe und ihre Städte* des *Hudud al-Alam* vermerkte:

»S.NGLNJ, liegt am Fuß eines Berges. In diesem Berg befinden sich die Minen badakhshanischen Aluminiumgranats und von Rubinen. Unweit der Mine gibt es eine Quelle, die so heiß ist, daß man die Hand nicht hineinhalten kann. Von dieser Mine bis nach Tibet geht man eineinhalb Tage.«

(*Hudud al-Alam. Die Regionen der Welt*, 982)

Der übernächste Abschnitt 18 des Paragraphen, *Samarqandaq* gewidmet, verweist auf die Entfernung der Fundstelle zu diesem Wirtschaftszentrum – »sie befindet sich an der Grenze, am fernsten Punkt von Transoxianen« –, aber auch auf Handelskontakte zwischen beiden Orten. In Samarkand sollen nicht nur Inder und Tibeter leben, sondern auch Wakhis, die Bewohner des <u>Wakhan-Korridors</u>, in den hinunter wir blicken, als wir uns auf dem Grat ein paar hundert Meter vorschieben.

Dazu Buch II, Im Wakhan-Korridor.

Die Geröllhalde hinunter stürzen wir dann wie Buben. Alles rutscht. Die Knie zittern noch beim Gang hinüber zum Lager. Bevor es dunkelt, fängt Sabarchon die Esel. Nachts sollen die Wölfe kommen.

Jetzt sind wir zurück in Khorog.

Ich habe den winzigen Rubin verloren, den Alowat in eine Ecke Zeitungspapier gewickelt und mir gestern gegeben hat. Aber zwischen zwei unserer zahlreichen Rastplätze des Aufstiegs hat Marcus' verlorene Brille gelegen.

»New Great Game I«

Kabul, 22. Juni 1998. — Sagen wir, er sei ein Texaner am Hindu Kush. Aber irgendwie ist er zu alt, um auf diesem verkommenen Flughafen zu stehen. Er blickt in den Kristallhimmel und sieht ihn wahrscheinlich wie im Kino durch die verspiegelte Brille. Sagen wir, er arbeitet er für den amerikanische Erdölkonzern *Unocal/Delta*.

In dieser Zeit, die doch schon eine Handvoll Jahre dauert, fliegen nicht viele mit der *Cessna* nach Kabul, Kandahar, Mazar-e Sharif oder Herat. Vielleicht noch die Argentinier von *Bridas*, dem Hauptkontrahenten von *Unocal/Delta* im sogenannten »New Great Game«. Im November 1996, also zwei Monate nach der Machtergreifung der Taliban in Kabul – *Bridas* hatte das begrüßt, dann aber eine Verdrehung der von der Firma gemachten Verlautbarung geltend gemacht – schlossen die Argentinier mit den Taliban sowie mit General Dostum, Anführer der usbekischen Miliz, ein Übereinkommen zum Bau einer Pipeline durch den Westen Afghanistans.

Den Begriff prägt der pakistanische Journalist Ahmed Rashid mit einer Titelgeschichte in der *Far Estern Economic Review* (*The* »New Great Game«. *Battle for Central Asia's Oil,* 10. April 1997). Im Jahr 2000 erscheint dann sein Buch *Taliban. Islam, Oil and the »New Great Game« in Central Asia.*

Gestern haben Bernard und ich – wir befinden uns in Kabul für eine <u>NZZ-Reportage</u> über die Kriegswirtschaft und die Ökonomie des Überlebens – kurz vor dem im Vorjahr eröffneten Kabuler Büro von *Bridas* angehalten. Rafiullah, der Student, zugeteilt vom Informationsminister der Taliban, hat nicht gewußt, ob es geschlossen oder offen ist. Man

Dazu Buch VII, Afghan Transit Trade Agreement sowie darauffolgende Kapitel.

wisse das nie, hat er gemeint. Sei das Büro geschlossen, bedeute das nicht, daß die Argentinier in der turkmenischen Hauptstadt Ashkhabad beim Verhandeln oder nach Hause gegangen seien. Sei hingegen jemand da, heiße das zumeist, daß niemand ans Tor käme.

Je länger die Groteske um die Pipelines andauert, desto undurchsichtiger und schmutziger wirkt sie. Im März hat *Unocal* in Ashkhabad verlauten lassen, ihr Projekt würde vorläufig aufgeschoben. Kurz zuvor hat sich die russische *Gazprom* aus dem Konsortium *Central Asia Gas (CentGas) Pipeline Ltd.* zurückgezogen, an dem nebst *Unocal*, *Delta* und dem turkmenischen Staat auch eine indonesische und eine japanische Firma beteiligt sind. Von *Bridas* ist das bislang klarste Wort jenes seines *CEO*, der am 9. Juni 1997 die Taliban-Führung in Kabul getroffen hat, dieses: Man würde mit dem Bau der Pipeline beginnen, egal wie es um die Sicherheit stände. *Unocal* soll kurz darauf die Meldung verbreitet haben, das Unternehmen bleibe weiterhin im Spiel.

Es herrscht Krieg, und die Taliban kontrollieren seinen Gang. Sie halten die Öl-Konzerne hin oder sie wissen nicht, was sie tun. Fast schon Herren über ganz Afghanistan, sind sie gleichzeitig bereits Söldner fremder Interessen. Ihrem Ziehvater, dem pakistanischen Geheimdienst, von der Leine geschlüpft, machen sie sich nun Gedanken an die Zeit nach dem Sieg über Masuds Nordallianz.

Im Ministerium für Bergbau und Industrie hat Monsieur S. A. N. H. Zaman in gepflegtestem Französisch — der Geologe, in den 80er Jahren Direktor der Planungsbehörde, hatte an der *École Polytechnique Fédérale* in Lausanne studiert und ist aus dem Exil zurückgekehrt, um beim Wiederaufbau Afghanistans zu helfen — mit uns über das von den Sowjets entwickelte Gasfeld in Sheberghan parliert, aber auch über die Sicherheit, welche die Taliban gebracht hätten, und um die es nun vor allen ginge. Menschenrechte — dabei hat er sich vor allem auf die Frauen bezogen — »*Ah, les femmes! Parlons donc des femmes!*« — seien ein Luxus, wo es doch ums Überleben gehe. Der Westen sei zu ungeduldig mit seinen Forderungen. Man dürfe nicht vergessen, daß die Modernisierungen unter König Zahir Shah in Wahrheit nur die Städte betroffen habe. Die Taliban hätten eigentlich nur das Dorf in die Stadt gebracht.

Nach dem Besuch bei Monsieur Zaman hatten wir uns über die Wahrscheinlichkeit unterhalten, daß aus Gebühren der Transitpipelines stammende Einkünfte die Taliban von der dringlichsten Aufgabe entbinden würden — nämlich die Instandstellung von Regierungsstrukturen mit dem Ziel, den Staatshaushalt — nein, nicht in Ordnung zu bringen —, sondern ihn überhaupt wieder einzurichten. Über das, was in der Zwischenzeit geschehen würde, bis die fragliche Pipeline gelegt wäre, kamen wir zum Schluß, ließ sich nur mutmaßen.

Die Karten der Taliban stehen indessen nicht schlecht. Für den Iran gilt noch immer das amerikanische Handels- und Investitionsembargo. Kurdistan als Transitkorridor ist unsicher und die tschetschenische Passage strangulieren die Russen. Überhaupt läßt das *early oil* aus Baku auf sich warten, denn der Streit über den Status des Kaspischen Meeres dauert an. Die Definition, ob das Gewässer ein Binnenmeer oder ein See ist, entscheidet jedenfalls über Ansprüche bei der Zuteilung der Blöcke. Bleibt für das Öl und Gas der kaspischen und turkmenischen Felder also nur der Weg durch Herat und Kandahar nach Quetta in Pakistan, von dort hinüber nach Karachi und Indien, oder durch Belutschistan nach Gawdar an der Küste des Indischen Ozeans, wo China den Pakistani einen Exporthafen bauen will. Diese Pipelineträume um Afghanistan sind kein schmutziges, sondern ein äußerst drekkiges Spiel – im Innern und mutmaßlich erst recht außerhalb Afghanistans Grenzen.

Gestern, während wir im Visabüro gesessen und auf das Exit-Visa gewartet haben, ist plötzlich dumpfer Donner ertönt. Die Traube aufgeschreckter Afghanen ist ins Freie gestürzt und wir mit ihnen. Aber es ist kein Erdbeben gewesen. Eine aus dem Panshjir abgefeuerte Rakete Masuds habe in Flughafennähe eingeschlagen, hat es später geheißen.

Jetzt stehen wir am Rand des Flugfelds, und alles ist still, bis auf die herabhängenden Aluminiumleisten in der verödeten Halle des Flughafens, die im Wind aneinanderschlagen. Zwei schwarze Turbane beugen sich über das Cockpit einer sowjetischen *Mig*. Koranschüler auf dem Pausenplatz. Wir haben genügend Zeit, in Gedanken die verstreuten Hälften der *Antonows* und der *M17*-Helikopter zusammenzufügen.

Postscriptum:
Hamid Karzai, Afghanistans erster gewählter Präsident, soll gemäß *Le Monde Diplomatique* vom 9. Dezember 2001 während der Pipeline-Verhandlungen mit den Taliban Sprecher der *Unocal* gewesen sein. Karzai, der schon in den 1980er Jahren mit dem *CIA* zusammengearbeitet hat, sympathisiert anfänglich mit den Koranschülern – genau wie die Administration Clinton, deren *State Department*-Mitarbeiter im November 1997 eine Delegation der Taliban anläßlich deren Besuch bei *Unocal* in Texas empfängt. Karzai geht jedoch, er ist gerüchteweise sogar als Außenminister der Taliban im Gespräch, angesichts der Beeinflussung der Gotteskrieger durch den pakistanischen Geheimdienst *(ISI)* 1995 zusammen mit dem paschtunischen Establishment auf Distanz zu ihnen. Daß Karzai von der Administration Bush und auch der *UN* bereits vor der Afghanistan-Konferenz auf dem Bonner Petersberg (Ende November/Anfang Dezember 2001) zum Interimspräsidenten bestimmt wird, scheint kein Zufall gewesen zu sein, denn sein Freund Zalmai Khalilzad, vor seiner Beschäftigung im State Department in den 90er Jahren ebenfalls Angestellter der *Unocal*, wird kurz darauf amerikanischer Sondergesandter und ab 2003 Botschafter in Kabul (von wo er in gleicher Funktion im Juni 2005 nach Baghdad geht und im April 2007 US-Botschafter am Sitz der *UN* in New York wird). Karzai soll bereits in seinen ersten Gesprächen als afghanischer Präsident mit den Regierungen Pakistans und Turkmenistans über eine Wiederaufnahme des fraglichen Pipeline-Projekts gesprochen haben.

Die *Cessna* oder ein anderer Typ dieser Spielzeugklasse erscheint am Himmel. Landet zwischen dem Schrott auf der unsichtbaren Bahn wie ein verirrter Marienkäfer am Revers eines ausgetragenen Kittels. Wenig später setzt der Jet des *ICRC* auf. Verletzte aus Faizabad, aus dem Gebiet des Erdbebens, das vor drei Wochen die nordöstliche Provinz Badakhshan verwüstet hat, werden ausgeladen.

Mit zwei Opfern von Landminen – eines ein Kind, das andere ein Greis – fliegen wir aus nach Peshawar.

'Das tartarische Pflanzen-Schaf'

Andizhan, 25. September 2002. — *Jahon*, die für Presseakkreditierungen zuständige Stelle des usbekischen Informationsministeriums, würde mich kaum ins Fergana-Tal vorgelassen haben, hätte ich als Grund angegeben, mich im Herzland des zentralasiatischen *Jihad* umsehen zu wollen. Unverdächtiger waren da schon die 'blutschwitzenden Pferde', aber der Gegenstand, in dem sich die Interessen von

Dazu Buch III, *Trügerische Ruhe in Namangan, Schuhe und Pferde* sowie *Zar und Jihad*.

Jahon und meine wirklich decken, wenn auch aus anderen Gründen, ist das 'tartarische Pflanzen-Schaf'. Für die Regierung in Tashkent ist dieses allerdings nicht der wundersame Zoophyt, welchen man im Lauf der Geschichte mittels dieser sowie etlicher anderer Umschreibungen zu bezeichnen sucht, sondern der wichtigste Devisenbringer, der immerhin einen Fünftel der Exportgüter Usbekistans ausmacht, so daß ein weiterer, seit den Tagen Babylons benutzter Name – 'Weißes Gold' – dem wahren Wert des nachwachsenden Rohstoffs schon sehr viel näher kommt.

Die Schicksalsfrucht Zentralasiens hat viel Verwirrung geschaffen, nicht nur aufgrund ihres geheimnisvollen Reifeprozesses und ihrer äußeren Gestalt, sondern auch bezüglich ihrer Herkunft und ihrer Verbreitungswege. Augenschein und phantastische Vorstellungen überlagern sich dabei ebenso wie wirtschaftliche Interessen und Hörensagen. Auf den folgenden Seiten will ich einige der unzähligen Quellen vorstellen, welche für die verwischte Grenzlinie zwischen Flora und Fauna, Dichtung und Wahrheit verantwortlich sind, um dann in Fergana nachzusehen, zu welchen Hoffnungen und Machenschaften in Usbekistan die Kreatur heute Anlaß gibt.

Im Abendland zuerst bekannt gemacht hat das 'tartarische Pflanzen-Lamm' – für spätmittelalterliche Ohren gedieh es eindeutig außerhalb der exakten Wissenschaften und der Ökonomie, nämlich in der Fabel – sowie das Produkt, das es abwirft, Odoricus von Podernone (1286–1331). Der Franziskaner aus Udine hat sich um 1316 von Venedig aus über Konstantinopel, Trapezunt, die persische Zoroastrierstadt Yazd und Hormuz nach Bombay begeben, ist von dort mit einer chinesischen Dschunke via Borneo nach Zayton (später Amoy, heute Xiamen) gesegelt und anschließend auf dem großen Kanal an den Hof Yesun Timurs (1323–1328) in Cambaluc (heute Beijing) gelangt, um nach einem dreijährigen Aufenthalt in der Hauptstadt der mongolischen Kaiser-Dynastie der Yuan auf den bekannten Karawanenrouten, vielleicht sogar Lhasa berührend, 1330 durch Persien wieder an das Mittelmeer zurückzukehren. In gedruckter Form erschienen ist Odoricus' detaillierter Bericht seiner Reise durch die östlichen Hemisphäre, begonnen zwei Jahre bevor Ibn Battuta in Marokko zu seiner Weltreise aufbrechen wird, erst 1513. Aufgezeichnet hingegen worden ist er gleich nach Odoricus' Heimkehr im Mai 1330 in Padua durch einen Franziskanermönch.

Die sensationellen Neuigkeiten aus Fernost und Mittelasien müssen, zumindest in einschlägigen Kreisen, rasch bekannt geworden sein und haben weitere Verbreitung gefunden, vor allem durch einen obskuren Autor, welcher den Namen Sir John Mandeville beansprucht – ein schamlos verfälschender Kompilator, sagen die einen, während andere der Gestalt, die behauptet, im Mai 1322 von England aus ihre abenteuerliche Reise, die über Paris, Konstantinopel, in den Dienst des Sultans von Ägypten, nach Rußland, in das Grenzland der Tartarei und bis nach China geführt haben soll, angetreten zu haben, durchaus Autenthizität attestieren. Vierunddreißig Jahre später will dieser de Mandeville nach England zurückgekehrt sein, oder hat seine Reise, deren Itinerar, wenn sie denn tatsächlich stattgefunden hat, auch Äthiopien, das Land der Amazonen, Chaldea und Indien miteinschließt, beendet. Bereits im folgenden Jahr, 1357, erscheint ein erster Teil der Reiseerzählung *The Voyage and Travels of Sir John Mandeville*, welcher der Autor bis 1371 weitere Folgen nachschickt. In Kapitel XXVI, *Of the Countries and Isles that are beyond the land of Cathay, and of the fruits there; of the 22 Kings enclosed within the Mountains*, beschreibt Mandeville ein Land »Bacharia« – jenseits des Kaspischen Meers und Bergen liegend, aus denen zur Zeit des Antichrist die Juden hervorbrechen und Christen abschlachten würden (eine Anspielung auf die biblischen Stämme Gog und Magog und die fälschlich Alexander dem Großen zugewiesene Mauer von Derbend), erreichbar durch eine Passage, welche die Königin

Dazu Buch II, *Scherereien mit Gog und Magog* und *Der Kupferwall und andere Wahrheiten*.

der Amazonen bewacht –, in diesem Land »Bacharia« also würden Bäume wachsen, die Wolle trügen, wie man sie vom Lamm und vom Schaf kennt, und die dort lebenden bösartigen und grausamen Menschen benutzten diese Wolle nicht nur zur Herstellung von Kleidern sondern vieler anderer Waren.

Fälscher oder tatsächlicher Reisender, Mandeville plaziert das Land »Bacharia« auf dem Weg von China nach Ober-Indien.

Dieses Land »Bacharia« – chinesische Texte lokalisieren 'schwerknochige Schafe' in der Gegend Buchara – taucht bei Odoricus, der, nebst Marco Polo, Mandeville beerbt haben soll, im Zusammenhang mit seiner Darstellung der Herkunft und der Gewinnung von Wolle nicht auf. Alles was der Franziskaner über den Gegenstand weiß, erfährt er nicht unterwegs, sondern während seines Aufenthalts in Cambaluc und gibt es folgendermaßen wieder:

»Von noch einer wundersamen Sache soll hier berichtet werden, die ich allerdings nicht selbst gesehen, sondern über die ich von glaubwürdigen Personen gehört habe. Es wird nämlich gesagt, daß es im großen Königreich Candel ein Gebirge gibt, das Caspei-Gebirge heißt. Es wird gesagt, daß dort sehr große Kürbisse wachsen, die aufspringen, wenn sie reif sind, und daß man in ihrem Inneren ein kleines Tier findet, wie ein kleines Lamm, so daß sie sowohl die Melone als auch das Fleisch darin hätten.«

(Paul Pelliot, *Notes on Marco Polo*, Vol. I, S. 522; Paris 1959–1973)

Baumfrucht, Kürbisgewächs – es wird eine ganze Weile dauern bis der Zoophyt mit allen vieren auf dem Boden steht.

Die Verknüpfung des 'Pflanzen-Schafs' mit Wolle ist vermutlich eine des mittelalterlichen Abendlands. Deshalb erstaunt auch nicht, daß Odoricus die »*Montes Caspei*« erwähnt, die aber nicht die Kaspischen Berge in Persien sind, sondern der Kaukasus im Süden des Wolga-Reichs Cadeli.

Um die Mitte des 3. nachchristlichen Jahrhunderts, als der Kaukasus ein kleiner Distrikt im Norden von Da Qin, des Imperium Romanum oder der syrischen Provinz ist, hat man in China so gut wie keine Ahnung über den wahren Ursprung der Baumwolle. Wenige bemerken, daß das Produkt, das auch in Turfan gewonnen und dort den Namen *bai dié* trägt, identisch ist mit dem *gubei* oder *jibei* des Südmeers. Buddhistische Mönche sehen sich deshalb laufend veranlaßt, zu betonen, daß es sich beim Ausgangsmaterial des berühmten römischen 'Tuchs aus dem Westen des Meeres', *hai xi bu*, um die Frucht einer Staude und nicht um die Schur eines Tie-

res handelte. Im nomadischen Asien ist das Material unter dem Namen *byssus* – βνσσος bezeichnet in klassischem Griechisch eine kostbare, meist weiße Textilie – bekannt, dem Namen, welcher wahrscheinlich wiederum nur deshalb zu der im Steppenraum gebräuchlichen Bezeichnung für alle seltenen Wollwaren werden kann, weil das Material, das er bezeichnete, im Westen gleichen Nutzen und damit auch die gleiche Wertschätzung besitzt. Im angesprochenen 3. Jahrhundert nun – eine Zeit regen Austauschs aller möglichen Legenden zwischen China und dem Westen – entsteht die prä-Tang-zeitliche Legende des 'erdgeborenen Schafs', welche, da die Gewinnung der Baumwolle durch Kultivierung einer Straude den Chinesen undenkbar scheint, um die

Das *Hou Hanshu* erwähnt im Abschnitt über die von den Römern geschätzten Produkte ein »feines Tuch, als dessen Ausgangsmaterial Einige die Daune des 'Wasser-Schafs' sehen, welches tatsächlich aber aus den Kokons wilder Seidenraupen stammt«.

Pelliot ist der Ansicht, daß es sich beim 'Tuch aus dem Westen des Meeres', das auch die *Annalen der Tang* bei der Beschreibung von Fulin, Syrien, erwähnen, nicht in jedem Fall um sogenannte *Pinna*-Textilien handeln kann, wogegen Bretschneider mit Blick auf die Stelle im *Hou Hanshu* erwägt, das erwähnte Tuch könne *byssus* meinen, das zu seiner Zeit an den Küsten des Mittelmeers, vor allem in Süditalien, immer noch aus den Wucherungen gewisser Muscheln, vor allem der *Pinna squamosa*, gefertigt wird. Dieser These widerspricht Laufer (dem zu folgen wiederum Pelliot eben zögert) entschieden in seiner Abhandlung im *Journal of Amercian Folklore* (Vol. 28, No 108, 1915) – *Byssus* sei, wie jeder wisse, das feine in der Gegend von Elis in Achaia gewobene Tuch, wahrscheinlich eher als Flachs zu verstehen denn als Baumwolle.

Wenn nun baumwollartiges Tuch aus Substanzen von Muscheln gewoben werden kann, wundert es nicht, wenn das 'Wasser-Schaf' auftaucht, auf welches Ma Duanling in seinem 1319 fertiggestellten *Wen xian tong kao* anspielen mag mit dem Hinweis auf *hai zhong bu* 'Tuch aus dem offenen Gewässer', eine Bezeichnung, welche, wie Laufer meint, gefärbt ist vom Arabischen, nennt doch Ibn al-Baitar

Vorstellung kreiste, einem vergrabenen Lamm würde im folgenden Jahr eine neue Ernte entspringen. Solche Lämmer lokalisiert die betreffende Legende in dem zuvor erwähnten Distrikt am Fuß des Kaukasus, wo es, innerhalb einer schützenden Umwallung gehegt, von gepanzerten Männern mit Trommellärm aufgeschreckt werden muß (was als Aufspringen der Kapseln gedeutet werden kann?)

das entsprechende, aus *Pinna nobilis* oder *P. squamosa* zu gewinnende Produkt *suf el-bahr*, 'Wolle der See'.

Paul Pelliot wagt in den zwei letzten Zeilen des Eintrags Nr. 183 seiner *Notes on Marco Polo* (1959–1973), gewidmet dem je nach zur Hand genommenen Manuskript des *Il Milione* in frankoitalienisch mit *cotoun* oder in höfischem Französisch mit *coton* wiedergegebenen Begriff *cotton*,

Paul Pelliot (1878–1945), französischer Sinologe und Zentralasienforscher, der in Hanoi für die *École Française d‹Extrême Orient* wirkt, befindet sich zur Zeit des Boxeraufstands im Jahr 1900 im belagerten Gesandtschaftsviertel von Beijing.

nach ganzen einhundertundsechs großgroßformatigen Seiten die Andeutung, daß aus der chinesischen Legende des 'erdgeborenen Schafs' womöglich noch das schwache Echo der in der Kolchis, also unter dem Kaukasus, Odoricus »*Montes Caspei*«, angesiedelten Argonautensage und des 'Goldenen Vlies' zu hören sei. Also der Mythos, der wie bekannt darauf beruht, daß beim Waschen sekundärer Lagerstätten, das heißt dem Geschiebe von Flüssen, die winzigen gewonnenen Goldpartikel in Schaffellen hängenbleiben.

In dem Jahrhundert, in welchem das 'erdgeborene Schaf' allein, aber auch in einer Mischlegende mit dem 'Wasser-Schaf', die chinesischen Autoren beschäftigte, genauer zwischen 239 und 265, entsteht das *Weilüe. Geschichtlicher Überblick über die Wei-Zeit*. Abschnitt 12 *Die Produkte von Da Qin* – eingebettet zwischen 11, 13 und 14, *Da Qin, Der Seeweg nach Da Qin* sowie *Römische Schutzgebiete* – besteht aus einer Liste

Das Original des Werks, dessen Verfasser möglicherweise Yu Huan ist und das erst 429 veröffentlicht wird, ist verloren. Neben dem *Hou Hanshu* ist das *Weilüe* das wichtigste Dokument über Chinas Außenbeziehungen zur Zeit der 'Drei Reiche' (Wei, Wu und Shu) sowie zur frühen Geschichte der Seidenstraßen.

von dreiundsechzig römischen Gütern, welche man auch nach dem Fall der Han zu erhalten hofft. Der Liste – sie enthält Exotica wie Bergkristall, Nephrit, Rosmarin, Federn des Eisvogels, Myrrhe sowie den von den Küsten des Arabischen Meers stammenden Weihrauch – vorangestellt sind materialkundliche Bemerkungen zu den Produkten Roms.

»Dieses Land produziert feines Leinen. Es gibt Gold- und Silbermünzen. Eine Goldmünze entspricht im Wert zehn Silbermünzen.

Es gibt dort feinen Brokatstoff, der aus den Daunen des 'Wasser-Schafs' stammen soll. Man nannte es Haixi, 'ägyptisches' Tuch.

Man sagt, sie benützten nicht nur Schafwolle, sondern auch Baumrinde oder Seide von wilden Konkons, um Brokat, Matten, Teppiche, gewebte Kleider und Vorhänge zu machen, alle von guter Qualität und von leuchtenderen Farben als die Produkte von Haidong.«

(*Weilüe. Geschichtlicher Überblick über die Wei-Zeit*, zwischen 239 und 265)

Auf das 'Wasser-Schaf' und das 'erdgeborene Schaf', über dessen weitere Entwicklung die Geschichtswerke der Tang-Dynastie (618–907) Auskunft geben, folgt in mongolischer Zeit eine verwandte Form des letzteren – das 'gesäte Schaf'. Angetroffen hatte dieses Chang De, im Jahr 1259 von Qubilai Khan an den Hof des Il-Khan Hulagu in Persien geschickt. Sein im Jahr 1263 von Liu Yü aufgezeichneter Reisebericht *Xishi ji* enthält folgende Darstellung:

»Das Longzhong-Yang wird im 'Westlichen Meer' (Xihai) erzeugt. Der Nabel (*qi*) des Schafes wird im Erdboden ausgesät (*zhòng*) und getränkt. Hört es Donner, kommt [das Schaf] heraus (wörtlich: wird geboren), der Nabel [verbleibt] verbunden mit dem Boden. Ausgewachsen, ängstigt sich [das Schaf] vor Holz [das angeschlagen wird] (d. h. an hölzernen Instrumenten); der Nabel (d. h. die Nabelschnur) bricht ab und [das Schaf beginnt] Gras zu äsen. Im Herbst kann [das Schaf] verspeist werden. In seinem Nabel wiederum befinden sich Samen [die gepflanzt werden können].«

(Paul Pelliot, *Notes on Marco Polo*, Vol. I, S. 515; Paris 1959–1973)

Während Pelliot im Zusammenhang mit diesem Text 'gesätes Schaf' als Übersetzung von *zhong yang* gelten lässt, befriedigt ihn die hinlänglich benutzte Übertragung des darin vorkommenden *longzhong yang*, 'auf Hügeln gepflanztes Schaf', indessen nicht.

Mein Zensor für alles Sinologische, Rodo Pfister, wundert sich, allerdings mit der Einschränkung, der entsprechende Text liege ihm nicht vor, daß *zhǒng* – im dritten Ton 'Art', 'Spezies', 'Sorte' oder 'Rasse', *zhòng* im vierten, fallenden Ton hingegen 'pflanzen, ansäen' – im Zusammenhang mit der oben erwähnten Tang-zeitlichen Fabel unbedingt als 'säen' gelesen sein will, ja, er erwägt sogar die deutsche Wiedergabe 'Pflanz-Schaf', welche, im Gegensatz zu jedem 'erdgeborenen Schaf' oder 'Pflanzen-Schaf' die verursachende menschliche Hand deutlich mitberücksichtigen würde.

Zudem weist Pfister, nach einem Blick in die Fachliteratur, darauf hin, daß Pelliot eben doch in manchem veraltet ist und übersendet mir eine umfängliche Liste von Artikeln mit wunderbaren Titeln – z. B. *Investigation of silk from Edsen-Gol and Lop-Nor and survey of wool and vegetable materials* (Sylwan Vivi, 1949), dem Bericht einer sino-schwedischen Forschungsreise in Chinas Nordwesten unter der Leitung von Sven Hedin –, welche, könnte ich Einblick nehmen, dieses Kapitel weiter explodieren lassen würden, geradeso wie aufspringende Baumwollkapseln.

Linguistisches ist an dieser Stelle von Interesse: Erstens weil auch *long zhong ma* im *Xishi ji* auftaucht – 'Pferde der Drachen-Rasse' (Das Zeichen *zhong* kann nicht nur für 'Same' und 'säen' stehen, auch für 'Rasse' und 'Zucht'; siehe nebenstehende Marginalie) –; zweitens weil der im Text vorkommende Drache mit Donner assoziiert wird. Wie zuvor gesehen, kommt das 'erdgeborene Schaf' unter dem von gepanzerten Rittern – später Schatten der Argonauten – veranstalteten Trommellärm aus dem Boden.

Was die Ming-Zeit betrifft, begegnet Pelliot dem 'gesäten Schaf' nur in einem einzigen Werk, nämlich in den *Müßigen Reden aus der verlotterten Besenkammer, Bizhouzhai yutan* von Shen Defu (1578–1642). In der entsprechenden Passage nennt der Verfasser den Zoophyten als einen unter mehreren der eigenen Umgebung fremden Gegenständen, die bei jenen, welche davon hören, umgehend Skepsis hervorrufen.

»Ein altes Sprichwort besagt: 'Nordländer glauben nicht, daß Südländer Dschunken für 10 000 *shi* [Soldaten] besitzen; Südländer glauben nicht, daß Nordländer Zelte für 10 000 Männer haben; Ausländer glauben nicht, daß es in China Würmer gibt, die Fäden speien und Kokons formen, welche abgewickelt werden, um Seide zu machen.' In der Tat ein wahres Wort. Dieselbe Bewandtnis hat es, wenn gesagt wird, daß die Leute in den Westlichen Ländern Schafe säen. Wann immer dies Leuten erzählt wird, so glauben es manche gar nicht. Hinsichtlich der Saatmethode ist es deren Gepflogenheit, einem Schaf die Haut abzuziehen und das Fleisch zu entnehmen, ihm aber dabei die Knochen nicht zu brechen, welche in der Erde mit den fünf Eingeweiden vergraben werden. Im nächsten Jahr, nach den Frühlings-regen, erscheinen Blasen (*pao*) am Ort der Aussaat und verbreiten sich dicht beieinander. Mönche, die Amulette tragen, blasen Tritonshörner und schlagen Trommeln. Wenn sie den Klang in der Erde hören, springen zahllose Schafe heraus, doch bleibt ihre Nabelschnur (*qidai*) verbunden mit dem Bauch des toten Schafes. Die Mönche wiederum, mit einem Ritus psalmodischer Rezitation, schneiden sie los und ein jedes Schaf rennt davon. Die Leute warten, bis sie ausgewachsen sind, und essen sie dann. Im nächsten Jahr säen sie sie wieder in der nämlichen Weise, ohne daß es ein Ende nimmt. So lautet unveränderlich der Bericht, den Männer aus den Westlichen Ländern geben. Viele Männer aus China, die jenes Land betraten, sahen ebenso dieselbe Sache; nur unter denjenigen, die es nicht mit eigenen Augen miterlebten, gibt es viele, die Zweifel hegen ...« (Paul Pelliot, *Notes on Marco Polo*, Vol. I, S. 520)

Nach und nach wächst die Familie des 'Pflanzen-Schafs' also an. Deshalb überrascht nicht die Begegnung mit dem 'knochengesäten Schaf', *guzhong yang*, zumal es eine po-pularisierte Form des bereits von chinesischen Quellen in der Gegend von Odoricus' Land »Bacharia« gesichteten 'schwerknochigen Schafs' ist. Ein Paragraph aus den *Tee-Überbleibsel von Gesprächen mit Gästen, Chayu kehua,* von Ruan Kuisheng (1727–1789) widmet sich diesem 'schwerknochigen Schaf' und bringt uns von den Westländern auch nach Fergana hinüber, dem Herzland der zentralasiatischen Baumwolle, wo ich mich zur Zeit befinde.

»Das *guzhong Yang* ('Schaf dessen Knochen schwer sind') wird unter den Muslimen (Huizu) außerhalb der Grenzen in Buhala (Bokhara/Buchara) erzeugt, das in zwanzig Tagen west-wärts von Ye'erqiang (Yarkand) erreicht werden kann. Die erzeugten Schafe sind von kleiner Statur und fleischarm, doch deren Knochen sind äusserst schwer. Die Muslime hielten nicht viel von diesen, doch nachdem die Große (= Imperiale) Armee Ye'erqiang unterworfen hatte (d. h. nach 1758), drangen diese [Schafe] allmählich nach China vor. Zu Beginn wurden Mützen [aus deren Fell] gemacht, die zwanzig bis dreißig Tael kosteten; neuerdings kosten sie nicht mehr als zehn Tael und Fellgewänder werden auch aus ihnen gefertigt. Unlängst hörte ich, daß die ganze Gebirgskette im Südwesten von Anjiyan (Andijan/Andizhan) über-all [voll] von solchen [Schafen] sei.« (Paul Pelliot, *Notes on Marco Polo*, Vol. I, S. 521)

Bald werde ich wissen, was die »Muselmanen« in Andizhan aus dem gesäten, erd-geborenen, schwerknochigen Pflanzenschaf machen, seit die große Armee – nicht die der Qing, sondern die Rote – aus Fergana verschwunden ist. Hoffe, dabei auch in eine oder zwei Fabriken zu kommen – nicht um die Herstellung der künstlichen Polyesterfaser zu sehen, dem Konkurrenten des natürlichen Polymers, sondern die letzten Tage der industriellen Revolution, die 1764, also ziemlich genau zur Mitte der Lebzeit von Ruan Kuisheng, dem Verfasser oben zitierter Zeilen, begonnen hatte, als ein Baumwollweber in Lancashire, James Hargreaves (um 1720–1778), viel-leicht inspiriert durch das Weiterdrehen von Rad und Spindel des von seiner Toch-ter umgestoßenen Handspinnrads, den ersten *Spinning engine*, die '*Spinning Jenny*', er-findet, die gleichzeitig acht Spindeln betreiben konnte.

Dem Rohstoff, der in Europa von diesem Moment an ohne Einsatz fleißiger Hände verarbeitet werden kann, ist selbstverständlich sein Ruf vorausgeeilt – seit im 14. Jahrhundert Odoricus und Mandeville das 'tartarische Pflanzen-Schaf' frei-gesetzt haben, verbreitet durch Veröffentlichungen aller Art, die sich eingehend mit den Merkwürdigkeiten der im Detail immer reicher werdenden Welt befaßten.

Eine dieser Publikationen ist die *Histoire admirable des plantes et herbes esmerveillable & miraculeuses en nature* von Claude Duret (gest. 1611). Sie erscheint 1605 – drei Jahre nach der Ausstattung von Pistolen und Gewehren mit dem Feuersteinschlössern, ein Jahr vor Rembrandts Geburt und drei Jahre bevor die Jesuiten in Paraguay einen Musterstaat errichten – in Paris und ist ein fast mittelalterlich anmutendes Werk, dem achtundzwanzig ganzseitige Holzschnitte beigegeben sind.

Gewiß befindet sich unter diesen Illustrationen eine, die dem Zoophyten ge-widmet ist, und vielleicht imaginiert sie diesen auch nicht mehr als aufgesprungene schafgebärende Fruchtkapsel wie die Mandeville-Ausgaben des 14. und 15. Jahrhun-derts, sondern beruhte möglicherweise bereits auf wissenschaftlichen Zeichnungen von Baumwollbällen, aus denen Stielstummel ragten, so daß der Betrachter darin ohne Schwierigkeit ein Geschöpf von schafähnlicher Gestalt sehen kann. Präzis eine solche Gravur des *Agnus Scythicus vegetabilis Borametz dictus* illustriert eine 1725 in London erscheinende Abhandlung; allerdings ist die Vorlage der Abbildung, die ein durch Moskau gekommener Reisender nach London gebracht hat, ein manipulier-tes, aus mehreren Baumwollbällen und einem ergänzenden vierten Bein-Stiel zusam-mengesetztes Objekt – eine Art Kinderspielzeugschaf von der Länge einer offenen Hand –, was der untersuchende Botaniker, Johann Philipp Breyne (1680–1764), Mit-glied der *Literary Society for Cultivating Virtue and Science* zu Danzig, selbstverständlich augenblicklich erkennt. Authentische Muster der geheimnisvollen Baumwollbälle hingegen haben bereits im 17. Jahrhundert Angestellte der im Jahr 1600 gegründe-ten *East India Company* an die Themse gebracht, wo der Gegenstand die *Royal Society* spätestens am 22. August 1666 zu beschäftigen beginnt, als Sir Theodore de Vaux ein Papier verliest, »containing a Relation of a Furred Robe made of the Skin of the Tartarian Boramez, conceived to be a Plant-animal: which Robe is said to be kept in the Oxonian Library, to which it was given by Sir Richard Lee, Ambassador into Russia in Queen Elizabeths time«. Dieses Papier bezieht sich mutmaßlich auf einen im Juli 1642 verfaßten Bericht von Edward Smythe, welcher im Kabinett von Sir Richard Lee, einem Verwandten seiner Frau, das erwähnte und fraglos seltene Kleidungsstück gesehen und dann beschlossen hat, sich genauer damit zu befassen. Dabei bezieht sich Smythe auf Lees Aussagen, der zwischen Juli 1600 und April 1601 als Botschafter in Rußland gewirkt hat und von Königin Elizabeth ermächtigt worden ist, mit Boris Godunov die Wiedereröffnung der persischen Handelsstraße für die Händler der *Russia Company* zu erörtern. Smythe schreibt, Lee habe unter anderen Ungewöhnlichkeiten Rußlands von der ansässigen Bevölkerung in Erfahrung gebracht,

»... daß in der Tartarey, eynem Moskau und Rußland benachbarten Lande, welches unter der Regierung des russischen Zaren sich befindet, auß der Erde Wesen wüchsen in der Gestalt eines Lammes, dieselben Wolle trügen gleichwie die Lämmer in England; das heißet, eyn Stiel gleich dem eyner Artischokke wüchse auß der Erden, darauff eyne Knospe sich befände, unnd diese wüchse immer mehr zur Gestalt eynes Schaffs, welches dem Stiel mit dem Nabel verbunden; unnd sobald es zum Leben käme, fresse es das Gras rundherumb ab, bis selbiges verbraucht sey, unnd dann sterbe es. ...«

(John H. Appleby, *The Royal Society and the Tartar Lamb*, in: The Royal Society; *Notes Rec. R. Soc. Lond.* 51, I, 1997)

Das fragliche Kleidungsstück, ein aus den Häuten tartarischer Schafe hergestellter langer Mantel, ist das Gegengeschenk von Godunov an den heimkehrenden Lee gewesen, der 1609 verstorben ist. Im Dezember 1612 gelangt der Mantel nach Oxford, womit vollzogen wird, was Lee letztwillig verfügt hat, nämlich die Hinterlassung des ...

»... Mantels aus Tartarenlamm, den mir der Zar von Moskau gegeben, für die Bibliothek, welche neuerdings von Sr. Thomas Bodley errichtet, zusammen mit den tartarischen Büchern, welche ich ihr gleichfalls hinterlassen ...«

(John H. Appleby, *The Royal Society and the Tartar Lamb*, in: The Royal Society; *Notes Rec. R. Soc. Lond.* 51, I, 23–24, 1997)

In der *Bodleian Library* tritt nun eine ganze Reihe vom Kontinent herübergekommener Besucher vor Godunovs Geschenk. Im Jahr 1630 auch Jean Fontaine und Louis Schoenbub, die nachträglich den Mantel mit folgenden Worten beschrieben: »toga pellibus agninis, quae crescunt in terra Tartariae, facta, magnitudinis sunt peltis cuniculi«.

Kurz davor, 1627, ist Francis Bacons Werk *Sylva sylvarum, or, a natural history in ten centuries; whereunto is newly added to History naturall and experimentall of life and death* erschienen, in dem der Autor seine Skepsis gegenüber dem »Kraut, das gedeiht in der Form eines Lamms, und frisset das Gras in der Weis, daß es alles auffrisset rundherumb« zum Ausdruck bringt und es lieber in der Fabel aufgehoben wüßte.

Mit Nachdruck abgewiesen jedoch wird die Theorie des 'tartarischen Pflanzen-Schafs' erst 1644. Samuel Collins (1619–1670), Leibarzt des Zaren Alexis in Moskau, schreibt in einem seiner Briefe an den irischen Naturforscher Robert Boyle (1627–1691) – die Collins' Briefe bildeten das Manuskript des 1671 von einem Schreibwarenhändler schlecht editierten, posthum und anonym veröffentlichten Werks *The Present State of Russia*:

»Perhaps in some histories of these parts, you may have heard of a vegetative Lamb which devours all the grass about it, and then dyes; but this is as true as the story of Monocular people in Sir John Mandevils Travels, and such like Fables, which have not the least shadow of thruth.«

(Samuel Collins, 1644)

Nachdem Samuel Collins den Verfasser der zwischen 1357 und 1371 erschienenen Reiseerzählung *The Voyage and Travels of Sir John Mandeville* mit dem schweren Verdacht der Fälschung entlassen hat, ist es an der Zeit, sich den Fakten der Geschichte zuzuwenden.

Einmal mehr steht am Beginn der Überlieferung als sichere Quelle Herodot, und zwar im Zusammenhang mit der für die entsprechende Naturfaser im Mittelhochdeutsch auftauchenden Bezeichnung 'Boumwolle' – das aus den Samenfäden der walnußgroßen Kapselfrucht des Malvengewächses gewonnene Produkt –, spricht er doch von »wildwachsenden Bäumen, aus deren Frucht man eine Wolle gewinnen kann, welche die Schönheit und Qualität der Schafwolle weit übertrifft« und aus der Kleider hergestellt werden.

Die von Herodot (VII, 65) genannten Bäume wachsen in Indien, wo Baumwolle seit der Mitte des I. Jahrtausend v. u. Z. angebaut wird und unter dem Namen *karpasa* bekannt ist. Vom Subkontinent führen die Verbreitungswege zum Mittelmeer – im Griechischen wird aus *karpasa* χαρπασος, im Lateinischen *carbasus* – und durch Persien – das Königsbuch *Shaname* enthält das Wort als *kirpas*, welches im Arabischen zu *kirbas* führen wird – nach Innerasien, wenn auch mit Verzögerung.

Pelliot, dem ich mich beim Folgenden wieder anvertraue – mit dem Risiko, daß er vielleicht durch neue Entdeckungen überholt ist –, findet es bemerkenswert, daß in den Kharosthi-Dokumenten des I. Jahrhunderts u. Z., welche zahlreiche Textilien-Listen enthalten, kein Wort für Baumwolle vorkommt. Weiter ist

Im 3. Jh. v. u. Z. im Norden Pakistans und Osten Afghanistans auftauchende Schrift, deren Alphabet wahrscheinlich aus dem Aramäischen abgeleitet ist und in horizontalen Linien von rechts nach links geschrieben wird. Karaosthi, in dem die Sprachen *Gandhari* und

Pelliot etwas erstaunt, daß in Chinesisch-Turkestan, in Xinjiang, keine Reste aus der Naturfaser gefertiger Textilien vor der Zeit der Tang gefunden worden sind, zumal doch die von Yao Silian (557–637) auf der Basis zwischen 502 und 556 entstandener Dokumente zusammengestellte *Geschichte der Liang-Dynastie* (636) Hinweise auf Anbau und Verarbeitung enthält – nämlich im Reich Gaochang in der Region Turfan:

Sanskrit geschrieben werden, soll bereits im 5. Jh. v. u. Z. im Lauf der persischen Expansion nach Indien und Zentralasien gelangt sein. Benutzt wurde sie bis ins 4. Jahrhundert blieb aber im Gegensatz zum gleichzeitig entstandenen Brahmi ohne Ableitung.

Seit Ende der 1990er Jahre hat die Untersuchung der Gewandung der Trockenmumien der Tarim-Nekropolen einiges Licht auf die von den frühen Besiedlern der Region benutzten Stoffe geworfen. Dazu Buch X, *Barbaren aus dem Westen und der Wettlauf um den Vorrang in der Welt.*

»... es gibt dort viele Stauden, deren Frucht ist wie ein Kokon; im Kokon sind Fäden wie feine Hanffäden, und sie wird *baidié-zi* genannt (*zi* ist eine Affigierung der gesprochenen Sprache). Die Leute des Landes verwenden sie gewöhnlich, um Tuch daraus zu weben. Dieses Tuch ist äußerst weich und weiß; es wird zum Handelsaustausch (mit anderen Ländern) benutzt.«

(Paul Pelliot, *Notes on Marco Polo*, Vol. I, S. 433; Paris 1959–1973)

Pelliot teilt die Skepsis von Chavannes und anderen überhaupt nicht, ob bei der zitierten Stelle tatsächlich Baumwolle gemeint ist. Bereits seit dem Ende der Han würde *bai dié*, 'weißes dié' wahrscheinlich im Sinn von Baumwollwaren benutzt, und um diese Bedeutung habe nicht nur die Bevölkerung der Region Turfan gewußt, sondern jene in ganz China, und zwar vor den Tang. Um seine These, das *Liang shu* bezeichne Baumwolle, zu stützen, verweist Pelliot auf das *I Ging*, das *Buch der Wandlungen*, in dem *bai dié* ausdrücklich als Äquivalent des Sanskrit-Worts *karpasika* ausgewiesen ist, sowie auf ein Sanskrit-Chinesisch-Wörterverzeichnis, das

Das Wort *bai dié* erscheint im *Hou Hanshu* nicht im Zusammenhang mit Innerasien, sondern mit Chinas Süden, wo die Rede ist von den Ailao, einem nicht identifizierten Stamm in der Gegend des heutigen Yunnan.

»Das Land der Ailao-Barbaren ist fruchtbar und bringt die Fünf Getreide, Seidenraupen und Maulbeeren hervor. Sie wissen vielfarbig zu färben und Stickereien mit Mustern [zu machen]; [sie haben] wollene Textilien *jiduo, bai dié* und feines *lan'gan* Tuch, deren gewobene Muster das Aussehen von damaszierten (*ling*) und vielfarbigen (*jin*) Seiden haben.«

(Paul Pelliot, *Notes on Marco Polo*, Vol. I, S. 444; Paris 1959–1973)

in der Epoche der Tang ein Mönch im buddhistischen Zentrum Kuva im Fergana-Tal erstellt und das *bai dié* mit *karpasa* wiedergibt. Dayuan, Fergana, hat aber bereits im Jahr 331 Shih Le, dem Gebieter über Nordchina, *bai dié* als Tributgeschenk gesandt. Vor und zur Zeit der Tang scheint man im Tarim-Becken und in Turfan mit dem Wort 'weißes *dié*' also vertraut zu sein und alle Baumwollprodukte damit zu bezeichnen.

Unter welchem ursprünglichen Namen hingegen in diese Region die Baumwolle eingewandert ist, kann Pelliot nicht sagen.

Bekannt hingegen ist die von den Uiguren – sie reißen im Jahr 760 die Kontrolle über Gansu und Turfan an sich – benutzte Bezeichnung der Naturfaser. Und sie führt uns an den Ausgangspunkt ihres Verbreitungswegs zurück, hat doch dieses Volk von Händlern, das seine Pferde bei den Chinesen gegen Korn, Waffen, Seide, Kleider und Tee tauscht, das für die Staude verwendete Wort *käbäz* aus *karpasa* abgeleitet (während es für Baumwollprodukte *bai dié* benutzt). Weiter östlich als in das Gebiet der Uiguren dringt das Sanskrit-Wort jedoch nicht. China erreicht es zwar, allerdings nicht etwa über den Umweg der nördlichen mongolischen Steppen, sondern unbedingt von Süden her, wo die Anbaugebiete liegen, und auch nicht in direkter Übertragung. *bei* oder, häufiger, *gu bei* – sowohl im Zusammenhang der Tributgeschenke, welche Indochina und Indonesien übersenden, vorkommend, aber auch bei der Erwähnung dieser Regionen selbst, wohin seit dem frühen 3. Jahrhundert maritime Verbindungen bestehen – sind nach Pelliot Transkriptionen des Sanskrit-Worts *karpasa*, eher auf dem Umweg über das malaische *kapuq*, »floss of the silk-cotton tree«, als über das Baumwolle im allgemeinen bezeichnende *krabas* der Khmer, wofür auch spricht, daß *kapuq* als *ka-pok-mi*, »kapok cotton«, in den in der Region Fujian gesprochenen Amoy-Dialekt eingegangen ist.

Die Bürokratie des Reichs der Mitte registriert und prüft aufmerksam, was es durch die Häfen in Fujian, sein maritimes Tor zur Welt, empfängt, und am qualitätsbewußtesten ist selbstverständlich der Kaiser selbst.

Zum Beispiel Wendi, Begründer der Wei-Dynastie (220–226), der Periode der 'Drei Reiche' und ein gelehrter Mann, der bedeutsame Kommentare und Edikte verfaßt, die noch viele Jahrhunderte später in den Geschichtswerken zitiert werden, darunter auch seine Bemerkung, das ausländische *bai dié* betreffend:

»Ursprungsorte kostbarer Dinge sind stets China und die Westlichen Länder; die Produkte anderer Länder können nicht damit verglichen werden. Das 'Gelbe Tuch' (*huang bu*) von Dai jun (= die Region von Datong im nördlichen Shanxi) ist fein (*xi*), das lian (= weiße Cuiteseiden-Gaze) von Luolang (in Korea) ist auserlesen, und das Taimo Tuch [(…)] von Jiangdong (wörtlich 'Östlich des Jiang', d. h. der östliche Teil der Gegend südlich des Jiang [Yangtze]; = Zhejiang) ist weiß, doch diese sind nicht so frisch und rein wie das *bai dié*-Tuch.«
(Paul Pelliot, *Notes on Marco Polo*, Vol. I, S. 449, Paris 1959–1973)

Dem kaiserlichen Kenner liegt viel an der Feststellung, einheimische Textilien seien allen Importen überlegen. Eines der fraglichen 'Pflanzen-Schafe', dessen aus dem Fruchtstand gewonnenen Fasern zu reißfestem Garn versponnen werden, dürfte der Regent aber wohl kaum je zu Gesicht bekommen haben. Doch das ist nebensächlich, denn schließlich kennt und verarbeitet China die Baumwolle lange bevor es die Pflanze selbst einführt.

Zur Zeit von Wendi und später erst recht weiden und gedeihen die wundersamen faserabwerfenden Kreaturen nämlich im fernen Westen, jenseits von Xiye, dem heutigen Kargilik, auch Piaosha, 'Reich des laufenden Sands', genannt, und hinter diesem, also jenseits des Congling, das 'Zwiebelgebirge' (gemeint ist der Pamir), in Fergana vor allem, das heißt, in der Nachbarschaft von Da Yüezhi, dem baktrischen Reich der Kushan.

Die 'Pflanzen-Schafe' benötigten Wasser. Viel Wasser, welches indessen knapp und schlecht verteilt ist in den ›Westlichen Regionen‹ – dem späteren Russisch- und dann Sowjetisch-Turkestan –, dieses Wasser von Amu Darya, Syr Darya und Murgab, dem die Nomaden immer gefolgt sind und das bereits die Seßhaften der ersten bronzezeitlichen, Koalitionen von Oasenstädten Turkestans gefaßt und in Kanäle geleitet haben, so daß es nicht lange gedauert *Dazu Buch XII, Fluch aus der Bronzezeit.* hat, bis die weißen Bälle der Wildarten *Gossypium arboreum* und *Gossypium herbaceum* an Baumwollstauden explodieren würden, welche dichtstehend und auf immer größeren bewässerten Feldern die Ebenen und auch die flachen Hügel Turaniens bedecken werden. Denn im Gegensatz zu den chinesischen Kaisern, welche sich mit der Einfuhr des nachwachsenden Rohstoff zufriedengeben, wollen die Zaren die Gebiete besitzen, wo er gedeiht und zudem die Erträge massiv steigern.

Sankt Petersburg kümmert es dabei wenig, daß Turkestans bestehende alte Kanäle zerfallen sind und vom Wasser, das darin nicht gleich versickert, der Großteil verdunstet. Man hofft, die Erträge würden genügen für die baumwollgefütterte Kleidung, ohne welche die imperialistische Expansion undenkbar ist. In wärmenden Mänteln, kalkulierte man, würden die Truppen im unerbittlichen Klima südlich der sichernden Linie der Kosakendörfer, in der sogenannten 'Kirgisensteppe' und in den Gebieten der drei kasachischen Horden bestehen. Das Klima jedoch entpuppt sich für die Russen ebenso als Falle, wie es als natürlicher Schild dem Reich des bizarren Khans von Khiwa sicheren Schutz bietet. Im Winter 1839/1840 verschwinden dann in Eisstürmen und Schneewehen am Aral-See mehr als ein Fünftel der fünftausend russischen Soldaten und Kosaken von Perowskijs Armee. Khiwa, wo man russische Sklaven hatte befreien wollen, bleibt weiterhin unerreicht.

Zwei Jahrzehnte später, als in Amerika der Sezessionskrieg (1861–1865) wütet und die amerikanischen Importe ausfallen, welche notwenig sind, um die Produktion der 'tartarischen Pflanzen-Schafe', die in Turkestan kaum noch genug Wasser finden, auszugleichen – auch in Sibirien, wohin man die Siedler verschickt, steigt stetig der Bedarf an Tuch und gefütterter Kleidung – lassen die zaristischen Zivilverwalter der eroberten Gebiete des Generalgouvernements Turkestan endlich neue Kanäle ziehen – nach mehreren Jahrhunderten Unterbrechung das erste große Irrigationsprojekt in Innerasien. Im Gebiet der neuen Oblast Transkaspien haben schon die Dämme am Murgab für die Bewässerung der Oase Merv gesorgt. Nun sollte es um nichts weniger gehen, als die Natur umzudrehen – genauer: den Amu Darya in sein einstiges Bett zurückzuleiten, so daß der Fluß anstatt dem Aral-See wieder dem Kaspischen Meer zufloß – mehr oder weniger der Lauf, den seinerzeit Alexanders Heeresberichtverfasser Aristobulos dem Oxus zugeschrieben hat (da er nichts weiß vom Aral-See). Ziel des Karakum-Kanals, zusammen mit der Bewässerung einer riesigen Fläche der östlichen Karakum-Wüste, fast so groß wie die Niederlande, ist Rußlands Baumwollautarkie, die Unabhängigkeit von Importen aus der Neuen Welt.

Dort hat sich gerade Henry David Thoreau, während zwei Jahren zurückgezogen am Waldenteich im Gehölz vor seinem Heimatort Concorde im Staat Massachusetts lebend, im Zusammenhang mit effizienteren landwirtschaftlichen Methoden Gedanken zur respektlosen Abschaffung der Mythologie gemacht, ohne allerdings dabei ahnen zu können, daß er nur den Beginn einer Entwicklung miterlebt, die im fernen Innerasien direkt zum Ökozid führen wird.

»Die Poesie und Mythologie der Alten legt den Gedanken wenigstens nahe, daß der Ackerbau einst als eine heilige Kunst angesehen wurde; von uns aber wird er mit unehrerbietiger Eile und Unachtsamkeit betrieben, denn wir suchen vor allem große Güter zu erwerben und große Ernten zu erzielen. Wir haben keine Feste, keine Prozessionen, keine Zeremonien, unsere Viehausstellungen und Erntedankfeste nicht ausgenommen, wodurch der Landmann dem Gefühl der Heiligkeit seines Berufs Ausdruck verliehe oder an dessen heiligen Ursprung erinnert würde. Der Preis und das Festmahl ziehen ihn an. Er opfert weniger der Ceres und dem irdischen Jupiter als dem höllischen Plutus. Aus Habsucht, Eigennutz und der gemeinen Gewohnheit – von der niemand frei ist –, den Boden als Besitz anzusehen oder hauptsächlich als Mittel, um zu Besitz zu gelangen, wurde die Landwirtschaf entstellt, der Ackerbau zugleich mit uns selbst herabgewürdigt und der Landmann genötigt, das niedrigste Leben zu führen. Er kennt die Natur nur in seiner Eigenschaft als Räuber.«

(Henry David Thoreau, *Walden oder Leben in den Wäldern*, 1854)

In Zentralasien hat die Umstellung der nomadischen Weidewirtschaft und des oasengestützten Ackerbaus auf Baumwoll-Monokultur den machtpolitischen Nutzeffekt, daß damit gleichzeitig die Abhängigkeit der muslimischen Region von russischen Getreideimporten erreicht wird.

Auftrieb erhält der doppelte Plan nicht zuletzt aber auch im Zusammenhang mit der Notwendigkeit einer Eisenbahn durch Sibirien, welche die Pferdefuhrwerke und Lastkähne ersetzen und den chinesischen Teehandel nach Europa zum Nutzen des Vermittlers Rußland wieder auferstehen lassen soll, den England mit dem indischen Teehandel zum Erliegen gebracht hatte. In den Jahren nach 1894, als die Transsibirische Eisenbahn, die *Transsib*, vom Ural aus Omsk erreicht hat, strömen jährlich Zehntausende von Landhungrigen nach Zentralasien. 1908 hat ihre Zahl 665 000 erreicht, bereits mehr als die Hälfte der vorgesehenen Million, deren Ansiedlung Rußland seine Vorherrschaft als neue Ethnie in Zentralasien gesichert hätte. Der Großteil der Neuankömmlinge — sie nehmen sich ganz selbstverständlich das Recht, die Nomaden vom beschränkten fruchtbaren Land in die Armut zu verdrängen — läßt sich zunächst in der kasachischen Steppe nieder, aber viele finden nach kurzer Zeit den Weg ins Fergana-Tal, wo es nicht nur harschen Wind und Kartoffeln gibt. Der Boden in dem von Bergen umschlossenen, vom Syr Darya durchflossenen weiten Becken ist so geeignet, daß darauf nebst den altweltlichen Arten bald eine neuweltliche des Malvengewächses gedeiht — *Gossypium hirsutum L.* Nicht nur sie ist aus Amerika herübergekommen, sondern auch die Maschinen, die nun auf den Feldern von Baburs Heimat immer längere Furchen ziehen und auch ernteten, denn so zahlreich die zwangskollektivierende Methode auf den Kolchosen unter Gesang zupackende Hände der ehemaligen Kleinbauern versammeln kann, nie sind es genug, die Schur des 'Pflanzen-Schafs' einzubringen.

Große Gebiete, muß Rußland lernen, von militärisch unterlegenen Gegnern zu erobern ist leichter, als sie danach wirtschaftlich nutzbar zu machen. Jedoch kann es mit Hilfe des Biests der Mechanisierung 1914 bereits die Hälfte seines industriellen Bedarfs an Baumwolle aus eigenen Erträgen decken. Seit 1905 die Eisenbahn Orenburg–Tashkent die verbilligte Zufuhr von ukrainischem Weizen ermöglicht hat, ist fast der gesamte Bewässerungsfeldbau in den Ebenen Turkestans auf Baumwolle umgestellt, das 'Pflanzen-Schaf' zur Einfruchtwirtschaft und deren Anbau zur Monokultur geworden.

Den Preis bezahlen nach den Nomaden nun auch die angestammten Bauern mit Verschuldung und der Bürde der Pacht, und als schließlich der Hunger ausbricht, helfen auch nicht die Getreidelieferungen über die Turkestan-Sibirische Eisenbahn, die *Turksib*, erster Großbau des Sozialismus, welcher als Kernprojekt des ersten der 1928 eingeführten Fünfjahrespläne der Sowjetunion verherrlicht worden ist. Zwischen 1931 und 1940 verhungern mindestens ein Million Menschen. Die Anbauschlacht mit der Baumwolle hingegen ist gewonnen. 1940 verbucht die Sowjetunion das Dreifache der vorrevolutionären Ernte, und bedeutenden Anteil am Erfolg hat Fergana, das schon Anfang des 18. Jahrhunderts unter der Herrschaft der usbekischen Shaybaniden über ein effektives Bewässerungssystem verfügt und eine höhere landwirtschaftliche Produktion aufgewiesen hat als die benachbarten Fürstentümer, so daß Kokhand, das wirtschaftliche Zentrum des Tals, nicht nur eine blühende Stadt ist, sondern sich auch seiner hundert Moscheen rühmen darf.

Dazu Buch III, *Zar und Jihad*.

Nach dem Zweiten Weltkrieg vergrößert sich die bewässerte Anbaufläche in Sowjetisch-Zentralasien laufend — 1965 beträgt sie bereits 5,8 Mio. ha, bis 1980 wächst sie auf 7,9 Mio. ha, um 1990 schließlich 9,4 Mio. ha zu erreichen. Das

'Pflanzen-Schaf' ist dabei zur verwöhnten Kreatur mutiert, die sich wie an Steinsalz an Millionen Tonnen Chemikalien fett frißt, und dank Pestiziden gedeiht es auf den Feldern so dicht, daß vor dem Scheren Entlaubungsmittel zum Einsatz kommen mußten, an dessen Folgen Tausende sterben. Aber als das Gift 1987 abgesetzt wird, hat die sowjetische Baumwolle die amerikanischen Erträge überholt. Nicht nur in der Sowjetunion, sondern auch in den osteuropäischen Bruderländern des COME-CON (*Council for Mutual Economic Aid*) verarbeiteten wuchernde Industriekomplexe das Rohmaterial – eine Tonne entkernter Baumwolle ergibt 3400 Meter Tuch, 94 Kilogramm pflanzliches Öl, sechs Kilogramm Seife und so weiter – und korrumpiert als 'Weißes Gold' höchste Ämter und Komitees.

Als dann nach der Unabhängigkeit die vereinheitlichte Agrarpolitik der ehemaligen Sowjetunion zerfällt, muß jede der fünf zentralasiatischen Republiken ihren eigenen Weg suchen, was Usbekistan am leichtesten fällt, denn dort gibt es kaum etwas anderes als Baumwolle, so daß das Gewächs ganz natürlich zum wichtigsten *cash crop* wird – zumindest bis Mitte der 1990er Jahre, als die Monokultur mit dem dem Anbau von Getreide aufgebrochen wird.

Baumwollanbaufläche und Erträge, die 1985 1,99 Mio. ha bei 1,7 Mio. t Rohbaumwolle betrugen, reduzieren sich dadurch für das Jahr 2002 auf 1,4 Mio. ha bei 1,1 Mio. t. Als Produzent liegt Usbekistan 2002 weltweit nach den USA, China, Indien und Pakistan an fünfter Stelle. Als Exporteur könnte es nach den USA wahrscheinlich an zweiter Stelle liegen, aber es gibt es keine verläßlichen Zahlen.

In diesem Land des 'Weißen Golds' nun gibt es ein Gewässer, von dem ich vor meiner Reise nichts gewußt habe, ein Relikt stalinistischer Zeit. Es liegt bei Kattakurgan, zwischen Buchara mit seinen Baumwollwäschereien und Samarkand mit seiner seidenverarbeitenden Industrie. Hier staut man in den vierziger Jahren dem 'Pflanzen-Schaf' eine riesige Tränke. Man nannte sie das »Usbekische Meer«. Ich vermute, es ist eine Träne in der Kyzylkum, wahrscheinlich zu weit von der Straße, um einen Blick zu erhaschen, wenn ich nach dem von *Jahon* organisierten Besuch der Baumwollindustrie in und um Andizhan die Freiheit der

Dazu Buch IV, *Honigboote hinter ›Tamerlans Tor‹*

»*Golden Road*« nach Samarkand genießen und mich wahrscheinlich von den damit verbundenen Vorstellungen verabschieden muß, welche vielleicht weniger verheißende Färbung besässen, hätte sich James Elroy Flecker nicht der Kritik gebeugt, und, wie er in einem am Montag, dem 5. August 1913 im Hotel *Belvédère* in Leysin abgefaßten Brief dem Adressaten, »*My Dear Marsh*«, gesteht, im Titel des Gedichts das ursprüngliche '*Journey*' in '*Road*' umgewandelt – denn, eine Straße, der schon viele folgen, besitzt Patina, von der man pflücken kann, während das im Lauf einer eigenen darauf zurückgelegten Reise sich Ansammelnde erst nachträglich zur Erinnerung gerinnt.

Pünktlich um neun heute morgen, wie von *Jahons* Vertreter in Tashkent am Telefon durchgegeben, bin ich also mit S. zusammen bei der Verwaltung von An-

<u>dizhan</u> erschienen, und nachdem wir über eine Stunde in der Sitznische des obersten Stockwerks, gegenüber einer vergilbten Fototapete, gewartet haben, hat der Bürgermeister uns in sein Büro rufen lassen. Wenig später sind wir dann mit Begleitung aus dem Amt bei der Spinnerei *Nr. 1* im Dorf Harabek, in das die Stadt fast unmerklich übergeht, eingetroffen. Die Spinnerei ist die erste Station der heutigen Tour, auf der ich möglichst viel über usbekische Baumwolle erfahren möchte.

Die Spinnerei wurde 1981 gegründet – ich werde also nicht zaristische Industriekultur sehen – und hat 375 Beschäftigte. Ich bin nicht sicher, ob die schwarzverhüllten Frauen mitgezählt sind, die, mit Besen den Zementboden des Stapelplatzes wischend, schemenhaft und plötzlich zwischen den haushohen bauchig-kubischen Baumwollhaufen auftauchen und wieder verschwinden. Traktoren fahren vor. Vergitterte Anhängerwagen, prall mit der weißen Ladung, werden abgekuppelt, steile fahrbare Förderbänder herangerückt, deren Schlund die ihm von nackten Füßen zugeschobene frisch angelieferte Baumwolle frißt, nach oben steigen und wie Flokken von Sperma in den blauen Himmel jucken lassen, die nach einem Augenblick, währenddessen sie in der Luft stehen zu bleiben scheinen, träge auf die Haufen niederfallen, wo andere Füsse und dreizinkige Forken die Baumwollbälle auf der Fläche verteilen, so daß die Haufen gleichmäßig abgeflacht in die Höhe wachsen, nur wenig höher als die an ihm angelehnten Holzleitern reichen.

Über die kompletten Haufen hat man zum Schutz vor Regen hellgraue Plachen gezurrt, deren gezogene Ecken fast den Zementboden des Platzes berühren. Die Baumwollberge atmen, heizen sich im Inneren auf, so stark, daß es zur Selbstentzündung kommen kann. Deshalb fräst eine Maschine an ihrer Basis Ventilationsstollen quer durch die Haufen, hufeisenförmige Tunnel, gerade hoch und breit genug für ein ungeschorenes Schaf.

Im Jahr 2001 habe die Spinnerei *Nr. 1* 22 000 Tonnen Rohbaumwolle produziert, wogegen die Kapazität 40 000 Tonnen betrage, sagt der Direktor und fügt an, das Problem seien die Bauern, die nicht genug anlieferten.

Der Direktor hat im Schatten kleiner Obstbäumchen, zwischen Stapelplatz und den Gebäuden der Spinnerei, Tücher – *dastarkhan*, nebst 'Fest' auch 'Fülle' oder 'Gastfreundschaft' bedeutend – ausbreiten lassen und offeriert Tee, Nüsse und Gebäck. Zuvor hat ein Gehilfe des Pförtners Wasserkanne und Handtuch gereicht.

Das Problem der unzureichenden Mengen, mit denen die Fabrik nicht ausgelastet würde, bestände, seit die Monokultur abgeschafft worden sei.

Ich bin nicht sicher, wen der Direktor anklagt, hake aber nicht nach und frage nur nach dem, was die Bauern denn nebst der Baumwolle noch so anpflanzten.

Weizen und Gemüse, schaltet sich der amtliche Begleiter sofort ein. Am Nachmittag würden wir eine Fabrik besuchen, die Plastikfolien herstellt, um die

Dazu Buch III, *Mahalla* sowie *Pahasonic und Sonv.*

Produktion zu beschleunigen und die Ausfälle wettzumachen. Der Bürgermeister habe die Methode in Andizhan eingeführt. Überhaupt mache er sehr viel für den Distrikt.

Ich habe den Eindruck, S. übersetzt nicht alles, was gesprochen wird. Aber was soll er übersetzen von diesem Gespräch, das kein wirkliches Gespräch sein kann, wo doch die Kernprobleme im Zusammenhang mit der Baumwolle nicht angesprochen werden können: die Kinderarbeit, der Zustand faktischer Leibeigenschaft, welcher die Bauern in nahezu auswegloser Armut gefangenhält, wie auch die den dörflichen Produktionsgemeinschaften vorgeschriebenen Quoten, die einen Ausgleich zu kleiner oder zu großer Ernteerträge sowohl unter den Bauern wie auch auf Distriktebene verunmöglichen, so daß also die Spinnerei Nr. I nicht Überschüsse aus einem andern Distrikt aufkaufen kann, um sich auszulasten. Aber kann es Überschüsse geben, wo die nur nominell privatisierten Kolchosen gezwungen sind, Saatgut und Dünger zentral einzukaufen und die Erträge für I5 *Sum* pro Kilogramm an die staatliche Gesellschaft zu verkaufen, welche auch das Exportmonopol hält? Pro Kilo entkernte Baumwolle bezahlt diese Gesellschaft den schäbigen Preis von fünfzehn *Sum*, während direkte Veräußerung auf den nur wenige Kilometer entfernten kirgisischen Märkten jenseits der Grenze mehr als das Zehnfache einbringt. Aufgrund dieser Ausweichmöglichkeit, und weil Schmuggel aufgrund der mäandernden Grenzen nirgendwo einfacher ist als in Fergana, gibt es in Usbekistan keine Überschüsse an Baumwolle, und Kirgisistan exportiert womöglich mehr davon in Drittländer, als es effektiv produziert.

Zum Zeitpunkt der Reise, im Herbst 2002, ist der offizielle Wechselkurs zum Dollar I : 807 − 810 *Sum*, der Schwarzmarktkurs im Basar hingegen I : 1I0000 − 120000 *Sum*.

Der Nachmittag ist heiß gewesen, und in der 1997 eröffneten Polyäthylenfabrik noch heißer. Über dem Eingang haben in frischen Farben die *Stars and Stripes* gegrüßt, während die Maschinen chinesischer Herkunft sind und das Rohmaterial aus Korea und Kanada kommt, seit kurzem aber auch aus einem Betrieb der staatlichen usbekischen *Shurtan Gaz* in Karshi. Hergestellt wird transparenter Polyäthylenfilm, wie vom Begleiter aus dem Amt angekündigt, zur Reifebeschleunigung der jungen Baumwollpflanze. Das transparente Material stößt wabernd in sechs Heißluftströmen in die lichte Halle hinauf − gigantische, schlotternde, pralle Präservative, oben an der Spitze der Gebläsetürme von Schlitzen eingesogen, zum Film gefalzt nach unten und auf mächtige Rollen zurasend, wobei ein Messer blitzschnell von der Seite her korrigierend in die schimmernde zitternde Bahn fährt.

Bei der Ernte zerreiße der Polyäthylenfilm gern, hat der Begleiter erklärt. Und weil das Einsammeln der Fetzen mühsam sei, bleibe es meistens zwischen den Stauden hängen. Ja, es sei durchaus möglich, daß einiges davon bei der Vorbereitung der Felder für die nächste Ernte in den Boden gelange. Zusammen mit den Entlaubungsmitteln? Nein. Obwohl diese selbstverständlich das Pflücken erleichtern, vor allem das von Hand.

Diese Methode ist in Fergana, dem dichtestbesiedelten Gebiet Zentralasiens – auf 5% dessen Gesamtfläche leben hier 20% der Gesamtbevölkerung der fünf Republiken, d. h. zehn Millionen –, noch immer die vorherrschende Art der Gewinnung.

Nachdem wir den Begleiter beim Amt abgesetzt haben, sind wir zur Anlieferungsstelle am Rand von Andizhan gefahren, die der Direktor der Spinnerei am Morgen erwähnt hat. Traktoren mit überquellenden Anhängern haben auf der Straße gewartet, denn nur ein Zug wird aufs Mal in den Gewerbehof zur Fahrzeugwaage vorgelassen. Aber diese ist mir als unbenützt erschienen. Als S. unser Erscheinen hat erklären wollen, ist eine länger dauernde Verwirrung entstanden, die sich erst gelöst hat, als der Direktor vorgefahren ist und verkündet hat, es handle sich um ein Mißverständnis, und es gebe an diesem Ort nichts zu sehen.

Vielleicht meint er Nichts, womit dann auch die fehlenden Überschüsse zu erklären gewesen wären.

Das Loch in der Wüste

Zarafshan, 7. Oktober 2002. — Auf dem Rückweg von Buchara nach Samarkand kommt endlich der erwartete Anruf von Herrn A. Das Informationsministerium hat das OK erhalten. Wir können nach Muruntau und sollen uns umgehend in Navoi melden.

Aus Muruntau stammt das angeblich beste Gold der Welt, in der mir nichts sagenden Reinheit von »vier mal neun«.

Navoi wiederum ist aber nicht nur das Tor zu Muruntau, sondern zu den Bodenschätzen der Kyzylkum-Wüste überhaupt, und das merkt man sofort. Durch die Eingangshalle des *KMK Kon Metallurgia Kombinat* bewegen sich unaufhörlich blondierte Sekretärinnen mit voluminösen Dossiers und hochgeschobenem Busen, zücken mit blasierter Überheblichkeit vor diensthabenden Wachmännern ihre Personalausweise und gehen ab in den Korridoren links und rechts, in denen das verklingende Klacken der Stöckelschuhe sich mit dem heftigeren sich nähernden vermischt, wobei seltsamerweise jedesmal sehr lange unklar ist, aus welcher Richtung letzteres kommt, so daß sich mein gespannter Blick mit jenem von S. mehr als einmal kreuzt. Nur als ein blankgeputzter weißer Kleinbus ohne Seitenfenster, aber ausgerüstet mit Chromgürtel und Schwalbenschwanzantenne vor der gläsernen Eingangsfront hält, blicken wir in dieselbe Richtung. Dem Vehikel entsteigen ein glattrasierter Kosmopolit – eher Ende Dreißig als Mitte Vierzig, kaukasische Gesichtszüge, pechschwarzer Pferdeschwanz, am Handtelefon beschäftigt und gleichzeitig den herausgeeilten *KMK*-Mitarbeiter bemerkenswert oberflächlich begrüßend – sowie ein ernster älterer Herr, der keinen Armani-Anzug trägt, und zwei schmale, zwischen Frankfurt, Islamabad, London und Singapur beheimatete Mappenträger.

Nach einer Stunde sind weitere notwendig gewordene Rückfragen in Tashkent erfolgt und Herr Bakirovich, der sich unserer angenommen hat, bestätigt, in der Mine wüßte man nun auch Bescheid über unsere Anfahrt.

Herr Bakirovich, Ingenieur und Anfang Sechzig, ist erst kürzlich aus der Wüste in die Verwaltung nach Navoi versetzt worden. Sein Husten ist beängstigend. Bei jedem Anfall stößt er eine Stunde des für die Mine gelebten Lebens aus.

»Die ganze Menschheit geht in das Loch«, sagt er, als wir Leonids *Toyota* besteigen.

Nach einem längeren Hustenanfall erhalte ich genauere Angaben.

»Zweieinhalb mal zweieinhalb Kilometer Durchmesser. Vierhundertfünfzig Meter an der tiefsten Stelle. Eine Milliarde Kubikmeter – sechs Menschen pro Kubikmeter.«

Eine seltsamer Vergleich. Vielleicht auch nicht. Neun Quadratmeter pro Mensch in den Kommunalquartieren, rechnet Stalin, ergäbe die gewünschte Verdichtung der Bevölkerung, die gegenseitige Überwachung fördert.

Das Loch, das Herr Bakirovich wahrscheinlich genauer kennt als die eigene Küche, liegt 220 Kilometer nördlich von Navoi, bei Zerafshan. 1967 stoßen sowjetische Geologen bei einem kahlen Bergzug, der sich wie eine Nase mit langem Rücken mitten in der Kysylkum aus der Wüste erhebt und deswegen auf usbekisch *Muruntau*, 'Nase', genannt wird, auf ein Goldvorkommen, das sich bald als größte Lagerstätte auf dem eurasischen Kontinent erweisen wird. Daß Zerafshan, die von der Mine verwaltete Stadt vierzig Kilometer hinter dem Berg, und die Mine selbst auf die Liste geheimer sowjetischer Orte kommen, ist der Tatsache geschuldet, daß dort auch Uranium angereichert wird. Heute ist Murautau die größte Goldtagebaumine der Welt.

Auf der *A 379* sind wir nahezu allein.

Beidseits der Straße fallen verwinkelte Linien miteinander verbundener Eisenstangen auf. In unregelmäßigen Abständen sitzen darauf geheimnisvolle Schachteln oder Kästen, zu denen hinauf aus dem Boden kommende dünne Rohre führen.

»Uranium«, sagt Herr Bakirovich, hustet, und nach ein paar Kilometern: *»Phosphor«*, ohne dabei zur fernen Fabrik zu blicken, über der eine Wolke weißen Rauches hängt.

Wir kommen an ein paar Jurten mit Kiosk vorbei, in deren Nähe wassergefüllte Stahlblechmulden von Hinterkippern stehen, an halbierten Reifen, die Schafen und Ziegen als Tränke dienen. Zur Rechten laufen mit uns die weißgetünchten Zementposten mit der roten Vertikalschrift *KABEL*. Regelmäßig unterbricht ein hastig gescharrtes, mit ein paar Steinen bedecktes und mit Wrackteilen markiertes

Grab die Monotonie, so daß ich zu raten beginne, was auf dem nächsten stecken mag – Auspuff, Lenkrad oder Stoßdämpfer.

Frühere Reisende ziehen in Zentralasiens Wüsten an Kamelgerippen vorbei. Aber die *A 379* ist keine alte Karawanenroute, die ferne Orte miteinander verbindet. Diese Straße führt nur zum Gold, und auf direktem Weg wieder zurück in die Welt, die ihm verfallen ist. Aber sie ist ein Weg, den manche in vergangenen Jahrhunderten nicht wiederholt gehen, vor allem, wenn sie aus Buchara kommen. Dessen Emir läßt nämlich alle, die er nach dem Gold der Wüste geschickt hat, bei ihrer Heimkehr augenblicklich hinrichten. Dennoch kann er nicht verhindern, daß sich die Kunde verbreitete. Bereits 1714 schickte Peter der Große eine Expedition in die transkaspische Steppe, um die Bodenschätze Zentralasiens zu lokalisieren und für den Zarenhof zu sichern.

Schwarze Halden künden die Mine an.

»*Newmont*«, sagt Herr Bakirovich und ergänzt, in einem *joint venture* mit *KMK* und dem *State Committee for Geology* würde die amerikanische Fördergesellschaft seit 1993 mittels einer neuen Technologie, nämlich *heap leaching* (Laugung), aus dem in sowjetischer Zeit für die Mahlwerke ungeeigneten, weil unrentablen Abraum Gold gewinnen.

Durch geschundenes Vorland, an Schüttguthaufen vorbei, über unbeschrankte Bahnübergänge und in Wettfahrt mit Lorenzügen kommen wir an die bis zum letzten Augenblick unsichtbare Schüssel und sind, an deren Rand stehend, verblüfft wie Käfer vor dem Aushub eines Hauses.

Die wirkliche Größe einer Mine ist immer schwer oder kaum erfassbar, obschon – oder gerade weil man weiß, daß es sich bei den funkelnden gelben Stecknadelköpfen an der Spitze langer weißer Staubschleppen, die, in Wolken aufgelöst, im immensen Hohlraum stehenbleiben, tatsächlich um riesige Muldenkipper handelt. Unablässig – wie in Navoi die Sekretärinnen – bewegen auch sie sich im Rahmen einer effizienten Choreographie tagein und tagaus auf den aschgrauen Rampenbahnen auf und ab und befördern jährlich zwanzig Millionen Tonnen Erz nach oben.

Der Chefingenieur rast mit mir im *Cherokee* zum tiefsten Boden der Mine, von wo man nicht einmal über die erste Stufe hinaussieht, geschweige denn an die Ränder des Lochs, in dem Herr Bakirovich sechs Milliarden Menschen begraben kann.

Das Erz und das daraus gewonnene Gold wird von Soldaten der usbekischen Armee bewacht. Einige sind auf den Miradors hinter den stacheldrahtbewehrten Mauern der Schmelze zu sehen. Andere kontrollieren die Arbeiterinnen der Goldschmiede, deren Schicht soeben zu Ende geht – jede Handtasche, jeden Plastikbeutel und jede Jackentasche.

An den Soldaten vorbei bringt uns ein Herr vom Werk durch das Drehgitter.

Die Erzwäsche ist mehrere hundert Meter lang. Ein Dutzend Wannen gefüllt mit graubraunem Schlamm, in dem sich doppelte Schaufelschrauben drehen. Die Flüssigkeit rinnt durch Lecks und hat die Betonpfeiler des Unterbaus geschwärzt. In dessen Eingeweiden balancieren Arbeiter mit leuchtenden Schutzhelmen, schweißen an einer Plattform. Rostige Leitern hängen unter Passarellen ins Leere, was seltsam wirkt, da sonst alles andere – Stege, verbogene Geländer, doppelte T-Eisenträger, verdrehte Bündel durchhängender Rohre und Leitungen, versinterte Stützpfeiler der Hallenwände, die Wände der Wannen, die Treppen – verkreuzt, verschweißt, verstrebt oder sonst wie miteinander verbunden ist.

Während der Rückfahrt sehen wir ein paar Kamele, und als wir Navoi erreichen, ist es bereits dunkel. Herrn Bakirovich bietet an, bei einer Kreuzung auszusteigen, und ich glaube das kommt Leonid entgegen, der zurück will nach Samarkand. Ein ziemliches Stück davor haben wir eine Reifenpanne, auf einem Straßenstück, das gerade ausgebessert wird. Wenn die Lastwagen im Abstand eines Arms am aufgebockten *Toyota* vorbeidonnern, wankt dieser, und wir, die wir hinter ihm vor den fegenden Kiessplittern Deckung suchen, mit ihm.

Pannen auf dem Weg zum Issyk Kul

Kemin, I. Juli 2004, früher Nachmittag. — Gestern zum Abendessen im Parkrestaurant mit Jamilia, der Administratorin des Schweizerischen Koordinationsbüros in Bishkek, wobei diese Bezeichnung der Palette ihrer tatsächlichen Funktion wahrscheinlich kaum gerecht wird. Hinzugestoßen ist Tinara, zuständig für die Öffentlichkeitsarbeit der Fördergesellschaft *Kumtor* und durch den Anruf des Parlamentsabgeordneten K., eines Freunds von Marcus, von meiner Anfrage in Kenntnis gesetzt. Tinara hat kein Problem gesehen für den Besuch der Goldmine, vorausgesetzt ich bestehe einen medizinischen Test. Die Fahrt zur Mine wird ungefähr sechs Stunden dauern, von ungefähr 800 M. ü. M auf ungefähr 4500.

»Das mußt du langsam angehen«, höre ich meinen über achtzigjährigen Vater sagen, der seit einem halben Jahrhundert die Hälfte des Jahres die Schweiz vornehmlich aus den Höhen der Alpen betrachtet. Als ich zehn war, fand er, es sei Zeit für mich, den Kopf bei Sonnenaufgang auf dem Alalinhorn erstmals über die magische Zahl 4000 zu recken. Vom Vorgipfel auf dem Schneegrat zum Hauptgipfel unterwegs, nunmehr ohne die hinderlichen Steigeisen, war ein Adler vorbeigeglitten. Ich blickte ihm nach und dann zum erwachenden Dorf Saas Fee hinunter. Sicher, Berge waren gut. Warum nur waren sie so weit oben?

Die Abfahrt verzögert sich. Umwege. Verstauen von Elektrogeräten. Wegen mir allein schickt *Kumtor* keinen Wagen zur Goldmine.

Als wir im Schatten einer Allee an Brachland, irgendwelchen Lagerhäusern und staubigen Äckern vorbeikommen, mein Vater würde sagen auf einem Schleichweg, möchte ich von Oleg, dem Begleiter von *Kumtor*, wissen, ob der Fahrer – wie ist doch schon sein Name? Cholponbek –, ob Cholponbek immer diesen Weg nimmt. Nicht immer, lautet die Antwort, gefolgt von der Frage, ob ich irgendwelche Informationen zur Mine brauche. Wenn wir dort sind gern, erwidere ich – unterwegs möchte ich mir ein paar Dinge vergegenwärtigen –, frage aber dennoch, ob Oleg schon lange bei *Kumtor* sei. »Ja«, gefolgt von einem »Ja, *meistens*« auf die Frage, ob er immer Gäste begleite. Er fahre mit ihnen zur Mine hoch und bringe sie dann wieder nach Bishkek hinunter. In der Mine selbst kümmerten sich andere um die Besucher. Am Anfang der Operation habe man Flugzeuge benutzt, bis es vor ein paar Jahren zu einem Absturz gekommen sei, seitdem nur noch Geländewagen.

Am Straßenrand, schon ganz in der Nähe von Tokmak, dem Sitz des Turk-Khan Kong, der dem chinesischen Pilgermönch Xuan Zang – seiner Route entspricht, in der Gegenrichtung, unsere hinauf zur Goldmine – nach dessen strapaziöser Überquerung des Tian Shan etwas Erholung an seinem Hof verschafft, unter einem blauweißen Sonnenschirm hübsche, Firmenschirmmützen tragende Mädchen in weißen Schürzen. Sie verkaufen *shoro*, das traditionelle kirgisische Getränk aus in Quellwasser aufgelöstem, zerstoßenem und mit angebratenem Mehl vermischtem Weizen, das sehr kalt getrunken wird. Oleg sagt, die Kirgisen witzeln, dafür sorgen in den Plastiktonnen hockende Frösche, Kaltblütler eben. Weil *shoro*, Getränk und Nahrung in einem, in großen Höhen den Mineralien- und Salzhaushalt des Körpers ausgleichen soll, stürzt jeder von uns einen vollen Plastikbecher davon hinunter, und wir wiederholen das Ritual bei zwei weiteren Sonnenschirmen.

Inzwischen sind wir auf der Fernstraße zum Issyk Kul, und ich weiß, daß Oleg aus einem Dorf ganz in der Nähe von Bishkek, sein Familienname Schulze aber von der Wolga kommt, sowie daß im Dorf keiner mehr Deutsch spricht.

Auf einer langen Geraden dann die Panne. Oleg fordert per Funk Ersatz aus Bishkek. Stotternd schafft es der *Chevrolet* bis zu einem Restaurant im lichten Schatten einer Pappelflucht. Wir trinken Tee in einem Pavillon, über dem schlammigen Wasser eines Teichs. Es ist heiß, und beim Verlassen des Restaurants setzt ein Gast mit der weggeworfenen Zigarette die Böschung in Brand. Der Ersatzwagen erscheint nach einer Stunde, zusammen mit der Auskunft des Mechanikers, schlechtes Benzin sei schuld an der Panne. Das bestätigt sich, denn bald bleibt auch der Ersatzwagen stehen. Aber weil morgen Freitag ist, also das Wochenende beginnt und deshalb überhaupt nur nach Bishkek zurückkehrende Fahrzeuge der Fördergesellschaft unterwegs zu sein scheinen, übernehmen wir einen brandneuen, mit viel Chrom ausgestatteten *Toyota Prado* – zur Freude von Cholponbek, der, bevor er losfährt, grinsend mit beiden Händen auf das Lenkrad schlägt.

Am Rand der Fahrbahn barfuß dahineilende wackelnde kopflose Hieronymus-Bosch-Figuren, Kinder mit aufgepumpten schwarzen Schläuche von Lastwagenreifen unterwegs zum Bad im Chu, der hier die Grenze zwischen Kirgisistan und Kasachstan bildet.

Jetzt machen wir eine kurze Pause in Kemin.

Batyrs, Salz und Torpedos

Balykshy, 1. Juli, 2004, später Nachmittag. — Das Reiterstandbild von Kemin hat mein Interesse schon am vergangenen Sonntag geweckt, nach der nächtlichen Ankunft in Bishkek, als ich mit Ramil und Nikolai zum Fischessen an den Issyk Kul gefahren bin. Am Ende einer Zeile von Teehäusern ein Pferd auf der Hinterhand, Kruppe, Schweif und Flanken vom Mantel des Reiters bedeckt, dessen ausgestreckte Rechte nicht das Schwert hält, dieses steckt in der seitlich herabhängenden Scheide, sondern eine Schriftrolle.

»*Ein Held?*« habe ich gefragt, dem Denkmal im Rückspiegel nachblickend.

»*Es gibt viele Helden.*« Nikolais ernsthafte Antwort.

»*Baatyr*«, hat Ramil fast gleichzeitig nachgeschoben und wiederholt: »*Baatyr!*«
Damit war die Sache für die beiden Freunde erledigt.

Gewiß hat Nikolai recht: es gibt viele Helden, und nicht jeder muß ein Eroberer sein. Eroberer oder Weiser, als dessen Attribut könnte die Schriftrolle gelten, – in beiden Fällen hat man es mit einem Adligen zu tun, mit dem Anführer eines Clans, einem 'Batyr' eben.

Doch welcher Batyr sitzt auf dem Pferd? Auf den ockerfarbenen Kacheln des Sockels steht über *Baatyr* in größeren Buchstaben *Shabdan.* Name oder ein Titel? Kaum die kirgisische Transkription von *Sayin Khan*, Zuname von Batu, Dschingis Khans Enkel und Anführer der <u>Goldenen Horde</u>. Dagegen spricht schon die Geographie, denn die östliche Grenze dieses Reichs läuft vom Südufer des Aral-Sees nördlich am Balkhash-See vorbei. Das Tal des Chu und das Straßendorf Kemin an dessen Eingang liegen also weit außerhalb davon. Dieses Tal, in das wir nach dem Zwischenhalt in Kemin wieder einbiegen werden, gehört vielmehr zum *ulus Chaghatai* und ist das fruchtbare Kernland der Kirgisen vom Tian Shan. Doch warum sollen die Kir-

Dschingis Khan nimmt noch zu Lebzeiten die Aufteilung des gesamten eroberten Gebiets unter seine vier Söhn vor. Die Gebietsteilung bedeutet keine Zerstückelung, sondern entspricht mongolischer Tradition, die im Gegenteil darauf abzielt, die zukünftige Einheit des Reiches auf der Basis familiärer Kooperation zu sichern.

Zum *ulus*, dem Lehen, des ältesten Sohns Jochi wird das Gebiet westlich des Irtysch bestimmt, dem aus dem Altai nordwärts durch Omsk und Tobolsk dem Ob zufließenden Fluß. Da Jochi aber noch vor seinem Vater Dschingis Khan stirbt, kommt das Gebiet an dessen Sohn Batu, der es nach Westen hin über das Schwarze Meer hinaus vergrößert und 1241 Saray an der Wolga zu seiner Hauptstadt macht. Der Ursprung des Namens 'Goldene Horde' ist unklar. Viel-

gisen – im 13. Jahrhundert sind sie zwar formell unter mongolischer Oberherrschaft, aber ihre archaische Sozialstruktur der Stämme wird davon kaum berührt – am Ende des 20. Jahrhunderts ein Denkmal von Chaghatai, Dschingis Khans zweitem Sohn, an die Straße nach Issyk Kul stellen?

Auf der Fahrt vom Sonntag ist Nikolai im Fond des *Mercedes* eingeschlafen. Ramil haben entgegenkommende Fahrzeuge vor einer Radarfalle gewarnt.

leicht hängt er mit der mongolischen Vorstellung zusammen, daß Gold eine kaiserliche Farbe ist. Vielleicht beruht er aber auch auf der Tatsache, daß die Khane ein Zelt aus vergoldetem Silber besitzen, wie im 14. Jahrhundert Ibn Battuta eines beschreibt

Bei der Gebietsteilung erhält Chaghatai, zweiter Sohn Dschingis Khans, Mawarannahr, Kaschgarien, das Siebenstromland östlich des Balkhash-Sees und die westliche Dsungarei. Ogedai, der dritte Sohn, übernimmt die östliche Dsungarei, die Mongolei und die eroberten chinesischen Provinzen. Gemäß mongolischer Sitte wird der vierte Sohn, Tolui, verantwortlich für die angestammten Weideplätze und die Elitetruppen. Toluis Söhne Mongke und Qubilai führen dann die Eroberung Chinas zu Ende, während ihr Bruder Hulagu das Kalifat stürzt und das Il-Khanat von Persien errichtet.

»Hast du keinen Radarspion?« Ich habe mich bereits gewundert, das unter dem Rückspiegel kein solcher steckt. *»Jeder in Zentralasien hat doch so einen.«*

»Die Polizei kassiert auch, wenn ich nicht zu schnell fahre«, hat Ramil geantwortet, aber dennoch ein bißchen verlangsamt.

An der Straße, wo Büsche an sie herantreten, zahlreiche Mädchen. Landmädchen, habe ich gedacht. Jene, die tagsüber in Bishkek unter den Bäumen an der Ibraimova-Straße stehen, sind stärker geschminkt. Ihretwegen haben Ramils Eltern an der zerkritzelten Treppenhauswand neben der Wohnungstür ein Kartonschild angebracht, in kyrillischer Schrift: *Kein Hotel*.

»Was nehmen sie?« habe ich die beiden Freunde gefragt.

»Vielleicht dreihundert Sum«, hat Nikolai, inzwischen aufgewacht, zur Auskunft gegeben und ergänzt: *»In Bishkek das Doppelte.«*

Hundert *Sum* sind zwei Dollar. Dafür gibt es zwanzig kirgisische Fladenbrote, und Nikolai könnte damit zwei Päckchen Zigaretten kaufen.

Draußen in der Ebene ein Viehmarkt.

»Angenommen, Ramil, du würdest eine Kuh anfahren – was kostet dich der Schaden?«

»Vielleicht zwei- bis dreitausend Sum, wenn es eine junge Kuh ist«, sagt Nikolai.

»Mein Mercedes wäre kaputt.« Ramil hat die Vorstellung einer Kollision gar nicht gefallen.

Dann für einige Zeit enge Kurven. An unübersichtlichen Stellen wiederholte Versuche entgegenkommender *Ladas*, bei Überholmanövern Tag und Leben zu beschließen.

»Blöde Fahrer!« Ramil hat zu sich selbst gesprochen. Dann zu mir gewandt: *»Siehst du das Nummernschild? Issyk Kul!«* Er wiederholte seinen Ärger: *»Blödes Landvolk!«*

Den *Mercedes* aber hat Ramil keine Handbreit aus der Straßenmitte genommen. Ich habe zur Vorsicht gemahnt, denn die Sache mit Baatyr hat mich beschäftigt.

Im oberen Teil des Chu-Tals, beim Durchfahren einer ganz bestimmten Biegung, hat dann die Geographie den Gedanken aufgedrängt, daß genau hier die westliche Grenze des Reichs der Dsungaren und danach, um 1800, auch jene des Qing-Reichs der Mandschu, die sich nach dem Ende der Ming in Beijing als letzte Dynastie der zweitausendjährigen kaiserlichen Geschichte installiert, hätte verlaufen können.

Das Dsungarische Reich (1671–1760) ist der Pufferstaat zwischen dem Reich der Qing (1644–1911) und dem moskowitisch-russischen Reich (1613–1917), die sich um die Hegemonie im eurasischen Herzland streiten. Während dieser Periode drängen aber auch die zentralasiatischen Gebilde, die nach der Desintegration des Mongolenreiches hervorgegangen sind, von den Rändern her ins Zentrum Eurasiens vor, wo sie aufeinanderstoßen, Verträge schließen und feste Grenzen ziehen. Damit blockieren sie den bisherigen uneingeschränkten Bewegungsraum der nomadischen Völker und beenden deren aktive Rolle als geschichtsbestimmende Kraft.

Die Dsungaren – ihre ursprüngliche Heimat liegt am Altai, im westlichen Teil der heutigen Mongolei und der heutigen chinesischen Provinz Xinjiang – sind das einzige Volk nomadischer Reiter, das sich erbittert gegen die von Jesuiten gebauten Kanonen und das Schießpulver der Mandschu wehrt. Als Gründer des Dsungaren-Reichs gilt Kungtaidschi Baturs (mongolisch Batur Hongtaiji) Sohn Galdan, und zwar im Moment, als er 1678 vom Dalai Lama, in dessen Kloster in Lhasa im Kloster er unterwiesen worden ist, den Titel eines *Boshoktu Khan* empfangen hat.

Die Oiraten, zur Zeit Dschingis Khans ein westmongolischer Stamm, beginnen als Stammeskonföderation im 15. Jahrhundert ihre Macht über den Steppenraum zu konsolidieren, bevor sie im 18. Jahrhundert zwischen China und Rußland aufgerieben werden. Eine der oiratischen Untergruppen sind die Dsungaren.

Könnte das Denkmal in Kemin, habe ich mich gefragt, etwa Batur Hongtaiji darstellen?

Dieser Batur ist der ambitiöse dsungarische Anführer, der die Situation seines Pufferlandes zwischen den Qing (1644–1911) und dem moskowitischen Rußland (1613–1917), den beiden Großmächten, welche die Dsungaren einquetschen, richtig einschätzt und entsprechend nutzt. Er ist zwar noch nicht einiger und unbestrittener Anführer der Oiraten, und trägt, da er nicht direkt von Dschingis Khan abstammte, lediglich den Zunamen *Hongtaiji* – 'Zweiter Kommandant nach dem Khan'. Aber Batur festigt die Gemeinschaft der Oiraten-Stämme so weit, daß nach ihm immerhin die Basis für ein dsungarisches Reich gebildet ist, und bietet den Russen als Alternative zum Krieg friedfertigen Handel an, interessant für Moskau, das bereits Anfang des 17. Jahrhunderts zunehmend diplomatische Beziehungen zu den mongolischen Anführern in Eurasien aufgenommen hat. Nicht nur verlangt nämlich die Eroberung Sibiriens eine gesicherte Südflanke, sondern in den weiten Wäldern des hohen Nordostens herrscht wachsender Bedarf an Vieh und Pferden aus nomadischer Zucht. Ebenso ist aber gutes Einvernehmen mit den Nomaden wichtig für Moskaus Kontakte zu China, wie man seit der ersten Gesandtschaft nach Beijing im Jahr 1618 weiß.

Im Rahmen gutnachbarschaftlicher Beziehungen bemüht sich Batur unablässig um die Gewogenheit des Zars. Während seiner Regierungszeit reisen dreiunddreißig Gesandtschaften nach Moskau. Batur selbst empfängt neunzehn zaristische bei sich in der Steppe. Streitigkeiten betreffen entweder die schwankende Loyalität der Kirgisen gegenüber den Chinesen oder den Russen sowie den Zugang zu den

Salzvorkommen. Daß die Kirgisen die beiden Parteien gegeneinander ausspielen, rächt sich dadurch, daß sie am Ende doppelter Souveränität und Abgabenpflicht unterworfen werden.

Geschickter agiert Batur, der gegenüber den Russen das dsungarische Recht des abgabenfreien Handels in Tobolsk und Tomsk erwirkt, wobei der Tauschhandel im Rahmen sogenannter diplomatischer Geschenke erfolgt. Für Pferde, Vieh, Schaffelle und Pelze erhalten die Dsungaren handgefertigte Erzeugnisse aus Tuch, Leder, Seide, Silber, Walroßzahn und Metall. Vermittler innerhalb dieses neuen innerasiatischen Handels sind die turkmenischen Händler aus Buchara, und vielleicht hört Batur durch sie von den Wundern Samarkands, die zweihun- Dazu Buch III, *Schnee in Samarkand.* dert Jahre zuvor Timurs Stadt zum Mittelpunkt der Welt gemacht haben. Batur nährt zwar keine weltherrschaftlichen Ambitionen, aber eine anständige Hauptstadt will er dennoch. An dem Irtysch kommt sie zu stehen, russische Steinhauer und Zimmerleute, Schmiede und Geschützbauer sollen sie verschönern. Aber Moskau schickt nur die Schweine und Hühner für die Farmen, mit denen Batur die landwirtschaftliche Basis des entstehenden seßhaften dsungarischen Staates errichten will. Gewehre, Munition und Rüstung erhält er nicht. Moskau will Innerasien frei von modernen Waffen, vor allem von der Artillerie, mit der es die bogenschießenden Kavallerien eines Tages endgültig zu besiegen gedenkt.

Das Salz bleibt die Ursache, an der sich der schwelende Konflikt zwischen den beiden Nachbarn immer wieder entzündet. Wichtigste Ressource des Reichs der Dsungaren und lebensnotwendiger Nährstoff in der Diät der sibirischen Siedler, wird es am großen See bei Yamysh am Mittellauf des Irtysch gewonnen. Obwohl der See auf dsungarischem Gebiet liegt, baut Rußland dort ungehindert ab, bis 1620 die Dsungaren fremde Ausbeutung ihres Salzes zu unterbinden beginnen, was zwangsläufig zu Waffengängen führt. Rußland plant den Bau eines Forts, läßt die Idee aber fallen – zu lang sind die Versorgungslinien, und es fehlt an Weideland –, schickt dafür aber periodisch militärische Expeditionen an den See, die erforderlichen Mengen an Salz zu beschaffen. Beeindruckt vom Angriff eines zweitausendköpfigen dsungarischen Heers auf einen solchen Raubzug im Jahr 1634, billigt der Zar den Dsungaren schließlich die Salzgewinnung zu, während Batur als Gegenleistung für mehr Handel den ungehinderten regelmäßigen Durchzug der Salzkarawanen vom Yamysh-See nach Rußland garantiert. Am See lassen sich Kaufleute nieder, und die Niederlassung wird rasch wichtigstes Handelszentrum in Sibirien. Im Tausch gegen Metall, Textilien und Glas verschafft sich Rußland dort Pferde, chinesische Waren und verbotenerweise auch Sklaven.

Diesem Batur Hongtaiji hätte ich gern ein Denkmal gegönnt.

Aber die Statue bei Kemin kann seine nicht sein. Es kann überhaupt keine Statue von Batur gegeben. Weder bei Kemin in Kirgistan, noch in Karamay in der chinesischen Dsungarei nördlich von Ürümqi, noch im Altai, dem ursprünglichen Herkunftsgebiet der Dsungaren oder sonstwo. Es gibt keine Dsungaren mehr, die sich eine Statue hätten wünschen, geschweige denn errichten können. Von allen Nomadenvölkern halten sie am längsten den chinesischen Armeen und den von den Jesuiten konstruierten Kanonen stand, bis zwischen 1755 und 1759 die über Urga (Ulaanbataar) und Ürümqi nach Kashgar und Yarkand getragenen Feldzüge Generals Zhaohui unter Qing-Kaiser Qianlong das Volk der Dsungaren auslöscht. Eine Million Tote fordert das durch Pocken verschlimmerte imperiale Unternehmen.

Will ich wissen, wer Shabdan Batyr ist, muß ich Jamilia fragen.

Inzwischen, auf der heutigen Fahrt zum Issyk Kul, sind wir nun tief in der Schlucht und immer noch in der Straßenmitte.

Farbig oder silbern bemalte, auf Tumuli plazierte Zementfiguren erinnern an die zerbrochene Ordnung vor 1991. Eine armlose Faust am Ende des Eisenstabs. Ein vorgestelltes Knie ohne Wade.

Dann unerwartet im Ufergebüsch die roten Gummikappen von zwei Kanuten. Der Fluß drängt sich an dieser Stelle zwischen Berg und Straße, und das grünliche Wasser springt wild. Über uns am Steilhang, wie dicke Raupen, die rostbraunen Lawinenverbauungen der Schmalspurbahn. Im offeneren Vorland unterhalb des Issyk Kul eine verlotterte Station. Umgestürzte Ölfässer auf sandigem, flächigem Gelände.

Die Schmalspurbahn steht im Zusammenhang mit der bei Balykshy am westlichen Ende des Sees liegenden sowjetischen Marinebasis, auch wenn es seltsam erscheint, daß eine Einrichtung dieser Natur so weit entfernt von allen Meeren gelegen haben kann.

Ja, sie haben von den atomar angetriebenen Torpedos gehört, bestätigen die beiden Freunde, und einmal im Sommer seien sie um die Mauer geschwommen. Aber bevor sie irgend etwas gesehen hätten, wären Soldaten aufgetaucht.

Nikolai trägt ein rotes T-Shirt mit großer weißer Aufschrift *RUSSIA*. Im Jahr 1991 ist er gerade zehn. Gleich nach unserer Reise durch Kirgistan wird er seine russische Freundin, auch sie kaum zwanzig, heiraten. Nikolai hat mir alles über das Arrangement im Restaurant erzählt und auch die Kosten genannt. Der Bungalow am Issyk Kul für die Flitterwoche ist gebucht. Das junge Paar will nicht in Bishkek

Dazu Buch IX, von *Die Straße nach Jalalabad* bis *Schrottstraße II*.

bleiben. Die Kinder sollen russisch aufwachsen, am besten in Sankt Petersburg, wo Nikolais Verwandte leben.

Die atomar betriebenen Torpedos haben also nichts mit Nikolais Zeit zu tun und auch nicht mit der seines kirgisischen Freundes und Geschäftspartners Ramil.

Dann ist der Issyk Kul plötzlich da. Ein lanzettenförmiges Blatt auf eintausendsechshundert Metern Höhe im Schoß des Tian Shan. Zweitgrößter Gebirgssee der Welt. Siebenhundert Meter tiefes und hundertachtzig Kilometer langes Gewässer. Ein ideales Testbecken. Im kalten Krieg, weit hinter dessen Grenzen, aber nur einen Wimpernschlag von China entfernt.

Dazu Buch VI, *Baltische Verschiebungen*.

Ob das Gebiet Issyk Kul auf Grund dieser Vergangenheit oder aus Bequemlichkeit auch nach der Unabhängigkeit Kirgistans eine militärische Sicherheitszone geblieben ist? — Auch jetzt, innerhalb der neuen Weltordnung, die es notwendig oder zulässig macht, daß im Osten und Westen der kirgisischen Hauptstadt, auf den Flughäfen Manas und Kant, amerikanische und russische Kampfverbände stationiert sind, kaum eine Autostunde voneinander entfernt?

Karten und Petroglyphen

Weiterhin in Balykshy, I. Juli, 2004, später Nachmittag. — Als Ramil am vergangenen Sonntag den *Mercedes* durch den Checkpoint hat gleiten lassen, hat kein Uniformierter hingeschaut. Und gleichgültig hat auch Przewalski dagestanden auf einer mit Blumenbeeten bedeckten Aufschüttung, nebst dem senf braunen Abbild des Steppenpferds, das den Namen des Forschers trägt.

Jetzt wischt Nieselregen vom Himmel. Windböen rühren den See auf, als wir dessen Spitze umfahren, südwärts auf den 'Schattigen Berg', den Terskei-Alatau zu, an dessen höchster Flanke die Goldmine liegt.

Am Sonntag jedoch sind wir am Nordufer des Issyk Kul geblieben, von Balykshy aus der Flanke des Kungei-Alatau, des 'Sonnenbeschienenen Bergs', entlang nach Cholpon-Ata gefahren. Unterwegs die Begegnung mit dem Konvoi des wie alle zentralasiatischen Staatsoberhäupter seit 1991 regierenden Askar Akajew, der seine Wochenenden am See verbringt. Der Streifenwagen mit Rotlicht hat Ramil nicht nur dazugebracht, an den Straßenrand zu steuern, sondern wie vorgeschrieben dort auch anzuhalten.

Der Russe Nikolai Mikhailovich Przewalski (1839–1888) war einer der bedeutendsten Forschungsreisenden der Inneren Mongolei, der Dsungarei, des Karakorum-Gebirges und des nordöstlichen Tibets, obwohl er zweimal beim Versuch, Lhasa zu erreichen, und auch am Lob-Nur, Hedin›s »Wanderndem See« scheiterte. Przewalski wurde berühmt durch seine Studien des wilden Kamels und der Wildpferde. Seine Berichte sind gespickt mit abschätzigen Bemerkungen über die lokale Bevölkerung in Russisch- und Chinesisch-Turkestan, die seine geographischen und zoologischen Untersuchungen laufend behinderten.

Bis 1991 trug Karakol, die Stadt am Ostende des Issyk Kul, Przewalskis Namen.

In Cholpon-Ata dann geräucherte goldige Forellen.

Cholpon-Ata ist *SIKUL*.

Das *Hudud al-Alam. Die Regionen der Welt*, erwähnt diesen Ort in *§ 16 Diskurs zur Landschaft Chigil* mit folgenden Worten:

»SIKUL, eine große Stadt an der Grenze zwischen Khallukh und Chigil, nahe der muslimischen Welt. Sikul ist ein reicher und angenehmer Ort mit vielen Händlern.«

Ich habe die touristische Seidenstraßen-Karte Kirgistans des *State Service of Geodesy and Cartography of Kyrgyz Republic* in Bishkek dabeigehabt, wo ich zudem einen ganzen Stapel neuster Einzelblätter des Tian Shan, Maßstab 1 : 200 000, gekauft habe. Die Seidenstraßen-Karte nennt hundertsechzehn historische Orte und Monumente; *EAST MODELS KYRGYZFILM PRODUCING ENTERPRISES* hat darin ein Inserat plaziert, und über weißen Grund läuft die Figur des chinesischen Pilgers Xuan Zang, leichtfüßig, trotz des von Sanskrit-Schriftrollen angefüllten Bambussgestells am Rücken. Die Vorderseite der Falzkarte schmückt der Ausschnitt der *Carta Catalana* (oder einer etwas ungelenken Kopie, wie ich beim späteren Vergleich mit einer Reproduktion des Originals zu vermuten beginne) mit dem Issyk Kul. Der See ist als Ellipse mit geraden, parallel zueinander verlaufenden Längsseiten wiedergegeben und mit vertikalen Wellenlinien schraffiert. Darunter steht die Bezeichnung »Yssicoll«, während

Die *Carta Catalana* aus dem Jahr 1375, das umfassendste kartographische Werk des 14. Jahrhunderts und aus der Hand von Cresques Abraham (gest. 1387) besteht aus Pergament, ist brillant koloriert und auf Einzelblätter geklebt, so daß sie wie ein Leporello gefaltet werden kann. Ihr westlicher Teil ist eine auf die Küstenschiffahrt ausgerichtete Portolan-Karte, der östliche basiert auf Ptolemaios und ist ergänzt mit Informationen aus Marco Polos *Il Milione*. Die *Carta Catalana* bezeichnet den Übergang von den frühmittelalterlichen T-O-Karten zu den ersten, auf direkten Beobachtungen von Reisenden beruhenden Kartenwerken.

auf der oberen Uferlinie, halbperspektivisch dargestellt und so groß wie der See selbst, ein Bauwerk steht, mit Türmen an beiden Enden, gemäß dem Hinweis neben dem linken Turm das armenische Kloster: »Yssicoll en a quest locdies | marragtir dehores ermenianes esbogne deseni marhia joplrp«. Vermutlich ist diese Wiedergabe fehlerhaft, aber der enorme Rasterpunkt läßt keine exakte Entzifferung zu. Etwas links neben dem Kloster erhebt sich ein doppelhöckeriges Gebirge und gleich darunter begegnen sich zwei Schaftstiefel, knielange Röcke und Spitzhüte tragende Figuren, von denen die rechte drohend ihr Schwert hebt und nach dem Beutel greift, welchen ihr Gegenüber noch festhält. Der Kommentar daneben: »a quest homens abrialets acuillir diamonts«.

Während ich mich auf dem Kartenausschnitt weiter umsehe und dabei gleich neben dem Issyk Kul nach »Chabol« komme – auf dem Kopf stehend, weil der Teil, welcher die Region Kabul verzeichnet, vom Benutzer des Originals umgedreht werden muß –, hat Ramil den Weg zu den Petroglyphen erfragt.

Das Sträßchen zum Trümmerfeld führt über die letzten Häuser des Ortes hinaus. Drei Buben sind dem *Mercedes* nachgerannt und haben zuerst Ramil durch die Lücke der Einfriedung gelotst und dann uns durch das Labyrinth der Felsbrocken – auf dem zweitlängsten Rundgang, wie einer Tafel zu entnehmen gewesen ist – zu den schönsten Szenen. Irgendwann hat amateurhafte Restaurierung die prähistorischen Darstellungen fast zerstört, doch dann sind deutsche Archäologen zu Hilfe geeilt und haben stabilisiert, was noch zu sehen gewesen ist: Jagden auf Ibeks mit Hilfe gezähmter Schneeleoparden, Karawanen, Bogenschützen – einmal schaut einem solchen sogar eine Göttergestalt über die Schulter und ein Bulle. Der blonde und geschwätzigste der drei Buben weiß alles und drückt die Hand auf das in kyrillischen Buchstaben neben der Gottheit aufgepinselte Wort *Hooligan*.

Dann sind wir zu einem gespaltenen Block gelangt. Seine beiden Hälften zwei aneinandergelegte Handflächen, innen schimmernd und heller als die verwitterten Außenseiten, die aus dem Gras ragen. Ein Kranker, der sich in die kühle Mulde lege, wird gesund, heißt es, und einer der Buben hat es vorgemacht. Auf dem Rücken liegend, den Nacken nach hinten gebogen, habe ich über die Stirn hinweg verkehrt in das Gebirgstal geblickt, durch das der Bergsturz gekommen war. Tausende von schwarzen Blöcken in allen Größen, sich fächerförmig ausbreitend, sind in chaotischem Durcheinander stehen oder liegen geblieben, während Regen und Erosion den abgelagerten Schutt allmählich zum See hinuntergetragen haben.

Im 8. Jahrhundert v. u. Z. erscheinen dann die Saken am Issyk Kul, dem höchstgelegenen Gewässer, auf das sie während ihrer Westwanderung stoßen. Wundern sie sich über den Farbwechsel des Wassers, wenn ein Sturm dessen Oberfläche aufpeitscht oder wenn bestimmte, über dem Tian Shan aufziehende Wolken solche Veränderungen hervorriefen? Haben sie Boote? Räuchern sie den Fisch aus dem See? Jedenfalls räumen sie im Trümmerfeld kleine Flächen frei und begraben dort ihre Toten.

Laut Herodot ist *Saka* der persische Name für die Skythen. Die Wegstationen der Saken in Zentralasien, Nordwestpersien und Südrußland bilden Brücken für den Handel mit China. Von dort, aus dem Gansu-Korridor, sind die Saken durch die Landnahme der Issedonen oder Yüezhi westwärts vertrieben worden. Die Issedonen sind neben Hyperboreern und Arimaspen eines der mythischen Völker, die Aristeas von Prokonnesos im 7. Jh. v. u. Z. in seinem Epos *Arimaspea*, gründend auf seiner mutmaßlich authentischen Reise nach Innerasien – teilweise entlang der von Herodot geschilderten Nordroute der späteren Seidenstraße – in den goldreichen Altai, erwähnt.

Werkstraße

Kumtor, 1./2. Juli 2004, nachts. — Das Nordufer des Issyk Kul ist jetzt außer Sicht und der See ruhig wie eine Glasfläche. Auf einer Felskante über der Straße hantieren die Beleuchter eines Filmteams mit Scheinwerfern und Reflektoren. Kleine Friedhöfe kleben an niedrigen Hängen; über ihrem Lehmgeschachtel tanzende Mondsicheln aus Blech. Figuren vor den größeren weißgetünchten Gräbern aus Beton. Nomaden brauchen erst im Tod ein wirklich festes Haus.

Nachdem er in Balykshy beim Fischer für die morgige Rückfahrt geräucherten Fisch vorbestellt hat, hat sich Oleg zurückfallen lassen und ist verstummt.

Cholponbek schenkt einem alten Kirgisen an der Straße, der mitgenommen werden möchte, keine Beachtung. Ich frage nicht, ob er damit die Regeln der Firma beachtet, sondern nach seiner Zeit vor *Kumtor*.

»Soldat auf der sowjetischen Marinebasis Cam Rhan Bay.«

»Hat dir Vietnam gefallen?«

»Gar nicht.«

»Die Menschen?«

»Auch nicht.«

»Warum?«

»Verrückte.«

»Weshalb?«

»Klettern barfuß auf Palmen.«

»Um Kokosnüsse abzuschlagen.«

»Ich versuchte es auch.«

»Und?«

»Verschrammte Hände und blutige Knie.«

»Kokosnüsse?«

Cholponbek antwortet nicht, zählt dafür aber die Namen der amerikanischen Flugzeugträger auf, die während seines Wehrdiensts im sozialistischen Bruderstaat anhand von Profilkarten zu identifizieren gewesen sind.

Bei Barskaun die Abzweigung und das Schild. *Technical Road* – die Werkstraße zur Goldmine.

Die Brücke am finsteren Taleingang ist das kritische Nadelöhr zwischen Bishkek und Mine, für die unter Begleitschutz vom Berg hinunterkommenden Barren wie auch für das hinaufzuschaffende Quecksilber. Vor einigen Jahren ist ein Tanklastwagen in den Barskaun-Fluß gestürzt, Gift in den Issyk Kul gelangt. Nach der Brücke Schweizer Landschaft mit lichtem Tannenwald und stäubendem Sturzbach. Steile Schotterkehren durch Geröllhänge zur Baumgrenze hinaus und an den Rand der Hochebene, wo der Blick wegrutscht wie jener eines Kindes, das zum ersten Mal den Kopf über eine Tischplatte reckt.

Vor den blaßrosa Vollmond drängt Abendgewölk, verdunkelt die grüngeäderten Eisfelder, die hinabsteigen in ein weites schwarzes furchendurchzogenes Moor, in dem sich eine undeutliche Fahrspur abzeichnet.

»Seidenstraße!« sagt Cholponbek, ohne seitlich ins Moor zu blicken, das Kinn vielmehr nach vorn reckend, wo am eindunkelnden östlichen Himmel, knapp unter den Sternen die Lichter der Goldmine blinken.

Die Fahrspur im Moor führt zum Bedal-Paß, dem mehr als 4000 Meter über dem Meer gelegenen Übergang in die 'Eisberge', in den Liang-Shan. Dort trifft im Jahr 630 ein Desaster die Karawane des Pilgermönchs <u>Xuan Zang</u>. Eine Lawine oder, wahrscheinlicher, ein Eisschlag. Beides nicht ungewöhnlich im Tian Shan. Denkbar vor allem gegen Ende des Winters, wenn unter stärkerer Sonneneinwirkung die Schneemassen weich werden und schmelzende Firnblöcke von den Gletschern stürzen.

Die lokalen Führer müssen Xuan Zang auf das Risiko einer allzu frühen Überquerung des Tian Shan aufmerksam gemacht haben, sind sie doch mit den Gefahren bestens bekannt, welche Reisende gerade auf diesem Abschnitt der Arterie zwischen dem Tarim-Becken und dem Land der West-Türken zu gewärtigen haben. Aber zwei Monate in Kucha sind genug gewesen, und wider besseren Rat hat der Schriftensucher weitergedrängt, beim Unglück ein Drittel seiner Eskorte, wahrscheinlich einen noch höheren Anteil der Packtiere verloren – und das bereits bei der ersten von vielen Gebirgsüberquerungen und am Anfang der Reise. Mit den Ereignissen an diesem Ort hat Xuan Zangs überstürzter Aufbruch denn auch zu tun. Dem Anhänger des Mahayana-Buddhismus, des Großen Gefährts, welches nach der Auffassung des Pilgers die endgültigen Wahrheiten lehrt, ist der Aufenthalt im spirituellen Zentrum am Nordrand des Tarim-Beckens gar nicht gut bekommen. Ein gewisser Mokshagupta, geistlicher Ratgeber des Fürsten von Kucha und Abkömmlings einer tocharischen

Der Schriftensucher Xuan Zang ist eine der bekanntesten chinesischen Gestalten im Zusammenhang mit den Seidenstraßen. Im Jahr 629 verläßt er die Hauptstadt der Tang, Chang'an, um in Indien Kopien bestimmter in China noch unbekannter heiliger Schriften mit dem ursprünglichen Wort Buddhas zu beschaffen. Nach fast siebzehn Jahren kehrt er mit 657 Sanskritrollen nach China zurück, um sich fortan in einer ihm vom Kaiser erbauten Pagode den Übersetzungen zu widmen.

Im Rahmen von Xuan Zangs Religionstransfer, der Auswirkungen bis nach Korea und Japan zeitigt, erlangen die Tang eine Fülle von Erkenntnissen über Geographie, Sitten sowie soziale und politische Strukturen – dies in der expansionistischen Epoche, in der in den Westländern militärische Operationen im Gang sind.

Vermutlich im Jahr 644 wird im 'Geschichtsbüro' ein Bericht unter dem Titel *Da Tang gu sanzang Xuan Zang fashi xingzhuang (Der Bericht über den Werdegang des Dharma-Meisters Xuan Zang, Tripitaka der Great Tang)* eingereicht, mit dem Ziel, das Wirken des Pilgermönchs in die offizielle Geschichtsschreibung eingehen zu lassen, vermutlich mit Erfolg. Den Beinahme Tripitaka, die Sanskrit-Bezeichung für die heiligen Schriften, soll Xuan Zhang – gemäß dem *Xi You Ji* – erst auf Drängen des Kaisers angenommen haben.

Von der Reise des Schriftenholers ist eine Erzählung aus dem 13. Jahrhundert mit dem Titel *Die Poetische Geschichte, wie Tripitaka die heiligen Schriften holte* inspiriert, die mit Xuan Zangs tatsächlicher Unternehmung ein mythisches Thema verknüpft – nämlich jenes des himmlischen Wesens, das sich gegen das Regime des Himmels auflehnt und verstoßen wird, in diesem Fall die frühere Legende des Affengeists, der in einen Krieg gegen Yu den Großen, Beherrscher der Fluten, geraten und zweitausend Jahre später, um das Jahr 765 v. u. Z., zornentbrannt aus dem Fluß gezogen worden ist. Der Stoff der Pilgerreise nach Indien in Begleitung des Affens wird in einem verlorenen Schauspiel des 14. Jahrhunderts aufgegriffen, bevor im 16. Jahrhundert Wu Cheng'en (um 1505–1580) den gesamten Stoff im erwähnten *Xi You Ji* verarbeitet, das in China berühmte und beliebte Werk, das Arthur Waleys 1942 unter dem Titel *Monkey* als gekürzte englische Übersetzung dem Westen erschließt.

Dynastie namens Swarnatep (Su-fa Die in Chinesisch; *Suvarnadeva* in Sanskrit) – der 'Goldene Gott' – sowie Oberhaupt der in dieser Stadt versammelten Anhänger des Hinayana-Buddhismus oder Kleinen Gefährts, also ein Häretiker und in gewissem Sinn auch Materialist, an die äußere Welt und über Geruch, Gehör oder Tastsinn wahrnehmbare Dinge glaubend, im Gegensatz zu Xuan Zang, dem sich die Welt als eine Reihe durch das Bewußtsein hervorgerufener irriger Vorstellungen bar eigener Wirklichkeit darstellt –, dieser greise Mokshagupta also ist Xuan Zang, den er schon mit gewisser Geringschätzung empfangen hat, in einem religionsphilosophischen Disput unterlegen und hat vor dem jungen Besucher nicht verbergen können, daß er ihn zunächst einmal für einen kecken ambitionierten Besserwisser hält. Der junge idealistische Metaphysiker hat den Greis brüskiert, indem er die von jenem verehrten grundlegenden und in China bereits bekannten Hinayana-Texte des *Vibhasashastra* und des *Abhidharmakosasastra* für banal und oberflächlich erklärt – Anlaß genug, um in Indien an der Quelle vor allem andere mahayanistische Texte wie das *Yogasastra*, die Lehre des mystischen Idealismus, zu studieren.

Als ob sich das Unheil ankünde, ist Xuan Zangs Karawane hinter Kucha und bevor es in den Tian Shan geht einer tausendköpfigen Bande türkischer Banditen begegnet, die aber, beschäftigt mit der Verteilung einer kürzlich gemachten Beute, die Karawane des Pilgermönchs ungeschoren durchkommen lassen. Xuan Zang muß aufgeatmet haben, hat ihn doch der Kaiser mit hundert Unzen Gold, 30 000 Silbermünzen und 500 Rollen Seide ausgerüstet – Kapital, um eine zwanzigjährige Abwesenheit tief in den westlichen und südlichen Ländern jenseits der Grenzen Chinas zu bestreiten. Nach der Katastrophe im Labyrinth der klaffenden Eisschründe am Bedal-Paß, wo sich der Schnee seit Anbeginn der Welt abgelagert und mit den Wolken des Tian Shan verbunden hat, gelangt der Pilger am siebten Tag der Gebirgstraverse auf dem Pfad, dem die Werkstraße des Minenunternehmens folgt, an den Issyk Kul, wo er endlich mildes Klima findet. Am See, den die Chinesen *Re Hai*, 'Warmes Wasser', nennen, bemerkt Xuan Zang dessen salzigbitteren Geschmack, bevor er dem Chu entlang, ungefähr auf der Route der heutigen Straße, in die fruchtbare Ebene hinunter und nach Tokmak und an den Hof von Großkhan Kong gelangt. Die feueranbetenden Westlichen Türken respektieren, daß dem heiligen Mann aus China der Genuß von Alkohol untersagt ist und reichen ihm Traubensaft. Der Khan selbst ist entzückt über die Zehn Gebote, die ihm Xuan Zang vorstellt; er rät ihm aber auch, von der Reise nach Indika abzusehen, denn er fürchtet, jenem werde die dort herrschende Hitze schlecht bekommen. Zudem warnt er den heiligen Mann, die Bewohner Indiens seien Wilde und ohne jegliches Benehmen. Den herzlichen Empfang und die Sorge des Großkhans verdankt der Reisende dem Umstand, daß friedvolle Bande jenen und Kaiser Taizong verbinden, hat ersterer doch kaum drei Jahre zuvor einen juwelenverzierten goldenen Gürtel und fünftausend Pferde geschickt. Hat der Großkhan die Sendung wirklich als Tributgeschenk aufgefaßt? Oder ist es eher ein geschickter Schachzug – Timurs Taktik gegenüber den Ming siebenhundert Jahre vorwegnehmend –, um sich den Rücken freizuhalten? Zur Zeit von Xuan Zangs Durchreise befindet sich nämlich das Reich der Westlichen Türken auf dem Höhepunkt seiner Macht und entfaltet sich von den Peripherien Chinas nach Persien und von Kashmir zum Altai.

Schwarze Nacht herrscht unterdessen auf der *Technical Road*, und weil die zitternden Lichter der Mine nur langsam näher rücken, bitte ich Oleg um die angekündigten Informationen zu *Kumtor*.

Also: 1992 sind kanadische Prospektoren in den Tian Shan gekommen. Sie suchen Uran, hören indessen aber von sowjetischen Machbarkeitsstudien einer Goldmine, die aufgrund allzu großer Schwierigkeiten in Schubladen verschwunden sind. Ein rasch gebildetes internationales Konsortium unter Beteiligung des kirgisischen Staates überwindet diese aber rasch, so daß *Kumtor*, die Schmelze auf einer Höhe von über viertausend Metern, bald aus jeder Tonne Erz vier Gramm Gold gewinnen kann. Reicheres Gestein wird künstlich reduziert, da sonst andere Extraktionsmethoden angewendet werden müssen – bei sinkender Rentabilität. Die ins Tal geschafften Goldbarren sollen auf den Börsen von Frankfurt und London zum Verkauf gelangen. Im Zusammenhang mit Verfeinerungsprozessen erwähnt Oleg noch eine Firma des Hauses Rothschild, aber Details sind ihm unbekannt.

Es ist fast Mitternacht, als die Soldaten am Eingang des Minengeländes unsere Ankunft weitermelden.

Nach ein paar Kilometern halten wir im Flutlichtdom der Containersiedlung. Sicherheitskontrollen wie auf einem Flughafen. Röntgengeräte für das Gepäck – kein Alkohol, keine Waffen, keine Drogen, mahnt ein Schild. *Kumtor* ist eine kanadische Enklave im Tian Shan.

Mischa, ein russischer Bär in Leibchen, Jeans und Cowboystiefeln, bringt uns in die Kantine. Dort ein paar Arbeiter der Nachtschicht vor unglaublichen Portionen. Auch Oleg und Cholponbek haben vollgehäufte Teller vor sich, während ich mich an einem Teeglas festhalte. Als ich aufstehe, sagt Mischa, »es« sei vollkommen normal und nickt. Mischa, der *Kumtors* Besucher herumführt und deren gesundheitliche Schwierigkeiten nach der sechsstündigen Fahrt von Bishkek herauf kennt, sagt bloß, als er die Schlüssel aushändigt und den Weg durch die grell erleuchteten Containergänge zu unseren Räumen weist, daß es bei akuten Problemen während der Nacht am Eingang der Unterkunft eine Wache gebe.

Der namenlose Berg

Kumtor, 2. Juli, 2004. — Neben der Pissoirschüssel hockend wache ich auf. Weiß, daß ich mit einem schweren Gewicht auf der Brust aufgewacht bin – falls ich zuvor tatsächlich geschlafen hatte –, den Waschraum gefunden habe, aber nicht, wie lange ich bewußtlos auf dessen Boden zugebracht habe.

Um sechs Uhr morgens stoße ich in der Kantine zu Mischa, trinke ein Glas heißes Wasser, und sofort geht es in seinem Jeep zum *Dispatch Point*.

Der Felskopf erreicht 4200 Meter über Meer. Ein Container befindet sich darauf, und in diesem untergebracht ist das zentrale *GPS* (das satellitengestützte globale Positionsbestimmungssystem des amerikanischen Verteidigungsministeriums) von *Kumtor*, das über die in jedem Bagger, jedem Muldenkipper und auch in jedem anderen Fahrzeug untergebrachte Navigationssystem deren aktuelle Bewegungen oder Standorte erfaßt, so daß im Hauptsitz der Fördergesellschaft im kanadischen Sasketchewan der Verbleib jedes Vehikels zu jedem Augenblick bekannt ist.

In der Tiefe unter uns das Mahlwerk und die Schmelze, zwei blaue Schatullen mit Walmdach, leuchtend im harten Licht der Morgensonne. Das Bergpanorama ist ordentlich. Nicht gewaltig. Gegenüber, am Fuß vertikaler, an einem Grat hängender Firne, ein nicht unbedeutender Gletscher, der nach einem Kilometer die Mine erreicht, in deren Bereich er stumpfgrauen Trauerflor trägt, vor allem die Zunge des Eises, welche die untersten, noch im kalten Morgenschatten liegenden Abbauterrassen berührt. Auf ihnen fußend, klettern die gewundenen Stufen die Flanke des Berges zu unserer Linken hoch, bis unter die Eiskappe des Gipfels.

Mir ist schlecht. Atmen, den Ausschnitt der Aufnahme bestimmen, Licht messen, den Film zurückspulen, alles geht furchtbar langsam. Es ist kalt, wahrscheinlich sehr kalt, aber das lenkt ab von der großen Übelkeit.

Auf meine Frage, wie denn der Berg heiße, antwortet Mischa, er habe keinen Namen.

Mischa hat recht. Berge, die verschwinden, benötigen keinen Namen.

Ich mache ein paar Aufnahmen und bleibe stehen, der Versuch, die Abbauterrassen zu zählen, scheitert.

»*Die Lagerstätte von Kumtor gehört zum Tian-Shan-Goldgürtel*«, höre ich Mischa sagen, und ich erbreche Wasser.

Dazu in diesem Buch *Das Loch in der Wüste.*   »*Das andere Ende ist bei der Mine von Murantau in der Wüste Kyzilkum, in Usbekistan.*«

Knieend blicke ich auf die ausgeworfene Flüssigkeit, die sich sofort mit schwarzem Staub überzogen hat, und antworte, daß ich vor zwei Jahren in jenem Loch gewesen war.

Inzwischen haben sich die Morgenwolken aufgelöst, und Mischa meint, es sei nun an der Zeit für den obligatorischen *medical check*.

Der direkte Weg von der Mine hinunter auf Meereshöhe würde durch eine Druckkammer führen – genauer jene der Krankenstation in der Klinik des Werkhofs oberhalb der Containersiedlung, bei der es sich um eine Spezialanfertigung einer auf Tauchausrüstungen spezialisierten Firma aus Südafrika handelt. Sie steht direkt der Liege gegenüber, auf die zu legen mir die Krankenschwester empfohlen hat, nachdem der Ausdruck auf einem Streifen Thermopapier die Sauerstoffsättigung meines Blutes mit nur 70 Prozent anstatt mit 90–95 Prozent angibt. An der Sauerstoffmaske vorbei sehe ich Dr. Kadyrov. Er konstatiert die üblichen Symptome der Höhenkrankheit.

»Sie kennen sicher diesen Hollywood-Streifen – mit den Bergsteigern?«

Ich schüttle den Kopf.

»Sehen Sie, da gibt es diese Szene, wo sie Steroidhormone spritzen. Das können wir mit Ihnen machen – wenn Sie wollen. Dexamethasone, ein laktogenes Hormon. Wird für Schmerz-Management eingesetzt, zum Beispiel zur Unterdrückung der Übelkeit bei der Chemotherapie. Wir setzen es manchmal bei wichtigen Missionen ein. Hilft, der Höhenkrankheit vorzubeugen und sie zu kurieren.«

Ich hebe dankend die Hand. *Dexamethasone* interessiert mich nicht.

»In schlimmen Fällen gibt es nur den Aufenthalt in der Druckkammer – vierundzwanzig Stunden.«

Die Zeit hätte ich nicht, wende ich ein.

»Wissen Sie, die Höhenkrankheit ist völlig unberechenbar. Hier oben erwischt es immer wieder auch akklimatisierte starke kirgisische Arbeiter.«

Die Aussage ist beruhigend.

»Wissenschaftler jagen das Gen, das dem Organismus erlaubt, sich an sehr große Höhe zu gewöhnen.«

Auch das ist gut zu wissen, denke ich, schiebe die Maske zurecht und versuche, mir diese Jagd vorzustellen.

»Die Alpinmedizin ist sich aber einig, daß in schweren Fällen allein der sofortige Abstieg hilft. Fühlen Sie sich besser?«

Ich weiß nicht, ob es mir gelingt, aufgeräumt zu wirken.

»Gehen Sie hinunter! Gleich. Das ist besser als mit der Ambulanz.«

»Ich soll doch noch in den Goldtresor!«

»Wenn sie wieder zur Schmelze hinaufgehen, verschlimmert sich Ihr Zustand von neuem.«

»Bloß eine Viertelstunde?«

»Dauer spielt keine Rolle. Die Höhendifferenz macht den Unterschied!«

Ich nicke. Zum Teufel mit dem Gold! Mit dem Raum voller gelber Barren.

In Kumtor würden alle Maschinen nur mit 70 Prozent ihrer Arbeitsleistung funktionieren, wieso der menschliche Körper da 100 Prozent aufbieten solle, fragt

Mischa, als wir zur Containersiedlung hinunterfahren. Dem ist nichts hinzuzufügen.

Den Petrov-See müsse ich aber noch sehen, sagt Mischa. Dahin ziehe er sich zurück, wenn er den Minenbetrieb einen Augenblick lang vergessen wolle.

Das graugrüne Gewässer liegt hinter einem Bergrücken und ist vom *Dispatch Point* aus nicht zu sehen gewesen. Der ebenmäßige, flache Gletscher, dessen breite Zunge das hintere Ende des Sees bildet, füllt das weite Tal bis zum fernen gleißenden Sattel, wo er entspringt. Eine am diesseitigen Ufer installierte Pumpe befördert mittels schwarzer Rohre das Wasser zu Mahlwerk und Schmelze hinauf. Die zweite, in einer Zementwanne verlegte Rohrleitung hingegen, der wir bei der Wegfahrt begegnen, führt das *Tailing* ab – bildhaft erscheint mir der von Mischa benutzte Fachbegriff für die schlammartigen Rückstände der Goldgewinnung, die in eine Senke am Rand des Moors abgeführt werden.

Noch innerhalb des Minengeländes kommen wir an einem Steinhaufen vorbei, auf dem das eindrückliche Geweih eines Ibek steht.

Ob es viele Tiere gäbe auf dieser Hochebene, möchte ich wissen. Einmal, im Winter, hätten sie ein Rudel Wölfe erschießen müssen, sagt Mischa Die suchten Fressen und wurden zur Gefahr für die Arbeiter. Das Kirgisische Gold des Tian Shan bewachen also nicht wie jenes in den stollenartigen Gruben des Altai Aristeas' Greife oder jenes aus der baktrischen Wüste die von Herodot erwähnten riesenhaften Ameisen.

Dazu Prolog, *An der ›Dsungarischen Pforte‹.*

Gelangweilt blicken uns vor dem Eingang ihrer Bauten stehende gelbbraune Murmeltiere nach.

»*Suur!*« sagt der junge Kirgise, der nach Beendigung einer firmeneigenen Bergrettungsübung zugestiegen ist und zurück nach Bishkek will: »*Russisch: Surok.*«

Von diesen Nagern Zentralasiens, vornehmlich denen im Tian Shan, habe ich gelesen, allerdings unter dem Namen *tarbagan.* Gemäß einer Theorie sollen sie Ursprung der Pest gewesen sein, welche die indigene Nomadenbevölkerung nicht tangiert, da jene sich nicht in der Nähe der infizierten Nager aufhalten, und umgekehrt die Flöhe den Geruch von Pferden auch nicht mögen. Hingegen scheint die seßhafte Bevölkerung in den Städten entlang der Seidenstraßen, die im 13. Jahrhundert, während der *Pax mongolica*, aufgrund des Handelsaufkommens prosperieren, anfälliger für die Pestinfektion zu sein. Als Übermittler der Erreger auf den Menschen kommen, hat es weiter geheißen, die Hunde der Handelskarawanen in Frage. Wie auch immer – um 1340 erfaßt die Epidemie das mongolische Khanat der Goldenen Horde und dessen Hauptstadt Saray – die venezianische Niederlassung am Unterlauf der Wolga –, erreichte schließlich den von den Genuesern 1266 gegründeten Schwarzmeerhafen Kaffa und wird, indem sie mit diesen nach den Mittelmeerhäfen segelt, zur Pandemie, einer kontinentübergreifenden Krankheit.

Oleg, Cholponbek und der zugestiegene Kirgise unterhalten sich ausführlich über das Jagdglück von Touristen, die Ibeks mit Pfeil und Bogen nachstellten – gegen diese Waffe habe das Tier eine Chance –, während ich vom Tannenwald träume und den Wiesen dazwischen, wo, viel tiefer und fast schon in Reichweite des Issyk Kul, mein Blut unter angemesseneren Bedingungen bestimmt rasch wieder seine versorgende Funktion erfüllen würde, die Übelkeit im Nu verfliegen müßte, wo ich gestern auf der Hinfahrt ein hellbraunes Fohlen gesehen habe, das bockend die mit zusammengebundenen Vorderbeinen, wie es mir vorgekommen ist, verächtlich verständnisvoll dreinblickende Stute umtollt hat.

BUCH VI

SEIN ODER NICHT SEIN

'Kurdischer Exodus'

Orumiyeh, 17.–21. April 1991. — Am 27. Februar, hundert Stunden nach Beginn der Bodenoperationen, war die Angelegenheit wieder eingerenkt gewesen:

Zu Ende der zweite Golf-Krieg, als »Operation Desert Storm« über den Bildschirm gegangen und vorgetragen durch Truppenkontingente einer Koalition von vierunddreißig nicht nur westlichen Alliierten, angetreten unter dem Oberbefehl Norman Schwarzkopfs zur Sicherung texanischer Ölinteressen. Aufgehoben die irakische Annexion Kuwaits nach Saddam Husseins dreistem Überfall vom 2. August des vergangenen Jahres.

Angesichts der totalen Niederlage hatten die Iraker rasch noch die Ölfelder des Emirats in Brand gesteckt, darauf hoffend, daß ein pechschwarzer Himmel beim wenig geordneten Rückzug Deckung biete. Das war jedoch nicht der Fall gewesen. Das kilometerlange Chaos verkohlter Panzer, Lastwagen, Busse und Geländewagen auf dem 'Highway of Death' sah aus, als hätten die Sieger dieses kurzen Kriegs den großen Fahrzeugklau der Iraker in Kuweit umgehend mit offensichtlich unverhältnismäßigem Beschuß vergolten. Jedenfalls war es dieser Eindruck gewesen, den die Bilder vermittelt hatten, mit denen die aus der vorangegangenen Einpferchung im *pool* losgelassenen Medien zurückgekommen waren. So frustrierend muß zuvor der Mangel an abbildbaren Aktionen während der Gängelei im Troß gewesen sein, daß es nach Einstellung des Feuers zu Groteskem gekommen war. Fotografen sollen, wie zu hören gewesen war, im Eifer um das klassische Bild dieses seltsamen ersten Kriegs des neuen Jahrzehnts gar der vom fotografischen Bild zuweilen beanspruchten Wahrheit nachgeholfen haben.

Zweihundertvierzig Kilometer vor Baghdad hatten die Befehlshaber den Vormarsch der amerikanischen und britischen Truppen sowie der Einheiten der französischen Fremdenlegion dann abgebrochen, in der Meinung, nach dem erlittenen Debakel würde sich Saddam Hussein in die von Präsident George

Postscriptum:
Jahre später sind bei der Bildsuche im *Online*-Archiv von *Magnum* tatsächlich drei Variationen desselben Motivs von drei verschiedenen Fotografen zu finden, die unter dem brennenden Horizont, vor einem zerstörten Panzer und im ölgeschwärzten, von aufgeregtem Getrampel aufgescharrten Sand den galvanisierten Kadaver eines toten Iraki ohne 'dessen' *AK-47* oder aber diese an verschiedener Stelle liegend zeigen. Die Bemühung, den Eindruck zu erwecken, der Soldat habe die seltsam unversehrt glänzende Waffe im Augenblick des Todes fallengelassen, ist offensichtlich zum makaberen Witz geraten.

H. W. Bush am 11. September 1990 ausgerufene »Neuen Weltordnung« fügen, wenn auch grollend.

Der Diktator im Filzhut hatte indessen nicht die Welt im Auge, sondern das Fortbestehen der uneingeschränkten Herrschaft. Die basiert auf der sunnitischen Minderheit im multiethnischen Irak, und deshalb hatte er den übriggebliebenen Rest seiner Armee nach Mosul und anderswohin im Norden geworfen, den aufflackern-den Frühling der Kurden zu ersticken, die auch nach dem 1988 im Städtchen Ha-labja gegen sie eingesetzten Giftgas die Entschlossenheit des Regimes in Baghdad zu verkennen schienen. Mehr als eine Million war in endlosen Konvois aus Lastwa-gen, Traktoren mit Anhängern, Kleinbussen, Geländewagen und *Corolla*-Taxis, auf Baggerschaufeln kauernd, mit Maultieren und zu Fuß ins Gebirge an der türkischen und iranischen Grenze geflohen. Ankara hatte anfänglich den Übertritt nicht zuge-lassen, mit dem Resultat, daß hart an der Grenze notdürftige Lager die noch schnee-bedeckten Bergflanken hinaufgewachsen waren, über denen bald an Fallschirmen abgeworfene Paletten mit Zelten, Decken, Babynahrung, Dosenfleisch und Biskuits niedergingen. Als Tehran bemerkt hatte, was die Bilder von der türkischen Seite des Geschehens bewirkten und gleichzeitig der ostwärts auf die iranische Grenze ein-drängende Flüchtlingsstrom die eigenen Möglichkeiten zu überfordern begann, ließ es Journalisten in das Land.

Der kurdische Exodus ist meine erste Exkursion in eine humanitäre Krise, und der Grund meines Aufbruchs in den Iran ein (später zugunsten der Arbeit über die großen Deltas in Asien aufgegebenes) Projekt zur globalen Migration.

Der *Ershad*, das für Information und religiöse Rechtschaffenheit zuständige Ministerium, packt die schubweise mit alten *Hercules* der iranischen Luftwaffe nach Orumiyeh verfrachteten Ausländer am Flughafen umgehend in Busse und befördert sie zum Briefing in einem überheizten, dicht bestuhlten Raum eines Verwaltungsge-bäudes. Dank *Sony*-Kurzwellenempfängern weiß man, daß der 'Kurdische Exodus' in der Nachrichtenwelt draußen noch immer die *top story* ist. Genau, was die Jour-nalisten spätnachts noch einmal hören wollen und am Morgen zuerst, bevor sie die Tonaufnahmegeräte mit den von den Fotografen in die Abfalleimer geworfenen Batterien nachrüsten.

Ich habe Glück, muß nicht in der Halle des immer voller werdenden Hotels kampieren, sondern teile mit zwei Kollegen ein Zimmer.

Einer, Volker Kraemer, wird am 13. Juni 1999, drei Tage nach dem Einmarsch der *NATO*-Truppen in Kosovo, südlich von Priština mut-maßlich von einem serbischen Scharfschützen erschossen.

Genauso stark wie der Verlauf des kurdischen Exodus beschäftigt der dro-hende Redaktionsschluß des *Stern* die beiden, und deshalb sind sie froh ge-wesen, daß es dem Troß gelungen ist, den *Ershad* bereits für Freitag zu einer südlich über Piranshahr hinausführenden Schulreise zu drängen.

An diesem Tag mit von der Partie gewesen ist das Team des Privatsenders *RTL*, ein Freelancer-Pärchen aus Paris im Safari-Look, der Korrespondent des Dubai-Büros der *Times of India*, der alle ungefragt und überschwenglich mit seiner Freude über die Gelegenheit, dem Büro entkommen und an frischer Luft zu sein, konfrontiert, sowie ein Team des Irischen Fernsehens. Dessen Mikrofongalgen ist dann allen in die Quere und ins Bild geraten, als wir nach drei- oder vierstündiger Fahrt über kurvenreiche Bergstraßen im Flüchtlingslager herumgestanden sind, das hoch über Sardasht am Berg liegt wie ein Amphitheater. Schwierig ist es gewesen, unter den Kurden solche mit abgezehrten Gesichtern zu finden, und die paar älteren, die der Begleiter des *Ershad* auftreiben konnte, hat man entsprechend zur Mitarbeit aufgefordert. Immerhin hat unser Überfall eine zusätzliche Verteilung von Fladenbroten bewirkt, die dringend gebraucht werden, wie sich im verzweifelten Eifer zeigt, mit dem ein Rudel Kinder die durch bewaffnete Polizisten verkörperte Ordnung und den Stacheldraht durchbrochen und Jagd nach zu Boden gefallenen Stücken gemacht haben.

Nervöses Hupen hat dann die Weiterfahrt angekündigt, und fast habe ich den Bus verpaßt. Denn hinter der Kuppe des Hügels, von wo aus der irische Mikrofongalgen nicht mehr zu sehen gewesen ist, bin ich in der Nähe eines halbzerstörten größeren Gebäudes auf Jugendliche mit Pelzkappen gestoßen. Sie haben versucht, ein schwaches Reisigfeuer in Gang zu halten, verwegen dem beißenden Rauch trotzend. Ich bin von ihnen weitergegangen zu ein paar schwarzen Zelten, wo eine alte Frau im geblümten Rock mit angezogenen Beinen auf einer aus den Angeln gehobenen rostigen Blechtür einer Hütte gesessen hat, die die wärmenden Strahlen der Sonne fing. Der Blick dieser alten Frau war auf die Berge gerichtet, die im Westen aus dem Dunst auftauchten, und auch der noch etwas weiter abseits auf seinen Fersen auf dem noch nachtkalten Boden hockende Großvater hat in diese Richtung, die der Heimat, geschaut, während ihm die Gebetskette unentwegt durch die Finger gelaufen ist.

Von Sardasht dann zur irakischen Grenze, in vom *Ershad* organisierten *Pickups*. Die Straße verschlammt, und mit dem Bach, dem sie folgt, in das Tal des Sirvan mündend, das sich noch einmal weitet, bevor der Fluß silbrig springend in einer Schlucht verschwindet. Durch diese führt die von Kirkuk und Halabja in den Iran herauf kommende Flüchtlingsroute. Aus dem Schatten der Felswände sind langsam gehende Gruppen von Fliehenden getreten, während vereinzelte Gestalten wieder in das Niemandsland zurückeilten, wenn nicht in den Irak. An den abgetreppten Hängen haben die Plastikhäute der Notzelte geglänzt, man hätte meinen können, es handle sich um eine Kolonie von Gärtnereien, und die harten Strahlen der Nachmittagssonne haben sich im Rauch ungezählter Feuer gebrochen. Am Grenzbalken ist ein alter Mann vor den Stiefeln gelangweilter iranischer Soldaten unter dem Gewicht eines enormen Bündels zu Boden niedergegangen und liegen geblieben.

Im eisigen Wasser des Flusses haben Kurdinnen violette Babys gewaschen, und die Journalisten haben nicht anders gekonnt, als, gebannt von den Kirschenaugen der Mütter, ihnen zum Zelt des Islamischen Halbmonds zu folgen.

Der Mann vom *Ershad* hat seine liebe Mühe gehabt, die Gruppe zu den *Pickups* zurückzubringen.

Gestern, Samstag, ist es aussichtslos gewesen, ohne *credentials* eines Fernsehsenders oder einer anständigen, das heißt weltbekannten Zeitschrift in den *pool* zu kommen, der zum Hubschrauber-*touch-down* des französischen Staatssekretärs Bernard Kouchner, des Gründers von *Médecins sans frontières*, nach Ziveh auserwählt gewesen ist, ins große neue Flüchtlingslager. Sie sind am späten Nachmittag genau in dem Moment ins Hotel zurückgekommen, als ich allein mit einem Taxi weggefahren bin. Gerade rechtzeitig, denn ich hätte nicht Auskunft geben können auf Fragen nach meinem 'Wohin'. Habe tatsächlich nicht die leiseste Ahnung gehabt über das Ziel des Fahrers. Irgendwann muß nämlich dem Mann im Büro des *Ershad* meine hartnäckige Belagerung ganz einfach auf die Nerven gegangen sein, denn mit einer Armbewegung, unmißverständlich die Aufforderung »Raus!«, hat er ein Blatt mit einer hastig hingeworfenen und grün abgestempelten Notiz in Farsi über die Tischplatte geschoben und das Taxi herbeitelefoniert. Gewiß ist in dem Augenblick nur gewesen, daß es mich nicht zu einem *Scoop* bringen würde.

Der Entzug der Freiheit, sowohl im Troß wie auch als Einzelner, durch den *Ershad*, verkörpert von einem persischen »Doctor Benito«, hat aber präzis an Evelyn Waughs *Drôle de guerre* im italienisch be-

Der englische Schriftsteller Evelyn Waugh (1903–1966) berichtet 1930 für *The Times* über die Krönung Haile Selassies und 1935/1936 für *The Daily Mail* über die bevorstehende italienische Invasion Abessiniens sowie über die danach erfolgte Besetzung. 1936 erscheint *Waugh in Abyssinia* und im Mai 1938 *Scoop*, beides Werke, die wie *Remote People* (1931) die Äthiopische Frage und die damit verbundenen Ereignisse am Horn von Afrika thematisieren, wo Britannien, Frankreich und Italien um Einflußnahme streiten.

setzten Abessinien alias Ishmaelia erinnert.

Unsere vorgängigen Schulreisen von Orumiyeh an die Grenze haben ziemlich genau dem in *Scoop* dargestellten behördlich orchestrierten kollektiven Exodus der im Hotel *Liberty* ein-

gesperrten Journalisten an die Front von Laku entsprochen, einem Ort, den es natürlich nicht gibt. Im Roman gehen dem herbeigesehnten Ereignis hektikerfüllte Basartage des Aufkaufs und Wiederverkaufs voraus sowie damit verbundene Preistreiberei für Benzin und Konserven, Jeans und kugelsichere Westen. Löhne für Maultiertreiber, Feldköche und Diener schießen in die Höhe, und erst nachdem die Journalisten in armierten und grotesk beschrifteten Lastwagen verschwunden sind, sinkt ein großer Friede über Jacksonburg alias Addis Abeba hernieder.

Mein Taxifahrer hat sich offenbar strikt an die Anweisung des *Ershad* gehalten, ist, nachdem wir in das Hochtal von Ziveh eingebogen sind, das im Westen über sattgrünem Weideland eine schneebedeckte Bergkette säumt, an den langen ordentlichen Reihen weißer Zelte von Kouchners Flüchtlingslager vorbeigefahren und hat erst bei einem 1975 für kurdische Flüchtlinge erbauten Lager angehalten. Dort haben die nach weniger als fünf Minuten zwischen Lehmmauern hervortretenden iranischen Soldaten das Fotografieren untersagt und die herbeiströmenden Kurden in den staubigen Hof zurückbugsiert.

Heute nun komme ich mit einer kleinen Gruppe wieder nach Piranshahr und weiter auf den wichtigen Paß, über den die iranisch-irakische Grenze verläuft. Am Himmel nichts als Blau und zarte Wolken – wie es sich für einen ersten Frühlingstag gehört.

Bald nach der Stadt passieren wir saubere und mit den sauberen Nummernschildern des Schweizer Kantons Genf versehene Lastwagen des *ICRC* und einen Sattelschlepper. Wie hingemalt auf der schwarzen Plastikplane ein Mädchen, im roten Pullover und mit traurigen trotzigen Augen.

Von Arbil und Rawandiz schieben sich noch immer Flüchtlinge in einer Wagenkolonne zum Paß hinauf, sich am Kamm mit den Fahrzeugen der Rückkehrer aus Piranshahr verkeilend. Lastwagen der iranischen Armee mit Wassertanks blockieren den Übergang zusätzlich, sind umlagert von Trauben kurdischer Männer in grünen Parkas. Ihre Hände auf den Schultern des Nächststehenden fahren sofort in die Höhe, wenn es ohne Vorwarnung wieder Biskuitpakete und Beutel mit Orangensaft regnet. Mitten in der Masse eine Mutter, die dem in eine Decke gewickelten Säugling Nahrung einzuflößen versucht hat, aber diese ist immerzu aus beiden Mundwinkeln hinausgequollen. Eine Alte schreit und gestikuliert vor dem trotz hochgehaltenem Gewehr verloren wirkenden jungen iranischen Soldaten, der mutlos über sie und ein nebenan stehendes, offensichtlich von der Familie getrenntes, verzweifeltes Mädchen hinweg in die Ferne starrt, bis er mich entdeckt und mir herunterzusteigen befiehlt vom Zisternenwagen.

Ich beschließe, zu Fuß nach Piranshahr zurückzugehen.

Beidseits der Straße warnen Stacheldrahtrollen vor Minenfeldern. Die baumlosen Hänge zeigen zaghaftes Grün, und dazwischen deuten bräunliche Mulden darauf hin, daß hier oben erst vor kurzem der letzte Schnee geschmolzen ist.

Kleine Gruppen von Heimkehrern kommen mir entgegen. Ein Vater mit zwei Buben, der einen Teekessel aus Messing trägt und zusammengerollte Wolldecken auf dem Rücken. Die Buben sind in Kapuzenjacken gehüllt, tragen neue Turnschuhe und weinen trotzdem.

Wo die Berge zurücktreten, springen hell auf den steilen graugrünen Flanken sich überlagernde Schlängelpfade hervor, wie auf einem Teppich haftende Stücke von weißem Garn. Darauf bewegen sich winzige schwarze Punkte auf und ab.

Ich schließe mich einer Gruppe an, der ein kleines Mädchen auf allen vieren vorausläuft. Sein Rücken und Steiß sind zu einem enormen Buckel verwachsen. An den verkrüppelten Füßen hat es keine Schuhe, und die gespreizten Hände treten auf den eigenen Schatten.

Plötzlich hält hupend der Kleinbus des *Ershad*. Die Tür fliegt auf, der Fahrer bellt mich an. Beim Einsteigen stoße ich auf Melonen, Wasserflaschen und Biskuitkartons und räume alles aus. Die Kurdenkinder lachen und häufen den Segen an den Straßenrand. Das Team von *RTL* ist aufgewacht und erregt sich über den Verlust des Proviants.

Ohne weiteren Zwischenfall und wortlos kommen wir auf der Straße des Exodus nach Piranshahr hinunter.

Während der Fahrt denke ich an das andere Mädchen, das weiter oben, als ich eine Pause eingelegt habe, an mir vorbeigegangen ist, ohne daß ich sein Gesicht gesehen hätte. Es hatte ein Kopftuch umgebunden. Das karierte Kleid umflatterte die beige Hose. Fast verschwunden ist die kleine flinke Gestalt unter dem prallen Sack, den die kleinen Fäuste an dem über die Brust laufenden Hanfstrick gehalten haben.

Aufgefallen ist mir, daß die Sandalen aus braunem Plastik, die das Mädchen getragen hat, Sandalen eines Erwachsenen gewesen sind. Mindestens eine Handbreite haben sie über die hellen Fersen hinausgeragt.

Wie ein Gaffer habe ich am Straßenrand gestanden. Nicht einmal auf die Historie habe ich mich berufen können.

Die von Herodot beschriebene persische Königsstraße von Sardes nach Susa, die in regelmäßigen Abständen mit königlichen Raststätten und vortrefflichen Herbergen gesäumte Versorgungsroute, wendet sich nämlich weiter unten bei Halabja nach Persien. Der kurdische Exodus hält sich auch nicht an Alexanders des Großen »Aufstieg nach Asien«. Der Makedone marschiert nämlich in südlicher Richtung über den Tigris nach Babylon und biegt erst dort nach Asien ab, nachdem er Anfang Oktober des Jahres 331 v. u. Z. das zahlenmäßig überlegene, ethnisch gemischte, aus Völkern des immensen Raums zwischen Kappadokien, dem Indus und Baktrien rekrutierte persische Heer von Dareios III. in der Schlacht von Gaugamela besiegt hat, zu der es auf einem Streifen eingeebneten Ackerlands in der Nähe des Lykos, irgendwo zwischen den jetzt verlassenen kurdischen Städten Mosul und Arbil, gekommen ist.

Auf der Talfahrt ist der Kleinbus des *Ershad* immer ein kleines Stück vor den wachsenden, die Hänge verhüllenden Schatten gewesen. Hat er Flüchtlingsgruppen überholt, habe ich Ausschau gehalten nach dem Mädchen mit den zu großen Sandalen, gehofft, beim Zurückblicken sein Gesicht zu sehen – vergeblich.

Piranshahr hinter uns, habe ich mir nur sagen können, daß auch in der Abwendung immer eine Geschichte liegt.

Im Garten des Drogenbarons

Dushanbe, 16. September 1996. — Er hat ein Heim für die Waisen des Bürgerkriegs gebaut und für sich selbst eine Festung in der westlichen Vorstadt.

Das Gassengewirr ist für die Panzer seiner Widersacher zu eng, den loyal ergebenen Anwohnern aber vertraut bis in den hintersten Winkel. Hier hat er seine politische Karriere begonnen, das heißt, damals noch Ringkämpfer, in dem nach der Unabhängigkeit ausgebrochenen und bald zum Bürgerkrieg führenden Chaos Schlägertrupps zu organisieren. Mit deren Hilfe schnappte er sich einen Anteil an der Macht, nämlich den des Innenministers, sowie die Kontrolle über diesen Teil der tadschikischen Hauptstadt. Jetzt kommandiert er seine eigene paramilitärische Truppe.

Dazu Buch II, *Bürgerkrieg oder mehr?*

Die Festung hat hohe Mauern und zinnenbewehrte Ecktürme mit Schießscharten, ist also ein veritabler turkestanischer *ark*, eine Zitadelle. Nur lagert dieser Emir, der einen Anzug trägt, den man als italienisch bezeichnen kann, nicht auf üppigen Kissen, sondern seine massigen Schenkel zwängen sich in den Schalenstuhl aus gepreßtem weißem Kunststoff, und er zieht es vor, sich in diesem Stuhl, mit dem die ganze Welt zum Verwechseln gleich möbliert ist, fotografieren zu lassen und nicht neben dem *BMW Coupé* mit Stufenheck.

Vor den Augen dieses 'Emirs' entsteht ein Lustgarten. Umgeben von einem schattenspendenden Bogengang, wo man mit den letzten Verputzarbeiten beschäftigt ist. Das Schwimmbecken davor ist noch leer. Es hat die exquisite Form, die an ein Paragraphen-Zeichen erinnert, und auf einem aus gelblichem Bruchstein gemauerten Inselchen tänzelt ein weißer Zementelefant.

Vielleicht würde es unserem Gastgeber schmeicheln, daß dieser Zementelefant an Timur erinnert, der Elefanten aus dem eroberten Delhi nach Samarkand kommen ließ, wo ihre Kraft bei den Bauarbeiten der großen Moscheen benötigt wurde.

Jakub Salim ist kein Eroberer wie Timur. Aber wie jener kennt er das Ausmaß der Welt und besitzt eine klare Vorstellung der vielen Möglichkeiten, die sie bietet. Die eine oder andere hat er als Gesandter Tadschikistans in Ankara wahrgenommen, wo er seinem Land auch gleich das Botschaftsgebäude errichtet haben soll.

Es wird gesagt, er sei ein Drogenbaron. Aber zum Abschied, als der Tee ausgetrunken ist, hebt er vorsorglich beide Arme. Da, schaut! Meine Hände sind rein.

Das Bankett des *Warlords*

Vanch, 24.–25. September 1996. — Der Offizier kommt aus Bangladesh, und es macht den Eindruck, als verlasse er den isolierten Beobachtungsposten der *UNMOT* nur selten. Die Sicherheit im Tal sei gut, sagt er. Auch die humanitäre Hilfe der *Aga Khan Foundation* komme durch. Zu seinem Bedauern könne er uns keine Informationen geben, entschuldigt er sich, während die Haushälterin frische Pfannkuchen bringt.

Dazu Buch II, *Bürgerkrieg oder mehr?*, darin auch das Postscriptum.

Wieder draußen auf der Straße, unter dem schon leicht herbstlich gefärbten Silbergrün der Pappeln stehend, fragt Marcus nach Salamscho. Am Ende des Tals sei er in diesen Tagen zu finden, heißt es. Wir sollen einfach das Sträßchen hinauffahren. Es würde uns schon einer in Empfang nehmen.

Salomscho ist nicht nur Regent des Vanch-Tals, sondern auch der mächtigste Kommandant im ganzen Pamir. Nominell der aus dem afghanischen Exil agierenden Führung der *UTO*, der *Vereinigten Opposition Tadschikstans*, unterstellt, soll er indessen auch gute Beziehungen zu Mitgliedern der moskautreuen Regierung in Dushanbe haben, die er, theoretisch zumindest, bekämpft. Zudem pflege er, wie gesagt wird, alte Bande mit Jakub Salim. An solchen widersprüchlichen Beziehungen ist nichts außergewöhnlich, gerade jetzt, wo der Bürgerkrieg langsam seinem Ende zugeht, es also gilt, an die Zukunft zu denken. Deshalb arbeitet Salomscho im Namen des Friedens aus seinem Tal heraus an der Erweiterung seiner Pfründe, und kommt es zum Waffengang, einem Scheingefecht oder einem tatsächlichen, schieben sich seine Milizen nicht an den Russen vorbei, die im Rahmen des *GUS*-Abkommens zur Sicherung der Grenzen gegenüber den islamistischen Bränden in Afghanistan die Mündung des Vanch in den Pyandzh bewachen, sondern über steile Fußpfade und versteckte hohe Pässe. In den Reihen dieser Milizen befinden sich nebst fremden Söldnern vor allem Pamiris, die aus Dushanbe in ihre Täler heimgekehrt sind, denn wer schießt schon gern in der Uniform der Regierungstruppen auf den eigenen Bruder.

Als wir den Ort verlassen, in dem wie überall im Pamir fast keine Menschen zu sehen sind, laufen schwere Schatten wie die Falten eines aufgehenden Bühnenvorhangs über die schroffen Felsflanken, deren oberste Spitzen wattiges Gewölk verbirgt. Die Zerrissenheit des Gebirges, die dramatische Staffelung der tiefen Schrunde verstärkt das einfallende gebündelte Licht. Es entflammt das gotische Getürme, welches den Schein wiederum in die tiefen Scharten und steilen Kehlen der gegenüberliegenden Talseite wirft. So wird der Schlitz mit jedem Meter, den der *Wolga* das Sträßchen hinaufkriecht, seltsamerweise heller, denn wie in einem Honigglas sammelt sich zwischen den zusammentretenden kargen Wänden das Licht der unter dem Wolkengehänge durchschießenden Strahlen der Abendsonne. Unerwartet taucht eine Gruppe von Mädchen auf. Sie tragen stachlige Reisigbündel und geflochtene Tragkörbe voller Zweige. Der Wind bläst dunkle, goldig schimmernde Haarsträhnen in ihre lachenden Gesichter. Das Brennmaterial muß von der Au stammen, die im hintersten Talboden des kargen Tals liegt. Den Sammlerinnen dort zu begegnen, wäre gewesen, wie in ein Bild von Jean-Baptiste Corot zu treten.

Jedoch nicht der französischen Maler tritt auf die Straße, sondern bald ein Bewaffneter, der uns den sanften Hang hinunterführt.

Alle Farben, welche Gott oder die Natur erfunden und der Mensch miteinander vermischt hat, leuchten unter dem luziden Schatten der Maulbeerbäume, spiegeln sich im eisgrauen klaren Wasser des schmalen Bachs, der wie Diamanten aus dem papierenen *sachet* des Händlers auf die lederne Unterlage durch die sattgrüne Wiese springt.

Abseits der Frauen sitzen auf Teppichen ein Dutzend Mujaheddin, und zwischen Panzerfäusten, Maschinengewehren und den Schlangen abgelegter Patronengürtel liegt wie ein fallengelassenes Bonbon ein schlafendes Kind in weißem Rüschenkleid.

Einer der Bärtigen, bei denen es sich um Salamschos Leibwache handelt, führt uns zu einer Lichtung im Wäldchen und zu einer langen Bahn aneinandergereihter Plastiktücher mit Blumenmuster, auf denen ausgebreitet ist, was der Durchreisende nach ein paar Tagen und der Bewohner des abgezehrten Badakhshan chronisch vermißt, in dieser Szenerie aber reichlich vorhanden ist, ob Salomschos Name nun auf der Verteilliste der *Aga Khan Foundation* steht oder nicht: Kreisrunde, mit Fruchtstücken gefüllte, schön dekorierte Brote liegen zwischen den Tellern mit Melonenstücken und Hammelfleisch, und auf großen Platten häufen sich Nüsse und Mandeln, Äpfel und Stücke gewaltiger Kuchen.

Salomscho sitzt mit gekreuzten Beinen am oberen Ende der Gesellschaft. Trüge er den Hut eines orthodoxen Popen, könnte man ihn für einen Mönch vom Berg Athos halten und nicht für einen gewieften *Warlord*. Zwei stumme konzentrierte Männer flankieren ihn, die uns als engste Vertraute vorgestellt werden. Jener in städtischer Kleidung und Lederjacke der Berater in nicht näher definierten Angelegenheiten. Unmißverständlich hingegen die Zuständigkeit des Kommandanten im Kampfanzug, dessen enormer, hinter den Ohren beginnender und bis unter die markanten Backenknochen und vollen Lippen reichenden Vollbart im Gesicht hängt wie ein Bienenschwarm im Baum, während das aus der Stirn gekämmte Kopfhaar in den Nacken fällt, üppig und onduliert.

Rasch sind ein paar der Gäste zusammengerückt, und als wir uns auf der wattierten Decke niedergelassen haben, setzt man Schalen mit Kartoffelsuppe und weißer Creme vor uns hin, gießt Tee in die Gläser und auch Wodka, denn es sind noch ein paar Stunden bis zum Abendgebet, und im Pamir ertönt der Ruf des Muezzins ohnehin nur selten.

Die Gäste von Salomschos Bankett sind von weit her angereist – aus Khojent, früher Leninabad und jetzt Hauptstadt der nördlichen Tieflandprovinz Tadschikistans. Es sind Angehörige kriegsgefangener Regierungssoldaten, die selbst von den Oppositionskräften deren Freilassung erwirken wollen, denn, so erzählen sie, Dushanbe unternehme nichts in ihrer Sache. Der Weg zu Salomscho ist ein ausgesprochen langer, denn bei Tavildara verunmöglichen Minen die Weiterfahrt auf der Straße nach Badakhshan. So zwingt der einzige andere Weg die Besorgten zu einer fast vollständigen Uhrzeigerbewegung ost- und südwarts durch das kirgisische Fergana-Tal, Osh und Sary Tash, dann westwärts und wieder auf tadschikischem Boden über den ›Pamir-Highway‹ nach Khorog und

Dazu Buch IX, ›Pamir-Higway‹: 1. bis 3. Tag.

von dort dem Pyandzh entlang abwärts wieder in nördlicher Richtung zum Eingang des Vanch-Tals und schließlich in dieses hinein. Ein Wunder, daß die klapprigen Busse die tausend oder mehr Kilometer lange Strecke und die drei mehr als 4000 Meter hohen Pässe bewältigt haben. Seit einem Monat kommen die Angereisten in den Genuß von Salomschos Gastfreundschaft, doch erst heute hat er zum Bankett geladen.

Nachdem wir unsere Mahlzeit beendet haben, bittet der Leiter der Delegation aus Khojent um ein Polaroid vom Treffen. Er wolle es in seiner Zeitung bringen, zusammen mit dem Bericht über ihre Verhandlung mit der *UTO*.

Die Gruppe formiert sich um Salomscho.

Ein Moment, der an Aufnahmen aus der Zeit des »Great Game« erinnert, nur daß anstelle der Invasoren, verkörpert etwa durch Gromchevski und Younghusband, ein einheimischer orientalischer Potentat im Zentrum steht, gehüllt in den tiefgrünen *chalat*. Mit dem Unterschied auch, daß die ihn Umgebenden Akteure sind und nicht Statisten wie etwa die Mullahs, die in alten Aufnahmen mit steinernen Gesichtern neben zaristischen Gouverneuren oder sowjetischen Kommissaren sitzen, aber irgendwie doch Nachfahren der Neugierigen, die ihre Köpfe aus erregten Mengen hervor und von den oxydierten Bildrändern her in die damaligen Szenen stecken. Unmittelbar Betroffene, die gemerkt haben, daß von sich aus die als Nation gewonnene Unabhängigkeit bürgerliche Rechte nicht ohne weiteres garantiert. Deshalb sind sie nun in die Öffentlichkeit getreten, haben ihr Anliegen in die eigenen Hände genommen.

Am Abend folgen wir Salomschos Einladung zum Besuch seines Hauptquartiers, das oberhalb von Vanch direkt an einem Sturzbach liegend, im Bürohaus einer Marmorfabrik untergebracht ist. Gabriel, ein junge Engländer, der im Rahmen eines Hilfsprogramms in Khorog versucht, den arbeitslosen Pamiris Sprachunterricht zu erteilen und den wir aus Mitleid seinem öden Alltag entrissen haben, fällt Marcus beim Gespräch mit Salomscho dauernd ins Wort. Seine Ansichten über die Vorgänge im Zusammenhang mit dem tadschikischen Friedensprozeß verärgern den Gastgeber, aber bevor es zum Eklat kommt, läßt Salomscho ein Schachspiel bringen, und unter den Augen der versammelten Mujaheddin verlieren wir gegen den Kriegsherrn, einer nach dem andern und trotz tapferer Gegenwehr.

Für die Nacht bringt man uns in einem großen separaten Raum eines Hauses unten im Ort und von dort am Morgen direkt zu Salomschos Militärcamp. Dabei handelt es sich um das verelendete, winzige Abfertigungsgebäude an der Graspiste des Talflugplatzes. Hinter einem angebauten Schuppen exerzieren ein paar junge Kämpfer unter Anleitung eines älteren, bei dem es sich um einen Araber zu handeln scheint, mit einer chinesischen Panzerabwehrrakete. Das ausgebreitete Arsenal könnte das Protokoll eines halben Jahrhunderts zentralasiatischer militärischer Verstrickungen illustrieren, und ein Redaktor des *Jane's Defense Weekly* hätte keine Mühe, den Atlas der Herstellerländer und der Verschiebungswege zu aufzuzeichnen. Allerdings wäre der Atlas gerade in diesen Tagen wieder zu vervollständigen, haben wir doch auf der gestrigen Hinfahrt zur Mündung des Vanch einen Konvoi russischer *Kamaz* den Pyandzh zum afghanischen Ufer überqueren sehen. Marcus hat seither kaum noch Ruhe gefunden, denn um was anderes kann es sich gehandelt haben als um Waffenlieferungen an Moskaus einstigen Widersacher Ahmed Shah Masud. Der mag vielleicht Kabul kampflos den wie es scheint unaufhaltsam vorrückenden Taliban überlassen, nicht aber das Panjshir-Tal und die Provinz Badakhshan, Heimat der tadschikischen Minderheit Afghanistans. Würden solche Vorgänge zum Gegenstand der Berichterstattung, da ist sich Marcus sicher, gewänne die Öffentlichkeit ein Bild davon, wie komplex, verflochten, finster und weitreichend die Machtkämpfe am Hindu Kush und im Pamir seien, und Zentralasien wäre ein wenig weißer oder bestenfalls romantisch verfärbter Fleck.

Zum Abschied posiert Salomschos Truppe auf der Flugzeugtreppe, die man wahrscheinlich schon vor ein paar Jahren, vielleicht bereits nach dem Start der letzten gerade vor der Auflösung des Imperiums noch als Kurs der *Aeroflot* im Vanch-Tal gelandeten *Yak*, an das mickrige Türmchen geschoben hat, das dem Militärlager aber nun doch nicht gerade den Anschein einer Festung zu geben vermag. »Tüchtige Krieger«, regiert von einem Grafen, will Marco Polo beobachtet haben, falls er 1272 oder 1273 tatsächlich durch die Täler Badakhshans gekommen ist. Vor uns hat sich purer Machismo zur Pyramide aufgebaut. Ein durchaus ernsthafter Haufen indessen und zweifellos in der Lage, dem martialischen Gehabe die Tat folgen zu lassen. Grotesk hingegen die Aufmachung der Kämpfer. Sie tragen Addidas-Hosen und verschiedenen Flecktarn, Cowboyhüte und die rot-weiß karierte *kefiye* der Araber, Stiefel und Turnschuhe. Unter dem zur Schau gestellten Arsenal fehlt einzig ein Exemplar jener sechshundert spurlos verschwundenen amerikanischen *Stingers* aus der Zeit des afghanischen *Jihads* gegen die sowjetische Besetzung.

Nach 1986 rüstet der *CIA* die afghanischen Mujaheddin gegen die Rote Armee mit 2000 – 2500 dieser lasergelenkten Schulterwaffe aus, die von den russischen Helikopterpiloten gefürchtet werden und Moskaus Generäle zur Änderung ihrer Luftangriffstaktik zwingen. Im Rahmen eines streng geheimen, von George W.H. Bush und Bill Clinton autorisierten, über den pakistanischen Geheimdienst *ISI* abgewickelten Programms versuchte der *CIA* ab Mitte der 90er Jahre so viele *Stinger* als möglich zurückzukaufen, denn es steht zu fürchten, die Waffen kämen in die Hände von Terroristen oder des Iran oder von beiden. Die vom *CIA* dazu aufgewendete Summe entspricht dabei dem im selben Zeitraum von anderen amerikanischen Regierungsstellen für humanitäre Zwecke in Afghanistan aufgewendeten Betrag. Jeder Rückkauf ist mit 80000 – 150000 Dollar veranschlagt – Geld, das den miteinander im Krieg liegenden *Warlords* die weitere Zerstörung Afghanistans ermöglicht.

Salomscho, in Polos Bezeichnung der »None«, was soviel bedeute wie Graf, trägt heute morgen nicht den *chalat* vom Bankett und auch nicht den zum Schachspiel getragenen Nadelstreifen, sondern den Flecktarn des Kämpfers. Sein Kopf wirkt nun noch mächtiger. Gesondert stellt sich Salomscho mit den engsten Getreuen vor einer Trauerweide fürs Abschiedsfoto.

Nicht auf die Treppe gestiegen ist auch ein älterer Mujaheddin. Hinter dem Arsenal hat er für das Frühstück das Schaf geschlachtet, dieses an den Sehnen des rechten Hinterlaufs ins Geäst des jungen Obstbaums gehängt und zieht ihm nun langsam das Fell mit dem Dolch über den schneeweißen prallen Bauch.

Das *Afghani*-Rätsel

Peshawar, 9.–15. Juni 1998. — Über das Land, das ich die kommenden Tage wirklich betreten werde, weiß ich mit Bestimmtheit vor dem ersten Besuch eigentlich nur, daß diesem nationalstaatlichen Gebilde nach den kontinuierlichen Kalamitäten der letzten zwanzig Jahre zumindest seine Außengrenzen und der *Afghani* verblieben sind.

Dazu Buch V, »*New Great Game I*« sowie Buch VII, *Unter den Augen der Taliban* und nachfolgende Abschnitte.

Beides sind relativ neue Einrichtungen auf dem Territorium des ›Landes der Afghanen‹.

Das Etymon soll sich entweder aus dem persischen *fegan* ('Wimmern' oder 'Klagen') oder dem zu *afreste* gewandelten *fereste* ('Engel') herleiten, und bezeichnet als *abgan* erstmals im 3. Jh. n.u.Z. in einer sasanidischen Inschrift die Afghanen, siebenhundert Jahre vor ihrer ersten Erwähnung in einer islamischen Quelle, nämlich im *Hudud al-Alam*, der persischen Geographie des Jahres 372 n.d.H. (982). Weitere dreihundertfünfzig Jahre vergehen dann, bis Safi die Raumbezeichnung 'Afghanistan' in seiner 1342 vollendeten *Tarikh-e Herat*, *Geschichte Herats*, für den von der Linie Ghazni–Kandahar im Westen und dem Indus im Osten eingefaßten Pashtunen-Gürtel verwendet. Auf dieses wegen der persischen Provenienz von den Betroffenen selbst bis ins 19. Jahrhundert nicht benutzte Toponym greift auch Lord Elphinstone, der Verlierer des I. Anglo-Afghanischen Kriegs (1839–1842), nur zögerlich zurück. Viel unproblematischer ist es, das Nachfolgergebilde des Durrani-Reichs (1747–1772) als »Kingdom of Cabul« zu bezeichnen, an welches sich im Uhrzeigersinn sowie das zentrale Hochland Hazarajat umfassend die von der indigenen Bevölkerung Pakhtunkhwa, Zabulistan, Turkistan, Baktria und Badakhshan genannten Gebilde legen. Nach dem Krieg einigen sich die an 'Afghanistan' interessierten Fremdmächte schließlich darauf, mit dem fragliche Toponym nicht mehr nur die paschtunischen Stammesgebiete zu bezeichnen, sondern das zwischen Britisch-Indien, Persien und Rußland liegende Pufferland. Maßgebliches Charakteristikum der zweckdienlichen Grenzen, welche diesem Afghanistan auf seinem Weg in eine schwierige Zukunft mitgegeben werden, ist die am 12. November 1893 vereinbarte *Durand-Line*. Am Wakhan-Korridor beginnend, erreichte die heute zwischen Afghanistan und den pakistanischen Stammesgebieten verlaufende Linie die persische Grenze, wobei sie den Pashtunen-Gürtel durchschneidet. Keine einzige Regierung in Kabul anerkennt jemals die Linie, und es überrascht wenig, daß auch die seit September 1996 die Hauptstadt und über 80 Prozent des Landes kontrollierenden paschtunischen Taliban es nicht tun.

Ihr Repräsentant hat vor kurzem das afghanische Konsulat von Peshawars gehobener University Town in ein kleines erdgeschossiges Haus auf ein Grundstück mit staubbedecktem Baumbestand übersiedelt – darunter grasen Kühe, aber warum sollte das nicht möglich sein in dieser etwas verwilderten Ecke des Saddam Cantonment der pakistanischen Armee? –, in dem der Vizekonsul, Mr. Naeemi, persönlich empfängt, aber nicht verbirgt, daß die Erteilung eines Visums für einen Fotojournalisten, der doch unweigerlich mit Mullah Omars Bildverbot in Konflikt geraten muß, keine Priorität hat. Zumal sei der Norden, den am 30. Mai ein Erdbeben erschüttert und vielleicht hundert entlegene Dörfer zerstört hat, wobei schätzungsweise 5000 Menschen umgekommen sein sollen, leider noch nicht befreit. Aus dieser Bemerkung ist zu hören, daß eigentlich Faizabad oder der vertriebene, sich selbst noch immer als amtierender Präsident Afghanistans bezeichnende Rabbani zuständig sei, mir ein Visa zu erteilen (welches die Taliban indessen nicht anerkennen würden).

Die Auskunft, diese neuerliche gottgewollte Kalamität sei nicht der Grund meiner Reise, sondern vielmehr die täglich von der Bevölkerung zu meisternde Katastrophe, die Krisenwirtschaft angesichts der Zerstörung vieler Strukturen im Lauf der langen inneren Kriege, die nun, *Inshallah*, dank der zügig voranschreitenden Entwaffnung des Landes durch die Taliban bald aufhören werden, hat der Vizekonsul mit einem Lächeln quittiert. Dieses wiederum lese ich nicht als Indikator für die Wahrscheinlichkeit der Visaerteilung. Und tatsächlich sagt der Vizekonsul milde, während er das unterstützende Schreiben des *ICRC* sorgfältig zusammenfaltet und zur Seite legt, er müsse auf das entsprechende Wort aus Kabul warten und es sei bereits wieder Freitag und die Büros geschlossen.

Den fünften Tag schaue ich jetzt schon morgens gegen elf im Konsulat vorbei, stehe geduldig zwischen Dutzenden von pakistanischen Bittstellern im blendend weißen Zweiteiler, dem *shalwar kameez*, und die hellbraune Pashtunen-Mütze aus reiner Wolle, den *pakol*, tragenden Afghanen, überlege, was die aus den am Boden aufgetürmten, zweifellos vom früheren Domizil des Konsulats hierherverbrachten mächtigen Ordnern quellenden beigen Blätter betreffen mögen, und ob es dem Talib, dessen Bart, der die vorgeschriebene Länge unterschreitet, nur jugendliches Alter entschuldigt, schließlich gelingen wird, das Kabel des altmodischen Telefons, das er hin- und herträgt, zu verlegen, aber auch, wie viele dahingehende Versuche das bröcklige Mauerstück, zu dem er mit Sandalen emporsteigt, die sich auf den prekären Sprossen der Bambusleiter wie Lammkoteletten in zu heißem Öl krümmen, noch zuläßt, bevor der Niederschlag von Gipsstücken aufhört und die Decke, deren eingelegte Holzleisten stellenweise bereits sichtbar sind, nachgibt.

Die schleppende Abwicklung meines Visa-Antrags läßt aber nicht nur solche Erwägungen zu, sondern sie gibt auch reichlich Zeit, mich mit den Besonderheiten der afghanischen Währung bekanntzumachen. Wie es sich für den Besuch eines wenig erschlossenen Landes gehört, erhält man dessen Währung nämlich nicht einmal am sogenannten Exoten-Schalter der Weltbank zu Hause, sondern begegnet ihr zum ersten Mal in Grenznähe.

Im Fall des *Afghani* heißt das in den Geschäften der pakistanischen Geldhändler am Yadgar-Platz in der Altstadt von Peshawar.

Dieser Ort ist die letzte Station meines mittlerweile festgelegten Tagesablaufs; nach der Warterei im einsturzgefährdeten Konsulat der Taliban, dem späten Mittagessen im rotbraunen Dämmer des Restaurants *Rehmania* in der Saddar Road und der Beobachtung des Spektakels am Kabuli-Gate. Dort versuchen schreiende, mit *Rupia*-Scheinen fuchtelnde Schaffner im schwarzen Qualm des schlechten Diesels täglich siebenhundert, von den Radnaben bis zum letzten Segment der Antennen mit blinkendem farbigem Firlefanz dekorierte Nah- und Fernbusse in die Basarstraße einzufädeln und gleichzeitig Passagiere zu ködern, die aufspringen ohne daß eines der sich verlangsamenden Fahrzeuge je zum Stillstand kommt.

Am Yadgar-Platz begegne ich also der afghanischen Währung, die, könnte man annehmen, angesichts der drohenden Auflösung des Staats im Lauf des Kriegs jedes gegen jeden vielleicht zum kleinsten gemeinsamen Nenner geworden ist, über den sich die Bevölkerung des ethnisch, religiös und kulturell heterogenen Landes noch als Nation definieren mag. Wenn dem nur nicht tribale Gegensätze und Ethnizität – eine mit der Bildung von Nationalstaaten verknüpfte jüngere Erscheinung –

im Weg ständen. Oder erklärt, im Zusammenhang mit den militärisch-politischen Rivalitäten am Hindu Kush sowie den dortigen räumlichen Komponenten, zu denen Ressourcen und eine kaum noch benutzbare, aufgrund der geographischen Verhältnisse ohnehin magere Infrastruktur zählen, umgekehrt die Existenz der drei unterschiedlichen Ausgaben von *Afghani*-Scheinen? Denn heute braucht es, wie ich erfahren habe, zum Wirtschaften genau so viele, sowohl im Innern des fragmentierten Landes als auch im Milieu der Grenzräume und wahrscheinlich hier vor allem.

Oder ist die Merkwürdigkeit der drei Sorten ganz einfach eine Folge der eingeschränkten Tätigkeit, wenn nicht der vollständigen Außerkraftsetzung der Nationalbank? Für diese besteht offensichtlich keine Verwendung, solange Mullah Omar den Krieg, das heißt die Befreiung Afghanistans von der Plage der vom rechten Weg abgekommenen marodierenden Mujaheddin, mit Dollars und, wie man hört, aus einer am Sitz der *Shura* in Kandahar aufbewahrten Truhe bezahlt. Gewiß eine aus Zinkblech, wie sie in den Geschäften zwischen dem Kabuli-Gate und dem Basar zu Hunderten ausgestellt sind. Wie der Kollaps des Postwesens muß der Niedergang der Nationalbank vermutlich nicht erst im September 1996 begonnen haben, als die beiden bisweilen verfeindeten, bisweilen konspirierenden Generäle Dostum und Masud angesichts der bevorstehenden Einnahme Kabuls durch die Taliban die Druckplatten der Zehntausender-Scheine ins Fluchtgepäck gesteckt haben sollen, sondern er ist eine Konsequenz des allmählichen allgemeinen Zerfalls administrativer und verwaltungstechnischer Strukturen eines modernen Staates, die Afghanistan bis Ende der siebziger Jahre besessen hat, auch wenn in den Genuß dieser Modernität damals nur eine knappe Handvoll größerer Städte gekommen ist.

Vielleicht läßt sich die Parallelität der drei heute im Umlauf befindlichen Sorten des *Afghani* aber auch interpretieren als Ausdruck des von Generation zu Generation vererbten afghanischen Talents für Handel, Vermittlung und Transport, das in alle Himmelsrichtungen strahlt und vor keiner noch so schwierigen Bedingung kapituliert. Diese Tradition hat den geographischen Raum des heutigen Afghanistan schlußendlich zur Drehscheibe des zentralasiatischen Verkehrs gemacht; in Arnold Toynbees Worten zum »roundabout of Asia« (*Between Oxus und the Jumna*, London 1961) und zwar, beim Reich der Kushan beginnend, viele Jahrhunderte bevor äußere Mächte mit Willkür eben die Grenzen des heutigen Staates ziehen. Durch den kontinuierlichen Krieg, der zwei Millionen Tote fordert und zu einem Strom von zeitweise über acht Millionen Flüchtlingen führt, muß diese Tradition der Bevölkerung ihre schiere Existenz gewährleistet haben – in den letzten Jahren auf einem aus Mangel an Zugang und Zahlen von Entwicklungsstatistiken allerdings nicht mehr erfaßbar niedrigem Stand. Welche Zustände herrschen erst in den abgeschnittenen Gebirgsregionen, hat man sich fragen müssen, wenn wieder einmal von der Katastrophe der Hungerwinter in Kabul die Rede gewesen ist?

Die kulturelle Leistung der Afghanen, sich mit chronischen Notständen scheinbar arrangieren zu können, wird nach dem Zusammenbruch der bipolaren Weltordnung umgehend von benachbarten und auch von weiter entfernten Freunden als Einladung aufgefaßt, sie für eigene Zwecke zu beanspruchen – zuallererst von Pakistan.

Dazu Buch V, »New Great Game I«.

An dieser Stelle drängt sich nun ein Exkurs auf, ein aber umgehend wieder zum *Afghani* zurückführender, denn jede politisch-militärische Agenda generiert ihre Kosten und im Orient zudem das Problem der *sharia*-konformen Deckung, über das sich vor dem Buchhalter zunächst die islamische Jurisprudenz den Kopf zerbrechen muß.

Unter den Entwurzelten in den afghanischen Flüchtlingslagern um Peshawar also finden die problematischen, von afghanischen Mullahs geleiteten oder von fundamentalistischen pakistanischen Parteien kontrollierten Medresen des Landes den großen Zulauf, aus dem Anfang der 1990er Jahre die Taliban wie Schmetterlinge aus dem Kokon schlüpfen – Nützlinge in ihrem erweiterten Garten denken ihre Schöpfer, die propaschtunische islamistische Lobby innerhalb der Armee und des dem *CIA* verbundenen pakistanischen Geheimdiensts *(ISI)*.

Dazu Buch XI, 'Oxford des Jihad'.

Von diesen feinen Adressen logistisch und militärisch zugerüstet, überwiegend aus saudiarabischen Quellen finanziert und in die unbekannte Heimat geschickt, um im afghanischen Bürgerkrieg einen pashtunischen Sieg herbeizuführen und gleichzeitig Pakistan die sein nationales Selbstverständnis gegenüber Indien untermauernde Vorstellung der strategischen Tiefe und profitable Transitrouten für den Zentralasienhandel freizukämpfen, entpuppen sich die über Nacht zu einer formidablen militärischen Schlagkraft gewordenen Koranschüler jedoch zum Schreck ihrer Ziehväter nach der Einnahme Kandahars am 5. November 1994 als nicht gerade folgsame, sondern durchaus eigensinnige Organisation. Nichts weniger als den Gottesstaat meldet sie nämlich an. Allein eine solche Konstruktion soll die durch Uneinigkeit unter den Nicht-Pashtunen drohende Auflösung ihres Landes Afghanistan verhindern können. Religiöse Ausrichtung und Einsetzung einer über sämtlichen tribalen Gegensätzen stehenden geistlichen Führung verfolgen aber auch einen sehr pragmatischen Zweck, nämlich eine interne Fragmentierung der paschtunischen Stämme zu verhindern, deren Ehren- und Rechtskodex, das *Pashtunwali*, einigermaßen vom 'Entweder-oder', also von den Unterscheidungen 'gut' und 'böse' oder 'Ehre' und 'Schande' geprägt ist. Dieses rigorose Stammesdenken verbindet sich bequemerweise bestens mit der hinter der Einführung der unkodifizierten, also breiten Interpretationsspielraum gewährenden *sharia* stehenden Vorstellung, die angestrebte, nach dem Vorbild der islamischen Frühzeit zu modellierende afghanische Gesellschaftsordnung werde umso islamischer, je radikaleren Regeln sie unterworfen sei. Weil zudem das *Pashtunwali* in pashtunischer Auffassung nicht im Gegensatz zum Islam steht, ist es für die Taliban kein Kunststück, ihre orthodoxen islamischen Ansichten mit dem traditionellen Stammesdenken zu einem Islam paschtunischer Prägung zu vermengen. Wie sehr hingegen das *Pahstunwali* die Bodenhaftung der Koranschüler gewährleistet, zeigt bereits die Wahl ihrer Farbe, das alle positive Werte der paschtunischen Gesellschaft symbolisierende Weiß statt des Grüns des Propheten.

Es ist vielleicht denkbar, daß bei der Abwendung der Taliban von ihren Schöpfern die alten afghanischen Vorbehalte gegenüber dem *ISI* eine Rolle spielen, welcher in der Zeit des vom Westen unterstützten *Jihad* gegen die sowjetische Rote Armee sämtliche amerikanischen Waffenlieferungen an die Mujaheddin abwickelt, aber auch die afghanische Strategie bestimmen will. In Verlegenheit bringen muß die zunehmende Verselbständigung der Taliban jedenfalls auch Präsident Clinton, dem sie Amerikas antiiranischem Kurs anfangs zuträglich erschienen sind. Warum sonst, wenn nicht noch wegen der Pipelinepläne, wäre eine Delegation aus Kandahar noch im Februar 1997 in Washington empfangen worden? Dazu Buch V, »New Great Game I«.

Seit dem Debakel bei der Einnahme von Mazar-e Sharif Ende Mai letzten Jahres, als die Taliban, vermutlich durch Malik, den von Dostum zu ihnen übergegangenen zweiten usbekischen General des Nordens, in eine Falle gelockt, mehrere hundert Kämpfer ihrer ursprünglichen *vanguard* verloren, widersetzen sie sich allen Umarmungsversuchen seitens des *ISI* und Pakistans, neben Saudi-Arabien übrigens das einzige Land, das ihre Regierung bis heute anerkannt hat. Möglich, daß die im afghanischen Refugium residierenden radikalen Araber, ihr prominentester der *melmapalenah* genießende und durch diesen im *Pashtunwali* festgeschriebenen Grundwert des Gastrechts vor der Auslieferung an die USA geschützte Osama bin Laden, nach den Massakern von Mazar-e Sharif von Gästen zu verbündeten Waffenbrüdern der Gastgeber mutieren. Absehbar, daß diese Araber den Taliban nun zur Hand gehen werden beim zweiten Versuch der Einnahme von Mazar-e Sharif, um das und Hairatan sich im März eben noch Usbeken und Hazaras, zwei Parteien der brüchigen Nord-Allianz, geschlagen haben. Jedenfalls signalisiert die Bombardierung Taloqans am 17. Mai mit den letzten zum Abheben tauglichen *Mig* aus sowjetischen Beständen den Drang der Taliban nach Norden, und das wird dem in die Enge getriebenen Tadschiken Masud, der im Herbst 1996 beim Rückzug aus dem

Postscriptum:
Die definitive Einnahme der Stadt durch die Taliban erfolgt am 8. August 1998. Kurz darauf fallen Taloqan, Pol-e Khomri und der usbekischen Termez gegenüberliegende Amu-Darya-Hafen Hairatan. Da beim Fall von Mazar elf iranische Diplomaten umgebracht werden, beschuldigt Khomeni die USA und Pakistan, die Taliban für Schläge gegen den Iran einzusetzen. Daraufhin eskalieren die Spannungen zwischen den Taliban und Tehran, und Mullah Omar läßt verlauten, daß Osama bin Laden von den Taliban beschützt wird, eine Aussage, die er am 21. August, einen Tag nach dem amerikanischen Beschuß mit *missiles* auf arabische Ausbildungslager in der Gegend von Jalalabad und Khost, auch wiederholt.

verlorenen Kabul hinter sich die Pforte ins Panjshir-Tal durch Felssprengung blokkiert hat, kaum entgangen sein.

Sein afghanisches Szenario ist Pakistan also ziemlich aus den Händen geraten. Für Initiativen zur Bildung von Anti-Rabbani-Allianzen wie Islamabad dies Anfang 1996 mit den von den Taliban allerdings umgehend als Ungläubige und Kommunisten verworfenen Dostum und Hekmatyar versucht, um den amtierenden Präsidenten zu schwächen, gibt es keine erkennbare Konstellation. Die Taliban beherrschen das Land, während der Präsident in Faizabad nahe der tadschikischen Grenze sitzt und das ihm noch verpflichtete Botschaftspersonal auf den Posten in Delhi, London und anderswo weiterhin afghanische Visa ausgibt, welche die Taliban wie gesagt und mit einem gewissen Recht nicht anerkennen – genau wie den in Moskau gedruckten *Afghani*, dem ersten der drei, dem ich in diesen Tagen auf dem Geldmarkt von Peshawar begegnet bin.

Unmerklich ist der Tag in den Abend übergegangen, nur kurz ein sehr blasses Rosa über den Himmel gehuscht. Der aus Kohlefeuern und den Abgasen knatternder Scooter genährte ockergraue Schleier ist über das verbogene Wellblech der Vordächer hinaus an den vergitterten Balkonen hochgestiegen und hat sich mit der herabsinkenden Dämmerung zusammengetan. An den verschachtelten Altstadtfassaden empfehlen sich nur noch die rot-weißen bleckenden Gebisse der Zahnarztplakate als hervorstechende Farbtupfer und darüber hie und da das Pastellblau einer Zeile verwitterter Fensterrahmen.

Durch das weiche Fluten ungezählter *shalwar kameez* und das schwarz-weiße Hin und Her der Bärte und der islamischen Gebetsmützen, welche die Gleichheit und Einheit der Hadschi vor Gott bezeichnen, spiegeln sich dutzendfach die Neonröhren in den Fenstern der Geldhändlergeschäfte wie auch im Glas der Auslagen. Aus diesen blicken Dschingis Khan und der indonesische Orang Utan, George Washington und die iranischen Ayatollahs, Queen Elizabeth und der kenianische Präsident Arap Moi, aber auch König Abdullah bin Abdul Aziz as-Saud und der tigergestaltige Mithra der usbekischen *Sum*-Banknote, der zoroastrische Fürsprecher der Menschen vor Gott, auf die bequem übereinandergelegten Füße der Geldhändler, auf wächserne Fersenballen und manchmal auch auf einen verbundenen großen Zeh. Sanft reiben sich diese Füße an den Spiralenknäueln der Telefonschnur, während die hingelagerten Händler in ihren blütenweißen *kurtas* mit Maschinenstickereien an Revers und Kragen telefonieren und telefonieren und gleichzeitig Geldscheine abzählen und nachzählen, rasend schnell von Hand oder mit dem manchmal von einem Gummiband zusammengehaltenen Taschenrechner.

Im Rücken von Jawad Rehman – »Foreign Currency Dealer: Remittance to all over the world. Buying and Selling of T. C. & coins. Buying & selling of all currencies« steht auf seinem Kärtchen – wie auch aller anderen Händler im brodelnden

Shiraz-Basar hinter dem Yadgar-Platz erinnern an Türen und Seitenflächen der dunkelgrünen und sandfarbigen Tresore haftende Koranverse zwischen den Klebern ungezählter Fluggesellschaften daran, bei allen Geldgeschäften niemals das vorgeschriebene Zinsverbot zu mißachten und vielleicht auch, daß jede Anlage in metaphysische Gegenstände mit ungewissem Ausgang, also etwa Alkohol oder Pornographie, ein expliziter Verstoß im Rahmen des *Islamic Banking* wäre.

Daß in den Geldgeschäften, deren Inhaber mit unaufdringlicher Freundlichkeit ihre Rupien gegen meine Dollars tauschen wollen, ein altes und flexibles, außerhalb der in den 1970er Jahren entwickelten Einrichtung des *Islamic Banking* stehendes Transaktionsverfahren getätigt wird, ist unwahrscheinlich. Das obskure unbare oder bargellose, in islamischen Ländern verbotene *Hawala*-Finanzsystem operiert nämlich zumeist hinter der Fassade von Einzelhandels- und Import/Export-Geschäften sowie wohltätiger sozialer oder religiöser Stiftungen. Über zwei Drittel der jährlichen weltweiten Anweisungen in die Heimat sollen auf diesem Weg an der Kontrolle der pakistanischen Finanzbehörde vorbeigeschleust werden. Im Fall des bankenlosen Afghanistan hingegen versichert die in Pakistan und darüber hinaus niedergelassene Diaspora der Hazaras kraft dieses Systems den im Hazarajat Eingeschlossenen, deren Versorgung durch UN-Nahrungsmittelkonvois im vergangenen Winter die Taliban mutmaßlich als Vergeltung für das in Mazar erlittene Massaker und die Taktik ethnischer Kriegsführung unterbunden haben, den Umlauf von Bargeld. Die das Hochland um Bamiyan besiedelnde mongolischstämmige Minderheit ist nämlich jene Ethnie am Hindu Kush, die es nicht zur Herausgabe eines eigenen *Afghani* gebracht hat.

Da also bei den Geldgeschäften auf dem Shiraz-Basar alles mit rechten Dingen zugeht, können selbst Auktionen von Geld in aller Öffentlichkeit

Das weltweit von Millionen in der Diaspora lebenden und arbeitenden Muslimen benutzte Hawala-Finanzsystem bezieht seinen Namen aus dem arabischen Wort für 'Wechsel', hat aber nach seiner Übernahme in das Hindi die zusätzliche Bedeutung 'Vertrauen' erhalten. Genau diese Qualität macht es zu einem weitgehend geheimen System, das erlaubt, Geld zu verschieben, ohne daß es wirklich bewegt wird. Abgewickelt werden die Geschäfte durch Mittelsmänner, sogenannte *hawaladars*, die theoretisch aus dem Teehaus operieren können und ein informelles, aber dicht gewobenes, weltweites Netzwerk bilden, und in diesem eine Art von Klubs, deren Mitglieder bestimmte, den Zusammenhalt und die Durchsetzung der Verträge garantierende Identitäten teilen — etwa den Koran als leitendes Prinzip mit der Festschreibung und Anwendung der *sharia*, aber auch fundamentalistische Ideologien — und aus denen jeder ausgeschlossen wird, der opportunistisches Verhalten zeigt oder kriminellen Organisationen seine Dienste zur Verfügung stellt.

Postscriptum:

Gemäß Schätzungen sollen jährlich über das illegale *Hawala*-System Transaktionen im Wert von ungefähr 200 Milliarden Dollar abgewickelt werden, über die es nach den Anweisungen, die meist im Lauf eines einzigen Tages erfolgen, keine Belege gibt. Dieser Umstand macht das *Hawala*-Systems anfällig für Geldwäscherei, und nach den Terroranschlägen vom 11. September 2001 werden denn auch muslimische soziale und religiöse Stiftungen solcher bezichtigt, darunter die bosnische und somalische Zweigstelle der in Saudi-Arabien beheimateten *al-Haramain Islamic Foundation*, welcher Verbindungen zu terroristischen Organisationen wie der al-Qaida nachgesagt wurden.

An einem Beispiel erläutert, funktioniert das *Hawala*-Finanzsystem vereinfacht so, daß etwa bei der bevorstehenden Überweisung eines beliebigen in New York arbeitenden pakistanischen Taxi-Chauffeurs an seinen Bruder in Peshawar ein lokaler *hawaladar* den anzuweisenden Betrag in Dollars entgegennimmt und daraufhin einen mit ihm

Beziehungen unterhaltenden *hawaladar* in Pakistan informiert, daß er im Namen des Anweisenden dessen Bruder den in *Rupia* und, da keine Bankgebühren anfallen, zu einem günstigeren als dem offiziellen Kurs gewechselten Betrag, abzüglich einer kleinen Kommission, auszubezahlen hat. Ein zwischen dem Taxi-Chauffeur und seinem Bruder ausgemachter Code – in Zahl oder Wort oder ein dem Koran entnommener Vers – stellt die Identifizierung sicher. Nach erfolgter Auszahlung an den Bruder schuldet der *hawaladar* in New York dem zweiten in Peshawar die entsprechende Summe. Innerhalb ihres Netzes verfahren die *hawaladars* nach dem 'System der zwei Töpfe', wobei es nur im Fall von absehbaren Auszahlungsspitzen und einer mittelfristig bestehenden großen Differenz zwischen Ein- und Auszahlungen zur Bereinigung der Salden in einem *Clearing*-Verfahren kommt. In der Regel ist das jedoch nicht notwendig, und wenn, geschieht es durch durch Kuriere überbrachtes Bargeld, Gold oder Wertgegenstände sowie durch Warenlieferungen oder Dienstleistungen, wobei eine Verbindung zu den vorausgehenden Transaktionen kaum herstellbar ist.

Zu einem solchen Transfer im großen Stil kommt es gemäß einem Artikel der *International Herald Tribune* (*Al Qaeda's gold: following trail to Dubai*, 18. Februar 2002) im Winter 2001/2002, als Truppen der Nord-Allianz, von den Amerikanern aus der Luft unterstützt, auf Kabul und Kandahar vorrückten. Wellen von Kurieren verbringen dabei die Dollar- und Goldreserven der Taliban und al-Qaida auf Schmuggelpfaden in kleine Geschäfte der Stammesgebiete, von da schaffen sie Mitglieder beider Organisationen nach Karachi und weitere Kuriere nach Dubai, von wo die dort in Goldbarren umgewandelten Vermögen anschließend über das *Hawala*-System weltweit verteilt und dem Zugriff der Behörden sowie der Unterbindung durch eiligste einberufene *task-forces* entzogen wurden. Im Rahmen des 'Kriegs gegen den internationalen Terrorismus' getroffene Maßnahmen und selbst drastische Strafen in etlichen islamischen Ländern können in den darauffolgenden Jahren die illegalen Geldflüsse des *Hawala*-Systems nicht unterbinden.

stattfinden, am Rand einer solchen der Händler Derwisch Khan mir das Rätsel der *Afghani* erläuterte.

Objekt der Begierde bei dieser Auktion sind mehrere mindest einen Meter hohe Türme in Plastik geschweißter afghanischer Banknoten. Gut sichtbar stehen sie im Eingang eines Geschäfts, zwischen den zurückgestoßenen Scherengittern, jeder 50 Millionen *Afghani* schwer oder hoch, je nachdem. Soeben aus Moskau eingetroffenes »*Rabbani- oder Masud-Money*«, sagt Khan – ein *lakh*, 100 000 *Afghani*, im Gegenwert von 180 bis 200 pakistanischen *Rupia* –, während er kein Auge von der Fingersprache der dreißig, vierzig dicht beieinanderstehenden Bieter läßt, an denen Passantinnen kaum noch vorbeikommen. Das *lakh* in Ankara gedruckter Dostum-*Afghani* habe hingegen lediglich einen Wert von 80 *Rupia*, weiß Derwisch Khan. Er geht dann aber nicht auf meine Frage ein, ob die Tatsache daß Masuds noch bestehendes Herrschaftsgebiet im Gegensatz zu jenem Dostums an Pakistan stoße, also vielleicht der über die Stammesgebiete um den Khyber-Paß abgewickelte Grenzhandel den Unterschied verursache, sondern informiert lediglich, daß die »*New currency*«, womit er den in Versteigerung gegebenen Rabbani- oder Masud-*Afghani* meine, weit unter dem Wert der noch unter König Zahir Shah ausgegebenen »Old currency« liege. Ein *lakh* dieses *Afghani* entspreche nämlich dem Wert von 2500 bis 3000 *Rupia*.

Während die Auktion ihren Lauf nimmt, führt mich Khan zu den fliegenden Händlern, die am Rand des Platzes auf Holzbänken sitzen, vor ihren auf wacklige Eisentischchen gestapelten und mit violetten Bastschnüren und zusätzlichen schwarzen Gummibändern zusammengehaltenen *Rupia*-Bündeln. Einer illustriert mit den entsprechenden Scheinen die Merkmale der unterschiedlichen *Afghani*, von denen Khan zuvor gesprochen hat, und plötzlich ist alles ganz einfach.

Masuds Scheine unterscheiden sich von den Scheinen der Taliban durch ihr Druckdatum nach dem 26. September 1996, dem Tag des Falls von Kabul. Der Dostum-*Afghani* hingegen, nach der politischen Partei des usbekischen Generals auch »Jumbish-Money« genannt, enthält eine schneller feststellbare Differenz. Auf der Vorderseite nämlich, über der Darstellung der Sommerresidenz der Ghaznaviden von Lashkar Basar mit dem berühmten Torbo-gen, sind im Schriftzug *Da Afghanistan Bank* bei den ersten beiden Worten die sich ge-genüberstehenden End- beziehungsweise Anfangsbuchstaben auseinandergerückt. Auf den ursprünglichen Scheinen, damit ist die »Old currency« gemeint, umfließt die weiße Reliefkontur hingegen ohne Unterbrechung alle drei Worte des Namens-zugs der Nationalbank.

Dazu Buch VIII, *Besuch in Lashkargah.*

Derwisch Khan versichert, und die umstehenden Händler bestätigten es, daß die Taliban sowohl Masuds als auch Dostums Neuausgaben im Land nicht dulden, ja daß sogar Kabuls Bettelkinder Scheine solcher Herkunft zurückwiesen, und zwar aus Furcht vor dem Stock der Religionspolizei.

Durch was denn die beiden Neuausgaben des *Afghani*, die, wie mir scheint, also allein zur Abwicklung grenzüberschreitender Geschäfte gedruckt würden, ge-deckt seien, wollte ich wissen, aber die Frage kam nicht durch. Erst im Lauf des abendlichen Austauschs unter den Journalisten im *Greens* fielen Hinweise auf Opium, Lapislazuli und Smaragde.

Im Juni 1998 entsprechen 25 000 Masud-*Afghani* und 50 000 Do-stum-*Afghani* ungefähr einem Dollar, wobei es aber zu plötzlichen Schwankungen von plus/minus 10 000 *Afghani* pro Dollar kommen kann, und zwar wegen der Unstabilität in Mazar-e Sharif, das am 8. August von den Taliban eingenommen wird.

Anschlag auf den Kohlezug

Ulaanbaatar, 3. März 2000. — Wie kommt man in der Stadt, die anders als die Jurte nicht der Dung des Haustiers beheizt, wo aber immer mehr Nomaden wohnen, zu etwas Wärme, wenn nicht durch den Raub von Kohle.

Kein leichtes Diebesgut, aber einigermaßen verläßlich rollt es alle paar Tage von den Nalaikha-Gruben bei Urga heran. Verläßlich ist deshalb auch die Wegelagerei, bevor die Kohle ihren Bestimmungsort erreicht, und diese geschieht, exakt im Sinn des Wortes, unter den Augen der Öffentlichkeit, bei der Brücke nämlich, über welche im Distrikt Bayangol die Ajilchin-Straße führt und auf der ein paar Passanten beob-achtend stehenbleiben. Schon dadurch und auch infolge der Regelmäßigkeit verliert der Vorgang die Natur eines Diebstahls, wird, da offensichtlich der Staat versagt, zum ausgeübten Notrecht der von langer bitterer Winterkälte arg Bedrängten.

Ort der Beschaffung ist also das einen knappen Kilometer westlich vor dem Bahnhof liegende Areal der Rangier- und Abstellgeleise, zwischen denen der Schienenstrang verläuft, der seit 1949 die mongolische Hauptstadt mit dem Gelben Meer und über die Transsibirische Eisenbahn mit dem Baltikum und dem Japanischen Meer verbindet. Auf der einen Seite gibt es eine steile Böschung aus gefrorener Erde. Auf der anderen breitet sich eine Industriebrache aus, wo unsichtbar bleibende Hunde bellen. Die Mauer zerbrochener Betonplatten, die zu den Geleisen hin das Gelände verdeckt, bietet etwas Schutz vor dem eisigen Wind. Etwas anderes als dieser scheint der in Stellung gegangenen wartenden Bande Jugendlicher, einige sind fast noch Kinder, nicht zu schaffen zu machen, außer vielleicht die stille Angst, der Kohlezug verspäte sich tatsächlich einmal um Tage.

Als er dann aber im Violettgrau des fortgeschrittenen Nachmittags auftaucht wie ein eingehaltenes Versprechen, ist gerade noch Zeit für die Überlegung, welches Bild zur Benennung dieses für die Welt eines Steppenreiters doch sehr unbelebten Gegenstands die mongolische Sprache benutzen mag, deren zischende Laute, in schneller Kadenz zwischen Zähnen und zurückgezogenen Lippen herausgepreßt, selbst schon wie das Geräusch der sich treibenden Kolbenstangen einer Dampflok tönen.

Aber dann ist der Kohlezug plötzlich da. Rollt dröhnend über den Gleisabschnitt, auf dem sich beim Herannahen die hinter der Mauer hervorbrechende Bande flink verteilt, nicht zu nahe am Schotter, denn am Himmel, am Rand der Waggons, tauchen dunkle klaubende Gestalten auf, Kyklopen, die Blöcke silbrig schimmernder Steinkohle, groß wie Kindersärge, über die Wandkanten wuchten, von wo sie herunterschrammen auf die gefrorene Erde zwischen den Geleisen, in kleinere Brocken zerspringend. Bevor der letzte Waggon durch, der harte schlagende Takt der Fahrgestelle vollständig ausgeklungen ist, sind diese Brocken zusammengetragen, stehen prall gefüllte Säcke in regelmäßigen Abständen am Gleis. Unter der Brücke hervorgekommene Männer in wattierter Kleidung und kniehohen Stulpenstiefeln aus nach innen gekehrtem Schaffell stehen mit gespreizten Beinen und auf die Oberschenkel gestützten Armen zitternd da, bis die ungeheure Last ausbalanciert auf Rücken, Schultern, Nacken und Hinterkopf liegt. Gebeugt, kaum mehr als drei Schritte vorausblickend, steigen sie über die Geleise und über den zwischen Zementpfosten in die Erde getretenen Stacheldraht, um wankend auf einem der Böschung entlangführenden Pfad zu verschwinden, zu einem Karren oder vielleicht auch an der Straße oben zusammengelaufenen Abnehmern entgegen.

Am Gleis tragen unterdessen die paar Kleinen auf ihren angewinkelten Armen weiter weg niedergegangene Kohlebrocken heran. Die Finger tief in die Handballen gegraben, ragen die klammen Fäuste aus dem Futter zerscheuerter Jackenärmel, schmutzigrot und schrumplig wie auf frostbeschlagenem Boden liegendes Obst. Keuchend verharren sie einen Augenblick vor dem nächsten stolpernden Gang. Die dicken Gummisohlen ihrer Stiefel sind abgewetzt und zerschlissen die karierten

Mäntelchen. Tief in die Stirn und über die Ohren heruntergezogen die mit farbigen fröhlichen Bändeln besetzten Strickmützen. Zusammen mit den umgeschlagenen Schals rahmen sie die blauen Gesichter mit den verschmierten Wangen und dem Blick bangender Alter.

Unterschlupf in den Kavernen

Ulaanbataar, 4.–7. März 2000. — In vergangenen Wintern, in Nächten bei Temperaturen bis dreißig Grad unter null sind in der mongolischen Hauptstadt öfters Straßenkinder erfroren. Dieses Jahr läßt die Stadtverwaltung die eisernen Deckel der Schächte zu den Kavernen des Heizsystems unverschlossen. Hier zwischen den sich verzweigenden, unterirdisch verlaufenden Rohren des von den Kraftwerken »Nummer 3« und »Nummer 4« gespeisten zentralen Heizsystems sind unter etlichen Hundert auch einige der beim Kohleklau engagierten Kinder untergekommen.

Obdachlose, ausgestoßene oder ausgerissene Kinder, ein neues soziales Phänomen der mongolischen Transitionswirtschaft, sind unvereinbar mit der Tradition der Nomadengesellschaft, welche für Kinder feste Arbeiten vorsieht. Dazu gehört die Aufsicht über Kleintiere. Aber bei den Kirgisen am tadschikischen ›Pamir-Highway‹ habe ich gesehen, wie kleine Geschwister auch das vom Vater getötete Schaf für den Kochkessel der Mutter zerteilt und ausgenommen haben.

Dazu Buch IX, ›Pamir-Highway‹: 1. Tag.

Anfänglich ist die junge Demokratie mit den harschen, aus autoritärer sowjetischer Zeit übernommenen Methoden gegen den als Schande empfundenen Notstand vorgegangen, aber selbstverständlich haben die Razzien und das Wegsperren ihn nicht beseitigen können. Minderjährige sind zudem wegen einfachem Diebstahl, Drogendelikten, Vergewaltigung und Mord nach dem Gesetz der Erwachsenen verurteilt worden. Inzwischen versuchen *World Vision* und andere ausländische *NGOs* auf die Durchsetzung des Jugendstrafrechts einzuwirken. Vermutlich unterstützt aber ihr durch das Gebot christlicher Nächstenliebe motivierter Wetteifer im Umgang mit dem Symptom – sowohl beim Versuch, die Kinder von der Straße wegzubringen, als auch bei der Resozialisierung – zunächst einmal die passive Haltung der Regierung, die sich mit der Bekämpfung der allgemeinen Armut schwertut. Aufgrund knapper Geldmittel ist beispielsweise nämlich auch im Vorjahr die besonders bedürftigen Familien versprochene monatliche Unterstützung von 20 Dollar zum Schulbesuch der Kinder bereits im März ausgesetzt worden.

Am Freitag, bevor wir zum Überfall auf den Kohlenzug gegangen sind, haben Ulrich und ich die Jugendhaftanstalt »Nummer 4II« besucht, einer der Orte, wo man sich des Problems mit zeitgemäßeren Methoden anzunehmen scheint.

Die Einrichtung ist in einer ehemaligen sowjetischen Heilanstalt südlich der Stadt untergebracht, die am Eingang eines sanften Tals liegt. Beidseits erheben sich niedrige Hügel. Während auf den sonnenbeschienenen Hängen die harten Schraffuren der Schneeverwehungen geblinzelt haben, hat bereits ein blauer kalter Schatten auf der von Mauern umgebenen Anstalt gelegen, über deren Dächer an jeder Ecke ein Wachturm herausragt.

Amazing Grace, das amerikanische Polizisten ihnen beigebracht haben, hat die im überheizten Mehrzweckraum vom Leiter der Gruppe versammelter Jugendlicher zum Abschluß des Vortrags etlicher mongolischer Volkslieder gesungen, mit Gitarrenbegleitung.

Beim Umgang hat der Direktor bei einer Kommode innegehalten, vor ausgelegten *Corpus delicti* – ein Messer, ein Haken und nebst anderen Gegenständen auch noch ein schmales Band, mit dem sich ein jugendlicher Mörder in seinem Zimmer erhängt hat. Der Direktor gibt Ulrich das Band, der es durch seine Finger gleiten läßt, dann aber erschrocken und hastig zurücklegt.

Die Wände eines anderen Raums haben Erinnerungen an das verlorene Zuhause der Jugendlichen bedeckt. Farbstiftzeichnungen von Haustieren und Pferden, immer vor weit offenem, welligem Weideland.

Dort aber verhält sich indessen vieles nicht mehr so wie es einmal gewesen ist. Denn vermehrt kommt der *Dzud* über das Land, die Trockenheit mit besonders katastrophaler Auswirkung wenn sie strengen Wintern vorausgeht oder solchen folgt. Das mit dem globalen

Dem *Dzud* des Jahres 2000 fallen 3,5 Millionen ausgewachsene Herdentiere zum Opfer oder 11,5 % des nationalen Gesamtbestands. Im Jahr 2001, als 7400 züchtende Nomadenfamilien ihren gesamten Bestand verlieren und 13 300 weit über 50 %, sind es 4,8 Millionen Tiere oder 18,2 %.

Klimawandel erklärte Naturereignis läßt altbekannte Wasserstellen versiegen und führt bei den 1990 wieder privatisierten Herden, die ohnehin auf überweidetem Wiesenland grasen, zum Massensterben oder zu Mißgeburten. Einbußen bei der Tierzucht indessen, der jeden einzelnen der 2,5 Millionen Mongolen täglich betreffende dominierende wirtschaftliche Sektor des Landes und gemäß Verfassung unter staatlichem Schutz, haben gravierende Folgen für den Einzelnen wie auch für den Staatshaushalt. Erstens weil die starke Abwanderung aus industriellen Betrieben die Weidewirtschaft mittlerweile zur Hauptquelle des Einkommens von 40 Prozent aller Mongolen gemacht hat; zweitens weil die Versorgung mit Fleisch und Fleischprodukten, Milch und Molkereiprodukten zusammenbricht – Grundnahrungsmittel der Bevölkerung wie auch Zutaten der Nahrungsmittelindustrie –, aber auch der Nachschub von Wolle, Haar, Kashmir, Fellen und Häuten.

Im Einzelfall, vor allem wenn die Effekte des *Dzud* einen Züchter heimsuchen, der weniger als zweihundert Tiere besitzt – aufgrund der errechneten Produktivität pro Tier ein unter der Armutsgrenze lebender, nur gerade selbstversorgender

Züchter –, kann die Katastrophe unmittelbar die Existenz der Familie bedrohen. Die Wahrscheinlichkeit eines solchen Vorkommnisses ist nicht gering, verharren doch über 80 Prozent der mongolischen Weidehirten in latenter Armut. Zerstört schließlich ein außer Kontrolle geratenes Herdfeuer die Jurte, den *ger*, in welchem noch immer gegen 80 Prozent der Bevölkerung leben, bricht die Familie nicht selten auseinander. Es kommt zur Scheidung und die unter Gewalt und Alkoholismus des verbliebenen Elternteils leidenden Kinder, wegen Geldmangel für Bücher und Uniform aus der Schule genommen, werden entsprechend nomadischer Tradition an Verwandte weitergereicht. Jeden Kontakt nach Zuhause verlierend, warten die Jüngeren dann oft vergebens auf die Rückkehr des Ältesten, der eines Tages in die nächstliegende Stadt gegangen ist und schließlich mit dem Güterzug oder auf sonstwelchen Wegen nach Ulaanbataar.

Dort hat er, anstatt als nachgerücktes Oberhaupt der Familie für die kleineren Geschwister zu sorgen, vielleicht Anschluß an denselben Verhältnissen entronnene Gleichaltrige gefunden, um aufgrund irgendwelcher Vorzüge oder nach Bestehen einer imponierenden Tat eines Tages zum Anführer einer Jugendbande emporzusteigen. Seine neue 'Familie' manipuliert und schützt er dann mit einem Gemisch von Drohungen und Versprechen; bestimmt, vor welchem Supermarkt oder welchem Café sich die Kinder postieren sollen, um das unnötig viele Chrom der teuren Geländewagen von Ruß und braunem Schneematsch zu reinigen. Tun sie nicht das, oder versuchen sie nicht bei den in schwarze Lederjacken gekleideten Billardspielern und Geldhändlern neben der Wechselstube eine Spende zu ergattern, lungern die Kinder auf dem Bahnsteig herum, wo sie die aus dem administrativen Zentrum der an Holz, Gold und Uranerz reichen ostsibirischen Oblast Chita oder Beijing heimkehrenden mongolischen Händler anhauen, von gutausgestatteten Damen im Pelz gerügt und in regelmäßigen Abständen vom diensthabenden Personal vertrieben. Oder die Mädchen unter ihnen schminken sich in den übelriechenden Kavernen, wo auf festgetretenem Erdboden ein mit Fetzen farbigen Papiers bedecktes Kistchen den Pudertisch darstellt, auf dem neben einer Flasche mit Haarshampoo, einem Kamm und einem Handspiegel aus Plastik die Kerze ihren rötlichen Schimmer verbreitet, der jedoch kaum die Abschirmung aus Karton erreicht, hinter der ein unsichtbarer Alter chronisch hustet. Schminken sich also, um dann erneut die paar blanken Stufen der Rohrleiter in die Welt der Erwachsenen hochzuklettern und am zur Seite geschobenen Gußeisendeckel vorbei auf die Straße im Bayanzurkh-Distrikt zu treten, aber nur wenn keiner der mit langem blauem Mantel und Fellmütze bekleideten Polizisten sichtbar ist, die Hände in gestrickte Fäustlinge gepackt, welche die Warzen bedecken, aber nicht die abgebrochenen, blutrot bemalten Fingernägel, das schwarze Haar fixiert mit Spray und der Pferdeschwanz von einer mit himmelblauen und weißen Sternchen besetzten Spange zusammengehalten.

Gestern haben Ulrich und ich nun aber auch ein Mädchen in grellgelber Daunenjacke zum Schulbus rennen gesehen. Frühmorgens sind wir auf noch gefrorener Erde zwischen dicht aneinandergereihten, mit Lattenzäunen umgebenen Häuschen den Shar Khad hinaufgestiegen, einen Hügel zwei Kilometer hinter dem sowjetischen Rayon, wo T-54-Panzer und anderes Gerät der Roten Armee auf das geschlossene Militärmuseum aufmerksam machen. Das Mädchen ist genau in dem Moment aus einem der Holzhäuser getreten, wo es durch den Smog, welcher in der Senke gehangen hat, den Bus hat kommen sehen, so daß es genau in derselben Minute wie dieser am Fuß des Hügels angekommen ist und keine früher, denn nicht nur Smog, sondern auch eiskalter Schatten hängt um diese Zeit noch über der Haltestelle.

Wir sind dann weitergestiegen und hinter den letzten Häuschen auf die nackte Kuppe hinausgetreten. Enorme Krähen haben zwischen Unrat und zertretenen Bierdosen gesessen. Ein Hundekadaver steifgefroren dagelegen, mit schwarzem Blut um die Schnauze, die Vorderläufe mit Draht gefesselt. Die Augen haben gebrannt, denn die Luft ist durchzogen gewesen vom Rauch Hunderter von Rauchschwaden. Wie flaumige Federchen sind sie aus den Blechrohren aufgestiegen, welche wie Bleistifte in den Dächern der Jurten stecken. Dann ist die Sonne durchgedrungen, hat die die *gers* umgebenden Lattenzäune beschienen. Deren Muster hell-dunkler Vierecke sowie der wie Törtchen dazwischen abgesetzten runden Zelte hat sich entfaltet, über die umliegenden Hügel bis zum entferntesten sichtbaren Fleck.

Fast hat man das Gefühl gehabt, die Jurten seien über Nacht aus der Weite hinter dem Frostnebel herangerückt und stiegen jetzt die Hügel herab, das nomadische Leben an den Rändern der Stadt niederzulegen.

Bananen aus Ecuador

Tashkent/Gishtkoprik, 2. Oktober 2002. — Aus allen Richtungen des Landes, aus Fergana, Karshi und Buchara, haben sich die Bananenschachteln auf den usbekisch-kasachischen Grenzübergang Gishtkoprik zubewegt, als wankende Türme auf den Gepäckträgern und den Heckklappen der *Wolgas* festgezurrt und in deren Innerem um den Fahrer geschichtet, auf Handkarren gestapelt und über den Stauraum der Kleintransporter hinausragend, so daß es Hanfstricke braucht, um das Ausschwingen der abstehenden Flügeltüren zu verhindern. Transportiert werden in den Bananenschachteln kasachische, für den Export bestimmte Äpfel, vielleicht auch afghanisches Opium, weshalb ein winselnder aufgeregter Cockerspaniel die halb ausgeräumten Ladungen erklettert und sich ihren Kanten entlangschnüffelt.

Zuvor haben die Fahnder hinter dem Zollgebäude den Zwinger mit Schäferhunden gezeigt, ohne zu erläutern, wann diese zum Einsatz kommen. Kaum zur Ergreifung eines versprengten Mitglieds der *IMU*, der schon stark dezimierten *Islamischen Bewegung Usbekistans*, denn dieses würde nicht zwischen Bananenschachteln nach Kasachstan, sondern über den Amu Darya nach Afghanistan oder via Tadschikistan und den Wakhan-Korridor nach Pakistan hinüberschlüpfen. Vielleicht aber um eines die Flucht wagenden Dissidenten habhaft zu werden, der sich in einer Höhlung unter dem gewaltigen Haufen baumwollgefütterter blauer Mäntel mit den Schaffellkragen verbergen könnte, in die hinein die Metallrute des Zöllners so leicht sticht wie ein Degen in Stroh. Vor der Gruppe, welche die Fracht nicht vom handgezogenen schweren Karren abladen will, geht der diensthabende Soldat einem jungen Mann an die Gurgel. Schreiend fährt eine Alte dazwischen. Hinter seinem Bildschirm, auf dem das unverdächtige Röntgenbild des bescheidenen Karrens steht, grinst der Zöllner.

Wie viele Usbeken mögen die *Bonanza, Goldfinger, Salsa, Sonita* und *Pretty Liza* verspeisen, welche im zentralamerikanischen Regenwald jeden fünften Einwohner beschäftigen und bei minus 15 Grad, grün und im Koma liegend in den zum Apfelexport wiederbenutzten Bananenschachteln importiert werden? Unter der mächtigen Betonkuppel des Chorsu-Basars vor der Altstadt Tashkents, zwischen Auberginen, Erbsen und Melonen, zwischen Kernseife und Gewürzen habe ich Exemplare der tropischen Frucht suchen müssen, die nach 1989, als in Berlin die Mauer gefallen ist, mit einem Schlag vom Symbol der Ausbeutung zum Symbol der Freiheit geworden ist – eine Metamorphose, für die es in der usbekischen Bananenrepublik noch lange braucht.

Als ich auf einer Botschaft nachfrage, ob man etwa Genaueres wisse, leitet man die Antwort an eine lokale Mitarbeiterin weiter.

Verschiedene Informanten, heißt es, sagten alle dasselbe, nämlich daß die Bananen, darunter auch diejenigen aus Ecuador, aus Sankt Petersburg und Moskau nach Usbekistan kämen, wobei das Geschäft in den Händen von drei bis vier jüngeren Leuten liege, Söhne der obersten Persönlichkeiten des Landes. Leute also mit Beziehungen zum Zoll- und Steuerkomitee. Als Folge dieser Beziehungen erhielten sie denn auch wesentliche Begünstigungen beim Import der bis zum Verkauf in Großlagern aufbewahrten, je nach Bedarf in der Gaskammer zur Reife gebrachten und an die Supermärkte oder die Basare ausgelieferten Banane.

Im Zusammenhang mit der Information auf offizielle Quellen zu verweisen ist aus Gründen der Diskretion nicht möglich gewesen.

Die Last des Geldes

Mazar-e Sharif, 16. Oktober 2002. — Das alte Kopiergerät unter den am Schaufenster klebenden Farbdrucken indischer Schönheiten bringt dem Fotografen mehr ein als viele Hochzeiten.

Das hat mit dem Wissen zu tun und der Tatsache, daß dieses nur in wenigen noch vorhandenen Büchern verfügbar ist, häufig in bereits fotokopierten Exemplaren wie etwa dem zur afghanischen Geomorphologie, welches der im Porträtstudio aushelfende Knabe, der eigentlich in der Schule sitzen sollte, gerade vervielfältigt.

Beim Fotografen handelt es sich um den jüngeren Bruder von Faraidon, meinem Übersetzer, früher selbst Porträtist, und das Geschäft, in dem wir stehen, war ursprünglich seines. Auch unter dem Bilderverbot der Taliban habe er, sagt er, den Beruf gern ausgeübt, durch den man leichter mit Frauen in Kontakt gekommen sei. Denn scheu wären die Afghaninnen, und auch beim Sex verhielten sie sich äußerst passiv. Nur in die Ecken der Teppiche würden sie nämlich ihre Finger krallen, statt in das Fleisch des Mannes. Faraidon, der sein volles Gesicht zweimal täglich zu rasieren und im übrigen mit Bedacht nicht das stereotype Bild eines Afghanen zu erfüllen gewillt scheint, also gemäß einer Redensart für drei essentielle Gründe zu kämpfen — für Freiheit, Geld und Frauen —, überführt jetzt als eines seiner Geschäfte japanische <u>Import-Fahrzeuge</u> von Herat nach Mazar. Aber vielleicht habe ich ihn falsch verstanden, und das hat nur den für alle Transportarten einsetzbaren und für seine Robustheit bekannten *Toyota-HiAce* betroffen, in dem wir unterwegs sind.

Dazu Buch VII, *Ein Weg aus vielen.*

Auf Geheiß von Faraidons Bruder hat der Knabe im Studio die afghanische Geomorphologie vom Gerät genommen, um die Kapitel *Legenden und Wirklichkeit, Begegnung zweier Zivilisationen* und *Das zweite von den besten Ländern* aus Vadim M. Massons 1966 auf russisch und 1982 auf deutsch erschienenem Buch *Das Land der tausend Städte: Die Entdeckung der ältesten Kulturgebiete in Mittelasien* zu bewältigen, knapp fünfzig Seiten, die sich gerade noch als Doppelseiten kopieren lassen. Nachdem ich den Band zurückerhalten habe, den Marcus mit nach Aï Khanoum nehmen will, gehen wir zum Kefayat-Basar, um nachzusehen, ob das neue Geld wie angekündigt in diesen Tagen auch wirklich in Mazar eingetroffen ist.

Die engen Durchgänge des Basars sind zusätzlich mit Tischen und Eisengestellen verstellt. An den Aufbauten hängen T-Shirts mit dem Lächeln des ermordeten Ahmed Shah Masud. Darunter Büstenhalter in Weiß und Rot, gestapelt wie Krustentiere in der Auslage eines Comestibles-Geschäft. Schmuckhändler kauern vor ihren flachen glasbedeckten Holzkästen, wenn diese nicht auf umfunktionierten

Kinderwagen liegen. Diese Kästen sind gefüllt mit in rechteckigen briefmarkengroßen Kartonstücken steckenden Ohrgehängen. Auch die Broschen in den zierlichen Schächtelchen sind immer dieselben und ebenso die Ringe in den mit Plüsch ausgelegten Fächern der Schatullen.

Um die chinesische Massenware das Huschen und Blähen der *burkas*. Chinesischer Herkunft auch das Geschirr, das die hennabemalten Hände wenden, aus Indien jedoch die Kosmetika, die sie auf die Höhe der flachen, mit dem Tuchstoff der *burka* vernähten Kappe, vor das Gesichtsgitter mit den Maschen aus Stoff oder Roßhaar heben. Im Rücken schmiegen sich derweilen die Kinder in die zusammengerafften hellblauen und taubenweißen Falten der *burkas*.

»Wie erkennen die Kinder ihre Mütter?«

Die Frage überrascht Faraidon. An den Schuhen natürlich und am Gang. Verliere sich im Gewühl einmal ein Kind, was selten vorkomme, würde es zur Großen oder Blauen Moschee gebracht und über Lautsprecher ausgerufen, bis die Mutter es hole. Die Moschee über dem angeblichen Grabmal des Kalifen Ali sei Afghanistans berühmteste, schöner als jene in Herat oder Timurs Bauten in Samarkand. Der Besuch durch Ungläubige sei wieder problemlos möglich, ob ich hinwolle? Aber wir sollten doch besser direkt zum Geldmarkt, denn der schließe bald die Tore.

In der Mitte der breiten Straße, die wir überqueren, breitet sich ein Taxistand aus. Die Bezeichnung ist nicht so unzutreffend wie sie erscheint, denn das Chaos regiert durchaus Ordnung. Jahrhundertelang geübte und verfeinerte Methode einer Nation von Transporteuren und allzu oft auch Flüchtenden. Ordnung beim Festzurren der Warenballen auf den Dächern. Beim Zusammenpferchen von fünf, sechs männlichen Passagieren, nebst dem Fahrer in der Kabine und erst recht der Kinder und Frauen unter der mit Stricken hochgebundenen Heckklappe des Kofferraums, in dessen hinterste Ecken, zwischen benzingefüllte Pet-Flaschen und vollgestopfte Einkaufstaschen sich die Kleinsten drücken, gefolgt von den etwas größeren Geschwistern. Die Frauen steigen zum Schluß in den Kofferraum, raufen ihre *burkas* zusammen und lassen sich wie erschöpfte Hennen nebeneinander nieder. Erst wenn die beringten, hennabemalten Hände an der rostigen Karosserie Halt gefunden haben, drückt sich als sechster oder siebter noch der Weißbart neben den Fahrer und gibt das Zeichen zur Abfahrt

Ganz in der Nähe des Basar-Gebäudes sehen wir halbwegs in vermutlich rezykliertes Papier gewickelte, aneinanderlehnende Fahrräder – chinesische. Ich kenne sie. Aber nein, Faraidon korrigiert umgehend. Es sind nicht jene, deren Transfer ich vor vier Jahren hinter Peshawar beobachtet habe, sondern pakistanische Fälschungen. Nie würde er ein solches Fahrrad kaufen. Preisgünstig, sicher, dafür fiele es aber auch gleich wieder auseinander.

Dazu Buch VII, *Chinesische Fahrräder am Khyber-Paß.*

Der Kefayat-Basar ist der größte der Stadt, und in seiner Mitte steht ein Betonwürfel mit zur Hauptstraße hin angehängten Balkonen. Mit Waren vollgestopft, bieten sie aber auch Gruppen Tee trinkender Männer Raum zur Erledigung ihrer Geschäfte. Die drei andern Seiten des Würfels stoßen an enge Basargassen. Das Basargebäude gehört einem der reichsten Händler der Stadt, einem ethnischen Usbeken, nicht nur Besitzer des Viehmarktes, sondern auch des großen Container-Lagers und Stapelplatzes an der Straße nach Balkh.

Dazu Buch IV, *Umtriebe in Balkh.*

Eine unbeleuchtete Betontreppe führt in das Obergeschoß, das einen überdachten Lichthof umläuft. Von dort fällt der Blick auf einen den Lichthof fast ganz ausfüllenden Ladenblock, in dem man ausnahmslos Textilien verkauft. Baumwollstoffe aus afghanischer, alle anderen Materialien vornehmlich aus chinesischer, aber auch indischer und iranischer Produktion. Zu kaufen gegeben hat es bis vor kurzem außerdem noch Restposten des teuren schwarzen japanischen Turbantuches aus Seide und synthetischen Fasern, welches die Taliban bevorzugt haben; das Stücke einen Meter breit und fünfundzwanzig Meter lang zu hundert Dollar und ausreichend für drei Turbane.

Die Geschäfte des Obergeschosses im Basar sind ausnahmslos solche von Geldhändlern und Geldverleihern. Eine andere Tätigkeit scheint die Monatsmiete nicht einzubringen, die 5000 Dollar beträgt, sehr viel mehr als der Mieter im Erdgeschoß und im inneren Ladenblock bezahlt. Der Umstand läßt an den afghanischen Vergleich zwischen Vertretern dieser Branche und *Quarun*, Charon, denken, denn wie dieser vor dem Übersetzen des Styx auf schäbige Weise die Goldmünze unter der Zunge des Verstorbenen entferne, kämen jene durch unlautere Methoden zu ihrem Reichtum. Aber auch die Konzentration der Geldhändler im Obergeschoß spricht für sich, ist es doch gewiß der sicherste Ort im Basar. Dabei schützt sie das Gesetz, aber wer mag diesem vertrauen, wenn auf der Straße das alte Wort kursiert, vor einem Dieb schütze der Stock, vor einem Geldhändler hingegen nur das Schwert und die Beobachtung seiner Bewegungen.

Aber vielleicht ändert sich das jetzt alles, so wie der Wert des Geldsacks, für dessen Hinunterschaffen der Träger den gleichen Lohn erhält wie für die Buckelei des gleichen Gewichts an Tuchbahnen.

Im Dezember 2001, kaum haben die Taliban ihre Turbane abgelegt und sind, während die amerikanischen Bomben fielen, nach Hause gegangen, beschließt die internationale Gemeinde auf dem Bonner Petersberg alles während Jahren versäumte wiedergutzumachen und Afghanistan schleunigst in den Schoß der unterdessen weitergeschrittenen Welt zu befördern. Eine feine Idee und dabei etwas vernünftiger, als das Land mit neuem Geld zu versorgen.

In diesen Tagen nun erwartet man in Mazar dieses Geld, an welchem das Gewissen der internationalen Gemeinde haftet wie ein Muttermal. Mit dem Flugzeug soll es kommen, nicht mit dem Lastwagen über den Salang-Paß. Richtiges Geld. Zertifiziert mit einer ISO-Nummer und bestimmt auch bald mit einer internationalen Kennung. Die verschiedenen im Land kursierenden Sorten des *Afghani* erwartet der Ofen. Als ob mit der Vernichtung alte Schulden verrechnet oder abbezahlt wären und erlittenes Unrecht getilgt.

Dazu in diesem Buch *Das Afghani-Rätsel.*

Auch in Mazar ist eiligst ein hühnerstallgroßer Ofen gebaut worden, im Hinterhof der nach Jahren wieder eröffneten Zweigstelle der afghanischen Nationalbank.

Gestern haben wir kurz vorbeigeschaut. Schwarz hat es durch die Ritzen zwischen den gebrannten Ziegel gequalmt. Das alte Geld hat sich seiner Zerstörung widersetzt oder der Ofen ist zu schludrig gebaut worden, jedenfalls nicht richtig. Die Umstehenden haben sich in die Ärmel gekniffen, und der Disput zwischen dem Angestellten der Bank und dem Befeuerer ist in ihrem Gelächter untergegangen. Niemand hat den verunsichert herumstehenden Vertreter einer supranationalen Organisation beachtet, welchem aufgetragen gewesen ist, die Veranstaltung zu überwachen.

Unterdessen vermindern sich bei den Geldhändlern an der Straße die Stufenpyramiden speckiger Notenbündel, und ein paar besonders Findige verblüffen Neugierige bereits mit der aus Westentaschen und Turbanen gezauberten neuen Währung. Die Bündel sind hart wie kleine Brettchen, straff mit einem schmalen braunen Papierband umwickelt. Vor dem ersten Abzählen werden sie der Länge nach zwei- oder dreimal in beide Richtungen durchgebogen. Dabei knacken die Bündel kurz und trocken wie die Gelenke beim Auseinanderziehen der Finger. Das Abzählen produziert das weiche klappernde schnelle Geräusch, das Kinder mit einem in die Fahrradspeichen ragenden Stückchen Karton erzeugen, und die schnellenden weißen Ecke der Scheine blitzen – jeder Schein noch das reine Versprechen.

Der mit Faraidon bekannte Geldwechsler hat nach unserem Eintreten umgehend nach Tee und Biskuits geschickt. Sein Büro ist eng, denn darin stehen nebst Pult und schwarzen Drehstühlen etliche Tresore und metallene Schubladenschränke. Auf einem solchen läuft der Fernseher. Der Deckenventilator surrt gefährlich nahe an den Turbanen der beiden Hazaras, die ihr *Jumbish*-Geld in Dollars umtauschen wollen, um damit auf der Bank neue *Afghani* zu kaufen. Gleichzeitig holen zwei Gehilfen aus einem hinteren Raum unaufhörlich verschnürte Bündel mit Tausender-Scheinen, stapeln sie auf dem roten Spannteppich vor einem Käufer, der das Abzählen kontrolliert und das Abfüllen in Säcke zu zwei verschiedenen Größen – genauer: in vier Säcke zu achtzig Millionen *Afghani* und einen zu 120 Millionen. Letzterer wiege, sagt der Geldhändler, ungefähr achtzig Kilogramm. Zwei Träger sind angeheuert, dieses Geld, *Jumbish*-Geld also, die schwerste der drei *Afghani*-Sorten und insgesamt ungefähr vierhundertfünfzig Millionen, zum Lieferwagen unten an der Kreuzung zu bringen. Für jeden der über die eiserne Außentreppe hinabgetragenen leichteren

Säcke erhalten die zwei Träger zwanzig *Afghani*, für den schweren vierzig. Das ergibt hundertzwanzig *Afghani* oder einen Dollar, den die beiden teilen für die geleistete Viertelstunde Arbeit, für das Schultern von mehr als 3,5 Millionen Dollar.

Es wäre interessant zu wissen, welche Transaktionen im Netz des *Hawala-Finanzsystems* diese Summe noch durchmacht,

Dazu in diesem Buch die Marginalie in *Das Afghani-Rätsel.*

bevor sie im Ofen der Nationalbank verglüht. Ob sie vielleicht mit im Namen der Hilfsorganisationen getätigten Transaktionen verrechnet werden, die wie Blutsauger über den afghanischen Leib herfallen und sehr leicht das Finanzwesen terroristischer Organisationen berühren und somit ungewollt selbst als Geldwäschereien agieren können.

Baltische Verschiebungen

Bishkek, 27. Juni 2004. — Die kirgisische Hauptstadt erwacht in der Dunstpfanne zu unseren Füßen. Davor der weiße Krater einer Kiesgrube. Das nähere Umland verstellt mit neuen Wohnblöcken. Irgendwo links muß die Straße nach Westen, nach Tashkent abgehen, geradeaus jene nach Almaty. Ramil kann nicht genau sagen, wo, denn weder die eine noch die andere ist sichtbar. Aber Straßen sind nicht Gegenstand der Betrachtung für einen wie Ramil, denn den Tataren interessieren nur die Autos. Autos und noch einmal Autos.

Oben an der Kurve steht mit geöffneten Türen der silbergraue Mercedes des Zweiundzwanzigjährigen. *»Elegance class«.* Darauf hat Ramil gleich hingewiesen und anzufügen hat es nichts gegeben, als er mich heute nacht, das heißt um zwei oder drei Uhr morgens, vom Flughafen Manas abgeholt hat. Die rasante nächtliche Fahrt zur Wohnung in der Stadt und die heute morgen zu dem noch geschlossenen Panorama-Restaurant hinauf hat genügt, um mit der Zirkusmelodie seines Handtelefons vertraut zu werden. Da Sonntag ist und bestes Wetter für den Autobasar, kommen auch jetzt von dort die meisten Anrufe. Bereits am Samstagabend haben sich Ramils Freunde nämlich mit den zum Verkauf bestimmten Gebrauchtwagen in die Kolonnen gereiht, um bestmögliche Plätze zu ergattern.

In Karl Schlögels Essay *Europas Comeback. Marjampole oder die stille Verfertigung eines Kontinents* (*Lettre International*, Nr. 64, 2004) habe ich von den *tolkutschki* (*tolkat*, russ.: stoßen), den Gebrauchtwagenhändlern, gelesen, die ohne eine »zivilisatorische Mission« zu haben an dem arbeiten, was Europa als zivilisatorischen Zusammenhang wieder entstehen lasse. Weder Sprachkünstler noch Linguisten zu sein, so Schlögel, sei eine gewisse Sprachfertigkeit Voraussetzung ihres Jobs. Als nicht arrivierte Vertreter einer als kosmopolitisch definierten Kultur würden sie sich jedoch auskennen in der Welt. Weltläufigkeit sei die Grundlage ihrer Arbeit. Die Grenzüberschreitung kein intellektuelles schmückendes Etikett, sondern tägliches Brot. Siebzehn Stunden stünden sie in Kalwarija an der litauisch-polnischen und noch einmal so lange in Swiecko/Frankfurt/Oder an der polnisch-deutschen Grenze. Europa würden sie nicht nur vom Hörensagen kennen und nicht nur als Gemeinschaft von Werten und Prinzipien, sondern als Raum, den sie Dutzende Male von einem bis zum anderen Ende durchmessen hätten.

Treffpunkt dieser Händler ist der größte Gebrauchtwagenbasar Europas, ein riesiger Parkplatz außerhalb von Marjampole, und die litauische Provinzstadt sei, so Schlögel, der wahre Knoten des neuen Kontinents. Denn dort kreuzt die Via Baltica sich mit der A 7, und die von Helsinki und Sankt Petersburg über Tallinn und Riga nach Süden, also nach Warschau, Prag und Budapest, sowie die nach Berlin und in den Westen führenden Verkehrsströme begegnen jenen von der baltischen Küste ins Innere Rußlands, zum Schwarzen und zum Kaspischen Meer und nach Zentralasien, bis hinunter nach Astrachan oder Almaty, wo die Gebrauchtwagen auf lokalen Basaren den Endverbraucher finden.

Damit hat die Via Baltica schließlich die alte neue Seidenstraße erreicht.

Ohne Zweifel sind Ramil und seine Freunde Vertreter der Generation von Helden, die Schlögel lautlos an der Wiederverknüpfung des westlichen Eurasiens arbeiten sieht, vor allem an den Räumen zwischen Tirana an der Adria und Dushanbe am Pamir. Sie bestimmten das Tempo der »europäischen Einigung«, während Brüssels Politiker vom »Europa der verschiedenen Geschwindigkeit« redeten und meinten, Herren des Verfahrens zu sein.

Die Sage dieser neuen Helden ist nicht ein Versuch in Theorien und Visionen, sondern eine des Alltags und der Routine, und da ich nun einem Protagonisten gegenüberstehe, bitte ich ihn, sie mir zu erzählen. Dazu Buch IV, *Brüssels Hirngespinst*. Doch Ramil, einer der Nachfahren nomadischer Pferdehändler, die heute Zentralasien mobilisieren, winkt ab. Lieber soll ich seinen besten Freund Nikolas über die gemeinsamen Autogeschäfte befragen. Der habe schon als Spengler in London gearbeitet und spreche besser Englisch.

Den neunzehnjährigen Russen mit kurzgeschorenem blondem Haar und kugelrunden blauen Augen finden wir im Leninski-Distrikt am ländlichen Rand von Bishkek, wo der Vater mit der Feile einen an Ketten aufgehängten schwarzen Motorblock bearbeitet und der ältere Bruder eine ausgebesserte Stelle an der Karosserie eines *VW Golf* poliert. In der Stube trägt die Mutter Tee und selbstgemachte Himbeermarmelade auf. Danach setzen wir uns wieder in Ramils Mercedes, der im Schatten eines großen Walnußbaums parkt, und blicken das Sträßchen hinunter.

In einer Entfernung von vielleicht hundert Metern drücken sich Jugendliche beiderlei Geschlechts im Gebüsch herum, essen Pflaumen und rufen einer Gruppe von Männern zu, die sich in Trainingsanzügen auf dem Flachdach eines vergammelten Gebäudes versammelt haben.

Das Gefängnis für Kleinkriminelle, erklärt Nikolai, bevor ihn Ramils Zirkusmelodie unterbricht, und vom Basar der Freund den Verkauf eines der Gebrauchtwagen meldet. In sowjetischer Zeit sei das Gebäude ein Spital gewesen, fährt Nikolai fort. Die meisten Gefangenen seien Polizisten und säßen ein wegen Drogendelikten und Korruption. Die mit höherem Dienstrang hätten Fernseher und Kühlschränke organisiert und hielten Kaninchen. Wer es sich leisten könne, bezahle hundert Dollar oder, wenn er reich sei, auch mehr für eine Verlegung in ein bequemeres Gefängnis. Die Polizeiagenten in Zivil, die um das Gefängnis streichen, könnten dazu bestochen werden, den Inhaftierten Mitteilungen oder Gegenstände zu überbringen, und die auf den Türmen postierten Wachen würden an den Mauerwürfen verdienen. Zwanzig *Sum* koste das Wegschauen. Vor dem Wurf der Pet-Flaschen mit *samogon*, einem vierzigprozentigen selbstgebrannten Alkoholgemisch mit Früchten und Zucker, müsse die Luft ausgepreßt werden. Sonst torkle die Flasche im Flug und überstehe den Aufprall nicht. Geldscheine flögen um kleine längliche Steine gewickelt in den Garten des Gefängnisses und Messer nachts, eingewickelt in benzingetränkte und vor dem Wurf angesteckte Lappen.

Und wie denn der *Mercedes*, in dem wir säßen, nach Bishkek käme?

Die Regierung bestehe aus hundert Leuten, das Volk hingegen aus ein paar Millionen. Deshalb sei jenes klüger und finde Möglichkeiten in den Gesetzen, welche die Regierung eigentlich für sich selbst geschaffen habe.

Nikolais Erklärung muß auf der Praxis abgewonnenen Erfahrungen beruhen und gewiß auch auf andere Sektoren der Wirtschaft als den Autohandel übertragbar sein.

Vor der Fahrt zum Autobasar, der letzten Station des Verbreitungswegs westeuropäischer Gebrauchtwagen, will Ramil auftanken. Und noch während wir an einer der Tankstellen warten, die dem Sohn von Präsident Askar Akajew gehören und auch den vom Flughafen Manas aus nach Afghanistan hinein operierenden amerikanischen Truppen Diesel verkaufen, beginnt Nikolai mit der Schilderung des baltischen Autohandels, der im Fall einer von Ramil persönlich unternommenen, etwa sieben Tage dauernden Überführung eines einzelnen Wagens — es gibt noch die mindestens einen Monat beanspruchende Variante des Eisenbahntrailers — folgendermaßen funktioniert:

In das litauische Kaunas gelangt Ramil von Bishkek aus mit dem Flugzeug. Von dort sind es fünfzig Kilometer in Richtung polnische Grenze bis nach Marjampole. Dort schließt er mit einem litauischen Händler über einen bestimmten Gebrauchtwagen — zumeist einen *BMW*, *Mercedes* oder *VW*, manchmal aber auch einen französischen *Peugeot* oder *Renault* — einen Kaufvertrag ab und läßt sich von einem ansässigen Advokaten zum Preis von hundert Dollar eine Vollmacht über das Auto ausstellen. Ausgestattet mit Fahrzeugpapieren, die weiterhin den litauischen Verkäufer als Besitzer ausweisen, verläßt Ramil Marjampole und fährt den mit dem litauischen Nummernschild versehenen Wagen via Vilnius und Moskau, Ulyjanowsk und Ufa – also nördlich der von den Geographen der 1930er Jahre das »große europäische Völkertor« genannten Lücke zwischen Ural und Kaspischem Meer, nach Karaganda in Kasachstan und am Balkash-See und Almaty vorbei nach Bishkek. Diese Variante ist wesentlich günstiger als jene mit einem Transitschild, in welchem Fall die Passage durch Rußland tausendfünfhundert Dollar und die durch Belarus fünfhundert Dollar kosten würde. Zurück in Bishkek, sucht Ramil unverzüglich einen neuen Käufer, und hat er diesen gefunden, nimmt ein nach Litauen reisender befreundeter Autohändler oder sonst ein Geschäftsmann das litauische Nummernschild mit, um es dem ehemaligen Besitzer des Wagens zurückzugeben. Dieser bringt Schild und Fahrzeugausweis zur Verkehrspolizei in Kaunas und meldet, daß sich das betreffende Fahrzeug nun in Bishkek und in den Händen eines kirgisischen Besitzers befindet. Daraufhin wird der Eintrag im litauischen Register gelöscht, das Nummernschild zerstört, und die litauische Polizei stellt temporäre, auf Ramil lautende Fahrzeugpapiere aus. Sind diese Dokumente, wieder durch einen als Kurier agierenden Bekannten, in Bishkek angekommen, bringt Ramil den verkauften, zuvor nach Leistung eines Vorschusses beim neuen Besitzer eingestellten Wagen zur kirgisischen Zollbehörde und bezahlt eine nach Hubraum bemessene Einfuhrgebühr. Bei Vorweisung der Zolldeklaration registriert die zuständige lokale Polizeistation den Wagen auf Ramils Namen und gibt ein kirgisisches Nummernschild aus. Hat der neue Besitzer schließlich die ausstehende Restzahlung geleistet, erfolgt die Überschreibung der Fahrzeugpapiere auf diesen, und Ramil händigt ihm den bis zu diesem Moment verwahrten Zündschlüssel aus.

Unterdessen durchfahren wir auf der westlichen Ausfallstraße Bishkeks westliche Außenbezirke. Links und rechts Busstationen mit Resten von Bänken und zerfetztem Blechzeug an den Zementdächern. Dann fliegt Dörflicheres vorbei – Hoftore, Lattenzäune, in die Walmdächer gesetzte Giebelfelder, alles im gleichen Pastellgrün, und etwas von der Straße abgerückt eine halbierte Jurte, Rastplatz aus getünchtem Zement. Ein paar Minuten danach ein Aprikosenbaum, in dessen schwer lastendes Geäst ein Junge in kurzen Hosen seinen Holzstock schleudert.

Ramil fährt viel zu schnell, und weil ihm die Straße gehört, in deren Mitte, zwischen entgegenkommenden und überholten Fahrzeugen, darunter noch der eine oder andere schlotternde, schwarzen Rauch hustende und den Spott meines Chauffeurs erweckende ukrainische Kleinstwagen der Marke *ZAZ*, von den Kirgisen auch *Zaporozhec* genannt, abgeleitet vom Namen der an das Asowsche Meer stoßenden Oblast Zaporizia, wo die fahrbaren Kistchen herkommen. Bei seiner Raserei hat der

Tatare den in der Sonne blitzenden *Mercedes*-Stern vor sich. Das Visier, welches auch bei den Überführungen der Gebrauchtwagen aus Litauen die Straße unbestritten zu seiner eigenen macht, auf der Fahrt durch Humboldts Krautsteppe, durch welche zwei und ein halbes Jahrtausend zuvor bereits ein anderes Statussymbol in das eurasische Herzland eingedrungen ist – das von den Skythen aus den hellenischen Kolonien am Schwarzen Meer vermittelte mykenische Löwenkopfmotiv.

Irgendwo im Norden der kasachischen Steppe muß sich Ramils Heimweg nach Bishkek überschneiden mit der von Herodot (IV, 16–27) beschriebenen Nordroute, dem nach Aristeas' mutmaßlicher Reise frühesten aufgezeichneten west-östlichen eurasischen Handelsweg, dessen Verlauf zum Altai den pontischen Kolonisten durch skythische Informanten dem Historiker bekannt ist.

Dazu Prolog, *An der ›Dsungarischen Pforte‹* und Buch I, *Irrtümer hinter den Gebirgen.*

Bereits an ihrem litauischen Ausgangspunkt haben die Verbreitungsbahnen der europäischen Gebrauchtwagen aber eine antike Vorgängerroute der Via Baltica tangiert, die am Unterlauf des Dnepr dann auch die erste Etappe von Herodots Nordroute überlagern wird. Die pontischen Kolonisten, welche diesen Fluß wahrscheinlich bis zu den großen Stromschnellen unterhalb des heutigen ukrainischen Dnepropetrowsk befahren, kennen diese Nord-Süd-Achse als östlichste der vier Bernsteinstraßen. Ihren Anfang nimmt sie wie die drei westlicheren in einem von Polens Norden zur Ostseeküste bei Kaliningrad reichenden Bogen. Geologisch ist das in der Gegend der Talsandflächen des durch eisrandparalleles Abfließen der skandinavischen Schmelzwasser während der Weichseleiszeit – jüngste, vor 115 000 Jahren einsetzende Vergletscherungsphase Nordeuropas – geschaffenen Thorn-Eberswalder-Urstromlands. Dort befinden sich die Lagerstätten des vor 65 bis 70 Millionen Jahren aus dem Harz der Bernsteinkiefer entstandenen Schmucksteins hell- bis honig- oder goldgelber Färbung.

Der auf dieser Baltikum-Pontos-Route zur Dnepr-Mündung und auf die Krim gelangte Bernstein wird wahrscheinlich durch die Issedonen oder andere Steppenvölker, später dann durch die Sogder weiter ostwärts vermittelt,

Der aufgrund seiner von Aristoteles behandelten statischen Auflagdung im Griechischen *elektron* genannte und in gehobenen Verhältnissen als »Kleiderbürste« verwendete baltische Bernstein wird von Tacitus (*Germania*, 45) als *glaesum* bezeichnet. Plinius erwähnt seinen Transport über eine schon in der Vorgeschichte bedeutende, bei Carnutum, östlich von Wien die Donau überquerende Route nach Aquileia an der Adria.

so daß man sich bereits im 3. Jh. v. u. Z., zur Zeit des ersten Kaisers Qin Shi Huangdi, an den paläontologischen Inklusen der fettglänzenden, durchscheinenden fossilen Substanz erfreuen kann. Bezahlt wird der baltische Luxusimport – ebenso wie Perlen, Korallen, Lapislazuli und Rubine auch – mit dem Erlös der Seide, in deren Form die Offiziere ihren Sold empfangen. In solcher Verknüpfung trägt aber der Bernstein zum Abfluß des größten Teils des in der Seide enthaltenen Nationaleinkommens des Kaiserreichs ins Ausland bei, ohne daß es zur Erbringung entsprechender ausgleichender Gegenleistungen gekommen wäre. Verstärkt wird diese negative Tendenz im Außenhandel durch die in Form von Rohseide geleisteten ständig steigenden Tributzahlungen an die Nomadenvölker im Rahmen der auf Grenzsicherung abzielenden Wirtschaftspolitik.

Hätte der Kaiserhof nicht unerhörte Massen von für den Adel bestimmten Luxusgütern, sondern die in China unzureichend produzierte Baumwolle eingeführt, wäre das den darbenden Massen zugute gekommen und der massive Seidenexport hätte schließlich nicht Über- *Dazu Buch V, Das 'tartarische Pflanzen-Schaf'.* produktion und Inflation der Seidenwährung, die wachsende Konkurrenz aus Turfan und Kucha in den ›Westlichen Regionen‹ sowie eine allgemeine Erschütterung des Wirtschaftslebens nach sich gezogen.

Präsident Akajew, dessen Haushalt in erster Linie der Export von Gold und nicht jener kirgisischer Walnüsse oder Filzpantoffeln versichert, muß wissen, warum er Ramil und seinen Freunden beim Import des *Mer-* *Dazu Buch V, Der namenlose Berg.* *cedes* elegantester Klasse keine allzu großen Blockaden in den Weg legt. Solange das Volk sich in Erfüllung seiner zeitgemäßen Ansprüche wähnen kann, hält es still, und der Regierung droht somit die Gefahr eines Sturzes nur von seiten eines ungeduldigen geworden anderen, vom Geschäft der Selbstbereicherung temporär ausgeschlossenen Clans.

Postscriptum:
Am 24. März 2005 artet eine als friedlich geplante Demonstration der kirgisischen Opposition in Bishkek durch den Zulauf mehrerer Tausender aus dem zuvor gefallenen südlichen Osh zugereister Oppositionsanhänger in Straßenschlachten mit Regierungsgetreuen aus, die zu Plünderungen und schließlich zum Sturm des Weißen Hauses, Sitz von Regierung und Präsidialverwaltung, und der Flucht Akajews nach Rußland führen. Der Regierungswechsel ist weniger eine Revolution, die den Ausbruch einer über Zentralasien hereinbrechenden Demokratisierungswelle signalisiert, als eine interne Angelegenheit zur Neuverteilung der Regierungsmacht.

Während immer dichterer und nervöserer Verkehr sowie Kolonnen am Straßenrand geparkter Wagen den Autobasar ankünden, fällt mir ein, daß Ramils Gebrauchtwagenroute nebst Herodots eurasischer Transversale und der Bernsteinstraße auch mit dem weitverzweigten Flußnetz in Berührung kommen muß, über das die mit den pontischen Kolonisten handelnden Völker der Ostsee südwärts fahren, auf der Düna bis zu deren Nebenfluß Kaspla und von diesem über einen *volok*, eine Schleppstelle für Boote, den Dnepr erreichen – genau wie im 9. und 10. Jahrhundert dann die pelzhandelnden Waräger, welche die Wolga bis zur Mündung befahren und, ausgestattet mit in Balkh und Herat geprägten samanidischen *Dirhem* als Betriebskapital, anschließend entlang den Küsten des *Die vom altnordischen var = Schwur abgeleitete Bezeichnung ist bei Slawen und Byzantinern ein Sammelbegriff für die Skandinavier.* Kaspischen Meers weiter nach Süden vorstoßen. Die Araber nämlich wagen dies in umgekehrter Richtung nicht so sehr, wollen aber unbedingt an die als Statussymbol begehrten Felle von Zobel und Schwarzfuchs.

Liegestühle und Skis habe ich nicht erwartet. Aber solches Gerät und alles andere, was beim Kauf eines Gebrauchtwagens in Litauen sonst noch in diesem vorhanden sein kann, liegt auf dem Basar neben den angebotenen Fahrzeugen deutscher, aber auch via Wladiwostok importierter koreanischer Marken. Zu Tausenden bilden sie ein Meer vornehmlich roter, schwarzer und weißer in der Hitze flimmernder Dächer, in dem vereinzelt das matte helle Blau eines russischen *ZIL* aufscheint, etwa jenes, den ein vom Issyk Kul kommender Alter zum Ausgangspreis von 800 Dollar loswerden will. Seit er den Lastwagen selbst gekauft habe, erklärt der Bauer, dessen Gebiß mehr Gold enthält, als Ramil und Nikolai zusammen bis heute je gesehen haben, sei er damit 18 000 Kilometer gefahren. Bestimmt hatte das Fahrzeug aber schon eine Million Kilometer zurückgelegt.

Die Luft wabert über dem vielen Blech, und die *tolkutschki* haben ihre Lederjakken und Leibchen ausgezogen, so daß neben Kettchen auf den weißen schmächtigen Oberkörpern ihre Tätowierungen zu sehen sind. Viele tragen Strohhüte, und die mit einem *Marlboro*-Band versehenen Krempen werfen lange Schatten in die pickligen Gesichter. Mancher der von der nächtlichen Warterei übermüdete *tolkutschki* schläft mit aufgesetzter Sonnenbrille hinter dem Steuer des Gebrauchtwagens, den er loswerden will, während interessierte Käufer mit der Hand über die Motorhauben streichen und unter Kotflügel und hinter die Räder langen, als erwarteten sie eine bestimmte geheimnisvolle Regung, welche den Kauf besiegelt.

Kurz vor vierzehn Uhr signalisiert die Ankunft der Zollagenten in Zivil den Abschluß des heutigen Basars.

Sie fahndeten nach illegal eingeführten Gebrauchtwagen, jedoch sei die Chance, sagt Nikolai, solche jetzt noch zu finden, sehr gering. Deswegen erschienen die Beamten auch erst jetzt, wo es weniger Arbeit gebe. Darum gehe es ihnen nämlich, heute und an jedem Sonntag.

BUCH VII

OBSKURE ROUTEN

Iran 1995 Geschichte eines Grenzlands — Im Heiligen Schrein — Routen durch Khorasan — Dichterreisen — *Ferenghis* in der Wüste I — *Ferenghis* in der Wüste II — Der Ärger des Geologen — Bruderschaften — Nachmittags in der Geisterstadt **Pakistan 1998** Chinesische Fahrräder am Khyber-Paß **Afghanistan 1998** Unter den Augen der Taliban — Kabuls verschwundene Gesichter — *Afghan Transit Trade Agreement* — Tonbandbärte an der Front — Dubiose Importe — Schrottstraße I **Afghanistan 2001** Ein Weg aus vielen

Geschichte eines Grenzlands

Mashhad, 19. November 1995. — Der Bursche ist hager, sein Haar kurzgeschoren. Er trägt eine blaue Sporthose und einen dunklen Sweater ohne Schriftzug. Den hölzernen Kleiderständer hält er mit dem gegabelten Kopf nach vorn, leicht nach unten gesenkt wie ein entsichertes Maschinengewehr. Er verfolgt einen Unsichtbaren mit staksenden Schritten und unter hellem schrecklichem Gebrüll, das allmählich verklingt hinter blinden Lehmhäusern, in deren Gewirr er mit einer plötzlichen Abwendung vom leicht abfallenden Platz verschwunden ist. In der grellen Mitte des Platzes steht ein *Toyota*-Pickup, eingerichtet als mobiles Eisenwarengeschäft. Im Moment zeigt sich aber keine Kundschaft. Wer weiß, woher diese kommen mag, vielleicht steigt sie nach Emamqoli herunter aus noch versteckteren Dörfern des Kuh-e-Mazar Masjed, dem nackten gelben Gebirge, das wir von Quchan kommend auf einer Straße mit vielen steilen Kehren bewältigt haben und das nach Westen einen niedrigen Zug entsendet, um den Rücken dieses tristen Nestes zu stützen.

Im Besitz eines entsprechenden Visums sowie einer Bewilligung, den Iran auf diesem Weg zu verlassen, käme man von Emamqoli in das vierzig Kilometer entfernte Bajgiran an der Grenze, und von dort wäre es nicht mehr weit bis in die turkmenische Hauptstadt Ashkhabad.

Aber zu einem solchen Vorstoß kommt es nicht. Firuzi, der gute Geist des *Ershad*, hat dem Fahrer untersagt weiterzufahren, kein Dutzend Meter weiter das Sträßchen hinunter, das vom Platz zur Schlucht hinabführt. Bereits hinter dem nächsten Felsen fürchtet er den ersten vorgeschobenen Posten der iranischen Grenzwächter. Unter deren Augen zu wenden, erwecke Verdacht, stößt er besorgt hervor und hat recht. Daß Firuzi und ich einer Meinung sind, läßt ein wenig hoffen, denn schon bevor unsere gemeinsame Reise   Dazu Buch II, *Iranische Annäherung* und *Ganz Asien in zwei Schritten.*
richtig begonnen hat, hat sich abgezeichnet, daß nicht gerade Kongruenz herrscht zwischen seinen und meinen Pflichten.

Daß ich lieber nach Emamqoli wollte, als einen Tag in Mashhad herumzusitzen, hat Firuzi irritiert, denn morgen Montag fahren wir doch nach Sarakhs, dem neuen iranisch-turkmenischen Grenzübergang, wo die Zukunft zu betrachten ist. In Emamqoli hingegen, in diesem gottverlassenen Winkel von Khorasan, muß man die Vergangenheit bemühen, um etwas zu sehen.

Irans nordöstliche Provinz ist Teil eines alten Durchgangslands und dieses
aufgrund seiner Natur immer umstritten. Nach Norden hin besitzt es nur im
westlichen Teil eine klare räumliche Abgrenzung, nämlich den Kopet Dagh, dessen
Wasser Anau und andere prähistorische Oasensiedlungen Tur-

Dazu Buch XII, *Fluch aus der Bronzezeit.*

kestans versorgt. Im Osten, nach Afghanistan hin, flacht dieser
Riegel ab zum Bett des Tedzhen, dem Unterlauf des an Herat vorbeifließenden und
diese Stadt benennenden Hari Rud. Wie der ebenfalls im westlichen Hindu Kush
entspringende Murgab, der die antike Landschaft Margiana bezeichnende Margos,
aber ohne in der Geschichte eine Spur zu hinterlassen, endet der Tedzhen am Südrand der Wüste Karakum in einem Versickerungsdelta. Geologisch verbindet die
vom Tedzhen geschaffene Passage das bergumwallte Hochbecken des Iran mit dem
Senkungsfeld des von Ablagerungen tertiärer Meere erfüllten, von Anschwemmun-
gen der Gebirgsflüsse und äolisch verfrachteten Staub- und Sandmassen des Verwit-
terungsschutts der Randgebirge bedeckten nördlich anliegenden Tieflands Turan.
Den Historiker hingegen erregt die kulturelle Leitfähigkeit dieses geographischen
Raums, führt sie doch zur Begegnung zweier gesellschaftlicher Organisationsformen – die, welche dem Wasser dorthin folgt, wo es zu finden ist, und die, welche
sich dort einrichtet, wo es vorkommt. So berühren und überlagern sich hier, stoßen
vor und weichen zurück der südliche Rand der Zone nomadischer Machtentfaltung
wie jener nördlicher seßhafter Reiche, während die Passage selbst als biegsame Verstrebung eines andauernd umstrittenen Grenzlands fungiert.

Einen dramatischen Beitrag zur Humangeographie Khorasans, das unter der
aus dem Altpersischen stammenden Bezeichnung »Land der aufgehenden Sonne«
als historische Region bekannt werden soll, leistet die von den Chinesen als Yüezhi
oder Wusun bezeichnete nomadische Volksgruppe. Gegen Ende des 2. Jh. v. u. Z.
überquert sie den Jaxartes, den heutigen Syr Darya, und nimmt Land in Zentralasien – nach westlichen Quellen der entscheidende Schritt zum durchgehenden Verkehr auf dem später Seidenstraße genannten Routenbündel. Wenn aber Strabon
(*Geographika*, XI, 8, 2) vier Völker unterscheidet, die zuvor den Mazedonen das von Alexander dem Großen eroberte Baktrien entreißen – Tocharer, Parsianer, Sakarauler
und Asier –, ist das ein bescheidener Hinweis darauf, daß sowohl Genese als auch
vom jeweiligen Machtgemenge abhängige Konjunktur dieses eurasischen Großprojekts, das heute im Rahmen des Rückbaus mancher Grenzen der zumindest nume-
risch zu Ende gekommenen bipolaren Welt heraufbeschworen wird, so einfach wohl
doch nicht abgelaufen sind. Jedenfalls haben es die Achämeniden (675–331 v. u. Z.), also
die iranischen Perser, die den Zoroastrismus zur Religion und das Aramäische zu
einer der offiziellen Reichssprachen machen, nicht nur mit Baktriern und Medern
zu tun, bevor unter Kyros I. (640–600 v. u. Z.) das Grenzland Khorasan Teil des Reiches
der Perser wird, sondern dazwischen chronisch auch mit den in altpersischen Fels-

inschriften Saken genannten Skythen – Alexanders lästige Pendenz im nördlichen unbetretenen Steppenraum.

In Khorasan, wo zur Zeit der makedonischen Eroberung der Tedzhen den Namen Ochos trägt, etablieren sich in Lauf der nach dem nicht restlos geklärten Tod Alexanders am 10. Juni des Jahres 323 v. u. Z. in Babylon ausgebrochenen Diadochenkriegen unter Seleukos I. Nikator (312–280 v.u.Z.) die Seleukiden. Diese Nachfolger der Achämeniden und Gegenspieler Roms in Westasien bedrängen allerdings bald die aus der Konföderation der Yüezhi hervorgegangenen Kushan, deren Kleinkriege wiederum die wahrscheinlich mit den Skythen verwandten Parther zermürben, deren Reich, im Westen zusätzlichen Angriffen

Dazu Buch IV, Auf Kanishkas Akropolis.

der Römer ausgesetzt, sich teilt, in kleine Königtümer zerfällt und schließlich dem zweiten persischen Großreich der Sasaniden weicht. Ardashir I. (224–240), Begründer der Dynastie und Abkömmling des historisch kaum greifbaren Sasan, macht Khorasan zum besagten »Land der aufgehenden Sonne«. Aber dieses ist kein innerhalb fester Grenzen regierbares Reich, sondern bröckelt infolge der Entwicklungen sowohl im Westen, in Byzanz und Rom, als auch im Osten. Aus dieser Richtung stoßen im 5. und 6. Jahrhundert aus dem Hindu Kush die ursprünglich im Norden der Großen Mauer Chinas beheimateten Hephtaliten hervor. Dem obskuren, auch unter der Bezeichnung Weiße Hunnen bekannten und ursprünglich nördlich der Großen Mauer beheimateten Volk, das weder Städte noch ein Schriftsystem kennt, selbstverständlich kein Nachteil bei der Invasion Indiens und Persiens, gelingt die erhebliche Beeinträchtigung des Verkehrs auf den transkontinentalen Handels- und Pilgerwegen. Die Auslöschung der Hephtaliten erfolgt schließlich durch das westtürkische Reich in Allianz mit den Sasaniden, das unter Tardu (573–603) den zentralen Abschnitt der Seidenstraßen kontrolliert und eine Vormachtstellung gegenüber dem osttürkischen Reich genießt. Allerdings wiederum nur so lange, bis die Tang im Jahr 659, während der Regierungszeit des schwachen Kaisers Gaozong, das heißt unter der ambitiösen Prinzengemahlin Wu Zhao (später bekannt als Wu Zetian), über den Tian Shan in die turanische Senke vorstoßen, bis nach Samarkand und Buchara, fünfhundert Kilometer nördlich des Versickerungsdeltas des Tedzhen.

Ein knappes Jahrzehnt zuvor wird Khorasan von den Armeen Qutayba ibn Muslims überrannt, dem in Damaskus herrschenden Umayyaden-Kalifat unterstellt und umgehend zum Tor der arabischen Expansion nach Mawarannahr, dem nördlich und östlich des Oxus befindlichen 'Land jenseits des Flusses', – ein Unternehmen, das Ziyad ibn Salih im Jahr 133 n. d. H. (751) mit dem Sieg über die Tang in der Schlacht am Talas zum Abschluß bringt.

Dazu Buch I, Poeten, Pilger und andere Vorstöße.

Das Vorrücken des Islam in die andere Richtung, nach Syrien und Ägypten, eröffnet dem Handel, der auf den südlichen, über Merv und Herat durch Tus und Neyshabur in Khorasan führenden Routen der Seidenstraßen

abgewickelt wird, neue Quellen und Märkte, und zwar sowohl jene des Zubringer-
netzes der arabischen Weihrauchstraße als auch die via Rotes Meere vom maritimen
Indienverkehr erschlossenen.

Nach der Epoche der turkopersischen Dynastien der Seldschuken und Ghaznaviden gerät Khorasan dann in die Bahn der Mongolen. Während ihrer sechs-
monatigen Verfolgung des heimtückischen Sultan

Dazu Prolog, Marginalie in *An der ›Dsungarischen Pforte‹.*

Muhammad II. Ala ad-Din in den Jahren 1220/
1221 schleifen sie nach Buchara und Samarkand auch die obengenannten persischen Städte. Zerstören dabei zum wiederholten Mal das geplagte Neyshabur, unter
der Gönnerschaft des Seldschuken-Sultans Malik Shah (1072–1092) und dessen be-
rühmtem Großwesir Nizamulmulk,
Wirkungsstätte Omar Khayyams (1038/
1048–1123), der hier an der Zusammenstel-
lung eines genialen neuen Sonnenkalen-
ders gearbeitet hat, dessen Abweichung
auf fünftausend Jahre einen einzigen
Tag beträgt.

Nach der Zerstörung Baghdads –
der Tigris soll rot gewesen sein vom
Blut der Erschlagenen und schwarz von
der Tinte der hineingeworfenen Bücher –, nach Absetzung und Ermordung des letzten Abbasiden-Kalifen

Postscriptum:
Der unter dem Ehrentitel Nizamulmulk ('Ordnung des Reiches')
bekannte Sunnit Abu Ali al-Hasan (1018–1092) ist Verfasser des
Siyasatnama, das Buch der Staatskunst. Nizamulmulks Darstellung islamischer Staats- und Rechtsauffassung könnte besserem Verständnis der gegenwärtigen fundamentalistischen Entwicklungen im Vorderen Orient und in Westasien dienen. Zur Zeit der Entstehung
des Werks betont der Verfasser nicht unbedingt zum Gefallen der
sorglosen seldschukischen Sultane die Rolle der Geheimdienste bei
der Bekämpfung des Terrorismus' der Assassinen, einer Bewegung,
die seiner Ansicht nach nicht nur eine Folge des ideologischen Fanatismus ist, sondern auch soziologische Ursachen hat. Auf seiner
Reise nach Baghdad am 10. Ramazan des Jahres 485 d. H. (14. Oktober 1092) wurde Nizamulmulk selbst von einem Terroristen
ermordet.

im Jahr 1258, gibt sich der für die Kalamität verantwortliche Hulagu, ein Enkel
Dschingis Khans, den ambitiösen Titel Il-Khan ('Khan des ganzen Landes' oder
'Friedens-Khan') und macht Tabriz zu seiner Hauptstadt. Sein neues Reich, das Il-
Khanat, erstreckt sich von Mesopotamien über das eroberte Khorasan, damit ist
zu dieser Stunde ganz Persien gemeint, bis an die Grenzen der nordnordöstlich des
Kaspischen Meers liegenden Goldenen Horde und des vom Aral-See nach Kashmir
hinunterreichenden Chaghatai-Khanats, zwei der ursprünglich vier von Dschingis
Khan vor seinem Tod im Jahr 1227 letztwillig bestimmten *uluse*. Mehr als ein Jahr-
hundert bleiben Persien und Afghanistan unter mongolischer Herrschaft, bevor

Die über seine vier Söhne Jochi, Chaghatai, Ogedai und Tolui und
deren Nachkommen dynastisch definierten Territorien bleiben bis
in die frühe Neuzeit und teilweise bis ins 19. Jahrhundert nicht nur
ein entscheidendes Legitimations- und Orientierungskriterium zentralasiatischer Herrscher, um sich als Dschingiskhanide zu verstehen, sondern auch Kernbaustein für sich anbahnende unterschiedliche ethnische Formationen, die im Mongolentum wurzeln.

Timur, der sich 1370 in Balkh nebst
anderen Titeln jenen des Herrschers
über Chaghatai gibt, 1381 Herat und
Khorasan erobert, wo er 1382 und auch
1389/1390 allerdings Rebellionen niederschlagen muß – kleine Retuschen
am entstehenden Weltreich. Wie zuvor

die in Tabriz residierenden dschingiskhanidischen Il-Khane absorbieren letztlich aber auch die turkomongolischen Timuriden die iranische Kultur und assimilieren sich.

1512 gerät Khorasan dann unter Kontrolle der Safawiden. Hauptstadt der ursprünglich einem in Ardebil beheimateten und einem sich allmählich militarisierenden Sufi-Orden entstammenden und die Zwölfer-*Shia* als Staatsreligion anerkennenden Dynastie ist Isfahan. Im Jahr zuvor helfen die Safawiden Babur, zum dritten und letzten Mal Samarkand einzunehmen und für eine kurze Zeit auch zu halten, sind aber ansonsten mit dynastischen Wirren beschäftigt. Erst Abbas I.

An deren Hof befaßt sich im Auftrag der Khane zu Beginn des 14. Jahrhunderts Rashid ad-Dinh (um 1247–1318) mit einer Chronik der Mongolen, wobei er manches Relevante zu Dschingis Khans Aufstieg aus der um 1240 entstandenen und aufgrund restriktiver Handhabe *Geheime Geschichte der Mongolen* genannten Niederschrift *Ursprung des Herrschers* nur mündlich erfahren darf.

Dazu Buch III, *Babur von Fergana*.

(1587–1629) gelingt es, 1595 im nordöstlichen Grenzland die endemischen Einfälle der Usbeken zu beenden. Sultan Husseins Versuch, Anfang des 18. Jahrhunderts die Sunniten zum Schiismus zu bekehren, führt dann zu einem durch den Unmut über den allgemeinen wirtschaftlichen Niedergang mitgetragenen Aufstand der sunnitischen Afghanen, die 1772 schließlich Isfahan erobern und 1736 die Dynastie der Safawiden beenden. Im Chaos der Stammesfehden gerät Khorasan nun zuerst in den Machtradius der usbekischen Shaybaniden von Buchara, dann der Astrakhaniden, bis diese 1740 die iranischen Afshariden ablösen und das Grenzland Khorasan zusammen mit Turkestan, Khiva Buchara und Kokhand den am weitesten nördlich nach Eurasien hineinreichende Teil des *Dar ul-Islam*, des 'Haus des Islam' bildet, welches um 1750 die Regionen und Länder zwischen der westafrikanischen Atlantik-Küste und dem philippinischen Archipel vereinigt und Küsten aller äußeren Meere berührt.

Um diese Zeit gerät Zentralasien unter den Mandschu-Herrschern der Qing-Dynastie (1644–1911) auch wieder in chinesisches Blickfeld. Das letzte nomadische Reich der Dsungaren, östliche Nachbarn der Kasachischen Horden, deren Zusammengehen mit anderen Mongolen-Stämmen

Dazu Buch V, *Batyrs, Salz und Torpedos*.

ungewollt die Reichsbildung der Qing provoziert haben, fällt deren westlicher Expansion zum Opfer, während der Westrand des Reichs der Mitte, bei den Han und folgenden Dynastien *Xi Yu*, ›Westliche Regionen‹, genannt und später als *Huijiang*, 'Land der Muslime', bekannt, den neuen strategischen Namen *Xinjiang* erhält – 'Neue Grenze' oder 'Neues Territorium'. Im Gegensatz zur Expansion und Kolonisation der Qing, die Khorasan nicht betrifft, liegt für den Zar die Region aber auf der Verlängerung der von Sankt Petersburg aus gedachten südlichen Linie in ein künftiges Russisch-Turkestan. Deshalb betreten 1826 von Nikolaus I. entsandte Truppen als erste Ungläubige seit den Mongolen das von den Kadscharen (1779–1925) despotisch regierte Persien. Bald haben sie den eigennützigen Shahs, deren Hauptstadt ist das Bergdorf Tehran am Elburz und sie führen den großspurigen Titel 'Shah Allahs auf Erden', nicht nur den Kaukasus abgenommen, sondern auch Georgien und Teile Aserbaidschans. 1868, nach der Errichtung des Protektorats über Buchara und Samarkand greift Rußland weiter südwärts und läßt sich in Persien das Recht uneingeschränkten Eigentumserwerbs geben. Vollends verliert das kranke Reich seine Unabhängigkeit an die europäischen Kolonialmächte, als der Kadscharen-Shah Naser ad-Din 1872 Britannien erlaubt, Bergwerke, Fabriken und Landwirtschaftsbetriebe zu betreiben. Ausgerechnet Britannien, das in Persien schon 1857 militärisch eingegriffen hat, als Naser ad-Din versucht, das zur Einflußsphäre der britischen Krone zählende Königreich Afghanistan zurückzuerobern, welches sich 1747 von Persien gelöst hat. Persien ist in dieser Epoche ein Nebenschauplatz des »Great Game«, und die sich gegenüberstehenden Großmächte beschäftigt in seinem Fall vordringlich die strategische Frage der Eisenbahn.

Lord Curzon, Viceroy von Indien, will russischen Linienplänen nach Persien zuvorkommen und drängt auf die Verlängerung der bestehenden britischen Linie über Quetta in Belutschistan hinaus westwärts nach Zahedan und Seistan, was eine russische Spur in Richtung Herat erschweren würde. Seistan – von Curzon »Terra media«, Durchgangsland genannt und den Korridor zwischen Mashhad und dem Indischen Ozean bezeichnend – würde damit gesichert, bevor Rußland als Alternative zur schwierigeren afghanischen Topographie dort eine Linie nach Belutschistan bauen kann, die Schwelle zu Britisch-Indien. Eine solche südliche russische Strecke, fürchtet der Viceroy, würde in Khorasan von der Transkaspischen Linie abzweigen, welche die Russen 1881 am Kaspischen Golf von Mikhailovsky, heute <u>Turkmenbashi</u>, zu bauen begonnen haben und die im selben Jahr Ashkhabad, 1886 Merv

Dazu Buch XII, *Ostwärts über das Kaspische Meer*.

und zwei Jahre danach Buchara und Samarkand erreicht, womit der Weg für die späteren Phasen des russischen Imperialismus in Innerasien vorbereitet ist. 1881, im selben Jahr als Alexander II. bei einem Anschlag revolutionärer terroristischer Kreise stirbt, kommt es zum Massaker zaristischer Truppen an mehreren tausend Turkmenen, die sich in die Festung Geok Tepe zurückgezogen haben.

Geok Tepe liegt an der transkaspischen Linie und ist vom Nest Emamqoli – wo auch nach einer Stunde des Herumstehens nichts auf den dargestellten Gang der Geschichte hinweist – kaum hundertfünfzig Kilometer Luftdistanz entfernt.

Ab diesem Zeitpunkt, als die bis heute gültige Nordgrenze Persiens gezogen ist und koloniale Politik ohne weiteren Verzug im ersten Jahrzehnt des 20. Jahrhunderts das Land in eine nördliche und eine südliche koloniale Einflußsphäre aufgeteilt hat, ist das alte Durchgangsland Khorasan eine Sackgasse.

Ein russisches Schienenstück führt aus Aserbaidschan nach Tabriz hinunter, ein britisches von Belutschistan hinüber nach Zahedan. Gleichzeitig stiftet Deutsch-

lands weniger durch territoriale Ambitionen, sondern durch Wirtschaftsimperia-
lismus inspirierter 'Drang nach Osten' im Rücken des Osmanischen Reiches für
zusätzliche Verwirrung. Die zwischen 1903 und 1940 gebaute *Baghdad-Bahn* von
Konstantinopel an den Persischen Golf, ein von Kaiser Wilhelm II. persönlich ge-
hätscheltes Unternehmen, soll einerseits die mittelalterlichen Karawanenstraßen,
welche durch die Umlagerung des Handelsverkehrs auf die portugiesischen Seewege am Ende des 15. Jahrhundert an Bedeutung verloren haben, wiederbeleben,
im Kriegsfall aber umgekehrt Deutschland für militärische Zwecke auch den Brük-
kenkopf Basra am Persischen Golf sichern, von wo Englands Weg nach Indien am
einzigen verwundbaren Ort, nämlich am Suez-Kanal und im Roten Meer, unterbrochen werden kann.

Abgesehen von den beiden Geleisestummeln bleibt Persien aber vorerst ein
Land ohne Eisenbahn, bis der 1925 an die Macht geratene Kosakenoffizier Reza
Khan alias Shah Reza Pahlevi 1938 eine solche zu bauen beginnt. Der Shah ist
Nationalist, der die Reinigung des Landes von allen Fremdeinflüssen fordert, welche es der arabischen Eroberung zu verdanken hat. Zudem entdeckt er den Arier
als kulturelle Triebkraft des Iran, unglücklicherweise genau zur selben Zeit als in
Deutschland dessen Verherrlichung als der Menschheit vorrangiger Rassentyp beginnt. Dem Vater, der nur ungenaue Kenntnisse von den Umtrieben in Deutschland
besitzt, sich aber nicht scheut, öffentlich Sympathien für die Nationalsozialisten zu
bekunden, folgt nach dem Krieg der Sohn Muhammad Reza Pahlevi. Dem Shah-
in-Shah, 'König der Könige', legen in den kommenden dreieinhalb Jahrzehnten
überall im Land amerikanische, französische, italienische und Archäologen anderer
Länder splendide Zentren der altpersischen Hochkultur zu Füßen. Der Monarch,
der nach Entfernung des wegen antiimperialistischen Maßnahmen unbequemen
Premier Mossadeq durch den *CIA*, seit 1953 als absoluter Kleptokrat herrscht,
darf sich also beim Blick in den Spiegel des kaum zufällig seit 1931 ausgegrabenen Persepolis als Nachkomme der Achämeniden wähnen und seinem Sohn und
künftigen Thronfolger getrost den Namen Kyros geben, den des Begründers der
antiken Dynastie.

Ziemlich abseits dieser imaginären genealogischen Linie, in der Wirklichkeit
des darbenden und dennoch über eines der höchsten Bruttosozialprodukte der
Welt verfügenden Persiens liegt Qom. Die an den theologischen Universitäten der
Stadt eingeschriebenen Studenten lesen die seit 1941 erscheinenden Bücher und
Kampfschriften eines 1964 ins Exil beförderten radikalen Ayatollah, der hoffen
darf, dereinst das allerhöchste Führeramt des *Mardscha-e Taqlid* ('Quelle der Nachahmung') zu bekleiden, dessen Inhaber attestiert wird, am besten den Willen von
Muhammad al-Mahdi, des Zwölften oder Verborgenen Imam zu kennen. Seit 1965
lebt dieser in Khomeini, einem schwer zugänglichen Dorf in den Bergen zwischen

Qom und Isfahan, geborene Ruhollah Khomeini im Irak, in Najaf, der heiligen Stadt der Schiiten und mit Blick auf die Goldkuppel der Grabmoschee des Kalifen Ali, und dann, nach seiner Ausweisung im Oktober 1978 von dort durch Saddam Hussein, aber auf Betreiben des Shah, in der Nähe von Versailles. Dort hängen die internationalen Medien an seinen Lippen, und bald ist das Konterfei des bislang außerhalb Persiens kaum wahrgenommenen Revolutionsführers weltbekannt. Am 1. Februar 1979 kehrt Ayatollah Ruholla Khomeini nach Tehran zurück. Knapp zwei Wochen vorher flieht der Shah, der erst drei Jahre zuvor, dem Volk seinen bodenlosen Unverstand demonstrierend und jeden gläubigen Muslim vor den Kopf stoßend, den islamischen, ab der Hidschra des Propheten rechnenden Kalender durch einen monarchischen ersetzt, beginnend im Jahr 640 v.u.Z., der Thronbesteigung Kyros' I.

In drei Monaten nur bricht das achtzehnte Jahr nach der islamischen Revolution an.

Von dieser Revolution – oder besser: von dieser theokratisch verfaßten Islamischen Republik schiitischer Richtung – ist in Emamqoli nichts zu sehen, außer bei der Wegfahrt, zwei oder drei Kilometer außerhalb des Dorfes an einer Gabelung zwei Frauengestalten im Chador, die eine kauernd, die andere stehend, beide den Blick von der Straße weg dem nackten Kuh-e-Mazar Masjed zugekehrt. Über ihnen, an aufeinandergeschweißten Winkeleisen, eine große Blechtafel. Firuzi könnte mir gewiß sagen ob es sich beim aufgemalten stilisiertes Brustbild, das an eine russische Babuschka erinnert, nur daß das Kopftuch wie vorgeschrieben Haar, Hals und Schultern verbirgt, um eine an Iranerinnen gerichtete Ermahnung zur korrekten Bekleidung handelt oder um das Schild einer ihnen vorbehaltenen Haltestelle der Fernbusse nach Mashhad.

Aber viel lieber würde ich Firuzi fragen, ob er damals als junger Lehrer, Anfang der sechziger Jahre, wie Tausende andere auf die Straße gegangen ist, um für eine Aufbesserung des kärglichen Lohns zu demonstrieren, den sie mit Polizisten und Beamten der niedrigen Stufen haben teilen müssen, während Tehrans Slums anschwellen unter der Zuwanderung unterernährter Bauern, welche die Bevölkerung der Hauptstadt binnen fünfzehn Jahren von einer auf zwei Millionen hochschießen läßt. Aber ich fürchte, die Frage würde Firuzi in Verlegenheit bringen, wo doch dieser Iran, verkörpert von den *Pasderan*, den harsch und plötzlich auftauchenden Revolutionswächtern, ihn mit einem beklemmenden Angstgefühl zu versorgen scheint.

Im Heiligen Schrein

Mashhad, 20. November 1995. — Ich hätte es ahnen können. Die Zukunft besucht man nicht unvorbereitet, nicht ohne zuvor die Vergangenheit begrüßt zu haben. Aber daß es nach der gestrigen Fernbetrachtung von Geschichte heute zu dieser Innenansicht kommen soll, ist eine angenehme Überraschung. Denn Ungläubige, in den vergangenen Tagen der Warterei in Tehran hat man ausdrücklich und wiederholt darauf hingewiesen, Ungläubige haben nichts zu suchen hinter den Mauern des Mausoleums, das errichtet ist um das Grab von Imam Reza alias Ali ar-Rida, Achter Imam im Glauben der Zwölferschiiten.

Der Anruf aus dem Büro des Schreins hat auch Firuzi überrascht. Vielleicht ist er deshalb mit einem Frühstück außerhalb des *Homa* einverstanden. Der *Ershad* hat insistiert, in diesem Hotel unterzukommen. Man hat es nach der Revolution gebaut, eine langweilige Grünanlage darumgeworfen und an das Ganze fünf Sterne gehängt. Wie im finsteren *Laleh* in Tehran schweift neben der Verordnung *Down with the USA* der ernsthafte Blick Ayatollah Khomeinis über das senfig braune Kunstleder der Sitzgruppen in der Lobby, wo im Moment außer zwei Beinamputierten in Rollstühlen keiner zu sehen ist. Veteranen der 'Heiligen Verteidigung' sagt Firuzi, als wir an ihnen vorbei sind, und meint damit den Irakisch-Iranischen Krieg von 1980–1988, auch bekannt als Erster Golfkrieg.

Im Restaurant *Kerbala* gibt es das großartige Frühstück der Iraner, den *dig*, den großen Topf, der alles enthält vom Schaf. Die Sicht ist schlecht vor lauter Dampf und dem Qualm starker Zigaretten, im Innern des Raums und schlechter noch nach draußen durch die schmierigen schwitzenden Scheiben. Es herrscht ständiges Kommen und Gehen, Aufstehen und Zur-Seite-Rücken, denn jeder holt an der Kochnische neben der Tür den Teller und die Schüssel selbst, nur das iranische *Cola* bringt einer an die metallenen Tischchen, die nicht viel größer sind als ein Schachbrett und zu fünft oder sechst aneinandergereiht ineinandergreifende Winkel bilden.

Während wir schlürfend und säbelnd über Hirn und Zunge, über Schädelteilen und Klauen des Schafes sitzen, die aus der graugelben Brühe ragen, erfahre ich von Mahyar, einem Studenten, der seinen Stuhl zu uns herangerückt hat, mehr über den Imam und seinen berühmten Heiligen Schrein, das wahre Zentrum von Mashhad.

Verstorben sei Reza, im Iran kenne man Ali ar-Rida nur unter diesem Namen betont Mahyar, 817 oder 818, je nachdem wie das entsprechende Datum nach dem islamischen Kalender umgerechnet werde, in Mashhad, das damals natürlich noch keine Stadt, sondern ein Dorf namens Senabad gewesen sei, und zwar nach dem Genuß von Trauben. Daß er durch Mord abberufen, aber im Jenseits bessere Zustände als auf Erden finden werde, sei dem Schwiegersohn des Abbasiden-Kalifen Mahmun, der wiederum Sohn des berühmten Kalifen Harun ar-Rashid gewesen ist, dessen Leben 809 auch in Senabad geendet habe, vom Großvater in der Nacht vor dem Tod prophezeit worden. Die allermeisten Schiiten glaubten deshalb, Mahmun habe Ali vergiftet. Nichtsdestoweniger habe jener über dem Grab des Schwiegersohns, das nahe beim Grabmahl seines eigenen Vaters lag, umgehend ein stattliches Mausoleum errichtet. Schnell sei dann die Kunde durchs Land gegangen, der *Hajj* zu Alis Grab wiege siebzigtausend Pilgerfahrten nach Mekka auf. Kein Wunder, daß Senabad dann zu einer großen Stadt erblüht sei, die einen neuen passenden Namen gesucht und in der Bezeichnung Mashhad auch gefunden habe. Mashhad würde nämlich am besten mit 'Stätte des Märtyrers' übersetzt.

Aus dieser Bezeichnung spreche der gewaltsame Tod des Imam, werfe ich ein. Aber Mahyar läßt die Überlieferung stehen – auch Firuzi schaltet sich nicht ein – und kommt nach der Bemerkung, daß der vom Volk immer mehr verachtete Mahmun bis zu seinem Tod in jämmerlichen Verhältnissen die eigene Unschuld nicht habe beweisen können, zum Wesentlichen, dem Mausoleum selbst.

Erstmals habe Sebuktigin – ein Seldschuke, nehme ich an, denn diese waren Sunniten – das Mausoleum zerstört, der Ghaznaviden-Sultan Mahmud es dann wieder aufgebaut, um das Jahr 1000 herum, und zweihundert Jahre später, nach der mongolischen Plünderung des Schreins, habe Oljaitu (1304–1316) diesen wiederhergestellt. Der Bruder des Il-Khans Muhammad Ghazan (1295–1304) sei nämlich zum Schiismus konvertiert, und das habe zu einer Revolte und bei seinem Tod fast zum Bürgerkrieg geführt, der von seinem Sohn Abu Said (1316–1335) nur durch Rückkonvertierung zum Sunnismus verhindert worden sei.

Mashhad, nach Mekka zweitwichtigster, jährlich von mehreren Millionen Wallfahrern besuchter Pilgerort der islamischen Welt, ist bekannt für die respektvolle zurückhaltende Straßenmode seiner Bürger, der *mashtee*. Vorzugsweise grauschwarz sind vor dem Einlaß zum Schrein indessen auch die Schlangen der Wartenden, die diese umgangssprachliche, aber zudem alternativ zu *Hajj* benutzte Bezeichnung mit dem Besuch von Rezas Schrein erstreben.

Ein Mitarbeiter der Verwaltung schleust uns über den staubbedeckten Zement des Vorplatzes durch den Strom der Pilger zu einer Pforte. An dieser steht reglos ein älterer Bediensteter in Kittel und Uniformmütze und hält, leicht von sich weggedrückt, wie ein byzantinischer Bischof die Paterissa, einen silberbeschlagenen Stab ins Gedränge, dessen sich zepterartig verdickenden Knauf im Vorbeigehen die Männer mit der Rechten, die Frauen mit der Linken berühren. Manche Hand bleibt eine kurze Ewigkeit darauf liegen, von mancher wiederum streichen fast vergessen nur die Fingerkuppen über den Knauf, bevor es im Weitergehen zur raschen Berührung mit einem der messingverkleideten, bis zum Anschlag aufgestoßenen Torflügel kommt. Hinter der Pforte dann ein erster Hof, der noch nichts preisgibt, aber bereits die Orientierung raubt.

Im Büro der Schreinverwaltung bestätigt man, daß mein Besuch die absolute Ausnahme sei und setzt gleichzeitig Verständnis voraus für unumgängliche Einschränkungen, die den Zugang zu gewissen Sektoren des Schreins verbiete.

Daß dazu das Mausoleum Rezas gehört, ist anzunehmen, aber ein solcher Ort ist ohnehin nicht zum Fotografieren da. Überraschenderweise ermuntert dann aber der Begleiter genau dazu. Allerdings muß es nicht nur aus angemessener Distanz zum monumentalen goldverkleideten *pishtak* geschehen, in dessen halber Höhe die große Lampe hängt, die, wie jene in der Großen Moschee in Mekka, vielleicht jede Nacht, vielleicht nur in den Nächten des Ramadan angezündet wird, sondern zudem noch über die hinter einer Marmorschranke niedergekauerten *chador* hinweg. Im Dunkel der Seitentür, wohin sich die verborgenen Gesichter der betenden Pilgerinnen wenden, glimmt elektrisches Licht. Es dürfte den mir verborgen bleibenden umgitterten Sarkophag mit dem Leichnam des vergifteten Reza beleuchten.

Die Höfe des Schreins müssen zehntausend Menschen fassen. Gebildet werden sie von gleißenden Kachelfassaden. Die Marmorböden strahlen die gestaute Wärme von gestern ab, der man nicht entrinnt, sondern die man in gerader Linie von einem Portikus zum nächsten durchwatet. Über den verschatteten Durchgängen schimmern wie Perlmutt die durch Stalaktitenbänder in der Fassade zurückversetzten gedrückt spitzbogigen und bis zum letzten Fleck mit Kachelornamentik dekorierten Felder. Diese wiederum überragt in immer anderer Perspektive das sechseckige Minarett mit der spitzkuppelig überdachten Laterne des Gebetsrufers. Ebenso Fragmente des runden, nach oben sich verjüngenden Schafts und der zuweilen an Gummisauger einer Pipette erinnernden goldenen Spitzen anderer in den wolkenlosen Himmel ragender Nadeln.

Der eilige Rundgang verunmöglicht es, von unten und aus der Perspektive des Labyrinths die Minarette in dieser weltweit dichtesten Zusammenballung sakraler Bauten korrekt zu verorten oder gar zu bestimmen, ob diese oder jene Nadel zu der 1418 von Gawhar Shad, der Gattin des in Herat residierenden Timuriden Sharuk, gespendeten Moschee gehört oder zu einem der unter den Safawiden errichteten Baukörper, welche Medrese sie allenfalls überragt, auf welches Stiftungsgebäude oder Spital, auf welche Armenküche der Schatten wie ein Senkblei fällt, wenn nicht gerade auf den Schrein selbst. Jedoch denkt wahrscheinlich nur der ungläubige Fremde hier in architektonischen Kategorien, der, allein gelassen, schnell nicht mehr wüßte, welcher der Fassaden, die glänzen wie durchscheinendes Eis und von zweigeschossig angelegten Arkaden durchbrochen sind, er folgen müßte, um schließlich vor dem mächtigen Türkisdom oder der hohen Goldkuppel zu stehen. Im lichten Schatten dieser Hunderter von spitzbogigen Arkaden oder *riqwas* ruhen auf Teppichen und Matten kleine Gruppen von Pilgern, darunter Familien mit Kindern. Man liest im Koran oder anderen heiligen Büchern, schläft oder ißt.

Nur Kochen sei in der Moschee nicht erlaubt, schreibt Johann Ludwig Burckhardt alias Scheich Ibrahim, der einer Basler Patrizierfamilie entstammende Schweizer, der 1814 in Mekka vor zwei *ulemas* die Prüfung in islamischer Rechtsgläubigkeit ablegt. In Kairo sieht er Jungen Pfannkuchen zum Verkauf ausrufen, Barbiere ihre Kunden rasieren, in Mekka wiederum die Geschäftsmänner zu Verhandlungen zusammenkommen, während zur Stunde des Gebets dann aber in der Moschee außer der Stimme des Imam kein Laut zu vernehmen ist. In diesem Augenblick wird der Moschee, wie Burckhardt in den posthum erschienen *Travels in Arabia* (1829, deutsch 1830) schreibt, nämlich die Heiligkeit des Gebets zuteil.

Die Moschee, zunächst also kühler Platz für die tägliche kurze Rast und sozialer Treffpunkt, ist im Prinzip kein besonders geweihter Ort. Steht sie hingegen im Bezirk eines Märtyrergrabes, kann ihr Gebrauch durchaus restriktiver gehandhabt werden und die Anwesenheit des Ungläubigen die Heiligkeit nicht nur des Ortes verletzen, sondern auch die der Stunde. Jedenfalls drängt der Begleiter jetzt, wo gleich Mittag ist und das Niederwerfen zum zweiten von fünf Gebeten beginnt, zur Bibliothek.

Dort finden wir einen einzigen Benutzer, einen jüngeren tadschikischen Mullah in sandfarbenem *chalat* und weißem Turban. Die Tadschiken teilen mit den Iranern das Glaubensbekenntnis der Shia, und Tehran engagiert sich maßgeblich, die während der sowjetischen Zeit blockierten kulturellen Bindungen zur jungen zentralasiatischen Republik wiederherzustellen. Gewiß auch im Hinblick auf den afghanischen Flächenbrand und die darin an militärischem Gewicht gewinnende Kraft der sunnitischen pashtunischen Taliban. Knapp eine Woche ist es her, daß die Raketen dieser zu Fundamentalisten ausgebildeten Zöglinge pakistanischer Medresen erstmals Kabul getroffen haben.

Dazu Buch VI, *Das Afghani-Rätsel*, Buch VIII, *Die Lücke im Stein* und fortfolgende Abschnitte sowie Buch XI, '*Oxford des Jihad*'.

Eigentümlich weit entfernt erscheinen die kriegerischen Ereignisse im benachbarten Hindu Kush dem, der in dieser eben erst fertiggestellten jüngsten Verkörperung der seit Errichtung eines *Quran Khana*, des Koran-Raums, im Jahr 363 n. d. H. (974) bestehenden *Astan-Quds-Razavi-Bibliothek* steht. Eine Million Titel soll der Bestand der Bibliothek, eines der bedeutendsten wissenschaftlichen Zentren der islamischen Welt, jetzt umfassen. Das Gebäude sei, wie der Begleiter erklärt, auf die fünffache Menge ausgelegt und würde damit zur größten im ganzen zentralasiatischen Raum. Der Schatz an Handschriften sei unglaublich und doch nicht viel mehr als der Rest wiederholter Plünderungen, vor allem usbekischer in den neunziger Jahren des 16. Jahrhunderts, als die Bücher, wie eine safawidische Chronik vermerke, mehr Wert besaßen als die dem Schrein gestifteten Ländereien. Shah Abbas I. selbst, der zu Fuß von Isfahan nach Mashhad gepilgert sei, habe durch Gaben die Bestände wieder aufgestockt mit Manuskripten wie jenes, das im Reprographieraum gerade zur Ablichtung auf Mikrofilm vorbereitet wird.

Selbstverständlich ist die Bibliothek gegen Erdbeben geschützt, und zwar durch eine handbreite Spalte, die den gesamten Baukörper durchschneidet, sauber wie das Blatt einer Kreissäge den Stamm. Bei seismologischer Aktivität auftretende Spannungen ausgleichend, läuft der kupferverkleidete prophylaktische Riß durch den Lesesaal, an den noch halbleeren Regalen und vor dem Pult des tadschikischen Mullahs vorbei; durchbricht die Wand an deren Fuß und genau darüber oben an der Decke, um sich im anschließenden Raum fortzusetzen, dem Auditorium.

Damit habe ich vom heiligen Bezirk zwar gesehen, was ausnahmsweise einem Ungläubigen gestattet werden kann, aber der Begleiter führt überraschenderweise noch zu einem Zelt an der Innenseite der Außenmauer.

Neben dem Eingang, an Rohrgerüsten aufgespannt, ungelenk auf Stoff gemalte makabere Bilder. Eines zeigt das goldene Gittergehäuse von Imam Rezas Sarkophag. Tote liegen davor. Ihr Blut wird zum Fluß, der in die Wüste vordringt, in welcher ein paar schwarze Nomadenzelte aufgeschlagen stehen. Über dem Schrein schwarzer Rauch. Darin erheben zwei weiße Tauben ihre Schwingen. Im Hintergrund ein speiender Flammenigel. Verständlicher ist dem Gläubigen die Gleichzeitigkeit der Explosion, die Leben auslöscht und die Erlösung der Seele kaum zu vermitteln.

Iranische Oppositionelle sollen die Täter des Anschlags vom Juni letzten Jahres gewesen sei, <u>Söldner im Auftrag des CIA</u>, die versuchen würden, die Islamische Republik zu stürzen, sagt der Begleiter und schreitet voran ins Zelt, in dessen Mitte unter einer Plexiglashaube ein Modell von der Größe eines Pingpongtisches zu besichtigen ist. Dieses zeigt den heiligen Bezirk Imam Rezas sowie den umgebenden Stadtbereich wie er nach der kürzlich begonnenen Umgestaltung aussehen wird, die unterirdische Parkhäuser riesigen Ausmaßes vorsieht, erreichbar über drei gegabelte Zufahrten.

Ich müsse mir ein Bild vom Fortgang der Arbeiten machen, insistiert

Postscriptum (2007):
Anderthalb Jahre vor meiner damaligen Reise, am 25. Juni 1994, berichtet der *Economist* über das fünf Tage zuvor begangene terroristische Attentat in Mashhad und nennt die Zahl von mindestens fünfundzwanzig Toten. Das Attentat ist gezielt auf den Zeitpunkt des heiligsten Festes der Schiiten gelegt worden, bei dem diese der Tragödie von Kerbela im Jahr 60 n.d.H. (680) gedenken, als kufische Truppen den Enkel des Propheten und dritten Imam al-Hussein sowie seine Getreuen massakrieren, um einem möglichen Wechsel des Kalifenthrons in Damaskus an die Parteigänger Alis, der Schi'at Ali oder Schiiten, zu verhindern. Dieser Untergang al-Husseins soll im Islam die Schia überhaupt als religiöses Problem hervorgerufen haben und führt an der Stelle des Massakers in Kerbela, wo man die Toten auch begraben hat, zur Errichtung des Schreins, der gegenwärtig durch die infolge des amerikanischen Einmarsches im Irak im Mai 2003 ausgelösten sektiererischen Gewalt regelmäßig zum Schauplatz von Attentaten gegen die schiitische Minderheit wird — vor allem während des *ashura*-Festes.

Während nach einer Darstellung den Anschlag in Mashhad von Afghanen aufgewiegelte Mitglieder der sunnitischen Minderheit im Iran ausgeführt haben sollen, beschuldigt die iranische Regierung die aus dem irakischen Exil heraus operierende, auf die von Anhängern Mossadeqhs in den frühen 1960er Jahren gegründete nationalistische Partei *Liberation Movement of Iran* zurückgehende radikale Organisation *Mujaheddin-e-Kalgh (MEK)*. Diese lehnt sich damals gegen westliche Einflußnahme auf, wird von der Geheimpolizei *SAVAK* des Shahs massiv dezimiert und schickt ihre Mitglieder zur Ausbildung in Lager der *PLO* nach Palästina und Jordanien. Selbstverständlich kehrt die *MEK* die Anschuldigung um und klagt Tehran an, Urheber des Anschlags von Mashhad zu sein.

Anfang 1995 beginnt sich eine Spur abzuzeichnen, die auf den Anschlag auf das *World Trade Center* vom 26. Februar 1993 in New York zurückführt, allerdings mit mutmaßlichen Verflechtungen zu 9/11 und darüber hinaus bis in die jüngsten bilateralen Komplikationen zwischen dem Iran und den Vereinigten Staaten. Am 7. Februar dieses Jahres nämlich nehmen pakistanische Behörden und zwei Mitglieder des *US Bureau of Diplomatic Security* im Rahmen der Ermittlungen zum ersten Anschlag auf das *World Trade Center* in einem *safe-house* der al-Qaida in Islamabad den in Kuwait geborenen und nach dem Einmarsch der Truppen Saddam Husseins im August 1990 von dort nach Pakistan geflohenen Ramzi Ahmed Youssef fest. Der Pakistani wahrscheinlich jemenitisch-belutschischer Abstammung ist nach Absolvierung eines Trainings in Afghanistan und nach seiner Einreise am 1. September 1992 in die USA als irakischer Asylbewerber in New York mit dem militanten Prediger Sheikh Omar Abdel Rahman in Kontakt gekommen und hat wenige Stunden nach dem Anschlag, ausgerüstet mit einem auf den Namen Abdul Basit lautenden pakistanischen Paß, das Land wieder in Richtung Islamabad verlassen. Nach seiner Verhaftung in Islamabad wird Youssef am 12. November 1997 der Planung des Anschlags auf das *WTC* für schuldig befunden und 1998 wegen staatsgefährdender Verschwörung verurteilt. (Im Lauf des Jahres 2002 werden dann Spekulationen kursieren wonach es sich bei Khalid Sheikh Muhammad, dem später festgenommenen Planer der Anschläge der al-Qaida in New York und Washington vom 11. September 2001, um Ramzi Ahmed Youssefs Onkel handeln soll.)

Am 27. März 1995 veröffentlicht die pakistanische Tageszeitung *News* einen Artikel, der besagt, daß Youssef Verbindungen zur *MEK* unterhalten habe. Ebenso ist dem Artikel zu entnehmen, daß ein enger Komplize Youssefs, dessen betonte Abneigung den Schiiten gegenüber er teilt, ein junger religiöser Fanatiker namens Abdul Shakoor ist. Shakoor, mit einem auch *Hijacking*-Operationen trainierenden militärischen Ausbildungslager in der Nähe Kabuls affiliiert, ist zwischenzeitlich als Verantwortlicher des Blutbads von 1994 im Schrein des Imam Reza identifiziert worden.

der Begleiter und sagt damit unmißverständlich, daß er nicht weiter auf das Blutbad eingehen will, denn es ist ihm und auch Firuzi nicht entgangen, daß ich mehr als am ausgestellten Architekturmodell an den Stellwänden mit der Darstellung des terroristischen Anschlags interessiert bin.

Vorbei an den in Eisenrohrmanschetten gelegten Minaretten steigen wir über Behelfsbrücken und durch Stollen hinab in die Erde unter dem Schrein. Dort verzieht sich zuerst vor dem Geruch frischen Betons dessen Heiligkeit und dann, als wir durch den im Rohbau fertiggestellten Ausgang eines der zukünftigen Tunnels dem Licht des Tages entgegenschreiten und ich die Orientierung wiederfinde, auch vor jenem schweren Diesel.

Hier, wo sich der Heilige Schrein als weitverzweigtes Wirtschaftsunternehmen zu manifestieren beginnt, verabschiedet sich der Begleiter. Nicht daß religiöses Gesetz außerhalb der Mauern nun keine Rolle mehr spielt. Anders als etwa die vom Shah zur Abzweigung von Steuergeldern auf seine ausländischen Privatkonten errichtete Pahlevi-Stiftung ist die *Adsdane-Ghodse*-Stiftung, die verwaltet, was über die Jahrhunderte an Ländereien, Kirschen- und Pistazienplantagen, Weizen- und Gerstenfeldern, Manufakturen, Fabriken, Immobilien sowie Vermögenswerten durch Spenden der Gläubigen zusammenkam, nämlich darauf bedacht, Guthaben und Erlöse im Dienst des Volkes nutzbar zu machen. Für die Rechtsgelehrten der

Stiftung müssen Fragen kurzfristiger Rentabilität eine untergeordnete Rolle spielen bei der Bestimmung *sharia*-konformer Anlagen im Zusammenhang der Bewirtschaftung dieses Vermögens mit geschichtlicher Verwurzelung und gesichertem Zufluß in Form im Koran (Sure 58, 13) verankerter, dem Besitzenden, indem er dem Nichtbesitzenden hilft, Läuterung verschaffender solidarischer Pflichtabgaben, auch Armensteuer oder *zakat* genannt.

Vorteilhaft ist das zweifellos im Rahmen der Bereitstellung bedeutender Geldmittel bei einer in die Zukunft gedachten Unternehmung, wie sie für den Grenzort Sarakhs vorgesehen ist – konkreter: bei der Umlenkung ex-sowjetischer, zur Zeit noch nordwärts fließender Handelsströme sowie deren Umschlag zum Export via Persischen Golf.

Zur Planung und Realisierung dieses Projekts, das den Namen *Sarakhs Special Economic Zone* trägt, hat die *Adsdane-Ghodse*-Stiftung zu ihren bereits über fünfzig in verschiedenen Sektoren tätigen Gesellschaften eine weitere gegründet. Ihr steht Naser Wais Tabasi vor, *CEO* und Mullah, Sohn von Ayatollah Tabasi, dem Vorsitzenden der Stiftung.

Dieser und Präsident Rafsanjani lächeln von den Plakaten im Büro der Gesellschaft. Ein perfektes Interessenbündnis. Der *CEO* weiß, daß die *Adsdane-Ghodse*-Stiftung, die jeden dynastischen Wechsel und machtpolitischen Sturm im Land überdauert hat, für alle Investitionen, eigene wie auch erhoffte fremde, bürgen kann. Der Präsident umgekehrt ist klug genug, zu erkennen, daß die Regierung, gerade weil sie sich mit allerlei Bürokratie im eigenen Haus und außenpolitischen Unwägbarkeiten herumschlagen muß und zwangsläufig zu weniger Effizienz tendiert als ein Privater, nebst dem Nachteil, daß sie unter Umständen auch gegen den Ruch der Korruption anzutreten hat, einer Initiative wie der Freizone Sarakhs an der iranisch-turkmenischen Grenze am besten ihren Segen spricht und selbst nur zuliefert, was das Projekt von ihr verlangt. Herr Yazdi, Wirtschaftsberater der Gesellschaft, hat

Die *MEK* wiederum taucht dann im Jahr 2007 im erweiterten Zusammenhang mit den Ereignissen im Irak wieder auf. Gemäß einem Artikel des *Telegraph* vom 25. Februar soll durch die geheime Unterstützung militanter ethnischer Gruppierungen entlang der irakisch-iranischen Grenze durch den *CIA* die Regierung in Tehran zur Aufgabe ihres Nuklearprogramms gezwungen. Als weitere Maßnahme zur Destabilisierung der Regierung Ahmadinejad würden laut *Telegraph* die amerikanischen Dienste zudem erwägen, den militärischen Flügel der *MEK* gegen Tehran zu »entfesseln«, dies ungeachtet der Tatsache, daß die Organisation auf der mit dem 23. Oktober 2002 datierten Liste ausländischer terroristischer Organisationen der amerikanischen Regierung figuriert.

Da der Koran weder die Höhe noch die Art der Erhebung regelt, liegt die Schaffung eines entsprechenden berufsspezifischen und auf bestimmte Einkommensklassen bezogenen Regelwerks in den Händen der islamischen Rechtsexperten. Basis ihrer Gutachten bildet ein unbesteuerter Freibetrag – bei Vieh entspricht dieses Existenzminimum fünf Kamelen, 20, respektive 30 Rindern oder 40 Stück Kleinvieh. Natürlich bewässerter Boden wird mit 1/10 des Ernteertrags besteuert, künstlich bewässerter hingegen nur mit 1/20. Bei Geldeinkommen beträgt der Freibetrag 20 Golddinar bzw. 200 Silberdirhem und die Steuer ab diesen Beträgen 2,5 %, ein noch heute gültiger Satz. Da *zakat* in der ursprünglichen Form nach Anbruch der Moderne in den meisten muslimischen Staaten nicht mehr erhoben wird, müssen die Gläubigen, um ihre religiöse Pflicht wahrzunehmen, Notdürftige freiwillig unterstützen oder eben Spenden an religiöse Institutionen entrichten.

Informationen, wonach das von der Regierung verantwortete, 30 Millionen Dollar teure fehlende Eisenbahnstück von Mashhad nach Sarakhs vor dem geplanten Termin fertiggestellt sein wird. Der Staat, so scheint es, will den Zug nicht verpassen bei diesem Geschäft, bei dem es nebst allen auf einem religiösen Fundament ruhenden privatwirtschaftlichen Ambitionen um nichts weniger geht als den Bau einer neuen Stadt für 50 000 Menschen. Die zügige Realisierung der Freizone scheint nicht nur dadurch garantiert, daß sie auf der *Adsdane-Ghodse*-Stiftung gehörendem Land, zum jetzigen Stand auf über 5000 ha, errichtet wird, sondern daß die meisten Zulieferer wiederum deren eigene Gesellschaften sind. Ob sie nun die Station zum Umtausch der an die russische Spurweite angepaßten Drehgestelle der Waggons bauen, den Flughafen, das Straßennetz, die Öl- und Gasraffinerie oder ganz einfach Geschäftsräume. Den zur Wasserversorgung der neuen Stadt und der Freizone notwendigen Damm bei Nuwruz hingegen errichte man zusammen mit Turkmenistan, ergänzt Herr Yazdi, neben dessen Arm der *Guide to the 1000 Most Powerful Global Companies* liegt. Daß diese angepeilten Firmen aber nicht jenseits des Kopet Dagh und am Rand der Karakum-Wüste angesiedelt sind, weiß auch der Staat und hat deshalb in der Frage der Fremdinvestitionen für die Freizone das Verbot ausländischer Mehrheitsbeteiligung aufgehoben, die uneingeschränkte Ein- und Ausfuhr von Kapital bewilligt und die für internationales Business hinderliche Visapflicht abgeschafft.

Das alles erscheint zweckmäßig für eine Handelsdrehscheibe, welche nicht nur die zwischen zwei der bedeutendsten Erdölregionen der Welt spielende Dynamik nutzen will, deren Verbindung sie überhaupt erst herstellt, sondern davon auch zu profitieren gedenkt, und die ihre Lukrativität mit kontinuierlich wachsendem

Dazu Buch IV, *Brüssels Hirngespinst* und *Container und Kamel*.

Transitverkehr zwischen Europa und Asien, sowie, vertikal dazu, zwischen Rußland und Indien begründet. In wenigen Monaten, anläßlich der in Sarakhs stattfindenden Eröffnung des Zusammenschlusses des iranischen und, über die transkaspische Strecke und die Turksib, des russischen Schienennetzes, will die *Adsdane-Ghodse*-Mutterstiftung ihre jüngste Tochter den Repräsentanten der zehn *ECO*-Staaten präsentieren.

Der von Iran, Pakistan und der Türkei gegründete Verbund schließt neben den fünf zentralasiatischen Republiken Aserbaidschan und Afghanistan mit ein.

Die Mitglieder der *Economic Cooperation Organization* würden nur profitieren, da ist Herr Yazdi sicher.

Iranische Erhebungen hätten nämlich gezeigt, daß das gemeinsame jährliche Außenhandelsvolumen der fünf zentralasiatischen Republiken Kasachstan, Kirgistan, Tadschikistan, Turkmenistan und Usbekistan 2,5 Millionen Tonnen betrage, wogegen das iranische Schienennetz bereits heute über eine ungenützte Kapazität von einer Million Tonnen verfüge. Priorität habe selbstverständlich Baumwolle, vor allem für Turkmenistan und Usbekistan. Deren Exporte würde in Bälde eine Röntgenanlage erfassen, direkt im Waggon, so daß man im Exporthafen Bandar Abbas über die Frachtdaten verfüge, bevor die Züge Sarakhs wieder verließen. Beim Flugverkehr denke man weniger an Passagiere als an Cargo. Der entsprechende Terminal nähme in spätestens zwei Jahren den Betrieb auf. Anfangs rechne man mit jährlich 450000 Tonnen abgefertigter Fracht.

Dann bittet Herr Yazdi vor den Plan an der Wand hinter dem Pult des Chef-Ingenieurs. Das Zentrum der Freizone bildet ein gigantisches Teehaus in der Form eines Diamanten. Die ambitiöse Vision auf Pauspapier überdeckt ein Satellitenbild. So einfach setzt man einen Ort auf die Karte.

Frau Tagharian, die Sekretärin von Herr Yazdi, ist mit frischem Tee auf dem Tablett hinzugetreten. Ihre *Tissot* hat sie in Zürich gekauft, während Herrn Yazdis Kollegen von dort Größeres mitgebracht haben – die weißen Zelte, 1991, aus Anlaß der 700-Jahre-Feier der Schweizerischen Eidgenossenschaft, am Stadtrand Behausung einer nationalen Forschungsausstellung. Ein schöner Zufall, da ich doch im Auftrag dieser in Zürich erscheinenden Zeitschrift *du* nach Mashhad gekommen sei, meint Herr Yazdi und versichert, der Zufall wolle es, daß morgen auch Naser Wais Tabassi zur Inspektion nach Sarakhs unterwegs sei. Vielleicht ergäbe sich ein Treffen mit dem Mullah und *CEO* der Gesellschaft.

Dazu kommen müßte es irgendwo auf der hundert Kilometer langen, vornehmlich durch Wüste und karges Gebirge führenden Strecke, die auf dem Satellitenbild wunderbar hell und vollkommen leer zum dunklen Grün der Deltas des Tedzhen und Murgab kontrastieren. Eine Strecke, die nicht nur bald ein innerasiatischer Schienenweg überbrücken wird, sondern auch ein Glasfaserkabel, das die über Jahrhunderte zum Schrein Imam Rezas zusammengeströmten Vermögen mit dem globalen Finanzsystem verknüpfen wird. Frau Tagharian hat auf meine Bitte hin das über dem Kopiergerät hängende, mit dem erst enigmatischen Akronym *TAE* betitelte Schema des Kabels in Verkleinerung kopiert. Das Schema gibt in Strichzeichnung die Länder zwischen dem Baltikum und Taiwan wieder, allerdings eigenartig verzerrt und ohne ergänzende Konturen der Kontinente, so daß das Gebilde einer schreitenden Figur ähnelt, deren einziges Auge Frankfurt ist und an dessen Sohle Shanghai klebt. Zwischen seinen beiden Endpunkten tangiert das Kabel, im Rahmen des Schemas als *Trans-Asia-Europe Optical Fibre Cable System (TAE)* bezeichnet und die Nerven- oder Blutbahn der Einmeridian-Figur vorstellend, Warschau sowie Kiev, Odessa, Poti, Tbilisi, Ashkhabad, Tashkent, Almaty und Urumqi und schickt kurze Sprosse nach Erewan, Dushanbe und Bishkek sowie über Istanbul und Ankara einen Nebenast in den Iran. Ohne Mashhad zu nennen, führt dieser mit einer Spitzkehre durch die heilige Stadt, um bei Ashkhabad dann wieder am hauptsächlichen transkontinentalen Strang anzuschließen.

Als wir das Büro der Freizonen-Gesellschaft verlassen, weiß ich zwar nicht, wohin genau meine Wege kommender Jahre führen werden – eine Frage, die ich mir heute morgen weder jetzt gestellt noch zu Herrn Yazdi getragen habe –, aber eine plötzliche Ahnung ist aufgetaucht, was entlang dieser Wege zu betrachten und darzustellen wäre.

Wenn die Glasfaser, welche die sich globalisierende Welt ermöglicht, die Territorien auf denselben Strecken durcheilt, auf welchen die Karawanen regionale und hemisphärische Wirtschaftsräume verbunden haben, dann muß die Ursache im Wesentlichen die physikalische Geographie sein. Der Gegenstand der Betrachtung wäre demnach, inwieweit Bodenbeschaffenheit – Einsenkungen, Kessel, Erhebungen, Hochländer, Gebirgsketten, Bergabsätze und Bergabfälle, Sättel, Wasserscheiden, Korridore, Talbecken – anthropogene Maßnahmen befördert oder verhindert hat sowie, in Erweiterung des Fokus, inwieweit das Klima den Gang der Geschichte mitbestimmt. Kein neuer Gedanke, aber einer der bewegt, nicht zuletzt in Richtung Bibliothek.

Zurück im *Homa*, falte ich das fotokopierte Blatt auseinander und schreibe über das Schema nicht *Silk*, sondern *Fibre Road*.

Routen durch Khorasan

Sarakhs, 21. November 1995. — Nach Sarakhs sind es sechs Reisetage, von dort nach Merv in Turkestan fünf und weitere sechs nach Amol am Oxus, welcher bei den Arabern Jayhum heißt. An dessen Ufer gelangt allerdings auch nur acht Reisetagen, wer von Sarakhs den direkten Weg nach Amol nimmt.

Jedoch ist für Abu 'Abd-Allah Muhammad al-Idrisi (um 1099–1165), als er vor mehr als achthundert Jahren die Informationen für seine *Geographie* (Kitab Nuzhat al-Mustaq oder *Kitab Rujar*, fertiggestellt im Jahr 548 n. d. H., 1154) zusammenträgt, der Ausgangspunkt nicht Mashhad, sondern Neyshabur, »eine Metropole, ein Zentrum der Komunikation mit unterschiedlichen Ländern.«

Wer sich also an die vom Verfasser – im Untertitel angeführt als »... jener, der die Länder zu durchlaufen wünscht« – angegebene Route nach Turkestan hält, läßt Mashhad, links liegen; und es ist auch nicht gut, in dieser Zeit die heilige Stadt des Imam Reza, welche al-Idrisi im Gegensatz zum älteren benachbarten Tus nicht einmal erwähnt, zu besuchen. Denn nicht erst seit der nach dem Tod von Sultan Malik Shah im Jahr 1118 erfolgten Teilung des Seldschuken-Reichs in zwei Restgebilde, das südliche den Iran und den Irak umfassend, das nördliche Khorasan und Mawarannahr (Transoxianien), werden auch im Gebiet des letzteren zahlreiche Medresen gegründet, die den Untertanen der ohne islamische Tradition an die Macht gekommenen Fürstendynastie turkmenischer Abstammung die Glaubensrichtung des Sunnismus lehren, welcher den Schiismus dann weitgehend verdrängt.

Al-Idrisis vorgeschlagenes Itinerar weist also erst einmal ostwärts zum Kasbahr. Statt aber diesem bis zur Einmündung in den aus Herat kommenden Hari-Rud zu folgen, wo sich die beiden Gewässer zum Tedzhen vereinigen, überquert es sofort den Fluß und peilt in nördlicher Richtung zwei Karawansereien an. Nicht allzu alte Plätze, aber an einem, dem 1120 erbaute Robat-e Sharif, sind nach kurzer Zeit bereits Instandstellungen fällig gewesen. Ausgeführt werden diese 1154, präzis im Jahr der Fertigstellung von al-Idrisis Werk.

Etwas mehr als ein Jahrhundert zuvor, wahrscheinlich gegen Ende März 1046, ist vielleicht der aus einem kleinen Dorf bei Termez am Oxus stammende Mekka-Pilger Naser-e-Khosrou in einem Vorläuferbau dieses Robats abgestiegen. Über Balkh und Merv reisend, hat er am 23. Sha'ban (am 5. März) Sarakhs erreicht und ist am 11. Shawwal (am 21. April) in Neysabur angekommen. Vierzig *farasangen* hat er dabei zurückgelegt – ungefähr 220 Kilometer bei Veranschlagung der antiken, fünf bis sechs Kilometer beinhaltenden *farasange* oder Wegstunde – und westwärts strebend Mashhad rechts liegen gelassen, ohne ein Wort über die Stadt zu verlieren. Oder auch nicht. Sein in Neupersisch abgefaßter Reisebericht, das *Safarname-ye-Naser-e-Khosrou* (Zusammenhängendes Originalwerk des Autors unsicher) überdauert nämlich nur in Handschriften, die ältesten darunter aus der Zeit der Safawiden (1502–1736). Gut möglich deshalb, daß in dieser Zeit, wo Staatsreligion die Zwölfer-Schia ist und angesagt eine möglichst scharfe Unterscheidung zu anderen schiitischen Richtungen, die Hand des Kopisten redigierend dieser Agenda Nachdruck verleiht.

Das Neupersische setzt sich im 10. Jahrhundert durch, in der Form des Dari aus Balkh und Buchara kommend, wo es zur Zeit der Mawarannahr und Khorasan beherrschenden Samaniden (819–1999) erstmals blüht. Mit den westlichen Dialekten verschmelzend wird das Neupersische zur einheitlichen Schriftsprache, und zwar auf der Grundlage der Sprache der im Kernland Fars beheimateten Dynastie der Sasaniden (224–642).

Um das Jahr 1331, zweihundert Jahre nach Erbauung des Robat-e Sharif, könnte der seldschukische Bau wahrscheinlich Besuch erhalten haben von dem zur Zeit weitestgereisten Bewohner des *Dar ul-Islam*, dem weit über die Grenzen des 'Haus des Islam' vorstoßenden Ibn Battuta. Wo sonst hätte der Weltbürger aus Marokko, der auf der nördlichen Route der Seidenstraße von Saray, der am Ostufer der Wolga liegenden Hauptstadt der Goldenen Horde, und am Aral-See vorbei nach Buchara und Samarkand gelangt ist und, bevor er von dort den Weg nach Indien einschlagen wird, von Balkh aus einen westlichen Abstecher zu den berühmten Städten Khorasans unternimmt, in diesem wüsten Landstrich rasten können. Auf demselben Weg wie die Mongolen gelangt er, auf Mashhad zustrebend, nach Torbat-e-Jam, »ein Ort mittlerer Größe« und heute die garstige Kreuzung, wo sich die iranischen Lastzüge versammeln vor der Fahrt zum afghanischen Grenzposten Islam Qal'eh, neben Torkham am pakistanischen Khyber-Paß das zweite Tor des

Dazu in diesem Buch *Afghan Transit Agreement* und *Ein Weg aus vielen*.

Schattengeschäfts mit japanischer und koreanischer Transitware. Am Weg fallen Ibn Battuta die vielen Maulbeerbäume auf, aber auch, daß man Seide in großen Mengen produziert. Unweit der Ruinen des von den Mongolen geschleiften Tus besucht er ein Mausoleum, das er für jenes des 809 verstorbenen Abbasiden-Kalifen Harun ar-Rashid hält. Aber wahrscheinlich handelt es sich dabei um die letzte Ruhestätte des in Tus geborenen Sufi-Mystikers al-Ghazali (1058–IIII). Auf unklaren Pfaden findet Ibn Battuta schließlich nach Mashhad, wo ihn Moschee, die Medresen und das Hospiz im Heiligtum des Imam Reza durch ihre »elegante Konstruktion« beeindrucken. Außer Sarakhs hält sich der Reisende auch in Neyshabur auf, das von Obstgärten umgebene 'Kleine Damaskus', das viele Kanäle durchkreuzen, sowie in Zawa, der Stadt des frommen Scheichs Qutb ad-Din Haydar. Seinen Namen trägt der in der Stadt – heute der Verkehrsknotenpunkt Torbat-e-Heydariyeh – ansässige Derwisch-Orden der Haydari, dessen Anhänger soweit gehen, sich Ringe an die Geschlechtsteile zu schmieden, um das Gebot der Keuschheit einzuhalten.

Im Gegensatz zur deutschen Ausgabe (Stuttgart/Wien: Edition Erdmann in K. Thienemanns Verlag, 1985) ist diese Information in der englischen Ausgabe, die ich auf der Reise mitführe, unterdrückt. Dort heißt es schlicht und einfach: »These are the darwishes who place iron rings in their hands and ears and other parts of their bodies.« (London: George Routledge & Sons Ltd, 1929).

Die Straße nach Sarakhs aalt durch gelbes steiniges Land, über flache Kuppen und schließlich auf eine Geländefuge zu. Zweifellos die alte Trasse, denn nur dort, wo sie den Kasbahr überquert, scheint dies überhaupt möglich.

Kurz davor bei Mazdaran, draußen in der staubigen Ebene, der erste Hinweis auf die neue Zeit. Ein Gleisbauzug. Gramper, ein Dutzend oder mehr, in beigen Kapuzenjacken und Wollmützen. Am Ausleger herabkommend das auf Zementschwellen fertig montierte Gleisstück. Zentimetergenau in Position gehebelt von Brechstangen, drückenden und ziehenden Händen ganz zuletzt, Sekunden vor dem Pfiff der Trillerpfeife, wenn der Schienenkran es auf den aufgebrachten Schotter setzt, sachte wie das Kind eine Raupe auf das zu verfütternde Blatt.

Heller im hellen faltigen Gelände liegt der neue Bahndamm mit dem doppelten planierten dunkelgrauen Schotterbett auf seinem Rücken – bis zum Horizont gestreckter Reisverschluß.

Ein Stück weiter dann die Abzweigung zum Robat-e Sharif.

Staub, von einer Schafherde aufgewirbelt, verhüllt den Karrenweg.

Die Karawanserei liegt in einer flachen weiten Senke. Quadratische Umwallung, aus der Distanz gesehen eine Fingerbreite überragt vom Liwan, hinter dem beim Näherkommen noch ein zweiter auftaucht. Vier sollen es insgesamt gewesen sein, vermutet der Reiseführer (Sylvia A. Matheson, *Persien. Ein archäologischer Führer*, 1980), zu einem Außen- sowie einem Innenhof gehörend. »Kunstvolle Stuckdekorationen und Ziegelornamentik sowie das zierliche Muster der bedruckten Gipsverbindungen [zeichneten] diesen hervorragenden Seldschukenbau aus«, liest also der Kulturreisende im Persien des Shah, sowie daß etwas weiter östlich der Straße zwischen Robat-e Mahi und Sarakhs zwei kleine seldschukische Türme oder Mauern eines Triumphbogens stünden, die *Do Berader* oder 'Zwei Brüder', erstmals erwähnt 1968 von einem gewissen William Murrie Clevenger in einem *Some Minor Monuments in Khurasan* betitelten Papier. Diese Bauwerke auf der Weiterfahrt zur turkmenischen Grenze zu besuchen, dürfte ausgeschlossen sein.

Der Fahrer, ein Bursche im Trainingsanzug und mit pickeligem Gesicht, den der *Ershad* aus Shiraz an der großen Salzwüste vorbei nach Mashhad hinaufgeschickt hat, hält im Schatten der nördöstlichen Eckbastion der Karawanserei. Den bauchigen Rundturm flankieren zwei schmälere, wie Apsiden vorspringende leicht konische Türme, beide durch schmale, zum Boden hin sich verjüngende und in spitzbogiger Laibung endende Felder von jenem abgesetzt. Am Rand der Zinne des in Läuferverband geschichteten Ziegelwerks formieren sich ein paar Arbeiter. Rufen herunter, schwenken weiße Schutzhelme.

Durch die Baustelle führt dann der verantwortliche Ingenieur, verweist stolz auf deutsche und französische Einträge in seinem Gästebuch. Vor kurzem noch sei dieser Zipfel von Khorasan gesperrtes Niemandsland gewesen, aber bald würden viele Besucher den Robat in seiner ursprünglichen Form bewundern, glaubt er und schickt den Mitarbeiter die Aufrißzeichnung holen. Die Arbeiter nutzen die Unterbrechung und verziehen sich hinter die Baustelle. Dort ragt ein Wasserhahn aus der Erde, dessen Mund man nach dem Gebrauch umgehend mit Plastik umwickelt. Ein Paar Schritte weiter eine Feuerstelle. Die rußgeschwärzten Teekessel haben die Form fossiler Kugelzahnfische, hocken gedrängt zwischen den Steinen im Qualm der brennenden Büschel. Diese hat man mitsamt den kümmerlichen Wurzeln aus dem trockenen Wüstenboden des Transitlandes gezogen, dessen strategische Bedeutung so alt ist wie das persische Reich.

Nebst Schutzhelmen, welche über die auf Schulter und Brust fallenden Kopftücher gestülpt sind, tragen die Männer schwarze Turbane oder Wollmützen. Ihr Schuhwerk ist gut, ausgetreten hingegen das einiger ausgebeulte, zerschlissene Hosen tragender Halbwüchsiger. Sie wärmen ihre Suppe auf einem zweiten Feuer nebenan. Sind Gehilfen der Restauratoren. Tragen in Kübeln den Schutt aus dem seldschukischen Ziegelgemäuer und schleppen Zementsäcke dahin zurück. Am Abend kehren sie heim in

Postscriptum (2007):
Anfang des 21. Jahrhunderts werden in Baktrien, der Nordwestecke des altpersischen Reiches, dreißig aramäische Pergament-Dokumente gefunden sowie achtzehn Zahlungs- oder Rechnungsbelege in Form hölzerner Stäbchen. Diese Dokumente sind die frühesten bekannten, auf vergänglichem Material hinterlassenen Dokumente aus dieser Gegend. Sie geben nicht nur Aufschluß über religiöse Praxis und Administration weitab vom Zentrum des Achämeniden-Reichs zur Zeit von Xerxes I. (485–465 v. u. Z.) und in den ersten Jahren der makedonischen Besetzung, sondern sind auch ein Hinweis auf die mögliche Bedeutung des Korridors von Khorasan für den transkontinentalen Fernhandel. Linguistisch und stilistisch, aber auch in Hinsicht auf die erwähnten administrativen Maßnahmen sind diese Dokumente nahezu identisch mit gleichzeitigen Pergamenten aus dem Niltal.

entlegene Dörfer. Dann schützt ihre Kleidung noch weniger vor der Kälte als jetzt, wo die Sonne schwach ist, aber umso verschwenderischer ihr Licht über den Platz ergießt.

Ein Platz von trügerischer Wirklichkeit – und bizarr. Doch nur für den, der den unsichtbar vorhandenen Brunnen vergißt, das kleine Lehmquadrat betrachtet wie ein Monogramm auf der Brust eines nachlässig gebügelten Hemdes. Aber für Kontemplation der Landschaft ist eine Karawanserei ohnehin nicht gedacht, und Romantik verbreitet sie nur in der Phantasie, vielleicht noch in Schilderungen europäischer Reisender bis Ende des 19. Jahrhunderts.

Als in den Karawansereien Zentralasiens das Gebrüll der Packtiere erstirbt und die Kollektivierung auch die *auls*, die nomadischen Zeltlager, erreicht, befindet sich nur noch ein einziger nichtrussischer Europäer jenseits des Oxus, Gustav Krist (1894–1937). 1924, umgehend nach seiner Rückkehr nach Wien aus früherer Kriegsgefangeschaft, verspürt der Österreicher den Drang, diese Orte wieder zu besuchen, wozu er eine 1924 in Tabriz bei einem lokalen Teppichhändler namens Abolgassan Kanadi angetretene Stellung zum Anlaß nimmt. Die nunmehr abgesperrte Region Sowjetisch-Turkestan betritt er dabei durch eine Hintertür, den kleinen kaspischen Hafen Tschikischlar, unweit nördlich der russisch-iranischen Grenze gelegen, von wo er sich nordwärts mit Unterstützung turkmenischer Nomaden durch die Salzwüste Hykarniens zur Transkaspischen Bahn vorarbeitet. Gefälschte Papiere weisen Krist als Geologen aus, der für Moskau im Pamir Gesteinsproben sammeln

In Deutschland als Techniker tätig, wird Krist bei Kriegsausbruch 1914 als Privater für die österreichisch-ungarische Armee mobilisiert, gerät in der westlichen Ukraine in russische Kriegsgefangenschaft und wird nach Turkestan verbracht. Zweimalige Flucht bringt ihn über Afghanistan nach Tabriz, wo er aber im Lauf einer russischen Razzia wieder aufgegriffen und nach Fort Alexandrovsky – zuvor bis 1857 Novopetrovskoye; nach 1939 Fort Shevchenko und seit 1991 Hafenstadt der kasachischen Region Mangystau – an der Küste des Kaspischen Meers deportiert wird. Nach seiner Verlegung nach Samarkand auf Ersuchen des Roten Kreuzes, kommt er dort bei der bolschewistischen Übernahme frei und tritt mit drei Dutzend Landsleuten in den Dienst des Emirs von Buchara, der hofft, im herrschenden Machtvakuum seine Unabhängigkeit zu installieren. Als die Truppen General Frunses, die sich gegen die Weißen durchsetzen können und im September 1920 Samarkand einnehmen, scheint es, als ob Krist in Anerkennung seiner maßgeblichen Unterstützung als *NCO (Non-commissioned officer)* bei der Neutralisierung meuternder bolschewikischer Truppen zusammen mit seinen Gefährten in die Heimat repatriiert würde. In Wirklichkeit wird er aber der Konterrevolution angeklagt und zum Tod verurteilt. Nach Umwandlung des Urteils in dreimonatige Haft und Begnadigung erfolgt 1921 die Verschickung über das Baltikum und Deutschland in die Heimat.

Dazu Buch XII, *Ruinen im Land der 'Spitzmützigen Saken'.*

will, eine Täuschung, die im Kontakt mit den sowjetischen Kommissaren auch gelingt. Als einziger nichtrussischer Europäer wird Krist im Lauf seiner komplizierten Odyssee nun Zeuge der von Stalin verordneten Kollektivierung der zentralasiatischen Nomadenbevölkerung – ein Projekt, dem mehr als eine Million Kasachen und Kirgisen zum Opfer fallen. Krist erlebt die Flucht Tausender von Turkmenen vor den roten Truppen in die Wüste und begleitet eine der letzten großen kirgisischen Karawanen in den Alai-Korridor und in die winterliche Sicherheit des im Schoß des Pamir, unter dem über 7000 Meter hohen Pik Kaufmann (später Pik Lenin) gelegenen Karakul. Durch das Karategin-Tal und über Dushanbe wieder nach Merv, Ausgangspunkt seines klandestinen Abenteuers in Transoxianien, zurückgekehrt, stellte sich ihm das Problem, Sowjetisch-Turkestan unerkannt zu verlassen. Der Weg durch den Kopet Dagh erscheint weniger riskant als der direkte über Sarakhs und den Robat-e Sharif nach Mashhad. Am 26. August 1925 bricht Krist von Duschak, etwas westlich von Tedzhen, mit seinem Führer ins Gebirge auf. Ein Zwischenfall im Niemandsland führt zur Festnahme eines russischen Grenzwächters, dem sich der österreichische Abenteurer nach Betreten des persischen Bodens dann als ein unter dem wattierten Übermantel, dem *chalat*, mit einer *Browning* bewaffneter Europäer zu erkennen gibt. Zur freundschaftlichen Entlassung des Russen kommt es, als Krist auf der tief unten im Tal nach Emamqoli führenden Straße, das zu seiner Zeit in Turki ausgesprochen Imam-Kule heißt, Dazu in diesem Buch, *Geschichte eines Grenzlands*. berittene persische Gendarmen sieht. Nun kann Krist das Dokument des Samarkander Sowjets zerreißen, an dessen Stelle aus dem Stiefelrohr den persischen Paß ziehen und nach Mashhad gehen. Das *Muharram*-Fest, die zwölftägige Fastenperiode während der Trauerzeit im Gedenken an das Massaker von Kerbela, hat er bereits 1916 beobachten können. Dennoch fotografiert er die Selbstzerfleischung der Fanatiker mit Säbeln und Dolchen, allerdings nur von oben über eine Mauer hinweg, die unscharf im Vordergrund der Aufnahmen zu sehen ist, denn im Vorjahr wurde bei solcher Tätigkeit der amerikanische Botschafter gesteinigt und »buchstäblich in Stücke gerissen« (Gustav Krist, *Allein durchs verbotene Land. Fahrten in Zentralasien*, Wien 1941).

Die Grundschülerinnen, von denen die Lehrer mindestens eine Hundertschaft vor den Toren von Sarakhs entlang der Straße, vor dem Hintergrund von Obstplantagen, an der Straße aufgereiht haben, sind so winzig, daß man sie übersehen würde, trügen sie nicht den *chador*. Harsch an den Schultern gepackt werden sie jetzt, wo sie doch hingucken wollen, wieder in Reih und Glied zurückgedreht. Denn anstatt daß der erwartete prominente Konvoi aus Mashhad vorbeibraust, während sie auf Kommando die Kartontafeln mit den Porträts von Ayatollah Khomeini und Naser Wais Tabasi schwenken müssen wie Signalkellen, hält unser Wagen. Erstaunlicherweise auf mein Zeichen, und nicht nur das, Firuzi läßt mich sogar aussteigen. Aufgeregt und von den überraschten Lehrern ermuntert, schwenken die Kleinen ihre Tafeln für mich, das heißt für die Kamera. Es könnte ja sein, daß ich Teil des Konvois bin, die Vorhut, die prüft ob Freude herrscht über den bevorstehenden Inspektionsbesuch von Naser Wais Tabasi, Mullah und *CEO* der Sarakhs-Freizonen-Gesellschaft.

Im Zentrum der Stadt, auf die sich dank der *Adsdane Ghodse*-Stiftung bald wirtschaftlicher Segen niederlassen soll, geraten wir an einen Verband von *Pasderan*, grimmige Kerle, die nicht nur die Religion bewachen, sondern auch dem Fortschritt im Weg stehen. Firuzi hat nicht die geringste Chance, Verständnis für unsere Anwesenheit zu erwecken und auch nicht am Bahnhof, wohin wir uns verziehen, vielleicht weil der zwar vor ein paar Wochen fertiggestellt, aber noch ohne Gleisanschluß ist, weder einem iranischen noch einem aus Richtung Turkmenistan. Oder weil es nichts zu sehen gibt auf dem großen Areal des Zolls, außer ein paar Russen, welche japanische und koreanische Autos von Bandar Abbas nach Tashkent und Almaty überführen.

Dazu Buch XII, *Ein Leben in Sarakhs*.

Näher an die Grenze der geteilten Stadt Sarakhs gelange ich nicht. Aber der Besuch genügt, um zu sehen, daß die Freihandelszone wahrscheinlich gerade noch zur rechten Zeit kommt. Nicht nur weil Sarakhs, wie das *Hudud al-Alam* weiß, immer an Trockenheit gelitten hat, außer einmal im Jahr, wenn das Hochwasser den Basar überschwemmt. Behandelt wird Sarakhs in dieser persischen Geographie aus dem Jahr 372 n. d. H. (982) als dreißigster Eintrag unter §23. *Über das Land von Khorasan und seine Städte* zusammen mit Balkh, Herat, Merv, Neysbabur sowie Guzgan, Sitz des Regenten des gleichnamigen Fürstentums, das, im Nordosten an Khorasan anschließend, heute afghanisches Territorium zwischen Balkh und dem Murgab umfaßt und Heimat des anonymen Verfassers ist. Im Gegensatz zu den meisten der aufgelisteten und beschriebenen, aber weiter entfernt liegenden Teile des Werks, der *Regionen der Welt*, dürfte jener die Verhältnisse in Khorasan vielleicht sogar aus eigener Anschauung kennen, wenn er zu Sarakhs Bevölkerung vermerkt: »[…] seine Bewohner sind kräftig und wehrhaft. Kamele sind sein Reichtum.«

Als wir Sarakhs verlassen, sind die schwarzverpackten Kleinen und die Lehrer verschwunden. Tabassis Konvoi jedoch begegnet uns erst später draußen in der Wüste. Vielleicht ist es vorhin also wirklich nur eine Übung gewesen.

Ich beschließe, im Lauf dieser Reise keine Erklärungen zu suchen bei seltsamen Vorkommnissen, umgekehrt aber offen zu bleiben für überraschende Enthüllungen, wie die plötzliche Mitteilung, die Stationen der neuen Bahnstrecke, also die in der flimmernden leeren Ebene weit weg von jedem Brunnen erbauten weißen Klötzchen, würden dereinst die Namen berühmter Reisender der Seidenstraße tragen.

Dichterreisen

Ferdows, 22. November 1995. — Ich habe einen Plan, und weder Firuzi noch der Fahrer wissen davon.

Ob der Plan gelingt, ist nicht absehbar, aber hinter Torbat-e-Heydariyeh, der Lastwagenstadt inmitten von Baumwollfeldern, ist der Moment der Vorentscheidung gekommen. Von hier aus ist nämlich Firuzis gelber Leuchtstift auf der Karte mit der genehmigten Route, die er mir in Tehran zugesteckt hat, geradeaus weiter südwärts gewandert in Richtung Gonabad, wo sich die Straße durch die Dasht-e-Lut gabelt, und zwar in einen östlichen Zweig nach Zahedan und einen westlichen über Ferdows und Deyhuk nach Kerman, Hauptort der gleichnamigen Provinz und Ausgangspunkt für den Abstecher nach Bam und dann in umgekehrter Richtung für die Schlußetappe über Yazd und Nain nach Isfahan.

Siehe nachfolgende zwei Abschnitte in diesem Buch sowie Buch V, *Verarschung am Kupferberg* und *In Isfahan*.

Knapp dreißig Kilometer südwestlich von Mashhad, als der historische Verkehrsknotenpunkt Robat-e-Toroq (pers.: *toruq* = 'Straßenkreuzung') bereits weit hinter uns liegt, haben wir in Sangbast die Hauptstraße verlassen, die nach Torbat-e-Jam und Afghanistan führt, und etwas weiter, beim kleinen Ort Emam-Taqi, jene nach Neyshabur hinüber. Von dort käme man auf einer Nebenstraße direkt nach Kashmar hinunter. Aber von dieser Route hat der *Ershad* nichts wissen wollen. Deshalb ist es zwingend, in Shadmer, knapp zwanzig Kilometer südlich von Torbat-e-Heydariyeh, rechts abzubiegen, sonst verpasse ich auch den dritten zoroastrischen Grabturm an meiner Route, einem der drei Wege nach Isfahan, die den Iran im Auftrag der Schweizer Kulturzeitschrift *du* aufrollen wollen.

Dazu Buch II, *Iranische Annäherungen* und *Ganz Asien in zwei Schritten*.

Den ersten Turm in Gohbad-e-Kavus habe ich zusammen mit den ›Kaspischen Toren‹ und der vom Sasaniden-König Shapur I. gebauten und im Atlas mit »Alexander's Wall« bezeichneten Mauer bereits bei den Verhandlungen mit dem *Ershad* in Tehran geopfert, den zweiten von Radkan dummerweise auf dem Weg nach Emamqoli übersehen.

1934 besucht Robert Byron beide. Ein dritter liegt abseits seiner Route nach Transoxianien.

Auf diesen Turm stoße ich im Bericht von Alfons Gabriel über seine geologischen Wanderungen durch die inneriranischen Trockenräume (*Durch Persiens Wüsten*, Wien 1935). Er steht in Kashmar, und der österreichische Forscher fotografierte ihn am 21. Juni 1933. Gabriel, der in Begleitung seiner Frau reist, muß seltsamerweise beim Anblick der Pappelhaine an die berühmte Zypresse denken, »die der Sage nach Zarathustra hier gepflegt hatte. Der Baum soll immer höher zu übernatürlicher Größe emporgewachsen und vierzehnhundertfünfzig Jahre alt gewesen sein, als ihn der Kalif Mutawakkil im Jahr 861 n. Chr. fällen und durch ganz Persien zum Tigris bringen ließ, um ihn beim Bau seines Schlosses in Samarra zu verwenden.«

Seit der Abfahrt aus Mashhad habe ich mich mit den fotokopierten Seiten aus Gabriels Buch beschäftigt, zumal es bis Torbat-e-Heydariyeh kaum etwas zu sehen gegeben hat. Eigentlich nur eine Kalkfabrik mit einer prächtigen Wolke aus weißem Staub darüber und nach einem Plateau, besetzt mit hohen schwarzen Felsstümpfen, ausschließlich Geologie. Aber wer deren Vokabular nicht versteht, sieht im Gelände entweder Totes oder Großartiges, und beides ist gleichermaßen ungenau.

Gerade im rechten Augenblick bin ich bei der Beschreibung der Gegend von Kashmar in Mathesons Reiseführer von 1972, der mit seinen peniblen Einträgen zu Tankstellen und Motels einiges schlechter gealtert hat als Herodots Itinerar der persischen Königsstraße von Sardes nach Susa, topologisch hingegen so exakt ist wie Pausanias, auf den Hinweis über einen in den Felsen gehauenen Fahrweg gestoßen. Diese von Menschenhand gemachte Spur im aufgeschlossenen Gestein dürfte, da sozusagen eingebettet in Erdgeschichtlichem, kaum Anstoß erregen, im Gegensatz zu Zoroastrischem, das der *Ershad* offenbar grundsätzlich mißbilligt. Er dürfte, wenn der heimliche Plan greift, uns im besten Fall von der Hauptstraße weg und auf zoroastrischen Kurs in Richtung Kashmar bringen. Daß der Reiseführer in der Nachbarschaft dieses 'iranischen Römerwegs' noch die Assassinenburg Qala-e Dokhtar vermerkt, allerdings mit dem Zusatz »stark zerfallen«, müssen meine Begleiter nicht wissen. Scheinbar zufällig werden wir darauf stoßen, wie zuvor, so meine Hoffnung, auf den Grabturm – diesen vor allem.

Pausanias, aus Lydien in Kleinasien stammend, verfaßte zwischen 161 und 170 v. u. Z., als Kaiser Hadrian und der in Athen lebende Herodes Atticus mit der Errichtung repräsentativer Bauten an verschiedenen Orten Griechenlands wetteifern, seine *Beschreibung Griechenlands* in zehn Büchern, das einzige erhaltene solche Werk im Rahmen der periegetischen Literatur. Von den Autoren der Spätantike übergangen, wird das Werk, dessen Absicht es war, über »die wichtigsten und bemerkenswertesten Sehenswürdigkeiten und Erzählungen der Landschaften und Orte Griechenlands zu berichten«, erst bei den Byzantinern, vor allem von Stephanos von Byzanz, der es im 7. Jahrhundert für sein geographisches Lexikon ausgiebig zitierte, beachtet. Pausanias' Spuren bin ich 1977 von Olympia nach Megalopolis und an andere Plätze Arkadiens gefolgt.

Obwohl Firuzi gefährliche Afghanen ins Spiel bringt, die ins Land gekommen seien und nicht mehr heimwollen, biegen wir beim schicksalhaften Shadmer links ab nach Kashmar.

Nach ein paar Kilometern steht ein Mann an der Straße.

»*Wo geht es nach Feyzabad?*« fragt Firuzi.

»*Was ist deine Frage?*« antwortet der Mann und weist nicht nach Süden, wo der ›iranische Römerweg‹ liegen muß, sondern nach Westen, nach Kashmar.

Ein zweiter Mann tritt aus dem Schatten eines etwas zurückgesetzten leeren Ladengeschäftes, und unter den dreien kommt es zu einer Diskussion.

»*Bist du aus Kashmar?*« fragt Firuzi jenen.

Der schüttelt den Kopf und weist mit der ausgestreckten Rechten auch nach Westen.

Wir brausen los in Richtung Kashmar, und weil dem Fahrer die Straße zusagt, aber vielleicht auch weil man auf dieser Straße nur nach Kashmar fährt und sonst nirgendwohin, fliegt auch die südliche Abzweigung zum 'iranischen Römerweg' vorbei.

Beim Violetten beidseits der Straße handelt es sich um Felder gelben Safrans, klärt Firuzi auf.

Überall in der Ebene verstreut stehen Gebäude mit leicht gewölbten Dächern. Von der Stirnseite her gesehen erinnern sie an Eisenbahnwaggons, im Vorbeifahren hingegen für einen Augenblick an tuschebemalte Kartons aus dem Unterricht für Geometrisches Zeichnen. Die regelmäßigen Lücken im Ziegelverband seien Lüftungslöcher, sagt Firuzi. In den Gebäuden trockne man nämlich Weintrauben.

Dann erscheint in der Ferne über den Kronen der Granatapfelbaumplantagen plötzlich ein konisches Kegeldach, etwas weniger spitz als jenes des Grabturms von Gohbad-e-Kavus, das Byron mit einem auf dem Schaft sitzenden »Kerzenlöscher« vergleicht. Ein Verlassen des Weges, der zwischen Zypressen geradeaus auf Kashmar zuhält, ist nun nicht mehr möglich, und nach wenigen Minuten stehen wir, aus einer engen, von Lehmhäusern gebildeten Gasse kommend, auf dem vom Turm beherrschten sandigen Platz. Ein »seltsames Gebäude aus alter Zeit, ein Turm (Minar), über dessen Erbauer gar nichts ermittelt ist«, notiert der Geologe Gabriel.

Den anderen Turm hingegen, den ich verpaßt habe, trifft am 24. April 1934 Robert Byrons befreiterer Blick: »Das Innere ist leer. Früher hing dort Qabus' Leichnam in einem gläsernen Sarg vom Dach. Qabus starb 1007. Seit über tausend Jahren erinnert dieser Leuchtturm die Nomaden der zentralasiatischen Steppe an ihn und den Genius Persiens.« (Robert Byron, *The Road to Oxiana*, dt. Frankfurt 2004)

Bruce Chatwin trägt im Jahr 1969 die Erstausgabe von Robert Byrons 1937 erschiener *Road to Oxiana* nach Persien und Afghanistan.

Mir soll aus der Reihe *Library of Art & Travel* von Lehman Ltd. eine Ausgabe des Jahres 1950 genügen – auf dem Vorsatzpapier immerhin versehen mit dem Bleistiftvermerk »First issue binding £ 55« des Antiquars an der Museum Street –, um in Kashmar keine Beschreibung des Turms zu versuchen. Ohnehin kommt es beinahe nicht einmal zur fotografischen Wiedergabe, denn just im Moment, in dem wir uns zum Turm begeben, quillt aus einer der Gassen eine Wolke schwarzer *chadors* auf den Platz.

Eine Trauergemeinde, flüstert Firuzi. Es sei keine gute Idee, zu fotografieren. Manchmal gäbe es »*narrow people*«, verständnislose Menschen. Die würden mir die Kamera nehmen.

Das muß nicht sein, schon weil ich ja nicht nur wegen eines Bildes in Kashmar bin. Aber was Firuzi nicht wissen kann, ist, daß die Türme der Zoroastrier – ob sie nun ihrem ursprünglichen Verwendungsweck zugeführt wurden oder nicht, was einer von Gabriel zitierten Vermutung P. M. Sykes' zufolge im Fall des Exemplars von Kashmar zutrifft – meine Reise durch den iranischen Osten in Berührung mit Reisen anderer bringen, die nicht wie etwa Ibn Battuta vor Jahrhunderten in denselben Regionen unterwegs gewesen sind, sondern während meiner eigenen Lebenszeit und zudem im benachbarten Afghanistan und damit geographisch noch ein Stück näher im Bannkreis Zentralasiens als der Iran.

»*Mr. Schwartz, I presume*«, hatte der Herr im Anzug aus *Harris-Tweed* und Krawatte gesagt, der hinter einer Säule in der Lobby des Hotels *Oxford* hervorgetreten war und sofort Champagner bestellt hatte.

Das war nötig. Ich war mit dem ersten oder zweiten Zug aus London eingetroffen. Es war absehbar, daß dieser Tag wiederum ein ausgesprochen heißer würde. Saddam Hussein hatte in der vorangegangenen Woche Kuwait überfallen. Die Zeitungen waren empört, und auch Margret, die immer sehr freundliche Dame am Empfang von *Thames and Hudson*, die ihre Lektüre der Tagespresse nur unterbrach, um über die Lautsprecheranlage besuchenden Autoren die Kontaktperson auszurufen, fand den irakischen Überfall äußerst ungehörig – *indeed*.

Mein Gastgeber in Oxford hatte nach dem Toast die *flutes* gleich nachfüllen lassen. Dann waren wir in den Ohrensesseln versunken, und ich hatte von meinen Abenteuern auf der Großen Mauer berichten müssen. Peter Levi, mein Gastgeber, hatte das Vorwort meines ersten Buches geschrieben, denn dieses war Griechenland gewidmet gewesen, und Griechenland mußte mehr sein als die geistige Heimat des *Professor of Poetry* an der Universität von Oxford, genauer am jesuitischen College *Campion Hall*. Kürzlich hatte mir Levi seine in pentametrischen Reimpaaren verfaßte Abschiedsvorlesung *Goodby to the Art of Poetry* zugeschickt und war bei dieser Gelegenheit auf die nach Erscheinen meines Buches gefaßte Abmachung zurückgekommen, sich bei meinem nächsten Besuch in England zu treffen. Nachdem also vier Jahre und etliche gescheiterte Versuche vorausgegangen waren und der Kälterauch wie Seide entlang der Champagnerflasche in die Tiefe des Eiskühlers herabgeglitten und jene leer war, hatte sich der Professor aufgeworfen. Im Eilschritt waren wir durch die roten Straßen Oxfords gegangen, Levi immer anderthalb Schritte voraus, weder von der Hitze noch von seltsamen, mit knipsenden Touristen gefüllten, herumkurvenden Vehikeln Kenntnis nehmend. War eingetaucht in die Gärten der Colleges, wo das Sonnenlicht das Grün der Kletterpflanzen ins alte Gemäuer brannte, aber auch ins kühle Schiff der Christ Church Cathedral. Dort war er von der Büste eines Dekans zum andern geschritten, jeden mit einer Anekdote aus dem Düster meißelnd, etwa den erratischen *Fellow*, der eines Tages in den großen Ferien dem Gärtner den lang vorgesehenen Befehl zum Handstreich gegeben hatte, endlich den mächtigen Baum zu fällen, dessen Schatten ihn viele Jahre verärgert hatte.

Nach Stunden hatte Professor Levi dann ein indisches Restaurant angesteuert, um die äußere Hitze mit innerer auszugleichen und über Pausanias zu sprechen. Dessen *Beschreibung Griechenlands* hatte er ins Englische übertragen. – Meine Detail-Kenntnisse von Lykosura, Phigalia und andern mit dem Pausanias in der Tasche aufgesuchten abgelegenen Plätze erheiterten ihn. Am Abend zurück in London, das nach Schweiß, heißem Blech und gebratenen Zwiebeln roch, wußte ich, daß ich von Oxford gesehen hatte, was zählt.

Dieser Peter Levi also trifft am 17. Juni 1969 in Tehran Bruce Chatwin. Acht Tage später landen die beiden in Kabul, Ausgangspunkt ihrer Reise durch Afghanistan. Levi hat die Absicht, am Oxus die baktrischen Griechen zu suchen. Chatwin treibt das Projekt einer Studie über die Nomaden um, und die Reise mit Levi ist seine dritte am Hindu Kush. Peter Levis Reisebuch erscheint 1972 unter dem Titel *The Light Garden of the Angel King*, eine Anspielung auf den 1640 von Shah Jahan in Kabul errichteten Memorialbau für seinen Großvater, den aus dem Fergana-Tal stammenden Zahiruddin Muhammad Babur. Chatwin verarbeitet seine Notizen für das geplante, nie fertiggestellte No-madenbuch in den 1987 erschienenen *Songlines*. Seine erste Afghanistan-Reise hat Chatwin bereits 1962 unternommen, »sechs Jahre bevor die Hippies das Land ruinierten (indem sie gebildete

Postscriptum:
Im Vorwort zur zweiten Ausgabe seines Afghanistan-Buches im Jahr 2000 schreibt Levi: »[...] es ging um Sozialanthropologie: [Chatwin] war noch immer in der orientierungslosen Phase, er war noch nicht zum Schriftsteller geworden. Aber diese Reise war zufälligerweise einer der ersten Schritte in diese Richtung.«

Afghanen den Marxisten in die Arme trieben)« — wie er 1980, im ersten Jahr der Besetzung des Landes durch die Rote Armee, im Vorwort zu einer neuen Ausgabe von Robert Byrons *Road to Oxiana* bemerkt.

Dieser Bruce Chatwin besitzt, wie er betont, die Originalausgabe von Byrons Buch, seit er fünfzehn ist. Wie eine Reliquie begleitet ihn das Buch auf allen Reisen, und er hat es zu einem »heiligen Text« erklärt — über jede Kritik erhaben. Eine Aussage, die vielleicht die Frage berechtigt, ob Chatwin damit nicht Byron usurpiert.

»Jede Szene ist unmittelbar und ungewöhnlich: man fühlt intuitives Wiedererkennen wie Verwunderung gleichermaßen«, hat Peter Levi im Vorwort meines Griechenland-Buches (*Metamorphoses. Greek Photographs*, London 1986) geschrieben. Selbst verfüge ich jetzt, da ich nicht vor Karyatiden oder dem Schatzhaus der Athener in Delphi stehe, sondern vor einem anderen Gesetzen gehorchenden Baukörper, vor diesem gedrungenen Schaft, eingeschnürt in ein Korsett von Rundstäben, deren Ziegelornamentik an Taue erinnert, nicht über verwandte vorgängige Eindrücke, die ein Wiedererkennen zulassen würden, und es mangelt auch an Zeit, sich der Verwunderung hinzugeben. So bleibt der Eindruck eines fetten Tambours und von Zwitterbögen hoch oben auf den Tafeln des umlaufenden Bandes.

Der Versuch, durchs Gebirge und den alten Hohlweg via Feyzabad die Fernstraße Mashhad–Kerman zu erreichen, scheitert. Der 'Sohn der Nation', wie Firuzi den vor seinem mit Zinkrohrteilen jeder Form und jeder Größe vollgestopften Laden stehenden Mann bezeichnet, rate dringend ab von dieser Route. Firuzi scheint einerseits zufrieden, daß nicht nur er vor den afghanischen Flüchtlingen warnt, die hinter jedem Felsen lauern, andererseits aber auch etwas beunruhigt, über den Bericht, daß die Unwillkommenen die vor zwei Monaten ausgesprochene Aufforderung von Präsident Rafsanjani, endlich heimzukehren, tatsächlich in den Wind schlagen.

Ferenghis in der Wüste I

Nayband, 23. November 1995. — Der Morgen ist freundlich und klar. Von Ferdows stößt die Fernstraße entlang zerklüfteter niedriger Gebirgszüge am Rand der Dasht-e-Lut nach Süden vor, von Brunnen zu Brunnen. Aber viele sind es nicht. Nach einer Stunde biegen wir bei einer Tankstelle nach Westen ab, in der Absicht, am späten Nachmittag über Boshruyeh und Abbassabad bei Deyhuk wieder an die Fernstraße zurückzukommen. Der Nebenweg beschreibt einen zerdrückten Halbkreis und den westlichsten Punkt von dessen Radius bezeichnet die Oase Tabas. Am Rand der Salzwüste Dasht-e Kavir gelegen, ist das alte Golschan, die 'Königin der Wüste', auch bekannt als ›Tor nach Khorasan‹.

Im Frühling 1980 soll eine Örtlichkeit in der Nähe von Tabas als Tor für den Marsch auf Tehran fungieren, denn dort befinden sich seit dem 4. November 1979 dreiundfünfzig Mitglieder der amerikanischen Botschaft in der Geiselhaft militanter, vom Revolutionsregime gestützter Studenten.

Für das Spezialkommando, das die von Präsident Carter bewilligte und die Souveränität Irans verletzende »Operation Eagle Claw« durchführen soll, bleibt der Platz, genauer *Desert One*, der erste von zwei vereinbarten Treffpunkten, jedoch nur ein Fußabstreifer.

Am Morgen des 25. April 1980 finden iranische Militärs die verkohlten Wracks eines *Sea Stallion* Transporthubschraubers der Navy und einer *C-130 Hercules*. Ersterer ist in der Nacht im Schwebeflug in der sandverschleierten Dunkelheit mit letzterem kollidiert und zusammen mit dem Betankungsflugzeug, der *Hercules*, explodiert. Umgekommen sind dabei acht Mitglieder des *Marine Corps*.

Ereignet hat sich der Unfall in dem Augenblick, als Präsident Carter auf Rat des durch den Ausfall eines für die zweite Phase, die Geiselbefreiung in Tehran selbst, notwendigen kritischen Helikopters während des Anflugs nervös gewordenen Kommandanten die auf zwei Nächte angelegte, eher dumm als wagemutig zu bezeichnende Operation abbricht. Als Visitenkarte läßt das *1st Special Forces Operational Detachment-Delta* alias *Delta-Force* beim überstürzten Rückzug auf die im Indischen Ozean kreuzende *USS Nimitz* fünf weitere der in der vorausgegangenen Nacht unter dem iranischen Radar hindurch in Bodennähe eingedrungenen Hubschrauber intakt zurück. In einem befinden sich alle geheimen Unterlagen über die Operation nebst einem Verzeichnis vieler für den *CIA* im Iran wirkenden Agenten.

Bei der Straße, die das *Delta-Force*-Kommando als temporäres Flugfeld hat benützen wollen, das aber zu ihrer Überraschung auch nachts noch von treibstoffschmuggelnden Lastwagenzügen und Fernbussen benutzt worden ist, dürfte es sich um die von Tabas nach Yazd führende gehandelt haben, die zuvor der Pilgerweg nach Mashhad gewesen war, und vor diesem schon eine Karawanenpiste. Diese Route folgt einer Kette alter Robats, Karawansereien und also Brunnen.

Das Tal von Boshruyeh, der ersten Oase nach Verlassen der Fernstraße, versinkt in Baumwollfeldern. Die *chadors* der Pflückerinnen erinnern an verirrte Insekten in einem Leuchtkasten.

Als nächstes Ghanyabad. Keine Siedlung, nur eine zerfallene Karawanserei. Stauden am Weg zur Ruine. Kamelgras und Kräuter. Letztere brenne man ab, um den Rauch zu inhalieren. Was dieser heilt, bedauert Firuzi, wisse er leider nicht.

Tabas liegt wie ein Stück grüner Filz am tiefsten Punkt einer Senke. Die Oase hat breite Straßen ohne Verkehr, und weil auch keine Menschen sichtbar sind, wirkt der Ort wie eine Spielzeugstadt. Ich sehe keine Möglichkeit, meine Begleiter auf die Wüstenpiste zum Schauplatz des amerikanischen Abenteuers zu lotsen. Gern hätte ich nachgesehen, ob die Iraner vielleicht Wrackteile auf einen Betonsockel gehoben haben, um mit einem solchen Denkmal an das Debakel »Operation Eagle Claw« ihres Widersachers zu erinnern.

Auf der Weiterfahrt dann das Außergewöhnlichste die zahlreichen Straßenschilder mit Kopf und Stein. Nicht in jedem Fall ist klar, ob Steinschlag droht oder Totschlag beim Verlassen des schwarzen Asphaltbandes, denn immer wieder schickt dieses verlockende staubige Fahrwege in die fernen verschleierten Berge.

Deyhuk nähern wir uns aus dem Rücken. Durch seine Obstgärten. Wie die Waben eines Wespenbaus kleben die Lehmhäuser aneinander, und erst beim Aufstieg zum Sattel, während dem man nur Hühner erschreckt, merkt man, daß der Ort nach einem Erdbeben verlassen wurde. An der höchsten Stelle angelangt, fällt zur Linken der Blick auf einen Turm, der röter als alles andere in der Abendsonne leuchtet, und geradeaus auf das neue Dorf, unten am Wüstenrand und in der Nachbarschaft einer grandiosen Tankstelle, planlos hingewürfelt. Einige Bewohner sind nach der Zerstörung vom Sattel nicht zur Fernstraße abgestiegen, sondern in die alten Obstgärten. Haben der toten Wüste den Rücken zugekehrt, um näher beim Friedhof zu leben, wo sich, da heute Donnerstag ist, Familien zum Schmaus auf den Gräbern niedergelassen haben.

Ein Jeep mit *Pasderan* verhindert indessen eine Aufnahme. Geht das so weiter habe ich am Ende der Reise bloß ein Dutzend Bilder.

Arabad ist der nächste Ort. Dahinter wirft sich ein Bergzug auf und drückt seine grauen Wellen in Richtung der Wüste, die unterdessen erloschen ist. Türmchenbewehrte Posten der Polizei oder Armee sitzen auf den flachen steinübersäten Kuppen. Elegant schwingt sich die Fernstraße zu ihnen hinauf und daran vorbei wieder in die nächste Senke hinunter.

Dann kommt unerwartet in der Ferne einer weiten Talsenke die Kavir-e-Lut erneut ins Gesichtsfeld.

»Die 'Wüste der Leere', in der nichts wächst«, sagt Firuzi.

Erleichtert müssen die Pilger auf ihrem Weg zum heiligen Schrein des Imam Reza sein, wenn Nayband in die Nähe kommt. Dieser Horst eng zusammengerückter Wohntürme auf hohem Kliff.

Heutige Reisende fahren daran vorbei, so perfekt getarnt fügt sich Nayband in die Felslandschaft. Selbst der Palmenhain am Fuß des Kliffs verbirgt sich in einer Fuge der ockerfarbigen ausgewaschenen Erdhügel, und die moderne Straßenführung hilft dabei. Aus irgendeinem Grund blicke ich zurück. Zwei Dutzend funkelnde Punkte, zu nah am Boden, um Sterne zu sein. Nayband ist unsichtbar, nachts, bevor Elektrizität die Ränder der Wüste versorgt.

Aber es wird nichts mit dem erhofften morgendlichen Blick aus einem der Türme hinab auf die lichte erwachende Wüste, während die andere Hälfte der Welt noch im Rücken und hinter dem Nayband-Gebirge schläft. Denn während im honiggelben warmen Schein eines winzigen Ladens eifrig erörtert wird, in welchem Turm wir am bequemsten unterkämen, wird das, was ein wenig gewirkt hat wie der persische Orient bei Loti oder Chardin, jäh verändert. Der Halogenscheinwerfer eines *Nissan Patrol* zersägt die Lehmfassaden, die den kleinen spitzwinkligen Platz auf zwei Seiten umgeben. Ein Dutzend Polizisten springt herunter, einer bleibt am auflafierten Maschinengewehr.

Das Verhör führt Sergeant Mahday, im grellen Licht der Polizeistation unten an der Straße. An seinem Posten einfach vorbeizufahren, scheint weniger ein Vergehen als eine persönliche Beleidigung gewesen zu sein. Keiner wird

Pierre Loti (1850–1923), eigentlich Julien Viaud, Marineoffizier und einer der meistgelesenen Schriftsteller des ausgehenden 19. Jahrhunderts, bereist Persien im Frühjahr 1900. *Vers Isfahan* erscheint zuerst in der *Revue de Deux Mondes* vom 15. Dezember 1903 bis 15. Februar 1904. Das Buch soll seit der Revolution von 1979 zu den beliebtesten französischen Texten im Iran gehören.
Jean Chardin (1634–1713), Sohn eines französischen Juweliers, kommt 1664 erstmals in das safawidische Persien, für dessen Sultan Shah Suleiman III. er indische Edelsteine beschafft. Seine zweite Reise, begonnen 1671, führt durch das Osmanische Reich, über die Krim und durch den Kaukasus nach Isfahan, das er 1673 erreicht und wo er vier Jahre als ein eng mit dem Großwesir verkehrender Händler residiert. Die *Travels in Persia 1673–1677* des Hugenotten gelten auch bei Iranern als die definitive Schilderung Persiens des 17. Jahrhunderts durch einen Ausländer.

mitten in die Wüste versetzt, um dann übersehen zu werden, wo doch jeder an ihm vorbeimuß. Weil der Arbeitstag bald endet, kürzt ihn der Sergeant etwas ab und lädt sich gleich selbst zum Geplauder im Raum neben der Polizeistation ein, wo ich die Nacht verbringen soll.

Die Perser, weiß Jean Chardin mit Bestimmtheit, seien die unverschämtesten Schmeichler der ganzen Welt, verständen sich ausgezeichnet darin und gingen dabei mit Kunst und Andeutung vor. Der Sergeant übt sich weder im einen noch im andern – man bleibt höflich und unverbindlich sowieso –, aber auf dem Teppich plaziert er mich zu seiner Linken. So hat es Kyros eingeführt aus Respekt vor dem Gast, gilt doch die linke Seite des Menschen als die schwächere und deshalb unmittelbarer einer Bedrohung ausgesetzt. Die frühen *ferenghis*, die ich aufrufe, sagen dem Sergeant nichts — Sykes, Stewart, Landor und Hedin. Besser vielleicht, denn mit offener Feindseligkeit begegnen ihnen die Naibandi, die Vorfahren der heutigen Bewohner Naybands, laut Landor von den Karawanenführern als Banditen und Halsabschneider bezeichnet. Sykes kommt 1893 bis nach Nayband, die drei andern wählen die Oase als Ausgangspunkt für die östliche Durchquerung der Kavir-e-Lut in Richtung Birjand in den Jahren 1885, 1901 und 1906.

Alle Fahrten außer jener Landors verzeichnet Gabriels Karte von 1937, die ich im Gepäck habe und dort belasse. Polizisten, das habe ich in China beobachtet, werden durch Karten alarmiert, denn sie vermögen sie in den meisten Fällen nicht zu lesen.

Brigadegeneral Sir Percy Molesworth Sykes (1867–1945), der britische Diplomat, Forscher und Spion, gründet 1899 das Konsulat in Seistan, wirkt von 1905 bis 1913 als Generalkonsul in Khorasan und 1915 in Chinesisch-Turkestan. Er ist Autor zahlreicher Bücher zu Persien, darunter *Ten Thousand Miles in Persia*, 1902, *History of Persia*, 1915, sowie einer Geschichte Afghanistans.
Eine Edition der Tagebücher von Colonel Charles E. Stewart (1836–1904) erscheint posthum 1911 unter dem Titel *Through Persia in disguise: with reminiscences of the Indian mutiny.*
Arnold Henry Savage Landor (1872–1924), britischer Maler, weltreisender Entdecker und Anthropologe, der 1897 die Quellen des Indus und des Brahmaputra entdeckt. 1901 führte ihn eine Reise von Rußland nach Persien, deren Ergebnisse er in *Across Coveted Lands* (1902) veröffentlicht.
Der Schwede Sven Hedin (1865–1952), der populärste Asienreisende und ins Zwielicht geraten durch seine Parteinahme für Deutschland in beiden Weltkriegen, bereist Persien mehrmals, zuerst 1885/1886. *A Journey Through Persia and Mesopotamia* erscheint 1887 mit einem Vorwort des ungarischen Orientalisten und Zentralasienforschers Armenius Vambery.

Ferenghis in der Wüste II

Kerman, 24. November 1995. — Ich habe gut geschlafen in der Sicherheit des Betraums. Daß das ebenerdige, vergitterte Zimmer dieser Bestimmung dient, bemerke ich allerdings erst, nachdem mich heftiger Lärm an der Tür geweckt und der Lastwagenfahrer sich längs an meiner Seite niedergeworfen hat. Meine Füße weisen nach der Kaaba in Mekka, unverzeihlich, aber dorthin beugt der morgendliche Beter nun seinen Rumpf, und dort liegt auch der *toruk*, den er mit der Stirn berührt und der die Erde symbolisiert, auf der al-Hussein getötet wurde. Jedenfalls habe ich das bei Niebuhr so gelesen. Ich stelle mich schlafend, bis die Niederwerfung beendet, das steinerne Klötzchen für den Gebrauch durch den Nächsten wieder auf den gekalkten Sims liegt und der Fahrer in die Sonne hinausgetreten ist. Reisende Muslime, habe ich gehört, dürfen bei den fünf täglichen Gebeten die Kurzform wählen, und ich bin nicht unglücklich darüber, denn dieser nun läßt den Dunst ungeheurer Mengen verdauten Knoblauchs im Raum zurück.

Der deutsche Landvermesser Carsten Niebuhr (1733–1815) ist der einzige Überlebende der tragisch verlaufenen königlich-dänischen Arabien-Expedition (1761–1767). Nach Bombay verschlagen, besucht er auf der Rückreise nach Europa in Persien die Ruinen von Persepolis, wo er eine Kopie der in altpersisch, elamisch und babylonisch verfaßten Behistun-Inschrift zum Aufstieg des Achämenidenkönigs Dareios I. anfertigt, die spätere erste Entzifferungsversuche der Keilschrift ermöglichen. Niebuhrs *Reisebeschreibung nach Arabien und andern umliegenden Ländern* erscheint 1772.

Draußen am Brunnen rasten andere Fahrer beim Tee, verzehren Fladenbrot, Datteln und Rosinen und bieten von allem an. Der Beifahrer des Beters ist ein junger Russe. Er muß nach Bandar Abbas und kommt aus Mashhad, wohin die Ambulanz seinen schwerverletzten Kumpel gebracht hat. Was mit jenem geschehe, wisse er nicht. Den dritten habe man begraben.

Vermutlich ist das beim Tod eines Ungläubigen in der Wüste einfacher als in der Stadt. Ein paar Schritte von der Straße weg scharrt man eine Mulde, häuft darüber ein paar zusammengeraffte Brocken und steckt zwischen diese ein Stück Blech des Unfallwagens.

Solches Mißgeschick trifft die Konvois der Russen nicht selten. Sie überführen japanische und koreanische Fahrzeuge vom Hafen am Persischen Golf via Mashhad und Sarakhs nach Zentralasien. Vor dem Posten liegen zwei Wracks, von der Verkehrspolizei hierhergeschleppt, zur geordneten Plünderung freigegeben. Aus dem verbogenen Blech hängen die blauen, in Oman, Sharja und anderen Emiraten ausgegebenen Export-Kontrollschilder

Da die Russen pro Transit bezahlt werden, fahren sie schnell, und sind nicht nur nachts unterwegs, wenn der Asphalt sich von der Gluthitze des Tages erholt und verfestigt hat. Dicht auffahrend, bestehen die Konvois immer aus drei, vier Personenwagen, einem oder zwei Minibussen sowie, am Kopf und am Schluß, je einem Geländewagen.

In Darband wartet ein solcher Konvoi an der Tankstelle. In Rawar berechnen die Russen und ein koreanischstämmiger Kasache am Basar die Treibstoffreserven. Der letzte vor Kerman, unserem Ziel, fliegt am Teehaus in Tscharrud vorüber, während ich das Zuckerstück zwischen den Zähnen im heißen starken Getränk

Dazu Buch V, *Hossains Mühle*.

zergehen lasse und über die Kreuzung zur Straße blicke, die nach Kuhbonan führt, denn dort habe ich in ein paar Tagen eine Verabredung mit Marco Polo.

Der Ärger des Geologen

Mil-e-Nadir, 26. November 1995. Später Vormittag. — Elefanten in dieser Wüste? Vom Ausguck dieses seltsamen Turms müßte man sie sehen. Aber der Turm steht noch nicht, obwohl es manchmal behauptet wird, als Alexanders untergeordneter Befehlshaber Krateros im Jahr 325 v. u. Z. mit den Elefanten hier oder in der Nähe vorbeizieht — wer weiß schon, wo vor mehr als zweitausend Jahren der Rand der 'Großen Salzwüste' gelegen haben mag.

Alexander hat genug gehabt vom Hinterland, in Baktrien und in den Weiten Sogdiens jenseits des Oxus, vom Kleinkrieg mit Aufständischen, die seine *Mission civilisatrice* nicht verstehen wollen. Halbwegs ist es gelungen, zu verbergen, daß er sich hinter dem Hindu Kush verrannt hat, aber im Punjab hat das Heer gebockt, den Weitermarsch nach Indien verweigert. Zum Rückzug bleibt der Weg ans Meer, den Indus hinab. Auf dem Weg zum Delta verliert Alexander die Beherrschung, überzieht die Städte der Maller mit Terror — Kriegsverbrechen, Verbrechen gegen die Menschlichkeit, würde man heute sagen. Dann marschiert er westwärts durch Gedrosien, das heutige Belutschistan. Nearchos, der Admiral, erkundet unterdessen den Verlauf der Küste, die hinüberleiten soll nach Arabien, von dem aus auf dem Ozean Libyen (von dem man nicht weiß, daß sich an seinen Rücken der Kontinent Afrika schmiegt) umrundet werden soll, und dessen Wellen den Welteroberer am Ende durch die 'Säulen des Herakles', dem atlantischen Einlaß des Mittelmeers nach Hause tragen sollen. Sein Tod in Babylon erspart Alexander auch im Westen das Scheitern an der räumlichen Gliederung der Welt.

Wir sind früh von Kerman aufgebrochen. Nachdem wir Bam hinter uns gelassen haben, hat Firuzi seinen braunen Kittel zugeknöpft und die Hand während der Fahrt nicht mehr von seiner Ledermappe genommen, die zwischen ihm und dem Fahrer liegt. Zu dem Zeitpunkt ist der erste Konflikt des Tages bereits ausgetragen. In der Nähe von Naibid, auf der Hochweide zwischen Kerman und Bam, hat Firuzi es nicht verhindern können, daß ich mit Belutschen in Kontakt gekommen bin, die im Begriff gewesen sind, ihre schwarzen Zelte für den winterlichen Umzug nach Zahedan hinunter abzubauen. Jetzt ist er mit auf den Turm gestiegen, obwohl mir nichts Schlimmes droht hier oben und schon gar nicht ein Revolutionswächter. Nein, in der Ödnis steht der Turm selbst da wie ein solcher.

Außer dem schwarzen Asphaltband, das uns hierhergebracht hat, gibt es nichts zu sehen. Von der Grenze zu Pakistan und Zahedan kommend, führt es in einer langen Schleife an dieser aus luftgetrockneten Ziegeln erbauten Nadel vorbei nach Bam und von dort weiter nach Westen, nach Kerman und Isfahan, der letzten Station meiner Reise.

Dazu Buch V, *In Isfahan*.

Der bräunlichgraue Nebel, der aus dieser Richtung ostwärts drängt, verfinstert sich je näher er kommt, verschattet Abschnitt um Abschnitt der Straße und verdeckt ihn im Rennen mit sich überschlagenden Sandschlangen, die den Wüstenboden schürfen und einem westwärts fahrenden Lastzug Fahrspur und Sicht entziehen. In immer dichteren, schnelleren Wellen rasen die Schlangen heran. Auf ihnen reitet der Wärmeschwall, ein Packen stickiger Hitze, und diesem folgt unverzüglich der Sturm, die Sandfront, die über den Turm hereinbricht, wie eine berstende Fensterscheibe.

Von der Zinne tauchen wir ab in die oberste Windung der Treppenschnecke. Stecken fest im engen warmen Rohr. Kneifen die Augen zu vor dem Sandstrahl, der durch die Ritzen des Ziegelwerks dringt. Außer dem Fahrer, der durch einen Schlitz nach dem *Pajero* blinzelt und leidet, als rauhe der Sand seine eigene Haut und nicht die blau metallisierte Karosserie des Gefährts, das im entfesselten Tosen schlottert, trotz seines Gewichts und den extrabreiten Reifen.

Spürbar wankt auch der Turm. Aber der Elastizität seines Ziegelverbands verdankt er es eben, daß er immer noch steht. Fast zwanzig Meter hoch, einziges Objekt im Umkreis von Hunderten von Quadratkilometern. Gefahr droht ihm allenfalls an der Basis, schreibt Gabriel, der österreichische Geologe. Aufsteigende Salzlösungen hätten zusammen mit Sandschliff den Sockel weitgehend zerfressen. Wahrscheinlich der Grund, weshalb ein zweiter, ähnlicher Turm, kaum ein Dutzend Kilometer vom ersten entfernt, bereits in Trümmern liege.

Karten markieren die einsame Nadel mit ›Mil-e-Nadir‹. Das Wort enthält das römische *mil*, denn nach Meilen rechnet die Post der Kalifen auch in den weit östlichen des Euphrats gelegenen Gebieten, wo kein Legionär je seinen Fuß hinsetzt. Ungewißheit herrscht, ob der Turm aus der Zeit der Seldschuken (1055–1157) stammt und die Karawanenstraße nach Khorasan und noch weiter entfernte Gebiete signalisiert, die jene im Jahr 1040 den am südlichen Hindu Kush herrschenden Ghaznaviden entrissen haben.

Falls nicht die Seldschuken den ›Mil-e-Nadir‹ und seinen eingestürzten Bruder zur Orientierung und Sicherheit der Reisenden in die Wüste gestellt haben, nach 1073, als unter Malik Shah das Reich seiner höchsten Blüte entgegensteuert, sondern eine spätere Dynastie, als die, welche im Jahr 1055 Baghdad und das Territorium der Bujiden (945–1055) erobert hat, und auch nicht die Safawiden (1502–1736), dann tritt hinter der Bezeichnung des Baus Nadir Shah hervor und durch ihn die Gespenster Zehntausender, die während seiner Gewaltherrschaft das Leben lassen.

Nadir, geboren am 22. Oktober 1688 in Kobhan und verstorben im Juni 1747 in Fathabad, ist nicht Staatsmann, sondern Militärreformer. Einer Reihe brillanter Siege gegen die Afghanen stehen Folter im eigenen Land gegenüber und willkürliche Exekutionen. In Kerman, wo er mit dem Kopf an einen zu tiefen Triumphbogen stößt, läßt er diesen auf den Häuptern der schuldigen Erbauer neu und höher errichten. Nadir, der das wirtschaftliche Leben im Reich durch gewaltige Steuerbelastung erstickt und, geplagt vom Wahn gegen ihn gerichteter Verschwörungen, eine Revolte nach der andern niederschlägt, kommt schließlich durch die Hand eines Mörders aus der eigenen Armee um. An die versprochenen Verzückungen des Paradieses soll er nicht mehr geglaubt haben, als er hört, dort würden keine Kriege geführt.

Doch was wäre der Turm ohne den Weg, der zuvor existiert? Ohne die sich aus einem filigranen Netz von Pfaden zusammensetzende Piste entlang dem Saum der Dasht-e-Lut? Diese durchmißt den leeren Wüstenraum und überdauert im Gegensatz zur Reihe der Signaltürme bis auf den heutigen Tag in Form der internationalen Fernstraße.

Auf dieser Achse der Zeit nähert sich, nachdem der Sturm in Richtung Zahedan abgezogen ist, ein gelber Bus mit doppelter Lastwagenbereifung, seitlich an Lederriemen montierten Schaufeln und englischen Kennzeichen. Kaum hat er einen Meter vor dem Turm angehalten, entspringt ihm eine in Sandalen, kurzen Hosen und mit nicht gerade religiösen Bekenntnissen bedruckten Leibchen gekleidete Horde. Kinder der originalen Overlander der 60er Jahre, die sich schütteln wie Hunde und Trinkwasser über die Gesichter gießen, denn die Plane ihres Zwittergefährts – es verbindet nicht etliche Tagesmärsche auseinander liegende alte Oasen, sondern laut Beschriftung London mit Kathmandu – hat keinen Schutz geboten vor dem Sandsturm hinten auf den Bänken, die dort stehen, wo sich in Zentralasien sonst vornehmlich Schafe drängen, wenn es zur Sommerweide geht.

Firuzi will schleunigst weg, und dies eine Mal sind wir gleicher Meinung.

Während der ereignislosen Rückfahrt nach Bam versuche ich noch einmal, die schwarzen verwitterten Holzmasten abzuzählen, die ich schon auf dem Hinweg zu zählen versucht habe, und dann nicht nur sie, sondern parallel dazu auch die verbliebenen Porzellanisolatoren. Wahrscheinlich ist es der aus Britisch-Indien kommende Telegraf. Eine der widerwärtigen Ursachen der politischen Erhitzung, die 1933 ihren Schatten über Alfons Gabriels geologische Expedition wirft.

»Besonders war es der Streit wegen der Kündigung der Vergünstigungen der A n g l o – P e r - s i a n O i l Co., der die Gemüter zur Zeit unserer Ankunft in Tehran erregte. Obgleich die britische Regierung seit Jahren in vielen Punkten, wie der Herausgabe der Telegraphenlinie, in der Frage des Durchflugsrechts, in dem Verzicht der I m p e r i a l B a n k o f P e r s i a auf das Notenvorrecht und anderem, der persischen Regierung entgegengekommen war, hatte der alte Haß seit den Tagen des Schutzherrschaftsvertrages vom Jahr 1919 eher zu- als abgenommen.

Leider waren auch die einst so guten Beziehungen Persiens zu Österreich und Deutschland schlecht geworden. In der Führung der Persischen Nationalbank, die Deutschen übertragen worden war, hatten sich unaufgeklärte Fragen ergeben, die sogar zur Verhaftung mehrerer Leiter führten und Anlaß zu scharfen deutschfeindlichen Äußerungen gaben. Dazu erschienen in Deutschland und Österreich taktlose und unwissende Artikel in der Tagespresse. Durch sie mußte der persische Nationalstolz, der gerade nach erster Anlehnung des Reiches an westländische Gesittung besonders gesteigert war, empfindlich gekränkt werden.«

(Alfons Gabriel, *Durch Persiens Wüsten. Neue Wanderungen in den Trockenräumen Innerirans*, Stuttgart 1935)

Das Reisewetter ist prächtig, aber Gabriel wird hingehalten. Vom Söller seines Zimmers sieht er auf Tehrans Hausberg den Schnee dahinschmelzen und mit ihm wertvolle Zeit, denn Khorasans Salzsümpfe wollen in der kurzen Spanne zwischen dem Aufhören des Regens und vor Eintritt der heißen Jahreszeit bereist werden.

Niederschläge machen sie ungangbar, und die Hitze verhindert in der pflanzen-losen Ebene jedes Vorwärtskommen bei Tag. Allabendlich wandert der Geologe auf einen Schuttkegel vor der Stadt und blickt in »[…] die Große Kawir. Dort lag das Land der Einsamkeit und der Stille, wo das Leben dahingeht wie in grauer Vorzeit.« Aber ein geheimer Aufbruch aus Tehran ist ausgeschlossen, denn überall wimmelt es von Aufsichtsbeamten. Der Geologe sitzt fest, bis ihm am 21. Februar 1933 der Reiseerlaß ausgehändigt wird, der Bewegungsfreiheit mit Hilfe der zuständigen Be-hörden zusichert. Auch sind die Statthalter der Länder, die auf seiner Route liegen, verständigt worden. Nur Kamele muß er nun noch beschaffen.

»Heute, da der Kraftwagen große Teile Persiens erobert hat, ist es nicht leicht, jederzeit pas-sende Tiere zu erwerben. Mehr noch als bei andern Käufen im Orient ist Geduld am Platz. Wissen zu lassen, daß wir auf Kamele als Trag- und Reittiere angewiesen waren und dazu noch Eile hatten fortzukommen, hätte ein rasches Steigen der Preise zur Folge gehabt.«

Weil noch Winter herrscht, werden die Kamele billiger verkauft. Gabriel bezahlt für ein gutes Tier um hundert *Toman*, etwa hundertvierzig Mark. Weibliche Tiere kosten etwas weniger. Die persische Währung ist seit 1928, als Gabriel zum ersten Mal in die persische Wüste gegangen ist, um etwa einen Drittel gefallen, aber die Kaufkraft des Geldes im Land hat kaum gelitten.

»Der I. März, der erste Tag der Forschungsreise, brach an.
      Nun sollten die Kamele bestiegen werden und es der W ü s t e e n t g e g e n g e h e n. Von jetzt an würden regelmäßig alle Instrumente abgelesen, alle Beobachtungen aufgezeichnet und alle Sammelgeräte bereitgehalten werden.«

Gabriel fotografiert genau, mit dem Blick des Geologen eben. Die Aufnahmen sind Studien der Bodenbeschaffenheit. Mit einer Maßstäblichkeit, die selbstverständlich nur den Laien trügt. Einmal erscheint der Autor auch selbst am äußersten Rand einer Abbildung, vor dem einzigen Ereignis in einer absoluten Leere sitzend, die sich bis zum Horizont erstreckt, vor einer in große Platten zerbrochenen Salz-pfanne, genau auf 55° 45' O 34° 18' N und 799 Meter über dem Meer. Aufgenom-men hat das Bild, Abbildung 35, Gabriels Gattin, die ihn auf allen Wanderungen im iranischen Trockenraum begleitet.

Gabriel versieht seine Aufnahme mit zumeist präzisen Legenden.
      Abb. 31. Ferula foetida (Bge.) Regel. In den Hügelsanden von Tauran-Khwar. 1450 m Höhe 31. Mai 1933
      Abb. 37. Schollenboden in der Kawir (55° 45' O 34° 18' N) 799 m Höhe 22. April 1933

Abb. 48. Volk in Mazhan 25. September 1933

Abb. 64. Sendjiri (Heiligengrab) 3. Juni 1933

Abb. 75. »Shahr Lut« (»Lutstadt«) bei Pusheh Gushkal am Weg von Khabis nach Deh Salm 20. Oktober 1933

Abb. 76. Kawir am Weg von Khabis nach Deh Salm. Links der Pfad; in der Mitte des Bildes ein Wegzeichen; im Hintergrund zerlegte tonig-sandige Sedimente der Lut 19. Oktober 1933

Abb. 85. Sikh Kabul. Im Vordergrund Dauran Khan 14. November 1933

Abb. 88. Gebetsplatz 6. November 1933

Rechts unter jeder Abbildungen steht der Seitenverweis.

Am 9. September 1933 treffen die Gabriels im Kuh-e Muminabad lichtgrauen Sandstein- und Tonschiefer mit geschwärzten Schichtenköpfen, die sich als Rippen und mauerartig hervorragende Grate über die von oberflächlichen Lockermassen bedeckten Kuppen ziehen, sowie ein nacktes, schroffes Flußbett aus »brecciösem« Kalk [Brekzien: zerbrochene verfestigte Gesteinsschichten; Anm. d. Aut.] und ausgewalztem Tonschiefer, dessen feine Verwitterungsreste in verschiedenfarbigen, von winzigen Rinnsalen gemodelten Zungen in steilem Gefälle herabziehen

Pauschaler hingegen ist die Betrachtung der angetroffenen Bewohner, etwa am 5. September:

»Afin zählt an hundert Insassen, ungehobelte Bergbewohner, die müßig ihr Dasein verbringen. Stumpf hocken sie mit der Spindel in der Hand vor ihren zerfallenen Lehmhütten und merken nicht, wie die Zeit über ihr schönes Land streicht.«

Die Moschee dieses unansehnlichen Platzes enthält keine Jahreszahl, aber immerhin:

»Durch Afin mag A l e x a n d e r d e r G r o s s e gekommen sein, auf seinem Zuge von H e r a t über S h a k h i n nach T a b b a s S u n n i k h a n e h und F a r a h.«

Am 3. Juli 1933 fallen den Gabriels in Neyshabur – einem wenig anziehenden Ort, »voll Staub und Unrat inmitten fruchtbarer Umgebung« – viele turkmenische Kameltreiber auf, »die in letzter Zeit in Scharen mit ihren Familien aus der bolschewistischen Heimat geflohen und von der persischen Regierung angesiedelt worden sind«. Aber außer solchen gelegentlichen Bemerkungen hat Erdgeschichtliches den absoluten Vorrang, und das erschwert den Umgang mit den persischen Begleitern:

»Nur mit Widerstreben lagern die Leute auf dem unheimlichen Boden, den sie am liebsten so rasch als möglich wieder verlassen würden. Aber noch 16 Kilometer weit erstreckt sich das

N a m a k s a f i d vor uns, und alle sind müde und hungrig. Für die Kamele ist es schwer, sich zu legen, denn die Salzzacken schürfen ihre Knie. Es ist auch mühsam, in dem spröden Boden ein Zelt zu schlagen.«

Solches ist für den 27. April 1933 zu berichten. Beim Besuch einer Höhle mit Mumien bricht dann im Forscher der Herrenmensch hervor, als der lokale Führer an schwieriger Stelle droht, das Licht zu löschen, und eine Erpressung versucht:

»Zum besten Ansehen unserer Rasse ist es geboten, dem heimtückischen Benehmen der wilden Bevölkerung streng entgegenzutreten.«

Und auch am ›Mil-e-Nadir‹, wo kurze Zeit zuvor auf dem südlichsten der »Lut-Wege, zugleich der einzige, auf dem auch nicht zu ängstliche Weltenbummler vom Kraftwagen aus etwas von der Größe der persischen Wüste zu sehen bekommen«, der Wagen von drei Persern eine Panne erlitten hat und die Insassen nach ein paar Tagen vergeblicher Warterei verdurstet sind, braucht es harschen Ton:

»Das Milieu des diluvialen Sees der G r o s s e n   K a w i r hat etwas Niederdrückendes, und es wundert uns nicht, daß I s m a ' i l, der die ganze Zeit in dumpfer Aufregung am Lagerfeuer gesessen und nicht geschlafen hat, schon um Mitternacht die Bitte vorbringt, weiterziehen zu dürfen. Aber das wird nicht zugestanden und erst um zwei Uhr morgens das Zeichen zum Aufbruch gegeben.«

Am 15. Dezember 1933 erreichen die Gabriels nach der Auflösung ihrer Karawane in Zahedan das in Britisch-Indien gelegene Quetta, Hauptstadt der heutigen pakistanischen Provinz Belutschistan. Am 19. Dezember setzen sie nach Bombay über, wo sie das Schiff in die Heimat besteigen:

»Es ist Christnacht. Alles an Bord ist schon zur Ruhe gegangen. Das Meer ist unbewegt. [...] Aus sternbesätem Himmel breitet die Nacht Sorglosigkeit aus über die Welt.
 Auch droben in den entlegenen Weilern des abgelebten Z a r a t h u s t r a-Landes schlafen die armen Wüstenkinder, die Leben und Tod unbewußter nehmen als wir, aber wie wir alle kämpfen und leiden, Pläne schmieden und Hoffnungen hegen, heute und einst und in Hundert Jahren.«

Auf der Rückfahrt nach Bam hat der Fahrer andauernd die nach Rückkehr nach Shiraz bevorstehende Schelte des Besitzers des Kraftwagens heraufbeschworen, und Firuzi hat zu seiner Befreiung zugesehen, daß ich einen Teil der Schuld an der durch die Sandstrahlung am ›Mil-e-Nadir‹ erlittenen Beschädigung der Karosserie des japanischen Kraftwagens auf mich nehme. Aus Gabriels Buch weiß ich nun aber auch, daß »eine Trennung des persischen Wüstengürtels in zwei Teile, in eine Dasht-e-Kavir im Norden und eine Dasht-e-Lut im Süden, unrichtig ist.« Eine Scheidung der Wüste im Wesen nach den obersten Bodenbereich bildenden Massen sei nicht durchführbar. Eine Art der Wüste ginge in die andere über und aus ihr hervor. Im Norden herrschten zwar Salzton- und Lehmboden, die Kavir-Gestaltung, aber unzählige solche gäbe es auch im Süden. Da der Ausdruck *Lut* die Kahlheit, die Leere des Raums meine, sei es am besten, sich an die »Eingeborenen« zu halten, und die ganze große Wüste mit diesem Namen zu bezeichnen.

Bruderschaften

Bam, 26. November 1995. Früher Nachmittag. — Meinen Akt der Solidarität gegenüber dem Fahrer habe ich ausgeglichen mit einem Vertrauensbeweis gegenüber Firuzi. Ich habe ihm die farbige Kopie der Faltkarte aus Gabriels Buch vorgelegt.

Diese Karte verzeichnet die Wüstenwege des österreichischen Geologenpaars in den Jahren 1928 und 1933 – genauer: alle befahrbaren Straßen, perennierenden Flüsse, episodischen Flüsse, Sande, stark versalzten Zonen, die Grenzen der Salzsümpfe, sowie Lagerplätze, Saumpfade, Pilgerstraßen, den Telegraphen und auch den verschollenen Pfad der arabischen Geographen.

Von der Wasserstelle Sarab, nördlich von Bam, soll dieser Weg angeblich zwischen den Salzsümpfen hindurch nach Deh Salm führen und bei Neh auf die direkte Süd-Nord-Route von Zahedan nach Mashhad stoßen. Da Mashhad und der Schrein des Achten Imam das Ziel der wichtigsten Pfade durch die Wüsten Khorasans sind, handelt es sich um Routen der Pilger.

Unter diesen müssen sich auch heilige Männer befunden haben, deren Ziel im Näherkommen zu Gott liegt. Vor dem Weg durch die Wüste Khorasans, welche die arabischen Geographen des Mittelalters gemäß Auskunft von Alfons Gabriel mit *mafada* oder *fada* ('Leere') bezeichnen, im Gegensatz zu den Salzsümpfen, die *sabkha* ('Saline') heißen, müssen sie sich kaum fürchten. Dieser Weg mag wohl als lebensgefährlicher, von Durst und Überfällen bedrohter abenteuerlicher Treck erscheinen, ist aber für die heiligen Männer wahrscheinlich nichts als eine weitere Prüfung, ein willkommenes, aber zu überwindendes Erschwernis beim Zurücklegen des geistigen Pfades, der hinführt zur Erfahrung von Göttlichem.

Es ist nicht voraussehbar gewesen, daß wir im Teehaus von Bam auf eine solche Gestalt stoßen, die in der Vorstellung einer Beziehung zwischen Gott und Mensch lebt, also die Möglichkeit der Transzendenz kennt, die bereits in der islamischen

Frühzeit, vielleicht unter dem Einfluß der Ostkirche, wahrgenommen wird und ab dem späten 10. und 11. Jahrhundert zur Entstehung der *tariqa* führt. Die Frage ist nur, welcher *tariqa* oder Gemeinschaft der Derwisch angehört; welchem Meister des spirituellen Lebens er sein eigenes Leben anvertraut hat, um unter dessen Führung dem Abirren in weltliche Verlockungen zu trotzen, sich in dieser Übung aber durch den Meister in der Genealogie einer spirituellen Familie aufgehoben weiß, die über jenen, dessen Namen die *tariqa* trägt, auf Abu Bakr oder Ali zurückreicht und damit zum Propheten selbst.

Die ersten vier Kalifen sind Abu Bakr (632–634), Umar ibn Abd al-Chattab (634–644), Uthman ibn Affan (644–656) und Ali ibn Abi Talib (656–661). Die Sunniten kennen sie als Rashiden, die 'Rechtgeleiteten', ihnen folgen dann die Umayyaden mit Sitz in Damaskus und nach deren Erlöschen mit dem Tod von Marwan II. im Jahr 750 die Abbasiden mit Sitz in Baghdad, deren Reihe 1258 endet, als die mongolischen Il-Khane die Stadt einnehmen.

Dem Anschein nach erfüllt den Derwisch nicht mehr die nach der ekstatischen Vereinigung mit Gott anhaltende göttliche Präsenz, denn sonst wäre er in der Einsamkeit verblieben. Er muß einem sogenannten vernünftigen Orden angehören, also einem, der lehrt, nach Auslöschung des Ich und nach dem Erlebnis der mystischen Vision in den Tag und die Welt zurückzukehren, innerhalb den Grenzen der *sharia*, der Unterwerfung unter das Gesetz, das sich aus den Geboten Gottes im Koran ableitet, zu leben und in der Wahrnehmung der Pflichten gegenüber Gott und der Gesellschaft diesen neuen Sinn zu verleihen.

Die Frage nach dem neuen Sinn liegt außerhalb meines Weges. Hingegen führt der Orden, dem Hossein Beni Assaid seit seinem fünfzehnten Lebensjahr, also seit genau sechzig Jahren angehört, unerwartet auf meine Route zurück.

Am Morgen nämlich, eine halbe Stunde nach Kerman, hat Firuzi in der Nähe von Mahan in einem weiten Tal den Versuch gemacht, mir den Halt beim Mausoleum von Sha Naimatulla nahezulegen. Auf dem Rückweg, habe ich eingeworfen, wenn es ginge, wir wollten doch lieber zuerst zum Turm in der Wüste. Firuzi hat dann nachgeschoben, es sei ein erholsamer, kühler Platz voller Blumen, der mir bestimmt gefallen würde, merkte aber bald, daß Blumen nicht meine erste Priorität waren, und hat schließlich meinem Drängen nach der Wüste stattgegeben.

Hossein Beni Assaid gehöre zum Orden des Sha Naimatullah Wali, läßt Firuzi mich jetzt hocherfreut wissen, und alle seine Ängste vor spontanen Begegnungen scheinen verflogen, als er übersetzt, was der Derwisch zu Leben und Wirken seines Meisters sagt.

Naimatullah sei über hundert geworden. Die fünfundzwanzig letzten Jahre vor seinem Tod im Jahr 834 n. d. H. (1431) habe er in Mahan verbracht und dort Schüler nicht nur aus dem Westen, sondern auch aus Indien empfangen. Geboren worden sei er im syrischen Aleppo im Jahr 731 n. d. H. (1330) als Sohn eines Abkömmlings des Propheten, eines Sufi-Meisters und einer aus der persischen Provinz Fars stammenden Mutter. In Mekka sei er Schüler eines berühmten Meisters geworden und sieben Jahre bei diesem geblieben, bevor er eine zweite Periode der Wanderschaft aufgenommen habe, nun aber nicht als Suchender, sondern um den Durst anderer Wißbegieriger zu löschen. Sha Naimatullahs Weg habe zuerst einmal in das Ägypten der Mameluken geführt und von da nach Transoxianien. In der Nähe von Samarkand sei er Tamerlan begegnet, habe sich aber mit dem Begründer der Timuriden-Dynastie nicht verstanden und darauf seinen Wirkungsort nach Herat verlegt. Von dort sei er schließlich nach Kerman zurückgekehrt, als einer der großen Sufi-Meister des Iran.

Trüge Hossein Beni Assaid nicht die lange Gewandung eines Derwischs, zu der offensichtlich auch die steife beige Spitzmütze gehört, er müßte John Mayall ähneln, vorausgesetzt dieser hätte sein mittlerweile gewiß ergrautes Haar wachsen lassen, was ich nicht weiß, da ich seit Jahrzehnten kein Bild des englischen Bluesmusikers gesehen habe.

Seltsam ist es schon, wenn mich im unscheinbaren Teehaus dieser alten Oasenstadt an der Peripherie des iranischen Gottesstaats, der in der westlichen Unterhaltungsindustrie ein großes Übel erkennt, ein heiliger Mann des Islam gerade an eine Ikone derselben erinnert. Aber die Assoziation beruht ja allein auf Äußerlichkeit und nicht auf der verehrten und unantastbaren Gestalt des Naimatullah, dessen Meisterschaft nicht ferner liegen könnte von jener John Mayalls – in seinem eigenen Genre durchaus einer der herausragenden Lehrer, studierten doch nach dem Weggang von Eric Clapton und Jack Bruce in der Bruderschaft der *Bluesbreakers* als *Sidemen* Mick Fleetwood, Gründer von *Fleetwood Mac,* und Andy Fraser, Gründer von *Free,* während Mick Taylor später Anschluß fand an die *Rolling Stones.* Alles durchaus Ikonen einer vergangenen Revolution. Wie Ayatollah Khomeini für die von ihm herbeigeführte und andauernde Revolution, welche das gottergebene Warten auf den Verborgenen Imam ersetzt durch die Tat; ein charismatischer und deswegen wohl auch als Postkarte erhältlicher Führer eben, entsprechend jenen anderer Revolutionäre des 20. Jahrhunderts, von Lenin über Mao zu Fidel Castro.

Morgen auf dem Weg nach Kuhbonan, zum Treffen mit Marco Polo, wollen wir Sha Naimatullah Walis Mausoleum besuchen, denn nicht oft hat man Gelegenheit, in die Nähe eines Zeitgenossen von Tamerlan zu kommen.

Dazu Buch V, *Hossains Mühle.*

Nachmittags in der Geisterstadt

Bam, 26. November 1995. Später Nachmittag. — Im Aufenthaltsraum des Hotels, eines verschachtelten ebenerdigen Ziegelbaus zwischen Dattelpalmen, Orangenbäumen und Tamarisken, liegt ein Gästebuch aus, und darin sind Itinerarien einzusehen, die sich anders als im Fall der *tariqa* des Derwisch mit irdischem Vorwärtskommen und Materiellem beschäftigen. Trotzdem sind es Mitglieder einer gläubigen Gemeinde, die darin Gefühle preisgeben und in gleichem Ausmaß sachdienliche Mitteilungen. Doch ist ihre Motivation nicht Transzendenz, und die Ziele, die sie auf ihrem Treck ansteuern, besitzen präzis umrissene Gestalt. Der Anspruch dieser Reisenden gründet weniger in geistiger Versenkung und leiblicher Entbehrung als in der Einforderung bestimmter Komponenten des Programms, das sich in der nun schon vier Jahrzehnte alten mündlichen Überlieferung der Scharen eingeschworener Overlander und mittlerweile auch schon derer Kinder herausgebildet hat.

Die Verfasser der oft mit Skizzen versehenen Itinerarien haben die unterschiedlichsten Hintergründe, aber alle kommen aus jenen Regionen der Welt, wo der temporäre Ausstieg aus der arbeitenden Gesellschaft den Wiedereinstieg in diese nicht ausschließt. Von dort her fädeln sie sich ein in den vorgegebenen Pfad nach Asien, der durch den indischen Ashram führt und zum Schluß auf das thailändische Eiland, aber eben mit dem Schönheitsfehler des im Krieg liegenden und deshalb geschlossenen Afghanistan und des nicht auf dem Landweg betretbaren Burma. Ich kann nicht sagen, wie es um die Begegnung mit Göttlichem steht, auf diesem Treck, aber was bei der Lektüre des Gästebuches auffällt, ist das Verlangen, sich gegenseitig nicht abhanden zu kommen, die Suche nach Kontakt. Dieser Zusammenhalt ist eine absolute Notwendigkeit, denn in der schnöden Wirklichkeit, die sich dem doch innerhalb eines erträglichen Rahmens festgemachten Abenteuer entgegenstellt, wimmelt es von schikanösen Grenzbeamten, faulen Funktionären – wenn mich mein Begleiter Firuzi vor solchen schützt, ist er ein Engel, und ich vermute er ist einer –, betrügerischen *basaris*, abzockenden Agenten, habgierigen Waschfrauen, aufsässigen Bettlern und steinwerfenden Bengeln. Darauf, daß es sich beim aufgezählten Personal um die Bevölkerung dieses oder jenes der durchquerten Länder handelt, findet sich im Geraune oder Lamento kein Hinweis, und auch keiner, der sich um Verständnis für ein bestimmtes in der jeweiligen Kultur gründendes Gebaren den *ferenghi* gegenüber bemüht.

Während unserer Abwesenheit in Bam hat jemand eine Schale leuchtender Orangen am Zweig ins Zimmer gestellt und den Fernseher angemacht. Ich lasse das Bild stehen, drehe aber den Ton ab, denn der Dokumentarfilm über die iranisch-irakische Panzerschlacht am Schatt-al-Arab von 1988 funktioniert auch stumm als Werk patriotischer Propaganda mit Pausen, während denen ein aufgeschlagener Koran auf sternenübersätem Bildschirmhimmel schwebt.

Alle paar Minuten löst sich an der Unterkante der Raumkühlung ein Tropfen und fällt auf den grauen Spannteppich. Der tellergroße Fleck auf dem Spannteppich erinnert an eine Scheibe im Salzpolygonboden der Dasht-e-Lut. Zeit, sich vom Buch des österreichischen Geologen abzuwenden!

Bam ist eine Oasenstadt. Ein wahrer Garten, dessen Gründung auf Bahman zurückgehen soll, Sohn von Esfandiar, einen der legendären Könige des *Shahname*.

Die frühesten archäologischen Funde von Bam bestehen aus parthischen Münzen. Von der Südostecke des Kaspischen Meeres aus unterwerfen die Parther um die Mitte des 3. Jh. v. u. Z. als Teilstamm der Skythen die schwach hellenisierten iranischen Teile des Diadochenstaats der Seleukiden, verknüpfen sich dadurch etwas gemogelt mit dem Achämenidenreich und werden ab Beginn des I. Jh. v. u. Z., als man die Reste seleukidischen Territoriums in die römische Provinz Syrien umgestaltet, zum hauptsächlichen Rivalen Roms um die Macht im Osten, wobei im Vordergrund wie immer zunächst Transitwege und Handelsinteressen stehen.

Den Palast von Bam errichtet man wahrscheinlich an der Stelle eines zoroastrischen Feuertempels aus vorislamischer Zeit – ob in den vier sasanidischen Jahrhunderten (224–642) ist ungewiß. Jedenfalls stammen die noch erhaltenen Strukturen der Zitadelle und der meisten Gebäude aus der Zeit der Safawiden (1502–1736). Im 7. Jahrhundert besetzten die Araber im Zug der Ostexpansion die Oasenstadt, und im I. Jahrtausend gilt sie als uneinnehmbar, ein Ruf, den die Seldschuken gegen Ende des II. Jahrhunderts zunichte machen. Allerdings erst nachdem sie den die Stadt versorgenden Fluß umgeleitet haben.

Begehrt ist Bam aufgrund seiner Lage als Handelsplatz an der Gewürzstraße, die das Territorium zwischen Multan und Baghdad überbrückend Indien, das Arabische Meer und den Persischen Golf verbindet und gleichzeitig als Zubringer der zentralasiatischen Seidenstraße fungiert. Der arabische Reisende und Geograph al-Muqaddasi, der eine Systematik der Landeskunde (*Ahson at-Taqasim fi ma'rifat al-aqalim*, 374 n. d. H. oder 985) erarbeitet hat, verkündet für die Iraner sei Bam ein »Grund zum Stolz auf ihr Land.« Das gleichzeitige *Hudud al-'Alam*, die persische Geographie aus dem Jahr 372 n. d. H. (982), zählt Blei-, Magneteisenstein- und Kupferminen in den um Bam liegenden Gebirgen auf und weist auf das gesunde Klima der Stadt hin, deren Wirtschaft vor allem auf ihren am Ganges wie auch am Euphrat hochgeschätzten Weberei- und Baumwollerzeugnissen gründet, aber auch auf der Produktion von Turbanen und auf dem Ertrag der Dattelpalmen. Bam umgibt ein dichtbestandener Gürtel von Obstgärten, bewässert durch *karez*. Ab dem 13. Jahrhundert jedoch zerfällt zusammen mit häufigem Regierungswechsel und damit einhergehender Unruhe in der Region das lebenspendende Netz dieser das Wasser vom Fuß der Berge heranführenden unterirdisch angelegten Kanäle.

1722 stürmen dann afghanische Stämme aus Seistan und Afghanistan die in umstrittenem Grenzland liegende strategisch wichtige Stadt, und im gleichen Jahr kommen die Safawiden zu Fall. Im Nordwesten von Bam entsteht das Sklaven-Viertel. 1801 übernimmt die persische Dynastie der Kadscharen die Kontrolle über die Stadt, aus der Mitte des 19. Jahrhunderts die Bevölkerung in die Neustadt umsiedelt, die sich unmittelbar an die alten Umfassungsmauern lehnt und von dort aus südwärts wächst. Die Wiederbesiedlung der alten Stadt ist verboten, denn fortan dient sie einige Zeit als Garnison, um schließlich ganz verlassen zu werden. Das trockene Wüstenklima verlangsamt den Zerfall der aus luftgetrockneten und stroharmierten Lehmziegel erbauten Stadt, und Bam überdauert als einzigartiges Beispiel einer weitgehend intakt gebliebenen islamischen Monumentalarchitektur.

Der Parkplatz vor der Zitadelle ist leer. Firuzi und der Fahrer bleiben im *Pajero* zurück.

Im Innern der Anlage ist es totenstill.

Die massige Umfassungsmauer ist zerfurcht wie das Steilufer eines Wüstenflusses. In die Wandung gegraben Höhlen, Räume und gewiß auch Stallungen. Gassen dringen in das Wirrwar von Mauerstücken, Mauerstümpfen, bleichen Mauern und Mauerecken. Rundes schiebt sich dazwischen; eingebrochene Tonnengewölbe, scheue Kuppeln, Bogenfragmente – das Vokabular eines noch immer benutzten architektonischen Alphabets. Ohne Plan ist nicht auszumachen, was Wohnquartier, was Basar oder Webereien und was Moschee gewesen ist. Aus diesem System von Wurmgängen ragt ein Lehmbuckel. Darauf steht die beeindruckende Zitadelle, eine fünfstöckige Anlage mit Gouverneursitz, Windtürmen, Kuppelbau und Stallungen. Jedoch ist ihr alle Plastizität abhanden gekommen, sind ihre einzelnen Baukörper zerfallen in übereinandergestapelte, zueinander versetzte Flächen, und das fahle Licht des bleichen Porzellantellers am sandverhüllten Himmel nimmt auch den dazwischenliegenden restaurierten Rampen, zinnenbewehrten Schutzmauern und Türmen das Bauchige.

Vor mir erhebt sich ein Gemälde, nicht unähnlich Cézannes *Montagne Sainte Victoire*, allerdings in *greige*.

Postscriptum:

Heute ist der 25. August 2004.

Der Fotograf soll ein Buch über seine Reisen schreiben und wäre deshalb vermehrt im Zürcher Café *Odeon* anzutreffen. Aber es kommt keiner vorbei, und hier wo Max Frisch an einem Tag zwischen Januar und April 1948 notiert, C. F. Ramuz habe vor seinem kürzlich erfolgten Tod den Schriftstellerverein um zweitausend Franken für eine Operation angefragt und mit Blick auf die Zeitungen schließt, daß »unsere Verleger nicht leben können, wenn auch der Schriftsteller leben will« (*Tagebuch 1946–1949*), schreibt heute keiner mehr ein Buch. Trotzdem sitze ich hier mit dem Journal der iranischen Reise von 1995 und beschäftige mich mit dem Eintrag über Bam.

Vor genau acht Monaten, am 26. Dezember 2003, zerstörte ein Erdbeben der Stärke 6,3 bis 6,6 auf der Richter-Skala die Zitadelle Arg-e-Bam und einen Großteil der iranischen Karawanenstadt. Zu groß ist diese Erschütterung für Lehmziegel und für die Betonarchitektur der Neustadt sowieso. Vermutlich 30 000 der über 100 000 Bewohner kommen um.

Heute, Mittwoch, 25. August 2004, ist aber auch der 60. Jahrestag der Befreiung von Paris. Daran erinnert die *International Herald Tribune*, indem sie als Frontseite das Faksimile jener noch unter dem Namen *New York Herald Tribune* am 25. August 1944 erschienenen abdruckt, und zwar der *Late City Edition*. Dreiteilig ist der Haupttitel dieser damaligen Frontseite: *French Army Reported in 'Heart of Paris'; Gap Closing West of Seine, Most of Foe Out; American Troops Reported at Swiss Border*. Direkt darunter die von einem Fotografen des amerikanischen *Signal Corps* gemachte Luftaufnahme des zerstörten Argentan. Stellenweise hängt grauer Rauch über den Ruinen. Es ist ein sonniger Tag, aber der Platz um die ausgebombte Kathedrale ist leer.

Vor acht Monaten hat die vom Satelliten gemachte Aufnahme des zerstörten Bam, die plane Reproduktion, es schwerer gemacht, an die Betroffenen zu denken.

Chinesische Fahrräder am Khyber-Paß

Sorubi, 16. Juni 1998. — Die Warterei hat ein Ende. Heute geht es nach Afghanistan. Im Paß steckt ein Zettel mit dem Hinweis, das Fotografieren sämtlicher Lebewesen sei verboten. Nebst Menschen betrifft **Dazu Buch VI, *Das Afghani-Rätsel*.** das, hat der Konsul präzisiert, im Islamischen Emirat der Taliban auch den Himmel. Ich soll also auf Vögel achten, die möglicherweise ins Bild fliegen.

Seit ein paar Tagen keine Nachrichten von Bernard, mit dem ich eine Reportage über die afghanische Kriegswirtschaft vorhabe. Deshalb gestern abend das *ICRC* gebeten, ihm via Außenstelle Faizabad, von wo aus die Hilfeleistungen im Erdbebengebiet im Nordosten Afghanistans koordiniert werden, eine Nachricht zu übermitteln.

DEAR BERNARD. HAVE AFG VISA ONLY NOW. AS TIME IS RUNNING OUT AND YOU MAY HAVE ENOUGH MATERIAL ON QUAKE AFTERMATH I DECIDED TO DROP FAIZABAD. SPOKE WITH CHRISTIAN AND ITS OK IF QUAKE IS COVERED BY WORDS ONLY. PHOTOGRAPHIC FOCUS ON KABUL. WILL EITHER DRIVE TO KBL TOMORROW OR FLY ON WEDNESDAY. EXPECTED TIME OF DEPT FROM KBL 22 JUNE. ICRC PEW SAYS FROM FAIZABAD YOU CAN ONLY FLY TO KBL VIA PEW. MAYBE YOU HAVE TO DROP KBL IF YOU CAN'T GO THERE DIRECTLY. IF YOU HAVE SECOND ENTRY ON YOUR AFG VISA YOU COULD TRY TO GET ON WED FLIGHT FROM PEW. I CAN REQUEST TO PUT YOU ON THAT FLIGHT. BEST IF YOU CALL ME FROM SAT PHONE OF SKH. DECENT LODGE NO 92 91 840 221. OR MAYBE YOU CAN SEND A MESSAGE VIA ICRC. ALL BEST, D.

Marcus, der am vergangenen Freitag aus Faizabad nach Peshawar gekommen ist, hat kurzfristig beschlossen, mich nach Kabul zu begleiten. Dann will er über Mazar-e Sharif oder Konduz nach Tadschikistan zurück. Bernard, der von Delhi direkt in den Nordosten gegangen ist, wird es irgendwie nach Kabul schaffen. Jeder von uns hat ein anderes Visum. Aber während in verschiedenen Botschaften noch verschiedene Parteien die Stempel führen, haben das Land selbst zu achtzig Prozent die Taliban in der Hand.

Gleich außerhalb von Peshawar entfaltet sich ohne rot zu werden die Schattenwirtschaft der pashtunischen Stammesgebiete. Zuerst flankieren die von Schmugglerwaren überquellenden Supermärkte von Hayatabad die Straße, dann folgen die Geschäfte, welche in Darra, dem unweit südlich gelegenen Dorf der Waffenschmiede, hergestellte Kopien von AKs und andern Handfeuerwaffen verkaufen, nicht unnötigen Krimskrams wie an den letzten Verproviantierungsstellen schweizerischer Paßstraßen.

Nach dem letzten Checkpoint hat der *Khyber Rifle*, welcher als Personenschutz mitreisen muß, den vorgeschriebenen Beifahrersitz ohne zu zögern mit der Rückbank vertauscht und ist sofort eingeschlafen. Im Rückspiegel, an dem eine CD hin- und herhüpft und am Faden rotierend und funkelnd dem Fahrer dauernd ins Blickfeld schwingt, sehe ich wie der Kopf des Soldaten in einer spitzen Kehre auf die eine und in der folgenden auf die andere Schulter fällt. Das Baret bleibt dabei erstaunlicherweise auf.

Der Soldat kann getrost schlafen. Der Personenschutz ist reine Formalität. Die pakistanische Armee, kann man lesen, stoße in diesem Bergland, wo das Leben sich nach der Fuchtel oder dem jahrhundertealten Kodex des Pashtunwali richtet, kaum auf großen Respekt. Vielleicht wird sie hier, wo *nang*, also die Ehre, wichtigste Währung ist sowie Verrat und Gewalt als Tugend gelten, ganz einfach als das wahrgenommen, was sie darstellt, nämlich eine Nachfolgeorganisation der in britischen Diensten stehenden indischen *Sepoy*.

Was auf der Fahrt auch immer vorfallen mag, ohne bewaffnete Begleitung der Armee, genauer aus den Reihen der *Khyber Rifles*, ist es Ausländern nicht erlaubt, die der afghanischen Grenze vorgelagerte Linie zu überschreiten oder die paschtunischen Stammesgebiete am Khyber-Paß zu bereisen.

Der *Field-Officer* des *ICRC* hat die Inbetriebnahme der Stempel und dazugehörender violetter Kissen beschleunigt. Zuerst im Büro des *Foreigner's Registration Officer*, wo unsere Pässe von unsichtbarer Hand plötzlich auf die Spitze des Stapels befördert worden sind, dann in jenem des *Superintendent of Police / Special Branch and Registration Officer*, dessen Funktion in der gleichzeitigen Lektüre der *Frontier Post*, der Unterzeichnung von *Travel Permit*s und der von drei herumstehenden Beamten beobachteten Entgegennahme einiger großer *Rupia*-Scheine besteht, und zuletzt im

Büro des *Section Officer/Special Home and Tribal Affairs Department North-West-Frontier-Province*. Im *Office to the Political Agent, Khyber* nehmen wir dann, den *Permit* vorzeigend, ohne Bezahlung unseren in schwarzen und khakifarbenen *shalwar kameez* gekleideten *Rifle* in Empfang.

Nachdem sie Höhe gewonnen hat, umkurvt die Straße in angemessenem Abstand die eindrücklichen Lehmburgen der Schmugglerfürsten. Zweimal erscheint in zerklüfteten Einschnitten ein Stück der von den Briten 1891 bis zur Paßhöhe hinaufgeführten Schmalspurbahn. Sie erinnert an den zuletzt vergeblichen Wettlauf zwischen *British Raj* und Zar, Afghanistan mittels Schienenweg zu öffnen. Über die Geleise hinweg spielen heute unten in Peshawar, nach dem Abendgebet, wenn es kühler geworden ist, Nachbarschaftsmannschaften Crikket, und dabei sieht es nicht so aus, als habe es damit in naher Zukunft ein Ende.

Dazu Buch IV, *Koloniale Abenteuer*.

Insgesamt ist der Khyber-Paß landschaftlich enttäuschend. Aber vielleicht entsteht dieser Eindruck nur deshalb, weil ich ihn nicht als Krönung der in Kalkutta beginnenden ›Grand Trunk Road‹ erreiche.

Auf der Paßhöhe Spaliere chinesischer Ventilatoren, nicht nur entlang der Straße, sondern auch auf den Balkonen der Verkaufsgeschäfte. Blicke einer Gruppe westlicher Jugendlicher ins Tal hinunter nach Torkham, bevor der gelbe Überlandbus wendet, gezwungen, auf dem Heimweg nach Amsterdam das verschlossene Afghanistan im weiten Bogen durch Belutschistan und den Iran zu umgehen. Etwas weiter flattern makellos weiße *shalwar kameez*, und bräunlichviolette pakistanische *Rupia* und grüner *Afghani* fliegen hin und her.

Die sogenannte *GTR* ist das Rückgrat des Indischen Subkontinents. Ausgangs- bzw. Endpunkte sind Calcutta und der Khyber-Paß. Dazwischen folgt sie auf einer Strecke von 2400 Kilometern der nordindischen Ebene. Die Briten verwandeln die auf die Mogulzeit (1526–1858) zurückgehende Verbindung zur Militärachse, von der aus sie ihren Kolonialbesitz verwalten. Während der Teilung Indiens von 1947, als Pakistan entsteht, kommt es auf der *GTR* zu einem der dramatischsten Exodusse der modernen Geschichte, indem Hindus ostwärts und Muslime westwärts fliehen. Heute fungiert die *GTR* unter dem Namen *NH1 (National Highway No 1)* immer noch als die prinzipielle Arterie Indiens, welche Elefant und Ochsenwagen in sechs Monaten bewältigen, während AIDS wesentlich schneller die Lastwagenplätze entlang der Route durcheilt.

Mit abgestelltem Motor rollt der Wagen vom Paß hinunter in Richtung Torkham. Von dort arbeiten sich junge Pakistani, auch sie in makellos weißem *shalwar kameez*, mühsam auf seltsamen Fahrzeugen den Berg hinauf. Es sind Schmuggler chinesischer Velos, und jeder überführt drei auf einmal nach Pakistan, wobei beide Wörter – 'Überführen' und 'Schmuggel' – den Vorgang nicht hinlänglich erklären. Es handelt sich dabei nämlich um einen Nebeneffekt des *Afghan Transit Trade Agreement*, über das wir in Kabul Näheres in Erfahrung zu bringen hoffen, obwohl es diese Destination kaum noch betrifft.

Von den insgesamt sechs verschobenen Rädern pro Einheit rollen vier, das heißt die beiden des Fahrrads, in dessen Pedalen der 'Schmuggler' mit seinen Sandalen hart und langsam tritt, sowie je das Hinterrad des zweiten und dritten Velos, die mit Schnüren seitlich am Gepäckträger des aus dem Verbund vorreckenden benutzten Fahrrads befestigt sind. Die Gestänge aller drei Velos sind mit Luftpolsterfolie umwickelt, die Schutzbleche hingegen mit braunem Packpapier. Die beiden unbenutzten Lenkstangen hat man parallel zum jeweiligen Rahmen umgedreht. So sieht das Ganze aus wie ein Zweispänner mit Einhornen, nur im Trabergeschirr müht sich nicht die Kreatur, sondern der Kutscher.

Die Räder kämen aus Karachi, weiß der Fahrer. Dort würden sie 4000 *Rupia* kosten, aber man könne sie nicht direkt kaufen. In Peshawar seien sie schon für 2500 *Rupia* zu haben. Pakistanische Händler würden sie für 1000 *Rupia*, ca. 20 Dollar, in Afghanistan kaufen. Dort würden nämlich keine Fahrräder benutzt. Sätze, die nicht nur das Geheimnis der Geistervelos bergen, sondern auch anderer durch Pakistan via Afghanistan nach Pakistan verbrachter 'Umkehrwaren'.

Ein Eisentor markiert die Grenze. Es sieht so aus, als würden Lastzüge und Fußgänger zu verschiedenen Zeiten abgefertigt. Im Moment sind die Fußgänger dran, denn offen steht nur eine schmale seitliche Pforte. Durch diese kommen aus Afghanistan mehrheitlich Pakistani, auch ganz junge in zerfetzten Lumpen. Sie schleppen rostige Eisenträger, etwas anders gebuckelt als Jesus das Holz, aber die Ähnlichkeit dieser kleinen Gestalten mit Darstellungen des Bamberger Kreuzwegs ist verblüffend.

Der pakistanische Grenzbeamte stempelt die Pässe in einer dunklen, mit Sandsäcken geschützten Kammer und entläßt uns mit Verdacht und einem Seufzer. Wer geht schon freiwillig in das gebeutelte Land nebenan?

Auf der anderen Seite verbirgt sich zwischen den tuchüberdachten Ständen der Geldwechsler, wo die Truhen aus Holz und Blech offen stehen, als seien es Futtertröge, der Posten der Taliban. Zwei Koranschüler heißen uns mit Neugier und Freude in Afghanistan willkommen. Sie tragen AKs, aber einen Stempel haben sie nicht. Wir sind im Land, und keiner weiß es.

Dazu Buch VI, *Das Afghani-Rätsel.* Marcus wechselt Dostum-*Afghani* in Taliban-*Afghani*, und ausgestattet mit drei Millionen der letzteren Sorte — ungefähr 60 Dollar — ist es leicht, einen Wagen zu finden. Der Fahrer versichert, Kabul problemlos zu erreichen und meint damit vor der nächtlichen Ausgangssperre.

Rasch sind wir in offenem freundlichem Land. Die Straße ist leer. Mitten in der Ebene stoppt ein Kämpfer den Wagen. Kein Taliban, sondern ein Araber. Der Fahrer gibt sein Bestes. Jener scheint etwas Pashtu zu sprechen, dieser kann ein paar Brocken Englisch. Wir sollen mit dem Araber zu einem Haus, das hundert oder zweihundert, aber in jedem Fall zu viele Schritte von der Straße abseits steht. Zu seinen Freunden. Zum Tee. Es gehe um einen Brief an das *ICRC*, den wir nach Kabul bringen sollen. Der Fahrer sucht Ausflüchte in der vorgerückten Stunde und der Ausgangssperre, vor der wir ankommen müssen. Der Kämpfer will zusteigen. Irgendwie schaffen wir es dann, loszukommen.

Seit sich Osama bin Laden vor knapp zwei Jahren, nach seiner Ausweisung aus dem Sudan in Jalalabad niedergelassen hat und auch Bosnien für Heilige Krieger kein Betätigungsfeld mehr ist, strömen vermehrt militante Islamisten nach Afghanistan. Man nennt sie manchmal ›arabische Afghanen‹. Möglich, daß der autostoppende *Jihadist* und seine Mitstreiter dem Ausbildungslager den Rücken kehren und eine Ausfahrt vom Weg ins Paradies suchen. Wenn das noch geht – und dann noch mit Unterstützung des *ICRC*.

Jalalabad durchfahren wir, ohne anzuhalten.

Zwei, drei Kilometer dahinter, vor Eintritt in das schattige Tal des Kabul-Flusses, erinnert die Landschaft nach der unangenehmen Begegnung mit dem Stagiaire des gegenwärtigen Konflikts an den vor über hundertfünfzig Jahren für die damals weltweit mächtigste Armee mit einer Katastrophe zu Ende gegangenen Ersten Anglo-afghanischen Krieg (1839–1842) und damit an ein Gemälde in der *Tate Gallery* in London, vor das wahrscheinlich noch heute Nachkommen der Opfer dieses militärischen Debakels ihre Kinder führen. Dieses Gemälde, das Werk einer gewissen Lady Elizabeth Butler, zeigt die Elendsgestalt eines im Sattel hängenden einsamen Reiters.

Der Reiter ist der Chirurg Brydon. Der einzige Überlebende eines wenige Tage zuvor 16 000 Menschen zählenden Trosses – zusammengesetzt aus 700 britischen Soldaten, 4000 indischen *Sepoys*, davon ein Tausend Kavalleristen und der Rest Infanteristen, sowie 113 000 *camp followers* einschließlich etlichen britische Familien mit Kindern. Brydon entrinnt am 13. Januar 1842 aus dem Seitental des Shorkh Rud in die Ebene hinter Jalalabad hinaus, wo er einen Captain des britischen Forts trifft. Brydons Augenzeugenbericht wird zur Grundlage der offiziellen Darstellung der Tragödie, die mit zweimonatiger Verzögerung die junge Königin Victoria (reg. 1837–1901) zutiefst erschüttern wird.

Bevor Dr. Brydon seinem letzten Verfolger nur knapp entronnen ist und das Tal, das sich links der mit Schlaglöchern übersäten Straße öffnet, verlassen hat, sind an diesem 13. Januar 1842 bei Futtehabad, der Ort, welcher dem auf der heutigen Karte verzeichneten Balabagh entsprechen könnte, die anderen fünf Offiziere niedergemacht worden, die es mit Brydon überhaupt so weit geschafft haben. Hinter ihnen, im Tiefschnee der Khoord-Kabul- und der Jugdulluk-Schlucht, haben Akbar Khans Truppen aus dem Stamm der Barukzai den chaotisch organisierten Troß massakriert, haben die ansässigen Stammeskrieger der Ghilzai den Flüchtenden nachgesetzt und die Toten geplündert – in der von Akbar selbst, dem Sohn Emir Dost Muhammads, des Regenten auf Kabuls Festung Bala Hissar, gestellten Falle.

Das Debakel herbeigeführt, wider besseren Rat einiger Offiziere, hat Generalmajor William Elphinstone, der zuletzt ein Vierteljahrhundert zuvor in Waterloo im Gefecht gestanden hat, und der nach der Kapitulation der Kabuler Garnison auf einem Rückzug nach Jalalabad unter Mitnahme des verbliebenen britischen Besitz bestanden hat.

Aufgerieben wird zwischen dem 6. und dem 13. Januar 1842 im Gebirge südlich des Kabul-Flusses der Restbestand der *Army of the Indus*. Im August 1839 ist die formidable Streitmacht unter General Sir John Keane in Kabul einmarschiert. Der Ire hat den exilierten Shah Soojah-ul-Mulk wieder auf dem afghanischen Thron installiert und Britannien damit einen Verbündeten im »Great Game« gegen die Russen beschert. Aber eben nur für kurze Zeit, bevor die imperiale Agenda in Indien und Afghanistan und der eigennützige Regimewechsel in Kabul mit jener der Herrscher auf Bala Hissar kollidiert, da sie die als natürlich angesehenen Rechte der ansässigen Stämme tangiert, die Babur als erster beim Namen aufgezählt hat. Jeder Herrscher Afghanistans hat bislang die Weisheit besessen, die Ghilzai, welche die entsprechenden Pässe im Gebirge südlich des Kabul-Fluß kontrollieren, in ihrer Wegelagerei zu unterstützen, anstatt sie zu unterwerfen, also das Recht dieser Stämme respektiert, Abgaben einzufordern auf den Handelswegen durch ihre Gebiete. Elphinstones Rückzugsweg folgt nicht nur präzis einer solchen Route, sondern ist auch die direkte, über Jalalabad und den Khyber-Paß führende Transitverbindung zwischen Kabul und Indien. Akbar verfolgt mit seinem Versprechen, der britischen Karawane sicheres Geleit durch die Stammesgebiete der Ghilzai zu garantieren, ein doppeltes Ziel. Zum einen wird er die verhaßte Besatzungsmacht der Ungläubigen und deren indische Söldner los, zum zweiten spielt er durch die Zuführung sicherer Beute den Stämmen in die Hände. Ohnehin haben diese zuvor schon die Pässe verrammelt und sind zur Wegelagerei zurückgekehrt, denn William Macnaghten, politischer Berater von Generalgouverneur Auckland, hat die für ungehinderte Passage der britischen Postkuriere und Transporte vereinbarte Tributzahlung von jährlich £ 8000 um die Hälfte gekürzt. Die unter dem Druck der Buchhalter in Calcutta gemachte Einsparung hat die Bilanzen zwar verbessert, umgekehrt aber der Besatzungsarmee ihre nördliche Rückzugsroute aus Afghanistan abgeschnitten.

Es ist tatsächlich naheliegender gewesen, auf diese Reise Patrick Macrorys *Signal Catastroph. The Retreat from Kabul, 1842* (1966) mitzunehmen als Aurel Steins *On Alexander's Tracks to the Indus* (1929). Zwar teilen beide Bücher das Leitmotiv machtpolitischer oder imperialer Überdehnung, aber der Makedone schlägt sich nach der Überquerung des Kunar doch um einiges nördlich der Kabul-Schlucht durch Dir und Swat, um das jenseits des Indus liegende Taxila zu erreichen.

Meine Kopfschmerzen sind durch die zerrüttelte Lektüre auf der Straße, die mit Einfahrt ins Tal des Kabul-Flusses zu einer von den Staubfahnen entgegenkommender und bergwärts kriechender Lastzüge verschleierten Schotterpiste verkommen ist, nicht verflogen, sondern haben sich zu einer Migräne übelster Sorte gesteigert. Dieser versuche ich mehrmals mit forciertem Erbrechen beizukommen.

Ein letztes Mal, während sich der Fahrer auf der Talseite der Straße zu einem eiligen Abendgebet niederwirft, nicht ohne zuvor etwas Sand zwischen den Händen zu zerreiben, denn vom grauen springenden Wasser des Flusses trennt ihn eine steile, geröllübersäte Böschung, und das gilt als hinreichend, ihn vom Ritual der Waschung mit Wasser zu entbinden.

Wir halten nun öfters in den *chaikhanas*, und Marcus erscheint es sinnvoll, angesichts der anbrechenden Dämmerung und meines Zustands in Sorubi ein Nachtlager zu finden.

Der Wirt hat das geräumige Hinterzimmer des *chaikhana* aufgeschlossen, wattierte Decken ausgeworfen und Kissen aufgeschichtet. Jetzt bringt ein Junge nach dem ersten Kessel Tee den zweiten und Lammfleisch, Gemüse und Kartoffeln und guckt, als er das Tablett auf den Teppich stellt, kurz in unsere Gesichter. Dann eilt er hinaus, um nach einer Minute zurückzukehren, ernstvoll und mit einem Glas heißen Wassers, in dem zwei Löffel stecken.

Das *chaikhana* steht hart an der Straße, und nach hinten hinaus scheinbar hart am Steilufer. Ein paar Fenster des Raums haben Sprünge, und an den Ecken fehlen ein paar kleine Stücke. Der Kabul-Fluß rauscht direkt unter dem Kissen und trägt meine Kopfschmerzen nach Jalalabad hinunter. Vor dem Einschlafen bemerke ich als letztes den eintretenden Taliban. Die Wache schließt die Tür hinter sich, läßt sich unmittelbar davor nieder, die *AK-47* quer vor den untergeschlagenen Beinen auf dem Teppich.

Unter den Augen der Taliban

Kabul, 17. Juni 1998, morgens. — Muß Afghanistan so viel Krieg erdulden, weil es mit diesem Licht erwachen darf?

Es ist ein Licht, das dem Reisenden die Landschaft nicht vorführt. Es wirft ihn mitten in diese hinein. Was der Reisende sieht, erscheint ihm mehr wie durch ein Vergrößerungsglas hervorgehoben als in ein solches geschnitten, ohne fliehende Ränder, scharf und klar erkennbar jedes Detail.

Den Fischer im weißen Hemd, dessen gestreckter Arm die Leine aushält. Eine Lotusknospe auf dem reglosen Lastwagenschlauch.

Die Lehmsiedlung, mit Goldfaden auf eine Handlänge geglätteten Ufersaum gestickt. Ihr Würfelmuster abgenutzt und zersaust, hier und da ein schwarzes Loch.

Nackt und von Rinnen zerfurcht aus der Zunge des Stausees steigt das Gebirge. Ein Durcheinander ungleichmäßiger Kegel und eidechsenschwänziger Grate. Letztere besetzt mit Höckern und von diesen abgehend wiederum Grate, aber feinere, die in benachbarten weichen Falten verschwinden. Kegel von Currypulver, gemischt aus verschiedenen Zutaten. Mohn, Paprika, Muskat, Tamarinde. Ingwer. In höherer Lage buckliger der Haufen, eine Sorte mit schwarzem Pfeffer, und diesen umarmend ein von braunem Senf gefärbter Kegelkranz. Am Horizont, unter den dunklen Morgenwolken, leuchtet nicht Firn, sondern weißer Koriander.

Wir haben Sorubi vor Tagesanbruch verlassen.

Zuweilen Panzer am Horizont. Meist allein. Auf zerscheuerten Kuppen hokkend wie Warzen an einem Daumenrücken.

Am Eingang zur Sorubi-Schlucht zerschneidet plötzlich eine grelle wärmende Lichtschneise die Straße. Kinder lauern zwischen den Betonblöcken, die Fahrzeuge vor dem Absturz in die Tiefe schützen. Treten mutig auf die zerfurchte Piste, wenn ein Pickup oder Bus sich nähert. Dünne Ärmchen recken sich und bleiben ausgestreckt, während die Köpfe nach den Fahrzeugen umgedreht bleiben, bis diese in das davorliegende Dunkel tauchen, die bunt bemalten dekorierten Karosserien verlöschen wie die Lichter eines künstlichen Weihnachtsbaums und die Gesichter der Passagiere auf dem Dachrost nicht mehr unterscheidbar sind vom Stoff der Turbane und dem um die Schultern geschlagener Decken.

Die Schlucht ist ein mehrfach geknicktes Ofenrohr, in dem noch die Wärme des Vortags steht.

Oben kommt man heraus auf ein von fernen und nahen Gebirgsmauern begrenztes Flachdach, in dessen Mitte sich zwei geschundene pyramidale Höcker erheben. An ihrem Fuß kehrt das flutende Morgenlicht alles Leben der Ebene zusammen. Dorthin steuern Lastzüge, Taxis, Fahrräder, Schafherden und der Junge mit einer Nähmaschine auf dem Kopf.

Dieses 'dorthin' besteht aus breiten Straßenzügen, begleitet von pockennarbigen, vom weißen Putz erlösten Ziegelsteinfassaden, über die Wellblechbahnen herunterhängen wie nasse Säcke. Auf den Mauerstümpfen sitzt kein Dach, und aus den Torbögen und an zerquetschten Scherengittern vorbei quillt der Schutt der Innereien. Nicht nur die Häuser sind geköpft, auch jeder einzelne Kandelaber davor. Überragt von Ziegelstalagmiten, stehen vor den Schutthalden bleiche Bretterbuden am Staßenrand. Von manchen baumeln Fahrradsättel. Etwas weiter vorn zur verwinkelten Brustwehr geschichtet Säcke mit Holzkohle. An einer Kreuzung in der Altstadt, unter einem dreigeschossigen Skelett und aufgespannten Tüchern Verkaufsstände und ein Rudel von Stoßwagen. Im Trümmerfeld der afghanischen Hauptstadt kommt auf zwanzig solche ein Auto, dieses dafür zumeist ohne Nummernschild. Gegen das Zentrum hin zerschossene Verwaltungsgebäude. Wo Raketen in Fassaden und Betonarkaden einschlugen, winden sich Armierungseisen, ihre Schatten gekrümmt wie Gewürm in einem Kadaver.

Das *Intercontinental* steht auf einem kümmerlich bepflanzten niedrigen Sporn des Koh-e-Asmai, einem der zwei Hausberge Kabuls.

Die während des Kampfes um Kabul schwerem Artilleriebeschuß ausgesetzte Fassade des Hotels, vor der die steile Zufahrt endet, blickt auf den neueren, völlig zerstörten Stadtteil mit dem Polytechnikum, die intakte hingegen über den alten Europäer-Friedhof auf den Stadtteil Shar-e-Now und in Richtung Zentrum. Auf dieser Seite im ersten Stock gibt uns der Mann an der Rezeption zwei Zimmer.

Höher steige das Wasser nicht, entschuldigt er sich und das Hotel, und überdies sei warmes nicht verfügbar. Der schnellste Weg zu den Zimmern ginge über eine Treppe hinter der Küche. Leider habe es im Moment sehr wenige Gäste, Marcus und ich seien sogar die einzigen, informiert er, beeilt sich aber sofort nachzuschieben, unser Besuch freue ihn sehr. Wir glauben das, erwidern unsere Freude über die bevorstehenden Tage in Kabul und fragen nach einem Fahrer. Ja, das Hotel habe zwar noch einen Wagen, meint der Rezeptionist, aber es sei besser, ein Taxi aus der Stadt zu nehmen.

Der Rezeptionist, er ist nicht älter als fünfunddreißig, hat seinen Bart mit Mühe auf die von den Taliban vorgeschriebene Länge einer Handbreite gebracht, gibt sich aber modern. Hinter ihm sitzt ein schweigender älterer Mann in Braun, der aussieht, als verwahre er die Schlüssel – zu was auch immer.

In der verschatteten Lobby, deren Schmuck sich auf einen Glaskasten mit einem blaustichigen *Aeroflot*-Plakat beschränkt, unter dem neben toten Insekten die herabgestürzten Buchstaben der *USSR* liegen, macht sich dann als Dritter der Belegschaft Gul Mohammed, der Kellner bemerkbar. Mit dem diskret devoten und, da vom Gedanken an das Wohl des Gastes getragen, auch etwas sorgenvollen Lächeln, welches ältere und für die Kunst der Bedienung Geborene auszeichnet, quittiert sein graues Gesicht unsere leichtmütig dahingesprochene Frage über die Möglichkeit, auf der Terrasse zu frühstücken.

Die seit der Schlacht um Kabul vor zwei Jahren nicht mehr geöffnete Tür gibt schließlich nach, zwei mit braunem Stoff bespannte Stühle und ein Tisch zwischen den festsitzenden senfgelben Vorhängen des Speisesaals werden hinausgeschafft, und als wir in der blendenden Sonne und angenehmen Kühle installiert sind, tritt Gul Mohammed heran, legt die Hände auf den Rücken und erklärt, die Küche sei im Moment kriegshalber geschlossen und zwar dauerhaft.

»*Very bad, Sir. I know. Very sorry*«.

Er schüttelt den Kopf, und nach der Minute, die notwendig ist, bis von seinem Gram etwas zu uns hinübergerutscht ist, fügt Gul Mohammed hinzu, man könne jemanden nach Eiern, Tomaten und Zwiebeln schicken für das Omelette. Auch *Nan* wäre zu beschaffen und Orangen, wenn wir wollten.

Wir stimmen dem Vorschlag zu. Nachdem Gul Mohammed weggetreten ist, frage ich mich, ob die Ursache des plötzlichen Juckens an meinem Unterarm sein abgetragenes Jackett ist oder das Polster der Armlehne meines Stuhls.

Nach einer Stunde, aber vor dem Omelette, trifft ein halbes Dutzend Taliban ein. Da es in ihrem Krieg gegen Masud und seine nördlichen Alliierten keinen Urlaub von der Front gibt, muß es sich um ein Kommando der Religionspolizei handeln, also der für die Einhaltung der Tugend verantwortlichen Abteilung im Islamischen Emirat Afghanistan, welche auf offener Straße zu kurze Bärte ahndet, den Kindern das Drachenfliegen verboten und die Fernseher zertrümmert hat und dafür sorgen muß, daß ich keine Aufnahmen von Menschen mache und am Himmel den sommerlichen Flug der Kraniche und Reiher nur betrachte, aber in keinem Fall auch fotografiere.

So wie Babur, nachdem er sich in der letzten Dekade des ersten Rabi des Jahres 910 n. d. H. (die erste Dekade des Septembers 1504) aus dem Norden anrückend, »ganz ohne Kampf und Blutvergießen, allein dank der Gnade und der Barmherzigkeit des allmächtigen Gottes, das Königreich und das Land von Kabul und Ghazna« unterworfen hat. Kabul, das vortreffliche Handelszentrum, wo die Handelsleute »keinen geringeren Gewinn [machen], als wenn sie nach China oder in die Länder von Rum (Kleinasien) gingen«, und zwar mit dem Umschlag der aus Indien von jährlich zehn- bis zwanzigtausend Karawanenführern heraufgebrachten »Sklaven, Baumwollstoffen, Kandiszucker, Zuckerraffinade, Heilkräuter und Gewürzen«. Kabul, in dessen Gebiet die kalten und warmen Gegenden nahe beieinanderliegen, so daß in den ersteren »namentlich die Trauben, Granatäpfel, Aprikosen, Äpfel, Quitten, Pfirsiche, Pflaumen, Brustbeeren, Mandeln und Nüsse im Überfluß [gedeihen]« und von den Früchten in letzteren Zonen man »Orangen, Zitronen, Dattelpflaumen und Zuckerrohr [findet]«.

Baburs Frühstückbuffet ist also um einiges reicher bestellt, als unseres heute morgen und in diesen Tagen je werden kann.

Aber da der Eroberer – er ist auf dem Weg nach Indien, wo er die Dynastie der Moguln begründen wird – mit den Ernten und Erträgen seiner neuen Besitzung noch nicht vertraut ist, leidet die Bevölkerung unter Babur schwere Not. Dreißigtausend Eselladungen Korn läßt er nämlich im Rahmen einer Zwangssteuer an die aus Samarkand, Hissar und Konduz ins Land geströmten Massen verteilen, damit diese sich verselbständigen und dem Heer und dessen Plünderungen sich anschließen können. In erster Linie soll die Maßnahme die Gefolgschaften der fremden, zu ihm übergetretenen Fürsten zufriedenstellen, denn »da Kabul ein kleines Land ist, auch eher geeignet, mit dem Säbel als mit der Feder regiert zu werden«, vermag es für alle seine Bewohner nicht genügende Mengen Geld zu erwirtschaften.

So ganz ohne Blutvergießen, wie der gute Herrscher Babur in seinen Memoiren schreibt, hat die Unterwerfung und Übergabe Kabuls dann doch nicht stattgefunden. Aber vermutlich verhindert das Exempel, das er mit der Erschießung durch Bogenschützen eines oder zwei der Anführer sowie ihre nachfolgende Zerhauung in Stücke angesichts eines Aufruhrs draußen an den Toren statuiert, weit größeres

Gemetzel. Die Taliban hingegen, die am 27. September 1996, dem Tag nach ihrer Einnahme Kabuls, den im *UN*-Komplex festgenommenen einstigen pashtunischen Präsidenten, Chef des Geheimdiensts und von 1989–1992 Statthalter Rußlands Muhammad Najibullah bewußtlos schlagen, kastrieren, erschießen und der an einem Posten der Verkehrspolizei aufgeknüpften Leiche zur Abschreckung irdischer Prasserei Zigaretten zwischen die Finger und *Afghani*-Noten in die Taschen stecken, haben mit der Exekution nur den Zweck der Verkündung eines tyrannischen Regimes, das fortan Ehebrecher steinigt, den Genuß von Alkohol mit der Peitsche ahndet und Dieben die fehlgeleitete Hand amputiert – letzteres immerhin mit der positiven Folge, daß die endemische Wegelagerei damit ein Ende findet.

Unter den Taliban verstummt ist aber auch die Musik von *Radio Kabul*, das jetzt *Radio Shariat* heißt.

Wenn es aber im Äther nicht klingen darf, muß Ruhe erst recht in den Tälern herrschen und ganz bestimmt im *Intercontinental*, dessen Terrasse in den siebziger Jahren die aus Bagram und Bamiyan zurückkehrenden Touristen mit dem seichtem Sound der Zeit und dem Geplätscher aus einem Piano empfangen haben mag. Diese morgendliche Ruhe, die auch nicht das dumpfe dunkle Summen stört, das ansonsten aus dem Kessel aufgewachter großer Städte aufsteigt zu erhöhten Plätzen wie diesem Hotel, zerreißen plötzlich ein paar Schüsse aus der AK, abgefeuert von einem der Tugendhüter auf das Keramikrelief im Salon am entfernten Ende der Lobby. Nicht daß Anlaß dazu bestanden hätte, denn bereits vorgängig ist es *sharia*-konform verstümmelt worden, also wegen der abstrakten Figürlichkeit und weniger wegen seiner Häßlichkeit.

Kabuls verschwundene Gesichter

Kabul, 17. Juni 1998, nachmittags. — Bernard ist mit der *Beechcraft* des *ICRC* aus Faizabad in Kabul eingetroffen.

Zur notwendigsten Aufnahme unserer Reportage und zur verbotensten von allen ist es gekommen, als er nach dem Mittagessen im Restaurant *Herat* bereits im Taxi sitzt. Unversehens ist die Gestalt in der *burka* aus der Mauernische an das Wagenfenster gehuscht, die rechte Faust den von der angenähten Mütze herabfallenden Stoff unter das Kinn drückend und gleichzeitig das Gesichtsfenster näher an die Augen, welche Bernard, ich weiß es nicht, vielleicht durch das Maschengitter hat sehen können; die Linke angewinkelt und ebenso vom Stoff verhüllt im Gestus des Bettelns.

Nun kann ich vor weiteren solchen Szenen die Augen verschließen. Die Gefahr eines Konflikts mit den Tugendhütern, die Beschlagnahmung der Kameras oder was sonst noch alles vermindert sich um zehn Prozent, denn Aufnahmen zu mindestens zehn Bereichen sind notwendig, um der Reportage zu Afghanistans Kriegswirtschaft ein Gesicht zu geben – auch wenn im schlimmsten Fall keines zu sehen sein wird.

Der Moment erinnert mich an den 13. Dezember 1991 in Rangun.

Es war der Morgen meines ersten Tages in Burma und der Anfang einer heimtückischen Reise, die anscheinend von Khin Nyunt selbst, Chef des Geheimdienstes und Kopf des Militärregimes, gebilligt worden war. Im Uhrzeigersinn und barfuß war ich mit dem Begleiter des Ministeriums für Information des *SLORC*, des *State Law and Order Restoration Council*, und dem abbeorderten Fotografen um die goldene Stupa der Shwedagon-Pagode herumgegangen. Letzterer würde mir am Ende der einmonatigen Reise ein Album übergeben mit Schnappschüssen, die mich, zusammen mit dem jeweiligen fotografierten Gegenstand oder einer Andeutung davon, bei praktisch jeder Aufnahme festhalten. Nur daß unter den fehlenden Augenblicken jener dieses ersten Morgens war, in dem wir, dem vielen Gold, der gleißenden Helle und dem unter den Füßen brennenden Marmor entronnen, von der Plattform unter das Dach des Aufgangs getreten waren. Präzis in diesem Augenblick hatte die Rolltreppe, welche der Asienableger einer finnischen Firma den Militärs nach ihrer Niederschlagung der Demokratiebewegung von 1988 als der Wiederherstellung der Ordnung dienliche und mit buddhistischen Gepflogenheiten durchaus vereinbare Neuerung installiert hat, dem an ihrem oberen Ende mit aufgepflanztem Bajonett postierten Soldaten ein halbes Dutzend braunrot gewandeter, halbwegs hinter Palmblattfächern verborgene Novizen entgegengeführt.

Zwei Monate reiste ich durch Burma, das eingeprägte Bild im Kopf und den Film, der es enthielt, ständig bei mir. Den einzigen Film, der außer Landes zu bringen wäre, sollten alle andern beschlagnahmt werden, falls unterwegs herauskommen sollte, daß Khin Nyunts Vorstellungen und meine Vorhaben im Widerspruch zueinander standen.

Der Aufenthalt im Afghanistan der Taliban wird wesentlich kürzer sein als jener im Land am Irawaddy, und ein gültiges Bild, und wenn es auch nur eines sein müßte, wesentlich schwieriger zu beschaffen. Bajonett und geschorenes Haupt illustrieren die Obszönität im Myanmar der burmesischen Generäle. Die *burka* aber ist im Land der Koranschüler an und für sich kein Skandal, auch wenn es eine Dekade oder etwas mehr gegeben hat, als der Ganzkörperschleier, aus vereinfachender nichtmuslimischer Sicht das Stigma des Regimes oder der Regierung der Taliban, aus den Straßen

Postscriptum:
In der Woche des 17. Septembers 2007 stoßen in der burmesischen Hauptstadt an die zehntausend Mönche zu den Protestierenden, die sich am 19. August aus Frustration über drastisch erhöhte Benzinpreise und allgemeinen ökonomischen Niedergang erstmals seit 1988 wieder auf die Straße gewagt haben. Unfähig, die Mönche am Verlassen der Klöster zu hindern, gibt die Führung der Junta zum Schock der Bevölkerung am 24. September Einheiten der Armee und der Polizei den Befehl, mit Gewalt gegen die Mitglieder der *Sangha*, die höchste moralische Autorität des buddhistischen Landes,

Kabuls verschwunden war, weil im Gegensatz zum Dorf in der Hauptstadt,
die das afghanische Land bekanntlich
nicht regiert, Weltoffenheit und etwas
Modernität sich niedergelassen haben.

vorzugehen. Die genaue Zahl der Todesopfer, mutmaßlich über
hundert, wird nicht zu eruieren sein, da die Junta viele umgehend
kremieren läßt. Bei der Niederschlagung der Demokratie-Bewegung
von 1988 waren schätzungsweise 3000 Menschen umgekommen.

Wenn schon, dann wird der Skandal der Aufnahme eher im Gestus des Bettelns liegen. Aber wiederum auch nicht in diesem an sich, sondern in den Faktoren,
die seine Häufigkeit in Kabuls fast gänzlich autofreien Straßen zu einem Teil erklären – ein Gestus, den die Taliban zu dulden scheinen oder dulden müssen.

Mullah Omars *fatwa* der Verbannung von Frauen aus dem Arbeitsalltag binnen
vierundzwanzig Stunden nach dem Fall Kabuls hat Tausende von Familien, deren
Oberhaupt als Lehrerinnen der seither geschlossenen Mädchenschulen und Colleges, als Ärztinnen oder Beamtinnen in Kabuls Adminstration gewirkt hatten, dem
Hunger ausgesetzt. Wie die meisten Frauen Afghanistans waren diese Werktätigen
Kriegswitwen, und gewiß hatte manche nach dem Verlust des Mannes oder Bruders
auch den eines oder mehrerer Söhne im Lauf jüngerer Gefechte zu verkraften gehabt.

Während sich Marcus also nach einem Wagen umsehen will, der ihn morgen
zurück nach Sorubi bringt, von wo er hofft, durch das Tagab-Tal und den Panjshir
in den Norden zu gelangen, fährt das Taxi Bernard und mich zum Zoo. Die unter
König Amanullah erbaute Shah-Do-Shamshirka-Moschee leuchtet frisch vor dem
Schlitz zwischen dem Koh-e Asmai und dem Koh-e-Scherdarwaza, an dessen zerklüfteten Steilhang sich die von unverdrossen bergan kletternden Lehmhäusern ab-
sorbierten Reste der alten Stadtmauer klammern. Der Zoo hat fast alle seine Tiere
verloren, und es mutet seltsam an, als wir auf ein paar Taliban stoßen, die im Innern
eines Käfigs einem Angestellten beim Ausbessern des Gitters zuschauen. (Vier Jahre
später werden mich Aufnahmen der in Guantánamo vom amerikanischen Militär
festgehaltenen mutmaßlichen oder tatsächlichen *unlawful combattants* der al-Qaida
und der Taliban an diesen Moment erinnern).

Aber nicht der Zoo oder die Instandsetzung seiner Gehege und Käfige, deren
Gitterdächer jemand abtransportiert hat, sind der eigentliche Gegenstand unseres
nachmittäglichen Ausflugs, sondern Afghanistans Nationalmuseum am Ende der
Dar-ul-Arman-Allee. Sämtlich Bäume, die sie einmal besessen haben muß, sind ge-
fällt und zum Heizen verwandt worden, bevor sie in den Gefechten zersplittert sind.
Und so schweift der Blick ungehindert über das Trümmerfeld der beiden Viertel
Karta-e Tschahar und Karta-e She zur Linken, aus denen ein paar größere Gebäude
ragen, darunter das frühere Russische Zentrum, gefolgt, teilweise zur Rechten, von
Überresten des Spitals und der Universität sowie einer Kaserne. Alles formidable
Deckung gewährende Bauten, als hier im Herbst 1996 die Front
verläuft. Entlang dieser in der Katastrophe untergegangenen

Dazu Buch VIII, *Kafire und Rückkehrer*.

mondänen Avenue, auf der in den dreißiger Jahren sogar eine Straßenbahn verkehrte, rinnt im grasbewachsenen Graben eine glitzernde Träne, an der *burkas* kauern, neben frisch gewaschenem Zinngeschirr und ausgebrannten Radpanzern.

Auf dem geschundenen Asphaltband ein paar verlorene Fahrräder unter blauen geblähten Segeln, welche die Radler verschwinden lassen und taubenweiße knöchelhohe Socken oder Hosenbeine mit Spitzensaum preisgeben, manchmal eine Hand, aber niemals einen Arme der aufsitzenden Frauen.

Amanullahs Palast sieht man lang vor dem Nationalmuseum, ebenso schräg dahinter den kleineren der Königin. Beide aus einer doch fremden Welt mit finsterem Eichenwald auf dieses nackte Hochland abgestürzt. Anstelle des sterbenden Siegfried taucht vor der Ruine indessen ein Schäfer auf, der seine kleine Herde durch den verwüsteten Garten treibt, und als einzige Musik vernimmt man aus dem Dachstuhl das Schaben und Schlagen im Wind zerrender Wellblechfetzen.

Der Palast erhebt sich über dem Haus der Geschichte. Aber nicht deshalb hat letzteres alle Kriege besser überstanden, sondern weil aus einer Ruine sich schlecht rauben läßt. Seit April 1992 versucht nämlich jede der sich in diesem Gebiet der Hauptstadt bekriegenden Fraktionen der *Hezb-e Wahadat* und der *Hezb-e Islami*, in den Kampfpausen selbst an die Bestände zu gelangen.

Dem noch Verbliebenen droht nach der Plünderung aus Habgier nun plötzlich religiös motivierter Bildersturm. Diesen nämlich, zumindest die Vernichtung alles Figürlichen, die von Gott untersagten Darstellungen, soll Mullah Omar dem Vernehmen nach in Erwägung ziehen. Es scheint, daß jeder Ersatz zerschossener Türschlösser, jede Erneuerung der Ziegelvermauerung der Fenster die Anziehungskraft nicht nur für Antiquitätendiebe erhöht. Aber vielleicht ist die Verbarrikadierung auch ein Täuschungsmanöver der treuen Angestellten, das den Anschein erwecken

Ahmed Rashid, der pakistanische Korrespondent der *Far Eastern Economic Review*, hat 1995 von Mitgliedern der afghanischen Regierung und Mujaheddin-Kommandanten in Erfahrung gebracht, daß Mitglieder dieser beiden Gruppierungen einen Teil des sogenannten Bagram-Schatzes, ungefähr einhundert der delikaten Elfenbeinschnitzereien mit Darstellungen nackter Kurtisanen, ihrem usbekischen Verbündeten, General Rashid Dostum, übergeben hätten. Von Mazar-e Sharif seien die Objekte nach Peshawar und von dort nach Islamabad und Europa gelangt. Zwölf Stücke habe ein Händler in London erstanden, der sie wiederum für 600 000 Dollar an einen japanischen Sammler veräußerte. (*FEER*, 21. September 1995)

Postscriptum:
Im Dezember 2003 berichtet der *Economist* in einem Artikel über den verlorenen Bagram-Schatz, die Taliban, die im Mai 2001 nach der mutmaßlich durch Mitglieder der al-Qaida focierten Sprengung der Buddha-Kolosse von Bamiyan das Museum nach zu zerstörenden Objekten durchsuchten, hätten die Wächter beinahe keine Objekte mehr zeigen können. (*The Economist*, 20. Dezember 2003)

soll, das Museum beherberge noch immer seine Schätze, während das Gefährdete längst weggeschafft ist an weniger exponierte oder gesichertere Plätze.

Die vom Chaos der langen Kriege profitierenden Antiquitätenhändler, in Peshawar residierende Afghanen und Pakistani mit Expertise, müssen die auf dem Basar von Peshawar nach mehr als zwei Jahrzehnten immer noch erhältlichen

Museumsführer, etwa den von Nancy Hatch-Dupree, der großen alten Dame der afghanischen Archäologie, benutzt haben wie Bestellkataloge eines Versandhauses. Den Rest, bloße Handlangerarbeit, übernehmen Krieger im Dienst der genannten oder anderer Verbände, jedenfalls solche ohne regelmäßigen Sold, ganz nach dem Vorbild ihrer Vorgänger, denen Dschingis Khan, Timur, Babur und alle andern Feldherren erlauben, die Entbehrungen langer Feldzüge nach der Einnahme einer Stadt zu kompensieren. Was indessen die Transitrouten der Raubkunst betrifft, egal ob sie in Genf, Jiddha, Kuwait, London oder Tokyo ihren Endpunkt haben, ist vorauszusetzen, daß diese bekannter sind als die effektiven Routen, auf denen bestimmte kulturelle Gegenstände – vor allem die Münze, die sich in jedem Turban verstecken und heute am leichtesten in Geld verwandeln läßt – ursprünglich in den Hindu Kush gekommen ist.

Zum Beispiel aus Griechenland um 380 v. u. Z., also ein halbes Jahrhundert vor Alexander dem Großen, die groben gestanzten Münzen des 1930 beim Aushub des künstlichen Sees auf dem Kabuler Ausstellungsgelände entdeckten Chaman-e-Houzouri-Horts, zuerst als lokale Herstellungen aufgefaßt, dann als exportierte Gewichte des griechischen Geld- und Währungssystem und dann, wie Hatch-Dupree 1974 schreibt, als Beweis betrachtet für die hellenistischer Zeit vorausgehende Verbreitung des griechischen Münzwesen im Rahmen der achämenidischen Administration über den persischen Raum und Kabul hinaus bis zum Indus.

Bis zum Vorabend der sowjetischen Invasion begegnet dem Musuemsbesucher in der linken Hälfte von Vitrine Nummer I zwischen diesen frühen, mit geometrischen Mustern, Blumen und Palmetten sowie ab und zu einem doppelten Stierkopf in persischer Manier versehenen Rohlingen als erstes Gesicht auf dem Münzbild die Göttin Athene. Komplett mit Lorbeerkranz ist sie in der antiken Landschaft Drangiana angekommen, dem von Kandahar über Ghazni nach Kabul hinaufführenden Korridor, und zwar auf der *Tetradrachme*, auch bekannt als 'lavriotische Eule', denn die Rückseite dieser aus dem unweit von Kap Sounion an Attikas äußerstem Saum dem Erz aus Lavrions Minen abgewonnenem Silber geprägten großen Münze zeigt den Steinkauz, der Göttin zugeordneter kluger Vogel, der den Felsen der Akropolis in solcher Zahl bevölkert, daß es sich, wie jeder weiß, erübrigt, »Eulen nach Athen zu tragen«. Die Ausgabeorte von Athenas *Tetradrachmen*, im Verband mit den *Statern* und *Drachmen* des Horts, repräsentieren die ganze Geographie der Stadtstaaten an der Ägäis und darüber hinaus – von Korfu über Ägina, Salamis und Milos nach Akante und Thasos in Mysien hinauf, von Knidos in Karien, Aspendos und Sidon in Lykien-Pamphilien über Tarsus, Mallus und andere Städte in Kilikien zu dem auf Zypern gelegenen Citium und Paphos hinunter.

In Vitrine 2, rechts vom Eingang zum Raum der Münzen, auf der Vorderseite der gräkobaktrischen doppelten Tetradrachmen erscheint König Amyta, nicht als

Kopf, sondern als geschmückte Büste. Der Herrscher hat um 120 v. u. Z. die Riesenstücke wahrscheinlich aus Anlaß eines bedeutenden militärischen Siegs als Gedenkmünze herausgeben lassen und auf die Rückseite keinen geringeren als Zeus geholt. Auf anderen Stücken dieses mehr als sechshundert Münzen umfassenden und 1946 beim Barackenbau nahe der sowjetischen Grenze gefundenen Konduz-Horts, den ein vor nomadischen Invasoren fliehender baktrischer Anführer oder Kaufmann in einer Vase vergraben hat, stützen die jeweiligen Herrscher Athena, Herakles und die Glücksgöttin Tyche sowie Mithras, gekleidet in persischer Gewandung, die aus am Knöchel zusammengeklammerter Hose und iranischem Mantel besteht.

Sich vom Konduz-Hort zu Vitrine 3 umdrehend, steht der imaginäre oder damalige Besucher vor dem Mir Zakah-Hort, und er fragt sich, vor einer Auswahl der 5500 indischen (4.–3. Jh. v. u. Z.), 2500 indogriechischen (2.–I. Jh. v. u. Z.), 3500 indoskythischen sowie aus den ersten Jahrhunderten nach der Zeitwende stammenden indoparthischen und Kushan-Münzen stehend, mit Hatch-Dupree, ob es sich bei diesem Fund von 1947 wirklich nicht eher als um einen Hort um den Bodensatz eines bis ins dritte Jahrhundert hinein benutzen Wunschbrunnens handelt. Jedenfalls sollen die Frauen des Dorfes, erfährt der Leser des Museumsführers, es leid gewesen sein, immer Geld in den Kübeln zu finden, wo sie doch nur Wasser wollten.

In derselben dritten Vitrine, rechts der Münzen von Mir Zakah, liegen die Standardmünzen der Kushan, römischen Prototypen nachempfundene goldene *Dinare*. Die Kushan, das Reich gegen Ende des 2. Jahrhunderts v. u. Z. aus Zentralasien eingewanderter und seßhaft gewordener Nomaden, das in den ersten drei Jahrhunderten nach der Zeitwende zwischen Fergana und Nordindien die ostwestlichen wie nordsüdlichen Verkehrswege sowie die Zentren Balkh, das unweit Kabul gelegene Bagram und das unweit Peshawar am Indus gelegene Taxila kontrolliert, führt unter König Vima Kadphisa diese Münze im Rahmen eines einheitlichen Währungssystems ein. Dieses bleibt während der gesamten Dynastie der Kushan nahezu unverändert bestehen, bis auf den herausragendsten Herrscher der Dynastie, <u>Kanishka I.</u>

Dazu Buch IV, *Auf Kanishkas Akropolis.* (gemäß neustem Forschungsstand 105–146), der es nicht lassen kann, auf seinen Kupferprägungen einen eklektischen Pantheon griechischer, persischer, zentralasiatischer und indischer Göttergestalten zu versammeln. In offensichtlicher Unterscheidung zu Königen im Münzbild in der gleichen Vitrine liegender kushanosasanidischer Münzen, welche ab 60 n. u. Z. eine standardisierte Darstellung kennen, und zwar die schon für Münzen gräkobaktrischer Zeit übliche persische Gewandung sowie den Opfergestus vor dem Feueraltar Zarathustras, während Shiva und sein Stier das rückseitige Bild besetzen.

Aus Vitrine 4, der letzten im Raum der Münzen, blicken auf den sasanidischen Münzen den Besucher jene Könige an, während deren Herrschaft über Balkh, Merv und Herat chinesische Seide nach Afghanistan kommt, ein Handel, der auch dann noch andauert, als die Xiongnu, die mutmaßlichen Hunnen, den Norden der Region beherrschen. Die Vorderseite ihrer Münzen, deren Grundnominal der sasanidische *Dinar* ist und die sich hinsichtlich des Gewichts möglicherweise an zeitgleichen römischen orientieren, beanspruchen selbstverständlich die Herrscher. Jeder identifiziert sich nach einer speziell für ihn entworfenen Kopfbedeckung oder Krone, und um jede Verwechslung auszuschließen, steht neben den Abbildern in Mittelpersisch der jeweilige Name und Titel. Solcher Platzanspruch und Auftritt führt dazu, daß Zarathustra nunmehr das Opfer auf der Rückseite der Münze entgegennehmen muß.

Lediglich sieben handgroße Seiten in Hatch-Duprees geplündertem Führer zum afghanischen Nationalmuseum füllt die einzigartige Chronologie des Verschwundenen, bezeugt durch 40 000 Münzen. Im schlimmsten Fall verloren, weil eingeschmolzen im Lauf des Geschäfts, das nebst jenem mit Heroin im Rahmen der Möglichkeiten der afghanischen Kriegswirtschaft das lohnendste ist. In jedem Fall aber verschwundene Gesichter der Geschichte.

Wie unter der *burka* die Hälfte der Gesichter Kabuls.

Afghan Transit Trade Agreement

Kabul, 18. Juni 1998. — Am Morgen unter der Tür eine Notiz:

»Daniel. Liegt im Guesthouse in Pesh keine message von mir, so habe ich den Weg nach Mazar eingeschlagen.«

Das ist kein Spaziergang, zumal im Norden sich Usbeken und Hazaras um Gelände und Mazar streiten, von wo das *ICRC* sein ausländisches Personal abgezogen hat.

Gestern hat Marcus auf dem *Passport Deportation Department* das Exit-Visa der Taliban neben das Entry-Visum Rabbanis gestempelt erhalten. Letzteres, dessen Ausgabe bloßer Reflex ist auf einer Handvoll afghanischer Botschaften, dürfte bald jegliche Legitimation verloren haben. Mit Unterstützung ausländischer fundamentalistischer *Jihadisten* drängen die Verbände der Koranschüler nämlich unaufhaltsam nordwärts, und es kann nur eine Frage der Zeit sein, bis sie die Masud und den anderen Anführern der Mujaheddin verbliebenen marginalen Gebiete überrennen. Die Visa-Groteske hat Marcus nicht aus der Fassung gebracht, sondern erheitert. Er käme sich vor wie Krikaljow, der russische Kosmonaut, der nach seinem Aufenthalt in der *MIR* nicht mehr im sowjetischen Imperium landet, sondern in der zwischenzeitlich entstandenen Republik Kasachstan.

Der Antrittsbesuch bei Mohammed Daud Shah Niazi, dem stellvertretenden Direktor der Protokoll-Abteilung des Ministeriums für Auswärtige Angelegenheiten, ist zwanglos, und der vom Weißbart herbeigerufene schmale Bürodiener hat die *Tentative ID Cards* für Bernard und mich umgehend ausgestellt. Versehen sind die wasabigrünen Faltkarten mit dem Stempel des *Islamic Stat of Afghanistan*. Das *'e'* in *State* muß in der Eile nach der Eroberung Kabuls und der Inbeschlagnahme der staatlichen Einrichtungen untergegangen sein. Aber schlimm ist das nicht, denn wenig später haben die Taliban aus dem Staat ein islamisches Emirat gemacht.

Weiter oben an der Shah Mahmood Ghazi Watt liegt hinter Sandsäcken und einem mit Stacheldrahtrollen gekrönten hohen weißen Eisentor das Office der *UN*.

Die hellblaue Flagge weht in Kabul nicht über einem ambitiösen Programm, und anstelle eingängiger Akronyme wie *UNTAC*, *UNPROFOR* oder *UNMOT* steht auf der Visitenkarte von Jolyon Leslie *Office for the Coordinator of Humanitarian and Development Activities to Afghanistan*. Das klingt nicht nach Karriere, sondern nach Arbeit. Der bleiche Südafrikaner ist Architekt und sein Spezialgebiet sind lokale Bauweisen. Diese Kompetenz dürfte ihm auch im Umgang mit den Taliban zugute kommen, ob er nun mit deren Führung, etwa mit dem *Office of Planning*, direkt zu tun hat oder nicht. Aber das geht aus seinem Gespräch mit Bernard nicht hervor, denn Leslie ist bei seiner Einschätzung der wirtschaftlichen Situation des Landes nicht auf das Bauen, sondern umgehend auf das Transportwesen gekommen.

Dieses sei das Band, das Afghanistan tatsächlich zusammenhalte, egal wie viele Risse gleichzeitig seine politische Einheit bedrohten, wenn so etwas in Afghanistan überhaupt bestehen könne. Im klassischen Transitland habe der Verkehr immer eine herausragende Rolle gespielt, und das Transportwesen sei bis heute der entscheidende Wirtschaftsfaktor geblieben. Bessere Transporteure als die Afghanen gäbe es nicht auf der Welt. Schlaglöcher, Flußbett-Routen, Minen – nichts halte sie davon ab, Mehl, Holz, Medikamente in die entlegensten Dörfer zu bringen, oder so weit wie es eben gehe. Mit Blick auf Pakistan könne jeder sehen, daß die Afghanen aus diesem Talent etwas gemacht hätten, auch die vor der sowjetischen Okkupation geflohenen, kontrollierten diese doch nunmehr den gesamten Straßenverkehr zwischen der Hafenstadt Karachi und Peshawar. Gewiß sei dabei das *Afghan Transit Trade Agreement* hilfreich gewesen. Diese von den Taliban am 8. Oktober letzten Jahres aufgekündigte Vereinbarung ausnützend, habe sich auch die Mafia vermögender Transporteure aufgeschwungen, welche die Taliban in Dienst genommen hätten, die nach Zentralasien und in den Iran führenden Fernstraßen von den wegelagernden Mujaheddin-Milizen zu säubern und somit wiederum entscheidenden Anteil an den Eroberungen der Taliban hätten.

Die ihrerseits immer mehr Bauern dazu bringen würden, Mohn statt Weizen anzubauen?

Diese Ausrichtung, so beantwortet Leslie Bernhards Einwurf, habe auch ökonomische Gründe. Im Lauf des andauernden Krieges seien gegen 25 Prozent aller

Bewässerungssysteme zerstört oder durch mangelnden Unterhalt nicht mehr benutzbar geworden, und die großflächige Verminung habe bebaubares Land um ein Drittel reduziert. Dazugekommen sei dann noch der hohe Preis für geschmuggelten Dünger. Zusammen habe alles dazu geführt, daß von potentiell 15 Millionen Hektar Land nur drei kultiviert würden, zumeist eben mit Mohn, der pro Hektar im Jahresdurchschnitt 48 kg Opium einbringe. Gemäß einer Erhebung der *UN* für das Vorjahr, 1997, habe ein Bauer in Badakhshan für ein Kilogramm Opium 129 kg Weizen kaufen können, in der Pakistan gegenüberliegenden Provinz Nangarhar sogar 233 kg. Mohnanbau sei also um ein Vielfaches lukrativer. Vor allem in den Grenzregionen, weil da das Transportwesen direkt hineinspiele. Denn dieses sei natürlich dort am effizientesten, wo Aussicht auf die höchsten Gewinne bestehe.

Als wir das Haus der *UN* verlassen, ist klar geworden, daß nebst den im Transitland üblichen Straßenzöllen und politischen Spenden Sympathisierender die Kommissionen aus dem Drogenhandel das einzige Einkommen der Staatskasse im Islamischen Emirat der Taliban darstellen – etwa 300 Millionen Dollar im Jahr nach einer Schätzung der *UN*. Abgaben, welche die Bauern früher an lokale Kommandanten ausrichteten, die sich wiederum die Loyalität ihrer Verbände mit Naturalien und Barzahlungen erkaufen müssen, versuchen die Taliban nun vermehrt im Sinn einer zentralen Besteuerung durchzusetzen, welche den Krieg mittrage, das heißt die Befriedung des Landes mittels militärischer Eliminierung der sich streitenden und, wenn Zusammengehen nützlicher erscheint als die Verfolgung ethnischer Partikularinteressen, verbündenden Truppen Dostums, Hekmatyars, Masuds und der Hazaras. Diese Priorität läßt den Taliban weder Mittel für den dringend notwendigen Wiederaufbau von Wohnraum und der Trinkwasserversorgung noch für Sozialausgaben zum Betrieb der Spitäler, der allein Knaben vorbehaltenen Schulen sowie zur Unterstützung der Kriegsversehrten und Kriegswitwen. Zur Bewältigung dieser der Verantwortlichkeit internationaler Hilfswerke überlassenen Verpflichtungen hat die *UN* für dieses Jahr einen Spendenappell in der Höhe von 157 Millionen Dollar erlassen. Das ist ungefähr derselbe Betrag wie die an Afghanistan ausgereichten Leistungen der Welternährungsorganisation *WFP*, während das diesjährige Budget des *ICRC*, selbstverständlich ohne Berücksichtigung der durch die Erdbeben vom 4. Februar und vom 30. Mai entstandenen Versorgungsaufwände, knapp die Hälfte davon, nämlich 72 Millionen, beträgt.

Seit der Krise im Sudan weiß die internationale Gemeinde, daß eine traurige Abhängigkeit zwischen der Dauer lokaler Konflikte und der Dauer der Hilfsleistungen für die Betroffenen besteht, daß erstere sich nämlich verlängern, je länger humanitär eingegriffen wird, da die verschiedensten Seiten auf vielfältige Weise an den Naturalienspenden und Zahlungen profitieren. Dieser Albtraum scheint sich auch für Afghanistan zu bewahrheiten, wobei nebst der Opiumgewinnung, deren tiefere

Ursache – wie zumeist vergessen wird – auch an ungelösten sozialen Problemen der Abnehmerländer festzumachen sind, ein mit dem euphemistischen Begriff *donor fatigue*, Spendermüdigkeit, bezeichnetes Desinteresse des Publikums hinzukommt.

Nach dieser Vergegenwärtigung unheilvoll ineinander verzahnter Fragen erhoffen wir uns vom Gold- und Geldbasar den einen oder anderen Hinweis über die gesamtwirtschaftlichen Zusammenhänge Afghanistans. Aber bevor wir diesen Platz erreichen, fällt an einer Fassade gegenüber dem grauen, gänzlich unorientalischen und antennenbesetzten Ungetüm des *Ministry of Communication*, das jetzt nur noch daran erinnert, was während der Okkupation alles unternommen worden ist, um das Land mit der Moskauer Zentrale gleichzuschalten und den Angehörigen der Stammesgesellschaft das Ideal des sozialistischen Industriearbeiters näherzubringen, völlig überraschend das Schild auf mit der Aufschrift *Afghan Chamber of Commerce* auf. Es kommt ganz ohne bildliche Darstellung aus, im Gegensatz zu jenen der Autoreparaturwerkstätten, zumeist durch eine Batterie oder Zündkerze und den Namenszug *BOSCH* kenntlich gemacht, oder jenen diverser Kraftstudios – alles scheinbar im selben Betonblock untergebracht.

Die seltsame Nachbarschaft der Handelskammer zu den dunkelbraunen Muskelprotzen macht ebenso neugierig wie sich die Frage aufdrängt, ob die Taliban, welche deren Darstellungen als einzig Nacktes in der Öffentlichkeit zu dulden scheinen, selbst hin und wieder Gewichte stoßen. Wobei zumindest die Religionspolizisten, die Beförderer der Tugend und Verhinderer des Lasters, keine hochgradige Fitness brauchen dürften bei der Durchführung ihrer hockend auf den *Toyotas* verbrachten Patrouillen, von denen mich nun am oberen Ende der Shah Mahmood Ghazi Watt eine überrascht hat.

Wie ein Kindergärtner, der vor dem Überqueren der Straße brav zuerst nach links und dann nach rechts und dann noch einmal nach links schaut, übe ich mich seit zwei Tagen im anstrengenden Sport, zu fotografieren – Menschen selbstverständlich –, ohne dabei ertappt zu werden. Doch vorhin muß es einen toten Winkel gegeben haben, was beim Fotografieren aus dem Auto mit der dafür ohnehin nicht geeigneten *Hasselblad* nur allzu leicht geschieht. Kaum ist die Aufnahme des Kriegsversehrten gemacht, der sich an seinen Krücken an der Kanzel des Verkehrspolizisten vorbeigeschwungen hat – ich weiß nicht, ob an jener, von der die verstümmelte Leiche Najibullahs gehangen hat –, ist zuerst ein Motorrad und dann einer der *Toyotas* mit Skiträgern auf dem Kabinendach vor unser Taxi gefahren. Ein dichter Kreis schwarzer Turbane hat sich gebildet, und es hat ein paar lange Minuten gedauert, bis die Gewehrläufe gesenkt sind und der Zorn aus den Augen der Tugendwächter gewichen ist. Die Religionspolizisten haben den eifrigen Beteuerungen Rafiullahs geglaubt, dem uns von Mohammed Daud Shah Niazi als Begleiter zugewiesenen Studenten, meine Kamera habe die Moschee erfaßt und nichts als die Moschee und darüber ein Stück des Himmels. Jawohl, habe ich auf Rafiullahs Blick hin rückversichert, ein Stück des Himmels, der nicht nur wolkenlos, sondern auch gänzlich frei von Vögeln gewesen sei, und habe daraufhin meine wasabigrüne Karte wieder entgegennehmen dürfen.

Diese Sorte der Taliban sei die dümmste, ärgert sich Rafiullah; aber auch die brutalste, fügt er an und schüttelt angewidert den Kopf.

Jolyon Leslie würde dieser Ausdruck des Widerwillens recht kommen, denn die Akzeptanz der Afghanen einer Existenz unter den Taliban, hat er vorhin zu bedenken gegeben, könne nämlich durchaus ein Nebeneffekt sein, wenn sich die Bedingungen des Alltags durch Instandstellung der Infrastruktur verbesserten. Nicht etwa weil Mullah Omars *Shura*, das 'Parlament' der Taliban, etwas dazu beitrage, sondern gerade weil sie diese Aufgabe den supranationalen Organisationen und Hilfswerken überlasse. Damit liefe die Strategie der *UN*, von den »*plastic-sheet sort of things*«, also von der Nothilfe abrückend, sich nachhaltigeren Projekten zuzuwenden, in Gefahr, die Taliban politisch sattelfester zu machen, während sich diese umgekehrt einträglichen <u>Geschäften</u> zuwendeten und der Korruption verfielen.

Dazu Buch V, »*New Great Game I*«.

Das *Tête-à-tête* mit der Sittenpolizei ist nach einem ersten weniger ernsthaften Kontakt gestern auf der Rückfahrt vom Königspalast das zweite gewesen. Einen dritten Zwischenfall wollen wir nicht provozieren. Deshalb beschließen Bernard und ich, erst einmal von der Straße zu verschwinden und der *Afghan Chamber of Commerce* einen Besuch abzustatten.

Die düsteren Betontreppen führen nicht an Krafträumen mit Spiegelwänden vorbei, sondern über diverse Zwischenetagen, wo sich *basaris* und Kunden drängen, vor die Eisentür der Handelskammer, die sich als eher kleines Büro erweist. Die *AK-47*, deren Lauf hinter dem Tisch des Vorsitzenden erscheint, verhindert falsche Schlüsse. Bescheidene Repräsentation schließt bedeutende Umsätze nicht aus. Ganz abgesehen davon, daß in Kabul das Gewehr durchaus ein bestimmender Faktor der Einrichtung ist, die in sogenannt fortgeschritteneren Ökonomien gemeinhin als *Corporate Identity* bezeichnet wird. Leer ist das Pult unseres Gastgebers aber trotz Bewaffnung nicht, und folglich gäbe es durchaus Anlaß, über das Wirtschaften zu sprechen. Nach einer Minute ist aber klar, daß es ohne Rafiullah, den wir als Pfand beim mißtrauischen Taxifahrer zurückgelassen haben, zu keinem Gespräch wird kommen können, und so schickt der Vorsitzende nach einem Übersetzer und im gleichen Zug auch nach Tee und Biskuits.

Zum Schluß der Unterredung macht der Vorsitzende, im Hauptberuf Kommandant, den Vorschlag, ihn anderntags auf seinem Gehöft in Landa Khel am oberen Ende des Tagab-Tals zu besuchen, eine Fußstunde von der gegenwärtigen Front. Um Problemen vorzubeugen, sollen wir beim Presseamt des Ministeriums für Information eine Empfehlung zu Händen des Oberkommandierenden der im Tal operierenden Verbände beschaffen. Bernard reicht er zudem einen Zettel. Den sollen wir bei der Ankunft auf dem Basar von Landa Khel irgend jemandem geben; man würde uns dann holen.

Verständlich ist nun geworden, warum für das Aushängeschild der Organisation im Gegensatz zu anderen an der Fassade ein Schriftzug genügt. Jede Abbildung eines Gegenstandes wäre Etikettenschwindel, der Lastwagen hingegen, allein zutreffend, Redundanz. Und da jeder weiß, daß der Krieg den Handel nicht zum Erliegen bringt und nach dem Beruf des Kämpfers der des Lastwagenfahrers am einträglichsten ist, erübrigte sich zur Illustration der Geschäftstätigkeit der Handelskammer auch eine Karte Afghanistans mit dem Netz der Schmuggelrouten.

Wir haben es also mit einer Schattenökonomie zu tun. Das wollen wir bei einer weiteren Kanne Tee, einer hellblauen aus Blech sowjetischer Fabrikation oder einer chinesischen aus Email, am Goldmarkt noch einmal durchgehen, mit Blick vom Balkon eines *chaikhana* auf Murad Khane, das gegen Ende des 18. Jahrhundert entstandene, mit *sarays* ausgestattete Viertel am Nordufer des Kabul-Flusses und die gegenüberliegende Altstadt, in deren Lehmgewirr und Mogulgärten sich Baburs Grabmoschee verbirgt, während das 1817 errichtete Mausoleum Timur Shah Durranis sich dahinter erhebt, zur Maiwand hin, auf der man zum Ghazi-Stadium gehen könnte, die vorrangige Stätte öffentlicher Strafamputationen und Exekutionen der Taliban, am Fuß des Maranjan gelegen, wo auch der Chaman-e-Houzouri-Münzhort gefunden wurde und hinter dem viel weiteres Gebirge ist und schließlich, in über 1000 Kilometer Entfernung, Karachi – Pakistans maritimes Tor zur Welt. Aber eben auch jenes Afghanistans, und zwar aufgrund einer aus den 1950er Jahren

United Nations Convention on the Law of Sea, Teil X, *Right of access of land-locked states to and from the sea and freedom of transit*, Artikel 125, Ziffer 1. und Artikel 127, Ziffer 1.

stammenden <u>UN</u>-Konvention, die dem Binnenland nicht nur das Zugangsrecht zu und vom Meer sowie die Durchgangsfreiheit durch die benachbarten Transitländer mit jedwelchen Mitteln garantiert, sondern seinen Transitverkehr dort auch von Zollgebühren, Taxen oder anderen Abgaben ausnimmt.

Soweit zumindest die Theorie. Die afghanische Wirklichkeit bestimmte den aus Karachi importierten ausländischen Waren andere Wege.

Im Lauf der Jahre kommen also die theoretisch für Afghanistan bestimmten Waren auf versiegelten Lastwagen via Torkham nach Jalalabad sowie via Chaman nach Spin Baldok. Von da kehren sie in wachsender Quantität unter der Bezeichnung 'Umkehrwaren' als Schmuggelgüter durch die Stammesgebiete wieder nach Pakistan zurück. Handelsplätze dieser Waren sind in der Nachbarschaft der grenznahen Städte Quetta und Peshawar entstandene Schmugglermärkte. Diese, sogenannte *bara*, versorgen in den 1980er Jahren nicht nur die zu Hunderttausenden gestrandeten afghanischen Flüchtlinge, ihre Umsätze finanzieren auch den Widerstand der Mujaheddin gegen die Rote Armee.

Anderthalb Jahrzehnte zuvor, am 2. März 1965, beschließen Afghanistan und Pakistan das von Leslie erwähnte *Afghan Transit Trade Agreement (ATTA)*. Der Vertrag im Zeichen nachbarlicher Entspannung soll die bereits 1955 von Chruschtschow angesteuerte Abhängigkeit Kabuls von Moskau, dessen mächtigstem und wichtigstem Handelspartner, durchbrechen. Seit Pakistan 1961 die Grenze zu Afghanistan geschlossen und Afghanistan darauf seine diplomatischen und Handelsbeziehungen zu Pakistan abgebrochen hat, kann Afghanistan kaum anders, als sich mit Moskau zu arrangieren.

Nach dem Abzug der Roten Armee aus dem Hindu Kush im Jahr 1988 wird für Pakistan das afghanische Transitabkommen und die damit verbundene Erleichterung des Warenverkehrs in den von den Briten unverändert übernommenen Stammesgebieten unter Bundesverwaltung *(Federally Administered Tribal Areas, FATA)* – zusammen mit der Nordwest-Grenzprovinz *(NWFP)* von den Afghanen Ost-Afghanistan oder Pashtunistan genannt – aber plötzlich zum Bumerang. Die Fraktionen der Mujaheddin, die sich in Ermangelung eines gemeinsamen äußeren Feindes spätestens ab 1992 dem Krieg untereinander verschreiben, brauchen Einkünfte, diesen zu führen, und auch militärischen Nachschub. In der Natur der Sache liegt es deshalb, die für Afghanistans Importe unter der *UN*-Konvention und dem Transitabkommen zugestandenen Rechte kontroll- und abgabenfreier Passage sowohl als Einnahmequelle zu benutzen als auch für unbehinderte Waffenlieferungen – und in umgekehrter Richtung für afghanische Exporte, das heißt nebst seltenen Gewürzen, Lapislazuli und den letzten Hölzern am Hindu Kush vor allem Drogen. Diese Exporte übernehmen dieselben Händler und Transporteure, die Klimaanlagen aus Fernost offiziell nach Afghanistan importieren, ungeachtet des Umstands, daß das Kabul versorgende Wasserkraftwerk von Sorubi aufgrund defekter Turbinen mit lediglich zehn Prozent seiner Leistung arbeitet und außerhalb der Städte Elektrizität sowieso unbekannt ist. Aber nicht nur Klimaanlagen, von denen Pakistan offiziell in der zweiten Jahreshälfte 1994 im Wert von 22 Millionen *Rupia* einführt, das stromlose Afghanistan hingegen über den Hafen von Karachi solche im Wert von 733 Millionen *Rupia*, sondern auch Fruchtmixer, Kühlschränke und Faxgeräte sowie Fernsehapparate. Bis die pakistanische Regierung angesichts der ihrem Haushalt entgehenden Zolleinkünfte – im Finanzjahr 1994/1995 schätzungsweise 360 Mio. Dollar, im darauffolgenden schätzungsweise das Dreifache – und der Unterminierung einheimischer Produktion durch billigere, aus Afghanistan zurückgeschmuggelte Waren reagiert, und das Transitabkommen mittels einer Ne-

Für das Jahr 1997 wird die Weltbank den zwischen Pakistan und Afghanistan nicht ordnungsgemäß versteuerten Warenwert auf 2,5 Milliarden Dollar beziffern.

gativ-Liste einschränkt. Rabbani, der vor den Taliban geflohene Präsident Afghanistans, sieht in Pakistans Bann für mehr als ein Dutzend durch pakistanisches Gebiet gehende afghanische Importgüter sowie auch in der im April als Anreiz zur Verzollung (zugunsten des pakistanischen Fiskus) beschlossenen Reduktion der Tarife für mehr als zwei Dutzend zusätzliche afghanische Importe den pakistanischen Versuch, die Wirtschaft seines Landes zu zerstören. Diese Bezichtigung bedenkt eher eigene Machtinteressen als die Not der fünfzehn Millionen Afghanen, die fast ausschließlich auf pakistanische Lebensmittellieferungen – Zucker, Weizen und Speiseöl – angewiesen sind, welche am Hindu Kush zu höheren Preisen abgesetzt werden können als in Lahore, Rawalpindi oder Islamabad, wo umgekehrt auf den Basaren aufgrund des Schmuggels nach Afghanistan die Knappheit wettzumachen ist durch größere Importe, allein 1995 durch den von drei Mio. Tonnen Weizen.

Die im gleichen Jahr mit einer mehr als zwanzigprozentigen Inflation kämpfende Regierung von Benazir Bhutto weiß indessen, daß eine Unterbrechung des afghanischen Transitschmuggels kontraproduktiv sein muß, stellt er doch die Lebensgrundlage der ökonomisch schwachen westlichen Stammesgebiete dar.

Die Taliban, zu rechtem Glauben und dem Heiligem Krieg ausgebildet in Medresen, die Spenden empfangen von den in der Schattenwirtschaft prosperierenden Transporteuren, haben zum Vorteil jener die Panzerketten der weglagernden Kommandanten Ismail Khans und Dostums von den Straßen gezogen und erheben nun von ihren früheren Patrons, ganz im Sinn des Korans, ihrerseits Abgaben für die Passage der Lastwagen via Herat nach Turkmenistan und via Mazar-e Sharif nach Usbekistan. Aber auch auf Transporte mit japanischer Elektronik und pakistanischem Reis via Kandahar nach Zabul und Zahedan, sowie auf dem Rückweg von dort auf solche mit iranischem Treibstoff, dem in Afghanistan von allen kriegsführenden Parteien am dringendsten benötigten Import.

Damit ist beim Versuch, die Geographie des afghanischen Transitschmuggels vorzustellen, jene Ecke Afghanistans in den Blickpunkt geraten, die so ziemlich am weitesten von Kabul entfernt ist aber eigentlich auch viel direkter als über die bewirtschafteten afghanischen Routen von Karachi aus erreichbar wäre, nämlich das Dreiländereck zu Pakistan und dem Iran – also Belutschistan.

Dort, aber gewiß nicht ausschließlich dort, gerät das Geschäft der Schmuggler über das *Hawala*-System und die Mechanismen der Geldwäscherei in Berührung mit terroristischen Machenschaften. Denn im Beziehungsgewebe belutschistanischer

Dazu in diesem Buch die Postscriptum-Marginalie des Abschnitts *Im Heiligen Schrein.*

Unternehmer taucht das Gesicht auf von Ramzi Ahmed Yousef, dem radikalen, für den Sprengstoffanschlag auf das *World Trade Center* in New York am 26. Februar 1993 verurteilten Islamisten.

In der Nacht, nach zehn, beim Blick aus dem Fenster der kriegsverschonten Seite des *Intercontinental*, erhebt sich über dem stockdunklen, unter Ausgangssperre liegenden Kabul das dunkle Dröhnen einer Transportmaschine. Wenn das die Luftbrücke der Taliban nach Konduz ist, wüßte ich nur allzu gern, was außer militärischem Nachschub sich sonst noch in den *Antonow* befindet.

Tonbandbärte an der Front

Tagab-Tal, 19. Juni 1998. — Der Krieg ist nie gut. Aber manchmal ist die Last, die er aufbürdet, weniger schlimm.

So wie jetzt unter den Taliban, die Hekmatyars Verbände aus Tal und Region verdrängt haben. Diese haben für einen Lastwagen mit Zwiebeln 3 Millionen *Afghani* erhoben, beim jetzigen Kurs des Masud-*Afghani* ungefähr 120 Dollar, bei dem Dostums ungefähr 60. Aber das Verhältnis der Straßentaxe zum Wert der gesamten Ladung, und im Fall von Anwars Lastwagen mit Zwiebeln ist es damals immerhin ein Viertel gewesen, sagt mehr aus, als temporär gültige Wechselkurse, die mit dem Verlauf des Krieges oft und zumeist abrupt ausschlagen oder fallen.

Aber nun ist Hekmatyar weg, und über den Sattel oben am Ende des Tal verläuft die Front zwischen den sich zurückziehenden tadschikischen Verbänden Masuds und den vom Sorubi-Stausee her vorgerückten Taliban. Den Erlös der zwei Dollar, die Anwar der Verkauf einiger Melonen auf dem Basar in Kabul eingebracht und wovon er bereits Gebühren an Eintreiber von Gewerbesteuern und allerlei uniformierte Wegelagerer bezahlt hat, will er durch Abgaben an die neuen Kommandanten im Tal nicht auch noch weiter verringern, und dieser Gefahr weicht er aus, indem er zu Fuß nach Hause geht. Der andere Grund, nicht den Minibus zu nehmen, der sich von Sorubi auf einer Schotterpiste und zuletzt auf einer schräg im Gefälle des kargen Grashangs haftenden Fahrspur nach Landa Khel, dem letzten Basarflecken, hinaufarbeiten muß, ist natürlich, daß der Fahrpreis so ziemlich genau den Erlös verschlänge. Damit ist alles gesagt über den Profit einer Minderheit und die Not einer Mehrheit in Zeiten des Kriegs.

Wir haben Anwar mitgenommen, den einzigen Fußgänger auf der Strecke hinter dem Stausee, wo wir dank dem ausführlichen, in Dari abgefaßten Schreiben von Mohammed Daud Shah Niazi rasch an der kilometerlangen Schlange von Lastwagen und Taxis vorbeigekommen sind, sowie an den großen und kleinen Bussen, die in den siebziger Jahren in Hamburg, im Taunus oder Schwarzwald zugelassen worden sind und auf deren Karosserien sorgfältig aufgefrischte Reisebüronamen mitsamt dazugehörenden vierstelligen Telefonnummern prangen. Egal jedoch, um welche Art Fahrzeug es sich handelt, alle sind mehr als voll von Reisenden, die in den Norden wollen, wohin zur Zeit, da Masud den Tunnel am Salang-Paß noch hält, kein anderer Weg führt als durch das Tagab-Tal und den Panjshir.

Anwar verläßt uns auf halber Strecke bei einer Siedlung, wo Kinder auf der umgedrehten Turmkappe eines Panzers turnen.

Ausgebrannte und ausgeschlachtete Hüllen russischer *BMD-2*-Truppentransporter markieren die Fahrspur. Manchmal liegen sie auch weit oben in den Hängen, wo sich der Saum von Geröll über die graugrüne ausdünnende Grasdecke schiebt. Weiß Gott, was sie unter den Felsenschädeln verloren haben. Dann öffnet sich das Tal, aber die Friedhöfe der Heiligen Krieger, über denen weiße Wimpel wehen, sind deshalb nicht weniger geworden seit Sorubi. Bernard zählt sie, und als die einen halben Kilometer vom Basar von Landa Khel geparkten Fahrzeuge sichtbar werden, ist er bei siebenundneunzig.

Wie die parallelen Linien einer Hand liegen die beiden Zeilen lehmgebauter Basargeschäfte im Zentrum der Mulde auf dem weiten sandigen Platz. Eine große Lücke unterbricht sie auf halber Strecke, aber was wie eine Kreuzung anmutet, ist der Platz mit dem Brunnen. Der Boden ist aufgewühlt vom Getrampel einer Schaf- oder Ziegenherde und Kindersandalen. Mädchen holen Wasser in den gelben Plastikkanistern iranischen Kochöls, während ein paar Buben sich vor uns postieren und alles mögliche mimen. Bernard drückt dem ernsthaftesten den Zettel des Vorsitzenden der afghanischen Handelskammer in die Hand. Überrascht rennt er damit zu einem der Weißbärte beim nächstliegenden Geschäft, der liest, den Buben an der Schulter umdreht und ihn losschickt über die Brücke am ansehnlichen Bach und den Hang hinauf.

Eine halbe Stunde später sitzen wir mit dem Rücken zur stirnseitigen Wand eines hohen, länglichen und bis auf die Teppiche nackten Raums. Während sich das Auge langsam vom überstrahlenden Rechteck des gegenüberliegenden und einzigen Fensters erholt, erscheint in diesem ein Feigenbaum und gewinnen zwei Dutzend zur Rechten und Linken aufgereihte schwarze Turbane und unter diesen um neugierige dunkle Blicke herum auch die Bartgesichter Konturen. Auf jedem Schoß liegt eine *AK-47*, matt und speckig schimmernd, während die Füße der Taliban an Grünewalds gemalte erinnern.

Krug und Schale aus Zink, Seife und Tuch machen die Runde. Anschließend bringt ein Knabe Tabletts mit Fladenbrot und Feigen am Zweig. Wir kosten vom kühlen weichen Wasser und denken an die Folgen.

Das Wasser entspringe direkt im Felsen neben dem Haus, lächelt der Vorsitzende der Handelskammer. Er hat uns zu seiner Rechten plaziert und freut sich, daß wir seine gestrige Einladung angenommen und den beschwerlichen Weg aus Kabul hinter uns gebracht hätten. Die Quelle versorge den Hof. Das Haus, in dem wir uns befänden, sei sein Geburtshaus. Während des *Jihads* habe es die Bordkanone eines russischen Helikopters getroffen. Alle hätten sich indessen rechtzeitig zwischen den Felsen in Sicherheit gebracht gehabt. Danach habe man die Mauern geflickt und ein neues Dach darübergelegt.

Weil es sonst nicht viel anzufügen gibt an das in Kabul geführte gestrige Gespräch und der Kommandant nicht mehr zu der am vergangenen Freitag im Stadion in Kabul vorgenommenen Bestrafung eines Taliban für dessen Überfall auf einen Bus im Tagab-Tal und die Beraubung dreier Passagiere um 17 Mio. *Afghani*, ca. 500 Dollar, sagen will, als wir vom *BBC*-Journalisten Ismail schon wissen – die Amputation bei Vollnarkose der rechten Hand und des linken Fußes sei angesichts der Tatsache, daß der Fehlbare ein Heiliger Krieger ist, als milde zu bezeichnen – erhalten wir vom Kommandanten nach der Rast einen weiteren Zettel für den Weg zur Front.

Mit einem *Hillux* der Taliban geht es zwischen den Maulbeerbäumen wieder den Hang hinunter, über die Brücke, am Basar vorbei und einen Kilometer das Tal hinauf. Aus der Fahrerkabine schallen Suren des Koran, der einzige erlaubte Klang am Hindu Kush, während das Chrom des Überrollbügels in der Abendsonne blitzt und der verzerrte Schatten des eskortierenden Kämpfers über verwitterte Lehmmauern und die sandige Fahrspur huscht.

An der Front ist es dann wieder still. Bis auf das nervöse Rascheln der schwarzbraunen glänzenden Tonbänder, die am Checkpoint als lange zersauste Bärte am quer über den Fahrweg gespannten Seil hängen. Im Krieg gegen Bilder und Schall den Taxifahrern abgenommene abschreckende Trophäen, die Seele verunreinigendes Teufelszeug, das nur noch ganz Tollkühne hinter den Verschalungen der Wagentüren zu verstecken wagen.

Dafür ertönen die barschen Worte eines Alten mit geschultertem Sack, der sich nach allen durchgestandenen Kriegen vom Grünschnabel aus der Medrese nicht maßregeln läßt, aber auch das Gellen eines anderen Talib, der mit niederfahrendem, auf die bloßen Knöchel zielendem Stock einem anderen Alten nachsetzt – paschtunische Superiorität am Tadschiken oder Hazara stärkend. Aber auch wenn keine Ethnizität im Spiel wäre, ein jämmerliches Spektakel.

Die Koranschüler pressen jedem etwas ab, jedem der von Sorubi hinauf zum Panjshir will – den Masuds Truppen halten, in Erwartung von Waffenlieferungen des einstigen russischen Feindes und auch solchen aus Tehran, die ihn in versiegelten Transitwaggons via Turkmenistan, Usbekistan und Tadschikstan über den Amu Darya erreichen –, und jedem auf dem Weg vom Norden an den Tonbandbärten vorbei nach Jalalabad oder Kabul. Sie fingern in Kitteltaschen und im Futter der Mäntel, greifen in die geschnürten Schulterbündel und durchwühlen jeden Sack. Ein gieriger Haufen, fehlenden Sold mit einer Handvoll Aprikosen wettmachend. Verschont bleiben nur die Frauen, in Schubkarren von Dörflern in die Landschaft hinausgeschoben und in der Ferne, auf den schmalen Pfaden nur noch aufgrund des Blau der *burka* von anderen Bündeln unterscheidbar.

Mullah Aga, der stellvertretende Kommandant, hat den Fremden gesehen, der gestern vorbeigekommen ist. Ja, der habe einen roten Rucksack gehabt und sich nicht davon abhalten lassen, über die Front in den Norden zu gehen. Unser Freund? Gesagt habe er, daß er auf dem Heimweg sei, nach *Alman — Inshallah!*

Mullah Aga hat auch gesehen, wie ich das Gezänk am Seil fotografiert habe, aber er hat es nicht verhindert. Nun fordert er eine Aufnahme von sich. Auf dem *T-55*-Panzer weiter oben am Hang, Hekmatyar abgejagt oder von diesem stehengelassen oder ganz einfach liegengeblieben ohne Treibstoff in diesem hintersten Zipfel des Tals. Auf den Panzerturm, neben dem zur Flugabwehrwaffe eingesetzten großkalibrigen Maschinengewehr, hockt ein pausbäckiger Kleiner, einer der stummen Sängerknaben der Taliban. Als unerwartet der Kommandant erscheint, kommt es sowohl zur Verwirrung, als auch zu ein paar Aufnahmen.

Zum Abschied erhalten wir einen erkrankten Kämpfer ins Auto gesetzt. Seine Füße sind so verschrundet wie die Sandalen daran. Der Magen plagt ihn, er hat schweren Durchfall. In Tagab steigt er aus. Hier gibt es einen Arzt.

Vor der Ausgangssperre werden wir Kabul nicht erreichen, denn mit der Plötzlichkeit von Falltüren verdunkeln Schatten die Talhänge. Wie immer in einer solchen Situation erleidet das Fahrzeug eine Reifenpanne. Ganz in der Nähe liegt eines der Gräberfelder. Das wievielte der siebenundneunzig wissen wir nicht. Bernard hat sie auf dem Abwärtsweg nicht mehr nachgezählt, und jetzt scheint er zu ahnen, daß wir länger festsitzen und geht zum Fluß hinunter.

Dann stellt sich, auch das wie immer in einer solchen Situation, eine Wendung ein. Ein *Toyota* des *ICRC* kommt, eine gewaltige Staubfahne nach sich ziehend, das Tal herauf. Entladen wird der Leichnam eines bei Bagram gefallenen Taliban, eingetauscht gegen den eines anderen Toten. Das Grab muß zuvor ausgehoben, der Stecken mit weißen und grünen Wimpeln eingepflanzt worden sein. Rasch ist mit der Schaufel Erde darüber geworfen, ein Kamm gestrichen und um das Ganze aus größeren Brocken eine Einfriedung gelegt.

Verstrickt in die komplizierte Reparatur des defekten Ersatzreifens, ist der Fahrer nicht überrascht, daß wir, jetzt wo Bernard unten am Fluß aus dem Yoga-Kopfstand wieder auf den Boden und die Straße zurückgekehrt ist, den Pickup des *ICRC* zur Rückfahrt besteigen wollen. Wir bezahlen das ausgemachte Fahrgeld bis Kabul und meinen in den Augen des Fahrers nicht Verlassenheit zu sehen, sondern die Zuversicht auf Vermehrung des Ertrags durch andere Passagiere am Morgen.

Dubiose Importe

Kabul, 20. Juni 1998. — Ursache der Flöhe ist – nicht wie nach dem Frühstück am ersten Morgen vermutet – der Kittel von Marco Polo, sondern das Polster der Stühle des Speisesaals und auch die Matratze in Zimmer 105 des *Intercontinental*. Ich bekämpfe die springenden Blutsauger mit einem Pulver vom *ICRC* anstatt umzuziehen, denn unterdessen hat ein Klempner dafür gesorgt, daß am Abend für eine halbe Stunde braunrotes lauwarmes Wasser in die Badewanne fließt. Beim Anblick der roten Punkte auf meinen Unterarmen hat Marco Polo gesagt, früher sei das nicht vorgekommen. Früher heißt damals, als Gul Mohammed für die Gäste des *Intercontinental* eben Marco Polo gewesen ist und *Maître de service* der *Bamian Brasserie*.

Buddha und Bier. Der Selbsterlöser kommt etliche Jahrhunderte vor der arabischen Eroberung in den Hindu Kush. Den Nothelfer im diesseitigen Leben haben Anfang des 20. Jahrhunderts oder vielleicht auch etwas früher imperiale Braumeister auch zwischen Athen und Tsingtao heimisch gemacht. Beides ist erhältlich im Afghanistan der 1960er und 1970er Jahre, vorzugsweise spätnachmittags, während sich die Stimme des Gebetsrufers erhebt. Heute sorgen sich die Archäologen um die Buddhas, denn bei ihrer Einkreisung der Hazaras im Hochtal geraten auch die Kolosse immer mehr in den Bereich der Artillerie. Bier hingegen gibt es soweit feststellbar nur im *UN*-Club, wo sich Minenräumer des *Halo Trust* und Repräsentanten des *Catholic Relief Service* treffen. Die Einrichtung genießt so etwas wie den Status einer exterritorialen Besitzung, vergleichbar vielleicht mit Castel Gandolfo, der Sommerresidenz des Papstes in den Albaner-Bergen.

Aber der Vergleich ist wohl falsch, denn Einrichtungen im Zusammenhang mit der Bewältigung afghanischer Verhältnisse haben kaum Parallelen mit solchen außerhalb der Landesgrenzen. Im Innern jedoch gibt es durchaus Vergleichbares. Etwa die Anstrengung, die Erinnerung an andere Zeiten nicht abreißen zu lassen, auch wenn unter der Gefahr, ausgepeitscht oder schlimmer bestraft zu werden. Während für die Angestellten des Nationalmuseums Träger solcher Erinnerung die Buddhaköpfe in Stukko-Technik sind, welche sie möglicherweise in Sicherheit gebracht haben, verwahrt Gul Mohammed alias Marco Polo im Keller des *Intercontinental* noch Tausende Flaschen vom besten Wein. Das ist allerdings weniger ein Indiz für die Nachlässigkeit der Religionspolizei, sondern dafür, daß Mullah Omar keine ausländischen Zeitungen liest. Denn was anderes als diese Anekdote soll Gul Mohammed, da es doch kein Tagesmenü vorzustellen gibt, Bernard und einem Dutzend anderen Journalisten berichten, die sich im Lauf eines Jahres in das abgeschriebene Afghanistan verirren und in diesem aus einer versunkenen Zeit übriggebliebenen Kasten unterkommen.

Am Nachmittag mache ich mit Rafiullah einen Spaziergang zur ehemaligen Staatsbäckerei. Wie die Arche Noah sonnt sich das größte und vermutlich lebensrettendste Gebäude in ganz Kabul auf der Rückseite des Koh-e Ali Abad und in direkter Nachbarschaft des Busbahnhofs, wo sich nichts bewegt und auch nichts ertönt, außer ein an den Kandelaber schlagendes Drahtkabel. Fast totenstill ist es hier, und wenn der Sache mit dem Gras, das man wachsen höre, irgendwo auf der Welt nachgegangen werden kann, dann ist es auf diesem mit Glas- und Steinsplittern übersäten leeren Platz aus Zementplatten, in deren Fugen es kümmerlich sprießt.

Die letzten Verteidiger der Stadt, oder die letzten dieses Bezirks haben um das weite Rechteck des Areals mit sämtlichen in Kabul verfügbaren Bussen des darniederliegenden öffentlichen Verkehrsdiensts einen Wall geschichtet. Säuberlich von den nützlichen Fahrgestellen amputiert und arg zerschossen hocken die Skeletten der Kabinen nun in langen Reihen aufeinander, während dahinter die vierteilige fensterlose Zementhaut des Getreidesilos der Bäckerei ruht, gezeichnet von ein paar Treffern schwerer Artillerie. Es muß also Masud, Hekmatyar & Co. beim mörderischen Ringen um Kabul doch ein allerletzter Funke Verstand geblieben sein, die Einrichtung zu verschonen, welche, mit Notlieferungen an Getreide versorgt, während der Hungerwinter die Bevölkerung der Hauptstadt durchläuft.

Die Bäckerei arbeitet noch immer, aber es scheint, das Programm einer *NGO* für Kriegswitwen habe Mullah Omars *Fatwa* zum weiblichen Arbeitsverbot nicht überlebt.

Zurück im Hotel, händigt der Mann an der Rezeption einen Zettel aus.

»Lieber Daniel. Seit einer halben Stunde sitze ich beim Kassierer, weil sie meine Dollars nicht akzeptieren — sie tragen alte Seriennummern. Der Kassierer sagt, die Bank tausche diese nicht ein. What can I do? frage ich. What can we do? fragen sie. Nun sagen sie, ich müsse auf den Schwarzmarkt gehen und diese Blüten mit neuen tauschen. In einer Stunde fliegt die Beechcraft nach Peshawar. What can I do? Ich weiß nicht, wie es ausgehen wird. Vielleicht nehme ich den Kassierer zum ICRC mit und schaue, wie ich mich dort durchschlage. Das nur als Warnung. Herzlich, Bernard.«

Schrottstraße I

Kabul, 21. Juni 1998. — Der im Dienst des *Intercontinental* verbliebene Chauffeur scheint dem Fähnchen die Treue zu halten wie Gul Mohamed dem ominösen französischen Wein. Als ich Platz genommen habe, hat er es aus dem Kofferraum geholt, sorgfältig entrollt und auf den rechten Kotflügel gesteckt, in einem würdevollen Akt. Dann hat er sich ans Steuer gesetzt und mich erwartungsvoll angeschaut.

Gewiß wäre der gelbe *Morris* nicht untauglich für einen Besuch der Front am Salang. Aber das verbleichte Blau des Fähnchens könnte zu einer Verwechslung führen, bevor klar ist, daß es keine *UN*-Organisation bezeichnet, sondern die *Afghan Tourist Organisation*. Der Chauffeur pflichtet mir bei, daß es besser sei, nicht in den Krieg zu fahren, sondern von diesem weg, und schlägt Ghazni vor. Hundertdreißig Kilometer. Das sei in einem Tag zu machen, wenn wir unterwegs nicht allzu oft hielten.

Aber ich werde anhalten wollen, denn in dieser Richtung müßten die Lastwagen mit zentralasiatischem Alteisen anzutreffen sein, die in Kandahar nicht nach Spin Baldok und Quetta abzweigen, sondern über Kabul und Jalalabad die pakistanische Grenze am Khyber-Paß ansteuern.

Wie in den östlichen Vorstädten, bei den Plattenbauten des sowjetischen Mikro-Rayons, hat der Krieg auch in den westlichen aus Ziegel und Lehm erbauten die heftigsten Spuren hinterlassen. Ist irgendwo aus Zufall etwas weithin Sichtbares stehengeblieben, warnt darauf die hingepinselte Warnung von *OMAR* (*Organisation for Mine Clearence and Afghan Rehabilitation*) vor dem Betreten des Trümmerfeldes.

Überall Container. Immer mehr erscheinen sie mir als Behälter des jüngeren afghanischen Schicksals. Die Stahlwände haben sich beim Einschlag der Geschosse nach außen gebogen und gebläht und überspannen wie Baldachine obdachlose Schläfer, auf deren verhüllte Körper die Sonne durch die zersiebten, verdrehten Fetzen Hunderte gleißender Punkte sprenkelt.

Kurz vor dem offenen Land eine vertriebene Familie, Kabul zustrebend. Das ungeheuerliche Wort Lumpenexistenz – ungeheuerlich, weil gewiß für den Dreißigjährigen Krieg, aber nicht doch auf Heutiges anwendbar – kommt in den Sinn, und zwar, weil selbst die *burka* fehlt. Kann es größere Armut geben, als wenn die Möglichkeit ihrer Verhüllung fehlt? Der Karren, den die Mutter schiebt, besitzt hölzerne Räder. Obenauf sitzen drei kleine Kinder. Ein Hund läuft nebenher. Im Abstand von ein paar Metern folgend die weiß verhüllte mumienhafte Gestalt eines Knaben. Er wiederum schiebt einen Rollstuhl. Das vordere Rädchen schlottert, sobald es von einem Flecken zerschürften Asphalts wieder auf Splitterboden kommt. Beladen ist das Gefährt mit Decken, einer Tasche und einem Kind. Dessen hochgereckte Füße sind nackt und seine Behinderung ist keine körperliche.

Bald steht fest, daß wir nicht heute nach Ghazni kommen und auch nicht morgen.

Nicht auf dieser Straße, auf deren flachem Paß die entgegenkommende Kamelkarawane nicht nur die Fremdheit, sondern auch die Unangemessenheit der hockengebliebenen, von scharrenden Schafen umstandenen Panzer betont. Nicht auf diesem Gerippe des amerikanischen Asphaltbandes aus den 1960er Jahren. Dahingeschmolzen und in den Boden gequetscht im Lauf von zwanzig Jahren Krieg. Südliche Route der Rivalen. Nicht halb so fest gebaut wie das nördliche, aus Betonplatten und panzertragenden Brücken bestehende russische Gegenstück, des Kremls in die Feste König Zahir Shahs geführtes trojanisches Pferd.

Diese Straße durchpflügt der *Morris*, denn sie ist unter Sand verschwunden, als hätte es sie nie gegeben im Korridor Gedrosiens, durch den Alexanders Heer im Januar des Jahres 329. v. u. Z., von Kandahar heraufkommend, nach Kabul vorrückt, einem dringend notwendigen Winterlager entgegen. Der Wimpel der Tourismusbehörde hängt kläglich am Stab, während der Chauffeur die tiefen Furchen meistert, als kenne er nichts anderes, und das Fahrzeug, dessen Inneres staubige Wirbel füllen, aus dem Sand heraus das nächste irgendwie erhaltene oder sichtbar gebliebene Stück Asphalt erklettert. Einsame Gestalten erwarten dort den *Morris*. *Bemistai* und doch nicht. Denn weder gehen sie einem antiken Heer als Routenkundschafter voraus, noch zählen sie ihre Schritte, welche allzu oft Kriegsverletzung oder Minenverstümmelung behindert. Jene, für die das Arbeitsgerät, die Schaufel, auch Krücke ist, genießen das Privileg, daß die Lastzüge halten und eine Hand den *Afghani*-Schein zum Fenster der Kabine heraushält, während die Kinder der Spende ins büscheldurchsetzte Land nachzurennen haben und dadurch in mögliche unmarkierte Minenfelder, wohin der Wind die *Afghani* trägt, der auch dafür sorgt, daß die Schaufeln hingeworfenen Sandes nimmer das Schlagloch füllen.

In Sheykabad gibt es Tankstellen mit Zählern, die den Preis in in DM anzeigen, sowie mehr herkömmliche Läden als solche aus Containern. Bis man merkt, daß unter dem armdickem mit Stroh armierten Lehm sich häufig die Stahlkiste verbirgt. Mit den genormten Maßen entspricht sie hier draußen genauso den Bedürfnissen des Güterumschlags und der Autoreparaturwerkstätten wie in der Stadt, nur daß sie isoliert steht, während sich in Kabul die Stirnseiten oft lückenlos zu langen Gassen aneinanderreihen, mit den aufgeschlagenen Flügeltüren als Werkzeug- und Ausstellwand. Erdbebenfest und einbruchsicher ist die Kiste aber beiderorts. Ihr Inneres ist mit Holzgestellen ausgeschlagen, egal ob der Eigentümer Gemüse oder Stoff verkauft, Weizen oder Autoreifen, und zumeist hat auch noch das Bettgestell darin Platz, auf dem ein Kind schläft oder ein paar Weißbärte nicht das Wetter verhandeln, sondern den Gang des Krieges und wie er jenen des Geschäfts mitbestimmt.

Der Chauffeur des *Intercontinental* lächelt, als ich entscheide, auf die Weiterfahrt nach Ghazni zu verzichten.

Anstatt mir die Anfang des 12. Jahrhunderts errichteten Türme von Sultan Masud III. und Bahram-Shah anzusehen, von denen ich nicht einmal weiß, ob sie überhaupt noch stehen, informiere ich mich im Teehaus von Sheykabad über die Anatomie der Transporte zentralasiatischen Schrottes und erstelle am Abend für Bernard folgendes Protokoll:

Central Asia Scrap Metal Odyssey

Lieber Bernard, ich hoffe du bist ohne weitere Verzögerungen nach Delhi gekommen. Wie versprochen, hier die Daten meiner Erkundung auf der Afghanistan Ringroad in Sheykabad Basar, auf halber Strecke zwischen Kabul und Ghazni. Befragt wurde ein afghanischer Lastwagenbesitzer- und fahrer, der in Sheykabad Basar zusätzlich zu seiner Altmetalladung einen für Kabul bestimmten Generator auflud (Zusatzverdienst).

Also:

Auftraggeber: Eine family company namens Khiraziz (Kombination der Namen zweier Gebrüder), domiziliert in Baghlam, nördlich des Salang-Tunnels. Zwei headquarters, eines in der tadschikischen Hauptstadt Dushanbe, das andere in Peshawar, sowie ein sub-office in Herat.

Geschäfstätigkeit: Ankauf von zentralasiatischem Altmetall zum Endverkauf in Pakistan.

Erschwernisse und Route: Salang Highway infolge Krieg gesperrt. Deshalb 2500 km langer Umweg. Sonst 700 km. Umfahrungsroute ab Dushanbe führt via Samarkand und Buchara (UZ) und Merv (TUR) zum afghanischen Grenzort Torgundi und von dort über die Afghan Ringroad via Kabul und Jalalabad nach Torkham. Ca. 20 Reisetage.

Ladung und Erlös: 20 Tonnen. 2 Mio. pak. Rupees.

Abwicklung und Kosten:

1. Anweg-Phase: HQ in Dushanbe kauft Altmetall aus TJK und anderen zentralasiatischen Staaten. Beauftragt iranische Lastwagen (die sonst leer nach Sarakhs zurückgingen) mit dem 7-tägigen Transport bis nach Torgundi. Hire charge: US $ 2000. Der Fahrer kauft und bezahlt Treibstoff und Reparaturen.

2. Transit-Phase: In Torgundi Umlad auf beauftragte afghanische Lastwagen für den ca. 12–13tägigen Transit durch Afghanistan. Hire charge: 15 Mio. Afghani. Zoll in Herat, wo sich das sub-office der company befindet. Gebühren für 20 Tonnen Altmetall: 20 Mio. Afghani, ca. US $ 600.

3. Schmuggel-Phase: Von Torkham gelangt das Altmetall (Aluminium etc.) auf Eselrücken und mit den Schultern von Trägern durch die tribal area zu einem assembly-point in Pakistan. Dort wird das Material von pakistanischen Lastwagen im Auftrag der pakistanischen Partner der company abgeholt.

4. Verkauf-Phase: Das Altmetall wird von diesen Lastwagen zu einem afghanisch-pakistanischen joint-bazar, bara genannt, gebracht, ganz in der Nähe von Peshawar, wobei die checkpoints bestochen werden. Auf dem bara kommt es zum Verkauf des Altmetalls an Firmen der pakistanischen Stahlindustrie (Schmelzwerke etc). Ob diese irgendwelche Einfuhrzölle bezahlen, war nicht in Erfahrung zu bringen, ist aber eher unwahrscheinlich. Vielleicht müßte man alles einmal durchrechnen. Die Kosten der Lastwagenfahrten schließen Benzin und Reparaturen natürlich nicht mt ein.

Wie gesagt, feel free to use this. Es ist ja sozusagen der dritte Weg — nebst dem Personenverkehr durch das Tagab-Tal und der Drogenroute mittels der Antonovs nach Konduz.

All best, D.

Ein Weg aus vielen

Herat, 2. April 2001. — Die fünf Minarette sind noch da, als ich am Morgen auf den Balkon trete. Aber anders als beim Anblick am ersten Tag verspüre ich dahinter nicht die Präsenz des Iran, was wiederum den Ararat und den Bosporus und auch fast schon Korfu und Venedig in greifbare Nähe rückt, sondern dazwischen schieben sich nun die Bilder aus der Schlucht des Murgab, aus der wir vorgestern zurückgekehrt sind. Bilder von Höhlen mit Hungernden, für die es zu spät ist zum Weg über den Sabzak-Paß und ins Transit-Lager am Fuß der Minarette.

Dazu Buch VIII, *Im Schatten der Minarette, Über den Sabzak-Paß, Hunger im Murgab-Canyon.*

Dort, in der Tiefe der Provinz Badghis, in Herats Rücken, ist Hinterland Hinterland geblieben, egal ob Samarkand oder, nach dem Tod Timurs im Jahr 1405 unter dessen Sohn Shah Rukh, das alte Alexandria-in-Areia (zuvor Haroyu, dann über Hari zu Herat geworden) die Krone des Reichs der Timuriden trägt, deren kosmopolitisches Zentrum mit Herat geographisch allerdings näher an die in Westasien und im Okzident sich zusammenschließenden Welt rückt, während die von Timur verschont gebliebenen Ming auf ihrer Vorstellung des Reichs der Mitte und hinter der Großen Mauer sitzen bleiben.

Herat ist eine sanfte Stadt.

Nichts betont das mehr als der vor den Gouverneur getragene Protest von mehr als hundert Frauen am 17. Oktober 1996 gegen die von den Taliban verfügte Schließung der öffentlichen Badehäuser. Die Frauen büßen ihr Aufbegehren jedoch mit Prügel und Verhaftung. Aber sie haben die Koranschüler an liberalere Traditionen des Islam erinnert, die in Herat seit Timurs Schwiegertochter Gawhar Shad gelebt werden und die selbstverständlich im Goldbasar spürbar sind. Dessen Gehsteige überdacht das scheue zittrige Laubwerk junger Bäume. Darunter flutet der Strom weißer und blauer *burkas,* und auf dem makellosen Gefältel des plissierten Stoffs tanzen die Strahlenschraffuren der Sonne. Man hört Kichern im Gedränge.

»Ein sehr angenehmer Ort« ist Herat, urteilt das *Hudud al-Alam* rund ein halbes Jahrtausend vor Babur. Der will keine andere Stadt der bewohnten Welt mit dieser Stadt verglichen haben, während er hier im Dezember 1506 im Kreis unverdünnten Wein bechernder timuridischer Prinzen dem Schritt über den Strom der Trunkenheit nur aus größter Gottesfurcht widersteht.

Solcher innerer Hader scheint den in Herat postierten Taliban fremd zu sein. Zumindest dem Trupp, der vor ein paar Tagen im Teehaus am Platz schräg dem Hotel *Mowafaq* gegenüber gesessen und genüßlich das Eis pistazienfarbener Milchshakes zerstoßen hat. Die bewaffnete Gesellschaft hat sich in diesem Augenblick nicht viel anders aufgeführt als Mechanikerlehrlinge in Zürich. Nur daß sie mit ihren zerschrammten roten, schräg vor dem Teehaus geparkten *Toyotas* nicht Mädchen abschleppen, sondern arme Seelen, deren Gehabe der angesagten Beförderung der Rechtschaffenheit und der Verhinderung des Lasters widerspricht.

Zu solchen Verfehlungen kommt es in letzter Zeit nun vermehrt, denn auch wenn Herat vielleicht entspannter wirken mag als Kandahar, Sitz der *Shura* der Taliban, ist das Regime hier doch konfrontiert mit dem Zustrom vieler Tausend Verzweifelter, die der Hunger aus Badghis nach Herat und schiere Not zur Übertretung der verhängten scharfen *scharia* treibt. Vor ein paar Tagen haben zwei Männer ein Taxi entführt, sind nach der Beraubung der Passagiere allerdings gefaßt und bestraft worden. Einem hat man die Hand amputiert, dem andern einen Fuß. Die Summe des Delikts umgerechnet ein Dollar.

Jamal, unser pakistanischer Begleiter und Bruder des *CNN*-Korrespondenten Kamal Hyder, hat vom Vorfall gehört, als er den *Surf* für die Fahrt in die Schlucht des Murgab besorgt hat. Dazu gekommen ist es auf der Straße nach Islam Qal'eh, dem Posten an der iranischen Grenze. Denn über diese versuchen jene Hungerflüchtlinge zu gehen, denen das Ausharren im Zeltlager draußen in der Wüste beim alten Schlachthof als zu hoffnungslos erscheint.

Den pakistanischen Konsul, bei dem wir gestern abend eingeladen gewesen sind, kümmern solchen Bewegungen nicht. Seine Priorität in Herat ist die Bewirtschaftung der pashtunischen Agenda der Taliban. Vor allem seit Tehran nach dem Ermordung seiner Diplomaten in Mazar Afghanistan geräumt hat.

Einen Massenexodus der Hungerflüchtlinge scheint niemand in Betracht zu ziehen, denn diese haben weder Fahrzeuge noch Geld. Das letzte haben ihnen oftmals die Lastwagenfahrer für den rettenden Transfer nach Herat abgenommen. Bei den in den Iran Hinüberschlüpfenden wird es sich also um die Vorhut handeln, die nach dem Untertauchen oder dem Antritt einer Beschäftigung auf Baustellen den Rest von Familie oder Sippe nachholt. Genau das, was Tehran verhindern will, hat es doch bereits 1995, als mein Begleiter vom *Ershad* wegen lauernden <u>Afghanen</u> dauernde Ängste ausstehen muß, versucht, die im Land befindlichen Kriegsvertriebenen heimzuschicken. Dazu Buch VII, *Dichterreisen.*

Wenn wir jetzt zur iranischen Grenze fahren, dann berühre ich das damals durchreiste Khorasan. Sollte es später einmal gelingen, in den schwer zugänglichen turkmenischen Teil des <u>Dreiländerecks</u> zu gelangen, dann wäre dieser geographische Raum von allen Seiten her betreten, der Dazu Buch XII, *Zur afghanischen Grenze.* erst im 19. Jahrhundert feste Grenzen erhält und so das alte Durchgangsland des Breiten- wie auch des Längentransits blockiert hat.

Der Weg nach Westen, zur Grenzsiedlung Islam Qal'eh, führt an den Zeltreihen des am Rand der Wüste errichteten Auffanglagers vorbei, wo das *ICRC* Zelte und von *USAID* gespendetes Weizenmehl verteilt. Ungefähr nach sechzig Kilometern, der Hälfte der Strecke, nähert sich die Piste dem Hari Rud. Die eingebrochenen Zementplatten flacher Brücken sind ein Hinweis, daß es in dieser baumlosen, nur mit gelbem kurzem Gras bedeckten Ödnis durchaus zu schweren Wolkenbrüchen kommen kann, die jetzt, nach zweijähriger Trockenheit, sofort zu Überschwemmungen führen würden. Denn weder der hart gewordene Boden könnte die Wassermassen aufnehmen, noch die geröllübersäten mäandernden Betten des Hari Rud und seiner paar Zubringerflüsse die Sturzfluten aus dem Hindu Kush.

An der Stelle, wo der Hari Rud kurz vor der Grenze ein nach Norden weisendes Knie macht, um nach seiner Vereinigung mit dem iranischen Tedzhen im Delta der turkmenischen Oase Merv zu versickern, wird der Weg sich unbeirrt in westlicher Richtung auf iranischem Boden fortsetzen, nach Tayabad hinüber. Von dort erreicht er dann Torbat-e-Jam, den Knotenpunkt der Lastzüge von Mashhad und Bandar Abbas, die Herat ansteuern auf Alexanders Route durch die achämenidische Satrapie Areia. Unser Weg zur Grenze führt in umgekehrter Richtung.

Afghanisches Endziel dieser uns entgegenkommenden Lastzüge jedoch ist nicht Herat selbst, sondern eine Art Zollfreigelände außerhalb der Stadt. Die Fahrzeugreihen des riesigen Wagenparks sind ausgerichtet wie Operationsbesteck auf dem sterilen Tuch. Daß kein Mensch zu sehen ist, mag an der frühen Stunde liegen, aber einen aufgeräumteren Ort habe ich in ganz Afghanistan noch nie gesehen. Kein Stück Plastik auf dem Sandboden, kein Gerümpel. Außerhalb der Umwallungen aus Lehmkuben und Containern nichts Herumliegendes, nichts Weggeworfenes. Hier werden Importe umgeschlagen und selbstverständlich auch Pseudo-Importe, 'Umkehrwaren' für den Verkauf auf iranischen Basars, genau wie in Torkham an der pakistanischen Grenze. Daß Gewinne zum Äußersten maximiert werden, sieht man schon an den abgestellten Lastwagenanhängern, die bis zur dreifachen Höhe mit Autoreifen beladen sind, kunstvoll und zweifellos nach erprobter Manier.

Dieser Umschlagplatz an den nackten Hängen hinter Herat füllt die Kassen von Herats Gouverneur Ismail Khan.

Die Taliban haben den weißhäuptigen *Warlord*, gewiß unter heftiger Besteuerung, nach ihrer Einnahme Herats am 5. September 1995 gewähren lassen, schließlich ist er, im August gerade noch einer der Gesprächspartner der

Dazu Buch V, »*New Great Game I*«.

argentinischen *Bridas* im »New Great Game« gewesen, wie sie selbst, Dostum, Masud und Rabbani, nur daß die geplante Pipeline für turkmenische Öl- und Erdgasexporte des Dauletabad-Feldes auf dem Weg nach Kandahar und Quetta zuallererst durch seinen Vorgarten geführt hätte. Aber nicht nur diese, sondern auch jene vom ebenfalls turkmenischen Chardzhou-Feld ausgehende Röhre der amerikanischen *Unocal*. Erst 1999 dämmert den ausländischen Firmen der Irrsinn ihrer Pläne, allerdings nicht aufgrund moralischer Bedenken, durch ein kriegsversehrtes Land Pipelines zu legen, die der Bevölkerung nichts bringen und den streitenden Fraktionen die Kriegskasse füllen, sondern wegen allerlei Rechtsstreitigkeiten untereinander sowie mit dem turkmenischen Despoten, aber auch wegen Osama bin Laden, mittlerweile umtriebiger Dauergast und nicht Pensionär im Islamischen Emirat der Taliban.

Auf der Karawanenstraße der Mekkapilger aus Mawarannahr, der Route von Dschingis Khans Kavallerien und auch der Ibn Battutas nach Mashhad und Neyshabur begegnen wir dem zehnjährigen Nabi, dessen Vater durch eine Landmine beide Beine verloren hat, den Brüdern Gani (10) und Gul Ahmad (6) sowie einem noch Kleineren. Acht Geschwister haben sie zusammen und leben im Dorf Kosan, das auch bei angestrengtem Absuchen der versengten Ebene nicht sichtbar ist. Acht Stunden bemannen die vier mit einer einzigen zu großen Schaufel die Schlaglöcher, verdienen im Tagesschnitt 1500 *Afghani*, ungefähr zwei Cents, gerade genug für zwei Fladenbrote, suchen Schutz vor dem kalten starken Nordwind in der ausgebrannten Hülle eines sowjetischen *BMD-2*.

Islam Qal'eh ist kein Ort, nicht einmal eine Siedlung. Zwei Reihen von Basargeschäften und Reparaturwerkstätten, in welche die Piste mündet. Dann die Gasse der Geldhändler mit ihren enormen Stapeln gebündelter Scheine.

Das Zollgelände legt sich in Halbkreisen um das durch einen Zaun geschützte Abfertigungsgebäude mit Turm, den eine augenscheinlich zerstörte Bodenfunkstation überragt. Den ersten Halbkreis bilden Reparaturwerkstätten für Lastwagen und improvisierte Tankstellen, auf dem zweiten und ausgedehnteren stehen Dutzende von Lastzügen ohne ersichtliche Ordnung. Zwischen ihnen bewegen Kinder mit Stoßwägelchen Warenballen hin und her.

Bewaffnete iranische Grenzbeamte stochern mit Metallstäben in den Kästen unter den Chassis der Lastwagen.

Vor einigen Tagen, bringt Jamal in Erfahrung, soll einer Gruppe Hungerflüchtlinge der Übertritt in den Iran gelückt sein. Aber jenseits der Grenze habe man sie aufgegriffen, verprügelt und umgehend nach Afghanistan zurückverfrachtet.

Zurück in Herat, besuche ich am Abend den Antiquitätenhändler in der Nähe der Freitagsmoschee.

Zwischen den gestapelten Teppichen hockt ein junger Falke. Der feiste Mann versucht mir diese oder jene Drachme anzudrehen. Auf einer gleicht die rückseitige Eule Athenas einem Huhn. Wir lachen beide.

Ein schwächlicher Alter in zerrissener Kleidung betritt das Geschäft, hebt aus einem schmutzigen Stoffbündel mit beiden Händen ein Dutzend Kugeln aus gelblichem zerknülltem Zeitungspapier und schält aus diesen ein Stück Muschelkalk, Keramikscherben, eine Pfeilspitze und ein bronzenes Stäbchen mit abgeflachter verbreiteter Spitze – wertloses Zeug, sagt der Antiqitätenhändler, aber ich solle doch das Stäbchen, benutzt zum Auftragen von Schminke, nehmen und dem Mann geben, was mir recht erschiene. Jeden Tag schauten nach Herat gekommene Hungernde bei ihm vorbei, mit allerlei auf ihren toten Feldern Zusammengescharrtem. Vor dreißig Jahren habe er an den Touristen gut verdient und sei dabei ein glücklicher Mensch gewesen.

BUCH VIII

STRASSE DER KRISEN

Die Lücke im Stein

Zürich, 3. März 2001. — Ohne auf das Loch zu blicken, habe ich zwanzig Jahre lang mein Wohnhaus betreten. Ab heute ist das nicht mehr möglich.

Die afghanischen Taliban sind, beeinflußt von dem gegen sie verhängten internationalen Sanktionsregime, nun schließlich zum Vollzug von Mullah Omars bereits bekanntem Edikt geschritten, alle figürlichen Darstellungen auf ihrem Boden zu eliminieren, beginnend mit der größtmöglichen Provokation, zu der ein isolierter Frustrierter fähig ist, beim unübersehbar Kolossalen. Aufgrund der über Bamiyan verhängten Zugangssperre ist die unabhängige Bestätigung der von Kultur- und Religionsminister Qudratullah abgegebenen Erklärung, die beiden Buddhas in Bamiyan würden zerstört, nicht verfügbar. Aber da Sprengstoff, Mörserpatronen, Artilleriegeschosse und Panzergranaten zweifellos effektiver sind als die Mittel, welche der abbasidische Söldnerführer Yakub bin al-Laith im 9. Jahrhundert im Furor religiösen Fanatismus auf die im 4. und 5. Jahrhundert in den Fels gehauenen beiden Kolosse losließ, nach ihm der Mogul-Herrscher Awrangzeh Alamgir (1658/1659–1707) und in der ersten Hälfte des 18. Jahrhunderts dann Nadir Shah, der letzte große Militärherrscher Asiens, dürfte nach diesem endgültigen Bildersturm das Kliff im abgelegenen Hochtal aussehen wie die Gneisplatte rechts im Sockel neben meiner Eingangstür, wenn ich aus der rundbogigen Nische das geschwungene Scharreisen zum Abstreifen der Schuhe wegdenke. Andernorts in der Nachbarschaft, gibt es schon manche solcher sinnfreien Löcher, seit der Entfernung dieses Kulturgegenstandes in den 1930er Jahren, als das Industriequartier hinter dem Hauptbahnhof feste Beläge und Gehwege erhielt und man sich des Drecks an der Sohle und auch des zurückgelegten Weges auf Kratzgittern und Matten zu entledigen begann.

Die heutige Ausgabe der *International Herald Tribune* macht ihre Titelseite mit Afghanistan auf:

»Shattered Statues and Starving Families«.

Darunter die Anrisse zweier Artikel: »Taleban Razing Ancient Buddhas As Outrage Rises« und »For Most Afghans, Survival Is All That Matters« und zwei Aufnahmen der Nachrichtenagentur *AP*.

Die linke zeigt den dreiundfünfzig Meter hohen größeren der beiden Buddhas, die rechte fünf kauernde Mädchen aus dem Stamm der Kuchi-Nomaden. Elegant verbindet sie die Legende: »The world's tallest statue of Buddha, one of Afghanistan's greatest historic sites, is earmarked for destruction by the Taleban. As the country's ancient culture dies, so do many of its people. Girls waiting for soup at a refugee camp near the Iran border.«

Der Artikel über die Buddhas, *dateline* Istanbul, erwähnt die Entsendung des *UNESCO*-Sondergesandten Koichiro Matsuura zu Verhandlungen nach Afghanistan sowie Philippe de Montebellos Angebot eines der Zerstörung zuvorkommenden Loskaufens der Artefakte durch das *Metropolitan Museum of Art*.

Der Artikel über die Hungersnot, *dateline* Herat, beginnt mit der Darstellung des Kältetodes dreier Kinder des interviewten Mohammed Uddin. Am Sabzak-Paß ist der Lastwagen, der dessen betroffene Familie aus der Provinz Badghis nach Herat transportieren sollte, im Tiefschnee stecken geblieben. 80 000 Flüchtende haben den Treck seit dem Herbst des letzten Jahres gewagt. Die bevorstehende Schneeschmelze, heißt es, soll den Exodus verdoppeln.

Vor ein paar Tagen nun hat Kurt die Redaktion von *Facts* für eine Reportage gewinnen können über dieses zweite, seit Jahren ausgeblendete humanitäre Afghanistan – nicht über die zu befürchtende und mittlerweile ins Werk gesetzte Auslöschung der »Götter der Ungläubigen«, des Buddha, der es im Übrigen, was allerdings die Zerstörung seines Abbildes nicht rechtfertigt, stets abgelehnt hatte, in einem solchen verehrt zu werden und dazu im Hindu Kush auch erst in der ökumenisch orientierten Periode der Kushan, gekommen war. Vielleicht bleibt es nun aber beim Versuch, das verärgerte und infolge seiner Bilderstürmerei mit Vorwürfen, gewiß auch ambivalenten, überhäufte Regime zum Ausstellen eines Visums zu bewegen. Jedenfalls fliegen wir in zwei Wochen nach Islamabad, um dort dem Botschafter der Gotteskrieger ein entsprechendes Gesuch zu stellen.

Ankunft in Kandahar

Kandahar, 22. März 2001. — Der Nachmittag gehört noch zu demselben, der in Islamabad begonnen hat, aber es bleibt bis zur Landung in dem von der Welt vergessenen Land unklar, ob er nicht etwa in einer anderen Zeit zu Ende gehen wird.

Die Fremdartigkeit des Augenblicks steigert der Umstand, daß der *ICRC*-Jet nicht in dessen international bekannter, sondern in dessen effektiver, aber nicht anerkannter Hauptstadt landet. Ob wir hier einen ranghohen Vertreter der Regierung treffen können, ist ungewiß, sicher hingegen, daß weder deren Oberhaupt, Mullah Omar, noch sein saudischer Gast Osama bin Laden hier in Kandahar noch sonstwo Journalisten empfangen. Aber diese drängen im Augenblick ohnehin zur Begutachtung des kulturellen Schadens nach Bamiyan. Im engen Hinterhof der afghanischen Botschaft in Islamabad vertröstet man sie von einem Tag auf den nächsten, ohne große Chancen. Für unser Anliegen hingegen, die Dürregebiete zu besuchen, hat Kamal Hyder, Afghanistan-Korrespondent von *CNN*, dem Abdul Salem Zaeef, Botschafter der Islamischen Emirats, sein Ohr leiht, Zuversicht geäußert und nach fünf Tagen für Kurt und mich tatsächlich auch das Visum erlangt.

Während der Jet ausrollt, bemerkt man entlang der Piste Hinterlassenschaften mancher vergangenen Schlacht. Auch für kommende solche benutzbar gebliebenes Gerät mit herabgebundenen Rotorenblättern ist zu sehen. Aber auch, daß Afghanistan durchwegs nicht versunken ist in dem von den Medien gern benutzten »Mittelalter der Gotteskrieger« – ohnehin ein vermessener Vergleich in Anbetracht damaliger okzidentaler Finsternis bei paralleler Blüte des Islam –, sondern daß der vermeintliche Zeitunterschied zur Welt, aus der wir gekommen sind, lediglich in einer Pakistan nachhinkenden halben Stunde und gegenüber mittlerer Greenwich-Zeit vorausgehenden viereinhalb Stunden besteht.

Es ist demnach ein ganz gewöhnlicher Donnerstagnachmittag, an dem der Klüngel weißgekleideter Mekka-Pilger, umwabert von glühender Hitze, sich anschickt, eine *Ariana*-Maschine zu besteigen, während wir auf dem sonst überaus stillen und menschenleeren Flughafen zusammen mit einer Handvoll Mitglieder von *NGO*s zum Terminal gehen.

Anfang der 1970er Jahre hat man den Terminal als neunteiligen Fächer sich aufschwingender, in Parabelbögen endender Betonschalen mit Amerikas Hilfe erbaut. Die *Army* beginnt damals gerade, sich aus Vietnam zurückzuziehen, und der internationale Flughafen Kandahar muß aus irgendwelchen Gründen Westasiens größter werden, ein Vorhaben, das von der Invasion Afghanistans durch die Rote Armee beendet wird. Beim Eintritt in die Halle fällt überraschend viel unbeschädigtes Rauchglas auf, und man fragt sich, ob die russische Invasion, der darauffolgende Krieg sowie dessen bis heute andauerndes konfliktuelles Nachspiel auf Kandahars Terminal erstaunlich Rücksicht genommen haben oder ob zu schadloser Demontage und zum Abtransport ganz einfach das Gerät nicht vorhanden gewesen ist.

Die Mitarbeiter der *NGO*s geraten rasch außer Sicht. Man gewinnt den Eindruck, die Taliban duldeten ihre Anwesenheit wie ein versehentlich mit der Führung eines Restaurants betrauter Kutscher auf dem Tischtuch herumkrabbelnde Fliegen. Und auch uns, mit einem vom Krieger nachlässig abgestempelten Paß im Nu durchgelassen, dürften sie kaum anders betrachten.

Ein Haus fällt auf am Rand von Kandahar, eine richtige Festung, mit hoher schwarzbemalter Mauer. Auch Goldfarbe hat zur Verfügung gestanden, und man hat sie ausgiebig verwendet.

»*Rich man*«, sagt der Taxifahrer, nicht im Neid, sondern eher im Wissen, daß in einem Land wie Afghanistan das Leben damit nicht ein einfacheres ist.

Reich, sehr reich können in Kandahar nur Drogenhändler werden oder eine andere Sorte Unternehmer – die Transporteure.

Ihr Aufstieg beginnt nach der überraschenden Einnahme Kandahars durch die Taliban am 5. November 1994, einen Tag nach der Befreiung eines von weglagernden Mujaheddin gestoppten Konvois mit Medikamenten, mit dem Wirtschaftskreise in Islamabad die von Quetta nach Turkmenistan führende Transitachse wieder zu öffnen hoffen. Bereits einen Monat haben die Taliban die beiden südlichen Provinzen Lashkargah und Helmand unter ihrer Kontrolle. Nun lassen sie sich direkt von der afghanischen Transportmafia das Funktionieren der Güterpassage bezahlen. Der Dienst hat einen festen Preis. Dafür sind die Wege sicher. Die Folge ist ein sprunghafter Anstieg des Güter- und Schmuggelverkehrs und der neue Reichtum der Transporteure.

Bei ihnen handelt es sich um eine Gilde mit alten Interessen, denn bereits im 19. Jahrhundert betreibt sie von Kandahar und Quetta aus weitreichende Geschäfte, zunächst mit dem Transport der Erträge aus Helmands Obstgärten nach Bombay und bis hinüber nach Calcutta. Im Rahmen ihrer Rückeroberung Afghanistans schicken diese Unternehmer dann täglich bis zu dreihundert Lastwagen über den pakistanisch-afghanischen Grenzübergang Chaman-Spin Baldok. Zumeist gestohlene *Mercedes*-Lastzüge, ohne Nummernschilder oder, wenn doch mit welchen versehen, dann mit aufeinandergeschraubten verschiedenster Zulassung, einschließlich von TIR-Vertragsstaaten. Die Fahrer, beobachtet Ahmed Rashid, Korrespondent der *Far Eastern Economic Review* und Autor von *Taliban. Islam, Oil and the New Great Game in Central Asia* (London, 2000), queren ein halbes Dutzend internationaler Grenzen nicht nur mit gefälschten Führerausweisen und ohne Pässe, sondern auch ohne Begleitpapiere der Ladungen, die aus allem bestehen kann, japanischen Camcordern, englischer Unterwäsche, Heroin, Zucker, Kalaschnikows oder Treibstoff.

Unter der Kuppel des oktogonalen Mausoleums Ahmad Shah Durranis, des Einigers der afghanischen Stämme (und von 1747 bis 1773 auch deren erstes königliches Oberhaupt), verknotet sich im Zentrum der von ihm geschaffenen Altstadt Kandahars der unablässige Transitverkehr mit dem Güterumschlag des Basars.

In unmittelbarer Nachbarschaft des Mausoleums befindet sich einer der heiligsten Orte Afghanistans, der »Schrein des Mantels des Propheten«. Diese Reliquie holt am 4. April 1996, knapp anderthalb Jahre nach dem Fall der Hauptstadt der gleichnamigen Provinz, ein aus der Provinz Uruzgan stammender Mullah aus dem Schrein und erscheint damit an der Kante eines benachbarten Daches über dem Hauptplatz, wo sich eine große Menge der durch massiven Zulauf aus den pakistanischen Medresen angeschwollenen neuen militärischen Kraft der Taliban versammelt hat. Wenig später trägt der durch diesen Akt zum gottverfügten Anführer der Bewegung gewordene einäugige Mullah Mohammed Omar, zwischen 1989 und 1992 Kämpfer in den Reihen der *Hezb-e Islami*, den Ehrentitel Amir-ul Momineen, 'Anführer der Gläubigen'.

Das hohe cremefarbene Eisentor an der Herat-Road bleibt auch nach mehrmaligem Klopfen geschlossen. Dabei stimmt die Lokalität am Westrand Kandahars mit Kamals Skizze überein. Auf der anderen Straßenseite ist das Gebäude des *World Food Programms* und daneben liegt die Apotheke. Das übernächste Tor in Richtung Zentrum auf derselben Seite wie das *CNN*-Haus ist jenes des Hauses des *ICRC*, das schließlich doch noch zögerlich geöffnet wird. Ein junger Delegierter aus Neuenburg oder Vevey lädt uns umständlich ein, auf der mit Sandsäcken geschützten Veranda Platz zu nehmen. Offensichtlich haben wir die nachmittägliche Ruhe gestört. Der Delegierte kann oder darf keine Informationen geben, deshalb spricht er von seiner baldigen Rückkehr in die Schweiz und ist erleichtert, als man uns nach einer Stunde in das andere Haus hinüberbittet.

Kamal ist aus Islamabad mit dem Flugzeug nach Quetta und dann via Chaman-Spin Baldok angereist. Während Kurt, der zum ersten Mal in Afghanistan ist und einen Abendspaziergang in Richtung Basar unternimmt, trifft Kamals jüngerer Bruder Jamal aus Herat ein. Später, als er sich wegen der Visaverlängerung, die vor der Abreise in den Norden bei der zuständigen Stelle der Taliban in Kandahar einzuholen ist, meinen Paß ansieht, stellt er fest, daß der beamtete Gotteskrieger am Flughafen die Stempel verwechselt hat und ändert das Dari-Wort für 'Exit' umgehend mit dem Filzstift in jenes für 'Entry' ab.

1998 bin ich in Torkham ohne Stempel eingereist, dieses Mal nun nach Betreten afghanischen Bodens 'umgekehrt' worden — versehentlich, ganz im Gegensatz zu den Gütern im <u>Transitwarenumschlag</u> der afghanisch-pakistanischen Schmuggelwirtschaft.

Dazu Buch VII, *Afghan Transit Trade Agreement*.

Ein Haus und viele Pläne

Kandahar, 22. März 2001. — In Afghanistan bezeichnet man ein Haus wie das, in dem wir wohnen, als Villa. Damit ist gesagt, daß es nicht aus Lehmziegeln erbaut ist und daß auf dem Dach ein Wassertank steht; daß es zudem Fenster hat, die fast bis zum Boden reichen. Diese sind durch viele Aluminiumleisten unregelmäßig unterteilt. Große Glasflächen zu finden ist nämlich schwierig, andererseits erscheint die kleine Unterteilung angesichts des häufigen Gebrauchs von Schußwaffen und auch als Vorkehrung gegen die Bruchgefahr bei Detonationen durchaus zweckmäßig. Als Vorhang dient ein schwarzes Tarnnetz. Durch dieses sieht man im blendendhellen Hof das Zitronenbäumchen im Zentrum der Kieselrabatte sowie die rundliche Gestalt Janans, des Haushälters im Turban, der viel Zeit verbringt mit dem robusten Strauch englischer Rosen.

An der langen Wand des Aufenthaltsraums, der auch als Eß- und Kraftraum dient, hängt eine Weltkarte. Sie ist pazifisch orientiert, weshalb die Länder des westlichen Europa zusammengedrängt und kaum noch unterscheidbar sind. England befindet sich im oberen Teil des äußersten linken Randes, nicht unähnlich der Rekonstruktion geographischer Vorstellungen der Antike, wenn es darum geht, die Lage der Zinnminen von Cornwall aus der Sicht der Griechen und Römer zu lokalisieren.

In diese Richtung, nach London nämlich, nicht über Karachi, Bangkok, die Straße von Sumatra und mit unsicheren Booten durch den indonesischen Archipel nach Australien, Ziel vieler Afghanen, will der junge Mensch, der im Haus aufgetaucht ist, Dari und wenige Brokken Englisch spricht und mich im Lauf des Tages mehrmals vor die Karte zieht. Ich soll ihm die Routen in den Westen zeigen, die Städte nennen, wo es entsprechende Unterschlupforte gibt, und sagen, was die Schlepper für ihre Dienste nähmen. Die Reise nach Australien,

Unter dem Titel *Displaced People. When is a refugee not a refugee?* führt der *Economist* in seiner Ausgabe vom 3. März 2001 Afghanistan in der Liste der *IDP (Internally Displaced People)* mit 400 000 intern Vertriebenen an 14. Stelle auf, während ein halbes Jahr darauf der *Independent on Sunday* vom 9. September 2001, im Zusammenhang mit der Untersuchung über den Unterschied zwischen 'economic migrant', 'illegal immigrant' oder 'asylum seeker', in einer Flüchtlingsstatistik zum ersten Halbjahr 2001 an erster Stelle die Zahl von 5205 Afghanen nennt, vor 3545 Irakis, 3480 Somalis. Den Schluß der Zehnerliste bilden 1170 chinesische und 1020 indische Staatsangehörige.

einschließlich Ausrüstung mit einem gültigen afghanischen Paß koste mehrere tausend Dollar.

Menschenhandel sei nicht mein Geschäft, sage ich, und daß ich nur berichten könne, was letzthin in den Zeitungen zu lesen gewesen sei.

Etwa, daß die Traverse von Sri Lanka nach Großbritannien 7000 Euro koste. Daß vor Cádiz und dem sizilianischen Lampedusa regelmäßig Boote kenterten, hin und wieder solche in der Ägais oder spätestens in der Adria, also auf der mutmaßlichen Route eines Afghanen über Istanbul und Tirana. Die Mitteleuropäer, die jährlich eine halbe Million Migranten absorbieren müßten, versuchten die Unwillkommenen so weit im Osten oder Süden als möglich an ihrer vorgeschobenen Grenze abfangen zu lassen, in Ungarn, Tschechien oder Kroatien etwa. Innerhalb der nördlich der Alpen liegenden Länder, deren Hauptstädte oder Zentren auf der Karte jedoch fast nicht mehr lokalisierbar sind, erleichtere womöglich das Schengen-Abkommen innereuropäische Bewegungen. Das Haupthindernis auf dem Weg nach Großbritannien sei der Tunnel unter dem Ärmel-Kanal. Sangatte, das französische Auffanglager am Eingang, diene zwar den Migranten als eine Art Basislager, aufgrund von Aufnahmen, die ich gesehen hätte, würde ich aber davon ausgehen, daß es schwer bewacht sei. Zu Fuß durch die Röhre zu kommen, sei unmöglich. Im

Zug versteckt, schaffe es vielleicht jeder vierte. Dann gäbe es noch die gefährliche Möglichkeit des Containers. Den würden die Chinesen wählen, die über Belgrad nach Europa kämen und für die Reise aus Fujian bis zu 50 000 Dollar aufbrächten, manchmal von einem ganzen Dorf zusammengelegtes Geld. Im letzten Sommer sei jedoch eine einzige Stahlkiste gleich für mehrere Dutzend Chinesen zum Sarg geworden. Europa, das gelobte Land, gliche also eher einer Festung und habe Schwierigkeiten, sich als Einwanderungskontinent zu verstehen, auch wenn es nicht zuletzt für seine Wirtschaft auf die Arbeitskraft von Migranten angewiesen sei.

Was nun die Absicht, Afghanistan nicht in Richtung Ozeanien, sondern mit einem Ziel im Westen zu verlassen, betreffe, ergänze ich bei der letzten Begutachtung der Karte, hätte ich keine Ahnung, ob die Route nach Istanbul nur durch den Iran oder auch durch den Irak oder gar durch Zentralasien und den Kaukasus ginge.

Der Mann hat mir stumm zugehört. Vielleicht hat er auch nicht alles verstanden. Jedenfalls ist er meinem über die Karte fahrenden Finger aufmerksam gefolgt. Ob ich ihm irgendwie helfen könne, hat er nicht gefragt, aber ich habe den Eindruck, die Frage liegt ihm auf der Zunge und irgendwann wird er sie aussprechen.

In unregelmäßigen Abständen schrillt die elektrische Glocke des Außentors.

Es kommt Fayyaz Shah, der pakistanische Chef der Zweigstelle Kandahar des *World Food Programme*, zum Mittagessen und zum Tee Asadullah Mahmood Mutawakil, der afghanische Assistent der Administration von *Oxfam* und Simon Taylor, Senior Program Officer, Emergency Operations des in Portland, OR, domizilierten *Mercy Corps International.*

Das Satellitentelefon hingegen schweigt. *CNN* bezahlt scheinbar die Miete des Hauses, aber die populäre Reporterin Christiane Amanpour verschiebt einen Besuch Afghanistans immer wieder von neuem. Vielleicht fürchtet sie die problematische Unterbringung im Land. Die neue Dusche im Haus, verstehe ich, hat man selbstverständlich nicht nur zu ihrer Bequemlichkeit eingebaut.

Kamal sagt, er lasse nichts unversucht, leider ohne viel Erfolg, Atlanta für eine differenzierte Berichterstattung aus Afghanistan zu sensibilisieren und umgekehrt in Kandahar bei der Führung der Taliban Verständnis für die Notwendigkeit fokussierter Zusammenarbeit mit den Nachrichtenkanälen und der Presse. Die schwierigen Verhältnisse afghanischer Normalität müßten bekannt gemacht werden. Im Augenblick bestehe das Land nur aus den Buddhas. Das sei ein Rückschlag. Unser Vorhaben, über die Hungerkatastrophe zu berichten, werde gewiß zu einem Gespräch mit dem Außenminister führen, wenn wir ein paar Tage Geduld hätten. Jener weile nämlich gegenwärtig in Kandahar, und er, Kamal, habe bereits Mitteilung gemacht.

Ich ziehe es vor, im Haus zu bleiben, anstatt mich der Versuchung auszusetzen, Bilder zu schießen, die nichts mit der Reportage zu tun haben und im schlimmsten

Fall nur Scherereien mit den Moralwächtern einbringen. Zudem habe ich den Eindruck, Kurt und ich befinden uns in einer Quarantäne, uns wird der Puls genommen, im Lauf ungezwungener Teegespräche, die sich um vieles drehen, nur nicht um einen Reiseplan. Kurt scheint etwas verunsichert, aber das muß damit zu tun haben, daß er als Mitglied der Redaktion von *Facts* eine größere Verantwortung trägt als ich, daß er so schnell wie möglich aus dem Haus will und nach Afghanistan hinein. Aber Kurt teilt zuletzt meine Erwägungen, unseren Gastgebern die erforderliche Zeit zu lassen, denn sie wissen, was wir nicht wissen. Deshalb geht es vor allem darum, unsere Vorstellungen so klar wie möglich darzustellen. Kamal würde zweifellos keine Möglichkeit auslassen, diese bei Ouvertüren der Taliban ins Feld zu führen.

Vom *Jihad* gegen die Rote Armee besitzt Jamal, was er mit »visual experience« bezeichnet. Er sei viel mit den Mujaheddin unterwegs gewesen und habe, da im Besitz einer Kamera, eben nicht bloß geschaut, sondern auch Aufnahmen gemacht. Für sich selbst, später dann auch für die Nachrichtenorganisation.

Aufnahmen, verstehen wir, hat Jamal vor drei Wochen auch in Bamiyan gemacht; die einzig verfügbaren und von allen Fernsehkanälen benutzten Aufnahmen vom Kollaps des großen Buddha in einer Wolke aus bräunlichem Staub und eine Sekunde zuvor vom explodierenden Feuerball des Einschlags der Panzergranate, als dicht neben der Kamera das unterdrückte arabische »*ma sha allah*« eines zweiten Augenzeugen zu hören ist – in der Bedeutung »*Erstaunlich!*«, vermutlich in diesem Augenblick eher basse Verwunderung ausdrückend als im anderen Wortsinn des die Gottesmacht erkennenden Ausrufs »*Wunderbar*« oder »*Großartig*«.

Jamal hilft aus in der von seinem Bruder in Islamabad gegründeten und auf Afghanistan-Berichterstattung spezialisierten Agentur *Stringers*. Jedoch nur, wenn auf dem Hof nichts Dringendes ansteht und ihm eine bestimmte zugetragene Anfrage paßt, denn er hat mit eigennützigen Journalisten schon zu viele schlechte Erfahrungen gemacht. Zuletzt mit dem Reporter der *Washington Post*, der glücklicherweise vorgestern endlich aus Herat nach Pakistan abgeflogen sei. Zusammen hätten sie eine Gruppe von Hungerflüchtlingen ein Stück des Wegs begleitet, aber der Reporter sei am Ende nicht einmal zu einer Spende bereit gewesen. »*What an a. . .*«

Im Lauf des Abends, nachdem noch zwei, drei Boten Handzettel überbracht haben und wir gerade den letzten Beutel *Liptons Tea* des Tages in die Gläser senken, schaut ein später Gast im Haus vorbei. Mahmud Shah, ein junger Kommandant, der Taliban aus der Region Jalalabad. Nach einer kurzen Begrüßung ist er mit den Gebrüdern ins Gespräch vertieft, und da dieses in Pashtu geführt wird, ziehen wir uns in eine andere Ecke zurück. Kurt studiert einen Bericht über das Problem mit dem Schlafmohn. Dessen Anbau habe die Führung der Taliban für dieses Jahr per Edikt verboten und dafür den Anbau von Weizen befohlen. Der Bann schließe indessen die unter der Kontrolle der Taliban stehenden Gebiete aus, hat der Delegierte des

ICRC erklärt und erwogen, mit der künstlich erzeugten Knappheit würde das Regime versuchen, den durch vorangehende Überproduktion gefallenen Preis wieder anzuheben. Ich habe vergessen, den Delegierten zu fragen, wann denn an Kandahars Ausfallstraßen die Tafeln aufgestellt worden seien mit Ermahnungen wie »*Drug abuse excerts harmful impacts on education*« oder »*Drug abuse is submission to slow death*«. Jedenfalls steht aber fest, daß Kandahar, Sitz der *Shura* der Taliban, eines der Hauptanbaugebiete des <u>Schlafmohns</u> ist.

Wie es um Kandahars Konservenfabriken bestellt ist, die früher die auf den Obstplantagen gewonnenen landwirtschaftlichen Haupterträge der Provinz verarbeitet haben, kann man sich denken. Die Einrichtungen müssen wie die Straßenbeleuchtungen längst abmontiert und als Schrott nach Pakistan verkauft worden sein. Den Zustand der Weinkulturen nach zwei Jahren anhaltender Trockenheit werden wir auf dem Weg nach Telucan beurteilen können. Dort haben die Taliban für die aus der Wüste evakuierten Kuchi-Nomaden ein Lager eingerichtet, und Kamal hat mit dem Chef des *WFP* einen Besuch arrangiert.

Seit 1994 hat sich mit der Machtentfaltung der Taliban die Struktur des Drogengeschäfts verändert, wobei aber das vordringliche Ziel, die Finanzierung des Kriegs und im Fall der Taliban des *Jihad*, dasselbe geblieben ist. Neu jedoch ist die von den Taliban eingeführte 'staatliche' Besteuerung. Richtlinie dabei bietet das vom Koran festgelegt traditionelle für Landwirtschaftsprodukte vorgesehene Abgabensystem. Nach Angaben der *UN* steht den Bauern vom Gewinn ein rundes Prozent zu, den Händlern 2,5 % und den regionalen Schmugglern 5 %. Die Taliban besteuern diese Anteile dann mit zwischen 12,5 und 20 %, wenn sie nicht einen Teil des Rohopiums direkt für den Weiterverkauf abzweigen. Umgekehrt garantieren sie den Bauern Schutz und die geregelte Struktur des Absatzes.

Kandahar, dessen heutiger Namen sich über Iskandahar und Iskandariya aus dem im Winter 330/329 v. u. Z. gegründeten Alexandria-in-Arachosia herleitet, ist ab diesem Datum ein Knotenpunkt der Heer- und Karawanenstraßen. Die Han rechnen Kandahar dem an den Persischen Golf stoßenden Taozhi zu, der Name, welcher nach 661 dann zwei Jahrzehnte lang das unter der Herrschaft der Tang liegende Gebiet von Ghazni südwestlich von Kabul bezeichnet. Damals erhalten die chinesischen Kaiser aus Kandahar als Tributgeschenke Leoparden, sich von den aus dem südlichen Indien oder der persischen Insel Kish unterscheidende sogenannte 'rote Leoparden'. Nach der Eroberung der Araber im 7. Jahrhundert liegt Kandahar bis zu ihrer endgültigen Verdrängung 1186 unter den aus Buchara vorrückenden Seldschuken und den Ghuriden (1173–1215) aus Zentralafghanistan im Machtbereich der Dynastie der Ghaznaviden, den Sponsoren Ferdausis und al-Birunis. Die Mongolen erscheinen 1222. Ogedai zieht mutmaßlich von Ghazni an Kandahar vorbei nach Herat. Chaghatai, der zweite der vier Söhne Dschingis Khans, riskiert einen Feldzug durch Belutschistan und Seistan nach Tez am Indischen Ozean und verliert auf dem Rückweg hinauf nach Farah in der Wüste Makhan, dem Alexander unter der Bezeichnung Gedrosien bekannten Glutofen, erhebliche Teile seiner Kavallerie. Timur hingegen läßt Kandahar rechter Hand liegen, als er 1398 den Indien-Feldzug von Kabul direkt in das im Herzen der Zubringerflüsse der Indus gelegene Multan

vorträgt, während Babur, im Jahr 1506 die Stadt vor dem Hintergrund der Eroberung Khorasans und Herats durch die usbekische Armee Shaybani Khans und är-
gerlichem innerem Zwist der Timuriden-Prinzen zum Austragungsort der glänzend
gewonnenen Schlacht gegen Shah Arghun macht.

1622 erobert Shah Abbas I., nachdem er im April dieses Jahres bereits das seit
1515 in portugiesischem Besitz befindliche Hormuz befreit hat, Kandahar. Aber
bereits 1638 entreißen die Moguln den Safawiden die Stadt, bis sie 1649 unter
Shah Abbas II. für etwas mehr ein halbes Jahrhundert persisch bleibt, bis zur Eroberung 1709 durch die afghanischen Ghilzai, die 1722 auch Isfahan einnehmen.
Aus den Trümmern des persischen Safawiden-Reichs sich aufschwingend, zerstört
dann Nadir Shah aus dem seminomadischen Turkmenenstamm der Afshariden
(1736–1796), unterstützt von den Kriegern des mit den Ghilzai verfeindeten pashtunischen Stammesverbands der Abdali, 1738 Kandahar. Bereits 1747, nach der
Ermordung dieses Dschingis Khan und Timur nacheifernden Willkürherrschers,
macht dann Ahmad Shah Abdali als erster König Afghanistans und Begründer
der Dynastie der Durrani die von Nadir Shah auf Kandahars Ruinen errichtete
Nachfolgerstadt Naderabad zur seiner Hauptstadt und gibt ihr dabei Alexanders
ursprünglichen Namen zurück.

Ab dieser Stunde tritt Kandahar jedoch ins Dunkel. Mit Verminderung der
Nachfrage auf den persischen und osmanischen Basaren sinkt der indische Tran-
sitverkehr. Nur wenige Ausländer sind unterwegs, die aus eigenen Interessen den
Gang der Geschäfte verfolgen und davon auch berichten. Umgekehrt ist der Nie-
dergang in den davon betroffenen Karawanenstädten selbst kaum Gegenstand der
Darstellung.

Zuvor, im 17. Jahrhundert, vor allem in dessen zweiter Dekade, als das in-
folge europäischer Avancen eindeutig wirtschaftlich orientierte persische Reich der
Safawiden und das eher militärischen und religiösen Fragen zugeneigte indische
Mogulreich um die Kontrolle Kandahars streiten, ist Kandahar Knotenpunkt der
Karawanenstraße zwischen Sind und Belutschistan, einer Route, deren wirkliche
Bedeutung jedoch im Obskuren liegt. In Agra beginnend und in Isfahan endend,
dient sie als komplementärer Verkehrsweg zum maritimen Handel der *East India
Company* und der *Dutch East Company*, und ihr unterschiedliches Transportvolumen
wiederspiegelt die jeweils herrschende machtpolitische Situation. Nach 1648, dem
Jahr der Einnahme Kandahars durch die Moguln, gilt der Seeweg als sicherer;
davor hingegen, nach der Einnahme des portugiesischen Gombroon (heute Bandar
Abbas) durch die Perser im Jahr 1614, als der maritime Handel via Hormuz einen
Tiefstand erreicht, steigt der Überlandverkehr – eine bereits 1611 von Antonio de
Goueva, dem Gesandten Madrids, beobachtete Verlagerung im Zusammenhang mit
dem Ausbruch des Krieges zwischen den Portugiesen und den Moguln. Silva y Fi-

gueroa, von 1617 bis 1619 Botschafter Spaniens in Persien, erklärt die wachsenden Transporte auf der »Kandahar-Route« zu seiner Zeit mit der bewußt betriebenen Politik des Shahs, den Indien-Handel vom portugiesischen Hormuz weg und auf den Landweg umzuleiten. Indikator für die Frequenzen auf dieser Route sind die registrierten Zahlen der Packtiere, für das Jahr 1615 etwa die vom englischen Reisenden Richard Steel genannte Zahl von 12 000 bis 14 000 Kamelen, im Vergleich zu lediglich 7000 bis 8000 im Jahr 1611, und 20 000 bis 25 000 im Jahr 1639. Die indische Baumwolle, welche die Karawanen, in einem 1635 verzeichneten Fall aus 4000 Tieren bestehend, nebst großen Mengen Indigos nach Isfahan bringen, ruft in der breiten Masse der persischen Bevölkerung eine Umgestaltung der Gewandung hervor, die sich wiederum im syrischen Aleppo bemerkbar macht, wo 1613 der venezianische Konsul im Fall verkaufter Wolle einen Rückgang von mehr als drei Viertel notiert.

Nebst den Nachrichten zum Karawanenverkehr gibt der Umlauf des Geldes – vor allem der Ausstoß der Münzprägestätten, der im Norden, in Lahore, Multan, Kabul und Kandahar, größer ist als in Gujarat, an dessen Küste Surat liegt, Ausschiffungshafen des indischen Transithandels über Hormuz in den Persischen Golf oder über Mocha ins Rote Meer – Aufschluß über die Geschäftsaktivitäten nicht nur an den Knotenpunkten der »Kandahar-Route«, sondern auch an den mit dieser verknüpften Handelsstraßen.

Ein solcher Umschlagplatz ist Lar, im Hinterland von Gombroon (heute Bandar Abbas) und mit einer großen Niederlassung indischer Kaufleute aus Multan. In der religiös offenen Stadt, wo es auch eine ansehnliche jüdische Gemeinde gibt, erfährt Pietro della Valle, der durch den Fiebertod seiner in Baghdad geheirateten nestorianischen Frau und die eigene Erkrankung zwischen Januar und Juni 1622 aufgehalten wird – die Safawiden haben eben den Portugiesen Hormuz entrissen und marschieren gegen Kandahar – mehr über den Hinduismus als in der großen indischen Gemeinde Isfahans, wo der römische Patrizier und in syrischer Gewandung reisende Privatgelehrte zudem ein anderes, aber letztlich aufgegebenes Ziel verfolgt hat, nämlich Shah Abbas seine Dienste anzubieten bei der Verwirklichung des Kreuzzugsplans, den Türken das besetzte Heilige Land für das Christentum abzujagen und über den christlichen Gemeinden der Assyrer, Chaldäer und Nestorianer safawidischen Schutz zu errichten. Während seiner Genesung findet der Römer in Lar aber auch die Freundschaft zum herausragenden Mathematiker Zayn ad-Din und wundert sich, warum dieser so viel Zeit mit ihm verbringt, wo er doch über Europa nichts als ein paar Kuriositäten zu berichten weiß, Bagatellen im Vergleich zum Wissen, das jener ihm vermittelt, mündlich und nach Abreise della Valles nach Bandar Abbas und Goa auch per Korrespondenz. Etwa als ihm der Perser eine Frage nach seiner mit dem Astrolabium gemachten Messung und der Bodenerhebungen des Meridians nicht nur exakt beantwortet, sondern abgeglichen mit den in den Zwanziger- und Dreißigerjahren des 15. Jahrhundert in Samarkand erstellten berühmten Tafeln Ulugh Begs, des Enkels Timurs.

Nebst dem Umlauf von Wissen zirkuliert aber, wie bereits erwähnt, das Geld, und im Basar von Lar und aller Karawanenstädte zwischen Persien und Sind gibt es deshalb neben den entlang der Kandahar-Route geprägten indischen *Rupien* auch das iberoamerikanische Silber von Potosí – genauer: die über Sevilla, *Puerta y puerto de las Indias* ('Pforte und Hafen für Westindien') eingeführten, auf der Spur der antiken griechischen *Drachmen* und römischen *Dinare* durch Anatolien und Persien weitergereichten *Reales*. Sie werden aus Silbererz hergestellt, das seit 1545 am *Cerro Rico*, einem vierhundert Meter hohen pyramidalen Höcker im heutigen Bolivien, 4000 Meter über Meer gelegen, von versklavten Indios abgebaut und seit 1573 unter Anwendung des hochgiftigen Quecksilbers und Salz gewonnen wird. Diese Währung des Vizekönigreichs Neu-Spanien besitzt internationale Gültigkeit.

Kam damals die Welt von selbst über die Karawanenstraßen nach Kandahar, so gibt es heute, ein halbes Jahrtausend später, für den Dari sprechenden Mann in diesem Haus in Kandahar, einem von ungezählten Gefangenen der vom Unglück gepackten Welt des Hindu Kush, nur eine Hoffnung auf persönliche Teilhabe an der zusammenwachsenden Welt: die Flucht aus seiner Heimat.

Am leeren See

Kandahar, 23. März 2001. — Allah vermag alles zu spenden. Aber aus klarem Himmel schickt er keinen Regen, und das bereits bald im dritten Jahr. Von der Trockenheit betroffen sind zusammen mit zwei Millionen anderen Afghanen auch die Bewohner des Tals des Argandabad, wohin wir über einen nicht besonders hohen Paß im Rücken Kandahars gelangen.

Das letzte Dorf unterhalb des Damms liegt an einem Kanal. Woher dessen Wasser kommt, bleibt unklar. Jedenfalls gelangt es nicht mehr bis zum Fluß, und sein Stand reicht auch nicht mehr über die untersten zwei der Schöpfteller des aus einem Dutzend rostig dunkler Eisenspeichen bestehenden Wasserrades hinaus. Die obersten drei oder vier Teller hingegen greifen hoch über das halbvertrocknete Ufergebüsch hinaus, als wollten sie sich unter das Schleiergewölk am glühenden Himmel schieben und den Himmel herausfordern, der beinharten Erde eine Träne zu weinen.

Das Wasser des Kanals ist gelblichgrün wie dessen Grund. Der warme Morgenwind schickt über die Oberfläche gerippelte Linien, und auf diesen ölt die Spiegelung des Wasserrads.

Bauern haben ein blaues Plastikrohr über den sandigen Weg gelegt, um Pistazienbäume zu bewässern, die im Geviert hoher Lehmmauern ihre fleckigen Schatten auf jungen Weizen werfen. Eine Vogelscheuche hängt in einer Astgabel. Wie die Startnummer eines Läufers ist ihr ein Gesicht um die Brust aus schwarzem Tuch gebunden. Es ist aus verschossenem blauem Stoff, und darauf kleben Schnauz, Kinn- und Backenbart aus Stücken von Baumwolle. Grinsender Mund, Nasenlöcher und die ovalen Augen sind mit weißem Faden aufgestickt.

Außerhalb des Dorfes halten wir an einem sattgrünen Feld mit jungem Weizen, inmitten brachliegender gelber Äcker.

»*Jetzt haben wir zu Essen*«, sagt der junge Bauer und hakt weiter an der Umleitung der Bewässerungsrinne. Nach einer Weile hält er inne und blickt auf: »*Seit die Taliban verboten haben, Schlafmohn anzubauen, ist das so. Aber dafür haben wir nun kein Geld.*«

Das Tal des Argandabad ist ein traditionelles Anbaugebiet des Schlafmohns, und während des antisowjetischen *Jihads* haben es die Besatzer nie geschafft, hier die Kontrolle zu gewinnen. Daß sie es immer wieder versucht haben, muß damit zu tun gehabt haben, daß die Afghanen das Opium als Waffe einsetzten, indem sie die Russen abhängig machten. Das brach ihre Kampfmoral und stimulierte zu Waffenverkäufen an den Gegner.

Der Weißbart im ockerfarbenen *shalwar kameez*, der hinzugetreten ist, erinnert sich an diese Zeit, aber die Gegenwart drückt ihn nicht minder. »*Diese Jahre ohne Regen! Bereits das dritte! Es ist Allahs Wille. Der große Versorger ist unzufrieden mit den Taliban.*«

Im Weggehen fügt er hinzu oder sagt es zu sich selbst: »*Wir, die Bevölkerung, sind alleingelassen im Gebet um Regen.*«

Das Tal streckt sich in die Länge und steigt dabei fast unmerklich an bis hinauf zur geraden Kante des Dahla-Damms, die wie ein Bleistift zwei niedrige Hügelketten verbindet. Dahinter flimmert der sandfarbene gefleckte und von Fahrspuren ausgescharrte Boden des Stausees, eingerahmt von fernen schwarzen Bergen. Entlang deren Fuß schlängelt sich ein Saum, hell wie der Boden, die Markierung des fast vollständig verschwundenen künstlichen Sees.

Schweigend kauern wir auf einem Felsblock am seeseitigen Abhang des Damms. Der winzige Punkt eines Pickup zieht seine Staubfahne über die verbackene Ebene.

»*Entenjäger*«, sagt Jamal.

Aus dem Tal kommt ein Motorrad, überquert die Krone des Damms und holpert in die salzverkrustete Ebene hinunter. Der aufsitzende Jäger hält im rechten Arm einen gepumpten Lastwagenschlauch.

»*Ihr Boot*«, sagt Jamal und lacht. »*Die abgeschossenen Enten fallen meist ins Wasser. Vor dem Winterregen, als das Reservoir vollkommen ausgetrocknet war, haben Entenjäger einen sowjetischen Helikopter gefunden.*«

»Wo genau?«

»Dort, an der flachen Spitze der Bergzunge, wo es noch etwas Wasser hat. Die Skelette der Besatzung lagen noch im Wrack. Die Taliban haben sie weggebracht. Auch das Wrack.«

Jamal bleibt auf seinem Felsblock in der Hocke und ritzt mit einem Splitter den Staub. Neben ihm der Dari-Sprecher, versunken in die trostlose Szenerie. Über dieser der von den Entenjägern aufgewirbelte weiße Staub.

Von einem Abkommen zur Suche und Heimführung der sterblichen Überreste russischer *MIA*, ähnlich den amerikanischen Anstrengungen in Vietnam und Laos habe, ich nie etwas gehört. Moskau muß froh gewesen sein, dem Land den Rücken zu kehren.

Jamal scheint meine Gedanken zu erraten. Er wendet sich zu mir hochblickend um, denn ich bin mittlerweile aufgestanden und reibe die vom Kauern kribbelnden Knie, und sagt:

»Beim ihrem Rückzug haben die Russen die Afghanen gewarnt, der Krieg werde sie weiterhin töten. Nur käme der Tod jetzt nicht mehr aus der Luft, sondern aus dem Boden. Du weißt, was sie damit gemeint haben, ja?«

Bevor wir ins Haus zurückkehren, dirigiert Jamal den Fahrer zu einem Gebäude. Es ist das Paßbüro. Eine beträchtliche Menge Burschen und Männer drängt gegen Umfassungsmauer und Tor.

Hundert Hände öffnen einen Keil und schieben Kurt und mich in die Menge. Wir stolpern über Taschen und geschnürte Bündel. Prallgefüllte Jutesäcke drücken gegen Brust und Oberarme. Um nicht zu fallen, stützen wir uns ab am rauhen Stoff gefalteter, über den Schultern liegender Decken. Freundliches Stoßen von beiden Seiten befördert uns unter Gelächter nach vorn, und es schwillt erst ab, als wir uns durch das nur einen Spalt geöffnete Gittertor gezwängt haben. Von der Mauer springen ein paar Knaben in den Hof und laufen uns nach bis vor die Tür, an der sie darum streiten, wer unsere abgestreiften Schuhe bewachen darf.

Ein junger Beamter lädt ein, auf Kissen Platz zu nehmen, und nimmt unsere Pässe. Über dem weißen Hemd trägt er ein dunkles feines Gilet. Das Holzpult, hinter dem er kauert, hat eine abgescheuerte Platte, und darauf liegen die Utensilien seiner Verfügungsgewalt – der Stempel, das Stempelkissen, Stifte sowie viele Nadeln zum Zusammenheften von Schriftstücken.

»Ich habe dieses neue Visum gestaltet, mit dem Computer«, sagt der Beamte in Englisch und mit kaum verhaltenem Stolz, und fügt an, die limonengrünen Kleber in unseren Pässen, meiner trägt Nummer 000 355, seien nur auf der Botschaft in Islamabad verfügbar.

Für die Visaverlängerung greift der Beamte, dessen Gewissenhaftigkeit sich mit der bei Kellnern immer selteneren Zuvorkommenheit verbindet, zum bewährten Holzstempel. Bevor er diesen auf die dem Visum gegenüberliegende leere Seite des

Passes setzt, drückt er ihn lang und fest in das Kissen. Der Abdruck hat die violett-bläuliche Farbe einer bestimmten Wundtinktur, die mich an aufgeschlagene Knie der Kindheit erinnert, aber auch an Fingerabdrücke, mit denen vom Zyklon heimgesuchte Bangladeshi den Erhalten von ein paar Schalen Reis in den aufgehaltenen Stoff ihrer *lunghi* quittierten, und ich meine, es müssen sich damals, im Mai 1991 im verheerten Küstenstrich südlich von Chittagong und auf den davorliegenden zerstörten Inseln, um dieselben Stempelkissen gehandelt haben.

Dann setzt der Beamte die selbstsicherste Unterschrift, nicht nur in diesem meinem sechsten Paß, sondern auch von allen vorausgehenden. Die beiden Weißbärte neben mir, die keinen Unmut gezeigt haben, als ihre Papiere beiseite geschoben worden sind, denn anders als uns gehört ihnen unermeßlich viel Zeit, wünschen das fertige Werk zu sehen, recken ihre Köpfe zusammen und nicken anerkennend. Ohne in den Seiten geblättert zu haben, reichen sie den Paß zurück, freundlich lächelnd, gerade so, als seien sie es, die dem neuen Eintrag letztlich Gültigkeit verleihen.

Gestrandete Nomaden

Kandahar, 24. März 2001, morgens. — Gestern, oben am Damm, sind uns die ersten Flüchtlinge der Dürre begegnet. *IDPs*, wie der humanitäre Jargon die statistische Größe intern Vertriebener, also innerhalb der eigenen Landesgrenzen sowohl durch Konflikte wie auch, und zwar im steigenden Maße, durch Umwelteinflüsse entwurzelte und verdrängte Menschen bezeichnet.

Der Traktor ist aus der Tiefe der Hügel gekommen. Auf dem Anhänger die ganze Sippe, mindestens zwei Dutzend Menschen. Hintendrein ein paar Kamele und ganz zum Schluß zwei Mädchen, nur wenig größer als die Schafe, die sie vor sich hergetrieben haben. Es sind Angehörige der Kuchi gewesen, des nomadischen Clans der Pashtunen.

Jetzt sind wir unterwegs zu diesen Kuchi, die keine Fahrzeuge besitzen und deren Kamele neben versiegten Brunnen und ausgetrockneten Wasserstellen verendet sind. Mit Helikoptern haben die Taliban sie aus dem leeren Viereck der Wüste Registan ausgeflogen. Dabei seien Sippen auseinandergerissen worden, sagt der Begleiter vom *WFP*, das die Lager jetzt versorgen muß. Auch *Oxfam* kritisiere die Rettungsaktion.

Hätten die Taliban die Nomaden besser neben ihren toten Kamelen sterben lassen sollen? Allerdings haben sie, heißt es, zuvor auch Kuchi gezwungen, Minen zu räumen. Tatsächlich dürfte kein Afghane vertrauter sein mit den unbezeichneten sowjetischen Hinterlassenschaften als ein Nomade.

Die Lager der evakuierten Kuchi befinden sich in der Umgebung der Siedlung Taloqan, an einem Zubringer des Argandabad, dem Arghistan.

Wenn dieser, der Tarnak Rud sowie andere nicht perennierende Flußläufe Wasser führen, gedeihen hier die Weintrauben der Provinz Kandahar. Aber das Anbaugebiet liegt trocken. Aus der Ferne und im diffusen, fast nebligen Licht des Morgens gleicht es einem ausgedehnten, geometrisch unterteilten archäologischen Grabungsfeld. Hat man dann aber seinen Rand erreicht, erklärt sich dieses. Hier in der Ebene wird die Rebe, anders als am gewohnten Hang, nicht am Spalier oder Drahtrahmen erzogen, sondern sie lehnt als knorriges Ypsilon an den geneigten Seitenflächen brusthoher und im Abstand von einem Meter zueinander errichteter langer Lehmwälle, die alle zwanzig Meter ein im rechten Winkel verlaufender Wall unterbricht. Der Rücken dieser Wälle ist zerfallen oder zumindest bröcklig, ausgetrocknet und hell wie Vanille. Ebenso der Boden der von ihnen gebildeten länglichen Rabatten, der mit Ausnahme ein paar weniger nicht gehackt und zur Bewässerung vorbereitet ist. Aber scheinbar versuchen die beiden Bauern, die zwischen den Wällen auftauchen, die Rettung auch einiger weiter entfernten Reben, denn ein weißer Schlauch ist ausgelegt, über Gestelle aus Stöckchen und Zweigen und durch armdicke, die Wälle durchstoßende Tunnels führend, um das Wasser aufzunehmen, das sich aus einem Rohr in eine direkt am Weg liegende Rabatte ergießt. Die Herkunft des klaren Strahls ist nicht auszumachen. Vielleicht ist er tatsächlich die letzte Hoffnung für ein paar der noch nicht abgestorbenen Stöcke, die normalerweise erst im dritten oder vierten Jahr Trauben tragen, aber jetzt bereits als Brennholz verwendet werden.

Als wir das Lager der Kuchi erreichen, bricht der Himmel. Der Regen ist heftig, springt ab vom beinharten Lehmboden, und alles was bleibt, ist abgekühlte Luft.

Weißbärte und Kinder drängen unter einer Plane hervor, Frauen mit schlotternden Kleinen erscheinen unter zerschlissenen Steppdecken, deren Buckel aus der Wüste gerettete Habe verraten. Das wichtigste dabei die gebogenen Stangen der Zelte, deren Holz bleich ist wie jenes der herumliegenden, grob gefügten Krücken mit Achselpolstern aus Stoffresten, die zu klein gewesen sind zum Ausbessern der aus zusammengenähten Säcken und Baumwolltüchern bestehenden Zeltbahnen.

Hinter einer Bodenwelle kauern die Mädchen und Buben in zwei getrennten langen Reihen sich für den Unterricht hin; erstere tragen alle Plastiksandalen, unter den letzteren die glücklicheren Gummistiefel. Röcke und Schleier der Mädchen sind zumeist blau, grün oder violett, aber immer mit Blumen oder Blüten gesprenkelt. Die Buben tragen beige oder rostfarbene *shalwar kameez*, der eine oder andere ein wollenes Jäckchen oder an einer Schnur den kleinen Stoffbeutel mit einem Glücksbringer, und manchmal teilen sich zwei oder drei eine über Köpfe und Rücken geworfene

Decke. Auf- und abgehend spricht der Lehrer die Lettern und Wortgruppen vor. Die Zeigefinger der Rechten folgen den Linien in Dari, aber öfters ballen sich die Hände auch wärmend zusammen und drücken gegen die vorgebeugte Brust.

Der Taliban und der Schweizer

Kandahar, 24. März 2001, mittags. — Bei unserer Rückkehr finden wir Mahmud Shah, und während des Essens, das wieder aus Huhn, Reis und ein paar Tomaten besteht, sprechen wir mit dem zweiundzwanzigjährigen Kommandanten.

Mahmud Shah trägt nicht den für Kämpfer der Taliban üblichen schwarzen Turban, sondern einen aus weißem Seiden- und Baumwollgemisch. Dieser macht ihn zum Mitglied des Führungskreises der Bewegung, die neben den Mullahs das Privileg genießen, die Farbe des Propheten zu tragen — wenn Weiß es tatsächlich gewesen ist, denn das Problem einer solchen Überlieferung besteht selbstverständlich immer darin, daß einer sie in Umlauf setzt, weil es ihm aus irgendeinem Grund paßt, und bereits drei Generationen später gilt sie als Tatsache. Auch zu einem Lidschatten soll der Prophet auf diese Weise gekommen sein. Jedoch dürfte es Mahmud Shah gewiß befremden, ihn auf die Wahrscheinlichkeit einer solcher Gepflogenheit des Propheten anzusprechen, denn er ist ja nicht Theologe, sondern Kommandant, zudem nicht eines gewöhnlichen Kampfverbands, sondern eines von Jalalabad aus, dem Hauptort der Provinz Nangarhar, unter dem Namen *Qita-e Muntazira* operierenden und aus einhundertundfünfzig Gotteskriegern bestehenden schnellen Eingreiftrupps.

Es ist nicht klar, ob auf Mahmud Shah zutrifft, was Ahmed Rashid (*Taliban. Islam, Oil and the New Great Game in Central Asia*, London, 2000) über die jetzigen Nachfolger der Mujaheddin der achtziger Jahre sagt, daß es sich nämlich bei den in strikt männlicher Bruderschaft der Medresen aufgewachsenen Koranschülern um die wirklichen Waisen des Krieges handelt, ohne jede Erinnerung an die Vergangenheit, während jene noch über ihre tribale Herkunft und Clan-Zugehörigkeit Auskunft zu geben und afghanische Legenden und Geschichten zu erzählen wußten. Was Mahmud über sich sagt, deckt sich mit Rashids Aussage insofern, als daß er nie etwas anderes als Krieg gekannt hat. Mit zwölf hat man ihn in die Medrese gegeben; im Alter von fünfzehn ist er bereits mit den Taliban an der Front und Ende Mai 1997, mit achtzehn, ist er bei der Einnahme von Mazar-e Sharif dabei, entkommt aber der von Dostums Verbündeten gestellten Falle, in der schätzungsweise zweitausend Gotteskrieger der ursprünglichen Kerntruppen der Bewegung umkommen.

Wenn Mahmud Shah sich Jamals Übersetzung meiner Fragen anhört, bleibt der Blick seiner von der Schräge der Lidfalten überdachten Augen gesenkt. Während er dann antwortet, unterstreichen keine Gesten seine Worte, und die kräftigen Hände, deren Haut die Farbe von Nußbaumholz oder hellem Mahagoni besitzt, bleiben im Schoß, wobei die Rechte die Finger der Linken umgreift. Wie eine Schärpe liegt das lose der beiden Enden des Turbans auf dem anthrazitfarbenen *chalat*, der schmucklos ist bis auf den dünnen rot-weiß-blauen Besatz der weiten Ärmel.

An Mahmud Shahs linker Schulter hängt ein Patronengürtel und daran ein Schnellziehholster. Jamal legt Kurt die *Makarov* in die Hand, ein schwarzes Ding mit blankem Griffstück, fast so klein wie ein Spielzeug.

»*Die Waffe eines Speznaz.*«

Mahmud Shah lächelt, als das russische Wort fällt. Er ist nicht einmal zehn gewesen, als die Rote Armee Afghanistan verläßt, und zehn Jahre hat sie am Hindu Kush ausgeharrt.

Mahmud Shah kennt also nichts als Krieg, während in der Schweiz die Abwesenheit dieser Katastrophe seit mehr als hundert Jahren keinem mehr aufzufallen scheint. Ohne Jamals Hilfe kämen wir nicht weit, und bald sind wir bei der Geschichte, denn als Mahmud Shah sagt, seit Iskander sei Afghanistan überfallen und umgehend immer wieder sich selbst überlassen worden, pflichte ich lächelnd bei.

Mahmud Shah ist verunsichert, oder zumindest lese ich Verunsicherung in seinem Gesicht. Vielleicht hat er erwartet, daß ich die Vergehen zu erklären versuche, die der Westen am Hindu Kush begangen hat. Schließlich repräsentiere ich diese Hälfte der Welt. Müßte also für ihre Kultur einstehen, die mich hat groß werden lassen, während das Unglück, das von Mahmud Shahs Nation nicht weichen will, ihm die Kindheit genommen hat.

Kultur sei eine Mutter mit vielen Gesichtern, sage ich und füge an, man könne das an den Reaktionen über die Zerstörung der Buddhas sehen – ein Bild der Erleuchtung im Osten, dem Westen ein notfalls mit Dollars zu schützendes Welterbe. Jetzt sei der Koloß zusammengesunken in einer Staubwolke, auf welche der Islam den Satz geschrieben habe »*Mein Gott ist besser als deiner*«.

Mahmud Shah lächelt.

Alexander habe das Theater schon vor zu langer Zeit verlassen, fahre ich fort, und über die Brücke, die er schlug, seien in beiden Richtungen etliche Mißverständnisse gekommen betreffs gegenseitiger Fremdwahrnehmung. Wenn wir jetzt miteinander sprächen, geschehe das unter dem Zeichen einer großen Ignoranz meinerseits, nicht nur was Religiöses oder gar Theologisches betreffe, sondern ich wisse auch nicht, in welchem Maß das *Pashtunwali* denn tatsächlich sein, Mahmud Shahs, Leben bestimme.

Etwas vom entscheidendsten für die Herausbildung der Identität und die Orientierung eines Menschen sei *gawn*, hilft Jamal. Das Wort bezeichne stärker als den

Bezug zu einer Ethnie und in Ergänzung zu der über den Vater zurückzuverfolgenden Linie der Vorfahren die Zugehörigkeit zu einer aus dem Inneren gewachsenen sozialen Gemeinschaft. Der Stamm könne eine solche darstellen, aber auch eine religiöse oder Berufsgruppe, ja sogar die vielköpfige Sippe oder der Dorfverband.

Weil keiner allein auf der Welt ist, also weiß, wohin und zu wem er gehört, möchte Mahmud Shah mich einordnen und fragt nach meinem Clan und nach dem Volk der Schweizer.

Ich beginne mit der Geographie.

»Die Schweiz ist ein Land mit Bergen, den Alpen, nicht so lang und wild wie der Hindu Kush, dafür mit Gletschern, die nun zusehends schmelzen. Wir haben wichtige Täler, und aus diesen hinaus führen hohe, zum Teil schwierige Pässe. Einer der bekanntesten ist der Gotthard, aber anders als im Fall des Akrobat nördlich von Bamiyan nennt man ihn nur im Zusammenhang mit Werken der Ingenieure und nicht von turnerischen Leistungen. Genau wie die Afghanen den Khyber, bewachten und bewirtschafteten die Schweizer ihre Pässe, als Wächter, Wirte, Säumer, Zöllner und gewiß auch als Räuber. Stellten Führer, Packtiere, Pferde sowie Postkutschen oder Sänften, wenn wieder einmal ein deutscher, französischer oder englischer Dichter Lust nach südlicher Wärme verspürte. Durchmarschierende Armeen versprachen gute Geschäfte, aber die in Aussicht gestellte Bezahlung für beanspruchte Dienste traf nicht in jedem Fall tatsächlich ein. Einer, der prellte, war Napoleon ...«

Mahmud Shah nickt, und ich fahre fort:

»Auch ein Russe, Alexander Suworow, geriet mit seiner Armee in die Alpen, als der Bund der verschiedenen kleinen Schweizer Kantone zerrissen und geschwächt war, also nach außen hin keine Einheit bildete und 1799 durch die französische Besetzung ein Schauplatz des Zweiten Koalitionskriegs wurde. In Italien liegend, eilte Suworow nordwärts, entriß den Franzosen zwar den Gotthard, verlor dann aber bei der Traverse zweier minderer Alpenübergänge genauso viele Soldaten wie beim Rückzug der Engländer aus Kabul 1842 ums Leben kamen. Für nichts, denn militärisch oder politisch blieb die Operation für die russische Politik ohne positive Folgen. Das war ungefähr zur selben Zeit, als die Durrani mit dem Emir von Buchara einen Vertrag schlossen, in dem der Amu Darya zur Grenze zwischen dessen Reich und Afghanistan bestimmt wurde, und damit die erste feste Grenze des modernen Afghanistan.«

Ich bin froh, das in diesen Tagen gerade bei Rashid gelesen zu haben.

Während Jamal übersetzt, schält Mahmud langsam seine Orange. Die Parallelen fatal ausgehender Fremdeinmischung in den Gebirgen Afghanistans und der Schweiz erfüllt ihn mit Genugtuung. Das sei doch ein starker Beweis, daß die großen Länder die kleinen am besten in Ruhe ließen. Verstehen würden sie von deren inneren Angelegenheiten ohnehin nichts und ohnehin kaum etwas von ihrer Natur, dem engsten Verbündeten der Verteidiger.

Mahmud Shah gefällt die Geschichte von Tells Sprung in die Freiheit als Beispiel für den Einheimischen nützliche Kenntnis lokaler Topographie, und er möchte mehr wissen über die Anfänge der Schweiz. Der Unabhängigkeitskampf der Eidgenossen gibt Gelegenheit, meine nationale Zugehörigkeit zum Schweizervolk zu betonen, indem ich die erste Person Plural benutze.

»Wir begannen uns etwa dreißig Jahre nachdem Dschingis Khans Enkel Hulagu Baghdad erobert hatte, gegen die Unterdrückung der Dynastie der Habsburger aufzulehnen. Aber um die fremden Vögte aus dem Land zu vertreiben, mußten sich unsere kleinen Länder, die Kantone, zum »einig Volk von Brüdern« zusammenraffen. So sah es zumindest der deutsche Dichter, der Tell, unserem nationalen Helden, seine Gestalt gab. Wiederum vergleichbar den afghanischen Ghilzai im Jahr 1842, führten wir Krieg unter taktischer Ausnutzung des Geländes. Immer mehr Kantone stießen zum Bund, dessen Grenzen sich schnell ins Flachland vorschoben. Den Rhein im Norden jedoch, sozusagen unser Amu Darya, sowie die beiden großen Seen im Osten und im Westen überschritten wir nicht. Napoleon half, daß uns unser Land erhalten blieb, als die großen Mächte Europa teilten. Zutreffender als einer der Päpste, Pius II., beschrieb uns keiner. Der sagte, obwohl das Territorium der Schweiz in Frankreich liege, entspreche unsere Sprache und unser Brauchtum jenem der Deutschen; wir seien Abkömmlinge zäher Stämme, aus dem Gebirge heruntergestiegen, um am See von Luzern zu siedeln. Jedenfalls richteten wir uns zufrieden innerhalb von außen verfügter Grenzen ein, häuften im Sommer die Vorräte für die harten Winter. Nach ein paar Jahrhunderten wurden wir eine Nation und gaben uns eine Hauptstadt, und im Unterschied zu Afghanistan wird dort Etliches entschieden.«

»Wie viele Sprachen sprecht ihr?« möchte Mahmud Shah wissen. Nur der Bewohner eines vielsprachigen Landes stellt diese Frage.

»Jene unserer drei Nachbarländer Deutschland, Frankreich und Italien, sowie ein Provinzlatein, erhalten geblieben aus der Zeit der Römer, welche unsere Pässe als erste befestigt hatten. Neben den anderen drei ist diese Minderheitensprache die vierte Landessprache.«

Auf meine Frage nach Afghanistans offiziellen Sprachen antwortet Jamal:

»Pashtu und Dari, welches dem iranischen Farsi entspricht, sind offizielle Landessprachen. Früher wurden nur Pashtu-Sprechende als Afghanen bezeichnet. Die Dari sprechenden Hazaras, die mit diesen verwandten Aimaken, sowie die Nuristani, Turkmenen und Usbeken wurden nach ihrer Ethnie bezeichnet. Dann gibt es noch die ebenfalls Persisch sprechenden Tadschiken.«

Auf der Weltkarte an der Wand kaum auszumachen, hat die Heimat der Besucher Konturen angenommen.

»Zum Schluß seid ihr die Fremden also losgeworden?«

»Vielleicht nicht ganz aus eigener Kraft. Ich glaube, sie haben uns einfach dort in Ruhe gelassen, wo sie uns haben wollten. So kamen wir zu unserem Land. Sie hatten den Pufferstaat.«

»Wie Afghanistan zwischen Rußland und England.«

»Irgendwie sind wir und die Afghanen Brüder«, schiebe ich nach, einigermaßen unsicher, ob der Vergleich taugt. Aber Mahmud Shah nickt.

Um etwas präziser zu sein, kehre ich zurück zur Geschichte.

»Die Schweiz bestand zwar aus Gebirgen, aber auch aus einem Korridor, hauptsächlich dem zwischen dem Alpenfuß und dem Jura. Den bestimmte lange vor Napoleon schon Cäsar zu einer natürlichen Grenze Roms, verlängerte ihn aber mit einem künstlichen Wall. Er wollte Ruhe im Nordosten,

während er im Westen Gallien eroberte. Wann das war? Ein halbes Dutzend Generationen nachdem Iskander von Balkh über Kabul in Richtung Indien ging.«

Dann ergänze ich, daß die Schweizer, unter dem Namen Helveter und zusammen mit den Rätern – vergleichbar mit den Yüezhi, die, dem Druck anderer nördlicher Völker ausweichend, südwärts gewandert und schließlich im Norden Afghanistans seßhaft geworden seien – um die Zeit Alexanders sich vor nahenden Germanen über den Rhein in Sicherheit gebracht hätten. Daß aber Cäsar, als sie aus den dunklen Wäldern hinaus ans warme Meer gedrängt hätten, ihrem Zug bei Bibracte im Tal der Rhone unweit von Genf seine Legionen entgegenstellte und sie in den Transitkorridor des schweizerischen Mittellandes zurückschickte, wo sie dann gerodet und in den Seen gefischt hätten, während die Römer ihnen Straßen und Villen mit geheizten Bädern vor die Nase bauten. Ein entvölkertes Niemandsland zwischen der Nordgrenze und dem Römischen Reich und den Alemannen jenseits des Rhein sei nicht im Sinn der Weltmacht gewesen.

»Dann waren die Schweizer keine guten Krieger«, wirft Mahmud Shah ein.

Ich bin nicht sicher ob das eine Frage ist oder eine Feststellung.

»Die römische Streitmacht war eine Militärmaschine. Zwar bestand sie aus Bauern, aber im Lauf vieler Kriege wurden sie zu Berufssoldaten. Die Helveter waren ein Zusammenschluss von Sammlern und Jägern im Aufbruch. Ihr Anführer hatte kaum Pläne hinsichtlich eines Reiches. Mehr als tausend Jahre später, als die Schweiz Gestalt anzunehmen begann, wurden die Truppen der verschiedenen Kantone im Lauf verbissener interner Kriege sehr gute Soldaten, aber auch durch die Abwehr fremder Invasoren. Sie lockten den Feind in den Engpaß und trieben ihn mit Steinlawinen in den Sumpf und den Tod. In den Städten bauten sie Zeughäuser und stapelten darin ihre Waffen, und wie die Engländer im Punjab gossen sie auch Kanonen.«

Mir scheint, Jamal übersetzt nun besonders sorgfältig, und wenn Mahmud Shah nachhakt, sprechen sie lange miteinander. Krieg verlangt präzise Darstellung. Jamal hat von ihm, wie er sagt, »visual experience«, und Mahmud Shah, der in ihn hineingeboren worden ist, will ihn als Taliban zu Ende bringen. Vielleicht stärkt es in seinen Augen meine Zugehörigkeit zur Heimat, wenn ich den Eindruck erwecke, Bescheid zu wissen über die kriegerische Kultur der Schweizer.

»Wir hatten im Heer eines unserer Kantone einen Helden, der auf die geschlossene Formation des Feinde zutrat, deren Speere umarmte und in seine Brust drückte, so daß seine nachrückenden Kameraden durch die entstandene Bresche eindringen und die gegnerischen Reihen aufbrechen konnten. Ein anderer fing herbeifliegende Kanonenkugeln ab und warf sie zurück.«

Mittlerweile ist auch der Koch des Hauses hinzugetreten und Mahmud Shahs Fahrer, und alle lachen.

»Ich weiß nicht, ob das stimmt. Es soll im Ausland geschehen sein, als die 'Schweizer' Soldaten bereits berühmt und als Söldner in ganz Europa gefragt waren.«

Dann erzähle ich von der Reisläuferei.

Daß Sohn und Vater sich in der Schlacht gegenüberstehen, ist für Mahmud Shah unverständlich. Seit Beginn seiner nationalen Geschichte hat sich Afghanistan der Fremdeinmischung zu erwehren, sei es jener Persiens, Rußlands oder Englands und später in verdeckter Art und Weise jener Pakistans. Seine verschiedenen Ethnien wurden gegeneinander eingesetzt. Sicher, es herrschte bittere Rivalität, etwa bei den Pashtunen zwischen den Ghilzai und den Durrani, und die sowjetische Besetzung hat diese nicht etwa zum Erliegen gebracht, ganz im Gegenteil. Aber daß die Mitglieder einer Familie verschiedenen fremden Königen dienen und sich womöglich auf dem Feld gegenüberstehen, sei in Afghanistan undenkbar. Es war nur richtig, daß sich die Schweizer das Söldnerwesen verboten.

»*Und dann legten sie auch daheim die Waffen weg?*«

»*Sie durften sie behalten, zur Verteidigung gegen äußere Gefahr. Im Inneren aber ließ sich der Friede nieder.*«

»*Seit wann?*« möchte Mahmud Shah wissen.

»*Seit dem Zeitalter der Revolutionen, seit 1847. Kurz nach dem Ersten Anglo-Afghanischen Krieg.*«

In Afghanistan gebe es innere Einigkeit nicht ohne einen oder mehrere äußere Feinde. Daß sie schließlich auch noch zum Frieden führen könnte, sei eine trügerische Hoffnung. Der russische Überfall und die gemeinsam erlebte Unterdrückung habe über die ethnische Fragmentierung mehr oder weniger hinwegsehen lassen. Denn es sei auch um die Integrität der afghanischen Nation gegangen, fügt Jamal an.

»*Und nachher*«, frage ich, »*war es ein Krieg jeder gegen jeden und alle?*«

»*Mit erneuter Fremdeinmischung. Tadschiken, Hazaras und Usbeken haben ihre verschiedenen Herren jenseits der Grenzen*«, antwortet Mahmud Shah.

»*Einschließlich Pakistan?*«

»*Unsere von Gott erteilte Aufgabe ist es, jede Einmischung zu beenden*«, sagt Mahmud Shah und kommt auf die Erfolge der Taliban zu sprechen: »*In den befreiten Gebieten haben wir Bewohner und Banditen entwaffnet. Frauen können wieder gefahrlos reisen. Letzte Woche haben wir mit Helikoptern Kuchi-Nomaden aus der Registan evakuiert. Ihre Wasserlöcher sind leer. Die Kamele eingegangen. Ohne Reittiere sind die Kuchi Gefangene der Wüste gewesen. Ihr habt heute mit ihnen sprechen können.*«

»*Das unerbittliche religiöse Gesetz der Taliban?*« wende ich ein. »*Das Dekret von 1996 mit seinen vielen Verboten und bei deren Übertretung zu verhängenden Strafen. Alles notwendige Instrumente?*«

Mahmud Shah geht nicht auf die Frage ein, sondern antwortet: »*Der Westen nimmt unser Gesetz zum Vorwand, uns nicht anzuerkennen. Er müßte uns aber anerkennen, denn wir kontrollieren Afghanistan zu neunzig Prozent, bis auf Badakhshan.*«

»*Ist es nicht absurd*«, gibt Jamal zu bedenken, »*jemanden mit einem Embargo zu bestrafen, den man nicht anerkannt hat? Genau dies geschieht im Fall der Taliban. Nicht anerkannt, fühlen sie sich auch nicht betroffen. Das ist doch nachvollziehbar, und folglich trifft die Maßnahme ins Leere.*«

Und Mahmud Shah ergänzt:

»Das Schachbrett hat vier Ecken. Warum gilt das Embargo nicht für Badakhshan und Masud? Der Westen liefert Waffen dorthin, sogar Rußland, der einstige Feind, und gewiß auch der Iran. Sonst hätten wir die Nordallianz schon vor zwei Jahren eliminiert. Warum stützt der Westen diese nordöstliche Ecke Afghanistans? Masud hat die gleichen Kriegsverbrechen begangen wie die andern Führer der Mujaheddin, die wir schon besiegt und ins Exil getrieben haben. Seine Waffen bezahlt er doch mit Drogen.«

»Vielleicht hat der Westen und ganz sicher Rußland Angst, daß euer religiöser Eifer auf die zentralasiatischen Republiken jenseits des Amu Darya hinüberspringt, die Moskau immer noch als sein 'nahes Ausland' betrachtet.«

»Wir wollen nur Ruhe in Afghanistan. Ist der Feind geschlagen, kümmern wir uns um den Wiederaufbau.«

Ich frage Mahmud Shah nicht, was sein eigentlicher Grund gewesen ist, nach Kandahar zu kommen, und er spricht auch von sich aus nicht über Mullah Omar, die Araber oder Osama bin Laden, welchen das unantastbare Gesetz der Gastfreundschaft vor jedem Auslieferungsbegehren schützt, ganz abgesehen davon, daß ein solches wahrscheinlich kaum entgegengenommen werden könnte, da es doch von einem Absender kommt, der den Adressaten formell nicht anerkennt.

Schutzherr der Frauen

Kandahar, 25. März 2001. — Jamal hat Nachricht erhalten, daß Wakil Ahmad Muttawakil heute zum Gespräch bittet.

Mullah Omars Außenminister, sein früherer Sprecher und Sekretär, sagt Jamal, sei ein moderater Taliban, aber dieses Gesicht könne er halt nicht immer zeigen. Vor zwei Wochen habe er Kofi Annan bei ihrem Treffen in Islamabad unmißverständlich die Abwendung der Bewegung von der internationalen Gemeinde signalisiert. Wahrscheinlich habe aber den *UN*-Generalsekretär mehr als das bereits vermutete definitive Einschwenken der Taliban auf Osama bin Ladens Agenda der von den pakistanischen Behörden verhinderte Besuch des afghanischen Flüchtlingslagers Jalozai brüskiert. Dort seien die Bedingungen, wie wir ja selbst gesehen hätten, viel katastrophaler als in Shamshatoo, wo Annan versucht habe, den Afghanen zu kommunizieren, daß die Welt sie nicht vergessen habe. Pakistan verfolge wie immer viele Interessen gleichzeitig, und seine Einflußnahme in afghanische Angelegenheiten habe es niemals aufgeben, seit die Russen abgezogen seien und umgehend auch die Amerikaner die zuvor verbündeten Mujaheddin abgeschrieben hätten.

Amerikaner hätten auch die Bungalows gebaut, wo Muttawakil nun sein Büro habe, in den 1960er Jahren. Vielleicht hätten die Ingenieure darin gewohnt, welche

Dazu Buch XI, '*Oxford des Jihad*'.

die Straße nach Kabul asphaltiert hätten, in Konkurrenz zu den viel belastbareren russischen Zementplattenstraßen im Norden.

Dazu Buch VII, *Schrottstraße I.*

Der Außenminister der Taliban hat sich nach der Begrüßung auf der Sitzbank niedergelassen, die in jeder bürgerlichen Ferienwohnung des Alpenraums stehen könnte, und während der Sekretär eilfertig das Beistelltischchen näher an die gedrechselte Armlehne geschoben hat, sind seine Hände, den beigen Stoff des *shalwaar kameez* glättend, über die Oberschenkel gefahren, und die nackten Füße haben sich in eine bequeme abstützende Lage auf dem *kelim* gebracht.

Zum Gespräch nimmt Mutawakkil die Brille ab und legt sie auf die beiden Funktelefone neben sich. Trotz des Vollbarts wirkt der Minister jetzt eher wie dreißig – ungefähr so alt muß der um 1971 Geborene sein. Hohe Brauen überwölben die runden großen Augen, und schieben sie sich nach oben, bricht leise Melancholie den Blick des Ministers. Dazu kommt es, wenn Kurt, auf Jamal blickend, seine Fragen formuliert, und um die geschlossenen Lippen ein fast unmerkliches Lächeln spielt, das vor dem Anhören der Übersetzung alle Antworten vorwegzunehmen scheint, die eigentlich nichts anderes sagen wollen als:

»Für eure pauschale Verurteilung unseres Weges habe ich Verständnis.«

Ich versuche, mir Mutawakkils Treffen mit Kofi Annan zu vergegenwärtigen, mit dem Akademiker, der die Weltgemeinde vertritt und doppelt so alt ist wie der afghanische Minister, dem es wahrscheinlich beschieden war, kaum viel mehr als marginale Schulbildung zu genießen. Ob trotz aller unüberbrückbaren Differenzen beide bei ihrer Begegnung nicht doch etwas verbunden haben könnte? Eine gewisse Sanftheit des Charakters? Die einzige und entwaffnende Waffe, über welche sowohl der letztlich machtlose Vertreter der Entrechteten als auch jener des selbstgerechten Regimes verfügen. Beide, der Generalsekretär und der Außenminister, müssen im Hotel in Islamabad, wahrscheinlich das *Marriott*, mit der gleichen leisen Stimme zueinander gesprochen haben, mit der man Annan die wenigen Sätze sprechen hört, welche die Regisseure der Nachrichtenkanäle zulassen, und mit der Muttawakil jetzt Kurts Fragen beantwortet, in diesem so ganz unorientalisch ausgestatteten Raum, den an dünnen chinesischen Aluminiumschienen vorgezogene lachsfarbene Vorhänge in eine warme Helligkeit tauchen.

Die Hände des Ministers bleiben ruhig im Schoß, ob er über die jüngsten militärischen Erfolge der Taliban spricht oder sich zu Unabwägbarem ausschweigt.

Auf die von Kurt angesprochene westliche Wahrnehmung der Taliban als reaktionäre religiöse Fanatiker, die nichts als einen radikalen islamischen Staat im Sinn haben, entgegnet Muttawakil, wahr sei, daß der Westen die historischen, kulturellen und weltanschaulichen Differenzen zwischen dem christlichen Abendland und dem Islam ignoriere. Die USA und ihre Verbündeten machten sich keine Mühe, andere Gesellschaften zu verstehen.

Was man denn zuallererst von Afghanistan zu verstehen habe, möchte Kurt wissen.

Die Tatsache, antwortet Muttawakil, daß afghanische Frauen schon immer nach den heiligen Geboten des Islam hätten leben wollen, und die *burka* nicht deshalb tragen, weil die Taliban dies forderten. Das Arbeitsverbot entspreche einem anderen Status und anderen Aufgaben, als sie für Frauen des Westens gelten. Zur Zeit der sowjetischen Besetzung und dann unter dem Regime der Mujaheddin seien Frauen verschleppt, versklavt, vergewaltigt und zur Prostitution gezwungen worden. Die Taliban hätten der Frau ihre Würde wieder zurückgegeben. Der Weg aus dem herrschenden Chaos und der Aufbau einer islamischen Ordnung benötige jedoch Zeit. Aber, versichert Muttawakil, Mädchen würden wieder zur Schule und Frauen wieder zur Arbeit gehen, und dann hängt er die auffordernde Gegenfrage an, warum im Westen nie das Erreichte der Taliban verhandelt würde. Daß das Land kein Opium mehr anbaue. Daß die Bevölkerung entwaffnet sei und sich deswegen erstmals seit zweiundzwanzig Jahren zu Hause und unterwegs sicher fühle. Natürlich passe solches nicht in das Bild des Monsters, das die USA zeichnen wollten. Ihnen ginge es um Einfluß in Zentralasien. Als die Afghanen gegen die Russen kämpften, seien sie die Guten gewesen, nun aber, da sie einen eigenen Weg gehen wollten, die Bösen.

Zur Zerstörung der Buddhas befragt, antworte Muttawakil nur kurz, Mullah Omar hätte es gewollt. Aber es sei besser, von Menschen zu sprechen, als über alte steinerne Abbilder.

Also möchte Kurt wissen, ob der mutmaßliche Terrorist Osama bin Laden ausgeliefert würde, falls es Beweise gegen ihn gebe.

Niemals, denn Osama sei ihr Gast und das Gastrecht unantastbar. Zudem gebe es kein Auslieferungsabkommen mit den USA.

Und was er sich als Vertreter der Taliban-Regierung vom Westen erhoffe, lautet Kurts letzte Frage.

Daß die militärische Unterstützung für Masud ein Ende nehme und zur Erholung des Landes endlich der Friede sich verbreiten könne.

Zum Abschied sagt der <u>Außenminister</u>: *»Zwei Millionen Afghanen hungern. Ihr geht zu ihnen, nicht nach Bamiyan. Das ist gut. Mullah Abdul Salam Zaeef hat vor ein paar Monaten gesagt, die USA benutzten die Anwesenheit von Osama bin Laden, um Sanktionen gegen das von der Dürre heimgesuchte Afghanistan durchzudrücken und würden damit die Menschenrechte verletzen.«*

Postscriptum (2005):
Im September 2002 tritt in Kabul ein ehemaliger Assistent Wakil Ahmad Muttawakils an die Öffentlichkeit mit der Aussage, daß ihn jener ein paar Wochen vor den Anschlägen des 11. September 2001 mit einer dringenden Warnung zum amerikanischen Generalkonsul in Peshawar geschickt habe, sowie einem anderen Vertreter der USA, möglicherweise einem *CIA*-Agenten. Da die Nachricht nicht direkt von Muttawakil selbst gekommen sei, habe man sie nicht ernst genommen, und danach auch in Kabul nicht bei der *UNSMA (UN Special Mission to Afghanistan)*. Muttawakil, dessen Unzufriedenheit über

die Präsenz von Arabern und anderen ausländischen Kämpfern auf afghanischem Boden bekannt war, habe von den geplanten Anschlägen im Juli gewußt, und zwar von Tahir Yuldashev, Kopf der *Islamischen Bewegung Usbekistans (IMU)*. Ein Terroranschlag in den USA mit vielen tausend Toten, soll Muttawakil befürchtet haben, würde einen ungeheuren Racheakt auslösen, mit dem Resultat, in den Worten des Außenministers, daß am Ende »die Gäste das Gasthaus zerstören würden«.

Laut BBC soll Muttawakil dann im Oktober 2001 versucht haben, die Auslieferung Osama bin Ladens zu verhandeln, indem er den Chef des pakistanischen Geheimdienstes ersuchte, bei Außenminister Colin Powell Gehör dafür zu finden, daß das Ende der amerikanischen Bombardierung Afghanistans den moderaten Mitgliedern der Taliban-Führung ermöglichen würde, Mullah Omar von der Notwendigkeit zu überzeugen, Osama bin Laden fallen zu lassen. Am 8. Oktober 2003 berichtet die *BBC*, daß Muttawakil nach seiner Ergebung im Februar 2002 und achtmonatiger Haft in Bagram, das heißt in der *United States Bagram Detention Facility*, nach Kandahar entlassen wurde. Danach gilt Muttawakil, der inzwischen für eine mit afghanischer Kultur konsistente Mädchenausbildung eintritt (und deshalb von den sich wieder formierenden Taliban offiziell verstoßen worden ist), laut Darstellung von Sami Yousafzai (*Newsweek*, 19. Dezember 2004) beim Vorhaben, ehemalige moderate Taliban in den politischen Prozeß einzubinden und durch ihre Betrauung mit offiziellen Positionen der Macht anderen Führern einen Anreiz zur Abkehr von der Bewegung zu geben, als Favorit sowohl des afghanischen Präsidenten Hamid Karzai wie auch der USA.

Nach Aufhebung des afghanischen Hausarrests in Kabul niedergelassen, beabsichtigte Mullah Omars ehemaliger letzter Außenminister gemäß Nachrichten der *BBC* vom 18. Mai 2005, im September desselben Jahres an den Parlamentswahlen teilzunehmen.

Der *Economist* hat damals dem Botschafter der Taliban in Islamabd bis zu einem gewissen Grad recht gegeben, hat doch der Bann für Flüge der afghanischen *Ariana* und die Blockierungen finanzieller Vereinbarungen die Versorgung des Landes mit Hilfsgütern und Medikamenten behindert.

Auf der Rückkehr ins *CNN*-Haus muß Jamal bei der pakistanischen Botschaft vorbei. Kurt benützt den Halt für eine kleine Tour durch den Basar.

Ich habe beschlossen, Kandahar nicht durch den Sucher der Kamera, als Hintergrund womöglich unwiderstehlicher Aufnahmen wahrzunehmen, zur Befriedigung einer Patrouille von Religionspolizisten oder zum Vorteil eines Spitzels – vielleicht ist der Ladenbesitzer einer, der, der an seine Warenballen gelehnt, mich im geparkten Pranger auf Rädern bereits ins Auge gefaßt hat. Deshalb kommt das mit einer altertümlichen Laufbodenkamera auf dem Dreibein bemalte Blechschild auf der gegenüberliegenden Straßenseite gerade willkommen, um zu verschwinden. In der Abgeschlossenheit des Studios, das so eng ist wie ein Puppenhaus, verpaßt mir der Fotograf den dunkelblauen Hintergrund, der ihm am besten geeignet scheint für vier Polaroid-Paßbilder, die ich nicht benötige.

Das gesamte Studio einschließlich des Ladens hat der Fotograf tapeziert mit demselben, im Farbstich jedoch unterschiedlichen Druck eines blumenumrankten Châlets, das aufgrund des im Vordergrund sichtbaren Ortsschilds in Frutigen stehen muß. Das irdische Paradies scheint also in afghanischer Vorstellung im schweizerischen Berner Oberland zu liegen und damit nicht weit vom Simmental, wo es die indischen Touristen finden müssen, seit sie sich nicht mehr ins von Bluttaten zerrissene Kashmir wagen, das als glücklich gepriesene Tal, dessen große landschaftliche Schönheit das Ende der Welt bezeichnen soll und den Anfang des Paradieses.

Dazu Buch XI, *Tal der Angst.*

Besuch in Lashkargah

Delaram, I. Muharram I422 n.d.H. (26. März 200I). — Heute ist Islamisches Neujahr, Tag unserer Abreise aus Kandahar. Aber noch muß der Koch gefunden werden, denn ohne ihn ist die Aufstellung zum Gruppenbild nicht komplett.

Mahmud Shah ist gerührt über mein Geschenk, und gewiß ist im stromlosen Afghanistan das Windlicht besser aufgehoben bei einem Kommandanten als bei einem durchreisenden Fotografen. Von Zeigefinger zu Zeigefinger wandert das am hauchdünnen Bügel hängende ultraleichte Laternchen, und jeder im Haus begutachtet nicht nur den platzsparenden Mechanismus des ausziehbaren Kerzenschafts, sondern auch die feine Ausführung des Gegenstands insgesamt. Mahmud Shah erwidert meine ungehörige Geste, denn ein Gast schenkt nicht in Afghanistan, mit einem *chit*, einem der Zettel, die, in Absenz anderer Kommunikationsmittel auf Zigarettenpäcken oder Papierfetzen gekritzelt, der Übermittlung von Nachrichten dienen oder Instruktionen enthalten, die den Träger ausweisen und ihm unbehindertes Durchkommen garantieren. In diesem Fall zum Lager der *Qita-e Muntazira* bei Jalalabad. Von dort, übersetzt Jamal, nehme Mahmud mich mit beim entscheidenden Vorstoß der Taliban in den Panjshir und ich würde, *Inshallah*, Zeuge des Endes der Nord-Allianz.

Das Fest des Islamischen Neujahrs erinnert an die Aussiedlung des Propheten und seiner Anhänger von Mekka nach Yathrib (später: Madinat an-Nabi, 'die Stadt des Propheten': kurz al-Madina, d.i. Medina) im Jahr 622. Diese erfolgt unter dem Eindruck der durch Verdächtigungen und Repression seitens der führenden Clans kritischen Lage, in der Mohammed nach seiner um 610 anzusetzenden Berufung und seinen öffentlichen Auftritten geraten ist. Als letzte der mekkanischen Muslime erreichen Medina am 24. September 622 der aus dem Clan Taim des in Mekka dominanten Stammes der Quraisch kommende Abu Bakr und Mohammed selbst, Abkömmling des weniger bedeutenden Clans Haschim. Die Hidschra, die Aussiedlung, markiert einen Wendepunkt der Geschichte der neuen Religion, weshalb Kalif Umar, Mohammeds zweiter Nachfolger, später das Jahr, in dem sie stattgefunden hat, zum Jahr I der neuen Zeit erklärt, mit welcher der islamische Kalender bis heute rechnet. Bezeichnung dieses nach dem Mondjahr rechnenden Kalenders ist das lateinische 'A. H.' ('Anno Hegirae').

Im Kleinbus sind wir zu fünft, denn es kommt auch der junge Mann mit, der um jeden Preis nach London will. Er ist verwandt mit jemandem in Kandahar, der in irgendwelcher Beziehung zum Personal des Hauses steht, aber Genaueres ist nicht zu erfahren, auch nicht sein Name.

Kurt und ich haben längst beschlossen, ihn den Dari-Sprecher zu nennen, denn da er auch Pashtu beherrscht, wird er vor Jamal die erste Übersetzungshürde räumen, jedoch erst im Norden des Landes. Deshalb auch schläft er bereits kurz hinter Kandahar und noch bevor wir auf einer links abgehenden Piste geradeaus in die blendende Steinwüste fahren, in Richtung Lashkargah, Qaleh-ye Bost und der Kasernenstadt der Ghaznaviden.

Kollerdisteln rasen über die Splitterebene.

Nach etlichen Kilometern hält der Fahrer, um mit über das Lenkrad gebeugtem Rumpf die sich verzweigenden Reifenspuren zu unterscheiden. Weitab von der Piste stiebt augenblicklich ein Trupp Kinder auseinander. Der Wind erfaßt die großen abgeworfenen Bündel und reißt das eingesammelte Brennmaterial auseinander. In panischer Angst rennen die winzigen Gestalten auf eine einsame Siedlung zu, nicht mehr als ein Kohlestrich knapp unter dem Horizont.

Der Sandsturm ein paar Stunden später kommt dann aus entgegengesetzter Richtung, das heißt von vorn, und er stoppt und schüttelt den Minibus, und das Tosen weckt den Dari-Sprecher. Aufschnellend drückt dieser, wie der Fahrer neben ihm, im Reflex beide Hände gegen die Windschutzscheibe. Zwischen Daumen und Zeigefinger der Rechten klemmt ein 10 000-*Afghani*-Schein, und auf diesem zu sehen ist der freistehende gedrückte monumentale Spitzbogen der Festung Qalehye Bost.

Das Werk aus dem 10. Jahrhundert und auch die Überreste der ghaznavidischen Winterresidenz können jetzt nicht mehr allzu fern sein, denn nachdem unmittelbar vor uns eine kleine Karawane Brennmaterial transportierender Kamele aufgetaucht ist und dann eine von Tüchern umloderte, den Dreiradkarren gegen den Wind stoßende Gestalt, klärt sich zwar nicht der Himmel, aber zumindest die Luft über dem Boden. Bizarre Segmente erodierter Wälle erheben sich wie verwüstete Backenzähne auf schlechtem Zahnfleisch, dann vielleicht von einem inneren Mauerring stammende besser erhaltene Abschnitte, einer mit befestigtem Bogen und über diesem drei verschieden große Öffnungen, vertikale schlüssellochförmige leere himmelgraue Augen. Schließlich der von der Banknote angekündigte Spitzbogen, zu sehen nach dem Erklettern der ausgewaschenen Krone einer mächtigen Umfassungsmauer, in deren Rücken, neben einer Reihe dunkler Pappeln, Felder von Schlafmohn liegen, das erste Bewässerte seit Kandahar und auch an diesem Ort das einzige so weit das Auge reicht.

Den Durchgang des berühmten, auf der *Afghani*-Note dargestellten, mit Kufi-Inschriften geschmückten Ziegelbogens, ein Werk, mit dem die Ghuriden den vor der Zitadelle gelegenen ghaznavidischen Maidan umgestalten, hat man mit einer stützenden Ziegelwand vermauert. Vier darin offen gelassene, fast bis zur Basis reichende senkrechte Keile erinnern an altbabylonische Zeichen. Als ein Alter, der Schmucksteine verkaufen will, vor das blinde Tor führt, sind im Schatten der seitlich angebauten Kielbögen Schablonenbilder zweier Werfergranaten zu entdecken und darunter der Schriftzug von *OMAR*, der *Organisation für Minenräumung und den Wiederaufbau Afghanistans.*

Der Zugweg zur dahinterliegenden Akropolis ist steil und führt durch Lagen am Abhang lagernder warmer Luft. Auf der flachen Kuppe verrichtet ein Taliban sein Gebet. Vor ihm, unten in der steinigen Ebene, liegen die paar Schlaufen des

Zusammenflusses von Helmand und Argandabad, schweigsam wie verschütteter Zement. Vor einem Jahrtausend haben die beiden Gewässer das Dreieck versorgt, dessen Spitze die Akropolis bildet und das Burgen, Exerzierplätze, Kasernen und die Paläste der Ghaznaviden bedecken.

Ein Pfad führt vom Plateau zu einer Senke im Berg, denn die Burgfeste krönt diesen nicht, sondern jener hat sie in sich aufgenommen.

Man muß sich die Anlage als Versuch von Kindern vorstellen, die in einem feuchtem Sandhaufen zusammenhängende Katakomben anlegen, wobei zuerst ein tiefer zylindrischer Schacht gegraben wird, dann von diesem ausgehend auf verschiedenen Etagen ringsum abgehende Kammern, so tief wie die Finger greifen können und so sorgsam wie möglich, um den Einsturz der Wandung des zentralen Schachts und der darüberliegenden Stockwerke zu verhindern. Zehn Jahrhunderte überdauert der Bau. Seine verborgene Architektur erschließt sich, nachdem man die gewundene verwitterte Lehmziegeltreppe hinabgestiegen und durch einen geneigten Tunnelgang zum mehrstöckigen zylindrischen Schacht vorgedrungen ist. Diesen erfüllt das senkrecht einfallende Licht, und dessen Widerschein dringt durch die umlaufenden Arkaden in die kreisrunden Umgänge und über diese bis zu den Öffnungen der dahinterliegenden gewölbten Kammern. Überall liegt menschlicher Kot in verschiedenster Konsistenz, und der Kopf stößt gegen die mit dem Dreck von Tauben und Fledermäusen verklecksten Durchgänge. Ein paar Afghanen sind mit hinuntergekommen, positionieren sich um den Schacht herum in den Bögen, von einer Blendkontur umflossene Schemen. Eine Schwalbe verirrt sich in den Schacht.

Nach einer Weile wird die dumpfe Wärme zwanzig Meter unter dem Boden beklemmend, obschon, wie Arnold J. Toynbee (*Between Oxus and Jumna*, Oxford 1961) urteilt, die Ghaznaviden mit Bogen und Dom umzugehen wußten.

Nicht unter Tag, kann man Geschichte besser aufrufen, zumal das Plateau von Qaleh-ye Bost einen unverstellten Rundblick auf die mit sandigen Streifen durchzogene Kieselwüste bietet, einst Areal der Winterhauptstadt der Ghaznaviden, der von türkischen Militärsklaven der Samaniden abstammenden Dynastie, welche jenen im Jahr 999 Buchara entrissen und sich das zerschlagene Reich mit den Karakhaniden geteilt haben.

Nach Toynbee, der 1960 Lashkargah und Qaleh-ye Bost besucht, hat nicht das Drängen der Hofdamen die saisonale Verlegung der Residenz aus dem südlicher, aber höher als Kabul gelegenen Ghazni in das subtropische Klima am Unterlauf des Helmand gefordert, sondern die Bedürfnisse der indischen Kampfelefanten. Über tausend Tiere soll das Geschwader zählen, das sich die Ghaznaviden während ihrer jährlichen Feldzüge, welche den Islam vom Punjab bis halbwegs in die Ganges-Ebene hinabtragen, durch Unterwerfung indischer Heere aneignen, in ihre eigene aus pashtunischen, kurdischen und türkischen Sklaventruppen zusammengesetzte Kriegsmaschine eingliedern und bei der Zurückdrängung der schiitischen Bujiden sowohl im persischen Westen einsetzen als auch im Norden bis an den Aral-See hinauf. Der Elefant findet aber auch Einsatz als Instrument der Hinrichtung wie in Kath, der berühmten Handelsmetropole und Vorläuferin Tashkents, wo Mahmud (998–1030) den Tod seines Schwagers Mamun mit der Zertrampelung dreier Anführer der Revolte sühnt, während der jener ermordet wurde.

Am Rand an diesem Vorfall beteiligt ist auch der größte Gelehrte des islamischen Mittelalters. Al-Biruni (973–1048) wird im Jahr 1017 unter nicht näher geklärten Umständen zusammen mit einer großen Masse Umzusiedelnder von den Ghaznaviden aus Buchara verschleppt, ein Schicksal, dem sich ungekehrt Ibn Sina alias Avicenna (980–1037) durch rechtzeitige Flucht an den Hof von Qabus im persischen Gurgan entzogen hat. Die Ghaznaviden erlauben al-Biruni jedoch rasch die Wiederaufnahme seiner Forschungstätigkeit, so daß er am 20. Oktober 1025 unter dem Mäzenat des Hofes von Ghazni sein bekanntestes Werk, die *Geodäsie* oder *Bestimmung der Grenzen der Orte zur Berichtigung der Entfernung der Wohnsitze* vollenden kann. Seinen Dienstherr Mahmud begleitet Al-Biruni ein paar Mal nach Indien, dessen kulturelle Andersartigkeit ihn zwar ängstigt, das er seinem Interesse aber nicht verschließt und in einem großen Werk auch behandelt. Er, der die Muslime als rechtmäßige Erben des griechischen Wissens sieht, findet die Inder selbstgenügsam und ohne historischen Sinn, verstrickt in Volksreligionen und ohne ein Licht wie es Athen in der Person des Sokrates kannte. Trotzdem aber erkennt er den Grund für die Heiligkeit der Kühe und betreibt gleichsam vergleichende Mythenforschung, wenn ihn das Verhältnis griechischer und hinduistischer Vorstellungen eines Welteis oder vom Goldenen Zeitalter beschäftigen. Gefangene Inder verschaffen al-Biruni einen Einblick ins Sanskrit, aber gerade die Gründlichkeit seiner Beschäftigung mit der fremden Kultur soll das eigene Überlegenheitsgefühl befördert haben. In dem mit Gold und Edelsteinen geschmückten Palast von Ghazni, angesichts des so ganz unislamischen figürlichen Schmucks der Wandmalereien, einschließlich Jagden und Tänzerinnen, bekräftigt diese Haltung vielleicht täglich die später in viele Teile zertrümmerte Statue Brahmas, die Sultan Mahmud aus dem Tempel von Somnath geraubt und als Schwelle in den Eingang der Siegesmoschee Arusu al-Faslaq hat einbauen lassen. Mit ihren Füßen treten sollen die Gläubigen die heidnische Gestalt. Aber auch al-Biruni versucht sich an Buddha. Zum Scherz, wie er anmerkt – wenn das möglich ist –, und zwar in der *Erzählung von den beiden Götzenbildern vom Bamiyan*. Gegenstand dieser nur dem Titel nach bekannten Erzählung, eines von drei solchen außerhalb der Arbeiten zu den exakten Wissenschaften entstandenen Werken, sind demnach das 'Rote Idol' *(surkh-but)* und das 'Weiße Idol' *(khingh-but)* im abgelegenen Hazarajat, so bezeichnet von der persischen Geographie *Hudud al-Alam*, die zur

Lebzeit al-Birunis, im Jahr 372 n. d. H. (982) fertiggestellt worden ist und die ihm möglicherweise auch bekannt gewesen ist.

Obstgärten und Weizenfelder bedecken damals die jetzt baumlose Schwemmebene des Helmand und Argandabad, in der vor kurzem Bodenerosion und Zufall zur Entdeckung eines mit reichen Beigaben ausgestatteten Grabes einer jungen Frau geführt haben. Der Chef des *WFP* in Kandahar hat die Bestattung zwar selbst nicht gesehen, aber gehört, die Taliban hätten die Gebeine fortgeschafft und auch die Funde.

Zum Vorschein gekommen ist demnach Ghaznavidisches, während Amerikanisches der Wind davongetragen hat – Nevada, welches Toynbee im Jahr 1960 hier wiederfindet, schnurgerade asphaltierte Straßen, und ein geometrisches Netz meilenlanger Bewässerungskanäle, das Werk der *Helmand Valley Authority*. Was für ein Name, was für ein Anspruch. Der Historiker erkennt »amerikanische Aufgeschlossenheit« bei den heimgekehrten afghanischen Ingenieuren, die auf diesem »Stück Amerika«, ein Implantat und nicht mehr Teil des traditionellen Afghanistans, ungeheure Baumaschinen hin- und herbewegen. In Abkehr sowohl vom pashtunischen oder turkmenischen Weidenomadentum, das sich auf die Natur zubewegt, nicht von ihr erwartet, sie komme zu ihm. In Abkehr aber auch vom tadschikischen oder usbekischen Oasenbauer, der gerade soviel bewässert, wie es braucht zur Existenz.

Für das Experiment westlicher Modernität hat man den letzten einigermaßen wichtigen Vorposten der südwestlichen leeren Spitze Afghanistans ausgewählt. Vielleicht, weil schon diese künstlich ist, denn das belutschistanische Dreiländereck mit Iran und Pakistan ist eine krasse Beleidigung der Geographie.

Die neu gebaute Stadt, der man den Namen der alten gibt, Lashkargah, ist nicht über das hinausgekommen, was vor vierzig Jahren Toynbee gesehen hat. Werkstätten, entlang ein paar rechtwinklig angelegter Straßen, deren Belag verschwunden ist. In der Anwendung von Asphalt liegt auch der grundsätzliche Unterschied der Anstrengung der *Authority* zu der im Prinzip gleichen der Ghaznaviden, nämlich den Wüstenraum am Zusammenfluß von Helmand und Argandabad urbar zu machen. Aber weil sich das Klima verändert, erfüllen sich die kalifornischen Gartenphantasien nur beschränkt. Der bis heute anhaltende Albtraum hingegen beginnt, als 1973 König Zahir Shah, für eine Augenoperation in Rom weilend, durch den blutlosen Coup von Muhammad Daoud vom Thron getrieben und die Republik ausgerufen wird. Zwei Jahre zuvor setzt *Ariana* gerade noch sein Konterfei auf eine 50-*Afghani*-Freimarke mit dem Betonschalenfächer des Abfertigungsgebäudes des Flughafens Kandahar, und fortan lesen sich die Ausgaben der afghanischen Post wie eine Chronik der laufenden Ereignisse, auch wenn am 19. August 1978 zunächst noch zwei Briefmarken mit historischem Inhalt erscheinen, mit dem ghaznavidischen Bogen die eine, die andere mit den Buddhas von Bamiyan. Vier Monate zuvor, am 27. April, putschen rebellierende, der *PDA (People's Party of Afghanistan)* angehörende Offiziere von Armee und Luftwaffe den bei Breschnew in Ungnade gefallenen Premierminister und Generalleutnant Muhammad Daoud und ermorden ihn mitsamt Familie. Am 19. sowie am 25. Oktober erscheinen dann Briefmarken mit Losungen wie »*Die Post im Dienst des Volkes*« und »*Märtyrer der Demokratischen Volkspartei Afghanistans*«. Ihnen folgt, nachdem am 14. Februar 1979 der vermutlich von schiitischen Extremisten in Kabul entführte amerikanische Botschafter Adolphe Dubs bei einem Befreiungsversuch durch vom *KGB* beratene Einheiten der afghanischen Armee getötet wird, am 21. März die Marke zum »*Tag des Bauern*«, im Frühjahr 1979 gefolgt von der Ausgabe aus Anlaß des I. Jahrestags der kommunistischen Machtübernahme. Amerika, dessen Kalamität in Vietnam immer unausweichlicher wird, ist bereits seit 1971, dem Jahr nach der großen Dürre in Afghanistan, kein *player* mehr am Hindu Kush und seine Entwicklungshilfe eine unbedeutende Formalität.

Der in den 1960er Jahren von der *Helmand Valley Authority* aufgeschüttete Erddamm des Helmand führt geradeaus und, da wir auf seiner Krone unterwegs sind, scheinbar direkt in den von Flugsand schweren Abendhimmel hinein. Aus den Plantagen zur Rechten, deren Obstbäume der stetige Wüstenwind gleichmäßig schief in eine Richtung gekrümmt hat, stottern Kleintraktoren auf einen Lehmflecken zu, bei dessen Basarecke wir zurück auf die Fernstraße nach Herat gelangen.

Unvermittelt stürzt die Nacht herab und bringt die übliche Reifenpanne.

In Delaram erwartet man uns im Gasthaus des *ICRC*. Nach dem Essen macht der örtliche Kommandant der Taliban seine Aufwartung. Ein rüpelhafter Mensch, der sich ungefragt an das obere Ende des Teppichs setzt und Unterhaltung verlangt. Jamal gibt die Antworten, die ihm angemessen erscheinen und bittet Kurt und mich um Verständnis für diese Freiheit. Unser Gastgeber, früher und in einem anderen Afghanistan *Traffic Controller* auf dem Turm des Flughafens Kabul, zeigt offen sein Mißfallen. Als der Gast schließlich seine *AK-47* nimmt und grußlos geht, entschuldigt er sich für dessen Ungehörigkeit, räumt rasch Teller und Teegläser vom Plastiktuch und rückt zum Nachtlager Decken und Kissen zurecht.

Die Straße nach Herat

Herat, 27. März 2001. — Wir sind noch nicht einmal in Farah, und der Rhabarberverkäufer ist bei weitem nicht die erste Gestalt an unserem Weg nach Herat, die Afghanistans Not verkörpert und daran erinnert, daß die Seidenstraßen durchaus nicht nur Wege des Durchkommens, sondern auch solche des Aushaltens gewesen sind. Daß Seide und Porzellan, Jade und Korallen wohl Enden der Routen verbinden, dazwischen aber manches weniger Schillerndes verschoben und veräußert wird, nicht zu delikatem Genuß, sondern unmittelbarem Verzehr, nicht dem Kaufmann zum mittelfristigen Profit, sondern dem in Bedrängnis geratenen Verkäufer zur Linderung unmittelbaren Mangels.

Kauend hat der Dari-Sprecher den Rhabarberstiel dem an die Straße getretenen Burschen durchs Wagenfenster zurückgereicht, der ihn mit dem Kinn festgeklemmt hat, während er die nachgeschobenen Geldscheine zählt mit klammen Händen, deren Haut ausgetrocknet ist und schwärzlich wie abgescheuerter Karton. Die Stiele haben an Knochen erinnert, trotz zartgrünem und blaßrosa innenseitigem Schimmer, so wie sie unter den rechten Arm gesteckt haben, aus dem heraushängenden Futter der zerschlissenen Jacke ragend und dem löchrigen Stoff des Schals, den der Bursche als Wulst um den Hals geschlagen hat und mit einer zusätzlichen Schlaufe als Kapuze über das Haupt, das gestickte Käppchen auf den Schädel drückend.

Der Rhabarber – *rheu barbarum*, mittellateinisch eigentl. 'fremdländische Wurzel', zu spätlat. *r(h)eum* = Wurzel (spätgriechisch *rha, rheon*) und lat.: *barbarus* = fremdländisch (gr.: *barbaros*) – ist beides, Nascherei für die Bengel Samarkands und für den westlichen Konsumenten ein Verstopfung lösendes Darmtonikum. Als letzteres ist der Medizinalrhabarber seit Mitte des 19. Jahrhunderts als prämodernes Abführmittel in solchem Maß begehrt, das der Kaiserhof den Exportstopp androhen kann als Reaktion auf die von den Engländern ausgehende Opiumschwemme in China. Kein Heilmittel ist der säuerlich schmeckende Stiel für Ruj Gonzales de Clavijo, Timurs Gast aus Kastilien, welcher Rhabarber nebst Seide, Rubinen und Moschus schlicht für etwas vom Besten hält, was auf Samarkands Basare gelangt. Durch die Korrespondenz der Jesuiten bekannt, kann er nur chinesischer Herkunft sein. Den im Westen als Kulturpflanze bekannten wilden Rhabarber entdeckt dann Anfang des 20. Jahrhunderts der amerikanische Geograph Ellsworth Huntington, der 1903/04 den Archäologen Raphael Pumpelly auf seiner Expedition in Russisch-Turkestan und 1905 Robert Barrett nach Chinesisch-Turkestan begleitet, an der westlichen Peripherie des Reichs der Mitte, an den zum Tarim abfallenden unteren Hängen des Tian Shan. Möglich also, daß Xuan Zang an einem solchen Stiel gekaut hat, während er den zum Issyk Kul hinüberführenden Bedal-Paß hinaufsteigt. Zur Zeit Marco Polos hingegen soll der südlich von Dunhuang liegende Nanshan berühmtester Herkunftsort der Staude gewesen sein.

Wann der Rhabarber aus China nach Afghanistan gekommen sein mag? Der Import ist wahrscheinlich auf einer östlicheren oder zentraleren Route erfolgt als unserer. Diese ist die Marschroute sowohl Alexanders als auch der Roten Armee. Sich an den westlichen Ausläufern des Hindu Kush vorbeistehlend, ist sie trotzdem alles andere als vor Hinterhalten sicher gewesen, etwa im Kessel einer betörenden Gebirgsstrecke, wo von jurassischem Gewürm abgestreifte Hüllen im Regen glänzen, beim Einschlag einer Panzergranate zerfetzte dünnwandige Stahlhüllen eines sowjetischen Tanklastzuges.

Bei Farah kommen wir an einem zerschossenen Touristen-Motel mit Swimmingpool vorbei. Davor stehen ihrer Ketten entledigte und auch sonst eher nackte *T-55* und leichtere Panzer.

Im Gebirge dann wieder Regenschauer.

Neben wassergefüllten Schlaglöchern kauernd ein Frierender. Stiel voran im lehmigen Boden steckt seine Schaufel und stützt den aufgestellten Schubkarren, der ihm als Schild dient gegen den Nordwind, aber nicht genügen wird als Dach vor dem nächsten Schauer, angekündigt von der träge über die Hochebene herankriechenden Wolkenmasse.

Bei Shindand, der großen aufgelassenen sowjetischen Basis, erneut, aber nun reihenweise, Panzerlarven und etwas weiter weg, neben ausgebauten Triebwerken auf dem roten Boden gestrandet in grobem Durcheinander, der Rest eines *Mig*-Geschwaders.

Wir halten nur solange wie Jamal, der Fahrer und der Dari-Sprecher benötigen für ihr eiliges Gebet.

Im *chaikhana* von Adraskan rücken die Raucher an der *nargileh* zusammen. Über den Schultern der Weißbärte die großen Augen scheuer Buben. Draußen schleppen Mädchen gelbe Wasserkanister vom Ziehbrunnen nach Hause.

Jetzt fällt eine Regenspur auf das wellige Land. Violettes Gebüsch funkelt, als im Westen das Gewölk eine Kieme öffnet. Das hervorstürzende Licht entflammt am östlichen Horizont schroffe, unvermittelt aus der Ebene schießende Gipfel, und im steinigen Ackerland, ein paar Schritte von der Straße, trifft es das frische Grab eines Märtyrers, bringt die an Stangen fliegenden weißen Wimpel und Bänder zum leuchten.

Jamal versucht den Namen des Gefallenen zu entziffern, aber dann preßt er weiter. Die Landschaft gehört zu den erhabensten, die ich je durchfahren habe. Aber es ist Kriegsland, und Jamal erinnert daran. Aktives, räumlich nur ungenau zu umreißendes Kriegsland; nicht ordentliche Schlachtfelder, wie man versucht ist, sich Chaironeia, Plataea oder Pharsalos vozustellen. Jamal will vor Anbruch der Dunkelheit in Herat sein.

Außerhalb des Bandes der schütteren Betonplatten geht der Tag der nomadisierenden Kuchi zu Ende. Ihren schwarzen Zelten entweicht bläulicher Rauch und schleicht sich als Bodennebel weg.

Vor Herat endlich wieder Bäume. Hohe Pinien. Beidseits der geraden Straße gepflanzt, wie es sich für die Einfahrt einer eleganten Stadt geziemt. Nur selten schimmert das Weiß eines Stumpfs. Verwunderlich, daß Knappheit nicht öfter die Axt in die Allee hat fahren lassen.

Im Schatten der Minarette

Herat, 28. März 2001. — Das Zimmer im Hotel *Mowafaq* ist schmal und ziemlich verstellt von zwei unsicheren Stühlen, einem Eisenbett, auf dem statt einer Matratze Bretter liegen, und einem Schrank, den ich seit der gestrigen Ankunft am Abend nicht geöffnet habe. Es liegt im obersten Stockwerk und, bedeutsamer, auf der richtigen Seite, was mir erspart, wie Robert Byron (*The Road to Oxiana*, London 1937) aufs Hoteldach zu steigen. Nein, mir genügt an meinem ersten Morgen in Herat der Balkon mit dem verwitterten Plastikstuhl, über dessen staubige Lehne ich das frisch gewaschene Hemd lege, um das seit Byrons Besuch im Jahr 1933 vom Timuridischen Übriggebliebene an einer Hand abzuzählen.

Byron hat selbstverständlich recht: Die Minarette — auch wenn es nicht mehr acht sind an der Zahl, sondern eben nur noch fünf und sichtbar hinter sonnengebleichten Zementdächern, auf denen Ziegelhäuschen stehen, hinter Zeitgenössischem undefinierbaren Alters und im Lauf unbestimmbarer Perioden Zerfallenem — ähneln im ersten Moment tatsächlich einer Reihe von Fabrikschloten. Jedes neigt sich in eine andere Richtung; etwas prekärer das von den vier näher beieinanderstehenden einbalkonigen etwas abgerückte, östlich neben dem Dom des Mausoleums von Gawhar Shad stehende schlankere mit zwei Balkonen. Unregelmäßig abgebrochene Spitzen haben indessen alle fünf, und auch farblich erinnern die Minarette an Waffelröllchen.

Schließe und öffne ich die ausgestreckte Hand, wobei die Minarette hinter der Faust verschwinden, zerrinnen sechs Jahrhunderte, und das von der Straße heraufdringende Hupen und das Stimmengewirr des Basars sind eine wirkungsvolle Geräuschkulisse bei dieser Übung in Herats Geschichte.

Widerstandslos ergibt sich die Stadt 1381 Timur. Die Truppen schleppen unglaubliche Schätze davon. Gelehrte, Architekten und Kunsthandwerker werden nach Samarkand abgeführt. 1405 macht dann Shah Rukh, Timurs Sohn, Herat zur neuen Hauptstadt der Timuriden. Die hauptsächlichen Bauwerke dieses kommerziellen Zentrums an der Straße von Kairo nach Beijing plant wahrscheinlich der aus Shiraz stammende Baumeister Qavam ad-Din, und was ihn treibt ist die Ambition, daß seine Schöpfungen Timurs Werken in Samarkand an Wundern nicht nachstehen. Als größter Komplex entsteht der von Babur erwähnte, zwischen 1417 und 1437 von Gawhar Shad, Shah Rukhs Gemahlin, in Auftrag gegebene Komplex mit der Moschee der Begum, ihrem überkuppeltem Mausoleum sowie der Medrese, dem Kollegium. Vierzig Meter hohe und auf achteckigen gemeißelten Marmorbasen stehende Minarette überragen Höfe und Quergänge, Mauern und Torbögen des Gebäudeverbands. Bis zur kleinsten Nische ist alles mit glasierten Ziegeln in den alten persischen Farben Kupfergrün, Goldbraun und reichem Türkisblau dekoriert. Als 1469 Husayn Baiqara, Nachkomme von Timurs Sohn Umar Shaikh und der letzte Timuride, nach Shah Rukhs Tod, den kurzen Regierungen Ulugh Begs (1447–1449) und dessen Sohns Abd-al-Latif (1449–1450) Herat nach zweiundzwanzigjährigen Wirren erobert, läßt er die Moschee und die anderen Bauwerke restaurieren.

Babur, der im Jahr 1506 zwanzig Tage in Herat weilt, reitet die Sehenswürdigkeiten der Stadt der Reihe nach ab und zählt in seinen Memoiren alles getreulich auf. Unter anderen sind das innerhalb der Tore und in der näheren Umgebung: die vollständig mit Fayencen verkleidete, 1448 vollendete mächtige Freitags-Moschee, in der am 21. Februar 1427 auf Shah Rukh ein mißglückter Anschlag verübt worden ist; das danebenliegende Kollegium Gawhar Shads mit den Gräbern der politisch eine bedeutsame Rolle spielenden und 1457 im Zusammenhang mit der Thronnachfolgeregelung hingerichteten Begum sowie etlicher Timuriden-Mirzas. Die Papiermühle und Bagh-e Safid, den von Miniaturenmalern, Kalligraphen, Musikern und Dichtern bewohnten 'Weißen Garten', Ali Schir Begs Hospital und seinen Palast, der dem Volk als 'Palast des Wohllebens' bekannt ist. Ferner der Garten der Prachtstraße und den Weißen Palast außerhalb des Iraq-Tors; die Malan-Brücke, die auf vierunddreißig Bögen den Barascht überspannt, einen der neun Kanäle, die das Wasser des Hari Rud der Stadt zuführen, sowie Namazgah-e Mukhtar, den Gebetsplatz am Fuß der Berge im Norden, wo Beschneidungen, Begräbnisse und öffentliche Zeremonien stattfinden. Weiter im Umland draußen der große Fischteich und eine halbe Wegstunde oder zweieinhalb Kilometer nördlich von Herat der Pilgerort Gazirgah (pers. 'Wäscherei', 'Bleiche'), wo Shah Rukh achtzig Jahre zuvor das dem 1089 verstorbenen Religionslehrer Khaja Abdullah Ansari erbaute Mausoleum hat erneuern lassen, dessen Grab laut einer Inschrift eine »Wäscherei [ist], wo die Wolke der göttlichen Barmherzigkeit die schwarzen Missetaten des Menschen reinigt«. Im Osten schließlich der Weidegrund und Lagerplatz Kahdistan, wo 1507, ein Jahr nachdem Timur, dieser Baedecker und Genießer im timuridischen Florenz, nach Kabul und Indien zurückgekehrt ist, der Usbeke Shaybani Khan die Einnahme Herats vorbereitet.

Nach dem Fall der Stadt an die Usbeken bestimmen vier unruhige Jahrhunderte die Vorsehung Herats. Mehrmals wechselt die Stadt die Hand, bevor sie 1863 zusammen mit dem Tal des Harirud ein Teil Afghanistans wird. In diesem Augenblick ist das Königreich unter Emir Sher Ali Khan längst der Preis im »Great Game« zwischen Rußland und Britisch-Indien.

Dazu Buch II, »Great Game«.

Bereits 1830 ist nach der gescheiterten Erkundung des tief im Herzen Turkestans liegenden Khivas Arthur Conolly (Journey to the North of India, Overland from England, Through Russia, Persia and Afghaunistaun, 2 vols., London 1834), erster unter Lord Ellenboroughs Spionen, als Einheimischer verkleidet durch Herat gekommen. Die mit Labyrinthen aus Arabesken, Blumen und vergoldeten kufischen Schriftzügen bedeckten Minarette und die Verbindungsmauern dazwischen sind dem Offizier der *6th Bengal Native Light Cavallery* nicht wegen ihres großen Kunstwerts aufgefallen, sondern als Schanzwerk. 1838 benutzt dann Henry Eldred Pottinger die Monumente wahrscheinlich genau in dieser Funktion, als er Herat gegen persische Angriffe verteidigen muß, und aus gleicher Perspektive schreibt der französische Söldner Jean-Pierre Ferrier (*Caravan, Journey and Wanderings in Persia, Afghanistan and Belouchistan. 1845–1846*, London 1856), die Ruinen der Moscheen, Grabmäler und Bäder dehnten sich von der Stadt bis an den Fuß der Berge, womit er die Strategen in London stark beunruhigt. Zu diesem Zeitpunkt hat nämlich Zar Nikolaus I. Truppen an die Grenze Turkestans verlegt, und ein so bestelltes Gelände wäre zweifellos zu deren Vorteil beim befürchteten Angriff auf Herat, dessen Fall gleichbedeutend wäre mit der Freigabe des Weges nach Britisch-Indien. Deshalb billigt die britische Regierung 1885 die Zerstörung der Monumente der Timuriden-Renaissance durch Herats Emir Abdurrahman aus militärtaktischen Gründen.

Von den Minaretten des Komplexes von Gawhar Shad überdauern neun diese Maßnahme, noch 1933 glaubte Byron sich zu erinnern, daß Conolly ein Jahrhundert zuvor dreißig gezählt hat. Zwei davon bringt vor Byrons Besuch das Erdbeben von 1931 zu Fall, ein drittes jenes von 1951. Ein viertes steht 1979 beim Einmarsch der Roten Armee in der Feuerlinie. Von den fünf übrigen, die vermint werden, um Ismail Khan von der Wiedereinnahme der Stadt abzuhalten, empfängt eines den direkten Treffer eines Artilleriegeschosses. Vögel nisten fortan im klaffenden Loch.

Heute sind die Minarette – Byron vergegenwärtigt sich ihre ursprüngliche Farbe als azurblau überhauchtes Traubenblau – nicht mehr vermint, jedoch erneut belagert, und zwar von den Hungerflüchtlingen der Provinzen Badghis und Ghor. Vielleicht hat man das Transitlager wegen der Sichtbarkeit der Minarette in ihrer unmittelbaren Nähe eingerichtet, vielleicht aber auch, um die Ankommenden vom Zentrum fernzuhalten.

Dort haben wir als erstes heute morgen beim lokalen Kommandanten der Taliban unseren Antrittsbesuch gemacht. Dessen Büro befindet sich im gleichen Gebäude wie jenes des Gouverneurs, und das muß mit ein Grund sein für das Abgeben von Faustfeuerwaffen und Gewehren an der Tür. In den dunklen Gängen dann das übliche geduldige Gedränge von Bittstellern. Würde man ihre Anliegen kennen, hätte man womöglich eine Chance, sich ein Bild über die wirklichen Zustände in Afghanistan zu machen. Aber vorbeigeschleust an diesen Gesichtern jeden Alters, klammert man sich wie beim Überblättern der Seiten eines Buches an die dumme Hoffnung, den nachfolgenden Abschnitt oder das Ende der Erzählung trotzdem zu verstehen. Vor der letzten Tür dann doch noch eine halbe Stunde des Wartens.

Nach der Erledigung der Formalitäten fahren wir in Begleitung eines Taliban zu den Minaretten.

An eines der beiden östlichen der Vierergruppe, ich kann nicht nachvollziehen, ob sie zu Medrese oder Moschee, zu einer der Stiftungen Gawhar Shads oder Husayn Baiqaras gehört haben, lehnt ein abenteuerliches Rohrgestänge. Es macht den Anschein, man versuche die vorhandenen Reste des Rautenmusters zu sichern. Byron erinnert dieses glitzernde Fayencenwerk an ein den Schaft umwickelndes Haarnetz, durch welches er in einen plötzlich mit Blumen bepflanzten Himmel blickt.

Dieser Himmel ist geplündert, und zwischen den Minaretten liegt ein flacher Graben, vielleicht Teil des Hofs von Gawhar Shads Kollegium oder der Musullah. In seiner Mitte glitzert ein halbgefrorenes Rinnsal, umgenutzte Container und Werkstätten säumen ihn, nur mit Türen versehene und strohverstärktem Lehm bestrichene Riegel. Ein paar wenige besitzen von Stangen gestützte Vordächer aus Wellblech. An deren Ecken hängen große Blechtrichter, denn nebst Getränken und Baumaterial wird hier auch Benzin verkauft. Am Ende des Grabens zweigt der Weg ab zum Transitlager.

Robert Byron verwendet bei seiner Beschreibung der Monumente Herats die arabische Bezeichnung für den 'Ort des Gebets', der die aus Moschee und Minaretten bestehende gesamte Anlage bezeichnet.

Das Beharren vertriebener Menschen auf einen noch so kleinen eroberten Platz, sei es auch nur für eine Stunde oder eine Nacht, sei es die Kartonschachtel als Haus des verstörten Kindes oder die Decke, in die sich einer rollt und die gleichzeitig Besitznahme eines Geländeflecks signalisiert, sieht man immer an Orten, wo eine Fluchtbewegung zum Stillstand und Administratives in Gang kommt. Hier drängen sich Familien in von Eimern, Petroleumlampen und Wasserkanistern umstellten Kreisen aus Steinen und Lehmziegeln.

Kurt verschwindet schnell in der Menschentraube, die sich um ihn bildet, als er Notizblock und Kugelschreiber hervornimmt. Journalisten werden gelegentlich mit registrierenden humanitären Administratoren verwechselt, die Listen erstellen, auf die zu kommen für jeden Gestrandeten das erste und wichtigste ist – denn die Zahl der Namen auf der Liste entscheidet, ob die vom *WFP* und einem Dutzend *NGOs* festgestellten Kriterien einer Dürre oder einer Hungersnot entsprechen. Ob es sich, abgeleitet daraus, um eine schleichende Katastrophe handelt oder um eine, der umgehend und mediengerecht mit einem Spendenaufruf begegnet werden muß. Freilich: Ist die Lage schon so dramatisch, wird es erfahrungsgemäß für viele schon zu spät sein, bis Hilfslieferungen dann endlich ankommen.

Immer wieder treffen Lastwagen mit Flüchtlingen ein, die sofort zusätzlich mit Stöcken bewaffnete Taliban umringen. Die Ladeflächen der Fahrzeuge, *Ural* oder *Zil*, sind mit quer über die Seitenwände gelegten Holzstämmen und weiteren quer zu diesen in zwei Etagen geteilt. Oben auf dem mit Seilen festgezurrten Rost sitzen die Männer; darunter sehr alte Frauen, Mütter mit in Decken gehüllten Neugeborenen sowie Rudel hustender Kinder.

Unter den Minaretten werden die Flüchtlinge, die zum großen Teil Kuchi aus der Gegend von Chaghcharan in Ghor und dem Murgab-Canyon in Badghis sind, registriert, bevor die Fahrt weitergeht zum Schlachthof Mashlak am Rand der Wüste, wo es Weizenmehl und Zelte für sie gibt. Das aber kann dauern, denn die Lastwagenfahrer versuchen, den mittellosen Flüchtlingen für die letzte Wegstrecke pro erwachsene Person weitere acht Cent abzupressen, wo doch schon der Transport aus dem Hungergebiet seinen Preis gehabt hat – 90 000 *Afghani* oder 1 Dollar und 10 Cent pro Leben, wobei zwei Kinder je nur als halbes zählen.

Über den Sabzak-Paß

Regi, Provinz Badghis, 29. März 2001. — Das Büro von *Oxfam* haben wir gestern in einer stillen, sauber gefegten Straße abseits des Geschäftsviertels gefunden; ohne Schwierigkeiten, denn Herat ist nicht mehr die Stadt mit 444 000 Einwohnern, 6000 Warmwasserbädern und 659 Medresen, die Hamdallah Mustawfi al-Qazwini, Geograph und Historiker des 14. Jahrhunderts, kennt, eine Weltstadt der Zeit im Vergleich zu europäischen Flecken, etwa den Krämerstädten Florenz und Venedig sowie dem Kno-

Quelle der nachgereichten Vergleichszahlen ist Justin Marozzi, *Tamerlane. Sword of Islam, Conqueror of the World*, London 2004.

tenpunkt Mailand oder dem Hafen Neapel, die als einzige Städte Italiens mehr als 50 000 Bewohner aufweisen, oder gegenüber Paris mit 80 000 sowie Köln und London mit gerade halb soviel.

Tief beeindruckt von der Sachlichkeit und Effizienz des jungen Afghanen, der zur Stunde allein im Büro von *Oxfam* gewesen ist, haben wir dieses wieder verlassen, nicht nur ausgerüstet mit allen notwendigen Fakten, sondern auch mit einer fabelhaften, vom *UNDP* auf der Basis einer 1973 vom *Ministry of Planning* herausgegebenen *Minor Civil Divisions Map* erstellten Karte des Distrikts Jawand, ausgedruckt auf ein Blatt im Format A 3.

Mit dem Filzstift hat der *Officer* den im Osten in die Nachbarprovinz Ghor hineinstoßenden Zipfel des Distrikts mit einem zügigen elliptischen, an seiner äußersten westlichen Biegung das zentral gelegene Char Taq tangierenden Bogen abgeschlossen und gesagt:

»*This is the hunger pocket!*«

Die Karte zeigt feine rote, in der Legende als *Tertiary Road* entschlüsselte Äderchen – *Primary* und *Secondary* Road gibt es nicht im Distrikt Jawand – sowie einen in den Bergen um Chaghcharan entspringenden und durch das betroffene Gebiet nordwärts zum Murgab führenden Wasserlauf. Daran gibt es Siedlungen, zum Murgab hin dichter gestreut, im Quellgebiet des Gewässers zur Grenze von Ghor hin jedoch weit auseinander und wie zufällig auf das Papier gefallen, Siedlungen mit Namen wie Tormay, Chuwak oder Syan Ab. Ob aber an diesen und ähnlich schrecklich abgelegenen Plätzen wie Qoduq oder Espegh überhaupt noch Seelen zurückgeblieben sind, ist ungewiß. Die Hungernden, die es schaffen, kommen ins Distrikt-Zentrum Char Taq, bezeichnet durch ein schwarzes kleines Quadrätchen tief im Canyon des Murgab.

»*You must go there!*« hat der Afghane gesagt.

Im Normalfall braucht man zwei Tage, um dahin zu kommen.

Ob wir in Regi, dem letzten Dorf vor dem Murgab-Canyon, das als Übernachtungsplatz fungieren soll, die kürzere, aber schwierige neue Versorgungsroute durch das Gebirge nehmen werden oder den längeren beschwerlichen als »River-Route« bezeichneten Weg, ist von Herat aus nicht zu entscheiden gewesen. Auch nicht, ob wir von Jawand aus nach Chaghcharan können, denn wo Badghis und Ghor zusammenstoßen, sollen Taliban-Verbände Bewegungen der *Jumbish-e-Mili* Dostums zu unterbinden versuchen. Gestern abend haben wir mit Jamal die Route von Herat nach Qala-ye-Now diskutiert, und ich bin froh gewesen, daß alle in Erfahrung gebrachten Informationen für den Sabzak-Paß gesprochen haben. Schließlich bin ich Sammler der Pässe Zentralasiens, zumeist der mit dem Wagen begehbaren.

Auf dem Weg zum Sabzak-Paß wird uns Oscar begegnen. Oscar ist Programmleiter von *Oxfam* für Afghanistan und hat via Radiotelefon seine heutige Rückkehr aus Jawand gemeldet. Die vom *Officer* vermittelte Selbstverständlichkeit dieses Aufeinanderstoßens in größter Abgelegenheit ist ein klarer Hinweis nicht nur auf die tatsächliche Anzahl möglicher Wege, sondern auch auf die Anzahl darauf reisender Fremder.

Der Fahrer aus Kandahar ist freigestellt, und pünktlich ist der neue Fahrer vor dem Hotel *Mowafaq* erschienen. Zwar besitzt er nicht den blaugrau metallisierten *Toyota Surf*, aber zweifellos entspricht er ihm. Vorne ist am ersten ein zweites massiveres Büffelgestänge befestigt und daran ein Scheinwerferpaar sowie anstelle des Nummernschilds eine rot bemalte Plaquette. Die Knaben, die ihre zu Verkaufsständen umgebauten Schubkarren vorbeistoßen, sehen am Vehikel nichts Besonderes, und auch die Hunde, deren Revierkämpfe mich in der Nacht mehrmals geweckt haben, verziehen sich nach ein, zwei schnuppernden Umrundungen vom lichtüberfluteten Gehsteig ins staubgraue Gebüsch unter den Pinien zurück, welche die richtungsgetrennte Hauptstraße überdachen.

Nachdem ich dem Schuhputzjungen versprochen habe, ihm meine Stiefel bei der Rückkehr in einigen Tagen zur Pflege zu überlassen, gibt er den Weg zum Wagen frei. Der Dari-Sprecher, Jamal und Kurt und zwängen sich auf den Rücksitz der Personenkabine. Ich schiebe die Kameratasche unter die Beine. Meine Knie eine Handlänge vor dem Gesicht fahren wir los. Ich weiß nicht, was eine *Tertiary Road* charakterisiert, aber es ist besser, sich darüber keine Gedanken zu machen, denn unter der Hartfaserhaube der Ladefläche liegen drei defekte extrabreite Ersatzreifen. Der Fahrer will sie unterwegs reparieren lassen.

Eine halbe Stunde später, nach dem schwarzen Qualm und flimmerndem Staub des Morgenverkehrs und dem Rauch der Zeltunterkünfte auf einer stoppligen Wiese am östlichen Stadtrand ist Herat vergessen. Wir haben den Lauf des Hari Rud und damit die Straße nach Ghor verlassen. Dunstverhüllte Randberge begrenzen im Süden das grüne und sanft ansteigende weite Seitental, im Norden der links unter einem wolkenlosen tiefblauen Himmel liegende Zug, an den sich die Piste hält. Beides sind Sporne des größten westlichen Ausläufers des Hindu Kush, des Selseleh-ye Safid Kuh – in antiker Geographie der die persische Satrapie Ariana berührende Paropamissos.

Am Weg liegt ein schönes aufgeräumtes Dorf. Seine aneinandergebauten kubischen Lehmhäuser bilden einen harmonischen Verband innerhalb eines Mauergevierts, und über die Spitzen der flachen Dachkuppeln recken die Rauchabzüge ihre festen kurzen Köpfe in das gleißende Licht. An nackte Brüste auf einer Sommerwiese zu denken, kann auch im Islamischen Emirat Afghanistan nicht verboten sein.

Ein *chaikhana* steht in bester Lage auf einer Terrasse über der Straße. Durch das Fenster fällt ein Lichtstrahl auf die gestapelten Kartonboxen. Dank der Aufschrift wissen wir, was wir trinken, Tee aus Fujian, und wie dieser aus China unter den Paropamissos gekommen ist: *Jani / Bandar Abbas / In Transit to Afghanistan*. Unten an der Straße funkelt das Wasser, das im fleckigen Schatten der Pappeln durch einen Erdgraben unsichtbaren Feldern zueilt. Ein Platz zum Verweilen. Aber der Fahrer drängt weiter.

Eine Stunde später steht unser *Surf* Stoßstange an Stoßstange mit Oscars *Landcruiser* an einer windigen Stelle, wo der steinige Fahrweg schräg über eine Grasnarbe läuft, um von einem Kamm zum nächsten überzusetzen.

»*Your mission is accomplished when you reach Char Taq!*«

Dr. Farid Farahmand, der mitreisende Inder aus Oxford und Doktor der Ernährungswissenschaft, diktiert Kurt aus dem Notizbuch die Ergebnisse seiner Erkundungsfahrt nach Badghis und der dort geführten Interviews in den Block.

Die Aussagen aller Befragten decken sich.

Alles fing mit den systematischen Plünderungen und Vergewaltigungen durch die einfallenden usbekischen Milizen vor drei Jahren an. Dann blieb der Regen aus. So kam die Dürre. Die Ernte verdarb, und die Haustiere gingen ein. Die nächste Phase war geprägt vom Mangel an Nahrung und Trinkwasser und der Verknappung des Saatguts, denn in der Not wurde es verzehrt und war schließlich aufgebraucht. Feldarbeit blieb aus, und damit Verdienst. Als Nahrung ersetzte Gerste den Weizen und Reis. Zunehmend begannen sich Krankheiten auszubreiten. Die Todesfälle häuften sich. Die Menschen verließen ihre Dörfer und gingen nach Char Taq, in der Hoffnung es von dort nach Herat zu schaffen, nachdem sie vom Lager des *ICRC* gehört hatten.

Oxfam versuche die Notleidenden mit Nahrungsmittelhilfe zum Bleiben in ihren Dörfern zu überzeugen, sagt Oscar. Werde das Land der schnell einsetzenden natürlichen Verwüstung überlassen, sei es für spätere Bebauung verloren. Das große Problem sei die schiere Unzugänglichkeit des Gebietes. Die Distribution der Nahrungshilfe sei zeitraubend, und bei weitem nicht jeder Ort erreichbar. Wir sollen die Familien in den Höhlen oberhalb von Char Taq besuchen. Diese Menschen hätten alles verloren, Holzrahmen von Fenstern und Türen als Brennholz verkauft, und trotzdem säßen sie fest und ernährten sich von Pflanzen und Gras.

Hier übernimmt der Ernährungswissenschaftler wieder das Wort. Bei der Nahrung handle es sich um *asplagh*, *jagashak* und *nuqar*, Pflanzen, die abgekocht würden, vorausgesetzt es gebe Wasser und auch Salz. Die Kinder würden sich an *gowak* und *palanbang*, Leopardenblätter, halten, die *siagoge*-Pflanze, vor allem an deren süße Wurzeln, aber auch an eine Pflanze namens *faskal*, sonst Futter der Kamele, sowie an *tetran* oder *tatron*, eine *taro*, der Wasserbrotwurzel, ähnelnde Frucht. Letztere beiden würden die Funktion von Leber und Herz beeinträchtigen und zu Ödemen in den Extremitäten der Glieder führen. Andere festgestellte verbreitete Erkrankungssymptome seien selbstverständlich Diarrhöe, Nachtblindheit und Typhus. Lebensmittelvergiftungen forderten vor allem unter den Kindern Todesopfer.

Soweit der Bericht aus der »Hungertasche«.

Der *Landcruiser* macht sich auf nach Herat. Den Fahrer des *Surf* beschäftigt nun, was ihm der Fahrer von *Oxfam* über den Zustand des vorausliegenden Wegs berichtet hat. Jamal macht ihm energisch klar, daß der vereinbarte Preis nicht verhandelbar ist.

Der Sabzak-Paß ist 2100 Meter hoch und eine enge, zum Scheitel hin bucklige Schneise in einem breiten Erdsattel. Mannshohe sauber gemauerte Bruchsteinwände stützen den unteren Bereich des vielleicht dreihundert Meter langen, nur einem Fahrzeug aufs Mal Raum gewährenden Durchgangs. Stellenweise liegt Schnee der vergangenen Nacht auf den schrägen Flanken über den Mauern. Der *Surf* bleibt am südlichen Eingang stehen, denn in der morastigen halbgefrorenen Schneise blockieren sich je zwei aus dem Norden, aus Qaleh-ye-Now kommende *Kamaz*-Laster und zwei vor uns aus der Gegenrichtung vorgedrungene *UAZ*-Jeeps.

Ich darf somit wenn schon nicht den ganzen Paß so doch wenigstens seine Kruppe zu Fuß überschreiten.

Mit jedem Schritt den Hang hinauf werden die Lehmklumpen unter den Sohlen schwerer und unförmiger, so daß ich eher tappe als gehe und zudem rutsche auf den quellenden klebrigen Polstern. Mehrmals muß ich um Halt zu finden in den kalten gelben Boden der Wasserscheide greifen, welche auch die vom Arabischen Golf zum Indischen Ozean reichende Welt der iranischen Sprachen Farsi, Pashtu und Belutschi von der bis zum Südrand Sibiriens reichenden Welt der turksprachigen Völker trennt. Wenn nach der Lösung des Dilemmas unten in der Schneise, wo man Schaufeln hervorholt, die beiden *UAZ* aus dem Morast an die Mauern heranzustoßen versucht und ruft, um einen dritten Lastwagen am Weiterkriechen zu hindern, dann auch unser *Surf* hinüber sein wird, ist es also aus mit dem Schlaf des Dari-Sprechers. Die historische Sprachgrenze hat sich in den letzten hundert Jahren nämlich aufgeweicht durch die politisch motivierte permanente Ansiedlung von Kuchis des pashtunischen Durrani-Clans durch die diesem angehörenden beiden Regenten Abdul Rahman und Zahir Shah, so daß wir also nicht nur unter Herats Minaretten, sondern auch hinter dem Sabzak-Paß die eine oder andere in Not geratene, zu permanenter Seßhaftigkeit genötigte nomadische Sippe treffen könnten, deren ursprüngliches Pashtu durch Anpassung an die Umgebung zu Dari-Farsi konvertiert ist.

Ich habe vergessen was Robert Byron über die Landschaft nördlich des Passes geschrieben hat.

Als ich den Scheitel des Sattels erreiche, schlägt mir aus einer großartigen und absolut leeren Arena blendendes Licht entgegen. Im schneebefleckten Abhang vor mir sitzen Kiefern auf ihren harten Schatten wie wartende Spatzen. Links wächst aus steilem Geröllhang ein rostigrot flammendes Felsenriff. Rechts schwingen in weitem Bogen die Ränge des Canyons aus, hellrosa Bänder aus Schichtgestein bildend, durchschnitten von weißen Hangrinnen und voneinander getrennt durch dünne Zonen dunklerer Stufen. Der Rand des Canyons ist messerscharf. Dahinter erstreckt sich ein immenses, blaßgraues welliges Plateau bis zu ungebrochenen blassen Bergzügen, welche hingeworfene Haarstriche von Schnee vom gleißenden Himmel trennen. In der Tiefe dieses Raums liegt das 'Hungerland'.

Über vernarbte, von sandigen oder morastigen Fahrspuren gezeichnete grasbewachsene Abhänge schlittern wir auf den Eingang eines Tals zu und kommen nach einer oder zwei Stunden, vorbei an verlassenen Dörfern und steinigen brachen Äckern, in die sich Panzer verirrt haben bis ein Herauskommen nicht mehr möglich war, nach Qaleh-ye Now. Vor dem Hauptort der Provinz Badghis schwingen sich Kinder am Geschützrohr eines solchen Großgeräts in das Flußbett hinaus, und wie ein gestrandeter Wal liegt am anderen Ufer eine Passagiermaschine in toten Äckern, die vor zwei Jahrzehnten ein Flugfeld gewesen sind.

Qaleh-ye Now ist der letzte Ort zur Reparatur der defekten Ersatzreifen, und der Fahrer hat sich tatsächlich entschlossen, einen in der Werkstatt abzugeben. Bis die passende gefunden ist, hat sich eine Menge an den Wagen gehängt, und als wir anhalten erweist sich die herrschende Not zuerst einmal nicht als Gesicht des Hungers, sondern als Gier nach Geld, in Form Dutzender durch die Fenster nach *Afghani*-Scheinen greifender Frauen- und Kinderhände.

Der Kreiselverkehr, den eine um Ordnung im Straßenverkehr beflissene Regierung vor drei Jahrzehnten eingerichtet hat, gilt für niemanden und schon gar nicht für die vielen Eselkarren, auf denen die Kinder hocken, die den Weg nach Regi kennen. Ein Weißbart bestätigt außerhalb des Ortes die gewiesene Richtung, und dann fahren wir kahlen gelben, von einzelnen schwarzen Schafen punktierten Hängen entlang und einem trockenen Flußbett mit senkrecht abfallender Wand. An ihrer äußersten Kante wandelt eine *burka*. Die blaue Gestalt trägt einen großen Krug auf dem Kopf, und da es kein Wasser mehr gibt auf der Oberfläche, muß es aus einem der wenigen Ziehbrunnen kommen. Diese müßten laufend abgesenkt werden, damit man an das Grundwasser komme, informieren ein wenig später lehmverschmierte Kapuzenmänner, die in Henkeltaschen, gefertigt aus dem Mantel von Autoreifen, die schweren lehmigen Brocken aus dem Schacht wuchten, in dessen Tiefe nur die an Hanfseilen befestigte Taschenlampe schwachen Schein verbreitet.

Der Erdweg ist jetzt kein Weg mehr, nur noch eine Spur. Ohne Ende schlingert sie sich durch das wellige Land. Der Abend kündet sich mit verschatteten milchigen Schlieren an, heranfingernd wie Tentakel. Im *Surf* spricht keiner, und kein Fahrzeug begegnet uns. Es ist Nacht, als wir durch einen kaum wahrnehmbaren Canyon kurven und auf die klacksenden großen Kiesel eines größeren Flußbetts geraten. In der Nähe muß eine Siedlung sein, denn plötzlich treten Verhüllte in den Scheinwerferkegel. Gesichter sind keine zu sehen, aber nach einem kurzen Wortwechsel glaubt der Fahrer zu wissen, daß die Richtung stimmt.

Als wir Regi erreichen, zeigt der Himmel alle verfügbaren Sterne, und es ist bitterkalt. Auf einem Lehmkubus entdecken wir den Wimpel von *Oxfam*. Den einzigen Raum des Hauses erfüllt stickige Luft. Decken und Mäntel bewegen sich. Schläfer werfen sich herum, in ihre Schatten an der Wand, und wir legen uns in die sich öffnende Lücke.

Hunger im Murgab-Canyon

Regi, Badghis Provinz, 30. März 2001. — Ich krieche aus dem Haus, und sofort richtet sich der Wächter auf. Verwandelt sich in eine archaische Herrschergestalt mit turbanbedecktem Kopf. Der starre Filz, Schutz afghanischer Hirten vor Schnee, Regen und Wind, wird zum geometrisch geschnittenen archaischen Krönungsornat, fällt herab auf die Empore – zehn Lagen Säcke mit Weizenmehl, auf dem leicht abfallenden Terrain gestapelt zum fast perfekten stumpfen Rechteck, auf der Basis von zwanzig Zwölferreihen.

Das Weizenmehl ist für die Hungernden im Murgab-Canyon bestimmt. Von Qaleh-ye Now werden sie durch das steinige weite Land transportiert, das wir gestern durchfahren haben. Nun folgt die schwierige Flußpassage, die »River Route«, entlang dem Regi bis zu dessen Einmündung in den Murgab. Das aus dem kahlen Gebirgsland ablaufende Wasser stieß hier auf eine Barriere und durchbrach sie schließlich, eine Kluft hinterlassend, an deren Eingang poröse Kliffs vom Wirken der höhlenden Kraft zeugen. Auf dem Rücken dieser Kliffs ist dann Regi entstanden. Verschachtelte Lehmhäuser ohne näher bestimmbares Alter, die sich aneinanderfügten, immer weiter auf die Felsbänder hinausrückend, bis zuletzt, direkt an deren Rand gebaut, nur noch Platz war für einzelne mutige Würfel, die auf den Fluß hinunterblicken. Auf manchen Dächern liegt gehäuftes Brennmaterial, und in den Türöffnungen erscheint nun ein Farbtupfer nach dem andern.

Die Abfahrt verzögert sich. Der Fahrer hat Informationen zum Weg eingeholt und steht in Verhandlung mit einem Taliban. Der soll ihm eines der Räder seines *Toyota* ausborgen bis heute abend, und er tut es. Für einmal stoppt der Krieg wegen der Anwesenheit der Presse.

Als wir wegfahren glühen die Tafelberge, in deren Arena die kleinen Fenster von Regi blicken. Ein paar Pappeln geben dem Fluß Geleit, bevor er in seiner Kluft verschwindet, und kaum haben wir unter den Kliffs die Einfahrt in das Bett gefunden, entzündet ihre Spitzen ein Strahl der Sonne. Unverzüglich steigen die Felsen in die Höhe. An ihrem Fuß zuweilen noch ein paar Höhlen mit grasigen Schuttkegeln und in ihrem rauchgeschwärzten Schutz das Gezelt der Nomaden. Dann sind es nur noch unüberwindliche Wände, rasch aneinandertretend, und nach jeder Biegung sperren sie mehr Himmel aus.

Jetzt sind wir auf dem Weg nach Turkestan.

Kein anderer als der Weg des Wasser führt von hier durch die nordwestlichen Ausläufer des Hindu Kush ins Herz der Wüste, in die Oase Merv. Jeden halben Kilometer — mindestens dreißig sind es laut Karte bis zur Mündung des Regi in den Murgab — durchschneidet die Fahrspur die Sandbänke und Geröllfelder im Flußbett, sucht rechts oder links durchzukommen. Zieht sich die Schlucht zusammen, steigt sie an den Felswänden hoch auf steiler schmaler Rampe, die umgehend die Kante eines vorkragenden Pfeilers bricht. Der Abgrund ist nur eine Handbreite entfernt, und der Schutt, den die Reifen zur Seite drängen, rutscht in kleinen Geröllawinen ab zum Fluß.

An einer schnellen Biegung hat der Regi unter senkrechten sich türmenden Wänden, am Fuß eines Schuttkegels, eine sichelförmige Geschiebebank abgelagert. Weiden hängen mit ihrem entblößten Wurzelwerk an der Böschung, und der

Dazu Buch XII, *Fluch aus der Bronzezeit.*

Schatten der Zweige schwimmt auf dem gläsrigen Wasser. Eine Zeile Steinbrocken, welche die Strömung bricht, führt hinüber zum Dorf. Die Wände von Häuser und Stallungen sind aus Bruchsteinen, und auf den Dächern trocknet Hirse.

Wo sind die Äcker?

Wann erscheint das Gesicht des Hungers?

Kinder stürzen lärmend hervor. Sie müssen oben in den Felsen das Blitzen des Chromgestänges des *Surf* gesehen haben. Schneller als sie sind indessen große Hunde am Wagen. Im weißen Staub sich überschlagend, kugelnd, die Hinterläufe vor den schnappenden Schnauzen. Das Gebell wild und heiser. Krallen schlagen scheuernd an die Karosserie.

Etwas später liegt ein *Kamaz* mit gebrochener Achse auf der Fahrspur. Man hat die abgeladenen Weizensäcke aufgestapelt und wartet seit drei Tagen auf eine neue Achse, ein Ersatzfahrzeug oder beides. Was auch immer, nur aus Herat kann es kommen, und Herat ist weit, das bemerken wir jetzt. Sehr viel weiter als die dreißig Stunden, die wir schon unterwegs sind.

Alles was uns begegnet, dreht sich um die Dürre und den Hunger.

Zunächst ein halbes Dutzend Männer beim Aushub eines alten Bewässerungskanals. Das Wasser des Regi hat sich an der betreffenden Stelle in die Mitte der Schlucht zurückgezogen. Ein Graben soll es in den vertieften alten Kanal leiten und dieser durch das Geröll des Bergsturzes zu den kleinen Feldern dahinter. Es ist erst März, aber aus den Bergen kommt jetzt schon kaum noch Schmelzwasser, und an Regen glaubt keiner der Männer. Die rötlichschwarzen feuchten Klumpen fallen schwer von ihren Schaufeln auf die Böschung, wo sie nach und nach das trockene Gestrüpp knicken, allmählich bedecken und als glänzender schwerer Schuppenpanzer liegen bleiben.

Der Älteste der Gruppe legt seine Hände auf dem Stiel seiner Schaufel übereinander und blickt aus dem Graben zu uns hoch. Seine Augen reflektieren die gegenüberliegende sonnenbestrahlte Felswand; aber heller als deren Flammen leuchtet im dunklen Kupfer des Gesichts das unglaubliche Blau der Iris selbst.

Ungefähr drei Kilometer vor Kocha erreicht der Regi den Murgab, Herodots *Akes* (Historien III, 117).

Im Versickerungsdelta dieses Flusses liegt die Oase Merv, heute eine im Mittelalter nahe der Ruinen von Alexandria-in-Margiana und deren Nachfolgerstädte entstandener ehemaliger Karawanenknotenpunkt in Turkestan. Bei Merv berühren sich im 6. Jahrhundert v. u. Z. zwar die Gebiete der Parther, Chorasmier, Hyrkanier sowie zweier kleinerer Völker, aber weil nichts weniger als die gerechte Wasserversorgung der drei erstgenannten Völker gesichert sein will, steht die ganze Region unter der Kontrolle des achämenidischen Großkönigs, und kein Geringerer als er selbst hat

Dazu Buch XII, *Von Merv über den Oxus und nach Buchara.*

die gerechte Verteilung der Ressource durchzusetzen. Das herrscherliche Wassermanagement ist so rigide wie effizient. Gemäß Herodot ergeht es den Völkern, seit sie den Persern untertan sind, schlecht, denn der Großkönig hat die fünf Kluften mit Wehren verbauen lassen, durch welche die fünf Arme des Akes aus dem Gebirge treten. Zur Bewässerung der am Unterlauf liegenden Gebiete läßt er die Schleusen im Sommer nur öffnen, wenn Hirse und Sesam dürsten, und zwar jene zuerst, welche die am ärgsten Betroffenen, die, wie Herodot sagt, »mit ihren Weibern« – also Flüchtlinge vor Dürre und Hunger – nach Persien gewandert sind und vor den Palasttoren lautes Klagegeschrei erhoben haben, versorgt, danach jene zur Bewässerung des am zweitschlimmsten betroffenen Volkes und so fort. Selbstverständlich zeitigt ein solches Wasserregime Kosten, und der Perser läßt sich das Öffnen der Schleusen mit großen, zusätzlich zur Steuer erhobenen Summen bezahlen.

Im Hinterland solcher Geschichte, zweieinhalb Jahrtausende später, stoßen wir, nun dem Lauf des Murgab an seinem linken Ufer aufwärts folgend, auf eine andere, für meerabgewandte Gebirgsregionen äußerst wichtige Art der Versorgung, nämlich die mit Steinsalz.

Das auch von den islamischen Geographen beschriebene, durch Stauwerke und Schleusen regulierte Bewässerungssystem des Murgab ist bis zur Ankunft der Mongolen Anfang des 13. Jahrhunderts intakt geblieben. Herodots gleichzeitige Erwähnung der Völker der Thamaner und Saranger ist ein Hinweis, daß in derselben Epoche auch an dem die Stadt Herat bewässernden Hari Rud sowie am Helmand im Süden Afghanistans Bewässerungsanlagen in Betrieb sind.

Der *Kamaz* hat zwischen den paar Lehmhäusern von Kocha angehalten, und weil keiner vorbeiwill, wenn das Steinsalz kommt, hat man ein Stück Plastik auf der Erde ausgebreitet, um das sich eine kleine Menge versammelt hat, Weißbärte und Junge, in Armeejacken oder *shalvar kameez*. Den schwarzen Turban eines Sympathisanten der Taliban trägt allein der Händler. Verschieden große Steine tarieren auf den Schalen seiner Handwaage die Steinsalzbrokken. Von der Farbe alten Schnees und durchzogen von aschgrauen Lagen, werden sie zum Verkauf auf das passende oder gewünschte Gewicht zerbrochen, jedoch nicht in zu geringe Stücke – gerade trägt einer zwei aufeinandergestapelte von der Größe des *Webster* weg.

Aus dem Bericht des für *Oxfam* arbeitenden Doktors vom 25. März ist zu schließen, daß in der »Hungertasche« der Provinz Badghis nicht jeder an dieses Steinsalz kommt. Das wäre indessen jetzt, wo zum ersten Mal seit der Dürre von vor dreißig Jahren wieder wilde Pflanzen als Nahrung herhalten müssen, wieder wichtiger als sonst, wo doch bekannt ist, daß der Mangel an Jod verantwortlich ist für die 'Sadness sickness', wie die Afganen den Blähhals oder Kropf bezeichnen. 1980, ein Jahr nach dem sowjetischen Einmarsch am Hindu Kush, hat eine weltweite Kampagne gegen das Jod-Defizit begonnen, Afghanistan aber infolge des Krieges nie erreicht. Unterdessen ist wahrscheinlich davon auszugehen, daß in einigen entlegenen Gebieten des Landes 60–70 Prozent der Bevölkerung an sichtbarem Kropf leiden. Studien weisen zudem hin auf eine Abhängigkeit zwischen Jod-Defizit und tieferem Intelligenzquotienten. Aber wer denkt schon beim Auflisten kollateraler Kriegsschäden an Kropf? Eine andere Frage beträfe die notwendigen Voraussetzungen, damit der Händler sein Steinsalz jodieren kann. Sonst ist dessen Wirksamkeit nämlich genau so gering wie aus Pakistan importiertes Salz, da dieses öfters kein Jod enthält, trotz entsprechender Packungsaufschrift.

Char Taq, das auf gewissen Karten als Jawand bezeichnete *District Center*, besteht aus einer Häuserzeile über dem Murgab. Es muß einen Zugang von oben haben, denn aufgetürmte Felswände, zu denen ich inzwischen nicht mehr aufschaue, haben den Fluß auf der bisherigen Strecke in einen tiefen Canyon gezwängt. Die Höhlen befinden sich am gegenüberliegenden Ufer, in der Zone der Felswände, wo diese aus den zum Fluß abfallenden Schutthängen steigen. Es sind löchrige Bänder, und manche Höhlungen sind blind, denn man hat davor Bruchsteine aufgeschichtet. Zuweilen glänzt davor ein Stück Plastik oder auch ein Kochgefäß. Der lokale *Officer* von *Oxfam*, ein Afghane, führt uns zur größten Höhle hinauf. Sie verfügt über eine Küche, anders ist die Nische zwischen der überhängenden Felswand und einem abstehenden Block nicht zu bezeichnen, in die man ein mit zwei eingelassenen Rohren besetztes Benzinfaß gedrückt hat. Daneben liegt die flache, mit Asche gefüllte zweiteilige Mulde der offenen Feuerstelle. Ein Huhn scharrt im weißen Staub. Trockenmauern bilden zwei separate Räume, die mit Tüchern überspannt sind. Davor krabbeln Kinder auf Steppdecken herum. Der Weißbart sagt, sie kämen aus dem Dorf Kazak, gehörten zur Ethnie der Tadschiken und seien drei Familien, dreizehn Personen insgesamt. Alle Haustiere seien verendet, denn infolge der Dürre gebe es kein Gras mehr. Nach Char Tak gekommen sind sie vor vier Monaten und würden nach Kazak zurückkehren wollen, vorausgesetzt es regne und sie erhielten Saatgut.

Herbeigerannte Kinder zerren uns am Ärmel auf andere Felsbänder hinüber. Dort lassen sich Hungervertriebene von der Sonne durchglühen, bevor der Schatten die Schlucht überfällt.

Wie zuvor im Lager des *ICRC* in Herat kommt es zum Mißverständnis mit der Liste, und um niemanden zu enttäuschen, schreibt Kurt viele Namen auf, die in seiner Reportage nicht vorkommen werden.

Ein Junge will mir tragen helfen, und es ist angebracht, ihm eine Kamera zu geben, denn anders als ich ist er gewandt wie eine Ziege auf dem rutschenden Gesteinsschutt.

Vor einem Unterschlupf kauert zwischen Weißbärten der achtjährige Abdullah Rashid Dad. Wie andere Kleine trägt er nur Zerschlissenes und keine Schuhe und ißt die vom Doktor der Ernährungswissenschaften benannten Gräser und Wurzeln, die er hoch über den Felsen der Schlucht sammelt; jeden Tag, der vergeht, an weiter entfernten Plätzen, um, wie er sagt, weniger zu finden oder nur noch *faskal*, das Futter der Kamele. Die Haut von Abdullahs Händen ist runzlig wie verwitterter Asphalt. Nicht einmal die des Großvaters, der mindestens acht Mal so viele Jahre angehäuft hat im Leben wie der Enkel, sind so beschaffen. Kinder, hat der Doktor aus Oxford betont, sterben am schnellsten an den Nebenwirkungen des Krauts, nicht zuletzt, weil sie dieses ungekocht verzehren.

Beim Wegfahren taucht der kleine Kameraträger auf. Drängt sich durch die Schar, rennt an den Wagen und hebt lachend beide Arme. In jeder Faust hält er einen Salzstein, gekauft, wie ich vermute, mit dem eben verdienten Lohn.

Wir hätten den Händler fragen müssen, ob seine Ware aus Badakhshan kommt. Die Wahrscheinlichkeit ist nämlich groß, daß es Stücke vom Salzberg sind, welchen Marco Polo erwähnt. Das Vorkommen befindet sich beim zwölf Tagesreisen östlich von Balkh liegenden Taloqan, vom Venezianer Taican genannt. Dorthin kämen die Menschen aus einer Entfernung von dreißig Tagesreisen. Das Steinsalz, das beste der Welt, ist so hart, daß sie es nur mit starken Eispickeln losschlagen können. Aber immerhin gibt es unermeßlich viel davon, »die ganze Menschheit könnte sich damit versorgen bis ans Ende aller Zeiten«.

Begegnungen auf dem Rückweg

Herat, 31. März 2001. — Gestern sind wir erst nach Einbruch der Dunkelheit nach Regi zurückgekommen und heute morgen dann gleich weitergefahren.

Vor dem Scheitel des Sabzak-Passes halten wir an, um auf den Lastwagen mit Flüchtlingen zu warten, den wir in der letzten Siedlung gesehen haben.

Aus der anderen Richtung kriecht ein *Zil* aus der Schneise. Er transportiert Weizenmehl und obenauf sitzt eine Eskorte von Taliban. Der Lastwagen hält und kurze Zeit später auch der *Pajero* des Gouverneurs von Qaleh-ye Now. Selbstverständlich ist er ein Mullah, aber sein Assistent und die Leibwache sollen sich fotografieren lassen. Vor einer solchen Landschaft ist das kein Vergehen. Der etwas finster blickende der beiden Leibwächter überragt seinen Kollegen um zwei Köpfe. Der andere hat das Gesicht eines Schankwirts. Alle haben *AK*s, verschiedene Modelle, abgescheuert und mit sonnenverbackenen Kolben.

Zeitreisen

Zürich, Oktober 2006. — Durch das Fenster der *Caffetteria am Limmatplatz* sehe ich mit Helmen aus verdichtetem Styropor bewehrte Radfahrer, die ungebremst von der Kornhausbrücke herunterkommen und auf dem Gehsteig in die enge Lücke zwischen der hervorstehenden Ecke des Optikergeschäfts *Nielsen* und dem Zeitungskiosk einbiegen, das wegen Sanierungsarbeiten vom Gelände der Station auf das Trottoir verlegt wurde. Ich höre das zuweilen etwas närrisch lange Geklingel der Tram, das vorschnelle Autofahrer erschreckt und zwischen den sichtbehindernden hohen Bauwänden verstärkt widerschallt.

Nervosität, wenn auch aus offensichtlicheren Gründen, herrschte auch im Hintergrund, als ich Kamal anrief, in jener Nacht vom 11. auf den 12. September 2001.

»*First they deliver bombs. Secondly pornographic movies.*«

Seine Stimme klang abgehackt, als würde sein Körper während des Redens durchgeschüttelt, und tatsächlich legte Motorengeräusch den Schluß nahe, daß der pakistanische Freund im Auto unterwegs war, irgendwo in Afghanistan.

»*We get out of Kabul! Peshawar. Maybe Kandahar. Let's speak in two days.*«

Diese Worte hat Kamal dann noch angefügt. Leiser. Vielleicht, weil die Information, so vage sie auch sein mochte, nicht für jeden bestimmt war, der mithören konnte. Eine Minute oder zwei habe ich die Leitung noch offen gelassen, in der vergeblichen Hoffnung, noch etwas Neues zu vernehmen aus Afghanistan, und hatte dabei an die Reise durch den Westen

Dazu in diesem Buch *Ankunft in Kandahar* und nachfolgende Kapitel.

des damals von den Taliban kontrollierten Landes mit Kamals Bruder Jamal im Mai desselben Jahres gedacht.

Auch jetzt sollte ich eigentlich dort sein – hätte die *NATO*, genauer: das Pressebüro im *Allied Joint Force Command Headquarters Brunssum*, meine und Navids Reise nach Kabul nicht verschoben.

Dazu in diesem Buch *Briefing im Headquarter* und nachfolgende Kapitel.

Das gibt dem seit einiger Zeit gehegten Gedanken Auftrieb, doch noch nach Bagdad zu fliegen – schließlich reicht der Beginn meiner fotographischen

Dazu Buch VI, '*Kurdischer Exodus*'.

Arbeit in Zentral- und Westasien in den April 1991 zurück, in die Zeit unmittelbar nach dem Ende des Ersten Golfkriegs, und in wenigen Monaten begeht man am Tigris den vierten Jahrestag des Einmarschs der »Koalition der Willigen«. Unmittelbar an den afghanischen Rachefeldzug anschließend hatte Amerika auch dort, bar eines *UN*-Mandats, seinen ohnehin beschlossenen Präventiv- und Interventionskrieg ertrotzt.

Bevor es am 20. März 2003 zum Einmarsch im Irak kommt, hat der Sicherheitsrat der *UN* – die Autorität dieses Gremiums ist untergraben durch den 1999 entstandenen 'Präzedenzfall Serbien', als im Zusammenhang mit der Bombardierung Belgrads seine Zustimmung angesichts des erwartbaren chinesischen und russischen Vetos erst gar nicht zu erlangen versucht worden ist – unter dem Eindruck der durch nichtstaatliche Akteure verursachten Anschläge des 11. September mit den Resolutionen 1368 (12. September 2001) und 1378 (14. November 2001) das in Artikel 51 der

Aber was wäre in Bagdad oder in Babylon jetzt zu erlangen, außer vielleicht der Erkenntnis, daß die Sache heillos verworren ist. So verworren wie meine Gedanken über Amerikas Rolle in der fremden Welt West- und Zentralasiens, in die vielleicht besser erst ein wenig Ordnung zu bringen ist.

In Afghanistan, dessen Verhältnisse mir ohnehin vertrauter sind, hat die logistische, operative und personelle Verquickung von militärischer und humanitärer Mission sowohl für die Ausführenden als auch erst recht für die Empfänger mittlerweile eine Unübersichtlichkeit erreicht, welche Kollateralschäden als Normalität erscheinen läßt. Die generelle Sicherheitslage hat sich seit der letzten Reise im Oktober 2002, wie schon damals absehbar gewesen ist, offenbar nur in ungute Richtung verändert.

Charta verbriefte »naturgegebene Recht zur individuellen und kollektiven Selbstverteidigung, bis der Sicherheitsrat die zur Wahrung des Weltfriedens und der internationalen Sicherheit erforderlichen Maßnahmen getroffen hat« in Verbindung mit der Feststellung einer Friedensbedrohung durch Akte des internationalen Terrorismus bekräftigt.

Anfang dieses Jahres ist bekannt geworden, daß am 31. Januar 2003 der amerikanische Präsident Bush dem zudienenden britischen Premier Blair angesichts der von beiden akzeptierten Tatsache, daß im Irak keine unkonventionellen Waffen gefunden worden waren, Möglichkeiten einer den feststehenden Angriff rechtfertigenden Provokation vorgetragen hat – unter anderem die Idee, ein amerikanisches Aufklärungsflugzeug mit den Farben der *UN* zu bemalen, in der Hoffnung auf irakischen Beschuß.

Dazu Buch III, *Über Helden* und *Titanic im Sand*, Buch IV, *Koloniale Abenteuer* und nachfolgende Kapitel, sowie wie Buch VI, *Die Last des Geldes*.

Keine Selbstmordanschläge zur Zeit der Taliban. Am 9. September 2001 dann jener, der Ahmad Shah Masud das Leben kostet. Zwei im Jahr 2003, sechs im Jahr 2004. Einundzwanzig im Jahr 2005 und bereits siebenundvierzig bis Mitte Juni dieses Jahres, ein Indiz für die 'Irakisierung' Afghanistans. Zudem kommen die Attentäter oft aus dem Westen.

Oliver Roy (*The ideology of terror*; in: *International Herald Tribune*, 23.–24. Juli 2005) rechnet diese Attentäter zur zweiten Generation globaler Heiliger Krieger und zu einer verlorenen Generation, die, frustriert von der westlichen Gesellschaft, welche ihre Erwartungen nicht erfüllt, mit allem brechen und sich allein dem Haß auf Amerika und seiner Zerstörung verschreiben. Global sind sie, weil diese verwestlichten, in Europa geborenen, familiär aus dem Mittleren Osten oder aus Südostasien stammenden radikalisierten Muslime oder karibischen Konvertiten, genausowenig wie die Ägypter, Araber, Nordafrikaner, Pakistani oder Spanier zwar zur Rechtfertigung ihrer Taten Irak, Afghanistan oder auch Palästina in den Mund nehmen, sich in Wirklichkeit aber keinen Augenblick um die dortige Misere scheren.

Aufgestachelt durch die amerikanische Dämonisierung Osama bin Ladens sowie die Popularisierung seiner Motivationen und Ziele mittels Internet, aber gewiß auch durch die intensivierten Kampfhandlungen im Irak und im Hindu Kush, rekrutieren sich die jungen religiösen Eiferer gleich selbst. Soweit bekannt, kehren sie nach dem Besuch der Ausbildungslager mit al-Qaida affilierter radikaler Gruppen in Quetta oder im pakistanisch kontrollierten Azad Kashmir sowie der weiterhin florierenden pakistanischen Koranschulen – gegenwärtig gibt es schätzungsweise 12 000, wobei 5000 bis jetzt die nach 2001

Dazu Buch XI, 'Oxford des Jihad'.

verordnete Reform des Curriculums noch nicht durchgeführt haben und deshalb als potentiell gefährlich gelten – oftmals nicht zur Bildung terroristischer Zellen nach Europa zurück, sondern versammeln sich als Rekruten in den Stammesgebieten der pakistanischen Nordwest-Grenzprovinz *(NWFP)*, dem angeblichen Refugium des flüchtigen Osama bin Laden und der Operationsbasis der al-Qaida wie auch der mit ihnen verbündeten afghanischen Widerstandsgruppen, darunter der *Hezb-e-Islami* von Gulbuddin Hekmatyar. Über die *Durand-Line* gelangen die *Jihadi* dann nach Afghanistan. Dort stoßen sie zu den Taliban-Verbänden, die wiederum über die al-Qaida zu irakischen Aufständischen Verbindungen pflegen, von denen die neu Rekrutierten dann Planung und Ausführung von Selbstmordattentaten erlernen sowie auch die Herstellung von Sprengfallen.

Unter den *Warlords*, die bis zum Februar 1989 die sowjetische Rote Armee bekämpfen, ist der sunnitische Pashtune Hekmatyar der brutalste. Seine Partei *Hezb-e-Islami* genießt vorbehaltlose amerikanische Unterstützung. Nachdem ihre Verbände im Machtkampf der Mujaheddin Anfang der 1990er Jahre maßgeblich für die Zerstörung Kabuls und den Tod Tausender von Afghanen verantwortlich sind, wird Hekmatyar 1993 Premierminister, verliert das Amt jedoch bald, um es 1996 dann noch einmal kurz zu bekleiden. Im Jahr 2002 kehrt Hekmatyar, der für sich in Anspruch nimmt, Osama bin Laden zur Flucht verholfen zu haben, auf Druck der iranischen Regierung, die ihm nicht mehr länger Asyl gewähren will, nach Afghanistan zurück. Seither soll er sich im ostafghanischen Grenzgebiet zu Pakistan aufhalten.

Auch dazu hat also der von der Administration Bush – sie schenkt keinem Glauben, der ihr nicht glaubt und schützt sich so effizient vor jeder Belehrung – eingeschlagene Irrweg geführt, wonach es besser sei, Terroristen bei sich zu bekämpfen, als im eigenen Land auf sie zu warten.

Beginne ich den Tag in der *Caffetteria am Limmatplatz* mit der Lektüre sachlicher Betrachtungen des irakischen Chaos, stellt sich am Abend die dumpfe Ahnung ein, daß kaum Hoffnung besteht, dieses würde sich rasch und vielleicht von allein ordnen, wie von Washington angenommen. Fast allabendlich sehe ich in den Nachrichten das verkohltes Wrack des Wagens des jüngsten Selbstmordattentäters, Feuerwehrmänner, Schuhe ohne Besitzer, Jugendliche beim Wegfegen von Blut und am Rand einen amerikanischen Marinesoldaten mit Brille. Immer wieder dieselbe scheußliche Szene, obwohl sie nichts zu erklären vermag.

Die Tragödie vollzieht sich, aber eine Katharsis stellt sich nicht ein. Schlimmer, es kommt die geradezu absurde Vermutung auf, die Initiatoren des Stücks seien gar nicht interessiert, es je wieder abzusetzen. Könnten das Ganze einfach laufen lassen, ohne Eingeständnis einer Niederlage oder Errichtung irgendeiner Ordnung. Auch über die mutmaßlichen wirtschaftlichen Motive, die sagenhaften Reserven irakischen Öls, ist kaum mehr etwas zu vernehmen, außer daß es nicht fließt oder gestohlen wird.

Dafür muß wieder und wieder das geduldige Wort 'Demokratie' herhalten, wo doch schon einer der ersten, der versuchte Amerika von innen her zu verstehen, Alexis de Tocqueville, darauf hinwies, daß selbst in der Staatsform, wo »alle über alles entscheiden« (Aristoteles, *Politik* 1298a 14) und außerhalb der Mehrheit nichts möglich ist, Tyrannei nicht unmöglich ist. Tatsächlich hat sich die Tugend der Besonnenheit auch im demokratischen System schon immer schwergetan. Kein Ereignis illustriert dies besser als im siebzehnten Jahr des Peloponnesischen Krieges die unabsehbar Kräfte bindende und jeder Voraussicht entbehrende Sizilische Expedition derer, denen man nachsagt, die Demokratie erfunden zu haben, der Athener (431–404 v. u. Z.)

»Im gleichen Winter wollten die Athener noch einmal mit größerer Macht als unter Laches und Eurymedon gegen Sizilien fahren und es unterwerfen, wenn sie könnten, die meisten, ohne die Größe der Insel zu kennen und die Menge der dort wohnenden Hellenen und Barbaren und daß sie damit einen nicht viel geringeren Krieg anfingen als den gegen die Peloponnesier.«

(Thukydides, *Der Peloponnesische Krieg*, VI, 1)

Thukydides, dessen Gegenstand die Verzahnung von Geschichte, Menschennatur, Verfassungsformen und politischen Ereignissen ist und der stärker als Aristoteles in der *Politik*, die sich in keinem Kapitel mit dem Frieden beschäftigt, Machthunger und Konflikt als Gemengelage von Herrschaften mitbedenkt, hegt wenig Hoffnung, daß politisches Geschehen letztlich auf etwas anderes als auf Krieg hinauslaufen kann. Thukydides ordnet seine Darstellung des Unsäglichen sprechenderweise nach dem Wechsel der Jahreszeiten, nach Sommern und Wintern. Vielleicht mag das ein Hinweis darauf sein, daß der Krieg in jener fernen Zeit hingenommen wird, als sei er eine Erscheinung der Natur.

Vor dem Hintergrund des wachsenden irakischen Durcheinanders und der sich jagenden Bluttaten und Verlautbarungen ist es schwierig, eine Übersicht der handelnden Subjekte zu gewinnen, und so versinkt das Land im Bürgerkrieg –

»So tobten also Parteikämpfe in allen Städten, und die etwa erst später dahin kamen, die spornte die Kunde vom bereits Geschehenen erst recht zum Wettlauf im Erfinden immer der neusten Art ausgeklügelter Anschläge und unerhörter Rachen.«

(Thukydides, *Der Peloponnesische Krieg*, III, 82)

Was aber hat Amerika bewogen, sich fern der Heimat in seit Jahrtausenden umkämpfte und politisch höchst komplizierte Regionen einzumischen, wenn nicht Blendung? Tausendfach verkleidet, drängt sich diese auf am Kiosk der Eitelkeiten –, aber gemeint an dieser Stelle ist sie als Leitmotiv der Geschichte.

Blendung und ihr Bruder, der Wahn, schlagen Großreiche seit dem Persien des Xerxes. Jener mißachtet die ihm von den Göttern gesetzten Grenzen, wonach persische Macht auf das Festland beschränkt bleiben soll, und maßt sich an, diese auf das Meer auszudehnen.

Wie das persische Großreich gehen in der Folge auch das Imperium Romanum, Byzanz, die Reiche der Kalifen und zuletzt jenes der Osmanen unter, sie alle versuchen, Teile Asiens und Europas in ein umfassendes Gebilde zu schmelzen – im Gegensatz zum überdauernden, sich wandelnden 'Mittelland' China oder dem Reich der Moguln, die beide einem einzigen Kontinent verhaftet bleiben. Wie das Eroberungswerk von Timur geendet hätte, wäre dessen Tod nicht der Unterwerfung Chinas zuvorgekommen, bleibt Spekulation.

Dazu Buch IV, *Globalisierer aus dem Herzland*.

Trefflicherweise ist bereits vor dem Einmarsch in den Irak der Begriff des *imperial overstretch* in den Vordergrund gerückt, die bei Großreichen gegen Ende ihrer Ära feststellbare, von Kriegslust begleitete Tendenz zur Überdehnung.

Historische Komplexität kann Amerika nicht schrecken, setzt es sich doch kühn ganz einfach an den Anfang der Zeit. Schon der Erfinder des Namens »Vereinigte Staaten von Amerika«, Thomas Paine, dessen 1776 erschienenes Werk *Common Sense* die im gleichen Jahr unterzeichnete und von Jefferson verfaßte Unabhängigkeitserklärung stark beeinflußte, schreibt:

»Wir haben keine Gelegenheit, uns in der Suche in den obskuren Gefilden der Vergangenheit zu verlieren, noch uns in Vermutungen zu ergehen.«

Das gedankliche Rüstzeug der amerikanischen Gründerväter prägt noch heute die Grundzüge amerikanischer Politik. Alle waren sie vertraut mit Aristoteles' *Politik*, und Jefferson wie auch George Washington waren aufgeklärte Sklavenhalter, weshalb es fraglich erscheint, daß sie beim Gedanken von Alexanders Lehrer, im Lauf eines berechtigten Krieges, also jenem gegen den zwar von Geburt her zum Beherrschtwerden Bestimmten, aber Widerstand Leistenden, sei es rechtens den Gegner zu versklaven, nachdem er besiegt sei (*Politik*, 1256b 23–26; 1333b 38 – 1334a 2), Unbehagen empfunden haben. Vielleicht ist Jefferson aber auch aufgefallen, wie später Bertrand Russell (*War Crimes in Vietnam*, London 1967) angesichts der Kriegsverbrechen in Vietnam, daß der Gedanke des Griechen tauglich ist, jeden Eroberer der Weltgeschichte zu rechtfertigen. Denn kein Volk wird zugeben wollen, daß es von Natur dazu bestimmt sei, beherrscht zu werden. Womit der Ausgang des Krieges nur beweisen kann, was die Natur von sich aus beabsichtigt hat, und nichts anderes gesagt ist, als daß im Krieg die Sieger im Recht sind und die Besiegten im Unrecht.

Thukydides, der im Peloponnesischen Krieg in Thrakien selbst eine kleine Flotte befehligt, den Krieg also kennt, besorgt sich über dessen Unausweichlichkeit. Umgekehrt heißt ein George Bush, der keine persönliche Erfahrung damit verbindet, den Krieg willkommen – im anmaßenden Glauben, den Feind an Tugend zu überragen. Er führt einen 'gerechten Krieg'. Anders als in der Neuzeit, wo die bewaffnete Auseinandersetzung als legitimes Mittel der Politik souveräner Staaten betrachtet wird und sich das Völkerrecht vom »Recht zum Krieg« *(ius ad bellum)* auf das »Recht im Krieg« *(ius in bello)* verlagert hat, ist ein solcher 'gerechter Krieg' für Aristoteles der gegen Menschen und Völker, welche die Natur der Einfachheit halber zum Beherrschtwerden ausersehen hat und selbstverständlich auch zu deren Nutzen; aber nicht nur das: er will auch die Zwingherrschaft über alle bekommen, die wert sind, Sklaven zu sein (*Politik*, VII., 1333b 38–1334a 2).

Die öffentlich wahrnehmbaren Geschehnisse des Stellvertreterkriegs im Reisland Vietnam sind Bertrand Russell einst als Ausdruck ebenjener aristotelischen Anmaßung des Westens erschienen, über das minderwertige Leben anderer Hemisphären verfügen zu können. Der Rassismus des Westens, besonders jener Amerikas, schreibt er, habe ein Klima geschaffen, das es sehr schwer mache, die Verantwortung der USA für Probleme auszumachen, die als 'interne' der unterentwickelten Nationen angesehen werden. Der Krieg in Vietnam stelle sich so als unausweichliches und tragisches Produkt von Rückständigkeit, Armut und Wildheit dar – offensichtlich Südostasien ureigen. Die Wurzeln des Konflikts wurden in dunkler Vergangenheit gesucht und dazu alte Konflikte zwischen Nord und Süd ausgebaggert. Die amerikanische Intervention sei in solcher Sichtweise eine Zufälligkeit. Die Vietnamesen wiederum bemitleidenswerte Kreaturen, in deren Angelegenheiten die USA widerstrebend und bedauerlicherweise hineingezogen worden seien. (*War Crimes in Vietnam*, London 1967)

Das ist eine deutliche Kritik an Aristoteles' Auffassung, die Völker Asiens seien denkerisch begabt und künstlerische Seelen, doch mutlos, weshalb sie auch beherrscht und in Sklaverei verbleiben würden (*Politik*, VII.,1327b 20–1328a 10).

Der Siedlerkolonialismus auf eigenem Boden, in dem solches Denken wurzelt, war eine harsche Angelegenheit, und die indigene Bevölkerung stand dabei nur im Weg. Deshalb verleugnen die frühen Landkarten Amerikas schlichtweg deren Existenz. So lassen sich 'Territorien erschließen', und das klingt fortschrittlicher, als es den darauf Wohnenden zu 'rauben'.

Thomas Jefferson weiß genau, warum er die indigene Bevölkerung Amerikas als »Indian Savages« bezeichnet. Am Ende seiner Amtszeit als Gouverneur von Virginia befaßt er sich nämlich im Rahmen seiner *Notes* (1779/1780) eingehend mit ihnen, und was dabei besonders auffällt, ist deren Kulturlosigkeit:

»Von indianischen Monumenten ist keine Spur vorhanden, denn ich möchte mit dieser Benennung nicht gern Pfeilspitzen, Steinbeile, steinerne Pfeifen und halb geformte Figuren beehren. Von groß angelegten Arbeiten läßt sich nichts aufweisen, was nur so viel Aufwand an Kräften erforderte wie ein gewöhnlicher Graben zur

Entwässerung eines Feldes – bis auf die sogenannten Barrows, die man hier in allen Gegenden findet.«

(*Thomas Jefferson, Betrachtungen über den Staat Virginia*, 1779–1781)

Jefferson, der im Rahmen seiner Aufnahme der in Virginia herrschenden Verhältnisse auch statistische Tabellen erstellt – in absteigender Reihenfolge verzeichnen diese 'freie Personen', 'Sklaven', 'unbestimmte Personen, vermutlich besteuerbare Sklaven', 'Pferde', 'Stücke Rindvieh', 'Wagenräder' und zuletzt die 'Weinhäuser' – hat eine klar umrissene Vorstellung, worin Kultur besteht und worin sich der Zivilisierte vom Wilden unterscheidet. Da ist zunächst die Kleidung gegenüber der Nacktheit. Den indianischen Bestattungsplätzen, den *barrows*, billigt Jefferson zumindest den Vorsatz der Arbeit zu und befindet einen solchen sogar der spontanen forensischen Untersuchung wert. Jeffersons Entdeckung des Mangels indianischer Monumente, worunter er nicht nur Gebautes gemeint haben kann, vergißt den Umstand, daß Angehörige mobiler Völker sich vor ihrem Tod kaum abmühen mit schweren Statuen oder massivem Kultgerät, daß indianische Kunstfertigkeit vor allem bei den Gegenständen des Alltags ihren Ausdruck findet. Genau wie im Fall der Reitervölker Innerasiens – der antiken Skythen und ihren nomadischen Brüdern oder der Mongolen des 13. Jahrhunderts. Bei ersteren sind solche Gegenstände goldene Broschen, Pektorale, schwertverzierende Plaquetten, am Gürtel getragene Opferschalen. Beim Volk des Dschingis Khan dann Kopfschmuck, Schläfen- und Seitengehänge, bronzene Beschlagstücke, Rindsledertöpfe, Birkenrindengefäße, silberbeschlagene Teekannen, Schalen, Sattelunterdecken mit Goldgarnkordel-Applikationen, brokatgefaßtes Sattelzeug, mit Kupfer- und Messingeinlagen verzierte Sättel, Pfeilköcher aus Pferdefell, mit Schlangenhaut überzogene Bogen, Amulettdosen, Wölbbrettzithern, Schamanenkostüme, Zeremonialdolche und – um doch noch Schwereres aufzuführen – Weihrauchbrenner aus Messingguß, getriebenem Kupfer oder Silber, besetzt mit Türkisen und Korallen, letztere vermutlich aus dem Persischen Golf.

Bei seiner Grabung stößt Jefferson jedoch nur auf Knochen. Am häufigsten auf Schädel, weich und bei der ersten Berührung zerfallend, auf Kinnbacken, Zähne, Armknochen, Lendenknochen, Knochen von Beinen, Füßen und Händen, auf ein paar wenige Rippen, Hals- und Rückenwirbel und ein einziges Kreuzbein. Um Klarheit über den inneren Bau des *barrow* zu gewinnen, legt Jefferson einen Schnitt in den aufgeschütteten Hügel, der bis auf das Niveau des umliegenden Terrains hinabreicht, und weil er im Wirrwar der Knochen, das er auf tausend Gerippe schätzt, auch den Teil einer Kinnlade eines Kindes findet, jedoch nicht Kugeln, Pfeile oder anderes Kriegsgerät, folgert der Gouverneur korrekt, daß es sich beim geöffneten Platz nicht um die Beisetzung in einer Schlacht Gefallener handelt.

Zweihundert Jahre nach der Ankunft der Pilgerväter sieht sich nach Bekanntschaften mit rechtschaffenen Städtern, etwa im zwei- bis dreitausend Seelen zählenden Detroit, in der düsteren Wildnis dahinter und auf den dort beackerten Flächen, in den sumpfigen Fiebergründen, wo auf Rasenzipfeln einsame Wigwams stehen, der junge französische Jurist Alexis de Tocqueville um. Folgert, daß die Gesellschaft, die sich hier über einen neuen Kontinent ausbreitet, sich aus den immergleichen Elementen zusammensetzen muß – weshalb man eben den auf der Straße New Yorks zurückgelassenen Menschen »mitten in den Einöden [wiederfindet]: mit gleichem Gewand, gleichem Geist, gleicher Sprache, gleichen Gewohnheiten, gleichen Vergnügungen«. Auf der Schwelle des Blockhauses eines in die Ödnis aufgebrochenen Pioniers stehend, sieht er in diesen und seinen Gefährten – »ein Nomadenvolk, das sich weder durch Flüsse noch durch Seen aufhalten läßt, vor dem die Wälder niedersinken und die Prärien sich mit schattigem Laub bedecken und das, hat es den Stillen Ozean erreicht, auf dem gleichen Weg zurückkehrt, um die Gesellschaft, die es hinter sich bildet, zu zerstören und zu vernichten«. (Alexis de Tocqueville, *In der Nordamerikanischen Wildnis*, 1831) – ein erstaunliches Bild. Allerdings findet er Kultur: denn unter Kriegs- und Jagdtrophäen und der sich vom Wind, der durch die Spalten streicht, unaufhörlich hebenden und bewegenden Karte der Vereinigten Staaten stehen neben dem Karabiner mit gezogenem Lauf, Hirschfell und Adlerfedern auf den rohen Brettern des Regals zufällig zusammengetragene Bücher – nicht nur die vor Frömmigkeit abgenutzte Bibel und eine Tragödie von Shakespeare, sondern auch Verse von John Milton, die den Pionier auch bis Zentralasien führen:

»Wo eine Stadt von altem Rufe stand / Oder modernem Ruhm, die Residenz / Mächtigster Reiche, von den künftigen Mauern / Von Kambalu, dem Sitz des großen Kahn, / Und Samarkand am Oxus mit dem Thron / Des Tamerlan, nach Pekings Königen / Im Reich der Mitte, und zu des Mogulen / Lahor und Agra, nach Mekka hin, / Dem goldenen, oder Ekbatana, / Nun Ispahan, allwo der Perse saß, / Nach Moskau hin, wo aller Reussen Zar / Oder Byzantium, wo der Sultan weilte, / aus Turkestan geboren ...«

(John Milton, *Das verlorene Paradies*, 1667; Elftes Buch, 492–504)

Alexis de Tocqueville und sein Begleiter Gustave de Beaumont bereisen Amerika, um eine Studie über das dortige Gefängniswesen und die Möglichkeit seiner Anwendung in Frankreich zu verfassen (*Du Système pénitentiaire aux États-Unis et de son application en France*, 1833). Zumindest für Tocqueville aber ist das Projekt nur Vorwand zur Gesamtanalyse der amerikanischen Demokratie. Sein früher Kritiker Charles-Augustin Sainte-Beuve (1804–1869) fragt sich dann auch, ob nicht im zweiten Band des Werkes der Gegenstand Amerika, mit dessen wesentlichen Ordnungsproblemen sich *De la démocratie en Amérique* befaßt, der Vorwand gewesen sei, die zukünftigen Tendenzen einer demokratischen Welt überhaupt zu erfassen. Tatsächlich kommuniziert Tocqueville in einem Brief vom 18. Dezember 1840 John Stuart Mill die Absicht, im Schlußteil seines Werkes »allgemeine Züge demokratischer Ordnung zu zeichnen, von denen noch kein vollständiges Modell existiert«. Allerdings sieht er nicht nur Gutes in ihr, sondern, vor allem im zweiten Band seines Werkes, »… etwas Obskures und Problematisches, das die große Menge nicht ergreift«, vielleicht ist jener zweite Teil deshalb weniger erfolgreich als der vorausgeschickte.

In der Überlegung, das Schicksal des 20. Jahrhunderts werde in den Händen der zwei Weltmächte Amerika und Rußland liegen, deren Entwicklung er zutreffend voraussieht, erweist sich Tocquevilles Entwurf aus heutiger Perspektive jedoch einigermaßen prophetisch.

Hätte Tocqueville erahnen können, daß dereinst Bush daherkommt, der vor seinem Amtsantritt einen einzigen Blick über die Grenze geworfen hat – über den Rio Grande nach Mexiko –, der aber mit der Exzeptionalität des Tugendüberragenden – für ihn gibt es in Aristoteles' idealem Staatskonzept kein Gesetz, denn »sie selber sind nämlich das Gesetz« (*Politik*, 1284a 10–14) – so frei hantieren wird. Konfrontiert mit »Ground Zero« und konform mit der amerikanischen Tendenz, 'gerechte Kriege' auszurufen – Michael Walzer (*Just and unjust wars*, 1977) bezeichnete den Ersten Golfkrieg unter Vater Bush als solchen, jedoch nicht seines Sohns Irak-Krieg –, verkündet er vernunftlos seinen Kreuzzug.

Dieser Präsident müßte eigentlich Thomas von Aquin schätzen, dringt jener doch, indem er das aristotelische Wort, Krieg sei um des Friedens Willen in der Welt (*Politik*, VII. 1333a 30–36), mit Reflexionen zum Frieden verbrämen will, in diesem Versuch zum *Bellum iustum* vor.

»Schwerter seien zum Sieg geschliffen und damit zum Frieden; es wäre nämlich töricht, nur um des Waffenklirrens wegen Krieg zu führen.«

(*Summa contra Gentiles* oder *Die Summe wider die Heiden, 1259–1264*)

Die Handlungsgründe für den gegenwärtigen amerikanischen Interventions- und Missionskrieg im Irak sind, wie versichert wird, zwar andere als die mittelalterliche von der Kirche gesteuerte Aggression. Aber die militärischen Verstrickungen der Supermacht im Bogen vom Hindu Kush zum Euphrat erscheinen durchaus als Parallele zum Fiasko der päpstlichen Unternehmung, das der Einnahme von D̲i̲m̲j̲a̲t̲ im November 1219 folgt.

Dazu Buch II, *Scherereien mit Gog und Magog.*

Vielleicht ist Washingtons selbsterteilter Auftrag, die Welt und das heißt nach wie vor zunächst Amerika, zu einem sichereren Ort zu machen, im Großen und Ganzen nicht einmal komplizierter als jenes auf Jerusalem fokussierte päpstliche Projekt. Machtpolitisch hat im Orient damals, nachdem durch die südliche Expansion des aus Innerasien nach Kleinasien vorgedrungenen Türkenstamms der Seldschuken nacheinander Syrien, Damaskus, Jerusalem und Antiocheia dem ägyptischen Reich der Fatimiden (909–1171) verlorengegangen sind, eine regionale, aber innerorientalische Gleichgewichtsschwankung zwischen dem sunnitischen Baghdad und dem schiitischen Kairo stattgefunden. Angesichts des raschen Zerbröckelns des Reichs der Seldschuken hat dieses jedoch Ost-Rom vor keine Bedrohung gestellt – außer vielleicht, daß die unkluge seldschukische Bekriegung des Khorasan-Pufferstaates das spätere Vordringen der Mongolen befördert. Aber Papst Urban II. hat den Anlaß benutzt, um am 27. November 1095 auf dem Konzil von Clermont die Bedrohung des Abendlands durch barbarisches Rasen zu konstruieren – zweifellos die 'Massenvernichtungswaffe' jener Zeit.

Vom Rhein zum Oxus

Köln/Termez, 24.–27. November 2006. — Navid nimmt den Koran vom Büchergestell im Flur, läßt ihn nach einem Kuß auf den Deckel über dem Haupt seiner Frau und der Tochter einmal kreisen. Nach dieser Vorkehrung und den Worten *Bismellah-e rahman-e rahim*, 'Im Namen Gottes, des Erbarmers, des Barmherzigen', müßte alles gutgehen auf unserer Reise. Die gerade acht gewordene Tochter hat in der Schule erzählt, daß Papa nach Afghanistan gehe. Da wo Krieg sei, hätten die Freundinnen gefragt. Ja genau, habe sie geantwortet, aber dort, wo Papa hinginge, sei er nicht. Jetzt druckst sie hingegen etwas herum. Ob Papa nicht doch besser zu Hause bleiben könne? Dann erhalte auch ich von Navid den Segen. Als die Tochter am Abend von der Schule kommt und uns immer noch vorfindet, glaubt sie, alles sei gut gegangen und Papa wieder zu Hause. Allerdings ist unser Flug nur eines technischen Defekts wegen verschoben worden. Und nach Afghanistan wäre er auch nicht direkt gegangen, sondern erst über den Zwischenstopp im usbekischen Termez.

Den Abend nutze ich für einen Bummel in der Kölner Fußgängerzone. Im Eingangsbereich des Römisch-Germanischen Museums überbieten sich Skateboarder gegenseitig, und das harte laute Klacken der Bretter verebbt erst, nachdem ich in das Gedränge der weihnachtlichen Verkaufsbuden eintauche. Kaum anders als die Marktstände um den merowinger- und karolingerzeitlichen Vorgängerbau des 9. Jahrhunderts scharen sie sich um den Dom, und zu kaufen gibt es, wie damals, alle möglichen Fernimporte. Während die heutigen peruanischen Wollmützen indessen das breite Publikum erreichen, dürfte damals das *gotawebbi* ('Gotengewebe'), die mittelasiatische oder chinesische Seide, deren Vermittlung das gotische Südrußland von den Iranern übernommen hat, einem sehr eingeschränkten Kreis vorbehalten gewesen sein. Vermutlich ebenso die Seidenfäden. Diese haben jüdische Kaufleute im Rahmen ihres durch Privilegien geschützten, den islamischen Orient und das christliche Abendland verknüpfenden Handels über den von Kiev und Regensburg führenden Ausläufer der nördlichen Güterstraßen Mittelasiens nach Mainz und Köln geschafft. So lange, bis in den westlichen Zentren die Warenumsätze infolge der Anlage von Horten und der Verwendung der *Dirhems* als Hacksilber sowie des Untergangs des Reichs der Samaniden im Jahr 999 zu schrumpfen begannen. Auch im goldenen Schrein der Heiligen Drei Könige im Dom soll mit purpurähnlichem Stoff gefärbte Seide gefunden worden sein.

Dreißig lange Stunden später, mitten in der Nacht, sind Navid und ich dann doch in Usbekistan.

Die goldsilbernen Polyesterfolien, in die sich die schlafenden Bundeswehrsoldaten auf ihren Sitzen eingewickelt haben, lassen an Leichensäcke denken, aber sie erleichtern der soldatischen Hundertschaft, die zum ersten Mal nach Afghanistan verlegten werden soll, den improvisierten Schlaf. Dieses bis zu 85 Prozent der Körpertemperatur reflektierende Rettungsstück hatten die glücklicheren der Soldaten im Handgepäck und nicht im unbegleiteten Gepäck, mit dem auch die Waffen und, wichtiger noch, die Schlafsäcke reisen, und an das sie erst am jeweiligen afghanischen Zielort herankommen. Und eigentlich hätten sie sie auch nicht vorher gebraucht, denn für die Übernachtung in der Zeltstadt auf dem Flughafen von Termez ist vorgesorgt. Nur sind wir eben nicht in der usbekischen Grenzstadt Dazu Buch IV, *Eine Brücke zu weit.* an der *Friendship-Bridge* gelandet, sondern mindestens achthundert Kilometer Luftlinie abwärts am Amu Darya.

Dicker festsitzender Nebel in Termez und zur Neige gehende Treibstoffreserven zwangen uns nämlich, das abgelegene Urgench anzufliegen. Obwohl ebenjenes eigentlich vorgesehener Ausweichflughafen ist, hat noch nie eine Maschine der *Luftwaffe* dort aufgesetzt, und unser Flugzeugkommandant hat auch keine genaue Vorstellung, wo die Stadt liegt. Also wurde gerne zugehört, als ich die Geschichte von Perowskijs gescheiterter Militäroperation im Winter 1839/1840 erzählte, die Khiva im Sinn hatte, Sitz des mit Sklaven handelnden Emirs. Urgench ist nämlich im 16. Jahrhundert nicht allzu weit von dieser Stadt erbaut worden, und zwar, nachdem der Amu Darya seinen Lauf geändert und Alt-Urgench eines Tages auf dem Trockenen gesessen hat. Im Cockpit hat man dann Urgench in einem Falz der Karte gefunden. Die ältere der beiden Flugbegleiterinnen im grauen Overall erwog nach dieser Information einen kurzen Moment, meinen scherzenden Hinweis nach vorn weiterzugeben, man möge Urgench in Gottes Namen nicht mit Konya-Urgench verwechseln, mit Alt-Urgench, denn dieses liege im Reich Turkmenbashis, des erratischen turkmenischen Nachbarn des usbekischen Despoten Karimow.

Unmittelbar nach der Landung herrschte lange Ungewißheit, ob wir nun nach Tashkent fliegen oder aber auftanken würden, letzteres allerdings ohne das vorgeschriebene Aussteigen der Passagiere. Schließlich informierte der Flugzeugkommandant, man habe nun Erlaubnis, in das Abfertigungsgebäude zu verlegen. Dort gäbe es zwei Räume mit Bänken. Aber kalt werde es sein.

Bis Sonntag morgen steht der graue Airbus der *Luftwaffe* allein auf dem Parkfeld in Urgench, bis Termez gegen elf Uhr entschieden hat, wann wir weiterfliegen. Erst am späten Nachmittag landen wir endlich am Amu Darya. Hunde streuen um das Fahrgestell einer geparkten *Transall*.

Während der Vorbereitung zu dieser Reise konnte ich mich aus militärischen Quellen belehren lassen, daß der Lufttransportstützpunkt des teilstreitkraftübergreifenden Einsatzgeschwaders Termez der Bundeswehr das Ergebnis eines Befehls vom 13. Oktober 2001 zur Identifizierung eines Flugplatzes in Usbekistan zur Unterstützung des deutschen Einsatzes als Teil der *ISAF* sowie der Verlegung der Hubschrauber der Heeresflieger von Kabul an den Amu Darya im Sommer 2004 sei. Und dort also sind wir jetzt.

In der Aufstellung des gemischten Geschwaders aus Großgeräten von Heer und Luftwaffe kommt die neue Identität der deutschen Streitkräfte zum Ausdruck, die in Afghanistan von Kampfhandlungen ausgenommen sind und deshalb weitgehend Aufgaben einer bewaffneten *NGO* auszuführen haben, für die sie nicht ausgebildet sind. Sollte dabei etwas schiefgehen, etwa bei der Auslieferung von Schulbänken in den Tälern um Faizabad, gibt es auf dem Lufttransportstützpunkt eine *CSU (Casualty Staging Unit)* mit sanitätsdienstlicher Versorgung und der Möglichkeit chirurgischer Behandlung zur Stabilisierung vor einem *MedEvac (Medical Evacuation)* nach Deutschland. Sollte hingegen alles danebengehen am Hindu Kush, gibt es die zur Evakuation notwendige, von den Sowjets erbaute *Friendship-Bridge* wenige Kilometer flußaufwärts. Termez' taktischer Vorteil ist aber gleichzeitig ein politischer Nachteil. Sollte es nämlich zutreffen, daß die Bundesregierung sich Zentralasien ausgesucht hat, um Weltpolitik zu betreiben, ist der Handschlag mit Usbekistans regierendem Willkürherrscher ein höchst zwielichtiges Aushängeschild. Zudem hat gerade dieser lange Flug gezeigt, mit welchen Ungewißheiten einer rechnen muss, der in den Hindu Kush will oder aber weg von dort.

Das deutsche Feldlager liegt hinter dem Hangar des Einsatzgeschwaders in einem Pinienhain, in der hintersten Ecke des Flughafens, der von Tashkents Truppen bewacht wird. Gerade baut man einen zweiten Zaun. Vermutlich im Rahmen eines erweiterten Sicherheitsdispositivs und nicht, weil die usbekische Armee vor anderthalb Jahren auf die eigene Bevölkerung geschossen hat.

Vor dem Essen bekommen wir die Splitterschutzwesten für den morgigen Flug nach Kabul. Unsere *Transall*, erhalten wir zur Auskunft, sei mit Täuschkörpern, sogenannten stichflammigen *flares*, ausgerüstet, einer Selbstschutzeinrichtung gegen Raketenbeschuß.

Briefing im Headquarter

Kabul, 27. November 2006. — Beim Start in Termez haben beste Sicht-flugbedingungen geherrscht und auch noch ein paar Minuten später beim kurzen Aufsetzer in Mazar-e Sharif.

Die Bundeswehrsoldaten haben den Frachtraum verlassen, der Ladungsmeister zwei Paletten gestapelter Blechkisten die Rollbahn hinuntergelassen. Sechshundert Container habe es gebraucht, um das hinter dem Flughafen gelegene *Camp Marmal* zu bauen, sagt er und ergänzt, vielleicht weil ihn diese Tatsache beschäftigt, daß es seit dem Rückzug aus Konduz wegen ein paar Anschlägen mit Sprengfallen kaum noch zu Bewegungen außerhalb der Mauern komme. Dann hat er den Rüstzustand kontrolliert und ich die orangenen Gummistöpsel wieder in die Ohren gesteckt.

Der Weiterflug verläuft so ruhig, daß ich mich darauf konzentrieren kann, eine Sitzposition zu finden, in der die zwanzig Kilogramm schweren Stahlplatten der Splitterschutzweste nicht direkt auf dem Schambein liegen.

Kaum ist die *Transall* im militärischen Sektor des Flughafens von Kabul zum Stehen gekommen, haben uns Briten mit einem armierten Landrover abgeholt und ohne Zwischenfall ins Hauptquartier der *ISAF* gebracht.

Die Einsetzung der *ISAF (International Security Assistance Force)* wird am 20. Dezember 2001 vom *UN*-Sicherheitsrat bewilligt (Resolution 1386), nachdem ihre Schaffung im Rahmen der Bonner Afghanistan-Konferenz vom 5. Dezember 2001 beschlossen worden ist. Am 9. August 2003 übernimmt die *NATO* das Oberkommando der Mission. Im Oktober beschließt der *UN*-Sicherheitsrat die Ausweitung über Kabul hinaus. 2006 sind zumindest die städtischen Zentren aller Provinzen des Landes eingebunden. Die Hauptaufgabe der *ISAF* besteht darin, ein sicheres Umfeld zu garantieren, in welchem der Wiederaufbau des Landes und seiner Infrastruktur vorangetrieben werden kann. Die vierundzwanzig *ISAF*-Wiederaufbauteams *(PRT, Provincial Reconstruction Team)* versuchen sowohl durch zivile als auch militärische Kooperation mit den Provinzregierungen die Autorität der Zentralregierung auszudehnen.

Im militärischen Bereich verlaufen die *ISAF*-Operation und die amerikanische »Operation Enduring Freedom« getrennt und sind seit Sommer 2006 in einer komplizierten, auf politische Gründe Rücksicht nehmenden Führungsstruktur enger zusammengeführt, wobei der Befehlshaber des *Combined Forces Command – Afghanistan* einer der Stellvertreter des *ISAF*-Kommandanten ist. Im Rahmen der Be-

Wir kommen unter im Gasthaus der internationalen Schutztruppe. Man hat es *Kabul Palace* getauft, und laut Gedenktafel ist es von der Türkei im Jahr 2002 instand gesetzt worden. Damals hatte ein General aus Ankara das Kommando inne, im Moment liegt es beim britischen General David J. Richards.

Afghanen sind damit beschäftigt, eine neue Eingangstür einzupassen. Bis sie funktioniert, geht man durch die Wand. Vielleicht ist das eine Metapher für das immer häufiger angegriffene Konzept des Westens, mit den alliierten Wiederaufbau-Teams, den *PRT*, das 'Afghanistan der Provinzen' auf die Beine zu stellen und gleichzeitig die dazu notwendige

Sicherheit und Stabilität zu garantieren, eine Verquickung von Hilfs- und Kampfauftrag also. So ist allerdings die von Brüssel politisch geforderte klare Trennung der militärischen Operationen der ISAF von jenen der terrorismusbekämpfenden amerikanischen »Operation Enduring Freedom« nicht durchführbar, sowohl bei den Befehlsketten, als auch im Feld, wo die kleinen, nur leicht kämpfung des Terrorismus nimmt die ISAF defensive Aufgaben wahr, während die Koalitionstruppen den aggressiven Kampf gegen Taliban und al-Qaida verfolgen. Die ISAF umfaßt Ende 2006 mehr als 30 000 Soldaten, die Kontingenten von 37 NATO- und Nicht-NATO-Staaten angehören.

Hauptprobleme der ISAF sind die mangelnde Lufttransportkapazität, die angesichts der schwierigen Topographie Afghanistans verhindert, Truppen rasch zu verlegen, sowie eine mangelnde interregionale Flexibilität der NATO-Verbände. Der Beistand der NATO soll so lange aufrechterhalten werden, bis die afghanische Regierung die ISAF-Unterstützung nicht mehr benötigt.

befestigten, aber weitgefächerten Lager der NATO-Friedenstechniker im Notfall auf Kampfhelikopter oder Luft-Boden-Unterstützung der Amerikaner angewiesen sind.

Navid macht mich auf ein wunderbares, sprechendes Detail für die Distanz der ISAF von der afghanischen Wirklichkeit aufmerksam: Vor jedem Betreten der Kantine reinigt man sich mit dem in Dubai hergestellten Desinfektionsmittel der Marke SanAf die Hände. Eine wunderbare Metapher für die Imprägnierung vor dem lokalen Fremden, vielleicht auch der Internierung in dieser Stadt aus Containerburgen, WC- und Hygiene-Containern und sogenannten NSEs (National Support Elements), Amtsstellen mit Clubcharakter. Für William Damerius, den deutschen Presseoffizier, besteht diese im Deutschen Eck, einem für seine Stabilität im ganzen HQ berühmten zweistöckigen Häuschen mit imposanter Fahnenstange. Sein polnischer Kollege Major Miroslaw Jedrzejowski hingegen findet Polen bei einem Verbund von Zelten zwei Ecken weiter. Ihm dient die Reise mit uns im übrigen zur Vorbereitung eines Medientrosses aus Warschau, wo in Kürze die Erhöhung des polnischen ISAF-Kontingents zur Debatte steht.

Unterdessen sind wir zusätzlich in Obhut genommen von einem zu allem entschlossenen Reservisten und Major aus Göttingen – Chief Media Plans steht auf seiner Visitenkarte. Im Büro des Joint Coordinate Effects Board hat er ein Briefing arrangiert mit Brigadegeneral Nugee, dem Obersten Sprecher der ISAF, und Colonel Moss.

Unter Anwendung sogenannter kinetic force soll der Widerstand der Taliban gebrochen werden, militärisch und mental, hören wir, und verstehen, daß letzteres in drei Schritten geschehen soll – »talk-influence-persuade«. Die Frage der dabei vorkommenden Kollateralschäden ist eine heikle, da mit politischem Niederschlag verbunden, und mutmaßlich liegt ihre Ursache sowohl in den überpräzisen modernen Waffensystemen und der Verwendung von Zivilisten als Schutzschilder durch den Feind. Schätzungsweise eintausend zivile Opfer allein in diesem Jahre sind zu viel, das ist auch Nugee klar. Er meint es aufrichtig, gibt Fehler zu und bestätigt, daß so nicht »hearts and minds« der Afghanen gewonnen werden. Jeder getötete Zivilist inspiriert eine Hundertschaft Aufständischer. Angesprochen auf die Intensivierung der Kämpfe im September und Oktober, im Osten und vor allem im Süden, heißt es dann, die Taliban hätten darauf spekuliert, die *NATO* würde nicht kämpfen, und um die Koalition zu testen vom Widerstand abgelassen und Strategien konventioneller Kriegsführung versucht. Die *ISAF* habe die Schlacht aber gewonnen, gerade in der Region, wo die Amerikaner das Kommando an sie abgegeben habe. Fokus der Amerikaner sei die Eliminierung von Terroristen gewesen, während die Koalition nun in die Fläche ginge. Das spiegle sich selbstverständlich in den Angriffen auf entlegene Posten der afghanischen Polizei und der Briten oder Kanadier. Was die Holländer erreichen würden, bliebe abzuwarten, hören wir auf den Einwurf, in der von den Taliban beherrschten Provinz Uruzgan versuchten diese eine direkter Konfrontation ausweichende Aufstandsbekämpfung durch Verbesserung der Lebensbedingungen der Bevölkerung. Was indessen klar ist, sei ein Nachlassen offensiver Aktivitäten des Feindes zugunsten des Einsatzes ferngezündeter improvisierter Sprengfallen.

Bereits aus den Medien sind uns Erfolgsmeldungen über die den Aufständischen beigebrachten Verluste bekannt. Sie sollen die Erfolge der kämpfenden Kontingente der *ISAF* – das sind Briten, Kanadier und Holländer, also Verbände dreier von siebenunddreißig Nationen – sowie der im Rahmen der *Operation Enduring Freedom* gegen Elemente der al-Qaida engagierten Amerikaner belegen: 600 im Sommer, 250 im Oktober und im laufenden Monat bis jetzt 120. Die Frage, ob es die Koalitionstruppen bei solchen Zahlen nicht doch eher mit einer eigentlichen Streitkraft zu habe als mit lose voneinander getrennt operierenden Verbänden, wird zwar mit dem höflichen Satz »*That's a good question*« entgegengenommen, aber nicht beantwortet. Vielleicht mag man nicht allzu sehr auf die zunehmende Zahl von Untergrundkampforganisationen eingehen, welche auf die im Sommer in der Presse diskutierte strategische Schwerpunktverlagerung der al-Qaida vom Irak zurück auf Afghanistan und Pakistan deutet. Dafür verweist man auf Erfolge bei der Einbindung der *tribal elders*, unter denen mittlerweile einige die Anwesenheit der *ISAF* tolerieren und Taliban-freie Zonen garantieren. Interessant wäre allerdings zu wissen, wie lange solche Verabredungen im Durchschnitt halten. Welche Auswirkungen sie in den von solchen Verabredungen mit der *ISAF* betroffenen Dörfern haben, wenn die Taliban in diesen die Kontrolle wieder übernehmen. Wir sehen im Versuch, die Stammesältesten auf die eigene Seite zu ziehen, die Umsetzung der Erkenntnis, daß ein Erfolg der Mission zwingend mit dem Vertrauen der paschtunischen Bevölkerung in die fremde Hilfe zusammenhängt, und Brigadegeneral Nugee präzisiert, daß dieser Krieg allein mit militärischen Mitteln nicht zu gewinnen ist, sondern nur, wenn die Ressourcen für zivile Projekte nicht abreißen. Selbstverständlich ist die Korruption das große Problem. Die von Karzai eingesetzten Sicherheitschefs der Provinzen seien *Warlords*, und man habe dem Präsidenten wiederholt auch nahegelegt, sich von seinem Bruder zu trennen. Der, hört man, soll nämlich in erheblichem Umfang im Drogengeschäft unterwegs sein.

Afghanistan ist nicht der Irak, sagt Colonel Moss. Der Krieg hier sei zu gewinnen. Unter der Voraussetzung, daß sich die Welt nicht wieder abwende von Afghanistan, schickt der Brigadegeneral nach.

Über das Instrument, das letztlich mit dem Widerstand zurechtkommen soll, die *ANA*, die afghanische Armee, ein Kind vieler Lehrer, erfahren wir anhand einer *Powerpoint*-Präsentation im Konferenzraum am Sitz der *ISAF*-Führung Näheres. Fast beruhigend die Tatsache, daß auch ohne Kenntnis oder Handbuch der benutzten Akronyme nicht alles unverständlich bleibt. Die Schritte vorgestellter Operationen, zum Beispiel der *Operation Mountain Lion*, erscheinen zwingend, so zwingend daß ein Scheitern des jeweiligen Hauptziels, in diesem Fall »Build GoA capacity, and extend it's reach« – also der Ausbau der Tragfähigkeit der afghanischen Regierung [Government of Afghanistan] und die Ausweitung ihrer Reichweite – außer Frage zu stehen scheint. Der Einwurf, ob das Prinzip der Zentralgewalt und deren Machtausübung bis hinunter auf Distriktebene nicht grundsätzlich den traditionellen Machtstrukturen zuwiderlaufe, daß der Versuch der *ISAF* vielleicht vergleichbar sei mit einem Projekt, das umgekehrt in Frankreich den Zentralismus abschaffen möchte, läßt man gelten, sieht aber keine Alternative zum Aufbau eines modernen Staats – also tendenziell nach westlichem Muster. Jedenfalls mache die nationale afghanische Armee, und die Sicherheitskräfte sind ja der Hauptgegenstand dieses zweiten Briefings, Fortschritte. Das ist eine Dringlichkeit, nicht nur, um letztendlich die Stabilität zu schaffen, die es der Regierung ermöglichen soll, auch die fernsten Distrikte mit Entwicklung zu beliefern, sondern ganz einfach zunächst im Hinblick auf die zu erwartende Frühlingsoffensive der Taliban.

Ein traurigeres Kapitel, sagt der Colonel zum Schluß, sind die Polizeikräfte – »marginally effective, poorly led and highly corruptive«. Die Folgerung, dieser Zustand könnte damit zu tun haben daß diese Einrichtung einer auf dem Kopf stehenden Pyramide gleiche, daß es nämlich mehr *colonels* als *officers* gibt, überläßt er uns, und auf die Frage, ob allenfalls ein Risiko bestehe, nicht Ordnungshüter, sondern eine Miliz großzuziehen, findet infolge der bereits überschrittenen Zeit nur indirekt eine Antwort. Höhere Gehaltsaussichten bei privaten Sicherheitsfirmen seien nach abgeschlossener Ausbildung oft für die Abwanderung verantwortlich, auch bei der *ANA*. Über den Verbleib der Abgesprungenen, der *AWOL (Absent Without Leave)*, könne man spekulieren und auch über ihre Motive. Der Trost scheint darin zu liegen, daß nicht jeder Deserteur sich geradewegs dem Widerstand anschließt, wenn er als Putzer bei der *ISAF* mehr verdient als im Dienst *ANA*.

Das einzige Grün im *HQ* der *ISAF*, nebst dem Emblem der Mission, dessen Motto *komak o hamkari* Navid mit 'Hilfe und Zusammenarbeit' übersetzt, ist der mit hohem Maschendraht umzäunte Fußballplatz vor dem Gästehaus. Jetzt, gegen zehn Uhr abends, ist er beleuchtet und eine Handvoll zuweilen lachender Internierter liefert sich eine Schneeballschlacht. Es fallen große, schwere Flocken. Fast versöhnlich wirkt die Szene, aber keinesfalls unschuldig.

ISAF-Exerzitien

Kabul, 28. November 2006. — Heute werden wir nicht nur einen Eindruck vom Aufbau der *ANA* gewinnen, sondern auch vom Personal der Koalitionstruppen.

Zuerst fahren wir nach *Camp Alamo*, dem Ausbildungszentrum der *ANA*. Es liegt links der Jalalabad Road, zwischen braunen zerfurchten Hügeln, in der Nähe eines Friedhofs für altes Kriegsgerät, und ist umgeben von mehreren Schutzwällen, aus sandgefüllten Containern, Betonelementen sowie Ketten entfalteter *HESCO*-Würfel. Im Irak enthalten diese Gitterkörbe aus Stahldraht die Archäologie Babylons, bilden also vor der Gegenwart schützende Wälle aus Vergangenheit, und auch hier in der Umgebung von Kabul mag im verfüllten Erdreich hinter den abdichtenden Polypropylen-Vliesen die eine oder andere antike Münze liegen.

Unmittelbareres, wenn distanzmäßig auch weiter Entferntes fällt dem amerikanischen Soldaten auf, der uns in Empfang nimmt. Während wir auf First Sgt. Weber warten, verfolgt er über den Rand der Barrieren hinweg die ameisenhaft den Hang hinaufkletternde schwarze Figur durch das Zielfernrohr seines Scharfschützengewehrs und könnte sie wegblasen, wie er sagt, denn verdächtig sei sie, wo auf der Spitze des Hügels nur ein kleines zerfallenes Gebäude stehe.

Wahrscheinlich ist es ein altes Grab.

First Sgt. Weber präsentiert Pistolenschießen mit Echtmunition. Der Sergeant, ein großer freundlicher Mensch mit fleischkäsigem Gesicht, sieht von Afghanistan nur das *HQ* der Koalition in Kabul oder die amerikanische Luftwaffenbasis Bagram. Aber das stört ihn nicht, denn auf beiden Plätzen fehlt es an nichts. Weber erschüttert dann draußen im Gelände, wo ein Trupp Rekruten unter der Aufsicht eines alten Mujaheddin-Kommandanten mit sehr unterschiedlichen Resultaten auf Mannscheiben schießt, allerdings die Tatsache, daß Navid sich plötzlich ohne den afghanischen Übersetzer mit einem zweiten Trupp unterhält, sowie mein Hinweis, der Journalist sei Iraner und das Farsi dem Dari ziemlich ähnlich.

Wer die offensiven Aktivitäten der zweiten und durch terroristisches Gedankengut radikalisierten Generation der Taliban im vergangenen Halbjahr auch nur unvollständig verfolgt hat, dem ist aufgefallen, daß diese in Ergänzung zu den aus dem Befreiungskrieg der 1990er Jahre bewährten *Toyota*-Pickups nun auch mit Motorrädern vorgetragen werden. Ein wenig seltsam mutet es deshalb an, daß im Moment Züge von Rekruten der *ANA* von *ISAF*-Kräften nicht im Umgang mit Fahrzeugen, sondern im Abseilen ausbildet werden. Auch stellt sich die Frage, warum Afghanen plötzlich von Ausländern Klettern erlernen sollen, da sie doch über Jahrhunderte hinweg die schwierigsten Gebirgspfade offen gehalten oder gesperrt haben. Zur Erfüllung dieser etwas unwirklich anmutenden Aufgaben haben die Franzosen italienische Gebirgsjäger, mutmaßlich aus dem Friaul, angeheuert und den Platz mit zwei Jeeps mit bemanntem Gefechtsturm gesichert. Um die Rekruten vor Steinschlag zu schützen, gibt man weiße Helme aus. Die Vorführung nimmt dann eine unerwartete Wendung, als beim Anblick des geschundenen Felsens der Testosteronspiegel unseres Begleiters aus dem *HQ* umgehend in die Höhe schießt. Während ein abseilender Afghane anderthalb Meter vor der Wand und in derselben Distanz vom Boden weg am Seil hängt, mit in der Luft strampelnden Beinen, spurtet er, ein Bild inneren Antriebs und der Lebenslust, die Heckler & Koch mit dem Lauf nach unten am Rücken, die seitliche Felsrampe hinauf, greift sich ein Seil und marschiert diese in zwei Minuten, Gesicht nach vorn und im rechten Winkel zur Wand, also in der praktisch kaum angewandten Erstürmungstechnik australischer Militärs, diese in einer Minute hinunter, als ginge er durch Göttingens Düstere Straße frische Brötchen holen. Ob mit nachhaltiger Wirkung auf die Afghanen, läßt sich nicht feststellen.

Schließlich fahren wir in eine graue Ebene hinaus, in deren flache Hänge die Sowjets gegen das Ende ihrer Okkupation Panzerstellungen gruben, und zwar so, daß die Geräte auch mit dem Rohr nach vorn darin Platz fanden, denn es ging zu diesem Zeitpunkt nicht mehr um die Konfrontation mit den Mujaheddin, sondern um das Verstecken vor deren immer präziserem Beschuß.

In diesem Gelände hat Feick, der kanadische *Officer-in-Command*, eine Übung in Gefechtsschießen mit Echtmunition organisiert.

Das Essen wird von einem *Kamaz* von *Camp Alamo* in die Wüste hinaus gebracht, mitsamt den Blechtabletts. Pashtunen, Usbeken, Tadschiken und Hazaras, die nun für den Dienst in einer ethnisch ausgeglichenen und von der Nation respektierten Armee ausgebildet werden sollen, aber über keine gemeinsame Befehlssprache verfügen, fassen Reis, *chapati* und zwei Äpfel und setzen sich in einer Doppelreihe auf die Erde, neben sich die polnischen Helme, deren rote Wappenadler ein Kleber verdeckt. Mirek weiß nicht, daß die *ANA* über polnische Helme verfügt, hingegen aber, die Polen hätten sich bereit erklärt, in Afghanistan an Kampfhandlungen teilzunehmen, seien aber aus irgendwelchen Gründen bis jetzt noch nicht dazu aufgefordert worden.

In der Kantine von *Camp Alamo* sitze ich zusammen mit *Press Officer* Figueiros am Tisch. Die Reservistin, die uns nur zum Pistolenschießen begleitet, stammt aus

Hawaii und schüttelt den Kopf über meine Vermutung, daß Rumsfeld am Hindu Kush wahrscheinlich ähnliche Probleme habe wie Alexander. Wer Alexander gewesen ist, muß sie nicht kümmern. Und ich hätte es unterlassen, ihr einen Abriß zur militärischen Geschichte Afghanistans zu geben, hätte sie auf meine Frage, ob die *Navy* ihren Truppen vor der Verlegung grundsätzliche Informationen über dieses Binnenland gebe, nicht gesagt: Nein, das sei nicht der Fall – erstaunt über meine Frage.

Fußpatrouille

Kabul, 29. November 2006, morgens. — Vom Schwimmbad hat man einen schönen Ausblick auf das graue Kabul. Es liegt auf dem Bibi Mahro, dem langgestreckten nackten Hügel im Rücken des Stadtteils Wazir Akbar-Khan, wo es viele Botschaften gibt, neben der kasachischen, turkmenischen und usbekischen auch die schweizerische. Jetzt ist das Schwimmbad leer. An der Stirnwand unter dem Sprungturm sieht man die Einschußlöcher der von den Taliban durchgeführten Hinrichtungen.

Unterhalb der abgeflachten Kuppe des Bibi Mahro erhebt sich die gewaltige Werbetafel einer lokalen Bank und verspricht einem die Treppchen zum Erfolg hochsteigenden westlich gekleideten Mann »Kabul – Your Business Destination«. Unter der Tafel haben zwei Mitglieder der mazedonischen Patrouille den Erdweg verlassen und sind direkt zum Schwimmbad hinaufgestiegen. Darin haben sie einen geistig Verwirrten gefunden und kontrolliert. Er hat keinen Sprengstoff bei sich getragen. Ein paar bettelnde Knaben haben sich um die Soldaten gerottet, während sie auf einer *Google-Earth*-Karte Kabuls die Route für den Rückmarsch festlegen.

Die Mazedonen tragen Splitterschutzwesten, aber anstatt des Helms, der am Rücken baumelt, das rostrote Barett. Weniger martialischer Auftritt provoziere weniger, so die Begründung. Und wenn trotzdem etwas passiere, habe ich vor dem Aufbruch gefragt, in der Hoffnung auf eine Instruktion für mein persönliches Verhalten.

»Then we will take care. If not, we will die bravely.«

Der Zug der Mazedonen hat zu Hause im Frühling 2001 während des kurzen Konflikts mit albanischen Rebellen keinen einzigen Verlust erlitten. Nicht einmal ein Verwundeter sei zu beklagen gewesen. Ich solle mich irgendwo in der Mitte der Patrouille aufhalten. Mirek hat angefügt, er sei persönlich für meine Sicherheit verantwortlich.

Navid ist nicht mitgekommen. Er will zu einer Geberkonferenz ins Hotel *Serena*, wo viele Stammesführer erwartet werden. Dieser Anlaß reduziert die Wahrscheinlichkeit eines Anschlags auf unsere Patrouille, denn in der Logik der Selbstmordattentäter ist eine solche Konferenz das durchaus interessantere Ziel.

Der Abstieg vom Bibi Mahro führt zwischen neuen, aber noch im Bau befindlichen Zementvillen vorbei. Fertiggestellt sind bei allen die hohen verschlossenen Eisentore.

Bevor wir in den dichten Verkehr kommen, wo wir unter gegenseitiger Sicherung auf beiden Straßenseiten nachziehen, die Fahrbahnen in überschlagenem Einsatz querend, gelingt es mir, mich vor Brenda, der mitgekommenen Presseoffizierin, die es schätzt, an der frischen Luft zu sein, in Sicherheit zu bringen. Aber trotzdem werde ich das Gefühl nicht los, in diesem Aufmarsch verletzlicher zu sein als jeder der Abfall sammelnden Buben am Fuß des Hügels oder der Großvater, der mir mit einem Stapel Fladenbrote auf den Armen entgegenkommt.

Die Mazedonen sähen es gern, wenn eine andere Nation die Fußpatrouillen übernehmen würde. Sie haben es satt, von der Bevölkerung als 'neue Russen' betrachtet zu werden.

Zwischenfall in Bagram

Bagram, 30. November 2006. — Die Prozedur bleibt unverändert, auch wenn wir nicht im gepanzerten *Landrover* fahren, sondern mit einem weniger gesicherten *Landcruiser*. Splitterwesten anlegen, den Helm beim Verlassen der *ISAF*-Festung aufsetzen. Aber im Unterschied zu Fahrten mit dem Landrover sagt Tom, *Staff Sergeant* der *Royal Rangers*, nicht, daß wir in jedem Fall im Wagen bleiben sollen, daß er diesen im Notfall abschleppen werde, mit uns darin, womit er meint: lebendig oder in jedem anderen Zustand.

Wir fahren schnell. Als Vorsichtsmaßnahme, nicht weil die Straße leer ist. Nach wenigen Minuten sind wir draußen in der erwachenden Shomali-Ebene. Mitten im offenen Land eine Lehmhütte mit dem Logo von *Federal Express*. Keine Werbung, sondern eine *Drop-off*-Station. Dahinter reckt der Hindu Kush eine schneebedeckte Schläfe aus dem graublauen Gewölk.

Für eine Stunde oder etwas mehr liegt Frieden über dem grüngrauen Land, bis zu einer von schwarzen Autoreparaturwerkstätten und ölig verschlammten Abstellplätzen gesäumten Verzweigung hinter Qarah Dagh. Es ist das Sträßchen, auf dem man nach Kapisa hinübergelangen würde, der Gründung Alexanders des Großen. Aber jetzt ist es vermutlich das traurigste Wegstück in ganz Afghanistan. Es führt zur *Bagram Air Base*, einer Gründung der Sowjets, und ist seit Anfang 2002 Stützpunkt der Amerikaner in der Region, ein fieberhaft wachsendes Gefängnis. Womit die Anlage als Ganzes gemeint ist, nicht nur die darin befindliche Einrichtung, wo

Taxifahrer oder andere mutmaßliche Terroristen, die zur falschen Zeit am falschen Ort sind, verschwinden, denn es handelt sich bei der Einrichtung, wie wir später erfahren werden, nicht um ein *'prison'*, sondern um eine *'detention facility'*.

Die *Air Base* ist nicht nur eine geschlossene, sondern auch eine einfarbige Stadt. Containerbüros, aufgereihte Unterkünfte, WC-*Units* und alles andere auch hat dieselbe Farbe, nämlich die von langweiligem Milchkaffee. Auch der *Humvee*, der mich auf dem Weg zur Toilette fast überfährt.

Die erste Frage nach dem *Powerpoint*-Briefing gilt der mehrere hundert Meter langen Menschenkolonne, die sich in einem von mehreren Kontrollen unterbrochenen Gitterkanal langsam auf den Eingang der *Air Base* zubewegt, eine Vorkehrung, die an den Tunnel aus Eisenstäben erinnert hat, durch die man im Zirkus Raubkatzen in die Arena läßt.

»Working is honorable for an Afghan. And it is good for us, if he is working, he is not picking up weapons against us«, sagt Colonel Bischoff.

8000 Menschen leben in Caramel-Ville. Ein Viertel davon sind amerikanische Soldaten, tausend weitere solche anderer Nationen. Der Rest sind Zivilisten, aber die müssen uns nicht kümmern.

Dann überläßt Colonel Bischoff das Wort Lt. Colonel Fitzpatrick.

Man befände sich am Übergang von der amerikanisch geführten zur *NATO*-geführten Koalition. 20000 der 22000 amerikanischen Soldaten beteiligten sich an den Operationen der *ISAF*. Der Rest, ist zu verstehen, treibt die *Operation Endurig Freedom* voran, aber diese wird nicht faßbar am Tisch des Sprechers des *Regional Command East*. Außer, daß der Feind sehr heterogen sei – Taliban, al-Qaida, Hekmatyar, Kriminelle, Hartholz- und Schmucksteinschmuggler. Eine Trennung zwischen Kampftruppen und kampfunterstützenden Truppen zu ziehen sei schwierig, das Verhältnis liege aber etwa bei 1:4. Mehr Truppen wären gut, aber mehr könne auch schnell zuviel sein. Noch sei man willkommen in Afghanistan. Wirklich? Ja, gewiß. Man betrete auch nicht mehr Privathäuser, außer natürlich bei *counter-terrorist*-Operationen. Das habe die Afghanen verärgert. Diese Aufgaben übernähmen nun Mitglieder der *ANA* oder Einheiten der *MP*, auch um ihre neuen Fähigkeiten unter Beweis zu stellen. Freilich sei der Aufbau mit den Afghanen schwer, die sich ausschließlich für das interessierten, was sie unmittelbar und direkt beträfe. Aber man habe gelernt, auf ihre Clan-Strukturen zu achten und sie selbst Verantwortung tragen zu lassen.

»Alexander wer? An dieser Stelle? Ein Camp? In Bagram? Wann?«

»Im Februar 329 v. u. Z.«

»Nie von ihm gehört, nein. Das liegt sehr weit zurück, ja?«

»Ja, man kann es fast vergessen.«

»Bagram-Kapisa? Von den Arabern erobert? Tatsächlich?«

»Im Jahr 698. Von dem Moment an Ende der buddhistischen Pilgerreisen zwischen Indien und China.«

Dann holt uns *Press Officer* Phillips.

Er habe immer ein mulmiges Gefühl, wenn er morgens jogge, sagt er, als wir dem gesicherten Zaun entlangfahren. Nicht wegen der Hunde, die ihm draußen nachliefen, sondern wegen der Minen, welche sie auslösen könnten.

Die Vereinbarung ist, daß Phillips sofort sagt, wenn etwas nicht fotografiert werden darf. Das ist nicht der Fall bei einer Ansammlung von Containern und dem Lehmgeviert jenseits des Zauns, draußen in dem von Plastikfetzen übersäten vernachlässigten Ackerland, einem Minenfeld eben.

Nach zwei Minuten kommt vom Wachturm ein Soldat herüber, der nicht fotografiert werden will, weil er ein seltsames Spezialgewehr trägt.

Nach weitern dreißig Minuten fährt ein *Cherokee* vor, und Eddy Murphy springt heraus. Er trägt die komplette Kampfmontur. Bellt mich mit Inbrunst an. Ich könne mich doch hier nicht aufführen wie Steven Spielberg. Er wolle seine *cookies* essen und nicht draußen in der verdammten Kälte stehen, sagt er und greift sich eines der Dinger aus dem Packen, der unter dem Arm klemmt.

Phillips' Handy klingelt. Zeit vergeht. Dann klingelt es wieder. Jetzt ist der Presseoffizier besorgt

»CID. *Counter Intelligence Department*«, sagt er trocken.

Unsere beiden Begleiter aus Brunssum, dem *HQ* der *NATO*, und auch der Bergsteiger aus Kabul sind betreten. Sie sagen nichts und haben auch nichts zu sagen, denn hier ist nicht *NATO* und nicht *ISAF*. Hier ist Amerika, und wenn dessen Gesetze bekannt sind, so ist es auch seine Handhabe internationaler Rechte in dieser Zeit elementarer nationaler Bedrohung.

Bei den Containern sei ein Turm, und der dürfe nicht fotografiert werden. Dahinter befände sich die Startbahn der Kampfflugzeuge.

Nun, den Turm hätte ich nur anvisiert, nicht fotografiert, und was dahinter liege, sei ja nicht zu sehen, sage ich. Bin aber trotzdem etwas verunsichert. So wie 1998, als eine Patrouille der Religionspolizei der Taliban mich verhört hat, nach der Aufnahme eines zerschossenen Plattenbaus im sowjetischen Rayon in Kabul. Dahinter seien Frauen beim Waschen gewesen, haben damals die Tugendwächter geltend gemacht.

Dann fährt das *CID* vor.

Eine junge Frau steigt aus, vom Schienbein bis zur Schulter trägt sie alles, was die Ausstatter erfunden haben. Ihr Fahrer sieht zentralasiatisch aus. Trägt Gummistiefel und Sporthosen mit drei weißen Streifen. Am Oberkörper nur ein kurzärmeliges Leibchen, die Arme vor der Brust gekreuzt. *CID* trägt eine Schirmmütze, aus welcher der blonde Pferdeschwanz quillt. *CID* nimmt die Brille nicht

von den Augen. Vielleicht fürchtet *CID*, ich könnte sie später einmal wieder erkennen.

»He the guy in question?« fragt sie Eddy Murphy. Der nickt und zermalmt das letzte
cookie.

>   *»This the camera in question?«*
>   *»Yes, Madam!«*
>   *»Can I see the pictures?«*
>   *»No, Madam.«*
>   *»Why?«* fragt *CID* irritiert.
>   *»My pictures are analog.«*
>   *»What's that?«*
>   *»Not digital. Real photography.«*
>   *»How many pictures did you take?«*
>   *»Two, but each one twice.«*
>   *»The tower?«*
>   *»No, Madam. The tower not. I am not interested in towers. Just aimed at it, for visual
reference.«*
>   *»Give me your film!«*

Noch ein kurzer, sinnloser Dialog, und der *CID* packt meinen Film ein und
fährt mit dem zentralasiatischen Knecht davon. Auch Eddy Murphy darf zurück.

Der Zwischenfall beendet unseren Aufenthalt auf Bagram. Auf der Rückfahrt fährt Tom voraus. Über das Funkradio kommuniziert er dem zweiten Vehikel
verdächtiges Verhalten von Fußgängern, Radfahrern und gelben *Corolla*-Taxis, vor
allem von diesen – allesamt gesteuert von potentiellen Selbstmördern, bei denen
nervöse *ISAF*-Soldaten kaum wissen können, ob es solche sind beim Heranrennen
an die Fahrbahn, der abrupten Umkehr auf offener Strecke oder beim plötzlichen
Beschleunigen, so daß Fehleinschätzung oder vorschnelles Reagieren oder beides
allzu oft fatale Folgen hat. Nachdem dann auf weite Sicht nichts Außergewöhnliches in Sicht ist, unterbricht Tom seinen Straßenzustandsbericht zugunsten von
Radio Ramstein, dessen Sound *»wuchtig einfährt«*. Der hinterherfahrende Kamerad muß
es unbedingt hören.

>   *»Channel 2. 194. Metallica!«*

Postscriptum:

Am 20. Dezember, vierzehn Tage nach meiner Rückkehr aus Afghanistan,
bringt ein Kurier von *Federal Express* den Umschlag mit dem konfiszierten und un-
entwickelten Film. Absender: Phillips – sonst nichts.

Kabul Revisited

Kabul, 1. Dezember 2006. — Jetzt bin ich wieder selbst für meine eigene Sicherheit zuständig und fühle mich sicher.

Der Bergsteiger hat den Zimmerschlüssel des *Kabul Palace* in Empfang genommen und mich an die von den Mazedonen bemannte Personenkontrolle begleitet. Vor dem Tor habe ich rasch ein Taxi gefunden, denn heute ist Freitag, der Tag an welchem der Basar zur *ISAF* kommen darf, damit deren Personal die Kabulis sieht.

Das Guesthouse *Caravan Serai* soll über hundert Jahre alt sein und liegt gegenüber dem Innenministerium, am Ende einer langen, schmalen, von zwei Angehörigen eines privaten Schutzdienstes bewachten Seitenstraße. Sein Eigentümer, ein ehemaliger hochgestellter Beamter aus dem Umkreis König Zahir Shahs, habe zur Zeit der Taliban diesen das Gebäude ohne Entgelt zur Unterbringung ihrer Besucher überlassen müssen, heißt es. Vielleicht ist es bald wieder soweit.

Mein Zimmer liegt im oberen Stockwerk. Es ist eiskalt, besitzt dafür aber eine rundum mit unterteilten Fenstern bestückte Apsis, die auf das längliche Grundstück blickt, hinter dessen abschließender Mauer der Eigentümer leben soll. Rechts führt zwischen jungen Tännchen und niedrigen Fruchtbäumchen ein Plattenweg zu einem neueren Gebäude mit dem Restaurant. Der Rasen liegt unter dem über Nacht gefallenen Schnee, und auf der im entfernten Teil des Gartens gewiß zu anderen Zwecken errichteten hölzernen Empore ist ein Angestellter beim Morgengebet. Den Hintergrund füllt die vereiste Flanke des Koh-e Asmai. Den rechts vorspringenden buckligen Hang erklettern die Lehmhäuser des Karte-Ariana-Viertels, während auf dem links davon liegenden schroffen Hauptgipfel das Gitterwerk der Sendeanlage von *Ariana Televison Network* in der Sonne glimmt. Nach der Internierung ist es wie in den Ferien.

Unterdessen ist im Zimmer auch der Ofen samt Rohr installiert. Es handelt sich um ein Exemplar der aus der Not entwickelten und bewährten mörderischen afghanischen Erfindung, deren kritischer Teil der am meisten abgenutzte ist, nämlich der zierliche Verschluß an der seitlich angebrachten Ölschublade, der so eingestellt werden sollte, daß der Brennstoff nicht zu schnell in den offenen Trichter tropft, von dem ein Schlauch zum Heizkörper führt. Übersteigt nämlich die Zufuhr die verbrannte Menge, bildet sich auf dem Bodenblech eine Dämpfe ausstoßende Lache, was bei gleichzeitiger Überhitzung des Ofens zur Explosion führen kann. Zwei italienische *ISAF*-Soldaten haben auf diese Weise vor einiger Zeit im Schlaf das Leben verloren.

Navid ist ausgeflogen. Seine *SMS* meldet, gleich borde man die *Transall*. Wenn die prekäre Luftbrücke Termez funktioniert, ist er am Sonntag in Köln und am

Montag im Zürcher *Kaufleuten* bei einer Lesung. Einen Ort weiter weg von Kabul gibt es nicht.

Eine Stunde später stehe ich am Rand der Altstadt am Kabul-Fluß. In den fünf Jahren seit dem Abgang der Taliban hat es die assistierte Regierung Karzai nicht geschafft, das Gewässer zu sanieren. Im Gegenteil, der gewachsene Güterumschlag hat dieses vollends zur Mülldeponie verurteilt. Anstatt der *Corolla*-Taxis von 1998 wäscht man jetzt am Rand der erbärmlichen Schilfinseln die neuen Geländewagen.

Längst hat sich der klare Morgen davongemacht durch die Kluft zwischen dem Koh-e Asmai und seinem Nachbarberg. Jetzt ist die Schlucht von einer bräunlichgrauen Abgaswolke gefüllt.

Im Schatten zerfallener Lehmgemäuer, neben wilden Haufen von Schrott und Nestern zerbogener Armierungseisen werden Keile in eisenhartes Wurzelholz getrieben. In alter Mühsal schieben Kinder ihre Handkarren vorbei zum Basar etwas weiter vorn an der Biegung des Flusses. Aus dieser Richtung nähert sich im Laufschritt eine hagere, vornübergebeugte Gestalt, um deren *shalwar kameez* die Spitzen einer umgeschlagenen Decke flattern. Der Läufer muß vom Zimmermann kommen oder ist dieser selbst; die schwere Konstruktion, die in einer Seilschlaufe an seinem Rücken hängt, ist ein quadratisches Gestell, das auf dem Basar Verwendung sowohl zur Auslage der Produkte findet als auch zum Ruhen. Im Eilschritt ist der Läufer an mir vorbei. Nur ganz kurz hat er aufgeschaut, mit der freundlichen Aufforderung im Blick, ihn als Individuum nicht zu vergessen, wenn er schon ein Bild abgäbe. Ich schaue ihm nach, das heißt der Unterseite des schaukelnden kompakten Panzers aus hellem Holz, der alles verbirgt vom Träger außer dessen Waden und seinen klobigen Schuhen. Ich weiß nicht, ob es als Metapher taugt, dieses Bild, aber sähe ich das Gestell als Tafel und das internationale Projekt *Nationbuilding* in Afghanistan als Menu, dann dürfte es vielleicht doch die gegenwärtige Situation nicht allzu sehr verzerren, bei der ein paar Wenige sich schamlos bedienen, auf dem Rücken einer weiterhin leer ausgehenden Bevölkerung.

For Rent steht auf dem Tor einer frisch renovierten Villa in der Nähe des Microrayon I, und davor kauert eine bettelnde Frau in der *burka* mit zwei zersausten Kindern. Hundert Meter weiter dasselbe Bild an einem dreckgefüllten Rinnstein, nur daß die Mutter den vereiterten Fuß des Kindes, an dem sie mit einer Salbe herumdoktert, sofort fahren läßt, als sie mich sieht, und heranhuscht mit ausgestreckter Hand. Darin liegt der Fortschritt zum Regime der Taliban.

Die von Hekmatyars Truppen arg zerschossenen Plattenbauten sind belebt im Gegensatz zum ersten Besuch vor acht Jahren. Wäsche hängt an den Leinen, die man von den Bäumen zu den Fenstern gespannt hat, und hinter diesen bringt die Sonne Plastikblumen zum Leuchten. An einer Ecke wird ein gefällter Baum zersägt. Das sowjetische Heizkraftwerk scheint also weiterhin nichts zu produzieren, und wie es mit der Stromversorgung steht, der am häufigsten genannte Faktor bei Kritiken am Prozeß des Wiederaufbaus, werde ich sehen, sobald es dunkel wird.

Das Nationalmuseum ist geschlossen. Ich werde es morgen besuchen.

Etwas weiter unten an der Dar-ul-Arman-Chaussee sehe ich Menschen in den Löchern der 1998 fotografierten Ruine der Polizeikaserne. Auf zwei Hinweistafeln steht – *Kinderberg. International Winterization Program & Medical Aid for the Returnees to Afghanistan. German Humanitarian Aid* sowie *CRC. Aschiana Outreach Programs for Children and Families.* Der Wachmann am Tor ermuntert mich, wiederzukommen.

Ich muß daran denken, Zigaretten zu kaufen.

Vor der Rückfahrt ins *Guesthouse* besuche ich das *Intercontinental.* Die dem Krieg zugewandte Seite ist instand gesetzt. Auf dem Parkfeld warten zwei, drei Geländewagen mit dem Emblem der *ISAF.* In anderen dösen Fahrer. Aber das läßt nicht auf das chinesische Bordell schließen, das sich in der obersten Etage niedergelassen haben soll. Den *Coffee-Shop* hat es 1998 noch nicht gegeben. Dort flirtet per Handy ein junges Pärchen bei Kuchen und Tee. Er trägt einen weißen *shalwar kameez,* sie hat einen türkisfarbenen Schal über das Haar geworfen. Dann tritt ein älteres afghanisches Paar ein, vielleicht um die Siebzig. Ihm liegt ein Seidenschal um die Schulter. Sie trägt einen Pelz, den sie auf der Lehne eines dem sorgfältig ausgewählten Tischchen benachbarten Stuhls plaziert, mit der geübten Umsicht eines Gasts bei *Hanselmann* in St. Moritz, der um das prüfende Beobachten des Vorgangs durch die Anwesenden weiß. Beide bestellen Tee, und beide sprechen sehr leise. Während sie regelmäßig die Schmuckkette auf dem moosgrünen Pullover zurechtlegt, scheint er etwas über Kabul zu berichten, das in seinem Rücken liegt und vielleicht auch in seiner Vergangenheit, während sie es an diesem Winterabend durch die bis auf schwarze Klumpen gefrorenen verdorrten Laubes nackten Bäume zu sehen versucht. Gelegentlich blickt er rasch über die Schulter und zieht mit dem auf dem Zeigefinger ruhenden mittleren Finger der rechten Hand eine unsichtbare waagrechte Linie durch die Luft.

Kafire und Rückkehrer

Kabul, 2. Dezember 2006. — Daß ich den König antreffen würde, ist nicht vorauszusehen gewesen. Aber nach der einzigen bekannten Fotografie habe ich ihn sofort erkannt.

Die Bauarbeiter können nicht wissen, ob er sich vor acht Jahren im Nationalmuseum aufgehalten hat, als ich vor dessen geschlossener Tür gestanden bin. Aber es ist unwahrscheinlich, denn sonst stände er jetzt nicht da, sondern wäre zerschmettert in hundert Stück, wo er doch damals bereits ein Fragment gewesen ist, ein Torso, aber als solcher den bilderstürmenden Gotteskriegern trotzdem noch menschliches Abbild genug, hätten sie die Skulptur entdeckt. Jedenfalls überwacht die aus dem 2. Jh. n. u. Z. stammende Statue von Kanishka I. jetzt den Eingangsbereich. Links vor dem ersten Treppenabsatz auf dem Sockel eines Pfeilers stehend und mit einem roten Riemen an diesem festgebunden. Schaumgummi klemmt zwischen der prekären Sicherung und dem Saum des weiten Nomadenmantels. Die zentralasiatische Bekleidung – neben dem gegürteten, mit einer Blätterranke dekorierten und mit Perlen verzierten Glockenrock sind es die am Knöchel mit einer Spange gerafften Hosen sowie die Reitstiefel aus Filz – soll der Besucher beachten, rät Nancy Hatch-Dupree in ihrem Museumsführer von 1974.

Dazu Buch IV, *Auf Kanishkas Akropolis.*

Während der berühmteste Herrscher auf Surkh Kotal damals zwar als Exponat Nummer 2, aber bestimmt als Blickfang unter den zwischen 1952 und 1963 auf der Akropolis der Kushan ausgegrabenen Objekten im großen erdgeschossigen Saal aufgehoben gewesen sein muß, erscheint er heute als gerade mutwilliger Vernichtung Entronnener geradezu verwegen positioniert. Im Gang ist nämlich die Wiederherstellung seiner Behausung, und viel Baumaterial wird hin- und hergeschleppt. Eisenstangen und Bretter für Gerüste. Verkleckert mit Gips, stehen etliche bereits im Treppenhaus, denn es gilt nicht nur Einschußlöcher auszubessern, sondern auch eingebrochene Bögen wiederaufzurichten.

Der Dachstuhl, eingestürzt bei einem direkten Treffer während dem Kampf der Mujaheddin um Kabul, ist repariert, sonst wäre das Museum kaum für Besucher geöffnet. Eine der Aufseherinnen – sie wärmen sich im Blechverschlag im Vorgarten, wo früher die aus dem Grabbereich Baburs stammende marmorne Brunnenschale gestanden haben muß – ist vorausgegangen ins Obergeschoß, schließt den Hauptsaal auf und sucht hinter dunklen Vorhängen die Lichtschalter. Nach einer Minute bin ich umgeben von einer beeindruckenden Versammlung männlicher oder weiblicher Ahnenfiguren aus dem westlichen Nuristan, lebensgroßen und solchen, die mich überragen. *En face* gesehen, wirken die berittenen, stehenden und sitzenden Gestalten grotesk, ihre brettigen Gesichter mit den Löcheraugen und bloß angedeuteten Mündern erschrocken. Von der Seite jedoch sind kühn aus den Eichenholzstämmen geschnitzte Bärte, rechtwinklige Charakternasen und markante Augenhöhlen zu erkennen, und die weibliche Haartracht als wuchtiger, über die Stirn hinausragender Bug, während der männliche Kopfschmuck an orthodoxe Zwiebelkuppeln erinnert.

Es ist keine Absicht im Spiel, mit der verfügbaren, nicht eben glücklichen Beleuchtung die Totengestalten der Nuristani zu erschlagen, der 'Bewohner des Landes des Lichtes', sondern eher der Versuch, ihnen die gesamte verfügbare Helligkeit zukommen zu lassen, jetzt, wo sich ab und zu ein Besucher auf die Baustelle verirrt. Die Figuren sind Werke Angehöriger der als *bari* bezeichneten Handwerkerkasten, der niedrigsten sozialen Stufe innerhalb der Stämme der Kafiren. Als solche, als 'Ungläubige' nämlich, sind die im Gebirgsbogen nordöstlich von Kabul beheimateten ackerbauenden Almbauern vor ihrer gewaltsamen Bekehrung zum Islam 1895/ 96 bekannt. Sie bewahrten ihre Toten zuerst in Tanzhäusern auf, bevor sie sie dann auf den Friedhöfen in reich beschnitzten Särgen über der Erde bestatteten.

Der englische Schriftstellernomade Wilfred Thesiger (*Among the Mountains*, 1998) hat 1956 und 1965 die von Eichenwäldern besetzten Täler des Nuristani durchstreift. Aber zu diesem Zeitpunkt sind die im patrilinearen Großfamilienverband und wenn nicht in volkreichen und daher vor Angriffen sicheren Siedlungen, in Festungs-, Wall- oder Hangstufendörfern mit Fluchttürmen lebenden Kafiren bereits seit längerem von ihrer Jagd auf Fremde abgerückt. Allein durch die Abwehr äußerer Eindringlinge haben sie über Jahrhunderte hinweg die Einheit ihres Territoriums aufrechterhalten können, und folgerichtig ist ein Kafir auch erst dann ein Mann und Krieger geworden, wenn er als Menschentöter auf besonderen, nach dem Festkalender geregelten Jagdzügen mindestens einen Fremden erschlagen und Abgehacktes – Hände, der Kopf oder die Ohren – oder doch wenigstens ein Fetzen blutgetränkter Kleidung die Tat belegt hat.

Die westliche Literatur des 19. Jahrhundert hat die Kafiren als blonde Arier verherrlicht oder als Abkömmlinge der Truppen Alexanders romantisch verklärt. Diese Spekulationen scheinen sich indessen als unhaltbar erwiesen zu haben. Aber vor dem Raum der Ahnengestalten aus Nuristan gibt es auf der Etage doch etwas zu sehen aus dieser Zeit. Überraschend zieht die Wärterin das Tuch von einer Vitrine. Auf blauem Plüsch und ohne Beschriftung liegt darin ein Dutzend antiker Münzen – neben goldenen hellenistischen Stücken ein Dazu Buch VII, *Kabuls verschwundene Gesichter.* paar *Dirhems*, die nach der griechischen *Drachme* benannte arabische Silbermünze, im 9. und 10. Jahrhundert nicht nur zwischen Spanien und Zentralasien, sondern auch im slawischen, skandinavischen, baltischen und russischen Raum die am weitesten verbreitete Währung des Fernhandels.

Bei dichtem Schneetreiben gelangen wir dann zu der einen halben Kilometer vom Museum stadteinwärts liegenden vierstöckigen Ruine der Polizeikaserne. Gestern hat sie im harten Licht der Wintersonne als Gerippe posiert, fast eitel alle Blessuren der Zerstörung zur Schau gestellt. Jetzt ist sie ein düsteres aufgelaufenes Wrack, dessen Umrisse vom Tor der Umfassungsmauer aus nur undeutlich erkennbar sind.

Der Kommandant ist erfreut über die mitgebrachten Zigaretten, aber trotzdem muß er kontrollieren, ob meine Kamera auch wirklich Bilder schießt und nicht ein präpariertes Mordgerät ist wie dasjenige, mit dem Ahmad Shah Masud in die

Luft gesprengt wurde. Mit auf das Gruppenbild müssen die beiden Wachmänner, die im Gegensatz zum Kommandanten auch am gestrigen Freitag Dienst geschoben haben.

Am Eingang der Ruine drängt sich eine Traube der nach dem Weggang der Taliban seit Frühjahr 2002 aus den Lagern in Pakistan heimgekehrten Flüchtlinge um einen startbereiten *Landcruiser*. Wie Tausende andere, die in Zeltstädten frieren, bedroht die hier Untergekommenen die grassierende Bodenspekulation.

»Make sure I am not in the picture!«

Der Amerikaner hat ein unbestimmbares Alter und trägt einen dunkelgrünen voluminösen Anorak, hinter dem drei Afghanen verschwinden. An der Brust baumelt ein Brusttäschchen mit einem Sichtfenster, und die ID weist ihn als Mitglied der »Operation Enduring Freedom« aus.

Dann fährt er davon, und kaum ist der *Landcruiser* an ein paar Kindern vorbei, die mit dem klebrignassen Schnee gewaltige Kugeln rollen, hat ihn der fegende Schneeschauer verschluckt.

Ein jüngerer Mann führt mich die Treppen hinauf. Auf den Etagen in die *burka* gekleidete Frauen. Improvisierte Öfen, Wäsche im beißenden Rauch. In den Türrahmen hängen Säcke und Tücher. Von einer schiebt mein Begleiter den Schutz zurück. Ein Mann erhebt sich vom Boden. Er kann nie so alt sein, wie sein Gesicht vorgibt, und trägt eine Wollmütze mit dem *Diesel*-Schriftzug. Die Mauer zum Nebenraum hat eine Granate durchschlagen. An den freigelegten Eisenstäben hängen Plastikbeutel, und auch an den Wänden, bis direkt an die scheibenlose Fensterfront. Hereinwirbelnder Schnee setzt sich auf Kartoffeln und Zwiebeln, die auf dem nackten Betonboden liegen. Vielleicht fungiert dieser Raum als Laden, bei dem die obdachlosen Heimkehrer sich versorgen. Ein grob gezimmertes Gestell enthält Stoffbündel und zerknitterte Tragtaschen, und zwei Eier liegen zwischen verschnürten Säckchen mit Tee wie in einem Nest. In den meisten Räumen gibt es eine Insel feuchter schwärzlicher Teppiche, auf denen es zwischen Steppdecken krabbelt und hustet. Die Plastikbahnen vor den einstigen Fensterfronten sind trüb, und im Dämmer ist nichts deutlich unterscheidbar. Eisige Kälte steht in den pechschwarzen Korridoren. Hinter Säcken treten Schemen hervor, die über den glitschigen Boden schlurfen und erst menschliche Umrisse erhalten, wenn sie in den hellen Fleck am Ende der Gänge treten, genau wie andere Bewohner, wenn sie auf der Treppe die bizarre Fratze der vom Artilleriegeschoß gerissenen Kluft durchsteigen, durch die man in der Tiefe ein paar Kinder bei der Schneeballschlacht sieht und eins oder zwei beim Hinabschlittern auf einer bräunlichen Spur vom Fußpfad zu einem mit beflaggten Stangen markierten Grab.

Wintertage in Kabul

Kabul, 3.–4. Dezember 2006. — Seit mehr als zwei Tagen schneit es ununterbrochen und naß. Kabuls Hausberge sind unsichtbar. Vorgestern fuhr ich zum Flughafen, genauer, zu dessen zivilem Teil, wegen der Sache mit dem Paß. Aufgrund unserer Ankunft auf *KBL-MIL* – dort gibt es vielleicht darum keine Einreisebehörde, weil die *ISAF* gewissermaßen eine internationale Enklave innerhalb Afghanistans ist – bin ich formell immer noch nicht im Land. Der Bergsteiger hatte freundlicherweise einen Brief ausgefertigt, in dem er meine Ankunft mit dem *NATO*-Flug wie auch die beschlossene private Ausreise bestätigt, mit der abschließenden Bitte um Ausstellung eines Exit-Visas. Auf dem Ministerium würde das vermutlich endlos dauern.

Es war kurz vor acht Uhr und klar, daß es nicht mehr heller werden würde. An den Checkpoints der Zufahrt blieben die Soldaten in der Nähe der in Blechkanistern brennenden Feuer. Herr Aziz war unauffindbar oder ich ganz einfach zu früh. Dafür konnte ich beobachten, wie die trübe Spiegelung des über dem Eingang hängenden Porträts von Ahmad Shah Masud langsam verschwand, während ein Arbeiter mit dem Besen den Vorplatz von den braunen Wasserlachen befreite. Danach trank ich Tee im *Tourist Office*, wohin man Exemplare der in den 1970er Jahren erschienenen Bücher von Hatch-Dupree verbracht und mit neuen Preisen versehen hatte. Der Verantwortliche ist ein ältere Herr, früher im Nationalmuseum angestellt gewesen und jetzt mit der Kontrolle der Ausfuhr von Antiquitäten betraut. Er las den Brief des Bergsteigers langsam, jedes Wort sorgfältig aussprechend, und wählte schließlich die Handynummer von Herrn Aziz, die jener mir tags zuvor in den Block gekritzelt hatte.

»No problem. You will leave!« versicherte Herr Aziz, als er schließlich erschienen war, um mich nach einer Spanne des Überlegens, während der Schnee von seinem Daunenmantel auf den Boden des *Tourist Office* abrutschte, zum *President of Kabul Airport* zu bringen, durch ein unbeleuchtetes Treppenhaus und vorbei am toten Fahrstuhl, auf dessen Dach der Dreck sich seit Jahrzehnten gehäuft hat. Oben an der Treppe nahm mich ein großer, in einen langen schwarzen Mantel gekleideter Herr in Empfang. Er trug ein bei El Greco geborgtes Gesicht und hielt an dieses ein Funkgerät, das er von der Wange nicht wegnahm, bis wir über andere Treppen zum Büro des Präsidenten gelangt waren.

Das neben jenem des Präsidenten wohl gefährlichste Amt in Afghanistan bekleidet ein jüngerer Mensch. Erst seit kurzem und zu seiner Überraschung, wie er sich ausdrückte, sei er auf diesem Posten. Ein unbeschriebenes Blatt. Darunter ist wahrscheinlich zu verstehen, daß er bei der Ausübung seiner Funktion kein Gegenspieler dieser oder jener Interessengruppe ist oder im Sold dieser oder jener

Fluggesellschaft steht. Scheinbar, habe ich gehört, ist es zuvor zum Beispiel dazu gekommen, daß der Tower der Maschine einer saudischen Billigfluggesellschaft die Landung verweigert hatte, mutmaßlich auf Druck afghanischer Konkurrenz. Nach fünf Minuten verließ ich den Präsidenten, mit einer von ihm signierten Notiz in Dari auf meinem Brief.

Das Sicherheitsdispositiv war schuld, daß Automobilisten nicht vor das Flughafengebäude fahren dürfen, und als mich der Fahrer vorn an der Kreuzung endlich fand, hatte ich genug von Abgasen, Naßschnee und Nebel und begann mich damit abzufinden, nie mehr aus Kabul wegzukommen, außer auf dem Landweg über den Khyber-Paß.

Dann, beim Gang durch die Stadt, wurde das Schneegestöber zuletzt so massiv, daß ich in Kabuls erster Shopping Mall Zuflucht nahm und dort eine *SIM*-Karte kaufte. Das war nur möglich unter Vorweis des Passes und Abschluß eines Abonnenten-Vertrags mit Paßbild, in dessen Rahmen sich *Roshan*, der Aga Khan gehörende Mobilfunkanbieter, das Recht ausbedingt, alle persönlichen Informationen dem Gesetzeshüter zur Verfügung zu stellen, sollte dieser danach verlangen.

Die Maßnahme ist verständlich, es ist inzwischen üblich, daß Mobiltelefone zum Auslösen improvisierter Sprengfallen benutzt werden. Als im Februar 2002 das Regime der Gotteskrieger verschwunden war, hat es im Land gerade 20 000 Telefonanschlüsse gegeben. Heute hingegen sind I,3 Millionen Afghanen bei Mobilfunkanbietern angemeldet, also schätzungsweise jeder dreißigste Bewohner, aber es könnte sich auch um eine dünnere Streuung handeln, denn die letzte Volkszählung wurde 1978 durchgeführt, und die gegenwärtig benützten Zahlen sind Extrapolationen jener Ergebnisse.

Im Fall Chinas hat man gesehen, daß die neuen Kommunikationsmedien besonders in bislang überhaupt nicht erschlossenen Gebieten die Wirtschaft ankurbeln können, eine zuverlässige Stromversorgung vorausgesetzt. Obwohl der afghanische Wiederaufbauprozeß genau das nicht vollbracht hat, nicht einmal in Kabul, ist hier vor einem halben Jahr das afghanische Informationszeitalter ausgerufen worden. Zu bewältigen ist dabei der enorme Sprung vom Morsecode, mit dem die Verwaltungen der vierunddreißig Provinzen zur Konferenz aufgeboten worden sind, zum Glasfaserkabel, welches der Ringstraße um den Hindu Kush folgen und die Verbindung zum Ausland herstellen soll. Selbstverständlich bringen die neuen Technologien auch die Geschlechter an der bisherigen strengen Kontrolle vorbei einander näher; und genau wie das Internet nicht nur jungen Kabulis ermöglicht, *Online*-Kurse mit Abschlüssen an pakistanischen und indischen Universitäten zu belegen, spült es auch Pornographie an den Hindu Kush. Es fällt deshalb nicht schwer, sich die Kluft im gegenwärtigen Streit vorzustellen zwischen den Kräften im Parlament, die bei der Neubesetzung des Amts des Informationsministers einen Traditionalisten fordern, und jenen, die profitieren wollen beim gewaltigen Geschäft der Telekommunikation. Je 41 Millionen Dollar haben zwei Mobilfunkanbieter für ihre Lizenzen bezahlt, um gegen *Roshan* und die im Privatisierungsprozeß begriffene *Afghan Telecom* anzutreten.

Auf der Straße hingegen und nirgendwo deutlicher als dort, wo sich zwischen den beiden Hausbergen Kabuls die unterschiedlichsten Verkehrsströme zusammendrängen, zeigt sich die Spaltung der Bevölkerung bereits in der Hauptstadt in die kleine Gesellschaft, die es geschafft hat – darunter Exilafghanen und Opportunisten, welche nach Auskunft des Leiters eines staatlichen Hilfswerks auch die höheren Chargen der *UNAMA* unterwandert haben –, und die Schicht der andern, die buchstäblich auf der Strecke bleiben. An die Fenster der im Stau stehenden *Landcruiser* drängen Leim schnüffelnde Kinder. Amputierte im Rollstuhl behaupten ihren Platz, blicken grimmig zwischen Plastik hervor und über die hohen Kühlerhauben, auf denen der fallende Schnee verdampft, und manchmal gestikuliert einer auch unter dem geöffneten Regenschirm, der an der Lehne seines Gefährts steckt und dessen orange, grüne und blaue Felder der einzige Farbfleck sind im schmutziggrauen Dämmer. Mit Brennholz beladene Esel weichen den kantigen Vehikeln der Sicherheitsdienste aus, dort wo es geht und sich an die Lehmmauern nicht schon die Handkarren der Kleinhändler drängen. Diese haben sich vom braunen schmierigen Matsch auf die Ablageflächen zurückgezogen und kauern, eine Decke oder einen Zementsack über sich gezogen, neben schwärzliche Bananen, Blumenkohl, prächtigen Radieschen, Bohnen, kolossalen Rüben, Kartoffeln und Auberginen. Reiner als der fallende Schnee leuchtet zwischen diesem Sortiment das Weiß der Zwiebeln.

Nicht jede Frau trägt die *burka*. Und sonst fällt noch auf, daß die wenigen lachenden Gesichter ausschließlich Schulmädchen gehören.

Wie gesagt habe ich versucht, in den tiefhängenden Wolken und im Schneegestöber eine Metapher für das Herumtappen der *ISAF* zu sehen. Jetzt kommt mir das Wetter aber immer mehr als Nebelwand vor, die nicht verschleiern kann, wie sich dahinter die Interessen verflechten. Gerade hat der Student, der im Restaurant des *Guesthouse* aushilft und sich für eine Englischprüfung vorbereitet, gesagt, er glaube, daß die Taliban zurückkehren würden, aber nicht mehr auf dem *Toyota*, sondern im Anzug. Er ist enttäuscht, daß vom meisten, was die Weltgemeinde Afghanistan versprochen hat, nichts zu sehen ist.

Vor einer Woche hat in der lettischen Hauptstadt der *NATO*-Gipfel stattgefunden, dessen Hauptthema neben der Transformation des Bündnisses die Lage in Afghanistan war, wo es im Augenblick über 30 000 Soldaten aus siebenunddreißig Ländern stationiert hat, einschließlich so weit vom Rhein entfernten wie Japan und der Mongolei. Die Chancen, daß Afghanistan zum Erfolg würde, seien gestiegen, hat es nach dem zweitägigen Treffen offiziell geheißen. Aber wonach bemißt sich dieser Erfolg? Angeführt wird der Bau von Schulen, jedoch ausgeblendet, daß einige davon nach kurzer Zeit von radikalen Kräften zerstört und darin unterrichtende Lehrer umgebracht werden. Angeführt werden die vier Millionen Rückkehrer, aber nicht die Zustände, unter denen sie nach fünf Jahren noch ausharren – wie jene in der Kasernenruine. Die Afghanen mit Zugang zu elektronischen Medien dürften im Zwist innerhalb des Bündnisses bei der Frage, wie die bewaffneten Entwicklungshelfer innerhalb des sogenannten *NATO*-Krisenmanagements zivile und militärische Aspekte kombinieren sollen, ihr Mißtrauen gegenüber dem Wollen und den Absichten der Guttuer bestätigt sehen. Umgekehrt werden Taliban und andere radikale Kräfte oder kriminelle Gruppierungen, die an einer instabilen Lage Interesse haben, das mangelnde Bekenntnis für mehr Truppen und die bröckelige Solidarität bei der Aufgabenverteilung der gestellten Truppen als militärische Schwäche interpretieren.

Die *NATO* könne es sich nicht leisten, in Afghanistan zu scheitern, lautet ein oft gehörter Satz. Vermutlich würde sie ein Scheitern überleben, hat beim Abendessen gestern abend der Leiter einer *NGO* argumentiert, was sich jedoch die Weltgemeinde nicht leisten könne, sei ein schwarzes Loch zwischen Kabul, den pakistanischen Stammesgebieten und den Nordwest-Grenzprovinz (*NWFP*). Was heißt das anderes, als das Afghanistan, dessen schwache und lavierende Regierung Karzai Verhältnisse kennzeichnen, welche Prokopius schon am byzantinischen Hof Justinians feststellte: sie ist allen möglichen zentrifugalen Kräften von außen preisgegeben und von innerer Fragmentierung bedroht, eine Konstellation, die den Taliban wiederum nicht unbekannt ist, während das destabilisierende Pendel gleichzeitig immer kräftiger ostwärts über den Khyber-Paß und den Indus ausschlägt, also Pakistan politischem Chaos weitaus näher steht.

Vor diesem Hintergrund wäre die sich transformierende und mit dem Projekt global einsatzfähiger schneller Eingreiftruppen befaßte *NATO* in ihrem Engagement in Afghanistan vergleichbar mit einem Arzt, der eine neues Berufsprofil sucht und gleichzeitig nicht davon abläßt, einem Patienten, dessen Krankheitssymptome er jahrzehntelang nicht hat wahrnehmen wollen, die Medikamente zu verabreichen, welche seinen Zerfall nur noch befördern.

BUCH IX

PÄSSE UND TRAVERSEN

›Pamir-Highway‹: I. Tag

Am Koyzetek-Paß, 26. September 1996. — In den Pamir hineinzukommen ist eine Sache; wieder hinauszukommen eine andere. Dabei ist der Krieg nicht einmal das größte Hindernis, denn es gibt die Möglichkeit, ihn zu umgehen.

Das heißt zwangsläufig, nach den von Khorog aus bereits unternommenen beiden Vorstößen die dritte und letzte Richtung einzuschlagen, in welche von diesem eigentümlichen Ort aus überhaupt ein Weg führt. Dazu Buch II, *Im Wakhan-Korridor* und *Nachtpatrouille*, sowie Buch VI, *Das Bankett des Warlords*.

haupt ein Weg führt. Also weder nordwärts zu fahren, den Pyandzh hinunter nach Kalaikum und Tavildara noch entlang dem Fluß hinauf südwärts gegen Ishkashim, sondern nach Osten. Dort ist bestimmt keine Front. Im Westen jedoch kann sie überall sein. Nicht nur auf tadschikischem Boden, sondern auch jenseits des Pyandzh in Afghanistan, ohne aber mit dem aktuellen Krieg dort in Zusammenhang stehen zu müssen oder zumindest nicht direkt, denn es verflechten sich im Pamir und seinen Verästelungen hinüber zum Hindu Kush die dortigen alten und neueren Kriege mit dem ethnisch und clanpolitisch unterlagerten tadschikischen Bürgerkrieg. Und diesen Machtkampf verkompliziert noch, laut Ahmed Rashid (*The Resurgence of Central Asia. Islam or Nationalism*, London 1994), die verdeckte Unterstützung der Fundamentalisten durch Afghanistan, Iran und Pakistan und der Regierung in Dushanbe durch Rußland und Usbekistan. In all das hinein spielen zudem das regionale Gezänk um Hegemonie und Ressourcen sowie geopolitisch motivierte Aktivitäten — nicht ohne Grund sitzen in der hübschen Stadt Dushanbe die amerikanische und die russische Botschaft im gleichen Hotel.

Diesem Durcheinander ist vor etwa zwei Wochen Anoyatilla Zarifbek zum Opfer gefallen, an einem ganz gewöhnlichen Tag und bei der Arbeit auf dem Feld beim Dorf Sarchashma. Wahrscheinlich ist im Laufe ihrer achtjährigen Besetzung Afghanistans die Rote Armee nie in diese entlegene Ecke des Landes vorgestoßen. Nun aber, da die Sowjetunion nicht mehr existiert, wird es als sinnvoll angesehen, als oberkommandierende Macht der *GUS*-Grenzschutztruppe aus Stellungen auf tadschikischem Boden heraus Werfergranaten den sich über den Fluß absetzenden Kräften der *Vereinigten Opposition Tadschikistans (UTO)* nachzuschicken. Selbstverständlich mit dem Risiko kollateraler Schäden. In diesem Fall hat die Explosion den neunzehnjährigen Afghanen so schwer verstümmelt, daß der Chirurg im Spital von Khorog, wo man sich im übrigen auf einen weiteren eisigen Winter ohne Heizung einstellt, keine andere Wahl gehabt hat, als ihm beide Beine über dem Knie abzunehmen. Bei offenem Fenster und assistiert von einer Schwester hat er zur Zeit unseres Besuchs am vergangenen Montag gerade einem anderen Opfer, Sherov Dalev, ein halbes Dutzend Splitter aus dem rechten Oberschenkel entfernt. Der Operierte ist als Soldat der tadschikischen Armee in Gefangenschaft der *UTO* geraten, hat sich daraufhin aber deren Kämpfern angeschlossen, bevor er im Juni bei einem Gefecht unten in Tavildara verwundet worden ist.

Dorthin fährt jetzt aus Khorog keiner. Die Straße ist vermint, und vorgestern, auf dem Weg zum den Oppositionsverbänden Salomschos im

Dazu Buch VI, *Das Bankett des Warlords.*

Vanch-Tal, haben wir den Eindruck gewonnen, die Russen seien nicht unbedingt erpicht auf Besucher, die über Baravin hinauskommen und zusehen, wie militärischer Nachschub nach Afghanistan gelangt, damit die sich aufs jenseitige Ufer des Pyandzh absetzenden Mujaheddin der *UTO* nicht nur beschossen, sondern drüben auch bekämpft werden können. Diese verstecken sich im gebirgigen Hinterhof Ahmad Shah Masuds. In den Tagen des antisowjetischen *Jihad* Moskaus renitentester Feind, ist der von den islamistischen Taliban bedrängte Masud im gegenwärtigen Verlauf des afghanischen Konflikts aber für die Russen ein Zweckverbündeter, und zwar weil er sozusagen als letzte zu mobilisierende Kraft gilt, ein Überspringen des radikalen Islam ans Nordufer des Amu Darya zu verhindern.

Erst nach Einbruch der Dunkelheit sind wir also gestern aus dem Vanch-Tal nach Khorog zurückgekehrt, und der Morgen hat gerade ausgereicht für die Vorbereitung der Fahrt über den ›Pamir-Highway‹, für die Beschaffung des beigen *Wolga* vor allem, in dem wir schließlich zu viert aufgebrochen sind. Der Fahrer hat darauf bestanden, einen Freund mitzunehmen, zur Verstärkung, denn der ›Pamir-Highway‹, von dem nicht restlos geklärt ist, ob er nun in Mazar-e Sharif, Dushanbe oder Khorog beginnt — letzteres topographisch vielleicht am einleuchtendsten —, führt nicht nur aus dem Schutz der Berge Badakhshans hinaus, sondern erreicht seinen Endpunkt nach fast einem Dutzend Pässen im kirgisischen Osh, also in einer fremden Stadt in einem anderen Land, für jeden Gebirgsbewohner eine beklemmende Vorstellung.

Mit dem Bau des ›Pamir-Highways‹ in den 1930er und 1940er Jahren haben sowjetische Ingenieure und Strafgefangene die zaristische Militärstraße vollendet, welche an das von Britisch-Indien beanspruchte Territorium heranführen sollte, um im Gelände festzuschreiben, was die zum Teil willkürlichen Karten der Zeit behaupteten, nämlich, daß die beiden im »Great Game« um Kontrolle über Afghanistan

Dazu Buch II, »*Great Game*«.

und den Zugang zu Indien wetteifernden imperialen Mächte sich nach anderthalb Jahrhunderten auch tatsächlich berührten.

Wir sind spät abgereist aus Khorog, schwierig gewesen ist die Versorgung mit Treibstoff. Marcus hat jeden im Ort verfügbaren Tropfen nicht nur geortet, sondern auch gesichert, denn im Pamir scheint das nicht die Pflicht des Fahrers zu sein. Marcus sieht darin nicht nur einen Ausdruck anerzogener Verwöhnung unter den Sowjets, als die SSR Tadschikistan und insbesondere das dazugehörende Berg-Badakhshanische Autonome Gebiet infolge seiner Grenzlage zu Afghanistan und China ein gehätschelter Horchposten war, sondern auch der in der Regel befriedigten Erwartungshaltung der ansässigen ackerbauenden Ismaeliten, welche sich der Unterstützung des Aga Khan, ihres spirituellen Oberhaupts, gerade in dieser harten Transitionsperiode sicher ist.

Bis in das 728 km entfernte Osh wird der Inhalt der Kanister im Kofferraum nicht reichen, gewiß aber bis ins 311 Kilometer entfernte Murgab, das, in der Zeit des Straßenbaus entstanden, wahrscheinlich ein rauher Ort sein, aber Benzin haben wird.

Nach einigen breiten Kehren sind wir am Eingang des Tousjion-Dara-Tals vorbeigekommen, wo unsere neuen Freunde wohnen, und bald danach über eine Schwelle in die Hochebene hinaus.

Dazu Buch V, Rubinjäger im Pamir.

Die Karte hat Vir, Pathur, Mordzh und ein paar andere seltsame neue Ortsnamen verzeichnet, bei denen es sich aber nicht um Dörfer handelt, sondern um kleine Gruppen erdgeschossiger Häuser mit weiß getünchten Mauern und Wellblechdächern und Ställen abseits der Straße, am Ende in die Alpweide hinausführender Fahrwege. Manchmal hat daneben eine Jurte gestanden, denn die Kirgisen treiben seit jeher ihre Herden über die tausend das ›Dach der Welt‹ durchkreuzenden Pfade auf ihre glücklichen *jailoos*. Auch Marco Polo, der südlich dieses Hochplateaus und von diesem nur durch die Jushno-Alichur-Kette getrennt, den Wakhan-Korridor hinauf zum Zorkul, dem Quellsee des Pyandzh, gegangen ist — vorausgesetzt unter seinen Abenteuern sind nicht alle erfunden —, hat von den dortigen Bewohnern vernommen, ihre Sommerweiden gehörten zu den vorzüglichsten der Welt.

Pässe wollen bei Tag gewonnen werden, und wir denken nicht daran, einen einzigen zu verschenken, gerade weil sie sich aneinanderreihen wie die Knöchel einer Faust.

Ein paar Kilometer vor dem ersten auf der Strecke und dritthöchsten Paß zwischen Khorog und Osh, dem 4271 Meter hohen Koytezek, haben wir angehalten bei einem Haus etwas oberhalb der Straße. Die Eingangstür ist hinter einem dicht an der Mauer geparkten *Zil* verborgen gewesen, aber sie ist sofort aufgegangen, und wir sind aus schwarzer Nacht und klamm, denn unser *Wolga* ist nicht beheizt, eingetreten in die Stube der Wegmacherfamilie. Man hat uns einen Platz angewiesen auf Decken an der Wand, die bis auf halbe Höhe grün gestrichen ist mit der Ölfarbe, die das Imperium in überschwenglichen Mengen produziert hat.

Die Fahrer des *Zil*, drei Meter entfernt, haben nicht von der Suppe aufgeblickt, wortlos und beharrlich und mit viel Geräusche weitergegessen. Gestalten aus einer Radierung von Kollwitz, die sich plötzlich in die Ecke werfen, so daß wir nachrücken können in den Schein der Kerze. Nach einer Weile bringt der Wegmacher den gesäuberten Topf zurück, gefüllt mit Suppe, in der zuvor Lammfleisch gar geworden ist, in der aber anstelle von diesem nun Rüben und Kartoffeln schwimmen, also die Produkte, welche die Kommissare zusammen mit Kraut und Gerste im Land der Nomaden heimisch gemacht haben. Eifrig schenkt die kleine Tochter Tee nach, und dann kommt die Mutter aus der Küche und fragt, ob sie nicht besser die zuvor erfragte Tablette aus meiner Tasche halbiere, damit das Kind, das ein eiternder Bakkenzahn plagt, nicht nur Schlaf findet, sondern auch morgen noch etwas da sei, den Schmerz zu lindern.

›Pamir-Highway‹: 2. Tag

Murgab, 27. September 1996. — Der Motor des *Zil* weckt uns, aber vom stotternden Husten in ein gleichmäßiges Rumpeln übergegangenen und zufrieden mit der Temperatur, die unter dem Gefrierpunkt liegt, ist er erst, als wir beim Tee sind und an den hartgekochten Eiern würgen, welche die Frau des Wegmachers uns in ein Tuch gewickelt gebracht hat. Rauchend sitzen die drei Suppenesser in der Kabine des *Zil*, reiben sich alle paar Augenblicke die Oberarme, und nachdem sie von der Frau des Wegmachers ein Paket entgegengenommen haben, scheppert das Gefährt davon, bis an die Straße hinunter begleitet vom freundlichen Gebell eines Hundes.

Marcus erledigt die Bezahlung von Unterkunft und Verpflegung. Von mir erhält die Frau des Wegmachers noch ein paar Tabletten. Aber dann kommt mir in den Sinn, daß ein elastischer, gleichzeitig als Hals-, Gesichts- und Kopfschutz anwendbarer dunkelblauer Schlauch aus wärmendem Fasergemisch gewiß ein sinnvolleres Geschenk wäre, da noch lange nach Entfernung des bösen Zahns von Nutzen. Der seltsame Gegenstand löst bei der Tochter größte Freude aus, und vielleicht verschwindet dadurch sogar für eine Weile der Schmerz.

Den Koytezek-Paß nimmt der *Wolga* mit rüstiger Eleganz. Die Landschaft ist der Inbegriff von Freiheit und Abenteuer. Ein wolkenloser flammender Himmel wölbt sich über ihr, und als wir auf das auf viertausend Meter Höhe liegende Alichur-Plateau hinunterkommen, verschüttet die aufgehende Sonne auf dieser so viel Kupfer und Gold, als habe sie den ganzen Pamir eben erst entdeckt.

Unser Weg ist der Weg des afghanischen Opiums und Heroins. Die Labors zur Herstellung des letzteren, der Ersatzwährung im Machtkampf zwischen den afghanischen *Warlords*, aber auch im tadschikischen Bürgerkrieg, sind in den vergangenen Jahren von der pakistanischen Grenze an jene Tadschikistans verlegt worden. Das kirgisische Osh, wo die Route endet, das heißt, sich zur Erschließung weiterer Absatzmärkte in der Region und dem Transport in den Westen aufteilt, steht laut Einschätzung von Gesundheitsorganisationen aufgrund nicht vorhandener Aufklärung und sprunghaft steigendem Gebrauch nicht steriler Nadeln vor einer HIV/AIDS-Krise. Gegen den Drogenschmuggel entlang der M 41, so die immer noch gültige sowjetische Bezeichnung, sind entlang des gesamten ›Pamir-Highway‹ Checkpoints errichtet, bemannt von Grenzschützern, die selbst ein Glied in der Kette sind, die zu zerschlagen ihr Auftrag ist. Laut Gerüchten sollen die Versorgunsgtransporte der Grenzschutztruppen auf der Rückfahrt nach Rußland nämlich ebenfalls Drogen transportieren.

Der Anreiz zur Korruption entlang des ›Pamir-Highways‹ muß hoch sein, wenn der Monatslohn eines kirgisischen Polizisten fünfzig Franken beträgt, der Drogenhändler ihm umgekehrt das aber Zehnfach bietet, um wegzusehen, damit der Fluß von täglich schätzungsweise 100 Kilogramm Heroin von Tadschikistan nach Kirgistan nicht abreißt.

Darüber, wie effektiv also die Ordnungshüter sind, können wir nur spekulieren am Checkpoint am Beginn der Alichur-Ebene. Ihre Vorgesetzten betonen, die Drogenbekämpfung habe höchste Priorität, aber sie sind schlechter ausgerüstet als die mit Satellitentelefonen und Nachtsichtgeräten ausgestatteten Kuriere des organisiertem Verbrechens und der terroristischen Gruppierungen.

Der tadschikische Gendarm steht etwas abseits, in seinem langen Mantel und Uniformmütze, völlig desinteressiert an der Tätigkeit der russischen Soldaten, welche die Fahrgestelle der Lastwagen und auch die abgeladenen Gepäckballen der *Wolgas* und *Ladas*, in denen zumeist drei Generationen sitzen, mit Stahlruten durchstochern. Ein seltsames Bild, auch wenn es sich beim umwickelten Päckchen, das unter seinem Arm klemmt, nicht um Drogen handeln muß.

Vor dem Nayzatash-Paß, dem mit 4314 Metern über dem Meer zweithöchsten des ›Pamir-Highway‹, dann ein zweiter Checkpoint, diesmal nicht in der Nähe einer Siedlung, dafür mit zwei versetzten Barrieren aus rostigroten Bruchsteinen gesichert, herankommende Fahrzeuge zum Verlangsamen zwingend, aber auch geeignet als Gefechtsstand. Am Straßenrand steht eine Empore aus Eisengestänge, direkt unter einem Scheinwerfer, der an der obersten Spitze eines schwarzen zugespitzten Stammes sitzt – Bäume solcher Höhe gibt es hier oben nicht. Marcus' Aktenkoffer mit dem Ordner voller Papiere, darunter etliche in Russisch und den *GUS*-Vertrag betreffend, verkürzt weder die Kontrolle noch beschleunigt er sie. Mit Ausreden gelingt es, die Grenzsoldaten davon zu überzeugen, daß ich die Kon-

Mit Bildung der *Gemeinschaft Unabhängiger Staaten (GUS)* wird die offizielle Auflösung UdSSR vollzogen. Das Abkommen vom 8. Dezember 1991 betrifft zuerst Rußland, die Ukraine und Weißrußland. Am 21. Dezember 1991 treten ihm anläßlich eines Treffens in Almaty acht weitere frühere Sowjetrepubliken bei, nämlich Armenien, Aserbaidschan, Kasachstan, Kirgistan, Moldawien, Tadschikistan, Turkmenistan und Usbekistan, die zuvor ihre Unabhängigkeit erklärt haben. Aserbaidschan suspendiert 1992–93 seine Mitgliedschaft, 1993 erfolgt der Beitritt Georgiens, während das Gründungsmitglied Moldawien den *GUS*-Vertrag erst 1994 ratifiziert.

trolle des voranstehenden Lastwagens nicht fotografiert habe, sondern die grasenden Yaks daneben. Entschlossen überhören wir sämtliche Begehrlichkeiten, die über Zigaretten hinausgehen.

Zu hungern hingegen scheint man an diesem Posten nicht. Der vor Fett schwarz angelaufene Karton mit den Resten eines gekochten Schafs im Kofferraum stößt nicht auf Interesse.

Dieses Schaf hat drei Stunden zuvor sein Leben gelassen, ohne zu blöken und ohne mit den Läufen zu zucken, über dem Zinkbecken im Arm eines jungen Kirgisen. Sein Vater hat das Messer an die Kehle des Tiers geführt hat, das er zu unserer Verköstigung aus der Herde genommen und auf den Schultern zur Jurte getragen hatte, sich dabei und unmittelbar vor der Tötung noch einmal bei der Kreatur unter mehrmaliger Berührung der Stirn mit der flachen rechten Hand und einem Spruch entschuldigend. Die Enkel haben dann das geschlachtete Schaf ausgenommen und die Innereien gewaschen, ein Junge und ein Mädchen, während der Großvater von seinen Jahren als Mechaniker in Leipzig erzählt, ein Bericht, der im Innern der Jurte bei reichlich Wodka seine Fortsetzung gefunden hat. Sonst hat sich dort alles um die Großmutter und ihre Arbeit mit dem Schaf im enormen dampfumhüllten Kessel gedreht. Bis zum unvergeßlichen Moment der Konfrontation mit zwei schuhgroßen Fetzen der Leber und dazwischen einer fingerdicken Scheibe *kurdjuk*, dem Fett des am Steiß des Schafs wachsenden Lappen. Der Fahrer und sein Begleiter haben über diesen Leckerbissen hinaus – er hat sich auf den Magen gelegt wie der Deckel auf einen Sarkophag – tüchtig zugelangt, das noch im Kessel Verbliebene hat dann aber doch den herbeigeschafften Karton gefüllt.

In Murgab gibt es ein einziges Hotel, und wir sind die einzigen Gäste. Vorräte hat es keine in der Küche, und dankbar macht sich das Personal am langen Tisch über den Rest unseres Schafes her.

Murgab hat vielleicht zwei- oder dreihundert Seelen. Aber in den unregelmäßigen Ausschnitten der zerbrochenen Fensterscheibe meines Zimmers im ersten Stock zeigen sich höchstens fünf oder sechs. Staub fegt über die Straße, und um die Ecken der flachen fensterlosen Häuser, zwischen denen eine große Zahl der bereits am Checkpoint angetroffenen schwarzen Stämme stehen. Vier davon tragen Straßenlampen, die für Großstädte entworfen worden sind und auch nicht angehen, als der abendliche Schatten kalt und unfreundlich von Westen her über die nackte Ebene kriecht und zuletzt auch in das Tal des Aksu hinein.

Bei diesem Gewässer handelt es sich um den Oberlauf des Murgab, dessen Wasser später zum Bartang wird, welcher sich wiederum bei Rushan, in der Gegend wo wir vor einer halben Woche auf dem Weg zum Lager Salomschos im Vanch-Tal den russischen Militärkonvoi nach Afghanistan haben übersetzen sehen, mit dem Pyandzh vereinigt, nachdem er den Sarezkoye-See durchflossen hat.

Ein Blick auf die Karte zeigt – und in Murgab gibt es nichts Besseres als auf der Karte nachzuschauen, wie man schleunigst weiterkommt –, wie nahe an einer innerasiatischen Wasserscheide dieser Ort liegt. Die Quelle dieses Aksu ist nämlich ein wenig mehr als hundert Kilometer in Luftlinie liegendes Eisfeld unter dem 5558 Meter hohen Sarikoram-Daban-Paß in Tadschikistans östlichstem Zipfel. Von diesem Paß wäre es nur ein Katzensprung zum ›Karakoram-Highway‹, der über den Khunjerab-Paß nach Pakistan hinüber und durch Gilgit in die glühende Ebene des Indus-Tals hinabführt, aber eben auch zu dem in ungekehrter Richtung nordwärts abfließenden chinesischen Tashkurgan, dessen Wasser nach der Vereinigung mit dem Yarkand hinter den Eisflanken des Muztag Agha zuerst am westlichen und dann als Tarim am nördlichen Rand der Taklamakan entlangmäandert, bevor es in der Gegend von Kucha und Hadadong, Anfang der nach Niya führenden Ölstraße, versickert oder als der Verdunstung preisgegebene Rinnsale ein paar kleine Salzseen erreicht, wenn nicht gar das Wanderrätsel der Forscher, den Lop Nur.

Auf 3265 Metern über Meer gelegen, hat sich dieser natürliche See seit 1911 auf eine Länge von sechzig Kilometern aufgestaut. Sein Ursprung ist der im Februar jenes Jahres durch ein Erdbeben ausgelöste Bergsturz, ein natürlicher Damm, der mit fünfhundertdreißig Metern Höhe mächtiger ist als alles von Ingenieuren Gebaute. Absturzbereite Gesteinsmassen über dem See, dessen Volumen der Hälfte des Genfer Sees entspricht, sowie der unstabile natürliche Damm bilden eine konstante direkte Lebensbedrohung für die 20 000 Bewohner des engen flußabwärts liegenden Bartang-Tals. Bei einer Katastrophe würde der Wasserschwall aber auch das Tal des Pyandzh verwüsten. Gemäß Schätzungen wären fünf Millionen Menschen von der Katastrophe betroffen.

Dazu Buch X, Unweit alter Pilgerpfade.

Dazu Buch X, Auf dem ›Oil-Highway‹ durch die Taklamakan.

›Pamir-Highway‹: 3. Tag

Zwischen Murgab und Sary Tash, 28. September 1996. — Der Morgen verleiht unserem Übernachtungsort nicht unbedingt mehr Reiz als der Abend, aber das ist jetzt keine Frage der Tageszeit, sondern der Tatsache, daß der Fahrer trotz der mitgenommenen Verstärkung beschlossen hat, nicht weiterzufahren, sondern nach Khorog zurückzukehren.

Die Entscheidung ist nachvollziehbar, auch wenn wir über die tatsächlichen Gründe nur spekulieren können. Ungewiß ist auch, ob es in Murgab einfacher oder schwieriger ist, ein Fahrzeug nach Osh aufzutreiben. Aber vielleicht ist das Problem gar nicht diese Stadt in Kirgistan, in der laut vom Fahrer übermitteltem Hörensagen nur Gangster leben, sondern bereits das ebenfalls kirgisische Sary Tash, die Kreuzung im Alai-Korridor, wo es in westlicher Richtung nach Daraut-Kurgan geht und über die Grenze nach Tadschikistan zurück, genauer: nach Garm und damit auf einen Schauplatz des Kriegs, dem ein Pamiri, wenn er kann, tunlichst fernbleibt, muß er doch davon ausgehen, daß ihn tadschikische Regierungstruppen umgehend als Drückeberger oder Deserteur kassieren. Eingezogen werden könnte indessen nur der Begleiter unseres Fahrers. Da letzterer für den Militärdienst bereits zu alt ist, könnte es also durchaus sein, daß er von Beginn weg nur Murgab im Sinn gehabt, aber in der Befürchtung, für die Fahrt sonst nicht engagiert zu werden, die Absicht für sich behalten hat. Wie auch immer, ein durchreisender Fremder wird von den Ansässigen seit jeher und mit Recht als Geldbörse betrachtet, und daran soll auch in unserem Fall nicht nur ein Einzelner teilhaben. Erfahrungen aus China in den Pamir übertragend, schließe ich deshalb nicht aus, daß vielleicht Leute aus Murgab unserem Freund von der Weiterfahrt nach Sary Tash und Osh abgehalten haben könnten, damit für die verbleibenden 417 Kilometer ein Hiesiger übernehmen kann.

Marcus zweifelt nicht daran, daß wir heute trotzdem aus Murgab wegkommen, und weil im Pamir mehr als anderswo das Angebot durch die Nachfrage und deren Dringlichkeit geschaffen werden muß, hat er sich unverzüglich auf die Suche gemacht nach einem Fahrer mit Benzin im Tank oder wenn nicht das, nach sonst einer Mitfahrgelegenheit.

Da ich nicht weiß, ob, wann und aus welcher Richtung ich jemals wieder unter das ›Dach der Welt‹ gelangen werde, wäre es kein Unglück, wenn Marcus heute oder auch morgen nicht fündig wird oder zum Hotel anstatt mit einem Fahrzeug mit Pferden zurückkäme.

Zu Pferd könnten wir das Pultdach erkunden, das auf dem Gebirgsstock des Pamirs liegt. Selbstverständlich nicht dessen hochragende Kante, mit dem Pik Lenina (7134 Meter), dem Fedtschenko-Gletscher, gespeist vom Eis des Pik Revolyutsii (6940 Meter) und des Pik Kommunizma (7497 Meter), letzterer bei Michajlow und Pokschischewski (*Eine Reise auf der Karte der Sowjetunion*, Verlag Erwin Müller, Wien 1947) noch Pik Stalin, »Heerführer dieser Armee von Bergen« auf dem »weißen Fleck [...] jetzt vollständig von den Sowjetgelehrten und Touristen verwischt« — und,

Die Kartographierung des Pamir beginnt mit Alexei Fedtschenko, der 1865 in der Akademiya-Nauk-Kette den längsten nichtpolaren Eisstrom der Welt entdeckt. Der Beginn dieses Talgletschers liegt auf 6200, seine Zunge nach fast achtzig Kilometern auf knapp 3000 Meter über Meer. Bereits 1958 stellen Glaziologen einen Rückgang von über 400 Metern seit 1928 fest und im Lauf des 20. Jahrhunderts hat der Gletscher insgesamt fast 2 Quadratkilometer Eis verloren.

darf ergänzt werden, 1915 bereits auch vom mehr als Konturen beschaffenden Aurel Stein (*On Central Asian Tracks*, London 1933). Verwischt allerdings in dem Sinn, daß außer den Bewohnern des Imperiums und ein paar westlichen Bergsteigern keiner mehr aufs Pamir-Plateau darf; daß es aus der Wahrnehmung verschwindet trotzt seiner exponierten Lage über allen Horizonten. Denn bis vor einem halben Jahrzehnt noch liegt es innerhalb geschlossener Grenzen, was auf den taktischen Karten, herausgegeben von der amerikanischen *Defense Mapping Agency*, ein unmißverständlicher Vermerk zum Ausdruck bringt: »Aircraft infringing upon Non-Free-Flying-Territory may be fired upon without warning.«

Zu Pferd würden Marcus und ich von Murgab nicht eine nach Norden, sondern eine südliche, mit dem Pamir-Pultdach abwärtssteigende, in Richtung warmes Meer weisende Route einschlagen.

Im Sommer 1889 nimmt Bronislav Gromchevski, polnischer Captain im Dienst Zar Alexanders III. mit einem kleinen Trupp von Kosaken vom Alai-Korridor herauf kommend diesen Weg, um nach Hunza zu gelangen, wo es zum unvorhergesehenen legendären Treffen mit Francis Younghusband, seinem britischen Gegenspieler im »Great Game« kommen soll. Mit sechs Gurkhas und kaschmirischen Soldaten in Leh aufgebrochen, sucht Younghusband nicht nur dem Shimsal-Paß, einen verschwiegenen, aber den im chinesischen Shahidullah stationierten Händlern aus Yarkand bekannten Übergang, gehalten von mordenden Karawanen-Plünderern im Dienst des formell mit einem Freund der Briten, dem Maharaja von Kashmir, alliierten Herrschers von Hunza, sondern auch andere, den Russen möglicherweise zugängliche Übergange in dieses wankelmütige Bergreich im Nacken der indischen Besitzungen der Krone.

Bei Wodka und Brandy erörtern Gromchevski und der von ihm in sein Lager eingeladene Younghusband in den Septembertagen des Jahres 1889 die jeweiligen militärischen Optionen der beiden rivalisierenden Nationen im Fall eines Krieges um Indien – und das selbstverständlich vor allem unter dem Gesichtspunkt der Rolle von Emir Abdur Rahman, des zum Zeitpunkt den Briten zumindest nach außen freundlich gesinnten Herrschers von Afghanistan. Dieser, argumentiert Gromchevski, werde angesichts der Verlockungen indischer Beute sich vom britischen Viceroy in Calcutta abwenden und den Russen folgen. Damit erinnert der Pole im Dienst Sankt Petersburgs, bewußt oder unbewußt, an den ein Jahrhundert zuvor, 1791, von Zarin Katharina der Großen aufgeworfenen Plan, mit dem Versprechen der Beendigung britischer Knechtschaft und der Wiederaufrichtung des Throns der Moguln die Muslime zu mobilisieren und zusammen mit den zulaufenden Armeen der zentralasiatischen Khanate über Buchara und Kabul an den Ganges vorzustoßen. Der russische Angriff auf Indien ist für Gromchevski nur eine Frage der Zeit. Anstatt des von den Briten vorgestellten Heers von 100 000 Mann geht er aber von einer bis zu vierhunderttausendköpfigen Invasionsarmee aus. Younghusband bezweifelt das Gelingen einer solchen Verlegung ohne die Eisenbahn, die doch bloß Tashkent erreicht, während dahinter dann die eigentliche Schwierigkeit, das Hochgebirge, wartet. Gromchevski verweist den Briten jedoch auf die stoische Natur des russischen Soldaten. Der gehe nämlich dorthin, wohin man ihn schicke, ohne über Transport und Versorgung nachzudenken. Nach drei gemeinsam verbrachten Tagen brechen die beiden Captains in gegenseitiger herzlicher Verabschiedung ihre Lager

ab. Gromchevski wendet sich ostwärts nach Ladakh und Kashmir. Der Zutritt dorthin bleibt ihm jedoch verwehrt, weshalb er in die Grenzregion zwischen Ladakh
und Tibet ausweicht, nicht ahnend, daß diese Alternative – immerhin ein Vorstoß
auf Lhasa, den letzten großen Preis im »Great Game« – ihm von den
Yarkandi in Shahidullah auf Betreiben Younghusbands suggeriert wird.
Während die russische Expedition beinahe mit dem Erfrierungstod der Beteiligten
endet, beschließt Younghusband selbst seine Erkundung Hunzas und hat in Gulmit,
der Sommerhauptstadt des Fürstentums, durch das heute der ›Karakoram-Highway‹ führt, die vorgesehene Audienz mit Safdar Ali, dem despotischen Regenten.
Für diesen sind die britische Vizekönigin Indiens, der russische Zar und der Kaiser
Chinas nichts anderes als Häuptlinge benachbarter Stämme, die um seine Freundschaft werben. Wenn Younghusband solche Vorstellung der herrschenden geopolitischen Verhältnisse des auf Plünderei angewiesenen Herrschers eines »Reichs aus
Stein und Eis« irritiert, dann auch, weil ihm Safdar Alis Arroganz und Unbelehr-
barkeit die eigene Vermutung zu bestätigen scheint, jener wähne sich aufgrund mutmaßlicher bilateraler Verabredungen mit den Russen unter deren Schutz. Begründet
ist diese Vermutung russischer Ambitionen an der Nordgrenze des Vize-Königtums
allemal. Younghusband ist nämlich anläßlich des Treffens auf Gromchevskis Karte
die rote Färbung des »Pamir Gap« aufgefallen, des Niemandslands zwischen den
von Britisch-Indien, Rußland und China beanspruchten Territorien. Genau durch
diese Lücke ist sein Gegenspieler denn auch nach Hunza hineingeschlüpft.

In dieses Niemandsland wird sich 1895, nur sechs Jahre nach dem Treffen in
Hunza, der zum Zweck der geographischen Trennung der beiden erstgenannten
Mächte geschaffene afghanische Wakhan-Korridor vorschieben.

Den Kopf dieses schlauchartigen östlichen Fortsatzes, der heute tadschiki-
sches und pakistanisches Territorium trennt, könnten Marcus und ich mit dem
Pferd von Murgab aus wahrscheinlich in zwei Tagen erreichen. Von dort würden
wir, den Sarikul, 1838 von seinem Entdecker John Wood ›Victoria Lake‹ getauft,
im Rücken, in den Wakhan-Korridor hinunterblicken nach Ishkashim am Knie des
Pyandzh, wo wir vor zehn Tagen in Lenins Teehaus nicht nur
den mutmaßlichen Marco Polo, sondern durchaus greifba-
rere Gestalten begrüßt oder verabschiedet haben. Von China nach Turkestan gehende Gestalten, oder eben solche aus dem Westen auf dem Weg nach China hinüber, der am Quellsee des Pyandzh vorbei zum Naizatash-Paß führt oder entlang
dem Wakhan, dem etwas südlicher entspringenden Zufluß des Pyandzh über den
Wakhjir-Paß – beides Übergänge am Weg der Armeen der Tang unter dem koreanischen General Gao im Jahr 747, als sie via die Pässe Baroghil und Darkhot Vorstöße
im Pamir lancieren und darüber hinaus, mit dem Ziel, den Tibetern die Kontrolle
über Balur und andere kleinen Reiche in Hunza abzuringen.

Dazu Buch II, »Great Game«.

Dazu Buch II, Maritimes am ›Dach der Welt‹.

Die Vorstellung, sich von dem schon kommunikationslosen Murgab in Richtung des »Pamir Gap« abzusetzen und nachzusehen, wer heute den Balkon unter dem ›Dach der Welt‹ beschreitet, hat mich ganz vergessen lassen, daß wir ein *desideratum* haben, allerdings ein entsetzlich prosaisches im Vergleich zu den westlichen Geographen des 19. Jahrhunderts. Diese meinen mit dem Wort vorzugsweise den dringenden Aufschluß über die orographische und hydrologische Struktur des Pamir-Knotens, während unseren Bedarf der *Lada* verkörpert, den Marcus nach einer Stunde mitsamt dem notwendigen Benzin aufgetrieben hat.

Im Moment steht das Fahrzeug mit ausgebauter Batterie am Rand der staubigen Piste. Zuerst hat der junge, mit dem üblichen Trainingsanzug bekleidete Fahrer mit einem Schraubenzieher im Einspritzschlauch oder irgendwelchen andern Leitungen herumgestochert und auf Teile der Düse eingestochen, beides durchaus nicht mit Zurückhaltung. Dann ist er, einer plötzlichen Eingebung folgend, durch das steinige Gelände zum Stacheldrahtzaun hinübergeeilt und mit einem verwitterten Stück Holz zurückgekommen, das für den Rest der Fahrt nach Osh den Motorblock oder Teile davon in funktionsgerechter Lage halten soll. Beim Holz handelt es sich wahrscheinlich um solches einer sibirischen Birke, denn die näher liegenden Wälder des Tian Shan hätten nicht ausgereicht für alle die Pfosten der hintereinanderliegenden Zäune des Grenzraums, der, jetzt China und Tadschikistan trennend, ein halbes Jahrhundert lang indessen zwei in schwerwiegendem ideologischem Hader auseinandergegangene Großmächte auf Distanz gehalten hat. Alle paar Kilometer führt von der Piste eine Fahrspur zu einem Tor in diesem Zaun, und seitlich davon sind Telefonkästen angebracht. Man kann sich vorstellen, welche Art von Anlagen im Schoß der braunen Hügel liegen, zwischen denen die Sträßchen verschwinden und auf denen sich zuweilen ein Wachturm erhebt, aber man möchte nicht dort gewesen sein zur Zeit ihrer Erbauung.

Die letzten zweihundert Meter des höchsten Übergangs am ›Pamir-Highway‹, des 4655 Meter hohen Akbaytal-Passes, schafft der *Lada* nur mit unserer Hilfe. Die Luft ist dünn, wie erwartet, auch wenn es das Panorama ist, das den Atem raubt. Die nach Lenin getaufte Spitze hat nichts Aufsehenerregendes, sondern es handelt sich um einen langen Grat, gleißend wie der revolutionäre Schädel. Er scheint näher als die auf der Karte auszumachenden hundert Kilometer Luftdistanz und schiebt sich in immer anderen Ansichten hervor, bis er kapituliert vor einem harten Strich von Mitternachtsblau in einer Senke, die ein feiner Kranz ferner grauer Ketten und flacher Firne umgibt. Den Impaktkrater mit einem Durchmesser von über fünfzig Kilometern hat ein Meteorit hinterlassen, im Pliozän, also vor fünf Millionen Jahren, als die immer noch andauernde, aus sehr langen Glazial- und Interglazialzeiten bestehende Eiszeit begonnen hat. In seiner Mitte hat sich der abflußlose Kara-Kul gebildet, ein auf 3915 Meter über dem Meer liegendes doppeltes, durch eine halbe und eine richtige Insel geteiltes Becken mit einem Tiefenunterschied von über zwei-hundert Metern, wobei der Grund des östlichen auf knapp zwanzig Metern liegt. Das liest man und wundert sich, ob der Einschlag des Meteoriten am Ende etwas damit zu tun haben könnte, daß der vollkommen baumlose Ostteil des Pamirs die trockenste Region der Sowjetunion ist, nebst der offensichtlichen Tatsache, daß er weitgehend über den Wolken liegt, deren Weg ohnehin sowohl der Tian Shan im Norden als auch der Hindu Kush im Westen versperren. Der See bleibt indessen ein Strich, obwohl wir ihm räumlich plötzlich ganz nahe sind, aber vielleicht doch weiter entfernt als Moskau, das auf einer bemalten Zementtafel neben der Straße mit einem roten Stern bezeichnete Zentrum des Imperiums, das Gewässer an sich gebunden hat, denn die rote lange Linie muß etwas bedeuten. Weltraummaterie hinterläßt beim Aufprall nicht nur ein Loch.

Die Karte verzeichnet keinen Ort, und weil wir auch nichts von einem Ba-sartag gehört haben, muß es sich beim Stau, auf den wir aufschließen, um einen Checkpoint handeln, jetzt aber um einen ernsthaften. Gefährlich nahe schwingen vor dem Kühler unseres *Ladas* die rostigen Schneeketten aus, wenn immer der *Kamaz* einen oder zwei Meter weiterruckt. Der Fahrer aus Murgab versucht, auszubrechen, schleicht an der langen Schlange grüner *Shiguli*, schwerbepackter *Wolgas* und *Ladas* vorbei und drückt sich, wenn ein bewaffneter russischer Soldat entgegenkommt, um für Ordnung zu sorgen, zwischen die *Zil* und andern Lastwagen, um sofort wieder auszubrechen. Unsere Gegenwart, und das Wissen, daß auf dem Pamir im Moment kein dritter nichtrussischer Fremder unterwegs ist, hat ihm so etwas wie Kühnheit verliehen, und vielleicht gibt er sich auch der trügerischen Hoffnung hin, daß ihm unter den Augen seiner Passagiere an den Checkpoints nichts Unstatthaf-tes widerfahren kann.

Innerhalb einer Umfriedung wird abgeladen. Was genau im grauen Gebäude mit den Reisenden und ihrem Gepäck geschieht, können wir nicht wissen, denn ein Soldat bringt uns direkt ins Büro des Kommandanten. Nachdem er allein ist, heißt er zuerst Marcus, seinen Aktenkoffer zu öffnen, der nach den Soldaten an den Checkpoints auch ihn tief beeindruckt, während bei meiner Kameratasche allein der Kartonboden interessiert. Wir entrinnen, ohne Abgaben machen zu müssen, weder beim freundlichen Kommandanten, noch bei dessen Assistenten in der schwarzen Lederjacke, der uns hinunter zum Parkplatz führt, noch bei der bewaffneten Beglei-tung — bis diese dann doch noch an den Tribut erinnert, unmittelbar nachdem wir durch das Tor der Einfriedung sind.

Der Kyzyl-Art-Paß ist der letzte des ›Pamir-Highway‹, liegt auf einer Höhe von 4280 Metern über Meer und, da er die Grenze zwischen Tadschikistan und Kirgistan bezeichnet, in einem drei oder vier Kilometer breiten Streifen Niemands-land. Dessen Beginn bezeichnen auf tadschikischer Seite zwei am Rand der Piste

auf Steinen stehende zylindrische Behälter, die an Kesselwagen und Eisenbahn erinnern und den Grenzposten beherbergen, seltsam genug nach zwei Wochen in dieser abgeriegelten Bergwelt. Daß nichts Gebautes dasteht, ist ein Indiz für die doch
erst kürzliche Genese zweier Staaten mit nationalen Grenzen aus zwei innersowje-
tischen Republiken. Eine festerere Einrichtung hingegen dann nach den Kehren des
Abstiegs auf der anderen Seite, wo nebst den Pässen nur noch das in Dushanbe
erlangte *GUS*-Transit-Visum eine Bedeutung hat.

Nach der Annexion des Pamirs 1895, die das Ende russischer territorialer Inbesitznahme in der Region bezeichnet, aber vor allem in der Zeit des Imperiums,
dürfte dieser jetzt kirgisische Posten die Pförtnerloge zum Hochplateau gewesen
sein, von wo keiner hinabkommt, der nicht zuvor hinaufgelassen worden ist.

In den <u>Alai-Korridor</u> hinunter und
direkt vor den Posten kirgisischer Grenz-
soldaten einen Kilometer außerhalb von Sary Tash führt dann eine schnurgerade
asphaltierte Straße. Der Lada muß auf eine Rampe, obwohl kein Öl zu wechseln
ist. Wir packen alles aus im kalten Wind, während Staubwirbel über den Platz fegen,
rostiges Blech über unseren Köpfen scheppert und der Fahrer sich so unsichtbar als
möglich macht.

Dazu in diesem Buch *Pause in Sary Tash* und nachfolgende Stücke.

Weil nichts mit afghanischer Herkunft gefunden wird und man Verständnis
hat, daß wir nicht ins tadschikische Garm hinüber und durch die Front eines doch
fern von Europa stattfindenden Krieges in diesen hinein, sondern nach Hause zurückkehren wollen, läßt man uns schließlich nach einer Stunde gehen. Auch der
Kommandant hat genug gehabt vom gräßlichen Wind.

Wir halten nicht in Sary Tash. Ich bereue es, denn dort gehen in den Fenstern
ein paar Lichter an. Vor uns beginnt nasser Schnee auf grasige Kuppeln und Fels-
schädel zu fallen. Den Taldyk-Paß überqueren wir in finsterer Nacht.

Die Straße nach Jalalabad

Jalalabad, 6. Juli 2004. — Acht Jahre sind seit der Fahrt über das tadschi-
kische Plateau vergangen, und vom nächtlichen kirgisischen Abschnitt des ›Pamir-
Highway‹ zwischen Sary Tash und Osh ist das folgende als ein einziges Bild in
Erinnerung geblieben.

Das Schneetreiben hatte erst auf den letzten Serpentinen des Taldyk-Passes
nachgelassen, aber weder ein Lichtschimmer noch sonst etwas hat den Drogen-
Checkpoint verraten. Am Fuß des Übergangs mit der letzten Schleife in eine enge
Kluft einbiegend, gerieten wir in die Scheinwerfer und wurden gestoppt zwischen
Lastwagenzügen mit laufenden Motoren und auseinandergenommenen Perso-

nenwagen. Es schien, als hätten Militär und Polizei allen Verkehr aufgehalten, der während einer Woche über den Taldyk schleicht. Der Strahl von Taschenlampen sprang über aufgerissene Gepäckballen und Tragtaschen, bohrte sich von unten in die Fugen der Fahrgestelle und hinter die Räder der *Zil* und *Kamaz*. Eine Uniform trat an das Wagenfenster, blies Zigarettenqualm aus einem unsichtbaren Gesicht, verlangte Pässe, Akkreditierungen, sogar die Autorisierung für den außerhalb kirgisischer Zuständigkeit liegende tadschikischen Region Badakshan zu sehen. Wir zeigten was wir hatten und gaben anschließend im beheiztem Inneren eines der hochrädrigen Waggons, die sonst Bautrupps als Unterkunft dienen, Auskunft über unser 'Woher' und 'Wohin'. Man ließ uns nach weniger als einer halben Stunde gehen. Der Fahrer hatte inzwischen eine Pet-Flasche voll Benzin besorgt. Das Stück sibirisches Birkenholz vom sowjetischen Grenzzaun im Pamir mußte den Motor an der richtigen Stelle gehalten haben bis Osh, denn ich erwachte erst, als wir am Rand der Stadt hielten, der Mann aus Murgab sein Geld forderte, wendete und in die Nacht hinausfuhr, zurück in die absolute Sicherheit des tadschikischen Pamir.

Jetzt bin ich unterwegs nach China. Nicht auf der kürzesten Route, welche die kirgisische Hauptstadt Bishkek über Naryn und den Torugart-Paß mit Kashgar verbindet, aber, da ich sowohl wissen möchte, was mir damals zwischen Osh und Sary Tash entgangen war, als auch was zuvor zwischen Bishkek und Osh liegt, auf dem erheblichen Umweg durch den östlichen Teil des Alai-Korridors und die erst kürzlich geöffneten Grenzstation von Irkeshtam.

Natürlich gibt es noch andere Gründe für die Wahl dieser umständlichen Route, der wichtigste selbstverständlich Ptolemaios ›Steinerner Turm‹. Gestern hat

Dazu in diesem Buch *Suche nach dem ›Steinernen Turm‹*.

sich dann zudem noch herausgestellt, daß auch Jalalabad eine Geschichte zu bieten hat, und weil diese gerade im Rahmen eines von der Schweiz unterstützten Projekts zur Wiederbelebung kleiner kirgisischer Epen und deren Dramatisierung in der Form des nomadischen Dramas im Sakhna-Theater der Hauptstadt gegeben wird, sah ich »*Kurmanbek*«, ein Stück über den zweiten Volkshelden der Kirgisen, dem man in Jalalabad vor kurzem eine Reiterstatue errichtet haben soll, gilt er doch neuerdings als Symbol nationaler Einheit.

Ich saß mit Jamila in der ersten Reihe, und in gewissen Momenten war mir mein eigenes Schicksal näher als das des Kurmanbek, der im 16. oder 17. Jahrhundert als einziger Sohn des Kirgisen-Khans Teitbek lebte. Die Schauspieler gaben zu lauter Musik mit Akrobatik und in größter Wildheit geführte Waffengänge, in deren Verlauf der Held den Tribut und schöne Töchter fordernden kalmückischen Tyrannen Delen mit Hilfe von Teltoru, dem Wunderpferd, niederringt, durch die Tat sowohl die Handelsroute freischlagend wie auch Zorn und Neid des Vaters herausfordernd und sich von diesem entfremdend. Soweit, daß Kurmanbek im Trotz, anstatt eine arrangierte Ehe einzugehen, im Zweikampf mit dem afghanischen Khan Bakbur dessen Tochter Aikanysh, seine große Liebe, erringen, ein eigenes Khanat und mit der Geburt des Sohnes Seitbek auch eine Dynastie begründen kann. Während der Pause sind sechs Jahre des Glücks verstrichen, aber auch die Strafe für die Ungezogenheit hat sich aufgebaut und sich umgehend angekündigt durch einen Traum, in dem der Held wieder Delen, dem bösen Herderschen Kalmücken gegenübersteht, diesmal aber ohne das Wunderpferd, das er zuvor ohne Billigung genommen hat, was ihm zudem den Fluch des Vaters einhandelte. Von den eigenen Truppen im Stich gelassen, ist er chancenlos und Aikanysh muß in ihrem Unglück Hand an sich legen und dem getöteten Geliebten folgen. Das Kind hingegen, die Verkörperung wahrer Liebe, welche im Konflikt steht zum Gehorsam gegenüber dem Vater, nimmt, zur Erleichterung des Publikums, ein Händler an, nachdem er die Leiche seines besten Freunds auf dem Schlachtfeld gefunden und nach tränenvollem Abschied mit allen Riten an Ort und Stelle bestattet hat.

Eben sind wir an Paris vorbeigekommen, auf der Straße, die in Kara-Balta von der Bishkek und Tashkent verbindenden *M 39* nach Süden abzweigt und durch das Etikett *M 41* als Anfang des ›Pamir-Highway‹ gekennzeichnet ist.

Den Töö-Ashu-Paß, an dessen Hängen man zwischen den Ruinen einer aufgelassenen Transformatorenstation und Bretterwänden und gestapelten Autoreifen zum Schutz gegen winterliche Schneeverwehungen ein paar Kühe hat grasen lassen, haben wir im Scheiteltunnel unterquert und dabei eine ganze Weile nicht nur im Rückspiegel das eindringende Tageslicht mitgenommen, bis zu einer leichten Krümmung der drei Kilometer langen Röhre. Wo die Hänge sanfter geworden sind, kurz vor Erreichen des Bodens des Hochtals, ist Paris dann das erste Dorf gewesen. Die Bewohner haben es so getauft. Einen offiziellen Namen scheint es noch nicht zu haben, und vielleicht bleibt er ihm haften, wenn sich alle dreißig am Weg aufgereihten Waggons in Häuser verwandelt haben werden. Bislang stehen drei oder vier. Menschen haben wir keine bemerkt, aber mächtige, Essensreste zerhackende Krähen.

Die Entdeckung von Paris hat Nikolai, meinen neunzehnjährigen russischen Übersetzer, der sich in London bereits als klandestiner Sanitärinstallateur gegen ukrainische Arbeitsvermittler hatte durchsetzen müssen, überhaupt nicht erschüttert. Für Sergej wiederum, den besten Fahrer mit dem bestausgerüsteten *Pajero* von *Kyrgyz Concept*, zählt nicht der Name einer Siedlung, sondern nur die Qualität des erhältlichen Treibstoffs. Überrascht gewesen bin deshalb nur ich, der Fremde. Nicht weil ich bezweifle, daß aus dem Namen Paris durchaus etwas zu machen ist, sondern weil es zu diesem Versuch im Tian Shan kommt, wo meine Gedanken doch bei den Umayyaden-Kalifen und Tang-Kaiser Xuanzhong weilen, deren Heere sich im Jahr 751 am Talas, hundertfünf- Dazu Buch I, *Poeten, Pilger und andere Vorstöße.*

zig Kilometer westlich der Suusamyr-Hochebene, durch die wir dem Ala-Bel-Paß entgegenfahren, begegnen in der Entscheidungsschlacht, aus der zwar im Moment die Araber als Sieger hervorgehen, letztlich aber die Natur, denn mit den aus dem Tian Shan zum Ostrand der Turanischen Senke vorreckenden Kirgisischen Alatau und minderer, das Becken von Fergana im Norden beschützenden Ketten schiebt sie beidseitiger weitergehender Expansion einen Riegel vor, und fortan streiten sich nicht Muslime und Animisten, sondern die Clans der Kirgisen um Weideplatz und Wasser.

Bei leichtem Regen treten wir auf dem Ala-Bel vor die Jurte von Kerimkan Moldaliev. Der fünfundsechzigjährige Nomade ist Besitzer eines himmelblauen *Lada*, und dazu trägt er den Mund voller Gold. Hinter der Jurte liegt ein Teich, dessen Klarheit verunsichert, denn im ersten Augenblick ist nicht zu erkennen, wo der mit weißen Tränenstreifen von Restschnee durchzogene Bergzug endet und wo sein Spiegelbild beginnt. Nicht gespiegelt werden zwei Pfosten mit einem quergelegten Ast, an dem allerhand hängt: die Speckseite an der Schnur, am abgezogenen Fell der Kopf eines Schafes sowie pralle Beutel aus weißem Tuch, in denen *sazjma* sich in trockenen *kurut* verwandelt, gesalzene Kuhmilch in bröseligen Frischkäse.

Aus den verhangenen Höhen führt dann ein bewaldetes und trotzdem in Sonne getauchtes Tal hinunter zum Toktogul-Reservoir.

In *Cola-* und *Fanta*-Flaschen abgefüllter süßer Flüssighonig steht zum Verkauf auf den Kühlerhauben der ukrainischen *UAS (Ulianovskij Automobilni Savod)*, deren Name gemäß Nikolais Auskunft auf russisch ausgesprochen 'Arschgesicht' bedeutet. Sergej kennt in diesem Tal einen Rastplatz, der nicht nur mit gut plazierten *sörö* aufwartet – nebst der auch im Kasachischen verwendeten Bezeichnung *karagatsch* (*kara* = schwarz und *agatsch* = Holz), das kirgisische Wort für das quadratische und mit Teppichen und Kissen ausgelegte Bettgestelle aus Ulmenholz –, sondern vor allem mit warmem Kartoffelsalat und gebackenen Forellen an Dill.

Der Wald tritt zurück, sobald das Toktogul-Reservoir in Sicht kommt. Ein langer Schlauch, der das Wasser des Naryn staut, an dessen Oberlauf Kara-Say, tief in den Bergen südlich des Issyk Kul und unweit der chinesischen Grenze, Kumtor liegt, und der, nach dem Austritt aus dem künstlichen Gewässer, im Fergana-Tal zum Syr Darya wird, dem Jaxartes der alten Griechen, der es, wie man hört, neuerdings auch wieder bis zum Aral-See schaffen soll. Das feinmaschige Netz Tausender von Äspfaden überzieht die grauen Hügel rings um das Gewässer, und deshalb gleichen sie Schädeln eleganter Damen einer vergangenen Zeit.

Dazu Buch V, *Pannen auf dem Weg zum Issyk Kul* und *Der namenlose Berg.*

Irgendwo in diesen Bergen, weiß Sergej, gibt es ein Dorf, dessen Bewohner einmal jährlich zur Anlegestelle am See hinabsteigen, um sich bei hinüberrudernden Händlern zu versorgen. Diese Bergler sprächen eine unverständliche Sprache, und weder könnten sie aus ihrer Siedlung hinaus noch irgendein Besucher hinein während den sechs Monaten, in denen Schnee liegt. Ihre Welt ist demnach eine gänzlich andere als jene, die wir durchreisen und in welcher auch die aus einem die Straße unterquernden Seitenfluß gestiegenen Schulbuben leben, die sich vor Kara-Köl nackt auf dem Asphalt wälzen wie junge Hunde.

Es ist gut gewesen, nicht in Tash-Kömur zu übernachten. Der Ort ist entstanden zusammen mit dem Staudamm und wirkt bestenfalls so wohnlich wie ein Maschinenraum. Aber er kündet das Ende der letzten Ausläufer der schräg zum Tian Shan streichenden Fergana-Kette an, und bald öffnet sich mit einem Baumwollmeer zur Rechten tatsächlich das weite, im Prinzip für seine Pferde berühmte Becken dieses Namens. Zwischen Schilf, Mais und Reihen hoher Sonnenblumen duckt sich ein zweitgradiger Grenzübergang ins usbekische Namangan.

Dazu Buch III, Babur von Fergana und Schuhe und Pferde.

Dazu Buch III, Trügerische Ruhe in Namangan.

Dann wird die Straße zu einer breiten staubigen Schleppe. Die Kirgisen, nicht umsonst an Bewegungsfreiheit gewöhnte Nomaden, haben es satt, sich von den Usbeken bei der Überquerung eines zwei Kilometer breiten Stücks von deren Territorium einen Tag stehlen zu lassen und bauen um dieses herum eine spitze Kehre, in die hinein aus im Gebüsch verschwindenden Pfaden unvermittelt Motorräder hervorstechen mit Fässern im Seitenwagen – Sergej weiß es sofort: geschmuggeltes Benzin.

Das für seine Thermalquellen bekannte Jalalabad besitzt eine Zufahrt wie ein Flughafen. An ihrem Ende, am Eingang, erhebt sich das Reiterstandbild Kurmanbeks. Meine Russen fahren achtlos an ihm vorüber, nicht weil sie gestern nicht im Theater gewesen sind, sondern weil in Kirgistan doch etliche solcher Denkmäler stehen, und Sergej möglichst rasch zu Micha will.

Dazu Buch V, Batyrs, Salz und Torpedos.

Der alte Freund hat im Rücken eines mit Pistazienbäumen bepflanzten Hügels hinter der Stadt, auf dessen Kuppe ein Heilbad steht, in sowjetischer Zeit klammheimlich ein Holzhäuschen an das andere gefügt, den Kurgästen gemütliche Unterkünfte, welche ihm seit der mit der Unabhängigkeit gekommenen Privatisierung auch gehören. Micha hat sechs Enkel, von denen wir die meisten im Verlauf des Abends zu Gesicht bekommen, und er sagt, als Usbeke lebe es sich gut unter den Kirgisen. Drüben, in Andizhan, verbiete Karimow sogar den Hühnern das Herumlaufen. Von Sufi-Schreinen in der Umgebung hat er nichts gehört, denn unter den Kommunisten hat es bekanntlich nur eine Religion gegeben. Die *aksakals*, bedauert er, welchen die Örtlichkeiten bestimmt bekannt gewesen seien, wären längst verstorben, ohne ihr Wissen den Nachgeborenen weiterzugeben.

Micha richtet unter dem Pfefferbaum mein Bett auf dem *sörö*, den er als Usbeke *topchan* nennt, ein vom russischen *toptat* hergeleitetes Wort, das soviel heißt wie 'niedertreten'.

Osmose in Kögart

Kögart, 7. Juli 2004. — In der Ebene hinter Özgen und nahe beim Jazy-Fluß soll es vor langer Zeit einen Basar gegeben haben. Seit wann genau, kann Shamishit Konobiekov nicht sagen, aber er kennt den Namen des Platzes: Djerimichi. Die chinesischen Händler seien entweder über den Paß von Irkeshtam oder über den Torugart-Paß dorthin gelangt. Einer von beiden wäre immer offen gewesen. Mit der zaristischen Eroberung sei der Basar dann allmählich ausgestorben und schließlich ganz verschwunden, als während der Sowjetzeit die Grenzen zugingen. Heute, da sie wieder offen sind, drängten die Chinesen aus Kashgar, die durch Ältere von Djerimichi wußten, die Kirgisen dazu, den Basar wiederzueröffnen, denn der von den Sowjets eingerichtete in Kara-Suu zwischen Özgen und Osh sei ungeeignet, das heißt zu klein für die Gütermengen, welche aus China herüberkämen.

Shamishit Konobiekov ist der Dorfvorsteher von Kögart. Ein Kirgise im weißen Filzhut ist uns zu seinem Haus vorausgeritten, nachdem der *Pajero* die mäandernden Läufe und weichen Kieselbänke des Baches geschafft hat und auch die steile Böschung zur Siedlung hinauf. Fahrer trennen sich genauso ungern von ihrem Vehikel wie Fotografen von ihrem Gepäck. Für unseren Gastgeber scheint aber die Ankunft von Sergej, Nikolai und des ersten nichtrussischen Besuchers im Dorf kein unziemlicher Überfall zu sein, ganz im Gegenteil. Er hat das Holztor aufgestoßen und Sergej angewiesen, den *Pajero* vor den Stall zu stellen, direkt an den Heustock.

Nebst der Nachricht über den chinesischen Markt bei Djerimichi haben wir nun auch gehört, daß die im Bau befindliche kleine Moschee, die ich durch das Fenster sehen kann, in einem Monat fertig sein soll. Begonnen habe man im April. Die Männer von Kögart erhielten für ihre Arbeit keinen Lohn, die Materialkosten, 8000 Dollar, trage eine saudiarabische Stiftung.

Wahabismus, vier Kilometer von China entfernt. Aggressive Wiederaufnahme kommerzieller chinesischer Aktivitäten in den kommerziellen Zentren am Ostrand Ferganas. Von solchen osmotischen Verhältnissen in Kögart zu hören, von wo es zu Pferd nur zwei bis drei Stunden bis hinauf zur chinesischen Grenze sind, ist äußerst willkommen. Denn wir sind dieses langgezogene, an seinem Eingang mit Sonnenblumenfeldern bestandene, nach den mit Sensen gemähten Sommerwiesen mit Disteln, Kerbel, Sauerampfer und anderem Kraut aber immer enger und steiler werdende, von halbwegs überwachsenen und zahlreichen frischen schwarzen Erdrutschen heimgesuchte und durch ockerfarbige angerissene Brauen im Talgehänge von neuen Katastrophen bedrohte Tal hinaufgekommen, um das Problem der ›Terek-Pforte‹ zu lösen.

Dazu Buch II, *Pforten oder Pässe*.

Diese ist nämlich verlorengegangen im Falz eines Buches, genauer auf der schematischen Darstellung 16 »*Zentralasien im 7. und 8. Jahrhundert*« der broschierten Insel-
Verlag-Ausgabe (1985) von Jacques Gernets 1972 erschienenem Buch *Die Chinesische
Welt*. Jetzt aber sieht es ganz danach aus, daß die morgendliche Fahrt von Jalalabad
nicht an das von der heutigen Straßenkarte vermittelte Ende der Welt geführt hat,
sondern wahrscheinlich an eine Station am kürzesten Weg von Kashgar nach Fergana, und zudem schon viel früher als in der bei Gernet thematisierten Epoche,
nämlich bereits zur Zeit der Westlichen Han (206 v.u.Z.–23 n.u.Z.). Damals beginnen
sich in China Grundtendenzen administrativer Verhaltensweisen — Einheiraten,
Tributgeschenke und dergleichen — gegenüber den nomadisierenden Nachbarn
herauszubilden, das heißt vor allem im Umgang mit den im Jahr 176 v.u.Z. aus
dem westlichen China abgedrängten Yüezhi, durch welche um 127 v.u.Z., zur Zeit
der Expedition von Zhang Qian, der parthische König Phraates II.
(138–128 v.u.Z.), der den Fehler begangen hat, diese Nomaden um eine
Allianz gegen die Seleukiden zu bitten, den Tod findet. Mit der Bewirtschaftung
des bestehenden Handelsplatzes am Rand von Fergana, auf dem die den Beamten des kaiserlichen Geschichtsbüros bekannten Issedonen, Yüezhi sowie Serer —
letztere müssen nicht mit den Chinesen
identisch sein — schon längst Tauschhandel betreiben, tragen die Han dem
Umstand Rechnung, daß feste eigene Stützpunkte in Dayuan, so heißt bei ihnen
Fergana, nur aufwendig zu gewinnen sind, kostspielig wie etwa im Fall des wider-
spenstigen Staates Jibin in der Region Gandhara und Kashmir, und auf lange Sicht
nicht zu halten. Zum Kurswechsel von westwärts zielender Expansionspolitik zur
Errichtung von auf militärischen Ackererbaukolonien beruhenden Protektoraten
im Tarim-Becken muß die Erfahrung der Expedition von Zhang Qians Nachfolger Li Guangli in den Jahren 104–101 v.u.Z. beigetragen haben, der fast die Hälfte
seiner Armee verloren hat, um angeblich mit zweitausend der für die chinesische
Kavallerie und von Kaiser selbst zum Sprung in die Unsterblichkeit benötigten
'himmlischen Pferde' nach Chang'an zurückzukehren.

Unser Gastgeber, in dessen Schoß sich die vier- oder fünfjährige wie eine Früh-
lingsblume angezogene Enkelin verkrochen hat, denn Sohn und Schwiegertochter
sind auf Arbeitssuche in Rußland, ist eingenommen von der Möglichkeit, daß es
sich bei dem ihm bekannten Basar von Djerimichi vielleicht um diesen den Han
bekannten historischen Umschlagplatz handeln könnte. Was mir indessen als geschichtliche Kontinuität gefällt, ist für Shamishit Konobiekov eher ein Grund zur
Sorge, denn, da besteht kein Zweifel, die Chinesen treiben heute andere Pläne um,
als sich zum Zweck der Grenzsicherung vor nomadischen Überfällen mit zentralasiatischen Khanen familiär zu verbinden. Schließlich sei vor kurzem oben am Paß

Dazu Buch III, *Schuhe und Pferde*.

Dazu Buch II, Marginalie in *Nachrichten aus Eurasien oder einem so genannten Raum* und Buch VII, *Geschichte eines Grenzlands*.

ein Spion aus dem Nachbarland aufgetaucht. Jäger aus Kögart, welche die Fährte des Wilds manchmal bis auf die chinesische Seite hinüber verfolgen, hätten ihn gestellt und umgehend an die Miliz ausgeliefert.

Nachdem die zeitliche Brücke in die Gegenwart hergestellt ist, findet auch Shamisit Konobiekov es sei sinnvoll, sich im Gelände umzusehen.

Wir besuchen zuerst den Friedhof, wo in den Ecken halbzerfallener Lehmschreine verblichene Holzstangen stecken mit geschnitzten Kegelstümpfen an ihren Enden oder brancusischen Kombinationen anderer geometrischer Körper, während bei neueren Gräbern der verwegen geschwungene Kopfschmuck des großen Pamir-Schafs – turkisprachigen Völkern unter dem Namen *argali* bekannt, dem Westen hingegen unvermeidlich nach dem venezianischen Reisenden als *Ovis ammon polii* – auf den Spitzen der Mäuerchen aus Backstein sitzen, die schlecht gemauert sind, aber Sonnenwärme versammeln, so daß Beete wilder Bergblumen die Gräber überwachsen haben. Vom Rohbau der Moschee und dem danebenstehenden, durch Kritzeleien in einen verschrammten, rostig verscheuerten Türkisfries kalligrafisch-linguistischer Rätseltafeln verwandelten Bauwagen sind es dann nur wenige hundert Meter bis zu den letzten Häusern. Knapp am Fuß einer grünlich schimmernden Schutthalde stehen sie, und über ihren Blechdächern leuchten in hellem Orange die verwitterten Türme und Klippen einer doppelköpfigen abgestumpften Pyramide, der letzte Rest eines erdgeschichtlichen Tafellandes. Die ungeheuren tektonischen Störungen der darunterliegenden ältesten Gesteine, die entstanden, als sich Tian Shan, Kunlun, Karakoram und Hindu Kush zum Pamirknoten zusammenschoben, sind an den engeren Stellen des Tals, wo wir Honigverkäufer angetroffen haben, sichtbar gewesen in der Gestalt sich im rechten Winkel aufwerfender oder wie bei Biskuitrouladen überschlagender Gesteinslagen.

Am Ausgang von Kögart hingegen präsentiert sich die Geologie friedlich, und ein paar Schritte weiter, nach kurzem Verweilen beim Grabobelisken des Revolutionärs Andrej Sidorov, der an diesem abgelegenen Platz im April 1927 von einem gewissen Korbashi, einem Anführer der islamistischen Basmatschen-Rebellen, getötet worden ist, zusammen mit vier neben ihm unter einfachen Marmorplatten begrabenen Mitstreitern, ist es klar, daß mich die Klärung der Frage nach dem Verbleib der ›Terek-Pforte‹ nicht in den Klebefalz eines Buches geführt hat, sondern daß ich, über dem Eshegart stehend, dem südlicheren der beiden Quellbäche des Tar, vielmehr in der Orchestra eines Amphitheaters angekommen bin, dessen Ränge die Alaikuu-Kette bildet. Diese weist so viele Pässe auf, daß sie nicht anders kann, als Relevanz zu besitzen für die historische Geographie Innerasiens; ganz besonders für die Kontakte zwischen China und den an der unstabilen westlichen Peripherie seines Territoriums sich behauptenden nomadischen Föderationen und Reichen wie auch für die aus der Begegnung resultie-

Dazu Buch V, *Schlendern durch 'Montag-Stadt'*.

rende Ausbeute der Chinesen, die richtungsweisend wird für ihre materielle Kultur sowie ihre politische und intellektuellen Konstitution, dabei besonders für die weltbildliche Vorstellung und das imperiale Ansehen bei den umgebenden Völkern.

Nachdem es die Han also um das Jahr 119 v. u. Z. geschafft haben, die Xiongnu nordwärts abzudrängen, sich auf den Ländereien des Gansu-Korridors einzurichten und von dort aus dem *Dazu Buch I, Marginalie in Barbaria cartographica.* südlichen und nördlichen Oasenrand der Taklamakan entlang westwärts vorzustoßen, finden sie sich im Rücken des heutigen Kashgar, in das Tal des Kyzyl vorgerückt, schließlich am Congling, am Fuß des 'Zwiebelgebirges', das etwas später bei Strabon (*Geographika*, XV, I, II) den Namen Imaos trägt. Während der Roms Verdienste bei der Erkundung der Welt herausstreichende griechische Geograph den Imaos in Verkettung mit dem östlichen Tauros denkt, des langgestreckten, Indien von der Ariana im Westen (die afghanische Landschaft Herat) bis an das östliche Meer im Norden abschließenden Riegels, den die ansässigen Völker teilweise auch als Paropamissos (Hindu Kush) oder Emodus (Himalaya), die Makedonen in der Zeit nach Alexander jedoch aus Prestigegründen mit dem in Hellas vertrauteren Namen (eines im fernen Asien befindlichen) Kaukasus bezeichnen, präsentiert sich der Imaos den vordringenden Chinesen als hufeisenförmiger Gebirgsbogen.

Auf der heutigen Karte dürfte der Imaos dem im Süden an den Karakorum anschließenden tadschikischen Sarykolskij-, dem Terek-Too- und dem von diesem zur Fergana-Kette hinüberführenden Alaikuu-Gebirgszug entsprechen. Von den Übergängen, die sich den Chinesen angeboten haben, ist jener zwischen den beiden erstgenannten Zügen liegende von Irkeshtam der *Dazu in diesem Buch Über den Imaos und Schrottstraße II.* müheloseste und durch den Alai-Korridor direkt zum Amu Darya führende. Diesem Paß schließen sich in nördlicher Richtung bis zum Torugart hinüber mehr als ein Dutzend andere an, unter ihnen der Kögart-Paß (3958 M. ü. M.), der greifbar nahe scheint über dem ausgedehnten Feld von den Kliffs heruntergestürzter hausgroßer Trümmer und der Arena karger Hochweiden dahinter, wo sich ein Posten der kirgisischen Armee verbirgt. Von diesen Sätteln steigen die Gebirge zu Gipfeln auf, deren zweithöchster, der 4444 Meter hohe, auf allen drei Seiten von Pässen umlagerte Erketsch-Suu der Hausberg des Dorfes ist, für dessen Bewohner, laut Shamishit Konobiekov, seit Generationen 'der Kastrierte'. Folgt man, erklärt unser Gastgeber, dem Eshegart hinauf zur Quelle, gelangt man direkt zu zwei Übergängen nach China, die beide niedriger sind als der Kögart-Paß. Der höhere Kalmak Ashuu (3857 M. ü. M.) führt hinunter nach Ulugchat an der Straße von Irkeshtam nach Kashgar; der niedrigere Tus Ashuu (3628 M. ü. M.) direkt dortin, und deshalb ist er die kürzeste Verbindung zwischen dem Tarim-Becken und dem Fergana-Tal. Die erste Wegstation außerhalb Chinas und beiden Pässen nächstliegende dürfte sich, wenn überhaupt vorhanden, zu jeder Zeit dort befunden haben,

wo der Talboden sich weitet, also auf der spitzwinkligen Terrasse am Zusammenfluß von Eshegart und Alaykun, im Schatten des doppelköpfigen Gebirgsstocks –
dort, wo heute Kögart steht.

Die von zu Hause mitgebrachte Unsicherheit bezüglich der ›Terek-Pforte‹ hat
sich damit nicht erledigt, sondern der Augenschein in Kögart, zusammen mit der
Karte *Batken and Osh Oblasts*, die ich vor ein paar Tagen im Institut für Geodäsie in
Bishkek gekauft habe, hat sie bereichert. Als viertletztes Dorf findet sich auf dem
Blatt im Tal des Tar nämlich Terek, und ziemlich weit unten, noch fast in der Ebene,
wo die ersten Erdrutsche bis an den Rand der Sonnenblumenfelder vorgedrungen
sind, ein anderer Ort namens Terek-Suu.

Nach langen, von Wodka, Tee und winzigen gebratenen Fischchen begleiteten Erwägungen gelangen wir zum Schluß, das der französische Professor mit der
›Terek-Pforte‹ einen in Wirklichkeit gar nicht existierenden ʻSuperpaßʼ geschaffen
hat, der das ganze System Dutzender, in alle Richtungen, Täler, Seiten- und Seiten-
seiten-Täler miteinander verknüpfender Übergänge in einer großen eleganten Geste
zusammenwischt. Ihm ging es schließlich um die Expansion der Tang von Korea
bis Persien, vom Siebenstromland am Balkash-See bis hinunter zum Schulterstück
der vietnamesischen ʻBambus-Tragstangeʼ. Einem, der solche Linien nachzeichnen
will, soll man es nicht nachsehen, wenn er durch das Gebirgsgewimmel elegant eine
Bresche schlägt, wo Infanterist und Händler nichts fanden außer rote Erde, Geröll
und Eis.

Straße der reichen Männer

Sary Tash, 9. Juli 2004. — Zwischen Özgen und dem Taldyk-Paß habe ich
gesehen:

Kurz nach der Ausfahrt aus dem Tal des Tar ein Schild mit der Aufschrift »*East
or West. Home is Best*«.

In Özgen:

Das 1186/87 erbaute, an der Hauptfassade mit geschnitzten arabischen In-
schriften in den Archivolten und Terrakotta-Tafeln geschmückte Mausoleum der
Karakhaniden, in dem drei Herrscher
ruhen. Unter ihnen Abu'l-Hasan Nasr
Ibn Ali, Teilherrscher des Reichs, der im
Jahr 389 n. d. H. (999) den Samaniden
Buchara entreißt und in den folgenden
Jahren mit Mahmud von Ghazni um die
Grenzziehung am Oxus ringt.

Die Herkunft der Dynastie der Karakhaniden ist umstritten und
ihr Name eine russische Ableitung des 19. Jahrhunderts vom Titel
des ranghöchsten Fürsten, des Kara Khan (ʻNördlicher Herrscherʼ).
Die ersten Herrscher entspringen einem Karluken-Stamm, als dessen Siedlungsgebiet die Täler des Chu und Talas angenommen werden und wo auch die Hauptstadt Balasaghun mit einer gemischt
türkisch-sogdischen Einwohnerschaft befindet. Zur Bekehrung zum

Die silbergraue Statue Lenins, den man umsonst fotografieren darf, während eine Pose vor den Rosenhecken beim Mausoleum, die nicht länger als eine Minute dauern soll, zwanzig *Sum* oder einen halben Dollar kostet.

Über der geschlossenen *Classic Bar* das Denkmal für das internationale Postwesen, bestehend aus einer von Tauben umflogenen Erdkugel.

Am Ortsausgang einen Reiter. Er ist unterwegs gewesen mit dem Rad eines Motorrads in der Linken. Bei der Werkstätte im Graben neben der Straße hat am Boden eine Peitsche gelegen und daneben eine Spielkarte mit dem Bild der Herzdame.

In Osh:

Baburs privaten Betraum, der auf dem über das Stadtzentrum hinausragenden Pilgerfelsen Suleyman situiert ist, und aus dessen Höhe den Friedhof

Islam kommt es unter dem im Jahr 344 n. d. H. (955) verstorbenen Abd' al-Karim Satuq und mutmaßlich unter dem Einfluß des aus Neyshabur stammenden religiösen Führers al-Kalamti. Unter den vier von den Karachaniden benutzten Herrschertiteln trug der in Özgen bestattete Abu'l-Hasan Nasr Ibn Ali den eines Arslan Ilek. Alis Bruder Tughan Khan Ahmad ibn Ali regiert über Kashgar und Kadir Khan Yusuf in Khotan. Interne Streitigkeiten, im Jahr 1007 der Angriff eines großen nomadischen Heers, wahrscheinlich der ursprünglich als Halbnomaden in der Mandschurei beheimateten Liao, sowie Eingriffe der im Süden Afghanistans herrschenden Ghaznaviden führen schließlich zur Teilung des Reichs der Karachaniden in ein Ost- und ein Westreich, die mit der Machtergreifung von Nasrs Sohn Abu Ishak Ibrahim endgültig vollzogen wird. Der nach seinem Tode ausbrechende Bruderkrieg von Ibrahims Söhnen überlagert sich mit dem Erstarken der Seldschuken. Trotz der unstabilen Lage und der Tatsache, daß Schams al-Mulk, einer der streitenden Söhne, 1074 Vasall des Seldschuken Malik Shah wird, gelingt es dem weiterhin im Zeltlager Residierenden, sich in Buchara als Bauherr zu betätigen, wie auch seinem Nachfolger Arslan Khan, der den zwischen 1127–1129 ausgeführten und von Dschingis Khan bestaunten Neubau des Kalan-Minaretts, des höchsten in ganz Zentralasien, veranlaßt. Das karakhanidische Ostreich führte seinen Untergang selbst herbei, indem beim Kampf gegen aufständische Karluken es als Alliierte einen Zweig der Liao, die Kara-Khitai, ins Land holte, als deren Vasallen sie sich in Kasghar nur noch bis 1212 halten können.

an seinem Fuß, wo man das Gras um die Gräber abgebrannt hat, wirkt wie ein Polyester-Chiffon mit Raubtier-Design von *Cavalli*. Eine Bemerkung über den Ort der Stille des jugendlichen Herrschers habe ich in seiner Schilderung der Ereignisse des Jahres 902 n. d. H. (1497) vergebens gesucht.

Das *Rich Man's* Restaurant und den Basar, wo wir Feigen und Aprikosen kaufen, um den Darm wieder in Gang zu bringen.

Auf der *M 41* zum Taldyk-Paß:

Bei Kun-Elek unter verbrannten Felswänden eine Hausruine und darin eine verwitterte Malerei mit einem Tiger und Rehen sowie Schwänen auf einem See, hinter dem die Sonne untergeht. Etwas später dann Kinder, mit einem Kinderwagen voll zum Heizen eingesammeltem Schafdung.

In Alai ein Teehaus mit markanter Bemalung, dessen Besitzer auf meinen Spaß, wir hätten uns zum ersten Mal vor acht Jahren gesehen, geantwortet hat, er könne sich gut erinnern, es sei in der Nacht gewesen, ich hätte damals aber auf der anderen Seite des Küchendurchgangs gesessen.

Auf einer Straßenkuppe hinter Ak Bosogo den ersten Schrottlastwagen. Anstelle eines Pannendreiecks hat die rote Tür eines *Lada* vor ihm gewarnt.

Dort, wo sich im September 1996 der große Checkpoint der kirgisischen Anti-Drogen-Polizei befunden hat, ein paar Bauwagen und das Gedränge von Schaf- und Ziegenherden auf dem Weg zu den *jailoo*.

Auf dem Taldyk-Paß das Grab des sowjetischen Ingenieurs, der 1933 an Ort und Stelle einem Herzinfarkt erlegen ist, angeblich vor Erleichterung über die Vollendung des zwei Jahre zuvor begonnenen Werks. Sergej meint, wenn der Mann beim Vorhaben gescheitert wäre, hätte man ihn ins Lager verschickt.

In Sary Tash sind wir untergekommen im Haus von Islam.

Islams Haus ist zugleich Herberge und steht am Eingang des zusammen mit dem Bau der *M 41* entstandenen Dorfes. Es ist eines der letzten aus der Zeit des Baus des ›Pamir-Highway‹ übriggebliebenen und wie die Straße auch von Strafgefangenen gebaut. Gegenüber steht das von Islams Familie betriebene Restaurant, welches auch als Laden fungiert. Das Angebot besteht aus Zigaretten, Streichhölzern, türkischer Schokolade, einer Rolle weißen und einer Rolle roten Fadens, ein paar Dosen Fisch, ein paar Anderthalbliterflaschen *Cola* und *Fanta* sowie einheimischem Mineralwasser. Im niedrigen Raum steht ein einziger Tisch mit zwei Bänken. Fenster gibt es nicht. Über der Tür hängt ein Bündel getrockneter Pfefferschoten, und auf die Schwelle hat man ein Hufeisen genagelt, das der hereinwischende Nachmittagsregen näßt. Weil Islams zur sommerlichen Aushilfe aus Osh heraufgekommene neunzehnjährige Tochter die Vorhänge zurückgeschlagen hat, sieht man in der Verlängerung der Tür über den grünen *Niva* und die weißgetünchte Mauer hinweg das letzte gerade Stück der Paßstraße. An der Mauer steht ein Schemel mit einem chinesischen Waschbecken, am Holzpfosten dahinter hängen der Wasserbehälter mit dem von unten zu betätigenden Sparstöpsel und ein Handtuch. Am Stall hat Islam zu Schutz gegen Krankheiten und Raubtiere die Zähne eines Wolfes angebracht. Man hat ihn mit einer Falle gefangen, nachdem er wiederholt Lämmer gerissen hat. Nebst den Zähnen hat Islam auch die Klauen behalten. Das Fell hat er einem Händler aus Osh verkauft, eine andere Möglichkeit wäre gewesen, die Umweltbehörde zu informieren, welche die Trophäe auch gekauft hätte – ich nehme an, zu einem niedrigeren Preis.

Da ich vor acht Jahren hier schon einmal durchgefahren bin, hat sich aufgedrängt, nach Sary Tash zurückzukehren und von hier aus den Alai-Korridor zu erkunden.

Auf der fotokopierten *TPC*-Karte von Professor Markus Wäfler im Dachgeschoß des *Instituts für Vorderasiatische Archäologie und Altorientalische Philologie* der *Universität Bern* ist dieser Korridor in einer die Ausfächerung materieller Kultur zwischen dem Orient und Ostasien darstellenden vernetzten Strichen und Pfeilen als eine der frühesten Ost-West-Migrationsrouten hervorgehoben gewesen. Gebirge habe man erst im 3. Jahrtausend überschreiten können, an dessen Ende chinesische Keramik im irakischen Zagros auftauche, hat der Professor erklärt und ist vorgeschnellt bei der These, die »mongolische Explosion« könne den Prozeß der Globalisierung in Gang gesetzt haben. Diffusion und etappenweisen Ideentransport gäbe es mindestens seit sechstausend Jahren! Im westiranischen Tepe Giyan habe man die Form des chinesischen Dreifußes, während das verarbeitete Material lokal sei. Die Chinesen hätten ihm leider nicht erlaubt, hinter Kashgar zu graben. Alles, was er brauche, seien ein paar Feuerstellen, der Rest sei Mathematik, dieselbe Methode, mit der er in der nordöstlichen Ecke der syrischen Wüste hypothetische Herrschaftsgebiete der historischen Geographie von Idamaras zur Zeit der Archive von Mari und Subta-enlil/Sehna errechne. Die ihn herber Kritik aussetzende, aber auf alle Bereiche mit quantifizierbaren Daten, zum Beispiel Siedlungsstrukturen oder Handelswege, anwendbare Methode, habe zur Voraussetzung durch verschiedenartige Zufälle – darunter den des Fundes, des Erhaltungszustandes, richtiger Lesung, der Publikationspolitik, der mitgeteilten *inédits* u. s. w. – fehlerbedingte Informationen und trage diesem Umstand Rechnung. Der Fehler des Zufalls würde mit der Gaußschen Methode der kleinsten Quadrate ausgeglichen. Es sei indessen der Vorzug des zur Quantifizierung angewendeten robusten Gravitationsmodells, daß es von der Annahme ausgeht, zwischen zwei Punkten bestehe ein nachvollziehbarer und prognostizierbarer Zusammenhang zwischen Population, Interaktion und Distanz. Ich solle auf Spuren von Bergstürzen achten, hat der Professor beim Abschied gemahnt, seien solche häufig, brauche er den Alai-Korridor gar nicht erst zu besuchen.

Pause in Sary Tash

Sary Tash, 10. Juli 2004. — Ohne Dynamit und Baumaschinen, mit Hacke und Schaufel hatten russische Strafgefangene zwischen 1931 und 1940 die schwierigsten Abschnitte des ›Pamir-Highway‹ von Ak Bosogo zur Paßhöhe des Taldyk und vom Kyzylart- zum Akbaytal-Paß aus dem Gneis gehauen und damit die zaristische Militärstraße den Erfordernissen der Roten Armee angepaßt, die auf ihm ihre Truppen in die Berg-Badakshanische Oblast der SSR Tadschikistan zu verlegen hatte. Als die dezimierten Kolonnen – die Toten wurden, wie Sergej meint, in die Strecke mitverbaut – wieder abgezogen waren, erbte die nomadische Bevölkerung im Alai-Korridor das auf 3000 Meter Höhe über Meer gelegene Sary Tash. In den 1960er Jahren, mittlerweile unter der Kollektivierung seßhaft geworden, holte sie stehengelassenen Bauwagen hinter ihre Häuser und verwandelte sie in Hühnerställe. Diese sind allerdings nur im ursprünglichen Teil des Straßendorfs zu finden, der nicht länger ist als die Distanz von der auslaufenden Paßstraße, wo sich ein klarer

Bach durch das Gras schlängelt und auch Islams Herberge steht, bis zur dreihundert Meter abwärts unserer Unterkunft gelegenen Gabelung.

Hingegen gibt es in deren spitzem Winkel, gebildet aus der links nach China abgehenden Schotterpiste und dem durch den Alai-Korridor zum Kyzyl-Art-Paß und nach Tadschikistan hinüberstechenden ›Pamir-Highway‹, zwischen den vielleicht hundert locker gestreuten, neueren erdgeschossigen und blechbedachten Häusern keine äußeren Anzeichen, daß für die Bewohner von Sary Tash etwas abgefallen ist im Zug der Verkehrsentwicklung im östlichen Pamir. Grund dafür ist, daß diese Entwicklung und der Ausbau der Infrastruktur zunächst drüben in China stattgefunden hat, wo nicht chinesische Strafgefangene die Straße von Ulugchat zur achtzig Kilometer entfernten Grenzstation Irkeshtam gebaut haben, sondern Gastarbeiter aus Kirgistan. Verantwortlich für das Projekt soll die Verwaltung des Kreises Kasghar gewesen sein, der wiederum nicht Uiguren, sondern aus dem Osten gekommene Han-Chinesen vorsitzen.

Der einzige Bauwagen in der Nachbarschaft dieses neueren Teils von Sary Tash steht am Fuß des Hügels, den ich erklommen habe, und zwar hinter dem Gemeindehaus, das wie Islams Haus in den 1930er Jahren errichtet worden sein muß. Auf dem Grundstück steht ein Pfeiler mit der Büste Lenins. Gestern, beim ersten Rundgang durch den Ort und im Profil gesehen, ist sie mir etwas griesgrämig vorgekommen. Aber vielleicht ist der verhangene regnerische Nachmittag schuld gewesen und nicht der Lauf der Welt, wie er sich außerhalb des weiß gestrichenen Lattenzaunes vollzieht.

Vom Hügel aus kann ich das Denkmal gut sehen und auch den blutroten Tupfer der kirgisischen Flagge, nachdem sich die langen Schatten aus der Ebene zurückgezogen haben und nun auch vom Dorf gewichen sind, so daß das Blech der Fußwalmdächer gleißt wie ein Spiegel. Nahezu perfekt wiederholt sich ihre Form jenseits des durch den begrasten Alai mäandernden 'Roten Flusses' – des Kyzyl Suu oder Surkhab – in den mit Schneerinnen durchzogenen Füssen der Gipfel-Kette des Trans-Alai. Aus ihr wachsen vergletscherte Flanken in das südliche Morgengewölk, aber die höchsten Erhebungen, der Korumdu (6613 M. ü. M.) und der Pik Lenin (7134 M. ü. M.), bleiben verhüllt.

Eine große Stille füllt das weite Durchgangstal, und wenn ein Geräusch ertönt, kann sein Ursprung an einem Dutzend Stellen liegen.

Ein Kind schreit. Schafe blöken. Zu hören ist zuweilen auch das Bellen des Hirtenhundes sowie, wenn der Wind plötzlich kehrt, das Surren der *UAS* oder *Niva*. Deren Staubfahnen verhüllen einen Radfahrer oder ein paar Rinder auf dem Weg zur Weide, aber ansonsten lösen sie sich auf so schnell wie Rauch.

Am Friedhof vorbei, wo Roßschweife an den Pfosten über den Gräbern das Vorwärtskommen des Nomaden auch im Tod symbolisieren, steige ich ab zur Straßengabelung und zum Café, wo zwei Kirgisinnen in Daunenjacken keinen Kaffee, sondern Tee servieren. Aber wahrscheinlich klingt auf kirgisisch 'Café' einfach besser zur Bezeichnung des außen mit Zinkblech verhüllten und innen mit südlichen Stränden dekorierten Lokals, das wie ein vom Fahrgestell gehobener Wohnwagen am Straßenrand liegt. Eines der vier Fenster ist mit Lehm verstrichen. Ein metallener Wasserkrug steht in einem andern, und dieses genügt, um zu sehen, was um halb zehn Uhr morgens in Sary Tash geschieht

In dem vor dem Lokal abgestellten senfgelben *Lada* betrinken sich fünf oder sechs Burschen in grellen Pullovern und schwarzen oder silbergrauen Jacken. Alle paar Minuten krabbelt einer mit Hilfe zweier anderer auf die Straße, um laut auf einen ebenfalls betrunkenen Alten loszureden, der Gesellschaft sucht, bis er endlich aufgibt und dem Rufen und Winken seiner Frau widerwillig folgend zum auf der anderen Straßenseite abfahrtbereiten Jeep zurückkehrt, an dessen Heck festgezurrt ein Teppich ist und anderes, was es auf der Sommerweide sonst noch braucht. Bemüht um sicheren Schritt, geht der Alleingelassene hinüber zum benachbarten *Cafe Dostyk*, dem 'Café der Freundschaft', einem gemauerten weiß getünchten Häuschen. Dort erhebt sich, als er den Herankommenden bemerkt, von einer Holzbank ein anderer Alter – ich nehme an auch er ist Kirgise, obschon er anstatt des weißen Filzhuts einen schwarzen Schlapphut trägt. Beide fallen sich in die Arme, und wie ein gequälter Tanzbär um sich selbst, drehen sie sich als Paar so lange bis der Bursche aus der Manteltasche des Alten eine Flasche gezogen und ihn wieder auf die Bank zurückbefördert hat. Dann sucht er seine Schritte die Straße hinunter, und dabei wirkt er mehr wie ein Ausgestoßener, nicht wie ein Betrunkener. Vor dem ersten Café hat sich unterdessen ein Mädchen zu den Freunden auf dem Rücksitz des *Lada* gezwängt, einem von ihnen die Flasche abgenommene und sich an den Mund geführt.

Als ich zu Islams Haus zurückkehre, begegnet mir ein vernachlässigter Hund, der einen gewaltigen Knochen im Maul trägt, unschuldig hochblickt, ohne den Kopf zu bewegen, und sich auf die Seite schlägt, als wir uns kreuzen.

Sergej und Nikolai sitzen im *Pajero* und hören Musik.

Später arbeiten Sergej und Islam an der Batterie des Fahrzeugs. Denn die Kälte der Nacht hat ihr zugesetzt. Nikolai ist mit Islams sechsjährigem Sohn zum Bach gegangen. Für das Mittagessen fangen sie ein Dutzend fingergroße Forellen, die wir mit dunklem Brot essen. Dieses bäckt Islams Frau immer montags im großen, an das Küchenhaus angemauerten Ofen mit dem bogenförmigen Mund, und in gemusterte Tücher gewickelt hält es von einer Woche zur nächsten.

Ein Nervenleiden seiner Frau hat Islam vor einem Jahr gezwungen, seine Anstellung als Vorarbeiter aufzugeben. 1989 ist er vom Kraftwerk Gülchö, das auf halbem Weg zwischen Osh und dem Taldyk-Paß liegt, nach Sary Tash hinauf versetzt worden. Aber immer öfter hat der ausgebildete Elektrotechniker, der in Smolensk ein Praktikum absolviert und sich an der Abenduniversität von Osh weitergebildet hat, die Leidende ins Spital des Oblast-Zentrums begleiten müssen. Jetzt scheint es besser zu gehen mit der Gesundheit der Frau, gewiß weil sie regelmäßig Karten lege.

Beigebracht habe ihr das Weissagen Tasili, die als dreijähriges Kind von einer Wildziege aus Osh entführt, im Gebirge aufgezogen und acht Jahre später wieder an die Menschen herangeführt worden sei. Einmal habe ein Jäger namens Kaiberen versucht, das Tier zu erlegen, aber die abprallende Kugel habe nur seinen Sohn Kaiberen getötet, der Name bedeute im übrigen 'Kleine Ziege'. Bei seiner Rückkehr habe das Mädchen ein Buch mit Formeln und Sprüchen mitgebracht, und mit dessen Hilfe in die Vergangenheit wie auch in die Zukunft sehen und Krankheiten heilen können. Sowjetische Funktionäre hätten es dann ins Gefängnis gesperrt, von wo aus es das Fleisch, welches draußen gekocht wurde, in von Maden befallene Klumpen verwandelt habe. Nach ihrer Freilassung und Bekanntschaft mit seiner Frau habe Tasili diese vierzig Tage lang in einen dunklen zugesperrten Raum mitgenommen, um ihr aus den Büchern vorzulesen und ihr das Kartenlesen beizubringen. Tasili, deren Kräfte seine Frau fortsetze, sei im Jahr 2000 im Alter von achtzig Jahren gestorben. Zuvor habe die Wahrsagerin seiner Frau aber noch bestimmte Kieselsteine und andere schamanistische Gegenstände vererbt. Weil er, Islam, Tasili im Alter oft bei der Toilette zu Hilfe gehen mußte, habe er auch den fingerlangen Knorpelschwanz gesehen am Ende ihres gebeugten Rückgrats.

Islam gefällt seine neue Existenz als Gastwirt. Früher sei das *Narcobiznis* ein Problem gewesen, aber vor fünf Jahren sei der Checkpoint außerhalb des Dorfes, an der Abzweigung wo die Straße nach Daraut-Kurgan, aufgehoben worden. Der Handel mit China generiere seit der Öffnung der Zollstelle Irkeshtam im Jahr 1997 den größten Teil des Verkehrs. Lastwagen, nichts als Lastwagen. Kirgisische Fahrer stiegen bei ihm ab, die chinesischen nie. Die hätten eigene Restaurants in der Basarstadt Kara-Suu. Im Sommer beherberge er vereinzelte ausländische Radfahrer, aber diese blieben nie länger als eine Nacht.

Am Nachmittag fällt Regen, und weil es im *Pajero* ungemütlich ist, sitzen auch Sergej und Nikolai auf der Bank im Küchenhaus beim Schwarztee. Islams Tochter hat eine Schüssel *kaimak* gebracht, süßen steifen Butterrahm aus Kuhmilch, und daneben das Tuch aufgeschlagen mit angebrochenem Brot.

Als Nikoly dabei ist, zu übersetzen, was die Tochter über die Herstellung von *kaimak* weiß, treten drei der immer noch betrunkenen Burschen vom Morgen ein, in Begleitung eines Soldaten mit ebenfalls stark gerötetem Gesicht. Nicht nur haben sie alle bei *Chelsea* gespielt, sondern der eine oder andere ist auch schon in Genf gewesen oder hat die deutsche Staatsbürgerschaft besessen. Die europäische Konfusion nimmt schlußendlich Konturen an im Haß auf Russen, die den Kirgisen den *kaimak* wegessen. Zu solchem würden sie nämlich Nikolai verarbeiten, nachdem sie ihm beigebracht hätten, wie die fragliche Speise zu essen sei. Nikolai bleibt ganz ruhig und antwortet nicht. Mit verschränkten Armen steht Sergej stumm daneben, direkt unter der nackten einzigen Glühbirne des Raums, sein Gesicht völlig verschattet vom Schirm der *Marine Corps*-Mütze.

Mutter und Tochter stellen die vier schließlich in den Regen hinaus.

Nikolai sagt, er wisse aus Bishkek, daß Kirgisen den Zweikampf scheuen und dafür viel lieber als Gruppe ihrem Widersacher auflauern. Sergej hätte die Hand erst nach einem Angriff erhoben.

Mitten in der Nacht trifft dann noch eine Großfamilie ein und bezieht den letzten leeren Raum im Haus. Bevor die Gesellschaft schläft, ist ihr Hunger zu stillen, und Islam muß in der Koppel ein Schaf um Verzeihung bitten.

Suche nach dem ›Steinernen Turm‹

Daraut-Kurgan / Chak, 11. Juli 2004. — Am 26. Juli 1915, zwanzig Tage nach seinem Aufbruch in Kashgar, erreichte Aurel Stein über den Kosh-Bel-Paß und das südlich von Irkeshtam liegende Tal des Markan-Suu zur zaristischen Militärstraße hochsteigend, den Kyzyl-Art-Paß. Bereits die erste Sichtung der Gipfel der Trans-Alai-Kette zwei Tage zuvor hatte seine Gedanken beflügelt, denn diese dritte Erkundung des Pamir soll Aufschluß geben über den dahinterliegenden Korridor, von dem er vierzehn Jahre zuvor, über Irkeshtam dem Taldyk-Paß, Osh und Fergana zustrebend, nur das obere östliche Ende gesehen hatte. Steins Ziel beim unmittelbar bevorstehenden, in westlicher Richtung dem Kyzyl-Suu folgenden Marsch den Alai-Korridor hinunter ist der Ort der frühesten Begegnung zwischen China und dem Westen. Der produktivste unter den Erforschern Zentralasiens — sein Grab ist nach dem Weggang der Taliban Ende 2001 auf dem Friedhof der Europäer in Kabul wiederentdeckt worden — schreibt in seinem Erinnerungsbuch *On Ancient Central Asian Tracks*, das er 1933 den Berichten über die zwischen 1900 und 1916 unternommenen drei Expeditionen in »Innermost Asia« sowie Nordwest-China nachschickt, nichts diene der Vergegenwärtigung historischer Geographie mehr als Begehung des Geländes und direkter Augenschein. Die Methode soll im Fall des Alai-Korridors die herrschende Annahme bestätigen, daß sowohl die topographischen Fakten als auch die Klimabedingungen und vorhandenen Ressourcen dieses Durchgangs für die Annahme sprechen, die Seidenhändler der Antike hätten ihn auf ihrem Weg vom Tarim-Becken zum Mittellauf des Oxus benutzt. Bei der Erwähnung dieser Route in Kapitel XIX seines Buches erinnert Stein an die betreffende Stelle bei Ptolemaios sowie, daß der in Alexandria wirkende Gelehrte eine Aufzeichnung seines Vorgängers Marinos von Tyros benutzte, welche sich auf die Reise der Agenten eines gewissen makedonischen Kaufmanns namens Maës alias Titianus bezogen habe

Dazu in diesem Buch *Über den Imaos*. (*Geographie*, I, II), die von Bactra (Balkh im heutigen Afghanistan) aus das »Land der Serer« zur Beschaffung von ihnen hergestellter Seide erreicht hatten.

Mit der Lektüre der paar Seiten in Steins *On Ancient Central Asian Tracks* – und dazu in einem Haus, das ungefähr dann entstanden sein dürfte, als das Buch erscheint, und das heute eines der letzten jener Zeit ist im Straßendorf, welches seinerseits noch nicht existiert, als der Autor im Juni 1901 auf dem Weg zum Taldyk-Paß hier vorbeireitet – habe ich mich sowohl in die zur Entdeckung von Ptolemaios' ›Steinernem Turm‹ notwendige Verfassung gebracht, als auch den Moment verzögert, unter der Steppdecke hervorzukriechen und zum eiskalten Bach hinunterzugehen.

Dort habe ich Islams kleinen Sohn beim Wasserholen angetroffen, und gemeinsam haben wir dann die zwei Zehnliter-Kübel zum Haus zurückgebracht. Im Hof, wo Sergej und Islam mit einem Überbrückungskabel die Batterie des *Pajero* zum Leben zu erwecken versucht haben, hat der alte Betrunkene aus dem Café an der Straßengabelung etwas von den Tadschiken jenseits des Korridors, in Murgab und tiefer im Pamir, gefaselt, die alle Mörder seien, bis er verärgert über mangelnde Zuwendung wieder abgezogen ist.

So weit kann es kommen mit den Weidenomaden, die, laut Stein, im Alai-Korridor vom feuchteren Klima profitieren und die er 1901 auf ihrer sommerlichen Wanderung hinauf zu den *jailoo* beobachtet hat.

Augenzeuge des Anfangs dieser kulturellen Veränderungen oder, wie er es bezeichnet, des Endes der Freiheit der etwa 300 000 Menschen umfassenden großen Horde der Kara-Kirgisen im Alai und im Pamir ist Gustav Krist gewesen.

Dazu Buch VII, *Geschichte eines Grenzlands*. Der österreichische Abenteurer, wie erinnerlich im Ersten Weltkrieg Kriegsgefangener in Buchara und Samarkand, kommt im Sommer 1925, ein Jahrzehnt nach den Erkundungen des in britischen Diensten in Indien stehenden Aurel Stein, mit Kirgisen-Karawanen von Daraut-Kurgan durch den Alai-Korridor. Genau in dem Augenblick, als die Sowjets in den Pamir vorzudringen beginnen. Grund genug für die Nomaden, sich vor tadschikischen Abteilungen der Roten Armee und diese begleitenden Beamten sowie einer drohenden Volkszählung und nachfolgender Besteuerung ihrer bis zu 20 000 Schafe starken Herden durch Flucht zu entziehen, welche aus dem Garm-Tal den Alai-Korridor hinaufführt und dann von Sary Tash zum hochgelegenen Kara-Kul, über den Kyzyl-Art-Paß, wo sie beim Erreichen des ›Dachs der Welt‹ ein Dankgebet am Grab des Heiligen, der dem Übergang seinen Namen leiht, entbieten.

Wie zuvor Stein ist sich Krist über die geschichtliche Bedeutung des Terrains bewußt, in dem er unterwegs ist. Aber im Unterschied zum gebürtigen Ungarn, der minutiös geographische Probleme der Antike zu klären, durch seine Ausgrabungen das früheste Netz der Seidenstraßen zu rekonstruieren und – außer wenn unter militärischer Bewachung in Russisch-Turkestan unterwegs – für seine britischen Dienstherren in Kalkutta zu kartographieren sucht, denkt Krist, während er an dem in bläulichem Weiß schimmernden Pik Kaufmann, dem späteren Pik Lenin, vorbeireitet, an den mongolischen General Chepe. Der auf Befehl Dschingis Khans in Kara-Khitai Ordnung Schaffende hat nämlich im Jahr 1218 von Kashgar aus Gutchluk, dem unbotmäßigen Herrscher dieser Region im Westen Chinas, bis Daraut-Kurgan nachgesetzt und hat ihm dort den Kopf vom Rumpf geschlagen. Die Trophäe soll, in Silber gefaßt, später den Thron des Großkhans im Lager am Kerulen-Fluß geschmückt haben.

Nach Daraut-Kurgan hinübergekommen ist Krist aus nördlicher Richtung über den Tengizbay-Paß in der Alai-Kette, mit einer kirgisischen Karawane, die Reis und Baumwolle aus dem Fergana-Tal in den Pamir hinaufschafft, auf einem Weg, den 1916/1917 österreichisch-ungarische Kriegsgefangene zu bauen begonnen, aber wegen der Kämpfe zwischen den türkisierten Tadschiken des Nordens und den Sarten, Tadschiken, die wie die Pamiris im Süden beheimatet sind und die persische Tradition bewahren, nicht fertiggestellt haben. Ihre eingesunkenen Gräber hat Krist auf einem Friedhof am Surma Tash gesehen, aber die Namen seiner Landsleute auf den Holzkreuzen sind nicht mehr zu entziffern gewesen.

Unterdessen ist Mittag, und wir sind selbst in Daraut-Kurgan.

Außerhalb von Sary Tash, beim verlassenen Checkpoint von Armee und Drogenpolizei, wo Marcus und ich im September vor acht Jahren zu lange im Wind gestanden hatten, sind wir auf die vom ›Pamir-Highway‹ abzweigende Schotterstraße eingebogen. In unserem Nacken ist die Morgensonne stehen geblieben und zur Linken zwei Stunden lang der Pik Lenin. Von grauen, mit Krautbüscheln besetzten unregelmäßigen Zonen unterbrochen, hat sich die Bodenbedeckung des Alai-Korridors vor uns ausgerollt wie ein den Gang hinabeilender Läufer-Teppich. Dessen äußersten Saum mit der Schlängellinie des Kyzyl-Suu haben wir nie aus den Augen verloren, bis das Gewässer in Daraut-Kurgan den vom Tengizbay-Paß entsandten wilden Bach aufnimmt und sein milchkaffeefarbenes Wasser rötliche Tönung gewinnt. Krist hat dasselbe Phänomen auf der nördlichen Seite des Passes im Fall des nach Fergana abfließenden Isfayram-Say bemerkt und, da das Alibi seiner im persischen Tabriz begonnenen und im Prinzip klandestinen Reise durch Russisch-Turkestan lautet, für die Sowjets im Pamir geologische Untersuchungen zu tätigen, ein paar Proben der Erde eingepackt, die seiner Meinung nach Zinnober enthält und deswegen auch auf Quecksilbervorkommen hinweisen muß.

Das Gasthaus von Daraut-Kurgan steht auf einer Geländeterrasse über dem Gebirgsbach, und der Wirt hat uns die unbelegten Mehrbettzimmer gezeigt. Unschlüssig, ob wir eine Nacht bleiben sollen, wo doch das kirgisische Daraut-Kurgan ermahnt 'schnell weiter beim Turm!', haben wir uns entschlossen, erst einmal zu essen. Hohe Pappeln spenden Schatten. Die Kleewiese blüht. Auf dem geblümten *topchan* steht der Topf mit *sorpo*, der Gemüsebrühe mit Hammelfleisch.

Nichts deutet daraufhin, warum Daraut-Kurgan in der Vergangenheit als notorisches Räubernest zu fürchten gewesen wäre, warum der Reisenden guttut, ›schnell am Kurgan‹ vorbeizukommen.

'Kurgan' könne auch 'Mauer' bedeuten, erklärt der Wirt, aber er wisse nicht, ob damit das im Hintergrund sichtbare Kastell gemeint sei – wahrscheinlich der von Colin Thubron (*The Lost Heart of Asia*, London 1994) als »Kokandi fort« bezeichnete Bau. Aber der Wirt weiß, daß der Lehm der Mauern mit Kamelmilch getränkt worden ist und daß es möglicherweise einst von den Basmatschen benützt wurde. Möglich, daß der Name Daraut-Kurgan ('schnell weiter am Turm') also eine unter russischer Administration erfolgte Namensgebung ist, denn das Wort 'Basmatschen' mit der turksprachigen Wurzel *bosmoq* ('unterdrücken') kann auch mit 'Bandit' wiedergegeben werden. Des einen Freiheitsheld ist nicht erst seit jüngster Zeit dem anderen ein Aufständischer. Komplizierend kommt im Fall der Basmatschen hinzu, daß die sich gegen die zaristische Kolonialadministration erhebende Partisanen-Bewegung 1917 während der Oktoberrevolution als Verbündete der Bolschewiken für kulturelle Selbstbestimmung und nationale Unabhängigkeit gekämpft haben – ein Ansinnen, das sie im Bürgerkrieg dann zu Feinden letzterer macht.

Sergej treibt die Sorge um, er könne in Daraut-Kurgan womöglich keinen finden, der ihm in der Sache mit der Autobatterie behilflich sein kann, und dieser Umstand ist letztlich ausschlaggebend, nicht hier zu übernachten, sondern sogleich Chak aufzusuchen und dann nach Sary Tash zurückzukehren.

Als wir auf dem Fahrweg sind, welcher von der zur tadschikischen Grenze führenden Schotterpiste abzweigt und auf eine erhebliche Talöffnung zuhält, weihe ich meine beiden Begleiter in das Vorhaben ein, Ptolemaios' ›Steinernen Turm‹ zu lokalisieren, denn ihm und Sergej ist seit Bishkek nicht klar, warum ich unbedingt vor dem Übertritt nach China diesen Abstecher in umgekehrter Richtung unternehmen muß.

Es gibt keinen Grund zur Annahme, daß der schmale Fahrweg zwischen der Ebene des Alai und den steilen Hängen einer anderen Steckenführung folgen soll als der Pfad, welcher Aurel Stein 1915 von Daraut-Kurgan aus, wo sich damals ein die Grenze zum bucharischen Territorium bewachender Zollposten befunden hat, in das drei Meilen abwärts liegende Dorf Chak gebracht hat – »ein großes, gepflegtes Areal und eine verfallene große Umwallung, die während der unruhigen Zeiten vor der russischen Annexion Turkestans besetzt wurde«. Dies sei genau der Platz, an dem man eine bedeutende Straßenstation voraussetzen könne, schreibt Stein und fährt fort, daß mit Sicherheit in dessen Nachbarschaft der ›Steinerne Turm‹ zu lokalisieren sei, welchen der klassische, von Ptolemaios gesicherte ältere und bei Marinos von Tyros enthaltene Bericht als von Bactra aus erreichbaren Ort bezeichnet, und zwar, »wenn der Reisende in die Schlucht hinaufsteigt«.

Bei der von Ptolemaios erwähnten Schlucht, welche es den Warenzügen ermöglicht, das Bergland der Komeder zu überwinden, handelt es sich aller Wahrscheinlichkeit nach um das Karategin-Tal (das Garm-Tal im heutigen Tadschikistan). Aurel Stein hat bereits in seinem Expeditionsbericht (*Innermost Asia. Detailed Report of Explorations in Central-Asia, Kan-su and Eastern Iran*, London 1928) darauf hingewiesen, daß dieses Tal des 'Roten Flusses' (Kyzyl-Suu oder Surkhab) eine im Unterschied zu südlicher liegenden Pamir-Tälern von physischen Hindernissen freie Verlängerung der Arterie des Handels sei, welche die Wasserscheide zwischen Tarim

Die entsprechende Stelle lautet in der annotierten Übersetzung aus dem Griechischen von J. Lennart Berggren und Alexander Jones (*Ptolemy's Geography*, Princeton 2000):
»... for he [Marinos] says that as one ascends the gorge, the Stone Tower comes next, and from thence the mountains go off to the east and join up with the Imaon [range], which goes up from Palimbothra to the north.«
Die erläuterte deutsche Übersetzung durch Hans v. Mzik und Friedrich Hopfner (Wien, 1938) gibt die Stelle wieder wie folgt:
»Denn Marinos sagt, es folge bei der Hinreise auf die Schlucht der Steinerne Turm, von dem gegen Osten zu die Berge zurückweichen und mit dem Imaos zusammenhängen, welcher von Palimbothra gegen Norden streicht.«

und Oxus an der niedrigsten Stelle überschreite. Laut in Daraut-Kurgan erhaltener Informationen ist die Route, die rechts dem Fluß folgt und sich eng an diesen hält, ganzjährlich bis Obigarm (östlich der heutigen tadschikischen Hauptstadt Dushanbe) für beladene Kamele und Packtiere offen. Steins eigener Augenschein vor Ort hat diese Information nachträglich bestätigt, aber der Reisende verbeugt sich dann in *Ancient Central Asian Tracks* vor weiteren Referenzen – zunächst vor Sir Henry Yule, dem Übersetzer und ausführlichsten Kommentator Marco Polos (*The Book of Ser Marco Polo. The Venetian, concerning the Kingdoms and marvels of the East. Translated and edited, with extensive critical and explanatory notes, references, appendices and full indexes, preceded by an analytical and historical introduction*, Palermo 1870), der vom »Valley of the Komedoi« spricht, und dann vor den arabischen Geographen des Mittelalters, die das Karategin-Tal noch unter dem entsprechenden Namen *Kumedh* gekannt haben. Ebenso wahrscheinlich sei es, ergänzt Aurel Stein seine kurze Ausführung zum ›Steinernen Turm‹, daß die von Ptolemaios für seine Beschreibung des Handelswegs nach China von Marinos übernommene, am Ostrand des Territoriums der nomadischen Saken (ein Stamm der Skythen) befindliche »Station at Mount Imaos«, wo die Händler chinesischen Boden betreten würden, mit dem Erkeshtam seiner Zeit identisch sei. An diesem Platz wären die Karawanen sowohl den Eintreibungen und Launen der chinesischen als auch der russischen Zöllner ausgesetzt.

Ob es sich heute wie im Jahr 1915 verhält, werden wir in ein paar Tagen wissen. Jedenfalls muß Irkeshtam schon seit jeher eine Zollstation gewesen sein. Das *Weilüe*, der mutmaßlich von Yu Huan zwischen 239 und 265 kompilierte chinesische Bericht aus der Periode der 'Drei Reiche' (220–280), erwähnt nämlich im Abschnitt 9 über die »Mittlere Route« ein in der Region Irkeshtam befindliches Reich Juandu, dessen Name mit 'Steuerstation' übersetzt werden kann, und an Juandu anschließend in westlicher Richtung das Reich Xiuxiu mit der Bedeutung 'Hervorragender Rastplatz'.

Nach dem ausgezeichneten *sorpo* vor vorhin stimmen wir mit Stein überein, daß es sich bei diesem Reich um Daraut-Kurgan handeln muß. Dabei bestärkt uns auch der Australier John E. Hill, der seinen Übersetzungsentwurf des *Weilüe* im Internet zugänglich gemacht und Xiuxiu geographisch »in der Nähe von Karakavak« lokalisiert hat, die Siedlung auf halbem Weg zwischen Sary Tash und Daraut-Kurgan und kaum vierzig Kilometer von letzteren entfernt.

Sergej und Nikolai betrachten nun die Landschaft mit Ptolemaios Augen, und noch bevor wir Chak erreichen, denn so verzeichnet die Karte Steins Chaq, haben wir unseren ›Steinernen Turm‹ links der Straße gefunden.

Selbstverständlich entspricht die Anlage weder der Örtlichkeit Burj-i Sangin, 'Turm aus Stein', des persischen *Hudud al-Alam* (372 n.d.H. oder 982), »ein großes Dorf in China, reich und sehr angenehm«, noch dem »Turris lapidis«, einem mickrigen, etwas schiefen Zylinder mit vorkragendem Dach, der Weltkarte des Henricus Martellus Germanus (Florenz, um 1490) auf einem vom Imaos abgehenden Sporn steht wie ein im kargen Grenzland sich selbst überlassener Mirador, und auch nicht der von Alexander von Humboldt vorgestellten »wahrscheinlich befestigten Caravanserei« (*Kosmos*, 1845).

Auf den ersten Blick ist zwar klar, daß es sich bei dem, was wir für den ›Steinernen Turm‹ halten, um einen Friedhof handelt; aber seltsam ist, daß sich dieser auf einer flachkuppeligen Erhebung ausbreitet, die zudem eine ursprüngliche Kreisform erkennen läßt, obwohl die westliche Hälfte in den das Seitental entwässernden Kök-Suu abgestürzt ist. Dort erkennt man, daß der Buckel ganz aus großen, in Erdmassen aufgehobenen Kieselsteinen besteht. Aber ob er eine natürliche Ablagerung des Zubringers des Kyzyl-Suu ist, der kurz vor der Mündung in diesen nur noch wenig Gefälle und Kraft hat, um Geschiebe zu transportieren, oder eine künstliche oder auch eine Kombination von beidem, kann ich nicht beurteilen. An der höchsten Stelle, hart am Rand des Absturzes, steht ein einfacher Lehmschrein. Pfähle mit den Hörnern des Pamir-Schafs und solche mit Pferdehaarbüscheln gibt es nur auf der südlichen Seite über Gräbern, vor denen Tumuli aus Kieselsteinen aufgeschüttet sind. Auf der Nordseite hingegen liegen eingefallene, viel ältere Gräber. Zweihundertfünfzig Jahre alte Gräber seien es, sagt Nikolai. Der Junge zu Pferd, den er angehalten habe, sei ganz sicher. Diesen alten Gräbern sind die Mäntel aus Kiesel genommen. Geblieben sind eingefallene Gruben. Darin sichtbar keine Gebeine, sondern knochenbleiche Balken oder Äste, durch welche die Bergflora vertrocknete Stengel reckt.

Stein schreibt nichts über diese Gräber in Chak. Überhaupt läßt die Lektüre den Schluß zu, daß er es plötzlich eilig hat, wieder ins Gebirge zu kommen. Er wendet sich nach Süden, traversiert den Alai-Korridor und sticht mit seinen Ponys hinein in die parallel verlaufenden schneebedeckten Ketten des Russischen Pamir. Nach der heiklen Passage der Schluchten am Sarezkoye-See, über dem Stein an der hellen, erst vier Jahre alten Abrißstelle des gewaltigen Bergsturzes durch Gesteinsbewegungen verursachte Staubwolken wahrnimmt, gelangt sein Trupp schließlich zur Alichur-Hochebene und über den Bash-Gumbaz-Paß am 26. August 1915, einen Monat nachdem er von Kyzyl-Art nach Sary Tash hinuntergegangen ist, zum Victoria-Lake (dem Zorkul-See). Dort kreuzen sich bekanntlich die Wege von <u>Xuan-Zang, Marco Polo, Benedict Goës und John Wood</u>, aber auch jene der von Gao Xianzhi befehligten Armee der Tang, die im Jahr 747 vom Wakhan-Korridor über den Barogil- und den Darkot-Paß in das von den Tibetern kontrollierte Reich Balur (heute im oberen Gilgit-Tal) vorstößt. Über zwei der drei Routen, auf denen Gao laut den Tang-Annalen sein Heer im Quellgebiet des Oxus am Kopf des Wakhan-Korridors versammelt hat, gewinnt Stein Klarheit, die dritte hingegen kann er vom ›Victoria-Lake‹ aus nur mit Hilfe des Fernglases erkunden, liegt sie doch innerhalb der 1895 von der *Anglo-Russian Boundary Commission* festgelegten Grenze Afghanistans, das er als Gast der Russen nicht betreten kann.

Dazu Buch II, *Im Wakhan-Korridor* und *Maritimes am ›Dach der Welt‹*.

Aufgeräumte Pässe

Sary Tash, 12. Juli 2004. — Die Pferde spüren instinktiv, ob einer reiten kann, sobald er den Fuß in den Steigbügel stellt oder schon zuvor an der Art und Weise wie er sich ihnen nähert. Von sich aus hätten die drei kleinen Braunen, die Islam aus verschiedenen Ställen zusammengeführt hat, das Maul bestimmt an Nikolais Brust gestoßen.

Islam sagt der Name Terek-Paß nichts. Der vom Haus aus sichtbare Übergang hieße Tumanchi-Paß. Aber von seinem Scheitel aus sähe man noch andere Pässe. Vielleicht gelingt es also jetzt, in dem voraussichtlich vierstündigen Ausritt, den in den Falz von Gernets Buch gerutschten Paß doch noch zu lokalisieren, auch wenn Islams Ambition es nicht ist, den französischen Sinologen zu widerlegen, sondern er vielmehr beabsichtigt, Murmeltiere zu schießen. Zu diesem Zweck hat er nicht nur ein Kleinkalibergewehr geholt, sondern vom Flachdach des Schuppens ein paar andere Utensilien, deren Funktion mir unklar bleibt.

Sergej rechnet oben am Berg mit kaltem Wind, denn er, dem sonst das enge Leibchen mit über dem Deltamuskel endenden Ärmeln genügt, hat die braune LederJacke bereitgelegt. Prüfend hat er die aus der Wand eines Autoreifens geschnittene Reitpeitsche durch die Finger seiner Rechten laufen lassen, die sonst mit dem Autoschlüssel spielen; aber am Ende kann er sie nicht benutzen. Die entzündete Stelle unter dem Sattel seines Pferdes erweist sich als zu kritisch, und es ist kein Fleisch verfügbar, das wie ein Schwamm aufzulegen wäre, nicht zuletzt um der Haut die Maden zu entziehen. Eine alte Methode, hat Islam ergänzt und damit ohne es zu wissen Ammianus Marcellinus präzisiert. Der in allen Pferde betreffende Fragen versierte Historiker, der an den Perserkriegen Julian Apostatas im Jahr 363, und zwar im Dienst Ursicinus', des als *magister equitum* bekannteren römischen Generals, teilnahm, gibt bei der Darstellung der Lebensweise der Hunnen (den Chinesen bekannt als Xiongnu) nämlich an, damit würde das Fleisch weichgeritten vor dem Verzehr. Islams Hinweis zur Linderung der Druckstellen der Holzsättel ist aber auch einer auf die kulturelle Verbin-

Der einer in Antiochia niedergelassenen griechischen Familie entstammende, um 330 n. u. Z. geborene Ammianus Marcellinus ist der bedeutendste spätantike Historiker. Sein in Rom vor dem Winter 392/393 verfaßtes einunddreißigbändiges Werk *Rerum gestarum* behandelt die Geschichte Roms vom Ende der *Historiae* des Tacitus bis 378, dem Jahr der Schlacht bei Hadrianopel, als sich der Autor zur Recherche nach Thrakien begibt. Als Erbe Tacitus' ist Ammianus um Objektivität und Wahrheit bemüht und besitzt persönliche Anschauung mancher Schauplätze. Während des Alemannenkrieges hat er mit Ursicinus in Köln geweilt, danach in Gallien. Im Jahr 359 ist ihm nach dem Fall der vom Sasaniden Shapur II. belagerten Stadt Amida (heute das türkische Diyarbakir) die Flucht zurück nach Antiochia gelungen, und den Perserfeldzug beginnt er wahrscheinlich bei der Euphrat-Flotte.

dung zwischen Kasachen, Kirgisen, Turkmenen und den ursprünglich im Gebiet zwischen dem Issyk Kul und der Mongolei beheimateten Hunnen. Ihnen müssen deshalb die Angehörigen der skythischen Kulturgemeinschaft, denen sie zu Beginn der durch ihren Vorstoß aus Innerasien um das Jahr 375 ausgelösten Epoche der Völkerwanderung in den Steppen Südrußlands begegnen, als Fremdlinge erscheinen, benutzten jene doch nicht Holzsättel, sondern bloß Satteldecken.

Bereits Herodot weiß, daß die Skythen keine ethnische Einheit bilden und rapportiert entlang der nördlichen Handelsroute Akkerbauskythen, Nomadenskythen und die sogenannten Königssitze, den vornehmsten Stamm, der die anderen Stämme unter seiner Botmäßigkeit hält. Die Perser wiederum unterscheiden auf der Grabinschrift des Dareios von Naks-e-Rostam (486 v. u. Z.) die zu den Skythen gezählten Saken in *Saka haomavarga* ('Haoma essende Saken'), *Saka tigrachauda* ('Spitzmützige Saken') sowie *Saka tyaiy paradraya* ('Saken jenseits des Meeres'). Nach der Zeitwende erweitert Ptolemaios den Bestand um die im Tarim-Becken siedelnden 'Skythen jenseits des Himaos' und die Kushan im äußersten Nordwesten Indiens und Nordosten Afghanistans, die 'Indoskythen'. Entsprechend heißt auf der achten Asien-Tafel der Karte von Donnus Nicolaus Germanus (1478) das Territorium der ersteren dann »Scythia Extra Imaum Montem«, während der mit »Scythia Intra Imaum Montem« auf der siebten Tafel bezeichnete Raum nicht das Kushan-Reich bezeichnen kann, liegt er doch bereits nördlich von Sogdiana über dem Jaxartes (Syr Darya) und dem Kaspischen Meer.

Pferde sind Fluchttiere, aber der Ausbruch meines Pferds im Hof ist keine Äußerung dieser Charaktereigenschaft, sondern ein Versuch, mich abzuwerfen, bevor ich das Gleichgewicht finde und mich fragen kann, wie ich es zum Paß hinauf schaffen werde mit den viel zu kurzen Steigbügelriemen. Islam kann den Braunen gerade noch stoppen, aber bereits in der sanft ansteigenden Mulde jenseits des Baches steht fest, daß es zwischen Tier und Reiter nur schwerlich zu einem Zweckbündnis kommen kann, und dieses ein unausgewogenes bleiben wird. Nikolai galoppiert voraus, dann wieder läßt er sein Pferd traben, sitzt kerzengerade im Sattel, während ich froh bin, meine lächerliche Figur nicht im Spiegel sehen zu müssen. Ein Abbruch der Unternehmung ist jedoch unmöglich, und deshalb rede ich mir ein, die zuletzt unter schroffen Felsen hindurchführenden Steilhänge, welche Islam als den Weg zum Tumanchi-Paß aufgezeigt hat, seien vielleicht doch weniger bedrohlich, als es den Anschein macht. Deshalb blicke ich lieber konzentriert auf den Boden. Dort liegen zwei Raben, tot und mächtig, und etwas später der verweste Kadaver eines Yaks. Nach einer Stunde gelangen wir auf einen überaus steilen Fahrweg. Der Ritt wird dadurch eher beschwerlicher, denn zuerst sorgen Murmeltiere an der Böschung für Aufregung und dann ein schlammgrüner *Zil*, der mit abgestelltem Motor an uns vorüberrumpelt.

Irgendwann, vielleicht aus Müdigkeit, vergißt mich das Pferd, und ich kann über die grünen Hänge, hinter denen Sary Tash verschwunden ist, und den Alai-Korridor hinweg das sich an den Sechstausendern am Dreiländereck Tadschikistan-China-Kirgistan entladende Gewitter betrachten. Leichter Regen fällt, und es duftet nach Kalk, als wir die Parabolantenne des kirgisischen Fernsehens erreichen, wo das Dutzend Männer, welches der *Zil* mit Baumaterial versorgt hat, eine schachtelgroße Unterkunft errichtet.

Islam macht die Pferde fest, steckt sich eine Bergblume in den Mundwinkel und führt uns hinter einen Felssporn. Zusammen mit den grauen Schroffen zur Linken bildet dieser den auf keiner Karte verzeichneten Tumanchi-Paß. Jedenfalls liegt er höher als der Taldyk-Paß (3414 M.ü.M.) − wie hoch genau, weiß Islam nicht. Von hier oben gelangt man auf direktem Weg zur untersten Kehre der von jenem Übergang kommenden heutigen Straße − allerdings nur zu Fuß, denn der Tumanchi-Paß fällt steil ab in das Trogtal des Gülchö oder Kurshab, viel zu steil für eine Verkehrsstraße. Eine solche habe man in den 1980er Jahren über den niedrigeren Achat-Davan-Paß (3536 M.ü.M.) einen Kilometer weiter östlich zu bauen begonnen, sagt Islam. Aber diese im Unterschied zu dem auch im Winter passierbaren Taldyk-Paß für Packtiere nur im Sommer begehbare steilere Alternative sei nie vollendet worden und auch nicht die kürzeste Verbindung zwischen Erkeshtam und dem Kurshab-Tal. Jene verlasse den Alai-Korridor näher bei Erkeshtam.

Dann deutet Islam mit dem von Norden nach Süden wandernden Zeigfinger die Lage aller Pässe im Osten, einen nach dem andern bis zum Kök-Suu, den wir aber auch nach dem Durchqueren eines letzten Altschneeflecks nicht sehen können. Von Kök-Suu soll er in nordwestlicher Richtung nach Sopu Kurgan hinüberführen, das im Mittelabschnitt des zu unseren Füßen beginnenden Tals des Gülchö oder Kurshab liegt. Ein ziemliches Stück vor dem zwischen Irkeshtam und Sary Tash liegenden Töö-Morun-Paß abzweigend, würde diese Route, auf der Karte betrachtet, die Strecke via Sary Tash und den Taldyk-Paß nach Sopu Kurgan um genau soviel verkürzen wie bei einem gleichseitigen Dreieck die den dritten Eckpunkt auslassende Grundlinie.

Zur erheblich kürzeren Reisedistanz auf dieser versteckten Route und der Tatsache, daß der Taldyk-Paß an der *M 41* eine unter strategischen Gesichtspunkten als direkt südwärts in den Pamir führende, also nicht nach China hinüberweisende, zaristische Heerstraße gebaut worden ist, gesellt sich als dritter Grund, Islams unsichtbaren Übergang als Gernets ›Terek-Pforte‹ zu akzeptieren, der Name Terek-Too, welcher auf der Karte die bei der kirgisisch-chinesischen Grenzstation Irkeshtam beginnende, das Kök-Suu-Tal östlich begrenzende und in nördlicher Richtung zu unserem Etappenort Kögart hinüberführende Kette bezeichnet. Nikolai sieht das auch so, und nachdem wir mit Islams Zustimmung die vor einigen Tagen in Kögart, im Haus von Shamishit Konobiekov nach dem Genuß etlicher Gläser Wodka gefaßte Idee eines theoretischen 'Superpasses' fallengelassen haben, reiten wir nach Sary Tash zurück.

Basartag

Sary Tash, 13. Juli 2004. — Islams Frau und Tochter haben sich schön gemacht. Heute ist Dienstag, und Sary Tash wird versorgt. Am Mittwoch ist der Basar dann in Kyzyl Suu, am Donnerstag in Daraut-Kurgan.

Möglicherweise ist er dort betriebsamer, denn die poröse, ein Rechteck bildende Linie aus Kisten, Kartonschachteln, Säcken mit Kohlköpfen, Kartoffeln und Zwiebeln, sowie ein paar niedrigen, mit bedrucktem Plastik bedeckten Tischen, das die Händlerinnen gebildet haben, wirkt etwas verloren auf dem großen zementierten Platz unterhalb der Straßengabelung. An den entgegengesetzten Ecken des Rechtecks steht je ein zweirädriger Pferdekarren, und auf dessen grob gehobelten Brettern schreien grellbunte Frottiertücher aus chinesischer Fabrikation. Wir kaufen welche, denn heute ist nicht nur Basartag, sondern auch Zeit für die Sauna. Shampoo der Marke *Ocean*, eingemachte und frische Gurken, Spaghetti, Dosenfisch und eingemachtes Rindfleisch benötigen wir hingegen nicht, auch keine Socken, hingegen Seife. Das Sortiment wiederholt sich, wechseln tut die jeweilige Anordnung. Gekauft wird, da keine Preisunterschiede auszumachen sind, wahrscheinlich aufgrund der Bekanntschaft mit der Händlerin.

Das Prinzip ist auf dem bescheidenen wöchentlichen Basar in Sary Tash genauso anwendbar wie am »jüngsten Tag der Kaufleute«, der im jährlichen Rhythmus mehrere hunderttausend Menschen nicht nur aus der Bucharei und Persien, sondern aus allen Randländern Zentralasiens, aus China und Skandinavien auf dem Messeplatz von Nischni Nowgorod zusammenführt.

In der auf Sand und Knüppelwegen mit der Kutsche zu erreichenden Stadt registriert Astolphe de Custine (*Russische Schatten. Prophetische Briefe aus dem Jahre 1839*) im August 1839 verwundert, daß es trotz herrschendem Gedränge keine größere Unordnung gab. Für Rußland würde Ordnung »ein Fortschritt sein, denn sie ist die Tochter der Freiheit [...]«, räsoniert der Reisende durch das »merkwürdigste Land«, wo man »die tiefste Barbarei neben der höchsten Civilisation findet«, und irgendwie hat er halt doch Unordnung erwartet, wo »halbwilde Menschen« zusammenströmen, um immer höher steigende Gewinnsucht und das Streben nach Luxus zu befriedigen.

Am Nachmittag fällt starker Regen. Wolken stehen an den Felsen des Tumanchi-Passes, und im Dorf vermischt sich der Rauch aus den Kaminen mit dem Nebel, der vom Friedhofshügel herabkriecht.

Der Pfad zum Haus mit der Sauna führt über den Bach und die rote Erde ist aufgeweicht. Wir schaffen ihn rennend, aber ohne Sturz, und als wir vor dem Haus ankommen, vor dem ein *Kamaz* steht, kommt mir in den Sinn, daß ich noch nie einem Nomaden mit Regenschirm begegnet bin.

Das Haus ist neueren Datums und besitzt eine geräumige Einbauküche. Man holt Tücher, und nachdem wir einigermaßen trocken sind, führt man uns in die geräumige Stube, denn noch sind andere Gäste im Saunahäuschen, das sich am Rand des Grundstücks zwischen Geräteschuppen duckt. Neben der Tür gibt es einen Apothekerschrank, und darauf steht ein russisches Kräutershampoo der Marke *Herodot*. Die fensterlose Wand füllt eine Wohnwand mit braunem Glas. Sie ist voll mit chinesischem Geschirr und Büchern, darunter einige Bände mit historischen Aufnahmen über die Entwicklung der Infrastruktur im Pamir während den dreißiger – und vierziger Jahren des letzten Jahrhunderts. Über dem Sofa hängt ein Wolfsfuß, daneben der weiße Stoffbeutel mit den Utensilien zur Befragung der Zukunft und der Rückversicherung der Vergangenheit – einundvierzig Kieselsteine, Karten und eine Gebetskette. Die beiden anderen Wände gehören dem Kopf einer Wildziege, deren Alter beim Abschuß anhand der sechs Ringe am Geweih festzustellen ist, sowie eines Exemplars der berühmtesten Unterart des *Argali*-Schafs, eines *Ovis ammon polii*. Der Bock, sagt der Gastgeber, habe 150 Kilogramm gewogen, und aufgrund der acht Zähne sei er zehn gewesen, denn in den ersten beiden Jahren mache er keine. Darauf betätigt der Mann einen Lichtschalter, aber etwas stimmt nicht, und weder die grünen Augen im Kopf des Marco-Polo-Schafs gehen an, noch jene der Wildziege.

Über den Imaos

Sary Tash, 14. Juli 2004. — Vor dem Aufbruch nach China eine Verortung im Raum.

Von Chak, das heißt vom ›Steinernen Turm‹, dem als halbe Distanz des Warenwegs zwischen dem Vorderen Orient und China angesehenen Platz, bis Sary Tash sind es ungefähr 90 Kilometer oder 486 Stadien und von Sary Tash bis zur Grenzstelle Irkeshtam nochmals ungefähr 70 Kilometer oder 378 Stadien.

Nach Ptolemaios beträgt die Längenausdehnung der *Oikoumene*, der bekannten bewohnten Welt von den Kanarischen Inseln bis nach Kattigara am Chinesischen Meer, ungefähr 180° Längen zu 400 Stadien, also 72 000 Stadien oder 13 320 Kilometer. Davon durchmißt die am ›Steinernen Turm‹ vorbei durch den Alai-Korridor führende Handelsroute 42 100 Stadien. Diese summarische Schätzung aus dem 2. Jh. n. u. Z. beruht sowohl auf der als korrekt eingestuften Annahme des Marinos von Tyros, der westliche Routenabschnitt halte sich zwischen dem Euphrat-Übergang beim syrischen Hierapolis und den ›Kaspischen Toren‹ auf dem 36. Breitengrad von Rhodos sowie auf der Verminderung der von jenem angenommenen Stadienzahl, vor allem im Ostabschnitt, die Ptolemaios' Vorgänger aus der angeblich siebenmonatigen Reise der Agenten seiner Quelle, des makedonischen Kaufmann Maës, ermittelt hat. Nicht nur stellt Ptolemaios diese Reisedauer grundsätzlich als erfunden hin – denn, hätten die Agenten die Strecke tatsächlich zurückgelegt, wäre doch einiges mehr zu berichten gewesen als die bloße Mitteilung der angeblich dafür beanspruchten Zeit –, sondern er berücksichtigt auch die in Marinos Schätzung enthaltenen mehrfachen aufaddierten Krümmungen des Itinerars, das jenseits von Medien nicht einem einzigen, dem rhodischen Breitengrad folgt. Der ›Steinerne Turm‹ etwa liegt annähernd auf jenem von Byzantion und Sera, der Hauptstadt Luoyang der Serer und damit dem Endpunkt der Route, südlich jenes des Hellespont.

Die Strecke vom Euphrat bis zum ›Steinernen Turm‹ reduziert Ptolemaios deshalb von den 26 280 Stadien bei Marinus auf 24 000, jene vom ›Steinernen Turm‹ bis Sera von 36 200 um die Hälfte auf 18 100 Stadien.

Ptolemaios' größte Herausforderung bei den aufgrund Marinos Angaben zu vermessenden Krümmungen des Itinerars betreffen die Längenausdehnung im östlichen Asien. Zwischen dem hunderttorigen Hekatomphilos, der parthischen Hauptstadt (zwischen Semnan und Damghan in Khorasan), der Hauptstadt Hyrkaniens (Südwest-Turkmenistan/Nordost-Iran), Areia (Herat), Antiochia Margiana (Merv) und Bactra (Balkh) kann er seinem Vorgänger noch einigermaßen folgen. Schwierig wird es nach der Überschreitung des Oxus östlich von Bactra, wo sich der Weg »bis zum Anstieg ins Bergland der Komeder gegen Norden, um sich im Bergland selbst bis zur Schlucht, welche der Ebene folgt, gegen Süden« wende. Daraus sowie aus Marinos ergänzendem Hinweis, »es folge bei der Hinreise auf die Schlucht der ›Steinerne Turm‹, von dem ab gegen Osten die Berge zurückweichen und mit dem Imaos zusammenhängen, der von Palimbothra [Stadt am Ganges, Anm. d. Aut.] gegen Norden streicht« folgert Ptolemaios, der Weg von Bactra zum ›Steinernen Turm‹ biege auf einer Strecke von fünfzig *schoinen* (1500 Stadien) nach Norden ab. Im sechsten Buch der *Geographie* weist Ptolemaios den Distrikt des ›Steinernen Turms‹ als Gebiet der Saken (eines Skythen-Stamms) aus. Aufgrund der in diesem Zusammenhang angegebenen Koordinaten muß die Strecke von Bactra zum »Anstieg ins Bergland« ungefähr 3500 Stadien in leicht nordöstlicher Richtung, von dort zur »Schlucht« ungefähr 2700 Stadien in südöstlicher Richtung und von deren Beginn zum ›Steinernen Turm‹ nochmals 2700 Stadien in nordöstlicher Richtung betragen haben, wobei letztere Distanz 90 *schoinen* entspricht anstatt der im ersten Buch angegebenen 50 *schoinen*.

Alle im Hinblick auf die Lösung der Aufgabe einer exakten Erfassung der gesamten West-Ost-Ausdehnung der *Oikoumene* unternommenen Korrekturen der von Marinus gesicherten Informationen zum Itinerar eingeschlossen, erhält Ptolemaios also die Routenlänge von 105 ¼° − 60° oder 24 000 Stadien vom Euphrat zum ›Steinernen Turm‹ und 45 ¼° oder 18 100 Stadien von dort nach Sera. Andererseits ergibt sich unter Addition von 72° − das Total der von Marinos überlieferten, zwischen den ʻSäulen des Heraklesʼ und Hierapolis liegenden und infolge zahlreicher Bereisung wohlbekannten Distanzen − die Längenausdehnung der *Oikoumene* von 177 ¼°, und zwar weil die serische Hauptstadt Luoyang auf derselben Länge liegend angenommen wird wie Kattigara, Hanoi − auf der Weltkarte des Ptolemaios der entfernteste noch bekannte Ort vor der *Terra incogniata*.

In Wirklichkeit liegt Luoyang auf 34° nördlicher Breite und 112° östlicher Länge und Hanoi auf 21° nördlicher Breite und 105° östlicher Länge.

An der Schwelle nach China stehend, muß aber, nachdem eine Vorstellung der Ausdehnung der Welt gewonnen ist, trotzdem noch einmal auf Marinos von den Agenten des Kaufmanns Maës übernommene siebenmonatige Reise vom ›Steinernen Turm‹ nach Sera zurückgekommen werden.

Die Frage, wie Marinos auf die dafür angenommene und von Ptolemaios verwegen halbierte Distanz von 36 200 Stadien gekommen sei, beschäftigt die Wissenschaft bis heute; vielleicht weil sie nicht reist und den Faktoren Geschwindigkeit und Lastgewicht zu wenig Beachtung schenkt. Es ist nämlich so, daß die von Ptolemaios verworfene, von den Agenten des Maës behauptete Dauer von sieben Monaten, vorausgesetzt sie basiert auf der durchschnittlichen täglichen Reisegeschwindigkeit von 30 Kilometern eines mit der üblichen Last von 195 Kilogramm beladenen baktrischen Kamels, sich ziemlich genau mit Marinos 36 200 Stadien verrechnen läßt:

I Stadion = 0, 185 km

162 Stadien = 30 km

36 200 Stadien = 6700 km

6700 km: 30 km = 223 Tage

223 Tage: 30 Tage = 7 Monate

Entsprechend benötigt eine Karawane, die, vom ›Steinernen Turm‹ kommend, Sary Tash erreicht hat und nach China weiterzieht, für die in Kirgistan verbleibenden 378 Stadien oder 70 Kilometer bis Erkeshtam zweieinhalb Tage.

Ohne von mir verursachte Zwischenhalte kann Sergej diese Distanz in zweieinhalb Stunden schaffen, vorausgesetzt der Dauerregen der letzten achtzehn Stunden hat die Piste nicht zu sehr aufgeweicht.

Geregnet, und das vermutlich schon länger, hat es auch im Norden, so daß die erdrutschgefährdete Gebirgsstraße von Jalalabad nach Naryn, wenn überhaupt passierbar, Sergej voraussichtlich mit Problemen konfrontieren wird, sollte er sich tatsächlich für diese Route hinüber zum Torugart-Paß entscheiden. Auf dessen Scheitel wollen wir uns in fünf Tagen wiedertreffen, nachdem ich mich in Kashgar umgesehen habe. Sergej will deshalb heute noch über den Taldyk-Paß nach Osh hinüber, und zwar unverzüglich nachdem ich durch die kirgisische Grenzkontrolle bin.

Irkeshtam, 14. Juli 2004, später Vormittag. — Zum Abschied sind alle Mitglieder von Islams Familie vor das Haus getreten.

Aufgebrochen sind wir kurz nach sechs.

Die Piste ist übersät gewesen mit rostroten Lachen. Aus dem frostigen Schatten hat sie direkt in die Ebene hinausgeführt und diese geschimmert wie eine Kreditkarte. Abholbereit dahinter gestanden haben die Eisriesen Korumdu und Pik Zarya Vostoka.

Den Töö-Morun-Paß haben wir fast nicht bemerkt. Eher als ein Paß ist er ein welliger Sattel zwischen Sommerweiden, die zur Rechten in winklige Täler hineinfließen, wo Zungen von Alpgras in den Brüchen und Fugen der Felswände liegen. Mit 3536 Metern ist der Übergang nur etwas mehr als halb so hoch wie die beiden Gipfel der Trans-Alai-Kette, deren Firneis bald in bleigrauen Wolkenbänken erloschen ist. Die Geologie der Wasserscheide zwischen West- und Ost-Turkestan, denn um diese handelt es sich beim Töö-Morun-Paß trotz seines bescheidenen Auftritts, muß schuld daran sein, daß die Quelle des unterhalb von Sary Tash als Kyzyl-Suu bezeichneten Flusses Kara-Suu, 'Schwarzer Fluß', heißt und das von hier nach China abfließende rote Gewässer entsprechend Kyzyl-Suu.

Die Karte verzeichnet auf der chinesischen Seite der Grenze allerdings noch einen dritten Kyzyl-Suu. In diesen mündet der im Rücken des Korumdu und des

Pik Zarya Vostoka liegende Markan-Suu. Sein Quellauf hat Aurel Steins Ponys zur zaristischen Heerstraße und dem Kyzyl-Art-Paß hinaufgeführt.

Die tiefliegende Wolkendecke hat verhindert, nach der Überquerung des Töö-Morun einen Blick in das Kök-Suu-Tal zu werfen, aber Professor Wäfler werde ich mitteilen können, das Gelände sei jedenfalls stabil. Auf Nikolais Frage, ob ich irgendwann zurückzukommen gedenke, um in dieser Gegend den Terek-Paß zu suchen, habe ich geantwortet, wir hätten unser Bestes gegeben und uns dem Platz so weit genähert wie das möglich gewesen sei.

Unvermittelt ist die Straße dann zu einem Posten der kirgisischen Armee und in das Tal des Nura abgefallen, der seinen Weg um kompakte Geröllterrassen sucht, in einer gewundenen Klus verschwindet und dabei die Straße mitnimmt, alles so schnell, daß die Orientierung abhanden kommt. Nur daß die Erdbunker zahlreicher geworden sind und Murmeltiere seltener, habe ich bemerkt, gerade rechtzeitig bevor sich eine Geländemulde geöffnet hat, flankiert von zernagten Felsformationen, die auf Klüngel ohne ersichtliche Ordnung abgestellter Bauwagen herabblicken. Davor Haufen von Schrott, zuerst einzeln, dann zusammenwachsend, zuletzt ganze Halden.

Das Ende der Historie.

Der Beginn einer neuen dann unten am Fluß. Aber die Reuse ist ans Ufer verlegt.

Fächerförmig drängen Dutzende von Lastwagen zum Tor nach China. Stehen so eng, daß sich die Kabinentüren kaum öffnen lassen, und so dicht hintereinander wie auf einer Fähre. Ihre laufenden Motoren lassen die Hauben schlottern. Zuweilen explodiert ein Auspuff. Dann verhüllt rußiger Qualm für ein zwei, drei Minuten den über die Ladeflächen hinausragenden Schrott. Regt sich einer der Lastzüge, neuere rote *Kamaz* und hellblaue *Zil* so alt wie die transportierte bizarre Last, regen sich alle. Keuchend, ruppig, unter dem Gerassel der angehängten Schneeketten rücken sie vor, egal ob die Räder sich dabei nur um die Spanne einer Hand bewegen oder weniger. Vom identischen Impuls, dem Gebirgsverlies zu entkommen, gesteuerte Monster. Gogs und Magogs von Alexanders Kupfertor.

Nikolai erreicht, daß er mich durch das Tor zum Zollhaus und der Paßkontrolle begleiten kann. Dort verhandelt er mit einem Lastwagenfahrer meinen Transfer durch das Niemandsland. Sergej und er werden eine halbe Stunde warten; wenn ich bis dann nicht wieder auftauche, fahren sie nach Osh.

Simhana, 14. Juli 2004, früher Nachmittag. — Der Laderaum des kirgisischen Lastwagens, mit dem ich das Niemandsland durchquert habe, ist leer gewesen. Wenn er vom Umschlagplatz dreizehn Kilometer hinter der Grenze zurückkehrt, wird er vollgestopft sein mit dem ganzen Segen billiger chinesischer Konsumprodukte.

Selbstverständlich bringen auch die Schrottlastzüge solche mit auf ihrem Rückweg von Kashgar. Laut Islam bemißt sich das Entgelt der Fahrer nach der Tonnage, deshalb transportierten sie möglichst große Mengen. Die *basaris* in Osh, habe ich verstanden, seien indessen nicht ganz glücklich über das gleichzeitige und steigende Auftauchen der Händler aus dem Nachbarland. China baue zudem eine Raffinerie in Jalalabad, und das Öl dazu nähmen sie von Kochkor-Ata, direkt an der Grenze zum usbekischen Teil Ferganas.

Die marktwirtschaftlich orientierten Han des 21. Jahrhunderts bezwingen die von den Mandschu nur halbwegs niedergerungenen Uiguren Xinjiangs nicht nur mit einer Migrationswelle von Osten her, sondern auch, indem sie den seit einem Jahrtausend über die Pässe des Tian Shan und des Alai hinweg vermittelnden Händlern jenseits der Gebirge Quellen und Märkte abgraben.

Ein Stacheldrahtverhau und Stolperdrähte begleiten die zehn Kilometer lange gewundene Strecke durch das Niemandsland. Vielleicht ist sie auch kürzer, aber das ist schwer zu sagen. Jedenfalls sind die Wachtürme auf den Felskuppen von verschiedenen Seiten zu sehen. Kontrolliert worden ist selbstverständlich auch von unten, wobei die jungen Soldaten der Volksbefreiungsarmee, die vor einem überraschend auftauchenden Posten auf hölzernen Rollbrettern liegend mit Stahlruten im Fahrgestell eines Lastzugs stochern, eher mäßig motiviert wirken. Aber in China ist das bei offiziellen Veranstaltungen oft so.

Hinter dem letzten Felskopf hervorkommend, ist sofort klar, daß man das »Land der Serer« betritt, vorausgesetzt man meint damit China.

Quer zur Talsohle haben sie ihren mit weißen Küchenkacheln verkleideten Riegel gebaut. Das Rot auf der Flagge teilen sie mit jenem der benachbarten Nomaden. Aber auf dem Dach und auch in der zerfurchten Böschung stecken eine Unzahl Wimpel, deren bunte Fröhlichkeit dem manchmal kindlichen Charakter des serischen Volkes entspricht, aber weder durch das triste Wetter und schon gar nicht durch die umgebende Gebirgsödnis gerechtfertigt ist.

Jetzt sitze ich in der leeren kalten Halle. Es ist Mittagszeit, Beijing-Zeit und keiner da, der mich nach China hineinläßt. An einem der Schalterhäuschen klebt ein Plakat vom letzten Jahr mit der Warnung vor der *SARS*-Epidemie. Davor zwei Ständer mit messingfarbener Beschichtung, die sich voreinander verbeugen unter dem Gewicht der sie verbindenden roten Kordel. Es gelingt nicht, auf einem der Schalenstühle zu schlafen, denn die Halle scheint das aus dem WC kommende kontinuierliche Rauschen gleichmäßig zu verstärken. Um mich aufzuwärmen gehe ich ein paar Schritte, wage mich am Schalter des abwesenden Einwanderungsbeamten vorbei bis zum Ausgang. Dort riecht es nach Chlor, und ich kann den Wachposten bei der Ablösung beobachten. Dann verfolge ich das Schicksal eines anderen Soldaten, der, auf einem Balken balancierend, mit einem Besen braunes, immer wieder zurückschwappendes Wasser aus der Durchfahrt befördern will, wo die Lastzüge auseinandergenommen und vielleicht auch auf radioaktive Strahlung untersucht werden.

Nach zwei Stunden erscheint das Personal. Zuerst eine Abteilung des *Xinjiang Sanitarian Department* mit Desinfektionsutensilien, die nicht bei mir, sondern beim Lastwagen, der mich über die Grenze gebracht hat, angewendet werden. An der Säule mit dem Scanner ist zu lesen »Please Have A Glance At The Sensor«.

Fünf Minuten nachdem ich der freundlichen Aufforderung nachgekommen bin, stehe ich auf dem nach Chlor riechenden Vorplatz, und weil es zu regnen beginnt und ich davon ausgehe, das der Vertreter oder die Vertreterin vom *Xinjiang China International Travel Service*, welcher den Behörden in Simhana meine heutige Ankunft avisiert hat, mich schon finden wird, betrete ich das nächstliegende in einer Reihe von Restaurants an der einzigen und braun überfluteten Straße der Grenzstation. Die uigurische Nudelsuppe mit Streifen roter Pfefferschoten schmeckt so vorzüglich, daß kein Zweifel daran besteht, in China angekommen zu sein. Der Dampf der offenen Küche wärmt den kleinen Raum. In dessen einzigem Fenster, auf dem zugezogenen der roten Vorhänge, steht ein portabler Fernseher und auf diesem das einen schwarzweißen Bruce Lee abspielende Video-Gerät.

Kashhgar, 14. Juli 2004, abends. — Frau He Jing Tao hat der Gedanke, ich hätte womöglich ohne ihre Begleitung ein Taxi nach Kashgar genommen, große Sorge bereitet. Das ist nachvollziehbar, denn auch im neuen China, das geographisch noch lange nicht überall angekommen ist, aber die Köpfe zu befreien beginnt, sind ein paar Dinge nach Vorschrift abzuwickeln.

Die Straße nach Ulugchat hinunter führt durch ein einziges zerfurchtes Erdrutschgebiet. Das Talgehänge erinnert an Termitenburgen. Aus den Seitentälern quillt Schokolade mit vielen Bläschen. Wer hier graben will, gräbt in Brei. Feuerstellen und Lagerplätze wären vielleicht weiter unten zu finden gewesen – bevor die Han im Tal Beton vergossen haben, um die Anfahrt nach Simhana und zum Torugart zu erleichtern. Immerhin haben sich ein paar Dörfer der Uiguren noch rechtzeitig in Sicherheit bringen können und bei aus diesen stammenden Kindern hat Frau He Jing Tao für ihre Tochter Aprikosen gekauft.

Um 9 Uhr abends Beijing-Zeit haben wir uns Kashgar auf einer achtspurigen, nicht richtungsgetrennten Betonpiste genähert. Eigentlich hätten wir die Stadt sehen müssen, denn theoretisch ist es in Xinjiang noch hell, wenn in der Hauptstadt die Lichter an sind. Aber ein Sandsturm hat über die Ebene eine braungraue Decke geworfen. Das sei schon seit Tagen so, hat Frau He sich beklagt. Auf einer der großen Kreuzungen, denen Kashgars mächtige Stadtmauern gewichen sind, habe ich dann angesichts der mit Leuchtdioden die noch zu verbringende Wartezeit an der

Ampel in Sekunden anzeigenden Tafeln verstanden, daß nicht jede Neuerung nur nachteilig sein muß.

Morgen beginne ich mich mit der Verwandlung von Kashgar in Kashi zu befassen. Deshalb hat es keine Alternative gegeben, als ein Zimmer im ehemaligen Russischen Konsulat zu nehmen, dort wo Prinz Mestchersky, St. Petersburgs diplomatischer Vertreter in Chinesisch-Turkestan, im Sommer 1915 Aurel Stein entgegenkommenderweise mit der Erlaubnis zum Besuch des in Russisch-Turkestan liegenden Pamir versieht.

Die Verabschiedung von Kashgar

Kashgar, 15. Juli 2004. — Seit den Anschlägen des 11. September 2001 hat das Politbüro der KPCh es so leicht wie keine andere das 'Reich der Mitte' regierende Zentralmacht zuvor, Xinjiang, die Heimat der Uiguren, unter seine Botmäßigkeit zu bringen.

Das Ende der 1990er Jahre festgestellte Auftreten einiger Uiguren – 1000 gemäß offizieller Darstellung aus Beijing – in Verbänden der in Afghanistan operierenden islamistischen Gotteskrieger verschiedener nationaler und ethnischer Herkunft sowie deren vermuteter fortwährender Aufenthalt in Waziristan, dem neuen terroristischen Keimland Pakistans an der Grenze zu Afghanistan, ist für die oberste Führung Chinas nämlich nicht nur ein Beweis für den islamistisch inspirierten Abspaltungsversuch der seit 1996 hinter einer Nebelwand bekämpften, weitgehend unbekannten und personell nicht faßbaren *ETIM (East Turkestan Independence Movement)*, sondern rückwirkend und auf Zusehen hin ein Grund zur Rechtfertigung ihrer repressiven Maßnahmen in der mehrheitlich von diesem Turkvolk bewohnten Region Xinjiang. Alarmiert worden ist Beijing damals durch die Errichtung einer Vielzahl nicht autorisierter Moscheen und Medresen, oftmals mit ausländischen Spenden, und hat deshalb umgehend Pakistan aufgefordert, den Fluß von Mitgliedern islamistischer Gruppierungen, zum Beispiel der *Jamiat-e-Islami*, nach Xinjiang zu unterbinden. Auf dem ›Karakoram-Highway‹ nach Xinjiang gekommen, sollen diese nämlich lokale Militante bewaffnet, trainiert und auch gesponsert haben.

Nach den Anschlägen in New York und Washington veröffentlicht Beijing Anfang 2002, als die Verbände von Taliban und al-Qaida unter amerikanischer Bombardierung vor der anrückenden Nord-Allianz zurückweichen, eine Liste uigurischen Separatisten zugeschriebener terroristischer Akte. Mehr als zweihundert sollen es im Jahrzehnt 1990–2001 gewesen, einhundertundzweiundsechzig Menschen dabei umgekommen sein. In Anerken-

Der *Economist* (30. März 2002) erwähnt im Zusammenhang mit der forcierten Repression in Xinjiang, im Juni 2001 habe die Ponung dieser offiziellen Darstellung – vielleicht auch von Chinas eigenem *Manifest Destiny* – setzt im August 2002 die Regierung in Washington im Bemühen um die Kooperation Beijings bei seinem globalen Kampf gegen den Terrorismus die *ETIM* auf die Liste terroristischer Gruppierungen, die Verbindung zu al-Qaida unterhalten, ein Schritt, den kurz darauf auch die *UN* vollzieht.

Damit ist Beijings Politik der *affirmative action* – ein Begriff, der nicht nur mit 'Förderungsmaßnahmen zugunsten von Minderheiten', sondern auch mit 'positiver Diskriminierung' übersetzt werden kann – zum Beitrag im vermut-

lizei zwei Zellen der *Hezb-ut Tahir* aufgedeckt, während das letzte, Terroristen zugeschriebene Attentat in der Region 1998 stattgefunden habe.

Zum bislang schwerwiegendsten Vorfall ist es Februar 1997 im nahe der Grenze zu Kasachstan gelegenen Yining gekommen. Sich auf Aussagen eines von beteiligten Aktivisten ins Bild gesetzten Mitarbeiters einer in der kasachischen Hauptstadt Almaty ansässigen internationalen Organisation berufend, schreibt die *Far Eastern Economic Review* (27. Februar 1997), Polizeikräfte hätten am 4. und 5. Februar 200 Uiguren festgenommen. Anderntags seien Mitglieder dreier jugendlicher Gruppen, welche die Freilassung der Inhaftierten gefordert hätten, zusammengeschlagen worden. Im Lauf des Tages sei es zu 31 weiteren Verhaftungen gekommen. Gegen 100 Uiguren und 25 Han-Chinesen seien darauf bei den ausbrechenden Ausschreitungen durch die Sicherheitskräfte getötet worden. Am 8. Februar, dem letzten Tag des Ramadan, seien die 31 Inhaftierten hingerichtet, ihre Leichen für die letzten Riten zur Moschee gebracht, danach aber von der Armee nicht den Angehörigen ausgehändigt worden.

lich endlosen 'Krieg gegen den Terrorismus' geworden. Gleichzeitig darf das von Menschenrechtsorganisationen kritisierte, Rede-, Religions- und Versammlungsfreiheit mißachtende Vorgehen der Zentralregierung und ihrer lokalen Arme in der seit 1950 als Autonome Region Xinjiang-Uigur (Xinjiang Uygur Zizhiqu) bezeichneten Provinz eine interne, in chinesischer Souveränität aufgehobene Angelegenheit bleiben.

Einigermaßen ratlos steht man in Kashgar also vor dem oft gehörten Vorwurf, wie in Tibet bedinge in Chinas Fernwest die Wucht der vor zwei Jahrzehnten in Gang gesetzten Maßnahmen ökonomischer Entwicklung die Zerstörung lokaler Identität, wenn nicht gar kulturellen Genozid. Dabei ertappt man sich, denn solche Lesart ist zweifellos bequem, dabei, Beijings Wirtschaftspolitik eindimensional als Unterdrückungspolitik zu verurteilen. Im Fall der Autonomen Region Xinjiang-Uigur sollte einen Außenstehenden die Zwangsmetamorphose in ein 'muslimisches Shangrila' indessen nur dann erregen, wenn er gleichzeitig die doch problematische terroristische Verwicklung einiger irregeleiteter uigurischer Fundamentalisten mit in Betracht zieht. Umgekehrt erschwert die Anstrengungen der Uiguren, im Ausland Resonanz auf ihre Klagen zu erzeugen, der Umstand, dass Erkin Alptekin, Sohn eines Präsidenten im unabhängigen Xinjiang vor 1949 und mutmaßlicher Einiger der Organisationen der uigurischen Diaspora, nicht die Integrationsfigur abgibt wie die vor einem halben Jahrhundert aus Lhasa vertriebene höchste weltliche Autorität im tibetischen Glaubensgebäude. Mehr als über den Absender, sagt das aus über die Interessenlage des ausländischen Adressaten. Diesem geht es halt doch zunächst um volkstümliches Kolorit und Kulisse, und gerade in dieser Beziehung

Dazu Buch X, *Taskurgan* und *Unweit alter Pilgerpfade.* hat es Xinjiang gegenüber Tibet nicht leicht, denn der leicht besteigbare, am ›Karakoram-Highway‹ stehende Muztag Agha kann es nicht aufnehmen mit dem entrückten Kailas, dem 'Sitz der Götter'. Und so verbleibt eben nur noch Kashgar.

Leider ist Kashgar, die berühmteste und romantisierteste aller Oasen der Seidenstraße, ein Hort von Aufruhr, Widerstand und Rebellion, und das nicht erst seit 1933/1934, zur Zeit der *Turkic-Islamic Republic of Eastern Turkestan (TIRET)*. Dieses kurzlebige Gebilde, Ursprung heutiger uigurischer Identität und nationalistischen Empfindens, ist der Kulminationspunkt verschiedener separatistischer Bewegungen, deren Anführer Panislamismus und pantürkisches Gedankengut beeinflußt.

Ihre Idee einer von chinesischer und sowjetischer Kontrolle befreiten turkisch-muslimischen Identität soll damals Fuß fassen unter den Uiguren, dem aus zehn Clans bestehenden Turki-Stamm, der, 744/745 die Führung der Konföderation der Östlichen Türken übernehmend, in der zweiten Hälfte des 8. Jahrhunderts die Oasen des Tarim-Beckens sowie Turfan und Gansu bis zum Einfall der Kirgisen im Jahr 840 kontrolliert. Als Empfänger der den Tang-Herrschern abgepreßten Güterlieferungen — im Jargon der Annalenschreiber am Hof gesichtswahrend als Tributzahlungen registriert —, agieren die Uiguren indessen auch als Alliierte der mit ihnen durch Heiratspolitik verbundenen Tang im Krieg gegen die aufsässigen Tibeter. Nur mit uigurischer Unterstützung gelingt den Tang der Entsatz von Chang'an, nachdem die Tibeter die Hauptstadt im Jahr 763 erstürmt haben, während den Wirren der An-Lushan-Rebellion, als bestehende Machtverhältnisse auch auf der westlichen Seite des Imaos aus der Balance geraten, und zwar durch die arabische Eroberung der Gebiete jenseits des Oxus und des Jaxartes.

Das vor drei Jahren entlang der südlichen Taklamakan-Route beobachtete Plattwalzen einer Oasenstadt nach der anderen hat unterdessen Chinas westlichste Stadt erreicht. Zu besichtigen ist in Kashgar demnach die letzte Phase der Zähmung der nach den großen Eroberungen der Qing in den Jahren 1755–1760 unter dem Namen Xinjiang, 'Neues Grenzland', als Militärkolonie etablierten Region. Eine solche ist sie bis heute geblieben. Der Name der für Kontrolle und Bewirtschaftung in den frühen 1950er Jahren eingerichteten und dem ursprünglich von der Dynastie der Westlichen Han (206 v. u. Z. – 22 n. u. Z.) in *Xi Yu*, den ›Westlichen Regionen‹, zur Grenzsicherung unterhaltenen, achthundert Jahre später von den Qing dann extensiv betriebenen *tuntian*-Modell der Militärfarmen nachgebildeten Organisation — *Jianshe shengchan bingtuan* oder *Xinjiang Production Construction Military Corps* — bürgt dafür, daß hier nicht nur die Verwaltung der Religion zugunsten nationaler Einheit betrieben, sondern auch der Umbau der uigurischen Gesellschaft insgesamt durchgesetzt wird.

Ich habe Glück mit dem Zeitpunkt meines Besuchs, denn gerade finden in Kashgar *Tage des Internationalen Fremdenverkehrs* statt. Deng Xiaopings Ruf »Tourism is

Education for All« – 1988 zu lesen gewesen am Stück wiederaufgebauter Großer Mauer im Rücken Beijings – ist selbstverständlich auch in Xinjiang vernommen worden, wenn auch der entsprechende Lehrplan nicht von den betroffenen Uiguren, sondern von den Kadern der zugewanderten Han entworfen wird. Diese haben zuerst einmal Kashgar in Kashi umgewandelt. Denn wenn die alte Stadt ausgelöscht wird, kann es nur zweckmäßig sein, der auf ihrem Boden hingestellten neuen Wohnstatt einen neuen Namen zu geben. Aber nicht nur das. Zur Belohnung des durchgesetzten Gehorsams haben die Kashgari einen Renmin-Square erhalten, einen ›Platz des Volkes‹, um einiges kleiner zwar als die blutbefleckte Vorlage in Beijing, dafür aber mit der angeblich zweitgrößten Statue Maos im Land und mutmaßlich der einzigen, die in den letzten zwei Jahrzehnten aufgerichtet worden ist, während der Steuermann genötigt gewesen ist, ungezählte Plätze zu verlassen da er den verordneten beschleunigten Marsch zu wirtschaftlichem Aufschwung behindert.

Zu Maos Füßen ist im Rahmen der *Internationalen Tage des Fremdenverkehrs* eine Tribüne errichtet worden, auf welcher gewichtige Parteikader, die ein seit 2000 – das Jahr, in dem Beijing die »Go-West-Young-Han«-Kampagne gestartet hat – folkloristische Darbietungen abnehmen.

Während der Extremismus der Taliban das Tragen von Bärten mit der Mindestlänge eine Handbreite verordnet hat, verbietet jener der KPCh sogar den Oberlippenbart. Allerdings hält sich nur etwa die Hälfte der vor einer Moschee der Altstadt versammelten Männer daran, und unfolgsam in puncto Zeigen religiöser Einstellung sind tendenziell eher die Jüngeren. Aber die Sicherheitskräfte, die von der Kanzel eines über die Lehmdächer ragenden Turmes aus die religiöse Aktivität überwachen, muß mehr als das die Tatsache irritieren, daß das Gebet in der Öffentlichkeit stattfindet, auf einem im Sand der Altstadtgasse liegenden Teppich, also in einer nach Meinung der Partei und der Regierung nicht akzeptablen Weise, nachgerade einer, die gemäß nur intern weitergegebenem Handbuch über politische Maßnahmen zur Regelung religiöser Aktivitäten ehnischer Minderheiten eben »dem guten Zustand der Gesellschaft schadet«. Demnach besteht also weiterhin Bedarf, die zu Sitzungen der Selbstkritik aufgerufenen Imame zu bearbeiten, sofern diese noch nicht entfernt sind. In den Schulen wiederum wachen Zensoren darüber, daß die Lehrmittel ein korrektes Geschichtsbild vermitteln, daß also Kunst und Literatur tendenziell instrumentalisiert werden, historische Fakten zu verzerren.

So engmaschig ist das Netz der Religionsvorschriften, daß sie ein rechtliches Netz schaffen, welches der Miliz jederzeit Hausdurchsuchungen erlaubt. Nicht nur bei dem ideologischer Arbeit verdächtigten Fanatiker, sondern auch beim einfachen Mann, der mystischen Sufismus und nicht den gefürchteten Wahabismus praktiziert und kaum wissen kann, ob der von ihm benutze Koran der behördlich akzeptierten Version entspricht oder der Textinhalt des Buchs den von Partei und Regierung vorgesehenen Kriterien. Denn damit nicht nur die Worte des Propheten kein Unheil stiften, sondern auch alles im Zusammenhang mit der Forschung und der Lobpreisung der islamischen Religion Publizierte, muß es marxistischer Sichtweise solcher Angelegenheiten standhalten. Wenn nicht, ist den auf das Herauslesen von politischen Anspielungen versessenen Strafvollzugsbehörden ein Gedicht schnell Anlaß zur Verhängung der Todesstrafe.

Angesichts dieser Verhältnisse hat es mich, nachdem ich beim Spaziergang durch Kashgar – vorbei an traditionellen, von Einfallsstraßen halbierten Wohnhäusern mit ins Leere ragenden Holzbalkonen, vorbei an aufgeschichteten Haufen zum Abtransport bereitgestellten Mobiliars lehmgebauter Altstadthäuser – vor einem Plakat von *China Mobile* stehengeblieben bin, wenig erstaunt, auf diesem einen jungen berucksackten Han-Chinesen mit einem aufgeschlagenen Buch zu sehen. Zweifellos ein Student, welcher offensichtlich zu seiner großen Befriedigung in den Regalen der fossilartig, an die aus Stampferde errichtete Große Mauer am Helan-Shan erinnernd, aber ungleich dynamischer aus dem Horizont wachsenden Bibliothekswand alle historischen und anderen Verhältnisse reingeschrieben vorfindet, denn neben ihm ist der Boden abgebrochen in einen tiefen, vom Magentahimmel überwölbten wüsten Canyon. Daß die Uiguren samt Sprache und Religion darin nicht verschwinden wollen, ist verständlich.

Die 'duftende Konkubine' und andere Prioritäten

Kashgar, 16. Juli 2004 — John Hu ist weit über China hinaus berühmt, und heute morgen hat er sich zu mir an den Tisch gesetzt.

John Hu weiß, daß ich seit zwei Tagen das ehemalige Russische Konsulat bewohne, das irgendwann dem Grundstück des Hotels *Seman* einverleibt worden ist. Denn um dorthin zu gelangen, muß ich an seinem Gartenrestaurant und Internet-Café vorbei. Dann am schauerlichen Standbild des kamelreisenden Venezianers, das am Beginn des betonierten, aber kaum von Fahrzeugen benutzten Zuwegs steht. Diesen flankieren hohe Pappeln. Wie Schamhaar auf weißer Haut wachsen ihre blattlosen Kronen in den opaken Himmel, der Kashgar mit schattenloser Helligkeit versieht, was gut ist für Aufnahmen und auch nicht überrascht. Denn es ist bekannt, daß Sandstürme nicht nur in Xinjiang, sondern auch in anderen Teilen Chinas immer länger dauern und mit zunehmender Frequenz auftreten.

Die kurze Pappelallee endet dicht vor dem erdgeschossigen Mauerwerksbau des Konsulats. Eine Weide mit weißgetünchtem Stamm steht davor. Abgefallenes Laub des Vorjahrs häuft sich in den flachen Blechkehlen des Dachs, und auf diesem zeigt mindestens ein Dutzend symmetrisch angeordneter, stumpfer Kamine elegante auskragende Abschlüsse mit Tropfenbändern. Zaristischen transkaspischen Klassizismus repräsentiert auch die in hellem Ocker gestrichene, von einfachen oder doppelten französischen Fenstern durchbrochene Fassade, welche Gebälk und Polsterquader vorgebende Friese aus Backstein schmücken, der Baustoff, der dem chinesischen Hinterland, und dieses ist noch immer fast überall, seit jeher sein uniformes bleigraues Gesicht gibt. Links des Eingangs, dessen schwere, auch nachts offen stehenden massiven Außenflügel im Gegensatz zur Innentür keine Verglasung haben, ist eine Messingtafel mit der Jahreszahl 1890 angebracht, über der Tür selbst ein kleineres Schild mit den Buchstaben *VIP*, das die Räume des ehemaligen Konsulats als Sonderkategorie des *Seman* ausweist.

Dieses Hotel stammt aus den 1950er Jahren, als die Kommunisten Xinjiang zur Autonomen Region Xinjiang-Uigur machen. Dadurch anerkennen sie zwar die Präsenz der angestammten Bevölkerung offiziell, untersagen ihr aber gleichzeitig jedes Recht territorialer Abspaltung. Aus den späten 1980er Jahren, der Bau des ›Karakoram-Highway‹ bringt damals Kashgar näher an Pakistan und das warme Meer, werden die beiden rückwärtigen fünf- oder sechsstöckige Annexbauten errichtet – im südlichen wohnte ich vor drei Jahren bei meinem ersten Besuch in Kashgar.

Damals war ich ein aus Kasachstan kommender Transitgast auf dem Weg nach Islamabad. Nun, da ich mich für ein paar Tage einrichten will, habe ich beschlossen, ein Zimmer im Konsulat zu beziehen, während die von der Rezeptionistin des *Seman* zur Prüfung des in der hintersten Ecke verborgenen Konsulats geschickten Touristen wenig begeistert sind vom Dämmer der mit senfgelbem, unfixiertem Spannteppich ausgelegten Räume, dem schwärzlichen Holz des Mobiliars und den dunklen Badezimmern mit fleckigem, von unzähligen feinen Rissen durchlaufenem Fliesenboden und von den rostbefallenen Boilern. Kommen sie am Ende der Besichtigung durch den Saal, wenn ich mich gerade darin aufhalte, grüßen sie verwundert ohne einzuhalten auf dem Weg hinaus ins Foyer, wo die Rezeptionistin ihr Haupt aus den verschränkten Armen hochfahren läßt, um ein hell klingendes *Goodbye* zu nicken, wenn sie sich in ihrer Überraschung nicht mehr schnell genug erheben kann. Deswegen sehen die Fremden, bevor sie ins Freie entkommen, doch noch den schwarzen durchgezogenen Strich, der bei Uigurinnen häufig die Augenbrauen verbindet und den schon der buddhistische Pilger Xuan Zang im 7. Jahrhundert bemerkt hat.

In den vergangenen Tagen habe ich manche langsam vergehende Stunde im Saal des Konsulats zugebracht, dessen drei andere Wände dunkelgrüner Plüschbezug abdeckt – an dem aus zusammengeschobenen Schubladenpulten bestehenden Kadertisch, der die Form eines beidseitig geschlossenen 'U' besitzt, unter einem Leuchter mit viel Gehänge aus verbogenem Messing und facettierten gläsernen Kugeln und Pampeln. Regelmäßig von H. J. Mackinders fotokopiertem Artikel

Dazu Buch I, *Herzland der Peripherien*.   *The Geographical Pivot of History*, erschienen im *Geographical Journal* der *Royal Geographic Society* vom April 1904, aufblickend, habe ich das mit wenig vermischten Farben derb gemalte Wandbild mir gegenüber betrachtet, und begonnen, dessen auffallendste Merkmale zu notieren. Im Folgenden, was das Werk zeigt:

Auf den Stufen eines Tempels pseudodorischer Ordnung versucht ein mit seinem einzig sichtbaren Auge den Betrachter blöd anblickender, massiger Stier mit schwarzweiß geflecktem Vlies und hochfliegendem Schwanz die klassisch anmutende Hauptfigur des Werks abzuschütteln. Der jünglingshafte Held, der das Tier an beiden Hörnern gepackt hat, trägt einen pergamenischen Helm; sein purpurner Umhang gleitet eher von seinen Schultern, als daß er den glänzenden Brustpanzer umwallt, und über das vorgestreckte linke Bein, das sich dem wuchtigen gebogenen Hals des Tiers entgegenstemmt, fällt wie ein Schamtuch ein Stück Leopardenfell. Schräg hinter dieser Hauptszene steht, mit der gesenkten Rechten eine gewaltige Axt umklammernd, ein nur mit Lendentuch und geknüpften Bandagen um Fuß und Schienbein bekleideter muskulöser, nicht ganz junger Mann. Dieser wendet sich einer Fünfergruppe in Tuniken gehüllter Alter zu, welche wiederum ihre Worte an eine im Halbschatten auf einem Podest plazierte, eine Leier haltende Gestalt zu richten scheinen. Weiter sind noch zu sehen eine verängstigt zurückweichende Menge, gruppiert um eine jüngere Frau, deren Brust aus dem Mieder gesprungen ist, sowie ein behelmter Reiter mit dunkelrotbraunem Bart und hellem Halstuch. Die Komposition ist mir bis jetzt rätselhaft geblieben, und auch die Hoffnung auf einen spontanen Einfall, wenn ich auf dem Weg zu meinem Zimmer oder von dort kommend, um heißes Wasser zum Nachgießen des Tees zu holen, an ihr vorbeigehe, hat sich nicht erfüllt. Ich bedauere das, denn es würde Vergnügen bereiten, Verbindungen zwischen dem Stoff, an dem sich die Komposition versucht, und der Funktion des Konsulats als isolierter, von Spionen frequentierter Vorposten zaristischer Machtausübung an der äußersten westlichen Peripherie Ostasiens herauszulesen. Die Vermutung liegt schon nahe, daß hier in Kashgar, so weit überhaupt denkbar von sämtlichen Gestaden des heldenbefahrenen Mittelmeers entfernt, diese opulente Repräsentation versteckte Bezügen zum Zeitgeschehen enthält.

Der Künstler, dessen russischen Namen ich nicht entziffern kann, vollbringt sein Werk im Klima jener Epoche, welche der Verfasser des erwähnten Artikels, H. J. Mackinder, damals Direktor der *London School of Economics and Political Sciences*, in seinem am 25. Januar 1904 vor der *Royal Geographical Society* gehaltenen Vortrag das Zeitalter der Kriegsflotte verabschiedet und England auf die politischen Nachteile der Seemacht Großbritannien gegenüber der sprunghaft expandierenden Landmacht Rußland aufmerksam macht.

Dieses Rußland ist dabei, durch Nachahmung der britischen Erfindung der Dampfmaschine und Aneignung der bislang unerreichbaren Bodenschätze Innerasiens sich zum Beherrscher der eurasischen ozeanischen Randgebiete aufzuschwingen und damit die traditionelle Funktion Innerasiens als »geographischer Drehzapfen der Weltgeschichte« wiederzubeleben.

Auf der Seite des geopolitischen Gegenspielers Britanniens, in Sankt Petersburg, ist zu diesem Zeitpunkt tatsächlich das 1893 unter Zar Alexander III. gefaßte Projekt, Rußland Großteile des chinesischen Reiches einschließlich Tibets und der Mongolei einzuverleiben, unter dem neuen Zar Nikolaus II. so weit gereift, daß am andern Ende des 'Achten Kontinents' Sibirien aber auch eine andere Seemacht, nämlich Japan, unruhig wird und um ihren Vorrang im Fernen Osten fürchtet. Kommt hinzu, daß Sankt Petersburg sich nicht an die nach der Niederschlagung des Boxer-Aufstands im Sommer 1900 von den sechs westlichen Alliierten gemachte Vereinbarung gehalten und seine 170 000 Mann starke, zum Schutz der Eisenbahnlinie vor den Rebellen aus Tientsin stationierte Armee nur teilweise aus der Mandschurei abzogen hat.

Das Wandgemälde betrachtend habe ich mir vorgestellt, das Manuskript von Mackinders Referat müsse sich gerade in der Setzerei befunden haben, um rechtzeitig in der April-Ausgabe des *Geographical Journal* zu erscheinen, als am

Peter Fleming (*The Siege at Peking*, London 1959; dt.: *Die Belagerung zu Peking*, Frankfurt 1997) schreibt, Rußland, ursprünglich ohne materielle Interessen an China, habe im Boxer-Aufstand unverhofft eine Gelegenheit gesehen, territoriale Wünsch zu realisieren. Kriegsminister Kuropatkin soll erfreut ausgerufen hafen, der Vorfall sei der beste Vorwand für die Besetzung der Mandschurei, und Rußland würde diese zu einem »zweiten Kuchara« machen.

8. Februar 1904, um elf Uhr vormittags ein japanisches Geschwader mit dem Kanonenbeschuß des wichtigen russischen Flottenstützpunkts Port Arthur auf der Halbinsel Liaodong am Gelben Meer beginnt.

Womöglich hört man im Konsulat in Kashgar vom Ausbruch des Russisch-Japanischen Kriegs mit etwas Verspätung – obwohl: unbequeme Neuigkeiten reisen schnell.

Ungefähr sechs Monate später trifft eine solche aus Tibet im Konsulat ein. Colonel Francis Younghusband ist, nachdem die Tibeter sein Ultimatum, an den Verhandlungstisch zu kommen, ignoriert haben, am 3. August mit seinen Gurkhas und Sikhs in Lhasa einmarschiert. Weniger als einen Kilometer vom russischen Konsulat entfernt, muß damals im *Chini Bagh*, wie der ebenfalls 1890 eröffnete – und 1909 zum Konsulat erhobene – Horchposten der Briten in Kashgar heißt, George Macartney vor dem kleinen Korps das Sektglas auf Königin Victoria gehoben haben, auch wenn der britische Vorstoß seines Mitstreiters, mit dem er im Gründungsjahr des Konsulats von Indien über die Pässe des Karakoram nach Kashgar gegangen ist, im Schatten des Potala weder das vermutete Lager russischer Waffen zutage gefördert hat noch Anzeichen für ein von Großbritannien befürchtetes politisches Abkommen zwischen Zar und Dalai Lama bemerkbar sind.

Von Kashgar aus gesehen verhält sich auch John Hus Welt in Ordnung, und Lhasa ist dabei einer der Hauptfaktoren – nunmehr schon seit fast zwei Jahrzehnten. Der Han-Chinese ist als Pionier des *F.I.T.*-Tourismus um die Mitte der 1980er in den fernen muslimischen Westen gekommen, als Beijings Behörden dem *Foreign Independent Traveller* zaghaft die Tore der auf tagelangen Eisenbahnfahrten erreichbaren Provinzhauptstädte öffnen, darunter Ürümqi, von wo aus sich jene mit Glück und Hartnäckigkeit, aber immer gegen die Willkür der Organe zu entlegeneren Stationen vorarbeiten, wobei das Erreichen Lhasas als höchster Preis solcher Vorstöße gilt.

Ich glaube mich daran erinnern zu können, daß ich damals, im Mai 1987 in Jiayuguan und dann in Dunhuang, ein paar frühe *Traveller* John Hus Namen zum ersten Mal habe raunen hören. Das ist während der Reise entlang den <u>Großen</u> <u>Mauern</u> gewesen, als ich an dem für seine heiligen Grotten welt-berühmten Ort Station gemacht habe, um dann in die totenstille Wüste hinauszufahren, wo wir jenseits des ›Jade-Tors‹ den Zustand der westlichsten Ausläufer des Walls der Han-Dynastie mit den achtzig Jahre zuvor aufgenommenen Fotografien Aurel Steins (*Ruins of Desert Cathay. Personal Narrative of Explorations in Central Asia and Westernmost China*, 1912) verglichen haben. Leider ist es damals unmöglich gewesen, den zweitausend Jahre alten buckligen bröckligen Wülsten weiter als bis zum letzten sichtbaren Wachturm entlangzustolpern, längs den nicht mehr ›Himmlischen Feldern‹, denn um den täglich von den Grenzern zu glättenden Sand, der jeden nomadischen Eindringling verraten hätte, muß sich hier draußen spätestens seit Ende der Ming-Dynastie keiner mehr gekümmert haben. Aber vom Turm auf der vom Wind zerfressenen Lehmterrasse aus hat die Taklamakan greifbar nahe gewirkt, und die Vorstellung, daß unter den Dünen der Limes noch weiter fortwachsen würde, erschien plausibel.

»Wanna go Lhasa?« fragt mich John Hu.

Jeden Morgen informiert Hu das aus Argentinien und Deutschland, aus Japan, Israel und Skandinavien stammende Publikum seines Cafés, freundlich doch bestimmt, so daß auch dem am Vorabend eingetroffenen und nie allein reisenden *Traveller* sofort klar ist, daß mit Bedacht auf ein reibungsloses, gewissermaßen unabhängiges Vorwärtskommen in dieser Region am besten die Hus Lippen abgelesenen Ratschlägen befolgt werden. Denn wer möchte nicht, vorausgesetzt er verschließt die Augen fest vor der Wirklichkeit des 21. Jahrhunderts, mit dem Gefühl die heilige Stadt der Tibeter betreten, er sei sozusagen der allerletzte, dem es noch vergönnt ist, in das wirkliche, vom Geruch von Weihrauch und Yakbutter geschwängerte Ambiente einzutauchen. Dieses ist ihm nämlich aus dem 1997 in Marokko hergestellten halbfiktionalen Film über den österreichischen Bergsteiger Heinrich Harrer weit besser bekannt als aus der autobiographischen Vorlage *Sieben Jahre in Tibet* (1953), in welcher der Verfasser über seinen Aufenthalt zwischen 1944 und 1951 als Lehrer und Freund des jungen Dalai Lama berichtet. Welcher *Traveller* möchte sich, John

Dazu Buch X, *Westliche Attraktionen.*

Hus Ratschläge ignorierend, dem Hohn eines anderen aussetzen, und an genau dem Wochentag im *Seman* aufbrechen, an dem die bei Karghilik, das jetzt chinesisch Yecheng heißt, abzweigende Hochstraße nach Lhasa sicher nicht offen oder wahrscheinlich geschlossen ist? Wer in Shahidulla oder kurz danach keinen Lastwagen finden oder dem Fahrer zu viel für die 1000 Kilometer lange Strecke geben? Wer Trekking-Hose und T-Shirt abholen wollen, wenn die chinesischen Waschmädchen bereits in die Disco gegangen sind? Wer schließlich überzählig sein, wenn der Kleinbus für den dreitägigen Trip ins Basislager am Fuß des Muztag Agha bis zum letzten Platz voll ist?

»*Evvyting OK?*«

»*Sure!*«

»*Need somting just ask me. Yes!*«

»*Sure!*«

»*Doing business in Kashgar?*«

»*Just passing by.*«

Mit einem »*OK!*« genehmigt John Hu diesen bescheidenen Plan und dreht sich kurz zu zwei *Travellers* um, die ihre aufbruchfertig gepackten Rucksäcke drei Tische weiter abgestellt haben und die Menukarte studierend bereits ein paar Mal zu ihm herübergeblickt haben, da sie in ihm den Mann erkennen, der entlang der Seidenstraße gleich drei Internet-Cafés führt, nebst diesem hier in Kashgar eins in Turfan und das dritte eben in Dunhuang.

»*Jus' moment! Coming!*« Die *Travellers* quittieren lässig mit erhobenem Daumen.

Als John Hu sieht, daß ich mit der Kante meiner linken Hand Linien aus fast goldenem Sandstaub auf dem Tisch in verschiedenen Winkeln gegen- und ineinanderschiebe, so daß sie laufend sowohl ihre Richtung als auch ihre Länge ändern, sagt er:

»*Yeah – five days already! Bad. Too many storms. I can arrange good desert trip for you.*«

John Hu hat Verständnis, daß ich überlegen muß und steckt sich eine *Hatamen* an, was mich überrascht, denn im ungezähmten Westen Chinas hätte ich eine *Malobolo* erwartet, aber da John Hu seine Geschäfte wahrscheinlich sehr umsichtig entwickelt und sich dabei mit den Kadern von Region und Stadt arrangieren muß, die, genau wie er, aus dem Osten stammende Han sind, hebt es möglicherweise den vaterländischen Nimbus, auf den amerikanischen Import zu verzichten zugunsten stärkerer einheimischer Zigaretten.

»*Maybe I will go to Maralbashi.*«

»*Oh! Maybe too much expensive. When you wanna go?*«

»*I must await other arrangements.*«

»*Friends?*«

»*No friends.*«

»OK.«

Eigentlich bin ich gar nicht sicher, ob ich nach Maralbashi fahren soll, das hundert Kilometer oder vielleicht auch mehr westlich von Kashgar an einem toten Arm des Tarim liegt.

Maralbashi ist eine Station der nördlichen Taklamakan-Route der Seiden-straße gewesen, und ich habe gelesen, man habe dort Aufzeichnungen in sakischer, einer zur iranischen Sprachfamilie gehörenden Sprache gefunden.

Zwischen dem 7. und dem 10. Jahrhundert dient diese in Zentralasien am häufigsten bezeugte Sprache der Übersetzung buddhistischer, in der aus Indien im-portierten Brahmi-Schrift abgefaßter Texte. Zu hören bekommen sie also die in der zweiten Hälfte des 8. Jahrhunderts in den Oasen um Kashgar heimisch gewordenen Uiguren, die anfänglich ebenso Buddhisten gewesen sind wie die etwas später aus den Trümmern des von den Chinesen Liao genannten Kitan-Reiches (946–1125) her-vorgegangenen und ins Gebiet zwischen Kunlun und Pamir eingewanderten Kara-Khitai, die Bewohner des 'Schwarzen' oder 'Westlichen Kitan'. Mit dem Überhand-nehmen der Uiguren und der Verbreitung des Turki sind dann die alten Sprachen des Tarim-Beckens verstummt.

Wie dieser Prozeß vor sich gegangen ist, bedarf der Vorstellung. Sitzt da einer, der sich plötzlich mit keinem mehr verständigen kann? Verstummt für sich allein, ein anderer, vielleicht nicht einmal sehr weit Lebender, der nicht wissen kann, daß er nicht der letzte ist. Oder finden sich die beiden letzten Sakischsprecher? Gehen eines Tages zusammen in das Sandmeer hinaus, um nach dem neuen Verlauf des Tarim zu sehen, als ein Sandsturm sie überrascht? Die Forschung scheint jedenfalls erbracht zu haben, daß vor dem großen Verstummen neben dem Sakischen auch das Sog-dische seit dem 4. Jahrhundert die *lingua franca* der Händler ist, sowie Tocharisch B,

Dazu Buch X, *Barbaren aus dem Westen und der Wettlauf um den Vorrang in der Welt.*

die Sprache der von indoeuropäischen Einwanderern bewohnten Wüsten-städte, in deren Nekropolen sich Trok-kenmumien erhalten haben. In Maralbashi, vielleicht hundert Kilometer östlich von Kashgar, sollen Dokumente in deren Sprache entdeckt worden sein.

Aber, frage ich mich, wäre es nicht sinnvoller, das Grabmahl der 'duftenden Konkubine' zu besuchen, als an einem toten Fluß in toten Oasen nichts zu sehen und dabei in Ermangelung des Rüstzeugs eines Linguisten mich auch mit der Frage nicht befassen zu können, wie dort vor tausend und mehr Jahren ausgestorbene Sprachen geklungen haben könnten?

»*Do you think it will be possible to arrange a car for a day or two? And maybe a guide?*«
»*Where you wanna go?*«
»*Khoja Afaq. Maybe some other places. Just checking out the city.*«
»*Mausoleum! Too much easy. When you wanna go?*«

»In the afternoon. Say, three o'clock.«

»Short time. But no problem! I can find you good gai. Come here three o'clock. OK?«

Punkt drei bin ich wieder in John Hus Gartenrestaurant.

»Your gai maybe little late.« John Hu ist kurz an meinen Tisch getreten. *»Maybe half hour.«*

»No problem!«

Ein marzipangrünes Taxi biegt von der Straße her auf den Vorplatz. Es hält nicht in Abfahrtsstellung, wie ich das gern mag, denn ich nehme an, es ist mein Wagen. Sofort verschwindet zusammen mit der nach hinten geklappten Sitzlehne auch der Fahrer. Nach einer Stunde fährt ein identisches Taxi vor.

»Your gai!« sagt John Hu über die Schulter und wendet sich wieder einer Gruppe *travellers* zu.

»Thanks!«

John Hus 'gai' ist kein 'guy' und der *guide* eine junge Han.

Hao Ming Xai trägt hellrosa Turnschuhe und schmerzhaft enge weiße Jeans sowie eine Auswahl halbtransparenter hellgrüner und beiger Trägerblusen mit Rüschen und aufgesteppten Blumenmustern. Alle lassen den Nabel frei und ersetzen ein Bustier. Ihr Taxi sei im Stau gestanden wegen der *Internationalen Tage des Fremdenverkehrs*, entschuldigt sich Hao Ming Xai und läßt ihr Handy in ein Umhängetäschchen gleiten. Auf ihren Nasenflügeln stehen ein paar Schweißtropfen.

Hao Ming Xai hat schon gegessen, zu Hause bei der Mutter. Ich hätte wissen müssen, daß die Han auch im Land der Uiguren an ihren Gewohnheiten festhalten und um elf das Mittagessen einnehmen. Nachdem zwischen ihr und Hu noch etwas geregelt worden ist, treten wir an das Taxi. Nach mehrmaligem Klopfen auf das Dach fährt zusammen mit der Sitzlehne der Fahrer aus seinem Schlaf.

Den *ITdF* weichen wir aus auf einer anderen der neuen breiten Straßen, die Kashgar durchqueren und ziemlich direkt ins öde Vorland führen. Wir sehen neue und erst zögerlich bewohnte Außenquartiere, alle mit Buswartehäuschen versehen und diese verbindenden Unterführungen. Die seien für die Bewohner der Altstadt gebaut worden, sagt Hao Ming Xai. Die Häuser dort seien schrecklich alt, vielleicht fünfhundert Jahre, und es sei auch sehr schmutzig dort. Ob die Stadt nichts unternehme, um diese Zustände zu ändern, frage ich und schlage vor, morgen hinzugehen, um vielleicht eine Familie zu besuchen, wenn das möglich sei. Kein Problem, Hao Ming Xai hat Freunde, unter ihnen auch moderne Uigurinnen. Ja, genau solche, die zum Minirock das Kopftuch tragen und die Boutiquen besuchen an der West Renmin Road. Bestimmt sei das eine »Angelegenheit alter Traditionen« gewesen, meint Hao Ming Xai, als ich ihr von dem mit Illetrismus geschlagenen Dörfler berichte, den ich auf dem Gehsteig dieser Hauptstraße kauernd angetroffen habe. Er hat mir die Farbfotografie seiner durch Messerstiche im Gesicht arg verletzten

Frau gezeigt, während daneben am Pult der alte, einen grauen Kittel in passender Farbe zur viereckigen Schädelkappe tragende öffentliche Schreiber die Gerichtsklage formuliert hat. Manchmal höre man von diesen Problemen der Uiguren. Es ginge fast immer um die Ehre. Als Han würde sie das nicht verstehen. Ob sie also jemanden kontaktieren soll in der Altstadt, fragt Hao Ming Xai dann nach und sagt, während ich noch überlege, wir könnten »die Altstadt und die Familien dort auch einfach so besichtigen«.

Nach weniger als einer halben Stunde biegt beim Dorf Ayziret das Sträßchen ab, das zwischen Lehmmauern und staubigen Pappeln zum Mausoleum des Khoja Afaq führt.

Der 1694 verstorbene Khoja Afaq oder 'Master on the Horizon', dessen richtiger Name Hidayet Allah lautet, ist ein Urenkel gewesen von Ahmad Kasani (1461–1542), dieser wiederum in Kashgarien als Makhdum-i A'zam oder 'Supreme Leader' bekannter Stammvater des zu der in Zentralasien vorherrschenden Sufi-Bruderschaft der *Naqshbandiyah* gehörenden Zweiges der Afaqiya. Allem Anschein nach hat Khoja Afaq zur Zeit des von Khotan aus regierenden Khan Abdullah sogar das Amt des Gouverneurs von Kashgar ausgeübt, bevor ihn Mitglieder des von Abdullahs Sohn begründeten *Ishaqiya*-Ordens vertrieben haben. Im Verlauf seiner Flucht ist Khoja Afaq nach Lhasa gekommen und hat vom 'Scheich der Brahmanen' auch die für seine Rückkehr gewünschte notwenige Unterstützung erhalten, nicht durch tibetische Verbände, sondern durch die vom Dalai Lama angefragten, ebenfalls der *Gelugpa*-Schule der 'Gelbmützen' angehörenden Dsungaren, die 1678 den Khoja wieder installieren, zum Preis einer jährlichen Entschädigung. Damit ist die auch den chinesischen Herrschern bestens bekannte Ordnung wiederhergestellt worden, laut welcher seßhafte Fürsten, in diesem Fall nun das Oberhaupt einer Sufi-Sekte, sich durch Tributzahlungen an die Nomaden in den Oasen des Tarim-Beckens an der Macht halten.

Das Mausoleum ist bereits im Jahr 1640 errichtet worden und ein wunderlicher Bau. Seine vier dicklichen Minarette bleiben unter der Höhe der Kuppel, aber im Gegensatz zu dieser besitzen sie noch ihren ursprünglichen Schmuck aus quadratischen schlammgrünen, beigen, ockerfarbigen sowie mit blauen Blätterranken und Swastika-Symbolen verzierten weißen Kacheln. Auf der Nordseite des Mausoleums liegt, durch eine Ziegelmauer von dieser getrennt, ein ausgedehnter staubiger Friedhof.

Im Park vor der Hauptfassade kann man sich fotografieren lassen. Als Mann mit einem Marlboro-Strohhut wie ihn Nikolais und Ramils Freunde auf dem sonntäglichen Auto-Basar der kirgisischen Hauptstadt Bishkek tragen; als Frau in der Gewandung des Mandschu-Hofs in Beijing. In beiden Fällen aber zusammen mit der hübschen Uigurin, die gleich einem um-

Dazu Buch VI, *Baltische Verschiebungen*.

gebundenen Küchenschurz über dem traditionellen buntscheckigen Kleid die Stoffimitation einer europäischen fußknechtischen Rüstung mit geschobenen Achseln trägt, aber mit roten Ärmlingen und weißen Rüschen am Handgelenk statt Panzerärmeln. Abgesehen von der Sturmhaube mit Federbusch, bei welcher es sich um ein Käppchen mit aufgenähten Stoffblumen handelt, ist sie unverkennbares Abbild von Iparhan. Jene zeigt sich oder auch nicht, je nach Windstärke in einem Bäumchen, auf Reproduktionen eines Gemäldes von Giuseppe Castiglione (1688–1766), dem Jesuiten, der sich unter dem angenommenen chinesischen Namen Lang Shining und dem Mäzenat von Kaiser Qianglong (1736–1795) als Hofporträtist verdient macht, aber in detailreichen Darstellungen von Jagd- und Prozessionsszenen auch chinesische und westliche Malkunst zusammenführt.

Hao Ming Xai kennt Iparhans Legende. Nicht nur Muslime mögen sie.

Das Porträt soll eine Sensation ausgelöst haben, als es im Badhaus Yu De Tang der Verbotenen Stadt erstmals öffentlich ausgestellt wurde – im Jahr 1914, also drei Jahre nachdem Sun Yatsen, Gründer der Kuomintang, in Nanjing zum Übergangspräsidenten der Republik China gewählt worden ist. Gerade hat man vor den von Wuhan ausgehenden Unruhen der Anti-Mandschu-Rebellion Chinas letzten Kaiser, den dreijährigen Puyi, in Sicherheit gebracht, und damit ist auch die fast zweitausend Jahre alte Ordnung des 'Mandats des Himmels' beendet. Die Fläche der Republik ist in diesem Moment kleiner als die 9 752 419 Quadratkilometer der heutigen Volksrepublik nach der Einverleibung Tibets im Jahr 1951 und auch kleiner als die 11,5 Millionen Quadratkilometer im Jahr 1759, der größten Ausdehnung des Qing-Reichs. Drei Millionen Unzen Silber lassen die Mandschu in dieser Zeit jährlich ins Ausland abfließen. 200 Millionen Menschen beherrschen sie. Unter ihnen Iparhan, die 'wohlriechende' Kashgari. 1758 ist die Urenkelin von Khoja Abakh und Tochter eines der lokalen Begs, der sich der Qing-Armee widersetzt, nach Beijing verschleppt worden ist.

Die Truppen sind ins Tarim-Becken eingedrungen im Verlauf der von Kaiser Qianlong (1736–1795) verfolgten strategischen Unterwerfungen der nördlichen und westlichen Gebiete. Diese Vorkehrung soll das ursprüngliche nordöstliche Stammland der Mandschu vor Eroberungswellen der Mongolen, der östlichen wie der westlichen, schützen und hat dazu geführt, daß die muslimische Region zusammen mit der Dsungarei zum Pufferstaat geworden ist, mit dessen Einverleibung ins Reich die neuen, ursprünglich dem Jäger-, Fischer- und Sammlermilieu der Tungusen entspringenden nordöstlichen Herrscher die Größe des bisherigen Reichs der Ming durch die Eroberung des Gebiets der heutigen Mongolei sowie von Territorien am kasachischen Balkash-See verdoppeln. Das im Westen gewonnene Territorium gliedern die Mandschu zu Verwaltungszwecken in einen nördlichen und einen südlichen Teil – in Beilu, 'nördliche Straße', und Nanlu, 'südliche Straße'.

Durch letzteres Gebiet führt die Imperiale Straße nach Zentralchina und von dort weiter in die Hauptstadt, und auf ihr wird Irpahan in einer rot bemalten Sänfte nach Beijing verbracht. Von der Großen Mauer im Gansu-Korridor, vom Gelben Fluß, dem Löß-Plateau und den bis vor das Tor von Kalgan reichenden Steppen, dürfte Iparhan nicht viel gesehen haben, denn ihre sprichwörtliche Frische muß erhalten bleiben. Täglich wird sie mit Kamelmilch gewaschen und ihre Haut mit Butter eingerieben, so daß der Kaiser, als ihm Iparhan zugeführt wird, nicht anders kann, als die junge Uigurin umgehend Xian Fei zu nennen, die 'duftende Konkubine'.

Wenn die Heranschaffung Iparhans aufwendig gewesen ist, dann ist es erst recht ihr Unterhalt. Die Konkubine, die ihre Jungfräulichkeit mit im Ärmel versteckten Messerchen verteidigt, ist trotz allem Luxus der Verbotenen Stadt deprimiert, denn diese bleibt auch nach der Errichtung einer Miniaturoase komplett mit Moschee und eines Basars mit den vertrauten Geräuschen, Klängen und Gerüchen vor dem Fenster ihrer goldenen Kammern ein Gefängnis. Die Verschleppte gibt dem Kaiser erst nach, als Emissäre in Xinjiang die von ihr verlangte wohlriechende Oleaster, eine Wildform des Olivenbaums, beschafft haben.

So will es zumindest eine Version ihres Schicksals und die Interpretation der Qing, die Iparhans Selbstaufgabe als Symbol endgültiger, bereits von den Han und den Tang angestrebter Unterwerfung des wilden Westens betrachten. In der Sicht der Qing verkörpert die Konkubine aus Kashgar deshalb nicht nur Exotik und Barbarei der Grenzvölker, sondern sie muß auch für die Aussöhnung der Qing mit den ihnen zivilisatorisch überlegenen Qing einstehen. Dies ungeachtet der Tatsache, daß die Qing selbst als Mandschu seit der Frühzeit Chinas bei dessen Herrschern unter dem Namen Donghui oder 'Östliche Barbaren' bekannt gewesen sind. Diese nachteilige Einschätzung versuchen die Mandschu-Kaiser unter größter Anstrengung zu löschen und sich als zivilisierte Chinesen zu legitimieren, und deshalb regieren sie seit 1680 unter dem dynastischen Namen der Qing, allerdings im Rahmen nicht aufrechtzuerhaltender ethischer Segregation und mit zunehmender Schwächung ab dem beginnenden 19. Jahrhundert infolge zunehmender Vereinnahmung durch die Kultur der Han.

Beim gestrigen Spaziergang durch Kashgar bin ich etlichen orientalischen Sängerinnen und Han-chinesischen Fotomodellen begegnet, aber keinem einzigen Porträt von Iparhan. Ich vermute aber, daß Hoja Afaqs Urenkelin, gerade weil sie von der kommunistischen Obrigkeit auf Folklore reduziert worden ist, subversives Potential besitzt. Vielleicht nicht unbedingt bei den Uiguren, die im Glauben das Mausoleum des Beg aufsuchen, sie liege auch wirklich darin begraben. Aufgrund ihrer Haltung dürfte die Verschleppte für manchen der von den Han im täglichen Leben und bei der Ausübung der Geschäfte schikanierten Kashgari als Verkörperung des Widerstands gegen einen Unterdrücker gelten, und zwar bis zum Äußersten – genau wie Iparhan in der muslimischen Version der Affäre. Dort gibt sie dem Begehren des Kaisers nicht nach, sondern nimmt, von dessen Mutter, Kaiserin Dowager, das Angebot der 'Gnade des Todes' an und begeht, anstatt die Ehre zu verlieren, den geforderten Selbstmord.

Ironie der Geschichte ist allerdings, daß sich nach 1949 die kommunistische Propaganda Iparhans Heldentum zu eigen macht, um daran zu illustrieren, wie dieses vom zwischenzeitlich abgeschafften verwerflichen Feudalsystem instrumentalisiert worden ist. Dieser Umstand könnte letztlich vielleicht ausschlaggebend dafür sein, daß das Mausoleum, obwohl es zum Pilgerort geworden ist, nicht hinter verschlossenen Toren liegt, sondern mit Vehemenz touristisch bewirtschaftet und beworben wird – in Worten wie den folgenden:

»Die Mauern auf beiden Seiten des Grabes sind mit meisterlich geschnitzten, formvollendeten, einfachen, eleganten Blumenmustern geschmückt.«

Nach einem raschen Blick in das so gestaltete Innere, wo unter der Hauptkuppel tatsächlich eines der fünf Dutzend Gräber als jenes von Iparhan ausgewiesen ist, gehen wir im Schatten der Pappeln zur weiter hinten auf dem Grundstück liegenden Gebetshalle.

Im Februar 1760, heißt es, habe Iparhan Eingang in den kaiserlichen Harem gefunden und sei rasch zu einer von Qianlongs Favoritinnen geworden, ausgestattet mit dem Titel *heguiren*, den drei Jahre später der höhere, nur einer kaiserlichen Konkubine zugestandene Ehrentitel der *pin* ablöst, gefolgt, im Alter von fünfunddreißig Jahren, von jenem einer *Rong Fei*.

Hao Ming Xai kennt die Gebetshalle gut und verweist auf die als sternförmige Lotosblüten geschnitzten Kapitelle. Jede der Säulen, deren Farbgebung abblättert, erklärt sie, bestehe aus dem Stamm einer einzigen, nur in der Wüste wachsenden und keine spitze Krone bildenden Pappel, der *Polar diversifica*. 1000 Jahre alt werde dieser Baum, sagt Hao Ming Xai. 1000 Jahre bliebe er tot stehen und benötige ganze 1000 Jahre bis zum vollständigen Zerfall.

Christian Tyler (*Wildwest China. The Taming of Xinjiang*, London 2003) meint, bei Rong Fei, die 1788 im Alter von fünfundfünfzig Jahren verstorbene und in den südlich von Beijing liegenden Westlichen Gräbern der Qing bestattet worden ist, handle es sich nicht um Iparhan, sondern eine zweite nach Beijing verbrachte, aus Kashgar stammende Konkubine.

An den herausgearbeiteten Wülsten einiger Säulen entdecken wir, ohne die Betenden vorbehaltene, mit losen Bahnen violetten Spannteppichs bedeckte Fläche zu betreten, die bereits auf den Kacheln der Moschee vorgefundene Swastika. Die im 17. Jahrhundert beim Bau der Gebetshalle beschäftigten muslimischen Zimmerleute – Hao Ming Xai sagt, jede Säule sei von einem anderen mit Schnitzereien verziert worden – sind demnach vertraut gewesen mit diesem Symbol, das in der ersten Hälfte des 6. Jahrhunderts mit der Billigung des Sasaniden-Königs Chosrau I. (531–579) vom Patriarchen Mar Yaballah in den zentralasiatischen Raum ausgesandte nestorianische Missionare eingewebt gefunden haben, und zwar auf den von buddhistischen Pilgern benutzten Seidentüchern aus den Manufakturen der Klöster Sogdiens.

Auf dem Rückweg nach Kashgar erzählt Hao Ming Xai dann von ihrem Verlobten, der bei der Volksbefreiungsarmee sei und in Shule stationiert. Die Kaserne liege nur wenige Kilometer außerhalb von Kashgar auf dem Weg nach Yengisar und Yarkand, aber sie hätten sich seit Monaten nicht mehr gesehen. Eigentlich würde sie viel lieber wieder in den Osten zurück, denn Kashgar sei schon etwas langweilig. Sie könne aber gut verstehen, daß Iparhan Sehnsucht nach ihrer Stadt gehabt habe. Bei ihr sei es nicht so schlimm, aber wenn der Verlobte noch viel länger in Xinjiang Dienst leisten müsse, würde sie sich von ihm trennen. Gesagt habe sie ihm das aber noch nicht und auch nicht der Mutter. Aber wahrscheinlich käme die Mutter mit zurück nach Beijing.

Schrottstraße II.

Torugart-Paß, 19. Juli 2004, mittags. — Ich habe Huijiang, 'das Land der Muslime', wie Xinjiang das ganze 19. Jahrhundert über in den Dokumenten der Qing bezeichnet worden ist, mit einem anderen Fahrer verlassen als jenem, der im Leerlauf von Simhana nach Kashgar hinabgeglitten ist, ohne jede Wahrnehmung der mit Brennholz beladenen Kamele oder anderer Mitbenutzer der schmierigen Straße, ihre Breite ausmessend wie der Eisläufer die in den Neuschnee gewischte Bahn auf einem gefrorenen See. Frau He Jing Tao hat ohne weiteres meinem Wunsch entsprochen nach einem solideren Gefährt, denn da jedem chinesischen Fahrer innerhalb einer *danwei* in der Regel ein bestimmtes Vehikel zugeordnet ist, hat diese Begründung keinen Gesichtsverlust erzeugt, beim Fahrer nicht und schon gar nicht bei ihr selbst.

Heute morgen und schon kurz nachdem wir vom russischen Konsulat weggefahren sind, hat Frau He gefragt, ob die junge Chinesin, mit der sie mich vor zwei Tagen bei der Id-Kah-Moschee gesehen habe, eine offizielle Übersetzerin sei.

Hao Ming Xai und ich waren nach dem Besuch des Mausoleums tatsächlich dorthin gegangen. Ich hatte gedacht, es könne nicht schaden, nachzuschauen, in welchem Verhältnis die im Vorland für aus dem Stadtzentrum entfernte Uiguren erbauten Siedlungen zur Gesamtfläche ihrer abgerissenen traditionellen Lehmhäuser stehen.

Zum andern habe ich mich erinnert, daß die größte Moschee Chinas im Zusammenhang steht mit den Turbulenzen um den notorischen Dongan-*Warlord* Ma

Zhongyin, der am 7. Juli 1934, fast auf den Tag genau siebzig Jahre vor meiner Einreise nach China, aber in umgekehrter Richtung über Irkeshtam, begleitet von zwei Offizieren des russischen Konsulats, wo er zuvor vermutlich noch versucht hat, mit Raubgold der *basari* Waffen zu kaufen, in die Sowjetunion geflohen ist, einem ungewissen Schicksal und mutmaßlich seiner durch Stalin verordneten Liquidierung entgegen. Hinter sich gelassen hat der von Tamerlan inspirierte, von der chinesischen Regierung in Nanjing unterstützte, aber kurz zuvor am Tutung-Fluß auch von sowjetischen Kampfflugzeugen attackierte Räuberbaron den Traum eines eigenen Reiches, welches die Nachfolge der *Turkish-Islamic Republic of Eastern Turkestan (TIRET)* angetreten hätte. Dieses vom Gesetz der *sharia* regierte und von der Idee einer 'nationalen Revolution' der Uiguren getragene, vom khotanesischen Emir Mehmet am 12. November 1933 ausgerufene sezessionistische Gebilde hat im April 1934 der Einfall von Mas 10 000 Mann zählender Streitkraft, offiziell die *36th Division of the National Army of China*, in Kasghar beendet. Das beim Handwechsel in der Hauptstadt der *TIRET* ausbrechende Chaos ist sogar bis in den Garten des britischen Konsulats gebrandet, aber vor allem haben in dessen Verlauf die Donganen Ma Zhongyins vor der Id-Kha-Moschee das abgeschlagene Haupt von Emir Abdullah, des jüngeren Bruders Mehmets, aufgepfählt.

Vom Besuch des symbolischen Orts der komplizierten uigurisch-chinesischen Verhältnisse hatte ich mir aber auch die Vergewisserung erhofft, daß das, was darum herum Neues entsteht, den computergenerierten Plakaten entspricht, die entlang der Jiefang Beilu an den Gittern der Gehsteige befestigt sind – ein absurder Kontrast zum Elend der davor knienden alten Bettler, Männer wie auch Frauen. Sie zeigen nämlich eine saubere, von flanierenden Han-Chinesen bevölkerte Plaza, Metapher endlich genießbarer Unbeschwertheit, welche das uniforme, nach dem in den Treppenhäusern aufgeschichteten Kohl der *danwei* riechende blaue Gewand verdrängt hat.

Um Frau Hes Frage auszuweichen, die ich nur mit einer Vermutung beantworten könnte, habe ich zunächst meine leise Enttäuschung über das Verschwinden des Basars vor der Id-Kah kundgetan, den doch schon Marco Polo besucht habe. Aufgefallen seien mir weiter, aber das habe womöglich mit den zur Zeit stattfindenden *ITdF* zu tun, die jungen Han in weißen kurzärmligen Blusen und aufgestecktem Haar, die den verhüllten Uigurinnen bunte Prospekte ausgeteilt hätten. Auch mir hätten sie einen gegeben. Obwohl ich weder Uigurisch noch Chinesisch lese, hätte

Sven Hedin, der das Pech hat, am 13. März 1934 dem 22-(nach Peter Fleming 25-)jährigen Kavalleriegeneral auf seinem Anmarsch auf Kashgar zu begegnen, muß sich von diesem seine Lastwagen wegnehmen lassen (*Die Flucht des Großen Pferdes*, Leipzig 1935). Fleming selbst und Ella Maillart haben Anfang Juli 1935 in Khotan mehrere Audienzen bei Ma Zhongyins Halbbruder Ma Hesan, in deren Verlauf sie auch eine ominöse Fotografie des in Rußland Internierten zu sehen bekommen, die ihn in der Uniform eines russischen Kavallerieoffiziers zeigen. (Peter Fleming, *News from Tartary. A Journey from Peking to Kashmir*, 1936; dt.: Frankfurt 1996).

ich verstanden, daß der Versammlungsplatz, wo doch seit Jahrhunderten immer wieder aus der Religion heraus politische Unrast geboren worden sei, durch die großen Blumenrabatten nun viel besser kontrollierbar ist. Frau He hat das überhört, weshalb ich die Bemerkung nicht ausgesprochen habe, wenn alle Vorhaben realisiert würden, die auf den Plakaten zu sehen, zum Teil aber noch hinter Bauwänden verborgen seien, besäße Kashgar bald einen Registan wie Samarkand. Auch dort hat man Folklore und staatlich sanktionierte Religion zusammengetan, um das Land vor sozialem Chaos zu bewahren. Jedenfalls hätte ich feststellen können, fahre ich fort, daß die Gläubigen und ihre Kinder die geschwungenen Kolonnaden doch schon zur Rast erobert hätten. Das hat Frau He gefallen, und sie hat schnell genickt zu meiner Mutmaßung, die vielen im Rahmen der »Go-West-Young-Han«-Kampagne seit Fertigstellung der Eisenbahnlinie von Ürümqi nach Kashgar sich hier noch schneller niederlassenden Chinesen würden die ganze Anlage vor der Id-Kah genauso schätzen. Sogar, habe ich gedacht, wenn im Moment auch noch kein Riesenrad vor der Moschee stände wie das an der Tuman-Lu, wo die Brücke zum großen Basar abgeht.

Frau Hes ursprüngliche Frage hat sich dann verlaufen im Gespräch über die hygienischen Vorteile des neuen gegenüber dem alten, während der Kulturrevolution geschlossenen, erst 1981 wiedereröffneten, aber zwischenzeitlich abgerissenen Basar, der zudem von Feuersbrünsten gefährdet gewesen sei. Die neue Anlage aus Beton erlaubt, im Gegensatz zu ihrem jahrhundertealten Vorgänger, der bei meinem Aufenthalt vor drei Jahren noch gestanden hat, nur noch ordentlichen Händlern das Geschäft und nicht mehr ›fliegenden‹ – was allerdings nicht stimmt. Aber Frau He weiß das auch.

Fünf Tage bin ich in China gewesen, und heute hat sich die Sonne zum ersten Mal wieder gezeigt. Weg ist der dichte Staubnebel, ein Phänomen der Kashgarei, das die Sonne als blaßviolette Scheibe erscheinen läßt. Ein Wind muß nachts die Luft ausgekehrt und den Sand über den Tian Shan hinweg auf dessen Gletscher geworfen haben. Ein Wetter wie es prächtiger nicht sein könnte, um dieses Gebirge zu überqueren, um überhaupt die Weiterreise anzutreten. Sogar die Volksbefreiungsarmee ist auf die Seman Lu hinausgetrabt zu meiner Verabschiedung, genau wie im Mai 2001, als ich Kashgar in Richtung ›Karakoram-Highway‹ verlassen, dabei den Kunlun aber nicht so gesehen hatte wie heute morgen. Mit kühner Schönheit ist er über die Vorberge hinausgestiegen, daß jeder, dem er sich zum ersten Mal so präsentiert, nicht anders kann denn sich als Kaiser zu fühlen, und zwar präzis als der, dem es gegönnt wäre, ohne Hilfe ferganesischer Pferde, allein und mit einem einzigen Schritt von seinem Gipfel aus in den Himmel zu kommen.

Kashgar ist bereits ein ziemliches Stück hinter uns gewesen beim Durchqueren einer Ebene, die ein toter Lauf des vom Imaos kommenden Kyzyl He geschaffen haben muß. Wie Zahnstocher haben in regelmäßigen Abständen Betonmaste zum Bau einer Stromleitung gelegen, entlang des von niedrigen Erdwällen geschützten Glasfaserkabels.

Jedes Mal, wenn die weißen, das unterirdisch verlaufende Kabel bezeichnenden hüfthohen Zementpfosten an Abschnitten der Seidenstraßen auftauchen, in der Wüste oder in den Baumwollfeldern, verschaffen sie mir Orientierung im Raum wie auch in der Zeit. Kaum etwas erscheint so global, so uniform in ganz Zentralasien wie ihre Linien, aber auch so zwangsläufig durch die Geographie Bedingtes und für das anhaltende Wagnis von Kontaktnahme und Bewegung Unumgängliches. Immer sind dabei Ketten bestimmter Einrichtungen notwendig. Ketten von Lagerplätzen, Karawansereien, Poststraßenstationen, Telegraphenmasten, Bahnhöfen, Tankstellen, alles in immer kürzeren Intervallen entlang der Pfade, Pisten und Arterien – jetzt eben 100, in übersichtlicherem Gelände vielleicht 200 Meter, von Pfosten zu Pfosten. Die ganze Geschichte der Information, von Übertragungsmedium und Beschleunigung, der Entwicklung vom in Monaten meßbaren saisonalen Warenweg der Karawane baktrischer Kamele zur optischen Röhre, der sich nach allen Seiten ausbreitenden elektromagnetischen Strahlung als Käfig gebauter Lichtwellenleiter der binären Zahlenreihen.

Nach der Einreise auf dem ältesten aller in, innerasiatischen Wege durch den Alai-Korridor jetzt die Ausreise auf der viel jüngeren Route über den Torugart-Paß, der kürzesten Verbindung zwischen Kashgar und der kirgisischen Hauptstadt Bishkek.

Der Weg führt auch an Naryn vorbei, das nach dem Fluß genannt ist, der den schnellsten Weg nach Fergana hinunter begleitet, nach Khojand und von dort in die turanische Senke hinaus. Für anderthalb Jahrzehnte nach 657, als sie am Issyk Kul die Westlichen Türk schlagen, fungiert das Quellgebiet des Naryn als prekäre Nahtstelle, welche den Tang die Souveränität über zwei von ihnen installierte rivalisierende westtürkische Khanate sowie die Aufrechterhaltung der Protektorate garantiert, deren Gebiet sich von Talas über Samarkand, Buchara, Kabul und Herat bis nach Zarand im heutigen Iran erstrecken. Diese weiteste Ausdehnung des Tang-Imperiums ist aber nicht von langer Dauer. Im Jahr 662 erfolgt nach der Eroberung von Kho-

Dazu Buch VII, *Im Heiligen Schrein* und Buch XII, Von Merv über den Oxus und nach Buchara.

Die Khaganate – 'Khagan' ist altaiisch und gleichbedeutend mit 'Khan', wenn auch exklusiver – der Westlichen und der Östlichen Türk(en) sind Nachfolgereiche des 552 gegründeten ersten unabhängigen türkischen Reiches (nicht mit der heutigen Türkei zu verwechseln, obwohl es dort Bestrebungen gibt, eine Nachfahrenschaft herzuleiten). Während die Gründungslegenden der Türk ausschließlich in chinesischen Quellen erhalten sind, ist das Ethnonym nicht restlos geklärt. Die Türk vor der Reichsgründung werden als 'Blau-Türk(en) ohne Herrschaft und Clan-Ordnung' bezeichnet. Danach spricht man von ihnen als Kök-Türk(en), 'Blauen Türk(en)'. Das Turkvolk der Uiguren wiederum nennt jene bloß 'Türk(en)'.

Mit der Eroberung der westlichen Steppen Innerasiens verfolgen die Westlichen Türk(en) – im Unterschied zu den in der Mongolei beheimateten Östlichen Türk(en) in der Dsungarei heimisch – ein handelspolitisches Ziel, nämlich die Kontrolle des westlichen Endes der Seidenstraße. Dabei vernichten sie die Hephtaliten in Allianz mit den iranischen Sasaniden, wenden sich aber dann aufgrund sasanidischer Obstruktion und auf Ratschlag der Sogdier, die den türkischen Handel verwalten, im vierten Regierungsjahr Justinians II. (565–578) an Byzanz, worauf sich nicht gerade spannungsfreie türkisch-byzantinische Beziehungen entwickeln. Störfaktor ist einerseits der Friedensschluß (570) der Byzantiner mit den von ihnen Tribut heischenden Awaren, welche die Türk(en) als Untertanen betrachten, andererseits das von Waffengängen und ohne türkische Berücksichtigung beschlossenen Waffenstillständen geprägte byzantinisch-sasanidische Verhältnis.

Während die Westlichen Türk(en) weitreichende Außenbeziehungen pflegen, konzentrieren sich die die Oberherrschaft ausübenden Östlichen Türk(en) auf Regionalpolitik und bereichern sich an den chinesischen Dynastien der Nördlichen Qi (550–577) und der Nördlichen Zhou (557–581), die sich die nomadische Gefahr nur durch ruinöse Tribute unerhörter Mengen Seide, in einem Fall von 100000 Stück, vom Leib halten können. Nachfolgestreitigkeiten und die Konsolidierung der Sui (589–618) führt dann zu einer Schwächung der Östlichen Türk(en) und unter dem Westlichen Türk(en)-Herrscher Tardu kommt es 585 zum Krieg. Den Tang (618–907) gelingt es dann durch geschickte Instrumentalisierung lokaler Herrscher, die von internen Unruhen geplagten Östlichen Türk(en) weiter zu schwächen und 630 ihr Reich auszulöschen.

Die Westlichen Türk(en), die weniger ethnisch fundiert und dadurch in der Ausübung ihrer Politik durch ältere ansässige Elemente – baktrische, choresmische und sogdische – beeinflußt sind, kommen 659 unter die Oberhoheit der Tang. Ihr ganzes Reich, vom Ili-Tal bis zum Aral-See und nach Afghanistan reichend, wird zu einem in zehn Präfekturen aufgeteilten Protektorat.

Die Tang können indessen nicht verhindern, daß nach 680 ein neues türkisches Machtzentrum entsteht, das sogenannte zweite Osttürkische Reich, dessen Eroberungszüge im Westen bis zum Syr Darya und im Osten bis nach Shandong und im Süden bis nach Tibet ausgreifen. Als letzter in einer durch Giftmorde angetriebenen wirren Herrscherfolge der zweiten Östlichen Türk(en) regiert ein gewisser Wusumishi Qa, mit dessen Beseitigung 744 durch eine von türkischen Uigur(en) angeführte Koalition ihre Herrschaft endet. Ein chinesischer Söldner soll erster Herrscher des Geschlechts der Uigur(en) gewesen sein, deren Reich bis 840, zum Einfall der Kirgisen, besteht und dessen am Oberlauf des Orchon gelegene Hauptstadt Kara Balgasun das nachmalige Karakorum der Dschingiskhaniden ist.

Vor der *Geheimen Geschichte der Mongolen* sind die Orchon-Runen, der Tatenbericht köktürkischer Khagane das früheste Selbstzeugnis nomadischer Herrscher entlang der nach Korea führenden Nordroute der Seidenstraßen.

tan und Kashgar durch die von türkischen Gruppen unterstützten Tibeter dann die Aufgabe der vier ›Westlichen Garnisonen‹ – Kashgar, Khotan, Kucha und Karashahr – und die östliche Verlegung des General-Protektorats Anxi, ›Befriedeter Westen‹, nach Turfan hinüber, verbunden mit dem Verlust der Kontrolle über die Seidenstraßen. Erst gegen Mitte des 8. Jahrhunderts, als die Machtprojektion der Tang wieder über den Issyk Kul hinaus und bis ins Ili-Tal hinunterreicht, wirft der Fernhandel erneut die zum Unterhalt der entlegenen und isolierten Garnisonen notwendigen Einkünfte durch Transitgebühren ab. Allerdings nur bis zur Rebellion des im Dienst der Tang stehenden sogdischtürkischen Generals An Lushan, die das Reich fragmentiert zugunsten der Tibeter, die sich fortan mit den Uiguren um Gansu und Xinjiang streiten. Erst ein Jahrtausend später werden die Qing als erste das chinesische Reich der Mitte wieder repräsentierende Macht in der Region die direkte Herrschaft ausüben, 1949 gefolgt von den Kommunisten.

Den Torugart-Paß, dessen Zurücklegung seit dem 15. Jahrhundert auf halber Strecke zwischen Naryn und dem Scheitel die Karawanserei Tash Rabat erleichtert, dürften auch die Kirgisen Anfang des 9. Jahrhunderts bei ihrem Überfall auf das zu diesem Zeitpunkt von den Uiguren kontrollierte Tarim-Becken benutzt haben. Nicht zuletzt wegen dem unmittelbar vor der Paßhöhe liegenden Chatyr-Kul ist er der für eine Kavallerie geeignetere Weg über den Tian Shan als der fünfhundert Meter höhere Bedel-Paß, den im Jahr 630 der vom Tarim-Becken aufsteigende Pilger Xuan Zang überquert. Dieser Übergang befindet sich 300 Kilometer östlich des Torugart; die Pässe oberhalb des vor anderthalb Wochen besuchten Kögart hingegen nur 70 Kilometer weiter westlich des auf einer Höhe von 3752 M. ü. M. liegenden chinesisch-kirgisischen Grenzübergangs.

Dazu Buch V, *Werkstraße* und in diesem Buch *Osmose in Kögart*.

China entläßt den nach Kirgistan ausreisenden Besucher von Xinjiang in einem modernen Zoll- und Abfertigungsgebäude gleich hinter der Abzweigung, wo die aus Kashgar kommende Straße geradeaus nach Simhana und zum Irkeshtam-Paß weiterführt. Das ist bequemer für die Beamten und hat hoffen lassen auf einen einigermaßen friedlichen Grenzübertritt oben am 200 Kilometer entfernten Paß. Drei Stunden lang ist es dann immer mit derselben, kaum wahrnehmbaren Steigung bergan gegangen, am Rand eines gewundenen, mit weiten Kiesbänken gefüllten Tals ohne nennenswerte Siedlungen entlang, bis die Straße vielleicht zwanzig Kilometer vor den im Talausschnitt sichtbar werdenden Firnfeldern plötzlich Höhe gewonnen und sich auf einen grauen Boden hinaufgeschwungen hat, wo der Schlagbaum unten gewesen ist und die Besetzung des Checkpoints verschwunden. Wenig überraschend, das hat Frau He sofort bestätigt, denn auch ihre Uhr hat kurz nach elf angezeigt.

Während des Wartens hat der Himmel zugemacht, und hinter den nur karg begrasten Bergzügen, deren Grate unerhört feine Linien von Neuschnee überzuckerter Wächten nachzeichnen, sind Wolken hervorgetreten und herabgestiegen, haben sich zu einer Wand versammelt, die wir bei der Weiterfahrt dann durchstoßen haben, während sich Wachtürme mit übergestülpten Panoramageschossen in die Kämme näher der Schotterpiste schrauben. Vor den letzten Kehren dann, nach einem weiteren Schlagbaum, zur Rechten in das Alpgras eines Hügels geschnitten und mit hellbrauner Erde die entstandene Spur nachgefüllt, die Umrisse der Volkrepublik China einschließlich Wappen und der abtrünnigen Inselrepublik Taiwan.

Zu Beginn des 21. Jahrhunderts und auf halbem Weg nach Rom ein unmißverständliches Signal territorialen Anspruchs, eingeschrieben im Boden in diesem fernsten westlichen Zipfel Chinas.

Im 8. Jahrhundert ist diese Gegend ein Abschnitt der durch die Barriere von Tian Shan-Alai-Pamir gebildeten, Osten und Westen Innerasiens trennenden Kulturgrenze. Entlang dieser wie auch der sinomongolischen im Norden und der sinotibetischen Kulturgrenze im Süden überlappen sich in dieser Epoche, gemeinsam geteilte Wirtschaftsräume und kollidieren bilaterale Machtansprüche, welche das politische und militärische Schicksal des Tarim- und Turfan-Beckens, der beiden nördlichen kulturellen Zentren Xinjiangs, mitgestalten. Nicht chinesische, sondern sogdische Kaufleute dominieren in dieser Zeit die Vermittlung von Gütern und Ideen zwischen Fergana und der Mandschurei bis nach Korea hinüber.

Auf dem Scheitel des Torugart liegt nasser und alter Schnee und hinter dem Schlagbaum der übliche zylindrischer Tank mit ausgeschnittenen Fenstern. Daneben steht Sergejs *Pajero*, verdreckt wie die chinesischen Lastzüge mit den tonnenschweren Röhren aus den aufgelassenen kasachischen Kombinaten in Karaganda.

Der Fahrer aus Kashgar will wenden, bevor diese Kolonne nach China hinübergelassen wird. Vielleicht fürchtet er die mögliche Kontamination dieser Transporte.

Verstrahlung soll vorkommen. In Sary Tash hat auch Islam davon gewußt und gehört, die über Irkeshtam exportierten Schrottladungen würden auf einem Umschlagplatz dreizehn Kilometer innerhalb Chinas auf radioaktive Verseuchung geprüft. Wenn solche schon bei kirgisischem Material auftreten kann, dann muß sie es erst recht bei kasachischen Kupferdrähten aus <u>Semipalatinsk</u>.

Dazu Buch I, *Herzland der Peripherien.*

Der Wink des Soldaten der Volksbefreiungsarmee holt mich in die Kälte. Ich danke Frau He und dem Fahrer für die feine Überführung und gehe nach Kirgistan.

Naryn, 19. Juli 2004, abends. — Sergej und Nikolai haben sich die Fahrt von der kirgisischen Grenzstelle durch den Streifen Niemandsland zum Scheitel des Torugart mit ein paar Päckchen Zigaretten und Zeitschriften erkauft. Der Weg von Osh, wo sie einen Tag geblieben sind, um das Fahrzeug in Ordnung zu bringen, nach Naryn hinüber muß eine Alptraum gewesen sein. Regen, Schlamm, Geschiebe auf der Straße. Gestern sind sie von Naryn nach At-Bashy gelangt und von dort heute morgen aufgebrochen, etwas früher als ich in Kashgar.

Nach Chatyr hinunter sind es weniger als zehn Minuten.

Sergej meint, eine Stunde benötigten die entgegenkommenden, zur doppelten Höhe schrottbeladenen Schwerlastzüge – russische *Kamaz* aus Tatarstan und *Zil* sowie neuere chinesische *Jifeng*. Auf den Anhängern dieselben Assemblagen wie auf den Brücken der Zugmaschinen. Ungeheuerlich ist bloß der Anblick, nicht die Konstruktion der Ladung. Sie folgt ihrem eigenen Gesetz, nicht offiziellen Bestimmungen. Die Seitenwände der Brücken erhöhen Stahlblechflächen, Dächer, Motorhauben und Türen von Personenwagen, Industrieabdeckungen aller Art und sogar Bettgestelle. Die zerschnittenen Karosserien von Bussen, auf den Kopf gestellt als Mulden benutzt, füllen Segmente von Abluftschächten, zerdrückte Boiler und Fässer, Getriebekästen, Kessel, Mantelteile, verbogenes Rohr, Tanks, Trommeln und obenauf, zum Himmel gekehrt, Wannen mit wer weiß was für welchen rostigen Gebeinen darin und obenauf zumeist noch einem Ersatzreifen.

Hinter Alpgras mit sandigen Löchern, Stacheldraht und Miradors der Chatyr Kul. Milchiges Gewölk kocht auf dem blaßblauen Wasser und Schnee wischt darüber – aus welcher Richtung, ist nicht klar.

Im Abfertigungsgebäude hockt feuchte Kälte. Eine junge europäische Familie mit zwei tapferen Kindern wartet auf eine Gelegenheit, nach China hinüberzukommen. Ich muß in drei verschiedene Räume. Nach zehn Minuten bin ich wieder draußen. Der Schneefall ist in Regen übergegangen.

Mindestens einen Kilometer lang ist die Kolonne der Schrottlastwagen. Irkeshtam ist ungestüm. Torugart kennt ein System. Die Chauffeure warten zwei bis drei Tage. Zu tun gibt es nichts, außer an den Felgen herumzuhämmern oder Tee zu trinken in einem der Bauwagen.

Nikolai hat sich informiert. Die Ladekapazität eines *Kamaz* ohne Anhänger beträgt 25 Tonnen. Umschlagplatz des Alteisens ist Ka Pu, hundert Kilometer innerhalb Chinas, auf halbem Weg nach Kashgar. Dort wird zweimal auf Verstrahlung geprüft. Zuerst bei der Ankunft, dann nach dem Abladen. Bei Verstrahlung geht die Ladung über den Torugart zurück. Hin- und Rückreise dauern im Durchschnitt zwei Wochen. Nach Abzug von Reparaturen bleibt dem Fahrer, der als selbständiger Unternehmer oder zumindest Eigner des Lastwagens fungiert, ein Verdienst von 250 Dollar. Mit der Ausfuhr des Alteisens beauftragt den Fahrer eine in Bishkek niedergelassene Firma namens *Temir* – 'Temir' heißt 'Eisen', nicht nur in Kirgistan, sondern auch in Usbekistan – und bezahlt dafür 30 Dollar pro Tonne. *Temir* kauft mit chinesischem Geld stillgelegte Fabrikanlagen auf, ist aber auch Abnehmer von Kleinhändlern. *Temir* ist eine staatlich kontrollierte Firma. Ihr Gewinn ist die Differenz zwischen der von den chinesischen Auftraggebern zur Verfügung gestellten Summe und dem Total der ausbezahlten Beträge für Ankauf und Abtransport.

In China holen die Elektroschmelzöfen verunreinigende Stoffe aus dem kirgisischen oder kasachischen Stahl und vergießen diesen zu Balken oder Blech für Schiffe und Autos. Walzwerke verarbeiten ihn zu Draht, Kabel und Armierungsstäben des Stahlbetons, der Chinas Wachstum unter dem Zeichen staatlich gelenkter freier Marktwirtschaft eine atemberaubende Silhouette gibt.

Diese Vorgänge betreffen die kirgisischen Fahrer, Nachfahren der Weidenomaden, die den sogdischen Karawanen zur Traverse des Tian Shan ihre Yaks zur Verfügung gestellt haben, nicht direkt – genausowenig wie die vor sechs Jahren angetroffenen Afghanen die pakistanische Verhüttung des tadschikischen Schrotts. Dazu Buch VII, *Schrottstraße I.*

Hingegen wissen die kirgisischen Fahrer um die Möglichkeit, daß sie die Karosserie eines japanischen oder koreanischen Wagens, den bald einmal zu besitzen sie hoffen, zuvor in anderer Form über den Torugart geschafft haben könnten.

BUCH X

SEIDENSTRASSEN UND DERGLEICHEN

Westliche Attraktionen

Dunhuang, 6. Mai 1987. — Wer aus dem Osten, aus dem Inneren Chinas kommend Yumenguan erreicht, steht dort, wo eigentlich schon lange kein China mehr ist. Denn das gegen Ende des 2. Jh. v. u. Z. erbaute ›Jade-Tor‹ ist ein Außenposten. Jenseits davon ist Nichts, hat keiner eigentlich etwas zu suchen. Wer trotzdem darüber hinausging, verschwand in der Barbarei. Aber gestern habe ich doch gespürt, daß ich von Yumenguan irgendwie weitergehen muß, oder daß ich, was gewiß umständlicher wäre, irgendwann von der anderen Seite her, aus dem Westen, zu diesem in der Hitze zitternden kleinen Lehmgeviert vordringen sollte, das in endlos sich streckender Geröllwüste liegt wie ein Stück brauner Zucker auf einem groben Teppich.

Zum wirklichen östlichen Ende der Großen Mauer Chinas am Yalu, an der nordkoreanischen Grenze bin ich noch gar nicht vorgedrungen. Aber ich habe gedacht, es sei nützlich, vorgreifend bereits zu einem möglichst frühen Zeitpunkt zumindest die vom Zentrum kaiserlicher Macht aus gesehen durch präzise Koordinaten zu bezeichnende – 40° 20' 0" nördlicher Breite, 93° 51' 0" östlicher Länge – westlichste Stelle der Mauer aufzusuchen, die ohnehin nicht eine einzige Linie bildet, sondern sich aus verschiedenen, teils parallelen, sich verzweigenden und wiederfindenden Stücken zusammensetzt und deswegen eine unbestimmbare Anzahl von Enden besitzt: Yumenguan, das ›Jade-Tor‹, sowie die westlich davon liegenden allerletzten, kaum noch sichtbaren Strecken der Großen Mauer der Han.

Ein paar Dutzend Meter hinter mir zieht Herr Gao Fengshan ein armdickes und armlanges zweitausendjähriges schnurumwinkeltes Bündel Schilfrohr aus dem Segment des Walls heraus, der hier draußen nicht mehr ist als eine sich aufwerfende und wieder absenkende Ader, welche die Wüste durchmißt. Ich selbst habe unterdessen einen auf dieser liegenden, pflaumengroßen weißen Kiesel mit dem Stiefel weiterbefördert, in Richtung Horizont, gegen den hin sich die künstliche Struktur schließlich ganz dem Boden anverwandelt. Oder zumindest macht es den Anschein.

Mein Fußtritt ist kein ungehöriges Verhalten gegenüber dem längsten Verteidigungswerk der Menschheitsgeschichte, wie auch Herr Gao Fengshans Akt nicht einer der Zerstörung gewesen ist. Mit dessen Entnahme sichert der Kulturbeamte ein für diesen architektonischen Typus der Großen Mauer charakteristischen und zudem noch sehr gut erhaltenen Gegenstand vor natürlichem Zerfall. Sein Tun ist also keine mutwillige Zerstörung und von einem ganz anderen Geist getragen als die Unterwassersetzung der komplexen Torsperrfeste des in Hebei situierten Xifengkou-Abschnitts während des katastrophalen »Großen Sprungs nach vorn«.

Nein, was mich zum Tritt gegen den Kiesel bewogen hat, ist der Impuls, hier eine Stelle in der Wüste zu markieren. Zu sagen: Bis hierher und keinen einzigen Schritt weiter werde ich das Ungetüm verfolgen, dessen Schwanz in den Wäldern am Yalu verborgen ist.

Diesen guten Drachen der Chinesen, seit der ersten zwischen 221 und 210 v. u. Z. von Meng Tian nach der Vertreibung der Xiongnu im Grenzgebiet erbauten Verteidigungslinie, über Gebirge und durch Ebenen getrieben von Soldaten und Hunderttausenden durch die Bauleitung den Garnisonen zugeteilten und unter dem Befehl der Militärgouverneure der *zhen* genannten neuen Abschnittskommandos stehenden zwangsrekrutierten deportieren Bauern sowie Sträflingen. Streng nach der von den Strategen des Hofs definierten Regel, beim Bau der Mauern soweit möglich auf örtlich vorhandenes Material zurückzugreifen – Erde und Steine, Holz und Lehmziegel. Unter den Ming dann vielerorts auf massenhaft produzierte und auf Steinquader aufgemauerte Backsteine; im Nordosten der Provinz Liaoning auf Eichenbretter, Fichtenholz und Kiefer, wogegen es im zentralen Lößplateau zwischen Schalbrettern aus dem Holz der gerodeten Wälder mit Rammstößeln verdichtete Lehmverschüttung sein muß und in den westlichen Wüsten hinter Dunhuang, wo wir jetzt sind, eben das mit Schichten aus Tamariskenzweigen und Schilf verstärkte Gemisch aus Sand und Kiesel. Zweitausend Jahre andauerndes Bauen, initiiert von Qin Shi Huangdi, der, wie Jorge Luis Borges (*Essays*, Buenos Aires 1952–1979) mutmaßt, die geschichtlich betrachtet nichts Geheimnisvolles bergende Maßnahme großer Vernichtung des Bisherigen, vor allem der Bücher, mit jener ebenso selbstverständlichen großen Bauens kompensiert, und ins Werk zu setzen befiehlt in voneinander getrennten Abschnitten, damit, wie Franz Kafka (*Beim Bau der Chinesischen Mauer*, 1917, in: *Erzählungen aus dem Nachlaß*, 1904–1924) erwägt, die Hoffnung der Verpflichteten, ihren Teil überhaupt vollenden zu können, nicht schwindet vor dem schieren Plan. Kaum hinterfragtes kontinuierliches obsessives Verfolgen der fixen Idee des Ersten Kaisers also.

Auf über 50 000 Kilometer soll sich das Total aller während allen mauerbauenden Dynastien errichteten Wälle belaufen. Im Fall der historisch jüngsten Hauptlinie der Ming zwischen Shanhaiguan am Golf von Bohai und der 'Stärksten Festung unter dem Himmel' in Jiayuguan hat man sich auf 2500 Kilometer geeinigt.

Während nur das Knacken der Pistazienkerne zwischen den Zähnen des Übersetzers, der mir gefolgt ist, und sonst nichts, die unglaubliche Stille zersplittert, steigt die Ahnung auf, daß es vielleicht unumgänglich sein wird, sich eines Tages mit einem sich aus den Großen Mauern ableitenden Gegenstand zu befassen, der sich, ganz wie der jetzige Grund meiner Anwesenheit in China, nicht im Singular verhandeln läßt: den Seidenstraßen zu folgen. Vom Mittelmeer aus gesehen hieße dies freilich, östlichen Versuchungen nachzugeben, in Richtung des ›Jade-Tors‹, wo man jede westliche Versuchung eines Chinesen exakt registriert.

Römer in China?

Yongchang, 7. Dezember 1987. — Hier stehe ich, außerhalb des ummauerten Areals der Tankstelle von Yongchang, und wünschte, ich sei unsichtbar. Der auf den 4. Juni datierte kurze Brief hat mich gewarnt. Ende Juni habe ich ihn vom Übersetzer erhalten, der mich im Mai von Lanzhou aus in die sogenannten tibetischen und muslimischen autonomen Bezirke der Provinz Gansu begleitet hat. Er war nicht unterschrieben und an den Namen des Absenders habe ich mich nicht erinnern können. Zum Schluß hat der Übersetzer noch Grüße von Fahrer Zhou Guangshi übermittelt, dessen Name im Ohr eines nicht Chinesisch Sprechenden ähnlich klingt wie *guanxi*, das Wort für 'Beziehung', welches seit Monaten auf dieser erlaubten und doch immer wieder verbotenen Reise entlang den Großen Mauern etliches ermöglicht oder aber alles verhindert, je nachdem, ob solche Verbindungen vorhanden sind oder nicht.

Mit Fahrer Zhou bin ich auch jetzt wieder unterwegs. Seit einer halben Stunde steht der *Toyota* im Innern der Tankstelle, ohne daß ich nachsehen könnte, wann er an die Zapfsäule vorrücken darf.

Der Übersetzer hingegen ist unauffindbar geblieben, trotz Nachfragen an etlichen Stellen, darunter auch im Museum von Lanzhou, wo er im Mai noch tätig gewesen war. Jedenfalls hatte ihn in diesem Museum Herr Qiao vom Kulturamt der Provinz zum Übersetzen unseres Gesprächs herbeigerufen. Denn an Herrn Qiao war das Empfehlungsschreiben der *Gesellschaft zur Erforschung der Großen Mauer* gerichtet gewesen, jener *danwei*, bei welcher mich Professor Luo Zhewen für die Dauer meines Abenteuers untergebracht hat. Zusätzlich habe ich im Museum noch ein auf dem Papier der Kulturgüterverwaltung des Kulturministeriums abgefaßtes persönliches Schreiben des Professors vorgelegt, gerichtet an die in Lanzhou wirkenden, aber auf Dienstreise befindlichen Genossen Wang Qin Tai und Wu Nai Xiang. Die beiden Dokumente waren im wesentlichen identisch mit jenen an andere Vertreter der mit Erforschung, Erhalt und Wiederaufbau der Großen Mauern beschäftigten Büros in Qinhuangdao, Shenyang, Dandon, Datong, Hohhot, Xi'an, Yinchuan und Jiayuguan. Bei den Adressaten handelt es sich, wie ich verstanden habe, meistens um ehemalige Studenten des Professors. Alle diese in chinesischen Schriftzeichen abgefaßten Briefe hatte ich mit einem Vermerk markiert, um das jeweils richtige Paar zur Hand zu haben, sowie im *Bamboo Garden Hotel*, der ehemaligen Residenz des Postministers der Qing-Dynastie und seit Monaten meinem Basis-Lager, von der Rezeptionistin einen der Briefe meiner *danwei* übersetzen lassen. Erwiesen hat sich dabei auch, daß der Vermerk unten links auf allen dasselbe besagt, nämlich daß ich für sämtliche im Zusammenhang meiner Suche und Begehung der Großen Mauern verursachten Kosten selbst aufkommen würde.

Professor Luo muß genau gewußt haben, wie er mich durch das Land lotst, damit das eigentlich unmögliche Projekt der möglichst vollständigen Bereisung und der fotographischen Dokumentation des längsten von Menschenhand geschaffenen Monuments gelingen kann. In den 1950er Jahren hat Luo Zhewen als junger Architekt die Instandstellung des Badaling-Abschnitts der Großen Mauer für Repräsentationszwecke von Partei und Regierung verantwortete und seither sein ganzes berufliches Wirken dem Gegenstand gewidmet, der ihn nun auch als Rentner erfüllen wird, als der er gemäß eigener Aussage nun noch mehr arbeiten könne. Zur Zeit beschäftigt den Professor nebst der Erforschung und Begutachtung neu entdeckter oder auch für ihn erst jetzt zugänglich gewordener Abschnitte auch die Umweltverschmutzung an der Mauer durch wachsenden aus- und vor allem inländischen Tourismus sowie die »Große grüne Mauer«, das bereits 1978 begonnene und bereits 2600 Kilometer lange Aufforstungsprojekt, das den Wall vor der immer bedrohlicher südwärts wandernden Wüste schützen soll, nicht nur in der Inneren Mongolei, Ningxia und Gansu, sondern bereits auch hinter Beijing.

Erfolg oder Scheitern meines Vorhabens wird letztlich nicht danach zu bemessen sein, wie viele administrative Hürden ich am Schluß überwunden haben werde oder wie oft man mich noch, wie im November in Yulin mitten im nebligen, von grauem Schnee bedeckten Ordos, in Hotelzimmerarrest stecken, auf Polizeistationen verhören und nach wiederholtem Abfassen selbstkritischer Briefe zu grotesken Umwegen zwingen wird, sondern wie viele Stücke der Großen Mauern zu finden mir gelingt, die der Professor selbst noch nicht kennt. Die stillschweigende Vereinbarung zwischen uns scheint zu sein, daß seine persönliche Empfehlung, aber auch der mit zunehmender Distanz zu Beijing an Bedeutung verlierende Briefkopf helfen sollen. Jenseits einer nie absehbaren Linie jedoch bin ich mir selbst und der Willkür der Sicherheitsorgane überlassen, stehe draußen in der Kälte, ohne Rückendeckung und weiß seit Yulin, daß sich in Beijing nicht unbedingt jemand für mich interessiert, wenn ich festsitze.

Der von Herrn Qiao Rui Tong im Mai zur Verfügung gestellte Übersetzer hat damals seine Aufgabe glänzend gelöst und verstanden, daß der Wichtigste im Team ohnehin Fahrer Zhou ist. In dessen Hand hat letztlich die kühne, aber auf richtiger

Einschätzung beruhende Entscheidung gelegen, doch die verschlammte Straße über ein bestimmtes Lehmgebirge zu nehmen und nicht den zweitägigen öden Umweg um dieses herum. Auch aus solchen Gründen ist es nicht nur angebracht oder kollegial und nützlich, sondern selbstverständlich gewesen, am selben Tisch zu essen und dabei auch den Spucknapf auf dem schmierigen Zementboden zu teilen, also jene Führerin einer Gruppe taiwanesischer Touristen zu ignorieren, die in Labrang – dort baut man den Tibetern die infolge des außer Kontrolle geratenen kulturrevolutionären Enthusiasmus zerstörten Klöster in Beton gerade wieder hin – zu mir herangetreten ist mit der eindringlichen Ermahnung, Distanz zu halten zu Fahrern, denn die wüßten in der Regel nichts.

Irgendwann während der regnerischen Fahrt durch die von großer Emsigkeit erfüllten Bezirke der muslimischen Hui und die eher träg und verkommen wirkenden der Tibeter, hat der Übersetzer den Namen des bei einer der höheren Lehranstalten Lanzhous wirkenden Guan Yiquan erwähnt, der seit zwanzig Jahren die Geschichte der Römer im Gansu-Korridor erforsche.

Deshalb hatte ich mir vorgenommen, bei der Rückkehr nach Gansu die Quelle der Information aufzusuchen – Herrn Guan Yiquan selbst. Nach Ankunft in Lanzhou am 3. Dezember hatte ich einen Anlauf unternommen, schlußendlich aber davon abgelassen, nicht zuletzt aufgrund der Überlegung, es sei gewiß besser, wenn der Kreis derer, die von meiner Absicht, den Gansu-Korridor zu durchfahren, Kenntnis haben, auf die *danwei* von Fahrer Zhou beschränkt bliebe.

Zu dieser Entscheidung hatte das vom verschwundenen und durch meine Nachlässigkeit nun namenlosen Übersetzer in Erfahrung Gebrachte und brieflich Mitgeteilte entscheidend beigetragen:

»*Dear Daniel. How are you. I am sorry I have no soon writer to you. Yesterday I went to police station. The office of the police said don't allow foreigners take car from Lanzhou to Jia Yu Pass. Only train. You can from Lanzhou to Qing Hai lake. Can not over the Qi Lian mountain.*

But from Lanzhou to Gu Yuan county. To Tian Shui to Xi'an. That's possible. I hear from you. That's all. Mr. Zhou regards to you.

Yours sincerely.«

In Yulin und Yenan und zuvor schon in Laiyuan in der Provinz Hebei, sowie in Dai Xian, der 'Friedlichen Grenze', in Shanyin in der Provinz Shanxi und an ein paar anderen Orten dazwischen habe ich den Eindruck gehabt, mein Auftauchen in sogenannten 'geschlossenen', das heißt in noch nicht oder gerade noch nicht geöffneten oder aber eindeutig nicht offiziell geöffneten Städten mittlerer Größe, in diesen vor allem und im Gegensatz zu abgelegenen überraschten freundlichen Dörfern und Produktionsbrigaden, sei ein geradezu willkommener Grund gewesen für latent vorhandenes Kompetenzgerangel verschiedener Behörden. Nach der Verschickung von Yulin in das von der Großen Mauer mehr als 500 Kilometer entfernte Xi'an und dort nutzlos verstrichenen Tagen, habe ich mit einer gewissen Unruhe der Wiederaufnahme der Spur des Walls im winterlichen Westen entgegengeblickt.

Denn, in Gansu, das war mein fester Vorsatz, wollte ich nicht mehr die Rechnung bezahlen für gegenseitige Schuldzuweisungen der Behörden oder deren gegenseitiges Abschieben der Verantwortung. Aber zuerst war der Weg in den Korridor hinein zu öffnen. Der Brief des Übersetzers hat deshalb zu meiner Unruhe beigetragen und ist dann tatsächlich ausschlaggebend gewesen, den Kontakt mit Guan Yiquan und seinen obskuren Römern nicht zu suchen. Als Fremder an einem Ort Fremde zu suchen, wohin heute keine vorgelassen werden, aber wohin einhundertfünfundvierzig Fremde mutmaßlich vor zweitausendundzweiundzwanzig Jahren gelangt sind, wäre eine verwegene Herausforderung des Glücks, das ich entlang dem westlichen Viertel der Mauer so dringend benötige. Schließlich steht zudem außerhalb des Flughafens Lanzhou, wo ich im Mai vor dem Weiterflug zur Erkundung der Verhältnisse in Jiayuguan und Dunhuang eine Nacht verbracht habe, auch die strenge Tafel, die jegliches Weitergehen in Chinesisch, Russisch und Englisch untersagt – »*OUT OF BOUNDS FOR FOREIGNERS WITHOUT SPECIAL PERMIT*«.

Einen solchen *Aliens'Travel Permit*, der notwendig ist für einen individuell reisenden Ausländer, der sich nicht auf Reisen mit Flugzeug oder Eisenbahn beschränken will, besitze ich nicht, wenn ich auch inzwischen fast die Hälfte der Längenausdehnung des gewiß nicht kleinen Landes, gemessen ab Dandong an der nordkoreanischen Grenze, durchquert habe. Nicht daß dieser Umstand besonders beruhigend wäre. Es ist einfach so dazu gekommen, denn Verantwortung zu übernehmen, und gerade für einen Fremden, ist wie gesagt eine heikle Sache in China. Jedenfalls hat sich keine Behörde in Beijing für mich und mein die Volksrepublik durcheilendes Vorhaben zuständig gefühlt – eine nicht ganz unwillkommene Ausgangslage. Auch wenn nur das Politbüro der KPCh selbst eine solche Erlaubnis hätte aussprechen können, wäre ich zuvor mit der Frage konfrontiert gewesen, wofür genau. Es hätte sich nicht auf ein, wie bereits gesagt fehlendes, lückenlos fortgeschriebenes Protokoll über Errichtung, Verstärkung und Reparatur der Großen Mauern abstützen können, welches die Annalenschreiber beim jeweiligen dynastischen Wechsel weitergegeben hätten, oder auf eine Konkordanz der damals in *li* gemessenen und heute in Kilometern verschwundenen Mauern oder gar auf eine kontinuierlich ergänzte Militärkarte – ganz abgesehen davon, daß solche schematische Darstellungen oder solche in Vogelschau sind und deshalb nicht auf heute gebräuchliche Landkarten übertragbar.

Das chinesische Längenmaß *li* entspricht 0,644 Kilometern. Die Große Mauer Chinas wird entsprechend auch als »10 000 *li* lange Mauer« bezeichnet: *Wan li chang cheng*.

Mein Kurs ist deshalb zum voraus nur in großen Linien bestimmbar, keinesfalls ein feststehender Weg zwischen zwei Punkten. Es kommt selbstverständlich hinzu, daß der Verlauf der auf- und abtauchenden Großen Mauern sich zu neunundneunzig Prozent nicht an das moderne Straßennetz hält oder gar bedeutende Städte berührt. Es ist ja immer die Peripherie gewesen, welche der Wall vor den jährlichen, zu ihrer Versorgung unabdingbaren Beutezügen der Nomaden schützen sollte. Während sich heute dort jedoch Kasernen der Volksbefreiungsarmee befinden, etwa östlich des Wutai Shan im Gebiet der Inneren Großen Mauer der Ming, oder es sich um eine rückständige Region wie den Norden Shaanxis handelt, für den man sich gerade deswegen schämt, weil er nach dem Ende des Langen Marsches 1935 das Refugium der KPCh gewesen ist.

Der Blick auf Blatt G-8 der *Operational Navigation Charts* des amerikanischen *Defense Mapping Agency Aerospace Centers* hat nun aber gezeigt, daß ich es im Fall des Gansu-Korridors nun mit einer gänzlich neuen Situation zu tun haben werde. Die Große Mauer der Ming verläuft nämlich auf einer ziemlichen Strecke, zwischen Yongchang und Shandan, direkt neben der Straße her, ja letztere durchbricht sogar den Wall, zumindest an einer Stelle – bei 101° 16′ östlicher Länge und 38° 40′ nördlicher Breite.

Neunzig Kilometer südöstlich dieses Punktes, bei 102° 00′ östlicher Länge und 38° 09′ nördlicher Breite, befindet sich Yongchang, der Kreis, den der in Lanzhou wirkende Guan Yiquan im Auge haben dürfte bei seiner Suche nach 'Chinas Römern', der Ort, an dem ich gerade, auffälliger als mir lieb ist, stehe.

Homer H. Dubs (*A Roman City in Ancient China*, London 1957) setzt den Siedlungsort seiner Römer mit dem seit dem Jahr 35 v. u. Z. bekannten Lijian gleich, eine von nur drei Lokalitäten unter den 1587 aufgeführten eines Katasters aus dem Jahr 5 n. u. Z., die als Niederlassung Fremder ausgewiesen ist, neben Kucha und Wenxiu, beide bewohnt von Angehörigen der auf diese Namen lautenden kleinen Staaten in Zentralasien.

Lijian hingegen ist gemäß dem *Hou Hanshu*, der *Geschichte der Späteren Han*, ein anderer Name für das noch viel weiter westlich liegende Da Qin (wörtlich = Groß-China) und das damit gemeinte Rom. Im Jahr 9 n. u. Z. erhält Lijiang den neuen Namen Jielu, denn Wang Mang, welcher Kaiser Ruzi abgesetzt und, deren Dynastie beendend, den Thron der Westlichen Han usurpiert hat, verfügt gemäß konfuzianischer Doktrin eine Berichtigung bestehender Bezeichnungen. Der neue Name Jielu – 'unedle Verachtenswerte aufgezogen' oder 'unedle Verachtenswerte beim Sturm (einer Stadt) gefangengenommen' – scheint sich auf eine nach dem Jahr 35 v. u. Z. erfolgte Niederlassung westlicher Kriegsgefangener an diesem Ort zu beziehen.

In jenem Jahr stürmt eine 40 000 Mann starke Armee der Han den Sitz von Zhizhi, des Häuptlings oder *shan yu* der Horde der Xiongnu, die sich im Jahr 48

v. u. Z. nach einer fehlgeschlagenen Allianz und unentschiedenen Kämpfen mit den Yüezhi auf Einladung des sogdischen Königs zuerst am Ostrand von dessen Reich und schließlich zwischen den Flüssen Chu und Talas niedergelassen und durch ihre Umtriebe den Verkehr auf der das Han-Protektorat durchmessenden Seidenstraße maßgeblich gestört hat. Im Heeresbericht an Kaiser Yuandi (49–33 v. u. Z.) geben die beiden Generäle an, 1518 Feinde getötet, die Kapitulation von mehr als tausend akzeptiert sowie 145 Mann gefangengenommen zu haben. In der Biographie von Chen Tang, einem der beiden Generäle, mutiert dieser Trupp wahrscheinlich zu den im *Hanshu*, der *Geschichte der Frühen Han*, erwähnten »mehr als hundert Fußsoldaten, beidseits des Tors aufgestellt in Fischschuppen-Formation bei militärischem Drill«. Diese Infanteristen schienen sich in geschlossener Aufstellung ergeben zu haben – in wildem Chaos stürmende Hunnen kämen so nicht daher –, und zwar in eben der Formation, die den Oberkommandierenden an das Schuppenkleid eines Fisches erinnert hat.

Zumindest sieht Dubs das so und folgert, der Vergleich könne sich nur auf die *testudo* genannte Schildkrötenpanzerformation römischer Legionäre beziehen, die sich durch Aneinanderreihung und gegenseitige Überdeckung der zylindrisch gewölbten *scuta* ergibt, ihrer aus leinwandbeklebten Holzleisten bestehenden und mit Rindsleder überspannten Rechteckschilde. Beeindruckt von der beim Feind an der westlichen Peripherie bisher nicht bekannten Disziplin des Trupps, der beim Tod des *shan yu* Zhizhi sofort zu kämpfen aufhört und sich ordentlich stellt, hätten die Chinesen, nach Dubs, die offensichtlich nichthunnischen Söldner des *shan yu* in ihre Grenzsicherung miteinbezogen und östlich der Mitte des Gansu-Korridors angesiedelt, also dort wo das im I. Jahrhundert verfaßte *Hanshu* für das Jahr 4 n. u. Z. die Präfektur Lijian plaziert. Dadurch sei auch erwiesen, verteidigt Dubs seine kontroverse These (*Journal of Asian Studies*, Vol. 22, No. 1, November 1962), daß die Stadt aufgrund eines kaiserlichen Erlasses eingerichtet worden sei, es sich also nicht um eine frühere Gründung fremder Kaufleute handeln könne. Genau das aber, und zwar eine Gründung griechischer oder gräkobaktrischer Kaufleute, erwägt eine kritische Gegenstimme, ungeachtet der beiden Tatsachen, daß die fragliche Region eine hochgelegenen Weidelandes ist, wenig geeignet für eine Händlerstadt, sowie daß Lijian im Zusammenhang mit der Darstellung des Überfalls der Hunnen im Jahr 79 v. u. Z. nicht unter drei in den chinesischen Annalen erwähnten heimgesuchten Städten figuriert, die später – also nach der Gründung von Lijian – in der Nachbarschaft dieser 'römischen Stadt' liegen werden, welche wiederum bis mindestens ins 8. Jahrhundert existiert, als die Tibeter den Gansu-Korridor überrennen.

Die Frage, wie die römischen Legionäre über den Oxus gekommen sind, wie auch die Frage nach ihrem Alter, als sie durch die Armee der Han im Jahr 35 v. u. Z. über den Tian Shan nach China weggeführt werden, bringt Dubs zum einzigen Satz des Plinius, mit dem der Staatsmann und Universalgelehrte das Fiasko des auf militärischen Ruhm versessenen Crassus erwähnt, des Financiers innerhalb des im Jahr 60 v. u. Z. geschlossenen Triumvirats mit Pompeius und Cäsar: »In diese [Stadt] führte Orodes die bei der Niederlage des Crassus gefangengenommenen Römer.« (*Naturkunde* VI, 47)

Mit der Niederlage ist jene des 40 000 Legionäre zählenden römischen Heers gemeint in der im Juni des Jahres 53 v. u. Z. gegen das Heer der persischen Parther geführten Schlacht von Carrhae (bei Harran in der Türkei), in deren Verlauf die Formation des *testudo* gegen die Kataphrakten, die 'mit Eisen überworfenen' schwergepanzerten Kavalleristen, und die Pfeilwolken verschießenden Bogenschützen des parthischen Königs Orodes II. (mutmaßlich um 58/57–um 39 v. u. Z.) chancenlos sind. Die Stadt wiederum, deren Umfang Plinius mit 70 Stadien angibt, bezeichnet die Hauptstadt der rebentragenden, jedoch von Sandwüsten umgebenen und seit dem 2. Jahrtausend besiedelten Oase Margiana (im Osten Turkmenistans) im Delta des Murgab, im Jahr 328 v. u. Z. während des Asienfeldzugs Alexanders des Großen von Margiana in <u>Alexandria-in-Margiana</u> umbenannt und nach der Zerstörung durch Barbaren Dazu Buch XII, *Von Merv über den Oxus und nach Buchara.*
von Antiochos I. Soter (281–261 v. u. Z.), Sohn von Seleukos I. Nikator (312–280 v. u. Z.), an derselben Stelle als syrisches Antiocheia Margiana wiederaufgerichtet. Ob die von Plinius erwähnten, von Carrhae 2400 Kilometer an die östliche Peripherie des Parther-Reichs zwangsmarschierten Kriegsgefangenen am Wiederaufbau der Befestigungsmauern der Stadt mitgewirkt haben könnten, ist eine Mutmaßung, genau wie Horaz' Mitteilung, sie seien in die parthische Armee integriert und am Ort ihrer Verlegung mit Einheimischen verheiratet worden (*Oden*, III, 5,5).

Plinius sagt nicht, wie viele der 10 000 bei Carrhae lebend gefangengenommenen Legionäre in die Margiana gelangt sind. Hat es sich indessen um eine größere Zahl gehandelt, dann dürfte es für den hunnischen *shan yu* Zhizhi durchaus eine Option gewesen sein, die etliches weniger als tausend Kilometer von seinem Herrschaftsgebiet zwischen Chu und Talas entfernt parthischen Grenzdienst versehenden westlichen Söldner abzuwerben. Verstärkung, und zwar von außerhalb Sogdiens, benötigt der die Westhälfte hunnischen Territoriums regierende Fürst allemal. Er liegt im Streit mit seinem jüngeren, unter der Protektion der Han stehenden Bruder Hu Hanxie – präzis das vom Hof in Chang'an beabsichtigte Kalkül gegenseitiger Schwächung der Barbaren zum eigenen Vorteil – und die durch Verheiratung enge Allianz mit den Sogdiern ist seit der Tötung einer Prinzessin eingestürzt. Auch hat der *shan yu* mit der Ermordung einer im Januar des Jahres 42 v. u. Z. an seinem Sitz eingetroffenen Delegation aus Chang'an den Zorn der Han auf sich geladen. Zur Strafexpedition versammeln diese im Jahr 38 v. u. Z. zwei Heere, die drei Jahre später vor dem Sitz von Zhizhi zu der Begegnung aufmarschieren, die den Hunnen-Fürst zerstört, und dabei den Trupp der mittlerweile – wenn sie mit achtzehn in Crassus' Dienst getreten sind – vielleicht gegen vierzig Jahre alten Legionäre Roms in den östlichen Gansu-Korridor bringt.

Ihre Niederlassung jedoch – wenn sie tatsächlich stattgefunden hat – wird von den chinesischen Annalen nicht berücksichtigt. Allzu unbedeutend dürfte dem kaiserlichen Geschichtsbüro das Ereignis draußen an der Peripherie erschienen sein.

Unbedeutender als er seine Leser glauben machen will, ist schließlich auch *Make Poluo* gewesen – zu unbedeutend, um Eingang in die dynastische Geschichte der mongolischen Yuan zu finden oder von den Schreibern der *difangzhi*, der auch in Yangzhou periodisch erscheinenden Amtsblätter, wo er als Statthalter drei Jahre gewirkt haben will – außer es liegt zur Entlastung des Venezianers tatsächlich der scheinbar von einem chinesischen Professor vor wenigen Jahren entdeckte Fehler des Kopisten vor, der aus *sejourna* ('hielt sich auf') *governa* ('regierte') machte. Ohne jede Spur in den lokalen Amtsblättern zu hinterlassen, die nebst Nachrichten über Landwirtschaft und Gewerbe auch solche zu bedeutungsvollen Ereignissen und über Notable enthalten, kann Marco Polo doch als offizieller Berichterstatter von Kubilai Khan (1279–1294) nicht unbemerkt dessen Reich bereisen. Müßte er nicht Exote bleiben, auch wenn er nach den vielen angeblichen Jahren einheimische Tracht tragen dürfte, gewiß eine weniger höfische als jene eines 'Mandarins erster Ordnung' wie sie dreihundert Jahre später der Kölner Jesuit Adam Schall von Bell trägt, als Freund des ersten Qing-Kaisers Shunzhi (1644–1661) in China eine der einflußreichsten Gestalten der Epoche.

Wie das Zebra am sonnigen Winternachmittag stehe ich also seit einer halben Stunde – genügend Zeit für die entlegensten Gedanken – an der weißgetünchten Mauer der Tankstelle. Versuche, nicht aufzufallen. Will nicht Gegenstand sein eines Eintrags im Register des *Public Security Bureau* oder der *Divison of Aliens and Entry/Exit Administration* der Präfektur, falls Yongchang eine solche ist. Frage mich, was die großen, mit roter Farbe auf die Mauer gemalten Schriftzeichen bedeuten mögen, da sie von der Straße aus nicht sichtbar sind. Selbstverständlich die Frage eines *xifangren*, eines 'Westlichen Barbaren', der jede Art öffentlicher Bekanntmachung unterbewußt als Werbereiz wahrnimmt. Aber es ist nichts anderes übriggeblieben, als während dem Tanken hinter der Mauer zu verschwinden, denn Passagieren ist in China der Zutritt zu Tankstellen ausdrücklich verboten.

Deshalb postiert sich an deren Toren allerlei Volk, um sich in den neue Freiheiten kleinen Unternehmertums zu üben. Hier in Yongchang sind es Bäuerinnen jeden Alters, aber alle in wattierten schwarzen Hosen und Jacken. Wie das *Michelin*-Männchen sehen sie aus, und haben mich mit fröhlichem Gezeter zum Kauf leuchtender Mandarinen überreden wollen, dadurch aber nichts anderes bewirkt als einen kleinen Zusammenlauf, zu dem nach zwei Minuten ein Radfahrer gestoßen ist, gekleidet in die graue, nicht die indigoblaue Mao-Jacke mit dem schmalen umgeklappten Falz, wahrscheinlich also ein Kader. Er hat die passende Schirmmütze aufgehabt, sich eine Zigarette angesteckt und nichts gesagt, genau wie die Gestalt, die einige Monate vorher in Beizhen, in der Provinz Liaoning, unter dem Torbogen der Hauptgasse am Anfang eines Verhörs gestanden und einen schönen Oktobertag beendet hat. Nach der Wiederholung einer solchen Situation ist mir nicht, und ich mache mich so schnell wie möglich entlang der Mauer davon. Die Bäuerinnen denken wohl, ich verschwände um zu pinkeln, denn hinter dem Gesichtschutz, der, zusammen mit der tief in die Stirn gezogenen weißen Küchenhaube, nur einen fingerbreiten schwarzen Schlitz offen läßt, blicken ihre Augen belustigt, und sie zeigen rufend auf das Tor der Tankstelle und die entfernteste Ecke der Umwallung. Scheinbar gibt es dort ein Plumpsklo. Und scheinbar ist das Betreten der Tankstelle bei gleichzeitiger Benützung des Plumpsklos selbst für Ausländer erlaubt – wenn diese überhaupt im Gansu-Korridor sein dürfen.

Aber weil ich nichts riskieren mag in einer Stadt, die zu klein ist, um nicht aufzufallen, aber gewiß zu groß, um keine auf Abwechslung erpichte behördliche Einrichtung zu besitzen, traue ich mich doch nicht, abgesehen davon, daß draußen in der Kälte kein übler Geruch in die Nase steigt.

Yongchangs Status bezüglich Zutritt oder Verbot von *Aliens* ist vorab nicht feststellbar gewesen, was die herrschende Unsicherheit über die Aktualität des für den Gansu-Korridor in Lanzhou angezeigten Verbots nicht gerade vermindert hat. Daß es zwischenzeitlich aufgehoben worden ist, ist nicht unmöglich, aber ich glaube es kaum, auch wenn im Augenblick, wie ich in Beijing gehört habe, eine Stadt nach der anderen dem Tourismus anheimfalle. Sich nicht in vorauseilendem Gehorsam zu üben, dürfte aber auch hier im Westen die weisere Methode sein, und ich tendiere dazu, sie für den Rest der Reise beizubehalten.

Gewiß, es ist angenehm, innerhalb geordneter Verhältnisse zu arbeiten, so wie während der letzten drei Tage in Wuwei. Sogar eine lokale Oper habe ich dort besucht, die Freilichtvorstellung einer ansässigen Theatertruppe. Die halbe Stadt hat sich auf den Holzbänken gedrängt, vom Großvater bis zum Säugling, und alle sind am essen gewesen, während das selbst noch den kleinsten, an der aus Ziegelsteinen gemauerten Bühne klebenden Buben bekannte mimische Spektakel seinen Verlauf genommen hat. Mitten im Publikum habe ich die Fachkamera aufgestellt und bin mir dabei vorgekommen wie John Thomson, der zwischen 1862 und 1872 China bereisende englische Fotograf (*China and Its People*, London 1873/1874), dessen Tafeln mich inspirieren, weswegen ich die Schauspieler nach der Vorstellung um Bühnenposen gebeten habe und unter mein schwarzes Tuch geschlüpft bin, Theater durch Theater vergeltend. Mit schwarzweißen Polaroids in der Hand sind die Laien dann abgezogen; ihre schrillen langgedehnten Arien jedoch haben in meinem Ohr nachgeklungen bis tief in die Nacht.

Endlich taucht dann Zhous *Toyota* an der Mauerecke auf, verfolgt von den Bäuerinnen mit Zweigen kleiner leuchtendoranger Kugeln.

Nicht nur kalt und erfrischend sind diese, sondern sie haben auch hundert Kerne.

»Phantastische Mandarinen!« Zhou und der Übersetzer blicken mich verwundert an. Denn was wir essen, sind selbstverständlich nicht kaiserliche Beamte, – Mandarine – Orangen. Die im Südwesten Chinas seit Jahrtausenden gezüchtete, die kantonesische Küche versüßende und Anfang des 19. Jahrhunderts in den Westen gelangte Zitrusfrucht hat, wie vieles im Land, nach dem Ende des Kaisertums, und genau an diesem Punkt chinesischer Geschichte, einen neuen Namen erhalten. Denn nichts anderes dürften die Kommunisten in der Frucht gesehen haben als eine exklusive, dem dekadenten Hof vorbehaltene Delikatesse, und das seit mindestens den auf Exotika versessenen Tang.

Aus der Epoche dieser Dynastie (618–907) gibt es im Kreis von Yongchang eine berühmte Pagode. Jeder kennt das siebenstöckige Bauwerk, und Zhou teilt mir triumphierend mit, es läge in ziemlicher Nachbarschaft der Großen Mauer, in der Gegend von Hedazi, und dieses wiederum sei nur zwei Stunden oder etwas mehr nördlich von Yongchang entfernt. Die Angabe stimmt mit der Karte einigermaßen überein, aber weil Karten, zumal in den Händen eines Fremden, verdachterregend sind, stecken wir sie alsbald weg.

Von einem Dorf zum nächsten, von einer Produktionsbrigade zur nächsten arbeiten wir uns mit der Geschwindigkeit eines Radfahrers auf buckligen, gefrorenen Lehmpfaden in die großartige gelbe nackte Ebene hinaus, die gesprenkelt ist mit gefrorenen Teichen und sonst mit nichts, aber durchzogen von vereisten Bewässerungskanälen, von denen wir mehrere auf halbbogigen Zementrohrbrücken überqueren. Auf die Brigaden zu laufen Pappelreihen, und diesen folgen Jujuben, die im Nordwesten Chinas heimischen Ölweiden, deren Goldgelb noch nicht lang verlöscht ist. Die Häuser sind zumeist aus rotem Backstein, aber je näher der langgestreckte Bergzug rückt, treten desto mehr aus Lehm gebaute an ihre Stelle. Ihre Fenster füllen anstatt Scheiben mit Papier verklebte Leistengitter. An den Türpfosten kleben die roten Papierstreifen mit Neujahrssprüchen, mitgenommen von Regen und Wind, aber in zwei Monaten beginnt ja bereits das vielversprechende Jahr des Drachen. Auf den Vorplätzen kneten Mädchen den Teig für die Nudeln; sie tragen wattierte farbige Jacken und darüber weiße, zuweilen auch geblümte Ärmelschoner. Manchmal sitzt ein Alter auf einem Stein in der Sonne, die Hände über dem Stock gelegt und eine der Brillen mit Scheiben geschliffener schwarzer Jade auf, die mir schon in Dunhuang aufgefallen sind. Kleinkinder mit hinten offenen Hosen rennen vor dem *Toyota* davon. Stur blicken die Esel an ihm vorbei. Die Skythen haben dieses Tier in den Gansu-Korridor gebracht, und die römischen Legionäre müssen es im Stall gehalten haben, ihre Niederlassung vorausgesetzt im Kreis Yongchang, in der Siedlung Lijiang.

In Hedazi weist ein junger Mann mit gelbem knochigem Gesicht, gekleidet in zerschlissene Kleider, einen Zweiradkarren ziehend mit einer Tonne säuerlich stinkender, überschwappender Essensreste für die Schweine, den Weg zum Wall und hinein in das verschrundete Gebirge.

Erbaut worden ist der Yongchang-Abschnitt der Großen Mauer der Ming in den Perioden 1372–1382 und 1466–1480. Irgendwo, habe ich gelesen, hat ein Erdbeben längere Strecken zu Einsturz gebracht. Wann genau das war, habe ich jedoch vergessen und finde im Journal keine Notiz. Auf den Wall stoßen wir, nachdem in der Ferne am äußersten Rand einer vorgelagerten Felsterrasse über dem gewundenen Tal die weiße Pagoda der Tang hervorgetreten ist. Der Wall ist eindrücklich und besteht aus Stampferde, schiebt sich als hoher, gut erhaltener Riegel aus einer Kluft heraus an den Fluß, auf dessen Eis hinaus dann unvermittelt eine Herde baktrischer Kamele Zhous blauen *Toyota* drängt. Kein Getrampel. Vielmehr wogendes Sich-Vorschieben von Hälsen, erhobenen Schnauzen mit lässig herabhängenden Unterlippen. Es sind einjährige Tiere, deshalb ist das lange Unterhaar des Fells an Hals, Nacken und auch über der Stirn naturblond, fast weiß und seidig glänzend. Keine Legionäre, sondern ein byzantinisch anmutender Märtyrerzug in der Wüste Gobi.

Zwei Missionare am Tor und der gefrorene See

Xining, 20. Dezember 1987. — Die Informationen im Brief des Übersetzers haben sich als korrekt erwiesen. Der Gansu-Korridor ist gesperrt. Aber wir sind durchgekommen zur 'Stärksten Festung auf Erden', nach Jiayuguan.

Herr Gao Fengshan hat uns erwartet, und noch am Tag der Ankunft, am 12. Dezember, zur Festung ein paar Kilometer außerhalb der Stadt hinausgeführt, denn seit meinem Besuch im Mai ist man vorangekommen mit der Rekonstruktion der dem Westtor Rouyan vorgelagerten Torfeste.

Fertiggestellt gewesen sind deren dreistöckiger Turmaufbau aus geschnitztem, aber noch unbemaltem Balkenwerk und auch der Dachstuhl, der, soweit ich gesehen habe, weniger kompliziert ist als jener des 1495 erbauten Rouyan beziehungsweise seines um 1506–1507 entstandenen östlichen Gegenstücks Guanhua mit ihrer Mischung zwei oder vier ineinander übergehender Dachschrägen. Aber ohne aufwärtsgebogene Ecken, wie sie jene haben, wird er dennoch nicht auskommen. Bereits angebracht hat man an der Außenfassade der in die Wüste vorspringenden Torfeste die Inschrift, welche dem seit Ende des 14. Jahrhunderts hier eintreffenden Seidenstraßenreisenden klarmachte, daß er nach der Durchquerung der Steppen,

Gebirge und Wüsten der ›Westländer‹ und nachdem er das durch die Tafel über ihm angekündigte 'Erste befestigte Tor auf Erden' durchschritten hat, sich nun im China der Ming, dem Reich, das sich vom 'Ersten Tor der Erde' in Shanhaiguan im Osten bis eben zu der 5000 Kilometer weiter westlich stehenden, unter Kaiser Hongwu (1368–1398) erbauten 'Stärksten Festung auf Erden' erstreckte.

Der mir namentlich bekannteste Ausländer, welcher sich der Prozedur des Einlasses nach China zu unterwerfen hatte, war der portugiesische Jesuit Benedict Goës.

Ganze einundzwanzig Tage mußte sich der als armenischer Kaufmann Verkleidete vor der Torfeste Jiayuguan in Geduld üben, bis ihm im Frühwinter des Jahres 1605 nach eingehender Befragung durch den Vizeregenten der Provinz stattgegeben wurde, das eine Tagesreise entfernte Socieu (Suzhou oder Suchou, heute Jiuquan) und die erste Stadt innerhalb der Großen Mauer zu betreten.

Dreihundert Jahre nach Marco Polo, dafür frei vom Verdacht des Schwindels, war Goës als erster Westler heil durch das sich von Jiayuguan gegen Sonnenuntergang erstreckende Banditenland gelangt, hatte Chiaicuon (Jiayuguan) auf der nördlichen Taklamakan-Route von Cascar (Kashgar) über Acsu (Aksu), Cucia (Kucha) und Camul (Hami) erreicht. In Cialis (möglicherweise Karashahr) war ihm durch sarazenische Kaufleute, die in Beijing Brüder der *Societas Jesu*, darunter Matteo Ricci, getroffen hatten, bekannt geworden, daß Beijing identisch ist mit dem Cambaluc der Muslime. Was Goës aber betäubt haben dürfte, war die Enthüllung gewesen, das Reich China sei nichts anderes als Cathay, das obskure, mutmaßlich von Nachfahren der von Johannes von Montecorvino Bekehrten bewohnte Christenland im Inneren Asiens. Dieses zu suchen hatte der persisch sprechende Goës am 6. Januar 1603 nämlich Agra verlassen, auf einer von Philipp III. von Spanien finanzierten und vom Mogul-Herrscher Akbar mit vierhundert Goldstücken zusätzlich unterstützten Expedition, die mit den von Lahore nach Kabul und von dort über den Hindu Kush und den Wakhan-Korridor gehenden Karawanen ins Tarim-Becken gelangt war. Der Priester Leo Grimanus und der Kaufmann Demetrius, zwei Griechen, waren

Über Indien und auf dem Seeweg reisend, kommt der italienische Franziskanermönch Johannes von Montecorvino im Jahr 1294 nach Khanbalik (auch Cambaluc), das heutige Beijing. Kurz zuvor ist Qubilai Khan gestorben, der den Buddhismus zur Staatsreligion erhoben hat. Temur Oljeitu alias Kaiser Chengzong, Nachfolger des Großkhans und Förderer des Konfuzianismus, stellt den unter Intrigen der bereits seit dem 7. Jahrhundert in China anwesenden Nestorianer unter seinen persönlichen Schutz und gibt ihm alle für sein Wirken notwendigen Freiheiten. 1299 erbaut Johannes die erste Kirche in Cambaluc, 1305 eine zweite, und am 23. Juli 1307 ernennt Papst Clemens V. ihn zum ersten Bischof von Beijing und Patriarchen des Orients. Bis zu diesem Zeitpunkt hat der Missionar bereits sechstausend Chinesen getauft. Von den Tataren verehrt, stirbt er im Jahr 1328.

in Kabul zurückgeblieben. Nur noch der armenische Diener Isaac war von der ursprünglichen Gesellschaft an Goës Seite, als er Suzhou erreichte, wo er interniert wurde, anstatt mit seinen unterwegs angemieteten fünf Dienern, zwei gekauften

Sklavenjungen, dreizehn Packtieren und seinem auf 2500 Goldstücke geschätzten Eigentum in Richtung Cambaluc weiterzuziehen. Dort hatten ihn die Jesuiten bereits aufgegeben, als Goës' zu Ostern 1606 geschriebener zweiter Brief an Matteo Ricci – der erste, adressiert in lateinischen Buchstaben, war dem bei den Chinesen als *Xitai*, als westlicher Meister bekannten Jesuiten, der während der Regierungszeit von Wanli (1573–1620) als erster in der Neuzeit Europa nach China gebracht hatte, nie zugestellt worden –, im November 1606 Cambaluc erreichte. Bereits am 11. Dezember machte sich dann ein chinesischer Konvertit namens Johannes Ferdinand auf den Weg nach Westen, um Goës abzuholen. Unterwegs durch Widerwärtigkeiten aufgehalten, gelangte er jedoch erst Ende März 1607 nach Suzhou, fand dort aber in Kürze dank dem auf dem Basar angetroffenen Isaac den gestrandeten Goës. Dieser, unterdessen schwerst erkrankt, aber durch eine Vision in die Ahnung der Ankunft des Boten der Gesellschaft Jesu versetzt, brach beim Eintritt des Bruders in seine Kammer tränenerfüllten Auges aus in ein *Nunc dimittis servum tuum, Domine*. Elf Tage rang Ferdinand um das Leben Benedict Goës', doch dann verließ der Todgeweihte die Welt. Isaac ging mit nach Cambaluc und legte Zeugnis ab von der abenteuerlichen Reise des Portugiesen, so daß Matteo Ricci die von Goës hinterlassenen Notizen und Briefe verarbeiten konnte zum 1615 herausgegebenen Bericht *Nic. Trigautii de expeditione Christiana apud Sinas, suscepta a soc. Jesu* (Leiden 1616; englisch: *The Journey of Benedict Goes from Agra to Cathay, 1602–1607*).

Benedict Goës hatte gegen Ende des Jahres 1605 China nicht durch die ursprünglich unter Kaiser Hongwu in der zweiten Hälfte des 14. Jahrhunderts errichtete und zeitweilen wieder aufgegebene Torfeste betreten, sondern durch die bereits ein Jahrhundert vor seiner Ankunft unter den Kaisern Zhengde (1506–1521) und dann unter Jiajing (1522–1567) ausgebaute Anlage, welche Jiayuguan zur Pforte des Reichs der Mitte gemacht hatte. Ihre exponierte Lage und ihre Funktion, die Sicherung des Eingangs zum Gansu-Korridor, hatte den Ming keine andere Wahl gelassen, und diese Umstände dürften auch im *Pingfan shimo* verhandelt worden sein, der 1506 erschienenen Geschichte der Kriege zwischen den Ming und Turfan. Der Vorstoß der Streitmächte dieses Sultanats auf Hami hatte schon im Jahr 1496 zur Vertreibung der Bevölkerung Hamis nach Gansu geführt, das wie Turfan auf der zwischen Jiayuguan und Dunhuang abzweigenden Nordroute der Seidenstraße lag.

Möglicherweise hatten die in der zweiten Hälfte des 15. Jahrhunderts im Gansu-Korridor erbauten Großen Mauern die Einfälle turfanischer Verbände im Jahr 1517 und der Tataren im Jahr 1611 in Gansu abgebremst; aber als Verstrebung zwischen dem chinesischen Herzland im Becken des Gelben und des Langen Flusses und der westlichen Peripherie taugten sie auf die Dauer nicht. Bereits drei Jahrzehnte nachdem die Qing die Nachfolge der Ming angetreten hatten, mußten sie sich infolge des Abfalls von Shanxi und Gansu im Jahr 1676 mit Rückeroberungen im Westen beschäftigen, aber nicht nur mit jener seit langem ins Reich eingebundner Gebiete, sondern nach Unterwerfung des Tarim-Beckens 1758/1759 im Jahr 1827 auch mit jener Kashgars und anderer sezessionistischer muslimischer Oasen in Xinjiang.

Über die Sezession der muslimischen Oasenreiche im Jahr 1862 hinaus blieben diese Revolten ethnischer und religiöser Minoritäten in Xinjiang, im 'Neuen Territorium', und auch am Kokonur, wo sich die Tibeter schon 1807 erhoben hatten, für die Mandschu-Dynastie nicht nur ein latentes inneres militärisches Problem, sondern trugen nebst anderem zur externen Schwächung des Reichs bei, welches an der Schwelle zum 20. Jahrhundert Cixi (1835–1908), hinter dem Vorhang hilflos agierende Regentin, gegen die Akte westlicher Aggression, beginnend mit dem Opium-Krieg (1840–1842), nicht zu verteidigen wußte.

Nach dem Sturz der Qing im Jahr 1911 wurde Gansu zunächst Lehnsgut des *Warlord* Feng Yuxian und nach dessen Niederlage gegen Verbände der Guomindang ab 1928 zum Schauplatz des Bürgerkriegs.

In diesem Jahr wurde auch das 'Erste befestigte Tor auf Erden' zerstört, dessen vom lokalen Büro der Kulturgüterverwaltung verantwortete Rekonstruktion, wie Herr Gao Fengshan verspricht, im kommenden Frühling abgeschlossen sein wird.

Zwanzig Jahre vor der Zerstörung dieses Tors – man wird an einen Brand des Turmaufbaus zu denken haben, während das aus luftgetrockneten Ziegeln erbaute Tor selbst stehen geblieben ist – sitzt vor dem Hintergrund eines Eckturms der zinnenbewehrten Umwallung der Festung Jiayuguan ein mit Kittel und Gamaschen gekleideter Westler auf dem in den Eingang eines Lehmgehütts gerückten Stuhl, schreibend, die Papiere auf das linke Knie gelegt. Seinen Tropenhelm hat er an den rechten Türpfosten gehängt und das amerikanische Sternenbanner an das Mauerstück neben sich geheftet. Darüber hat er, wahrscheinlich mit Kreide, auf den glatt verstrichenen Lehm geschrieben *AUG 21 08*. Zehn Schritte vom Schreibenden entfernt steht ein Kuli zwischen den vorderen Tragstangen einer auf zwei Böcken abgestellte Sänfte. Vielleicht hat der zweite Kuli die Aufnahme der sonst leeren Szene gemacht, auch wenn es sich bei der mir vorliegenden Illustration nicht um eine Aufnahme handelt, auf der *DR. GEIL WRITING »THE GREAT WALL OF CHINA« AT THE WESTERN END, KIAYÜKWAN* zu sehen ist. Rechts unten im Bild ist die Signatur *F. Jennens* erkennbar, und ich stelle mir vor, Mr. oder Mrs. Jennens hat die vom Kuli verwackelte fotografische Aufnahme nachgezeichnet und ausgemalt, beides einigermaßen ungelenk.

Publiziert ist die Illustration gegenüber S. 322 des Buches *The Great Wall of China* (London 1909). Unter dem Namen des Verfassers William Edgar Geil steht eine ganze Reihe abgekürzter Titel, gefolgt von *ETC. ETC.*, sowie, auf einer zweiten Zeile, *Author of »A Yankee on the Yangtze«, ETC. ETC.* Gegenüber Seite 100 sind zwei

Illustrationen zu sehen, die obere zeigt *BLACK DOG AND THE GIRL-FACED QUIN* – zwei Jäger mit über die Schulter gelegter Tragestange und daran ein an der Hinterläufen aufgehängter Bock –, die untere *DR. WILLIAM EDGAR GEIL'S CARAVAN BETWEEN SUCHOW AND KIAYÜKWAN* – die staubige Piste zwischen diesen beiden Orten und bereits in einiger Distanz zum Fotografen, vielleicht Geil selbst, eine lockere Kolonne mit vielleicht zehn Personen, die Sänfte tragend, Packtiere am Zügel führend sowie mindestens eine unter ihnen reitend. Die letzte vor dieser Aufnahme stehende, jene gegenüber S. 94, zeigt *A SUPERB VIEW OF THE GREAT WALL ASCENDING FROM THE LOFTY HWANG-HO LU PASS*, die nächstnachfolgend eingefügte gegenüber S. 102 wieder ein Bildpaar – *GRANARY AND SCHOOL IN SIAOCHAO – THE CHRISTIAN CITY* und *THE ONLY GATE IN THE CHRISTIAN CITY*.

Der Missionar ist ein Ärgernis!

1908 reist er von Shanhaiguan nach Jiayuguan und bringt in seinem Werk keine verbindliche ordentliche Bilderfolge zustande, so daß, wenn ich eine bestimmte Stelle des Walls, etwa des in der Provinz Hebei vor Monaten besuchten Xinglong-Abschnitts hinter dem Dorf Anying Zhai, wo alle männlichen Bewohner zwischen zehn und dreißig um die im Freien aufgestellten Billardtische versammelt gewesen sind, auf einer seinem Buch beigegebenen Illustrationen wiedererkenne, in diesem Fall auf jener gegenüber S. 206, eine Legende lesen muß, die erklärt, was ohnehin zu sehen ist – *THE MARVELLOUS CONTOURS OF THE WALL* –, aber keinen Hinweis finde, wo im Buch der Verfasser auf das Abgebildete eingeht. Wenn überhaupt, denn Dr. Geil springt bei seinen Ausführungen von chinesischen Märchen zu der im Ordos aufgespürten *KANGAROO RAT*, von eifrigen Missionarspaaren auf entlegenen Posten zum Grabhügel von Qin Shi Huangdi, wo er infolge eigener Unpäßlichkeit einen gewissen Frank Madeley, Esq., M. A. of Birmingham, England, die lokale Bevölkerung über ihr Wissen zum Ersten Kaiser befragen läßt, der im Lauf zweier Nächte das Unterschiedlichste aufzuzeichnen weiß. Ein Kuli sagt ihm nämlich kurz und bündig »I don't know anything«, während der Brotverkäufer entgegnet »It is the true Mound, but what can you know about him? He is in the ground, and the Mound is on top of him, – what can you know of him?« Ein sich einmischender zweiter Kuli wiederum, befragt, ob er den Grabhügel gesehen habe, gibt zur Antwort »I don't lift my head. I don't see«. Der unermüdliche Interviewer gibt jedoch nicht nach, bis er am Schluß der vierten Seite vom dazugestoßenen alten Gelehrten die richtige und für den Leser gedachte Auskunft erhält »burn books, bury scholar«.

Trotz den Verwirrungen, die Geils Buch stiftet, habe ich beschlossen, einer von ihm ausgelegten Spur zu folgen, und wenn auch nur, um festzustellen, daß Missionare einen nicht nur in religiösen Dingen auf Abwege bringen können.

Kapitel XXII seines Buchs, über das Geil in chinesischen Schriftzeichen und englischer Übersetzung den Spruch *ICE THREE FEET THICK IS NOT FROZEN IN A DAY* gestellt hat, trägt den Titel *THE TIBETAN LOOP OF THE GREAT WALL: FAST HORSE CARAVAN INTO TIBET*. Luo Zhewen hat zu den S. 282 gegenüberliegenden *TWO VIEWS OF THE RUINS OF THE TIBETAN OR SINING LOOP OF THE GREAT WALL*, vom amerikanischen Missionar zusätzlich kommentiert »This stretch does not appear on the present maps. It may be considered a discovery«, nur gesagt »*Many many walls!*« und mir dadurch Hoffnung gegeben, doch vielleicht einen Abschnitt zu finden, auf den er seinen Fuß, im Unterschied selbstverständlich zu Geils tibetischer Schleife, noch nicht gesetzt hat.

Diesen *Loop* hat ein Freund des Verfassers für dessen Buch skizziert, *HENRY FRENCH RIDLEY, THE HERO OF SINING, IN TIBETAN COSTUM*, der gegenüber S. 286 mit dem Schwert dieser ethnischen Minorität unter dem Arm vor die Topfpflanzen im Hof seines chinesischen Hauses getreten ist. Ridley, seine im Text ebenfalls als heroisch, aber ohne Namen bezeichnete Gattin sowie ein gewisser James C. Hall hätten, schreibt Geil, während der kürzlich stattgefundenen neunmonatigen Rebellion – der Tibeter? – Tag für Tag im konfuzianischen Tempel unter scheußlichsten Umständen an verwundeten Soldaten herumoperiert, und zwar mit bedeutendem Erfolg. Es hatte sich um kaiserliche Truppen gehandelt, denn der Verfasser beklagt, daß der neunmonatige Eifer der Missionare, den Tausenden Verwundeten beizustehen, noch zu keiner Anerkennung durch den Hof geführt habe. Mut und Heroismus der drei englischen Missionare – »uneclipsed in the annals of war« – konnten selbst Diphterie und Pocken, die Ridley niedergeworfen hatten, nicht brechen, während der Belagerung, die über 5000 Menschen das Leben gekostet hatte. Tote Kinder seien auf die Straße geworfen worden, und erst im nachhinein habe man sie in einem Loch außerhalb des Westtors verscharrt. Die sanitären Bedingungen hätten jeder Beschreibung gespottet, und der Gestank sei unerträglich gewesen, wenn es taute. Über die Gründe der Rebellion oder das ferner liegende Schicksal der Gegner der kaiserlichen Truppen erfährt der Leser nichts, denn Geil eilt von der Schilderung christlicher Nächstenliebe umgehend zum letzten und wichtigsten Ort in Sining, der *China Inland Mission*.

In der Annahme, daß die dort befindliche Kapelle längst zerstört ist, habe ich nach unserer gestrigen Ankunft nicht nach ihr gefragt.

Geil bezeichnet das Haus Gottes als »schönstes in Gansu«. Gänzlich aus Spenden von Entdeckern und Reisenden sowie Geschenken Angehöriger der römisch-katholischen Kirche erbaut, fänden sich darin fast immer »Mongolians, Tibetans, Aboriginals, Chinese and foreigners« zur Messe ein. Im proselytischen Erfolg in Sining, an dieser Peripherie zu Tibet, sieht Geil ein großes Verdienst – »Considering the mental and spiritual surroundings« – und die Mission selbst als Wunder der modernen Zeit.

Nach Xining – heutige Karten verzeichnen die Hauptstadt der Provinz Qinghai in dieser Schreibweise, während die Tibeter von Siling sprechen – bin ich aus Lanzhou gekommen, also auf William Edgar Geils Route, die 1935 auch Ella Maillart und Peter Fleming eingeschlagen haben. Einen anderen Weg, um von Osten auf das Hebungsplateau von Qinghai zu gelangen, als die vom Oberlauf des Gelben Flusses geschaffene Schlucht gibt es nicht. Das ist auch der Grund gewesen, warum ich den Übersetzer aus Lanzhou um Einholung von Informationen über eine westliche Hintertür gebeten hatte. Fahrer Zhous Abklärungen in Jiayuguan haben die Nachricht des Übersetzers bestätigt. Über das Qilian-Gebirge, das südlich des Gansu-Korridors parallel zu diesem verläuft, kommt man nicht.

Um aus dem Westen auf das Plateau zu gelangen, müßte man von Jiayuguan bis nach Dunhuang und von dort durch das sogenannte Kasachische Autonome Gebiet Aksay und über einen Paß, käme aber dann in ziemlicher Entfernung vom Qinghai-See, dem Kokonur, nach Golmud hinunter, wo seit 1959 die aus Lanzhou herangeführte Eisenbahnstrecke endet. Dieser Weg hätte mich zwar von der Tibetischen Schleife der Großen Mauern entfernt, aber in die Region des Qaidam Pendi gebracht, das von Maillart und Fleming durchquerte und von Permafrost bedeckte Hochland, sowie in die Nähe von Da Qaidam, Xiao Qaidam und Delinghua, wo sich die Silos der mit atomaren Sprengköpfen besetzten chinesischen Interkontinentalraketen und Strafkolonien befinden. Aber nicht nur das, sondern inmitten dieser verschwiegenen Region auch an die Trasse der Qinghai-Route der Seidenstraßen. Diese nach Miran, eine an der südlichen Taklamakan-Route zwischen Dunhuang und Qarkilik gelegene Oase, hinüberführende und von Attacken nördlicher Nomaden besser geschützte Route benützt der Karawanenverkehr im Zweifelsfall seit mindestens dem 5. Jahrhundert, also bevor Songtsen Gampo (609–650) Tibet erstmals politisch einigt, an der Stelle des heutigen Potala einen Palast erbauen und sich vom Tang-Kaiser Taizong eine Prinzessin schicken läßt – Wen Cheng, die den Buddhismus in das Schneeland trägt. Zu dieser Zeit sind die Herrscher Tibets also keine Untertanen der Tang, und noch im Jahr 821 wird ein chinesisch-tibetischer Vertrag ratifiziert, der die Unabhängigkeit Tibets bestätigt. Zur Einmischung kommt es unter den Qing, und bis heute verkompliziert eine auf kaiserliche Veranlassung vom Gesandten Helin im Jahr 1794 im Zentrum von Lhasa aufgestellte zweisprachige, heute teilweise zerstörte Stele die Frage, welches Maß an Souveränität die Mandschus in Tibet tatsächlich ausgeübt haben. Zwar drückt das »Pocken-Edikt«, das Diskriminierung und Ausschluß Kranker vehement kritisiert, Besorgnis aus, die Tibeter könnten aus friedfertig und stufenweise errichteter kaiserlicher ‘Planwirtschaft’ mit zivilisatorischem Effekt in frühere Gebräuche zurücksinken, aber die Feststellung tibetischen Vasallentums zu Beginn des Textes kann auch gelesen werden als Markierung der Präsenz im öffentlichen Raum.

Genau wie die von Lanzhou durch den Gansu-Korridor nach Ürümqi eilende Linie hat der von Lanzhou an das Tor zu Tibet heranführende Schienenweg auf dem zweiten Fünfjahresplan (1958–1962) gestanden. Gleichzeitig mit ihm ist aber eine von Xining in die strategische Stadt Gormo14 führende Nebenstrecke gelegt worden; ein Vorhaben im Zusammenhang mit dem Bau der *Northwest Nuclear Weapon Research and Design Academy* in Xihai Zhen, Hayan County – tibetisch: Nubtso Tsojang Prefectural Town, Dabzhi County – in der sogenannten Tibetischen Autonomen Präfektur Haibei. Bauherr der hundert Kilometer westlich von Xining befindlichen, mutmaßlich von Strafgefangenen erbauten und kurz *Ninth Academy* oder *Factory 211* genannten Anlage ist das *Ninth Bureau of Chinese Nuclear Production Establishment* gewesen. Unter Annahme des Ernstfalls hat es in den 1960er und 1970er Jahren Chinas atomare Aufrüstung betrieben und dabei verseuchten Flüssigschlamm entsorgt in flachen Deponien, draußen im Sumpfland, durch dessen Boden er ins Grundwasser gedrungen ist und wahrscheinlich auch in den Kokonur.

Das salzige Gewässer, auf den Karten chinesisch als Qinghai Hu bezeichnet und entsprechend zum tibetischen Tsongon und zum mongolischen Kokonur ›Blauer See‹ bedeutend, ist aufgrund tektonischer Hebung der Region und der Ansammlung von Schmelzwasser alter Gletscher im Pleistozän der größte abflußlose See Zentral- und in diesem Fall Hochasiens. Er liegt in einer 2,5 Millionen Jahre alten Senke des Qilian-Gebirges und auf 3200 Metern ü. M. Bei hohem Wasserstand beträgt die Ausdehnung des Sees um 6000 Quadratkilometer, bei niedrigem um 4200 Quadratkilometer. Im März beginnt die Eisschicht zu tauen, im November beginnt der See wieder unter einer wachsenden weißen rauhen Decke zu verschwinden.

Jetzt, Ende Dezember, stehen wir auf einem Gürtel gefrorener Wellen, hinter dem ein Band von dunklem Azur liegt und hinter diesem wiederum die scharf konturierte Kette des Riyue-Shan, eines verirrten Ausläufers des Qilian-Shan.

Im Löß dieser Berge sollen sich Spuren prähistorischer menschlicher Aktivität erhalten haben. Das verleiht dem Anblick etwas Tröstliches, nachdem Hu Xiaoding, mein neuer, deutschsprachiger Übersetzer aus Lanzhou, in der Buchhandlung von Xining nicht nur auf in Beijing vorbereitete tibetische Übersetzungen des klassischen, im 16. Jahrhundert verfaßten phantastisch-komischen *Xiyouji* von Wu Cheng'en, der auf den Abenteuern des buddhistischen Indienpilgers Xuan Zang alias Tripitaka basierenden *Reise nach dem Westen*, und des *Hongloumen*, des *Traums der Roten Kammer*, gestoßen ist, sondern auch auf *Sunzi bingfa xinzhu*, die um 500 v. u. Z. entstandenen *Kunst des Krieges* von Sunzi, und zwar in einer im letzten Jahr vom *Scientific Committee* der *PLA* in Qinghai aufgelegten Ausgabe, die zur Begründung der Übersetzung reichlich aus Maos Schriften zitiert.

Die Tibetische Schleife habe ich auf der Fahrt von Lanzhou nach Xining nicht gefunden, wohl aber in dessen Umgebung, gestern auf dem Weg nach Gunbum, dem großen Lamakloster, ein paar freistehende Wachtürme. Aber während diese nach den vielen Monaten meiner Reise entlang der Großen Mauern kaum noch unbekannte Versprechen enthalten, hat der Ausflug zum Qinghai Hu immerhin einen raschen Blick ermöglicht in einen spärlich besiedelten Hinterhof Chinas, der mehr zu verbergen scheint, als er offenbart.

Im Norden der Mauer

Wulate Qianqi, II. März 2000. — »*Many many walls!*« Professor Luo hat gewußt, wovon er spricht.

Dieser halbe Satz – kein Fazit eines Forscherlebens und schon gar nicht eine Kapitulation vor dem Gegenstand, sondern Ausdruck andauernder Neugierde und unermüdlicher Beschäftigung auch nach Erscheinen der 1200 Seiten starken *Encyclopaedia of the Great Wall* (Jilin People's Publishing House, 1994) – fiel regelmäßig vor dreizehn Jahren, bei unseren Gesprächen, im goldenen Monat Oktober auf der mit grünem, etwas mitgenommenem Filz ausgelegten Terrasse des *Bamboo Garden Hotel*, und in der kalten Jahreszeit in der Wohnung des Professors im Plattenbau Nr. 14 in Beijings Distrikt An Zhen-li, bei Reisschnaps, weichen Erdnüssen und den von Luos Frau, der Ärztin, zubereiteten scharfen Nudelgerichten.

Wie Herolde tauchten in Luos Wohnung zuweilen spätabends noch Mitglieder der *Gesellschaft zur Erforschung der Großen Mauer* auf, in Daunenjacken, die sie nicht abnahmen, so daß um den runden Klapptisch herum die Ärmel aneinanderschabten, wenn die Stäbchen nach Huhn und Pilzen oder nach den Orangen griffen, die Gläschen zum *ganbei* zusammenfuhren. Bei diesen Besuchern handelte es sich um Akademiker der jüngeren Generation, zuweilen einen Kameramann, und einmal kam auch die pensionierte Wang Dingkao, Präsidentin der Gesellschaft. Wie die ausgesandten kaiserlichen Beamten – etwa der 1539 nach Jiayuguan ausgesandte Minister Chai Luan (1477–1546) –, welche oft erst nach Jahren aus den Grenzregionen zurückkehrten, um vom Zustand des Verteidigungswerks zu berichten und inzwischen gewiß bereits überholte Vorschläge zur Instandstellung oder Erweiterung dieses oder jenes Abschnitts vorzulegen, machten auch heute die Kulturfunktionäre gleich nach ihrer Rückkehr nach Beijing ihren ersten Rapport bei der außerordentlich bescheidenen gekleideten Persönlichkeit, die damals neben dem Posten des Direktors der *Expertengruppe für alte Architektur* des *Staatlichen Büros für chinesisches Kulturerbe* auch das Amt des Präsidenten der *Chinesischen Gesellschaft für Denkmäler* und des Vizepräsidenten der *Große-Mauer-Gesellschaft* innehatte.

Immer ging es bei den Zusammenkünften um Neuigkeiten zum einzigen Gegenstand, der Großen Mauer, seien es in der östlichen Provinz Liaoning oder in der

Inneren Mongolei, aber vermehrt auch um hinter dem ›Jade-Tor‹ in der Wüste des fernen Westen aus dem Helikopter gesichtete Stücke. Mit jedem Rapport wuchs die Mauer, gerade so wie mit den scheinbar unaufhörlich erscheinenden Publikationen der enorme, sorgsam in der Mitte des Zimmers nebenan aufgeschichtete Kubus, der dem Professor nur einen schmalen Umgang ließ, um zu seinen Bücherschränken vorzudringen. Während aber die Nachrichten bei Luo als Bestätigung bekannt vorausgesetzter Tatsachen anzukommen schienen, bestärkten sie bei mir jeweils das Gefühl, daß ich auf meiner Reise immer dem Großen Drachen nachlaufen würde, daß es ihm immer gelingen würde, eine bestimmte Windung, einen Prankenschlag da- oder dorthin vor mir zu verbergen.

Nie würde ich meine Aufgabe abschließend lösen können. Das Erreichbare, wurde mir allmählich bewußt, konnte nur im zusammenhängenden Überblick des Gesamtentwurfs liegen, weniger in meiner Version der Großen Mauern also, denn in der Rekonstruktion der ihr – nun bewußt im Singular aufgerufen – zugrunde liegende Idee. Dazu wollte ich erstens jene Strecken und Knotenpunkte sichten, wo bauliche Anstrengungen verschiedener Dynastien zusammengelaufen waren; zweitens waren dort, wo bekannte Abschnitte aus bürokratischen Gründen unerreichbar bleiben mußten, Anschlußstellen anzulegen, offene Enden. Mein Versuch der Komplettierung konnte nur glücken, indem er Hinweise auf Abbrechendes, auf das Fehlende enthielte. An eine spätere Rückkehr, an das Wiederaufnehmen der Spur hatte ich dabei nie gedacht.

Trotzdem begann ich nach Erscheinen meines Buches über das Monument im Jahr 1990 alle Nachrichten über die Großen Mauern abzulegen, und im Dezember 1993, im Zusammenhang mit der Ausstellung meiner Aufnahmen in der *Tian Miao*-Halle der ›Verbotenen Stadt‹, kam ich auf einer der neuen verkehrsfreien Autobahnen problemlos nach Yixian hinunter und fotografierte Zijingguan. Die Beijing im Westen schützende Torfeste, dreizehn Jahre zuvor nur auf verstopften Landstraßen erreichbar, gehört zu den komplexeren an der Inneren Mauer der Ming, aber ich hatte nur ihre Schemen wahrnehmen können, als wir am 13. November 1987, kurz vor Einbruch der Dunkelheit, rasch an ihr vorbeimußten, um nicht die Aufmerksamkeit der Sicherheitskräfte zu erwecken – mit diesen hatten wir es dann anderntags in Laiyuan zu tun.

Bis zu jenem Zeitpunkt Ende 1993 hatte ich aus Agenturmeldungen lediglich erfahren, daß in den nordöstlichen Tiger-Bergen in der Provinz Liaoning bislang unbekannte Mauerreste, immerhin ein mehrere hundert Kilometer langes Stück, gefunden worden waren.

Am 19. April 1996 meldete dann *AP*, unter Berufung auf einen Mitarbeiter des *Institute of Remote Sensing Applications* der *Chinese Academy of Sciences* in Beijing, die Auswertung von Aufnahmen, realisiert zwischen dem 6. und 20. April 1994 während dem sechsten Flug der amerikanischen Raumfähre *Endeavour*, hätten 650 Kilometer westlich von Beijing einen zur Zeit der Sui-Dynastie (589–618) erbauten Abschnitt zum Vorschein gebracht. Dieser Nachricht folgte am I. Dezember 1996 jene der von *Xinhua* übernommene der *SDA* mit der Bekanntgabe der Entdeckung einer 5000 Kilometer langen »zweiten Chinesischen Mauer«, die sich vom Westufer des Nenjiang-Flusses in Chinas nordöstlichster Provinz Heilongjang durch Jilin und die sogenannte Autonome Region Innere Mongolei bis in die Gegend von deren Hauptstadt Baotou erstrecke. Gebaut worden sei sie zwischen II15 und I234 von der nomadischen Bevölkerungsgruppe der Nuzhen, welche die in diesem Zeitabschnitt in China herrschende Jin-Dynastie hervorgebracht habe.

Den vermeldeten Wall – einem flachen solchen, nicht einer Mauer – hatten die seminomadischen, ursprünglich in der Mandschurei beheimateten und von den Liao alias Khitan (946–1125) weggebrochenen Dschurdschen (oder Ruzhen-Tataren) mit dem Aushub ihres Grenzgrabens aufgeworfen. Es mußte sich um die auf Blatt F 8 und F 9 der *Operational Navigation Charts* des amerikanischen *Defense Mapping Agency Aerospace Centers* eingezeichnete, mehrfach unterbrochene und mit »Wall of Genghis Khan« oder »Wall in ruins« benannte schwarze Linie handeln, hingegen aber nicht mehr um die als »Willow wall« bezeichnete und bis in das nördlich von Qiqihar liegende Gebiet am Oberlauf des Yalus reichende fernnordöstliche Linie.

Bei ihrer Ausdehnung, Verästelung und teilweise weit auseinanderliegenden Staffelung dürfte es den Großen Mauern immer wieder passiert sein, daß einzelne, mehrere tausend Kilometer lange Abschnitte aus der Wahrnehmung verschwanden, um dann, wenn der Zugang wiederhergestellt war, 'entdeckt' zu werden. Jedenfalls hat sich unterdessen einiges verändert im Umgang mit in erkennungsdienstlichem Zusammenhang erworbenen Informationen, und wenn die Chinesen aufgrund der von den Amerikanern zur Verfügung gestellten Bilddateien das Netz ihrer Mauern erweitern dürfen, mögen sie auch den Anspruch erheben, auf dem Boden Mauern aufzufinden, die jene schon lange auf ihren Pilotenkarten verzeichnet haben.

Gleichzeitig zu den neuen Funden aber und der Umsetzung von Deng Xiao Pings im Jahr 1984 geprägtem Motto »Love China. Renovate the Great Wall« an immer mehr Abschnitten fielen jedoch bisher bekannte Mauern den Auswirkungen eines anderen, Mitte der 1980er Jahre geprägten Leitsatzes zum Opfer, nämlich dem, daß Reichtum keinen Makel darstelle, solange er durch eigene und nicht durch anderer Hände zustande käme. Dem durch von oben verordneten Ehrgeiz in Schwung gekommenen Umbau Chinas standen gemäß einer *AP*-Meldung vom 20. Juli 1999 in der Nähe von Baotou 680 Quadratmeter Mauer im Weg. Nicht Material irgendeiner Mauer, sondern einer der ältesten überhaupt, nämlich einem Abschnitt der Mauer der Zhou. Das Kulturministerium habe, hieß es, Ermittlungen eingeleitet und der Bauverantwortliche, der das Abtragen im Zusammenhang mit einem Brückenbau ohne Erlaubnis übergeordneter Stellen veranlaßt hatte, müsse mit hoher Bestrafung rechnen.

Gemeint gewesen war mit der den Fortschritt behindernden Mauer der Zhou wohl nicht ein Bauwerk der zwischen 1122/1045 und 770 v. u. Z. am Unterlauf des Gelben Flusses herrschenden Zhou-Dynastie, sondern ein Abschnitt der Kleinen Mauer von Zhao, einem der fünf politisch-militärischen Gebilde der Epoche der Streitenden Reiche (481–221 v. u. Z.). Wertvoll war der Abschnitt schon deswegen, weil er der durch Qin Shi Huangdi, dem Herrscher von Qin, verordneten Schleifung entgangen, welche dieser nach seinem Sieg über Chu, Qi, Wei, Yan und Zhao als Chinas Erster Kaiser umgehend befohlen hatte, verbunden mit der Errichtung der ersten, alle eroberten Reiche umfassenden, administrative Einheit und die chinesische Identität etablierende Große Mauer.

Am 27. Dezember 1987 hatte ich dieses Mauerstück der Zhao in der Nähe des Dorfes Binzhouhai, westlich von Hohhot fotografiert. Wie die Kruste über einer länglichen Wunde lag sie am Rand der baumlosen Ebene und die erodierte Schichtung der luftgetrockneten Ziegel war nur an der Stelle auszumachen, wo ein vom Bergzug herabgekommener und unterdessen toter Bach sich einen Durchbruch verschafft hatte.

Gestern, dreizehn Jahre später, hat mir Wang Dafeng, Forschungsstipendiat der *Academy of Archaeology of China* und Mitglied der Denkmalpflege der Kulturabteilung der Autonomen Region Innere Mongolei, auf dem Weg nach Baotou und vor dem Überqueren der fatalen Brücke, den Schaden gezeigt. Aufgefallen sind mir dabei aber noch andere Veränderungen in der Landschaft. Die an den Abhängen des Bergzugs angelegten Gräber waren alle geöffnet. In den Gruben lagen Reste der Särge, im herausgeschaufelten Schutt daneben zerschlagene Gefäße, und im trockenen Gebüsch an den Geländekanten wiederum verkohlte Stoffetzen.

Herr Wang sagte mir, bei der kürzlich erfolgten Umbettung der Gebeine habe man aus Aberglaube alle Gewänder der Bestatteten verbrannt. Die Verlegung der Gräber sei eine sanitäre Maßnahme gewesen und ihre neue Lage im zentralen Friedhof durchaus im Einklang mit den Erfordernissen des *feng shui*. Es könne davon ausgegangen werden, daß der Hügelzug auch am Ort draußen in der Ebene den umgebetteten Seelen noch genügend Schutz biete vor den Winden und allem Schlechten, das aus nördlicher Richtung nach China vordringe.

Jetzt stehen wir auf dem gefrorenen Boden einer welligen, trümmerübersäten nackten Hochebene, den eisigen Wind im Rücken, und blicken genau aus dieser nördlichen Richtung nach China hinein, mit den Augen der Xiongnu, die, wie später die dschingiskhanidischen Kavallerien, ihre Angriffe vorzugsweise im Winter vortragen, denn dann bilden die Flüsse, da vereist, kein Hindernis.

In solch unwirtlicher Umgebung an Seide zu denken, ist nicht selbstverständlich. Aber zwischen dem 2. Jh. v. u. Z. und dem I. Jh. n. u. Z. werden die Weiten nördlich der Mauer von ungeheuren Mengen dieses Gewebes überschwemmt, und zwar infolge der Handel, Krieg und Diplomatie verknüpfenden Politik der Han, welche durch Großzügigkeit und Prunk den Einfluß auf die nomadischen Nachbarn auszudehnen sucht, Zwistigkeiten zwischen ihren Gruppen säen will und zu diesem Zweck das Geschenk zum politischen Instrument erhebt. Die bereits durch den Import von Eisen mächtig gewordenen Xiongnu vermitteln jedoch die chinesischen Tributgeschenke gewinnbringend weiter, so lange bis der schiere Überfluß Anziehungskraft und Wert der Seide in Zentralasien und darüber hinaus zunichte macht. Zuvor aber führt diese die Wirtschaft des chinesischen Reiches schwächende

Während um die Mitte des I. Jh. v. u. Z. die an die Xiongnu gelieferte Flockseide 6000 Pfund und 8000 Seidenballen beträgt, sind es zur Zeitwende 30 000 Pfund und 30 000 Ballen.

Abschöpfung der Reichtümer – unter den Westlichen Han (206 v. u. Z.–23 n. u. Z.) schätzungsweise mehr als zwei Drittel der Staatseinkünfte von zehn Millionen Geldeinheiten – zu einem Aufschwung des Handels auf allen Achsen der Seidenstraßen zwischen dem Mittelmeer und Korea, Indien und dem nördlichen Steppenraum.

An diesen weit abgelegenen, irgendwie fast nicht mehr zu China gehörenden Ort zu gelangen, wäre vor dreizehn Jahren unmöglich gewesen. Vom Bogen des Gelben Flusses, von Wulate Qianqi heraufkommend, immer in nördlicher Richtung, hätte ein Vorstoß spätestens beim Schlagbaum hinter der letzten Kreishauptstadt geendet, denn schließlich führt die Straße in Richtung der mongolischen Grenze und somit wahrscheinlich in eine militärische Sperrzone. Auch Luo Zhewen – nach meiner Rückkehr aus Ulaanbataar am 8. März hat er mir Fotografien dieser Mauer gezeigt und die Kulturbehörde der Autonomen Region Innere Mongolei gebeten, mir den Besuch zur Realisierung einiger neuer Aufnahmen für das entsprechende Kapitel der revidierten Ausgabe des Buches zu gestatten – ist noch nie hier gewesen. Um die Identität dieser Mauer zu bestimmen, ist das auch nicht notwendig gewesen. Auf den ersten Blick hat der Professor anhand der von Wang Dafeng gemachten Fotografien erkannt, daß die sich über die Hochebene schlängelnde, Grate und Tallehnen hinauf- und herabsteigende und von der lokalen Bevölkerung als »Große Mauer des Dschingis Khan« bezeichnete Struktur diese nicht sein kann, daß es sich vielmehr um einen großartigen Abschnitt der ersten Großen Mauer, des nach 221 v. u. Z. errichteten Grenzwerks von Qin Shi Huangdi handeln muß.

Hier Ansässige scheinen vor wenigen Jahren die Kunde dieser Mauer nach Baotou getragen zu haben. Bis zur Brigade Xing Sheng Zhao sind wir Pisten und Karrenwegen gefolgt, danach Traktorenspuren, die zu verifizieren in der kargen und kalten menschenleeren Ödnis zwischen rotflammenden Bergen nicht einfach gewesen ist. Bei einem Gehöft, das sich am Eingang einer Klus in eine felsige Ecke duckt, haben wir den *Toyota* stehen gelassen und sind ins Gebirge gestiegen, an letzten nordwärts liegenden Schneeresten vorbei und sind schließlich der Mauer hinauf auf das Plateau gefolgt.

Gegen Süden zeigt die Bruchsteinmauer die ursprüngliche sorgfältige Schichtung. Die nordwärts gewandte Rückseite jedoch ist an vielen Stellen eingestürzt, die Spur der glänzenden eisenhaltigen Blöcke sieht einem sich in das Gelände schmiegenden Echsenschwanz ähnlich.

An keinem Ort aller Großen Mauern, die ich im Lauf meiner lang zurückliegenden Reise besucht habe, sind zwei Wesenszüge des Walls so unmittelbar faßbar gewesen wie hier unter dem ›Pferdemähnenberg‹ — das Plötzliche angesichts der unerwarteten Barriere, das den sich nähernden nomadischen Reiter überkommen mußte, und die im selben Augenblick von ihr ausgehende Provokation, sie zu überwinden, was in den meisten Fällen nichts anderes hieß, als ihr zu folgen, bis sie endet, sie also ganz einfach zu umreiten.

Turfan-Depression

Turfan, 17. Mai, 2001. — Ürümqi haben wir links liegen gelassen unter der gelbbraunen Glocke, die alles sagt über die Bedingungen der von der östlichen Küste ins Hinterland gepreßten Entwicklung.

Dazu der Prolog.

Hinter uns liegen die kasachische Steppe, die ›Dsungarische Pforte‹ und der Ebi Nur, neben dessen Salzfläche die Wüste an der Straße nagt, während oben auf dem Bahndamm die Arbeiter am Schienenfräsen sind. Das verlängert die Lebensdauer des Fahrwegs und geschieht im Einklang mit dem Anlegen von engmaschigem Schilfwerk, das äolisch verfrachtete Sande stabilisiert und wandernde *barkane* verhindert, gerade in Zonen fortgeschrittener Desertifikation. Hinter uns liegen Teehäuser, wo Ulrich wie auch ich mit den Uiguren rohen Knoblauch gegessen haben, Windgeneratoren, im Bau befindliche, pharaonisch anmutende Tankstellen und Autobahnen; viele hundert Kilometer leerer, mit samtig schwarzem Belag geteerter Autobahnen, von denen höchstens ein Kilometer entfernt draußen im unbewirtschafteten Land die alte Straße gelegen hat mit dem ganzen Gedränge des Provinzverkehrs.

Turfan ist der Welt zweittiefster Punkt, an dem die Füße nicht naß werden. Eine Depression, und als solche das Resultat der Plattentektonik. Der Name evoziert Bilder der Seidenstraßen, deren nördlichen, das mongolische Karakorum über den Issyk Kul mit der turanischen Senke verbindendem Ast diese Stadt im Lauf der Geschichte immer wieder zu kontrollieren sucht.

Aber die Zeit hat nicht angehalten, sondern sich dem Vernehmen nach sogar beschleunigt. Deshalb steht neben dem Eingang des Hotels ein letztes, aus einer rostigen Badewanne saufendes räudiges Kamel, damit die Touristen wissen, wo sie sich befinden.

Barbaren aus dem Westen und der Wettlauf um den Vorrang in der Welt

Turfan, 17. Mai 2001, abends. — Vor den Menschen berühren sich die Waren. Besonders wenn Welten die Völker trennen und ungefähre gegenseitige Vorstellungen andere als meßbare Distanzen in den Weg legen.

Nach der langsamen Annäherung von Individuen, Gruppen und Völkern, nach dem allmählichen Verschwinden oder dem plötzlichen Untergang von Kulturen – letzteres führt Oswald Spengler mit Blick auf die vollständige, auch die Erinnerung auslöschende Vertilgung des mexikanischen Reichs der Maya durch eine Handvoll abendländischer Banditen zum Gedanken, »daß es keinen Sinn in der Menschheitsgeschichte« gibt, nur eine »tiefe Bedeutung der Lebensläufe der einzelnen Kulturen« – verbleiben im Boden doch Spuren der verschobenen Waren. Geben Aufschluß über das Aufeinanderzuschreiten und die Prozesse der Assimilation, lang nachdem die Träger abgegangen sind, sich abgetastet, verstanden, betrogen, gestritten, bekriegt haben, schließlich auseinandergegangen sind. Innerlich oder auch laut frohlockend dem anderen Abgejagtes wie Abgeschautes davonschleppend. Vielleicht die allzu rasche oder allzu freizügige Preisgabe von Eigenem bedauernd oder aber grundsätzlich mit dem Erreichten zufrieden. Zumindest wenn in den Köpfen die Einschätzung sitzt, die Begegnung mit dem Anderen und zuweilen sicherlich auch die Einmischung in dessen Angelegenheiten habe den unmittelbaren Zweck erfüllt oder sogar mehr. Mag sein, auch im trügerischen Glauben, die auf der Gegenseite hervorgerufenen Ausstände würden sich von selbst begleichen, ihm Zugefügtes sich richten. Was es jedoch nicht tut, und wenn, dann mit unheimlicher Verzögerung.

Indem wir durch die ›Dsungarische Pforte‹ nach China herübergekommen sind, haben Ulrich und ich die Paßstelle Innerasiens benutzt, welche für solche Vorgänge nicht nur eine geographische Erleichterung darstellt, sondern wie gesehen geradezu prädestiniert ist, die Rolle eines Verbindungskanals zu schaffen, seit ältester Zeit und gewiß seit dem Auftauchen obskurer Westler, deren im trockenen Klima von Xinjiang natürlich mumifizierten und dadurch teilweise vorzüglich erhaltenen sterblichen Überreste in bronzezeitlichen Nekropolen der Turfan-Depression ruhen wie auch in solchen entlang dem Tarim bis hinunter zu dessen Versickerungsdelta westlich des Lop Nur.

Ulrich beschäftigen diese Trockenmumien bei der Konstruktion seines Buches, mich als hypothetische Handelspartner eines singhalesischen Kaufmanns.

Plinius nennt dessen Namen nicht, zitiert hingegen in der *Naturkunde* (VI, 24, 81 ff.) dessen Sohn, der zur Zeit des Prinzipats des Tiberius Claudius Germanicus (41–54 n. u. Z.) den erstaunten Römern von den kaufmännischen Unternehmungen des Vaters im Norden des Hemodischen Gebirges, dem Himalaya, berichtet, also auf Tauschplätzen an der Gebirgsschwelle zu Innerasien. Die Heimat des Fremden ist Taprobane, die hundert Jahre nach seinem Besuch von Ptolemaios im »Indischen Meer« zwischen 120° und 130° östlicher Länge und 0° und 10° nördlicher Breite (tatsächlich: 80° und 82°/6 und 10°) situierte Insel Sri Lanka, früher »mit Schiffen aus Papyrus und Nil-Takelwerk« in zwanzig, zu Lebzeit des Plinius aber bereits in sieben Tagesreisen erreichbar. Eratosthenes hat diese Insel noch als stadtlos beschrieben, aber wie nun bekannt wird, besitzt sie nebst fünfhundert Dörfern einen 200 000 Einwohner zählenden Königssitz und überdies Gold und Perlen. Einer, der viel später dann diese Stelle in seinem Exemplar der *Naturkunde* anstreichen wird, ist Kolumbus.

Den Singhalesen zitierend, hält Plinius also folgendes fest:

»[…] jenseits der Hemodischen Berge seien auch von [dem nach Rom gekommen Gesandten] Serer gesehen worden, die ihnen auch durch den Handel bekannt seien. Der Vater des Rachias sei dahin gereist; bei der Ankunft seien ihnen dort Wilde entgegen gekommen; sie seien länger als gewöhnliche Menschen, hätten rotes Haar, blaue Augen, eine rauhe Stimme und betrieben Handel ohne Spracheinsatz. Das übrige [war] das gleiche, was unsere Kaufleute [erzählen]: Die am jenseitigen Ufer neben den verkäuflichen Sachen niedergelegten Waren würden von ihnen genommen, wenn ihnen der Tausch gefalle – wobei Haß auf Luxus nie gerechter ist, als wenn der Verstand soweit geführt wird und dann bedenkt, was woher kommt und warum begehrt werde.«

(Plinius, *Naturkunde*, VI, 24, 88)

An diese Textstelle bin ich im Zusammenhang mit der Lektüre des Buches *The Tarim Mumies* über die im 2. und frühen I. Jahrtausend v. u. Z. aus dem Westen im Tarim-Becken eintreffenden Siedler gestoßen, auf welche die vom Singhalesen erbrachte Beschreibung – »rutilis comis, caeruleis oculis«, »rotes Haar, blaue Augen« – durchaus zutreffen könnte.

Ob diese Menschen mit solchen äußeren Merkmalen identisch sind mit den von Sven Hedin und Aurel Stein bei ihrer Suche nach den im Sand der Taklamakan versunkenen Städten kaum beachteten Mumien, welche seit ein

Das Buch, *The Tarim Mumies. Ancient China and the Mystery of the Earliest Peoples from the West* (Thames and Hudson, London 2000) behandelt Herkunft und Lebensumstände der mittel- und spätbronzezeitlichen (von ca. 1800 bis ca. 1000 v. u. Z.) und früheisenzeitlichen (von ca. 1000 v. u. Z. bis in die Zeit der Han) Einwanderer im Tarim-Becken. Verfaßt worden ist es gemeinsam von J. P. Mallory, Professor für Prähistorische Archäologie an der *Queen's University* in Belfast und Victor H. Mair von der *University of Pennsylvania*. Mairs publizistisches Fachgebiet sind sino-indische und sino-iranische Kulturbeziehungen, und 1981 haben ihn die frühen Manuskripte der Region zum ersten Mal in Chinas Westen gebracht. Seit 1993 blickt er im Rahmen eines zusammen mit dem *Xinjiang Institute of*

paar Jahren zum Gegenstand geneti-scher und linguistischer Eurasienfor-schung geworden sind? Von Victor H. Mair, einem der beiden Autoren des er-wähnten Buches als (Proto-)Tocharer bezeichnet, beansprucht dieser Schlag zunehmend konkreter zu bezeichnen-des Terrain im Völkergemisch Innerasi-ens. Vor allem in Chinesisch-Turkestan, was brisant ist, vertritt Mair doch die Ansicht, bei den Bestatteten handle es sich um die frühesten, aus dem Westen gekommenen Einwanderer in das west-liche Randgebiet Chinas. Und nicht nur das, sondern diese Indoeuropäer sollen das spätere 'Reich der Mitte' mit der Technik des Bronzegusses und dem Rad bekannt gemacht haben.

Interessant wäre es, zu erfahren, wie politisch linientreue chinesische Forscher mit technologisch so versier-ten *Hu*-Barbaren umgehen. Zusätzlich muß eine Han-chinesische Einschät-zung der Mumien aber auch die natio-nalistischen Bestrebungen der Uiguren verkomplizieren, die versuchen, mittels der Nekropolen älteren Anspruch auf Xinjiang zu erheben als es die Radio-carbon-Datierung der Bestatteten und ihrer Utensilien erlaubt, und mutmaß-lich auch die vergleichende DNA-Ana-lyse – wenn auch die heutigen Bewohner des Tarim das Volk sein dürften, das am ehesten genetisches Erbe der prähistori-schen westlichen Trekker in sich trägt. Alle Mumien müssen aufgrund physio-gnomischer Merkmale grundsätzlich dem kaukasoiden Typ zugerechnet wer-den. Die Autoren des Buches *The Tarim*

Archaeology durchgeführten Forschungsprojekts in den Sanden und Kieselebenen der Taklamakan, des Tarim-Beckens und der Turfan-Depression den Trockenmumien ins zuweilen fast schlafend wir-kende oder tätowierte Antlitz. Unvorbereitet ist Mair erstmals 1988 im Museum von Ürümqi auf sie gestoßen. Heute vertritt er die Ansicht, bei den Bestatteten handle es sich um die frühesten, aus dem Westen gekommenen Einwanderer in das westliche Randgebiet des heutigen China.

In westlichen Quellen wird die Landnahme in Zentralasien durch die von den Chinesen Yüezhi oder Wusun genannten Völker als entscheidender Schritt zum durchgehenden Verkehr auf den später Seidenstraßen genannten Routen gewertet und auf den Zeitpunkt der Überschreitung des Jaxartes, des Syr Darya, im Jahr 129 v.u.Z. gelegt, wobei Strabon (*Geographika*, XI, 8.2; 511) vier Völker unter-scheidet, die den Hellenen Baktrien entrissen haben – die Tocharer, Parsianer, Sakarauler und Asier – und Ptolemaios (*Geographie*, VI, 11,6) im Gebiet des heutigen Konduz in Nordost-Afghanistan und am Oberlauf des Oxus, dem Amu Darya, das Land Tocharistan und den dort siedelnden »großen Stamm« kennt. Im frühen I. Jh. n.u.Z. muß dessen Vorhut südwärts zu den Pässen des Hindu Kush vorgestoßen sein und ist wahrscheinlich in den ersten Jahrzehnten nach der Zeitwende unter der Führung des Stammes der Kushan geeint worden, ein auch im *Hou Hanshu* festgehaltenes Ereignis, wo vom Sieg der Xiongnu über die Yüezhi berichtet wird und von der Verlegung des Wohnsitzes letzterer nach Daxia (Baktrien), wo das Reich auf fünf Unterhäuptlinge verteilt worden ist.

Die Forschung bringt die unter den Kushan stehenden Tocharer mit zwei in Manuskriptfragmenten erhaltenen indoeuropäischen Dia-lekten in Verbindung. Der erste aus Kucha am Tarim wird als »To-charisch A«, der zweite aus Karashahr, auf halbem Weg zwischen Kucha und Turfan gelegen, als »Tocharisch B« bezeichnet. Sprach-wissenschaftlich werden zahlreiche Wörter aus Flora und Fauna, die bis anhin als frühe Entlehnungen aus unbekannten Sprachen gegol-ten haben – zum Beispiel die Bezeichnungen für Apfel und Kirsche oder für Affe, Elefant, Leopard, Löwe und Panther – seit Mitte der 1990er Jahre als indoeuropäisch gedeutet. Die auf das Ende des 5. Jahrtausend zu legende Urheimat der Indoeuropäer wird am Süd-hang des Kaukasus vermutet. Darauf weisen auch die Entlehnungen aus den benachbarten alten Sprachen Kleinasiens hin. Heute sind um 3500 Seiten tocharischer Texte bekannt. Sie basieren auf 4000 bis 4500 Worten und sind verteilt auf die beiden genannten Dialekte. Als im I. Jh. nach der Zeitwende aus Indien Sanskrit sprechen-de Missionare im Tarim-Becken auftauchen, gibt es dort bereits Kolonien von Kaufleuten, die am Ganges den Buddhismus ange-nommen und auf Palmblätter geschriebene Handschriften mit in das westliche Randgebiet Chinas überführt haben. Diese Schriften dienen vornehmlich der individuellen Erbauung und nicht wie die Birkenrinderbücher der Missionare dem Zweck religiöser Bekehrung. Deren Medium, die Prakrit-Dialekte von Gandhara und die Kharosthi-Schrift, ist indessen auch das in den Geschäftsbeziehungen an den Handlungswegen übliche, nicht nur in den beiden erwähnten Städten Kucha und Karashahr, sondern auch in Loulan und Niya, tiefer im Innern der Taklamakan. Dort liegen dem Anschein nach auch die Anfänge der Übersetzung buddhistischer Schriften aus Sanskrit, Prakrit, Khotanesisch, Sakisch, Chinesisch und Tibetisch ins »Tocharisch A« und »Tocharisch B«. Im vierten Jahrhundert entwickelt sich dann die östlich des Tarim-Beckens gelegene Turfan-Oase zu einem theologischen Zentrum, und weil sie am nördlichen Fernhandelsweg zwischen Syrien und Korea liegt, auch zu einer Hochburg der Übersetzungen aus dem Syrischen, Parthischen, Mittelpersischen und dem Sanskrit sowohl in das Sogdische, Tocharische und Uigurische.

Dazu Buch IX, *Die Verabschiedung von Kashgar*.

Im Januar 2006, mehr als fünf Jahre nach der Reise durch Xinjiang, trete ich an Victor Mair heran mit meinem damaligen Gedanken, ob es sich bei den vom Vater des Rachias, des im Register des Buches über die Mumien nicht vorkommenden Singhalesen, hinter dem Himalaya angetroffenen Serern allenfalls um Tocharer gehandelt haben könnte. Sich einen Beitrag Samuel Liebermans in der Ausgabe von *Classical Philology* vom Juli 1957 in Erinnerung rufend, schreibt Mair, Liebermans Ausführungen, Plinius' Bericht und mein Gedanke beträfen im Prinzip ein und denselben Gegenstand – der jeweilige Wissensstand der Chinesen und Römer übereinander in den Jahrhunderten um die Zeitwende.
Plinius' Bericht fragt, laut Mair, zunächst danach, wer denn überhaupt die 'Serer' gewesen seien. Mair erachtet es gleichsam simplifizierend und irreführend, sie als 'Chinesen' zu bezeichnen, und zieht es vor, in diesen rothaarigen und blauäugigen Serern die Ureinwohner der Stadtstaaten des Tarim-Beckens zu sehen. Die Loskopplung von 'Serern' und 'Chinesen' wiederum hat laut Mair bedeutende Auswirkungen auf die Geschichte der Seide, handelt es sich schließlich bei den Serern um die von den Griechen und Römern im östlichen Asien angenommenen Produzenten dieses Materials. Fast untrennbar mit den Chinesen identifiziert, führe Seres, das Volk der Serer, in dieser Übereinkunft auch zum Verständnis des (von Aurel Stein 1921 unter Zusammenzug von Seres = China und Indien geprägten) Begriffs »Serindia«.
Mair denkt bei Plinius' rothaarigen und blauäugigen Serern weniger an die Vorfahren der historischen Tocharer, welche entlang des nordwestlichen Quadranten des Tarim-Beckens gesiedelt haben, sondern

Mumies gelangen beim Versuch, den nach hauptsächlichen Nekropolen vier unterschiedlichen Gruppen zugerechneten Mumien, spezifische ethnische Identitäten zuzuweisen – ohne dabei die komplette prähistorische Epoche von Xinjiang rekonstruieren zu wollen –, zum Schluß, daß die iranisch und tocharisch sprechenden *Trekker* im 2. Jahrtausend mit der Bevölkerung Westchinas in Kontakt gekommen sind und in der Folge den Shang, der frühesten historisch bezeugten chinesischen Dynastie (um 1558–1041 v. u. Z.), das erste Fahrzeug aristokratischer Kriegsführung, nämlich den aus dem vierrädrigen Gefährt Mesopotamiens (4. Jahrtausend) hervorgegangenen, um 2000 v. u. Z. in die Steppen zwischen Wolga und der Gegend östlich vom Ural einrollenden, mit zwei Speichenrädern ausgerüsteten, podestförmigen Streitwagen vermittelt haben. Nebst der bereits erwähnten Bronzemetallurgie sowie dem domestizierten Pferd zuvor aber schon den Weizen und das domestizierte Schaf.

Aufschluß über ihre materielle Kultur, ihre technischen und handwerklichen Fertigkeiten sowie über ihre spirituellen Vorstellungen gibt die Art und Weise der sorgfältigen Bestattung dieser Seßhaften. Nicht nur jener im Zug der Erforschung der Tarim-Mumien berühmt gewordenen wie der »Chärchän-Man«, die Partnerin des »Ur-David«, die drei »Witches of Subeshi«, das mit Stoffpuppe, Trinkhörnchen aus Rinderhorn und mutmaßlich aus einem Schafseuter hergestellter Saugflasche ausgerüstete, im Alter von acht bis zehn Monaten verstorbene und in doppellagigen Filz gewickelte weibliche »Baby Blue« sowie selbstverständlich die unterdessen politisch aufgeladene »Beauty of Krorän«. Von den Uiguren Xinjiangs ohne ernsthafte linguistische Evidenz, aber genetisch doch mit gewissem Recht eben zur 'Mutter der Nation' erhoben, hat man sie gefunden mit auf das Gesicht gelegtem gewobenem Weizenbeutel und einer Getreideschwinge.

Wären wir nicht schnöde an Ürümqi vorbeigefahren, könnten wir in den Vitrinen des dortigen Museums nebst den Mumien die eindrückliche Kollektion der Kleider der bestatteten Indoeuropäer betrachten.

Da gibt es voluminöse Mäntel aus grobem braunen Faden, teilweise mit integrierten Handschuhen; Kaftane aus Ziegenfell; im Hüftbereich mit weichen wärmenden Schnurgürteln zusammengehaltene Obergewänder; knielange, das Fell nach innen gekehrte Lederröcke sowie mit farbigen Bändern gegürtete, im Schottenmuster gewobene Wollkleider; wollene Hosen; knöchelhohe Mokassins und kurzschäftige Stiefel aus Leder; Schlüpfer mit angenähten Filzstrümpfen und Schuhe mit fein vernähten Sohlen aus Schaf- oder Hirschleder, das Fell nach unten gekehrt zum Schutz gegen den glühenden Sand. Auf den Köpfen der Toten sitzen mit Filzschichten wetterfest gemachte Wollhauben, federgeschmückte, kordelverzierte Filzmützen und solche mit Ohrenschutz, flauschige Bonnets, aber auch das gestrickte Barett – weltweit das älteste bekannte Objekt dieser Machart.

Nicht daß solche Stücke den Komfort von Seide hätten – schließlich sind sie harscherem Klima als das im Becken des Gelben Flusses und des Yangtze herschenden angepaßt –, aber zusammen mit den von ihren Trägern beherrschten Technologien legen sie doch Zeugnis ab von Leistungen der Zivilisation, die nicht nur Papier, Kompaß und Schießpulver hervorgebracht hat, sondern – unter Verwendung des westlichen Imports des Rads – auch den Schubkarren und den im Jahr 976 von Zhang Sixun zum Betrieb mechanischer Uhren von der Kettenpumpe übernommenen Kettenantrieb, der das 1818 in Paris erstmals ausgestellte Zweirad zum weltweit effektivsten auf Muskelkraft beruhenden Fortbewegungsmittel machen wird.

um eine bestimmte Gruppe von Iranern, wahrscheinlich sogar um die Vorfahren der Khotanesen, also der Saken, oder der Wusun, deren Name mit den Osseten in Verbindung gebracht werden könne, oder vielleicht auch um die Ahnen der Sogdier, jene im Mittelalter auf den Seidenstraßen allgegenwärtigen Kaufleute, deren Heimat, die Region von Samarkand, ja nur wenig westlich des Pamirs liege. Die Serer können laut Mair nicht wirklich Chinesen gewesen sein. Plinius muß sie aber als 'Chinesen' bezeichnet haben, weil sie nach seinen Kenntnissen eine Region bewohnen, welche Rom sich hinlänglich als chinesisch kontrolliert ansieht, wobei aber eben äußerst unklar ist, was genau die Römer über die politische Situation im östlichen Zentralasien wissen. Im weiteren weist Mair auf die Unsicherheit hin, ob die Serer tatsächlich Chinesen, also Han und deren Vorfahren im östlichen asiatischen Herzland gewesen sind, und schließt seine Antwort mit einer Bemerkung zu den lateinischen Worte »rutilis comis« und »caeruleis oculis«.

Rutulis oder *rutilus* soll dem Namen der Rutuli, einem antiken Volk Latinums zugrunde liegen. Im Fall der Augenfarbe wiederum erachtet Mair entsprechend dem englischen *cerulean* statt 'blau' 'himmelblau' angemessener; in der Bedeutung dem chinesischen *qing* 青 entsprechend himmelblau, blaugrün, cyan, also der Augenfarbe vieler Kasachen und Kirgisen, unter welchen dem heutigen Reisenden in Xinjiang öfters auch solche mit roter Haartracht begegnen, ganz zu schweigen von den solche Merkmale tragenden Uiguren.

Heute, da scheinbar gar nichts Chinas Ambitionen, eine unbestrittene globale Macht zu werden, bremsen kann, brilliert es vor allem als innovationsträger Hersteller im Ausland entwickelter Produkte wie auch als effizienter Kopist in sämtlichen Sektoren. Wobei dem Prozeß, der regelmäßig die Wachstumsvorgaben – Substitut moribunder Ideologie – übertrifft, die Balance der Umwelt mit nicht rückgängig zu machenden titanischen Interventionen geopfert wird, entlang des ganzen boomenden Küstengürtels wie auch im riesigen agrarischen Hinterland.

Aber bei alldem haben sich mutmaßlich im Vielvölkerstaat China die sozialen und ökonomischen Zustände – dazu gehören frühkapitalistische Methoden, die Entführung versklavter Schulkinder in Ziegeleien und in den Kohleminen der Tod von im Tagesdurchschnitt siebzehn Kumpeln – für die Bevölkerung (im Jahr 2000, Tibet, Hongkong und Macau eingerechnet, 1 275 593 624 *renmin*, Untertanen oder eine so viele Köpfe zählende *guangda qunzhong*, 'große Masse') im Gegensatz zu früheren Epochen insgesamt doch verbessert. Verglichen mit den 400–500 Millionen *min* (432 Millionen laut Volkszählung von 1851; »104 Millionen 69 tausend 254« nach Hermanns *Beiträgen zur Physik*, Berlin 1786; »[...] über 25 Millionen und zweimal hunderttausend steuernde Ackerleute« laut J. G. Herder, *Ideen zur Philosophie der Geschichte der Menschheit*, 1784, übernommen von Leontiews Auszug aus der *Sinesischen Reichsgeographie* in Büschings *hist. und geogr. Magazin*), das heißt 'Bürger' oder 'Untertanen', welche die unter ihrem angenommenen dynastischen Namen Qing regierenden Mandschu, in den Augen der beherrschten Chinesen von 'barbarischer' Abstammung, als Chinas letzte Dynastie ins 19. und 20. Jahrhundert führen muß. Und zwar unter anderem aus zahlreichen, zweifellos mit Seuchen einhergehenden Umweltkatastrophen. Und aus dem Schlamassel der zwischen Gansu und Kashgar lodernden Revolten der Dongan, Ausdruck islamischer Wiedererweckung wie auch der Reaktion auf wirschaftliche und finanzielle Ausblutung dieser von Chinesen abstammenden Muslime infolge des imperialen Projekts der Pazifizierung der Dsungarei – *de facto* die Auslöschung deren Bevölkerung durch Massaker sowie bewusst eingesetzte oder eingeschleppte Pocken. Herauszuführen haben die Mandschu das chinesische Volk aber auch aus den Wirren nach dem von Wang-Lun angeführten Aufstand taoistischer Geheimgesellschaften des Jahres 1774 – ein von Alfred Döblin verarbeiteter Stoff (*Die drei Sprünge des Wang-lun*, 1915) – als Verfolgungen der kaiserlichen Armeen die sich vom operettenhaften Getue der Priester und dem Bilderkram abwendenden, allein das sichtbare Universum als Tempel sowie die natürlichen Erscheinungen als Gottheiten verehrenden und vom Hof deswegen als ketzerisch und staatsgefährdend angesehenen Sekten dezimieren, bloß zwei Jahre vor Thomas Jeffersons Niederschrift der *Declaration of Independence of The United States of America* des 4. Juli 1776 und dem Beginn der von den Qing ins Werk gesetzten, bis zum französischen Revolutionsjahr 1789 dauernden 'literarischen Inquisition' zur Vernichtung sämtlicher Bücher alten und neuen Schrifttums, welche auch nur andeutungsweise das je nach Interpretation auf sie selbst, die ethnischen Mandschu, hinweisende Wort 'Barbaren' enthalten.

Zweifellos geht es der Allgemeinheit in China heute auch besser als zur Zeit der mongolischstämmigen Yuan-Dynastie (1280–1367), unter welcher auf den Grabsteinen nestorianischer Christen auf dem Friedhof der Residenz in Cambaluc, in Beijing, in syrischer Schrift von Kirchenstiftungen die Rede ist und der persische Geograph Jamal ad-Din im Jahr 1286 Qubilai Khan (1279–1294), der nach seinem Machtantritt 1279 die Einführung von Papiergeld als einziges gültiges Zahlungsmittel erzwingt, eine illustrierte Geographie überbringt. Diese Allgemeinheit dürfte rund 100 Millionen 'unsichtbare' *liang min* – der Wortbedeutung nach 'gute Leute' – umfaßt haben, unsichtbar, da nicht von Interesse für die Hofhistoriker, solange es »um die Dinge ungewöhnlich gut oder ungewöhnlich schlecht steht« (W. J. F. Jenner, *The Tyranny of History. The Roots of China's Crises*, 1992). Sichtbar hingegen für das Auge der Kunst, welche winzige Stellvertreter der Bevölkerung pflügend oder meditierend in ihren Rollbildern unterbringt. Das vor allem natürlich als die Malerei blüht unter den Song (960–1279), der Dynastie, die ihre Astronomen unter dem glänzenden Stab des berühmten Observatoriums der mongolischen Il-Khane im persischen Tabriz weiß und anläßlich der Belagerung Baghdads im Jahr 1258 einen ihrer Generäle unter den Kommandanten der Streitkräfte von Hulagu, Dschingis Khans Enkel. Womit gegeben ist, daß sich nach der Eroberung Baghdads die islamische Kunst auf Bilder zu besinnen beginnt. Denn als Träger fernöstlicher, vor allem chinesischer visueller Kultur fordern die Il-Khane nach Annahme des islamischen Glaubens von den neu Unterworfenen eine umgekehrte kulturelle Anstrengung, mit dem Resultat, daß die Bilderzählung der islamischen Buchmalerei sich nicht der Begegnung mit abendländischer Kunst verdankt.

Als Zeitpunkt für einen Vergleich, wenn allgemeine Lebensumstände überhaupt über eine Elle geschlagen werden können, mag auch die Epoche vor und nach 1127 herhalten. Hypothetische 110–120 Millionen haben damals allerlei Umbrüche zu gewärtigen. Denn es ist dies das Jahr, als die Song vor den Jin in den Süden des Yangtze flüchten, der nach Zentralasien ausgewanderte Kitan-Adel dort das sinisierte Reich der Kara-Khitai oder Westlichen Liao gründet und die Mongolen das westlich der großen Schleife des Gelben Flußes liegende Reich eines treuen Vasallen der Song, der tangutischen Xixia überrennen.

Geräumt, und zwar seit fast einem Jahrhundert schon, ist in Dunhuang aufgrund der lang befürchteten und im Jahr 1036 tatsächlich erfolgten Eroberung der Pilger- und Karawanenstadt durch diese Xixia sowie vor deren Restaurierung der »Höhlen der tausend Buddhas« das gesamte System der Mogao-Grotten und in ein Geheimversteck verbracht Zehntausende von Sutren und Manuskripten.

Die dramatische Aktion, von Yasushi Inoue (*Dunhuang*, 1959; englisch 1978) zu einem Roman verarbeitet, ist der Auftakt des Verschwindens der Handschriften, die während der gesamten Zeitspanne der chinesischen Geschichte von den Ming (1364–1644) abwärts bis in die Epoche unmittelbar vor den Nördlichen Wei (386–534) entstanden sind – bis genau ins Jahr 366, als im Auftrag eines frommen Pilgers, welcher die Aufforderung des durch die Vision von tausend Buddhas erleuchteten Mönchs Le Zun befolgend erstmals ein Höhlenschrein von einem lokalen Künstler mit Fresken ausmalen läßt, unter denen alsbald die Übersetzer ans Werk gehen, um den Chinesen zu erschliessen, was an buddhistischen Schriften auf dem System der Seidenstraßen von Indien über die Gebirge ins 'Reich der Mitte' gelangt.

Am 21. Mai 1907, mehr als anderthalb Jahrtausende nach der Eröffnung der Mogao-Grotten, überläßt der Abt Wang Yuan-Lu Aurel Stein ein paar hundert der in ihrem Versteck vergessenen Manuskripte zum Preis von 130 Pfund, ein Erlös, der es ihm erlaubt, ein paar dringende Instandstellungen in Auftrag zu geben. Aurel Steins Ladung in Chinesisch, Sanskrit, Sogdisch, Tibetisch, Runen-Turkisch und Uigurisch verfaßter Dokumente füllt vierundzwanzig Kisten. Bald versorgt aus dem schwarzen Loch, später bekannt als Höhle 17, Wang, der umtriebige Hausmeister von Mogao und Hüter der »Tausend Buddhas«, auch andere akademische Plünderer – unter ihnen Paul Pelliot, Graf Kozui Otani und S. F. Oldenburg – mit großen Mengen von Manuskripten. Darunter befinden sich feinste Zeichnungen auf extrem dünner Seide und zum Teil sehr starkem Papier aus der mittleren Zeit

der Tang, äußerst seltene Zeugnisse, da damals eine Welle von antiklerikalem Furor das Reich heimsucht und an die vierzigtausend buddhistische Tempel und Schreine zerstört werden – ein kaiserzeitliches Rasen, das an den »Roten Terror« der »Großen Proletarischen Kulturrevolution« der Jahre 1966–1969 denken läßt. Dunhuang befindet sich seit 781 aber glücklicherweise unter Kontrolle der Tibeter. Und diese schützen den Höhlenkomplex am Mingsha-Berg vor der Katastrophe, während einer solchen dann im Verlauf der »Großen Proletarischen Kulturrevolution« ihre eigene Kultur ausgesetzt sein wird.

Eine Konsequenz des 1958 lancierten, in landesweiter Hungersnot und allgemeiner wirtschaftlicher Krise endenden, aber die notwendigen heroischen Opfer bedingenden »Großen Sprungs nach vorn«, kann die der KPCh aus den Händen geratene Kulturrevolution vielleicht auch als Ausdruck einer nicht abzuwerfenden wiederkehrenden Bürde aus Chinas vielen Vergangenheiten aufgefaßt werden.

Entlang der mit Blick auf die inneren Verhältnisse des Kaiserreiches rückwärts beschrittenen Zeitachse bleibt von solchen Kalamitäten nicht verschont auch die von den Tang verantwortete klassische Epoche. Grund sind einerseits die im Dezember 755 vom sogdischen Grenzgeneral An Lushan (Rokshan) in der Provinz Hebei losgetretene, nach ihm bezeichnete und bis 763 andauernde Rebellion, andererseits die

der abgeschlossenen arabischen Eroberung von *Xi Yu* folgenden Wirren, als in den
›Westlichen Regionen‹ nach der Schlacht am Talas auch die Ära des Tang-Generals
Gao Xianzhi, von den Arabern respektvoll *Sahib gibal as-Sin*,
'Herr der Berge Chinas', genannt, zu Ende geht.

Dazu Buch I, *Poeten, Pilger und andere Vorstöße*.

In diesem politisch heiklen Moment ist aber dennoch Wirklichkeit geworden,
was vergleichbar bereits unter den Han-Kaisern Wudi (140–86 v. u. Z.) und Mingdi
(58–76 v. u. Z.), als sich die chinesisch-konfuzianische, die indisch-buddhistische und
die antik-stoische Welt so weit genähert haben, hätte eintreten können – die gegenseitigen Berührung der bedeutendsten Mächte der entsprechenden Epoche am Kaspischen Meer und der daraus resultierende direkte Austausch zwischen ihren Bewohnern. Chinesische Papierarbeiter, Weber, Goldschmiede und Maler leben nämlich
zu der Zeit in Kufa, in der den Schiiten heiligen heutigen Stadt Kerbela südwestlich
von Baghdad, während im Tarim-Becken im Jahr 762 der regierende Khan, Oberhaupt der den Fernhandel dominierenden Uiguren, zum Manichäismus konvertiert, dessen Jünger aus Mesopotamien
die nestorianische Kirchensprache nach
Innerasien importiert haben. Da ma-
nichäische religiöse Vorstellungen buddhistische und christliche Entlehnungen beinhalten, sind in den Augen der
Muslime die Anhänger dieses Glaubens
Träger einer Buchreligion und dürfen
deshalb, genau wie Christen und Juden,
mit Toleranz rechnen.

Anders ist die Situation im arabischen Mawarannahr, nördlich des Oxus
zur Zeit der vom Abbasiden-Kalifen
Harun ar-Rashid (786–809) – bei seinem
Tod im Jahr 193 n. d. H. (809) hinterläßt
er eintausend chinesische Steinzeugge-
fäße – initiierten Bekehrung zum Islam.
In Sogdien stößt diese nämlich auf bud-
dhistisch geführten Widerstand, so daß
ar-Rashids zweiter Nachfolger Al-Mamun (813–833) zum religiösen Streitge-
spräch nach Merv zwar Christen, Juden
und Zoroastrier bittet – die den Geld-

Sohn eines parthischen Nobelmanns und möglicherweise einer
christlichen oder jüdischen Mutter ist der am 14. April 216 im
Süden Mesopotamiens geborene Mani nach Jesus der erste große
Prophet einer neuen Religion. Bis zum vierundzwanzigsten Lebensjahr lebt er in einer christlichen Täufergemeinschaft, auf die der
1970 bekanntgewordene Kölner Mani-Kodex ein Licht wirft.
Mani übernimmt von den Glaubensinhalten der Täufergesellschaft
die Betonung des Weltgerichts, die Vorstellung der zyklischen Wiederkehr der Propheten sowie die Idee der beseelten Natur. Paulus
folgend, verwirft er indessen den Ritualismus der Täufergemeinden.
Nach seiner Trennung von diesen und einem kurzen Aufenthalt in
Indien wirkt Mani ab 241/242 im Reich der Sasaniden. Gefördert
durch einflußreiche Kreise am Hof von Shapur I. (241/243–273)
kann Mani seine Religion nicht nur in Persien verbreiten, sondern
Missionare bis nach Syrien und Ägypten und in das Gebiet des
heutigen Turkmenistans entsenden. Zoroastrische Anlehnungen der
manichäischen Religion rufen in Persien eine gegen Mani gerichtete
Opposition hervor, die unter Bahram I. ungehemmt losbricht. In
deren Verlauf gerät Mani in Gefangenschaft, in der er im Jahr 276
oder 277 verstirbt.
Albert von le Coq, der zwischen 1902 und 1914 im Auftrag des *Berliner Museums für Völkerkunde* Expeditionen nach Chinesisch-Turkestan
unternimmt, stößt im Lauf seiner Plünderung der buddhistischen
Höhlen in Chotscho auf Fresken mit der Darstellung von Mani.
Aus dem Ertrag seiner Reisen veröffentlicht er Faksimiles manich-
äischer Miniaturen und zwischen 1911 und 1922 das dreiteilige
Werk *Türkische Manichaica aus Chotscho*.

handel kontrollierenden iranischen Einwanderer –, nicht aber die Anhänger des Buddhismus, mittlerweile die Religion in ganz China und Tibet.

Aus dieser bis Mitte des 9. Jahrhunderts dauernden prekären Phase der Duldung bricht dann die gewaltsame Durchsetzung des Islam durch die Araber hervor. Nach der Auslöschung der sogdischen Fürstentümer erfolgt unter den aus der Erbteilung des Kalifats hervorgegangenen persischen Tahiriden (820–873) die Vernichtung sogdischer Literatur und nichtislamischer Kunst. Ebensolches trägt sich während der Dynastie der Saffariden zu, die 861 vom abbasidischen Söldner Yakub bin al-Laith al-Saffar etabliert wird, dem 'Kupferschmied'. Hauptziel von dessen Furor ist nebst der Tahiriden-Hauptstadt Neyshabur und dem afghanischen Herat das buddhistische Zentrum Bamiyan. Im Lauf der erstmaligen in religiösem Fanatismus

Dazu Buch VIII, *Die Lücke im Stein.*

veranstalteten Zerstörung und Plünderung dieses Ortes kommt es mutmaßlich auch zum Abtransport der goldenen Maske des kolossalen Buddha als Tribut an den Kalifen in Baghdad.

An den Tigris zieht unter den die Tahiriden ablösenden und mit der Sicherung der Nordgrenze des Kalifats befaßten sunnitischen Samaniden (819–999), deren Hauptstadt Buchara ist, ein aus den heidnischen Steppenvölkern genährter Strom von Sklaven. Einem von ihnen ist eine glänzende Karriere als Sklavenoffizier beschieden. Sozusagen aus dem Nichts betritt Alptigin die Geschichte, mit dem Vorsatz, als semiautonomer Fürst an der afghanisch-indischen Grenze im *Jihad* Verdienst zu erwerben. Südlich von Kabul legt er bald den Grundstein für das unter seinen Nachfolgern Abu Ischaq, Bilgetin und Piri konsolidierte sunnitische Reich der Ghaznaviden (977–1186). Sebütkin besteigt als erster dessen Thron. Als treuer Vasall des Samaniden-Emirs wird er im Jahr 994 für die Hilfe in einer Armeerevolte unter anderen Gebieten mit den Stadthalterschaften von Balkh, Tocharistan und Bamiyan belohnt. Drei Jahre später rückt als Herrscher sein Sohn Mahmud nach, der Oberkommandierende in Khorasan und dann, als Sultan von Ghazni, spendabler Förderer des aus Mawarannahr verschleppten al-Biruni, der am 20. Oktober 1025 am Hof zu Ghazni die *Geodäsie, Bestimmung der Grenzen der Orte zur Berichtigung der Entfernung der Wohnsitze* vollendet. Sein Großreich jedoch machen Mahmud bald die an den Flüssen Chu und Talas beheimateten, aus einer Stammesföderation hervorgehenden Karakhaniden (999–1211) so erfolgreich streitig, daß sich ihre Macht um das Jahr 1000 über den Tian Shan bis in den Westteil des Tarim-Beckens hinein erstreckt. Die Samaniden gehen zur gleichen Zeit in verworrenen Nachfolgekämpfen unter, während die Seldschuken ihre Heimat am Mündungsgebiet des Syr Darya in den Aral-See verlassen, den Oxus überschreiten und nach Westasien vordringen, in den Raum, wo es zur Begegnung mit den Heerhaufen der Kreuzfahrerstaaten kommt und den diese anführenden zänkischen päpstlichen Legaten ... – damit aber hat die ausgeworfene Bahn auch Afghanistan tangiert, genauer jenes der Taliban und die ghaznavidischen

Dazu Buch VIII, *Besuch in Lashkargah.*

Sommerresidenz Lashkargah, vor knapp zwei Monaten Ziel eines Abstechers auf dem Weg von Kandahar nach Herat.

Den darin befindlichen Palast hat al-Birunis Förderer verbotenerweise mit Fresken schmücken lassen, die ihn an die verzückten figürlichen Elfenbeinschnitzereien am Wintersitz in Ghazni erinnern und die bis ins Detail jenen der Residenzen der sunnitischen türkischstämmigen Fürsten im westchinesischen Turfan gleichen. Die Leibwächter, die den Sultan auf den Fresken des Thronsaals umgeben, tragen Kaftane aus Seide mit eingewebtem Muster oder byzantinischen Brokat mit aufgestickten Ornamenten. Bei den Dargestellten handelt es sich um Angehörige nomadischer, im Gebiet des Ili beheimateter Stämme. Die ihnen verpaßte Gewandung entspricht zwar der des lokalen Adels, wird aber als Tracht auch in den vornehmen Kreisen des byzantinischen Kleinasiens und in Europa getragen. Sie beweist die Fernverbreitung nicht nur chinesischer Seide, sondern auch anderer Luxuswaren und ist ein Hinweis auf die wirtschaftliche Kraft Innerasiens, zu dessen bedeutsamsten damaligen Exporten der in Zand bei Buchara produzierte Seidenstoff *zandaniji* ist. Gerühmt für seinen großen Farbreichtum, erregen auch seine neuartigen Muster, darunter häufig die Darstellung des Lebensbaums, die Kundschaft, und zwar im Westen wie auch in China.

Im Reich der Tang (618–907) steht aber wie bereits gesagt nicht alles zum besten und schon gar nicht im Randgebiet des Tarim-Beckens. Von dort fliehen zwischen 654 und 676, geängstigt durch den sich andeutenden arabischen Vormarsch, viele vornehme Familien auf der Nordostroute der Seidenstraße durch die mongolischen Steppen und die koreanische Halbinsel nach Japan. Dort, in Naga, finden ihre Erlebnisse Eingang in eine in Sogdisch abgefaßte Chronik, was belegt, daß das System der Fernstraßen eben auch eines der Kommunikation ist. Und zwar ungeachtet dessen, ob es sich um die für anliegende nomadische Gesellschaften vitalen, da mit verläßlicher Regelmäßigkeit Bedarfsgüter vermittelnden, für die Reiche der Seßhaften jedoch marginalen Nord-Süd-Achsen handelt, oder um die von letzteren taxbaren, für die Nomaden infolge unregelmäßiger Konjunktur aber eher nebensächlichen Ost-West-Achsen des Luxusgüterverkehrs.

Dazu Buch I, *Poeten, Pilger und andere Vorstöße.*

Von den Tang entlang der Zeitachse weiter zurückblickend, gewahrt man im kaiserzeitlichen China weiterhin nicht minder Schwindelerregendes, das zur Vermutung Anlaß gibt, in der Gegenwart würde in diesem Land trotz bedenklichen Nebeneffekten der ungeheuren Entwicklung insgesamt doch besser verfahren. Lapidar heißt es da in einer Zeittafel der Epoche der Sui:

»587: Bau von Großen Mauern im Norden und eines Kanals in der Region von Yangzhou. Die Sui setzten den Späteren Liang ein Ende.«

»584: Bau eines 160 km langen Kanals zwischen Chang'an und Tongguan«.

Als ob der Bau von Wasserstraßen, wie auch die Errichtung neuer Abschnitte des 'längsten Friedhofs der Erde', der Großen Mauer, nicht Hände voraussetzen und die Zerstörung eines Reiches keine bitteren Hungersnöte, keine gewaltigen Flüchtlingsströme verursachen würde.

Keine solchen Kalamitäten in der heutigen Volksrepublik – wie erwähnt, aus Japan stammende, in Südkorea und Taiwan erstmals weiterverarbeitete Vorprodukte fertigstellendes und das Fertiggestellte nach Europa und Amerika lieferndes Billiglohnland, dessen Bruttosozialprodukt im Jahrzehnt nach 1990 um über 200 % angestiegen ist (jenes Deutschlands im selben Zeitraum um 38 %), das unaufhaltsam dem von der KPCh gesteckten allgemeinen »bescheidenen Wohlstand«, beziffert mit einem BSP von 400 Dollar, entgegenstrebt und in absehbarer Zeit die USA als größten Empfänger von Direktinvestitionen überholen dürfte.

Im Welthandelssystem der kosmopolitischen Tang, vor allem unter Xuanzong (712–756) und vor ihm in der Ära Taizong (626–649), der für die Entsendung einer Prinzessin als Braut eines westtürkischen Khans von jenem fünf Oasen im Tarim-Becken erhält und die zentralasiatischen Reiche chinesischer Souveränität unterwirft, ist China vor allem potenter Importeur aller weltweit verfügbaren Exotica. Zimt und Sandelholz aus Java und von den Sunda-Inseln; auf den 'Galeonen der Südlichen Meere' und jenen der ›Westlichen Regionen‹ nach Guangzhou verschiffte persische Datteln; über die Karawanenstraßen transportierter Safran aus Indien und Buchara, Wasserlilien aus Kashmir und das Blut des Gibbons, schon von den mit den Han rege Kontakte pflegenden westlichen *Hu* zum Färben von Stoffen benutzt, während die Lippen der Kreatur als Delikatesse gelten. Diese Güter wie überhaupt das Allermeiste der Einfuhren erquicken selbstverständlich allein die Palast-Aristokratie. Mützen aus Leopardenfell, Zwergmenschen aus Sumatra und Samarkand, konfuzianische Moral wegen nachgesagter Frivolität als Bestechungsgeschenk erschütternde, aber sonst wohl kaum verabscheute, von den indisierten Fürstentümern Turkestans herübergeschickte Tänzerinnen und Musikantinnen, gezähmte vietnamesische Nashörner und andere ergötzliche Fauna kennt man jedoch nicht außerhalb der Mauern des Hofes. Dort verläuft der Tag gemäß dem Zyklus des Unumgänglichen. Aspirierende Beamte fallen durch die kaiserlichen Examen. Mehrere hunderttausend Familien sind gezwungen, aus dem Tal des Wei überzusiedeln, in das von den Nördlichen Wei (386–534) nach einem, jenen von Chang'an, später der Welt größte prämoderne Metropole, vorwegnehmenden Plan erbaute Luoyang (691) – das erinnert an an die Verpflanzung ganzer Städte im Zusammenhang mit dem Drei-Schluchten-Staudamm in jüngster Zeit.

Und dann marschieren auch wieder Kolonnen ab zur Großen Mauer – 200 000 Mann im Jahr 608 –, dem *work in progress*, in dessen Chronik kaum je das Einzelschicksal eines Gewöhnlichen auftaucht. Hingegen kommt es dazu, wo einer seine Stimme erheben darf – zum Beispiel unter den Liang (502–556), in der Periode der Südlichen und Nördlichen Dynastien (420–589), als unter bürgerkriegsähnlichen

Verhältnissen Yu Xin, ein höfischer Dichter des Südens, bei den Westlichen Wei (534–556) in lebenslange Gefangenschaft gerät (554). Im Ackerbau aber, dem einzigen Produktivzweig des Reiches und unabdingbar für dessen finanzielle Festigkeit, verrecken die Bauern, von denen nie genug große Massen möglichst viel Land unter den Pflug zu bringen haben, während gleichzeitig die mit einer Verminderung der Steuereinnahmen einhergehende Bildung von Latifundien verhindert wird. Der einsame Wachposten im äußersten Westen kann derweilen nur hoffen, die tatarische Stute finde nachts den Weg nicht über die Grenze. Umgekehrt aber gelangen chinesische Münzen an die Küste Ostafrikas. Und zwei Wagemutigen – nach Theophanes (760–817/18) um 582 ein Perser, nach Prokopios von Caesarea im Jahr 552 zwei Mönche – gelingt es, das mit der Todesstrafe geahndete chinesische Exportverbot der Seide zu unterlaufen, und zwar durch den Schmuggel von Eiern des Seidenspinners *(Bombyx mori)* und den Samen des Weißen Maulbeerbaumes *(Morus alba)* nach Byzanz, was Kaiser Justinian I. (527–565) ermöglicht, in Konstantinopel einer von zentralasiatischen Sogdiern angeführten Gesandtschaft nicht nur Seidenmanufakturen, sondern auch deren Erzeugnisse vorzuführen.

In der wahrscheinlich erst posthum veröffentlichten Darstellung der von Laster, Intrigen und Grausamkeit gekennzeichneten Regentschaft Justinians I. kommt der spätantike byzantinische Historiker Prokop zu Beginn von Kapitel VIII auf des Kaisers Habgier und Verschwendungssucht zu sprechen, wobei auch die Hunnen, mutmaßlich identisch mit den Xiongnu der Chinesen, ins Blickfeld geraten:

»Das alles war Justinians Werk, der die ganze Welt in Unordnung brachte. Sobald er die Herrschaft seines Oheims übernommen hatte, ging sein Streben darauf aus — er hatte ja nun die Macht —, die öffentlichen Gelder wahllos zu verschleudern. Den immer wieder beschenkten Hunnen gab er sehr viele Schätze des Staates wegen preis, und das hatte zur Folge, daß das Römerreich zahlreichen Einfällen ausgesetzt war. Denn nachdem diese Barbaren den römischen Reichtum einmal gekostet hatten, konnten sie nicht mehr vom Weg lassen, der dazu führte.«
(Prokopius, *Geheimgeschichte*, 6. Jahrhundert)

Wenn auch erwartbar, muß der Verlust des Monopols ein schwerer Schlag gewesen sein. Ob für das Selbstverständnis mehr als für die Außenhandelsbilanz, kann ich nicht beurteilen. Ohnehin kommt mir auf diesem Gang durch die chinesische Geschichte – vorgenommen in der mehr als hundert Meter unter dem Meeresspiegel situierten Turfan-Senke, an der tiefsten Stelle des Landes, also in einem Sammelbecken – zuweilen der Gedanke, aus dem alten China dringe deshalb nichts Erfreuliches an das Ohr, da solches weder der Rede noch der Aufzeichnung für wert befunden worden ist. Denn weiter ist auch vom Ende des ersten Drittels der Jüngeren Eisenzeit an (200 v. u. Z.–400 n. u. Z.) zunächst nur Beunruhigendes zu berichten.

Eine Agrarkrise und Überschwemmungen am Unterlauf des Huang He, des Gelben Flusses, führen um das Jahr 170 zum taoistisch inspirierten religiös-sozialen Aufstand der 'Gelben Turbane', *Huang jin*. Generäle sollen der 360 000 bewaffneten, in militärisch organisierten Sekten zusammengeschlossenen landsuchenden, entwurzelten Bauern und ehemaligen militärischen Kolonisten des Westens Herr werden. An der Spitze der durch Günstlingswirtschaft, Cliquenbildung und Eunuchenregime ausgehöhlten Zentralregierung stehend, handelt es sich bei den Abkommandierten, unter ihnen der aus Gansu stammende, bei der Plünderung Luoyangs die Archive der Han zerstörende Abenteurer Dong Zhuo, samt und sonders *Warlords*, eine üble Soldateska, die dem nur noch nominell exisitierenden Reich der Spätern oder Östlichen Han (25–220) unter den 'schlechten Kaisern' Huandi (146–168), Lingdi (168–189) sowie der Shakespeare-Gestalt Xiandi (189–220) die Macht aus den Händen nimmt. Aber den mit dem Untergang der Han verbundenen Beginn des chinesischen 'Mittelalters' (200–600) – ab dem Jahr 190 sind bereits die Verbindungen nach Zentralasien gekappt – hat vielleicht bereits im Jahr 151 der Einfall der Xiongnu in Hami angekündigt, einer im Osten der Turfan-Senke gelegenen Station der Nordroute der Seidenstraße, sowie ein Erdbeben und Heuschreckenplagen zwei Jahre danach.

In dieser dunklen Epoche, fern im Westen des von einer Epidemie heimgesuchten Luoyang – als es in dieser Stadt zur Gründung der Dynastie der Westlichen Jin (265–316) kommt und im gleichen Jahr 265 zur Übersendung von Pferden aus

Dazu Buch III, *Schuhe und Pferde*.

Fergana und Kangju (das Gebiet um Tashkent und Talas am Mittellauf des Syr Darya) an den Staat Wei – wird in Niya im Süden der Taklamakan ein aristokratisches Tocharer-Paar bestattet, dessen einander leicht zugeneigte Gesichter man mit aufeinander abgestimmten gemusterten Seidentüchern bedeckt.

In seinem letzten Regierungsjahr wird Wendi (220–226), dem ersten Kaiser der Periode der mit den Wei beginnenden 'Drei Reiche' (220–280) ein syrischer Kaufmann vorgeführt, den ein Hofbeamter nach Da Qin, in die römische Provinz Syrien zurückbegleiten soll. Dem König des fernen Landes soll er auf Rat des Syrers je zehn männliche und weibliche Zwerge schenken. Der Beamte verstirbt unterwegs. Damit scheitert nach der Aussendung von Gan Ying im Jahr 97 n. u. Z. auch der zweite in den chinesischen Chroniken verzeichnete Versuch einer Kontaktnahme auf höchster Ebene, zum Zweck der Etablierung direkten Güterverkehrs unter Ausschaltung der den Zwischenhandel beherrschenden persischen Parther.

Mehr als ein Jahrhundert zuvor, im Jahr 130, dürfte durch Niya eine von Yarkand an den Hof von Luoyang abbestellte Gesandtschaft gekommen sein, aber vielleicht auch der dorthin geschickte Sohn des Königs von Kashgar. Ebenso in Niya Station machen könnten die vom zweitletzten parthischen Herrscher Vologaeses VI. (mutmaßlich 207/208–222/ 223 oder 228) übersandten syrischen Gaukler und Musiker, die am Tag des chinesischen Neujahrs des Jahres 121 vor dem Han-Kaiser Andi (106–125) auftreten. Yarkand wiederum muß zu der Zeit eine der Oasen sein an der Versorgungslinie der Han, möglicherweise bei ihrer Offensive des Jahres 124 gegen die hartnäckigen Xiongnu. Als nomadischer Feind sind diese Nachfolger der Xianbei, die zuletzt Angriffe vortragen im Jahr 101, exakt dem Datum, als eine Gesandtschaft aus dem persischen Parthien nach China einige Löwen überbringt.

Die Nachkommen der in der Mittel- und Spätbronzezeit eingewanderten Westler haben unterdessen entlang des Unterlaufs des Tarim, kurz bevor dieser in den wandernden und heute verlandeten See Lop Nur mündet, blühende Oasenstädte errichtet – Käwrigul, Xiaohe und Loulan. Ihre Toten begraben sie in mehrphasig benutzten Nekropolen. Über einer soll sich im Lauf von zwei Jahrtausenden eine bis auf die heutigen Tage statische Düne gebildet haben. Dorthin vorgestoßene Wissenschaftler berichten von tausend gedrängten und sich überlagernden Bestattungen. Über den Toten müssen zwei auf ihren Längskanten stehende gewölbte Pappelbohlen gegeneinandergelehnt sein, und die Enden dieser 'Bootsärge' Pflöcke markieren. Die verbliebene Öffnung soll mit quergelegten Pappelbrettchen abgedeckt und über diese wiederum Rinderfelle gelegt worden sein. Vor den Männerbestattungen stecken, wird berichtet, bis zu drei Meter hohe Paddel mit schwarz bemaltem Blatt im Sand, vor jenen der Frauen solche mit rotgefärbter, quergeriefter Stange. Zuweilen manifestiere sich vor Frauenbestattungen Geschlechtersymbolik auch deutlicher, und zwar in Form von polygonalen, spitz zulaufenden, am oberen Ende rot bemalten und mit Schnur umwickelte Pfosten, an denen auch noch Strohgebinde befestigt seien – in den weißen Wüstenhimmel ragende Phalli. Bei den Toten, von denen nicht allen das Privileg natürlicher Mumifizierung zugefallen sei, handle es sich ausnahmslos um Rückenstrecker, deren Kopf gegen Osten liege.

Diese toten Tocharer haben etliche Geheimnisse für sich behalten. Angenommen wird, die Bewohner ihrer Städte seien mit den Auswirkungen der durch die von den Westlichen Han betriebenen Reichseinigung beförderten Etablierung der nomadischen Föderation der Xiongnu konfrontiert gewesen. Trotzdem hätten sie in dieser Situation an den beiden Dialekten ihrer tocharischen Sprache festhalten können, sogar noch etwas später in einem von den Tang mit einer zur Loyalität verpflichteten Dynastie ausgestatteten, inmitten einer 'turko-mongolischen See' situierten Königreich.

In dieses kommt, und zwar gegen dessen Ende hin, der Pilger Xuan Zang im Jahr 630 auf seiner langen Reise nach Indien. Auf den Fresken der buddhistischen Höhlenschreine gewahrt er glaubenseifrige koreanische Mönche. Er mag auch staunen über die künstlerische Wiedergabe – später als »hinduistische Geschmeidigkeit, hellenistische Eleganz und chinesische Anmut« (René Gernet, *Die Reise nach Westen*, 1986) beschrieben – der »letzten Spätantiken«, denen der mit dem Fuchsschwanz in den Höhlen von Kyzyl und Bäzäklik fuhrwerkende und in der Nacht vor Erregung über seine Arbeit, nicht wegen dem Chinesenschnaps aus Kucha, von »erhöhter Temperatur« befallene preußische Plünderer Albert von le Coq (*Ergebnisse der Kgl. preußischen Turfan-Expeditionen 1922–1926*) zu Leibe rückt. Diesen »Spätantiken« wird der Pilger im Lauf seiner Durchreise ebensowenig begegnet sein, wie den persisch anmutenden Rittern, hingegen gewiß barttragenden, rothaarigen und blauäugigen (europäisch anmutenden) Typen in westlicher Kleidung. Genau in solcher, wie auch in ihrem Gehabe wird ihn, Xuan Zang selbst, später ein auf Seide gemaltes Porträt in Dunhuang darstellen – genauso selbstverständlich, wie es im ersten Drittel des 7. Jahrhunderts infolge der Verbindungen westtürkischer Khanate mit Konstantinopel auf den Fresken der spirituellen Zentren im Tarim zum Rückgriff auf hellenistische Elemente kommt. Womit den Religionsstifter vom Ganges das gefältelte Gewand der einst unter der Akropolis versammelten Philosophen kleidet und sakische Fürsten auf den Fresken Samarkands byzantinisches Ornat.

Bis in die Zeit um 800, als die aus Nordosten eingewanderten Uiguren in den Oasenstädten bereits die Mehrheit der Bevölkerung stellen, kann sich die Sprache der aus dem Westen eingewanderten (Proto-)Tocharer halten, die Xuan Zang anläßlich seines durch religiöse Disputationen vermiesten Aufenthalts in Kucha hört. Dann dominiert vorübergehend Turki als Umgangssprache, bis sie das Tocharisch allmählich verdrängt, so daß es nur noch in der buddhistischen Liturgie verwendet und schließlich zugunsten des Uigurisch ganz aufgegeben wird, von einer Bevölkerung, die zum Islam übertritt.

Dazu Buch V, Werkstraße.

Alles das vor dem Hintergrund der Landschaft, deren Bewohnbarkeit vom damals noch perennierenden Tarim abhängt.

Im Osten des Lop Nur, wohin sich der Tarim durchschlägt, frißt unterdessen der Wüstenwind an den Mauern des ›Jade-Tors‹, bei deren Konstruktion man aus den Salzsümpfen herangeschafftes Schilf zu Bündeln verzurrt und diese zwischen die gebrannten und mehrlagig hintereinander geschichteten Lehmziegel geschoben hat. (Einen solchen hat Herr Gao Fengshan entfernt.)

Zur Zeit des Westlichen Han (206 v. u. Z.–23 n. u. Z.) bezeichnet der einsame Würfel des Forts mitten in der Einöde nicht nur den letzten Brunnen, sondern die Zollstelle vor der Gabelung der vom Hexi-Korridor heraufkommenden Seidenstraße in zwei die Taklamakan im Norden und Süden umgehenden Äste. Das Fort ist der Kontrollpunkt, wo die stationierten Grenzer keinen aus Chang'an anrückenden Kaufmann an sich vorbeilassen, besitzt er nicht die erforderliche offizielle Genehmigung für die Weiterreise in die ›Westlichen Regionen‹.

Unnötig ist die Maßnahme der Grenzer im Fall der kundschafterischen Mission Gan Yings, die ihn nach Anxi, das Land der persischen Parther, und von dort über Tiaozhi, Susiana und Charakene in Mesopotamien und von da über weitere Gewässer nach Da Qin, nach Rom führen soll.

Den Auftrag gefaßt hat der Adjutant im Jahr 97 n. u. Z. von Ban Zhao (32–102 n. u. Z.), seit dem Jahr 91 Kolonialadministrator und aufgrund seiner gegen die Nomaden errungenen Erfolge verantwortlicher *Duhu, Generalprotektor*, der ›Westlichen Regionen‹ und zudem ausgezeichnet mit dem Ehrentitel ›Marquis, der ferne Gebiete stabilisiert‹. Gan

In diesem Jahr erreicht die Gesamtmenge der an die westlichen Nomadenreiche verschenkten Seide den Wert von 74 800 000 Münzeinheiten. Laut Schätzungen sollen die jährlichen Einkünfte des Reiches zwischen dem 1. Jh. v. u. Z. und um 150 n. u. Z. ungefähr 10 Milliarden Goldeinheiten erreicht haben, die privaten kaiserlichen Einkünfte von 8 Milliarden nicht eingerechnet. Drei bis vier dieser 10 Milliarden wurden für friedenssichernde Geschenke an

Yings scheint seiner kolossalen Aufgabe indessen nicht ganz gewachsen gewesen zu sein. Der abschließende Kommentar (Abschnitt 28) des *Hou Hanshu* – wie er innerlich von Fan Ye (398–445) unter Verwendung von Stücken der ursprünglichen Version der *Geschichte der Westlichen Han*, des *Hanshu*, sowie des *Shiji* zur *Offiziellen Geschichte der Östlichen oder Späteren Han* kompiliert – würdigt Gan Yings Leistung, auf der 40 000 *li* (zirka 16 600 km) langen Strecke zwischen Yumenguan und Da Qin nichts unerforscht gelassen zu haben, ergänzt indessen und in Übereinstimmung mit Abschnitt 10, daß der Adjutant indessen Da Qin, womit mehr als seine Hauptstadt die syrische Provinz des von Militärstraßen durchzogenen Imperium Romanum gemeint ist, bloß »aus der Ferne betrachtet« habe, und zwar in »Tiaozhi nahe einem großen Meer«. Gan Ying ist mutmaßlich also höchstens bis in das semiautonome arabische Königreich (gegründet um 130–127 v.u.Z.) gelangt, das als parthischer Verbündeter in den fraglichen Jahren (98–117) mit Trajan Krieg führt. In der auch von Susa benutzten und die Mündung des Tigris kontrollierenden Hafenstadt Carax Spasinou (Plinius, *Naturkunde*, VI, 31, 136) muß der Chinese von Seeleuten beunruhigende Auskunft erhalten haben, als er seinen Plan, nach Rom zu gehen, vorbringt. Zu verübeln ist dem Gesandten nicht, daß er seine kundschafterische Mission abbricht und aus der Geschichte verschwindet, schließlich hat man ihm mitgeteilt, er müsse mit einer dreimonatigen Hin- und Rückreise rechnen.

Geführt hätte der Weg Gan Ying durch den Persischen Golf in die Arabische See, von dort an Jemen vorbei in das Rote Meer und nach der Überquerung der ägyptischen Landbrücke schießlich in das Mittelmeer und an die syrische Küste. Und wäre der Adjutant tatsächlich nach Rom gekommen, in die Hauptstadt des Reiches, von dem das *Hou Hanshu* aus anderer Quelle bereits weiß, daß eine sechsunddreißigköpfige Regierung sämtliche Staatsgeschäfte verhandelt und, da kein permanenter Regent vorgesehen ist, immer den Fähigsten unter ihnen in diese Funktion wählt, der im Fall von Kalamitäten sofort die Schuld auf sich nimmt und sich ohne Widerrede absetzen läßt, dann hätte er im Inneren der im Umfang hundert *li*, über vierzig Kilometer, messenden Metropole vielleicht einen der fünf bekannten Paläste betreten, hätte die Gedecke aus Kristall gesehen und auch überprüfen können, was das *Hou Hanshu* weiß, ob nämlich die Säulen der Hallen tatsächlich aus demselben Material geschaffen sind. Durch die Straßen flanierend wiederum hätte Gan Ying bezeugen können, daß Bittsteller kleine Zettel in Säcke werfen, welche dem königlichen Fahrwagen folgende Träger aufhalten und daß sich unter von Sorgen Geplagten allerdings kaum eine der in abgeschirmten Sänften oder weiß bedachten Einspännern transportierten milchhäutigen Damen befinden. Diesen, hätte Gan Ying vielleicht vermutet, ständen gewiß andere Zugänge offen, um ihre Anliegen durchzusetzen oder auf den

fremde Völker ausgegeben. Dieser immensen Abschöpfung chinesischer Reichtümer standen gesteigerte handwerkliche Produktion, aber auch eine allgemeine Schwächung der Wirtschaft gegenüber, sie wirkte aber auch als Stimulanz auf den transkontinentalen Fernhandel der Seidenstraßen.

Gang der Regierung Einfluß zu nehmen. Weiter hätte der Chinese die Bestätigung finden können, daß die in dieser Stadt beliebten bestickten Gewänder nicht, wie oft gesagt wird, aus Baumwolle, sondern aus Seide hergestellt sind. Und nicht zuletzt hätte er sich eine eigene Meinung bilden können, ob die großgewachsenen, köpfescherenden Bewohner des Reichs Da Qin tatsächlich ehrlich und deshalb, zumindest sagt man ihnen das zu Hause in China nach, den Chinesen ähnlich sind. Daraus wiederum hätte Gan Ying ableiten können, ob in der chinesischen Heimat – infolge der Auszehrung durch die langen Bürgerkriege beträgt deren Bevölkerung Jahr 57 n. u. Z. bloß noch 21 Millionen, am Westrand erstarken wie gesehen die Xiongnu, und mit Ausnahme von Yarkand lösen sich die Tributärstaaten aus der Bindung an die Han – die Respekt bezeugende Bezeichnung Da Qin, wörtlich 'Groß-China', zu Recht auf das Römische Reich angewendet wird oder ob sie die tatsächlichen dort herrschenden Verhältnisse wie auch die Ressourcen Roms verkennt.

Postscriptum I:

»In der nächsten Senatssitzung wurde vieles gegen den Luxus in der Bürgerschaft gesagt, und zwar vom Konsular Q. Haterius und dem ehemaligen Prätor Octavius Fronto; und man beschloß, es dürfe kein Geschirr aus massivem Gold zum Auftragen der Speisen hergestellt werden, und die Männer sollten sich nicht durch das Tragen von Kleidung aus serischer Seide entehren.«

(Tacitus, *Annalen*, II, 33, 1)

Postscriptum II (Januar 2006):

Wenn die Trockenmumien des Tarim heute zuweilen als Überreste von *Hu*-Barbaren wahrgenommen werden, dann erscheint das als übersteigertes Echo des Epilogs des *Hou Hanshu*, der deren Wildheit mit mangelnder Religiosität verknüpft – »Weit weg sind die Westlichen Hu / in einer Außenzone des Himmels. / Die Ware ihrer Länder ist schön und kostbar, / Ausschweifend und frivol ihr Charakter. / Weder befolgen sie die Riten Chinas / Noch besitzt jemand die kanonischen Schriften. Falls verborgen ihnen der Weg der Götter bliebe, / Was sollt' es sie kümmern, was schränkte sie ein?«

Die Einschätzung, wonach Plinius kein Schwätzer gewesen ist oder der singhalesische Besucher Roms nicht Quatsch verbreitet hat, erhärtet ein Kommentar von Yan Shigu (581–645), hervorgetreten durch seine Beschäftigung mit dem *Shiji*. Für ihn sind des Römers blauäugige, rotbärtige *Hu*-Barbaren 'zentralasiatische Barbaren', Angehörige der Wusun (wie erinnerlich die Issedonen oder Serer westlicher Quellen), und gleichen bestimmten Affen, nämlich den *mihou*.

Ein befreundeter Sinologe, Rodo Pfister, weist nachdrücklich darauf hin, daß dieser Vergleich nicht *a priori* abfällig zu verstehen sei. Daß darin eher das Staunen des Kommentators mitschwingt, der Unbekanntes mit Bekanntem vergleicht – in diesem Fall eben mit den *mihou*, dem Rhesus-Affen aus der Gattung der Makaken, verbreitet zwischen Südostchina und Indien sowie in einem Korridor im nordwestindisch-pakistanischen Grenzgebiet, aber nicht weiter westlich. Aufgrund der ihm vorliegenden Textstelle – *zhuang lei mi hou zhe* – vertritt Pfister entschieden die Ansicht, die Unbekannten seien für Yan Shigu keineswegs umgehend 'Barbaren' im Sinn von 'Nicht-Menschen'. Nein, eine solche Wertung, kann Yan Shigu nicht untergeschoben werden. Mit *zhuang* würde der 'äußere Aspekt', 'das Aussehen' angesprochen, während *lei* etwa mit 'nach der Art' wiedergegeben werden kann. Deshalb sei die Bemerkung des Kommentators eindeutig nicht im Sinn zu lesen von 'wie Rhesusaffen', was im Chinesischen *ru mi hou* heißen müßte. Der Kommentar, einer von unzähligen, sage somit also zuerst einmal etwas aus über das Auge Yan Shigus, und dieses sehe *Hu*-Männer mit blaugrünen Augen und rötlichem Barthaar, die Körpermerkmale eben, welche unter allen in Westgebieten auftretenden Rong – im weitesten Sinn auf Nomadenvölker bezogenes Ethnonym – die Wusun zu den am besten unterscheidbaren machen würden.

Begegnungen entlang der Nordroute

Lun Nan, 18. Mai 2001. — Bevor die Gespenster der Seidenstraße erwachen, machen wir uns über die Ausfallstraßen davon. Umkurven Besen schwingende, vermummte Gestalten in Leuchtwesten und sind nach ein paar großzügigen Kreiseln mit taoistischen Kletterfelsen aus Zement draußen in der Wüste. Von jetzt an geht es nur noch aufwärts, aus der Depression hinaus.

In unserem Rücken liegen »die große schneebedeckte Massenerhebung Bogda-Oola; die Solfatare von Urumtsi, welche Schwefel und Salmiak *(nao-scha)* liefert, in einer steinkohlereichen Gegend ...« (Alexander von Humboldt, *Ansichten der Natur*, 1849); vor uns der östlichste, zur Wüste Gobi hin auslaufende Sporn des Tian Shan.

Das ist alles anderes als ein unproblematisches Gebilde, wie frühere Reisende erfahren haben, unter ihnen der Han-General Dou Xian. Von Humboldt weiß durch Julius oder Jules de Klapproth (*Tableaux historiques de l'Asie*, 1823) und der wiederum von den chinesischen Chronisten, daß dieser Heerführer, als er im Jahr 89 n.u.Z. den von den Quellen des kasachischen Irtysch durch die Dsungarei bis Kucha und Karashar vorgedrungenen Xiongnu nachsetzt, die »Feuerberge [sah], deren Steinmassen schmelzen und viel *li* weit fließen«. Dou Xian dürfte eine Aktivität des Vulkan Bishbalik östlich von Turfan festgestellt haben, weniger als eine des Pe-Shan, der weiter westlich unserer Route und tiefer drinnen im Tian Shan liegt.

Ulrich, der *NZZ*-Korrespondent für China, ist mit mir einig, daß wir auf jener Route ins Tarim-Becken hinüberwollen, die, soweit das im Gebirge möglich ist, der Eisenbahn folgt, also eher der vormals von Nikolai Michailowitsch Przhe-valsky (1839–1888) bereisten Strecken als jener des umtriebigen Schweden Sven Hedin (1865–1952).

Dieser hat im Februar und März 1934 viel Ärger gehabt auf einer bereits seit 1928 geplanten Reise von Ürümqi nach Chinesisch-Turkestan.

Nicht nur geriet die Kolonne seiner Lastwagen zwischen die Fronten eines Kriegs, der zwischen dem in Turfan liegenden Donganen-*Warlord* Ma und dem Anführer der turkischen Rebellen, Hoja Nias Haji, entbrannt ist, sondern er nähert sich bei der Durchquerung des östlichsten Ausläufers des Tian Shan »der Grenze des Möglichen für die Kraftwagen, aber gerade hier [muß er] durch, denn es führt kein anderer Weg nach Ostturkestan«. (*Die Flucht des Großen Pferds*, 1935). Grund für die Verbissenheit Hedins, der Löcher füllen, Eisschollen einebnen, zwischen den Doppelreifen festgeklemmte scharfkantige Steine entfernen, bedenkenlos über den am Boden liegenden Telegraphendraht fahren und in der Toksun-Schlucht »an einer ekelhaft schmalen Stelle zwischen zwei Riesenblöcken« die *Ford*, drei Vierzylinder Jg. 1932 und ein ihm von *Fords* Präsidenten Edsel geschenkter Achtzylinder Jg. 1933, vorbeibringen muß, ist vielleicht nicht nur die Erwartung der Guomindang-Regierung in Nanjing, die von der Expedition Aufschluß will über die Tauglichkeit der Seidenstraße als Autostraße, sondern unter Umständen auch gesichtswahrender Ehrgeiz des mit den Nationalsozialisten Korrespondierenden, der im Innersten Asiens, fern der sich in Europa anbahnenden Katastrophe, angetreten ist gegen den Vertreter einer anderen Superiorität beanspruchenden Kulturnation. Deshalb ruft Hedin aus: »Es muß auch uns glücken«, wo Citroëns Expedition (mit Autochenilles des Typs *Croisière Jaune*, Militärversionen auch für zivile Zwecke gebauter Halbketten-fahrzeuge) unter Georges-Marie Haardt durchgekommen ist. Das war Anfang 1932, »aber diese führte Dynamit mit sich und sprengte die größten Blöcke, die ihr im Weg lagen; so brachten sie ihre Autos hindurch. Seitdem haben die chinesischen Behörden den Weg unterhalten. Als wir hier ankamen, war er daher in ganz gutem Zustand.«

Eineinhalb Jahre nach Hedin, im November 1935, ist in diplomatischer Mission Sir Eric Teichman auf demselben Weg unterwegs von Beijing nach Kashgar. Unter den benutzten Fahrzeugen befindet sich Hedins von einem britischen Zwischenbesitzer übernommener *Edsel*, und kurz hinter dem zerstörten Teehaus und der Quelle von Arghai Bulak, auf dem heikelsten Stück zwischen Ürümqi und Kashgar, hat Teichmann Grund, die getroffene Entscheidung zu verfluchen, denn das Gefährt bricht zusammen und muß aufgegeben werden. Der Zwischenfall erinnert Teichmann an die Schilderung von Sir Francis Younghusband (*The Heart of the Continent. A Narrative of Travels in Manchuria, across the Gobi Desert, the Himalayas, the Pamirs, and Chitral*, 1896), der im Jahr 1887 durch die Toksun-Schlucht gekommen ist, mit einem *cart*, worunter man sich wahrscheinlich ein von Packtieren gezogenes Fuhrwerk vorzustellen hat,

Dazu Buch IX, *Schrottstraße II*.

jedenfalls ein Verkehrsmittel, das einen Tag gebraucht hat, um die einhalb Meilen zurückzulegen, denn Geröllawinen haben Younghusbands Weg und den Fluß blockiert – »the place apparently looked much the same fifty years earlier« (Eric Teichman, *Journey to Turkestan*, 1937).

Uns steht kein Vergleich zur Verfügung. Die Straße ist in exzellentem Zustand, und Verdruß könnte höchstens bereiten, daß das Handy nicht funktioniert an der tiefen Stelle im Gebirge, wo von rechts Przhevalskys »kaum wahrnehmbarer Fußpfad« durch die engen, steilen und von Gesteinstrümmern übersäten Schluchten des Chabzagai-Gol und des Balgantai-Gol auf das nach Korla hinunterführende Tal stößt.

Im Herbst 1876, am nördlichen Abhang des Tian Shan wurde vom russischen Zoologen, den die Sankt Petersburger Akademie der Wissenschaften den »ersten Erforscher der organischen Welt Zentralasiens« genannt hat, »mehr als ein Dutzend hervorragende Exemplare [Wild] erlegt, darunter zwei Pamir-Widder. Diese herrliche Schafart, die nur in den Hochländern Mittelasiens vorkommt ...« (*Ot Kul'dzi za Tjan'-San'i na Lob-Nor*, Moskau 1877; dt.: *Hanhai. Von Kuldscha über den Tianschan und zum Lob-nor*, Leipzig 1952). Aber nach der Fauna des Tian Shan, nach all den Maralhirschen und braunen Bären, den Schwärmen von Turkestanfinken, den Gänse- und Kuttengeiern, den Königshühnern und Mauerläufern beschäftigt Prshewalski in diesem Moment nur noch das Geheimnis des nomadisierenden Lop Nur. Trotz Schikanen der abkommandierten Führer Jakub Begs, des lokalen Herrschers, und den absichtlich irreleitenden Angaben der avisierten ansässigen Bevölkerung, gelingt es Przhevalsky, im Versickerungsgebiet des Tarim und des Kük-ala-Darya hinter einem ausgedehnten Schilfmoor den elliptisch geformten seichten Morast-See zu finden und mindesten in der Hälfte der Länge mit dem Boot zu befahren.

Im Februar und März 1877 erforscht Przhevalsky das den See umgebende Leben. Der unmittelbar daran siedelnde »Kara-Koschuner« trägt Jacke und Hose aus der Faser des Kendyr-Seidenstrauchs; im Winter darunter mit Salz gegerbte Entenbälge, und weil es keine Decken gibt, schützt ihn die Jacke auch im Schlaf. Flaum und Federn von Enten sind ein Luxus in den Behausungen, wo der Russe bis in den März hinein unter dem Schilfboden Eis vorfinden muß, was dazu führt, daß der »Kara-Koschuner«, um nicht zuviel Körperwärme zu verlieren, sich zusammenrollt und mitunter auch mit angezogenen Armen und Beinen auf dem Bauch liegt – genau so legen sich in der Anwesenheit des Forschers fünf seiner Ruderer schlafen, »dicht aneinander wie eine Gruppe von Tieren.« Brot und Hammel essen die »Kara-Koschuner« aus dem einfachen Grund nicht, weil es nicht zur Verfügung steht, und kommt einmal Mehl aus Qarkiliq, röstet man es am Feuer und ißt es so. Der »Lop-Nurer« hingegen ißt vorwiegend Fisch, im Sommer frisch gefangenen und im Winter gedörrten, wobei erst beim Verzehr die Entfernung der Schuppen erfolgt. Das Inventar des Lop-Nurers, urteilt Prshewalski wohlwollend, ist ansehnlich, besitzt er doch nicht nur zwei Boote und ein Netz, sondern bisweilen eine in Korla beschaffte gußeiserne Schale, eine Axt, zwei Holztassen, eine Holzschüssel, eine Schöpfkelle und dazu einen Eimer, beides selbst gefertigt aus dem knorrigen Holz der Togrukpappel. Der Hausherr hat Messer und Rasiermesser. Die Frau besitzt einige Nähnadeln, einen Webstuhl und eine Spindel. Die Axt klassiert der Forscher als Muster frühester Eisenzeit, hat sie doch noch nicht einmal eine Öffnung für den Stiel, der seitlich in das obere umgebogene Keilende eingelegt werden muß. Von allen Gegenständen nimmt Prshewalski Exemplare für seine Sammlung, und zwar bevor er sich dem »Kara-Koschuner« zuwendet. Der ist »nicht nur körperlich schwach und an materiellen Gütern arm, sondern auch geistig arm. Die ganze Welt seiner Begriffe und Wünsche reicht nicht über den engen Rahmen seiner Umgebung hinaus.« Deshalb ist es nur folgerichtig, daß dieser, von allen äußeren Einflüssen abgeschottete Unglückliche weder zu einer geistigen noch sittlichen Weiterentwicklung fähig ist, daß der ewige Kampf gegen Not, Hunger und Kälte »seinem Charakter den Stempel der Apathie aufgedrückt« hat und er ein mürrisches, so gut wie nie lachendes Wesen besitzt; eines, das nur im Ausnahmefall bis hundert zählen kann, aber »in den Fragen des Alltags« – gewiß dort, wo sie die Bedürfnisse des Forschers tangiert haben dürften – »schlau und verschlagen genug« ist. Dem ersten westlichen Eindringling in den Habitat des Lop Nur bleibt bei seiner geographischen Erforschung, denn um die geht es Przhevalsky vor allem, wirklich nichts erspart: »Unterwegs reitet diese ganze Bande voraus, jagt Hasen mit Falken und singt Lieder. An den Übernachtungsstellen versammeln sich mit den Besuchern stets bis zu zwanzig Mann. Fünfmal am Tag werden aus vollem Halse Gebete gebrüllt. Daß man unter solchen Umständen nicht nur kein Tier erlegen kann, sondern es nicht einmal zu Gesicht bekommt, ist klar.«

Behinderungen und Mißtrauen hat Przhevalsky allerdings schon zuvor erdulden müssen, denn keiner sieht Gutes in seiner Aufnahme des Geländes sowie in seinem Blick durch das Visier der Bussole, und niemand versteht, daß er, anstatt besiedeltes Gebiet anzustreben, ausgerechnet zum Lop Nur will.

Wäre eintausendzweihundert Jahre zuvor Xuan Zang am Lop Nur vorbeigekommen, hätte er, abgesehen vom muslimischen Gebet, im Wesentlichen kaum andere Verhältnisse angetroffen als der russische Forschungsreisende. Gewiß hätte auch er festgestellt, daß sich bei den Ansässigen viel Heidnisches erhalten hat, wie etwa die Bestattung der Toten, denen eine Hälfte der Netze mitgegeben wird, während den Hinterbliebenen der Rest zufällt, daß eines der beiden im Leben benutzten Boote als untere Sarghälfte dient, das andere als Deckel und die Bestattung auf kurzen Stützen in einer flachen, mit Erde überschütteten Mulde ruht.

Aber Xuan Zang hat in Dunhuang den vernünftigeren Weg über Hami nach Turfan eingeschlagen, wo er im Dezember des Jahres 630 am Hof von Qu Wentai, des Königs von Gaochang, eingetroffen ist, einem Freund der Tang, welche diesem eine eigene Dynastie gestattet und ihn in den kaiserlichen Clan aufgenommen haben, in Erwartung entsprechender Huldigung. Der Fürst aber blockierte voll Undank und mit Unterstützung der Horden der Turk den Chinesen die Seidenstraße zwischen Chang'an und Kashgarien und besiegelte damit sein Schicksal eigenhändig.

Von Turfan hat Xuan Zang, im Vorbeigehen den Blick zu den ›Flammenden Bergen‹ von Gochang werfend, dann die Route Hedins und Teichmanns genommen, die an Karashahr vorbeiführt, dem Ort, an dem dann Benedict Goës im Dezember 1605 von den aus Cambaluc zurückkehrenden sarazenischen Händlern Kunde von Matteo Riccis Anwesenheit am Hof der Qing erhalten wird.

Dazu in diesem Buch *Zwei Missionare am Tor und der gefrorene See.*

Karashahr ist das heutige Yanqi und der Ort, wo Ulrich einmal mehr feststellt, wie gut es ist, bei der Behörde in Beijing nicht angemeldete Reisen ins Hinterland zu unternehmen, denn in der Hauptstadt wäre er nie auf die Idee gekommen, daß man am Rand der zweitgrößten Wüste der Welt surfen kann. Wir fahren jedoch an der zum Bosten-See weisenden Tafel vorbei und auch an Korla, das schon aus der Ferne wie ein kleines Ürümqi wirkt. Xuan Zang, den es zum westlich von Kucha liegenden Komplex der Tausend-Buddha-Höhlen und weiter nach Aksu zieht, von wo er über den Tian Shan zum Issyk Kul hinüberwill, verabschieden wir in Luntai, denn hier zweigen wir von der Seidenstraße in südlicher Richtung ab nach Lun Nan, der Siedlung der Ölsucher und damit dem Tor des ›Trans-Taklamakan-Highway‹.

Auf dem ›Oil-Highway‹ durch die Taklamakan

Niya, 19. Mai 2001. — Es ist beeindruckend, wie umstandslos frühere Reisende vorankommen. Das kann nicht daran liegen, daß sie mehr Muße oder es weniger dringlich gehabt haben. Vielleicht ist das Erreichen des Ziels einfach so unsicher und das unterwegs Angetroffene so ungeheuerlich gewesen, das Fassungslosigkeit die zutreffendste Form des Ausdrucks gewesen ist. Zum anderen dürfte ein Grund vielleicht der sein, daß es beim Niedergeschriebenen vielfach nicht um den Verfasser ging, sondern ausschließlich um den Gegenstand.

Ein solches Beispiel ist Yelü Chucai, der Verfasser des *Xiyou lu.*

»Im Frühling, im dritten Monat des Jahres 1218, verließ er [Yelü Chucai] Yunzhong, überquerte den Tian Shan, durchmaß die große Steinwüste *(da qi)* und ging über die Sandwüste *(sha mo)* hinaus, um schließlich das Lager [von Dschingis Khan] zu erreichen.« *(Aufzeichnungen einer West-Reise, 1219–1224)*

In einem Satz von Yunzhong (heute: Datong) über den Tian Shan, durch die 'große Steinwüste' und die 'Sandwüste' ins mongolische Heerlager — gerade recht-

Aus dem Bericht von Yelü Chucai, dem aus vornehmem Liao-Ge-schlecht stammenden und von Dschingis Khan mit dem Aufbau einer funktionierenden Bürokratie betrauten Beamten, geht nicht hervor, wo sich das Lager seines Dienstherrn befindet.

Die erwähnte Überschreitung des Tian Shan deutet zunächst dar-auf hin, daß mit der Stein-, respektive der Sandwüste das Gebiet um den Syr Darya gemeint sein könnte, also der Nordosten Choresmi-ens. Dort aber kann sich Dschingis Khans Lager zu dem von Yelü Chucai angegebenen Zeitpunkt noch gar nicht befunden haben. Zum Straffeldzug gegen den Stadthalter des am Syr Darya gelegenen Otrar für das von diesem im Jahr 1217 an der mongolischen gefüh-ren Handelskarawane begangene Massaker und zur Verfolgung von Sultan Muhammad, dessen Herrn, kommt es nämlich erst 1219.

Das Lager muß sich in der Dsungarei befunden haben, und zwar ganz einfach aus dem Grund, weil der im Frühjahr 1218 im viel weit östlicher, noch jenseits des Ordos liegenden Datong aufbre-chende Yelü Chucai mindestens ein Jahr gebraucht haben dürfte, um Dschingis Khan und dem Heer nachzurücken, das jener im Altai, auf den Weidegründen zwischen den Flüssen Kara Irtysh und Kobuk, zum Feldzug nach Westen versammelt.

Beim Tian Shan, den der Beamte auf seiner Reise überschreitet, wird es sich demnach um den vom Hauptzug des 'Himmelsgebirges' ab-gesetzten und zeitweilen auch Tian Shan genannten Boghda Shan handeln und bei den erwähnten Wüsten um die aus Halbwüste und Flächen von Treibsand bestehenden Trockenräume des Dsungari-schen Beckens, das im Norden an den Altai stößt.

Jinshan kann Metall- oder Goldberg bedeuten, was auf die bekann-ten Erzlager am Altai hinweist. Auch eine andere Schreibweise des Altai, nämlich Altyn, heißt übersetzt 'Goldberge'.

Unter der Voraussetzung, daß mit dem Jinshan der Altai gemeint ist, müßte es sich beim erwähnten Gewässer um den Zaysan-See handeln. Bishbalik liegt am Nordfuß des Boghda Shan, an der Stelle des heu-tigen Jimsar (ca. 170 km östlich von Ürümqi). Unter den Tang ist es eine Präfektur und ab 702 Sitz eines Protektorats und der mili-tärischen Kommission. Danach ist Bishbalik bis Mitte des 9. Jahr-hunderts Hauptstadt einer Föderation fünf uigurischer Städte, ent-sprechend dem Turki-Wort 'Fünf Städte' oder 'Pentapolis'. Unter dem Namen Bishbalik ist die Stadt auch während der *Pax mongolica* bekannt, und westlich von ihr liegt Luntai, dessen Lage dem heuti-gen Ürümqi entsprechen dürfte.

Beim zweiten See dürfte es sich um den wenig östlich von Korla gelegenen Bosten-Hu handeln. In seiner Nähe liegt auch Yanqi, der alte Stadtstaat Qarashahr.

zeitig für den im Herbst 1219 beginnen-den choresmischen Feldzug.

Aber kurz hält sich Yelü Chucai auch nach der Einleitung. Sagt nur, im folgenden Jahr 1219 sei ein großes Heer nach Westen verlegt worden. Über den Jinshan, wo noch mitten im Sommer Schnee und Eis gelegen hätten und die Armee gezwungen gewesen wäre, einen Weg durch das Eis freizuhacken. Daß dort Pinien und *kui*-Bäume scheinbar zum Himmel wachsen würden, und alle Gewässer westlich des Jinshan nach We-sten abflössen in einen See; daß südlich des Jinshan Bishbalik liege, eine Stadt der Uiguren, mit einer Tafel aus der Zeit der Tang-Dynastie, welche besage, zu der Zeit sei die Militärkommandantur *Han hai* dort gewesen. Ferner, daß ein See da sei mit einer von zahlreichen Vö-geln besuchten Insel, und westlich von Bishbalik, in einer Entfernung von 200 *li*, *Luntai xian*, der Kreis Luntai wo eine zweite Tafel der Tang aufzufinden sei.

Aus zwei Gründen ist es notwen-dig, Yelü Chucais Text bis zu dieser Stelle zu folgen.

Erstens betrifft sie die alternative Nordroute der Seidenstraße – also nicht den von Hedin, Teichmann sowie ge-stern von uns benutzten, zur nördlichen Taklamakan-Route führenden Weg –, die von Hami aus nicht nach Turfan geht, sondern im Rücken des Boghda Shan am Südrand der Dsungarischen Senke über den hochgelegenen Sairam-See nach Almalik hinüberführt und von dort in das Siebenstromland des Balkash-See hinaus. Diese Route ist die des taoisti-schen Mönchs Chang Chun, der sich im Jahr 1221 in das Lager Dschingis Khans im

Hindu Kush begibt, und es ist kein Zufall, daß er den Weg nimmt, der auch Yelü Chucai vertraut sein muß. Der zweite Grund ist Yelü Chucais Erwähnung von Luntai, die zunächst verwirrt.

Wenn dieser Ort an der Stelle des heutigen Ürümqi liegt – Karten zu den Verhältnissen im Mongolenreich zur Zeit der Reisen von de Pian del Carpini (1245–1247) und William von Rubruck (1252–1255) an des Großkhans Hof in Karakorum lassen darauf schließen –, kann er nicht identisch sein mit jenem Luntai, wo wir gestern Xuan Zang haben ziehen lassen. Folglich ist letzteres, von uns durchfahrenes Luntai ein zweites Luntai; zur Zeit der Mongolen, weit abseits deren transkontinentaler Poststraße liegend, vielleicht ein verlassener Ort, zur Zeit der Ming aber bekannt unter diesem Namen oder auch als Tarbugur, das sich im heutigen alternativ benutzten Bügür erhalten hat. Zur Zeit der Han hingegen ist Luntai als *Xiyu duhufu* bezeichnet, ist also administrativer Sitz des Protektorats der ›Westlichen Regionen‹ und liegt auf neuen Karten über die geographischen Verhältnisse der Han-Zeit im Westen an einem Fluß namens Luntai, besser bekannt als Tarim – also an dem zum Lop Nur mäandernden, sterbenden Gewässer, das wir heute morgen überquert haben auf dem Weg nach Hadadong, dem nördlichen Ausgangspunkt der 500 Kilometer langen Wüstentransversale, des ›Oil-Highway‹, der nach Niya hinunterführt und zur Südroute der Seidenstraße.

Weil wir nun auf gesichertem Weg unterwegs sind, wo jedes Ausscheren ausgeschlossen ist, weil es fatale Folgen zeitigen würde, lassen wir die Gedanken fliegen.

Wollten wir auf die am Morgen gestellte Frage nach dem Verhältnis von Reisedistanz und benötigter Wortmenge zu ihrer Bezeichnung zurückkommen, auf Yelü Chucais einzigen, aber mindestens 3000 Kilometer umklammernden Satz, und die auf uns zutreffende Entsprechung suchen, kämen wir vielleicht auf das Folgende:

»Im Jahr 2001, im Frühling, im fünften Monat, verließ der Fotograf Luntai, durchquerte die zweitgrößte Sandwüste der Erde und das 'Schwarze Gebirge' und erreichte die Kaserne General Musharrafs« – mindestens 2500 Kilometer in einem Satz, vom Tarim zum Indus, von Luntai nach Islamabad.

Ulrich wiederum würde sagen: *»Im Jahr 2001, im Frühling, im fünften Monat, verließ der Autor Luntai, durchquerte die zweitgrößte Sandwüste der Erde, ritt auf Flügeln von Shule nach Cambaluc und traf dort ein im Palast von Generalsekretär Jiang Zemin«* – mindestens 5000 Kilometer in einem Satz.

Dabei denkt Ulrich gar nicht in solchen Verkürzungen, nein, er hat eine ausladende Sache im Sinn. Bereits in der ›Dsungarischen Pforte‹ hat er mir Stücke aus dem Manuskript vorgelesen. Ulrich trägt nämlich ein Buch im Kopf (Ulrich Schmid, *Aschemenschen*, Frankfurt a. M. 2006), und weil er versichern will, daß es während dieser Reise immer festere Gestalt annimmt, rennt er in die Wüste hinaus, wenn wir anhalten – beunruhigt, wir kämen auf dem fadengraden schwarzen Asphaltband zu schnell durch den Glutofen, oder um nachzuprüfen ob der Fahrtwind tatsächlich genauso heiß ist wie die Hitze draußen –, klettert auf Dünen, verschwindet hinter ihnen und findet seine Sätze dort, wo spätestens seit dem Ende des 19. Jahrhunderts Forscher nach Dandan Oilik, Endere, Loulan, Miran und anderen versunkenen Städten und frühbuddhistischen Pilgerzentren der Seidenstraße suchen, nach dort hinterlassenen administrativen Aufzeichnungen aus der Zeit der Han und später, abgefaßt in Chinesisch, indischem Kharoshthi-Prakrit und zuweilen auch in der auf einem ostpersischen Dialekt gründenden khotanesischen Kursivschrift, und zwar nicht nur auf Holz und Leder, sondern auch auf Papier, nach frühbuddhistischen Schreinen mit Wandmalereien indischer, sogdischer und zoroastrischer Gottheiten und neuerdings systematisch auch nach den Nekropolen der (Proto-)Tocharer und von diesen hinterlassenen, für zentrale Auskünfte über die damaligen Lebensbedingungen aufschlußreichen Müllhalden.

Einer dieser in der Epoche Kaiser Wudis (140–87 v. u. Z.) sechsunddreißig den Han als »umwallte Stadtstaaten der Westlichen Regionen« bekannten Siedlungsplätze, und nicht der am wenigsten gerühmte, ist Niya. Was von Niya übriggeblieben ist, liegt nicht weit ab von der Ölstraße. Das weiß der Kasache, den es aus einer Grenzecke Chinas in das Herz der Taklamakan verschlagen hat, um das ziemlich genau nach der Hälfte der trostlosen Strecke aufgetauchte Teehaus zu führen. Aber um nach Niya zu kommen, braucht es besonders ausgerüstete Lastwagen, sagt der Wirt, und für das allerletzte Stück dann noch das Kamel. Das ist alles im modernen Niya zu beschaffen, und wir werden uns erkundigen. Das Ölfeld, Grund für das Vorhandensein des Teehauses, ist dem Fahrer aus Ürümqi, der uns am Ausgang der ›Dsungarischen Pforte‹ abgeholt hat und nach Kashgar bringen soll, bekannt. Der Bohrturm liegt am Ende der Straße, die beim Kasachen von der Ölstraße abzweigt. Eine Struktur, dünn wie ein Sendemast, im Meer zwei-, dreihundert Meter hoher Dünen. Daß diese rundherum den Horizont erreichen, versteht sich von selbst. Die Anlage ist umzäumt, im Gegensatz zur Versuchsbohrung, die wir am Morgen, vielleicht eine Stunde nachdem die letzte Togrukpappeln zurückgetreten und auch die tollkühnsten Saxaul-Sträucher verschwunden sind, aufgesucht haben. Hinter ihrem Lager aus Bauwagen ist Ulrich zum ersten Mal die Dünen hinaufgerannt.

Nach zehn Stunden haben wir den südlichen Rand der Wüste erreicht, welche vor zweitausend Jahren die Han, als ihre Annalen insgesamt sechs gangbare Transversalen verzeichnen, unter dem Namen *Liu Shan*, 'Wandernde Sande' gekannt haben, während ihr heutiger, aus dem Turki stammender Name *Taklamakan* bedeutet 'Hineingehen ohne herauszukommen', also soviel wie 'Wüste ohne Wiederkehr'. Durch eine Zone Ödland, wo pflanzliches Leben wieder möglich ist, aber dennoch nichts Richtiges gedeiht, kommen wir gegen Abend dann auf die südliche der beiden um die Wüste laufenden Routen der Seidenstraße. Die bringt uns direkt vor

Maos Füße im Zentrum von Niya, das die Karte jedoch als Minfeng verzeichnet. 'Erfolg des Volks' macht sich gut als Name beim Vorrücken der Han nach Kashgar auch auf diesem Weg.

Dazu Buch IX, *Die Verabschiedung von Kashgar.*

Das Büro, das Exkursion in die Wüste organisiert, befindet sich in einem Nebentrakt des Hotels. 2000 Dollar kostet der Ausflug nach Niya. Gewiß ist das angemessen für eine Reise in die Vergangenheit mit garantierter Rückkehr. Aber die auf dem Prospekt zu sehenden Überreste von Viehställen zwischen erodierten Lößbänken, toten Togrukpappeln und toten Tamarisken, von Wohnhäusern aus Holz und Mörtel, deren armierende Pappelholzpfeiler zwischen Dünen stecken wie Gerippe aufgelaufener zersplitterter Kähne, liegen doch ein wenig zu sehr abseits unserer Wege nach Islamabad und Beijing. Und weil man inzwischen auch mehr weiß über den Flußlauf, der Niya versorgt hat, dann kann davon ausgegangen werden, daß ein Jahrhundert, nachdem Aurel Stein zwischen dem 28. und dem 30. Januar 1901 die Stadt durchsucht hat, die von ihm ausgemachte Gartenlaube und auch der Kanal versandet sind.

Trotzdem, oder vielleicht um uns umzustimmen, ruft der Geschäftsführer des Büros jemanden vom unweit des Hotels gelegenen Museum zu Hause an und bittet, jenes für uns noch einmal zu öffnen. Der Mann kommt rechtzeitig, denn gerade läuft der letzte durchs Fenster fallende Sonnenstrahl über den Zementboden, erklettert eine Glasvitrine und weckt das Gesicht einer in feines Seidentuch gewickelten Mumie. Der Kulturbeamte sagt, es handle sich um eine ehemalige Bewohnerin Niyas. Sie habe in der Zeit gelebt, als sich die Han bereits aus dem Tarim-Becken zurückgezogen hätten, in der Frühen Eisenzeit, deshalb sei sie keine Chinesin, sondern wie wir eine Europide und wahrscheinlich Tocharisch-Sprecherin. Deswegen könne sie zu Lebzeiten auch das aristokratische chinesische Paar nicht gekannt haben, das man vor ein paar Jahren, in besticktem Brokat gehüllt, gefunden hat. Elf chinesische Zeichen hätten sich in jenem Stoff erhalten — *wanghou hehun qianqiu wansui yi zisun,* »dieser königlichen Verbindung mögen ein langes Leben und Myriaden von Nachkommen geschenkt sein«. Es sei doch wunderbar, ermutigt uns der freundliche Kulturbeamte, daß das trockene Klima der Taklamakan, das für das Leben so hart sei, im Tod den Menschen vor dem Zerfall bewahre.

Ungereimtes an der Südroute

Kashgar, 22. Mai 2001. — Mindestens dreitausend Jahre vor der Seidenstraße gibt es die Jadestraße.

Ausgangspunkt dieses Warenwegs ist Khotan — genauer: das Schmelzwasser des Baiyu He, Luyu He und Heiyu He, des 'Weißen', 'Grünen' und 'Schwarzen

Flusses'; im Frühling die aus den Adern des Kunlun augeschwemmten Nephrit-kiesel zur Taklamakan hinabtragende Gewässer, welche, wie das *Ming Shi* (1418–1637) weiß, die Jadesucher bei Mondschein, wenn die Steine besonders hell schimmern, klaubend durchwaten.

Bereits im neolithischen Totenkult verwendet und in der Epoche der West-lichen Zhou (1122/1045–256 v.u.Z.) aufgrund seiner physischen Qualität als Meta-pher der Seele betrachtet, besitzt der Halbedelstein als Grabbeigabe der Han (206 v.u.Z.–220 n.u.Z.) gegenüber den Beamten des Jenseits das Gewicht einer Hypothek für den Anspruch auf das Stück Erde, in dem der Verstorbene liegt.

Irdischer Verwendung zuführend, fertigen die Jadeschleifer aus dem mit My-stik und aufgrund seiner Weichheit mit der konfuzianischen Tugend der Mit-menschlichkeit verknüpften Halbedelstein unter den Tang (618–907) und den Nörd-lichen Song (960–1126) die von beiden Geschlechtern getragenen und je nach Farbe hierarchischen Rang symbolisierenden Kopfgehänge und die verehrten Objekte lavendel- oder smaragdgrüner Tönung in den Sammlungen beamteter Literati, sowie, während der Lebzeit al-Birunis, zu poliertem Schmuck an Säbel, Gurt und Sattelzeug der Samaniden und vierhundert Jahre später unter anderem auch zum dünnwandigen, jede giftige Substanz sofort verratenden Trinkbecher von Tamerlans Enkel Ulugh Beg.

In China aber, und zwar bis zur letzten Dynastie der Qing (1644–1911), deren Eroberung Xinjiangs um die Mitte des 18. Jahrhunderts den Herrschern des 'Reichs der Mitte' erstmals direkten Zugriff auf die alluvialen Ablagerungen Khotans gibt, ist *yu*, 'Nephrit', der 'königliche Stein' das Material des Amtssiegels sämtlicher Kaiser.

Den Abtransport der Jade behindern nicht nur die langen Strecken zwischen den spärlichen Oasen. Im Fall eines 1778 aufgefundenen, über fünftausend Kilo-gramm schweren Blocks dauerte der Transport nach Beijing ganze drei Jahre. Diese geographischen Schwierigkeiten östlich von Khotan kann allein die im Rahmen militärischer Operationen installierte strenge Organisation ausräumen, welche im I. Jh. n.u.Z. der für Gan Yings römische Mission verantwortliche Han-General Ban Zhao einführt und damit auf ein paar Jahrhunderte hinaus die zuvor mit den Xiongnu verbündeten Khotanesen an China bindet, wenn auch nicht in einer dauerhaft von Rebellion verschonten Allianz. Der militärisch-landwirtschaftliche Kolonist der westlich von Dunhuang am Ende der Han-zeitlichen Großen Mauer Yumenguan, das ›Jade-Tor‹, durchschreitet, weiß also ganz genau, welcher Region er zustrebt und wofür er nach Khotan geht.

Khotan ist aber nicht nur Herkunftsort der Jade, sondern auch die seit Aurel Stein im Westen als »Serindia« bekannte Gegend, und das nicht zuletzt weil hier im Tarim-Becken ein Zentrum der Seidenherstellung vermutet wird. Von hier stammt denn auch die Textilie, welche die Reize eleganter Athenerinnen unterstreicht, und zwar bereits schon, als der langjährige Krieg unten im Peloponnes (431–404 v.u.Z) die Stadt ihrer Niederlage entgegentreibt.

Nach Khotan gelangt ist die Kenntnis der Seidenherstellung, wie später mutmaßlich auch nach Byzanz, selbstverständlich zur Zeit strikten Ausfuhrverbots, und zwar aus dem am Nordrand der Taklamakan gelegenen Kucha. Schon Xuan Zang kennt den Schmuggel von Eiern der Seidenraupe und Setzlingen des Maulbeerbaums im Kopfputz einer dem khotanesischen König versprochenen, vor zukünftiger Gewandung aus grober Wolle und kratzendem Kamelhaar zurückschreckenden chinesischen Prinzessin, eine Szene, die wahrscheinlich auch auf einer im Sand von Dandan Oilik gefundenen Holztafel aus dem 6. Jahrhundert dargestellt ist.

In Khotan haben Ulrich und ich weder von der älteren Jadestraße noch von der Seidenstraße etwas gesehen, sondern nur den Fortschritt.

Dasselbe hat aber auch gegolten für Yutian, Pishan, Yecheng und Shache, die anderen westlich von Niya alias Minfeng gelegenen und in den vergangenen drei Tagen durchquerten Oasenstädte, deren neue Bezeichnungen die aus der Zeit der Tang, Song, Ming oder Qing stammenden Namen Keriya, Guma, Kargilik und Yarkand ersetzt haben. Das mit Yutian einen Doppelstaat bildende Khotan hat im Zug jegliche Mißverständnisse ausschließender Umbenennung Khotan bleiben dürfen, während im Fall von Kashgar eine Verstümmelung stattgefunden hat. Der Name des Endpunkts der beiden hier zusammenlaufenden Taklamakan-Routen, früher Shule, benannt nach dem vom Turki-Wort *suluk* 'Wasser' abgeleitetem Fluß, ist zu Kashiga'r geworden und dann zu Kashi. Das muß für die Han irgendwie milder klingen als Kasghar, 'Stadt der Helden', ein Name, der an aufrührerische Vergangenheit erinnert und dadurch vielleicht zu neuem uigurischem Zorn inspiriert.

Im Allgemeinen ist die festgestellte Umbenennung jedoch eine Wiedereinsetzung Han-zeitlicher Namen, und das entspricht durchaus dem im Jahr 2000 lancierten Migrations- und Ansiedlungsprojekt »Go-West-Young-Han« und auch der vorgenommenen Verfestigung machtpolitischer Verhältnisse kurze vier Jahre entfernt vom 50. Jahrestag der Gründung der *XUAR*, der sogenannten Autonomen Uigurischen Region Xinjiang.

Nach seinen Gesprächen in Teehäusern entlang des Weges weiß Ulrich nämlich, daß an jedem Ort der Bürgermeister zwar ein für die Belange seiner Ethnie zuständiger Uigure ist, der Parteichef hingegen ein Han, sowie daß diese Arbeitsteilung auch die Polizei regiert, wo dem uigurischen Direktor ein Han als Politkommissar des Apparats vorgesetzt ist.

Die unter dem Zeichen der Modernisierung einer rückständigen Region durchgesetzte Ordnung soll der angestammten Bevölkerung und den Gemeinden der Zuwanderer gemeinsam zum Wohlstand verhelfen. Selbstverständlich ist es angesichts einer solchen Aufgabe schwer, die dazu notwendigen Instrumente und Mittel gleichmäßig zu verteilen, aber Beijing hofft, daß für die Uiguren genug abfällt, um ein Abgleiten in tschetschenische Verhältnisse zu verhindern, denn immerhin ist Xinjiang sein Tor zu den eigenen und den benachbarten kasachischen und allen transkaspischen Öl- und Gas-Reserven.

Dazu Buch XII, »New Great Game II« und folgende Abschnitte.

Tatsächlich sind viele der chrombestückten entgegenkommenden *Landcruiser* von Uiguren chauffiert worden, sofern das beim anhaltenden Staubnebel, den Sandstürmen und unvermittelt über die Seidenstraße kehrenden Sandhosen feststellbar gewesen ist. Daneben aber ist in den kleineren Oasen doch mehrheitlich der Eselkarren präsent; oft zwischen den von Bulldozern gerade eingerissenen uigurischen Vierteln, in deren Ruinen bereits behelmte Han-Ingenieure am Werk gewesen sind, mit den GPS-verbundenen Theodoliten.

Über Steinhaufen kletternd, die man auf den Basaren den Uiguren vor die Verkaufsstände geschüttet hat, an den schon am frühen Morgen auf den Plätzen im Staub der Kreisel knienden Bettlern vorübergehend, sind wir zur Auffassung gelangt, daß die Herausforderung der KPCh in Xinjiang wohl darin bestehe, das Auseinanderfahren der Einkommensschere zwischen den am unaufhaltbaren Umschwung profitierenden und den davon übergangenen Uiguren zu verhindern. Denn wenn es ihnen auch immer noch besser geht als den muslimischen Brüdern jenseits des Tian Shan, etwa in den Diktaturen Turkmenistans oder Usbekistans, besteht doch die Gefahr, daß sich die Schikanierten irgendwann zusammentun und sich beschweren. Die im braungelben Nebel auftauchenden Straßensperren der *PLA* sind uns als Ausdruck der Furcht vor sezessionistischen Umtrieben vorgekommen, die um sich greifen und aus importiertem fundamentalistischem Gedankengut sich nähren. In Kashgar alias Kashi wollen wir uns Rechenschaft geben, wie weit der von den Han in Xinjiang ins Werk gesetzte Umbau der Infrastruktur auch jenen der uigurischen Ethnie insgesamt betrifft.

Dazu Buch IX, *Die Verabschiedung von Kasghar*.

Abgesehen vom politisch-militärischen Schicksal Xinjiangs hat uns auf der Fahrt aber auch die Umwelt beschäftigt, und dabei das wahrnehmbare Vorrücken der Wüste wie auch die Frage nach dem Wasser. Für die in der Taklamakan oder an ihren Rändern ansässige Bevölkerung ist die Versorgung mit Wasser immer das erste Problem gewesen, egal, ob die Jade-, die Seiden- oder, wie jetzt gerade, die Plastikstraße Konjunktur hat. Aus diesem Grund auch ist uns gestern die außerhalb von Pishan alias Goma angetroffene Szene so zeitlos erschienen.

Einen Kilometer weg von der Straße und noch etwas weniger als einen von ihrer Oase entfernt, welche die neue Straße umfährt, sind siebentausend oder mehr Frauen und Männer jeden Alters mit Pickeln und Schaufeln dabei gewesen, einen Bewässerungskanal in den von eiszeitlichen Flußschottern durchdrungenen Sedimentboden zu ziehen. Drei Tage würden zur Fertigstellung des Kanals eigentlich genügen, der Schmelzwasser zu den Baumwoll- und Weizenfeldern, in die Reben und zum Sorghum führen soll, aber die Aufseher, auch sie Uiguren, müssen den Schuftenden immer wieder erklären, warum es keine Bezahlung gibt. Nicht jeder glaubt, daß das Projekt nach Fertigstellung die gesamte Oase begünstigt.

Wahrscheinlich kann das Gemeinschaftsprojekt auch nur durch Fronarbeit zustande kommen, denn wir haben keine Tafel der *World Bank* gesehen wie am darauffolgenden Tag in Yengishar, das noch ohne neuen alten Namen auszukommen hat.

Dort hat der Bulldozer ein V-Tal durch den Pappelhain gezogen und die sandigen Wände sind mit Schläuchen beträufelt worden, damit sie sich schneller verfestigen bevor der Beton hineingegossen wird, denn hier entsteht nicht ein improvisierter Graben wie in Pishan, sondern eine richtige schnurgerade Wasserstraße, und, wie anzunehmen ist, zugunsten einer der staatlich-militärischen *bingtuan*-Farmen.

Ulrich hat schon in Turfan und Niya beobachtet, daß die Linie des von den Han erreichten Fortschritts eine Gerade ist, daß alles uigurisch Kleinteilige und lauschig Verwinkelte, sei es der Hof der Moschee oder der Innenhof mit Palmen und Topfpflanzen, der kulturellen Rodung im Weg liegt. Aber was bleibt der KPCh, deren Hauptaufgabe nicht mehr ideologischer, sondern wirtschaftlich-demographischer Natur ist, müssen sie doch schleunigst versichern, daß sich das Gefälle der sich superschnell bereichernden meeranliegenden Ostprovinzen zu denen des südlichen und vor allem westlichen Hinterlands verringert. Daß das nur unter Zunahme und nicht unter einem Abflachen ethnischer Spannungen geschehen kann, müssen die Planer in Kauf nehmen, und hoffen darauf, daß die zur Gewährleistung temporärer Stabilität – Voraussetzung angestrebter langfristiger Stabilität – notwendige Repression nicht unversehens zum Aufruhr führt.

Während unseren Betrachtungen über das Verschwinden der Seidenstraße haben wir auch erwogen, ob die aufgeräumte neue Geradlinigkeit nebst effizientem Abtransport von Rohstoffen und Gütern vielleicht auch strategische Gründe haben könnte. Daß nämlich die Pisten, die früher Kamele benutzten, Kampfbombern als Startbahn dienen könnten, falls einmal etwas wirklich schieflaufen sollte zwischen den beiden benachbarten bevölkerungsreichen und boomenden Ökonomien China und Indien. Damit wäre der Möglichkeit eines Ausfalls bestehender Startbahnen in Qinghai durch auftauenden Boden infolge des Klimawandels Rechnung getragen.

Diesem, im Tarim alles andere als unbekanntem Phänomen verdankt die archäologische Forschung den faszinierenden Gegenstand der in der Jüngeren Eisenzeit verlassenen Städte der Seidenstraße, unter ihnen das zu den sechsunddreißig den Han bekannten Stadtstaaten zählende Loulan oder Krorän.

Entsprechend dessen jeweiliger Ausdehnung in der Gegend des »Wandernden Sees« Lop Nur gelegen, ist diese Stadt für den aus dem Westen kommenden Händler der letzte Ort vor dem Limes der Chinesen und dem ›Jade-Tor‹ und eine den Byzantinern seit mindestens Ende des 4. Jahrhunderts bekannter Ort. Aufgrund archäologischer, auf nahöstliche Kontakte verweisender Funde wird aber angenommen, die Loulan tangierende Tarim-Route sei bereits in derselben Epoche begangen worden wie die von Herodot beschriebene Nordroute der Seidenstraßen. Neben Dunhuang, von den Sogdiern Droana genannt, ist Loulan somit eine der chinesischen Zollstellen, deren Besatzung rigoros sicherstellen müssen, daß diese für die Chinesen den Seidenexport abwickelnden Händler keine schriftlichen Berichte über innere chinesische Vorgänge in den Westen bringen. Vor den Sogdiern – und, auf sie folgend, den Uiguren und den Arabern – haben diese Mittlerfunktion die Serer oder Issedonen inne, die wiederum in Yixun ansässig gewesen sein können, dem Ort im Machtbereich Loulans, der in antikem Chinesisch als *e(d)-sdun* ausgesprochen phonetisch an *Issedon* erinnert, und deshalb vielleicht dem von Ptolemaios im Tarim-Becken plazierten *Issedon Serica* entspricht, also dem Siedlungsraum der in der Tabelle des spätrömischen Geographen aufgeführten, den Chinahandel vermittelnden »bedeutenden Rasse der Issedonen«.

Dazu Buch I, *Irrtümer hinter den Gebirgen*.

Dazu Buch I, *Die Gestalt der Erde und der Weg des Papiers nach Rom*.

Im Jahr 176 v. u. Z. von den Xiongnu erobert, 77 v. u. Z. dann aber unter die Herrschaft der Han kommend, wird Loulan um 119 n. u. Z. zur chinesischen Militärkolonie, deren strategische geographische Position alle Zuwege nach Dunhuang kontrolliert – gerade so, wie in umgekehrter Richtung heute das von Beijing kolonisierte Ürümqi und Kasghar die in die zentralasiatischen Republiken führenden Paßtrassen, Schienenwege und Pipelinekorridore. Das wiederum unter den Augen der *World Bank*, welche gemäß ihrem für Ostasien und den Pazifik zuständigen Vizepräsidenten gerade plant, die nächsten drei Jahre lang die Hälfte der für Finanzierungen in China allozierten drei Miliarden Dollar Projekten in Westchina zukommen zu lassen (*International Herald Tribune*, 8. Mai 2001), vielleicht also indirekt zur momentanen oder dann halt doch, weil beabsichtigten oder aufgrund geoökonomischer Zusammenhänge unausweichlichen definitiven kulturellen Vereinnahmung der Uiguren beiträgt.

Tashkurgan

Tashkurgan, 23. Mai 2001. — Da in Xinjiang, im Prinzip zumindest, für die täglichen Gebete nicht der Sonnenstand, sondern Beijing die Zeit angibt, haben die Behörden vor der Id-Kah-Moschee eine Uhr aufgestellt. Aber wie zuvor in Niya und Khotan haben wir gestern abend um acht festgestellt, daß auch in Kasghar die Uiguren zu dieser Stunde nicht ihren Basartag beschließen. Statt nämlich die Verlautbarungen der Abendnachrichten von *CCTV* – das Akronym des Staatsfernsehens würde Orwell gefallen haben, ist es doch identisch mit dem auch für

Überwachungskamerasysteme benutzten – zu verfolgen, wenden sie sich nach der Mittagsruhe wieder ihren Geschäften zu.

Beim Frühstück hat Ulrich seine Uhr ordentlich nach Beijing ausgerichtet, denn dorthin fliegt er heute, mit einer Zwischenlandung in Ürümqi. Mir hat Zhang Lei, ein junger Han, gesagt, Fahrer und Übersetzer kämen um zehn »Xinjiang Time«. Das entspricht der Praxis behördlicher Einrichtungen, *Kashgar China International Travel Service* ist eine solche, und ist Ausdruck gesunden Menschenverstands. Punkt zehn »Xinjiang Time«, also zwölf »Beijing Time«, fährt der *Toyota* vor, und selbstverständlich sind Fahrer und Übersetzer, die mich nach Pakistan bringen sollen, Uiguren.

Der Fahrer wirkt übernächtigt. Er sei gestern noch in Khotan gewesen, informiert Mohammad Obul, der Übersetzer. Aber weil jener den ›Karakoram-Highway‹ bestens kenne, müsse ich mir keine Gedanken machen.

Fünfzig Kilometer hinter Kashgar, im Dorf Upal, halten wir bei einem Restaurant zum Tee. Militärlastwagen stehen davor, mit aufsitzenden Truppen. Offizier und Stab sind beim *plof* und grüßen freundlich. Hinter ihnen wägt man ein geschlachtetes Schaf.

Ghez ist der Ort, wo man sich von China zu verabschieden hat. Der ›Karakoram-Highway‹ betritt durch ein enges Kerbtal den Congling, das 'Zwiebel-Gebirge' Faxians, Song Yuns und Xuan Zangs, und dort wo man den Himmel dann wieder sieht, stehen die Berge auf dem Kopf. Der Bulong-Kol ist berühmt für sein Spiegelbild, und jeder Fahrer hält auf dem zum See hin abfallenden Schwemmfächer ungefragt an der besten Stelle. Man kommt sich vor wie ein Pensionierter auf einer Busfahrt durch den Schwarzwald und kauft aus Knochen und Horn vom Yak geschnitzte Pamir-Schafe bei zwei Kirgisenbuben. Aus dem Nichts sind sie aufgetaucht, dabei sind sie die einzigen Farbpunkte im Graugrauweiß, Noor Ali in seinem Kittel von altem Lavendel und Molli Beg in seinem Pullover vom Himbeer eines Rosensteins. Sechzehn seien die beiden, und weil man ihnen dieses Alter nicht gegeben hätte bei ihrer Größe, indessen die von Kälte und Sonne verbrannten Wangen darauf hinweisen, hat man beim kurzen Halt mehr erfahren über die Höhenlage ihres *auls* als beim Blick auf die Karte.

Umgekehrt ermöglicht diese mehr als eine Verortung im Raum eine in der Zeit.

Aurel Stein drängt nämlich am 19. Juli 1915, nachdem er auf der kirgisischen Alm Boston-arche letzte dringliche Briefe verfaßt und mit dem britischen Postdienst nach Kashgar und Indien abgeschickt hat, über den Ulug-Art-Paß in das Tal des zum Bulong-See hinabfließenden Moji-He, um von dessen Oberlauf zunächst zum Tal des Markam zu wechseln und darauf entlang dessen Quellauf in den Pamir hinüberzugelangen. Stein

Dazu Buch IX, *Suche nach dem ›Steinernen Turm‹.*

dürfte gewußt haben, daß dort nichts ist außer 'Wildnis', denn genau das ist, gemäß Sir Thomas Douglas Forsyth (*A Mission to Yarkand in 1873*, London 1875), die Bedeutung des von den Kokhandi benutzten Turki-Worts, und der ihn begleitende Naturforscher Lt.-Col. T. E. Gordon hat diese Information nicht nur bestätigt, sondern ergänzend die Aussage eines, wie er sagt, intelligenten kirgisischen Führers beigebracht. Zur Zeit, sagt dieser, als Kirgisen dort gelebt haben, hätte die Gegend den Namen der Siedlungen getragen, denn erst der Fortzug der Menschen würde eine Gegend zum 'Pamir' machen, einem 'aufgegebenen verlassenen Platz'. Während seinem langen Marsch zum Pamir hat Aurel Stein vom Tars-Agar-Paß aus die im Osten liegenden Muztagh-Aga-Kette fotografiert und den Ausblick fast zwanzig Jahre später als Abbildung 128 auch in sein Werk *On Ancient Central Asian Tracks* (London 1933) übernommen.

Die an die Taklamakan herantretende Bastion, die heute nicht weiß, ob sie zum Kunlun oder zum Pamir gehören will, während großzügige antike Betrachtung sie einfach dem Imaos zugewiesen hat, kehrt in Steins panoramatischer Aufnahme eine unbekannte Ansicht hervor. Der Muztagh Aga, der zweithöchste Gipfel (7546 M. ü. M.), ist nicht auszumachen, während er, nachdem er zunächst als schräg abgeschmolzene Eistorte aufgetaucht ist, sich mit wachsender Distanz zum Bulong-See in den bekannten, die vorausliegende Landschaft beherrschenden Dom verwandelt.

Dazu Buch I, *Irrtümer hinter den Gebirgen*.

Unter dem Firngehänge des Muztag-Aga, des 'Vaters der Eisberge', geht im August des Jahres 644 der heimkehrende Indienpilger Xuan Zang vorbei, das mit heiligen Schriften vollbepackte Bambusgestell auf dem Rücken, nachdem er den Wakhan-Korridor zum Zorkul hinaufgestiegen und, von den dort wohnenden Ungeheuern unbehelligt, über die Wasserscheide ins Tal des Tashkurgan herübergekommen ist. In der Nähe des 'Kleinen Karakul' stößt der heilige Mann auf den sich aus dem Schmelzwasser des Muztag-Aga und des höheren Kongür Shan speisenden Kasghar-Fluß und dürfte dessen Lauf entlang mit Freude der gleichnamigen Oase entgegengeeilt sein. Jetzt würde er an diesem alpinen Gewässer eine Reihe von Jurten antreffen, vor denen blonde Radfahrer ihre Waden massieren, denn entweder liegt vor ihnen der 4098 Meter hohe Ulug-Rabat-Paß oder, wenn sie von Pakistan heraufgekommen sind, hinter ihnen die mehrtägige Auffahrt zum 4655 hohe Khunjerab-Paß.

Dazu Buch II, *Im Wakhan-Korridor* und *Maritimes am ›Dach der Welt‹*.

Auf dem Ulug-Rabat-Paß trete ich an den Straßenrand, um zu erbrechen, aber da Tashkurgan, 260 Kilometer von Kasghar entfernt, wieder Meter tiefer liegt, gehen die Symptome der Höhenkrankheit von selbst zurück. Als wir ankommen, liegt der Ort bereits im Schatten der Sarikol-Kette, die die Grenze zu Tadschikstan bildet. Würden in zwei, drei Straßenzügen hier, in Chinas isoliertestem Ort, nicht gerade die an Garagenfassaden erinnernden, mit weißen Kacheln verkleideten Ladenzeilen errichtet, vermeinte man sich im ersten Augenblick tatsächlich im bergbadachschanischen Khorog zu befinden. Die zahlreichen, vor allem mit dem Kauf von Stoffen beschäftigten Frauen und die Farbigkeit ihrer mit Glitzerfäden durchwirkten Gewänder, die goldenen Hauben und die wie Törtchen auf den Köpfen sitzenden Hütchen aber lassen keinen Zweifel, daß man in einem sogenannten autonomen tadschikischen Gebiet innerhalb der sogenannten uigurischen Region Xinjiang innerhalb des Vielvölkerstaats China angekommen ist.

China hat es nicht leicht, in den Zonen, wo die Tektonik der Erdplatten so vieles durcheinandergeworfen hat, Ordnung zu schaffen. Es hat aber im Raum dieses heutigen Vierländerecks bereits vor zweitausend Jahren damit begonnen, und zwar als die Han ihren Arm nach Tashkurgan ausstrecken, das damals noch nicht, der Turki-Bezeichnung entsprechend *Shitou cheng yizi* also 'Ort der Steinernen Stadt' heißt, sondern unter dem Namen Puli als eines der *Sechsunddreißig Reiche der Westlichen Regionen, Xiyu Sanshiliu*, figuriert. Die Tang, die zwischen den beiden Friedensabkommen von 730 und 783 im Raum der über den Pamir nach Balur im Gilgit-Tal und Taxila am Tor Gandharas führenden Pässe der Seidenstraßen mehrere Waffengänge mit den Armeen Tibets führen, unterhalten in Tashkurgan, nun Hauptstadt des Pamir-Reichs Sarikol, ein Militärbüro, das im Lauf der Jahrhunderte wieder verfällt, so daß die unter Qaidu (gestorben um 1303), einem der Erben des zersplitterten dschingiskhanidischen Reichs und Gegenspieler Qubilai Khans, bis zum Pamir und Karakorum vordringenden Mongolen des Chaghatai-Khanats bei ihrer Ankunft den Ort ausnahmsweise nicht schleifen, sondern jene Mauern bauen, die als Grundstein des Verwaltungsorts des unter den Qing eingerichteten Kreis Puli betrachtet werden dürften. Unter Guangxu (1875–1908), dem zweitletzten Kaiser Chinas, erhält Tashkurgan dann seine noch heute einigermaßen nachvollziehbare befestigte Gestalt.

Schräg wachsen die Lehmmauern der Zitadelle aus der verwitterten grauen Felskuppe, deren Fuß Ölweiden und Pappeln verbergen. Die Zinnen sind mitgenommen wie die Borsten einer zum Schuhputzen mißbrauchten Zahnbürste. Das pompöse neue Tor zur Festung ist bereits geschlossen. Dafür steht draußen in der saftiggrünen Weide eine kirgisische Jurte. Zwei Tadschikinnen haben weiße Plastikstühle und Verstärker ins saftige Grün gestellt und servieren Limonade. Die Rockmusik klingt chinesisch, und irgendwie paßt sie zum 'Ort der Steinernen Stadt'.

Unweit alter Pilgerpfade

Sosht, 24. Mai 2001. — Das Niemandsland zwischen China und Pakistan hat eine Tiefe, die nahezu der Längenausdehnung der Schweiz entspricht. Es liegt auf der Höhe deren Firnfelder und sein höchster Punkt, der Khunjerab-Paß, ist selbst mit der niedrigsten der divergierenden Höhenangaben (4655 bis 4730 M. ü. M.) immer noch einundzwanzig Meter höher als die Dufourspitze im Monterosa-Massiv, der höchste Punkt der Schweiz.

Solche Verhältnisse haben seit je besondere Vorkehrungen beim Personentransport erfordert. In der Gegenwart die entscheidendste ist, daß vor dem Passagier der Fahrer China verläßt. Denn wäre jener faktisch bereits draußen, hätte er, falls dieser nicht ausreisen dürfte, nur sehr eingeschränkte Möglichkeiten, nach Sosht im oberen Indus-Tal zu kommen, wo sich der pakistanische Grenzposten befindet, immerhin 280 Kilometer vom chinesischen in Tashkurgan entfernt, der wiederum 140 Kilometer vor dem Paß liegt.

Die chinesischen Grenz- und Zollbeamten erscheinen pünktlich um zehn »Xinjiang/Beijing-Time«. Die Abfertigung ist schnörkellos freundlich. Wie ein zerbrechliches Stückgut kommt man sich vor und erhält schließlich den roten Stempel, aber eben erst nachdem der Fahrer, im Gegensatz zu dem als Zivilist reisenden Übersetzer in einer Art Staatsdienst unterwegs, einen weiteren schwarzen in seinen Paß erhalten hat.

Technisch gesehen, besteht kein Unterschied in der Funktion meines Fahrers und jener der Halter von Packtieren, welche während Jahrhunderten Pilger und Kaufleute durch das Gebirge bringen. Ist der Reisende über den entsprechenden Paß des Pamir oder des Karakorum, kehren sie heim, bis der nächste Hilfe beansprucht. Eine im Fall des *KKH*, des 1978 fertiggestellten ›Karakoram-Highway‹ über den Khunjerab, nur saisonal zu geben, und diese dauert üblicherweise von Mitte November bis Mitte Mai.

Die aus dem Tarim-Becken von Yarkand nach Indien oder Transoxianen führende Route der Seidenstraße hat den Bedürfnissen der Packtiere angepaßte Wege gefunden, ganzjährlich begehbare. Achtzig Kilometer unterhalb von Tashkurgan verläßt sie deswegen den *KKH* und schlägt sie sich nach rechts in das Tal hinein, von dem in westlicher Richtung der Wakhjir-Paß (4927 M. ü. M.) in den Wakhan-Korridor hinüber, zum Oxus und nach Balkh führt, in südwestlicher Richtung hingegen sich der Mingteke-Paß (4709 M. ü. M.) anbietet, schnellster Weg ins obere Hunza-Tal und über Faxians »Hängende Stege« nach Gilgit zum Indus-Tal, von dessen Tal aus der Reisende entweder in südöstlicher Richtung nach Kashmir geht oder in südwestlicher Richtung durch Swat die Ebene von Taxila und Gandhara erreicht.

Von dort nach Tashkurgan und China hinauf, wo er den heiligen Berg Wutai Shan besuchen will, kommt im Sommer des Jahres 855 der aus Kashmir stammende buddhistische Mönch Chuddha. Von seiner Heimat direkter ins Tarim-Becken gelangt wäre der Pilger allerdings über Kargil, Leh und den 5575 Meter hohen Karakoram-Paß, aber das, wie auch die näher liegende alternative Route nach Gilgit zum Mintaka-Paß hinauf, hätte Chuddha

Dazu Buch XI, *Militärstraße nach Kargil.*

durch die auch ein Jahrzehnt nach der Ermordung des letzten dortigen Herrschers militärisch und politisch immer noch unstabile Region Tibet geführt. Umgekehrt bringt der Umweg Chuddha nach Verlassen Kashmirs durch das bei Baramula gelegene Westtor nach Taxila hinüber, wo er überrascht nicht nur zahlreiche Ruinen des im 3. Jh. n. u. Z., nach der Machtergreifung Ashokas, blühenden Religionszentrums vorfindet, sondern auch ein paar bewohnte Klöster, welche die Zerstörung durch nordische Nomaden im 3. und 5. Jahrhundert überdauert haben. In Tashkurgan angekommen und nach Prüfung seiner in Kashmir ordentlich ausgestellten Reisepapiere erwartet Chuddha die Ausgabe seiner zur Weiterreise notwendigen chinesischen Dokumente in einem Kloster innerhalb der befestigten Stadt Tashkurgan – vielleicht in demselben, in welchem zuvor andere heilige Männer abgestiegen sind:

Dazu Buch XI, Tal der Angst.

Die berühmtesten unter ihnen sind zur Zeit der Tang, im Sommer des Jahres 644 der heimkehrende Xuan Zang, der im Frühling 645 Kaiser Taizongs Zorn über seine unbewilligte sechzehnjährige Abwesenheit allein durch das Volumen des in Indien Gesammelten und mit zwanzig Pferden nach Chang'an Verbrachten wird besänftigen können. Im Sommer des Jahres 522 der von der Herrscherin der Nördlichen Wei (386–534) zusammen mit dem Mönch Hui Sheng aus Loyang nach Indien ausgeschickte Song Yun, Verfasser des verlorenen Reiseberichts *Weiguo yi xi shiyi guo shi* und Xuan

Nebst zahlreichen größeren und kleineren Verkörperungen des Buddha aus Gold und Sandelholz enthält das Inventar des Religionstransfers 657 Bücher mit Sutren verschiedenster Schulen sowie, laut Samuel Beal, *Travels of Fah-Hian und Sung-Yun* (London, 1869) 115 Gran Reliquien des Buddha, laut Li Yung-hsi, *The Life of Hsüan-Tsang* (Beijing, 1958) 150 Gran. Xuan Zangs im Jahr 646 fertiggestellter *Bericht über die Westlichen Regionen* dient Generationen von Archäologen und Kunstwissenschaftlern als Führer durch Zentral- und Südasien in der Frühzeit der Tang.

Zang den Weg über das ›Dach der Welt‹ weisend, dorthin aber selbst auf der Spur von Faxian (um 334–420) unterwegs, der zur Zeit der Östlichen Jin (317–419) im Jahr 399/400 durch Tashkurgan kommt und erst fünfzehn Jahre später durch die Straße von Malakka und unter dramatischen Umständen auf der maritimen Seidenstraße nach China zurückkehren wird.

Daß der Pfad der Pilger auch jener der Händler ist, deren Karawanen sich nach der Verfügbarkeit von Weideplätzen und Wasser richten müssen, geht aus den Aufzeichnungen von T. E. Gordon hervor, der am 2. April 1874 von Tashkurgan aus zum nördlich des Wakhjir-Paß liegenden Naizatash-Paß (4476 M. ü. M.) aufsteigt, um den Doppelquell des Oxus und Hydrologie des 1838 von John Wood entdeckten und Anfang Mai immer noch gefrorenen ›Victoria-Lake‹ zu erkunden:

Dazu Buch II, Maritimes am ›Dach der Welt‹.

»Das Lager war mit Schnee bedeckt, aber in der Umgegend fanden sich genügend schneefreie Stellen für die Pferde zum Weiden. Sie grasten gierig und zogen es dem gehäckselten Stroh, das wir mitführten, um es ihnen unters Getreide zu mischen, bei weitem vor.

Dieses Gras war dem, das wir in vielen anderen Teilen des Pamir und im Aktash-Tal fanden, ähnlich, voll und süß riechend und an englisches Wiesenheu erinnernd. Die Tiere genossen es sehr.« (T.E. Gordon, *The Roof of the World. Being The Narrative of a Journey Over the High Plateau of Tibet to the Russian Frontier and the Oxus Sources on Pamir*, London 1876)

Ich habe mir vorgenommen, auf diesem kalten Abschnitt meiner Reise T.E. Gordon sehr genau zu konsultieren und tue das noch vermehrt, seit ich vor ein paar Tagen am Rand der Taklamakan dem durchgezogenen weiblichen Lidstrich begegnet bin. Dem Engländer ist diese Applikation als »height of fashion« aufgefallen. Ich habe sie nicht erwartet, mitten im Sandsturm, bei den in orangefarbene Leuchtwesten gekleideten Uigurinnen.

In zwei Zwölferteams haben sie mit der Schaufel das 150 Kilometer lange Stück der Seidenstraße zwischen Pishan alias Goma und Moyu alias Karakax von den wandernden *barkanen* befreit, acht Stunden täglich bei einem Stundenpensum von fünf Kubikmetern Sand. Ihre Kniestrümpfe haben die Schauflerinnen in rote und beige Damenschuhe gesteckt, und von weitem haben diese im Sand ausgesehen wie an einen Strand gespülte Krustentiere. Hart sei die Schauflerei, haben sie lachend gemeint und weiter Sandfontänen in die Wüste zurückgeschleudert, ohne Aussicht auf ein Ende, aber genau mit der Geschwindigkeit, welche die Straße offenhält. Hätte der ins westliche Exil gehende Lao Zi diese uigurischen Arbeiterinnen angetroffen, statt den ihn am Shan-Gu-Tor hinter Xi'an erkennenden Grenzwächter Yin Xi, der den zum 'Stillen im Land' gewordenen Begründer des Daoismus vor Verlassen des Reiches um Niederschrift seiner Weisheit, des *Dao De Jing* bittet, hätte dieser womöglich in der hingebungsvollen Beschäftigung der Schauflerinnen mit dem sich ständig neu ordnenden Gegenstand vielleicht eine Metapher des von ihm gesuchten Weges erkannt, wonach politisches und kulturelles Chaos nur überwunden werden kann durch den Menschen selbst, der in die große Harmonie des Weltenurgrunds eingegangen ist.

Manche bezweifeln die Geschichtlichkeit von Lao Zi trotz der Mitteilung im *Shiji*, in Shima Qians *Aufzeichnungen des Historikers* (um 145–86 v.u.Z.), er sei ein Zeitgenosse des Konfuzius (551–479 v.u.Z.) gewesen und die beiden seien sich in Luoyang, im Jahr 518 v.u.Z., auch begegnet. Andere sehen in den Legenden, die Lao Zis Gestalt umranken, den Versuch, das Geheimnis seines spurlosen Verschwindens zu lösen, und weil es so am elegantesten ist, lassen sie ihn in als Buddha in den Himmel steigen. Die Vorstellung Lao Zi könne in Indien Siddharta Gautama (um 563–483 v.u.Z.) getroffen oder dort sogar als Buddha gelebt haben, ist eine naheliegende. Denn unter der Handvoll Routen, die dem vom Getöse der Welt sich Abwendenden im Tarim-Becken offen stehen, wenn er dessen westliches Ende erreicht, ist auch jene von Yarkand hinauf nach Tashkurgan, aus dessen Talboden man über die erwähnten alten Pässe am schnellsten auf die nach Indien führenden Wege kommt.

Diesem, in Kashmir bereitstehenden Nachbar, muß sich Ende der 1950er Jahre das junge, nach nationaler Identität strebende Pakistan verweigern. Deshalb baut Pakistan Straßen nicht nach Osten, sondern sucht seine nördliche Peripherie durch die ›Indus Valley Road‹ (IVR) an das Zentrum zu binden; nicht zuletzt wegen deren Grenze zu Afghanistan und Nähe zur Sowjetunion, die, genau wie im 19. Jahrhundert das zaristische Rußland von den britischen Besitzungen, nur ein Steinwurf über den Wakhan-Korridor entfernt ist. Richtig ernst aber wird es im Karakorum 1967, als Islamabad und Beijing die direkte Verbindung zwischen den zwei Hauptstädten und die damit beabsichtigte Entwicklung von Xinjiang bekanntgeben und mit der Instandstellung der vernachlässigten, im Winter nicht befahrbaren Paßstraße über den Mintaka beginnen. Am 24. August 1969, dem Jahr, in dem auf dem 9. Parteitag die Kulturrevolution für beendet erklärt wird, überquert diesen 'Paß der tausend Schafe' eine aus fünfzig Tieren bestehende chinesische Karawane, welche auf die Basare in Hunza nicht bloß symbolische Güter – Seide, Teppich und Tee – bringt, sondern auch den modernen Dampfkochkessel. Zur selben Zeit wird von Gilgit aus eine Straße in das Khunjerab-Tal vorgetrieben – in Wakhi, der Sprache von Hunza, ist es das 'Tal des Blutes' – und 1971 eingeweiht, während auf der andern Seite des Karakoram China durch das umstrittene chinesisch-indische Grenzgebiet Aksai-Chin eine Tibet und Xinjiang verbindende, an den Khunjerab heranführende militärische Nachschubroute legt. Damit sind die Zuwege des *KKH* definiert, zu dessen Bau man 1973 fünfzehntausend Pakistani und, bis 1980, zwölftausend Chinesen aus Xinjiang und den zentraleren Provinzen Hunan, Shaanxi und Shanxi in den Karakoram verlegt. Selbstverständlich sind strategische Gründe ausschlaggebend für die Routenführung des *KKH* über den viel schwierigeren Khunjerab, denn der Mintaka-Paß liegt zu nahe an der Grenze zur Sowjetunion. Als im Jahr 1978 der höchstgelegene Grenzübergang der Welt erstellt ist, sind mit Hilfe von 8000 Tonnen Dynamit 30 Millionen Kubikyard Fels und Erde bewegt, 80 000 Tonnen Zement ins Gebirge gegossen, 35 000 Tonnen Kohle und 1000 Lastwagen verbraucht worden. 314 Chinesen und Pakistani haben ihr Leben verloren.

»Tribute to the Pioneers« steht auf der mit schwarzem Marmor gefaßten Tafel ein paar Meter hinter der Paßhöhe auf pakistanischem Boden.

Drei Arbeiter sind am Putzen. Sie gehören zur *Frontier Works Organization*, 1966 dem *Army Corps of Engineers* entsprungen zum Zweck des Straßenbaus im Karakoram, zuerst der *IVR* und dann des *KKH*. Es ist ein neues Denkmal, und morgen scheint eine Delegation von Gilgit heraufzukommen. Der Text der etwas verbeulten Tafel spricht von den extremen Leistungen der Chinesen und Pakistani unter spartanischen Bedingungen und enthält Sätze wie »*ALL RANKS WORKED WITHOUT BADGES OF RANKS SUFFERING THE VAGARIES OF FREAKISH WEATHER WITH A STOIC DETERMINATION*« oder »*THIS HUMBLE BEGINNING WAS*

THE SUCCESFUL STEP ON A LONG ODYSSEY OF ROAD CONSTRUCTION BY CHINESE AND PAKISTAN ROAD BULIDERS WHICH FINALLY CULMINATED IN 1978« – viel Hellenismen, vielleicht weil diesem hohen Übergang einige sogar den Durchzug versprengter Truppen Alexanders zugemutet haben. Jedoch läßt die etwas größere Fußzeile – *»WE ARE PROUD OF YOU. YOUR SONS AND GRAND-SONS WILL REMEMBER YOU. YOU HAVE DONE THE MOST WONDERFUL JOB IN THE HISTORY OF THE ARMY«* – keinen Zweifel, daß der Streitkräfte Islamabads gedacht wird und nicht Soldaten aus dem pferdenährenden Thessalien. Hier, in dem mit Ausnahme der Polarkappen am stärksten vergletscherten Gebirge der Welt, wo Sechs-, Sieben- und Achttausender sich auf die Füße treten, die britischen Vermesser des 19. Jahrhunderts zwingend, die Gipfel durchzunumerieren – K 1, K 2, K 3 u. s. w. –, und Gletscher und ewiger Schnee den Namen des Gebirges – Karakoram, 'Schwarzer Kies', alles andere als angebracht erscheinen lassen.

Hinter dem Denkmal fallen enge steile Kehren ab in das Kerbtal des Khunjerab, aus dem dann das des Hunza wird, ohne daß es sich entscheidend verbreitert, sondern nur verfinstert, denn während der *KKH* auf seinem unaufhaltbaren Weg in die Tiefe das ganze geologische System durchdringt, steigt das Talgehänge immer höher, beginnen die Murenabgänge immer weiter oben. Manche scheinen alt, denn zuweilen liegt quer zu ihnen, wie der Einschnitt auf der Kruste eines Brots, eine Spur geschichteter Steine, eines Weges, die unvermittelt abbricht, um sich hinter doppelten und dreifachen Geröllterrassen unerwartet fortzusetzen, an senkrechten verwitterten gelben Wänden hängend, Dutzende von Metern Pfad über dem jadefarbenen Wasser.

Zwei pakistanische Wegmacher treten vor ihr Zelt und die Kamera. Beide tragen den *shalwar kameez*, der Dschingiskhanide darüber gemustertes dunkelviolett Wattiertes, der Mazedone eine leichte Jacke der Armee.

Vielleicht sind die beiden tatsächlich entfernte Nachkommen der Saken, jenes Volkes, das im Jahr 176 v. u. Z. von den Yüezhi, die selbst von den Xiongnu westwärts abgedrängt worden sind, aus dem Siebenstromland in das Tarim-Becken und von Khotan nach Gilgit hinuntersteigen, allerdings noch nicht auf der »Hängebrückenstraße« der Chinesen. Der Samarkand mit Kashmir verbindenden Verkehrsstraße jüdischer Händler aus Buchara, die in Chilas, wo Khunjerab und Hunza sich längst mit dem Indus vereinigt haben, an den Bergsturzblöcken hebräische Graffiti hinterlassen; dem Zubringer der westöstlichen Achse von Gilgit über Kashmir nach Lhasa, das im 10. Jahrhundert auch ein Zentrum islamischen Handels sein muß, denn sonst erwähnte das *Hudud al-Alam* dort keine Moschee.

Gegen Mittag erreichen wir Sosht. An einem Tischchen am Rand des Zollhofs – beschildert ist er mit *IMMIGRATION AND ANTI-SMUGGLING CHECK-POST* – stempelt der Pakistani meinen Paß, und meine beiden Uiguren machen sofort kehrt, denn der Himmel zieht sich zu, und der Fahrer will heute noch nach Kashgar.

Kamal hat vor zwei Tagen einen Wagen von Islamabad losgeschickt, aber noch ist er nicht eingetroffen. Am Tor des Zolls stehen ein paar Agenten und Lastwagenfahrer vor einem Anschlag. Die Fotografie zeigt einen jungen Touristen. Verlorengegangen oben in Baltit, heißt es. Gegenüber liegt das Gelände, wo Waren umgeschlagen werden, bis auf drei Schritte die Kulturen aufeinandertreffen. Strikt in einer Linie ausgerichtet die weißen chinesischen Camions, daneben das Gedränge der pakistanischen Lastwagen, der Kiel ihrer holzgeschnitzten bunt bemalten Brükken kühn über die Kabinen hinaus verlängert.

»Pinkeln verboten« hat einer auf Urdu in Kreideschrift auf den Verputz der Umwallung geschrieben.

BUCH XI

STRASSE DES VERRATS

Alexander in Indike

Attock, 10. Juni 1998. — Die Taliban nehmen sich Zeit mit dem Visum, und
der Prozeß ist von außen nicht zu beschleunigen.

Dazu Buch VI, *Das Afghani-Rätsel.*

Ich gehe deshalb in das Jahr 326 v. u. Z. zurück, und weil der
Taxifahrer Alexander kennt, nimmt er in Peshawar die Hauptstraße nach Islamabad
und fährt ohne eine Zwischenfrage zum Teehaus am Kabul-Fluß, das dort steht, wo
sich das Gewässer verbreitet und Inseln bildet, als zögere es, seine Identität aufzugeben und sich in den Indus zu ergießen.

Nur ein paar Kilometer östlich von diesem Teehaus, dessen Terrasse auf das
Wasser blickt, und zwar auf Schiffsbrücken und Induskähnen, setzt Alexanders
Armee über den Strom. Am jenseitigen Ufer, bevor er, die Schneegebirge Kashmirs
in der Ferne erblickend, weiterzieht, begeht der Eroberer den geglückten Übergang
mit einem Opfer. Der spätere Chronist Arrian wird die Region östlich des Stroms,
die Alexander nun betreten hat, als *Indike* bezeichnen. Indien, dessen Ausdehnung,
wie Alexander durch seine Kundschafter inzwischen allerdings weiß, ist um einiges
größer, als sein Lehrer Aristoteles es sich vorgestellt hat. Eine Stunde vor der Residenz von Taxila kommt das staunende Heer an den ersten hinduistischen Büßern
vorbei, die vollkommen nackt und reglos, ungeachtet der Glut des Tages oder feuchter Nächte, das heilige Werk des 'Verwehen' vollbringen.

Vom Hindu Kush in die Ebene des Indus herab ist Alexander nicht auf direktem Weg gekommen, zusammen mit dem über den Khyber-Paß marschierenden
Heer, sondern durch das Tal von Kunar und Swat. Den lokalen Fürsten der Region, der heutigen pakistanischen Nordwest-Grenzprovinz *(NWFP)*, hat er selbstverständlich nicht getraut, obwohl sie ihm ihre Unterwerfung angekündigt hatten. Seine Reitertruppen, seine Artillerie und Belagerungsmaschinen benutzenden
Sturmtruppen haben der Reihe nach die Stämme der Aspasier, der Assakaner und
der Hangsiedlungen bewohnenden Guraier niedergerungen und auch den erbitterten Widerstand des von 30 000 der letzteren bewohnten Massaga. Dort hat Alexander mutmaßlich aber zu einem scheußlichen Wortbruch gegriffen, dem die gesamte
Verteidigung der Stadt, der freies Geleit zugesichert worden war, zum Opfer gefallen ist – 7000 Söldner mitsamt ihren Familien, nachts umstellt und am Morgen
abgeschlachtet (Arrian, IV, 27, 3–4).

»Ich bin nicht nach Asien gekommen, um Reiche zu unterwerfen oder die Hälfte der Welt in eine Wüste zu verwandeln, sondern in der Absicht, daß die, die ich mit kriegerischen Mitteln unterwarf, meinen Sieg nicht bereuen« (Quintus Curtius Rufus, VIII, 8.10), hat Alexander dem Hermolaus erklärt, und zwar im Zusammenhang mit der Hinrichtung des Kallisthenes, einem der Drahtzieher der gegen ihn gerichteten Verschwörung der Pagen. Aber dazu gekommen ist es noch jenseits des Hindu Kush, in Bactra. Der Eroberer muß sein nobles Ziel vollends aus den Augen verloren haben, als er, im wilden Talland Swat umwallte Stadt um Stadt erstürmend, darunter das schon fast auf den ›Karakoram Highway‹ herabblickende Ora und Bazira, von einer spektakulären horstartigen Feste erfährt, an dem gemäß der Sage selbst Herakles gescheitert sein soll, und das gleich zweimal.

Dieser am Indus gelegene abgeflachte Berg, der heutige Pir-Shar, ist zum letzten Zufluchtsort der von den Makedonen Vertriebenen geworden, »eine einzelne Felsenmasse, am Fuß etwa vier Meilen im Umfang, bis zur Höhe von fünftausend Fuß; auf der Stirn dieser steilen Bergmasse lag jene merkwürdige Felsenfestung, deren Mauern Gärten, Quellen und Holzungen umschlossen, so daß sich Tausende von Menschen jahraus, jahrein oben erhalten konnten«. (Johann Gustav Droysen, *Geschichte Alexanders des Großen*, 1833; zitiert nach der Manesse-Ausgabe, Zürich 1984) Aornos muß Alexander wie ein *Déjà-vu* seiner <u>Belagerungen in Transoxianien</u> vorgekommen sein.

Dazu Buch IV, *Der Sogdische Felsen.*

Durch Aufschüttung eines Damms und taktisches Geschick ist aber auch die winterliche Einnahme dieses schwierigen Berges geglückt. Die sich ergebenden *Indioi* jedoch sind, obwohl Arrian (IV, 30, 3–4) in seiner Darstellung der genauen Umstände Interpretationsspielraum läßt, vermutlich derselben Täuschung Alexanders zum Opfer gefallen wie das Söldnerheer bei Massaga.

»Behandle mich wie ein König«, soll Poros nach der verlorenen Schlacht am Hydaspes, dem aus Kashmir abfließenden Jhelum, im Mai des Jahres 326 v.u.Z. gesagt haben, und Alexander hat es getan. Die Vergeltung des Widerstands der Zivilbevölkerung im Punjab hingegen wird furchtbar sein und verstößt, nach heute bestehenden Maßstäben, gegen die Menschenrechte.

Geschundene Tote

Srinagar, 15. Mai 2000. — Der Wärter der Polizeistation Budgam streift seine Sandalen ab, bevor er die violette, mit schwarz-türkisblauen Balken gemusterte Filzmatte betritt, um das Leichentuch zurückzuschlagen und über den sechs Toten mit einem kleinen Flacon etwas Rosenduft zu versprühen.

Nicht einer, sondern jeder der sechs getöteten islamistischen Infiltranten liegt da wie Andrea Mantegnas um 1480 gemalter Christus. Ihre Köpfe sind nach links gekippt, und beim Bewegen der Körper für die *Post-mortem*-Untersuchung fällt der rechte Arm neben der rostigen, mit dunklen und frischeren Blutspuren befleckten blechernen Bahre in dieselbe durch die Leichenstarre etwas angezogene Lage mit dem aufgewölbten Gelenk und der auf etwas gespreizten Fingerspitzen ruhenden Hand, die wie jene des Beweinten einen kleinen Dom bildet, das letzte beschützend, was sie ergriffen oder zu ergreifen gemeint hatte.

Man hat den Toten ihre Strümpfe gelassen. Sie haben Brandlöcher an den Sohlen, die von Einschüssen stammen, was seltsam ist an dieser Körperstelle und weniger auf ein Gefecht als auf einen plötzlichen Überfall und ein Gemetzel verweist. Der junge Dorfarzt stellt Knochenbrüche fest, ortet eingedrungene Schrapnelle. Brustkorb und Unterarme haben Schmauchspuren, und eiergroße schwarzverbrannte Eintrittslöcher klaffen an Achseln, Ellenbogen und Hüften. Die Bäuche spannen sich unversehrt, wächsern und hell zwischen den hervorstehenden Beckenknochen, denn anders als beim Christus hebt kein Kissen die Köpfe zur Entlastung des Rückgrats. Was Mantegnas Gemälde mit dem Hügel im reinen Leichentuch nur andeutet, liegt im Fall dieser Hingerichteten – »*butchered*« ist die Konklusion des Arztes – entblößt, die dunkle Morchel auf schwarzen schrumpligen Auberginen.

Als Arzt und Assistent weggegangen sind, tritt aus der Gruppe Herumstehender immer wieder einer hervor, zumeist ein jüngerer Mann; beugt sich neben den Toten herab, hebt kurz einen Zipfel des Tuches an und geht dann schweigend weg, mit unverändert unbeteiligtem Gesichtsausdruck. Zwischen den Männern stehen ein paar Knaben, können ihre verängstigten Blicke nicht abwenden von den Grimassen mit den offenen Mündern und hochgerissenen Brauen und halten sich gegenseitig am Ellenbogen oder den Ärmel des Hemdes vor die Nase.

Die heutige Ausgabe von *Greater Kashmir* vermeldet, daß gestern im Lauf der noch andauernden »*Dandur Operation*« dreizehn Militante getötet worden seien, darunter die sechs vom Polizeiposten von Budgam. Die Operation im gleichnamigen Distrikt sei von Armee, *Border Security Forces (BSF)* und der indischen Luftwaffe gemeinsam durchgeführt worden, heißt es, wobei letztere in der Geschichte des bewaffneten Aufstands in Kashmir zum ersten Mal Helikopter eingesetzt habe, um Verbände in die entlegene Region der Pir-Panchal-Kette zu verlegen.

Bei diesen Truppen handelt es sich laut Auskunft von Surinder Oberoi, dem Korrespondenten der *AFP* in Srinagar, um *Rashtriya Rifles*, eine paramilitärische Einheit des *Seven Sisters Regiment* der indischen Armee. Allein diese aus den isolierten, nordöstlichen an Bangladesh, Bhutan, Burma, China und Nepal grenzenden Bundesstaaten Arunachal Pradesh, Assam, Manipur, Meghalaya, Mizoram, Nagaland und Tripura stammenden Dschungelkämpfer seien in der Lage, es mit den aus Pakistan einsickernden Islamisten aufzunehmen, vor allem in den südlichen Gebieten von Jammu und Kashmir. Surinder schätzt, die Infiltration fast einer Tausendschaft pakistanischer Freiheitskämpfer, die vor genau einem Jahr, zwischen dem 6. und dem 14. Mai 1999, zum Kargil-Krieg geführt hat, habe die indische Armee zutiefst erschüttert. Denn obwohl der Feind von den besetzten Stellungen der *Line of Control* habe zurückgedrängt werden können, dürfte Delhis Truppenstärke im Tal von Kashmir nunmehr weit mehr als eine halbe Million betragen, die Sondereinheiten von Armee und Polizei nicht einmal mitgezählt.

Auf dem Gelände der Kaserne oberhalb des Polizeipostens ist der Jagd nach Terroristen ein Museum eingerichtet worden, und damit es über den Auftrag der Streitkräfte nicht zu Mißverständnissen kommt, steht über dem Eingang »Only a dead militant is a good militant«. An den Wänden reihen sich Polaroid-Aufnahmen getöteter Infiltranten, sofern bekannt mit Name und Organisation. Öfters steht *JKLF*, für *Jammu Kashmir Liberation Front*, sonst aber auf jeden Fall *mehmaan mujahideen*, was soviel heißt wie 'Gast-Militanter'.

Seine »boys«, Major N. S. Jog meint damit den bei dieser Operation erfolgreichen Zug der *35 Rashtriya Rifles*, habe die »dogs« mehrere Tage observiert und dann mit Unterstützung von Helikoptern zugeschlagen. Den Erfolg unterstreiche die Sicherstellung des Materials im Waldversteck der Getöteten, sagt der Major und bezieht Position hinter den auf einem weißen Tischtuch aufgereihten Gegenständen, über die er dann etwas theatralisch seinen mit einem goldenen Kopf bewehrten Stock hüpfen läßt: Nebst fünf Exemplaren des Koran haben die »boys« Kalaschnikows und Reservemagazine, Macheten, drei Dutzend Handgranaten, ein Infrarot-Nachtsichtgerät, mit schwarzem Klebband umwickelte Zündsätze, Funkgeräte, sieben Kassetten mit Gebeten sowie zum *Jihad* rekrutierende arabische Schriften vom Einsatz zurückgebracht. Was damit geschieht, wird nach ein paar Hinweisen zur gestrigen Operation nicht gesagt. Draußen, beschließt der Major das schneidige Briefing, lägen noch persönliche Gegenstände der Infiltranten − zwei Säcke Reis, Pfannen, ein Regenschirm, Wolldecken, Schals, Seife, Zahnbürsten, Zahnpasta. Dieses Zeugs werde noch heute abend entsorgt.

Die Identität der Getöteten hat die Armee nicht ermitteln können.

Auf der Polizeistation ist unterdessen auch niemand vorstellig geworden. Deshalb lädt man die Leichen auf einen Militärlastwagen, der sie wahrscheinlich für die letzten Riten zu einem Imam bringt und dann zu einem unbezeichneten Grab.

Tal der Angst

Baramula, 16. Mai 2000. — In Kashmir, wohin Kurt und ich aus Anlaß des ersten Jahrestags des Kargil-Kriegs gekommen sind, ist die Lage so verwirrend, daß die Welt froh gewesen ist, das Tal wieder vergessen zu können, nachdem Indien davon abgesehen hat, pakistanische Freiheitskämpfer und Angehörige der regulären Streitkräfte Islamabads über die Grenze zu verfolgen mit dem Risiko weiterer Eskalation, im dümmsten Fall bis hin zum nuklearen Schlagabtausch.

Mehr als an anderen Orten kann in Kashmir eine Reportage nicht vonstatten gehen ohne lokale Hilfe, und Surinder Oberoi dürfte einer der ausgewiesensten Beobachter des Konflikts sein.

Surinders hellblau gestrichenes kleines Büro befindet sich im zweiten Stock des Gebäudes des Hotels *Bharat* am Lal Chowk-Basar. Man gelangt zum *AFP*-Korrespondenten über einen Balkonflur, und von diesem blickt man direkt auf den Ort, an dem die in einem der Belagerung vergleichbaren Zustand lebenden Kashmiri zuweilen ihre Stimme gegen das Vorgehen der indischen Sicherheitskräfte erheben. Die Kundgebungen, die bei Zurückhaltung der Ordnungskräfte mit Tränengas beendet werden, erscheinen verständlich, denn mit erschreckender Regelmäßigkeit, fast so, als müßte die Armee täglich ein vorgeschriebenes Soll nach Delhi vermelden, kommt es zu *enforced involuntary disappearence*, zum 'erzwungenen unfreiwilligen Verschwinden' militanten Islams verdächtiger junger Männer, ihrem Tod durch Folter in Polizeigewahrsam oder in gestellten Feuergefechten.

Wenn ihm der Basar Indizien für die generelle politisch-militärische Tagesform in Srinagar angibt, dann helfen Surinder die aus allen Ecken des Tals per Telefon, Fax oder *email* hereinkommenden oder von vorbeihuschenden Gestalten abgegebenen Nachrichten, ersten Eindruck abzugleichen. Ergänzend zu seinem Netz lokaler Informanten scheint sich der aus Delhi stammende und seit mehreren Jahren für *AFP* arbeitende Surinder eine Position geschaffen zu haben, die Kontakte zu den meisten Parteien des frustrierenden Konflikts ermöglicht – zu den militärischen und paramilitärischen Verbänden der indischen Armee, der ebenfalls mit eiserner Faust die Aufstandsbekämpfung betreibenden *Border Security Forces*, den dreiundzwanzig uneinigen Parteien der sezessionistischen *All Parties Hurriyat Conference (APHC)*, zum Gouverneur, den politischen Parteien sowie den Gruppierungen und Einrichtungen der Zivilgesellschaft. Somit über Hintergrundinformationen aus den verschiedensten Quellen verfügend, kann Surinder, der zum roten Turban ein kurzärmliges rotes Hemd trägt, das ihn in kritischen Situationen als nicht zu den Konfliktparteien Gehörenden ausweist, nur selten überraschen, was er am Morgen in der *Greater Kashmir* und die der *Kashmir Times* liest.

Abgesehen von den Berichten und Analysen, die seiner Ansicht nach vielfach eher zur Vertracktheit der ganzen Geschichte beitragen als zu deren Lösung, stößt Surinder bei der Lektüre aber immer mindestens auf einen mit *Bismillah* überschriebenen Nachruf. Dort kann er dann etwa lesen, der neunzehnjährige Najibullah Mir, der vielleicht etwas später als es die Besatzung des lokalen Militärcamps Daharmuna erlaubt, nach Hause gekommen ist, sei am Gartentor niedergestreckt und in seinem

Blut liegengelassen worden, während drinnen niemand sich gerührt habe, erstens weil die Familie darauf vertraut habe, daß der Student gewiß bei Kommilitonen geblieben sei, die wie er für das anstehende Semesterexamen lernen und wie er auf einen Platz an der Universität von Medina aspirierten, und zweitens aus Furcht, selbst liquidiert zu werden. Bevor Surinder zum Ende des Nachrufs kommt – »May Allah shower his blessing on the departed soul and accept his martyrdom« – muß er annehmen, daß sich in denselben vierundzwanzig Stunden im Tal mit großer Wahrscheinlichkeit noch mindestens vier weitere solche Tragödien zugetragen haben.

Es ist anzunehmen, daß Großvater, Vater und die beiden Onkel die Leiche von Najibullah Mir nicht auf Srinagars Märtyrerfriedhof gebracht haben, obwohl dort der Totengräber Gulam Nabi, vorauseilendem Gehorsam gegenüber der Gewaltspirale ergeben, reihenweise Gräber aushebt und mit Bruchsteinen verstärkt, da er sonst mit seiner Arbeit nicht nachkommt, die, so schrecklich sie ist, sorgsam ausgeführt sein will.

Aber muß tendenziell nicht jeder andere Friedhof längst auch einer der Märtyrer sein? Angesichts der vielen Zivilisten, die seit Ausbruch des bewaffneten Aufstands im Jahr 1989 diese Auszeichnung nicht im Gefecht oder durch Selbstmordanschlag suchen, wie die in Pakistan ausgebildeten kaschmirischen Unabhängigkeitskämpfer, die infiltrierenden fundamentalistischen Kämpfer des Nachbarlands und Afghanistans oder die Terroristen von weiter her, sondern zu Märtyrern werden, nachts wenn im Polizeistaat die Stromversorgung zusammenbricht.

Dabei gilt Kashmir doch als Paradies auf Erden.

»Glückliche Lämmer, warum konntet ihr nicht auf eurer Aue der Natur ungestört und sorglos weiden?«, fragt Johann Gottfried Herder, nachdem er sich bei dorthin Reisenden über Kashmir informiert und zu folgendem Bild gefunden hat:

»Mitten im Schoß der höchsten Gebürge liegt das Königreich Kaschmire, verborgen wie ein Paradies der Welt. Fruchtbare und schöne Hügel sind mit höheren und höheren Bergen umschlossen, deren letzte sich mit ewigem Schnee bedeckt, zu den Wolken erheben. Hier rinnen schöne Bäche und Ströme: das Erdreich schmückt sich mit gesunden Kräutern und Früchten: Inseln und Gärten stehen im erquickenden Grün; mit Viehweiden ist alles überdeckt; giftige und wilde Tiere sind aus diesem Paradiese verbannet. Man könnte, wie Bernier sagt, diese die unschuldigen Berge nennen, auf denen Milch und Honig fließt; und die Menschengattung daselbst ist der Natur nicht unwert. Die Kaschmiren werden für die geistreichsten und witzigsten Inder gehalten, zur Poesie und Wissenschaft, zur Handtierung und Künsten gleich geschickt, die wohlgebildetsten Menschen und ihre Weiber oft Muster der Schönheit.« (J.G. Herder, *Ideen zur Philosophie der Geschichte der Menschheit*, 1785)

Als Herder diese Sätze schreibt, ist etwas mehr als ein Jahrzehnt vergangen seit dem Tod von Ahmad Shah Durrani, des afghanischen Königs, der die Einwohner des Tals auf bislang unbekannte barbarische Weise unterjocht und als Sklaven nach Kabul verbringen ließ. Seine Herrschaft sicherten allerdings nicht Afghanen, sondern abhängige lokale kashmirische *pandits*. Auch wenn diese, wie zur Zeit der Moguln, offiziell Gouverneure genannt werden, sind es doch eher Räuberbarone und ihre Opfer die Hindu, deren religiöse Aktivitäten sie einschränken, deren Tempel sie entheiligen und deren Statuen sie darin zerstören. Am Ende wagen diese Potentaten gar, Kashmirs Unabhängigkeit zu erklären, wie der Schiit Jawan Sher. Den hat dann unter Timur Shah, Durranis bevorzugtem Sohn, der Sunnit Haji Karmidad zu verjagen, nur um das Tal seinem unter dem wenig schmeichelhaften Übernamen 'Nadir Shah von Kashmir' bekannten Sohn Azad Khan zu überlassen. Anders als sein gnadenlos die Schiiten unterdrückender Vater, setzt Khan die Verfolgung der Hindus wieder in Gang, dabei nicht nur Turbane und Schuhe verbietend, sondern auch das auf der Stirn getragene Kastenzeichen. Nicht toleranter ist dieser Herrscher gegenüber Fremden, etwa George Forster (ein Namensvetter des zur selben Zeit wirkenden deutschen Naturforschers und Weltumseglers), der als Angestellter der *East India Company* 1783 aus Bengalen kommend via Kashmir und Kabul nach Sankt Petersburg reist (*A Journey from Bengal to England: Through the Northern Part of India, Kashmir, Afghanistan and Persia and Into Russia by the Caspian Sea*, London 1798). Gemäß dem ein halbes Jahrhundert später Kashmir durchreisenden Baron Charles von Hügel (*Travels through Kashmir and the Punjab*, London 1845), kosten fremdenfeindliche Verfolgungen Forster beinahe das Leben, und er kann nur in Verkleidung entkommen. Die Lage verschlimmert sich dann noch unter den von Lahore aus regierenden Sikhs, die 1809 in der *Amity and Concord*-Vereinbarung britische Oberhoheit anerkannt haben, sich dadurch aber nicht davon abhalten lassen, am 4. Juli 1819 in Kashmir einzufallen. Besessen von Gesetz und Ordnung, schaffen sie eine Situation, unter denen die Kashmiri laut William Moorcroft »wenig besser als Vieh« (William Moorcroft and George Trebeck, *Travels in the Himalayan Provinces of Hindoostan and the Pujab*, 1841) existieren und Fronarbeit leisten müssen, wie etwa 1832, als der damalige Regent, Prinz Sher Singh, trotz winterlicher Unerreichbarkeit Srinagars vom heute in Pakistan gelegenen Muzaffarabad ins Tal hinaufwill und die Kashmiri aus ihren Behausungen treiben läßt, die über dreißig Kilometer lange Strecke zwischen der Kluft von Baramula und der Hauptstadt von Eis und Schnee zu befreien. Der Prinz mag sich einfach überzeugen wollen, daß auch in der kalten Jahreszeit zutrifft, was die Kashmiri noch heute glauben wollen.

Seit Kashmirs Frühzeit bilden die Brahmanen ein wichtiges Element in der Gesellschaft des Tals. Sie wirken als Priester, allerdings auch mit großem Einfluß auf politische Angelegenheiten und sind oftmals von den Herrschern mit Landrechten ausgestattet. Diesen dienen sie, da des Sanskrit mächtig, als Berater und Minister.

FROM HERE BEGINS HAPPY VALLEY WHERE WORLD ENDS AND PARADISE BEGINS haben die für den doch gebrochenen Ruf Kashmirs Verantwortlichen in fetten schwarzen Lettern auf die gelb bemalte Tafel an der Straße nach Baramula geschrieben, dem Tor zum Tal. Daß dessen Charakter einer natürlichen Festung ihren Einwohnern ausgesprochen am Herzen liegt, ist bereits al-Biruni aufgefallen, als er den Sultan von Ghazni auf einem seiner Vorstöße ins benachbarte Indien begleiten muß. Vierhundert Jahre vor ihm, vom Mai 631 bis ins Jahr 633, weilt Xuan Zang in diesem »Paradies in luftgetragenen Höhen«, das er über den Khyber-Paß, Attock und Taxila gehend, erreicht hat und wo man ihm nicht nur von Kaiser Ashoka errichtete Stupas zeigt, sondern auch Reliquien Kanishkas I.

Militärlastwagen sind unterwegs. Dort, wo Nebenwege einmünden, stehen im Schatten der Pappeln die dunkelblauen Panzerwagen der *BSF*. In den Straßendörfern blitzen zuweilen die Gewehrläufe, wenn eine Patrouille aus dem Schatten geschlossener Geschäfte in die Sonne tritt.

Als Herders Gewährsmann, der französische Arzt François Bernier (*Histoire de la dernière Révolution des États de Grand Mogol, AD 1656–1668*, Paris 1670–1671), 1665 in der Entourage von Kaiser Avrangzeb, auch bekannt als Alamgir II. (1658–1707), der, begleitet von 35 000 Kavalleristen, 10 000 Infanteristen, schwerer und leichter Artillerie, mehreren tausend Trägern sowie einer Prozession auf Elefanten reitender Hofdamen, ins Tal kommt, bestätigt das Angetroffene vollauf das im erdrückend heißen Delhi Vernommene. Nicht ungerechtfertigt, schreibt Bernier, gelte den Moguln Kashmir als das irdische Paradies ganz Indiens. Das ganze Tal trage die Pracht eines fruchtbaren und vorzüglich kultivierten Gartens. Wiesen und Rebhaine, Felder mit Reis, Weizen, Hanf, Safran und Äcker mit verschiedenstem Gemüse fügten sich mit den dazwischenliegenden Kanälen, Bächen und kleinen Seen zu entzückenden Ansichten. Den ganzen Grund emaillierten ihm als europäisch vorkommende Blumen und Gewächse, bedeckten Apfel-, Birnen-, Pflaumen-, Aprikosen und Walnußbäume.

Die Überfülle muß den Blick des Franzosen auf die zerstörten Orte und verlassenen Dörfer verstellt haben, von welchen spätere Reisende berichten. Denn Kashmir ist bereits in der Epoche des Groß-Mogul Avrangzeb nicht nur das, was es zu sein scheint. Iftikar Khan, der Gouverneur der Moguln, wird zum Tyrannen der kashmirischen *pandits*, und wenn er auch Brahmanen in der Bürokratie beschäftigt und die Voraussetzungen für Muslime und Hindus zu erfolgreichem Wirtschaften und Bildung gegeben sind, verfügt er nicht über die religiöse Toleranz von Akbar (1556–1605), der mit der Einverleibung Kashmirs in das Mogul-Reich im Jahr 1586 den Beginn der modernen Geschichte des Tals gesetzt hat. Nicht überraschend geraten nach Avrangzebs Tod die Zustände in Kashmir durcheinander. Rebellion, Mord und Plünderung stehen auf der Tagesordnung, und, ebenso wie in der Gegenwart, Verhaftung und Attentat. 1720 brechen zwischen Hindus, Schiiten und Sunniten schwere Unruhen aus, ein Wiederaufflammen des alten dreifachen Konflikts. Dieser nährt sich aus der bereits mehr als zweihundert Jahre zurückliegenden Hinwendung zum Schismus der lokalen herrschenden *chaks* durch Shams-ud Din Iraqi, den schiitischen Priester, der im Jahr 1492 in das Tal gekommen ist, etwas mehr als ein Jahrhundert nach dem Übertritt der Bevölkerung vom Buddhismus zum Islam. Diese erste Bekehrung hat nicht der Säbel durchgesetzt, sondern sie hat sich graduell vollzogen, zunächst unter dem Einfluß vor den Mongolen aus dem westlichen Zentralasien und Persien geflüchteter Muslime während der Regierung des im Jahr 1373 als Herrscher des Sultanats von Kashmir (1346–1586) in der Dynastie Shah Mirs nachgerückten Qutb-ud Din.

Unter Sikunder (1393 – 1413), Qutb-ud Dins Sohn, versehen zwar erst noch Brahmanen Staatsdienst, und Sanskrit ist die Schrift am Hof der Sultane; aber das Kesseltal vermag seine Bevölkerung selbstverständlich nicht vor dem im Innern entfachten Sturm zu bewahren, welcher dem Herrscher den Zunamen 'der Ikonoklast' eintragen wird. Sikunder, den nach dem am 17. Dezember 1398 errungenen Sieg Timurs über Sultan Mahmud und der Schleifung und Plünderung Delhis der Schreck ergriffen haben muß, und der gewiß auch von der Unterwerfung und Bekehrung seines südlichen Nachbarn, des hinduistischen Rajahs von Jammu, Kenntnis hat, versucht Kashmir und das Reich der Dynastie Shah Mirs mit dem Timur abgegebenen Versprechen einer großen Tributzahlung zu retten. Gleichzeitig setzt Sikunder aber zur Zerstörung der hinduistischen Tempel und deren Figuren an, läßt alle religiösen Bücher requirieren und im Dal-Lake versenken und bewirkt durch Verfolgung und Folter den ersten Exodus der *pandit*-Familien.

Timur, den es nach der Eroberung Delhis heim nach Samarkand und zu dortigen Bauvorhaben zieht, muß 1399, wenn er aus Srinagar kommend nach Kabul hinüberwill, durch die Kluft von Baramula. Der Austritt des Jhelum aus dem Tal ist Kashmirs westliches Tor, und 1320 ist von hier der Mongole Zulqar Khan mit einer 17 000 Mann starken Streitmacht nach Kashmir eingedrungen. Ein wahrer Dämon, auch Dulcha genannt, ist er in der Auffassung des zeitgenössischen kashmirischen Historikers Jonarja gewesen, nach dessen Morden kein Sohn mehr den Vater gefunden, kein Bruder mehr den Bruder angetroffen habe in dem Land, das dagelegen sei wie vor der Schöpfung, voller Gras und Menschen ohne Nahrung.

Zulqars Verwüstungszug, der mit dem Verschwinden der gesamten von ihm befehligten mongolischen Streitmacht in einem Schneesturm am Banihal-Paß endet, ist eine Zäsur in der Geschichte des Tals. Der Anfang vom Ende der Herrschaft der Hindu, die über die Dynastien der Lohara und der Utpala schließlich zu den Karkota (um 625–855) zurückführt und deren höchgeschätztem König Lalitaditya (um 725–756). Dieser kann zwar vielleicht nicht den ihm vom 'Herodot Kashmirs', dem um die Mitte des 12. Jahrhunderts lebenden Kalhana, angedichteten Ruhm beanspruchen, im Osten Feldzüge bis Bengalen und im Westen bis Turkestan unternommen zu haben, aber zweifellos helfen ihm gute Beziehungen zu den Kaisern der Tang-Dynastie, das Reich Kashmir, das seit der Dynastie der Han bei den Chinesen Jibin heißt, zu festigen, vor allem gegenüber den expandierenden Tibetern.

Auf der Straße nach Baramula ist, abgesehen von der schriftlichen Verkündung des Paradieses einige Kilometer hinter Srinagar, von dieser ganzen Geschichte nichts bemerkbar, und nach diesem Ort kommt fast nur noch Militärisches und damit Gegenwart ins Bild. In Uri, dem letzten Ort bevor die Straße die *Line of Control* nach Pakistan überquert, wechseln wir in einen Jeep der indischen Armee, der uns durch wunderschöne Tannenwälder kutschiert, auf deren Lichtungen Train-Soldaten mit Maultieren und Werfergranaten exerzieren. Knapp über der Baumgrenze liegt eine Gefechtsstation. Sauber gewischte, von weißbemalten Steinen eingefaßte Erdwege führen über die Kuppe auf die dem Feind zugewandte Seite und die mit Wellblech abgestützten Laufgräben. Die Soldaten tragen am Netzbezug ihrer Helme Grasbüschel aus Plastik und sind froh über die Abwechslung.

Die *Line of Control* ist eine Folge der Teilung Britisch-Indiens im Jahr 1947. Der hinduistische Maharaja des Fürstentums laviert damals so lange mit der Entscheidung, sich entweder Indien oder dem neu geschaffenen Pakistan anzuschließen, bis pakistanische Freischärler, unterstützt von regulären Truppen, in Kashmir einmarschieren. Gegen den Willen der mehrheitlich muslimischen Bevölkerung schlägt sich der Maharaja angesichts der Invasion auf die Seite Indiens, dessen Truppen die pakistanischen Invasoren zurückdrängen und zwei Drittel des Territoriums besetzen. Ein vom UN-Sicherheitsrat vermittelter Waffenstillstand bewirkt 1948 den Rückzug beider Armeen hinter die Demarkationslinie, die nach zwei weiteren Kriegen in dem 1972 geschlossenen *Simla Agreement* als *Line of Control* festgeschrieben wurde. Dadurch wird Kashmir fragmentiert in Azad Kashmir, einen Pakistan zugeteilten Streifen, und den als Unionsstaat Jammu & Kashmir Indien einverleibten Süden.

Bei einem Gefechtsstand blicken wir durch ein starkes, auf einem Stativ montiertes Fernrohr hinüber zum Hajipa-Paß und erkennen die von Kommandant Pal Vijay erwähnten neueren, auf pakistanischen Straßenbau hinweisenden Erdbewegungen. Die *Line of Control* verlaufe genau zwischen den beiden Bergzügen, informiert der Kommandant. Also zwischen *IAK*, *India Administered Kashmir*, und *POK*, *Pakistan Occupied Kashmir* – aber diese Bezeichnungen sind politisch nicht ganz korrekt.

Die Bergwiese unterhalb der indischen Stellung ist von Antipersonenminen verseucht, und im Frühling trägt heftiges Schmelzwasser sie auf die tieferliegenden Futterweiden hinunter, in die Nähe bewohnter Gebiete.

Auf der Rückfahrt nach Srinagar ist es Kurt nicht gestattet, am Eingang von Baramula und Sopore jemanden in der langen Schlange Wartender zu befragen, um herauszufinden, warum die Sicherheitskräfte den von der Feldarbeit Heimkehrenden in solchem Maß mißtrauen. Dafür öffnet man auf der Polizeistation von Pattan gern die metallisch blaue Plane mit einer Wasserleiche. Kinder haben sie im nahen Bach entdeckt. Die Uhr informiere über die Stunde des Todes, sagt der Offizier, ergänzt aber nicht, wann dieser eingetreten ist. Beim Erschossenen soll es sich um einen Bewohner der Gegend handeln. Er habe mit dem militärischen Geheimdienst kollaboriert.

Um Nase und Augen des Verräters wuchert maulbeerartiges Gebrösel, weißlich wie der Klee der Wiese.

'Azadi'

Srinagar, 18. Mai 2000. — Der Legende nach entstand das ovale Kesseltal Kashmir, als der Weise Rishi Kashyap die Götter anrief, ein Kluft in das Gebirge zu schlagen, um den See Sati Saras trockenzulegen, denn Jalodbhava, der darin lebende, von Brahma mit Unzerstörbarkeit gesegnete 'Wassergeborene', terrorisierte mit zunehmendem Alter immer mehr die Schlangenanbeter und Nagas, von denen eine die Tochter des Weisen war. Den orographischen Eingriff besorgte Balabhandra, Vishnus Bruder, und zwar dort, wo heute die Ortschaft Baramula steht. Rishi Kashyap stellte Jalodbhava, dessen Schutz mit dem Wasser verschwunden war, schlug dem Unwesen das Haupt vom Rumpf und ließ sich nieder im frischen Tal, das man nach ihm Kashyap-mar, 'Behausung des Kashyap', nannte, aus dem auf die eine oder andere Weise Kasmira wurde.

Durch die Kluft von Baramula sind im Lauf der Jahrhunderte alle Eroberer nach Kashmir eingedrungen, und nachdem wir nun zwei Tage lang auf verschiedenste Weise vom Konflikt betroffenen Menschen zugehört haben, habe ich den Eindruck, solange die Lücke nicht geschlossen ist, wird das Tal nicht zur Ruhe kommen. Jeder Ansatz einer Lösung rinnt durch sie davon. Indessen aber nicht der akkumlierte Schlamm, das undurchschaubare, wandelbare Gemenge aus Haß, Mißtrauen, Phobien, Rachegefühlen und was sonst noch alles.

Selbstverständlich ist die Sachlage kompliziert im ethnisch und religiös unterlagerten Territorialdisput, bei dessen Lösung womöglich auch noch völkerrechtlich verbrieftes Recht auf Selbstbestimmung mit nationaler Integrität kollidieren kann.

Jedenfalls einigt der Mangel an Selbstbestimmung die Kashmiri, und weil die vom pakistanischen Geheimdienst alimentierten Untergrundbewegungen im vergangenen Jahrzehnt, also seit Ausbruch des bewaffneten Widerstands, gut gearbeitet haben, ist davon auszugehen, daß die Bevölkerung sich von den beiden auf dem Tisch liegenden Lösungsvorschlägen verabschiedet hat. Nämlich von der Umwandlung der *Line of Control* oder Waffenstillstandslinie in eine internationale Grenze (wobei Indien unterdessen aber auch Anspruch auf den von Pakistan verwalteten Teil Kashmirs erhebt), oder aber von der Implementierung der *UN*-Resolutionen vom 30. August 1948 und vom 5. Januar 1949, wonach Pakistan seine gesamten Streitkräfte und Indien von seinen einen Großteil aus den jeweils besetzten Teilen abziehen soll, um damit den Weg für ein Referendum zu schaffen.

Das Referendum hingegen ist dem Vernehmen nach für die Kashmiri, die dritte und direkt betroffene Partei im Konflikt — nach mehr als einem Jahrzehnt beklagt sie weit über 50 000 Tote (das Vielfache der offiziell angegebenen Zahl) und nennt 5000 *women 'dishonoured',* sowie 3000 Fälle unaufgeklärten Verschwindens – nur noch denkbar mit der erweiterten Option der Unabhängigkeit, *'azadi'.* Da indessen Kashmirs Unabhängigkeit sowohl für Islamabad als auch für Delhi definitiv außer Frage steht, scheint man, zumindest in Indien, darauf zu hoffen, die wichtigsten der unter dem Schirm der *All Party Hurriyat Conference (APHC)* versammelten dreiundzwanzig separatistischen Gruppen könnten am Ende vielleicht auf »LoC+« einschwenken, was soviel heißt wie die Teilung Kashmirs plus Autonomie.

Unterdessen geht einstweilen der Krieg weiter, wobei die Agenda der Rebellen von Separatismus bis *Jihad* reicht, und auf dem Etikett, je nachdem ob es von Islamabad oder Delhi verliehen wird, Befreiungskampf oder Terrorismus steht. Unbestritten dürfte indessen der Teufelskreis eskalierender Gewalt und unverhältnismäßiger militärischer Aufrüstung sein. Denn nur ein Ende der Infiltration würde zu einem Abbau der indischen Sicherheitskräfte führen, und das wiederum den Zorn der Kashmiri reduzieren – Nährboden des militanten Aufstands, der sich nicht nur aus ›exfiltrierten‹ Kashmiri rekrutiert, sondern eben auch aus infiltrierenden Radikalisierten ausländischer Herkunft.

Ob Afaq, ein zu zweifelhaftem Ruhm gekommener Medizinstudent, ein 'Exfiltrant' gewesen ist, weiß in der hinterbliebenen Familie keiner. Nur, daß der Achtzehneinhalbjährige sehr gläubig und arbeitsam gewesen ist und ein Einzelgänger, was sowohl Kommilitonen als auch die Professoren bestätigt haben.

Erst vor kurzen, fast drei Wochen nach seinem Anschlag, ist Afaqs Identität festgestellt worden. Am 19. April hat er vor einem Checkpoint der Armee in Srinagar eine Sprengstoffladung zur Detonation gebracht und ist damit als erster Selbstmordattentäter in die Geschichte des kashmirischen Widerstands eingegangen. Sein Akt, der einen indischen Soldaten leicht verletzt und geringen Sachschaden verursacht hat, ergänzt das für einen Außenseiter bereits unübersichtliche Gewimmel in Kashmir operierender militanter Gruppen um den neuen Namen der *Jaish-e-Muhammad.* Die 'Armee des Propheten' soll die Gründung eines militanten, in indischem Gewahrsam befindlichen Islamistenführers sein, der nach dem *Hijacking* einer Maschine der *Air India* auf dem Weg von Kathmandu nach Delhi am 24. Dezember letzten Jahres freigepreßt worden war. Hinter der Entführung, wird in Washington behauptet, soll die vom pakistanischen Militär unterstützte *Harkat ul-Mujahedeen* stehen, früher bekannt als *Harkut ul-Ansar.* Zum Jahresende haben die Zeitungen dann Bilder der nach Kandahar ausgewichenen entführten Maschine gezeigt, und auf diesen ist neben dem Fahrgestell ein Taliban zu sehen gewesen, bewaffnet mit einem Exemplar der wie lang vermutet in die falschen Hände geratenen amerikanischen *Stinger.*

Auch wenn diese Hintergrundgeschichte sich weit entfernt zugetragen zu haben scheint und dabei an die andere längst zurückliegende hintergründige Geschichte des antisowjetischen *Jihad* der Afghanen erinnert und in neuere Entwicklungen hineinspielen mag, ohne daß ein Unbeteiligter wissen kann wie, reicht ein Ast von ihr in dieses Wohnquartier außerhalb Srinagars Altstadt, vorbei an den wie *UFOs* die Kreuzungen blockierenden, mit Stacheldraht umgebenen Posten der Armee, die staubige Straße und einen schmalen Fußweg zwischen roten Backsteinmauern, vorbei an den Rosenbüschen eines stillen Gartens in das Haus, zu dem uns Surinder gebracht hat, zu Haleema, Asaqs spasmatisch schluchzender Mutter. Mit angezogenen Beinen sitzt Frau Haleema auf dem Teppich, vom Licht des Fensters abgewandt. An die Brust drückt die sie die gerahmte Fotografie des Sohnes, die sie uns nur einen kurzen Moment zeigen mag.

Wenn so das Bild von Kashmirs Unabhängigkeit aussieht, dann verheißt es nichts Gutes.

Militärstraße nach Kargil

Kargil, 20. Mai 2000. — Gebaut worden ist die Straße von Srinagar nach Leh als Nachschubroute der indischen Armee, und deswegen ist sie nachts und während der Hälfte des Tages für deren Verkehr reserviert. Anders kämen die aus zwei-, dreihundert Lastwagen bestehenden Konvois auch gar nicht über den winters geschlossenen prekären den Zoji-la-Paß. Am Fuß des sich von der Alp Sonamarg in das langgestreckte Hochtal hinaufschwingenden Übergangs geduldet sich der zivile Verkehr bis Mittags um zwölf, um dann als hupende, pustende und um die vordersten Plätze buhlende Meute auszubrechen, sobald das letzte Fahrzeug des herunterkommenden Militärkonvois durch den prekären Steilhang gekrochen, unter geröllübersäten Lawinenniedergängen vorbei und durch braunes Schmelzwasser auf sicherem grünem Boden angelangt ist. Vor dem tumultuösen Aufbruch aber wird jeder Kleinbus, jedes Taxi, jeder Passagier auf der Liste der *BSF* eingetragen, denn die Straße nach Ladakh hinauf ist zwar nicht Front, kann aber zu ihr werden, wenn der Feind, wie vor einem Jahr geschehen, die auf sie hinunterblickenden Höhen im Norden besetzt.

Der vom 26. Mai bis 14. Juli dauernde Waffengang, den Krieg zu nennen beide Parteien vermieden haben, war nach den beiden von Indien gewonnenen Kashmir-Kriegen von 1947 und 1965 der dritte, mit dem Unterschied, daß sich 1999 nicht mehr nur zwei mit Altlasten hadernde Nachbarn gegenübergestanden sind, sondern zwei aspirierende Atommächte, die sich im April und Mai 1998 eben erst gegenseitig, wie ungezogene Knaben, von ihrer jeweiligen nuklearen Schlagkraft zu beeindrucken versucht hatten mittels erfolgreicher Tests von Mittelstreckenraketen und je einem halben Dutzend unterirdischen Kernwaffenexplosionen.

Schauplatz des Waffengangs vom vergangenen Frühsommer war ein Abschnitt der *Line of Control* zwischen Dras und Kargil, wo sich pakistanische Mujaheddin und kashmirische Separatisten zu den während dem Winter verlassenen indischen Stellungen vorgeschoben hatten, was, da diese auf über 5000 M. ü. M. liegen, nur möglich gewesen war mit Unterstützung regulärer Einheiten Islamabads. Die Eindringlinge verfügten damit über einen Geländevorteil, der die indischen Verteidiger, deren Luftangriffe im schwierigen Hochgebirge nur wenig effektiv sein konnten, kaum vorankommen ließ und sie zwang, unter ständigem Artilleriebeschuß zuerst die Militärstraße zu sichern. Von dieser ausgehend, konnte dann die Rückeroberung der besetzten Höhen zu beginnen, darunter des Tiger-Hill, einer schwarzen Pyramide hinter Dras.

In diesem Straßendorf haben wir übernachtet.

Die Schäden im Ort sind alles andere als behoben, aber wenn auch die neuen oder reparierten Häuser noch keine Fensterscheiben haben und der kalte Wind durch die offenen Dachstöcke streicht, wenn in Ermangelung eiserner Rolläden Geschäfte mit Zinkblech abgedeckt sind, so wird doch darin von Srinagar heraufgebrachtes Gemüse verkauft, und um die Ecke hat sich der Betreiber des *STD/ISD*-Diensts eingerichtet, um Dras mit Indien zu verbinden, wenigstens telefonisch.

Die Zugehörigkeit des Hochtals zu Delhi, das hat der Besuch der Unterstufenschule in dem über Dras gelegenen Dorf Bhimbat heute morgen gezeigt, ist nämlich keineswegs unbestritten. Im Schutt hinter der Schule sind wir auf ein Heft gestoßen, auf dessen erster Seite der sechsmal gleiche Satz »India is our nation« durchkreuzt gewesen ist, ob vom Kind oder vom Lehrer war nicht auszumachen. Doch der Lehrer hat bei unserem Gespräch ganz entschieden darauf beharrt, daß die Leute von Dras und Umgebung keine Inder seien, sondern Kashmiri.

Der in sorgfältiger Kreideschrift auf das schwarze Wandstück unter dem grob gezimmerten Vordach der Schule gemalte Spruch – »We pay glowing tribute to the Kargil Heroes Who laid their lives to protect the Sacred land last year« – muß demnach pure Höflichkeit sein gegenüber der Armee, die angefahren ist, im Nu ein weißes Zelt aufgeworfen hat und Stapel roter und weißer Plastikstühle ausgeladen, um später am Tag mittels einer Gedenkveranstaltung, in einem weiteren Anlauf zu versuchen, die Herzen und Köpfe der Ansässigen zu erobern. Das ist kein einfaches Unterfangen, leben diese doch hier und in allen andern Siedlungen bis hinauf nach Kargil nicht nur unverschuldet zwischen den Fronten, sondern vielfach getrennt von unerreichbaren Verwandten auf der anderen Seite der *Line of Control*. Die Kinder – Buben und Mädchen in Pullovern von tiefem Karminrot, jene mit dazu passender Krawatte und sauber gescheitelten Köpfen, diese mit weißem Kopftuch – sind dann kurz angetreten, um, an Ort und Stelle stapfend, ein Lied vorzutragen, zur Übung für den Nachmittag oder wegen unserer Anwesenheit, jedenfalls nicht für die Soldaten,

die ungestört mit Pickeln Stangen in den harten Boden geschlagen, von den Lastwagen allerlei Material herangeschleppt und auch sonst Emsigkeit verbreitet haben.

Auf dem Weg nach Kargil haben wir Haubitzen-Stellungen gesehen, die teilweise so tief unten in der engen Schlucht liegen, daß die Artillerieballistik an ihre
Grenzen kommen muß, aber über uns, an den der *Line of Control* gegenüberliegenden Hängen, auch Straßenarbeiten. Der Kargil-Krieg muß Indien bewußt gemacht
haben, daß es sinnlos ist, oben am Siachen-Gletscher, wo die Waffenstillstandslinie
endet, eine täglich zwei Millionen Dollar verschlingende Materialschlacht im ewigen Eis zu führen, wenn weiter unten im Tal, während man bereits ergriffen ist von
der Vorfreude des Lichterfests *Diwali*, der Feind Vorbereitung triff, unbemerkt das
Haus zu betreten.

Die Landschaft ist großartig und ich bereue es, daß wir nicht bis Leh hinauf
gehen. Von dort führen nämlich Pässe ins chinesische Tarim-Becken und nach Tibet
hinüber, und über diese sowohl die Routen der Salzkarawane und der Moschus-
straße, wie auch die Wege der Gestalten des »Great Game«, während die tückenrei-
che heutige Militärstraße streckenweise hinter eine massive Betonmauer verbannt
ist. An jenen Stellen nämlich, wo pakistanische Stellungen freies Schußfeld haben.
Direkt ins Visier genommen worden, von Marol aus, im nur wenige Kilometer
entfernten Indus-Tal gelegen, ist denn auch die Hauptschule von Kargil, und das
weil sie auf einer Anhöhe steht und nicht unten im Ort. Der schmiegt sich mit
Türkiskuppeln und weißen Minaretten an die tief in die Schutterrassen eingegra-
bene Schleife des khakifarbenes Wildwasser führenden Suru, liegt da wie auf einem
Aquarell des Hermann Schlagintweit.
Nur hat die alte Händlerstadt im Herzen des Gebirges und am Kreuzpunkt
mehrerer Handelswege nichts mit der
Entrücktheit von Hochasiens früheren Jahrhunderten zu tun. Es herrscht
nämlich ziemliche Betriebsamkeit in der
Basarstraße, vor der *Kashmir Valley Fi-
nance & Investment Ltd, Regd.* und anderen
Geschäften, auch wenn deren Umsatz
nicht mehr unbedingt auf dem Gold
von Dkar-sykil beruhen muß.

Unterbunkert wie öffentliche Gebäude und auch die Schule, wo der
Oberlehrer die Kinder unseres Besuches

Hermann Schlagintweit (1826–1882) und seine beiden Brüder
Adolph (1829–1857) und Robert (1833–1885) brechen auf
Empfehlung Alexander von Humboldts 1854 zu einer Forschungsreise auf, die sie durch Zentralasien, den Karakoram und den Himalaya nach Indien führt. Ihre im Auftrag der *East India Company*
durchgeführte wissenschaftliche Arbeit, vor allem erdmagnetische
Forschungen, soll der Kartographie nutzbar gemacht werden.
Adolph Schlagintweit wird bei seinem Versuch der Rückkehr auf
dem Landweg im von Wirren heimgesuchten Turkestan als angeblicher Spion Chinas verhaftet und am 26. August 1857 enthauptet.

Herodot (III, 102) überliefert bei seinem Bericht über die Stämme
Indiens die älteste Form einer aus Ladakh stammenden Goldsucher-
sage. Diese ist auch in einer tibetischen und auf dieser basierenden
mongolischen sowie chinesischen Version erhalten, und ihr Schauplatz ist Dkar-sykil, das heutige, im Zentrum des Prospektionsge-
biet liegende Kargil.

wegen auf das Ertönen der Glocke in die neue Anlage unter dem Hof hat rennen
lassen, ist in Kargils Zentrum nichts. Wer die Weltherrschaft des Islams anstrebt,

benötigt solche Vorkehrungen nicht, meint der Sekretär eines lokalen islamistischen Kampfverbands, dessen im Geschachtel des zuweilen abschüssigen Zentrums liegendem Büro unser Freund Surinder, nachdem er im Hotel seinen orangefarbenen Spitzturban mit bestechender Sorgfalt neu umgebunden hatte, über zahlreiche hölzerne Stiegen zielsicher angesteuert hat. Im Lauf des Gespräches, bei Tee und Gebäck, ist der Sekretär dann wiederholt auf die afghanischen Taliban zu sprechen gekommen. Von deren Agenda inspiriert, dürfte seine Organisation innerhalb der *APHC* nicht gerade zur moderateren Fraktion gehören. Was abgesehen von seiner Beurteilung des Lösungswegs aus dem kashmirischen *status quo* interessiert, jedoch nicht klar wird, ist, wie denn das Gedankengut der sunnitischen Taliban bei den Schiiten ankommt, die in Kargil, wo mehr als ein Ayatollah Khomeini von den Mauern blickt, die Mehrheit der Bevölkerung bilden.

Vielleicht ist Kargil aber auch gar nicht so abgeschnitten, wie es scheint, sondern einfach nur ein geeigneter Platz für Fermentationen aller Art, bis während eines schönen Frühlings, wenn der Zoja-la nach der Winterpause wieder passierbar wird, einer durch das schroffe ›India Gate‹ nach Srinagar hinuntergeht, im Auge den eigenen Tod und das Paradies im Sinn.

'Oxford des *Jihad*'

Akora Khattak, 18. März 2001. — Vergleiche sind eine heikle Sache, vereinfachen sie doch den betreffenden Gegenstand. Vor allem aber entlasten sie den Befragten vor weiterem Nachbohren, während umgekehrt der Fragende vielleicht ein Zitat zugespielt erhält, an dem er seine Reportage aufhängen kann. Mit Vereinfachung hat das nichts zu tun, aber mit dem Bestreben, den Leser zu Hause doch mindestens abzuholen und zu interessieren für eine scheinbar fern von ihm sich zutragende und beim besten Willen nicht auf einen Nenner zu bringende Sache wie der radikale Islamismus und dessen Perspektiven.

Aber wie viel weiter hätte Kurt — nach der Kashmir-Reportage im vergangenen Jahr sind wir nun unterwegs nach Afghanistan, um über die Dürre und ihre humanitären Auswirkungen zu berichten — gehen

Dazu Buch VIII, *Am leeren See* und nachfolgende Kapitel.

können, als nach Sami ul-Haqs Bemerkung, es freue ihn, zu hören, daß der draußen auf der Straße angetroffene Elfjährige einen Knopf der *Harkat ul-Mujaheddin* mit dem Aufruf *Kill all Americans* trage, denn die USA seien doch der schlimmste Satan auf Erden, suggestiv zu fragen, ob eine solche Haltung nicht auf die *Darul Uloom Haqqania* als Zuchtstätte islamistischer Terroristen hindeute. Wie hätte umgekehrt der seit 1988 amtierende Rektor der von seinem Vater 1947 gegründeten Medrese darauf anders und das Gespräch beschließend antworten können, er fände als Bezeichnung seines Seminars 'Oxford der Heiligen Krieger' angebrachter.

Wenn der Mulana damit nicht unterstreicht, daß er es grundsätzlich als legitim erachtet, daß der *Jihad* in die nichtmuslimischen Bürgergesellschaften getragen wird, so weist seine Entgegnung auf den Umstand hin, daß die zwischen dem Indus-Übergang und Peshawar direkt an der von Islamabad zum Khyber-Paß führenden Hauptstraße liegende *Darul Uloom Haqqania* nach der *al-Azhar* in Kairo und der *Darul Uloom Deoband* im Norden Indiens die bedeutendste Lehrstätte der islamischen Welt sein will. Gerade mit letzterer teilt Sami ul-Haqs Seminar die Tradition, Kämpfer auszubilden. Wenn es im 19. Jahrhundert aber Freiheitskämpfer gegen die britische Kolonialmacht gewesen sind, dann handelt es sich im Fall der pakistanischen Medrese um die im antisowjetischen *Jihad* eingesetzten Mujaheddin, und um fast auch die gesamte Basis der heutigen Taliban wie auch die *Shura*, das 'Parlament' ihrer Bewegung. Eine weitere Übereinstimmung zwischen *Deoband* und *Haqqania* ist der soziale Hintergrund der Studierenden, die unterprivilegierten Verhältnissen entstammen, im Fall Pakistans, vor allem in der Nordwest-Grenzprovinz *(NWFP)*, den afghanischen Flüchtlingslagern.

Daß die Haqqania in letzter Zeit eine gewisse Berühmtheit erlangt hat, ist selbstverständlich eine Folge davon, daß in ihr der Kader der Taliban ihr Curriculum durchlaufen hat. Aber das Seminar in Akora Khattak ist nur eines der vielleicht ein paar Hundert unter den landesweit mindestens zwanzigtausend das marode Bildungssystem ersetzenden, die sich in den Dienst des radikalen politischen Islam gestellt haben.

Innerhalb Pakistans verfolgt der im politischen Leben die radikale Partei *Jamiat e-Ulema Islam (JUI)* anführende Sami ul-Haq vor allem das Ziel, den Morast der Korruption und die Gottlosigkeit auszumerzen. Da indessen bekannt ist, daß die meisten der politisch aktiven, in den 1990er Jahren gegründeten Lehrstätten vom pakistanischen Geheimdienst zum Zweck der Ausbildung afghanischer Koranschüler gefördert werden, stellt sich die Frage, ob denn auf dem weitläufigen Gelände nebst dem Erlernen und Verstehen der religiösen Botschaft, also der religiösen Erziehung, auch der Umgang mit Waffen vermittelt wird, zumal sich unter den Studenten auch solche aus Kashmir, aus den zentralasiatischen Republiken, aus Dagestan und Tschetschenien sowie aus der chinesischen Autonomen Region Xinjiang befinden dürften. In Islamabad verbreitete Gerüchte, verneint einer der beiden als Übersetzer fungierenden Söhne des Mulama, während dieser mit Sorgfalt aus dem Tellerchen ein paar Granatapfelkerne fingert. Nach einem Schluck Tee setzt Sami ul-Haq dann aber hinzu, viele Studenten würden im Lauf der elf Jahre, die notwendig sind für *tafsir*, das Memorieren des Koran samt Interpretation, und die *Hadith*, die für eine korrekte islamische Lebensführung maßgebenden Äußerungen des Propheten, ihre sechswöchigen Ferien in paramilitärischen Ausbildungslagern verbringen.

Damit ist stillschweigend zugestanden, daß wahrscheinlich ein Großteil der Studenten es nicht bis zum Abschluß bringt, sondern unter dem Steinhaufen eines namenlosen Grabes ihr Ende finden, in den Tannenwäldern von Uri oder Baramula hinter der kashmirischen *Line of Control* oder im näher liegenden Afghanistan, als dessen Waisen sie Sami ul-Haqs Seminar aufgenommen hat.

Das Leben innerhalb der Medrese mit ihren elf Wohnheimen für die 2500 Studenten, mit zwei regelmäßigen täglichen Mahlzeiten, sauberem Wasser und sauberer Kleidung dürfte einem kleinen Afghanen unschwer besser vorkommen als das in Shamshatoo, wo sich 50 000 Flüchtlinge zusammendrängen, oder dem ebenfalls im Umland von Peshawar liegenden viel größeren von Jalozai.

Ein hagerer Alter fährt erst gar nicht zu diesen von der *UN* erstellten Einrichtungen hinaus, sondern zu einem offiziell noch gar nicht existierenden und deshalb von keiner Organisation versorgten Lager. Dort verteilt er vom Seminar gesammelte Kleidung. Mehr vor der Dürre als vor dem Krieg sind die hier unter elenden Bedingungen verharrenden Afghanen in den vergangenen Wochen geflüchtet und haben ihre Behelfszelte aus dünnem, über Pfosten geworfenem Plastik zwischen kümmerlichen Bäumchen und totem Gebüsch errichtet, auf hartem staubigem Boden, der sich beim nächsten Regen in ein mäanderndes reißendes Gewässer verwandeln wird.

Irgendwo in der staubigen Ödnis gibt es noch Wasser, denn Mädchen schleppen Kanister heran, halb so groß wie sie selbst. Größere Knaben haben Steinschleudern, und dann taucht immer wieder ein verunsicherter Kleiner auf mit dem Hungerbauch.

BUCH XII

WEGE ZURÜCK

Horaz, Nizami und das *Narrenschiff*

Baku, 20. Mai 2005. — *Crede experto* empfiehlt die Rückseite von Elyas Geschäftskarte. Im vereinfachten Konterfei vorne drauf kann man im ersten Moment
nicht unbedingt einen Römer erkennen, aber nachdem man erfahren hat, daß es
sich um Quintus Horatius Flaccus handelt, wundert nicht mehr, daß es wie eine
Büste auf ihrem Sockel über dem Blocksatz RATIO COUNSELING steht. Elyas
ist allerdings ein zu ernsthafter Lateiner und besitzt zu großen Respekt vor seinem
antiken Leitstern, als daß er dessen Mittelnamen Horatius, im englischen mit Ho-
race wiedergegeben, einfach in *Ratio* abwandeln würde. Vielmehr bezieht sich der
Name der Firma, deren Senior-Partner Elyas ist, auf das mit diesem Wort bezeichnete Verhältnis zwischen zwei Größen, und daß dieses nicht nur ein reibungsloses,
sondern immer auch ein auf Erfolg ausgelegtes ist, versteht Elyas als grundsätzliche
Vorgabe seiner Tätigkeit als Konsulent. Die beiden Größen, zwischen denen Elyas
effizient vermittelt, können sehr direkt miteinander verbunden sein, wie etwa die
Lebensdauer der im Ausland hergestellten Filter, Pumpen, Stiefel und dem raschen
Verschleiß solcher Gegenstände auf den Ölplattformen draußen im Kaspischen
Meer. Seltener wickelt Elyas ein Termingeschäft wie unseres ab, mit einer einzigen,
dafür unverrückbaren Maßgabe, aber vielen Unbekannten.

Bereits im Rahmen der unserem Treffen vorausgegangenen elektronischen
Korrespondenz hat Elyas die verschiedenen variablen Faktoren – Wetter, Seegang
und möglicherweise durcheinandergeratende Fahrpläne; Ansehen der Reederei,
Fährenklasse, Standort und Öffnungszeiten der Billettverkaufsstellen – ins Spiel
gebracht, die im Zusammenhang mit der Überquerung des Kaspischen Meeres zu
bedenken sein würden und die zu kennen Elyas bisher durchaus keinen Grund gehabt hat, denn einer, der heute von Baku nach Turkmenistan muß, ist geschäftlich
unterwegs und nimmt darum nach Ashghabad den Flieger.

In Turkmenbashi, am südlichen Abschnitt der Ostküste des Binnenmeeres,
zentralasiatischen Boden betreten wollen Susanne und ich am Morgen des 24. Mai,
und es steht außer Frage, daß wir uns in der auf Elyas Geschäftskarte ins Feld geführten 'Klugheit' oder 'Einsicht' üben wollen und uns einer erfahrenen Person wie
ihm anvertrauen. Daß er uns nicht nur vor das Hafengelände, sondern bis zum Zoll
begleiten würde, hat Elyas bereits heute um drei Uhr morgens, als wir, aus Istanbul

kommend, gelandet sind, versichert, wie auch, daß es uns während dieser Tage des Transits in Baku an nichts wird fehlen.

Gegen zehn ist Elyas im Hotel aufgetaucht mit der Information, Susannes Rucksack käme mit der Abendmaschine der *Turkish Airways*. Sein Fahrer würde sich darum kümmern. Socken und Zahnbürste gäbe es im Supermarkt beim *Fountain Square*, nur ein paar Schritte von der Altstadt. Dort ließe sich auch frühstücken.

Wir haben das historische Zentrum Bakus durch das Shemakha-Tor verlassen und um die der zinnenbewehrten Mauer gegenüberliegende abfallende Grünanlage und den dahinterliegenden Platz zu erreichen, den morgendlichen hupenden Stoßverkehr gequert. Elyas, auf dessen Stirn bereits Schweiß geperlt hat, ist ohne seinen Gang zu verlangsamen vorbeigegangen an der zwischen Platanen und Nadelbäumen, auf einem hohen sechseckigen Zylinder aus rotem Stein stehenden Mantelgestalt, deren linker spitzer persischer Schuh neckisch über den Bronzesockel hinausschaut, und hat dabei zuerst den linken Arm hochfahren lassen – »*The great Nizami!*« – und dann mit dem rechten – »*His Museum of Literature!*« – zum klassizistischen Gebäude hinübergewiesen, wobei er die Namen der sechs in der Loggia aufgestellten kalkweiß bemalten azerischen Poeten von rechts nach links einen nach dem andern aufgerufen hat.

»*Attach any Italian name, and people will buy it*«, hat Elyas dann etwas später in der Fußgängerzone unter den Bannern von *D&G*, *Patrizia Pepe* und anderer dieser Horde gemeint und damit keinen Hehl gemacht aus seiner Mißbilligung des Fimmels mit Designerlabels. Elyas Ächtung dürfte aber auch die Hersteller des um abenteuerliche Spitzschnäbel verlängerten Schuhwerks miteinschließen; jedenfalls ist er heute morgen der einzige Mann um Dreißig in diesem Teil von Baku, der solche nicht trägt. Folgerichtig ist deshalb auch, wenn er sagt, ein Mann trage entweder einen richtigen Bart oder keinen, aber nicht diese angefrästen Borstenfelder und Streifen längs des Kiefers. Er selbst rasiere sich zweimal täglich, betont Elyas, das zweite Mal nach dem Mittagessen, für das er zur Mutter geht. Die zuweilen auch mit vorzüglich im Ölschlick erhaltenen Mammutknochen befaßte Anthropologin ist es gewesen, die Elyas schon ganz früh den Weg zu den Büchern gewiesen hat, mit der Konsequenz, daß er später als einer von zwei aus siebenhundert Bewerbern ein Stipendium des *British Council* gewonnen und ein Jahr in Belfast verbracht habe.

Unser Konsulent genießt einen Ruf in der Stadt, das ist augenscheinlich, denn nachdem Susanne die dringenden Dinge gefunden hat, bleiben wir im lockeren Strom der Flanierenden, der um den *Fountain Square* treibt, zuweilen stehen, um von Elyas jüngeren und durchwegs attraktiven Frauen vorgestellt zu werden, die paarweise mit Tragtaschen aus den Boutiquen kommen oder nach ein paar Sätzen mit unserem Stadtführer eine der vielen Parfümerien betreten.

In ein solches Geschäft hat uns Elyas zuvor gebracht, denn als ob Ölgewinne unangenehmer riechen würden als auf sonstigen Feldern erwirtschaftetes Geld, sind darin die Wechselstuben eingerichtet, und lang vor dem Dollar tauschen die Agenten am liebsten die aserischen *Manat* gegen frische Euros.

Jetzt sitzen wir beim Frühstück in einem der Restaurants am *Fountain Square*, wo es alles gibt vom Tee bis zur Pizza. Draußen richtet das Personal die Bestuhlung aus, und gebückte Männer in Überkleidern schieben Kinderautos auf ihre Plätze.

Das Warten in Baku, auf Susannes Rucksack und die Fähre nach Turkmenistan, hat begonnen, und weil Elyas nicht nur dem Dienstideal einer internationalen Verbindung nachlebt, sondern die daraus abgeleitete Kunst, sich nützlich zu erweisen, mit großer Belesenheit verbindet, dürften es zwei vergnügliche Tage werden.

Der zuvor angetroffene Nizami, der im Jahr 584 n. d. H. (II88) verstreute arabische Stoffe zur absoluten Liebe zwischen Leila und dem in den Wahnsinn, *madschnun*, fallenden jungen Beduinen Qeis aufnimmt und zur Fabel zusammenschließt, wird zum Ausgangspunkt eines Gesprächs über Literatur, welches uns über Shakespeare, den dieses orientalische Lieblingsbuch zu *Romo und Julia* angeregt haben soll, ins Abendland führt und Susanne unvorbereitet vor das Problem, sich an Hans Sachs erinnern zu müssen. Daß der deutsche Lyriker und Verfasser von Fastnachtsspielen im selben Jahr, nämlich 1494, geboren ist, in dem das *Narrenschiff* erschien, weiß Susanne genausowenig, und mir sind dieses Werk und dessen Autor nicht einmal dem Namen nach bekannt.

»*The ship of foools! Stultifera naaavis! Youuu don't know Brrrant? Sebastian Brrrant — your compatriot!*«

Der rechte Arm unseres Begleiters malt bei diesem Satz einen weiten Dreiviertelkreis in die Luft, wobei der Ärmel seines blauen Jacketts zurückrutscht und der Manschettenknopf am weißen Hemd zum Vorschein kommt.

Elyas verspricht, nach dem Mittagessen bei der Mutter würde er kurz beim Büro vorbei und übers Internet alles Verfügbare zu Brant herunterladen. Die ungewisse Passage nach Turkmenistan könnten wir ohne das *Narrenschiff* nicht in Angriff nehmen.

Es ist die bitterwahre Moral, die Elyas beim Basler schätzt, und wir haben den Eindruck, sie hat ihn nicht nur imprägniert gegen die Tücken der Globalisierung – die Mobilität von Dienstleistungen, Gütern und Menschen –, sondern auch sensibilisiert für das an der Gesellschaft vorbeizielende Raffen der Machthaber. Wir hätten gewiß die Sprayereien gesehen zu Nizamis Füßen. *YOX* hieße auf aserbaidschanisch 'Nein' und sei der Name einer Jugendorganisation, die Demokratie verlange vom Präsidenten, dessen Ausweis zu regieren sich ja vor allem dynastisch erklären ließe. Die nächste der Demokratie sich bietende Gelegenheit sei der Urnengang im Herbst.

»*Maybe there will be a revoluuution.*« Welche Farbe sie haben könnte, kann Elyas nicht voraussagen, fügt aber an, daß es mit der Demokratie letztlich halt so sei wie mit der Liebe: »*Many speak about it. Few enjoy it!*« Baku sei zum Glück bis jetzt vor tschetschenischen Attentaten verschont geblieben, und wenn es einmal zu solchen kommen sollte, würden sie hier ebenso unerklärlich bleiben wie anderswo, obwohl die dahinterstehende Logik vielleicht ganz schrecklich einfach sei: »*What do you chooose? To be killed anyway or to commit suuucide and kill those who want to kill youuu?*«

Dann sprechen wir über Musik, über die deutsche vor allem, denn diese liebt Elyas. Nicht Wagner — »*noisy*« —, sondern Händel. Elyas macht eine schlingernde Handbewegung, in deren Anschluß er das weiße Taschentuch hervorholt, um sich den Schweiß von der Stirn zu tupfen.

Als es gegen Mittag zugeht, muß Elyas, der nicht nur vor Jahren den Fernseher abgeschafft hat, sondern auch kein Handy besitzt, kurz nach draußen, um von einem Automaten Ralf anzurufen, denn es ist nicht absehbar, ob der Fahrer den älteren *Mercedes* in der Nähe von Nizamis Literaturmuseum oder woanders in der Hitze stehen hat.

Am Nachmittag hat Elyas das versprochene Material zu Sebastian Brant und dessen *Narrenschiff* zur Hand und wir fahren nach Bailov hinaus, zum ›Eisernen Wald‹, das auf einer mit Erde angefüllten Lagune wuchernde Monument von Bakus erstem Ölboom zur Zeit von *Nobel*, *Rothschild* und *Royal Dutch / Shell*.

Die meisten Pumpen stehen still hinter den Mauern mit Mosaiken mythologischer Gestalten, darunter einem Kosmonauten, und den Betonreliefs zur Schale geformter Hände, aus denen sich das Öl ergießt. Wenn nicht bei den nördlichen Ölfeldern von Absheron, dann dürfte in Bailov die einfache Hütte gestanden haben, in der 1904 der Sohn eines gewalttätigen Schumachers, der gescheiterte georgische Seminarist Josef Djugashvili alias Koba (türkisch: ›der Unbezwingbare‹) alias Stalin seine erste Frau Kato mit dem Sohn Jakov untergebracht und darin nahezu vergessen hat, während er zwischen dem Kaukasus und Skandinavien unterwegs ist, um als Räuberbaron Mittel für die Partei zu beschaffen und mit Lenin in Kontakt zu kommen.

Möglicherweise liege Kato auf dem Friedhof Hanlar begraben, sagt Elyas. Der Ort trage den Namen eines Freundes von Stalin, der 1907 von der zaristischen Geheimpolizei erschossen worden sei, nachdem er unter den Ölarbeitern in Baku Streiks organisiert habe. Ob Hanlar oder Mikhail Kalinin, ein ebenfalls in der revolutionären Brutstätte Baku einschlägige Erfahrungen sammelnder anderer Bolschewik und späterer Präsident des Zentralen Exekutivkomitees, von *Nina* Kenntnis gehabt habe, weiß Elyas nicht. Das ließe sich aber leicht herausfinden, denn über die Anfang des Jahrhunderts unter Ausnutzung des nationalen Verteilsystems der

Ölindustrie landesweit Propagandamaterial in Umlauf bringende, in Baku ansässige Untergrunddruckerei gäbe es bestimmt wissenschaftliche Arbeiten.

Ralf parkt den *Mercedes* unweit einer Moschee und hart an der Mauer, denn die Straße, die den Hang, an dem der Friedhof liegt, durchschneidet und steil zur Werft der *Caspian Shipping Co.* abfällt, ist schmal und der Verkehr schnell. Mit abgestützten Händen blicken wir auf das stille Meer, über das Mohammeds Schwester gefahren sein soll, bevor sie zum Gebet hier gelandet ist. Bis in sowjetische Zeit habe auf dem Gelände des Friedhofs ein Ziegelbogen gestanden, informiert Elyas, und zwar an der Stelle der ursprünglichen, an den Besuch der Schwester erinnernden Moschee.

Susanne ist unterdessen zum Friedhof hinaufgestiegen. Das Grab von Stalins erster Frau hat sie nicht gesucht. Ich selbst bin etwas verwirrt wegen der plötzlich aufgetauchten Schwester des Propheten.

Augenzeugenschaft

Baku, 21. Mai 2005. — Anstatt sich im Juli in Buchara zu vermählen, sind Galima Bukharbaeva und Marcus Bensmann vor einer Woche in das Massaker von Andizhan geraten, und wenn der Journalist und mein langjähriger Gefährte durch Zentralasien im schlimmsten Fall seine usbekische Presseakkreditation verliert, dann ist seine zukünftige Frau und Leiterin des Tashkenter Büros des *Institute for War and Peace Reporting* jetzt politischer Flüchtling.

Am 17. Mai, einen Tag vor dem Abflug nach Istanbul und Baku, habe ich zum letzten Mal mit Marcus telefonieren können.

Zu diesem Zeitpunkt, vier Tage nach der gewaltsamen Niederschlagung der größten öffentlichen friedlichen Kundgebung in den zentralasiatischen Republiken seit 1991 – deren Anlaß ist der obskure Schauprozeß gegen dreiundzwanzig ansässige, angeblicher Anhängerschaft der islamischen Bewegung *Akramiya* beschuldigter Unternehmer gewesen – bewegt sich Marcus zwischen Andizhan und der kirgisischen Grenze. In Andizhan, wo sich die meisten Menschen nach dem Blutbad noch nicht aus dem Haus wagen und angsterfüllt, vielleicht auch vergeblich auf die Rückkehr von Angehörigen warten, die am 13. Mai auf dem *Babur-Square* in der siebentausendköpfigen Menge gewesen sind, um für die Freilassung verurteilten Mitbürger zu demonstrieren, hat er mit einer Ärztin gesprochen. Sie hat zwei Tage nach dem Massaker in einer Schule über fünfhundert Leichen gezählt und hat gesehen, daß diese von den Sicherheitskräften an einen unbekannten Ort verbracht worden sind. Der Hauptort des Fergana-Beckens, wo Angehörige vor dem Leichenschauhaus auf die Freigabe der Toten warten, wo es auf den Friedhöfen zahlreiche neue Gräber gibt und wo sich wahrscheinlich viele Verwundete aus Furcht lieber in den *mahallas* verbergen anstatt ein Spital aufzusuchen, ist abgeriegelt und in der Hand von Truppen des Innenministeriums und der Sicherheitspolizei, vor allem das Zentrum. Der Grenzort Kara-Suu, fünfzig Kilometer von Andizhan entfernt, hingegen muß so etwas sein wie eine aufständische Enklave. Mehrere Hundert Personen haben am Tag nach dem Massaker die Wiedereröffnung von zwei sowohl aus Angst vor dem Einsickern islamistischer Fundamentalisten aus Kirgistan als auch mit dem Ziel der Behinderung des kleinen Grenzverkehrs zum Schutz der protektionistischen Wirtschaftspolitik Karimows unterbrochenen Brücken zwischen dem usbekischen und dem kirgisischen Teil des Ortes erzwungen. Daraufhin ist eine Gruppe von Flüchtlingen nach Kirgistan gelangt, mutmaßlich Sträflinge des Gefängnisses von Andizhan, in dem die abgeurteilten Unternehmer eingesessen haben und das während der Kundgebung gestürmt worden ist. Umgekehrt haben in Pakhtabad, einem nördlich und näher als Kara-Suu bei Andizhan gelegenen Grenzort mehr als ein halbes Tausend Flüchtlinge mit den usbekischen Grenztruppen ihre freie Passage ausgehandelt und jenseits des Streifens Niemandsland Unterkunft in einem Zeltlager des *ICRC* gefunden. Zuvor sind aber, so die Flüchtlinge, beim Weiler Teshik-Tosh acht Fliehende durch Schüsse in den Rücken getötet worden.

Ein Bestattungsbeamter erzählt dem wieder nach Andizhan zurückgekehrten Marcus, er habe außerhalb der Stadt ein Massengrab für vierunddreißig Tote anlegen müssen. In seiner Tasche verwahrt der Journalist unterdessen Kopien numerierter Totenscheine im Massaker Getöteter. Die höchste darauf notierte Zahl ist 328. Nachdem er seinen usbekischen Übersetzer aus der Verwahrung der Sicherheitspolizei geholt hat, fliegt der für die *NZZ* berichtende und neben Alexey Volosevich von der Internet-Agentur *ferghana.ru* einzige ausländische Beobachter des Massakers am 18. Mai aus dem Fergana-Tal nach Tashkent zurück.

Bereits am 16. Mai ist über den Kamchik-Paß – die usbekischen Behörden führen gleichzeitig einer Delegation ausländischer Diplomaten in einem grotesken Akt der Verschleierung die bereinigte Lage in Andizhan vor und beginnen mit der Verbreitung der offiziellen Version des von ausländischen islamistischen Extremisten mit terroristischen Verbindungen instigierten Aufstands – Galima Bukharbaeva von einem Angehörigen des diplomatischen Korps aus dem Tal evakuiert und auf Tashkents internationalen Flughafen gebracht worden, von wo sie nach Baku ausreist.

Nach Baku reist die usbekische Journalistin für ein vor den Ereignissen in Andizhan festgelegtes Seminar des *Institute for War and Peace Reporting* für

Postscriptum:
In den Monaten nach dem Massaker wird die usbekische Staatsanwalt Ermittlungen aufnehmen und die Porträts von Galima und Marcus im Fernsehen ausstrahlen. Im September nimmt dann die zu diesem Zeitpunkt einen Journalistenlehrgang an der *Columbia-University* in New York absolvierende Usbekin, deren in Tashkent verbliebene Familie Schikanen ausgesetzt ist, in einem Kommentar in der *International Herald Tribune* (21. September 2005) Stellung zu den tags zuvor von usbekischer Regierungsseite gegen sie und die anderen Medienvertreter erhobenen Anklage terroristischer Verschwörung.

Journalistinnen aus Zentral- und Westasien und dem Kaukasus. Das Zeugnis, das Galima aus Andizhan dorthin trägt, ist der blutverschmierte, von einem andern usbekischen Journalisten am 13. Mai in der von den Aufbegehrenden gestürmten Provinzverwaltung gefundene handgeschriebene Aufruf eines der dreiundzwanzig verurteilten Unternehmer. Vielleicht als letztes Lebenszeichen richtet er sich darin an seine Landsleute, sie müßten selbst ihre von der Verfassung garantierten Rechte einfordern, ansonsten diese ihnen immer vorenthalten blieben, und gibt der Hoffnung Ausdruck, einem Vertreter der Regierung die Not der wie Schafe oder Fische, aber nicht wie Menschen behandelten Bevölkerung darlegen zu können.

Diesen unterdrückten Mitbürgern hat der Verfasser des unerhört gebliebenen Aufrufs und die mit ihm im Juni 2004 verhafteten und nach der letzten Anhörung am 11. Mai 2005 gerüchteweise in einer Geheimverhandlung zu zwanzig Jahren Haft verurteilten anderen Unternehmer – darunter Inhaber von Bäckereien, Bau-, Möbel- und Transportfirmen – höhere Löhne ausbezahlt als die von der Regierung festgesetzten, und bislang ausbleibende medizinische Versorgung zukommen lassen nebst freien Mahlzeiten. Zuwendungen an Schulen und *mahalla*-Komitees sind ein weiterer Ausdruck der zivilgesellschaftlichen Selbsthilfe der dreiundzwanzig Unternehmer gewesen, die dazu geführt haben, daß sie im Januar dieses Jahres auf einer fünfhundert Namen umfassenden Liste der Mitgliedschaft der *Akramiya* Verdächtigter erschienen sind, der von der Regierungsstelle für religiöse Angelegenheiten als extremistisch eingestuften, von Akram Yuldashev, früher Angehöriger der islamistischen *Hezb ut-Tahir*, 1996 in Andizhan gegründeten Gruppierung.

Von Elyas Büro an der Bashir-Safaroglou-Straße sind es nur zwei oder drei Blocks zum *Fountain Square*, und Susanne und ich sind vor dem *McDonald's* angekommen, fast gleichzeitig mit Galima und Natasha Buschuyewa, ihrer russischen, für die *Deutsche Welle* in Tashkent arbeitenden Kollegin. Jetzt sitzen wir im selben Restaurant wie gestern mit Elyas, aber nicht mehr Nizami und der schöne Orient sind das Thema, sondern der Ausbruch orientalischer Despotie, dem die beiden Journalistinnen und, wie sich herausstellt, auch Marcus nur mit Glück entronnen sind.

Daß beim Beschuß der demonstrierenden Menge eine Kugel Galimas Rucksack durchschlagen hat, hatte ich noch in Zürich vom Redaktor der Sonntagsausgabe der *NZZ* gehört, jedoch nicht, daß sie auch durch ihr Notizbuch gegangen war.

Zusammen mit dem vom Andizhaner verfaßten Hilferuf, auf dem die Blutflecken eine bräunliche Tönung angenommen haben, hat Galima dieses Notizbuch umgehend aus der Tasche gekramt, die an den Körper gezogenen Ellenbogen auf den Tisch und ihre feingliedrigen hellen Hände auf den Deckel und das durchlöcherte Konterfei von Ernesto Che Guevara gelegt und ihren Augenzeugenbericht wiedergegeben, nicht aufgeregt, sondern sachlich und eher, zumindest hatte ich dieses Gefühl, für sich selbst denn für unsere Ohren, gerade so, als müsse sie sich das unglaubliche Überlebte nicht nur wiederholt vergegenwärtigen, um es zu verarbeiten, sondern gleichzeitig, jetzt, da das Regime Karimow die erwartbare Verleugnungs- und Hetzkampagne begonnen hat, auch nicht den geringsten Zweifel aufkommen zu lassen, daß das Gesehene tatsächlich stattgefunden hat und auch, wenn dazu Gelegenheit sein wird, um es öffentlich und ergänzend zum Artikel auf der Website der *IWPR* zu bezeugen.

Gemäß Galimas Schilderung hat also in der Nacht vom 12. auf den 13. Mai, nach der sogenannten <u>Verhandlung</u> im mutmaßlich konstruierten Prozeß gegen die dreiundzwanzig Unternehmer, eine Hundertschaft von Verwandten, Freunden und Sympathisanten zuerst einen Polizeiposten und dann die Militärbaracke No. 34 der Truppen des Innenministeriums angegriffen und sich dabei mit Waffen versorgt. Vorstellbar, meint Galima, daß der Grund dieser Aktion, mit der sich das Volk das vom Regime versagte Recht zurückgeholt habe, die schiere Verzweiflung über die wirtschaftliche Stagnation und die Hoffnungslosigkeit über einer Verbesserung der Zustände gewesen sei. Habe es in der beteiligten Gruppe Vereinzelte gegeben, welche der informellen und verbotenen Bruderschaft der *Akramiya* angehört haben könnten, seien es jedenfalls nicht, wie von Präsident Karimow am 14. Mai behauptet, von einer islamistischen Agenda getriebene fanatische Militante gewesen. Ob vor ihrer und Marcus' Ankunft gegen Mittag *Allahu-Akbar*-Rufe erschollen seien, könne sie nicht wissen. Auf dem *Babur-Square* jedenfalls hätten sie beide nur *ozodliq* vernommen, das aus dem Persischen stammende Lehnwort für 'Freiheit'. Beim Gefängnis, kurz nach Mitternacht, hätte der Zug der Aufbegehrenden nur schwachen Widerstand angetroffen, und die Inhaftierten seien

Am 12. Mai führt Marcus Bensmann mit Mirsoulugbek Bakirow, dem für das Verfahren zuständigen Staatsanwalt, der in seinem Abschlußplädoyer auf die beiden Anklagepunkte 'Terrorismus' und 'Aktivitäten gegen die Verfassung' fallengelassen hat, das folgende, streng am Wortlaut aus dem Russischen übersetzte Interview, das als Tonaufzeichnung vorliegt.

F: *Gibt es die Akramiya-Bewegung? Wenn ja, warum ist sie so gefährlich?*
A: *Ja eine solche Bewegung existiert. Die Spezialisten sind zu diesem Ergebnis gekommen. Wir haben das lange nicht sehr gründlich untersucht, aber jetzt können wir sagen, daß es die Bewegung gibt und einige Leute dafür verantwortlich sind.*
F: *Hat diese Gruppe etwas gegen den Staat unternommen?*
A: *Ich bin davon weit entfernt. Die Männer, die angeklagt sind, haben die Bewegung gegründet und leiten sie. Ich klage sie deswegen im Moment an, und der Richter wird entscheiden.*
F: *Sie erheben Anklage nur wegen der Gründung der Akramiya-Bewegung.*
A: *Die Angeklagten haben sie gegründet und sich daran beteiligt.*
F: *Wenn dem so ist, welche Gefahr geht von dieser Gruppe aus?*
A: *Die Gefahr ist eine zukünftige. Bisher haben sie sich nichts Straffälliges zuschulden kommen lassen.*
F: *Alle Angeklagten sagen, sie seien unschuldig?*
A: *Ja, das sagen sie, und bisher haben sie auch nichts verbrochen. Wir wollen sie warnen.*
F: *Ich habe verstanden, daß sie bis zu sechs Jahre für einige der Angeklagten fordern. Ist das nicht etwas viel für etwas, zu dem es nicht gekommen ist?*
A: *Manchmal können die Dinge schlechter werden, und es ist unsere Pflicht, dies zu verhindern.*
F: *Wer sind die Menschen, die vor dem Gerichtsaal demonstrieren?*
A: *Das sind Freunde und Verwandte, welche die Angeklagten unterstützen wollen. Das ist kein Aufruhr, das ist nichts.*
F: *Aber diese Menschen da draußen sehen gar nicht aus wie radikale Islamisten?*
A: *Warum sollen sie denn wie Islamisten aussehen? Das sind lediglich Freunde und Verwandte der Angeklagten. Daß sie etwas anderes repräsentieren, ist nicht wahr.*
F: *Verstehe ich also richtig, daß die Akramiya-Bewegung keine terroristische Gruppe ist?*

sofort befreit worden. Von dort sei es dann zum *Hokimiat*, dem Sitz der lokalen Regierungsbehörde, gegangen und schließlich zu jenem der Sicherheitspolizei (*Sluzba Natsionalnoi Bezopastnosti*). Während der kommenden Tage sei es dann auch die *SNB* gewesen, die sämt-

A: *Die Akramiya ist eine illegale Gruppe. Die Angeklagten haben sie gegen das Gesetz gegründet und geleitet. Dafür klage ich sie an.*

F: *Ist es richtig, daß Sie die Anklagepunkte 'Terrorismus' und 'Aktivitäten gegen die Verfassung' fallengelassen haben?*

A: *Ich habe das aus der Anklage herausgenommen und die beiden Punkte fallengelassen.*

F. *Wann erwarten Sie das Urteil?*

A: *Man wird es bald verkünden, in einigen Tagen.*

liche Verhaftungen vorgenommen habe, auch die vorübergehende Festnahme der am 14. Mai anwesenden Journalisten. Im Lauf des Freitag, des 13. Mai, sei dann auf dem *Babur-Square* die vielleicht 7000 bis 10 000 Menschen zählende Menge, darunter viele Frauen mit Kindern, zusammengeströmt und somit aus dem Partei für die beschuldigten Unternehmer ergreifenden Aufbegehren der Aktivisten eine richtige Volkskundgebung geworden gegen die auf Korruption und wirtschaftliche Mißstände rückführbare endemische Armut in Fergana, gegen Arbeitslosigkeit, unfaire Gerichtsverfahren wie auch gegen die allgemeine Repression. Mindestens vierzig uniformierte Polizisten, aber auch Mitglieder des Sicherheitsdienstes in Zivil hätten sich zu diesem Zeitpunkt unter den Versammelten befunden. Dann hätten mehrere *Zil* und *Ural* mit aufsitzenden Truppen sowie offene Jeeps mit aufgebauten schweren automatischen Waffen Stellung bezogen, gewiß der Moment für die Spitzel, sich zu entfernen. Ohne Warnung sei dann plötzlich in die Ränder der Menge gefeuert worden, und die Demonstrierenden hätten begriffen, daß die Regierung keinen Versuch unternehmen würde, die Krise ohne die Anwendung tödlicher Gewalt beizulegen. Gewichen seien sie jedoch nicht, und sogar dann nicht, als Scharfschützen begonnen hätten, die Redner aufs Korn zu nehmen. Offenbar habe dann ein telefonischer Kontakte zu Innenminister Almatov stattgefunden, nach dem sich die Kunde verbreitete, der mächtigste Mann im Staat nach Präsident Karimow trete nicht in Verhandlungen ein, dann wieder habe es geheißen, Karimow würde in Andizhan einfliegen. In dieser Phase größter Ungewißheit seien die verharrenden Demonstrierenden nun mehrmals aus vorbeifahrenden Panzerwagen beschossen worden und dann, als nach sechzehn Uhr der Platz abgeriegelt worden sei, hätten die Truppen des Innenministeriums gezielt das Feuer eröffnet. Die Fluchtversuche seien in alle Richtungen erfolgt, aber vor allem den Cholpon-Prospekt hinunter. Als Scharfschützen auf die Wegrennenden geschossen hätten, habe sie, Galima, Marcus mit in einen Abwassergraben gezogen, aber er habe sich darin halt nur halbwegs verbergen können. Den Durchschuß im Rucksack und das Einschlagloch auf Ches linker Wange habe sie erst am Abend entdeckt.

Natasha hat Galima sprechen lassen, hin und wieder nickend, und Galima, die nach Beendigung ihres Berichts noch einmal in die Runde blickt, sagt nur ein einziges Wort – »Aha«. Seht, das und so ist es geschehen!

Heilige Feuer

Absheron, 22. Mai 2005. — Zehn Jahre ist es her, daß ich mir, im Iran, auf der 'Straße der Zoroastrier' von Kerman nach Yazd reisend, vornahm, mich in Aserbaidschan, dem 'Land des Feuers', nach den aus dem Boden schlagenden Erdölfeuern umzusehen.

Dazu Buch V, *Verarschung am Kupferberg*.

Das damals befahrene Straßenstück ist zwischen Ende des 17. und Anfang des 19. Jahrhunderts, nachdem Kaufleute die Kunde der nie erlöschenden Flammen, denen hypnotisierende Kräfte zugeschrieben werden, vom Kaspischen Meer an den Ganges gebracht haben, ein Stück des Pilgerwegs der Parsen. Die Angehörigen der ursprünglich persischen Ethnie sind nach dem Sieg des Islam und der Flucht auf den indischen Subkontinent dort der zoroastrischen Lehre treu geblieben, nun folgen sie, versessen auf das heilige Feuer, den Karawanen von Indien in die alte Stadt Baku. Auf der felsigen Halbinsel Absheron, zwanzig Kilometer nördlich der Stadt, werden dem frommen Tourismus aus den Erlösen der indischen Kaufleute umwallte Pilgerunterkünfte, Gebets- und Gasträume, sogenannte *balachane*, mitsamt Pferdeställen errichtet; durchaus der Funktion von Karawansereien vergleichbare Einrichtungen, mit dem Unterschied jedoch, daß es sich um Atesh-gah, 'Häuser des Feuers' handelt, in deren Höfe, in aus Quadern gemauerten, durch Rundtonnengewölbe betretbaren kubischen türmchenbewehrten Bauten, die heilige Flamme lodert.

Auch wenn diese seit Tausenden von Jahren als Licht der Wahrheit die Gegenwelt von Trug und Finsternis erhellen soll und nicht erst seit Beginn des I. Jahrtausends, als der auf einer assyrischen Inschrift aus dem Jahr 741. v. u. Z. erwähnte, den Kern von Zarathustras Lehre verkörpernde 'weise Herr', Schöpfer und Weltenrichter Ahura Mazda das antike Medien durchwandert und zum Kerngebiet des Zoroastrismus macht, kennt das ewige Brennen der Feuerstätten doch Pausen. Der Befehl des Heraclius – dessen Heer während des persischen Feldzugs von 623–625 vermutlich auf denselben Plätzen der am Araxes gelegenen Mugan-Steppe wie im Jahr 1394 Timur anläßlich der Unterwerfung Armeniens und Georgiens überwintert –, die heidnischen Tempel zu schleifen und die heiligen Feuer zu ersticken, kann anders als durch Überschüttung mit kalter Erde kaum ausführbar gewesen sein. Aber es ist davon auszugehen, daß der christliche Eifer des byzantinischen Kaisers das ausströmende Gas, das Naphta, nicht lange zu bannen vermag, daß es im dürren steinigen Boden aus Muschelkalk neue Austrittslöcher findet noch bevor Orumiyeh, die Stadt am See im iranischen Kurdistan, die als Geburtsort Zoroasters verehrt wird, zerstört – wie Gibbon erwägt (*Verfall und Untergang des römischen Imperiums*, 1776–1788; IV, XLVI) zum Ausgleich der versehrten Grabeskirche. Mehr als sechshundert Jahre später, im Herbst 1271, haben an diesem Ort auf Geheiß von Qubilai Khan und unter größten Vorsichtsmaßnahmen (es ist die Zeit des Siebten Kreuzzugs und die Muslime sind Fremden gegenüber besonders mißtrauisch) die Gebrüder Polo ein Fläschchen Öl der berühmten Lampe abgefüllt; ein Öl das ungleich feiner ist als das in Baku, wohin der Weg der drei Venezianer nach Persien und in die mongolische Steppe über Layas, das heutige Iskenderum alias Alexandretta, und Armenien führt. Die dortigen Quellen füllen Schiffe, sind aber ungenießbar und nur zu Salbe gegen Krätze und Furunkeln bei Kamelen zu verarbeiten. Die merkantilen Interessen der durchreisenden Venezianer könnten dafür verantwortlich sein, daß der Verfasser des *Il Milione* nichts sagt über das manchmal mit gut vernehmbaren Explosionen aus der Erde schießende Naphta, Dieses ist nur in Schläuche gefüllt transportierbar, also weit aufwendiger für den Vertrieb als die erwähnte Salbe. Daß das heilige Feuer in jener Epoche ausgesetzt hätte, kann aus dem Fehlen einer Nachricht bei Polo jedoch nicht geschlossen werden – die Chinesinnen trippeln schließlich auch auf Lotosfüßen, ohne das sie dem Besucher aufgefallen wären. Dabei wäre im Streit zwischen Venedig und Genua um Durchfahrtsrechte im Bosporus wie auch um die Handelsplätze im Gebiet der Goldenen Horde hinter der Nordküste des Kaspischen Meers das Gas durchaus eine nützliche Sache – als Flammenwerfer. Militärisch benutzen nämlich die Truppen von Daylaman, einem im Süden des Kaspischen Meeres gelegenen Fürstentum, in Baku gewonnenes Naphta bereits im 10. Jahrhundert. Das *Hudud al-Alam* (372 n. d. H. / 982) erwähnt als Produkt von Jazirat al-Bab, womit die Halbinsel Absheron gemeint ist, *ruyan*, Färberröte, die an Manufakturen der ganzen Welt exportiert wird.

Den in den *balachanen* hausenden indischen Asketen dient das Naphta selbstverständlich zur spirituellen Versenkung und anderen friedlichen Zwecken. Als Wärmespender, zum Kochen sowie als Lichtquell in den grottenartigen Zellen, wenn sich das Gas an der Spitze in die Erde gesteckter Schilfhalme selbst entzündet und brennt, ohne den Schaft zu versengen.

Wächserne Abbilder solcher heiliger Männer und Tempeldiener gibt es in den Zellen des Atesh-gah-Tempels zu sehen, wohin wir heute morgen mit Elyas gefahren sind.

Bis 1918, zwei Jahre bevor Baku zur Hauptstadt der Aserbaidschanischen SSR wird, hätten indische Priester hier noch die ewige Flamme gehütet, heißt es. Jetzt brennt sie nur, wenn die Aufseherin am Gashahn dreht, den das Surachany-Feld speist, eines der bereits im 19. Jahrhunderts erschlossenen Vorkommen.

Raubbauend jagen in dieser abenteuerlichen Epoche die konkurrierenden Industriellen und Aktiengesellschaften den Erdölfontänen nach, und zwar nicht einmal dort, wo es aufgrund der geologischen Verhältnisse besonders vorteilhaft gewesen wäre, sondern sie errichten die Bohrtürme längs der Grenzen der eigenen

Dazu Buch IV, *Das Teehaus der Unsterblichen.*

Konzession, um beim Nachbarn abzusaugen. Deshalb bleibt Absheron, obwohl der Boden der Halbinsel von Bohrlöchern durchsiebt ist, geologisch ziemlich unerforscht. Erst die ordnende staatliche Hand der Sowjets befreit Absheron dann von den Erdölseen, auf deren fettig glänzender Oberfläche ungenutzt kostbares Benzin verdunstet, ersetzt die Handarbeit mit Bohrkrätzern und langen Schöpfeimern mit sich öffnendem Boden durch Bohrtürme und faßt so die gesamte Ausbeutung zu einer rationell organisierten Erdölförderwirtschaft zusammen. Das Resultat ist noch heute unübersehbar.

Aber bei den paar Kolben, die im Wald der tausend Sonden im Takt sich niedersenken und heben, muß es sich um die letzten handeln, die Öl in die alten Röhrenleitungen pumpen, bevor wohl bald mit der dringend notwendigen Sanierung der verseuchten Förderflächen und der Bodenaufbereitung begonnen wird, mitsamt Reinigung der Grundwasserkörper und des küstennahen Gewässers.

Wo sie dann, sollte es einmal zu solchen Veränderungen kommen, beschäftigt werden, wissen die drei Männer nicht, die mitten im currygelben aufgelassenen Förderfeld, zwischen schwarzen Tümpeln und Bänken von schwarzem Schlick eine kleine Planierraupe und die darauf montierte Kabelrolle bewegen, um im Turm daneben altes Rohrgestänge auszuhängen. Es sind Angestellte der staatlichen Erdölfördergesellschaft *(State Oil Company of Azerbaidjan Republic, SOCAR)*, deren kleine Busse zuweilen auf unsichtbaren Wegen vorbeirumpeln. Sie leben in der 'Schwarzen Stadt' außerhalb Bakus, wo die zylindrischen Reservoirs verrosten und die Raffinerien stehen und wohin von der baumlosen Halbinsel her zur Zeit des »Nord« die zu Sturmstärke aufbrausenden ungestümen Böen – sie haben Baku den persischen Namen *bad kube*, 'Windstoß', gegeben – üble Wolken tragen aus Staub und Sand.

Bevor wir weggehen, hat sich der älteste der drei Ölarbeiter niedergekniet, hat etwas Sand vom Boden genommen und damit die verschmutzten Hände gereinigt. Nur mit dem Sand aus einem Bohrloch funktioniere das, sagt er, und im Weggehen wirft Elyas ein, er habe sich immer gefragt, warum seine ausländische Kundschaft zum Zweck der Reinigung lösliche Chemikalien zu kaufen wünscht, wo es doch tatsächlich hier so viel von diesem Sand gebe, nicht soviel wie einst Öl, aber jedenfalls mehr als Wasser.

Janardagh zu finden, ein zoroastrisches Heiligtum irgendwo im Hinterland der Küste, ist dann schwieriger als den jedem Touristen bekannten, vorhin besuchten Tempel Atesh-gah auf Absheron.

Elyas, der schwitzt in seinem Blazer, überläßt die Suche Ralf, der den *Mercedes* in ein paar staubigen menschenleeren Dörfern und auf verlassenen Straßen wenden muß, bevor er hinter einem abgeästen Hügelzug die Böschung findet mit dem schwarzen Saum an ihrem Fuß, aus dem windige kleine Flammen züngeln. Eine hagere Gestalt in Gummistiefeln stakst vor ihnen auf und ab. In der Rechten hält sie eine Reitpeitsche, spricht mit sich selbst und macht sich, nachdem sie verschiedene der herumliegenden PET-Flaschen geprüft hat, mit einer über den Hügel davon. Kaum ist sie weg, kommen aus dem Restaurant neben dem heiligen Platz zwei Buben, kicken die Flaschen in den Hitzebereich der heiligen Flammen, wo der Kunststoff zu amorphen Objekten schmilzt. Bei den Zoroastriern der größte Frevel, verschmutzt das doch gleich zwei der vier Elemente, um deren Reinheit willen im Iran die Leichname Verstorbener in den 'Türmen des Schweigens' der Verwitterung und dem Verzehr durch Aasfresser überlassen werden.

Die zoroastrischen Hüter der Feuer auf Absheron und in dessen Umgebung, das finden auch Susanne und Elyas, haben ihre Schlüssel mit der Ankunft des Proletariats an dieses abgegeben, und dieses muß sie daraufhin verloren haben.

Ostwärts über das Kaspische Meer

An Bord, 23. Mai 2005. — Elyas hält es für angemessen – es ist eines seiner Lieblingswörter –, daß uns nicht ein Seelenverkäufer über das Kaspische Meer tragen wird, sondern eine der neueren aserbaidschanischen Fähren. Sie ist auf den Namen »Naxçıvan« getauft. Wir nehmen aus Europa also ein nicht vollständig aufgelöstes politisches Problem mit nach Transkaspien hinüber.

Die kleine Dame, welche uns im Häuschen am Eingang zum Hafenzollgelände die Fahrscheine verkauft, schüttelt den Kopf und lacht verlegen. Nein, in Nachitschewan sei sie noch nie gewesen. Ihr gefalle es in Baku, das Meer und überhaupt. Manchmal fahre sie schon weg, aber der Kura entlang, in Richtung Georgien. Dort sei es sehr grün und wenn wir das nächste Mal nach Aserbaidschan kämen, müßten wir diese Region unbedingt besuchen. Dann werden wir informiert, daß die Wetterwarte keinen Sturm gemeldet habe. Solche gäbe es nämlich häufig, sogar im südlichen Teil des Kaspischen Meeres. Im übrigen seien wir auch die einzigen Passagiere an Bord. Sie verkaufe viele Passagen nach Aktau in Kasachstan, aber nie buche jemand von Baku nach Turkmenbashi.

Die Autonome Republik Nachitschewan, aserbaidschanisch Naxçıvan, ist eine 5500 km² große Teilrepublik Aserbaidschans und von diesem durch das größtenteils auf armenischem Staatsgebiet liegende Sangesurgebirge als Exklave vom Kernland getrennt, wobei es an Iran und die Türkei grenzt. Im 7. Jahrhundert erobern die Araber die für ihre Seidenraupenzucht und Seidenverarbeitung bekannte Kulturlandschaft, gefolgt im 11. von den Seldschuken, im 13. von den Mongolen und im 14. Jahrhundert von Timur. Als unabhängiges, im 18. Jahrhundert entstandenes Khanat fällt Nachitschewan nach dem Russisch-Persischen Krieg (1826/28) an das Zarenreich und wird als 1918 gegründete Arakische Republik 1920 unter der Bezeichnung SSR Nachitschewan Teil der UdSSR. Darauf erfolgt zuerst die Umbildung im Jahr 1923 zu einer autonomen Region und 1924 zu einer ASSR innerhalb Aserbaidschans. 1989/90 kommt es zum Konflikt im iranischen Grenzgebiet, als muslimische Nationalisten Anlagen der Grenzsicherung zerstören und eine Wiedervereinigung mit den auf iranischer Seite lebenden Aserbaidschanern fordern.

Umso sorgfältiger prüft die Dame deshalb unsere Pässe, nicht nur die Seite mit dem turkmenischen Visum, auf dem auch »T-basy« eingetragen ist, sondern jede Seite, und vor allem die hinterste, wohin Einwanderungsbeamte ehemaliger Sowjet-republiken ihre Stempel zu setzen pflegen. Aber diese sind leer, denn Susanne und ich haben neue unschuldige Pässe, ohne Vermerke, die auf journalistische Tätigkeit hinweisen. Drüben in Turkmenistan wird solche nicht nur alles andere als gern ge-sehen, sondern verfolgt.

Das Auslaufen der »Naxçıvan« verzögere sich, heißt es dann. Von mittags zwölf zuerst auf 14 Uhr, dann auf 17 Uhr. Elyas bringt dann noch in Erfahrung, daß auf der »Naxçıvan« für zwei Passagiere nicht gekocht würde, und weil ihm unser Wohl tatsächlich nahezugehen scheint, läßt er Ralf zum besten Supermarkt Bakus fahren, wo wir einkaufen, als überquerten wir das Gewässer nicht an seiner schmalsten Stelle, also auf der Passage, welche nach der Mitte des 19. Jahrhunderts die zaristischen Kolonisatoren nach Zentralasiens gebracht hat, sondern wollten in den Iran hinunter.

Eine Dreiviertelstunde später steuert Ralf den *Mercedes* entlang einer Komposi-tion schwarzer Zisternenwagen vor das Zollgelände. Auf dieser kurzen, dem Hafen-becken folgenden dreifachen Geleisekurve muß im Augenblick noch die Hoffnung des Großprojekts *TRACECA* der Europäischen Union gründen

Dazu Buch IV, *Brüssels Hirngespinst.*

für einen durchgehenden Schienenkorridor zwischen Rotterdam und Liangyungang an der chinesischen Küste.

Elyas begleitet uns wie versprochen zu den aserbaidschanischen Grenz-beamten.

Man durchsucht sehr genau das Gepäck und ist dabei ausgesprochen höflich. Reisende, die das Schiff nehmen, müssen dafür bestimmt Gründe haben. Meinen Kameras nimmt die *Cambridge History of Early Inner Asia* alles Bedrohliche. Genau der Effekt, den ich mir für die im Auftrag von *GEO* durchgeführten Reportage über das kaum von Journalisten betretene Turkmenistan gewünscht habe. Um den Eindruck einer etwas besonderen Interessenlage, von der ich mir Handlungsspielraum erhoffe, zu verstärken, habe ich nebst Archäologischem aber noch Texte der Vorsokratiker eingepackt, auf deutsch, weil uns drüben in Turkmenbashi, wenn alles gutgeht, eine deutschsprachige Begleitung erwartet. Gerade vorhin, während dem Warten vor der Bank, bin ich in dieser Sammlung auf Empedokles' Leugnung des leeren Raums gestoßen. »Woher sollte da etwas hinzukommen?«, fragt der auf die Natur einge-schworene Denker, der Werden und Vergehen nicht akzeptiert, sondern nur durch die Triebkräfte Liebe und Streit bewegte Mischung und Trennung der vier Wurzel-elemente Feuer, Luft, Wasser und Erde. Zu Empedokles' Bedenken hat Elyas auf der Fahrt zurück zum Hafen eingeworfen, dieses sei geradezu übertragbar auf das Land unserer Reise, denn nicht nur draußen im All, sondern auch unten auf dem

Boden gebe es schwerlich irgendein Leeres – auch wenn Turkmenistan auf der Karte durchaus solche Verhältnisse vortäuschen mag.

Die Überfahrt auf der »Naxçıvan«, einer RoRo-, Roll-on / Roll-off- oder Eisenbahnfähre wollen wir dazu benutzen, uns das Fragen abzugewöhnen, denn drüben in Turkmenistan wird man uns schon sagen, was wir wissen sollen. Alles andere müssen wir sehen.

Beim Auslaufen sind wir oben auf dem Achterdeck. Unbeaufsichtigt zwischen Abluftschächten, Radarantennen, Morselampen, Magnetkompaß und den anderen Einrichtungen, sehen wir den alle Minarette überragenden Fernsehturm von Baku vorübergleiten, die petrochemischen Anlagen zurücktreten, ihre Gasfackeln schrumpfen und die Halbinsel Absheron backbord kleiner werden, bis sie mit der hinter ihr liegenden nördlichen Küste in einem Strich zusammenfällt, dafür aber ganze Rudel der alten, über lange Stege verbundene Ölplattformen auftauchen und das militärische Eiland, das Elyas und ein paar Freunde während der Schulzeit erklommen und sich mit solcher Dreistigkeit offensichtlich erheblichen Ärger eingehandelt hatten.

Ein Deck höher hat die Bemannung zwischen den Schornsteinen ein Volleyballnetz gespannt. Aber gespielt wird nicht, denn jetzt, da die Sonne dem Horizont entgegensinkt, schwer wie eine überreife Aprikose, gucken die nicht beschäftigten Matrosen und Offiziere im Aufenthaltsraum türkisches Fernsehen.

Als Aserbaidschan und Europa hinter den Horizont gerutscht sind, stehen wir längst oben auf dem Brückendeck und versuchen der Rinne, welche die »Naxçıvan« auf dem Wasser zurückläßt, mit Worten beizukommen.

S.: »Bügelspur.«

D.: »Wenn du das Auge auf die Reling fixierst, hast du das Gefühl, die Fähre steht und etwas fließt unter ihr durch.«

S.: »Zellophanbandstreifen.«

D.: »An den Ränder zerknittert.«

S.: »Graphitschummer auf Künstlerpapier.«

Voraus ist der Himmel dunkler als das Meer und seine Oberfläche reglos wie die Glasur auf einem türkisfarbenen Ziegel.

D.: »Wo ist eigentlich Steuerbord?«

S.: »Rechts gleich Steuerbord. Zweimal ein 't'.«

D.: »Du segelst?«

S.: »Die Familie hatte ein Boot auf der Alster. Zwar nur ein kleines. Aber Mutter sagte immer, schau, wir haben hier ja alles!«

D.: »Nori?«

S.: »Wo man Sushi mit einwickelt?«

D.: »Ja, da unten, steuerbords. Nicht die Farbe, aber die Struktur und das Raster der Wellen.«

S.: »*Sieht doch eher aus wie die Haut am Oberarm einer alten Frau, nahe der Achselhöhle.*«

Über der Wellenspur verliert der Rauch der Schornsteine an Schwärze, löst sich auf in langgezogenen dreckigen Schlieren.

»*Wie ein Alka Seltzer*«, sagt Susanne und meint den Mond.

Er steht noch am Himmel, nun zwar auf der anderen Seite, als die »Naxçıvan« zwölf Stunden später auf zwei dünne vorkragende Landzungen zusteuert, die Nehrung vor Turkmenbashi, hinter der graues welliges Land erscheint, eine Bastion, über die wenig später längs des ganzen Horizonts die Glut des Morgens quillt wie ein Lavastrom.

Im Innern der abgeschnürten Bucht dreht die Fähre backbord, nimmt Kurs auf den Berg, der wie ein Haufen frisch gestochener Torf hinter dem scheu erwachenden Turkmenbashi liegt. Dann betritt ein Mitglied der Besatzung das vom salzigen Tau der Nacht belegte Deck und hißt die turkmenische Flagge – ein grünes Feld mit dem islamischen Halbmond und den fünf die Regionen der Republik bezeichnenden Sternen und den Neutralität betonenden Olivenzweigen unter dem mastnahen vertikalen Streifen mit den fünf wichtigsten traditionellen Mustern Turkmenistans berühmter Teppiche.

Mit diesen vertraut ist Susanne, denn sie ist nicht als Journalistin unterwegs, sondern als Studentin der Ethnologie, die für eine Semesterarbeit recherchiert während der bevorstehenden Reise, die ich finanziere. Ein Versprechen, das ich, der offiziell nicht als Fotograf reist, ihrem verstorbenen Vater abgegeben habe, mit dem ich viel zu Berg gegangen bin. Im weiteren bedrückt mich eine gescheiterte Beziehung, was erstens meine Wortkargheit erklärt und zweitens der Grund ist, warum ich mich in die private wissenschaftliche Forschung geflüchtet habe. Mein schwerer grauer Wollkittel unterstreicht diesen Gestus, so wie er auch das Notizbuch erklären soll. Leisten kann ich mir die vornehmlich auf Reisen in entlegene Regionen wenig besuchter Länder gepflegte Liebhaberei, die mit dem umständlichen Hantieren älterer Kameras einhergeht, aufgrund eines Erbes.

In dieser angenommenen Identität lassen wir uns vor dem gähnend leeren schwarzen Schlund der geöffneten Frontluke der Fähre von einem Mitglied der Besatzung fotografieren, zusammen mit dem verlegenen, aber mit ungeheurer Uniformmütze ausgerüsteten jungen Grenzsoldaten, der heraufgekommen ist, um vom Steward die Pässe entgegenzunehmen.

Danach schreiten wir von Bord und über die Wechselbrücke nach Turkmenistan hinunter.

Fortgesetzt in Balkanabad, 24. Mai/24. Magtymguly im Jahr 2005 d. R. (des *Ruhnama*, dem ʼ*Buch des Geistes*ʼ). — In der transkaspischen Republik ist die wichtigste Zahl die ʼEinsʼ.

Es gibt nur einen einzigen Herrscher: Saparmurad A. Nijasow alias Turkmen-bashi. Der 'Vater aller Turkmenen' ist Staats- und Regierungschef in einer Person seit der Unabhängigkeit Turkmenistans 1991 und amtet auf Lebzeit als Staatsprä-sident der Präsidialrepublik und bestimmt auch als Vorsitzender der einzigen zu-gelassenen Partei, der *DPT (Democratic Party of Turkmenistan),* die fünfzig der fünfzig Sitze innehat im Parlament, das seit 1992 den persischen Namen *madschlis* trägt, was soviel heißt wie 'Versammlung'.

Aber auf ein einziges Mal beschränkt, außer man ist Teppichhändler, ist auch die Möglichkeit, Turkmenistan zu betreten, vor allem wenn man hofft, Eindrücke zu gewinnen, die sich publizieren lassen. Die Entscheidung, für die Einreise in das isolierteste Land der Welt – sogar Nordkorea erscheint ihm gegenüber offen – die Hintertür über das Meer zu wählen, ist die Voraussetzung für die Reise gewesen. Diese soll nämlich auch die gemeinhin tolerierte Annahme zur Disposition stellen, Europa höre in Istanbul auf, wogegen doch Baku viel näherliegend wäre, schon aus Gründen der Geographie. Schließlich bietet sich das Gewässer zwischen dem trok-kenliegenden Nordteil der Kaspischen Senke, dem östlichen Tiefland von Turan sowie den beiden Gebirgszügen des iranischen Elburz im Süden und des Kaukasus im Westen, also zwischen den alleräußersten Rändern Ost-Europas und West-Asi-ens – da diese Unterteilung des Großkontinents Eurasien schon herrscht – geradezu augenfällig als Teil einer nordsüdlich ausgerichteten Grenze an, wenn es auch den am Bosporus so geschätzten Blick zum jeweils benachbarten Erdteil hinüber nicht bieten kann. Jedenfalls aber wäre es kaum angebracht, sich bei dieser geographi-schen Erwägung anläßlich einer Ankunft im Flugzeug in Ashkhabad aufzuhalten.

Von Baku aus nach Turkmenbashi hinüberzukommen, war selbstverständlich bereits ein schwieriges Unterfangen, als Turkmenistan noch eine SSR war und der Ort noch nicht den 1993 verliehenen Ehrennahmen Nijasows trugt, sondern noch Krasnovodsk hieß, die Bezeichnung des 1869 gegründeten zaristischen Forts, wel-ches wiederum an der Stelle einer 1717 gegründeten, aber kurz danach wieder auf-gegebenen ersten russischen Siedlung erbaut worden ist.

Fitzroy Maclean (*Eastern Approaches*, London 1949) versucht 1937 auf dem Weg über das Kaspische Meer, einem von drei sich ihm bietenden, in das verbotene Sowjetisch-Turkestan vorzudringen, prallt aber mit seinem absichtlich naiv geäußerten Begeh-ren einer Passage bereits beim armenischen Beamten von *Intourist* in Baku ab. Die Beamten im fernen Süden sind nicht wie erhofft weniger aufmerksam als jene den englischen Diplomaten in Moskau observierenden des *NKVD,* dem Vorläufer des *KGB.*

Geschafft hat die Passage ein halbes Jahrhundert zuvor indessen Macleans ari-stokratischer Landsmann George Nathaniel Curzon (*Russia in Central Asia and the Anglo-Russian Question,* London 1889). Er legte den Weg 1888 auf dem zuweilen als Truppentransportschiff eingesetzten Raddampfer »Bariatinski« zurück. Die Reise ist jedoch bloß der Auftakt für Curzons Mission, auf der Fahrt von Krasnowodsk über Ashkhabad und Buchara zum damaligen Endpunkt der transkaspischen Eisenbahn, Samarkand, Informationen über die Transportkapazität des Schienenstrangs bei einer allfälligen Verlegung von Truppen an die persische und afghanische Grenze zu sammeln. Curzon, über dessen Identität die zaristischen Behörden durchaus im Bild sind, unterbricht die dreimal vierundzwanzig Stunden dauernde Reise mehrmals. Auch in Geok Tepe, wo er das große Lehmfort erkundet und dabei, acht Jahre nach der größten Katastrophe des 19. Jahrhunderts für die Mitglieder der Stämme der Turkmenen, aufpassen muß, nicht auf Reste von Skeletten zu treten. – Die russischen Truppen Skobelevs hatten im Fort 6500 Turkmenen ermordet und sollen weitere 8000 Flüchtende niedergemacht haben.

Geok Tepe erscheint Curzon als Endpunkt der vollständigen Unterjochung der Turkmenen unter russische Fremdherrschaft, aber darin täuscht er sich, denn die Revolten gehen weiter bis 1927 und sind die hartnäckigsten und blutigsten in der Geschichte der 1870 begonnenen russischen Eroberung und Kolonisation Zentralasiens.

Kaum eine andere der dort ansässigen Völkerschaften gewärtigt solche Vergeltung von russischer Seite wie die Turkmenen. 1924 beobachtet der entronnene österreichische Kriegsgefangene Gustav Krist *(Allein durchs Verbotene Land. Fahrten in* Dazu Buch VII, *Routen durch Khorasan.* *Zentralasien, Wien 1941)* die Flucht einer Million in die Wüste, ein zweckloser Exodus, werden die Turkmenen doch von den Kamel-Korps der Roten Armee verfolgt und niedergemacht. Im Mißtrauen der Bolschewiken gegenüber den zwei Dutzend turkmenischen Stämmen lebt die Einschätzung General Kaufmanns fort, ihres ersten Bezwingers, der 1870 urteilt, die Turkmenen seien zwar die formidabelste leichte Kavallerie der Welt, aber gleichzeitig auch die größte Räuberbande Asiens.

Ein Jahrhundert später, während der sowjetischen Okkupation Afghanistans, führt Moskaus unterlassene Ehrung gefallener Turkmenen 1987 zu Massenprotesten in Ashkhabad und trägt ebenfalls nicht dazu bei, das schwierige turkmenisch-russische Verhältnis zu entlasten. Im Gegenteil, es bildet den Hintergrund für Saparmurad Nijasows erratisches Verhalten, nach der Unabhängigkeit, sich nicht nur gegen jegliche Kooperation mit den *GUS*-Staaten zu sperren, sondern auch gegen jede wirtschaftliche Zusammenarbeit – um dafür den Traum eines durch Öl und Gas reich werdenden zentralasiatischen Kuwaits zu träumen. Dabei vergißt der turkmenische Herrscher, daß der Export seines Erdgases allein durch die sowjetischen Pipelines erfolgen kann, Moskau also faktisch ein Monopol innehat auf das reichste Vorkommen der neuen Republik.

Inkompetenz hat dazu geführt, daß aus Turkmenistans Mittun Dazu Buch V, »*New Great Game I*«. im »New Great Game« nicht nur nichts geworden ist, sondern das

Land ein Jahrzehnt verloren und sich politisch und wirtschaftlich in einem Maß abgeschottet hat, wie es die Sand- und Steinwüsten, aus denen es zu achtzig Prozent besteht, nie vermocht haben.

Was den Zustand der Medien im Land betrifft, müssen gemäß Statistiken für die zweite Hälfte des letzten Jahrzehnts des 20. Jahrhunderts die 4,5 Millionen Turkmenen im weltweiten Vergleich etwa mit denselben Zuständen des sogenannten Informationszeitalters zurechtkommen wie die Bevölkerung des größten Teils afrikanischer, west-, süd- und südostasiatischer Staaten, nämlich mit weniger als einer Tageszeitung pro hundert und zehn oder weniger Handys pro tausend Einwohner. Die im Zusammenhang mit der Teilnahme an der neuen globalen Öffentlichkeit gemachte Angabe, Internetzugang sei in Turkmenistan streng beschränkt, heißt natürlich, daß er nur dem Regime gefälligen Einrichtungen gewährt ist. Gar keine Angaben sind erhältlich über den Anteil der Haushalte mit Fernsehgeräten, womit sich Turkmenistan auf dem Medienatlas damit in den von der Mongolei über den Vorderen Orient – dort die Inseln Libanon, Israel und Palästina ausgenommen – bis an die westafrikanische Küste und in den Kongo und nach Mosambik hinunterreichenden Gürtel fügt.

Beim Einlaufen in den Hafen von Turkmenistans mit 70 000 Einwohnern sechstgrößter Stadt sind uns deshalb an den Ockerfassaden der drei- oder viergeschossigen langgezogenen Plattenbauten die Satellitenschüsseln aufgefallen, ganze Kolonien, wuchernd wie Baumpilze an einem umgefallenen Stamm.

Um die Tauglichkeit, nicht die Glaubwürdigkeit, der neuen Identität zu erproben, die ja allzu häufiges Fragen verbietet, habe ich während der Vorbeifahrt mit einer beiläufigen Handbewegung zu den Satellitenschüsseln wie zu mir selbst, aber doch auch an Susanne gerichtet gesagt:

»Erstaunlich, dieses Muster.«

»In Turkmenbashi können die Menschen nicht nur turkmenisches, sondern auch iranisches und aserbaidschanisches Fernsehen empfangen«, hat vom Rücksitz her der umgehende Kommentar gelautet. Das macht, habe ich überlegt, diese Hafenstadt nicht nur zum Tor der Republik zum Kaspischen Meer, sondern geradezu zum Fenster zur Welt.

A., unsere offizielle Begleitung durch Turkmenistan, spricht ein im Umgang mit deutschen Touristen geübtes und gepflegtes Deutsch, und ergänzt, die kleinen westwärts gerichteten Schüsseln würden den aserbaidschanischen Sender hereinholen, die großen den iranischen und der turkmenische Kanal käme ohne Schüssel in die Häuser.

Seltsamerweise habe ich in Turkmenbashi tatsächlich das starke Gefühl gehabt, Europa ende nicht in Baku, sondern es besitze am östlichen Ufer des Kaspisees noch eine Enklave. Abgesehen davon, daß Krasnowodsk alias Turkmenbashi eine russische, also abendländische Gründung ist – kein Nomadenstamm würde seinen *aul* an diese schale salzversehrte Nehrung stellen, wo es bestimmt kein anständiges Wasserloch gibt –, abgesehen von der Geschichte dieses Hafens also hat mich dieser Morgen tatsächlich erinnert an das Einlaufen im attischen Lavrion oder dem ägäischen Syros in den 70er Jahren.

Genau aus diesem Impuls, aber auch um den Grad möglicher Umbiegung des Programms, welches sagt »Empfang durch Ihre Reiseleitung und Weiterfahrt nach Balkanabad«, zu testen, habe ich angeregt, vor einem Kaffeehaus Platz zu nehmen, über den Hafen zu schauen und Baklawa zu essen.

A. hat sich mit dem Fahrer besprochen, und wie alle Fahrer überall hat auch der Turkmene in solchen Dingen Bescheid gewußt. Natürlich ist er nicht zum Kaffeehaus gefahren, es gibt keines in Turkmenbashi und östlich davon, sondern zu einem Patisseriegeschäft, das erstaunlicherweise aber nicht nur Baklawa herstellt, sondern auf dem Vorplatz zwei Tische und Stühle aus weißem Plastik stehen gehabt hat.

Die Straße von Turkmenbashi nach Balkanabad führt an dem kahlen Bolschoi Balchan, dem Hausberg Turkmenbashis, entlang. Kämen die Phantasten aus Brüssel für einen Augenschein in diese Ecke Zentralasiens, würden sie nicht nur unschwer erkennen, daß die Route in diesem Zustand keinesfalls als Teil des Schiene, Fähre und Straße integrierenden Transportkorridors der *TRACECA* tauglich ist, sondern auch, daß das verwitterte, an den Rändern abgebrochene Asphaltband nur knapp den im Zusammenhang mit einem Neubau erwartbaren Werkverkehr absorbieren dürfte.

Entgegengekommen sind uns auf der hundertfünfzig Kilometer langen Strecke nach Balkanabad ein halbes Dutzend Zisternenlastwagen, und die Fahrbahn gekreuzt haben ein paar Mal baktrische Kamele, die erste Herde gleich fünf Minuten nachdem wir aus Turkmenbashi heraus gewesen sind.

In einem *Chruschtschewski*, einem dreistöckigen Plattenbau, in der mit vielen Teppichen, Sofas und leeren Bücherregalen ausgestatteten Wohnung einer Gastfamilie, die sich für solche Fälle in den darunterliegenden Stock zurückzieht, haben wie Quartier bezogen. Unsere Handys funktionieren, und damit ist die unter Ausschluß von A. zu führende Kommunikation per *SMS* also möglich.

Wir gehen auf den Basar und besuchen dann außerhalb der Stadt einen auf Geheiß von Turkmenbashi angelegten sogenannten, mit flachen Treppen versehenen Gesundheitsweg, der sich von der Ebene den nackten Fuß des Bolschoi Balchan hinaufschlängelt. Die Turkmenen könnten auf diesem Spaziergang die Aussicht genießen, sagt A., und sich gleichzeitig ertüchtigen. Das ist auch eine Notwendigkeit beim Zustand der Spitäler des Landes, deren Personal vor kurzem um 12 000 Ärzte und Krankenschwestern gekürzt worden ist, während man als weitere Maßnahme zur Kostensenkung, oder weil die Kasse leer ist, 15 000 Stellen mit Rekruten der

60 000 Mann zählenden Armee besetzt hat. Auch am Start des Gesundheitswegs ist ein schmächtiger Soldat postiert, und ich versuche mir, da mir im schweren Kittel des Wissenschaftlers doch arg heiß wird, vorzustellen, wie ihm zumute ist im groben senfgelben Stoff der übergroßen Uniform. Diese rafft über der schmalen Hüfte ein verwitterter Gurt zusammen, auf dessen enormer Schnalle Hammer und Sichel prangen. Nicht von ungefähr, denn seltsamerweise und trotz seines schwierigen Verhältnisses mit Moskau hat Saparmurad Nijasow 1992 eine gemeinsame militärische Kommandostruktur vereinbart, die russischen Offizieren und Soldaten nicht nur die Überwachung turkmenischer Truppen erlaubt, sondern diesen im Verband der GUS-Kontingente auch, die lange Grenze der transkaspischen Republik zum Iran und zu Afghanistan zu überwachen. Der größte Teil der 30 000 Mann und 700 Panzer dürfte inzwischen längst wieder abgezogen sein.

Auf dem Weg zurück zur Wohnung haben wir vor einem Plattenbau mit der Nummer 3 eine Teppichreinigung erlebt. Sie erfolgt immer zu der Stunde, in der in den Häusern Wasser fließt. Vergnügte Kinder haben reichlich Pulver verteilt und wie wild geschrubbt, und die junge Turkmenin, unter deren langem, geblumtem ärmellosen Gewand marmorweiße Füße zum Vorschein gekommen sind, hat mit solcher Grazie und Ruhe den dünnen Strahl des aus dem Treppenhaus herangeführten Schlauches auf dem im Kies liegenden roten Stück verteilt, als sei sie Demeter bei der Pflege des Ackers der Welt und für immer vor dem Schicksal bewahrt, ihre Tochter Persephone durch Hades' schnöden Raub zu verlieren.

Vielleicht ist A. meine Begeisterung nicht entgangen, denn zurück in der Wohnung erhalte ich von Susanne per Handy die warnende Kurzmitteilung, unsere Begleiterin habe nun schon zum dritten oder vierten Mal so ganz nebenbei bemerkt, daß immer wieder Journalisten ins Land kämen und dann zu Hause nur falsche Eindrücke verbreiten würden.

Ruinen im Land der 'Spitzmützigen Saken'

Balkanabad, 25. Mai 2005. — Nach der Ermordung von Darius III. im Ahuran-Paß östlich der ›Kaspischen Tore‹ und der Flucht der verschwörerischen Bande um den Königsmörder Bessos vor dem Heer der Makedonen nach Baktrien, steht Alexander der Große im Juli des Jahres 330 v. u. Z. vor einer grundsätzlichen Entscheidung. Neben seinem Vorsatz, keinen entkommen zu lassen, der nach des persischen Herrschers Tod Anspruch auf den Thron in Par- *Dazu Buch I, Irrtümer hinter den Gebirgen.* thien erheben kann, sind es wohl falsche geographische Vorstellungen, die seine Entscheidung mitbeeinflussen, auf einen leicht zu sichernden Limes zu verzichten, der in der Südostecke des Kaspischen Meeres ansetzt und von

Norden nach Süden, über den Korridor zwischen der Küste und der 'Großen Salz-wüste', dann deren und dem Westrand der 'Wüste der Leere' Lut entlang über Ker-man zur Mündung des Persischen Golfes läuft und dafür weiter ostwärts in selbst seinen asiatischen Höflingen nicht geheuere Gebiete der Baktrier, Arachosier, Mas-sageten und Skythen hinaus vorzustoßen. Alexander trifft seine Entscheidung, weil er sich der Unterstützung bei Nachschub und Kommunikation seitens unterworfe-ner und sich seiner Herrschaft fügender Völker in seinem Rücken sicher ist und weil er den Informationen glaubt, die seine Männer den persischen Strategen über die vorausliegenden Streckenabschnitte abgepreßt haben, aber eben in der irrigen Mei-nung, vom Gipfel des Hindu Kush überblicke er die Halbinsel Indien, also den Rest Asiens. Um aber wirklich im Rücken Ruhe zu haben, befiehlt Alexander vor dem Vorstoß nach Areia, die Region von Herat, noch den Marsch nach Hyrkanien.

An der Schwelle zum 'Land der Wölfe' kostet Alexander das Wasser des Kas-pischen Meeres, das seltsamerweise nur leicht salzig schmeckt, was aber nichts an seiner von Aristoteles vermittelten Vorstellung ändert, das ungefähr beim heutigen Bandar-e-Torkeman erreichte Gewässer sei eine aus dem Norden vordringende Ein-buchtung des äußeren Ozeans. Um seinen Lehrer mit neuem Stoff zu versorgen, läßt Alexander in diesem feuchten, fast subtropischen Gebiet die Wissenschaftler im Troß einen Bericht über die Hydrologie des teilweise unterirdisch fließenden Stiboetes, des heutigen Cheshmeh-e-Ali, erstellen, den spätere römische Histori-ker – Diodor Sicilus (*Universalgeschichte*) und Quintus Curtius Rufus (*Geschichte Alexanders des Großen*, VI, 4, 4–6) – zusammenfassend wiedergeben werden. Vielleicht entschließt er sich tat-sächlich auch, den ihm von Ferdausis 1300 Jahre später im *Shahname* zugeschriebenen Grenzwall ziehen, den Vorläufer der heute noch existierenden zweihundert Kilome-ter langen, aus der Mitte des 3. Jh. n. u. Z. stammenden sasanidischen ›Mauer des Shapur‹, auch 'Rote Schlange' genannt (die indessen wiederum durch die Große Mauer der Han inspiriert sein könnte, in deren Schutz sich bereits im I. Jh. v. u. Z. wagemutige Botschafter aus Ost und West aufeinanderzubewegen).

Dazu Buch II, *Der Kupferwall und andere Wahrheiten.*

Erwiesen ist jedenfalls, daß Alexander den Schritt über das Tal des Gorgan in den nördlichen Teil Hyrkaniens nicht wagt, in das Gebiet der *Saka Tigrakhauda*, der 'Spitzmützigen Saken', eines Skythenstammes. Deren an der Seite von Dareios kämpfende leichte Kavallerie hat ihn in der Schlacht von Gaugamela am I. Oktober des Jahres 33I v. u. Z. doch ziemlich beeindruckt, nicht minder als die Hellenen bei Marathon, wo das persische Heer in der Mitte der dort kämpfenden Saken wegen siegreich geblieben war, wie Herodot (*Historien*, VI, II3) schildert, und die Griechen nur von den Flügeln her die Schlacht gewinnen konnten.

1924 dringt, auch aus Persien kommend, bei Tschikischlar (Chikishlyer) in diese Region Gustav Krist, allerdings nicht über den antiken Grenzwall, sondern auf einem Turkmenensegler und von Enseli kommend, dem Dazu Buch VII, *Routen durch Khorasan.* heutigen Bandar-e-Anzali an der Südwestecke des Kaspischen Meeres.

Dort hat dem Österreicher, der in Sowjetisch-Turkestan die Orte seiner fünf Jahre zurückliegenden Kriegsgefangenschaft besuchen will, der russische Konsul versichert, Ausländern sei der Besuch der Region ausnahmslos verboten und selbst Reisende aus dem Inneren des Imperiums benötigten eine besondere Erlaubnis der Politischen Abteilung in Moskau. Der Genosse solle sich die Idee, von Baku den Dampfer nach Krasnowodsk zu nehmen und mit der Eisenbahn nach Buchara zu fahren, gefälligst aus dem Kopf schlagen, sich noch eine Tasse Tee mit einem Brokken Hutzucker genehmigen und ihm als Freund erhalten bleiben.

Krist hat sich jedoch nicht von seinem Plan abbringen lassen. An der Nehrung Sheb-e-Jazireh vorbeikommend – dort erliegt im Jahr 1221 der für das Verbrechen von <u>Otrar</u> von den dschingiskhanidischen Kavallerien gehetzte choresmische Sultan Muhammad den Erschöpfungen Dazu Prolog, *An der ›Dsungarischen Pforte‹.* seiner Flucht – ist er die Küste abgefahren und hat beim knapp hinter der persischrussischen Grenze liegenden Tschikischlar das verbotene Land betreten. Von dort sticht Krist mit seinem Begleiter Chores, einem Jomud-Turkmenen, nordwärts in die Chanbagy-Kum. In Kala-Kaja, der von Überlebenden des Massakers von <u>Geok Tepe</u> mitten in der Wüste erbauten Siedlung, wird der *orus*, der Europäer, offizieller Gast von Alim-Kul, der als junger Chan Skobelev erbitterten Widerstand geleistet hat und den Durchreisenden vom damals heroisch geführten, aber letztlich verlorenen Kampf der Jomuden gegen die über Artillerie verfügende 26 000-köpfige russische Übermacht berichtet. Ein achttägiger Kamelritt bringt Krist dann an die Eisenbahnstrecke, wo sein eigentliches <u>Abenteuer</u> in Sowjetisch-Turkestan beginnt.

Unterwegs kommt der Östereicher in Arsan-Kaja vorbei, das nun Qumdak Dazu Buch VII, *Geschichte eines Grenzlands* und Buch IX, *Suche nach dem ›Steinernen Turm‹.* heißt und wo heute, wie an jedem Ort in Turkmenistan, mit dem 'Tag der letzten Glocke' die großen Ferien beginnen. Drei Monate dauern diese, denn Juni, Juli und August sind einfach zu heiß für den Unterricht, auch wenn der zwischen Kindergarten und dem auf zwei Jahre beschränkten Universitätsstudium behandelte Stoff nur einer einzigen Quelle entstammt, dem *Ruhnama*, dem wegweisenden Lehrbuch aus der Feder des fürsorglichen Despoten Saparmurad Nijasow.

Ganz besondere Bedeutung hat der Tag indessen für die oberste Klasse, markiert er doch das Ende der obligatorischen zehnjährigen Schulzeit mit einem großen Fest.

Obwohl wir Archäologisches im Sinn haben, nicht nur zeitlich weit zurückliegende, sondern auch geographisch so abgerückte Orte, daß ein lokaler Spurenleser

hinzugekommen ist, hat A. nichts einzuwenden gegen einen unvorhergesehenen Halt, angesichts der fröhlichen Mädchenscharen, die in langen engen Gewändern aus samtigem Stoff von dunkler moosgrüner Farbe der Schule zustreben. Über der Schulter tragen die Fünfzehnjährigen breite mit goldenen Lettern *Uçurym 2005* ('Abschlußklasse 2005') beschriftete weiße Schärpen. Ärztin, Juristin oder Krankenschwester wollen sie alle einmal werden.

Das Fest besteht aus musikalischen und tänzerischen Darbietungen der Kleinsten zu Ehren der Schulabgänger und der Vergabe von Geschenken, deren Natur wir aber nicht kennenlernen, denn nach einer auf der Stelle vom Direktor gehaltenen Einführung zu seiner Schule müssen wir weiter.

A. sagt, daß in Balkanabad aus Anlaß des Ferienbeginns ein großes Volksfest stattfindet. Aber ich glaube nicht, daß wir deswegen ausgerechnet heute vom Reisebüro in die menschenleere Wüste gebracht werden. Das verdanken wir allein der von mir zuvor signalisierten Leidenschaft für Altertümer. Aber wenn wir aus der Wüste wieder herauskommen, und zwar rechtzeitig, kann es sein, daß es in Balkanabad doch noch für einen Gang in den Vergnügungspark reicht.

Wir fahren an ein paar stillstehenden Ölpumpen vorbei, auf der sandverwehten Straße, die in den Iran hinunterführt. Ab und zu überholen wir einen Tanklastwagen, der das Öl ins Nachbarland fährt, denn Turkmenistan mag nicht auf seinem Öl sitzen, während man in Brüssel eine transkaspische Verlängerung von »Nabucco« debattiert, der Pipeline, welche Europa von Rußland unabhängiger machen soll. Das Gerangel um die zentralasiatischen Ressourcen liegt jetzt aber tatsächlich weit hinter uns, auch wenn einen Moment lang die Küste noch wahrnehmbar scheint. Sobald wir aber das Asphaltband verlassen, verwirrt anderes.

Die Vergangenheit, die wir besuchen wollen, hat zwei Namen: Geoktchik Tepe und Dehistan.

Zunächst aber beschäftigt uns das Plateau von Misirian, und auf diesem zunächst ein Kuhfladen am Horizont, der sich, als wir ihn erreichen, vielleicht zehn Meter über dem weißen Wüstenboden erhebt und Reste einer Zivilisation beherbergt, die aus der Zeit um 5000 v. u. Z. stammt, wie allerneueste Erkenntnisse der Archäologie belegen. Auf diese bezieht sich Päsident Turkmenbashi, wenn er Turkmenistan als uralte Kultur bezeichnet und postuliert, sein Land habe der Welt die Kunst des Ackerbaus geschenkt. Viel besser erhalten ist aber Geoktchik Tepe.

Dazu in diesem Buch, *Fluch aus der Bronzezeit.*

Bei der Annäherung über den weißen steinigen und zuweilen von Salzpfannen durchsetzten Boden, der laut al-Biruni Steine mit »Fischohren« enthält, bleibt lang unbestimmbar, ob der Hügel vor der Fata Morgana liegt oder umgekehrt, oder ob beides Täuschungen sind.

Der im Jahr 362 n.d.H. (973) in Kath, am Ufer des Amu Darya, südlich des Aral-Sees geborene Universalgelehrte beschäftigt sich in

Der Siedlungshügel oder *Tepe* datiert aus der Mitte des 2. Jahrtausends v. u. Z., als die Einwanderung fremder Elemente aus dem östlich gelegenen Baktrien nicht nur zu einer 'urbanistischen Krise', sondern auch zu Veränderungen in Siedlungsart, Wirtschaft, Architektur und materieller Kultur und zur Ausbildung zweier unterscheidbarere Kulturen führt, nämlich jener von Jaz Tepe, auf das 15.–8. Jh. v. u. Z. datiert, und der etwas später, im 14./13. Jh. v. u. Z., ansetzenden und bis ins 6. Jh. v. u. Z., also bis in die Periode der persischen Achämeniden hinaufreichenden von Archaisch-Dehistan, geographisch situiert im Geviert zwischen dem Usboj, dem von al-Biruni lokalisierten alten Lauf des Amu Darya, im Norden, dem Elbuz im Süden sowie dem Kopet Dagh im Osten und der Küste des Kaspischen Meeres im Westen.

Die eisenzeitlichen Besiedler des Plateaus von Misirian verwandelten vor allem dessen südlichen Teil durch die Umleitung des Wassers des Atrek durch einen Hauptkanal, der in ein komplexes Netz von Bewässerungsgräben mündet, in urbares Land und Felder. Deren Spuren sind jetzt noch sichtbar, 2500 Jahre nachdem das Klima außer sich geraten und es zu großen Überschwemmungen gekommen ist, gefolgt von Verwüstung im II. Jh. v. u. Z., welche die enorme rechteckige, nach Norden ausgerichtete, und im Innern durch vier feste, dreizehn Meter hohe Mauern in fünf gleich große Abschnitte unterteilte Räumlichkeit meterhoch mit orangerotem Sand

seinem *Masudischen Kanon* auch mit der erdgeschichtlichen Frühzeit. Wenn er sagt, die Sandwüste zwischen der nordostiranischen Ebene und seiner im Jahr 93 n. d. H. (712) von den Arabern eroberten Heimat Choresmien sei früher wie ein See gewesen, weil sich der Jayhum (der arabische Name des Amu Darya) in der Nähe des heutigen Balkanabad in das Kaspische Meer ergossen habe, dann verfolgt er kreidezeitliche tektonische Bewegungen dieses Raums. Mit Verweis auf den achthundert Jahre vor ihm lebenden Ptolemaios beschäftigt sich al-Biruni dann auch näher mit der seitherigen Verlagerung des Amu Darya aus der Gegend von Balkanabad weg. Bei der Suche nach einem neuen Lauf sei das Wasser durch eine plötzliche Sperrung, zu seiner Zeit 'Maul des Löwen' und bei den Choresmiern 'Teufelsdamm' genannt, gestaut worden, sei schließlich durchgebrochen, ein Ereignis, das an den entsprechenden Felsen noch immer sichtbare Spuren des Anbrandens hinterlassen habe, und habe sich in die Gegend von Farab am Syr Darya ergossen. Später sei dasselbe von neuem geschehen. Der Amu Darya habe sich nach links gewandt zum Land der Petschenegen – ein später in das Gebiet an Don und Donau ausgewandertes Turkvolk –, und zwar mit dem Verlauf, der als Tal des Mazdubast bekannt sei, eine topographische Bezeichnung al-Birunis, die als Hinweis auf das Trockenbett des Usboj gelesen werden kann.

Bei Nikolaj Michailow und Wadim Pokschischewski (*Eine Reise auf der Karte der Sowjetunion*, Wien 1947) liest man zum Problem des Usboj und des Ablauf des Amu Darya in den Aral beziehungsweise in das Kaspische Meer folgendes: »Jetzt ist die 'Biographie' des Amu-Darja aufgeklärt. Der Fluß ergoß in ferner Vergangenheit tatsächlich einen Teil seiner Wassers durch den Einbruch von Sarykamsk (der damals ein See war) und den Usboj ins Kaspische Meer; der Fluß selbst war damals offensichtlich noch wasserreich. Später erfolgte eine Teilung des Abflusses zwischen dem Aral- und dem Kaspischen Meer. Das Flußbett des Amu-Darya ändert sich auch heute noch sehr launenhaft. Es ist schwer zu sagen, ob der Mensch dabei eine bedeutende Rolle gespielt hat; einen großen Damm gab es am Amu-Darya nicht, aber schon dort, wo sich der Fluß in Arme zu teilen beginnt, wurde seit jeher die Bewässerung durchgeführt, und möglicherweise gab es hier große Anlagen, die vielleicht auf diese Teilung der Wasser Einfluß hatten — vergängliche Dämme, die spurlos in den mächtigen Hochwasserfluten verschwunden sind. Noch im XVI. Jahrhundert floß offensichtlich ein Teil des Wassers durch den Usboj und auch für die spätere Zeit wurden vereinzelte wasserreiche Jahre festgestellt, in denen sich ein Teil des Wassers des Amu-Darya in den Usboj ergoß, aber es verdunstete, ohne das Kaspische Meer zu erreichen. Jedenfalls schützten die angestrengten Bemühungen der Bauern und der Chans, die damals die Choresm-Oase beherrschten, den Amu-Darya, besser gesagt seine Arme, vor einer Rückverlegung seines Bettes in den Usboj.«

ausfüllt. Dieser konserviert die luftgetrockneten Ziegel von 50 x 70 x 8 Zentimeter hervorragend. Diese Ziegel sind Hauptmaterial von Geoktchik Tepe, aber auch von den enormen Terrassenanlagen mit kultischer Bestimmung südlich des Atrek, also in der Ebene des iranischen Gorgan.

Die Kuppe des Hügels von Geoktchik Tepe, gleichzeitig der aus Stampferde bestehende Kern der Anlage, an den sich nebst der nördlichen auch die südliche der beiden mindestens fünfzehn Meter hohen enormen Terrassen gelehnt haben muß, ist der höchste Punkt der Gegend. Wohin das Auge schweift nichts als eine helle, zuweilen von weißen Bahnen durchzogene Ebene, gegen den Horizont mit dunkleren schraffierten Flecken. Der einzige vorhandene Schatten findet sich auf dem Hügel selbst in dem von Archäologen freigelegten Riesenraum, an dessen Wänden das Rülpsen der Kamele widerhallt, die in mittlerer Entfernung am Hügel vorüberziehen.

Ob die wahrscheinlich als Heiligtum dienende monumentale Anlage iranisch oder medisch oder autochthon zentralasiatisch ist, darüber gibt der gegenwärtige Stand der Forschung keine verläßliche Auskunft. Hingegen haben die turkmenischen und französischen Archäologen, die zwischen 1994 und 1997 in Geoktchik Tepe gearbeitet haben, die rechteckige, im Osten des Hügels liegende Umwallung auf das 6. Jh. n. u. Z., also auf die sasanidische Periode datieren können, wobei die Architektur des Osttors wiederum unzweifelhaft auf arabische Einflüsse, genauer auf umaiyadische Wüstenburgen aus dem Jordanien des 8. Jahrhunderts verweisen soll. Die in den Ruinen eines privaten Hauses neben der Umwallung gefundenen Scherben, zumeist von hellroter Farbe, haben sie dem 7. oder 8. Jahrhundert zugeordnet. Aber damals müssen die Bewohner von Geoktchik Tepe allmählich abgewandert sein in die südlicher gelegene Oase Dehistan, die größte Stadt des Plateaus von Misirian, die vom 9. bis zum 14. Jahrhundert bewohnt war.

Dorthin dirigiert der Lotse aus Balkanabad den Fahrer, liest wie ein Blinder die Brailleschrift die Salzpfannen, Flächen mit Treibsand und anderen geologischen Fallen.

Zuerst tauchen am Horizont die Stümpfe zweier gedrungener Minarette auf. Dann die Schuttlinien der zerfallenen doppelten Wälle und halbzylindrischen Festungstürme, bestehend aus den — mit schwerwiegenden ökologischen Folgen — für das Plateau aus dem Holz der vollständig verschwundenen Baumbestände des darum 'Trockenes Gebirge' genannten Kopet Dagh gebrannten Ziegel. Schließlich die Ruine des aus dem 13. Jahrhundert stammenden monumentalen *pishtak*, dem Zugang zur Hauptmoschee.

Unter diesem rollt der Fahrer den Teppich aus.

A. bricht das Fladenbrot, nicht mit einer Hand, denn das gefährdet den eigenen Reichtum, und auch nicht von beiden Seiten her, denn das bringt das Vermögen zum Schwinden. Fliegen stürzen sich auf Gurken, Tomaten, Wurst und Käse, aber das ist verzeihlich, denn hier kommt kaum je jemand her, um sich in der als Polygon angelegten Stadt umzusehen, deren Verwüstung durch die Mongolen dermaßen gründlich gewesen ist, daß man sich nur unter großer Anstrengung einbilden kann, die Schuttfläche sei unter den Shahs von Choresmien eine emsige, an der Straße zwischen Persien und Transoxianien liegende Handelsstadt mit befestigter Zitadelle, Karawansereien, Basar und *Sakhristan* gewesen.

Ein Kilometer vom Ruinenfeld steht eine weiß getünchte Hütte mit Wellblechdach, und zwar an einem Sträßchen, das unerwartet und schnurgerade aus der Wüste kommt und wieder in diese hinausführt. Lotse und Wächter kennen sich, und letzterer läßt das zur Reparatur aufgestellte Motorrad und die Werkzeuge liegen, um uns in das aus einem einzigen Raum bestehende Häuschen zu bitten. Kurz zuvor hat er die Kamelstute gemolken, und A. sagt, das sei das stärkendste Getränk, und so frisch fänden es nur glückliche Menschen wie Susanne und ich.

Näher an die iranische Grenze kommen wir nicht, denn von Dehistan verfolgen wir nordwärts führende Fahrspuren nach Madau, der einzigen Siedlung im Herzen des Plateaus. Ein noch bewohnter Platz, aber *barkane* stehen bereits hoch und bedrohlich nahe einzelner der locker ausgestreuten Häuser. Es gibt zwei, drei Satellitenschüsseln über den Koppeln, wo junge Kamele säugen, ein paar Pferde, Lastwagen sowie viele Goldzähne. A. überredet eine uralte Turkmenin mit tellergroßem Geschmeide auf der Brust, sich vor meine Kamera zu stellen, und um beide nicht zu enttäuschen mache ich die Aufnahme. Der Lotse findet die Tochter des Dorfvorstehers und diese ihren Vater, und wenig später stehen wir im Museum. Untergebracht ist es in der Schule, auf deren Fassade strahlende erwachsene Schüler gemalt sind mit dem *Ruhnama* fest an die Brust gedrückt.

Das Museum besteht aus einem einzigen Raum mit ochsenblutrotem gewachsten Bretterboden, in dem man Vitrinen mit Exponaten aus der Gegenwart, aber auch mit Schmucksteinen und Münzen früherer Bewohner des Wüstenplateaus zu einem Rechteck zusammengestellt hat. Den Wänden entlang stehen grob gezimmerte, blau bemalte Tische und mit rotem Tuch ausgeschlagene Gestelle mit den archäologischen Funden. Am größten eine gewaltige gebrannte Tonne; das Kleinste die Pfeilspitzen aus Eisen und Öllämpchen. Dazwischen aufeinandergeschichtete Blöcke kufischer Steinschnitzereien, unglasierte und glasierte Tongefäße mit und ohne Henkel, aber alle zum Transport und zur Aufbewahrung von Wasser in lokalen Öfen gebrannt in der islamischen Epoche der Sasaniden.

Beim Abschied schenkt uns der Dorfvorsteher eine von ihm auf russisch verfaßte kleine Broschüre zur Geschichte von Dehistan.

Für das Volksfest reicht es dann nicht mehr in Balkanabad. Aber die Geschichte von Misirian, dieser zwischen Innerasien und Westasien verlorenen Region, darf am Tag des Ferienbeginns enden ohne ein Ausrufszeichen.

Die Straße nach Ashkhabad

Ashkhabad, 26. Mai 2005. — Erst der Spätsommer des Jahres 1890 markiert für Turkestan den Beginn touristischer Erschließung. Damals fährt nämlich auf der bisher Truppentransporten und dem Nachschub militärischer Güter vorbehaltenen, von Krasnowodsk ausgehenden Strecke, erstmals ein Personenzug der *Compagnie Internationale des Wagons Lits*. Unter den Geladenen befindet sich Paul Nadar, Sohn des berühmten Porträtisten Gaspard-Félix Tournachon alias Nadar, vor dessen Kamera nicht nur alle posieren, die in Paris etwas sein wollen oder sind – von Alexandre Dumas bis Emile Zola –, sondern auch das auf der Suche nach seinem Bild befindliche Bürgertum. Während Vater Nadar mit seinem Werk ein Kompendium der Gesellschaft anfertigt, bedient Sohn Nadar das Publikum mit inszenierten Porträts in exotischem Ambiente. Die Einladung zu einer Fahrt mit dem *Orient-Express* nach Istanbul und von dort über Tbilisi und Baku in das zaristische Turkestan, nach Buchara und Samarkand, verspricht nun eine Fülle authentischer orientalischer Sujets. Die Szenen, die sich neben den Geleisen abspielen, hätte sich Paul Nadar nie vorstellen, geschweige denn im Atelier am 35, Boulevard des Capucines aufbauen können. Weil Nadar auf seiner touristischen Visite nicht die zu Hause benutzte Plattenkamera mit sich führt, sondern ein mit Rollfilm bestückbares handliches Gerät von *Eastman Kodak*, ist er es, der nun zwischen Istanbul und Samarkand den ersten Reisebericht in der Geschichte der Fotografie realisiert.

Die handliche Kamera macht die fotographische Wahrnehmung flüchtiger, ermöglicht umgekehrt aber auch den unauffälligen beobachtenden und berichterstattenden Blick des Reporters, also die Unbestechlichkeit beanspruchende Augenzeugenschaft. Solche hat vor knapp zwei Wochen Galima und Marcus in Andizhan in Lebensgefahr gebracht, und es steht zu vermuten, daß die staatlichen usbekischen Dienste nicht viel Zeit verstreichen lassen werden, um die lokalen Kollegen der beiden verschwinden zu lassen, die das Massaker bezeugen können oder mit geflüchteten Überlebenden gesprochen haben.

Dazu in diesem Buch, *Mord in Osh*.

Schon Anfang des 20. Jahrhunderts, am 20. September 1918 ist ein russischer Gleisarbeiter namens Alexei Dirdikin Opfer seiner Augenzeugenschaft geworden. Vor Sonnenaufgang dieses Tages wurde er auf dem Heimweg vom Geräusch eines ohne Lichter fahrenden, nicht planmäßigen Zuges aus der Richtung von Krasnowodsk überrascht, und verbarg sich am Damm hinter dornigem Gebüsch, um die Vorbeifahrt der mysteriösen Komposition abzuwarten. Er sieht diese nur wenig entfernt halten, beobachtet, wie bewaffnete Wächter einer Gruppe Gefangener mit auf den Rücken gebundenen Händen befehlen, zum Grat einer Düne zu gehen, die Abgabe von Augenbinden, welche einige der Männer ablehnen, und dann den

Erschießungsbefehl, gefolgt vom Totschlagen derer, die verwundet zu fliehend versuchen.

Das den Iran darstellende Blatt 32 des *Times*-Atlas, Ausgabe 1990, dessen Kopie ich dabeihabe, weil es, allerdings noch unter der Bezeichnung U. S. S. R., den südlichen Teil Turkmenistans sowie Buchara und Samarkand miteinschließt, enthält weniger als eine Fingerbreite unterhalb von Balkanabad, das damals noch Nebit Dag heißt, den Eintrag »*im 26 Bakinskikh Kommisarov*«. Der Ort trägt diesen Namen zum Gedenken an die sechsundzwanzig Kommissare des Bakuer Komitees der Bolschewiken, deren Exekution in der frühen Morgenstunde jenes 20. Septembers 1918 Alexei Dirdikin mitverfolgt und deren hastige Bestattung er zusammen mit einem nach dem Vorfall angetroffenen Arbeitskollegen vorgenommen hat.

Tags darauf findet man Dirdikins Leiche in den nahen Bergen. Er war wohl entdeckt worden und offensichtlich hat das Kommando seinem Versprechen zu schweigen mit eigenen Methoden nachgeholfen.

Peter Hopkirk hat in seinem Buch *On Secret Service East of Constantinople* (London 1994), dem Fortsetzungsband zu *The Great Game. On Secret Service in High Asia* (London, 1990), die genaueren Umstände der von Dirdikin bezeugten Exekution dargestellt, und zwar aufgrund eines mehr als ein halbes Jahrhundert danach aufgetauchten Berichts des Priesters, der die Beerdigung des Gleisarbeiters vorgenommen hatte und der durch die vom Ermordeten noch in Kenntnis gesetzte Familie über das Verbrechen am Bahndamm informiert worden war.

Ich habe A. nicht auf diese düstere Geschichte aus ferner politischer Ver-

Am 26. Juli 1918 verdrängen armenische Nationalisten und ihre Verbündeten die seit dem 13. April Baku kontrollierende »Commune von Baku« unter Stepan Shaumian, welcher während der kurzen Episode der Herrschaft immerhin die Verstaatlichung der Ölindustrie gelungen ist. Die bolschewistischen Kommissare bleiben auch nach Ankunft der britischen Truppen General Dunstervilles im August in der Stadt und betreiben ihre Untergrundarbeit, bis weißrussische Truppen sie ins Gefängnis werfen.

Dem späteren Spitzenpolitiker Mikojan, in der Ära Breschnew 1964/1965 Vorsitzender des Präsidiums des Obersten Sowjets, damals aber noch junger Bakuer Kommissar, gelingt die Befreiung seiner Genossen, und zwar gerade rechtzeitig vor dem Fall der Stadt am 14. September, welchen die kleine britische Truppe gegen die Übermacht der »Armee des Islam« des von einem neuen ottomanischen Sultanat träumenden Enver Pasha nur aufgehalten hat, aber letztlich nicht zu verhindern vermag.

Bei der chaotischen Evakuation der Bevölkerung vor der zu erwartenden türkischen und tatarischen Vergeltung für im Frühling an der muslimischen Bevölkerung begangene Progrome durch armenische Nationalisten werden die sechsundzwanzig Kommissare auf den mit Flüchtlingen überfüllten Dampfer »Turkman« gebracht, der jedoch, anstatt wie vorgesehen das in bolschewistischer Hand befindliche sichere Astrachan anzulaufen, plötzlich Kurs nimmt auf das vom Ashkhabad-Komitee kontrollierte Krasnowodsk – warum, ist bis heute Gegenstand von Vermutungen und Verschwörungstheorien, welche auch dem britischen Captain Reginald Teague-Jones eine Rolle zuspielen. Dieser Teague-Jones ist auf Befehl des im persischen Mashhad sitzenden und der britischen Regierung in Indien rapportierenden Generals Malleson am 15. September mit einer kleinen Abteilung von Baku kommend in Krasnowodsk gelandet, um im Einverständnis mit den transkaspischen Machthabern in Ashkhabad den Eisenbahnkopf abzusichern sowohl gegen eine befürchtete türkisch-deutsche Invasion als auch gegen das Vorrücken des Bolschewismus. Zum selben Zeitpunkt sind nämlich in dem achtzig Kilometer östlich von Ashkhabad gelegenen Kaakha bereits Gefechte zwischen britisch-indischen Verbänden und bolschewistischen Truppen aus Tashkent ausgebrochen, in deren Reihen auch ehemalige österreichisch-ungarische Kriegsgefangene stehen – vielleicht sogar der Abenteurer Gustav Krist.

Kommandant Kuhn, der kosakische Befehlshaber in Krasnowodsk, läßt vor dem Einlaufen der »Turkman« die sechsundzwanzig Kommissare gefangennehmen und einkerkern, und bald steht fest, daß es nur zwei Lösungen gibt, ihre für das Ashkhabad-Komitee gefährliche Präsenz in Transkaspien zu beenden. Entweder ihre Überführung nach Indien, wozu gemäß Teague-Jones posthumem Tagebuch in den Worten General Mallesons nur schwerlich Bewachung zu besorgen ist oder aber durch 'Entsorgung' auf andere Weise. Genau diese wird in der Nacht des 20. September auf Befehl der Führung der wackligen Regierung in Ashkhabad denn auch durchgeführt. Mikojan, der sich nicht auf der von Kuhn bei einem seiner Gefangenen gefundenen und nur die Namen der zuvor in Baku Inhaftierten enthaltenden Liste befindet, wird zusammen mit den beiden Söhnen von Stepan Shaumian freigelassen; aber zu dem Zeitpunkt sind nicht nur die sechsundzwanzig Kommissare tot, sondern auch der Gleisarbeiter Alexei Dirdikin.

gangenheit angesprochen, denn A. versetzt uns schon beim Frühstück in Begeisterung über das Bad in einem unterirdischen Schwefelsee. Zuvor aber sollen wir eine der wichtigsten Pilgerstätten des Landes besuchen – Paraw Bibi. Das sind gute Neuigkeiten für Susanne, denn die Reportage, die sie im Kopf zusammenbauen muß, ohne offensichtlich Notizen zu machen, kann durch die Begegnung mit einheimischer Bevölkerung nur gewinnen.

Dort wo vor Kazandhik die Straße das Gleis der Transkaspischen Eisenbahn überquert, schaue ich kurz zurück, in der vergeblichen Hoffnung, Pereval oder Akhcha-Kuyma zeigten sich, die den Ort der Exekution der sechsundzwanzig Kommissare umklammernden Stationen.

Viele Züge kämen hier nicht, sagt A. sofort, in der Annahme, ich sei beunruhigt über die unbewachte Schranke.

Die Züge, die es dann doch zu sehen gibt, sind ausgesprochen lang und bestehen ausnahmslos aus ziemlich mitgenommenen Zisternenwaggons, wahrscheinlich gefüllt mit auf dem Dauletabad-Feld im Dreiländereck zu Iran und Afghanistan gewonnen Gas, welches vor einem halben Jahrzehnt die argentinische *Bridas* und die amerikanische *Unocal* zur Kooperation mit den Taliban und einer um den Hindu Kush herumführenden Pipeline von Turkmenistan nach Pakistan inspiriert hat.

Dazu Buch V, »*New Great Game I.*«

Bei Paraw verlassen wir die Hauptstraße nach Ashkhabad, überqueren das Gleis in Richtung zum Kopet Dagh, dem die Grenze zum Iran bildenden Bergzug, und gelangen in der Nähe des aus einer im 9. Jahrhundert gebauten arabischen Festung entstandenen Ferawa/Afraw zum *mihmanhana*, dem Gasthaus der von A. gerühmten Pilgerstätte. Reger Betrieb herrscht in den offenen Küchen. Auf der von Maulbeerbäumen, jungen Föhren, Weinreben, Hagebuttensträuchern und Rosenbüschen umgebenen überdachten Plattform, *bassirma* genannt, wo man sich vor oder nach dem Besuch des heiligen Schreins stärkt, lagern große und junge Familien, und dank A.'s Vermittlung hat Susanne nach wenigen Minuten eine neue Freundin, die sie auf dem letzten Abschnitt der Wallfahrt begleiten darf.

Dieser Weg beginnt hinter der Pilgerstätte, in der Nähe eines auf hohem Betonsockel stehenden Artilleriegeschützes und führt zuerst in Fallinie zu einer Kluft in den steilen Felsen und dann in diese hinein als Treppenweg. Er ist 1990, knapp vor der Unabhängigkeit, erbaut worden und ein Skandal. Ältere Pilgerinnen stürzen auf dem sonderbar glitschigen Zement. Das Rohr der Geländers hat einen Durchmesser von mindestens zwölf Zentimetern, so daß sich die weiße Söckchen und Plastiksandalen tragenden Teenager nicht festhalten können. Zudem ist die grüne, abblätternde Ölfarbe brennend heiß. Links und rechts des Aufgangs stehen kleine Pyramiden mit Wunder wirkenden Steinchen, und dann kommt man an einer ovalen Einbuchtung in einem überhängenden Felsen vorbei, in den eine Pilgerin den zusammengekauerten Körper preßt, in der Hoffnung auf Erhöhung der Fruchtbarkeit. Genau das hat Paraw Bibi getan, die tugendhafte lokale Schönheit, sich der Auslieferung im Gegenzug für die Verschonung des Ortes durch die ungläubigen Reiterhorden entziehend – wie immer, wenn es schlimm wird in der Geschichte, dürften es mongolische gewesen sein.

Genügt hat das prekäre Versteck indessen nicht, denn weiter oben, wo die Kluft sich schließt, hat der Felsen sich Paraw Bibi erbarmt und seinen Schoß geöffnet. Vor die Spalte, in welche die Entkommene ihre Keuschheit retten konnte, hat dann Gott der ansässigen Bevölkerung befohlen, einen Schrein zu bauen, denn das Wunder bezeugte nichts anderes, als daß das Mädchen ein *batyr* war, eine durch den Atem des Propheten geheiligte Heroin. Der hohe Raum des an den anstehenden Felsen gebauten Schreins ist weiß getüncht und vollständig mit Teppichen ausgelegt, die eingerollt auch in den spitzbogigen Nischen stehen. Susannes neue Freundin stopft *Manat*-Scheine mit dem Konterfei von 'Papa' Turkmenbashi in eine Truhe und platziert ihre Votivgabe, eine kleine Wiege, auf den Sims. Der Imam, er ist in ziviler Kleidung und bartlos, erteilt den Segen, dann entschlüpft die junge Frau im hinteren Teil des Schreins durch Paraw Bibis erahnbare Felsspalte.

Direkt neben dem Schrein gibt es ein tiefer liegendes, enges Felsengemach, das sogenannte Badehaus von Paraw Bibi, in dem Pilgerinnen nach dem Besuch des Schreins vor einem gerahmten Spiegel ihr Haar richten, bevor sie wieder an die Sonne treten, sich flache sichelförmige Steine auf die Fingerspitzen und Kuppen der Daumen legen lassen und betend verharren, in Erwartung, ob sich die Lügen verratenden Dinger zu drehen beginnen – hoffentlich nicht, denn nur dann haben die jungen Frauen sündenfrei gelebt. Damit ist ein guter Gatte verdient und gesunde Kinder, und um sich beides zu sichern, pressen die Pilgerinnen auf dem Abstieg eben nicht nur den Leib in die besagte Höhlung, sondern auch Stirn, Ellenbogen immer wieder die Fingerspitzen in die von Paraw Bibi im Felsen hinterlassenen Abdrücke.

Es ist wirklich ein Wunder, daß die zur Heldin gewordene Schöne auf ihrer verzweifelten Flucht die Melone mitträgt, um dann im Augenblick größter Panik die Scheiben von sich zu schleudern, damit daraus die von den Pilgerinnen benutzten Lügensteine entstehen können.

Weniger ein Wunder erscheint es, daß mehr als ein halbes Jahrhundert sowjetische Indoktrination dieses hergebrachte religiöse Glaubensgut nicht ausgelöscht hat. Vielleicht blüht die Wallfahrt aber auch, weil es in Turkmenistan kaum andere verläßliche Stellen gibt, wohin man seine Sorgen tragen kann.

Daß es dazu nicht nur bei Frauen ein Bedürfnis gibt, hat uns auf der Treppe der Mullah R. verraten. Die flammenden Felsen in seinem Rücken haben ihm, der gekleidet gewesen ist in ein makelloses weißes Hemd und einen darübergeschlagenen schwarzen, auf Brusthöhe mit einer Kordel zusammengehaltenen Rock, etwas Entrücktes verliehen, das seltsam zusammengespielt hat mit dem milden, vom tintigen Bart und dem *papak*, der schwarzen hohen Turkmenenmütze aus Schaffell, gerahmten Gesicht. Beim Abschied hat der Mullah gesagt, er rechne fest mit unserem Besuch, wenn wir in ein paar Tagen durch Tedzhen kämen. Wir haben es gern versprochen, ohne A. zu fragen, aber A. hat sowieso genickt.

Traurig wird es, als die alte Straße die neue Autobahn ablöst, untrügliches Vorzeichen der nicht mehr fern liegenden Hauptstadt. Einsam wie ein Verbannter hockt ein Arbeiter auf einem ein Turkmenenpaar in heldenhafter Pose vorstellenden Denkmal, verdammt dazu, den grauenhaften Entwurf mit einem Handpinsel und silberner Farbe aus der Einliterbüchse zu verschönern. Etwas weiter dann die erste Straßensperre, wo Soldaten in ihren senfgelben Uniformen Fladenbrote und Plastiktüten mit Aprikosen konfiszieren und einer einigermaßen rüde unsere Pässe will, während A. vorn beim Hüttchen unsere Passage verhandelt. Dort hängen, nicht anders als in Usbekistan, die vielfach kopierten und fürchterlich gerasterten Porträts zur Fahndung ausgeschriebener angeblicher Verschwörer, Verräter oder was einer in Turkmenistan sonst noch sehr schnell wird – und durch solche Beschuldigung ist er, ohne ein richtiger Terrorist zu sein, mutmaßlich schon so gut wie tot.

Geok Tepe, das Menetekel der Zaren, besuchen wir nicht, denn mittlerweile ist die Dämmerung hereingebrochen und es gilt eiligst nach Kipchak zu kommen, dem Geburtsort des Präsidenten, und dort die neue und größte Moschee ganz Zentralasiens zu besuchen. Nicht einmal im tropischen Brunei haben Prunk und schlechter Geschmack ein Ungetüm solcher Anmaßung hervorgebracht, das zudem im Detail eminent schlecht gearbeitet ist. Wohin das Auge fällt, sind die Kanten des italienischen Marmors angebrochen, bilden die tennisplatzgroßen Teppiche wurstige Adern.

Weil Turkmenbashi sein *Ruhnama* zum Heiligen Buch erklärt hat – eine Million soll die Auflage bereits betragen –, dürfen Verse daraus die Minarette zieren, wie Schleifen die Kerzen der Ministranten in katholischen Kirchen, und auch das Innere des Haus Gottes, als umlaufendes Band unter der gewaltigen Kuppel, so daß diese tatsächlich nicht der Unterbau, sondern die Worte ihres Errichters tragen.

»Yollarymyk Hallal Bolsun«, steht dort unter anderem, und ich frage A., was das heißt.

»Dein Weg soll immer glücklich sein und rein«, antwortet A.

Ob ich den Satz abschreiben dürfe, frage ich.

»Er lernt immer Sätze auswendig auf Reisen!« vermittelt Susanne.

»Kaufen Sie lieber das Buch des heiligen Präsidenten«, rät A.

Dann gehen wir zu den paar Studenten hinüber, die im grellen Neonlicht in einer Ecke kauern wie in einer Legebatterie vergessene Küken.

Ich versuche es mit dem Wort *Talib*?

Der kleinste antwortet auf turkmenisch und zeigt auf drei in der Gruppe. Einer davon, vielleicht zwölfjährig, steht auf, geht zum Gestell, nimmt einen Band des *Ruhnama* und drückt ihn an die Brust. Alle wissen, was mit Dhu-l-Qarnain gemeint ist, malen Alexanders gewundene Hörner neben die Schläfen. Wo aber im Koran die entsprechende Stelle steht, weiß keiner. Vielleicht gibt es im Haus des Turkmenbashi kein Exemplar des Heiligen Buches.

Susanne entdeckt auf einem Band über dem Mihrab den selbstverliehenen Ehrennamen des Präsidenten – sogar da! In dem Moment, in dem sie ihn ausspricht, aber vielleicht dürfte sie das nicht in der Richtung Mekkas, erlöschen die Lichter in den darüberliegenden falschen Bogenfenstern.

Stadt der Brunnen?

Ashkhabad, 27. Mai 2005. — Der Präsident der Turkmenen greift nach der Sonne und steht dabei auf dem zentralen Gegenstand des traditionellen Haushalts seines erst vor zwei Generationen seßhaft gewordenen Volkes, auf einem *tagan*.

Der dreifüßige Tonherd ist allerdings kaum noch erkennbar im 'Turm der Neutralität', einem Werk des Türken Erol Tabanca, denn so sehr hat der Hofarchitekt des Präsidenten die Form strapaziert und in die Höhe gezogen, daß die Konstruktion auch den galaktisch orientierten Phantasien des Ausstatters eines *Sciene-fiction*-Films entsprungen sein könnte. Auf der Spitze des sechzig Meter hohen Turms, auf einem vierstufigen Sockel, ist der vergoldete Präsident eingerichtet, mit erhobenen ausgebreiteten Armen, und rotiert, damit diese nie ins Leere greifen, mit dem Gang der Sonne, die aus der Wüste östlich der Hauptstadt aufsteigt und in jener westlich von ihr wieder untergeht. Bronzereliefs an den Seitenflächen der drei Stützen des Turms berichten von der Geschichte der Turkmenen, und auf ihrem Buckel gleitet der Besucher in einer laternenartigen Kabine zum verglasten Rundgang hoch, von dem ihn dann der Lift zum Aussichtsbalkon bringt. Dort gewinnt er, sich in angemessenem Abstand unter den Sohlen der goldenen Statue befindend, den Ausblick über dessen Werk, denn in einer Geste, die Timur und seine Schöpfung Samarkand evozieren, ist Turkmenbashi neben all seinen anderen, dem ausdrücklichen

Wunsch seines Volkes entsprechend und vom ihm hörigen als Parlament firmierenden *madschlis* geradezu genötigt, lebenslangen Funktionen auch der eigentliche
Chefarchitekt des neuen Ashkhabad. Daß die sich dem Besucher darbietende Aussicht, die vom 'Platz der Neutralität', dem früheren Karl-Marx-Platz, ausgehenden
großartigen Achsen dominieren, überrascht nicht. Sie sind die Maßgabe der neuen
Hauptstadt, und weil diese der Verehrung des Präsidenten dient, die Bühne, auf der
sich die turkmenische Gesellschaft nach seinem Führer strecken kann.

Nur wenig Verkehr bewegt sich auf den sechsspurigen, mit Rabatten junger
Zierbäume flankierten Boulevards. Fast hat man das Gefühl, der Staat würde sie
hin- und herfahren lassen, um die Mächtigkeit der repräsentativen Bauten zu betonen, mit welcher das Gesicht eines Verwaltungs-, Wirtschafts- und Kulturzentrums
beschworen wird, welches die von Moskau traditionell vernachlässigte SSR Turkmenistan nie besessen hat. In südlicher Richtung schließt den Platz der Regierungs-
palast Rukhyet ab, in östlicher der Präsidentenpalast; dieser besitzt eine goldene,
jener fünf Türkiskuppeln. Weitere goldene Dome, wenn auch etwas bescheidenere,
aber nicht minder glänzende, gibt es auch rechts des Platzes.

Bei der Vorstellung, daß all dieser architektonische Schrecken mit Krediten
finanziert ist, welche abgesichert sind durch das noch ungewonnen lagernde Gas –
2,8 Trillionen Kubikmeter –, ergreift Susanne der Schwindel. Möglich, meint sie
tapfer, daß an der plötzlichen körperlichen Schwäche auch der gestrige Lammspieß
vom Schwefelsee eine Mitschuld trage. Jedenfalls gelingt es A., den Fahrer an den
Fuß des Turms zu bestellen und Susanne umgehend ins Gästehaus zu evakuieren.

Damit erhalte ich Gelegenheit, das 'Monument des Erdbebens' genauer anzusehen, das man gleich neben dem 'Turm der Neutralität' erbaut hat.

Ja, man könnte die beiden Denkmäler sogar als kultisches Ensemble betrachten, gewidmet der zur Staatsdoktrin erhobenen tragischen, aber zum Guten gekommenen privaten Mythologie des Präsidenten, welche die vom Himmel empfangene
Weisheit mit Autochthonem verknüpft, oder etwas in dieser Art. Denn wenn auf
seinem rotierenden Podest Papa Turkmenbashi zum Himmel schaut, dann blickt
er gleichzeitig auch zu sich hinauf als ebenfalls vergoldetes, nacktes, später im Wai-
senhaus aufgewachsenes Kleinkind Saparmurad. Dieses sitzt auf den Armen der
Mutter, welche wiederum aus der aufgebrochenen Erdkruste einer auf mächtigem
Gehörn und wuchtiger Kruppe eines Bronzebullen ruhenden Erdkugel stoßen, Metapher der Katastrophe vom 6. Oktober 1948, als geschätzte zwei Drittel der Bevölkerung Ashkhabads bei einem Erdbeben umkommen, 110 000 Menschen, unter
ihnen eben auch des Präsidenten Mutter Gurbansoltan.

Daß der April in Turkmenistan fortan den Namen der Mutter tragen wird, hat
auf Geheiß von Nijazow am 8. August 2002 das Parlament beschlossen, und zwar
anläßlich desselben Kongresses, der ihm auch seinem Wunsch entsprechend genö-

tigt hat, bis zur Abberufung durch den Tod in allen Ämtern zu verbleiben. Dem Sturz des weltweit gültigen Kalenders sind auch alle anderen Monatsnamen geopfert worden. Dem Januar ist bei dieser seltsamen Maßnahme die Ehre zugefallen, den vergöttlichenden Namen des Präsidenten zu tragen, Turkmenbashi oder 'Haupt aller Turkmenen', während der September seither mit dessen literarisch-spirituellem *magnus opus* den Namen *Ruhnama* teilt und die restlichen Monate an turkmenische Helden, das heißt militärische Führer und Dichter erinnern.

Mein Spaziergang entlang der Saparmurad Turkmenbashi the Great Avenue 1966 – andere Achsen heißen Independence of Turkmenistan 2002 oder The Hero of Turkmenistan A. Nijazow Avenue 2038 – führt zu Wohntürmen hinaus, die der Architekturkritiker als eklektizistisch bezeichnen würde oder, vielleicht etwas schnöder, als Lego-Bauten. Etliche stehen noch als dunkelgraue Betonskelette da, an anderen wird die Verkleidung mit 1,5 Zentimeter dicken Marmorplatten in solcher Eile hochgezogen, daß man das Gefühl hat, die Arbeiter wollten von den Gerüsten wieder hinunter, solange wenigstens diese noch stehen. Einsturzgefahr besteht tatsächlich beim neuen Historischen Museum, unter dessen vorgelagerten Kolonnadengängen Schilder vor Steinschlag warnen. Daß Schnelligkeit und nicht unbedingt Sorgfalt im Detail die Stärke der Baufirmen ist, es soll sich ausschließlich um türkische handeln, haben wir schon gestern bei der von der französischen Firma *Buig* entworfenen Prachtmoschee in Kipchak festgestellt.

Was an diesem Vormittag in Ashkhabd sonst noch auffällt, ist das Wasser.

Da dieses von Gott gegeben ist, kann auch der Präsident nicht anders, als es seinem Volk umsonst zu geben (wie Gas, Elektrizität und mutmaßlich auch das Fernsehen, in dessen Sendungen er als Vignette ständig eingeblendet ist). Deshalb rauscht es mit ohrenbetäubendem Lärm in lustigen Kaskaden am turkmenischen Volk vorbei. Indem dieses sich aber am Anblick der Brunnen und Treppen labt, über welche die knappe, aus dem zerfallenden Karakum-Kanal sowjetischer Zeit herangepumpte Resource sich ergießt, bewundert es zugleich die dahinter aufgerichteten, von fünfköpfigen Adlern, dem Symbol des Präsidenten, flankierten goldenen Statuen des als Geschäftsmann, aber nichtsdestotrotz mit wallendem orientalischem Umhang dargestellten Spenders, den zuweilen die schäumenden Fontänen dermaßen wild umspritzen, als gelte es tatsächlich, die Untertanen dauernd zur Zeugung kleiner Turkmenbashis anzuspornen und damit ohne Verzug die Abwanderung von 100 000 Russen seit 1991 aus Ashkhabad schleunigst wettzumachen.

Dieser Wegzug hat dem Vernehmen nach allerdings die Neugestaltung gewisser Quartiere der Hauptstadt erleichtert, denn dem Abriß der Plattenbauten, vor allem der ersten Generation, der sogenannten, aus klimatisch wenig geeignetem Beton errichteten dreigeschossigen *Chruschtschewskis*, stellt sich nun keiner mehr entgegen. Die Bewohner der in der Nachbarschaft gelegenen Einfamilienhäuser werden

sich nämlich hüten, aufzubegehren, wenn bei der Sanierung die dazwischen befindlichen Grünflächen verschwinden, denn unbotmäßige Äußerungen können als Zu-
fügung wirtschaftlichen Schadens ausgelegt werden und wären gemäß einem Dekret
aus dem Jahr 2003 ein Tatbestand des Hochverrats.

Jeder Versuch, diese Operettenstadt ernst zu nehmen, mißlingt. Darin liegt
vermutlich aber gerade das tatsächlich Tragische an der von Saparmurad Nijazow
verfügten Situation, daß die bizarren Auswüchse seiner Tyrannei deren wirkliches
Gesicht verharmlost. Daß etwa das Dekret zum Hochverrat die Grundlage bildet
für ein filigranes Netz nachbarschaftlicher Denunziation. Daß weiter die Untertanen dermaßen beschäftigt sind, das tägliche Überleben zu sichern und somit keine
Zeit bleibt für rebellische Gedanken. Solche wären durchaus angebracht, denn immerhin fließen die Einkünfte aus dem Verkauf von Gas nicht in den Staatshaushalt,
sondern auf die Konten des Präsidenten bei der *Deutschen Bank*, gemäß Schätzung
westlicher Experten gegen 2,5 Millarden Dollar, wogegen die verfügbaren Fremd-
devisen des Staates im Jahr 2002 gerade noch 25 Millionen betragen haben.

Das erratische Verhalten des Präsidenten mag groteske Züge haben, wobei der
Umstand, daß Turkmenbashi auch als Begründer jeder Zeitung firmiert, nur ein weiterer im Bündel vieler ist. Die Zukunftsperspektiven der Turkmenen indessen dürften düster sein, wo doch die Grundschule von zwölf auf zehn Jahre reduziert ist und
nur noch ein Zehntel der während sowjetischer Zeit 30 000 Plätze an Universitäten
und Fachhochschulen offenstehen, für ein maximal zwei Jahre dauerndes Studium.

Aber, fährt es dem Besucher dieser seltsamen Stadt plötzlich in den Sinn, ist es
vielleicht auch besser, daß nicht mehr junge Turkmenen immatrikuliert werden, wo
sie doch ohnehin nur das *Ruhnama* nachplappern dürfen, das allein es in den beiden
inspizierten Buchhandlungen zu kaufen gibt und das vor diesen auf Schragen liegt
in einem Format, welches selbst den *Taschen Verlag* erbleichen ließe.

Noch größere *Ruhnama* gibt es nur noch in den Grünanlagen als Brunnen-
monumente und monumentale Stelen, die, so wird gesagt, sich auch bewegen ließen.
Aber das zu sehen ist mir erspart geblieben.

Mundus subterraneus

In der Nähe von Darwaza, Karakum, 28. Mai 2005. — Yerbend,
150 Kilometer nördlich von Ashkhabad, ist das erste Dorf an der Straße durch die
Wüste Karakum und gleichzeitig das letzte vor dem weitere 300 Kilometer entfernten, im Oasengürtel des Amu Darya liegenden Konya-Urgench. Es ist auch das
letzte vor den zwei Autostunden in dieser Richtung entfernten Feuerlöchern bei
Darwaza.

Weil diese Siedlung vor einem Jahr aufgegeben worden ist, würden wir hier in Yerbend, sagt A., »*eine Nomadenfamilie besichtigen*«.

Die Bewohner von Yerbend sind Nachfahren der 1880 dem Massaker von Geok Tepe entronnenen Mitglieder des Turkmenenstamms der Tekke. Sie haben es an dieser Stelle des Karawanenwegs hinauf ins usbekische Gebiet Karakalpakstan südlich des Aral-Sees ausgehalten, weil es hier Wasser gibt. Später sind sie dann zu Automechanikern und Zapfsäulenwärtern geworden. Bereits die Kinder beschäftigen sich mit dem Verkauf des Kraftstoffs, den sie, in *Cola*- und *Sprite*-Flaschen abgefüllt, am Rand der sandverwehten Straße aufstellen und daneben hocken oder aus einem nahen behelfsmäßigen Schatten hervorrennen, wenn sich ein Fahrzeug nähert. Viele dürften es im Lauf eines Tages aber nicht sein.

Die Nomadenfamilie hat sich rechtzeitig vor unserer Ankunft aus dem Zementhäuschen zur Jurte daneben begeben, damit wir sie »besichtigen« können, aber richtig glücklich sind sie nicht über den Vorgang. Die Mutter plaziert das sauber angezogene Kind vor die Kommode und hängt selbstgewobene Taschen aus Kamelhaar an das Lattengestänge, hoffend, daß wir sie kaufen.

Der Moment ist peinlich, und alle Beteiligten wissen es.

»*Welchen Zweck erfüllt die Münze?*«, frage ich.

»*Der Nagel soll sich nicht drehen*«, antwortet A. etwas genervt und fragt, warum ich die Schwelle der Jurtentür fotografiere und nicht die Familie. Diese habe sich für uns vorbereitet.

»*Welche Funktion hat dann der Nagel? Ist es etwas Abergläubisches, wie die Ziegenhörner oder das Auge über der Tür?*«

A. bespricht sich mit dem Vater.

»*Der Nagel bringt Segen über die Jurte. Die Familie muß dem Mann, der ihn einschlägt, dafür etwas geben.*«

A. mag nicht nachfragen, ob dieser Mann ein Schamane sei und ob er allenfalls in Yerbend lebe. ʻPapaʼ Turkmenbashi aber hat er den Nagel mitten durchs Profil getrieben.

Wir sind froh, aus dem unglücklichen Nest wegzukommen, das man mit einem Checkpoint versehen hat, wo Personen und Fahrzeuge registriert, Ausweise kontrolliert und die Namen in Listen eingetragen werden. Hinter der Barriere beginnt ein Dünengürtel, und auf diesen folgen nach ein paar Kilometern stellenweise dicht, anderswo schütter mit Tamarisken und Saxaul-Bäumchen bestandenen Ebenen.

Über dem westlichen Horizont dräut ein Gewitter. Im Osten kriechen graue, blaßgelb schimmernde Wolken wie Eidechsen über den Himmel, den alsbald konturenloses, träg herabhängendes milchiges Gewölk verschleiert, unter welchem in einer Helligkeit, deren Intensität keine Schatten zu bilden vermag, die Wüste liegt wie ein Leichentuch, aber kaum gefältelt und eher kalkig als vom rauhen Schimmer alten Porzellans.

Im Lauf des Gesprächs zwischen A. und Susanne haben sich die ominösen Feuerlöcher in Krater verwandelt, aber weit und breit ist nichts Kegelförmiges zu sehen, obwohl wir doch das westliche Ende der aus östlicher Richtung kommenden Geländerippe erreicht haben dürften, welche in einer Ausdehnung von 250 Kilometern wie eine sanft durchhängende Girlande die Wüste durchläuft. In der großen Leere der Karakum eine fast verschwindende Linie, auf der Karte aber gerade ausreichend für die russische Bezeichnung *Solonchakovyye Vpadiny Unguz*, ein Hinweis auf die nordwärts liegende Heimat des Turk-Stammes der Oghusen, deren größter Sohn Seldschuk, Begründer des nach ihm benannten Großreiches, war.

Bei den Oghusen handelt es sich um eine Föderation von Turk-Stämmen, die nach der Mitte des 8. Jahrhunderts in die Gegend am Aral-See einwandern. Ursprünglich sind sie eine Komponente des zusammengebrochenen Reichs der Kök-Türken, deren von den Tang abhängiges Reich sich zwischen 552 und 742 vom Kaspischen Meer bis in die Gegend der späteren Mandschurei erstreckt.

Umso plötzlicher geraten wir dann an eine dunkle Braue in der Wüste, die sich, sobald man näher kommt, zu einem Loch in der Wüste öffnet, einem zylindrischen Schlot von vielleicht hundert Metern Durchmesser mit senkrecht abfallender Wand. Der Blick über den Rand zeigt am Boden smaragdgrünes Wasser, auf dem kräuselnde Blasen huschende Inseln von hellem Türkis bilden. Noch plötzlicher als das erlöschte Feuerloch taucht nach ein paar Minuten ein *Lada* mit zwei Männern auf, von denen der eine mit einer älteren Viedeokamera bewaffnet ist, einen raschen Schwenk über die Szenerie macht und unmittelbar nachdem dieser auch uns erfaßt hat, abbricht. Ohne ein Wort zu sagen, weder zu A. noch zu unserem Fahrer, der im kurzärmligen Leibchen und der Safariweste neben dem Jeep kauert, fährt der Besuch mit einem weiteren Dokument über die Spur der bespitzelten Gruppe davon, zur Information welchen Dienstes auch immer.

Die Wand des zweiten Schlots, ein paar Kilometer weiter, weist dieselben horizontal umlaufenden Kerben, Bänder und Schichtlagen von Lehm und verschiedenem Gestein wie der erste auf, denselben fünfzig Meter starken Schnitt durch das geologische Buch der Karakum. Jedoch ist er noch nicht geflutet, sondern im Schuttrichter an seinem Boden liegt eine unansehnliche graugrüne Brühe, auf der hellere Flecken schwimmen. In nächster Umgebung liegen die letzten Trümmer der aufgelassenen Siedlung Darwaza, die sich in den 1940er Jahren um eine Schwefelfabrik herum gebildet hat. Es sei ein gefährlicher Ort zum Leben gewesen, erklärt A., deshalb habe man die Menschen umgesiedelt.

Über einen Dünengürtel kommend, stoßen wir am Rand der sich nach Süden, Westen und Osten bis zum Horizont ausbreitenden Kiesebene dann auf den dritten Schlot, einen kreisrunden Erdfall, im Gegensatz zu den beiden vorherigen Löchern aber erfüllt von kupfrigem, zitterndem lockendem Schein. Mit jedem Schritt näher

zum Rand des Kraters schließen sich die auflodernden Flammenzungen dichter zusammen, bis zum umlaufenden wild brennenden Kranz, der hervorsticht zwischen
der Steilwand und dem anlehnenden Geröll des Einsturztrichters und über vorkra-
gendes Gestein am verrußten Rand des Höllenlochs leckt. Die abgestürzten Schutt-
massen erinnern an durcheinandergeratene Currysorten, versetzt mit Brocken, über
die Schatten und mephistophelisches Leuchten huschen, denn im Schoß des Trichters, in vielleicht zwanzig Meter Tiefe unter dem Niveau der Wüste, schlägt aus Rissen und Schlunden das Inferno, lärmt Athanasius Kirchers »Flammenwind«.

Aber selbst hier weicht der totalitäre Staat nicht von unserer Seite. Irgendwelche vorsorglichen Hände haben hundert Meter vom Krater, an der besten
Stelle, Brennholz hingelegt für die Feuerstelle. Dichtfasriges Holz vom Saxaul, des
strauchartigen, stark wasserhaltigen Baums, der wichtigsten Rohware der zentralasiatischen Wüsten, das von allen Hölzern am langsamsten zu glimmender Kohle
verbrennt.

Nach dem Essen zieht sich A. in eines der Zelte zurück. Susanne, G., der Fahrer, und ich sitzen auf einer Kuppe am Kraterrand, starren gebannt ins Innere der
Erde, während Fledermäuse aus der Nacht herabstürzen und Kolonnen enormer
schwarzer Käfer an unseren Händen vorbei zum Abgrund eilen.

G. hat recht, an einem solchen Ort verkriecht man sich nicht ins Zelt, sondern
schlüpft unter die Decke in der sandigen Mulde, blickt, bis der Schlaf kommt, auf
die brennende Lippe und nimmt als gottgegeben hin, wenn das unwirkliche Loch
explodieren sollte.

»Tag des Teppichs«

Ashkhabad, 29. Mai / 29. Magtymguly 2005. — Heute feiert Turkmenistan den »Tag des Teppichs«. Er ist festgesetzt auf den letzten Sonntag im Mai,
und der wiederum trägt hier den Namen des quasi heilig verehrten, um 1733 geborenen Nationalpoeten, der als erster in umgangsprachlichem Turkmenisch dichtete,
anstatt in Chaghatai-Turki, der Sprache des *Babur-nama*.

Dazu Buch III, *Babur von Fergana*.

Wahrscheinlich handelt es sich bei den Liedern, die zur Beglei-
tung einer elektrischen Orgel und der zweiseitigen *dutar* in der Nähe des *Sheraton* dargeboten werden, nicht um Vertonungen der einigenden nationalistischen Themen,
mit denen Magtymguly die turkmenische Literatur in einer Epoche größter Zer-
strittenheit der Clans bereichert hat, sondern um Verse Turkmenbashis. Daraufhin
weisen zumindest die enormen Attrappen der drei bereits erschienenen Bände des
Ruhnama. Vor diesen gehen ausnahmslos hübsche Turkmeninnen auf und ab. Alle
tragen feuerrote körperbetonende knöchellange Röcke, geschneidert aus dem lokal

hergestellten Seidenstoff *ketene*, von dem wir gestern früh vor dem Aufbruch in die Wüste auf dem Tolkuchka-Basar große Mengen gesehen haben, nebst Tausenden von Teppichen in den fünf turkmenischen Mustern, die den jungen Frauen von Männern in schwarzen T-Shirts mit dem Konterfei Osama bin Ladens als Kernstücke der Mitgift angepriesen werden.

Im Teppich-Museum hat uns das Fernsehen gefilmt. Zumindest hat A. gesagt, es sei das Fernsehen. Von der Aufsichtsperson haben wir die wunderbare Geschichte des Prachtteppichs für das Sankt Petersburger Mariinsky-Theaters erfahren, den Stalin als Bühnenvorhang geordert haben soll. Turkmeninnen hätten ihn in Rekordzeit geknüpft, und nur mit einer speziellen Zugkomposition sei der Transport ins ferne Baltikum überhaupt möglich gewesen. Aber weil das Stück zu schwer und auch zu groß gewesen sei, habe man es nach Turkestan zurückspediert, wie übrigens vom Absender erhofft.

Zum Abschluß des Rundgangs sind wir dann in den Raum des Teppichs getreten, den Turkmenbashi in Auftrag gegeben hat, um ins *Guinness-Book* der Weltrekorde zu kommen. Das Stück ist unbeschreibbar scheußlich. Susanne und ich haben es deshalb abgelehnt, auch noch das *Museum of the Gifts of Turkmenbashi* zu besuchen.

Zur iranischen Grenze

Anau, 30. Mai 2005. — Am ersten Halt unserer heutigen Route nach Sarakhs an der iranischen Grenze habe ich trotz der bereits am frühen Morgen beträchtlichen Hitze den wollenen Historiker-Kittel anzuziehen, denn hier steigen wir tief hinab in die Geschichte; so tief, daß weder A. noch die *Cambridge History of Early Inner Asia* Auskunft zu geben vermag.

Das Buch, 1990 erschienen, ist eine Darstellung des Wissensstands, bevor in den unabhängig gewordenen Republiken des früheren Sowjetisch-Turkestan auch ausländische Archäologen wieder graben durften.

Umgekehrt muß uns A. die Ruinen von Anau präzis aus der Perspektive der sowjetischen Archäologen, vornehmlich jener V.M. Massons, erklären, deren Erkenntnisse dem Westen noch immer nicht vollständig erschlossen sind, sowie mit dem Wissensstand Raphael Pumpellys (*Explorations in Turkestan: Expedition of 1904. Prehistoric Civilizations of Anau. Origins, Growth, and Influence of the Environment*, Washington 1908). Vom Stempelsiegel aus Pechkohle, den Fredrik T. Hiebert, am *Pennsylvania Museum of Archaeology and Anthropology* wirkend, im Sommer 2000 auf dem Gelände von Anau gefunden hat, weiß A. noch nichts, ironischerweise vielleicht sogar infolge der Abgeschlossenheit Turkmenistans. Dabei ist es durchaus möglich, daß der Fund dieses Stempels zumindest eine der Behauptungen Turkmenbashis abstützt, die das Ausland als nationalistische

Phantasien verhöhnt. Nicht die, wonach die Turkmenen der Ursprung von siebzig Weltreichen seien, sondern die, sie hätten bereits vor 5000 Jahren eine eigene Zivilisation besessen.

Auf dieser zwanzig Kilometer östlich von Ashkhabad an der Straße nach Tedzhen liegenden Fundstelle ist der Amerikaner Raphael Pumpelly anfang des 20. Jahrhunderts nebst bemalter Keramik auch auf ein paar Weizenkörner gestoßen und hat daraus auf das früheste von der Menschheit gebackene Brot aus weißem Weizenmehl geschlossen.

Nach dem Auffinden ähnlicher oder älterer Keramikwaren durch Masson und seine sowjetischen Kollegen in weiteren Siedlungshügeln am Fuß der alluvialen Schwemmhügel des Kopet Dagh zählt die Wissenschaft seit Mitte des 20. Jahrhunderts die Fundstelle Anau zu der nach der dreißig Kilometer nordwestlich von Ashkhabad liegenden frühneolithischen Niederlassungen Dzejtun benannten Kultur. Für die frühen Stufen dieses südturkmenisch-nordiranischen Neolithikums vorderasiatischer Prägung sind Becher und Schüsseln mit Bemalung zumeist senkrecht verlaufender Wellenmotive und Bogenreihen typisch, sowie Klingen, Bohrer, Kratzer und Sicheleinsätze aus scharfkantigem hartem Feuerstein. Gegenstände, deren spezifische Abnutzung auf Jagd nach Gazellen, Hasen, wilden Schafen und Ziegen sowie Wildschweinen, vor allem aber eben auch auf Landwirtschaft, auf den Anbau von Weizen und Gerste schließen lassen. Im trockenen niederschlagsarmen Klima des Neolithikums ist solche Bewirtschaftung der Umwelt nur möglich durch künstliche Bewässerung, also durch das Stauen des vom Kopet Dagh abfließenden Schmelzwassers durch Dämme und nachfolgende Irrigation der erhofften Anbauflächen mittels Kanälen; außer die Felder liegen in Sumpfnähe oder an den Rändern regelmäßig natürlich überschwemmter Tonböden sowie vielleicht zwischen Dünen auf alkalischen, durch hohen Grundwasserspiegel versorgten Böden aus trockenem Alluvium.

Gemeinsam ist den betreffenden südturkmenischen Siedlungshügeln jedoch ihre kontinuierliche Bewohnung über Jahrhunderte. Daraus folgert die Wissenschaft eine beträchtliche Ortsbindung, die, zusammen mit den sehr frühen Belegen für Ackerbau und Viehzucht, bei der gegen Ende der Dzejtun-Kultur um 5000 v. u. Z. das Rind die bisherige Haltung von Schaf und Ziege ergänzt, dafür spricht, diese bis ins späte 7. Jahrtausend zurückreichende südturkmenische Kultur nicht als periphere Erscheinung gegenüber den hinlänglich bekannten Gemeinschaften des 'Fruchtbaren Halbmonds' einzustufen, sondern als integralen Bestandteil dieses Kulturkreises wahrzunehmen. Umso mehr als etliche der in Südturkmenistan gepflegten Getreide- und Tierarten mutmaßlich aus dem Westen über die Gorgan-Ebene südlich des Kaspischen Meeres, also über die nordiranische früheste Sphäre der Dzejtun-Kultur sowie die Landschaft das späteren Archaisch-Dehistan und des antiken Hyrkanien an den Fuß des Kopet Dagh gelangt sind, aber auch weil hier dieselben Methoden von Ackerbau und Viehzucht angewendet werden wie in Mesopotamien.

Der im Neolithikum die Versickerungsdeltas des Tedzhen und anderer Gewässer in Südturkmenistan modifizierende Ackerbauer und erste zentralasiatische Dörfler dürften also über eine gewisse Vorstellung der vom Sumerer in Mesopotamien benutzen Gegenstände verfügt haben. Umgekehrt dürfte jenem aufgrund der bestehenden Kommunikation die Existenz einer sehr viel später, als die Welt Umrisse gefunden hat, mit Zentralasiens bezeichnete Region nicht ganz unbekannt gewesen sein, auch wenn er wenig Veranlassung gehabt hat, dorthin zu gehen.

Solches ist zu vergegenwärtigen beim Blick über die unspektakulären gelben Lehmwülste des Siedlungshügels von Anau. Nur wenig erheben sie sich über die Weizenfelder und die grünen Schilfflächen. Aber unter meterhohen Schuttablagerungen späterer, über die von großem Dunkel verhüllte Zeit der mongolischen Chaghatai hinaus bis in die Epoche der streitsüchtigen Nachkommen Timurs im 15. Jahrhundert hinaufreichenden Besiedlung bergen sie die archäologische Schicht der Stufe Anau IA, die hier an der Wende des 6. zum 5. Jahrtausend, am Übergang vom Neo- zum Äneolithikum (nach 3500–nach 2500 v. u. Z.), die Dzejtun-Kultur ablöst.

Aus einem in dieser Schicht außerordentlich gut erhaltenen länglichen Raum mit noch stehenden zwei Meter hohen Mauern, hatte also Hieberts Team vor fünf Jahren den 1,3 x 1,4 Zentimeter messenden und inklusive Griff nicht viel höheren rätselhaften Stempel geborgen, der Anlaß zur etwas sensationellen Hypothese gibt, Anau und alle anderen, wenn nicht von Tausenden, so doch von Hunderten von Menschen langzeitig bewohnten Plätze der vielleicht 160 x 80 Kilometer messenden Wüstenoase zwischen Ashkhabad und dem Delta des Tedzhen sei nicht nur wie längst bekannt eine der fruchtbarsten Kulturlandschaften Zentralasiens gewesen, sondern habe – und das vor allem muß Saparmurad Nijazow bei seinen turkmenische Identität stiftenden Anstrengungen umtreiben – eine eigenständige Zivilisation genährt. Ob aber die heutigen Turkmenen nun entfernte Nachfahren dieser ersten zentralasiatischen Ackerbauern und Viehzüchter gewesen sind, darauf versteift sich der Präsident, wäre allerdings nur dann tendenziell zu bejahen, wenn die traditionelle Betrachtungsweise bemüht wird, nach der sich individuelle Zivilisationen eigenständig, ohne gegenseitige Interaktion entwickeln. Doch gerade das widerspräche dem anderen durch den Fund des Stempels ausgelösten Gedanken, das Vorland des Kopet Dagh könnte als Verbindungskorridor zwischen zivilisatorischen Zentren fungiert haben, nachgerade als 'bronzezeitliche Seidenstraße', wobei immer noch die Frage zu beantworten bliebe, wieviel Handel und Verkehr sich darüber abgewickelt hätte.

Während Hieberts Entdeckungen bestätigen, daß Anau zweitausend Jahre älter ist als ähnliche Siedlungshügel in der Margiana, der Landschaft um das von Alexanders Truppen im Jahr 328 v. u. Z. ausgebaute Merv, und in der Bactriana, der Landschaft um Balkh im Norden des heutigen Afghanistan, ist jedoch umstritten, ob der Fund des besagten Stempels genügt, um eine bislang unbekannte, in der süd-turkmenischen Wüstenoase ansässige eigenständige Zivilisation zu postulieren, und zwar eine, die lange vor den Sumerern ein unabhängiges Schrifttum besessen hätte. Im deswegen ausgebrochenen akademischen Disput stehen sich nun Positionen gegenüber, die unter 'Zivilisation' einigermaßen verschiedene kulturelle Verhältnisse verstehen, die entweder ein von einer gesprochenen Sprache unterlegtes Schrift-system voraussetzen oder aber die Existenz eines einfacheren Markierungs- oder Proto-Schriftsystems als ausreichend erachten.

Das Alter des von Hieberts Team gefundenen Stempels soll dank in denselben Straten vorhandener Holzkohlestücken mittels Radiocarbonmethode auf 2300 v. u. Z. bestimmbar sein. Damit ist ausgeschlossen, daß der Stempel aus Pechkohle in jener Epoche in Anau verlorengegangen sein könnte, als der Handel zwischen dem Mittelmeerraum und dem China der Westlichen Han (206 v. u. Z – 9 n. u. Z.) eine feste Einrichtung ist und in China die entwickelten Schriftzeichen benutzt werden, an welche die vier mit rotbraunem Pigment verfärbten Symbole des Stempels denken lassen.

Pechkohle ist versteinerte bituminöse Braunkohle, die auch als Gagat oder Jett bezeichnet wird. Ersteres leitet sich gemäß Plinius nach dem antiken Fundort am Fluß Gages im kleinasiatischen Lyki-en ab, das englische Synonym *Jet* hingegen von der altfranzösischen Version der geographischen Bezeichnung *gayet*. Gagat ist tiefschwarz, besitzt samtartigen, durch Politur noch zu steigernden Fettglanz und ist leicht schnitzbar. In der Bronzezeit findet es Verwendung bei der Herstellung von Ornamenten, bei den Römern von Schmuck, Spinngeräten und Amuletten und in Europa ab dem Mittelalter für Trauerschmuck und Rosenkränze.

Victor Mair, Professor für Chinesische Sprache und Literatur an der *Univer-sität of Pennsylvania*, sieht sich deshalb laut des am 2. August 2001 in der *International Herald Tribune* erschienenen Berichts von J. N. Wilford dazu angeregt, die Ursprünge der Schrift der Chinesen radikal zu überdenken und allenfalls viel weiter westlich als bisher angenommen nach ihnen zu suchen, während eine Sarah Allen, den chi-nesischen Charakter der Symbole nicht in Abrede stellend, fragt, ob sie denn tat-sächlich genügend Informationen enthielten, um als Schrift einer bekannten Periode identifiziert zu werden. Aufgrund eines Vorschlags, eines der Symbole könne 'Saat-' oder 'Getreidekorn' bedeuten, sowie Hieberts Mutmaßung administrativer Tätig-keit einer landwirtschaftlich organisierten Gesellschaft, sieht Mair einen möglichen Zweck des Stempelsiegels in der Bezeichnung einer vielleicht auf die Fünf festgeleg-ten Anzahl von Getreideeinheiten.

Eine solche bürokratische Maß-nahme aber würden genau zu einem Verband ortsgebundener Tellsiedlungen

Tellsiedlungen sind vor- oder frühgeschichtliche, auf künstlich auf-geschütteten und der Erosion unterworfenen Erdhügeln errichtete Siedlungsplätze. *Tell* oder *tall* ist arabisch, bedeutet 'Hügel' und ent-spricht dem Turki-Wort *tepe*.

passen, einem weitreichenden durchorganisierten bronzezeitlichen Verteilsystem und darauf basierendem Güterverkehr zwischen Hunderten solcher Plätze in Zentralasien, darunter zwischen Anau und dem viel größeren, benachbarten Namazga-Tepe oder Altyn-Tepe. Damit aber würde der Weg, der uns ostwärts bringt, wie von Hiebert angetönt, einer mehr als zweitausend Jahre älteren Vorläuferroute der Seidenstraße folgen. Von der hätte dann weder Herodot bei seiner Recherche über die eurasische Nordroute und vor ihm auch der auf dieser in den Altai reisende Aristeas etwas gewußt. Eine bestürzende Perspektive!

Aber sie verkürzt die hundert Kilometer von Anau bis Abiverd. Während die Akazien Baumwollfeldern weichen und diesen junge Saxaul-Bäumchen folgen, die wie vom Himmel herabgesunkene Federbälle auf dem Sandboden stehen, beschäftigt mich der Gedanke an die Möglichkeit, dass seine Verblendung den Despoten allenfalls hat auf eine Fälschung hereinfallen lassen.

Fortgesetzt in Abiverd, 30. Mai 2005, gegen Mittag. — Ich habe A. versichert, in Merv von Wilfords Artikel eine Kopie zu machen. Susanne hat mir aufs Handy eine SMS geschickt. Das Gespräch über das 'Problem Anau' habe bei A. meine archäologischen Interessen bestätigt. Das ist gut. Für die kommenden zwei Tage müssen wir ohne Ruinen auskommen. Abiverd, Plinius bekannt als Aparthenum, bildet die vorläufige Verabschiedung von der alten Geschichte.

Das *Hudud al-Alam* faßt sich kurz, sagt in *§23 Diskurs über die Landschaft Khorasan und ihre Städte* nur, daß Bavard (Abiverd) zwischen dem Gebirge und der Wüste liege, reicher Feldbau und heilsames Klima es auszeichne und seine Bevölkerung kriegerisch sei. Al-Muqqadasi, der 945/946 in Jerusalem geborene Geograph, hat Abiverd besucht, und die Stadt fehlt auch nicht im Verzeichnis des im Jahr 1220 fertiggestellten *Geographischen Wörterbuchs*, *Kitab Mu'jam al-buldan*, von Jakut al-Hamawi, des ehemaligen syrischen Sklaven, der über Baghdad nach Merv kommt und dort als Bibliothekar wirkt.

Von Abiverds Bedeutung als Handelsstadt zwischen dem 5. und 7. Jahrhundert, vom Kommen und Gehen der Herrscher zeugen die Scherben, welche der abwesende Wächter neben einem rostigen Tank ausgelegt hat, im Vertrauen, daß kein Besucher eine entfernt. Grüne Scherben, erklärt A., stammten aus der Zeit der Araber, die im Jahr 29 n. d. H. (649) von der Küste des Kaspischen Meers über den Atrek nach Khorasan vorstoßen, sowie der Seldschuken, den ursprünglich in Südostrußland beheimateten Grenzern der Samaniden, Ghaznaviden und Karakhaniden und im 11. Jahrhundert unter Alp Arslan – nach ihm ist der turkmenische Monat August benannt – als Herrscher eines sich bis Anatolien, ans Rote Meer und nach Basra ausdehnenden Großreiches hauptsächlicher Feind der Byzantiner der Kreuzfahrer. Blaue und gelbe Scherben wiederum gehörten in das 14. und 15. Jahrhundert der Timuriden und in letzteren Zeitabschnitt auch die gelben, genau wie auch in Anau gefundene blauweiße Ware, die aus lokaler Produktion stamme, aber das Porzellan der Ming imitiere, genau wie das dann nach 1710 in der ersten europäischen Manufaktur in Meißen geschehen sei. Die Herrschaft der im Jahr 596 n. d. H. (1200) aus Nordostafghanistan vorstoßenden Ghuriden, deren erster Fürst Izz ad-Din Hussain Vasall des seldschukischen Sultans Sanjar (1117–1157) ist, hätten selbstverständlich keine Keramik hinterlassen. Ihre berühmtesten Produkte seien Waffen, Panzerhemden und Stahlhelme gewesen. Von den im Jahr 1221 vorbeiziehenden Mongolen sei nur ein Scherbenhaufen hinterlassen worden, auf dem sich um 1403/1404, als Rui Gonzales de Clavijo vorbeikommt, der zu Timur nach Samarkand reisende Gesandte König Heinrichs III. von Kastilien, dann wieder eine größere Stadt erhebt, wenn auch ohne Befestigung, aber dafür eigene *Dirhems* prägend.

Fortgesetzt in Tedzhen, 30. Mai 2005, nachmittags. — Bei Dushak, wo sowohl die Transkaspische Eisenbahn als auch die nach Tedzhen und Merv nach Norden abbiegen, sind wir geradeaus gefahren, auf einer staubigen Straße in eine leere gelbe topfebene Landschaft hinein, zur Rechten den Kopet Dagh, der an gestaffelte Reihen angebissener Zwiebackscheiben erinnert.

Nach einer Stunde, weit hinter dem Dorf Meana, ist am Horizont ein dunkler Punkt erschienen, der dann Würfelform angenommen hat mit einem aufgesetzten kleinen Dom, was den Ziegelbau zum typischen seldschukischen Portalmausoleum macht. Der Pishtak ist arg verwittert, frischer Mörtel sichert die prekärsten Stellen des Eingangs und außer in dessen doppelten Gewölbenischen sind die Fayencen bis auf traurige Reste verschwunden. Nachdem sich das Auge an den Dämmer des fensterlosen und angenehm kühlen hohen Raums gewöhnt hat, sind an den Wänden blasse Fresken mit Vasen und Blumenranken zu sehen. Bildliche Darstellungen durften unter den sunnitischen Seldschuken noch sein, als das Mausoleum zum Gedenken an den 1049 verstorbenen Abu Said erbaut wurde. Der Apothekersohn, der sich in Merv der Theologie zugewandt hat, ist, als die Beziehungen zwischen Ghaznaviden und Seldschuken wieder einmal schwierig geworden sind, vom Hof des Sultans von Ghazni im Südosten Afghanistans in seine Heimat zurückgekehrt und hat hier als Sufi und Dichter von Vierfüßern seinen Lebtag beendet, unter der Bevölkerung bis heute bekannt als Mane Baba. Am Kopfende seines mit dem grünen Tuch bedeckten Sarkophags sind uns zwei der melonengroßen ovalen Steine aufgefallen, die schon hinter Dushak in unregelmäßigen Abständen am Straßenrand gelegen und zur Vermutung Anlaß gegeben haben, es könnte sich um Pilgersteine handeln, kollektiv und langsam in Richtung Mausoleum gerückte Lasten.

Eine halbe Wegstunde vom Mausoleum entfernt hat uns der Zufall mit einer kleinen, eiligen Schrittes diesem zustrebenden Gestalt zusammengeführt, dem Pilger Saparov Meret, der Ashkhabad zu Fuß am selben 19. Mai, also vor elf Tagen, verlassen hat wie wir Frankfurt und Zürich mit dem Flugzeug. Das letzte Stück der staubigen Straße bin ich zusammen mit dem heiteren Weißbart marschiert, dem die Schaffellmütze tief in der Stirne sitzt, der außer einem kleinen Rucksack über der linken Schulter und eine Tragtasche in der rechten Hand mit nichts anderem auskommt auf seiner Wallfahrt, welcher im kommenden Jahr eine zu den Schreinen von Urgench folgen soll, beide zur Vorbereitung für den Hajj nach Mekka.

Die Frau sei ihm vor zwanzig Jahren gestorben, hat der Pilger erzählt, später, als wir zum Tee im Raum des zum Mausoleum schauenden Imam gesessen haben. Wohnen tue er beim jüngsten der acht Söhne.

Zum Abschied ist Saparov Meret vor die Behausung des Imam getreten, hat die Hände über den langen faserigen Bart fahren lassen und mit fast schelmischem Lächeln die Uhr vom Gelenk gestreift. Susanne wolle er sie schenken. Dem Ende seines Weges nahe, verfüge er über genügend Zeit.

R., den auf der Treppe zu Paraw Bibis felsiger Zuflucht angetroffenen Imam, finden wir nicht bei der Moschee von Tedzhen, sondern zu Hause. Als wären wir alte Bekannte, hat er uns erwartet, durch den Hof geführt, wo zwischen Alteisen, Stücken von Eternitabdeckungen, Bauholz und einem blauen *Zil* ein paar Kühe in der Sonne stehen, schließlich auf die überdachte Terrasse mit dem vom Balken hängenden Sandsack zum Boxen.

Susannes Ärmeljacke liegt im Auto, mit dem der Fahrer weggefahren ist, und mein kambodschanisches Halstuch kann als Kopfschleier nicht richtig sitzen und erst recht bedeckt es nicht Susannes nackte Arme. Sie fühlt sich unwohl und fragt sich, warum sie auf A. gehört hat.

Der Imam, der eine graue Hose trägt und darüber ein langes hellblaues Hemd, behält die schwarze Schaffellmütze auf, als wir das Haus betreten. Im großen, vollständig mit Teppichen ausgelegten Wohnzimmer, dessen Wände nackt sind oder aber verborgen hinter Kommoden, auf denen sich tuchumschlagen die Aussteuer stapelt, plaziert R. die Kissen, gießt Tee auf und schiebt die Tellerchen mit Biskuits zurecht. Bibi Hadshar, die fünfjährige Tochter, lehnt sich an die untergeschlagenen Beine des Vaters, bleibt stumm und unbeweglich, A. und Susanne fixierend, bis der siebzehnjährige Sohn, der den Namen des Vaters trägt, zuerst ein Plättchen mit gebratenen Leberstücken und dann die Schüssel mit der Hammelsuppe auf das Tuch stellt und sie auf Schüsseln und Teller verteilen darf. Vor dem Essen gießt R. Kamelmilch in die Gläser und gibt mit dem Löffel etwas steifen Schaum dazu.

Seinen Sohn möchte R., der in Pakistan zahlreiche Verwandte hat, zum Studium einem befreundeten tadschikischen Imam anvertrauen, von dem er eine in

Arabisch verfaßte Schrift hervorholt. Die Fakultät in Ashkhabad tauge wenig, urteilt der Vater, der offensichtlich selbst in sowjetischer Zeit eine Ausbildung in der
Moschee genossen hat. Das größte Problem beim Plan für seinen Sohn wäre allerdings die Unmöglichkeit, eine Ausreisegenehmigung zu erhalten. Der Staat wolle
keinen Kontakt seiner Bürger mit dem Ausland. Auch er dürfe nicht nach Dushanbe,
er soll warten, bis sich die Lage dort beruhigt habe, laute der Bescheid der zuständigen Behörde.

Das *Ruhnama* hat R. gelesen und akzeptiert, was darin steht über die Verhältnisse innerhalb der Familie, die Verpflichtungen ihrer Mitglieder zueinander. Aber
er würde eine andere, eine theokratische Staatsform vorziehen, nicht eine extreme
wie im benachbarten Iran, oder gar ein Gebilde, das jener anstrebe, der sich über
Gott erhebt und dessen Wort verdrehe, der aussehe wie ein wahrer Muslim, in seinem Herzen aber kein aufrichtiger Gläubiger sei. Den Namen Osama bin Ladens
spricht R. nicht aus, hingegen den von George W. Bush, von dem er nicht wissen
könne, ob er ein guter oder ein schlechter Mensch sei. Aber was die Irakis getroffen
habe, sei vielleicht die Strafe für vorheriges unrechtes Leben.

Für das Erinnerungsbild muß Bibi Hadshar mit in die Gruppe. Nur so, erklärt
R., dürfe er sich zusammen mit Susanne fotografieren lassen.

Beendet in Sarakhs, 30. Mai 2005, abends. — Dem Lauf des Tedzhen
entlang und ein paar Kilometer nach der gleichnamigen Stadt den mit braunem,
stilliegenden Wasser gefüllten Karakum-Kanal überquerend, sind wir südwärts gefahren, an Baumwollfeldern vorbei, aus denen Traktoren auf Anhängern die Arbeiterinnen geholt haben, nicht alles Kinder, wie trotz der rasch vor die Gesichter
gezogenen Kopftücher leicht zu erkennen gewesen ist.

Die Unterkunft in Sarakhs ist ein erdgeschossiges solid gebautes älteres Privathaus mit sauberen, in frischen Farben bemalten Zimmern. Die Wasserpumpe steht
draußen im Hof. Hier könnte man ein paar Tage verweilen.

Vor zehn Jahren, im Dezember 1995, habe ich vom irani-
schen Sarakhs in das turkmenische Sarakhs hinübergeschaut. Dazu Buch VII, *Routen durch Khorasan.*

Diese Stadt ist nämlich geteilt, seit der 1907 in Sankt Petersburg geschlossenen *Anglo-Russian Convention.* Hundertfünfzig Jahre nach Ausbruch des »Great
Game« und auch als Reaktion auf die Grenzscharmützel Anfang 1885, während
denen General Komarows Truppen nach der Eroberung von Merv und Sarakhs den
nach Herat führenden Zulfikar-Paß besetzen und umgekehrt die Afghanen Kushka
einnehmen. Das Abkommen beendet den imperialen Streit und schreibt, ohne die
zugeteilten Gebiete jedoch als solche zu bezeichnen, die politischen und wirtschaftlichen Einflußsphären der beiden Mächte in Afghanistan, Tibet und im faktisch in
drei Teile zergliederten Persien fest. Zusammengenommen mit der französisch-rus-

sischen Allianz von 1893 und der *Entente cordiale* von 1904 vollendet es aber auch die sogenannte *dreifache Entente*, unter Beilegung alter bilateraler Antagonismen errichtet als politisch-militärisches Gegengewicht zu dem unter Kaiser Wilhelm nach Osten drängenden Deutschland.

Ein Leben in Sarakhs

Sarakhs, 31. Mai 2005. — »Eine Reise nach Asien unternehmen Sie, / schöne und erhabene Thalestris? / Was machen Sie in diesem Land? / Alexander werden Sie dort nicht antreffen.«

Mit diesen Versen beginnt Voltaire am 26. Mai 1767 einen Brief im Rahmen der anderthalb Jahrzehnte dauernden Korrespondenz mit Katharina der Großen. Der im Schweizer Exil von Ferney bei Genf residierende Mahner nimmt dabei Bezug auf die Ankündigung der Zarin und Förderin der Aufklärung im vorgängigen, mit »Moskau, 15./26. März 1767« datierten Schreiben, dann, wenn er es vielleicht am wenigsten erwarte, werde er »einen Brief, datiert aus irgendeinem Nest in Asien« erhalten.

Das mutmaßliche Nest ist Kasan.

Madame hat den Brief, den Monsieur als nächsten in den Händen hält, mit der Datumszeile »29. Mai / 9. Juni 1767« versehen und gleich im ersten Satz den Empfänger an ihre Drohung erinnert, bevor sie vom Fehlen der Gesetze in der Tartarei berichtet und daß zu bedenken sei, solche müßten sowohl Europa als auch Asien von Nutzen sein, trotz erheblich verschiedener *klimata*, Menschen, Gewohnheiten und auch Ideen. Daran anschließend liest Voltaire: »Ich bin nun also in Asien; ich wollte es einmal mit eigenen Augen sehen. In dieser Stadt gibt es zwanzig verschiedene Völker, die sich überhaupt nicht ähnlich sind. Und doch muß man ihnen ein Kleid schneidern, das für alle paßt. Allgemeine Grundsätze lassen sich leicht aufstellen. Aber im Detail steckt der Teufel. Und um welche Details geht es hier! Es gilt, fast eine Welt zu schaffen, zu vereinen und zu bewahren. Damit komme ich nie zu einem Ende, es gibt einfach zu viele Schnittmuster.« (Katharina die Große/Voltaire: *Monsieur – Madame. Der Briefwechsel zwischen der Zarin und dem Philosophen*, Zürich 1991)

Die Zarin unternimmt ihre Inspektionsreise durch verschiedene Provinzen entlang der Wolga im Hinblick auf eine anstehende große Versammlung, wo man ihr sagen wird, woran es fehlt im Reich, um anschließend Gesetze auszuarbeiten, welche, wie sie hofft, die sie Betreffenden nicht mißbilligen werden. Daß sich Katharina II. die Große in Kasan, knapp achthundert Kilometer östlich von Moskau, bereits in Asien wähnt, entspricht der geographischen Auffassung, welche erst Ende des 18. Jahrhunderts anstelle des Don, des antiken Tanais, die Grenze zwischen

Europa und Asien mit dem Ural zieht sowie mit der daraus gespeisten, an beiden Ufern von mongolischen Völkerschaften bewohnten Wolga.

1767, im Jahr der Reise der reformfreudigen und während ihrer Korrespondenz mit Voltaire ansonsten vornehmlich mit dem ersten Türkenkrieg beschäftigten Zarin, endet auch das halbe Jahrzehnt, nach dem sie, als in Stettin geborene Prinzessin Sophie Friederike Auguste von Anhalt-Zerbst, an ihre Landsleute das von merkantilistischen Vorstellungen und der Populationstheorie inspirierte Einladungsmanifest zur Übersiedlung in die Steppengebiete an der Wolga hat ergehen lassen. Wirtschaftlicher Aufschwung durch Kultivation, so die Idee, kann nur durch die Einwanderung ausländischer Kolonisten geschehen, da Bauern im Innern Rußlands aufgrund der Leibeigenschaft nicht verfügbar sind.

Von den nach 1764 gegründeten insgesamt einhundertundvier Kolonien wird zwar die eine oder andere von Tataren zerstört, aber um 1767 bewirtschaften bereits knapp 30 000 aus dem Norden Badens und Bayerns, aus den hessischen Territorien, dem Rheinland und der Pfalz, also den unter dem Siebenjährigen Krieg besonders stark in Mitleidenschaft gezogenen Landstrichen, übergesiedelte Deutsche die Wolgasteppe, mit in Aussicht gestellter Religionsfreiheit, Befreiung vom Militär- und Zivildienst, Steuerfreiheit für dreißig Jahre und Selbstverwaltung. Trotz widriger Umstände stehen 1771 bereits dreizehn Gotteshäuser. Eine eigentliche Kirchenstruktur kann aber erst nach der Genehmigung des »Kirchengesetzes für die Evangelisch-Lutherische Kirche in Rußland« im Jahr 1832 Fuß fassen.

Vor der Jahrhundertwende drängen sich gemäß Volkszählung von 1897 in der Kornkammer an der unteren Wolga dann bereits 395 800 und am Vorabend des Ersten Weltkriegs 645 000 Deutsche. Ausüben können sie ihren politischen Sonderstatus bis zum Ende des Zarenreichs. Nach der Oktoberrevolution erfolgt dann aufgrund eines von Lenin unterzeichneten Dekrets bis 1919 die Ausgliederung von über zweihundert deutschen Dörfern aus den Verwaltungsbezirken Saratow und Samara und ihre Zusammenfassung in der territorial etwas versprengten »Arbeitskommune des Gebiets der Wolgadeutschen«. Dieser Siedlungsraum, dessen Bewohner nach Auffassung der Bolschewiken aufgrund gemeinschaftlicher Sprache und Wirtschaftslebens die Voraussetzung einer Nation im Vielvölkerstaat erfüllt, und deshalb im Rahmen der sich abzeichnenden Nationalitätenpolitik am sozialistischen Aufbau mitwirken soll, wird am 6. Januar 1924 zur ASS Republik der Wolgadeutschen aufgewertet und firmiert unter diesem Namen auch bis kurz nach Hitlers Überfall auf Rußland am 22. Juni 1941. Nachdem schon am 10. Juli auf der Krim die chaotische Verschickung der Deutschen begonnen hat, erläßt am 28. August 1941 das Präsidium des Obersten Sowjets der UdSSR die Auflösung der Wolgadeutschen Republik und die sofortige Deportation 400 000 der kollektiven Kollaboration beschuldigten Bewohner deutscher Abstammung nach Sibirien und Zentralasien.

Dem Guten, das der Welt zu tun Voltaire in seinem Brief vom 26. Mai 1767 Katharina der Großen unterstellt hat, ist im Fall der Wolgadeutschen aber bereits 1921 Unvorhersehbares widerfahren.

Der Kriegskommunismus der Bolschewiken, der zunächst der Versorgung der Zentren Moskau und Petrograd sowie der Roten Armee dient, führt nämlich zu willkürlich und repressiv betriebener Getreideabgabepflicht und Requisition von Futter und Pferden und verschlimmert dadurch die vom Ersten Weltkrieg hervorgerufenen Beschädigungen des Agrarlands und vergrößert die Last der herrschenden allgemeinen Knappheit. Als im Rahmen der nach dem Ende des Bürgerkrieges neu eingeführten Ökonomischen Politik die Requisition von Lebensmitteln einer Naturalsteuer weicht und sogar der Verkauf von Überschüssen erlaubt ist, führt das aber gerade in den wolgadeutschen Gebieten nicht zur erhofften Entspannung, denn gerade hier beuteln in den Jahren 1921/1922 katastrophale Mißernten die Bevölkerung.

Mehr als 80 000 Deutschstämmige verlassen damals die Wolgabezirke in Richtung Turkestan, und an diesem Exodus beteiligt sind mutmaßlich auch die Vorfahren von Frau M.

Frau M. weiß, daß schon ihre Eltern und Großeltern auf der Kolchose Sarakhs gelebt und gearbeitet haben, aber wann genau ihre Vorfahren hier an der Grenze zum Iran angekommen sind, kann sie nicht sagen. Ihr Mann ist der zweite, ein Tatare, und spreche einen einzigen deutschen Satz – »Schnäpschen trinken« –, sagt sie in einem Tonfall, der Susanne an den in Polen ansässiger älterer Deutscher erinnert. Der Tatare sitzt neben Frau M. auf dem Bett, in weißem Unterhemd und blauer Sporthose, und stützt die Hände auf einen Stock. Hinter den beiden ist die Ecke des Raumes ausgeschlagen mit einem Teppiche. Stofftierchen baumeln daran, und neben einem Büschel von Plastikblumen faltet der Heiland die Hände. Zuweilen guckt ein blonder Junge scheu durch die Nebentür, schließlich schleppt er eine enorme Filzfigur aus dem Hinterzimmer. Dort verschwindet vor dem Hintergrund der Wand- und Bodenteppiche und Sitzkissen die siebenjährige Enkelin in ihrem phantastisch gesprenkelten Kleid und kümmert sich um eine Barbie, während eine Kleinere im Berg von buntem Plastik wühlt. Der Vater der Enkelinnen ist derweil irgendwo am Rhein, ißt Wurst und sieht den Schnee fallen. Das möchte sie auch, das sei ihre Heimat, sagt Frau M., nicht Sarakhs, dieses Ende der Welt. Erst vor kurzem habe sich dieser Schwiegersohn gemeldet, ein Turkmene. Der andere, ein Tatare aus Orenburg, lebe mit der älteren Tochter in Sankt Petersburg. Die jüngere, die nebenan auf dem grünen Ausziehsofa sitzt und mit traurigen Augen am russischen Poster von Britney Spears und dem feuerroten Ferrari mit dem Bikini-Mädchen vorbei nach Deutschland blickt, sei etwas beleidigt, seufzt Frau M., aber gleichwohl möchte sie zu ihrem Mann. Der wisse nicht einmal wie hübsch seine Kinder geworden seien. Gerade drei Monate alt war die Kleine, als er weggegangen ist, um die

Aussiedlung der Familie zu besorgen. Nun lägen die Papiere seit sechs Jahren bei der Behörde, aber man sei ohne Nachricht von dort. Wenn es mit der Ausreise der ganzen Familie nicht gehe, sagt Frau M. zu sich selbst, dann vielleicht wegen ihres zweiten Manns, des Tataren, der darüber nicht richtig lachen mag.

Geblieben ist Frau M. die Kirche.

Jeden Tag marschiert sie mit flinken kleinen Schritten dorthin, zumeist morgens vor der großen Hitze, denn der einschiffige Holzbau mit Giebeldach liegt am Rand von Sarakhs, noch hinter der Militärbaracke. Manchmal muß Frau M. eine Horde Turkmenenbengel vertreiben, die versuchen nämlich am Gotteshause mit Kieselsteinen die Scheiben einzuschlagen. Die Schlüssel zum Tor in der Mauer und zur Kirche verwahrt Frau M. in ihrer zerscheuerten beigen Handtasche, die sie fest unter den Arm klemmt auf dem Kirchgang. Die beiden Schlüssel hat ihr der letzte Priester vor seinem Fortzug gegeben und sie damit zur Hüterin gemacht. Im kargen Raum betet Frau M. ein Vaterunser und öffnet dann, mit Augen, die wäßrig im rötlichen Gesicht liegen, eines der 1908 erschienenen Bücher der *Lieder für den häuslichen und kirchlichen Gebrauch der Wolga-Kosaken.*

Im Vorraum des Hauses Gottes, das eher ein Betraum ist denn eine Kirche, stehen an die Wand gelehnt die blecherne Tragbahre und die Schaufel und erinnern die letzte gläubige Lutheranerin im turkmenischen Sarakhs – drüben im iranischen, wohin Frau M. aber erst recht nicht kommt, soll es auch noch ein einige Wolgadeutsche geben – jeden Tag an ihre große Sorge, wer nämlich sie beim Tod hinausträgt auf den verwilderten abgeschlossenen Friedhof.

Wir laden Frau M. zum Mittagessen ein, und sie schlägt dazu ein Lokal an der Ausfallstraße vor.

Bei Tisch zeigt Frau M. dann ihre auf vergilbtem Karton aufgezogene Aufnahme als junges Mädchen. Darauf hält sie vor der Brust einen Rosenstrauch. Ihre Augen haben jetzt denselben samtigen Schimmer wie das kolorierte Bild. Jedoch ist nicht unbedingt Wehmut oder nachlassende Hoffnung, doch noch aus Sarakhs wegzukommen, Grund dafür, sondern der Widerschein der durch die Tür auf die Bodenfliesen fallenden Helligkeit. Sie betont die Züge im Gesicht von Frau M. Vor allem die etwas langgezogene knollige Nase tritt stärker hervor, welche die ältere der beiden Enkelinnen von ihr geerbt hat und Luther von seiner Mutter Margarethe, deren Bildnis von Cranach dem Älteren Frau M. immer mehr gleicht, mit dem sorgsam das Haar verbergenden Tuch, den farblosen geschlossenen, aber milden Lippen. Mit ihrem Kopf, der nicht zur umliegenden Geographie gehört und auch nicht in die Gegenwart zu passen scheint, sondern vielmehr in eine andere Epoche, viel weiter zurückliegend als die, in der die Handtasche erstanden worden ist, worin Frau M. vor dem Weggehen die in Papierservietten gewickelten Reste des Brathuhns mit Umsicht verstaut.

Zur afghanischen Grenze

Takhta Bazar, 1. Juni 2005. — Wir fahren nicht nach Herat, sondern nur bis Takhta Bazar. Das Dorf liegt zwanzig Kilometer östlich der Stichbahn, die in Merv von der Transkaspischen Strecke zur afghanischen Grenze abzweigt und in Kushka endet. Dieser Posten markiert den südlichsten Punkt der ehemaligen Sowjetunion, und während des »Great Game« ist er das von den Briten gefürchtete Einfallstor zaristischer Truppen nach Herat und zu Alexanders arachosischem Durchmarschkorridor, der um den Hindu Kush herum nach Indien führt. Obgleich wir also nicht in das heutige Afghanistan hineinschauen werden, von wo eher Beunruhigendes zu hören ist über den Fortschritt der von der *NATO* zu bewerkstelligen militärischen Befriedung und des gleichzeitig vorgenommenen Wiederaufbaus, ist es hilfreich, Herat in den geographischen Zusammenhang zu stellen mit den soeben in Turkmenistan besuchten Orten Abiverd, Sarakhs und Merv.

Dazu Buch VIII, Im Schatten der Minarette.

Dieses Gebietsdreieck betreten die von Abdullah bin Amir, Basras Statthalter, geführten Araber nach der Durchstürmung Persiens und dem Fall von Tus und Neyshabur, der südlicheren bedeutenden Städte Khorasans, im Lauf ihrer nordöstlichen Expansion erstmals im Jahr 26 n. d. H. (651), und zwar während der Verfolgung des letzten der Sasaniden-Königs Yezdegird III., welche die Wegbereiter der neuen Religion nach der Einnahme von Herat und Sarakhs über den Tedzhen bringt und weiter in das Murgab-Delta.

In dessen Herz liegt das antike Alexandria-in-Margiana oder Merv, das als arabischer Buchstabe *MRW* als *ma-rau* gelesen werden kann – 'Geh nicht.'

Tatsächlich ist infolge von Unruhen während des Kalifats des letzten Rashiden Ali ibn Abi Talib (35 n.d.H. / 656 – 40 n.d.H. / 661) und dem dadurch verursachten Abzug Abdullah bin Amirs aus Khorasan die arabische Herrschaft über diese Provinz alles andere als gesichert. Erst im Jahr 54 n. d. H. (674), nachdem der wie sein Vorgänger aus Basra stammende Ziyad bin Abu Sufiyan sie in vier Regionen – Neyshabur, Merv, Merv-al Rud und Herat – aufgeteilt und sein Sohn Ubaidullah bin Ziyad das Statthalteramt über Khorasan angenommen hat, wird von Merv aus der arabische Vorstoß neu lanciert, über den nun als Jayhum bezeichneten Oxus oder Amu Darya, getragen und im nördlich seines Laufs unterworfenen Mawarannahr, dem 'Land jenseits des Flusses' – Entsprechung des mehr als ein Jahrtausend später geprägten Begriffs Transoxianien – Buchara eingenommen. Aber auch danach beeinflussen die Entwicklungen im arabischen Kernland die Stabilität an der Nordostgrenze des Reichs der Kalifen. Und zwar als diese das Haus der Umayyaden aus Baghdad stellt, für welches al-Hadschadsch (661–713), der Verwalter der irakischen

Städte Basra und Kufa, Partei ergreift und im Jahr 177 n. d. H. (794) zur Konsolidierung der Verhältnisse in Korasan und der Einnahme von Samarkand den berühmten General Qutaiba ibn Muslim an die nördliche Peripherie schickt, wie auch nach dessen Tod, als von Merv aus die abbasidischen Emissäre den Sturz der Umayyaden-Kalife betreiben.

Schwierig ist die Kontrolle in Mawarannahr aber auch darum, weil die sogdischen Fürsten nicht nur zähen Widerstand leisten, zuweilen mit der Unterstützung von Truppen der Turki-Khagane, sondern auch darum, weil die arabischen Statthalter auf ihren Vorstößen oft weniger direkte militärische Ziele sowie die Verbreitung des Islam im Sinn haben als den Raub von Sklaven. Ohne diese blieben die ursprünglichen freien arabischen Kavallerien und die khorasanischen Garden aus der Frühzeit des Abbasiden-Herrschaft nämlich zerhauene Verbände. Im 9. Jahrhundert steigt die Nachfrage nach Sklaven dann nicht, weil sie als tapfere treue und steppengewohnte Bogenschützen gesucht sind, sondern vor allem auch, weil diese immer wichtiger werden als Teil der Tributzahlungen der lokalen Fürsten an die im Wesentlichen nominelle Souveränität ausübenden Kalifen.

Abgewickelt wird der Umschlag mit Sklaven in sogenannten *ribats*, entlang der Grenze errichteten Festungen, die als Ausgangspunkte der Beutezüge dienen und von *ghazis* bemannt sind, freiwilligen Glaubenskämpfern. Organisatorisch erreicht er seine bürokratisch perfekteste Form unter der sunnitischen Bucharer Dynastie der Samaniden (819–999), als zum Transit jedes einzelnen Sklaven durch samanidisches Territorium eine Lizenz vorzuliegen hat und man jeden Übertritt des Jayhum mit 70 bis 100 *Dirhems* bezollt.

Der Handel mit Sklaven, heidnische Steppen-Türken und Entführte aus dem fernen slawischen Westen, blüht bis in die Zeit der Mongolen, ist aber nur ein Zweig der Ökonomie an der islamischen Grenze zu Zentralasien. Ibn Hawqal, zwischen 943 und 969 reisender Geograph, schildert Sarakhs als Speicher für Packtiere, der sowohl Khorasan als auch Mawarannahr beliefert. Umgekehrt kommt aus den nördlichen Steppen das ganze Inventar, das der akribische Reporter al-Muqqadasi in seinem monumentalen Reisewerk *Ahsan at-Taqasim fi Marifat al-Aqalim, The Best Divisions for Knowledge of the Regions*, verzeichnet – darunter Felle von Zobeln, Eichhörnchen, Hermelinen, Nerzen, Wieseln, Füchsen, Bibern, gefleckten Hasen und Wildziegen aus der Wolgaregion Bolgar nördlich von Astrachan. Von dort kommen aber auch das Eisen sowie eine ganze Palette anderer Produkte wie Pfeile, Birkenrinde, Fischleim, Bernstein, gegerbte Pferdehäute, Honig, Schwerter und Brustharnische, nebst Falken zur Jagd, Schafen und Rindern. Die näherliegenden, künstlich bewässerten zentralasiatischen Oasen wiederum liefern Trauben, Rosinen, Sesam und andere Agrarprodukte, aber auch Mäntel, Teppiche, grobes Tuch, Satinbrokat, nur von den stärksten Schützen benutzbare Bogen, Käse, Hefe, Fisch und Boote.

Eigene Vorstöße in die Gebiete jenseits der nördlichen Steppen zu unternehmen, in Richtung Bahr az-Zulumat, des 'Meers der Finsternis' liegende Siedlungsräume, wagen die Muslime nicht – zu einem späteren Zeitpunkt des Vordringens des
Islam wird die früh einsetzende Dämmerung im Gebiet von Kasan die Einhaltung
des Abendgebets noch genügend erschweren –, aber sie wissen, daß von dort die Rus
oder Waräger, die Wikinger, auf den Flußstraßen ans Kaspische Meer hinunterkommen, an dessen Westküste sie im Hinterland des heutigen Aserbaidschan im Jahr
943 das muslimische Bardaa, Hauptstadt des Fürstentums Arran, zerstören, und
daß die Leute von Bolgar mit den auf Schneeschuhen laufenden Jura Tauschhandel
betreiben, wenn auch stumm, wie mehr als ein halbes Jahrtausend zuvor hinter dem
Hemodischen Gebirge, dem Himalaya, vielleicht ein singhalesischer Kaufmann mit

Dazu Buch II, *Nachrichten aus Eurasien oder einem so genannten Raum.*
den Seide herstellenden oder diese für die
Chinesen vermittelnden Serern.

Nach dem parallel zur schwindenden Einflußnahme des Abbasiden-Kalifats
sich in Mawarannahr vollziehenden Machtgerangel der Tahiriden (820–873), Samaniden (819–999) und Ghaznaviden (977–1186) betreten dann die als erstes aus dem nordöstlichen Innerasien kommendes turkstämmiges Volk die Seldschuken (1055–1157)
den westasiatischen und nahöstlichen islamischen Raum und beherrschen diesen
bis zum Tod von Sultan Malik Shah I. im Jahr 484 n. d. H. (1092) und der Ermordung seines Großwesirs Nizamulmulk
auf der Straße nach Baghdad im gleichen Jahr.

Umgehend beginnt nach diesen Ereignissen der Erbstreit zwischen Sanjar,
Malik Shahs jüngstem Sohn, und seinen Brüdern. Von diesen erhält Sanjar
im Jahr 1096 als Lehen Khorasan zugeschlagen und regiert zunächst von Merv
aus, bis ihm 1118 das ganze Reich unter-
steht und Neyshabur die neue Hauptstadt wird.

In Merv jedoch hinterläßt Sanjar
auf dem Gelände des Palastes einen riesigen Kuppelbau, einen pompösen Au-
dienz-Saal, heute bekannt als Mausoleum von Sultan Sanjar, im Mittelalter
gerühmt als größtes und stabilstes Bauwerk der östlichen Welt. Mit siebzehn
Metern übertrifft dessen auf einem

Abu Ali al-Hasan (1018–1092), bekannt unter seinem in Deutsch
etwa mit 'Ordnung des Reiches' wiederzugebenden Ehrentitel,
stammt aus Khorasan und beginnt seine Laufbahn als Staatsmann
unter den Ghaznaviden, wirkt dann aber bis zu seiner Ermordung,
mutmaßlich durch einen angeheuerten Assassinen, als Reichskanzler
am Hof der Seldschuken. Zuerst unter Alp Arslan (1063–1072)
und nach dessen Tod unter Malik Shah I. (1072–1092), dem gerade
achtzehnjährigen Sohn Alp Arslans, der sich zunächst vom Jayhum,
dem Amu Darya, in das persische Kernland absetzen muß, um aber
bereits 1078/1079 einen ersten bedeutenden Feldzug gegen Samarkand und ein Jahrzehnt später einen weiteren an die Peripherie des
Reichs der Nördlichen Song vorzutragen.
Wenn Malik Shahs Großwesir die im fernen westlichen Europa
fermentierende Gefahr für den sunnitischen Staat der Seldschuken
durch christliche Kreuzfahrerheere wahrgenommen hat, dann fürch-
tete er nicht so sehr diese – der Krieg zwischen Islam und Unglaube
ist ja ein immerwährender –, sondern er lokalisiert die unmittelbare Gefahr für die Existenz des Staates und das rechtgläubige offizielle Kalifat der Abbasiden überhaupt in der abtrünnigen, sogar
anti-islamischen Bewegung der Schiiten, welche, dem Abbasiden-
Kalifen insgeheim oder öffentlich Anerkennung versagend, dafür
ihrem Imam huldigend und die Unterstützung der ideologisch
gleichgeschalteten ägyptischen Dynastie der Fatimiden genießen.

Trompenoktogon sitzende Kuppel alles andere in der Zeit Gebaute, und deshalb kann es auch nicht nur reine Erfindung sein, wenn die Chronisten berichten, die blaue Glasur der äußeren Kuppel habe ein Reisender selbst noch zwei Tagesreisen von Merv entfernt wahrgenommen.

Der Verkehr auf den Straßen nach Merv – im Uhrzeigersinn aus der Richtung von Buchara, Balkh, Herat, Sarakhs und Abiverd – muß beträchtlich gewesen sein, denn eine Quelle aus dem Jahr 1150 nennt die Zahl von 200000 Einwohnern, womit Merv als bevölkerungsreichste Metropole der damaligen

Diese Krise der islamischen Welt seinem Herrscher offenkundig zu machen, verfaßt Nizamulmulk das bereits erwähnte *Siyastanama*, das *Buch der Staatskunst*, welches er im Jahr 484 n. d. H. (1092) abschließt, dem Jahr der größten seldschukischen Machtentfaltung. Daß Dienstherr und Kanzlerknecht beide auch in demselben Jahr von der Welt abberufen werden, hat seine besondere Ironie, denn am Schluß ist letzterer ersterem lästig geworden. Auf den Vorwurf des Sultans, er verfüge über das Reich wie ein Teilhaber, hat Nizamulmulk, erstaunt darüber, daß jener seine Teilhabe an der Regierung so spät erst bemerke, ausrichten lassen, er könne ihm getrost das Schreibzeug des Kanzlers nehmen, daran nämlich wäre seine Krone gebunden, die ihm in dem Moment für immer verlorenginge, in dem der Herr dem Knecht sein Amt entreiße.

Vier Jahre nach dem Tod von Sultan und Großwesir, am 15. August 1096, brechen unter der Losung – oder, wenn man will, dem Schlachtruf »Gott will es« – die Trecks der ersten bewaffneten Wallfahrer auf, aus Flandern, Lothringen und der Normandie, aus dem Becken um Toulouse sowie aus dem normannischen Tarent.

Welt so groß ist wie Aleppo und Damaskus zusammen und siebenmal so viele Menschen zählt wie um 1180 *Dat hillige Coellen, Sancta Colonia Dei Gratia Romanae Ecclesiae Fidelis Filia* (Heiliges Köln von Gottes Gnaden, der römischen Kirche getreue Tochter), Europas größte Stadt.

Im Jahr 596 n. d. H. (1200) drängen dann aus den Bergen des nordwestlichen Afghanistan, wo sie in einer steilen Kluft das fabelhafte Minarett von Jam errichtet haben – und genau aus der Richtung von Takhta Bazar, wohin wir jetzt durch eine weite, sanft abfallende, gut bestellte Talsenke rollen – die Kavallerien der Ghuriden nordwärts, um nach Herat auch Sarakhs und Merv zu stürmen, beflügelt vom Erfolg ihrer seit 1170 vorgetragenen Vorstöße nach Delhi, die immerhin dazu geführt haben, daß die ersten beiden Herrscher des dortigen Sultanats versklavte Fürsten sind. Südlich des Aral-Sees verlieren die choresmischen Fürsten ihre bewässerten Oasen am Unterlauf des Jayhum an die Ghuriden, auch wenn die Choresmier eben noch mit Unterstützung der heidnischen Kara-Khitai ihre Herrschaft bis Khorasan ausgedehnt haben. Nach einem letzten Waffengang zwischen Choresmieren und Ghuriden im Jahr 1206 holen sich erstere aber Herat zurück. In Ghazni und Delhi erklären die Sklavengeneräle ihre Unabhängigkeit. Das Reich der Ghuriden zerfällt, und auch jenes der Kara-Khitai wird geschwächt durch einen Aufstand des Naiman-Herrschers <u>Gutckluk</u>.

Das ist die kleinere der beiden Provokation, welche

Dazu Buch IX, *Suche nach dem ›Steinernen Turm‹*.

Dschingis Khan in Bewegung versetzt. Die größere ist die im Jahr 1218 begangene Dummheit des Inalchik, des raffgierigen Statthalters des choresmischen <u>Otrar</u>, die mongolische ›Karawane des guten Wil-

Dazu Prolog, *An der ›Dsungarischen Pforte‹*.

lens' abzuschlachten, drei Botschafter und hundertfünfzig Händler und muslimische Packtierführer.

Erst einmal zur Strafexpedition angelaufen, gewinnt Dschingis Khans 150 000 Mann umfassende Militärmaschinerie, die Streitmacht einer geeinten turkomongolischen Nation, eine Eigendynamik, welche die Vernichtung des noch jungen und deshalb noch durch kein organisiertes Staatswesen zusammengehaltenen choresmischen Reiches von Sultan Muhammed II. Ala ad-Din, des Dienstherrn von Inalchik, zum Prolog der »mongolischen Explosion« zurückstuft. Um den flüchtigen Sultan kümmert sich während des auf mehreren Fronten vorgetragenen Feldzugs Dschingis Khan vorerst selbst, während Tolui, der Sohn, aus allen Armeen des Großkhans abkommandierte Strategen zur Seite und seine Vorhut unter den vorzüglichen Generä-

Im Westen verebbt dieses aus dem gewaltigen, vielleicht nicht einmal von Dschingis Khan selbst befohlenen militärisch-geographischen Erkundungsunternehmen von Toluis Generälen Chepe und Subedei erwachsene epochale Ereignis erst Anfang April 1241 unter Dschingis Khans Enkel Batu, auf dem Schlachtfeld vor dem ungarischen Pest und im Waffengang bei Liegnitz gegen das deutsch-polnische Heer Heinrichs II. von Schlesien. Der Grund dafür ist nicht militärischer Natur, sondern der Tod des Großkhans Ogedai, dessen Nachfolger zu wählen die Nachkommen Dschingis Khans sich in der am Orchon liegenden Heimat zu versammeln haben.

len Chepe und Subedei wissend, im Februar 1221 Khorasan überfällt. Im Rücken des Vaters, der gleichzeitig den Jayhun überschreitet, um Balkh und ganz Afghanistan mit beträchtlichem Terror zu überziehen, und im Rücken des Sohns liegen das im Herbst 1219 nach fünfmonatiger Belagerung erstürmte Otrar, das im Februar 1220 geplünderte Buchara und das unerhofft der größten Katastrophe entgangene Samarkand sowie am Unterlauf des Jayhun die Ruinen des weniger glücklichen Urgench, wo jeder der 50 000 Mongolen zwei Dutzend Leben beendete. Nun folgt, nebst jener eines Dutzends weiterer Orte in Seistan (West-Afghanistan und Ost-Persien), die Zerstörung von Herat und Sarakhs, von Abiverd und dem westlich des heutigen Ashkhabad auf den Ruinen einer der bedeutendsten parthischen Städte erbauten Nisa und davor des höchsten Preises, Sultan Sanjars Metropole Merv – in den Worten von Ata-Malik Juvaini, Dschingis Khans Biographen, Begegnungsplatz der Goßen und der Namenlosen, über dem »der Vogel des Friedens und der Sicherheit fliegt«, die Stadt, in der die Zahl herausragender Gestalten mit der der Tropfen des Aprilregens konkurriert.

Als Toluis Armee vier Tage nach dem I. Muharram des Jahres 618 n. d. H. (25. Februar 1221), dem Tag, als der zur Trunkenheit neigende und der Katastrophe etwas *nonchalant* entgegentretende choresmische Statthalter Mujir al-Mulk die Tore hat öffnen lassen, abzieht, auf der Straße nach Sarakhs und nach Neyshabur hinüber, sind Mervs Umwallungen geschleift, die Moschee gebrandschatzt, Bewohner und Zuflucht suchende Massen ins Umland getrieben und dort jedes Leben, mit Ausnahme von vierhundert Kunsthandwerkern und etlichen auch in Gefangenschaft abgeführter Kinder, beendet worden. Mutmaßlich an einem einzigen Morgen, denn jedem einzelnen der 7000 Mongolen sind drei- bis vierhundert Opfer zugeteilt, und sie töten mit einem Schnitt durch die Kehle, sekundenschnell wie beim Schaf.

Zwei Wochen lang inspiziert ein bedeutender Imam mit ein paar Begleitern die Stadt und das Umland, die herumliegenden Leichen zählend, und kommt, in Löchern und Schründen sowie draußen in den Dörfern und in der Wüste vermutete nicht eingerechnet, auf mehr als 1 300 000.

»Auf einen Schlag war ein Landstrich, der vor kurzem noch vor Fruchtbarkeit strotzte, zur Wüste geworden, der größte Teil der Bevölkerung tot, ihre Haut und ihre Knochen zerfielen zu Staub«, schreibt Juvaini im kurzen, Toluis Eroberung von Khorasan gewidmeten Abschnitt XXVI des ersten Teils seiner zwischen Mai 1252 und September 1253 am mongolischen Hof in Karakorum begonnenen und nach Antritt des Amts als Gouverneur von Baghdad im Jahr 1260 weitergeführten, jedoch nicht abgeschlossenen, Biographie Dschingis Khans, und zieht dann, bevor er zur Darstellung des Schicksals von Merv kommt, den Schluß: »Von der Zeit Adams bis zum heutigen Tag hat kein König je solche Eroberungen gemacht, noch wurde je auch nur annähernd Ähnliches je in einem Buch verzeichnet.« (Ata-Malik Juvaini, *Genghis Khan. The History of the World-Conqueror, Tarik-i-Sahan-Gusha*)

Diesen Satz hat ein späterer Leser einer Abschrift von Juvainis Werk mit der Marginalie kommentiert: »Kashki tu niz nanivishta budi«, »Ach hättest du dies nie aufgezeichnet.«

In seinem Buch *Genghis Khan. Life, Death and Resurrection* (London, 2004) denkt der englische Historiker und Reisende John Man über die Opferzahlen im Zusammenhang mit den mongolischen Feldzügen nach – nicht zuletzt mit einem Blick auf länger dauernde Massaker und Genozide der modernen Zeit an Armeniern, Juden, Kambodschanern und Tutsi – und fragt nach ihrer Wahrscheinlichkeit. Die konservative Schätzung unter Berücksichtigung damaliger, aus geographischen Verzeichnissen abzuleitender demographischer Verhältnisse in Khorasan und Choresmien bringt ihn auf 1 250 000 Tote im Lauf zweier Jahre. Was ihn aber vor allem treffe, schreibt Man mit Verweis auf Hannah Arendt, sei die Banalität der vollbrachten Tat. Jedoch halte das mongolische routinemäßige Abschlachten dem Vergleich nicht stand mit der zunächst eine bürokratische und technische Herausforderung darstellenden Aufrechterhaltung des Betriebs der Gaskammern. Der Holocaust, Konsequenz einer staatlichen Politik und durchgeführt zur Befriedigung der antisemitischen Obsession Hitlers, habe keinen militärischen Zweck erfüllt, wogegen der Terror der mongolischen Massaker einer Strategie Rückhalt gegeben habe. Deshalb verdiene das Vorgehen der Dschingiskhaniden, für welche Rache nicht auf rassischen oder religiösen Motiven beruht, einen eigenen Begriff – »Urbizid«.

John Man hat Merv besucht und ist betroffen von der außerordentlichen Wucht, welche eine Stadt zur Wüste gemacht hat, unwiederbringlich. Daß heute nur staubige Hügel sind, wo es im frühen 13. Jahrhundert zehn Bibliotheken gegeben hat mit 150 000 Büchern, die größte Sammlung in ganz Zentralasien. Omar Khayyam, am Observatorium wirkend, dürfte ihre Bestände konsultiert haben.

Übermorgen, vor der Fahrt nach Buchara, werden wir uns an dem Ort umsehen, der mutmaßlich am besten Tacitus' Wort von der geschaffenen Ödnis entspricht, die man dann Friede nennt.

Was genau uns indessen im Fall der bei Takhta Bazar liegenden Höhlenstadt Ekedeshik erwartet, wissen wir nicht. Nicht einmal, aus welcher Epoche die Örtlichkeit stammt, könnten die Gelehrten sagen, hat A. auf der Hinfahrt informiert. Zudem ist es im Augenblick nicht einmal sicher, ob wir in den Berg hineinkommen. Denn zumindest wissen wir nun, daß die Höhlenstadt nicht in der Ebene sondern vielleicht zweihundert Meter über den Feldern liegt. Bevor wir nach Takhta Bazar hineingekommen sind, haben wir nämlich die in den kahlen östlichen Bergzug geschnittene Straße erblickt und an ihrem Ende ein weißes Portal. Den Schlüssel zu diesem verwahrt ein am Fuß des Berges wohnender Mann, der indessen unauffindbar ist. Takhta Bazar ist ein netter Ort, wenn man bedenkt, was diese Gegend alles erlebt hat. Die Zufahrt bewachen stramme leuchtende Malven, und die schmalen Sträßchen säumen Rosensträucher und junge Kiefern. Schulbuben in sauberen weißen Hemden und Krawatten sind unterwegs zum Musikunterricht, auf dem Rücken die schwarzen Taschen mit der *dutar*. Am Kiosk tauschen die Mädchen ihre kleinen Aufgeregtheiten. Schließlich wird der Schlüsselverwahrer gefunden, leicht angesäuselt, verschlafen oder beides, nichts Ernstes. Gedanken macht man sich schon, den schließlich befinden wir uns ja nahe an der Grenze zu Afghanistan, und an die reale Gefahr, Terroristen und Drogen oder beides könnten einsickern in das vom 'Papa' ausgerufene »Goldene Zeitalter«, hat auf der Hinfahrt nicht nur A., sondern zuweilen auch eine Straßensperre der Armee erinnert, deren Besatzung eher diszipliniert als barsch gewirkt und die vorhandenen Funkgeräte tatsächlich auch benutzt hat. Vom sowjetischem Sicherheitsdenken scheint sich Ashkhabad also zumindest hier unten nicht überschnell trennen zu wollen. Immerhin haben die Bolschewiken diesen südlichsten Grenzverlauf der Autonomen Republik Turkestan, nach 1924 der SSR Turkmenistan, gegen die Infiltration der nach Afghanistan und Iran geflüchteten turkmenischen Basmatschen-Rebellen abdichten müssen.

Dazu Buch V, *Schlendern durch 'Montag-Stadt'*.

Umgekehrt haben die in diesem Dreiländerzipfel später errichteten Militäranlagen dann beim Einmarsch der Roten Armee in Afghanistan im Dezember 1979 ihre vorgesehene Funktion genauso erfüllt wie die schon im sowjetisch-afghanischen Abkommen von 1959 beschlossene Straße von Kushka nach Kandahar mit ihren für das Gewicht der schwersten Panzer ausgerichteten Brücken und die Eisenbahn, wie von den Zaren erhofft, als Nachschubweg für Truppen und Material.

In der Höhlenstadt Ekedeshik gäbe es keine Kulturschichten, obwohl die sowjetischen Gelehrten hier sehr viel gearbeitet hätten, sagt A., und deshalb tappen wir, während wir dem Schlüsselmann und dem Schein seiner Taschenlampe folgen, historisch im dunkeln.

Fluch aus der Bronzezeit

Gonur-Tepe, 2. Juni 2005. — Man denkt, die mehr als hundert Dörfer der Oasenkultur im Delta des Murgab hätten sich während der mittel- und spätbronzezeitlichen weitläufigen Aufsiedlung hingesetzt wie nervöse Mücken, immer dort, wohin das Wasser der drei ausfächernden hauptsächlichen Arme Tachirbaj, Uc-Tepe und Dzarsaj des im Hindu Kush entspringenden Flusses gerade geflossen ist, und lägen heute, weil jene ihren Lauf nach Westen verlagert haben, mehr als fünfzig Kilometer nördlich des achämenidisch-hellenistisch-seleukidischen und islamischen Merv als Archipel erodierter Tepes in der Wüste.

Doch der Eindruck täuscht, die Anordnung dieser archäologischen Fundstellen ist alles andere als zufällig. Erstens weil ihre mit abnehmendem Alter flußaufwärts orientierte geographische Verlagerung nach Süden aufgrund fortschreitender Desertifikation geschieht. Zweitens weil eine zentral gesteuerte, übergeordnete Organisation und gesamtheitliche Planung der Oase dahintersteht. Nicht kleine versprengte Gruppen haben am Murgab nämlich individuell und im Streit miteinander um bestellbaren Boden gerungen und um die Versorgung mit Wasser. Sondern kollektiv betriebene Irrigation hat einer matriarchalischen und tendenziell friedfertigen Bevölkerung, die ihren Toten keine Waffen, dafür aber Elfenbeinkämme, Mischpaletten für Schminkfarbe, Applikatoren von Lidschatten etc. mit ins Grab legt, erlaubt, um 2000 v. u. Z. gleichzeitig zur Harappa-Kultur im Indus-Tal und zum östlich des Tigris im heutigen Südwesten Irans gelegenen Elam, zum Mittleren Reich Ägyptens und der Xia-Kultur Chinas eine fünfte und gemeinhin nicht wahrgenommene frühe Zivilisation hervorzubringen. Diese sogenannte Kultur der Oasen oder Oxus-Kultur bezeichnet die Wissenschaft als *BMAC (Bactria-Margiana Archaeological Complex)*, und zwar aufgrund von Verbindungen mit der Landschaft Baktrien im nördlichen Afghanistan.

Als Hauptstadt von Margush, der bronzezeitlichen Margiana, gilt Gonur-Tepe. Dessen südliche, um einen mauerumschlossenen Zentralbau errichtete, durch einen monumentalen Torbau betretbare und mit kleinräumigen Wohnstätten bestückte Anlage besitzt Außenmauern mit Rundtürmen, während das nördliche Gegenstück fast quadratischem Plan folgt und von einer doppelten, mit Rechteckturmen besetzten Umwallung begrenzt ist. Diesen beiden städtebaulichen Typen gehorchen alle Niederlassungen der betreffenden Periode in der gesamten Margiana, ob es sich nun um kleinere wie Adji Kui oder größere, bis zu fünftausend Menschen zählende, Priestern und Aristokraten als Wohnstatt dienende Anlagen handelt wie Gonur-Tepe.

Mit Elam und Harappa steht Margush in den wenigen Jahrhunderten seiner Nutzungsphase im direkten Kontakt, aber am Murgab sind auch Gruppen der im Norden Kasachstans siedelnden westsibirisch-mittelasiatischen Andronovo-Fedorovka-Kultur zu Besuch sowie der südlich davon an Amu und Syr Darya beheimateten Andronovo-Tazabagjab-Kultur. Beide hinterlassen sowohl auf dem 'grauen Hügel' Gonur-Tepe als auch auf einem kurzzeitig besiedelten, durch einen Bewässerungskanal von dieser Stadt getrennten Lagerplatz ihre eigene keramische Ware, während zu den in der benachbarten Niederlassung Adji Kui aufgetauchten Fernimporten in Harappa erzeugte Armreife aus Fayencen, von Buchhaltern bei der Erfassung umgeschlagener Warenmengen benutzte Zählsteine, syrische Stempel mit panthergetragenen geflügelten Gottheiten gehören sowie Amulette. Nicht zuletzt ist es das häufig auf letzteren dargestellte und vom Gebären berichtende, auf den altbabylonischen und assyrischen Etana-Mythos hinweisende Motiv von Adler und Schlange auf und am Fuß der Euphrat-Pappel, welcher das heutige Südturkmenistan bereits über 3000 Jahre vor der *Pax mongolica* im Zusammenhang mit einer sorgfältigen entwickelten Handelskultur als Drehscheibe des interkontinentalen Informationsumlaufs erscheinen läßt.

Es wäre ein Privileg, den erratischen Archäologen zu treffen, der 1978 bei Sheberghan im Norden Afghanistans den spektakulären »Baktrischen Hort« des 'Goldenen Hügels' Tilla Tepe zutage förderte, aber seit einem ersten Besuch in den 1950er Jahren die Wüsten südlich des Oxus in der Seele trägt und ihr Rätsel hebt, mit untrügbarem Instinkt, so daß er nach 1980 die westlichen Archäologen konfrontieren kann mit Mauerstrukturen einer Stadt, massiv, in regelmäßigen Proportionen und bestehend aus luft- und sonnegetrockneten Ziegeln, ein Jahrtausend älter, als man es in Südturkestan je erwartet hätte.

Viktor Iwanowitsch Sarianidis, griechischstämmig, in Tashkent aufgewachsen und trotz erwartbarer Forschungserleichterungen nie Mitglied der Partei gewesen, könne allerdings nur in einem saisonalen Zeitfenster graben, sagt Eugenia. Nach der Sommerhitze, aber vor den Niederschlägen, die den harten verschlossenen Lehmboden des Fundplatzes regelmäßig in Schlamm verwandeln.

Eugenia, die Russin, kennt die Verhältnisse von Margush durch lange Jahre Arbeit an Sarianidis Seite. Junge Turkmenen, die wahrscheinlich nicht viel mehr als das *Ruhnama* kennen, haben sie vom Posten verdrängt, gewiß das Hauptproblem der meisten in der Republik verbliebenen Russen hier. Aber da Eugenia nicht weg will aus Merv und sie alles weiß über die Ausgrabungen und die Geschichte der Oasenkultur, arbeitet sie nun als Fremdenführerin. Heiter wie man sich Janis Joplin im Leben vorstellt, vielleicht etwas korpulenter; das Haar von der Schirmmütze nicht wirklich gebändigt.

Wir haben Eugenia in der Nähe ihres Plattenbaus abgeholt. Der Fahrer hat sich umgehend ihrem Regime unterworfen, und sie hat ihn auf dem schnellsten Weg, der aber doch fast zwei Stunden beansprucht hat, aus der Stadt durch die bewässerten Baumwollfelder und Obstgärten des Deltas auf die staubige zur Wüste führende Straßen gelotst und dann über kleine Dünen und Flächen mit Saxaul-Sträuchern – gewisse dienen der Orientierung – zum einsamen Grabungshaus dirigiert. Nach frisch aufgesetztem Tee und einem Schwatz mit dem jeweils frühmorgens per Motorrad eintreffenden Wächter, sind wir über den trockenen Boden, der in der Bronzezeit Teil mehrerer Dutzend Hektar Gärten und Felder mit Weizen, Gerste und Linsen, Pfirsichen und Weintrauben gewesen ist, mit Eugenia zu den Ruinen von Gonur-Tepe hinübermarschiert und haben dort das höchste Mauerstück, vielleicht zwei Meter über die Ebene ragend, erklommen. Eugenia hat die Anlage umfassend erklärt: Die Lage von Fürstensitz, zoroastrischem Feuertempel und Wassertempel, von kleinteiligen Wohnquartieren, gemeinschaftlichen Eßräumen und der Händlerviertel, in denen man den Überschuß erwirtschaftet, der erst die in Kuppelbautechnik errichteten sakralen und sekulären Monumente ermöglicht. Hinter all dem weiter vom Stadtzentrum abgerückt, sollen noch Reste von Zisternen zur Trinkwasserversorgung und Irrigation zu sehen sein sowie ein vom jetzt toten alten Lauf des Murgab heranführender Kanal.

Wir erfahren, daß die Erbauer von Gonur und anderer Stadtverbände von Margush aus Anau und den im Vorland des Kopet Dagh benachbarten Tepes gekommen sein sollen. Von dort haben sie die Erfahrungen von Siedlungs- und Wasserbau und landwirtschaftlichen Kenntnissen in das fisch- und wildreiche Delta des Murgab gebrachte, als am alten Ort vor 4000 Jahren das feuchte Klima von einem kontinentalen, mit weniger Niederschlägen, aber höherer Verdunstung befrachteten abgelöst worden war. Für den Umzug könnte allerdings auch der Bevölkerungsdruck eine Rolle gespielt haben, ein Krieg unter den Oxus-Gesellschaften, oder Nomadeneinfälle. Dann kommt Eugenia zur Geschichte von Sarianidis und dem Fluch der Priesterin, deren Gebeine der griechische Russe in die von ihm aufgebaute Sammlung in Merv hat überführen lassen, mit allen Beigaben, was zu seltsamen Dingen geführt hat.

Die Wärterin des entsprechenden Ausstellungsraums sei erkrankt, einer ihrer Söhne bei einem Autounfall ums Leben gekommen, und sie, Eugenia, habe eine unbekannte Krankheit befallen, welcher das Spital der Stadt hilflos gegenübergestanden habe, so daß sie nach Moskau gereist sei zur Untersuchung, aber ohne Erfolg. Sie habe wirklich gedacht, sie werde sterben, denn nach der Rückkehr hätten auch alternative Heilmethoden nicht zur Gesundung geführt. Weil im Museum unterdessen die Reihe unglücklicher Vorfälle immer weitere Kreise gezogen habe und sich die anfängliche Vermutung eines Zusammenhangs zu den ausgestellten sterblichen Überresten der Priesterin erhärtet habe, sei der Professor zum Entschluß der Rückführung der Gebeine nach Gonur-Tepe gekommen. Dafür habe Sarianidis eine seiner Ansicht nach geeignetere Stelle gewählt als den ursprünglichen Fundort, aber diesen niemandem genannt. Kaum sei die neuerliche Bestattung vollzogen gewesen, hätten Blitze den Himmel zerrissen. In Strömen habe es zu gießen begonnen und nach Minuten sei das ganze Grabungsfeld überflutet gewesen. Sarianidis habe keine andere Wahl gehabt, als die Arbeit der laufenden Grabungssaison abzubrechen und nach Leningrad zurückzukehren.

Schon während Eugenias städtebaulichen Ausführungen bekam ich weiche Knie und habe Schwindel verspürt. Mußte mich hinlegen im Grabungshaus.

In diesem seltsamen Zustand, hervorgerufen durch akute Dehydration habe ich an die Gegenstände gedacht, welche venezianische – ausgerechnet von ständiger Überschwemmung bedrohte – Archäologen in der Wüste, im Gonur-Tepe benachbarten Siedlungsplatz Adji Kui gefunden haben, in den paar Gräbern, welche nicht schon im Altertum geplündert worden sind. Gegenstände, die nicht in Mitleidenschaft gezogen wurden, weil die große Trockenheit sie konservierte. Noch nach 4000 Jahren sind sie bestens erhalten. Ergreifend die Statuetten, ausladende Sitzfigürchen mit im Schoß gekreuzten Armen und einsetzbaren Köpfen aus anderem Stein; an Violinenkörper erinnernd oder dreieckförmig die Statuetten mit langgezogenen, den Hälsen entwachsenden Gesichtern, über deren Augen zwei Löcher gebohrt sind, zur Aufhängung in den Wohnhäusern vielleicht, denn es soll sich um matriarchistische Göttinnen handeln, vorgestellt in der gleichen Kleidung aus Ziegenleder wie die der Bevölkerung, worauf die Ritzung hinweist. Fünfundfünfzig Jahre alt sollen die Frauen von Margush durchschnittlich geworden sein, viel älter als die bronzezeitliche Lebenserwartung gemeinhin. Anpassungsfähigkeit an die natürliche Umgebung dürfte eine Rolle gespielt haben, sowie die vitaminreiche Ernährung aus gedroschenem Getreide.

Gabriele Rossi-Omida, der Venezianer, ist in Adji Kui aber auch auf das Grab eines Würdenträgers gestoßen und hat in der darin gefundenen verklumpten Bronzemasse Doppelschalen und eine mit Sticheln aus Feuerstein verzierte Kanne mit elegantem, spitz auslaufendem, das kostbare Wasser sorgfältig dosierenden Schnabel sichergestellt. Nebst einem schlafenden Schwan aus Korallenstein – vielleicht eingeführt aus Elam am Persischen Golf? –, Mosaikverzierungen einer zerfallenen Holzschatulle, einem Silbergefäß in der Form eines Schildkrötenpanzers, silbernen Nadeln mit schafförmigen Köpfen, welche bei den in Gräbern von Gonur-Tepe zum Vorschein gekommenen Exemplaren wiederum zu aufgezäumten Kamelen ausgestaltet sind. Die Kunstfertigkeit vieler Fundstücke soll erst tausendfünfhundert Jahre später wieder bei Kleinobjekten der Skythen erkennbar sein.

Weil die Fundstätten der Objekte, die Gräber der Siedlungen von Margush, Abbilder der Lebenswirklichkeit der Menschen sind, hat man ihnen die Form von Häusern gegeben und sie mit herbeigeschafften Steinplatten abgedeckt. Die Toten liegen dann mit dem Kopf nach Norden, haben ihr Gesicht also der Sonne zugewandt.

Eine außerordentliche, fast feierliche Stille umgibt das Grabungshaus der Archäologen, aber vielleicht ist das auch nur eine vom seltsamen Schlummerzustand verursachte Wahrnehmung. Auch im Raum, durch dessen offene Tür ich – was sonst – einen tiefliegenden braunen Streifen Wüste sehen kann, ist kein Laut zu vernehmen als das gelegentliche Rascheln der sich ermüdet von ihren Flugversuchen in der Ecke zusammendrängenden jungen Spatzen.

Der Blick der Toten zur Sonne, geht mir durch den Kopf, könnte mit der Religion der Gesellschaft von Margush zusammenhängen, soll diese doch nicht nur als Vermittler von Gütern, sondern auch als solche der Glaubensvorstellungen des Zoroastrismus gewirkt haben. Erst einmal in *BMAC* etabliert, soll die Religion – während der antihellenistischen Phase des Parther-Königs Vologaeses I. (um 51–76 oder 79) wird sie dann von den Jüngern Zarathustras im heiligen Buch des Avesta niedergelegt werden – über den Oxus nach Sogdien gelangt sein, um schließlich sogar im timuridischen <u>Samarkand</u> im Schmuck des *pishtak* der Schir-Dor-Medrese jenes für islamische Zeit außerordentliche Bild Dazu Buch III, *Schnee in Samarkand.* einer antropomorphen Sonne zu hinterlassen, die mich grinsend angeblickt hat, als ich vor drei Jahren den Kopf über die Krone des erklommenen Minaretts der gegenüberliegenden Ulugh-Beg-Medrese gereckt habe. Jetzt, wo ich diese Sonne wiedersehe beim Blick zur Decke, wobei ich nicht genau zu unterscheiden weiß, was kreist, ich selbst oder der Pappelholzrost und die mörtelbekleckssten Schilflagen, und vor diesem Hintergrund Ahura Mazda mit Anra Mainyu kämpft wie Indra im Rig Veda mit den Dämonen, erinnere ich mich auch gehört zu haben, daß die sorgfältig ausgeführte, drüben im Grab von Adji Kui entdeckte Schnabelkanne vielleicht doch eher ein Objekt im Zusammenhang mit dem Kult des Haoma als ein auch im Tod nützlicher häuslicher Gegenstand zur Aufbewahrung von Wasser gewesen sei. Unter Haomas Namen hätten die Zoroastrier das toxische *soma* verehrt, habe ich noch vor knapp zwei Wochen beim Besuch des Feuertempels von Absheron bei Egerton Sykes (*Everyman's Dictionary of Non-Classical Mythology*, London 1952) nachgelesen, und die zoroastrischen Mythen wiesen ihm die Funktion des Reinigers des Herds des Heiligen Feuers zu, nebst den doch sehr unterschiedlichen Aufgaben, Dämonen und Tyrannen zu bezwingen und Ehen zu vermitteln. Indra, offensichtlich ein historisch gesicherter König, und die vedischen Arier – der im Gegensatz zu den iranischen Ariern während der Migration aus der Gegend nördlich des Kaspischen Meers und des Aral-Sees vom Beginn des 2. Jahrtausends an über die afghanischen Pässe nach Südasien gewanderte Zweig der Aryas – wiederum, erwähnt Sykes, hätten erfolgreiche Waffengänge geführt gegen die Dasyus und die Panis. Ließe nur das von den Indoariern geschaffene *Rigveda* definitive geographische Schlüsse zu auf die Siedlungsräume dieser beiden Völker, wäre ihre Identität mit den den Griechen bekannten Daha und Parnoi mehr als eine vor kurzem aufgebrachte Hypothese. Ebenso ließe sich über die laut Plinius östlich der Landschaft Margiana siedelnden Pariani (*Naturkunde*, VI., 18, 46–48) eine Verbindung zu den Aryas herstellen und schließlich auch ein Zusammenhang zwischen der Oxus-Kultur und dem ursprünglichen Herkunftsgebiet sowohl der Indoarier als auch der iranischen Arier. Gemäß einer Hypothese Sarianidis können die Besiedler des jungfräulichen Landes im Delta des Murgab, das dann den zoroastrischen Namen Mourou erhält, nämlich durchaus von weiter als vom Kopet Dagh eingewandert sein, nämlich als Langstrecken-*Trekker* aus dem von der Dürre heimgesuchten, im fernen Südwesten liegenden Mesopotamien. Dabei würden sie religiöse Vorstellungen mitgeführt haben, die letztlich im Glaubensgebäude des Zoroastrismus Ausdruck gefunden hätten, gegebenenfalls aber auch die Brautechnik von den vedischen Priestern zum Erreichen der halluzinatorischen Ekstase benutzten *soma*. Dieses toxische Getränk ist gemäß Sykes identisch mit dem *Haoma* der Zoroastrier, identifiziert mit dem Wasser des Lebens und als solches mit dem Mond.

Von Merv über den Oxus und nach Buchara

Turkmenabad, 3. Juni 2005. — Die Seidenstraßen sind auch Straßen der Religion, und das weithin schimmernde Merv ist der richtige Platz, um die eigenen Angelegenheiten in Ordnung zu bringen.

Wie der aus einem Dorf in der Nähe von Termez über <u>Balkh</u> angereiste Naser-e-Khosrou, der vor der Weiterreise nach Neyshabur am 23. Shaban im Jahr 437 n. d. H. (5. März 1046) sich hier

Dazu Buch IV, Das Teehaus der Unsterblichen.

von allen Pflichten lossagt, indem er verkündet, nach Mekka zu gehen, und in Merv seine Bilanzen ablegt.

Heute ist unser letzter Tag in Turkmenistan, und zum ersten Mal auf Reisen habe ich die Gewißheit, in ein Land nicht mehr zurückzukehren. Nicht nur, weil sich wahrscheinlich nach Erscheinen unserer Reportage zu Lebzeiten Turkmenbashis – und er ist ja ein ewiger Herrscher – keine Gelegenheit mehr bieten wird, sondern weil ich das Gefühl habe, in dieses Land könne man nicht einfliegen, sondern es nur über das Meer oder aber durch die Wüsten kommend betreten, wie die Nomaden, welche die 1925 mit der Schaffung der SSR Turkmenistan einhergehenden Notwendigkeit einer Hauptstadt nie verstanden haben, obwohl sie den Flughafen dann natürlich ebenso benutzen wie die sich niederlassenden Russen.

Wir sind einen halben Tag entfernt von der Grenze nach Usbekistan, noch vor kurzem fiel der morgendliche Blick über die 1221 von den Mongolen und dann mittels Zerstörung des Murgab-Damms 1795 durch den Emir von Buchara geschaffene immense Leere des hundertzwanzig Quadratkilometer umfassenden Geländes der Pentapolis von Merv – sie besteht aus Alexanders Iskander-Qala (4. Jh. v. u. Z.), der sasanidischen Stadt Giaur-Qala (224–642), die dem Antiocheia-in-Margiana von Antiochos I. Soter (281–261 v. u. Z.) entspricht und die möglicherweise von römischen Kriegsgefangenen im I. Jh. v. u. Z. ausgebesserte achämenidische Festung Erk-Qala (6. Jh. v. u. Z.) enthält, der seldschukischen Sultan-Qala (1055–1092) und schließlich dem postmongolischen Merv der Timuriden

Quintus Curtius Rufus (*Geschichte Alexanders*, VII, 10.15) berichtet, Alexander habe in Margiana sechs Stellen ausgewählt zur Gründung von sechs Siedlungen, zwei nach Süden ausgerichtet, die vier anderen nach Osten. Die geringe Distanz zwischen ihnen hätte kurzfristige gegenseitige Hilfe ermöglicht und alle seien auf Hügeln angelegt gewesen. Heute, zu seiner, Q. Rufus', Zeit, ständen sie da ohne Erinnerung an ihren Ursprung und beherbergten jene, zu deren Beherrschung sie errichtet worden wären.

Dazu Buch X, *Römer in China?*

(1370–1506) sowie deren Nachfolger. A. hat vor der Weiterfahrt beim Mittagessen um einen Kommentar zu Händen des Reisebüros in Ashkhabad gebeten. Ich weiß nicht wie sich Susanne der unerwartet gestellten Aufgabe, die eine Absprache zwischen uns nicht mehr erlaubte, entledigt hat. Mein Eintrag betreffend der Fahrt zum Gaskrater hat A. jedenfalls etwas erregt, denn ich habe nicht die beste, sondern nur die zweitbeste Note ausgestellt. Die Begründung: man dürfe nicht die »Übernachtung in einer Nomadenjurte eines Nomadendorfes (inkl. Vollpension)« ankündigen, wenn es sich beim Dorf um eine einzige, nur zum Zeitpunkt des Besuchs betriebene Jurte handelt. Auf eine zweite, mutmaßlich durch die Tourismusbehörde veranstaltete Begegnung mit der traurigen Inszenierung des vor mehr als einem halben Jahrhundert ausgelöschten nomadischen Lebens hatten wir dann verzichtet.

Im Versuch, die Krise zu entschärfen, warf ich ein, vor allem nach dem gestrigen Besuch von Gonur-Tepe hätte ich nicht anders gekonnt, als ehrlich zu sein – nichts verabscheue Zarathustra doch so sehr wie die Lüge, deswegen auch der Aufruf zur Verehrung des Ewigen Feuers, dem Symbol der reinen Wahrheit – und habe das Gespräch umgebogen zu den sich aus den ansatzweise monotheistischen Vorstellungen des ostiranischen Propheten ergebenden Dissonanzen beim interkonfessionellen Zusammenleben im sasanidischen Merv.

In Giaur Qala, der 'Stadt der Ungläubigen', stört die Sasaniden nämlich nicht nur das der moralischen Pflicht der Zoroastrier zu Fortpflanzung und Arbeit widersprechende Zölibat der missionierenden nestorianischen Nonnen und Mönche und deren Abkehr von körperlicher Anstrengung durch Beten und Fasten, sondern auch die Verseuchung des neben Feuer, Luft und Wasser vierten heiligen Elements durch die Erdbestattung in den Nekropolen der christlichen Klöster.

Für den Besuch der Ruine der unter den Seldschuken für Wohnzwecke benutzten Kirche von Merv hat es am Morgen nicht mehr gereicht, aber viel mehr als ein paar knochenbleiche Stücke ausgewaschener Lehmziegelmauern wäre wohl auch nicht zu sehen gewesen von dem Gotteshaus, das die Nestorianer in sasanidischer Zeit errichteten, als Merv ein Bistum der »Kirche des Ostens« war und die ansässigen Manufakturen tönerne, mit der aus China übernommenen Technik der Unterglasurmalerei veredelte Pilgerflaschen herstellten.

Diese Einrichtung, deren bereits in frühen Quellen auftauchender Name in der geographischen Unterscheidung zum Römischen Reich mit seinen fünf Patriarchaten Rom, Konstantinopel, Alexandrien, Antiochien und Jerusalem sowie in ihrer asiatischen Lokalisierung hinter der allein vom transkontinentalen Karawanenverkehr durchbrochenen natürlichen Grenze des Euphrat begründet ist, die gleichzeitig auch eine Sprachgrenze ist, breitet sich, von der eurozentrischen Kirchengeschichte weitgehend ignoriert, seit dem 2. Jahrhundert entschlossen nach Osten aus.

Die dramatischste Wegmarke innerhalb des seit dem Apostelkonzil (44–49) von theologischen Disputen gezeichneten Ringens um ein einheitliches Christentum ist die im Jahr 431 ausgesprochene Exkommunikation des Nestorius, der daraufhin bis zu seinem Tod im Jahr 451 im ägyptischen Exil, in der Oase al-Charga in der Libyschen Wüste lebt.

Die nestorianischen Christen tragen ihr Glaubensbekenntnis, beflügelt durch die zur Zeit der hellenisierten Parther erzielten Erfolge unter der jüdischen Diaspora und den ansässigen Aramäern, rasch über Persien bis nach Balkh und über den Oxus hinaus. Mit der Machtergreifung der Sasaniden, deren bis 240 regierender dynastischer Gründer Ardashir ein Enkel des in Persepolis wirkenden zoroastrischen Hohepriesters ist, und der von ihnen betriebenen Anstrengung, sowohl die den zu kulturellem Synkretismus neigenden Parthern abgerungene Herrschaft an das altiranische Reich der Achämeniden (675–331 v.u.Z.) anzubinden als auch die damals neben den Kulten Mithras und Anahitas aufkommenden Vorstellungen Zarathustras zur Staatsreligion zu machen, erfolgt die harsche Eindämmung eingewanderten Christentums und Judentums sowie auch des Buddhismus. Die bislang auf Mesopotamien beschränkte Verfolgung der Christen beginnt unter den Sasaniden also genau in dem Moment, als sie im christlich gewordenen Römischen Reich verschwindet, und sie dauert an bis zum Ende der Regierungszeit Ardashirs II. im Jahr 383.

Wie viele Märtyrer die Progrome fordern ist ungewiß; die überlieferten Zahlen schwanken zwischen niedrigen zweistelligen Tausend und 190 000.

Der Verfolgung entkommen ist ein Kleriker namens Bar Shaba, der um das Jahr 363 Shirahan, die Schwester und Gemahlin Shapurs II. von einer geistigen Erkrankung heilt und sie damit zur Taufe

Als Motiv hätten solche Gebrauchsgegenstände, habe ich zur Normalisierung der Situation nachgeschickt, in einem Fall den von zwei Löwen flankierten Daniel gezeigt, und die unbeantwortet gebliebene Erwägung in den Raum gestellt, die Wahl der Darstellung habe vielleicht damit zu tun, daß es in Samarkand diesen Schrein von ungewöhnlicher Länge gebe, der den von Timur aus Susa in Mesopotamien mitgebrachten und angeblich wachsenden Beinknochen des Propheten enthalte.

Die Stimmung ist trotzdem etwas gedrückt geblieben im Auto, auf der Straße zum Amu Darya, also in der Richtung, aus welcher Alexanders Erkundungstruppen im Jahr 328 v.u.Z. von Samarkand und Buchara kommend, zum achämenidischen Merv vorstoßen. Mitten in der von Beständen schütterer Saxaul-Bäumchen gesprenkelten und von leichten Geländewellen durchlaufenen sandigen Ebene hat am Straßenrand ein vielleicht sechs- oder siebenjähriges Mädchen in zerschlissenem Kleid die Hand ausgestreckt. Wir sind umgekehrt, um uns zu erkundigen, aber mitgenommen haben wir die Kleine mit dem struppigen Strohhaar nicht, die aus der Siedlung wegwill, wo es nichts zu essen gebe, und die mit kaum hörbarer Stimme ein paar *Manat* erbettelt.

»*Geh nach Hause!*« hat A. die Kleine durch das Wagenfenster gerügt und dann plötzlichen Unmut gezeigt über den 'Papa' und sein *Ruhnama*, in das er doch den Satz geschrieben habe »Ein Kind braucht Führung. Ein Kind ohne Führung ist wie ein untrainiertes Pferd.« Damit meint der fürsorgliche Präsident den im Verbund mit grotesken nationalistischen Sprüchen auf jedem turkmenischen Taschenkalender dargestellten und auf seinem persönlichen Gestüt gezüchteten Achal Tekkiner, das gern ausländischen Staatsgästen geschenkte, für seine Härte, Ausdauer und Schnelligkeit bekannte, den Griechen bereits durch Herodot als Rassentier überlieferte nisaiische Pferd der medischen Kavallerie des Dareios.

Vielleicht kommt das aus welchen Gründen vernachlässigte Mädchen morgen oder übermorgen doch noch weg aus der Karakum, aus der schwarzen Wüste, und auf die Baumwollfelder am Amu Darya, und dem Sohn des Imam aus Tedzhen erschließt sich ein Weg zu einem richtigen Studium der Theologie in Tadschikistan. Daß zwischenzeitlich in Turkmenistan aber der Glanz des »Goldenen Zeitalters« verblaßt, ist nicht anzunehmen.

Vorgestern, im Zentrum des neuen, das heißt des sowjetischen Merv oder Mary, hatte ich den Präsidenten unvermittelt in der glühenden Sonne sitzen gesehen sowie zwei auf ihn zugehende Angestellte des Reinigungsdienstes, die sich gewiß gleich an ihm zu schaffen machen würden, und deshalb den Fahrer ersucht anzuhalten, mit dem Hinweis, ich wolle nur kurz etwas nachschauen, vorn am Platz, Susanne und A. könnten also ruhig im Wagen bleiben. Als ich dann auf die leere vierspurige

bewegt. Um Shirahan vor der auf den Abfall vom Zoroastrismus ausgesetzten Todesstrafe zu bewahren, verschickt sie der König der Sasaniden an die Peripherie des Reiches, und zwar durch Vermählung mit dem Gouverneur von Khorasan. Zum Bischof von Merv ernannt, begleitet Bar Shaba die Verschickte und beginnt umgehend in ihrem Auftrag mit der Errichtung von Kirchen. Während der Regierungszeit des toleranteren Yezdgird I. (339–420), als die Ostkirche sich neu strukturieren kann, beschließt eine vom König gutgeheißene Synode, den Bischof der sasanidischen Hauptresidenz Seleukia-Ctesiphon zum Oberhirten über die Bischöfe der anderen Sitze im Orient zu machen, dem sie sich als Katholikos bis zur Ankunft Christi unterwerfen.

Aus der breiten Auffächerung des Nestorianismus im Osten ergibt sich dann die Notwendigkeit einer auf geographische Bedingungen Rücksicht nehmenden Unterscheidung in sieben sogenannte 'Metropolitansitze des Inneren' für das Kernland und zwanzig 'Metropolitansitze des Äußeren', zu denen Anfang des 14. Jahrhunderts neben Merv auch Herat, Samarkand, Kashgar, Chang'an und das mongolische Cambaluc, das heutige Beijing, gehören.

Als Zentrum der Kirchenprovinz Khorasan bleibt für die Missionierung indessen Merv ausschlaggebend. Im Jahr 1007, kurz nach dem Ende der Dynastie der Samaniden, gelingt von hier über die Nordroute der Seidenstraßen ausgesandten Mönchen gemäß der *Syrischen Chronik* des wegen seiner jüdischen Abstammung Bar Hebräus genannten jakobitischen Patriarchen aus dem persischen Tagrit die Bekehrung der mongolischen Stämme, darunter der Keraiten, aber auch Gruppen der Naiman und Oiraten sowie der zuvor dort ansässigen Turk-Stämme. Möglicherweise sind auch die Seldschuken vor ihrer Konvertierung zum Islam um die Mitte des 10. Jahrhunderts Christen gewesen, denn zwei der vier Söhne von Seldschuk, dem Begründer der Dynastie, tragen biblische Namen – Michael und Israel. (Eine umfassende Darstellung der Geschichte der »Kirche des Ostens« gibt Christoph Baumer, *Frühes Christentum zwischen Euphrat und Jangtse*, Stuttgart 2005)

Hauptstraße der Oasenstadt hinausgetrat, haben die beiden Angestellten ihre Plastikeimer und Besen gerade auf der obersten der zum Präsidenten führenden Stufen abgestellt. Kaum über die Straße und selbst in die Nähe des Denkmals gelangt, erklomm einer der beiden den Fauteuil, der mit derselben senfigen Goldfarbe bemalt ist wie der darauf mit übergeschlagenen Beinen sich zurücklehnende Präsident. Mit einem Fuß trat er fest auf das Rollenpolster, mit dem andern zaghafter auf den Schoß des Führers, dessen Personenkult dem Vernehmen nach einem vom Volk selbst geäußerten Begehren entspricht. Dann reckte der Arbeiter sich und begann, mit dem Wedel aus Hühnerfedern Schultern und Kopf des Präsidenten abzustauben. Gerade als ich die Kamera zum zweiten Mal erhob, trat ein schmächtiger Herr mit ausgestreckter Hand vor mich hin und raunte, eher ängstlich als bestimmt, »No«.

Ein Unfehlbarer bedarf keiner Reinigung. Oder ist vielleicht das Eingeständnis peinlich, Wüstenstürme wüßten nicht, daß sie den Sand wohl in das Rosenbeet hinter dem Denkmal tragen dürfen, aber nicht auf das Haupt des Turkmenbashi?

Sand aber umgibt den Präsidenten, wohin er auch blicken mag vom 'Turm der Unabhängigkeit' in Ashkhabad und seinem im Zentrum von Merv aufgestelltem Fauteuil aus. Der Sand der Karakum und der Kyzylkum, der 'Schwarzen' und der 'Roten Wüste', welche die Heimat der Turkmenen schützend umgürtet haben, bis die rechts der Straße verlaufende Transkaspische Eisenbahn in den 1880er Jahren das Land durchstoßen und seit einem Jahrzehnt die links der Straße durch eine Doppelreihe aus dem Boden ragender fragmentarischer Schilfwändchen angezeigte Trasse des zwei Meter unter dem Boden verlegten, Frankfurt mit Shanghai verbindenden <u>Glasfaserkabels</u>, eine weitere Verbindung zur Welt hergestellt hat.

Dazu Buch VII, *Im Heiligen Schrein* und Buch IX, *Schrottstraße II.*

Fortgesetzt Buchara, 3. Juni 2005.

— Nach dem Abschiedsessen in einem unterkühlten, von dunklen Vorhängen abgeschotteten Restaurant sind wir durch das staubige Umland der Industriestadt Turkmenabad, dem sowjetischen Chardzhou, an den Amu Darya gekommen, wo sich nach dem »Großen Vaterländischen Krieg« Seidenhaspel- und Wattefabriken niederlassen haben. Von Flußschiffahrt war nicht viel zu sehen, als wir auf einer Pontonbrücke den braunen Strom überquerten, zur Rechten die Eisenbahnbrücke und Wehre.

Am Grenzposten sagte A. wir sollten schreiben – Briefe. Durch das Niemandsland gelangten wir in einem von älteren Usbekinnen besetzten kleinen Rumpelbus. Drüben hat uns nach einer Stunde der bestellte Fahrer gefunden und bald ist aus dem Horizont das Kalon-Minarett gestiegen, das einzige Bauwerk in Zentralasien, vor dem Dschingis Khan sich verbeugte.

Der Rezeptionist im Gasthaus ein paar Schritte weg von Bucharas Platz, wo man gemäß den arabischen Geographen zur Zeit der Sogdier auf einem zweimal im

Jahr stattfindenden Markt 'Götzenbilder' verkauft hat, mutmaßlich Buddhistisches oder aber Statuetten der noch von den bis zum Jahr 1005 in Mawarannahr regierenden Samaniden verehrten Flußgöttin Anahita, ist froh über unsere Ankuft.

Das Hotel sei leer, sagt er, dabei sei doch alles ruhig in Buchara und »'Andizhan', you know, far away«.

Mord in Osh

Almaty, 2. November 2007. — Als die Überlebenden des Massakers von Andizhan in der Nacht vom 13. zum 14. Mai 2005 in den kirgisischen Teil des Fergana-Tals flüchten, ist der erste Ohrenzeuge, der auf sicherem Boden mit den Verwundeten und Traumatisierten spricht und das Vernommene über *Radio Free Europe/Radio Liberty*, *Voice of America* sowie den Internet-Nachrichtendienst *ferghana.ru* verbreitet, ein in Osh lebender junger ethnischer Usbeke und nachmaliger Herausgeber der dort erscheinenden usbekischsprachigen Zeitung *Siyesat (Politik)*, die nicht nur unter der im Süden Kirgistans lebenden usbekischen Minderheit bekannt ist, sondern auch unter den Händlern, die nach Andizhan und tiefer ins Nachbarland reisen oder aus diesem über die kirgisische Grenze kommen.

Alisher Sapirov ist zu diesem Zeitpunkt vierundzwanzig.

Am Tag von Alishers Beerdigung auf dem Friedhof von Kayerma, zehn Kilometer außerhalb von Osh, lassen die kirgisischen Behörden verlauten, seine Ermordung tags zuvor, am späten Nachmittag des 24. Oktober 2007, stehe im Zusammenhang mit seiner beruflichen Tätigkeit, ohne dabei zu erwähnen, daß er freier Journalist gewesen ist, der sich auf seine zweite Heimat Usbekistan fokussierte.

Seine gewissenhafte professionelle Auseinandersetzung mit den kontroversesten politischen, ökonomischen und menschenrechtlichen Themen und der wachsenden Repression dieses Landes hat Alisher von seiten demokratischer Kreise große Anerkennung eingebracht, von jener der staatlich kontrollierten Einrichtungen *gazeta.uz* und *press-uz.info* hingegen Diffamierung. Beteiligt an der Hetzkampagne war auch das regionale Fernsehen von Namangan, der ferganesischen Stadt gleichen Namens, sowie der an der dortigen staatlichen Universität wirkende Assistenzprofessor der Politologie Obidhon Marmatow. Während Tashkent seine große Irritation über Alishers publizistisches Wirken in der Behauptung zum Ausdruck bringt, er sei ein Agent Amerikas und des kirgisischen Geheimdienstes, Mitglied der islamistischen *Hezb ut-Tahir*, Vertreter der usbekischen Oppositionspartei *Erk* sowie ein Angehöriger der *Islamischen Bewegung Usbekistans (IMU)*, ist Marmatows Angriff eine gezielt formulierte Vorverurteilung, wie sie bis dahin keinen unabhängigen, nach Usbekistan hineinwirkenden Journalisten getroffen hat.

Am 12. September nämlich bezichtigt Marmatow auf *gazeta.uz* unter dem Titel »Saipov: Der verräterische Dolchstoß in Usbekistans Rücken durch dessen kirgisische Partner in der Gemeinschaft der *Shanghai Cooperation Organisation* und der *GUS*« Alisher der Verteilung extremistischer Literatur sowie eines Aufrufs zum Sturz der Verfassung. Er sei eine koordinierende Dreckschleuder, »von schwachem Selbstwertgefühl und von den usbekischen Intellektuellen instrumentalisiert, eine Quelle, aus der Tag für Tag Spucke, Beleidigungen und falsche Anschuldigungen jeder Art nach Usbekistan fließen« (zitiert nach *uznews.net*, 25. Oktober 2007). Der Journalist, führt Marmatow gemäß Angaben von *RFE / RL* vom 31. Oktober 2007 weiter an, habe sich mit usbekischen Flüchtlingen im Iran und in Kirgistan getroffen – etliche der nach dem Massaker von Andizhan in der Umgebung von Osh Untergekommenen sind wie von Alisher selbst berichtet in den folgenden Monaten dort auf dem Territorium des Nachbarstaats von usbekischen Sicherheitsdiensten festgenommen worden – und kommt in seiner Einschätzung zum Schluß, seine Absicht sei die Fabrikation eines Konflikts gewesen zwischen Usbekistan und dem Rest der Welt.

Zu diesem Zeitpunkt wird Alisher, unterdessen Vater einer zwei Monate alten Tochter, telefonisch bedroht, und unbekannte Personen treten an ihn heran mit der Mitteilung, er werde nächstens umgebracht. Alisher, der die Vermutung einer Beschattung durch Beamte des usbekischen Geheimdienstes hegt, läßt scheinbar keine Furcht erkennen, auch nicht, als eine Arbeitskollegin an den der Bluttat vorausgehenden zwei Tagen Unbekannte vor dem Büro von *Siyesat* bemerkt.

Am 24. Oktober, um 19 Uhr, begibt sich Alisher, der eine halbe Stunde zuvor noch mit Kollegen zusammen ist, zu seinem in einem der zentralen Distrikte von Osh gelegenen Büro, als, gemäß Aussage von Zeugen, ein Mann an ihn herantritt, ihm ins Bein schießt und den am Boden liegenden Journalisten mit zwei gezielten Schüssen in den Kopf tötet.

Die kirgisische Polizei findet am Tatort drei zu einer *Makarow* passende Patronenhülsen und kündigt die Untersuchung eines kriminellen Delikts an.

Am 26. Oktober vermeldet *ferghana.ru* die Blockierung mehrerer von Usbekistan aus betriebener russischsprachiger Websites. Drei Tage darauf strahlt das staatliche usbekische Fernsehen einen zwanzigminütigen Beitrag aus, in dem gesagt wird, Sapirov habe »gewissen bösen Kräften« gedient und sei »ausländisch gesteuert« gewesen. Ähnlich tönt am 31. Oktober die Verlautbarung des kirgisischen Innenministeriums in Bishkek, ein bekannter, in der vorangehenden Woche in Osh ermordeter Journalist habe enge Bande zu zwei verbotenen islamistischen Gruppen gepflegt. Freude Alishers weisen die Anschuldigungen als Verleumdungsversuch zurück und fragen, den usbekischen Geheimdienst als Drahtzieher des Mordes im Hinterkopf, inwieweit eine Untersuchung unter solchen Umständen noch objektiv und ernstzunehmen sei …

Die vom Innenministerium vorgebrachte Liste der Beschuldigungen ist lang.

Gemäß *RFE/RL* vom 31. Oktober 2007 erwähnt der Sprecher des Ministeriums Kontakte zu Muhammad Solih, Mitglied der *Erk* (der usbekischen Opposition) und prominenter Dichter, dessen Werke in Alishers Büro sichergestellt worden seien, nebst Parteibroschüren und Schriften der *Hezb ut-Tahir*, sowie Treffen mit Tahir Yuldus, dem Anführer der *IMU*, von dem er regelmäßige Zahlungen erhalten habe. Im weiteren soll Alisher bei der Flucht eines der Anführer des Aufstands in Andizhan, Qobil Parpiev, nach Kasachstan geholfen haben. Gegenüber dem usbekischen Dienst von *RFE/RL* verneint ein früheres Mitglied der *IMU* Kontakte zwischen Alisher und Tahir Yuldus ebenso wie Transaktionen oder sonstige Unterstützung. Umgekehrt bestätigt aber Solih, Alisher einige Male getroffen zu haben, sowie daß *Erk* jenem Präsident Karimow anläßlich der bevorstehenden Wahlen im Dezember zum Rücktritt auffordernde Broschüren zur Verfügung gestellt hat.

Dazu Marginalie in Buch VIII, *Schutzherr der Frauen.*

Die Verlautbarung des Sprechers des Innenministeriums wird aber auch aus kirgisischen Regierungskreisen kritisiert. Dieses habe sich von den usbekischen Behörden einschüchtern lassen. Gutnachbarschaftliche Beziehungen dürften jedoch eine unbefangene Untersuchung nicht verhindern. Im übrigen habe die Meldung ausschließlich auf Informationen beruht, welche speziellen Diensten schon lange vor der Ermordung des Journalisten bekannt gewesen wären. Dem Anschein nach, erwägt Oleg Panfilow, Gründer des in Moskau stationierten *CJES (Center for Journalism in Extreme Situations)* sei nicht nur der Mord politisch motiviert, sondern auch das Vorgehen der kirgisischen Justizkräfte bei seiner Klärung. Daniil Kislov wiederum, Leiter von *ferghana.ru*, bezichtigt das kirgisische Innenministerium des vorsätzlichen Rufmords an seinem ermordeten Kollegen.

»Die Regierung in Bishkek verfolgt ein doppeltes Ziel«, sagt Marcus. *»Einerseits betreibt sie mit Blick auf Tashkent die Zerstörung von Alishers Ruf. Andererseits signalisiert sie staatliche Eigenständigkeit, indem sie den usbekischen Geheimdienst dem Kreis der Täterschaft zurechnet.«*

Marcus ist am 25. Oktober, dem Tag nach der Tat, von Almaty nach Bishkek hinübergefahren, in der Befürchtung, der Flieger nach Osh sei ausgebucht mit Vertretern des diplomatischen Korps und der internationalen Organisationen, die Alisher alle gekannt und bei diesem oder jenen Anlaß begrüßt haben, im Wissen, daß der junge Journalist aus Osh, wie für Marcus selbst, für die Korrespondenten aller ausländischen Medien wie auch für sonstige politische Beobachter eine verläßliche Quelle und Stütze ihrer Arbeit gewesen ist, ein Rick Blaine im Casablanca Zentralasiens.

»Aber weißt du was? Keiner ist in der Maschine gewesen und auch keiner beim Begräbnis.«

Am 29. Oktober ist Marcus aus Osh nach Almaty zurückgekehrt. Alisher ist der vierundzwanzigste durch einen gewaltsamen Tod gestorbene Freund oder Bekannte. Ahmad Shah Masud befindet sich unter den abberufenen Kriegern, aber auch weniger berühmte wie die beiden Kommandanten der *Vereinigten Opposition Tadschikistans (UTO)* – Kalifa, ein *nom de guerre*, und Madschnun, die wir im September 1996 anläßlich unserer ersten gemeinsamen Reportage in Khorog besucht

Dazu Buch II, *Im Wakhan-Korridor*.

haben. Der eine erschossen, der andere vermutlich einem Giftanschlag erlegen. So wie halt nach einem komplizierten Friedensschluß nicht mehr verwendbare Freunde verabschiedet werden. Vierundzwanzig Tote in etwas mehr als einem Dutzend Jahre Berichterstattung aus Zentralasien.

Seit 'Andizhan' ist Marcus' journalistische Arbeit schwieriger geworden. An eine Rückkehr nach Tashkent ist nach der Heirat mit Galima unmöglich. Erst versucht er, die *NZZ*, die Berliner *taz* und die deutsche *Financial Times* vom Horchposten Baku aus zu beliefern, während Galima den Internet-Nachrichtendienst *uznews.net* aufbaut und unter den in den Republiken installierten lokalen Korrespondenten auch Alisher Saipov beschäftigt. Nachdem die in Tashkent ansässige Familie der zwischenzeitlich durch die usbekische Staatsanwaltschaft terroristischer Verschwörung angeklagten Galima vermehrt bedrängt worden und eine Schwester nach Almaty gezogen ist, beschließt das Paar, von Baku nach Almaty überzusiedeln.

Die Wohnung befindet sich in einem von der Furmanova etwas zurückgesetzten Plattenbau, mehr oder weniger im Rücken des dunklen erkerverzierten Gebäudes aus den 1920 Jahren, an dessen Tor ich bei der nächtlichen Ankunft das Emailschild des Deutschen Konsulats erblickt habe. Der Standort der Wohnung hat sich aber rein zufällig ergeben. Nein, von dieser Einrichtung würde er sich kaum Schutz versprechen, hat Marcus gemeint. Seine Kritik an der Blauäugigkeit westlicher Nationen bei der Verfolgung ihrer Eigeninteressen in Zentralasien, heftig im Fall deutschen Lavierens in Usbekistan, ist unbequem gewesen für die Vertreter Berlins. Dabei ist Marcus' Darstellung der politischen Verhältnisse und Entwicklungen aber so fundiert, wie nur die eines sich dauernd in der Region bewegenden Langzeitbeobachters sein kann, dessen richtige Einschätzung ihn an den Ort des Geschehens bringt, sei es im März 2005 eben auch in das kirgisische Osh, von wo aus der Sturz der Regierung Akajew seinen Lauf nimmt und im Mai 2005 dann nach Andizhan. Es ist die aus reicher eigener Anschauung gewonnene Erfahrung, die ihn bei Podiumsdiskussionen in der Heimat dem Publikum nicht als besserwissenden Experten, sondern als glaubwürdigen Beobachter der Wirklichkeit vorstellt.

Bald wird es wieder soweit sei, ein Termin, der ihn besonders freut: er wird auf Einladung des *Amtes für Politische Bildung* vor Bundeswehrsoldaten sprechen, die im Rahmen des Engagements der *NATO* erstmals in den Hindu Kush verlegt werden.

Die 'neuen Kasachen' und der Herzog von Mantua

Almaty, 2. November 2007, abends. — An der Furmanova riecht es besser als vor sechs Jahren.

Die unverhofft durch den 'Tag der Streitkräfte' verzögerte Ausgabe des chinesischen Visums abwartend, bin ich damals öfters durch diese Straße gekommen. Wie alle Nordsüd-Achsen der schachbrettartig angelegten kasachischen Hauptstadt führt die Furmanova steil bergan, flankiert vom Baumbestand, den man vermutlich nach 1929 pflanzte, als Alma-Ata, 'Vater der Äpfel', Verwaltungssitz der SSR Kasachstan wurde. Seit 1854 gibt es den Ort, angelegt bei einer der Stationen längs der nomadischen Einfällen ausgesetzten Nordostroute der Seidenstraßen, als Fort Vernoe. Ein Posten der integrierten zaristischen Grenzbefestigungen.

Während die kasachischen Stämme damals noch in drei Horden zusammengeschlossen sind, sogenannten *tschus*, untereinander aber oft zerstritten den zaristischen Administratoren Hebel für politische Einflußnahme bieten und mit der russischen Masseneinwanderung anfangs des 20. Jahrhunderts in der heimatlichen Steppe als Minderheit schließlich seßhaft werden, durchrollen heute ihre Nachfahren die Furmanova, unsichtbar hinter getönten Scheiben, in den neusten Geländewagen, inklusive ganzer Rudel von *Porsche Cayenne* — und darin liegt der sofort auffallende Unterschied zum letzten Besuch, als rußige Wolken hustende *Wolgas* und *Ladas* unterwegs waren, die man anstelle fehlender Taxis herangewunken hat. In den Strom aus Chrom mischt sich zuweilen ein schwarzgelber amerikanischer *Hummer* und einmal auch ein aufbrausender feuerroter *Ferrari*. Almaty ist also dort angekommen, wo Luzern oder Zürich sind, nur daß man hier das aus dem eigenen Boden gewonnene Benzin verbraucht.

»Nasarbajew hat die Furmanova nicht angerührt, damit bei seinem Tod noch ein prächtiger Boulevard nach ihm benannt werden kann«, sagt Marcus während wir, mit Blick durch das goldige Birkenlaub, das graugrüne der Pappeln und das bereits trockene braune der Eichen auf die heller als der Morgenhimmel schimmernden Firne des im Rücken der Stadt liegenden Zalaisky-Alatau hochsteigen, zur pompösen, unweit der Residenz des Präsidenten gelegenen Shopping Mall.

Hier haben Ulrich und ich am 10. Mai 2001 auf reichliche Versorgung bestanden angesichts der Unwägbarkeiten der bevorstehenden Reise mit Aristeas — zurück in die Mythen und Geschichte der ›Dsungarischen Pforte‹.

Dazu Prolog, *An der ›Dsungarischen Pforte‹.*

Jetzt kaufen wir in einer kaninchenstallgroßen, in eine Ecke der Eingangshalle hineingebauten Nische, deren abmontierte Deckenplatten in die komplette Haustechnik Einsicht gewähren, die Billetts für den auf heute vorgesehenen Nachtzug nach Kyzyl Orda.

Etwas später im *Café Affiche*.

Die jungen Frauen sind ausnahmslos attraktiv und langbeinig, die Absätze ihrer Stiefel so hoch wie die aus den Fruchtsäften ragenden Halme. Weiß Gott, wie sie ihren *Prado* und *Lexus* aus der Verbotszone bewegen, bevor die mit Lautsprechern vorwarnende Polizeistreife beim dritten Mal den Abschleppdienst bringt. Das Personal hat für die teuren Handtaschen gepolsterte Schemel in französischer Art unter die Tische gerückt und zuweilen, wenn genügend parfümierte Zigaretten geraucht sind, richtet es vor den blonden und schwarzen Schöpfen auch die Schischa ein. Die jungen Frauen tragen Gilets aus dem Fell irgendwelcher Kleintiere; manchmal ein über die Schulter geworfenes paillettenbesticktes Cape. Wenn sie aufstehen, hängen die enormen Glimmergürtel an den Gesäßen wie im Frühling über die Dachrinne hinausgerutschter Schnee. In tiefes, schwarzes Leder versinken junge Männer in schwarzen Pullovern, vor ihnen auf den Tischen, wie Jachten in einer Marina am Mittelmeer, die Handys. Der Cappuccino, den diese 'Neuen Kasachen' konsumieren, kostet 850 *Tenge*, das sind sieben Dollar, der Seabass mit jungem Spargel und luftgetrockneten Aprikosen 5200 *Tenge* oder dreiundvierzig Dollar.

Solche Preise liegen selbstverständlich weit über den Möglichkeiten eines durchschnittlichen Kasachen, der 2005 monatlich 260 Dollar verdient. Einzelhändler sind nicht der Durchschnitt. Zwischen 2003 und 2005 ist ihr Anteil um 12,4 Prozent angestiegen, dürfte seither noch weiter angestiegen sein, und zwar in derselben Zeitspanne um zwei Drittel bei gleichzeitigem Rückgang der Umsätze auf dem Basar. Vom steigenden Realeinkommen aber profitieren die Handelsfirmen am meisten. Jährlich vermögen sie ihre Erlöse um 20 Prozent zu steigern, und Inhaber solcher Firmen dürften die jungen Männern in Schwarz denn auch sein.

Galima meinte beim Frühstück, ich würde den 'Neuen Kasachen' in diesem Teil der Stadt überall begegnen. Weder arbeiteten noch produzierten sie etwas. Auf Trab halte sie das Kaufen und Verkaufen. Das augenscheinlich mit Geschick. Sie seien nicht wie andere auf die Mutter angewiesen, deren bei der Unabhängigkeit geschenkte Wohnung, vor sechs, sieben Jahren hat sie vielleicht einen Wert von 20 – 30 000 Dollar gehabt, zum gegenwärtigen Zeitpunkt beim Verkauf das Zehnfache einbringen kann.

Haben diese Mütter, mehrheitlich Rentnerinnen, verkauft, ziehen sie permanent auf die Datscha im grünen Umland und kommen nur noch zum Café ins Zentrum. Dort erzählen sie dann den Freundinnen von ihrem neuen Reichtum, und nach einiger Zeit erscheinen diese dann an der Tür ihrer Mieter und verlangen unmißverständlich das Verlassen der Wohnung binnen zweier Monate. So ging es vor ein paar Wochen meinen Freunden. Zwar besteht ein Vertrag, aber der ist in diesem Augenblick bloß ein Stück Papier, da jemand gefunden ist, der mehr bezahlt.

Am Abend sind der Herzog von Mantua und seine Frau bei Galima und Marcus zu Gast.

Es gibt Brathuhn. Dazu Kartoffeln mit Pilzen und kasachischen Rotwein.

Der Herzog von Mantua ist ein alter Freund meiner Freunde, die hiesige Oper hat ihn aus Tashkent geborgt. Deren Ensemble verfügt nämlich über keinen Tenor, der diese Rolle aus Verdis *Rigoletto* im Repertoire hat. Aber genau mit dieser tragischen Oper soll anläßlich der morgigen Vorstellung ein deutscher Impresario beeindruckt werden. Nur allzu gern würden die Kasachen nämlich am Rhein gastieren. Kasachstan ist für deutsche Firmen immerhin der bedeutendste und perspektivenreichste zentralasiatische Partner. Ein Geschäft, das zudem nicht in dem Maß das Gewissen belastet wie jenes mit Usbekistan.

Am Nachmittag war der Herzog von Mantua bei Präsident Nasarbajew. Solche abrupten Auftritte habe er überaus ungern, meint er, die Stimme wolle richtig vorbereitet sein. Grund für die Ehre sei vielleicht weniger die Tatsache, daß Nasarbajews Tochter Darya, selbst Mezzosopranistin, das Ensemble unterstützt, sondern das Gerücht, Almaty wolle ihn dauernd aus Usbekistan herüberholen. Ob er ein solches Angebot annehmen würde, wisse er nicht. Selbstverständlich bedeute es die kasachische Staatsbürgerschaft, gewiß kein Nachteil. Entscheiden würde jedenfalls seine Frau, denn es gehe ja auch um die beiden Söhne, und bis jetzt habe sie immer richtig gehandelt.

Als Kind ist Nurmumidin Sultanow in Nakhsab, auf der Weide Alexanders des Großen, Timurs und Dschingis Khans herumgetollt, in der Umgebung von Karshi, nahe am Amu Darya. Ist auf Hochzeiten aufgetreten zusammen mit dem Vater, der hervorragenden *plof* in enormen Schalenpfannen angerichtet hat, während sein Kehlgesang die Gesellschaften begeistert. Eines Tages habe ihn, erzählt Nurmumidin, dessen Herz groß ist und das ganze rote Gesicht erfüllt, eine Tante mit nach Tashkent genommen. Dort habe er die *Alisher-Navoi-Oper* gesehen und sofort gewußt: in diesem Gebäude wolle er singen. Er habe die Tante hineingezerrt, und man habe ihn etwas vortragen lassen. Von Noten verstehe er rein gar nichts, habe ein Statistenbetreuer streng gesagt, aber singen könne er, und deswegen wolle man es versuchen. Dann hätten sie ihn zur Ausbildung nach Kiev ans Konservatorium geschickt und selbstverständlich sei er dann im Ensemble der SSR Usbekistan verblieben. Jetzt hingegen sei er frei zu gehen, wenn jemand nach ihm rufe, anders als die allermeisten seiner Landsleute.

Morgen werden wir Nurmumidin den Herzog von Mantua geben hören.

Quo vadis Innerasien?

Im Zug nach Kyzyl Orda, 3./4. November 2007. — Am Ende des zweiten Bildes des ersten Aktes von Verdis tragischer Oper, die maskierten Höflinge sind gerade mit der entführten Gilda im Schutz des gewittrigen Nachthimmels über die an der Gartenmauer lehnende Leiter abgegangen, müssen Marcus und ich zum Bahnhof eilen und Rigoletto, den am sittenlosen herzöglichen Hof zum Zyniker gewordenen bucklingen, verhaßten närrischen Bösewicht, dem Schrecken über den mit unwissentlicher eigener Beihilfe durchgeführten Raub der eifersüchtig behüteten Tochter überlassen und der furchtbaren Ahnung des sich an seiner Person vollziehenden schrecklichen Fluches. Nur zu gern hätten wir Nurmumidin im Dritten Akt, in der Schenke des gedungenen Mörders Sparafucile, den leichtlebigen Herzog von Mantua mit tenoralem Glanz ausstatten gehört und dessen unbekümmerte Phrasen über weibliche Unbeständigkeit – »*La donna è mobile*«.

Wir haben uns vorgestellt, Almaty im Speisewagen bei einem Glas Wein zu verlassen. Aber einen solchen hat der Nachtzug nie geführt, der für die 1904 eröffnete Strecke bis Kyzla Orda, zwischen 1925 und 1929 erste Hauptstadt der Kasachischen ASSR, ungefähr zwanzig und bis zur Endstation Aktöbe dann nochmals mindestens soviel Stunden benötigt. Beim Abteil des Waggonschaffners steht der mit Kohle betriebene Wasserkessel. Die Einrichtung der gegenüberliegenden Toilette ist prekär, die Klebfolie mit Ananasmuster am Fenster verhindert das Hineinsehen und tagsüber den Blick in die Steppe. Die Vorhänge im Schlafabteil sind türkisfarben, die Heizung kalt. Jeder von uns hat zwei Decken.

Kasachstan ist ein großes Land. Mit 2,7 Millionen Quadratkilometern mehr als doppelt so groß wie die anderen zentralasiatischen Republiken zusammen. Nach Argentinien und vor dem Sudan ist es das neuntgrößte Land der Erde, das unter den Flächenstaaten mit extremen klimatischen Verhältnissen bei einer Bevölkerungsdichte von 5,5 Einwohnern pro Quadratkilometer hinter Australien und Kanada, aber vor Rußland auf dem drittletzten Platz liegt – Weltdurchschnitt ist 117.

Die Eisenbahnfahrt bringt solche Verhältnisse näher als ein Flug nach Kyzyl Orda und soll dem Verständnis für die Schwierigkeiten dienen, das Öl aus der Steppe abzutransportieren. Dafür gibt es insgesamt vier Richtungen, jede befrachtet mit einem Bündel technischer und logistischer Herausforderungen, jede mit spezifischen bilateralen Fragen verknüpft und den noch viel komplexeren der internationalen Energiepolitik. Da die Industrienationen weiterhin auf Öl und Gas angewiesen sind, ist unsere Reportage für die *NZZ* zu diesem Thema also zunächst Anlaß für Fragen über die aller Wahrscheinlichkeit nach wachsende strategische Bedeutung des »globalen Herzlands«, sogleich aber auch für eine Vergegenwärtigung der Lage in den Republiken, anderthalb Jahrzehnte nach deren Unabhängigkeit und elf Jahre nach unserer ersten gemeinsamen Reise, mit der ich oben im Pamir, am ›Dach der Welt‹, meine Beschäftigung mit Zentralasien begonnen habe, die nun endet. Marcus wiederum hegt das Gefühl, das *Nachrichtenbüro Zentralasien* habe womöglich eine Wegpause verdient. ›Andizhan‹ hat ihn in einer dramatischen Situation noch einmal von der Notwendigkeit des Journalismus in der ursprünglichen Ausprägung der Berichterstattung das heißt ›vor Ort‹ überzeugt. Aber durch die gezielte Ermordung von Alisher, des Freundes und Berufskollegen — »*er hätte das Zeug gehabt zu einem ›zentralasiatischen Ahmed Rashid‹*« —, mit dem er auch anläßlich des Sturzes der kirgisischen Regierung zusammengearbeitet hat, fühlt er sich nun ganz direkt in die politischen Verflechtungen Zentralasiens hineingezogen. Weil Marcus angesichts der bevorstehenden Präsidentschaftswahlen in Usbekistan, oder für was auch immer Tashkent den Anlaß ausgeben wird, mit Grund befürchten muß, Galima sei in Almaty nicht sicher vor Nachstellungen usbekischer Geheimdienste oder deren Handlangern, hat er auf ihre prophylaktische vorübergehende Abreise nach Deutschland in den kommenden Tagen gedrängt — wissend allerdings, daß sich die Journalistin, auch nachdem die beiden ein Paar geworden sind, so leicht nichts vorschreiben läßt.

Dazu Buch V, *Eine Stimme für Innerasien.*

Unser Zug verläßt den Bahnhof von Almaty pünktlich, mutmaßlich zum selben Zeitpunkt, in dem auf der Bühne der in den 1950er Jahren erbauten und vor kurzem mit den Erträgen aus dem Export des Öls renovierten Oper anstelle des geliebten Herzogs von Mantua Gilda in Rigolettos Armen stirbt, erdolcht durch den vom Vater gedungenen Sparafucile. Der Opernbesuch als Auftakt der Reise zum und mit dem Erdöl hat uns schon darum in eine gewisse Hochstimmung versetzt, weil sie, über das Kaspische Meer nach Baku führend, theoretisch wieder mit einem solchen Genuß enden könnte, wo doch auch die aserbaidschanische Hauptstadt dank des ersten Ölbooms vor einem Jahrhundert auch zu einem Musiktheater gekommen ist.

Das angenehme Klopfen der Schwellen befördert uns in den Schlaf, aber zuvor kreuzt noch Alexander der Große auf, und das vor allem weil wir von Greg gesprochen haben, dem gemeinsamen Freund, der an den Folgen seiner Kontakte mit *Agent Orange* in Vietnam im Mai 2003 in Tokyo verstorben ist. Erste Anzeichen seiner Erkrankung sind damals auf der im Anschluß an die gemeinsam im Herbst 2002 in Balkh verbrachten Tage im Iran aufgetreten.

Dazu Buch IV, *Koloniale Abenteuer* und nachfolgende Kapitel.

Auf dieser Reise sind Greg und Marcus in der Umgebung von Persepolis einer Gruppe von Iranern begegnet, die sich zu geheimen nächtlichen Zusammenkünften in der Wüste treffen sollen. Sie, erzählt Marcus, hingen der These nach, Alexanders Zug nach Asien hinauf sei die Fiktion des Arrian oder eines früheren unbekannten griechischen Generals, der sich selbst gern in den Heldentaten des Welteroberers gesehen habe.

Bei den verschworenen Iranern hat es sich zweifellos um Zoroastrier gehandelt, deren Heiliges Buch, das *Avesta*, wie alles andere beim Brand des Palastes von Persepolis ein Raub der Flammen geworden ist. Der Gram über die versuchte Auslöschung ihrer Identität hat bei den Zoroastriern in der Bezeichnung des mutmaßlichen Täters als Iskander Gujaste, 'Alexander der Verfluchte', seinen Ausdruck gefunden. Jedoch dürfte die Hybris der systematischen Plünderung des persischen Staatsschatzes und die Zerstörung des Palastes im Frühsommer des Jahres 330 v. u. Z., angeblich in Vergeltung jener der Akropolis durch Xerxes I. anderthalb Jahrhunderte zuvor, auch dafür verantwortlich sein, daß im persischen Reich als einzigem der zwischen Nil und Indus von Alexander unterworfe-

Unter den antiken Autoren stellen Plutarch (*Alexander*, 38), Quintus Curtius Rufus (*Geschichte Alexanders*, V, 7, 4–5) und Diodorus Sicilus (*Historische Bibliothek*, 17, 72) das Ereignis ziemlich übereinstimmend dar. Arrian (*Anabasis*, III, 18. 12), der es lediglich streift, verurteilt die Aktion und gibt zu bedenken, daß Alexander mit seiner Tat die Perser der Vergangenheit doch nicht zu bestrafen vermag.

nen nie ein Altar zu seinem Andenken errichtet wird.

Marcus hat der unter iranischem Sternenhimmel vernommenen Theorie das eine oder andere abgewinnen können, aber letztlich auf meine Frage, wie denn im Fall literarischer Fiktion die archäologische Evidenz der ungezählten Münzen mit dem Bildnis Alexanders in Persien, Afghanistan und darüber hinaus erklärbar sei, auch keine Antwort gewußt.

Kurz nach Sonnenaufgang hält der Zug zum ersten Mal und in Taraz. Das ist die Stadt, die nach Ferdausis *Shahname* die berühmten Bögen anfertigt, die den Augenbrauen der Mädchen glichen. Auch für sie soll Taraz berühmt sein.

Auf dem Bahnsteig warten die Bäuerinnen hinter ihren Apfelkartons. In den schwarzen Gußeisenpfannen wendet man eifrig kleine *blinys*.

Bei der Abfahrt geht die Alte mit den weißen Barthaaren, die sich zuvor in unser Abteil gesetzt hat, weiter, um im Zug ihre Bonbons loszuwerden.

Jetzt plazieren wir auf dem Schachbrett die Figuren, welche in Zentralasien am Werk sind.

Zunächst die Präsidenten:

Es sind vier, beträchtliche Differenzen trennen sie, alle aber eint der jeweilige, durch manipulierte Wahlen und willkürliche Verfassungsänderungen zementierte Anspruch auf fortwährendes Regieren – Nasarbajew, der Kasache; Bakijew, der Kirgise; Rahmonow, der Tadschike, und Karimow, der Usbeke. Der fünfte, der Turkmene Berdymuchammedow, durch die Endlichkeit des eben doch nicht gottgleichen Nijasow alias Turkmenbashi sowie nachfolgende Parlamentsintrigen und die Wahlfarce vom Februar dieses Jahres ins Amt gekommen, scheint erst einmal das vom Vorgänger hinterlassene Erbe bewahren zu wollen. Gelingt es ihm, sich von Nijasows bizarren Zügen zu trennen, dürfte sich sein Profil wahrscheinlich jenem der vier anderen autoritären Herrscher angleichen, welche das seit den Ereignissen des II. Septembers 2001 sowie durch den 'Krieg gegen den internationalen Terrorismus' und auch den in Afghanistan geführten ihrer Region verliehene geopolitische Gewicht zunächst zum Ausbau der eigenen Herrschaft, das heißt des eigenen Clans benutzen.

Als nächstes ist auf dem Brett den beiden anliegenden Großmächten Rußland und China Platz einzuräumen.

Sich im Interessenkonflikt um Einfluß bei der Ausbildung nationaler Energiepolitik in den zentralasiatischen Staaten gegenüberstehend, das heißt im Fall von Beijing direkter Zugriff und im Fall Moskaus möglichst große Transitkapazitäten durch eigenes Territorium führende Pipelines nach Europa, hat das Massaker im usbekischen Andizhan die beiden Kontrahenten, gleichzeitig die tonangebenden Mitglieder der *SCO (Shanghai Cooperation Organization)*, geeint. Beide haben nämlich die von Tashkent verbreitete offizielle Version einer lang vorausgeplanten, von Islamisten vorbereiteten terroristischen Aktion übernommen.

Weil die staatliche Antwort auf Unmutsbekundung der Bevölkerung über die usbekische Mißwirtschaft die Ermordung von Zivilisten gewesen ist, muß die Demokratie zunächst in der Figurenschachtel verbleiben. Nur Regierungen, die in ihrem Namen die Geschicke des Landes lenken, haben sich unablässig vor der Bevölkerung zu rechtfertigen, nicht aber jene, welche sie von der eigenen Armee beschießen lassen.

Die Opposition muss der Demokratie in der Tiefe der Schachtel Gesellschaft leisten, und oft wird diese Schachtel auch zum Grab. Die zentralasiatischen Herrscher dürfen sich in ihren Anstrengungen, die Opposition zum Verstummen zu bringen, einigermaßen sicher sein, daß weder Beijing noch Moskau den wenig zimperlichen Umgang mit den beiden freiheitlichen Kräften anmahnen wird.

Amerika, die nächste auf das Brett zu setzende Figur, hat ebenfalls die Augen verschlossen, denn auch sie hat die eigenen Interessen im Sinn. Deutschland, das rigoros entschieden hat, in Zentralasien Weltpolitik zu betreiben, ist eine etwas unglückliche Figur auf unserem Brett. Es hat gesehen, wie Amerika bei seinem einzigen humanitären Engagement in Usbekistan, beim Drängen auf Unterbringung der Flüchtlinge von Andizhan in Drittländern, abgestraft wurde durch die Aufkündigung der Luftwaffenbasis Karshi. Deutschland sieht sich mit dem Dilemma konfrontiert, am Nordufer des Amu Darya die Verletzung von Menschenrechten zu tolerieren, welchen es als allerdings nicht kämpfende Teilstreitkraft der *NATO* südlich des Flusses in Afghanistan zum Durchbruch verhelfen soll.

Die Käuflichkeit des Westens und seine Ambivalenz im Umgang mit den Machteliten in Zentralasien bringt aber auch Figuren mit besonderer Fratze ins Spiel, die kriminell-politischen Netzwerke.

Aufgetreten sind diese auch in Kirgistan, der Anfang der neunziger Jahre als 'Schweiz Zentralasiens' gehandelten Republik.

Daß viele angerückte ausländische Helfer und Konsulenten den Machtwechsel im März 2005 in diesem Land als demokratische Revolution begrüßt haben, dürfte daher kommen, daß ihnen nicht bewußt gewesen ist, in welchem Maß politische Ausmarchungen auf der Ebene von Familie, Clan und Stamm geregelt werden.

Eine zwiespältige Figur in den zentralasiatischen Umtrieben ist die Europäische Union.

Sie muß sich vorwerfen lassen, ihre geopolitische Rolle nicht ausreichend wahrgenommen zu haben, ein Jahrzehnt lang hat sie einer weitgehend gescheiterten Politik angehangen. Sie hat im Jahr 1991 bei der Umwandlung des postsowjetischen Raums in Marktwirtschaften die regionaler Zusammenarbeit abgeneigten Republiken gegen deren Willen als hypothetische Einheit begriffen und ihnen transnationale Infrastrukturprojekte verschrieben, anstatt strategische und länderspezifische, die auf die die lokalen Dringlichkeiten jeweiliger Nachbarn zugeschnitten sind – zum Beispiel die Versorgung von Tadschikistan mit Energie und von Usbekistan mit Wasser.

Wenn die *EU* die Lektion von 'Andizhan' nicht vergißt, nämlich daß der mit einem Regime wie jenem von Karimow beschrittene Weg nirgendwohin führt, mag sie sich vielleicht dazu entscheiden, den Übergang von der Diktatur in anständigere Verhältnisse zu befördern, zum Beispiel durch die Unterstützung auch nichtstaatlicher moderater religiöser Gruppen. Solange sie aber mit solchen oder ähnlichen Initiativen zögert, ist wohl auch eine unzweideutige, sich von amerikanischer unterscheidende Haltung im Fall der Menschenrechte nicht erwartbar.

Die im Westen zu vernehmende Mehrzüngigkeit jedenfalls kommt den lokalen Despoten gelegen. Sie werden ihr Bestes geben, den nur in Brüssel geträumten Traum eines Gebildes, das vielleicht mit 'zentralasiatischer Union' zu umschreiben wäre, für ihre eigenen Zwecke zu bewirtschaften, während in Wirklichkeit genau der für eine Zusammenarbeit notwendige politische Wille nicht nur fehlt, sondern, käme er zum Vorschein, umgehend abgewürgt würde durch tiefe alte Mißgunst. Zudem sitzen diese Despoten ja auf dem Gas und Öl, und um dieses geht es, ist die Tischdekoration – Menschenrechte und dergleichen – erst einmal weggeräumt, bei der *EU* schließlich genau so heftig wie bei Rußland und China.

Wenn aber Nasarbajew, in dessen Steppe wir nun einfahren, über ihre Ränder blickt, dann taucht die *EU* am Horizont gar nicht mehr auf, denn der Präsident von Kasachstan, welches von allen Republiken über die gewaltigsten Reserven verfügt – für 2006 sind 62,5 Millionen Tonnen Öl- und Gaskondensat angepeilt gewesen –, entscheidet in dieser Frage weder regional- noch geopolitisch, sondern ausschließlich ökonomisch. Als Nasarbajew am 1. März des vergangenen Jahres seine politische Agenda erörtert, setzt er als ersten Punkt die zunehmende Integration mit Moskau, als zweiten die verbesserte Kooperation mit China und als dritten den

Erhalt einer langfristigen stabilen Partnerschaft mit Amerika. Die *EU* kommt gar nicht mehr vor.

Wir wollen nun ab morgen den Weg des letzten Tropfen Öls verfolgen, den Kasachstan dem Westen noch gewährt.

Gefördert wird das Öl in der Steppe nördlich von Kyzyl Orda, wo wir um sieben Uhr abends ankommen sollen. Die Stadt hatte, bevor man sie 1925 programmatisch 'Rote Hauptstadt' taufte, den Namen des zaristischen Generals Perowski geführt. Zuerst aber halten wir in Torktokol, wo fliegende Händler den Zug stürmen, Handys und Digitalkameras, Eiscreme und Socken feilbieten, und später, mitten in gelber Landschaft dann in Turkistan. Auf dessen Bahnsteig sind neben Kesseln mit Äpfeln und violetten Trauben kleine Pyramiden grüner und gelber Melonen aufgetürmt. Der Betreiber des Schaschlikgrills fächelt mit einem Kartonstück die Glut, und hinter ihm labt sich eine räudige Hündin mit langen schwarzen Zitzen am Trinkwasserhahn, an dem ein paar Minuten später Reisende hängen.

»New Great Game II«

Akshibulak Förderfeld, 5./6. November 2007. — Noch heißt die Ölfirma *KazGerMunai*, aber der Name dürfte sich bald ändern, denn die deutsche *RWE Dea AG* hat vor einem Jahr ihre Anteile am Gemeinschaftsunternehmen an *KazGazMunai* veräußert. Bis zum Abschluß der Übertragung im vergangenen April hatte die staatliche kasachische Ölgesellschaft auf Akshibulak kein Wort mitzureden und an den Erträgen des Förderfelds auch nicht mitverdient. Im September jedoch konnte sie dann verkünden, mit dem Erwerb von 50 Prozent an *KazGerMunai*, dem achtgrößten Produzenten im Land, sei im ersten Halbjahr 2007 ihre Rohölproduktion auf 288 000 Tonnen gestiegen.

Das deutsche Ausscheiden dürfte weniger eine am Sitz der *RWE Dea AG* in Hamburg gefällte strategische Entscheidung gewesen sein, als die Konsequenz der vor einem Jahrzehnt angekündigten Ankunft der Chinesen. Diese haben nämlich bereits im September 1997 mit Almaty eine Vereinbarung über den Kauf von zwei Förderfeldern sowie den Bau einer in der westkasachischen Region Atyrau ansetzenden und über mehr als 2500 Kilometer kasachisches Territorium in östlicher Richtung zur ›Dsungarischen Pforte‹ führenden Pipeline geschlossen. Deren Kosten sind damals auf drei bis fünf Milliarden Dollar geschätzt worden, wozu der *Economist* (7. Februar 1998) vermerkt hat, mit dem Ölgeschäft vertraute Kreise bewerteten das Projekt kommerziell als nicht profitabel. Falls die chinesische Entscheidung strategischer Natur sei, so die Zeitschrift damals, würde die Röhre aber ohnehin gebaut. Das war dann auch der Fall. Im Dezember 2005 hat man das durch die ›Dsungarische Pforte‹ führende Stück zwischen Atasu und dem chinesischen Grenzort Alashankou fertiggestellt. 2008 soll die Röhre durchgehend sein und bei maximaler Auslastung täglich 400 000 Barrel ostwärts tragen. Das entspricht ungefähr acht Prozent des momentanen chinesischen Bedarfs.

Die *RWE Dea AG* hat auf Akshibulak – das Förderfeld liegt tief in der zentralkasachischen Steppe, östlich der Kyzyl Orda mit Zhezqazghan verbindenden Straße und ist ein Appendix des bereits in sowjetischer Zeit ausgebeuteten Kumkol-Feldes – eine blitzsaubere Tankanlage mit Abfüllstation für die Tanklastwagen errichtet, nebst Unterkünften, Containerkomplexen der Administration, Werkstätten und allem, was sonst noch benötigt wird an einem Ort, dessen Nachbarn im Umkreis von vielleicht hundert Kilometern einzig und allein den Steppenboden nach natürlichen Austritten absuchende Öldiebe sind.

Bulat, der Logistikchef, der uns vom Sitz von *KazGerMunai in* Kyzyl Orda nach Akshibulak begleitet, hat gern mit den Deutschen gearbeitet.

Über das Unternehmen *Hurricane Hydrocarbon*, das 1996 für lumpige 120 Millionen Dollar die staatliche kasachische *Yuzhneftgaz* geschnappt sowie einen Mehrheitsanteil an der 50 Prozent inländischer petrochemischer Produkte herstellenden Raffinerie in Shymkent gehalten hat, spricht Bulat nicht. Aber vermutlich ist der Logistikchef bereits 2003 bei *KazGazMunai* gewesen, als dieser kanadische hauptsächliche Teilhaber von Akshibulak sich in *PetroKazakhstan* umbenannt und erklärt hat, zum Ende des Jahres ständen seine Gesamtinvestitionen in Kasachstan bei einer Milliarde Dollar. Zwei Jahre später hat *PetroKazakhstan*, als *Hurricane Hydrocarbon* früher die größte unabhängige in der ehemaligen Sowjetunion operierende Ölfirma, dann für 4,18 Milliarden Dollar ihre kasachischen Investitionen an die *China National Petroleum Corporation* verkauft, und diese daraufhin wiederum weitere 700 Millionen Dollar investiert in die lange kasachische Röhre (*International Herald Tribune*, 17. März 2006).

Bulak gehört zu jenen Kasachen, die China gegenüber angstvoll und mißtrauisch sind. Deswegen tut er sich schwer mit der Entscheidung von Nasarbajew für diesen dritten und östlichen Exportweg seines Öls der Steppe. Vor allem Europa will Bulak beliefern, auch wenn das im Moment noch einigermaßen kompliziert ist per Lastwagen nach Kyzyl Orda, von dort per Eisenbahn nach Aktau, von dort per Tanker nach Baku, von dort per Eisenbahn zum georgischen Hafen Batumi und von dort erneut per Tanker über das Schwarze Meer, durch das Nadelöhr des Bosporus zu den Tanklagern und Raffinerien in Italien. Dem Präsidenten erscheint diese Abwicklung einigermaßen umständlich. In Zukunft sieht er deshalb ein Sechstel des geförderten kasachischen Öls aus seinem Land nach China fließen, auf der von den Chinesen durch Kasachstan gebauten und an Rußland vorbeiführenden Route.

In der anhaltenden post-Taliban-Phase des »New Great Game« fühlt man sich in Almaty trotzt politischer Annäherung an Rußland scheinbar also doch nicht ganz so sicher vor dessen enormen Ansprüchen. Eine Intervention Moskaus hat vor zwei Jahren immerhin *TengizChevroil* gezwungen, für den Abtransport des in der Kaspischen Senke geförderten Öls die teurere Schienenvariante zu planen. Rußland hatte nämlich gegen die Verlängerung der in westlichem Besitz befindlichen, vom kaspischen Hafen Atyrau nach Noworossisk an der Ostküste des Schwarzen Meers verlegten *CPC*-Röhre *(Caspian Pipeline Consortium)* Einspruch erhoben.

China dürfte mit den russischen Begehrlichkeiten – auch im Fall des zum größten Teil in sowjetischen Pipelines nordwärts strömenden turkmenischen Gases, an welches Beijing neuerdings mittels einer projektierten, durch Kasachstan und Usbekistan führenden Röhre kommen will – gerechnet haben. Deswegen hat es seine lange Röhre nicht nur in der zentralkasachischen Steppe, sondern gleich im äußersten Westen des Landes angesetzt, in der sogenannten *Precaspian Producing and Prospective Region* im Hinterland von Atyrau. Dort, wo *Chevron* fördert – 1993 einen 129 000-Tonnen-Supertanker nach ihrem *board member* und später, unter George W. Bush, der nationalen Sicherheitsberaterin »SS Condolezza Rice« taufende Firma. Dort, wo im Sommer dieses Jahres auch das vom italienischen Energiekonzern *Eni* angeführte Konsortium unter Beteiligung von *Exxon Mobil*, *Royal Dutch Shell* und *Total*, welches die Exploration des in seichten kaspischen Küstengewässern liegenden Kashgan-Feldes betreibt, vermutlich Opfer eines neuen zentralasiatischen Phäno-mens, des 'Ressourcen-Nationalismus' geworden ist.

Kaum zufällig genau zum Zeitpunkt der Aushandlung der Bedingungen der 20 Milliarden Dollar schweren Vereinbarung zur Entwicklung des größten Öl-fundes seit dem drei Jahrzehnte zurückliegenden von Prudhoe Bay in Alaska und eines Kernbausteins westlicher Anstrengung, Alternativen zum Mittleren Osten zu erschließen, scheint Almaty nämlich das Konsortium zu höheren staatlichen Ge-winnanteilen genötigt zu haben, und zwar unter dem Vorwand nicht einge-haltener ökologischer Auflagen und der Androhung, bestehende Bohrbewilli-gungen aufzuheben, (*International Herald Tribune,* 28. August 2007).

Drüben in Baku, bei *Caspar*, der Reederei, mit der wir über das Kas-pische Meer fahren werden, war man

Postscriptum:
Anfangs 2008 enden die Verhandlungen um Kashgan mit der Ver-doppelung der Anteile von *KazMunaiGaz* von 8,33 % auf 16,81 %. *Eni* wird nach Abschluß der ersten Entwicklungsphase die Pro-jektführung an ein neu zu gründendes Konsortium verlieren und der Produktionsbeginn sich auf 2011 verschieben. Ein zwischen-zeitlich erlassenes Gesetz sieht zudem vor, daß die kasachische Regierung Verträge mit Energieunternehmen jederzeit unilateral auflösen kann.

über die neuerliche Verzögerung der Förderung auf Kashgan gar nicht erfreut. Eine ganze Flotte neuer Tanker haben die Aserbaidschaner bereitstehen, um kasachisches Öl in einer ersten maritimen Etappe auf westlichen Kurs zu bringen. Weniger auf die vom Logistikchef der *KazGerMunai* bevorzugten Route durch den von den drei nicht beigelegten militärisch-politischen Konflikten in Tschetschenien, Südossetien und Abchasien gefährdeten kaukasischen Korridor, sondern vor allem durch die *BTC*-Röhre (Baku-Tbilisi-Ceyhan-Pipeline), welche das aserbaidschanische Öl nicht auslastet, sowie über die Terminals von Bandar Nowsher und Bandar Anzali in die Raffinerien im Norden Irans, wo im Rahmen sogenannter von Almaty und Ashkhabad mit Tehran vereinbarter kasachisch-turkmenischer *swaps* das transkaspische Gemisch verarbeitet wird, im Gegenzug für gleiche Mengen auf Khargh im Persischen Golf.

Seit kurzem also hat Bulat auf dem Förderfeld Akshibulak einen Feind, den Chinesen Hou Delin.

Eigentlich ist Hou Delin ein Mandschure, denn er kommt aus Daqing in der Nordost-Provinz Heilongjiang.

»In der Industrie von Daqing lernen«, dieser Slogan hat nach der Entdeckung der dortigen Ölfelder im Jahr 1959 und dem Förderbeginn 1963 während des »Großen Sprungs nach vorn« die blaugekleideten Massen in Bewegung versetzt und Begeisterung ausgelöst über die vollbrachte technische Leistung, bei minus 40 Grad Öl zu fördern. Inzwischen erschöpfen sich die reichsten Erdöllager der Volksrepublik, aus denen bis heute etwa 12 Milliarden Barrel entnommen worden sind, wobei der Wassergehalt des geförderten Öls immer größer wird. Um die jährlich sinkenden Mengen aus Daqing, die heute noch immer 30 Prozent inländischer chinesischer Ölförderung ausmachen, aufzufangen, ist in den 1990er Jahren mit der Exploration der Taklamakan begonnen worden. Diese Herausforderung hat Hou Delin nach Xinjiang gebracht, nach Kucha, Korla und Luntai. Russisch, selbstverständlich näherliegend als Kasachisch, hat der Mandschure dann in Ufa gelernt.

Dazu Buch X, *Auf dem ›Oil-Highway‹ durch die Taklamakan.*

Bulat hat uns Hou Delin in der Kantine vorgestellt, sich mit uns aber an einen anderen Tisch gesetzt. Damit hat er nicht nur die Tatsache verdeutlicht, daß es auf Akshibulak, was auf kasachisch soviel heißt wie 'Geldsack', zwei Herren gibt, sondern auch, daß er dem Chinesen in einem gewissen Konflikt gegenübersteht.

Tatsächlich herrschen etwas komplizierte Verhältnisse auf Akshibulak, aber das muß in der Natur des internationalen Ölgeschäfts liegen und Ausdruck sein der Pipeline-Geographie.

Jeden Tag wechselt die Verantwortlichkeit für den Betrieb der Anlage und der Bohrungen und Förderung draußen in der Steppe zwischen dem Chinesen und seinem kasachischen Gegenüber. Heute ist Hou Delin an der Reihe. Aber als Marcus nach den Förderzahlen fragt, kann Bulat genauer Auskunft geben. Aus Kyzyl Orda hat er Listen mitgenommen. Schließlich muß er wissen, welche Mengen die Tanklastwagen von der Anlage oder, im Fall der saubersten Quellen, direkt von diesen zum Abfüllstation an der Eisenbahn transportieren und ob die von der schweizerischen Handelsfirma gecharterten Zisternenwagen rechtzeitig aus dem kaspischen Hafen Aktau in Kyzyl Orda eintreffen. Diesen in einem hellblauen Plastikumschlag steckenden Listen entnimmt Bulat triumphierend seine Zahlen. Zahlen, die von denen Hou Delians divergieren. Aber Hou Delin beharrt auf seinen Auskünften. Steht auf. Klopft mit dem Kugelschreiber auf die Angaben, die Marcus notieren soll. Der Oberkörper des vielleicht etwas über Vierzigjährigen scheint sich unter dem schwarzen Rollkragenpullover, der schwarzen Lederjacke zu verspannen.

Bulat hat im Büro des Chinesen vermutlich seine Kompetenz überschritten. Schließlich ist er in seiner Funktion als Logistikchef nicht das Gegenüber des kleinen Mannes in Schwarz, der auf der Station den Gang der Dinge versichern und nun wieder weiterarbeiten muß, worauf er mit einem freundlichen Lächeln unmißverständlich hinweist.

Als wir aus dem Containerbüro hinaus sind, habe ich das Gefühl, beim wirklichen Chef der Operationen auf dem Förderfeld gewesen zu sein.

Die Bitternis gegenüber dem Einbruch der Chinesen in die kasachische Steppe holt Bulat etwas später unter dem grauen Himmel nach. Als wir verschiedene Pisten und bewaffnete Kontrollposten hinter uns gebracht und zwei reine, für das direkte Abfüllen in die Tanklastwagen geeignete Quellen besucht haben — aber leider nicht die von Bulat in der Ferne bezeichnete Felsbank mit Inschriften aus der Zeit nach der arabischen Eroberung Zentralasiens —, bleibt der Zugang zum Kumkol-Feld versperrt. Die alte sowjetische Förderstätte ist bereits zu hundert Prozent in chinesischer Hand, und Bulat hat scheinbar vergessen, auf Akshibulak einen Antrag für die Begehung zu stellen. Nach etlichen Telefonaten beim Sicherheitsposten, hinter dem im Nieselregen zwei Ölpumpen ihre Kolben bewegen, sieht es so aus, als habe letztlich Hou Delin ein Machtwort und das Verbot gesprochen. Durch Bulat hat der Chinese zuvor das Gesicht verloren. Wir bezahlen die Rechnung. Ein ganz normaler Vorgang.

Aber der Tag ist für Bulat noch nicht vorbei. Kurz nach der Niederlage vor dem faktisch chinesischem Hoheitsgebiet Kumkol, auf dem Weg zur neu verlegten Zufuhrröhre, welche Akshibulak mit dem bestehenden ostkasachischen Pipelinesystem aus sowjetischer Zeit verbindet, auf welches sich wiederum die Chinesen durch ihre lange Röhre Zugriff verschafft haben, empfängt er über das Handy die verstörende Nachricht, daß Hou Delin, während er, Bulat, Europa beliefern will, mittels der neuen Pipeline heimlich Öl nach China abzweigt.

Drei Dutzend Kilometer nördlich der Station, die Fahrt hat auf sandiger Piste durch niedrigen, aber dichten Saxaul-Bestand geführt, halten wir bei der von einem Schutzzaun umgebenen Kaverne, von der aus der Ölfluß in der keinen Meter unter dem Boden liegenden und durch einen niedrigen Erdwall markierten Zufuhrröhre überwacht werden kann.

Der Ort ist unvergleichlich, weil der Horizont eine ungebrochene Linie beschreibt, ohne die leichteste Erhebung, einmal rundherum, so daß unausweichlich ein Wort, und nur dieses in den Sinn kommt – 'topfeben'. Genau in südlicher Richtung lodert fingernagelgroß die Fackel von Akshibulak, im Norden sind es die drei kleinern Fackeln des Kumkol-Feldes und dahinter, in der Wahrnehmung aber dazwischen, entdeckt das Auge, wenn es lange genug die Dämmerung durchbohrt, zwei oder drei Dutzend andere Feuerpunkte, ebenfalls zu Kumkol gehörend. Im Osten herrscht bereits Dunkelheit, während im Westen die Sonne im letzten Moment doch noch unter der Wolkendecke hervorrutscht, auf dem Horizont aufsetzt und zerplatzt.

Nicht in dem Moment denke ich an Steppenreiter, sondern auf der Rückfahrt nach Akshibulak, als dessen Fackel an der Unterseite der Wolken breite wabernde Kupferbänder, darüber dunkelrosa Streifen und über diesen wiederum blasse rosa Bänder hervorruft. Solches muß Timur gesehen haben nach der Zerstörung von Saray, und auch die Tataren nach dem Überrennen der Kischlaks der aus dem Ural in die Steppe vorgestoßenen russischen Siedler.

Heute morgen steht die sich unaufhörlich selbst nährende und selbst verzehrende Fackel von Akshibulak, die so grell ist, daß man sich nichts Grelleres vorstellen kann, vor der Sonne. Den Steppenboden überdeckt der Rauhreif der Nacht, und wenn draußen bei der neuen Bohrung die aus dem Boden hochfahrenden Stangen auf der Plattform erscheinen, rasen ihnen entlang rauchige Schlangen.

Der Turm ist ein chinesisches Fabrikat, und der Geologe, der im Containerlabor steht, ein Chinese. Der Erdklumpen in der Schale riecht nach Öl. In spätestens zwei Tagen hat die Bohrung die Lagerstätte erreicht, 1950 Meter unter dem Boden, der aus abwechselnden Schichten von Sand und Lehm besteht. Im Vergleich zu den Verhältnissen im chinesischen Daqing dürften diese quartären, im Verlauf der letzten zwei Millionen Jahre vom Syr Darya aus den südlichen Vorgebirgen abgetragenen Sedimente der turanischen Ebene sein wie Butter.

Transit nach Aktau

Aktau, 7. November 2007. — Gestern haben wir auf dem Verladebahnhof Belkul, fünf Minuten außerhalb von Kyzyl Orda, unser Öl von Akshibulak für die Reise in die Schweiz abgefertigt.

Wir sind mit der Chemikerin, flink wie ein Kobold in ihren Plastiksandalen, auf die Tanklastwagen geklettert, wo sie eine *Cola*-Flasche zu einem Drittel mit einer Probe des Öls gefüllt und diese zusammen mit der Kollegin im Labor von *Sardar Oil*, der mit dem Umschlag betrauten Firma, einer chemischen Analyse unterzogen und danach die entsprechende Ladung gekennzeichnet hat. Wir haben um ein Muster vom Öl des 'Geldsack-Feldes' gebeten und umgehend ein kleines Fläschchen der schwarzbraunen Rohware erhalten, komplett mit abgestempeltem signiertem Passport vom Abreißblock, auf dem die Chemikerin in der russisch beschrifteten Liste die notwendigen acht festgestellten Werte eingetragen hat.

Nach abgeschlossener Befüllung der Zisternenwaggons, Kontrolle, erneuter Entnahme einer Probe durch die Chemikern und Messung der Temperatur der Ladung, sind die Klappdeckel versiegelt. Dann geht es auf die Reise, links am Aral-See vorbei nach Aktyübe hinauf, von dort westwärts in Richtung Kaspischer Senke, dann südwärts wieder hinunter auf die Höhe des Aral-Sees und schießlich nach einem dritten Richtungswechsel durch die Region Mangyshlak nach Aktau, dem Verschiffungshafen.

Marcus und ich wollen in das nördlich von Aralsk liegende Saksaulsky hinauf, dort einen *Zil* organisieren und mit einem Wegkundigen am Nordrand des Kleinen Aral-Sees vorbei zum aralokaspischen Korridor hinübergelangen und am Nordrand des Ust-Yurt-Plateaus entlang durch diesen auf die Straße nach Aktau. Gerade zwei Siedlungen liegen an dieser rund 500 Kilometer langen Strecke, Bozoi und Turish, und der Abschnitt dazwischen ist bekannt als 'Straße des Todes'. 1839 hat sich in dieser Gegend, in einer Jahreszeit wie dieser, die aus 5000 Russen und Kosaken bestehende Armee von General Perovsky mit einer Karawane von 10 000 Kamelen zur Befreiung russischer Sklaven in Richtung Khiva bewegt. Die isolierte befestigte Hauptstadt des gleichnamigen Khanats zu erreichen, gelang des frühen und dazu noch außergewöhnlich schweren Wintereinbruchs wegen nicht, und die fatale Expedition endete sieben Monate später wieder an ihrem Ausgangspunkt Orenburg, um tausend Soldaten und neun Zehntel der Packtiere dezimiert, die Davongekommenen mit Schneeblindheit und Skorbut geschlagen.

Erfolgreich hingegen, ebenfalls im Winter, aber tausend Jahre vor der russischen Armee, durchquert der Araber Ahmad ibn Fadlan auf seiner Reise von Choresmien in das am Unterlauf der Wolga gelegen Bolgar das Ust-Yurt-Plateau. In der Tiefe der Einöde stößt seine Karawane auf eine Gruppe oghusischer Türken, die »wie Wildesel umherwandern« und deren religiöse Gebräuche nichts zu kennen scheinen als die Verehrung von fließendem Wasser. Dessen Knappheit aber macht auf der begangenen harschen Route den muslimischen Kaufleuten der Karawane zu schaffen und bringt den Rhythmus ihrer rituellen Waschungen durcheinander, die sie erst nach Einbruch der Dunkelheit begehen können und dann abseits des Lagers des Turk-stämmigen Nomaden.

Kein einfaches Paßland also, dieser aralokaspische Korridor. Schon im Namen, dem ich bei Alexander von Humboldt begegnet bin, schwebt etwas Forciertes. Aber einen Moment lang erheitert uns die Vorstellung, Archäologen einer fernen Zeit könnten dereinst im Sand, am Rand des zweihundert Meter über Meer liegenden und von Geographen des frühen 20. Jahrhunderts als »gehobener Horst« bezeichneten Plateaus, zwischen unseren Skeletten auf das Fläschchen mit Öl aus der Steppe stoßen, und wir spekulieren über die sich daraus ergebenden Theorien. Etwa jener von 'Ölträgern', welche aus dem infolge einer globalen Energieversorgungskrise und in Dunkelheit und Kälte versunkenen Europa von den letzten dort zusammenrückenden Gruppen in die östlichen Steppen ausgeschickt worden wären, alten Erzählungen folgend über die dort ruhende fossile Rohware, um sie zu suchen und, nachdem diese gefunden wäre, die in Europa Verbliebenen nachzuholen in den letzten verfügbaren Habitat zwischen dem Atlantik und dem Reich Hou Delins.

Der Fahrer von *KazGerMunai*, der die Informationen zur heiklen Passage eingeholt hat, hat nicht den geringsten Enthusiasmus für unsere Idee signalisiert. Und weil es nicht einmal er sein würde, der uns durch die heikle Passage chauffieren, also irgendein anderer an uns verdienen würde, hat sich der Entschluß aufgedrängt, auf die Fahrt zu verzichten. Ganz abgesehen davon, daß es besser ist, zwei Tage vor der ungewissen, weil wetterabhängigen Ankunft des aserbaidschanischen Tankers »Babek« in Aktau zu sein als eine Stunde zu spät. Wenn überhaupt, denn unsere Kleidung wäre angesichts der vorgerückten Jahreszeit, auch ohne Ungezogenheiten des Klimas, kaum die richtige für die 'Straße des Todes'.

Bei einsetzendem Regen sind wir also zum Flughafen gefahren, und dort haben wir an der Sicherheitskontrolle das Fläschchen Öl aus Akshibulak zurückgelassen. Entflammbares kommt bekanntlich nicht an Bord, nicht einmal an Bord der *Antonov 24* der regionalen Gesellschaft mit dem obskuren Namen *SCAT*.

Hafenprotokoll

Aktau, 8. November 2007. — Vom dritten Stock unserer Unterkunft in den Hof hinterblickend, sehe ich nur das weiße Kopftuch der Babuschka, die Karton und Glas trennt vor zwei Mülltonnen aus türkisfarbenem Plastik. Sie hat früh begonnen mit dem Saubermachen des Hofes, denn das harte Morgenlicht erfaßt nicht einen Fetzen Papier, sondern nur das auf dem Erdboden hinterlassene, fein gekräuselte Muster des Besens.

Unter den zur Spitzkuppel zusammengefügten Betonelementen des Denkmals für den »Großen Vaterländischen Krieg«, wo eine Flamme brennt, schlittern Kinder über die Marmorfliesen. Etwas weiter, an der nächsten Kreuzung, hocken Arbeiter in blauen Überkleidern vor den Blechteilen einer gigantischen Werbetafel und setzen diese im Kopf zusammen.

Das Kaspische Meer, in das hinein die zum *Renaissance* abfallende Straße zu führen scheint, ist metallisch grau, die Wellen erschlagen sich gegenseitig und sind geritten von Gischt.

Marcus mag das Hotel mit Blick aufs Wasser und den Cappuccino mit Muskatpulver. Wir haben uns akkreditiert für die Ölmesse, nehmen aber nicht teil an der Busfahrt zum Gelände des südlich von Aktau projektierten, auch im Winter eisfreien Hafens. Wir müssen wissen, wo die »Babek« ist. Jeder im Restaurant könnte mithören, was Marcus bei der Reederei drüben in Baku in Erfahrung bringt, wären nicht alle am Handy. Aber das ist man im nunmehr fern hinter den Steppen liegenden Almaty auch während dem *Rigoletto* gewesen. Englisch ist nicht zu hören im Restaurant, nur Russisch und Kasachisch. Die Messe ist eine der Techniker.

Solche Anlässe bekommen Aktau gut, das einst eine verbotene sowjetische Stadt mit Rüstungsbetrieben und unmittelbar nach dem Fall des Imperiums in der Hand des organisierten Verbrechens war. Ob dieses Aktau indessen kampflos aufgegeben oder sich den neuen Verhältnissen angepaßt hat, ist eine Frage, der vermutlich eher außerhalb des *Renaissance* nachzugehen wäre. Im Innern des Hotels jedenfalls passen die kasachischen Gäste zur Ausstattung des Restaurants, unter anderem bestehend aus Sideboards mit Schirmlampen tragenden Elefanten und hohen chiffonbehangenen Dreifüßen, auf denen schwere mit Ahornblattdekor versehene und mit Wolfskirschenbäumchen bepflanzte Keramiktöpfe ruhen.

Um elf betreten wir den *Aktau International Sea Commercial Port.*

Die Agentin von *Caspar*, der aserbaidschanischen Reederei, trägt schwarze Turnschuhe mit Klettverschluß und eine schwarze Sonnenbrille. Für den Versuch, freundlich zu werden, hat sie keine Zeit und schiebt uns ab in die küchengroße Kantine, wo aus der Kochnische Kartoffelstock und daumendicke panierte Fischfilets gereicht werden, zusammen mit dicken Scheiben Libioschka. Die Angestellten tragen entweder dunkelgraue Anzüge oder schwarze Rollkragenpullover. Sie sitzen an den trapezförmigen Tischchen, mit gekrümmtem Rücken, während über ihnen, im vergitterten Fenster, gelbe Dieselloks gigantische Stahlblechrollen rangieren.

Marcus telefoniert mit den Ministerien in Astana, denn das versprochene Fax liegt noch nicht bei der entsprechenden Stelle der Hafenbehörde, dann wieder mit Baku und dazwischen mit Galima, die nun in Düsseldorf und in Sicherheit ist. Wie ein unruhiger Hund verschiebt sich Marcus' Tasche auf dem Fliesenboden, der Tragriemen durch sein ständiges Aufstehen und Sich-Niedersetzen mit den Stuhlbeinen verheddert, das Innere nach außen gekehrt — Laptop, Notizblocks, der in Almaty vor der Abfahrt gekaufte kasachische Atlas, Papiere, den aufgewölbten Filofax mit den Geschäfts- und Namenskarten.

Die Schnürsenkel an Marcus Schuhen sind offen, immer noch, elf Jahre nachdem wir in den Pamir gestiegen sind. Aber das hat

Dazu Buch V, *Rubinjäger im Pamir.*

meinen Freund nicht am Weiterkommen gehindert, ganz im Gegenteil. In Tikrit hat er Sadam Husseins Palast fast vor den amerikanischen Truppen betreten.

Jemand vom Nebentisch, Rahimbek Amirzhanov, lädt uns erst zum Tee ein und dann in sein Büro, wo er, der Leiter der Finanzabteilung des Hafens, die Dinge beim Namen nennt. Absolute Macht bedeute auch absolute Verantwortung. Die Mitglieder der Regierung seien Apparatschiks, die dem sowjetischen System viel näher ständen als der mongolischen Tradition demokratischer Verhältnisse, innerhalb derer ein gewählter Khan der Loyalität aller andern Khans sicher sei. Es sei die Bürokratie in Almaty, die beschleunigten Fortschritt behindere. Das aus sowjetischer Zeit stammende Schienennetz müsse dringend renoviert werden, nie könne es sonst den angekündigten chinesischen Containerverkehr bewältigen. 70 Millionen Tonnen Exportgütert nach Europa jährlich habe Beijing angekündigt, gegenüber II Millionen Tonnen, die im Augenblick im Hafen von Aktau umgeschlagen würden. Sogar eine neue Strecke zu bauen hätten die Chinesen angeboten, informiert Amirzhanov, und weil er endlich Ohren gefunden zu haben scheint für seine Sorgen, erfahren wir, daß dieses, ohne Konkurrenz für die *Transsib* zu sein, denn es gelte auf Rußland Rücksicht zu nehmen, in direkter Linie von der ›Dsungarischen Pforte‹ via Zhezqazghan nach Aktau führen soll. *TRACECA* repräsentiere nämlich eindeutig die Sicht der Europäer. Die hätten ganz einfach auf die Karte geschaut und sich bei der Planung des eurasischen Transport-Korridors auf die schmalste Stelle des Kaspischen Meers fixiert, ohne die Schwierigkeiten in Turkmenistan ausreichend zu bedenken. Die von China über Kasachstan nach Aserbaidschan führende Route sei viel schneller als der Weg von *TRACECA*, da nebst dem unsicheren Turkmenistan noch ein weiteres kompliziertes unstabiles Land umgangen werden könne – Usbekistan.

Dazu Buch IV, Brüssels Hirngespinst.

Weil ein Kollege Amirzhanov in einer dringende Sache gerufen hat, reicht er eine Schrift über den Tisch, die *keynotes* einer Ansprache des Leiters der Delegation der *European Commission to Kazakhstan* enthaltend. »Launch of new study to develop Master plan for Port Aktau. Overall aim to further integrate Kazakhstan into the integral maritime system« steht unter den neuen Initiativen. »Start einer neuen Studie zur Entwicklung eines Masterplans …«, in der Zwischenzeit dürfte China das östliche und das westliche kasachische Pipelinenetz vollends zusammengeschlossen haben und Praktiker wie Hou Delin dafür sorgen, daß der Wirtschaft im Reich der Mitte jene Mengen Öl und Gas zugeführt werden, die sie zum weiteren und vor allem flächendeckenden Wachstum benötigt. Auch darin dürfte also begründet sein, daß die von der aserbaidschanischen Tankerflotte westwärts beförderten Mengen kasachischen Öls zwischen 2002 und 2006 von I5 auf 8 Millionen Tonnen zurückgegangen sind.

Fortgesetzt, Aktau, 9. November 2007. — Das Einlaufen der »Babek« in das Hafenbecken beobachten wir von der äußersten Spitze des Wellenbrechers aus. Es ist elf Uhr und eisig der Wind.

Eine Schrecksekunde gilt es dann noch zu überstehen: wutschnaubend kommt der bullige Chef der Hafenfeuerwehr auf mich zu. Er will mir »den Arsch versohlen«, mir »das ganze Programm zeigen«. Zumindest hat er das in Russisch gesagt, als er an Marcus vorbeigeht. Ich hätte geraucht! Ob ich den Verstand verloren habe! Blind sei? *NO SMOKING* steht in denkbar größter Schrift an der Brücke sowohl der mit 10 000 Tonnen Öl zum Auslaufen ins dagestanische Makhachkala bereiten kasachischen »Almaty« wie auch an jener unseres »Babek«, mit dessen Auffüllen unverzüglich nach Anlegen begonnen worden ist. Irgendein mit dem Feldstecher bewaffneter Grenzschützer muß mich beim Befeuchten des Papiersiegels des Rollfilms gesehen haben. Es wird immer besser mit der nichtdigitalen Fotografie!

An Bord begrüßt uns Kapitän Nuridin Tapgygow. Der wirkt etwas nervös. Die »Babek« soll morgen um zehn auslaufen, aber wir wären schon heute nacht willkommen. Der Erste Maat zeigt die beiden Außenkabinen.

Dazu Buch VIII, *Zwischenfall in Bagram.*

Am Nachmittag verschlechtert sich das Wetter. Es regnet. Vom Restaurant des *Renaissance* schauen wir dem Kaspischen Meer beim Verschwinden zu, und als es weg ist, ist es auch Zeit, in der Wohnung die Taschen zu holen.

Wie viele aspirierende Städte wirkt Aktau nachts moderner. Umso überraschender deshalb an den Stirnfronten sechs aufeinanderfolgender vielstöckiger Plattenbauten die beleuchteten Konterfei bedeutender Fürsten. Alles Weißbärte in traditioneller Gewandung und mit Turban. Bis auf den am Ende der Reihe der kasachischen Geschichte sich anstellenden ersten Präsidenten der unabhängigen Republik, der einen westlichen Anzug trägt und Orden benötigt auf der Brust.

Um 9 Uhr sind wir an Bord der »Babek«.

Um zehn bittet Ilchon Husseinow, der Erste Maat, in die Kabine von Kapitän Tapgygow, der nun nicht mehr die Uniform trägt wie anläßlich der Abnahme durch die 'Kommission' am Morgen, sondern ein blaues aufgeknöpftes Hemd, das seinen wuchtigen Schädel noch gewaltiger erscheinen läßt. Als auch der Oberste Maschinist, Valeri Alijew, am Tisch sitzt, dessen gutmütiges Gesicht an einen Waschbär erinnert, und wir, außer Valeri, die Wodkagläser zum ersten Mal auf den Trinkspruch des Kapitäns heben, steht fest, daß ich der Älteste an Bord bin, vor dem achtundvierzigjährigen Kapitän.

Erst gestern auf der Fahrt vom iranischen Hafen Neka nach Aktau, am zwölften Tag der Reise, hat die Reederei ihrem Kapitän mitgeteilt, daß es hier zu einem »*Treffen auf höchster Ebene*« käme und er Gäste an Bord nehmen werde für die Passage nach Baku.

Es gibt Safranreis, Pepperoni, Pommes Frites, Salami, Schwarzbrot, Apfelsaft und Wodka wie üblich auf den Schiffen des ehemaligen Imperiums, während der Samowar vorerst noch nicht in Betrieb gesetzt ist. Über ihm hängt das Porträt von Babek. Der aserbaidschanische Freiheitskämpfer, hören wir, sei Zoroastrier gewesen. Die Araber hätten ihn deswegen hingerichtet. Dazu gekommen ist es im Jahr 150 n. d. H (768), zur Zeit des Abbasiden-Kalifen al-Mansur.

Kurz vor Mitternacht erfolgt die Mitteilung, man sei mit dem Auffüllen der zwölften Kammer bald fertig. Es regnet in Strömen. Deck, Aufbauten und das Öl-zeug des Technikers glänzen im Flutlicht. Der vom Tanklager außerhalb des Hafens heranführende Rohrarm wird vom Stutzen geschraubt, hochgefahren und ans Pier zurückgeklappt, dann holt man das an diesem und an einer Metalleiste entlanglau-fende Kabel ein, welches den Tanker geerdet hat, denn während der Befüllung ent-steht statische, abzuleitende Ladung. 12 000 Tonnen Öl im Wert von 3,6 Millionen Dollar befinden sich jetzt im Rumpf der »Babek«.

Als an Tapgygows Tisch die Granatäpfel aufgebrochen werden, stellt Marcus, vielleicht etwas leichtsinnig, die unvermeidliche Frage, ob jenes von der »Babek« befahrene weltweit größte Binnengewässer, dessen Fläche etwa der Deutschlands entspreche, nun ein See sei oder ein Meer.

»*Morye*« – ein Meer!

Der Erste Maat, dessen Linke mit der zusammengefalteten Papierserviette auf dem Schädel ruht, schiebt ernsthaft nach, von einem russischen Hochseekapitän stamme das Wort, das Kaspische Meer sei ein kleines Meer, aber es führe sich auf wie ein ungezogenes Kind. Jede Wettervorhersage bringe es durcheinander.

Dann beschwört der Kapitän das Bild, am schönsten sei die Kaspisee, wenn die »Babek« eine dünne Eisschicht durchbreche. Damit ist klar, daß das Gewässer nebst seinen Öl- und Gasvorkommen, welche sich auf zwischen 18 und 34 Milliarden Faß belaufen sollen und damit jene der USA und in der Nordsee übertreffen, und um welche die fünf Anrainerstaaten in Tehran gerade wieder gestritten haben, nicht das gleiche ist, wie das der Seeleute. Für sie ist das Kaspische Meer das »Meer der Winde«. Mit dreihundert Tagen Sturm ein Meer in Aufruhr. Ein Meer der Durch-mischung, kein stagnierender Pfuhl wie der Pontos, in welchem noch immer der Urin der Argonauten zirkuliert.

Südwestwärts über das Kaspische Meer

An Bord der »Babek«, 11./12. November 2007. — Den goldenen Ehe-ring will die Oberzöllnerin von Marcus, nichts weniger als diesen. Warum er ihn gestern nicht deklariert habe, warum wir überhaupt nichts deklariert hätten, bevor

wir uns in der Nacht an Bord gestohlen hätten? Kapitän Tapgygow hat der Zöllnerin und ihren beiden schmächtigen Assistenten seinen Tisch überlassen und sich
hinter den Schreibtisch verzogen, schaut in seinen Computer, in der Hoffnung, daß
das Wetter besser werde. Vielleicht befürchtet der Kapitän, daß sich die Oberzöllnerin der Ausfahrt der »Babek« in den Weg stellt, das ganze Schiff durchsuchen
läßt, das Öl auspumpen oder weiß Gott was. Oder ganz einfach seine beiden Gäste
von Bord nimmt. Marcus bleibt höflich, aber bestimmt. In Gedanken erwürgt er
die Agentin von *Caspar*, die uns nicht richtig informiert hat, und beharrt darauf,
denn so ist es gewesen, nach der Paßkontrolle, die sich bereits innerhalb des Hafen-
geländes befindet, habe die diensthabende Beamtin gesagt, bleibe nichts mehr zu
tun, wir könnten direkt aufs Schiff. Die Zöllnerin murrt, belehrt, klopft mit dem
Kugelschreiber beharrlich und genervt auf die Liste, kommt auf den Ring zurück.
Der irritiert sie. Aber Marcus gelingt es, das mächtige, geschminkte Hindernis im
schwarzen Pullover zu besänftigen.

Um 10 Uhr läuft die »Babek« aus.

Das Wetter ist mies. Der Wind kommt aus Ostnordost, mit 18 – 23 m/Sek
und läßt die schiefergrauen Wellen zu einer Höhe von drei bis dreieinhalb Metern
auflaufen, bevor sie in smaragdgrüne Täler stürzen.

Der eingegebene Kurs für die Überfahrt nach Baku ist 190° Südwest, die
größte Meerestiefe unserer Fahrt beträgt 712 Meter, knapp dreihundert Meter weniger als die mit 1020 Meter allertiefste des Meeres. Beide Punkte zeigt der Erste
Maat auf der Karte im Navigationsraum des Steuerhauses. Das Echolot vermelde
nach 30 Sekunden den Abstand zum Grund, ergänzt er, und wir verstehen nun, daß
die Liebe des Kapitäns und bestimmt auch die seiner Besatzung zum Meer nicht nur
eine Sache der Oberfläche ist.

Das Meer, das Kaspische vielleicht mehr als die offenen Ozeane, ist ein Körper, und das Wetter, das dieses Gewässer bewegt, wird zweimal täglich aus Baku
vermeldet, auf einem Streifen Thermopapier, nicht breiter als der Kassenbon im
Supermarkt. Kommt es auf diesem Meer zu einem Unglück, heißt es »Öl über
Bord«, sieht es das Auge des Satelliten und die ganze Welt, mit welcher der Erste
Maat jedes der an das globale Überwachungssystem angeschlossenen Schiffe meint,
egal ob es sich im Atlantik aufhält oder im südlichen Pazifik. Umgekehrt vernähme
jedes *SOS* der »Babek« aber auch die ganze Welt, und zwar über den roten, sämtliche
Küstenstationen erreichenden Knopf im Radioraum.

Wir sind gestern nacht schon auf der Brücke gewesen, am Schluß der vom
Chefmaschinisten Mir Pasha gegebenen Führung. Daß sich links und rechts des
Steuerpults je ein Telegraf befindet, habe ich dabei notiert und auch die Stufen
auf dem Hebel zur Beschleunigung oder Verminderung der Geschwindigkeit –
AHEAD/ASTERN: DEAD SLOW. SLOW. HALF. FULL. EMERGENCY FULL –,

nicht aber die Angaben über den Bremsweg der »Babek« bei voller Ladung und maximaler Geschwindigkeit. Die Unvollständigkeit der Notizen dürfte dem Wodka zuzuschreiben sein, und jetzt, wo sich sowohl bei Marcus als auch bei mir die Seekrankheit bemerkbar zu machen beginnt und gleich das Mittagessen und damit wieder Wodka ansteht, mag ich nicht auf meine Frage zurückkommen.

Die »Babek« ist alles andere als Seelenverkäufer, ist ein moderner Tanker. Gebaut worden im Jahr 2004, entnehme ich meinen gestrigen Notizen, auf den Werften von Nishni Nowgord, im Auftrag der unter dem Namen *Caspar* firmierenden *Azerbaijan State Caspian Shipping Company*, zusammen mit zwei Schwesterschiffen der Heydar-Alijew-Klasse.

Mit dieser Bezeichnung soll der Ende 2003 ins Amt des Präsidenten nachgerückte Ilham Alijew seinem, die Geschicke Aserbaidschans nach der Krise 1991–1993 in die Hand nehmendem Vater ein Denkmal gesetzt und dafür gesorgt haben, daß die stolze Flotte aus Baku, welche schon innerhalb der sowjetischen Schiffahrt der aserbaidschanischen im Kaspischen Meer eine Vorrangstellung verschafft hat, sich diese auch in Zukunft sichert. Aber, haben wir vernommen, die Aserbaidschaner seien, da die Abgeschlossenheit des Kaspischen Meeres bloß eine geographische ist, über das von Mai bis Oktober offene, von Rußland aber nicht für fremde Öltransporte freigegebene Wolga-Don-System auch im Becken des Schwarzen und des Azowschen Meeres sowie in der Marmara-See und im Mittelmeer unterwegs und gelangten auf den Flußtrassen des Wolga-Baltikum-Systems sogar in den hohen Norden.

Nach der Besichtigung der Brücke sind wir dann noch auf das Oberdecke geklettert und vor das Notaggregat getreten, welches Energie des Maschinenraums rezykliert oder etwas in dieser Art. Jedenfalls soll es für die Dauer von acht Stunden einen vermutlich geostationären Satelliten mit Informationen versorgen. Spektakulärer anzuschauen die entschnablige orange Rettungskapsel, in steiler Lage in einer Rutschbahn am Heck hängend, die, im Fall von Feuer an Bord, die gesamte Besatzung nicht nur aus dem Inferno evakuiert, sondern unter Wasser, das man sich als brennenden Teppich von Öl vorzustellen hat, aus dem unmittelbarem Gefahrenbereich befördert. Marcus und ich haben uns kurz angeblickt, und wir müssen beide dasselbe gedacht haben – daß uns der Tauchritt in diesem Geschoß erspart bleiben möge, sei es als Übung oder im Ernstfall.

Im Maschinenraum, zu dem wir zuvor vom dritten Oberdeck, wo sich die Kabine von Kapitän Tapgygow befindet, am besenkammergroßen Schachzimmer, dem einzigen Raucherort an Bord, und dem Kraftraum vorbei abgestiegen sind, um Motor, neun Zylinder und viele Pferdestärken zu bewundern, haben wir den erdenklich besten Eindruck vom Tanker gewonnen. Zwölf Knoten sei er schnell, bei voller Ladung noch zehn Knoten, wobei das Wetter allerdings noch zu veranschlagen wäre. Über die Auswirkungen dieser großen kaspischen Variablen orientiert den unter der Wasserlinie um direkten Augenschein beraubten Maschinisten Mir Pasha ein dreieckiges, wahrscheinlich selbstgefertigtes Pendel aus Karton mit aufgemalter Gradeinteilung. Bis 40° Neigung sei die Stabilität der »Babek« gewährleistet, auch 50° gingen noch, hat er gemeint. Kritisch werde es im roten Bereich.

Prophylaktisch habe ich vor dem Mittagessen den auf der Brücke genossenen Tee erbrochen und so das Mahl wie auch den Wodka genießen können, beides in vernünftigen Mengen.

Nach einer halben Stunde auf der Pritsche, mit einem Bein am Boden, in der Hoffnung mich dadurch weniger gegen das Schiff sondern mit diesem zu bewegen, verbringe ich den Rest des Nachmittags, da auch das Weiterkommen mit John Buchans *Greenmantle* etwas schwierig ist, im Wind, zuvorderst am Bug. Marcus stößt später hinzu, etwas mitgenommen zwar, aber zu Recht hocherfreut über seine Leistung, diese komplizierte Reportage bewerkstelligt zu haben. Schließlich sind wir die ersten Journalisten auf einer solchen Fahrt. Als dann noch, etwas verschämt zwar, die Sonne sich hervorschiebt und anständig im Meer versinkt, das sich merklich beruhigt hat, ist auch er bereit, um mit wiedergewonnenem festem Schritt über den längs der Rohre und Einfüllstutzen führenden Steg zu den Aufbauten zurückzugehen und ins Steuerhaus hinaufzusteigen.

Das Abendessen ist wiederum reichlich, aber man hat Verständnis, daß wir uns früher verabschieden als gestern.

Am Morgen weckt mich Marcus' dumpfes Klopfen an das Bullauge meiner Kabine. Nachdem ich die Flügelschrauben gelockert habe, raunt er mir durch den Spalt zu, es gäbe ein Bild. Der Bug verschwinde ab und zu unter einer Gischtfahne, denn der Wind komme nun direkt von vorn. Immer noch mit zwanzig Metern pro Sekunde, erfahren wir im Steuerhaus. Deshalb sei der Wellengang flacher als gestern, als 'alte' tiefere Wellen sich mit 'neuen' gekreuzt hätten. Dazu käme es bei der diagonalen Passage des Meeres viel häufiger als bei der kürzeren horizontalen Traverse von Baku nach Turkmenbashi. Um dem Wind auszuweichen, hat Kapitän Tapgygow heute morgen den Kurs leicht abgeändert, auf 232° Südwest.

Plötzlich erfaßt eine gewisse Hektik die Brücke, sogar Valeri, den Obersten Maschinisten, und bevor uns der Erste Maat auf Befehl des Kapitäns in die Messe hinunterbringt, glauben wir zu hören, daß drüben an der Straße von Kertsch, welche das Asowsche und Schwarze Meer verbindet, ein heftiger Sturm gleich mehrere Kähne zum Kentern oder in Seenot gebracht hat.

Vielleicht, überlegen wir bei Brot und Honig, ist die Nervosität des Kapitäns über die Sperrigkeit der kasachischen Oberzöllnerin tatsächlich aus dem Wetter zu erklären gewesen. Aktau ist nämlich ein Hafen, der zuweilen für Tage geschlossen bleibt, und ein Sturm, der sich im benachbarten Meer dermaßen unanständig aufführt, dürfte nicht abrupt absterben, sondern vielleicht seine Ausläufer bis in den kaspischen Raum hinüberschicken.

Ohne das Steuerhaus zu betreten, begeben wir uns nach dem Frühstück auf das Oberdeck, denn nicht nur ist die Wolkendecke aufgerissen, sondern am Horizont sind die ersten Ölplattformen aufgetaucht – »*Wasserläufer*«, hat Marcus gemeint. Schnell rotten sie sich in immer dichter werdenden und ausgestreckten Verbänden zusammen, über die sich zuweilen Fächerstrahlen ergießen. Das Schiefergrau des Wassers, die Farbe des Nordens und der Kälte, liegt nun hinter uns. Immer breiter werden die Türkisstreifen, und trotz Wind ist es spürbar wärmer geworden. Dann tauchen weiße Bänder auf, kleinere, dann längere Wellenkämme, aus denen sich dann ein Streifen Land erhebt, mit aufgelockerter Bebauung, auf den wir aber nicht zuhalten, denn die »Babek« verlangsamt, stoppt und dann geht der Anker ins Wasser.

Der Seegang sei zu hoch für das Anlegemanöver oder kein Platz frei am Pier oder beides, heißt es auf der Brücke. Erst gegen drei Uhr nachmittags laufen wir im Ölterminal an der Spitze von Absheron ein. Das Lotsenboot bugsiert die »Babek« vor der Mole um 180°, so daß der Tanker dann rückwärts in das Hafenbecken gleiten kann, wühlt Schlamm auf, der Moment der Möwen, die niederstechen, denn im braunen Gemenge blitzt es nur so von silbrigen Fischen.

Die Befehle des Kapitäns schallen durch das Megaphon, und am Ankergeschirr herrscht der entsprechende Betrieb, bis der Tanker sacht am Pier anschlägt. Nuridin Tapgygow hat damit seinen Dienst beendet, wie einer, der am Abend das Lineal an die Kante seines aufgeräumten Pultes schiebt.

Unten am Pier gelingt es den beiden Hafenarbeitern in Kittel und mit spitzen Ausgehschuhen beim zweiten Mal, die Leine zu zu fassen. Geworfen hat sie der jüngste der auf der »Babek« diensttuenden Matrosen – Timur.

Tamerlans Dilemma

Baku, 13. November 2007. — Der Latte macchiato und die Croissants schmecken ihm, und Tamerlan fragt sich, seit wann in dieser Gegend wohl beides zum Frühstück gereicht werde.

Die von der unverschleierten, schwarzgelockten Kellnerin auf einem gläsernen Teller vor ihn hingestellte Orange hingegen – mit Wonne hat er in das saftige Fruchtfleisch gebissen und dann die vier Schnitze ausgesaugt – erinnern Tamerlan an den georgischen Feldzug, ein Einsprengsel, eine kleine Episode der westlichen Eroberungen in den Jahren 1392–1396. Er hatte den Winter 1394/1395 südlich von Baku verbracht, auf den Weiden am armenischen Araxes, wohin aus Samarkand auch seine Frauen, noch sind es nicht neun, nachgekommen waren. Mit dem anbrechenden Frühling war dann der unumstößliche Entschluß zur Beseitigung von Toktamish herangereift, des Khans der Goldenen Horde, ein ambitiöser Intrigant, der Tamerlans militärisch-politischen Plan eines stabilen einheitlichen zentralasiatischen Transit- und Wirtschaftsraums behinderte.

Bevor der Welteroberer damals durch die ›Eisernen Tore‹ beim kaspischen Küstenort Derbend nach Tschetschenien hinaufmarschiert war – dort war es dann am 22. April am Terek, unweit der Stelle, wo Zar Alexander I. im Jahr 1818 Fort Grosnaya, das heutige Grozny, erbauen lassen sollte, zur entscheidenden Schlacht gekommen –, hatte seine Streitmacht, die größte seit Dschingis Khans Tagen in Transkaukasien versammelte, Verheerung über Tbilisi und den späteren Garten Stalins gebracht.

Dazu Buch II, *Pforten oder Pässe.*

Dazu Buch V, *Fluggedanken.*

Davor aber noch war Tamerlan ein erstes Mal durch Baku gekommen.

In dieser Stadt, als er am Fuß des »Turms der Jungfrauen« gestanden hatte, war es ihm ergangen wie Dschingis Khan in Buchara vor dem Kalon-Minarett, hatte den Bezelteten himmelhochragendes Festgebautes überrascht.

Über zwei Jahrhunderte zuvor war der uralte, aus der Zeit des Zarathustra stammende Rundturm mit dem seitlich vorkragenden, bis knapp unter die Zinne emporsteigenden schmalen, an der Stirn abgerundeten Schaft restauriert worden. Das fugenlos geschichtete massive Mauerwerk hatte keine Angriffsfläche geboten. Die von der perfekten Bauweise, der vollendeten Rundung ausgehende Bewunderung Tamerlans für die Anlage hatte sich dann nur noch bestärkt, als er gegen Ende des Jahres, nach der Verfolgung des flüchtigen Toktamish in den windumtosten Steppen westlich des Don und der Vernichtung der Goldenen Horde, von Astrachan kommend und durch Derbend südwärts wieder gegen Persien ziehend, zum zweiten Mal in Baku den Marsch unterbrochen hatte. Weil für seine Hauptstadt Samarkand jetzt nur noch das Prächtigste in Frage kommen konnte, hatte Tamerlan seine aus den niedergeworfenen Städten verschleppten Architekten wissen lassen, wolle auch er ein Monument so perfekt wie Bakus Turm errichtet haben.

Heute erblickt Tamerlan also zum dritten Mal den eindrucksvollen Bau, und zwar von einem Standort aus, der, hätte er vor sechshundert Jahren existiert, dem Eroberer nicht die Erstürmung erleichtert, aber seinen Architekten zumindest besseren Aufschluß über die Architektur gegeben hätte.

Beim Morgenspaziergang, auf der Suche nach einem Wechselbüro, durch die engen Gassen von Icheri Sheher schlendernd, dem historischen Zentrum von Baku, ist Tamerlan am hafenseitigen Ende der Boyuk Kala durch den direkt an einer kurzen gepflasterten Treppe liegenden Seiteneingang des *Sultan Inn* getreten, wo ihn die beiden mit dem Koch schwatzenden Zimmermädchen freundlich gegrüßt haben. Am geschlossenen Restaurant des Hotels im ersten Stock vorbei und einem darüberliegenden, tuchbespannten ausladenden Balkon mit Sitzgelegenheiten ist er neugierig auf die Dachterrasse vorgestoßen. Das angetroffene Personal hat sich gerade gefragt, ob es das Frühstücksbuffet abräumen oder damit noch warten solle und möglicherweise gerade infolge dieser Unschlüssigkeit ihn ermuntert, doch draußen Platz zu nehmen. Das hat er getan, sich aber nicht unter dem Streifen Schilfbedachung, sondern am Tisch nahe der Brüstung niedergelassen, denn zur Stunde wärmt die frühwinterliche Sonne erst schwach.

Gestern, einen Tag nachdem er auf Absheron aserisches Land betreten hat, hat ein hier Ansässiger ihn zur Orientierung an die Ränder der Stadt gebracht. Seit seinem letzten Besuch ist diese nämlich erheblich gewachsen. Vor allem die Hänge hinaufgeklettert ist sie, aber dann auf deren Rückseite auch wieder hinunter in das graugelbe baumlose Land hinaus. Sofort ist Tamerlan, der Samarkands Vorstädte mit großer Sorgfalt plaziert hat, die fehlende Planung, der regelrechte Wildwuchs der neuen Quartiere aufgefallen.

Der Führer durch die Stadt hat die Verunsicherung des Rückkehrers bemerkt und erklärt, Baku sei aus sich selbst emigriert.

Tamerlan hat das zuerst nicht genau verstanden, aus den nachgeschobenen Informationen aber auf einen in Schüben und nicht gerade sanft erfolgenden Umbau der Bevölkerung geschlossen. Vom mittelalterlichen Adel, den Erbauern der mauerumgürteten Altstadt mit dem Palast der Shirvanshahs, den Moscheen und Karawansereien hat er sich eine gute Vorstellung machen können, von der in Bürgerpalais wohnenden Ölaristokratie der vorletzten Jahrhundertwende bereits sehr viel weniger. Die letzte in Baku angekommene Gesellschaftsschicht, die mit der 1917 erfolgten Proletarisierung durch die Bolschewiken sich niederlassende sowjetische Bourgeoisie, hat in seiner Vorstellung allerdings gar keine Konturen angenommen. Den Einsturz des überdehnten Imperiums am Ende des 20. Jahrhunderts hat Tamerlan dagegen sogleich verstanden …

Was er hier sehe, hat der Ansässige während der Begehung der Stadtränder zu Tamerlan gesagt, sei die Ankunft des Landes in der Stadt. Zum einen hausten in den zuweilen unfertigen Wohnblöcken Tausende von Flüchtlingen aus Nagorni-Karabach, manche schon Jahre, denn der Territorialdisput mit Armenien sei unlösbar verhärtet, auf Eis gelegt, was auch immer. Zum andern würden herbeiströmende Dörfler aus Nachitschewan, der Heimat des Fürsten von Baku und der von ihm begründeten regierenden Dynastie, sich das Hinterland der Stadt unterwerfen. Leute, die zum Boden keine Beziehung mehr aufbringen könnten, nach einem halben Jahrhundert verordneter Existenz auf den Kolchosen sowie kultureller und intellektueller Enteignung; die, wenn sie nun das Terrain durch unkontrolliertes Bauen überziehen würden, das mit dem Instinkt und im Sinn der Sippe bewerkstelligten, dabei nichts als die Enkel im Sinn.

Wie deren Zukunft aussieht, mag Tamerlan, an das Herat seines Sohnes Shah Rukh denkend, sich nicht vorstellen.

Augenscheinlich ist indessen – und das trifft ihn, der sich im Fall der Bibi-Chanum-Moschee überschnelles und darum raschen Zerfall des Errichteten herbeiführendes Bauen persönlich vorwerfen lassen muß –, daß auf Baku ein Fluch lastet. Daß die scheußlichen Wohnblocks, auf den äußersten Kanten der kahlen Hügel hochgezogen, aus den abrutschgefährdeten Hängen unterhalb des Fernsehturms und den kleinteiligen, fast dörflichen Quartieren schießend, nicht einmal den Versuch unternehmen, ihre spekulative Natur zu verbergen.

Dazu Buch III, *Schnee in Samarkand.*

Gekauft würden die Apartments, sagt Tamerlans Führer, mehrheitlich von Angehörigen der aserbaidschanischen Minderheit im Iran, die im übrigen größer sei als die Bevölkerung der Republik Aserbaidschan selbst. Immobilienbesitz in Baku stelle für die jenseits der Grenze Siedelnden eine Sicherheit dar für den Fall einer Eskalation im Iran, einer bürgerlichen Revolution, welche die überkommene islamische abschaffe, oder eines Krieges mit Amerika. Leben könne man in diesen Ungetümen kaum. Ob die Wasserversorgung klappe, sei fraglich, und das Problem der Fahrzeuge würde gar nicht erst erwogen.

Daß in Baku die immobile Mobilität eine Lebensweise geworden ist, hat den im Nomadenzelt geborenen, sich die Welt erreitenden Tamerlan seltsam berührt. Aber er hat sich auch gefragt, wie es kommt, daß die sich gegenseitig behindernden Fahrzeuge samt und sonders neu und protzig sind, in den demographischen Wucherzonen aber keine Straßenkreuzung, keine Mauerecke anständig gebaut ist, überall Bauschutt die Gehsteige versperrt, wenn solche überhaupt vorhanden sind. Wie es kommt, daß die Schäbigkeit ihrer Umgebung sowohl die in spitzschnabeligen Schuhen überall herumstehenden jungen beschnauzten Männer als auch die neben überquellenden Abfallcontainern um das Brettspiel – der Ansässige bezeichnet es als *nardy* – versammelten Alten gleichgültig läßt.

Am Abend hat Tamerlan dann den Nachtportier in Jeans und weißem Hemd auf die Vermüllung angesprochen, die bis vor die Glastüren der teuren italienischen Boutiquen schwappt. Die Regierung stehle und nehme ihre Aufgaben nicht wahr, hat er zur Antwort bekommen und als Nachsatz hören dürfen, Aserbaidschan sei noch eine junge Nation, man müsse ihr Zeit geben, sich zu finden. Der Gefährte hat darauf eingeworfen, um die Straßen sauber zu halten, müsse man keine alten Nation sein, aber damit nur ein Schulterzucken seitens des Nachtportiers hervorgerufen sowie die Aussage, das Hotel sei jedenfalls immer bestens gebucht, und zwar langfristig.

Dann besteht in der Tat kein Anlaß zur Verbesserung, hat sich Tamerlan gesagt und überlegt, wie die Delegierten Europas hinter den mit dem blauen Kleber versehenen eleganten Holztüren der Altstadt internationale Waren- und Transportkorridore planen können, wenn sie auf der Fahrt zur Arbeit in verstopften Straßen stehen, geschweige wenn sie einmal an Bakus elende Ränder hinaufsteigen würden, wo nebst Müll nicht selten Gesteinsbrocken und verlorengegangene Mauerstücke auf den Fahrbahnen liegen.

Im Bogengewölbe einer zum Restaurant umgebauten Karawanserei hat Tamerlan beim Nachtessen dann darüber nachgedacht, wie doch das 'Schwarze Gold', sowohl das eigene, aus den Feldern im Meer, wie auch das aus Transkaspien in Tankern ankommende und dann durch die Pipeline in die Türkei oder per Zisternewaggons durch Georgien weitergeschleuste, langfristig den Staatshaushalt versauen kann, wenn die daraus erzielten fabulösen Einkünfte dem sich sicher wähnenden herrschenden Clan die Sicht auf die Notwendigkeit verbauen, andere und nachhaltige Bereiche der Wirtschaft zu erschließen. Auch scheint dieses 'Schwarze Gold' den nach schnellem Reichtum gierenden Mann von der Straße tatsächlich moralisch zu verderben. Unverständlich aufgeregt hat nämlich der junge Kellner mehrmals darauf gedrängt, die Rechnung bringen zu dürfen, und schließlich ein hastig bekritzeltes Papier vorgelegt, mit der Ansage, die Papierrolle der elektronischen Kasse sei zu Ende und im Augenblick leider keine neue zu besorgen. Der Betrag ist um das Doppelte zu hoch gewesen, der versuchte Betrug offensichtlich.

Später ist Tamerlan noch einmal ausgegangen, einem Hinweis des Ansässigen gefolgt. Denn jener hat ihn im Verlauf der Begehung Bakus mit der überraschenden Mitteilung konfrontiert, das Operntheater gebe ein Stück über ihn, Tamerlan. Ein entsprechendes Plakat habe er am Nachmittag in der Nähe des *Fountain Square* erblickt.

Verlassen hat Tamerlan Icheri Sheher durch das doppeltorige Shemakha-Tor, das ziemlich genau aus der Epoche stammt, als er sich sein Reich zusammenzuerobern begonnen hatte. Entlang mit riesigen Digitaldrucken historischer Ansichten Bakus beklebter Bauwände ist Tamerlan zur Straße gelangt, hat sich durch die von der Philharmonie herabkommende und sich unten am Eck der zinnenbewehrten Stadtmauer zum Schlauch verdichtende Blechlawine gearbeitet und ist, mit wachsender Neugier über die angekündigte Dramatisierung seiner Person, an Nizamis »Museum der Literatur« vorbei zum *Fountain Square* gegangen. Dort ist ihm unter den Flanierenden ein Angestellter des Kinderparks entgegengekommen, zwei der Fahrzeuge wegstoßend, die tagsüber endlose lärmige Schlaufen drehen, um die Kleinen auf das spätere motorisierte Leben vorzubereiten. Die nassen, schwarzen Platten der vom Platz wegführenden Fußgängerzone waren mit zerschlissenen Plastikbeuteln übersät, grelle, ölgemalte kaspische Seestücke lockten unter den Kolonnaden, davor kurvten hektisch batteriebetriebe kleine Viecher mit blinkenden Augen herum. Wahrscheinlich einen Moment zu lange ist er unschlüssig stehen geblieben, denn sofort sind zwei Chinesinnen auf ihn zugetreten und haben ihm einen Strauß blauer, zittriger Halogenlämpchen direkt vors Gesicht gehalten. Die Eroberung des Reichs der Mitte hatte Gott ihm ja versagt, und umso interessierter hat sich Tamerlan nach der chinesischen Herkunftsstadt der fliegenden Händlerinnen erkundigt. Ürümqi, die Antwort. Dann haben die Chinesinnen die Kapuzen ihrer Jacken tiefer in die roten Gesichter gezogen, denn ein scharfer Wind ist plötzlich vom Hafen her an den arrogant spärlich dekorierten italienischen Schaufenstermetern vorbei in die Fußgängerzone eingedrungen.

Würde die Flamme am Denkmal der 26 Kommissare drüben an der Promenade bereits seit 1991 nicht mehr brennen, *Dazu in diesem Buch Ruinen im Land der 'Spitzmützigen Saken'.* denkt Tamerlan bevor er sich von den Chinesinnen und ihren blauen Lämpchen löst, dann wäre sie in diesem Moment ausgegangen. Ein paar Schritte in die Nizami-Straße hinein, hat er dann zur Linken das gesuchte Gebäude erblickt, nach verschiedenen Vorgängerensembles nun Haus der *Staatlichen Aserbaidschanischen Akademischen Oper mit Ballettheater.*

Links des Gebäudes hat im Dunkel ein Fernsehübertragungswagen gestanden, ohne Besetzung. Unbeleuchtet auch der Eingang des Theaters. Eher niedlich ist es Tamerlan vorgekommen, im Vergleich zum Ensemble der drei *pishtak* am Registan von Samarkand, denen er einst allerdings auch wenig andere Funktion gegeben hat, als zu beeindrucken – die stützenden Ziegelmassen auf der Rückseite der drei Portale sind ihm bis in seine späten Tage ein unlösbares architektonisches Ärgernis geblieben. Hier in Baku ist Tamerlan, dem Architekten, an der Fassade des Theaters einiges arabisch erschienen. Vielleicht maurische Importe, hat er gedacht. In den westlichen Regionen Entstandenes, wohin vorzudringen ihm trotz Ibn Khalduns Befragung, damals 1401 in Damaskus, nicht vergönnt gewe- *Dazu Buch IV, Globalisierer aus dem Herzland.* sen war, und woher der königliche Gesandte Clavijo im Jahr 1404 nach Samarkand gekommen war.

Die Vorgänge um die Dramatisierung seiner Person zu klären, hat Tamerlan dann die zur Kartenausgabe führende hohe gläserne Tür im nebenan liegenden Gebäude betreten. Dort, auf der dunkelgrünen seitlichen Marmorverkleidung, klebten die dunkelblau bedruckten Plakate. *TAMAHLAR* – ist auf einem der auffälligsten zu lesen.

Instinktiv hat Tamerlan sich umgeblickt, als könne ihn jemand erkennen. Aber meint dieser *TAMAHLAR* überhaupt ihn, Timur?

Sein Chaghatai-Turki hat gerade ausgereicht, um mit Phantasie die kleiner gedruckten Worte zu entziffern, darunter *Klassik symfoniyasi* von Sergey Prokofiev. Ein gewisser Alen Amber scheint etwas daraus gemacht zu haben. Ein Ballett? Denn dieses Wort steht unter *TAMAHLAR.*

Doch es ist wohl nur ein kurzes Stück und deswegen wird in derselben Vorstellung auch noch der *Bolero* gegeben.

Tamarlan hat dann eine Karte gekauft. Aber heute morgen, auf der Dachterrasse mit Blick zum »Turm der Jungfrauen« ist er unschlüssig, ob er am Abend wirklich ins Theater soll. Wenn schon, dann doch lieber in eine Aufführung von *Tamburlaine the Great* von Christopher Marlowe, nicht in ein Ballett. Dort, bei Marlowe, ist er grausam, aber auch weitblickend, für Europäer unverständlich in seiner Hartherzigkeit, aber kühn in seinen Visionen. Bei aller Verzerrung seiner Person: Damit kann er etwas anfangen.

Selbstverständlich hatte ihn seine erste Lebenshälfte hart und unerbittlich gemacht, denkt Tamerlan, während sein Blick am Turm vorbei über das weiß unter dem Morgenhimmel liegende Kaspische Meer schweift. Aber hatte er nicht später, als sein funktionierendes, durch perfekte Straßen, Brücken und andere Kommunikationsmittel erschlossenes Reich errichtet war, der Roheit, die ihm im Westen als barbarischer Zug vorgeworfen werden soll, mit Feinsinn auszubalancieren versucht? Wie auch Grausamkeit mit einer Hingezogenheit zur Philosophie, Wildheit mit Tugend, unkontrollierbar durchgehende, den Nomaden zugeschriebene Passion mit militärischer Disziplin? Selbstverständlich hatte er, kaum anders als Alexander der Große, mit unbändiger Herrscherlust die Stirn Asiens mit Krieg überzogen, Ödnis verursacht, wo frühere Zivilisationen verwurzelt gewesen waren. Aber er hatte auch, bei der Zerstörung Baghdads etwa, Bibliotheken, Moscheen und Hospize verschont. Auch war er verschiedenen Ausprägungen des Monotheismus tolerant gegenübergestanden, hatte Kunst und Architektur gefördert sowie den transkontinentalen Handel und sich bei aller Opulenz nicht gescheut vor strenger Entbehrung, bis ins hohe Alter, in das er, wenn auch mit körperlichen Behinderungen, als von Fehlern freier militärischer Stratege eingetreten war.

Selbstverständlich ist er auch die von Marlowe gegebene, Herodots skythischen Krieger wachrufende Gestalt. Eine Gestalt, die, nach seinem Tod 1404 zu Beginn des chinesischen Feldzugs langsam in Vergessenheit geraten ist, zu Hause in Transoxianien, in den Territorien seines einstiges Imperiums, im Reich der persischen Safawiden und der Muguln in Indien hingegen, auferstanden in einem großen Epos, dem *Timur-nama* – der in illuminierten Exemplaren weithin zirkulierenden Erzählung seines Lebens von der Geburt bis zum Tod, die wegen der politischen Verhältnisse im Eurasien des 18. Jahrhunderts schließlich eine nach innen gerichtete Perspektive repräsentieren muß.

Ist nicht er es gewesen, gibt sich Tamerlan Rechenschaft, der erstmals, nun weniger als Eroberer sondern als Politiker, die Umgrenzung Zentralasiens definieren und diesen amorphen Raum, innerhalb des Gefüges der Welt situieren will? Im starken Bewußtsein dessen historischer Wirkungsmacht.

So bleibt er, denkt Tamerlan, der sich physisch zwar in Baku, aber in Gedanken auf dem sandbedeckten Registan in Samarkand befindet, halt letztlich doch der hochfliegende Visionär, das *Alter ego* des bei Marlowe – einem Politik nicht von Ethik trennenden Autor – fast dem Wahnsinn Verfallenden.

Aber hat nicht auch gerade dieser Wesenszug ihn, Tamerlan – egal ob als Timur, 'Timur, der Eiserne', 'Timur, der Lahme' oder 'Schwert Gottes' – der Welt vielleicht näherbringen können in seiner fragilen Menschlichkeit?

ANHANG

Bibliographie Zitierte Werke — Auswahl weiterführender benutzer Literatur Glossar ausgewählter fremdsprachiger Begriffe Register in fünf Abteilungen Abteilung I: Täter, Verursacher, Opfer und Beschreiber; mythische Völker, überwundene Kulturen und machtpolitische Gebilde — Abteilung II: Umstrittenes Terrain. Gemeinsame Routen, Pässe und Stationen. Genutzte Gebirge und Gesenke. Verbindende Gewässer — Abteilung III: Kräfte, Instrumente, Organisationen; Realien und Phänomene — Abteilung IV: Register der Marginalien — Abteilung V: Begleiter in mancher Hinsicht

BIBLIOGRAPHIE

Zitierte Werke

Soweit nicht anders vermerkt, wurden Zitate aus fremdsprachigen Publikationen von Rodo Pfister und vom Autor ins Deutsche übersetzt.

Al-Biruni. *Geodäsie oder Bestimmung der Grenzen der Orte zur Berichtigung der Entfernung der Wohnsitze (Kitab tahdid nihayat al-amakin li-tashih masafat al-masakin)*. In: *Al-Biruni. In den Gärten der Wissenschaft*. Hrsg. u. übers. von Gotthard Strohmeier. Leipzig: Reclam, 2002.

Al-Idrisi. *La Géographie d'Edrisi (Kitab Nuzhat al-Mustaq* oder *Kitab Rujar)*. Übers. von Pierre-Amédé Jaubert. Amsterdam: Philo Press, 1975. Nachdruck der Ausgabe Paris, 1836–1840.

Adshead, S. A M. *Central Asia in World History*. London: The Macmillan Press, 1993.

Ahmed ibn Arabshah. *Tamerlane or Timur the Great Amir, Aga'ib al-maqdur fi naw'ib Timur*. Zitiert n. d. Übers. von J. H. Sanders (*The Arabic Life by Ahmed ibn Arabshah*. London: Luzac & Co., 1936). In: Justin Marozzi. *Tamerlane. Sword of Islam, Conqueror of the World*. London: Harper Collins, 2004.

Appleby, John H. *The Royal Society and the Tartar Lamb*. In: *The Royal Society. Notes Rec. R. Soc. Lond.* 51 (1), 23–24 (1997).

Aristoteles. *Meteorologie* II, 362b 19–29. Übers. von Hans Strohm. Berlin: Akademie-Verlag, 1984.

Aristoteles. *Über die Welt*, Kap. 3, 393b 4–7. Übers. von Hans Strohm. Berlin: Akademie-Verlag, 1984.

Arrian. *Alexander des Großen Zug durch Asien*. Übers. von Wilhelm Capelle. Zürich: Buchclub Ex Libris, 1973.

Babur, Zahiruddin Muhammad. *Das Babur-nama*. Übers. von Wolfgang Stammler aus der frz. Übers. des Chaghatai-Turki von Jean-Louis Bacqué-Grammont u. Moribbul Hasan (1980). Zürich: Manesse Verlag, 1988.

Beevor, Antony. *Stalingrad*. München: Goldmann, 2001.

Bourke, John Gregory. *Das Buch des Unrats*. Übers. von Friedrich S. Krauss u. Hermann Ihm. Frankfurt a. M.: Eichborn, 1992.

Boveri, Margret. *Ein Auto, Wüsten, blaue Perlen. Bericht über eine Fahrt durch Vorderasien*. Zürich/Leipzig/Berlin: Atlantis-Verlag, 1939.

Byron, Robert. *Der Weg nach Oxiana*. Übers. von Matthias Fienbork. Frankfurt a. M.: Eichborn, 2004.

Chardin, John. *Travels in Persia, 1673–1677*. Transl. By Edmund Loyd. London: Argonout Press, 1927.

Clavijo, Ruj Gonzales de. *Gesandtschaft bei Tamerlan 1403–1406*. Einzelzitate daraus in: Edgar

Knobloch. *Turkestan. Taschkent, Buchara, Sa-markand. Reisen zu den Kulturstätten Mittelasiens.* München: Prestel-Verlag, 1973.

Custine, Astolphe de. *Russische Schatten. Prophetische Briefe aus dem Jahre 1839.* Übers. von A. Diezmann. Nördlingen: Greno Verlagsgesellschaft, 1985.

Dschu-lin Yä-schi. Ein historisch-erotischer Roman aus der Ming-Zeit. Übers. von F. K. Engler. Zürich: Verlag die Waage, 1971.

Gabriel, Alfons. *Durch Persiens Wüsten. Neue Wanderungen in den Trockenräumen Innerasiens.* Stuttgart: Strecker u. Schröder Verlag, 1935.

Gibbon, Edward. *Verfall und Untergang des römischen Imperiums.* Übers. von Michael Walter. München: dtv, 2003.

Göes, Benedikt. *The Journey from Benedict Goes from Agra to Cathay.* In: Henry Yule and Henri Cordier. *Cathay and the Way Thither; Being a Collection of Medieval Notices of China,* Vol. IV. London: The Hakluyt Society , 1916 (Die Verarbeitung der von Benedikt Göes hinterlassenen Notizen und Briefe sowie des Berichts seines Begleiters Issak.)

Goethe, Johann Wolfgang. *West-östlicher Divan. Das Buch des Timur.* Frankfurt a. M.: Insel Verlag, 2007.

Gordon, T. E. *The Roof of the World. Being The Narrative of a Journey Over the High Plateau of Tibet to the Russian Frontier and the Oxus Sources on Pamir.* New Delhi: Aryan Books International, 1994; Nachdruck der Ausgabe London, 1876.

Grossmann, Wassili. *Stalingrad greift an. 1942. I. Der Beginn* und II. *Stalingrad von heute.* In: *Stalingrad. Die ersten authentischen Berichte der russischen Generäle Rokossowski – Woronow – Telegin – Malinin und Kriegsberichterstatter über eine der größten und entscheidendsten Schlachten der Weltgeschichte.* Zürich: Steinberg Verlag, 1945.

Hassinger , Hugo. *Geographische Grundlagen der Geschichte.* Freiburg i. B.: Herder & Co. G.m.b.H. Verlagsbuchhandlung, 1931.

Haussig, Hans Wilhelm. *Die Geschichte Zentralasiens und der Seidenstraße in vorislamischer Zeit.* Darmstadt: Wissenschaftliche Buchgesellschaft, 1992.

Hedin, Sven. *Die Flucht des Großen Pferdes.* Leipzig: F. A. Brockhaus, 1935.

Herder, Johann Gottfried. *Ideen zur Philosophie der Geschichte der Menschheit.* In: Werke Bd. III/I, hrsg. von Wolfgang Pross, München/Wien: Carl Hanser Verlag, 2002.

Herodot. *Historien.* Griechisch – deutsch. Herausgegeben von Josef Feix. Zürich: Artemis & Winkler, 2006.

Hippokrates. *Die Schrift von der Umwelt.* Übers. von Wilhelm Capelle. Zürich: Buchclub Ex Libris, 1970.

Hookham, Hilda. *Tamburlaine the Conqueror* (London 1962). Zitiert n. Edgar Knobloch. *Turkestan. Taschkent, Buchara, Samarkand. Reisen zu den Kulturstätten Mittelasiens.* München: Prestel Verlag, 1973.

Hou Hanshu 88. Xiyu Zhuan (Die Westlichen Regionen, Abschnitt 88 der von Fa Ye unter Bezugnahme auf die früheren Werke *Shiji* und *Hanshu* kompilierten *Geschichte der Östlichen/Späteren Han*). Zitiert n. d. im Internet veröffentlichten Übers. John E. Hill http://depts.washington.edu/silkroad/texts/hhshu/hou_han_shu.html, Dezember 2004.

Hudud al-Alam (Regions of the World. A Persian Geography). Zitiert n. d. Übers. von V. Minorsky. Cambridge: Cambridge University Press, 1982. Nachdruck der Ausgabe Cambridge: E. J. W. Gibb Memorial Trust in association with Book Production Consultants, 1937.

Humboldt, Alexander von. *Ansichten der Natur.* Frankfurt a. M.: Eichborn Verlag, 1987.

Humboldt, Alexander von. *Kosmos. Entwurf einer physischen Weltbeschreibung.* Hrsg. von Ottmar Ette u. Oliver Lubrich. Frankfurt a. M.: Eichborn Verlag, 2004.

Humboldt, Alexander von. *L'Asie Centrale. Recherches sur les chaînes de montagnes et la climatologie comparée.* Paris: Gide, Libraire-Editeur, 1843.

Ibn Battuta. *Travels in Asia and Africa. 1325–1354.* Transl. by H. A. Gibb. London: George Routledge & Sons, 1939.

Ibn Khaldun. *Le Voyage d'Occident et d'Orient. Autobiographie.* Présénteé et traduite par Abdesselam Cheddadi. Paris: Sindbad, 1980.

Ibn Khaldun. *The Muqaddimah. An Introduction to History.* Edited and transl. by Franz Rosenthal. London: Routledge and Kegan Paul in association with Secker and Warburg, 1967.

Ibn Ishaq. *Das Leben des Propheten.* Übers. und bearb. von Gernot Rotter. Kandern: Spohr Verlag, 2004.

Jenner, W. J. F. *The Tyranny of History. The Roots of China's Crises.* London/New York: Allan Lane/The Penguin Press, 1992.

Jones, William. *Fifth Anniversary Discourse,* Einzelstellen zitiert n. d. Übers. von Jürgen Osterhammel. In: Osterhammel, Jürgen. *Die Entzauberung Asiens. Europa und die asiatischen Reiche im 18. Jahrhundert.* München: Verlag C. H. Beck, 1998.

Jefferson, Thomas. *Betrachtungen über den Staat Virginia.* Hrsg. u. übers. von Hartmut Wasser. Zürich: Manesse Verlag, 1989.

Juvaini, Ala-ad-Din Ata-Malik. *Ta-rikh-i-Jahangusha. Genghis Khan. The History of the World Conqueror.* Transl. from the text by Mizra Muhammad Qazvini by John Andrew Boyle.

Manchester/Paris: Manchester University Press/UNESCO Publishing, 1997.

Koran. Übers. v. Max Henning. Überarb. u. hrsg. von Murad Wilfried Hofmann. Kreuzlingen/München: Diedrichs/Heinrich Hugendubel, 2003.

Kosmas Indicopleustes. *Topographia Christiana.* Transl. by J. W. McCrindle. o. O.: The Hakluyt Society, First Series No. XCVIII–MDCCCXCVII. In *public domain* verfügbar in der Textsammlung *Early Church Fathers* [Roger Pearse, Ed.], The Tertullian Project, http://www.tertullian.org/fathers/cosmas_00_1_preface.htm

Krist, Gustav. *Allein durchs verbotene Land. Fahrten in Zentralasien.* Wien: Verlag Anton Schroll & Co, 1941.

Lewis, Martin W. u. Wigen, Kären E. *The Myth of Continents.* A Critique of Metageography. Berkley/Los Angeles/London: University of California Press, 1997.

Loti, Pierre. *Nach Isfahan.* Übers. v. Dirk Hemjeoltmanns. Bremen: Manholt Verlag, 1996.

Mackinder, Halford J. *The Geographical Pivot of History.* In: The Geographical Journal, No. 4., Vol. XXIII. (April, 1904), pp. 421-444.

Mallory, J. P. and Mair, Victor H. *The Tarim Mumies. Ancient China and the Mystery of the Earliest Peoples from the West.* London: Thames & Hudson, 2000.

Matheson, Sylvia A. *Persien. Ein archäologischer Führer.* Übers. u. hrsg. von Gerhard Fritz u. Andreas Lippert. Stuttgart: Philipp Reclam jun., 1980.

Masson, Vadim Michailovic. *Das Land der tausend Städte. Die Wiederentdeckung der ältesten Kulturgebiete in Mittelasien.* Übers. von Dr. Maximilian T. E. Seitz. München: Udo Pfriemer Verlag, 1982.

Milton, John. *Das verlorene Paradies*. Übers. u. hrsg. von Heinrich Meier. Stuttgart: Philipp Reclam jun., 1986.

Marlowe, Christopher. *Sämtliche Dramen*. Übers. von Wolfgang Schlüter. Frankfurt a. M.: Eichborn Berlin, 1999.

Naser-e-Khosrou. *Safarname*. Übers. u. hrsg. von Seyfeddin Najmabadi u. Siegfried Weber. München: Diederichs, 1993.

Ortelius, Abraham. *Theatrum Orbis Terrarum*. Zitiert nach: Anita Albus. *Paradies und Paradox. Wunderwerke aus fünf Jahrhunderten*. Frankfurt a. M.: Eichborn, 2002.

Ovid. *Metamorphosen*. Übers. v. Erich Rösch, hrsg. v. Niklas Holzberg. Zürich/Düsseldorf: Artemis & Winkler, 1996.

Pallas, Peter Simon. *Observations sur la formation des montagnes et les changements arrivés au globe particulierement a l'egard de l'Empire russe*. Sankt Petersburg: Imprim. Acad. Impér. Sciences, 1777.

Pelliot, Paul. *Notes on Marco Polo* (3 Vols.). Paris: Imprimerie Nationale/Librairie Adrien-Maisonneuve, 1959/1963/1973.

Pfaff, William. *Barbarian Sentiments. America in the New Century* (Revised Edition). New York: Hill and Wang, 2000.

Pfister, Rodo. *Der Milchbaum und die Physiologie der weiblichen Ejakulation. Bemerkungen über Papiermaulbeer- und Feigenbäume im Süden Altchinas*. In: Asiatische Studien – Études Asiatiques LXI.3 (3/2007), S. 813–844.

Pfister, Rodo. *sexuelle körpertechniken im alten China: seimbedürftige männer im umgang mit lebens-spende-rinnen: drei manuskripte aus Mawangdui: eine lektüre* (3 Bände). Norderstedt: Books on Demand, 2008.

Plinius. *Naturkunde*. Übers. u. hrsg. von Kai Brodersen. Zürich/Düsseldorf: Artemis & Winkler, 1996.

Polo, Marco. *The Book of Ser Marco Polo. The Venetian, concerning the Kingdoms and marvels of the East*. Translated and edited, with extensive critical and explanatory notes, references, appendices and full indexes, preceded by an analytical and historical introduction. New Delhi: Munshiram Manoharlal Publishers, 1993. Nachdruck der Ausgabe Palermo 1870.

Prokop. *Geheimgeschichte*. Übers. u. hrsg. von Otto Veh. Zürich/Düsseldorf: Artemis & Winkler, 2005.

Proust, Marcel. *Auf der Suche nach der verlorenen Zeit* (Bd. 4, *Die Welt der Guermates I*). Übers. v. Eva Rechel-Mertens. Frankfurt: Suhrkamp, 1979.

Ptolemaios. Ptolemy's *Geography*. Ed. Berggren, J. Lennart and Jones, Alexander. *An Annotated Translation of the Theoretical Chapters*. Princeton/Oxford: Princeton University Press, 2000.

Qazi Ahmad Qumi. *Die Chronik Hulasat at-Tawarih des Qazi Ahmad Quin. Der Abschnitt über Shah Abbas I*. Übers. u. hrsg. von Hans Müller. Wiesbaden: Franz Steiner Verlag, 1964.

Rashid ad-Dinh. *Dschami' ot-tawarich*. Zitiert nach der Übers. von Abul ül-Kerim Ali Ogly Ali-zade und A. K. Arends. In: Bertold Spuler. *Geschichte der Mongolen. Nach östlichen und europäischen Zeugnissen des 13. und 14. Jahrhunderts*. Zürich/Stuttgart: Artemis Verlag, 1968.

Rashid, Ahmed. *Taliban. Islam, Oil and the New »Great Game« in Central Asia*. London/New York: I. B. Tauris Publishers, 2000.

Richthofen, Ferdinand von. *China. Ergebnisse eigener Reisen und darauf gegründeter Studien*. Berlin: Reimer, 1877–1911.

Ritter, Carl. *Die Erdkunde im Verhältnis zur Natur und Geschichte des Menschen, oder allgemeine vergleichende Geographie als sichere Grundlage des Studiums und Unterrichts in physcalischen und historischen Wissenschaften*. Berlin: Reimer, 1817.

Roy, William. *An Account of the Measurements of a Base Line on Hounslow Heath.* In: *Philosophical Transactions of the Royal Society of London 75,* S. 385–478. Zitiert nach: David N. Livingstone and Charles W. J. Withers (Eds.). *Geography and Revolution.* Chicago/London: The Chicago University Press, 2005.

Sagan, Secen. *Geheime Geschichte der Mongolen und ihres Fürstenhauses.* Übersetzt von Isaak Jakob Schmidt (1829), hrsg. Von Walther Heissig. Zürich: Manesse Verlag, 1985.

Shiji (Aufzeichnungen des Historikers), Kapitel 123 (Biographie von Zhang Qian). Zitiert n. d. Übers. v. Jeannette Mirsky [Ed.]. In: *The Great Chinese Travellers. An Anthology.* New York: Pantheon Books, 1964.

Sirdar Ikbal Ali Shah. *Afghanistan of the Afghans.* London: The Octagon Press, 1982.

Spence, Jonathan D. *Verräterische Bücher.* München/Wien: Carl Hanser Verlag, 2005.

Spengler, Oswald. *Frühzeit der Weltgeschichte. Fragmente aus dem Nachlaß.* München: Verlag C. H. Beck, 1966.

Strabon. *Geographica.* Übers. v. Dr. A Forbiger. Überarb. Ausgabe der Hoffmann'schen Verlags-Buchhandlung (Berlin/Stuttgart, 1855–1898). Wiesbaden: Marix-Verlag, 2005.

Stein, Aurel. *On Ancient Central Asian Tracks. Brief Narrative of three Expeditions in Innermost Asia and North-Western China.* Taipei: Southern Materials Center, Inc., 1982. Nachdruck der Ausgabe London: Macmillan and Co., 1933.

Songyun. *Songyun jia ji.* In: René Grousset. *Die Reise nach Westen oder wie Hsüan Tsang den Buddhismus nach China holte.* Köln: Eugen Diedrichs Verlag, 1986.

Tacitus. *Annalen.* Übers. u. hrsg. von Erich Heller. Düsseldorf/Zürich: Artemis & Winkler, 1997.

Teichman, Eric. *Journey to Turkestan.* London: Hodder and Stoughton, 1937.

Thoreau, Henry David. *Walden oder Leben in den Wäldern.* Übers. von Emma Emmerich u. Tatjana Fischer. Zürich: Diogenes, 2004.

Thukydides. *Der Peloponnesische Krieg.* Übers. u. hrsg. von Georg Peter Landmann. Düsseldorf/Zürich: Artemis & Winkler, 1997.

Tocqueville, Alexis de. *In der Nordamerikanischen Wildnis.* Übers. von Hans Zbinden. Bern u. Stuttgart: Verlag Hans Huber, 1953.

Toynbee, Arnold J. *Between Oxus and Jumna.* London: Oxford University Press, 1961.

Vambery, Hermann. *Reise in Mittelasien. Von Tehran durch die Turkmanische Wüste an der Ostküste des Kaspischen Meeres nach Chiwa, Bochara und Samarkand, durchgeführt im Jahr 1863.* Leipzig: F. A. Brockhaus, 1865.

Waley, Arthur. *'The Heavenly Horses of Fergana: a new view'.* In: History Today (February 1955). Zitiert nach: Frances Wood. *The Silk Road. Two Thousand Years in the Heart of Asia.* Berkley/Los Angeles: University of California Press, 2002.

Weilüe. Brief Account of the Wei Dynasty. Transl. by John E. Hill. Fassung September 2004. http://depts.washington.edu/silkroad/texts/weilue/weilue.html

Yelü Chucai. *Xi you lu (Aufzeichnungen einer West-Reise).* In: Emil Bretschneider. *Mediaeval Researches from Eastern Asiatic sources.* London: Kegan, Paul, Trübner, 1888.

Auswahl weiterführender benutzter Literatur

Zusätzliche maßgebliche Titel finden sich eingefügt an den entsprechenden Textstellen.

Ahmad b. Majid al-Najdi. *Arab Navigation in the Indian Ocean before the Coming of the Portuguese (Kitab al-Fawaiid fi usul al-bahr waíl-qawaíid).* London: The Royal Asiatic Society of Great Britain and Ireland, 1971.

Baumer, Christoph. *Frühes Christentum zwischen Euphrat und Jangtse.* Stuttgart: Urachhaus, 2005.

Coll, Steve. *Ghost Wars. The Secret History of the CIA, Afghanistan, and bin Laden, from The Soviet Invasion to September 10, 2001.* New York: The Penguin Press, 2004.

Crews, Robert D. *For Prophet and Tsar. Islam and Empire in Russia and Central Asia.* Cambridge/London: Harvard University Press, 2006.

Hopkirk, Peter. *Foreign Devils on the Silk Road. The Search for the Lost Cities and Treasures of Chinese Central Asia.* London: John Murray, 1980.

Hopkirk, Peter. *Trespassers on the Roof of the World. The Race for Lhasa.* London: John Murray, 1982.

Hopkirk, Peter. *Setting the East Ablaze. Leninís Dream of an Empire in Asia.* London: John Murray, 1984.

Hopkirk, Peter. *The »Great Game«. On Secret Service in High Asia.* London: John Murray, 1990.

Hopkirk, Peter. *On Secret Service East of Constantinople. The Plot to bring Down the British Empire.* London: John Murray, 1994.

Ispahani, Mahnaz Z. *Roads and Rivals. The Politics of Access in the Borderlands of Asia.* London: I. B. Tauris, 1989.

Rashid, Ahmed. *Jihad. The Rise of Militant Islam.* New Haven/London: Yale University Press, 2002.

Rashid, Ahmed. *Descent into Chaos. How the War Against Islamic Extremism Is Being Lost in Pakistan, Afghanistan and Central Asia.* London: Allen Lane, 2008.

Roy, Olivier. *The New Central Asia. The Creation of Nations.* London/New York: I. B. Tauris, 2000.

Roy, Olivier. *Der islamische Weg nach Westen. Globalisierung, Entwurzelung und Radikalisierung.* München: Pantheon, 2006.

DiPlano Carpini, Giovanni. *Historia Mongolarum. The Story of the Mongols whom we call the Tartars.* Boston: Branden Publishing Company, 1996.

Fischer Weltgeschichte. Bd. 16. Zentralasien. Frankfurt a. M.: Fischer Taschenbuch Verlag, 1995.

Fischer Weltgeschichte. Bd. 19. Das Chinesische Kaiserreich. Frankfurt a. M.: Fischer Taschenbuch Verlag, 1999.

Fleming, Peter. *Tataren-Nachrichten. Ein Spaziergang von Beiing nach Kaschmir.* Frankfurt a. M.: Eichborn Verlag, 1996.

Kennedy, Hugh. *The Great Arab Conquest. How the Spread of Islam changed the World We Live In.* London: Weidenfeld & Nicoloson, 2007.

Le Coq, Albert von. *Auf Hellas Spuren in Ostturkistan.* Leipzig: J. C. Hinrichsísche Buchhandlung, 1926.

Li Sheng [Hrsg.]. *Xinjiang. Chinas Vergangenheit und Gegenwart.* Ürümqi: Volksverlag Xinjiang, 2004.

Lovell, Julia. *The Great Wall. China Against the World. 1000 BC – AD 2000*. London: Atlantic Books, 2006.

Maclean, Fitzroy. *Eastern Approaches*. London: Jonathan Cape, 1949.

Millward, James A. *Eurasian Crossroads. A History of Xinjiang*. London: Hurst & Company, 2007.

Parzinger, Hermann. *Die frühen Völker Eurasiens. Vom Neolithikum bis zum Mittelalter*. München: C. H. Beck, 2006.

Perdue, Peter C. *China Marches West. The Qing Conquest of Central Eurasia*. Cambridge/London: The Belknap Press of Harvard University Press, 2005.

Ptak, Roderick. *Die maritime Seidenstraße*. München: Verlag C. H. Beck, 2007.

Shayakhmetov, Mukhamet. *The Silent Steppe. The Story of a Kazakh Nomad under Stalin*. London: Stacey International, 2006.

Sima Qian. *Records of the Grand Historian*. Hongkong/New York: Columbia University Book, 1993.

Wieczorek, Alfried; Lind, Christoph [Hrsg.]. *Ursprünge der Seidenstraße* (Ausstellungskatalog). Stuttgart: Konrad Theiss Verlag, 2007.

Wittfogel Karl A. *Oriental Despotism. A Comparative Study of Total Power*. New Haven/London Yale, University Press, 1967.

GLOSSAR

ausgewählter fremdsprachiger Begriffe

aksakal — 'Weißbart'
Argali, auch Ovis ammon polii — Marco-Polo-Schaf
aryk — Bewässerungskanal
Ark — Burg, Festung
Atesh-gah — zoroastrische 'Häuser des Feuers'
Aul — nomadisches Zeltlager

bahadurs — Schwertkämpfer
balachane — zoroastrische Pilgerunterkünfte
barkan — Wanderdünen
bassirma — überdachte Plattform
bematistai — Schrittzähler
burka — Ganzkörperschleier

chador — Ganzkörperschleier
chaikhana — Teehaus
chalat — Männermantel
cholpon — wattierter Übermantel

danwei — nächstkleinste organisatorische Einheit nach der Familie (Werksiedlung, Dorf)
dastarkhan — auf dem Boden ausgebreitetes Tischtuch
diwan — Stammrolle arabischer Krieger, regelt die Verteilung der Kriegsbeute
'Djenbakur' — arabische Bezeichnung für den Kaiser Chinas ('König der Chen')
dutar — zweisaitiges Instrument
Dzud — Naturkatastrophe in der Mongolei. Weißer *dzud*: Beweidung wegen geschlossener Schneedecke unmöglich. Schwarzer *dzud*: Mangel an Weidegras auf Grund zu trockenen Sommers

faksal — sonst Futter der Kamele

farasangen — antikes Wegmaß
fatwa — islamisches Rechtsgutachten

ger — mongolische Jurte
gnomon — Schattenanzeiger
gotawebbi — mittelasiatische oder chinesische Seide, die über das gotische Südrußland bis Köln gelangt

Hadith — für eine korrekte islamische Lebensführung maßgebliche Äußerungen des Propheten
Hajj — Pilgerfahrt, meistens nach Mekka

Itinerar — Darstellung von Verkehrswegen; Wegprotokoll; Reisebeschreibung

jailoos — Sommerweide
Jihad — Heiliger Krieg in alle Richtungen

kaimak — Butterrahm
karawat — mit Teppichen ausgelegtes Bettgestell
karez — unterirdisch angelegter Wasserkanal
klimata — *klima* (gr.), wörtlich: 'Neigung'. Terminus technicus für die astronomisch bestimmten Parallelkreise. Die *klimata* liegen der Erdeinteilung in Zonen zu Grund.
Kischlak — Dorf
kumis — Getränk aus Stutenmilch
kurdjuk — Fett am Steiß des Schafs
Kurgan — Grabhügel
kurtas — besticktes Hemd
kurut — Frischkäse

li — chinesisches Längenmaß
lorica — antiker Muskelpanzer

mahalla — dörfliches Wohnviertel usbekischer Städte

Manifest Destiny — gottgegebenes 'offenkundiges Schicksal', welches die Pioniere zur Landnahme des nordamerikanischen Kontinents privilegierte und die USA bis in die Gegenwart Demokratie verbreiten läßt

mudra — Handstellungen des Buddha

Muharrem-Fest — zwölftägige Fastenperiode während der Trauerzeit im Gedenken an das Massaker von Kerbala

nardy — Brettspiel

Now-Ruz — Fest zum Frühling bei den Achämeniden

obogh — Clanverwandschaft

Oikumene — bekannte bewohnte Welt gemäß antiker Vorstellung

Orogenese — in kurzen Zeiträumen ablaufende Verformung begrenzter Bereiche der Erdkruste

pakol — Wollmütze der Pashtunen

papak — schwarze hohe Turkmenenmütze aus Schaffell

periploi — Küstenfahrten

pishtak — pers.: 'Portal'; Haupteingang zentralasiatischer und persischer Bauwerke, bestehend aus einem rechteckigen, vorstehenden Rahmen, der eine hohe offene Vorhalle bekrönt

propusk — usbekische Genehmigung zur Überschreitung des Amu Darya nach Afghanistan

qala — Burg, Festung (auch als Teil von Ortsnamen vorkommend)

quriltai — Stammesversammlung der Mongolen

rem (*roentgen-equivalen-man*) — alte Einheit zur Messung radioaktiver Verstrahlung

samogon — selbstgebranntes kirgisisches Alkoholgemisch

sarai — pers.: 'Haus', im Sinn von 'Unterkunft' zusammengesetzt auch in der Bezeichnung Karawanserei

sazjma — gesalzene Kuhmilch

schoinen — antikes Längenmaß

shalwaar kameez — aus Hose und langem Hemd bestehende pakistanische Kleidung

sorpo — Gemüsebrühe mit Hammelfleisch

Stadion — antikes griechisches Längenmaß unterschiedlicher Abmessung

suftaya — Inhaberpapiere (bei den Arabern)

tagan — dreifüßiger turkmenischer Tonherd

tariqa — Gemeinschaft von Derwischen

topchan — großes Bettgestell

tubijtejka — usbekische Männermütze

ulus — Dschingis Khans auf seine Söhne vierteiliges territoriales Erbe

youji — chinesische Bezeichnung für Reisebericht (Geographisches mit Geologischem und Mineralogischem vermischend)

Xiyouji — die *Reise nach Westen*, basierend auf den Abenteuern des Indienpilgers Xuan Zang

zandaniji — bucharischer Seidenstoff

Za Liao Fang (früh-hanzeitliche *Vermischte Heilsvorschriften*, den inwendigen Zuwachs des Penis betreffend)

zakat — für alle Muslime solidarische Pflichtabgabe, auch Armensteuer

REGISTER IN FÜNF ABTEILUNGEN

Die drei ersten Abteilungen des Registers versammeln die wichtigsten Personen, Völker und Geschichte machenden Dynastien, die markantesten Gebirge, Wüsten, Gewässer, Verkehrswege und Bauwerke, sowie Spannungsfelder erzeugende Einrichtungen, Realien und Phänomene.

Fett hervorgehobene Seitenzahlen verweisen auf eine ausführliche Erläuterung des entsprechenden Begriffs in einer oder mehreren Marginalien.

Daud Ibn Ali; Stadthalter der Abbasiden in Balkh — 338

de Clavijo, Ruj Gonzales; Gesandter Heinrichs III. von Kastilien und Leon am Hof Timurs — 195, 240, 273 ff., 279, 339 f., 613, 871, 927

della Valle, Pietro; römischer Privatgelehrter und Persien-Reisender — 591

de Tocqueville, Alexis; französischer Politikwissenschaftler (Über die Demokratie in Amerika) — 632, 637 f.

Deutecum, Jan und Lucas; niederländische Kartographen — 87

Dhu-l-Qarnain; Name im Koran für Alexander den Großen — 127, **142**, 147, **282**, 859

Dias, Bartolomeu; portugiesischer Seefahrer — 71

Diodorus Siculus; römischer Historiker und Verfasser einer Universalgeschichte — 101

Diognetos; Wegmesser (bematistai) auf Alexanders Asienzug — 115

Dirdikin, Alexei; Gleisarbeiter und Zeuge der Exekution der 26 Kommissare — 854 ff.

Dost Muhammad, Emir von Afghanistan — 346 f., 545

Dostum, Abdul Rashid; afghanischer Warlord — 195 f., 199, 218, 307, 312, 317, 320, 322, 349, 390, 411, 469, 471 f., 474 f., 544, 554, 559, 564 f., 576, 597, 620

Dou Xian; mit der Bekämpfung der Xionggnu beschäftigter General z. Zt. der Dynastie der Späteren Han — 781

'Drei Reiche' (Wei, Wu und Shu, 220–280) — 96, 417, 424, 698, 776

Dschingis Khan; Vereiniger der mongolischen Stämme und erster Groß-Khan — 25, 34 ff., 57, 60, 124, 140, 160, 168 f., 188, 192, 233 f., 236, 240, 242, 249, 263 ff., 276 f., 288, 333 f., 336, 338, 341, 353, 406, 436, **437**, 438, 472, **498**, 499, 555, 577, 589 f., 600, 636, 687, 695, 761, 769, 785 f., 881 ff., 894, 901, 923

Dschurdschen (1115–1234) — 89, 759

Dsungaren (1676–1760) — 92, 255, **347**, **438**, 439 f., 499, 722

Duan Chengshi; chinesischer Erzähler — **330**

Dynastie der Durrani-Emire (1747–1842) — 113, 345

Dzejtun-Kultur (Frühneolithikum, um 5000 v. u. Z.) — 867 f.

Einfüßer — 41

Elam (um 2500–640 v. u. Z.) — 370, 885 f., 888

Elphinstone, William Generalmajor; Gegner von Akbar Khan im Ersten Anglo-afghanischen Krieg — 129, 467, 545 f.

Eratosthenes; griechischer Universalgelehrter — 65, 71, 77, 97, **98**, 100, 106, 112, 141, 149, 358, 764

Fan Ye; Kompliator der Geschichte der Späteren Han-Dynastie — 236, 779

Faxian; buddhistischer Pilger aus China — 20, 81, 126, 354, 795, 798 f.

Fedtschenko, Alexei; Entdecker des längsten nicht-polaren Eisstroms der Erde — **672**

Feng Yuxian; Warlord und Widersacher der Guomindang — 752

Ferdausi; persischer Dichter (*Shahname*) — 20, 35, 63, 110, **111**, 235, 327, 330, **402**, 404 f., 589, 848, 904

Flecker, James Elroy; englischer Diplomat und Dichter — **231**, 428

Fleming, Peter; englischer Schriftsteller und Reisender — **717**, 727, 755

Foucher, Alfred A.; französischer Archäologe — 315 f.

Französisch-Indochina (1887–1954) — 304

Friedrich II.; letzter Kaiser der Staufen — **138**, 139, **140**

Frunze, Mikhail V.; sowjetischer Kommandant in Turkestan — 405

Funan (1. – 6. Jh.) — 80

'Fünf Völker unter dem Himmel' — 94

Fu Xi; Verfasser des *Orakelbuches* — **104**

Gabriel, Alfons; österreichischer Geograph und Forschungsreisender — 367, 369, 519, 531, 535

Galdan; Sohn von Batur Hongtaiji — 347, 438

Gan Ying; Adjutant Ban Zhaos und in dessen Auftrag nach Mesopotamien und ins römische Syrien reisend — 358 f., 776, 778 ff., 790

Gao Xianzhi; das Heer der Tang bei der

58, 70, 72 ff., 90 f., 100, 116, 124, **153**, 173, 176, 203, 219, 282, 351, 376, 422, **443**, 450, 460, 490 f., 520, **626**, 627, **700**, 703, 794, 815, **821**, 848, 870, 893, 928

Homer; von der frühen Philologie als fiktive, heute jedoch als historische Person angesehener Verfasser der *Odyssee* und der *Ilias* — 42, 99, 204, 743

Hossein Beni Assaid; Derwisch in Bam, Bruder des Ordens von Sha Naimatullah — 536 f.

Hotaki-Dynastie (1709–1738) — 113

Hu-Barbaren — 765, 780

Huicho; koreanischer Pilger — 82, 314

Hulagu; erster Il-Khan von Persien, Sohn Toluis und Enkel Dschingis Khans — 233, 334, 418, 437, 498, 600, 769

Humboldt, Alexander von; deutscher Universalgelehrter und Humanist — 20, 37, 41, 63, 71 f., 77, 387, 392, 490, 698, 781, 821, 913

Husain Baiqara; Herrscher von Herat, achter Sultan der Timuriden, Sohn von Umar Shaik und Enkel Timurs — 188, 309, 342

Husayn; Emir von Balkh und durch Blutverwandschaft mit diesem verbundener Gegenspieler Timurs — 282, 338 f., 341 f., 616, 618

Husayn Mirza; Herrscher von Herat — 341 f.

Hyperboreer — 39 f., 42 f., 70, 443

ibn Arabshah, Ahmad; Verfasser einer Biographie Timurs — **249**

ibn Battuta; marokkanischer Weltreisender — 20, 124, 146, 261, 265, **337**, 338, 353, 414, 437, 513 f., 521, 577

ibn Hawqal; aus Samarkand stammender Geograph — 331, 879

ibn Ishaq; Biograph des Propheten — **190**

ibn Khaldun; von jemenitischen Arabern abstammender Diplomat und Richter sowie Verfasser einer berühmten Universal-Geschichte — 23, 58, 147, **208**, 218, 250, **251**, 252 f., 927

ibn Majid, Ahmad; arabischer Admiral — **123**, 214

ibn Sina; aus der Nähe von Buchara stammender und am Hof der Ghaznawiden wirkender persischer Arzt und Universalgelehrter — **254**, 610

Ibrahim Adham Balkhi; Begründer der nach

ihm benannten al-Balkhi-Kartographen-Schule — **330**

Iftikar Khan; Gouverneur von Kashmir z. Zt. der Groß-Moguln — 814

Il-Khanat (1256–1335) — 254, 334, 437, 498

Imam Reza; auch bekannt als Ali ar-Rida bekannter Imam im Glauben der Zwölferschiiten — 503, 507 f., 511 f., 514, 526

Imam Shamil; Anführer der Dagestani und Tschetschenen im Widerstand gegen die Zaren — **399**, 400

Imperium Romanum (6. Jh. v. u. Z. – 6. Jh.) — 103, 416, 634, 779

Inalchik; Gouverneur von Otrar z. Zt. von Muhammad II. Ala ad-Din, Sultan von Choresmien — **35**, 881 f.

Innozenz IV.; im Streit mit Friedrich II. liegender Papst, ruft den 6. Kreuzzug aus — 25

Iparhan; Gattin eines uigurischen Widerstandskämpfers, unter dem Namen 'duftende Konkubine' am Hof von Qianlong — 723 ff.

iranische Arier (11. – 10. Jh. v. u. Z) — 890

Islamisches Emirat (Afghanistan unter der Taliban-Regierung, 1996–2001) — 303, **413**, **471**, **474**, 541, 550, **554**, 559, 577, 583, **589**, **606**, **642**, 621

Ismail Khan; afghanischer Warlord — 564, 576, 617

Issedonen (2. Jh. v. u. Z. – 2. Jh. n. u. Z.) — 26, 33, 40 ff., 73, 95, 153, 443, 490, 683, 780, 794

Issedonen oder Serer (2. Jh. v. u. Z. – 2. Jh. n. u. Z.) — 95, **153**, 780

Issedones Magnus Genus — 86

Jakub Beg; Fürst am Tarim und Gegenspieler von Przhevalski — 783

Jakub Salim; tadschikischer Minister — 461 f.

Jakut al-Hamawi; ehemaliger syrischer Sklave, dann Bibliothekar in Merv — 870

Jala Al-i Ahmad; iranischer Schriftsteller und Kritiker westlicher Technologie — **114**

Jaz Tepe (15.–8. Jh. v. u. Z.) — 851

Jefferson, Thomas; 3. Präsident der USA — 634 ff., 768

Jenkinson, Anthony; britischer Agent der Muscovy Company — 88, **343**, 344, 346

Jin-Dynastie (1115–1234) — 25, 89 f., 92, 222, 267, 278, 759, 769, 786

Abteilung II
Umstrittenes Terrain. Gemeinsame Routen, Pässe und Stationen.
Genutzte Gebirge und Gesenke. Verbindende Gewässer

Areia; persische, dann makedonische Satra-
pie — 323, 35I, 358, 574, 576, 704, 848
Argandabad — 592 f., 596, 609, 6II
Ashkhabad — 404, 4I2, 495, 500, 5II, 825,
843 f., 854 ff., 859 ff., 865, 867 f., 872 f.,
882, 884, 89I, 894, 9I0
Asowsches Meer — 35, I0I, 28I, 489, 92I
– Mäotis-See — 73 f., I0I
– Palus Maeotis — 38
– Sumpfmeer — 74
Atlantik — 20, 57, 87, 25I, 337, 339, 499,
9I4, 9I9
Atrek — II4, 85I f., 870
'Augenbrauen-Berge' — 92
Aziatskaja Rossjia — 66

Babur-Square — I67, 208, 83I, 834 f.
Babylon — 76, 85, II2, 350, 460, 497, 529,
630
Babylonien — 96
»Bacharia« — 4I5, 4I9
Bactriana; persische, dann makedonische Satrapie — 869
Baghdad — 63, 86, I06, I26, I44 f., I50 f., I95,
2I4, 226, 228, 23I, 233, 240, 282, 288,
329, 345, 4I3, 455 f., 498, 50I, 530, 536,
539, 59I, 600, 639, 77I f., 870, 878, 880,
883
Bagram — 67, 296, 302 f., 356, 55I, 554, 556,
568, 579, 606, 646, 649 f., 652, 9I7
Bahr az-Zulumat ('Meer der Finsternis') —
880
Baktrien; Teil des Reichs der Meder, dann achämenidische Satrapie — 34, 7I, 75 f., 95 f.,
III f., I37, I45, I73, I83, 226, 288, 293,
306, 3I4, 3I6, 325 ff., 35I, 460, 496, 5I5,
528, 765, 847, 85I, 885
Baku — 87, I37, 223, 244, 257 f., 376, 396,
399 f., 4I3, 827 ff., 836 ff., 84I, 843, 845,
849, 854 ff., 898, 903, 908 ff., 9I5, 9I7,
9I9 ff., 927 f.
Balkash-See — 489, 686, 723, 786
Balkh — 26, 35, 80, I00, II3, I27, I95 f.,
206 f., 2I3 f., 2I8, 237, 254, 262, 282,
288 f., 300, 302, 306, 3I0 ff., 3I9 ff., 326,
329 ff., 337 ff., 353, 405, 484, 49I, 498,
5I3, 5I8, 556, 60I, 629, 694, 704, 772,
798, 869, 88I f., 890, 892, 903
Baltikum-Pontos-Route — 490

Bam — 369, 372, 5I9, 529, 53I, 534 f., 537 ff.
Bamiyan — 3II, 328, 334, 342, 346, 355,
473, 55I, 554, 58I, 583, 588, 599, 605,
6I0 f., 772
Bartang — 670 f.
Basra — 82, I26 f., I50, 2I5, 50I, 870, 878 f.
Beas — 7I
Bedal-Paß — 445 f., 6I3
Beijing — 46 f., 53, 88 f., I20, I22, I77, I93,
252 ff., 265 f., 278, 332, 336 f., 340, 399,
40I, 4I4, 4I7, 438, 479, 6I5, 708 ff., 7I3,
722 ff., 740, 742, 747, 750, 756 ff., 769 f.,
782, 785, 789 f., 792, 794 f., 798 f., 80I,
893, 905, 909, 9I6
Belutschistan — 66, II3, I30, 304, 370, 4I3,
500, 529, 534, 543, 564, 589 f.
Bernsteinstraßen — 49I
Bishkek — 97, 264, 288, 405, 434 ff., 440,
442, 444, 447, 450, 486 ff., 5II, 678 f.,
686, 693, 696, 722, 729, 733, 896 f.
'Blauer See' (Qinghai Hu) — 756
Boghda Shan — 786
Bolschoi Balchan — 846
Bosporus — 38, 250, 339, 377, 574, 837,
843, 908
Buchara — 27, 34, 63, 80, 82, I03, II2, I30,
I50, I60, I68, I88, I9I, 2I6 ff., 23I, 233,
237, 254, 26I f., 265, 272, 274, 288, 309,
329, 333 f., 336, 343, 346, 348, 396, 399,
4I5, 4I9, 428, 43I, 433, 439, 480, 497 f.,
5I3, 573, 589, 609 f., 686 f., 694, 729,
772 ff., 802, 825, 83I, 844, 849, 854, 878,
88I f., 884, 890, 892, 894 f., 923
Bug (der antike Hypanis) — 73

Cambaluc — **I20**, I2I, 27I, 4I4 f., 750 f., 769,
785, 787, 893
»Casii Montes« — I00
Chatyr-Kul — 730
Chemeinfu — **I20**
»Chenestan« — 85
China; hier das vorgeschichtliche, frühe, kaiser-
zeitliche (I2. Jh. v. u. Z. – I9II) — 20, 28 f.,
46, 69, 80 ff., 84 ff., 90 f., 94, 97, I00 f.,
I03, I05 f., I2I ff., I25 ff., I3I, I37, I39,
I44 f., I52, I62, I7I, I75 f., I78 f., I88, 2II,
22I, 223, 228, 230, 236, 24I, 254, 257,
263, 265 f., 270, 292, 304, 3I5, 325 ff.,
329, 332, 335 ff., 343, 347 f., 350 f., 356,

Seeroute — 215, 256
'See von Rum' (Mittelmeer) — 251
Seeweg — 126, 214, 314, 417, 590, 750
Serica; Land der Seidenherstellung, vermutlich
  zwischen Gansu und dem Siebenstrom-
  land — 86, 100, 794
»Serindia« — 766, 790
Shahi Zinda — 195, **265**
Shahristan-Paß — 216
Sha mo ('Sandwüste') — 785
Shimsal-Paß — 673
Siachen-Gletscher — 821
Simhana; chinesisch-kirgisischer Grenzüber-
  gang — 707, 709, 726, 731
Skythien; persische, dann makedonische Satra-
  pie — 71, 98, 116
Sleeping Dog Hill — 197
Sogdiana — 103, 171, 236 f., 288, 351, 700
Sogdischer Felsen — 282 f.
Sorubi-Schlucht — 132, 548
Spin Baldok; afghanisch-pakistanischer Grenz-
  übergang — 562, 571, 584 f.
Srinagar — 808 f., 811, 815 ff., 822
Stalingrad — 45, 242, 244 f., 247, 258 ff.
'Straße der Zoroastrier' — 836
Straße des Exodus — 460
Südchinesisches Meer — 215
  – Nanhai — 81, 125
Surkh Kotal; Akropolis von Kanishka I. —
  315 ff., 350, 354, 356 ff., 656
Suvsiz-Gebirge — 273
Syr Darya — 34, 39, 75, 154, 171, 181, 218,
  233, 241, 254, 277, 281, 288, 340, 345,
  388, 425, 427, 496, 680, 700, 730, 765,
  772, 776, 786, 851, 886, 912
  – Gui — 184, 325
  – Jaxartes — 73 ff., 87, 171, 180, 184, 254,
    281, 350 f., 496, 680, 700, 712, 765
  – 'Serer-Fluß' — 154
  – Silis — 75, 154
›Steinerner Turm‹ — 117, 218 f., 231, 663, 678,
  693 f., 696 ff., 704 ff.
  – Burj al-Hijara — 218
  – Lithinos pyrgos — 218
  – Tash qurghan — 218
  – »Station at Mount Imaos« — 697
  – 'Steinturm-Berg' — 100
  – »Turris lapidis« — 699
»Syrian Limes« — 154

Tagab-Tal — 553, 565 ff., 573
Taklamakan — 47, 69, 81, 97, 136, 144 f., 171,
  227, 229, 350, 671, 685, 712, 718, 720,
  735, 750, 755, 764 ff., 776, 778, 785 f.,
  788 ff., 796, 800, 910
Talas — 82 f., 85, 97, 103, 106, 184, 290, 314,
  329, 340, 497, 679, 686, 729, 744 f., 771 f.,
  776
Taldyk-Paß — 677, 686 ff., 691, 693 f., 701 f.,
  706
'Talibanistan' — 136
Tamarus (Ende der taurischen Gebirgserhebung) — 71
›Tamerlans Tor‹ — 201, 231, 233 ff., 393, 428
Tanjung Redep — 21 f.
Taprobane (Sri Lanka) — 71, 764
Tarbagatai — 42, 50
Tarim — 44, 47, 92, 94, 118, 141, 145, 153,
  227, 336, 341, 391, 423, 445, 613, 671,
  683, 685, 693, 697, 700, 712, 720, 722 f.,
  730 f., 750, 752, 763 ff., 771 ff., 776, 778,
  780 f., 783, 787, 789 f., 793 f., 798, 800,
  802, 821
Tarim-Becken — 44, 47, 92, 118, 145, 153,
  341, 391, 423, 445, 683, 685, 693, 700,
  723, 730 f., 750, 764 f., 771, 774, 781,
  789 f., 794, 798, 800, 802, 821
Tashkent — 155, 157 ff., 161, 164 f., 167, 171,
  184, 188, 191, 195, 203, 206 f., 211, 213,
  216 ff., 222 ff., 230 ff., 265, 272, 279 f.,
  287 f., 295, 384, 389, 394, 396, 402,
  404, 414, 427 f., 432, 480, 486, 511, 518,
  641, 673, 679, 776, 832 f., 855, 886, 895,
  897 f., 901, 903, 905
taxierbare eurasische Handelswege — 131
Tbilisi — 144, 223, 248 f., 261, 339, 396, 511,
  854, 910, 923
Tedzhen — 69, 496 f., 511, 513, 517, 576, 858,
  867 f., 871 ff., 878, 893
Tehran — 71, 109, 114, 141, 143, 148, 218, 298,
  357 f., 364, 370, 372 f., 377, 396, 405,
  456, 471, 500, 502 f., 506, 508 f., 518 f.,
  523 f., 531 f., 567, 575, 910, 918
Terek-Paß — 171, 699, 707
›Terek-Pforte‹ — 136, 682, 684, 686, 702
Termez — 137, 159, 192, 201, 211 f., 217, 249,
  265 f., 275 f., 280 f., 283, 286 ff., 291 ff.,
  295 f., 310, 332, 349, 405, 471, 513, 639 ff.,
  653, 890

Pferdedressur — 80

Pistazie — 222, 270, 363, **365**, 371, 508, 593, 681, 738

»Pocken-Edikt« — 755

portugiesische Seewege — 501

prä-Tang-zeitliche Legende des 'erdgeborenen Schafs' — 416

Präventiv- und Interventionskrieg — 630

'Präzedenzfall Serbien' — **630**

Quarun (Charon) — 484

Quriltai; Stammesversammlung der Mongolen — 131, 268

radioaktive Verseuchung — 732

Radiocarbonmethode — 869

Rassismus — 260, 635

Raubgold — 727

Raubgrabungen — 237

Reales — 592

»Recht im Krieg« — 635

»Recht zum Krieg« — 635

Registan, ‚der sandbedeckte' — 19, 157, 193 ff., 395, 595, 602, 728, 927 f.

Reisegeschwindigkeit — 76, 705

Reisläuferei — 601

Reiterhorden — 857

Religionspolizei der Taliban — 651

'Ressourcen-Nationalismus' — 909

Revolten ethnischer und religiöser Minoritäten in Xinjiang (z. Zt. der Mandschu) — 752

Revolutionswächter — 502, 529

Rhabarber — 612 f.

Rolling Stones — 537

römische Kriegsgefangene — 891

Rosenwasser — 384

Rote Armee — 67, 246, 259 f., 292, **296**, 466, 471, 523, 563, 583, 588, 598, 632, 665

Royal Dutch/Shell — 258, 830

Rubine — 119, 121, 300, 361, 384 ff., 390, 406 ff., 490, 613, 667, 915

russische Ost- und Südexpansion — **140**

russische Sklaven, Untertanen und Eindringlinge — 395

RWE Dea AG — 907 f.

Salz — 97, 114 f., 143 f., 224, 367, 369, 392, 407, 435 f., 439, 515 f., 524, 528, 530 ff., 534 f., 538, 592, 622, 628 f., 671, 762, 778, 783, 821, 848, 850, 852

Salzkarawanen — 439, 821

Sandsturm — 227, 531, 608, 709, 714, 720, 792, 800

Sangha; Gemeinschaft der Möche Burmas — **314**, 552

Sanskrit — 26 f., 81, 293, 329, 356, **422**, 423 f., 442, 445 f., 610, 765 f., 770, 813, 815

Sarakhs Special Economic Zone — 509

SARS — 708

Satan — 140, 249, 298, 822

SAVAK — 114, 508

Schattenwirtschaft — 207, 542, 564

Schengen-Abkommen — 586

Schießpulver — 438, 767

Schiffbruch — 126

Schiismus — 499, 504, 512, 814

'Schläfer' — 166

Schlafmohn — 588, **589**, 593, 608

Schleusen — 393, 627

Schmuggel von Eiern des Seidenspinners (Bombyx mori) und den Samen des Weißen Maulbeerbaums (Morus alba) — 775

Schnee — 31, 43, 52, 89, 126, 150, 155, 193, 195, 197, 254, 260, 278, 283, 295, 328, 342, 349, 352, 396, 425, 434, 439, 443, 445 f., 459, 478 f., 531, 582, 622 ff., 627, 646, 653, 657 ff., 667, 676 f., 679, 681, 690, 707, 732 f., 740, 755, 762, 786, 799, 802, 807, 812 f., 815, 876, 880, 889, 900, 913, 925

Schöpfungsmythen — 124

Schrott — 46, 52, 413, 572, 589, 654, 687, 707 f., 732 f.

'Schweizer' Soldaten — 601

Seide — 101, 105, 153, 177, 183, 222, 226, 228, 230, 234, 280, 359, 416 f., 419, 423 f., 428, 439, 446, 484, 490 f., 514, 522, 556, 597, 612 f., 639 f., 655, 693 f., 726, 730, 761, 766 f., 770, 773, 775 ff., 780, 783, 789 ff., 794, 801, 839, 866, 880, 894

Seidenexport — 491, 794

Seidenmanufakturen — 775

Separatismus — 67, 399, 818

September 11, 2001 — **473, 508, 605, 630**

Shanghai Cooperation Organisation (SOC) — 67, 838, 896

Abteilung IV
Register der Marginalien

Abteilung V

Der Dank des Autors geht an folgende Begleiter auf den Reisen, Mitglieder der Redaktionen* sowie Rat und Unterstützung aller Art gewährende Freunde**

Aeby, Nicole**
Amirovich, Rakhmanov Shaimardankul —
   238 f., 263 f., 273 ff., 280 ff. 286 f., 289 ff.

Bachmann, Dieter* — 109
Bauer, Manuel**
Bakeer-Zadeh, Elyas — 827-830, 833, 837 ff.
Basting, Barbara*
Bensmann, Marcus — 103, 121, 127 f., 132,
   159, 195, 197, 216 f., 295, 299 f., 307, 316,
   320 f., 323, 349, 354, 357, 384 ff., 389 f.,
   397, 401 ff., 408 f., 411, 434, 462, 465,
   482, 542, 544, 547, 549, 553, 557, 667 ff.,
   672 ff., 695, 831 ff., 854, 897 ff., 901 ff.,
   911, 915, 916 ff.
Berberich, Frank*
Brandenberger, Kurt — 582 f., 585, 588, 594,
   598, 604 ff., 612, 618, 620 f., 628, 810, 816,
   822
Brunold, Georg*
Bukharbaeva, Galima — 831 ff., 854, 898,
   900 f., 903, 915
Burger-Häfeli, Monica**

Damerius, William — 643
Davis, Greg (†) — 159, 195, 197 f., 217, 295,
   299 f., 307 f., 312, 315 f., 320, 323, 349,
   357

Eichhorn Ruth *

Faraidon — 482 f., 485
Fontana, Nathalie**
Füllemann-Kuhn, Verena und Mark**

Güntlisberger, Christian* — 541

Haefliger, Markus*
Hakim — 308, 310, 313, 316, 319, 320 f., 351,
   357
Hao Ming Xai — 721 ff., 725 f.
Herzog, Franz*
Hill, John E.** — 698

Hürlimann, Brigitte*
Hu Xiaoding — 756
Husman, Urs*
Hyder, Jamal (†) — 158, 575, 577, 585, 588,
   593 f., 597 ff., 606 f., 612, 614, 620, 622, 630
Hyder, Kamal — 575, 583, 585, 587 ff., 630,
   803

Imhasly, Bernard — 411, 541 f., 551, 553, 558,
   561 f., 566, 568 ff., 572 f.
Iten, Oswald*

Jedrzejowski, Miroslaw — 643
Jodgor und die Rubinsucher im Pamir —
   407 ff.
Jones-Griffiths, Philip (†) — 150, 197, 213

Kern, Thomas — 109 f., 365, 379
Kermani, Navid — 379 ff., 630, 639 f., 643,
   645 f., 648, 653
Klotz, Jürg*
Koutalides, Lila — 396
Krieg, Susanne — 827 ff., 831, 833, 839 f.,
   842, 845, 847, 853, 856 f., 859 f., 864 ff.,
   870, 872 f., 876, 891, 893

Leonid — 159, 161, 163, 165, 171, 173, 179,
   182, 188, 192, 195, 232 f., 238, 248, 264,
   273 f., 281, 283 f., 432, 434
Loetscher, Hugo**
Luo Zhewen — 739 f., 754, 757 f., 761

Marty, Krystyna**
Mair, Victor H.** — 765 ff., 869
Marozzi, Justin**
Meier, Marco*
Mellert, Margret*
Mohdad, Samer — 109, 365, 379

Nentwich, Andreas*
Neurath, Thomas — 22
Nikolai — 436 f., 440 f., 488, 492, 679 f., 682,
   691 ff., 698 f., 701 f., 707, 722, 732 f.

DANK

Zentralasien ist zwar so etwas wie das Gedächtnis der Welt, jedoch nicht der Ort, wohin jeder blickt; ja, die fernsehgerechte globale Wettervorhersage gesteht diesem immensen Raum zwischen dem Kaspischen Becken und dem des chinesischen Tarim nicht einmal ein eigenes Wetter zu. Weiter erschweren die im herrschenden Zeitalter von Brot und Spielen enthusiastisch betriebene Abschaffung der Geschichte einerseits – bei gleichzeitigem gargantueskem Speicherwahn auf immer kurzlebigeren Medien – und die Beschwörung aufgehobener geografischer Distanzen andererseits die Wahrnehmung Zentralasiens in seiner ganzen Vielschichtigkeit.

Die von verschiedenen Seiten ausgerichtete Förderung der vieljährigen Arbeit des Autors, zuerst als Fotograf und, ab 2004, auch als Schreibender im transkontinentalen Begegnungsraum der Kulturen ist deshalb zunächst eine Manifestation des moralischen Interesses, das Alexander von Humboldt bereits 1849 für Central-Asien postuliert hat.

Den Versuch, hier sowie im fotografischen Schwesterbuch zur Ausstellung (*Travelling through the Eye of History. Thames & Hudson, London 2009*) ein sowohl die geschichtliche Wirkungskraft als auch die wachsende geopolitische und geoökonomische Bedeutung berücksichtigendes Portrait des eurasischen Paßlands zu entwerfen, haben folgende Stellen und Firmen unterstützt:

— Bundesamt für Kultur, Bern (1998)
— Kantonales Kuratorium für Kulturförderung Solothurn (2000)
— UBS Kulturstiftung, Zürich (2000 und 2004)
— Calle Services Management Ltd, Zürich (2008)
— CR Innovations AG, Baar (2008)
— Renova Management AG, Zürich (2008)

Der Autor dankt den Verantwortlichen in aller Form und ebenso den Vertretern damaliger oder noch amtierender Redaktionen von *du, Facts, GEO, Lettre International* und *Neue Zürcher Zeitung.* Sie haben maßgeblichen Anteil gehabt an der Entstehung beider Werke.

Wie immer habe ich manche Erfahrung der Reisen mit Freunden teilen dürfen – Journalisten, Autoren und Bekanntschaften vor Ort. Sie treten auf in den entsprechenden Texten und sind angeführt in Abteilung V des Registers, wo sich auch nahe und ferne zugewandte Begleiter versammeln. Der Autor dankt ihnen für Zuspruch und Kritik, Neugier und Anregung und die Klärung zahlloser Fragen, ebenso allen Mitwirkenden von Verlag, Setzerei und Druckerei für die Qualität der Begleitung auf dem langen letzten Stück des Weges hin zum Buch.

Flüchtling aus dem irakischen Kurdistan in Sardasht (Iran, 19. April 1991)

Gräko-baktrischer Wall am ›Eisernen Tor‹ (Usbekistan, 8. Oktober 2002)

In der Ölsteppe (Kasachstan, 6. November 2007)

Uiguren beim Ausheben eines Bewässerungskanals in Xinjiang (China, 21. Mai 2001)

Vor der Bibi Chanum-Moschee in Samarkand (Usbekistan, 5. Oktober 2002)

Koranschüler in der Darul Uloom Haqqania (Pakistan, 18. März 2001)

An der Straße nach Osh (Kirgistan, 8. Juli 2004)

1721–1905 R u s s i s c h e s   Z a r e n r e i c h

1917–1923 RSFSR Russische Sozialistische Föderative Sowjetr

1923–1991 U d S S R U n i o n d e r S o z i a l

1918–1941 ASS Republik der Wolgadeutsch

G o l d e n e H o r d e 1236–1395

M o n g o l e n - R e i c h n a c h D s c h i n g i s K

Kasachen-Kha

Tartarei im 16. Jh. von Rußland besetzt   1925–1936 Kasachisc

1936–1991 SSR Kasachstan

T i m u r i d e n 1386–1395   Chaghatai-Kh

1785–1868 Khanat von Buchara

1920–1924 Republik Buchara

1936–1991 SSR Georgien   1924 Bucharische Sowjetische Vo

1924–1991 SSR Usbekistan   1936–1

395–1453 Byzanz   1804–1873 Khanat von Khiva   k

erobert zw. 1864 und 1884 Russisch-Turke

um 1299–1923 Osmanen   1918–1924 ASSR Turkestan   Sha

1924–1991 SSR Turkmenistan

Ende 11. Jh.–13. Jh. Assassinen   Timuriden 1363–1506   1929–1

Il-Khanat 1256–1335   Reich von

T i m u r i d e n 1381–1403 Emirat Afgh

Königreich

1921–1958 Königreich Irak

Repu

13. Jh.–1798 Mameluken   1502–1736 Safawiden   Islami

1779–1925 Dynastie der Kadscharen Islami

1925–1979 Kaiserreich Persien

Dynastische und imperiale Anstrengungen von der Fragmentierung des Mongolen-Reichs bis zur Wiederl